I. 1060. changé

3909

TABVLA IT ANTI

MARCI VELSERI
IN
TABVLAE FRAGMENTA
PRAEFATIO:

Qua de Auctore, ætate, vsu, aliisque quæ eam explicent & illustrent, disseritur.

EMINIT B. Rhenanus in libris Rerum Germanicarum aliquoties Tabulæ antiquæ, quam apud Chunradum Peutingerum amicum suum Augustæ viderit: Chartam prouincialem, itinerariam, militarem, diuersis locis appellat: ait sub vltimis Imperatoribus depictam, à Celte in quadam Bibliotheca repertam esse, planè vetere Ex ea cùm testimonia nonnulla duxisset, plerosque illius vide

I. 1060. changé

3909

I.
TABVLA ITINERARIA
ANTIQVA.

MARCI VELSERI
IN
TABVLAE FRAGMENTA
PRAEFATIO:

Qua de Auctore, etate, vsu, aliisque quae eam explicent & illustrent, disseritur.

EMINIT B. Rhenanus in libris Rerum Germanicarum aliquoties Tabulæ antiquæ, quam apud Chunradum Peutingerum amicum suum Augustæ viderit: Chartam prouincialem, itinerariam, militarem, diuersis locis appellat: ait sub vltimis Imperatoribus depictam, à Celte in quadam Bibliotheca repertam esse, planè veterem. Ex ea cùm testimonia nonnulla produxisset, plerosque illius videndæ desiderio vehementi incendit. Existimabant homines eruditi, hoc finium regundorum iudice, qui omnem exceptionem superaret, multas tantùm non immortales Geographorum dissensiones componi, multos inextricabiles in Historicorum libris nodos solui posse. Verùm Peutingerus, dum vixit, Tabulam non emisit; neque illa, eo mortuo, quod mihi constet, in cuiusquam conspectum venit, quamuis sepius diligenter quæsita. Inuentæ sunt autem, inter reliqua litteraria cimelia, Schedæ duæ, quas ex Tabula ista delineatas appareret: ita, vt altera, altrouersum plus spatij exprimeret, neutra totum autographum referret; quod certis indiciis liquet. Hæ cùm ad manus meas peruenissent, committendum non existimaui vt publico inuiderem. Vulgaui itaque ea fide, quæ alicui nimia videri possit: nam maxima minima pari diligentia exprimenda curaui; etiam errores manifestos, in Explicationibus quàm in Schedis corrigere malui. Sed profectò, reddendis antiquis monumentis nemo satis religiosus est, qui superstitiosus haberi metuit. Editionis consilium non est cur pluribus commendem: siue autographum perijt, siue delitescit, aliquando lucem visurum (quod ominari placet;) interim Fragmentis hisce frui, gratiàs apponent docti omnes, certò scio. Explicationem addere visum necessario. Non quòd de illis rebus hariolandum sit quæ nullis vestigiis indagari possunt; qualia pleraque nomina nunc primùm in lucem rediuiua, quæ sic intacta transmitto: sed quòd mihi attentè cogitanti nonnulla in mentem venerint, quæ tum in vniuersum, tum per partes monita, Lectores eo labore videbantur leuare. Et periculum fuerit, si Schedas nudas emitterem, ne permulti, quibus illæ iam vsui erunt, vix inspectas abijcerent, tædium non laturi corrigendi quæ à descriptoribus errata, commodè explicandi quæ ab Auctore inconcinnius posita, confirmandi quæ in speciem dubia & incerta, annotandi denique si qui ab autographo errores viderentur. Nam aut ego fallor, aut his ipsis salebris impeditus Peutingerus, quo nemo antiquitatis studia promouit cupidiùs, ab editione abstinuit. Monebo itaque non pauca paucis, sine ostentatione,

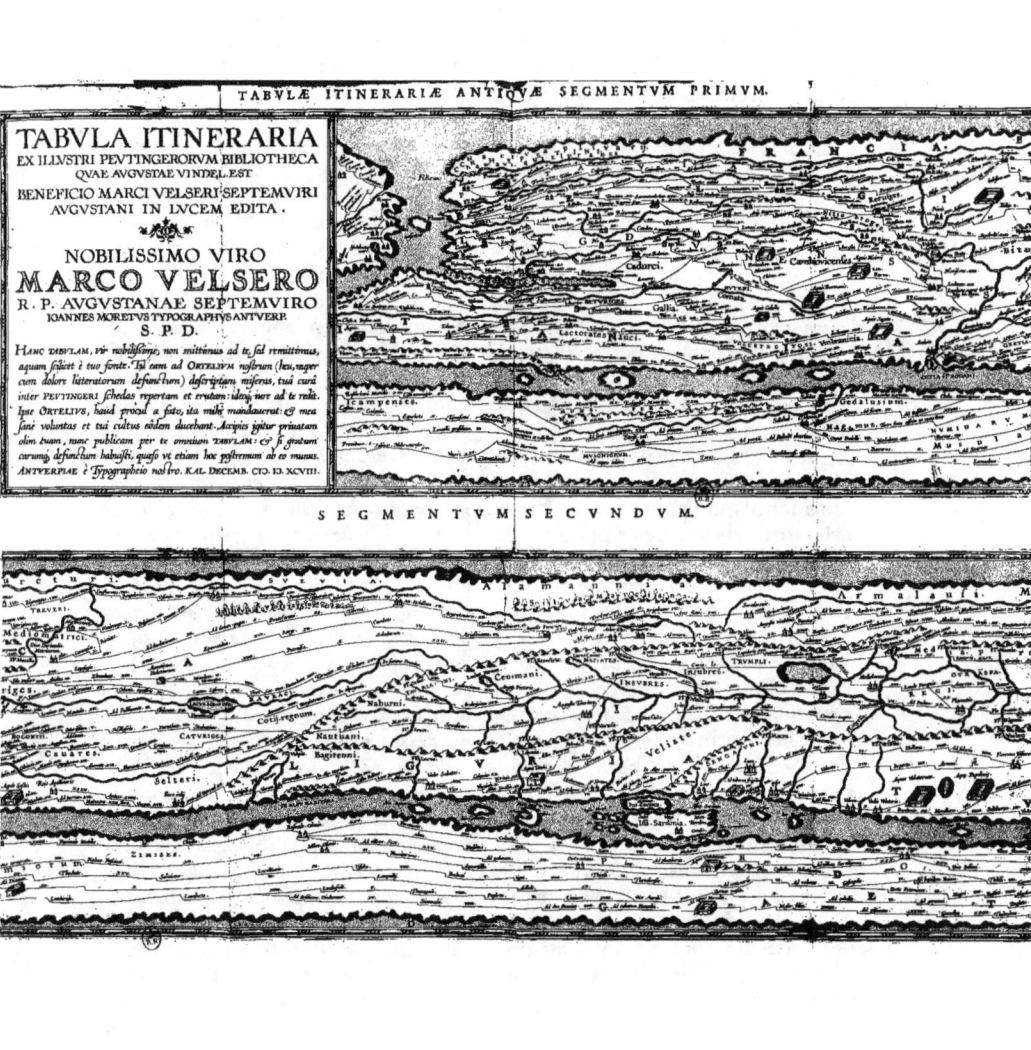

TABVLA ITINERARIA ANTIQVA

tione, sine insectatione. Cur enim aut mihi nimis placeam, si his ducibus viam tenuero; aut aliorum eleuem diligentiam, si illis destituti, in tam densis antiquitatis tenebris interdum aberrauere? Quidquid huius, profectò neque ijs fraudi, neque mihi laudi erit. Quam adeò non capto, vt me vberrimos fructus percepisse existimaturus sim, si Commentatione ista Schedarum inspectoribus aliquam lucem praetulero. Dicam autem primo loco quae de Auctore, de Tabula, de Schedis, de lineis & numeris, mea sententia: ad singulorum deinde locorum nomina accedam.

Auctorem Geographiae imperitum, Mathematicas litteras in vniuersum non doctum fuisse, necessariò fatendum: res enim loquitur; cùm neque prouinciarum circumscriptiones & figurae, neque litorum extremitates, neque fluuiorum decursus, neque locorum interualla Geographicis canonibus respondeant. Inde fit vt non temerè suspicer, haec in turbido castrensi potius quàm erudito scholarum puluere nata, manu Metatoris alicuius descripta esse. Metatores sunt Vegetio libro 2. cap. 7. *qui praecedentes locum eligunt castris:* cum deinde mensores militibus ad podismum dimetiuntur. Verùm vsus obtinuit, vt Metatores dicantur, etiam qui in ciuitatibus diuersoria & hospitia designant. Ita Cod. lib. 2. tit. 8. l. 3. & 5. lib. 12. tit. 19. l. 9. tit. 41. l. 1. 2. 5. 9. & 11. Domus attributae Metata, per totum hunc postremum titulum. Metatoribus autem necessaria cognitio Itinerum, Traiectuum, Ciuitatum, Interstitiorum, & quae multa praetereà ad id institutum pertinent. Nam mihi dubium nullum est, designandae itinerum rationi Metatores à Ducibus consilio adhibitos. Expli causâ producamus Lampridij ver-

ba ex Alexandro Seuero: *Itinerum autem dies publicè proponebantur, ita vt edictum penderet ante menses duos, in quo scriptum esset; Illa die, illa hora ab vrbe sum exiturus, & si dij voluerint, in prima mansione mansurus. Deinde per ordinem mansiones, deinde statiua, deinde vbi annona esset accipienda.* Huiuscemodi edicta non nisi à perito Metatore instrui poterant, qui mansiones, earúmque interualla, magnitudinem, & annonae copiam in numerato haberet, quo praescriberet quanta exercitus pars in vnaquaque commodè manere posset. Et ea apud me verisimillima est opinio, Itinerarium Prouinciarum quod Antonino Augusto tribuitur, cuius auctoritate persaepè vsuri sumus, à Metatoribus originem ducere. Nam id quod Lampridius Edictum appellat, à D. Ambrosio Serm. 5. in Psalm. 118. Itinerarium dicitur. Placet totum locum exscribere; mirè enim ad institutum nostrum facit. *Miles qui ingreditur iter, viandi ordinem non ipse disponit sibi, nec pro suo arbitrio viam carpit, nec voluptuaria captat compendia, ne recedat à signis: sed Itinerarium ab Imperatore accipit, & custodit illud. Praescripto incedit ordine, cum armis suis ambulat; rectáque via conficit iter, vt inueniat commeatuum sibi parata subsidia. Si alio ambulauerit itinere, annonam non accipit, mansionem paratam non inuenit; quia Imperator his iubet haec praeparari omnia, qui sequuntur, nec dextra nec sinistra à praescripto itinere declinant. Meritóque non deficit qui Imperatorem sequitur suum; moderatè enim ambulat; quia Imperator non quod sibi vtile, sed quod omnibus possibile considerat. Ideò & statiuas ordinat: triduo ambulat exercitus, quarto requiescit die: eliguntur ciuitates in quibus triduum, quatriduum, & plures interponantur dies, si aquis abundant, commercijs frequentantur. Et ita sine labore conficitur iter, donec eam ad vrbem perue-*

II.

TABULA ITINERARIA ANTIQVA.

perueniatur, quæ quasi Regalis eligitur, in qua sessis exercitibus requies ministretur. Hanc legem esse præscriptam, Christo ducente, Sanctis commeantibus, recognoscas velim. Profecti sunt enim & patres nostri de terra Ægypti, per longa spatia terrarum, quorum statiua omnes mansionésque descripta sunt, donec Cades, id est ad Sanctorum terram peruenirctur. Vides quis Itinerarij vsus, qui etiam ab aliis est obseruatus. Verùm enimuerò, quoniam
Segniùs irritant animum demissa per aurem,
Quàm quæ sunt oculis commissa fidelibus, & quæ
Ipse sibi tradit spectator:——
hinc credibile, libellos Itinerarios quandoque delineatis Tabulis explicatos; quò nimirum itinerum & mansionum constitutio in Tabulis vno intuitu sub Imperatorum oculos veniret. Neque id nulla de caussa, quando hæc in primis Imperatoribus cura curanda. Fuerit exercitus Lugduno Batauorum Nouiomagum mouendus, ob magnitudinem, vel alia quauis occasione diuidendus; multùm intererat hanc cognitionem oculis præcipere: Binas esse vias quæ illò ducant: dexteriorem sex mansionibus distinctam, dextro flumine; sinisteriorem nouem mansionum, læuo flumine vti: huic vltrà alueum hosticum, illi pacatum esse. Et nostram Tabulam huic fini paratam, non dubiè innuunt dicta hactenus. Clariùs adhuc ostendunt lineæ viarum, numeri spatiorum indices; & quòd illæ tantùm mansiones expressæ, quæ in vias delineatas incidunt, præteritis aliis non obscuri nominis vrbibus. Quorum nihil commisisset Auctor, si ipsas Prouincias, non certa in Prouinciis itinera describenda sumpsisset. At priuatum institutum respexit; Metatorem non Geogra-

phum præstitit. Idque vel idcircò animaduertendum, ne antiquitatis nomine decepti, Tabulæ auctoritatem quam Auctor non petit, non meretur, tribuamus. Si quis enim hinc eum vsum sperat, quem ex Geographicis pinacibus diligentissimè & scientissimè confectis, fallitur: si quis item hanc delineationem Antonini Itinerario, & nudis mansionum nominibus in eo perscriptis, nihil præstare iudicat, non minùs errat: commodissimè sentit qui medium locum Tabulæ tribuit, eiuscemodi sibi descriptionem promittens, cuiusmodi ab homine, illarum disciplinarum quas initio diximus rudi, proficisci potuit.

Magnitudinem ex Fragmentis ita æstimo, vt mihi persuadeam, Tabulam integram, totius Occidentalis Imperij præcipua itinera complexam. Nimis certè in aperto est, perexiguam partem in nostris apographis reliquam, multò maximam desiderari. Rhenanus satis ostendit Rhenum ab ostiis ad fontem vsque descriptum: at ex Schedis, illa quæ in hanc partem se longiùs porrigit, Coloniam Traianam non excedit. Franciscus Irenicus meminit Itinerarij cuiusdam Augustani, quod ab Antonini Itinerario differat: ego elenchum ex hac Tabula exscriptum significari interpretor: in quo, præter plerasque ad Rhenum vrbes, contineantur Danubianæ omnes, quascumque antiquitas vidit. Nomina multarum, quæ in Rætiis, Norico, Pannoniis sitæ, describit, Sirmium vsque. In Schedis supersunt reliquiæ itinerum per Galliam, Britanniam, Hispaniam, & Africam. Iam ergo, cùm Rætiæ ad Italiam, Noricum & Pannoniæ ad Illyricum pertinuerint; Occidentale autem Imperium, ex quo Constantius & Galerius

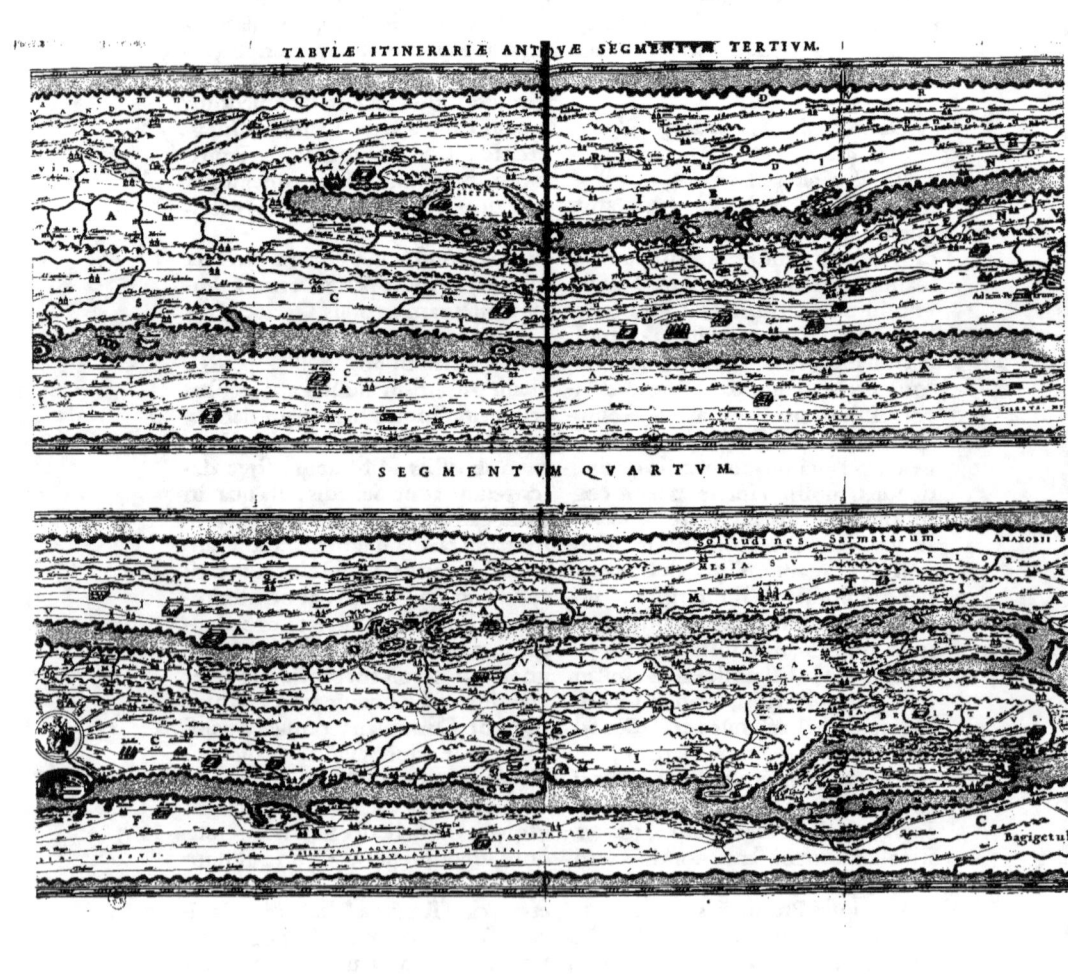

lerius Rempublicam diuisere, (primi, inquit Orosius) Italiam, Africam, Hispaniam, Galliam, Britanniam, & Illyrici partem comprehendentes sit vt ex singulis huius Imperij partibus vestigia ad indicinam reliqua sint: ideoque non magnopere dubitandum existimem, ea quoque quæ inter tam miserè discerpta membra media, in autographo expressa esse. Eò grauior & acerbior tam insignis monumenti iactura accidit, quòd cum Antonino & Notitia Prouinciarum côiunctum, incredibile quantum ad omnem antiquam historiam illustrandam & restituendam subsidium afferre poterat.

In ætate conijcienda assentior Rhenano, qui de vltimis Imperatoribus sensit. Sunt plura ei rei argumenta; vnum afferam: Francicum nomen, quod in priori Scheda exstat, serò Romanis cognitum, inter Trebellium & Vopiscum à nemine in litteras relatum: & falluntur egregiè qui Ciceronem eius meminisse asseuerant; vti etiam in errore versantur, qui manifestarium glossema recipiunt in Iosepho ex Hebræo verso libro 5. cap. 42. Herodis funeri interfuisse satellites Germanos & Gallos, qui sint Francigenæ. Vltimos autem Imperatores capio, non qui postremi Imperatorio nomine in Occidente vsi; sed qui postremò Prouinciarum, quarum hic itinera, potiti. Ad quam rationem, dicam obsoleto verbo, postremorum postremissimi censendi Theodosius maior eiusque filij. Neque fieri potest, vt ista descriptio Theodosio & filiis sit recentior. Theodosio enim mortuo, barbari plerasque Prouincias mox sub Honorio & Arcadio, alias non multò pòst in potestatem redegere. Quod certis historiarum testimonijs consignatum. Cùm verò nemo suspicaturus sit, Romanos itinera per Prouincias à barbaris iam occupatas descripsisse, omnino conficitur quod posuimus.

Ex Schedis, ea quam primo loco damus venustè & eleganter, altera rudiusculè & negligenter descripta erat. Atque hac non difficulter caruissemus, si quæ continet, in priori omnia expressa, & si locorum nomina clara firma fuissent, neque alterius lectionis collatione eguissent. Verùm, præterquam quòd quædam Galliæ, Hispaniæ & Africæ itinera in priori non extant, conferenda etiam in reliquis erat scripturæ ratio. Hæc in plerisque incredibiliter deprauata, siue ipsius Tabulæ, siue descriptorum, siue vtrorumque vitio. Nam in Tabula quædam errata esse cur negemus? Sed alia à descriptoribus vulnera addita, significat in primis Schedarum dissensio: quæ faciliorem veniam meretur, quòd originem ducere videatur ex litteris in autographo obscuris & dubiis, vetustate exolescentibus. Nos his explicandis & restituendis quàm fieri poterit diligentissimam operam nauabimus.

Linearum ductus, quibus stationes aut mansiones (sunt ea solemnia Metatoribus nomina) coniunguntur, Vias publicas exprimunt; quas Consulares, Prætorias, & Militares appellabant. Digest. lib. 43. tit. 8. l. 2. *Publicas vias dicimus, quas Græci* Βασιλικὰς, *nostri Prætorias, alij Consulares appellant.* Militares dicuntur lib. eodem tit. 7. l. 3. vbi earum vsus describitur: *Viæ militares exitum ad mare, aut in vrbes, aut ad flumina publica, aut ad aliam viam militarem habent.* Quas singulas exitus species in nostris Schedis obseruabis. Publicæ autem non omnes his nominibus comprehensæ. Ait Vlpianus, lege quam priorem adduximus: *Quæ post Consularem excipiunt, in villas, vel alias co-*
lonias

TABVLA ITINERARIA ANTIQVA.

lonias ducentes, putem etiam ipsas publicas esse. Verùm ego in Schedis nullam non Consularem, aut quod idem est, Militarem delineatam opinor. Hasce tribus modis munitas reperio; siue stratis lapidibus, siue iniecta glarea, siue congestis terreis aggeribus. Digest. lib. 43. tit. 11. l. 1. *Neque latiorem, neque longiorem, neque altiorem, neque humiliorem viam, sub nomine refectionis, is qui interdicit potest facere; vel in viam terrenam glaream inijcere, aut sternere viam lapide quae terrena sit, vel contrà lapide stratam terrenam facere.* Quamquam Isidorus viam terrenam, cum ea quae lapidibus strata, videtur coniungere; cùm ait; Aggerem esse mediam stratae eminentiam, coaceruatis lapidibus stratam, ab aggere, id est coaceruatione dictam, quam Historici viam militarem dicant. Absolutè autem viae publicae, Aggeres. Ammianus Marcellinus lib. 19. *Tamquam itinerario aggere, vel superposito ponte complanatum spatium.* & 21. de Iuliano: *Morarum impatiens, percursis aggeribus publicis, Succos, nemine auso resistere, praesidiis occupauit.*

Curatores porrò viae accipiebant. Quos ab Augusto excogitatos Suetonius innuit, cap. 37. At Pomponius lib. 2. De orig. Iuris, initium longè altius repetit. Illud etiam obseruaui, interdum singulis viis singulos curatores datos, vt ex multis lapidibus constat; interdum vnum hominem multarum viarum curam gessisse. Fidem facit marmor quod Auximi superest, in quo C. Oppius CVR. VIAR. CLODIAE. ANNIAE. CASSIAE. CIMINAE. TRIVM. TRAIANARVM. ET AMERINAE. Per redemptores muniebantur, vti Siculus Flaccus scripsit. Rei quandoque ad has munitiones condemnabantur, quod ex Suetonij Caio cap. 27. colliges. Lapideis columellis distinguebantur, quibus milliarium numerus adscriptus, vnde nomen accepere. in vetusta Inscriptione: MILLIARES. LAPIDES. RESTITVTI. Etiam Imperatorum nomina addita, quòd horum iussu munirentur. Nummi Augusti fornicibus, quadrigis, & trophaeis insignes: QVOD. VIAE. MVN. SVNT. Sidonius in Propemt.

Antiquius tibi nec teratur agger,
Cuius per spatium satis vetustis
Nomen Caesareum viret columnis.

Multa extant in hanc sententiam Auctorum loca, & certissimi testes lapidei cippi qui reliqui. Ex ijs interstitia locorum Itinerariis adnotabantur. Et hoc ipsum sibi numeri in Schedis volunt. Quorum tamen nos perrarò rationem inire potuimus, adeò cum Antonini Itinerario non coincidunt, eum quo vno conferre licebat. Cuius rei culpam non omnem in exscriptorum negligentiam reijcio. Etsi haec mirum quantum sibi indulsit, tamen multae praetereà differentiae caussae accedere potuere. Ipsa dies pleraque immutat. Aliqua itinera contrahuntur, nouis inuentis compendiis: producuntur alia, necessariis de caussis ambagibus additis. Deinde, numeri Antonini semper mansionem, quae proximè antecessit, respiciunt : Schedarum fortassis non item; cùm etiam in cippis obseruem aliquando numeros à splendida aliqua colonia, per centum passuum millia, & eo ampliùs continuari, neglectis intermediis oppidis minoris nominis. exemplo est cippus haud procul Oeniponte Seuero & filiis inscriptus, in quo numeri ad Augustam Vindelicorum, longè dissitam, referuntur. VIAS. ET. PONTES. REST. AB. AVG. MIL. PASS. CX. Demum, quae in libello certo ordine perscripta, ea in Tabula tam ad anteriora quàm ad posteriora referre, quin & dextrorsum aut sinistrorsum trahere nihil vetat: & duplex numerus quibusdam mansionibus additus, indicio est illas diuersa itinera respicere.

Qui-

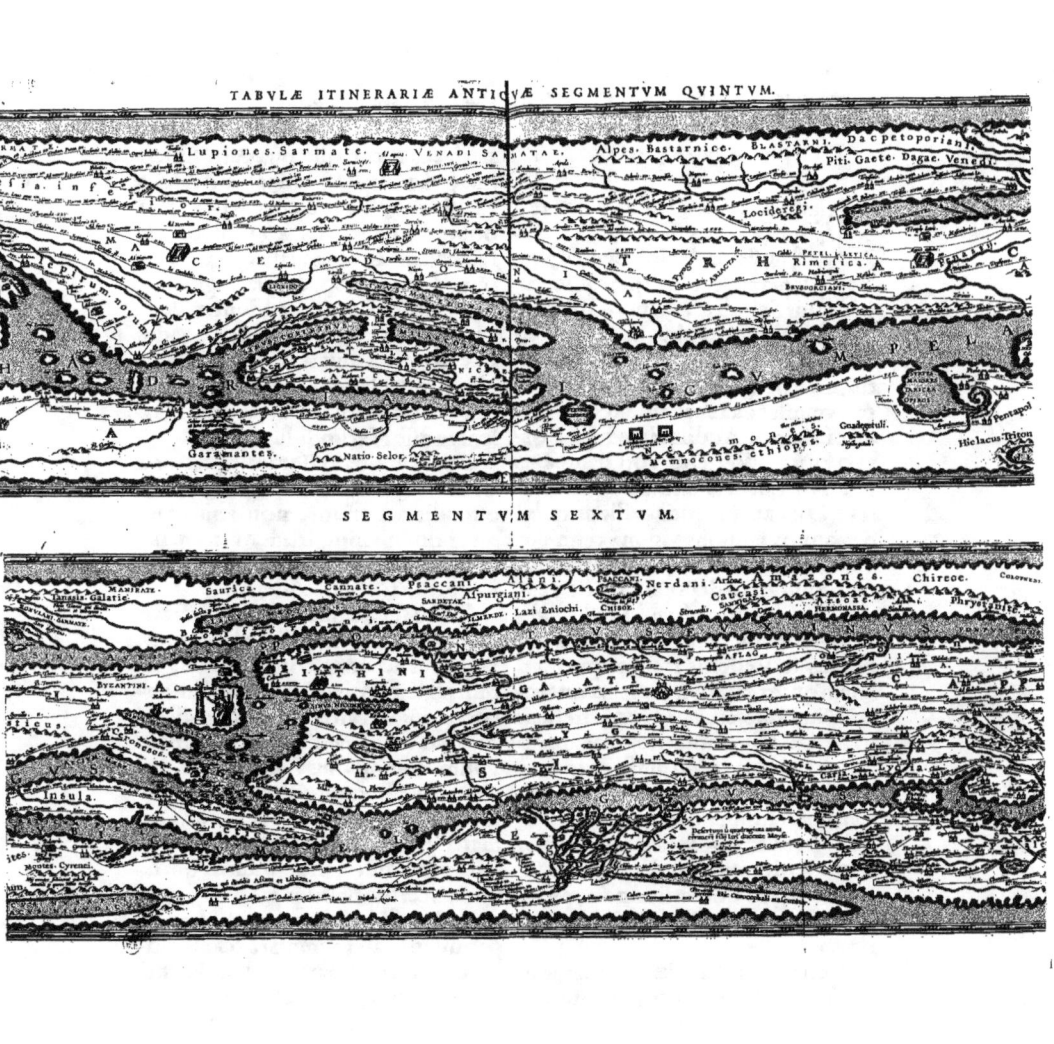

TABVLA ITINERARIA ANTIQVA

Quibus omnibus rationibus hęc coniectatio valdè obscura atque impeditur: & si mihi diuinationem rei tam incertæ sumam, meo merito ridiculus habear. Aliis eam palmam lubens cedo.

EIVSDEM VELSERI
DE EADEM TABVLA
POSTQVAM INTEGRAM NACTVS ESSET, SVB ALIENO NOMINE
IVDICIVM.

TABVLAM damus, ex qua MARCVS VELSERVS Augustanæ Reip. Septemvir, perpauca olim quę tum comparebant Schidia, magno eorum applausu vulgauit quibus interiores litteræ seriò cordi. Integram pollicitus, si autographum aliquando in manus venisset: latebat enim, & periisse erat suspicio. Audiit FORTVNA OBSEQVENS: Velserus voti damnatus est. Ad quem nuntium ABRAHAMVS ORTELIVS lętitia exiliens, quòd per annos amplius viginti omnibus vestigiis frustrà indagasset, sibi editionis prouinciam depoposcit. Et verò æquum bonum visum tanto candidato reliquos petitores concedere: primus se Velserus facilem præbuit, fidem quam publico obstrinxerat curasse interpretatus, si per Ortelium solueret. Cùm homo septuagenario maior, cui plus animi plusque in rem communem studij, quàm vitæ superfuit, operi ad finem decurrenti immoritur. Moriens——*non ille oblitus amorum*, Ioanni Moreto veteri amico testamento legat; qui perficiendo, pietatem quam defuncti iudicio debuit, præstitit.

Velserus de Tabulæ Auctore, ætate, vsu, aliis, ad Schedas præfatus est, quæ nobis probantur. Addimus: Auctorem Christianum fuisse; id verò ex S. Petri nomine, & iis quæ de Moyse Israëliticisque tradidit, intelligi. Magnitudinem Tabulæ, præter Occidentis Imperium, tum æstimari non potuisse; nunc constare hoc amplius, complexam orbem vniuersum, quà illo nimirum æuo cognitus, inter HERCVLIS COLVMNAS & ALEXANDRI ARAS, ab extremo Occidente in Orientis vltima. Et apparere sanè omnia, nisi quòd initio Columnas versus, pauxilla quædam Britanniæ, Aquitaniæ, Hispaniæ, Africæ exciderint. Circumcirca MARE ire, olim ATLANTICVM nomine. De Itinerariis Tabulis, esse apud Vegetium libro 3. cap. 6. quæ legi etiam mereantur; & cogitandum videri, an Prouinciarum memoria, cuius P. Victor in Basilica Antoniniana regione circi Flaminij meminit, eò pertineat. De viarum stratura, apud Galenum esse Methodi lib. 9. cap. 8.

Explicando, Velserum imitari erat animus: sed vastum sese & longum ostendit negotium, non vnius tantùm hominis industriam exercere natum, neque protrahenda per eum colorem doctorum desideria.

Porrò si hæc quoque scire referat: Autographum membranaceum est, pelliculis accuratè conglutinatis, latum pedem Augustanum vnum circiter, longum vltra viginti duos: scalptori ad istam mensuram contrahere visum commodius. Litteræ in eo, charactere Langobardico, quem cælo difficulter efformes: sculptor Romanas reddidit. Cetera fidem coluit, sanctè integrè; vt in permultis, quantumuis certis testatisq; erroribus corrigendis, sibi numquam quidquam permiserit, ab exemplari sciens volens nusquam abiuerit. Nec scienti nec volenti, quin oculos ingeniumque maximè intendenti, id interdum
vsu

TABVLA ITINERARIA ANTIQVA.

vſu venire potuiſſe, neque ego dubito, neque quiſquam cui hoc genus mediæ ætatis ſcriptiones cognitæ; in quibus litteras, vi & pronuntiatione diuerſas omnino, figura plerumque non eſt internoſcere. Tu vale bone Spectator boneque Lector, & fruere monumento, cui vtvt crebris næuis reſperſo, nihil par & nihil ſecundum ex Antiquitate reliquum ſupereſt.

TYPOGRAPHVS LECTORI.

Ne *paginæ quarti huius folij vacent, Teſtimonia* Beati Rhenani, Gerardi Noviomagi, *&* Francisci Irenici, *quæ ad hanc Tabulam Itinerariam pertinent, ſubiungo.*

BEATVS RHENANVS
Rerum Germanic. lib. 1. de Francia.

Hvc adde, quòd in Charta Prouinciali, quam apud Chunradum Peutingerum amicum noſtrum Auguſtæ vidimus, ſub vltimis Impp. depictam, & à Celte in quadam Bibliotheca repertam planè veterem, vbi hæc oppida ſic leguntur ab oſtiis Rheni aſcendendo, *Carvo* XIII. *Caſtra Herculis* VIII. *Noviomagus* VI. *Burgiantium* V. *Colonia Traiana* XI. *Vetera* XIII. *Aſciburgium* XIIII. *Noveſium* XVI. *Agrippina*, ſupra Rhenum fluuium, quem linea protracta deſignat; in dextro latere, & à parte Germaniæ hoc vocabulum eſt aſcriptum, F R A N C I A verſus oſtia Rheni verò, hæc nomina leguntur, CHAMA VI QVI ELPRANCI. Item CHAVCI. VAPVLARII. CHREPSTINI.

Libro eodem de Alemannis.

Hoc poſtremò referendum, in Charta Itineraria illa quæ eſt apud Chunradum Peutingerum, trans Rhenum ſupra Tenedonem, Iuliomagum, Brigobannem & Aras Flauias, nemus eſſe depictum cum arboribus, & adſcriptum maiuſculis litteris, SYLVA MARTIANA & ſupra hæc verba, ALEMANNIA In latere verò, è regione Borbetomagi & Brocomagi ſuperadditum, S V E V I A.

Sed poſuit in latere pictor ille, quod trans ſiluam meliùs locaſſet, ni vetuiſſet anguſtia membranæ; & Germanica velut aliena, duxiſſet modicè attingenda, Prouincias tantùm deſcribens.

Libro tertio de Geſſoriaco.

De hoc variæ ſunt coniecturæ: ſed tollit omnem nobis ambiguitatem Charta Militaris, quam apud Chunradum Peutingerum noſtrum Auguſtæ vidimus. In qua ſic ſcriptum, *Geſſoriaco quod nunc Bononia.* Maritimam autem Bononiam intelligit.

GERARDVS NOVIOMAGVS
in Hiſtoria Batauica.

Gorchemvm, non procul à Caſtris Herculis, vnà cum pagis aliquot vicinis, vetus nomen hodie retinet. Ager enim Herculis dicitur, Batauicè, *Dat landt van Arckel.* Horum caſtrorum fit mentio in Charta illa vetuſtiſſima, quæ itinera Romanorum militum, ex Prouinciis nonnullis, depicta continet. Hanc mihi oſtendit Clariſſimus Vir D. Chunradus Peutingerus V. I. Doctor, Patricius ac Cancellarius nobilis Auguſtæ Vindelicorum, qui ſecundus à Celte cognomine ſuo Poëta laureato, patriam ſuam, totamque Germaniam illuſtrare cœpit.

FRANCISCVS IRENICVS
Germaniæ Exegeſeos lib. 9. cap. 6.

Bingvm, *Bingen.* Huius meminit Tacitus, Ptolemæus, Antoninus, & Itinerarium Auguſtanum. * Sacarbantia, *S. Pulten,* huius loci Antoninus ac Itin. Auguſt. fecere mentionem. * Sauaria, *Stein an der Angern,* non *Gretz*, vt quidam volunt, Antonino, Ptolemæo, ac Itinerario Auguſtano teſtantibus. * Artobrigam, *Lechſemind*, à Ptolemæo ac Itiner. Auguſt. dici perſuaſiſſimum habeo, non Ratiſponam. Teutoburgum, *Sena*; vbi ingreditur fluuius Daros in Danubium. De eo loco Ptolemæus, Antoninus & Itiner. Auguſtanum. * Sirmium, *Agria*, apud Antoninum & Itiner. Auguſtanum.

Idem Libro eodem c. 7.

Peruenit nuper ad nos Itinerarium quoddam, vt antiquum, ita feſtiuiſſimum, quod Auguſtanum vocabant, vbi repertum fuiſſe dixe-

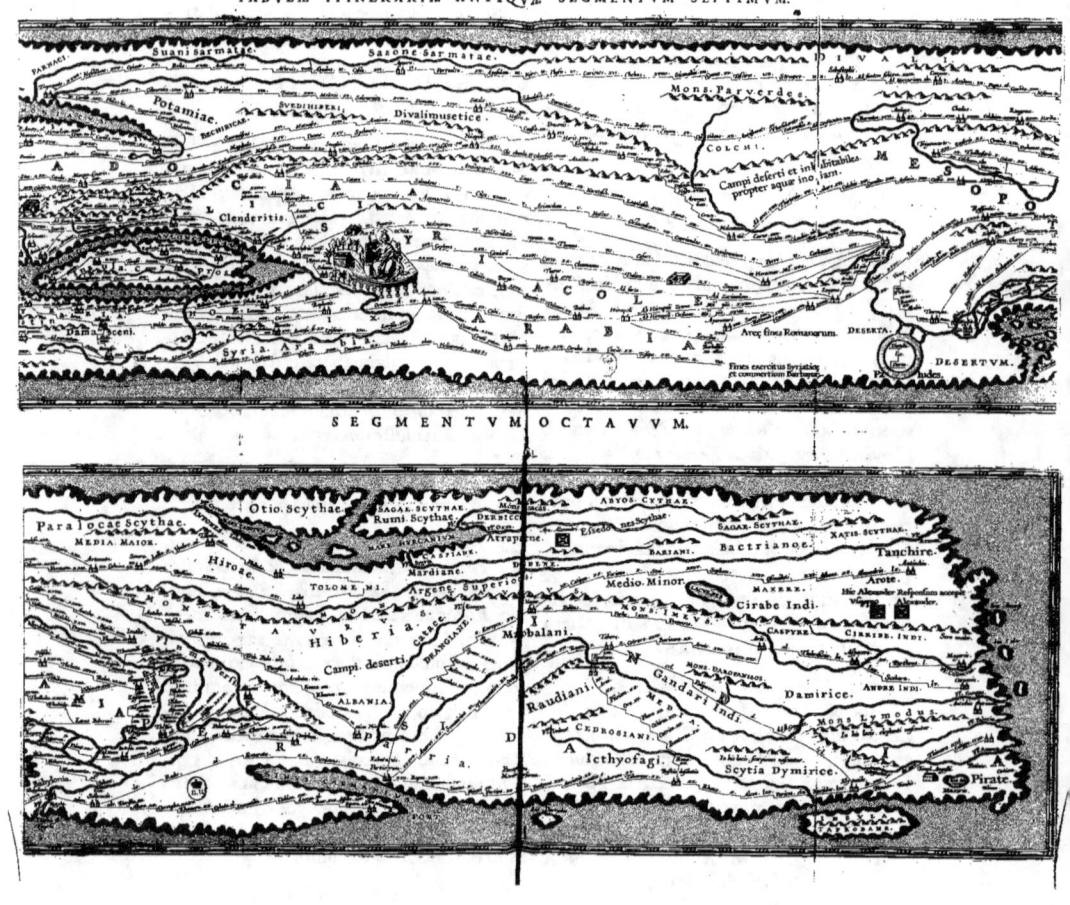

TABVLA ITINERARIA ANTIQVA.

dixerunt. In quo ciuitates Danubianæ continebantur, quascumq; vetustas viderat. Huius igitur vocabula quædam vrbibus Germanicis imposita, licet obscurissima, habita ratione ac supputatione, ita luci protulimus. *Regelspurg* primitus Rhegino ab ipso dicitur. *Patauium* verò Castellum Bolodurum, *Lambach* præterea Monasterium, non longè à flumine Drao, Ouilia ab eo appellatur, ab Antonini verò Itinerario Ouilabis. Carnunto præterea *Peternel* esse iuxta Namburgum coniectauimus. Taurinum simul ab ipso *Mœsiam superiorem* nominari putamus. Vetomanis quoque penes eum *Pettau* valuit, vel locus non longè à Petauione; licet paulò pòst, vbi Pannoniam superiorem describit, Petauionis meminerit. Vindonissam inde *Kingsfeld* significare videtur. *Selestadium* verò nunc Hellum, nunc Heluetum nuncupauit, cuius vocabuli & Antoninus meminit. Pontes præterea Saroi, *Sarbruck*. Argentaria, *Colmar*; Tabernis, *Zabern*; Matricorium, *Metz*; Argentorace, *Argentinam*; Auenticum, *Habelspurg*, Iuuauiam, *Saltzburgam*; Solidurnum, *Soldurn*, coniectura optima ab ipso dici vidimus: quorum vocabulorum vsus tam apud Ptolemæum quàm Antoninum frequens est. Nomina præterea ciuitatum collegit, quæ & nostri sæculi rigorem seruant. Veluti sunt *Colonia, Argentorace, Iuliacum, Fleuio, Nouesum, Bingium, Asciburgum, Nouiomagum, Augusta Treuirorum, Augusta Rauricorum, Confluentia, Bonna, Rigomagus, Moguntiacum, Bregetomagum, Augusta Lyci, Aris Flauis, Lacus Bigrantinus, Sirmium, Mursa, Ponte Drusi, Brigantia, Ulmo*, & reliquarum vrbium appellationes quæ cuilibet priuato constant. Quæ ideò adduximus, vt earum antiquitatem exigeremus, & has totius Germaniæ vetustissimas faceremus. Reliqua in illo Itinerario seposita, successoribus nostris relinquamus.

HISTOIRE
DES GRANDS CHEMINS
DE L'EMPIRE ROMAIN.

PAR NICOLAS BERGIER ADVOCAT
AV SIEGE PRESIDIAL DE REIMS.

A PARIS.
Chez C. MORELL Imprimeur du Roy,
ruë S. Iacques, à la Fontaine.
M. DCXXII.

taria, *Colmar*; Tabernis, *Zabern*; Matricorum, *Metz*; Argentorace, *Argentinam*; Auenticum, *Habelspurg*; Iuuauiam, *Saltzburgam*; Solidurnum, *Soldurn*, coniectura optima ab ipso dici vidimus: quorum vocabulorum vsus tam apud Ptolemæum quàm Antoninum frequens est. Nomina præterea ciuitatum collegit, quæ & nostri sæculi rigorem seruant. Veluti sunt *Colonia, Argentorace, Iuliacum, Fleuio, Nouesum, Bingium, Asciburgum, Nouiomagum, Augusta Treuirorum, Augusta Rauricorum, Confluentia, Bonna, Rigomagus, Moguntiacum, Bregetomagum, Augusta Lyci, Aris Flauis, Lacus Bigrantinus, Sirmium, Mursa, Ponte Drusi, Brigantia, Ulmo*, & reliquarum vrbium appellationes quæ cuilibet priuato constant. Quæ ideò adduximus, vt earum antiquitatem exigeremus, & has totius Germaniæ vetustissimas faceremus. Reliqua in illo Itinerario seposita, successoribus nostris relinquamus.

HISTOIRE
DES GRANDS CHEMINS
DE L'EMPIRE ROMAIN.

PAR NICOLAS BERGIER ADVOCAT
AV SIEGE PRESIDIAL DE REIMS.

A PARIS,
Chez C. MOREL, Imprimeur du Roy
rue sainct Iacques a la Fontaine.
M. DCXXII.

HISTOIRE
DES GRANDS CHEMINS
DE L'EMPIRE ROMAIN,

Contenant l'origine, progrés, & estenduë quasi incroyable des Chemins militaires, pauez depuis la ville de Rome iusques aux extremitez de son Empire.

Où se voit la grandeur & la puissance incomparable des Romains: Ensemble, l'esclarcissement de l'Itineraire d'Antonin, & de la Carte de Peutinger.

PAR NICOLAS BERGIER, ADVOCAT
AV SIEGE PRESIDIAL DE REIMS.

A PARIS,
Chez C. MOREL, Imprimeur du Roy, ruë sainct Iacques, à la Fontaine.
M. DCXXII.
Auec Priuilege de sa Majesté.

AV ROY.

Grands Chemins de l'Empire

En Maroquin

Placez les Cartes au commencement en 4 feuilles separées

es ne

a des

les grands Chemins

raccommoder un peu après les vers ont endommagé !

surpasse autant en grandeur & prerogatiue, qu'eux sont releuez en preeminences sur le reste des hommes. Et quoy que le tiltre que ce liure porte sur le front ne promette pas chose, qui soit si grande à le considerer de premier abord, si est-ce que

AV ROY.

SIRE,

Si les choses Royales ne doiuent estre voüees qu'a des Roys, cét œuure des grands Chemins, que toutes les nations du monde appelleut Voyes Royales, n'a deub passer en public, que souz l'auguste nom de vostre Majesté, veu qu'elle tient le premier rang entre les Roys de la terre : & qu'elle les surpasse autant en grandeur & prerogatiue, qu'eux sont releuez en preeminences sur le reste des hommes. Et quoy que le tiltre que ce liure porte sur le front ne promette pas chose, qui soit si grande à le considerer de premier abord, si est-ce que

* ij

AV ROY.

la beauté & nouueauté de son subject ne laissera, comme ie pense, de le faire bien receuoir, quand tout à coup il fera paroistre, que le Peuple & les Empereurs de Rome, c'est à dire, toutes les puissances de la terre, ne firent iamais vne plus grande, plus incroyable, & plus extraordinaire entreprise. C'est ce qui a faict qu'aux derniers siecles, où la Barbarie auoit estouffé tout ce qu'il y auoit de cognoissance des plus belles choses, plusieurs estonnez de l'estendue immense de de ces Chemins, pauez d'vne maniere extraordinaire à nos iours, & d'vne suitte continuelle & non interrompuë à trauers des grandes Prouinces, en ont attribué l'origine aux Demons, aux Geants, aux Fees, & à la Magie: ne pouuans s'imaginer que tels ouurages peussent tomber souz la commune puissance des hommes. Mais depuis que ces tenebres d'ignorance ont esté esclairees de la viue lumiere des lettres en ce dernier siecle, & principalement en vostre Royaume, Sire, & souz la faueur & liberalité des Roys, predecesseurs de vostre Majesté, l'on a recognu, que ces Demons, ces Geants, & ces Fees, estoient les Consuls, les Preteurs, les

AV ROY.

Cenſeurs, & autres des plus grands Magiſtrats de la republique Romaine: & apres eux les Empereurs meſmes, leſquels n'ont deſdaigné d'aſſiſter quelquefois en perſonne à la conſtruction de ces grands ouurages, encore qu'ils fuſſent paruenus au plus hault degré de puiſſance & de Maieſté, qu'aucuns Princes ou Monarques, qui ayent eſté deuant, ny depuis. C'eſt ce degré qu'Ariſtide auteur Grec diſoit eſtre exempt de la puiſſance tyrannique, & plus hault que la maieſté des Roys: Degré auquel aucũs Roys de la terre n'ont ſceu donner atteinte de ſi prés que les Roys de France. Car on peut remarquer, Sire, & l'aſſeurer ſans flaterie, & ſans vanité, que les ſeuls Roys de France ſont montez & paruenus à ce hault ſommet de grandeur Imperiale en la perſonne de Charlemagne, & de ſes enfans: eſtans paruenus à l'Empire, non par fraude, mais par vertu: non par le tumulte d'vne armee inconſideree, mais par vne voye douce & legitime, vne vocation de Dieu, & vn conſentement vniuerſel de la Chreſtienté, de laquelle ils ont eſté les protecteurs. Cette benediction, Sire, ſemble auoir eſté verita-

AV ROY.

blement attiree du Ciel sur ce Royaume, par les prieres de ce grand Apostre des François sainct Remy, Archeuesque de Reims, qui demandoit incessamment à Dieu (comme il nous l'a consigné dans son testament) qu'en faueur de ce grand & bien-heureux Clouis, de luy, & du sang Royal de France, vinssent à naistre des Roys & des Empereurs, qui fussent à iamais vrais protecteurs de la Chrestienté. A qui donc puis-ie mieux voüer & dedier ce Liure, qu'à vous, Sire, fils & successeur de tant de Roys & d'Empereurs : autant recognu heritier de leur pieté & de leur Iustice, que de leurs grandeurs & seigneuries : Vous, dis-ie, Sire, qui estes Empereur, non enté sur la vieille tige de ceux de Rome par simple ellection: mais par la loy de vostre heureuse naissance, qui vous a faict Roy d'vn si puissant Royaume, Prince souuerain, & independant d'aucune puissance terrienne. Et puis que c'est sous le regne tres-auguste de vostre Majesté que ces grands Chemins, si long temps enseuelis souz la terre, viēnent à se releuer à l'ayde d'vn François, & paroistre de nouueau sur le theatre de la France accom-

AV ROY.

modez à la Françoife, c'eſt de droict qu'ils vous appartiennent, comme à leur Prince naturel, & Seigneur legitime: qui ſeul en pouuez faire renaiſtre les ouurages: & à l'exemple de ces anciens Empereurs, employer la force & l'induſtrie de tant de vos pauures ſubjects perdus d'oiſiueté, à vn œuure ſi neceſſaire: œuure, qui tant en Guerre comme en Paix, ſera tres-vtile à l'aduancement de vos affaires, & au ſoulagement de voſtre peuple. C'eſt icy, Sire, vn ſubject digne d'eſtre par vous reprins, & remis ſus en ce Royaume, lors que Dieu pour ſa gloire, & pour le bien de voſtre eſtat, aura conduit voſtre Majeſté ſur les aiſles de la victoire par tous les endroits de la France: & malgré vos ieunes ans, qui demanderoient vn exercice moins rude, aurez faict quelque choſe de plus, que le grand Henry, pere de voſtre Majeſté, n'a ſçeu faire iuſques à ſes vieux iours; c'eſt à dire, que vous aurez acheué de reünir, comme vous auez miraculeuſement cõmencé, toutes les pieces de voſtre Royaume ſouz voſtre pleine & entiere obeïſſance. Ce ſera lors que vous nous donnerez vne paix certaine, vniuerſelle, & de duree:

AV ROY.

& que suiuant la promesse que Dieu faict au Pere des croyans, estans deliurez de la main de nos ennemis, nous pourrons sans crainte faire seruice à Dieu en saincteté & Iustice, souz la prosperité de vostre regne, tous les iours de nostre vie. Dieu vueille, Sire, couronner vostre aage florissant d'vn si glorieux succez, & vous combler par tout ailleurs d'autant de ses sainctes graces & benedictions que vous en souhaitte,

SIRE,

Vostre tres-humble subject,
& tres-obeïssant seruiteur,
N. BERGIER.

ADVERTISSEMENT
AV LECTEVR.

AMY LECTEVR, C'eſt vn ouurage ſi grand & admirable, que celuy des Chemins militaires de l'Empire de Rome, qu'il meritoit bien d'eſtre tiré de la foule de tant d'autres merueilles que les Romains ont faict, & d'auoir vn liure à part, afin de le faire eſtimer & recognoiſtre pour ce qu'il eſt. Et puis que de toutes les pieces de ce grand Empire ces Chemins, comme abandonnez de tous, me ſont demeurez en partage, ie me ſuis propoſé d'en traitter à plain fond: & d'en remettre au iour non ſeulement la matiere & la forme, comme le corps & l'ame d'vn ſi grand œuure: mais de les reueſtir encores de leurs plus riches habits & principaux ornemens, qui conſiſtent en la diuerſité des edifices ſuperbes & magnifiques qui les bordoient de part & d'autre, tant aux champs comme en la ville. C'eſt le premier & le principal aduis que ie donne à ceux qui me feront l'honneur de lire ce recueil: afin qu'ils ne penſent pas, que diſcourant au long de tant de baſtimens ſacrez & profanes, priuez & publics, l'extrauague hors de mon ſubject: qui n'auroit non plus de grace ſans l'enrichiſſement de ces beautez & raretez, qu'vn corps ſans ſes veſtemens, que nous fuirions de voir en ſa nudité. C'eſt ce qui m'a jetté ſur la fin du ſecond liure, dans le diſcours des Temples, des Sepulchres, des Palais, maiſons des champs, & jardins de plaiſir, qui reueſtoient l'vn & l'autre bord des grands Chemins d'Italie.

a

ADVERTISSEMENT

C'est aussi ce qui m'a faict mettre à part les Rues militaires de la ville de Rome, pour en faire vn liure separé des autres, côme estant composees des plus riches pieces, & des plus brillantes de tout l'ouurage, rassemblees dans la capitale de l'Empire, comme les cinq sens de nature au racourcy de la teste. Plusieurs des anciës & nouueaux Auteurs de l'histoire Romaine, m'ont donné subject d'en vser ainsi, asseurans par leurs doctes escrits, que sur les bords des Chemins militaires il y auoit des Temples, Palais, Arcs de Triomphe, Hippodromes, Sepulchres, & autres superbes bastimens rangez d'vne entresuitte si continuelle, que les estrangers qui alloient à Rome, les voyant si beaux & si frequents, pensoient estre dans la ville, long temps auant qu'ils fussent paruenus iusques aux portes. Quelle apparence donc y auroit-il de passer souz silence tant de beaux edifices, & ne les rendre à nos grands Chemins, côme pieces d'honneur qui leur appartiennent ? Veu que les vestiges & vieilles mazures qui en restent le long des principales voyes d'Italie, apportent encore vn plaisir singulier meslé d'estonnement, à ceux qui les contemplent. Que si par mon discours ie n'en ay sceu releuer le plant assez prés du naturel, pour en fournir aux yeux de l'esprit vne parfaicte Idee, au moins ie m'asseure auoir monstré la voye de mieux faire à ceux qui ont le sçauoir plus grand, & le stile meilleur que moy, qui m'excuseront benignemët, quand ils considereront, que la premiere espreuue d'vne si grande entreprise ne peut estre sans defauts. Quant à la langue Françoise, de laquelle ie me suis seruy pour donner ce petit labeur au public: Ie ne doute pas que plusieurs ne la trouuent comme estrangere à son subject: veu qu'il semble qu'vn ouurage Romain desireroit la langue des vieux Romains, pour paroistre au naïf de sa grace: & pour le communiquer à toutes les Prouinces, esquelles la langue Latine est en vsage. Et à la verité i'eusse suiuy cet aduis, si ieusse pensé tirer cet œuure iusques où ie le voy maintenant. Mais ce qui est cause que ie l'ay faict François, procede d'vne conference qui fut faicte il y a quatre ou cinq ans au cabinet de Monsieur du Lis, Conseiller du Roy en ses Conseils, & son Aduocat general en sa Cour des Aydes, sur le subject du droict de Resue, & de hault

AV LECTEVR.

Paſſage, qui me jetta ſans y penſer ſur le diſcours de quelques Chemins pauez à l'antique ſouz les Empereurs de Rome, qui paroiſſent encor entiers en maints endroicts de la Gaule Belgique, où ils ſont recognus ſouz le nom de Chemins ferrez, ou chauſſees de Brunehault: & qui de diuerſes contrees, tant de la France, que du pays Bas, viennent aboutir à la ville de Reims, lieu de ma naiſſance. Ie luy fis ouuerture de ce que i'auois leu dans l'hiſtoire Romaine, ſur le ſubject de ces haults Chemins, particulierement d'vn paſſage de Strabon, qui ſe trouue ſur la fin de ſon quatrieſme liure: où il dit, qu'ils ont eſté cōmencez par Agrippa, gendre d'Auguſte Cæſar, en la ville de Lyon: d'où, cōme de leur centre, il les auoit conduit à l'enuiron d'vn ouurage continuel iuſques aux extremitez des Gaules. I'adiouſtay que i'auois appris d'ailleurs, que tous les tributs, peages, & gabelles qui ſe leuoient tous les ans par les Empereurs de Rome ſur les Gaules, ſe portoient en la ville de Lyon: où ſe leuent encor pour nos Roys ces droicts de Reſue, hault Paſſage, & autres traites foraines & domaniales, ſur les marchandiſes qui y ſont conduictes par charroy ſur ces Chemins pauez. Et d'autant qu'ils ſont quaſi par tout haultement releuez ſur les terres voiſines, qu'il ſe pouuoit faire, que les impoſts qui ſe prennent ſur ces marchandiſes, en ayent eu le nom de Hault Paſſage. Ce que ie diſois, non par aucune ſcience ou auctorité, mais par ſimple coniecture. Comme donc il euſt pris quelque plaiſir au recit de ces Chemins ainſi releuez, & pauez à trauers vne ſi grande Prouince, Il me pria de luy mettre par eſcrit ce que ie luy en auois dit de viue voix. Ce que ie fis tres-volontiers: & penſois en eſtre quitte pour deux ou trois heures au plus, bien eſloigné du deſſein d'en faire vn iuſte volume. Et d'autant que i'eſcriuois ſur vn ſubject de mon pays, duquel ie ne penſois iamais publier aucune choſe, ie me ſeruis de la langue de mon pays. Cet eſcrit s'accreut inſenſiblement entre mes mains, la memoire me ſuggerant beaucoup de choſes, qu'autrefois i'auois leu ſur les Voyes militaires de Rome & d'Italie. Et quoy qu'il ne fuſt encore acheué à ma fantaiſie, ie ne laiſſay de le preſenter tout ainſi qu'il eſtoit audit ſieur

ADVERTISSEMENT

du Lis, pour luy faire paroistre que i'auois eu memoire de la promesse que ie luy en auois faicte. Il n'eust pas plustost leu cette piece imparfaicte, qu'il pensa que ce subject meritoit bien vn œuure à part, & plus entier: & me dit que ce n'estoit pas assez d'escrire des grands Chemins de la France: qu'il falloit en aller puiser les commencemens iusques dedans Rome, où est leur premiere source: & les conduire de là, còme longs canaux, par toutes les Prouinces de l'Empire: que c'estoit vn dessein non iamais entrepris, lequel les Auteurs anciens & nouueaux auoient oublié, ou plustost apprehendé: dont les pieces neantmoins meritoiët bien d'estre recherchees & rassemblees en vn, pour les faire voir d'vn seul traict d'œil comme en vn tableau raccourcy: ce que l'auteur de l'Itineraire d'Antonin sembloit auoir voulu faire, mais auec beaucoup de confusion & defectuosité: m'exhortant dés lors serieusement à cette entreprise. Or quoy que ie recognusse assez, que ie n'auois pas la suffisance requise pour vn œuure de si grands poids, & que ie peusse m'excuser sur l'histoire de Reims, ia de long temps par moy commencee: si est ce que les loix de l'amitié sincere qu'il me portoit dés lors, me forcerent de luy promettre d'en faire vne espreuue. Et m'ayant asseuré que le stile estoit assez net & aggreable, il me conseilla de l'acheuer au mesme langage que ie l'auois commencé: adioustant que ce seroit vn honneur à la France: puis que l'œuure estoit nouueau, & non tenté par les autres nations, de le faire sortir au iour par vn François, reuestu à la Françoise: Que les plus sçauans des peuples estrangers ont d'oresnauant nostre langue tant à plaisir, qu'il ne lairroit d'estre le bien venu chez eux: & que le bien qui en reuiendroit parmy nous en seroit plus commun & plus vniuersel, la France ne manquant de beaux esprits & curieux de l'antiquité, qui n'ont pas vne entiere cognoissance de la langue Latine: & que ce seroit dommage de leur soustraire cette nouueauté souz vn langage incognu. Finalement, que ce subiect portoit auec soy beaucoup de mots Grecs & Latins assez difficiles & extraordinaires: & que l'on seroit bien aise de les voir interpretez en nostre vulgaire François. Sur cet aduis fondé en raison, ie repris l'ouurage pour le remanier de nou-

AV LECTEVR.

ueau; & me deliberay dés-lors de le traitter en l'ordre, auquel vous le voyez maintenant digeré. Voila benin Lecteur, le petit grain de semence, duquel l'arbre des grands Chemins de l'Empire s'est esleué: & comme du cabinet dudit sieur du Lis, sur vn discours faict à l'aduäture, il est venu en quatre ou cinq ans à jetter ses branches de tous les costez du monde. En sorte, que ie puis dire auec beaucoup de raison, que cet œuure est plus sien, que mien. Premierement, pour ce qu'il en a faict naistre l'occasion: & que par son iugement il a tiré de mon esprit ce que ie ne iugeois pas y estre: à la façon de Socrate, qui se comparoit à vne sage femme, disant qu'il auoit l'art de tirer la science des esprits, comme les sages femmes les enfans du ventre de leurs meres. En second lieu, me l'ayant faict entreprendre, il m'a mis en main par ses graces & liberalitez, tout ce qui m'estoit necessaire pour le faire esclorre. Car faisant plus que ne fit iamais Mecenas aux gens de lettres de son temps, il ne m'a pas seulement aydé de ses moyens, mais de ses inuentions & de ses liures: & qui plus est, de ses bons amis, qui n'ont desdaigné de mettre la main à cet enfant spirituel, chacun le reuestant de sa piece. Bref, c'est le premier mobile qui a baillé le branfle à l'entreprise, & emporté auec soy d'autres sphæres celestes, lesquelles par la douceur & benignité de leurs gracieuses influences ont faict croistre ce petit germe iusques à sa iuste & naturelle grandeur. Ces sphæres ne sont autres que quelque nombre des plus beaux esprits de ce siecle, qui illuminent la France, & toutes les nations de l'Europe par la viue lumiere de leur doctrine: Ce fut Monsieur de Peiresc, Conseiller du Roy en sa Cour de Parlement d'Aix en Prouence, qui se laissa des premiers emporter au mouuement de ce premier ciel: Car Monsieur du Lis luy ayant communiqué la masse informe de cet ouurage, il en approuua le dessein: Et comme ie n'allois du commencement qu'à tastons apres vn subiect qui m'estoit si noûueau, ce fut luy, qui à la façon d'vn autre Iupiter, esclaira mes pas de sa salutaire splendeur, de laquelle il esclaire aux plus sçauans de toute la Chrestienté, ayant auec eux cognoissance & amitié par le commerce des lettres. Ce fut luy qui m'aduisa le premier de la Carte de Peutinger, qui est si ne-

AV LECTEVR.

cessaire à l'intelligence de cet œuvre, que ie conseille à tous ceux qui le voudront entendre, & y penetrer iusques à la moëlle, de l'auoir auec cet ouurage: l'vn monstrant aux yeux par la pourtraicture, ce que ce liure enseigne par l'escriture. Puis ce fut luy auec ledit sieur du Lis, qui me firent auoir la cognoissance de Monsieur Dupuy, Aduocat en la Cour, qui conuie par sa courtoisie, & attire par sa franchise tous les plus rares esprits de nostre France. Par son moyen i'ay conferé auec des plus sçauans hommes de nostre aage, qui m'ont faict l'honneur de jetter les yeux sur cet auorton. Et certes ie serois trop ingrat de taire le secours que Dieu, premier auteur de tout bien, m'a presté, me suscitant les bonnes volontez de ces hommes sçauants & vertueux: & les poussant à vser d'vne courtoisie si gratuite en mon endroict: Mais principalement ledit sieur Dupuy, qui a tant de fois eu la patience de m'ouïr, consultant des principales matieres de ce mien labeur: & qui a pris la peine de le voir d'vn bout à l'autre: Et ce faisant m'a donné plus de hardiesse de l'exposer en public: & m'a induit à croire, qu'il y auoit quelque genie en cet ouurage qui pourroit plaire aux sçauants & iudicieux, puis qu'il daignoit luy faire cet honneur, de le lire & examiner tout entier. Ainsi veux-ie bien que l'on sçache, que s'il y a quelque chose en ce petit œuure, qui puisse plaire ou profiter, elle ne vient pas de moy seul, mais de ceux qui ont daigné contribuer à mon trauail. Et quant aux faultes ou defaux qui s'y remarqueront, ils ne sont à partager auec autre, qu'auec moy-mesme: & ne procedent que de ma seule insuffisance. I'ay donc pris peine de la couurir souz l'autthorité des historiens Grecs & Latins, les tesmoignages desquels i'ay quasi partout allegué en leur entier. Et quoy que cette maniere d'escrire nuise fort à la beauté, & à l'elegance du stile François, si souuent interrompu par allegations estrangeres: toutesfois escriuant d'vne chose nouuelle, & en beaucoup de poincts comme miraculeuse & incroyable, i'ay pensé que pour faire foy de mon dire, il estoit plus à propos de rompre mon style, y inserant les paroles des autres, que de parler plus elegamment sans preuues & sans auctorité. C'est ce qui m'a engagé à cotter en marge les Liures & Chapitres de ceux

AV LECTEVR

que ie prends pour garands, le plus diligemment qu'il m'a esté possible. Que si vous y trouuez beaucoup d'auteurs Grecs citez en langue Latine, ie l'ay faict ainsi pour rendre ces autoritez communiquables à plus de gens: m'estant apperceu qu'Onuphrius Panuinus, Iustus Lipsius, & vne infinité d'habiles hommes, n'ont desdaigné d'en faire de mesme. Ie l'ay faict aussi pour abbreger matiere, & aduancer l'impression de ce Liure, ia par trop attendue. Impression, dis-ie, que ie donne au public, comme Appelles ses tableaux: & comme pour seruir d'vne copie au net, sur laquelle ie puisse receuoir les aduis de tous ceux, qui me feront tant de bien & de courtoisie, que de m'aduertir de mes fautes, pour les corriger.

PREFACE.

C'EST chose resoluë entre ceux qui sont versez en l'Histoire, que l'Empire de Rome a surpassé tous les autres en grandeur, en generosité, & magnificence. Il est superflu d'en rapporter les tesmoignages des Romains, qui seroient infinis, mais suspects, pour l'amour que chacun porte à son païs. Vn seul passage d'vn Grec me suffira, qui porte, *Que celuy qui iettera les yeux de son entendement sur les anciens Empires, tant des Nations entieres, que des Villes qui ont eu quelque reputation: Et qui viendra à les considerer les vns apres les autres, les conferer ensemble, & prendre la peine d'examiner qui est celuy de tous, qui se soit acquis vn plus ample domaine, & qui ait faict de plus belles choses, soit en paix, soit en guerre: il verra que l'Empire Romain a laissé bien loing derriere soy tous ceux dont la memoire est paruenue iusques à nous: non seulement si on considere l'estendue de sa domination, & l'excellence de ses beaux faicts: mais aussi la longueur de temps qu'a duré cet Empire.* C'est la confession volontaire d'vn homme Grec, qui a dict aussi, que iusques à son siecle il ne s'estoit encore trouué personne, qui eust escrit de ses magnificences auec tel honneur & dignité qu'elles meritent.

Et à vray dire, cela se trouuera de facile croyance, soit que l'on consideré le nombre de ses citoyens, la vertu de ses gens de guerre, ses richesses incomparables, les

Plin. c.40, lib.7.

Dionys. Halicarnass. Antiquitat. Roman. lib. 1.

PREFACE.

ouurages magnifiques, la Iustice de ses Loix, & l'ordre admirable de sa Police : Mais particulierement si on a esgard aux merueilles qui se sont veües dans la seule ville de Rome; qui ont esté si grandes & si ordinaires, qu'elle en a eu le nom de Chef du Monde, Reine [a] de la Mer & de la terre : Deesse [b] des nations, qui n'a semblable ne seconde : Retraitte des Roys, Oeil & fleur de l'Italie, Lumiere des peuples, la plus belle [c] des choses, & l'abregé de [d] l'Vniuers.

Ammian Marcellin, descriuant l'entree de Constance Empereur dans la ville de Rome, dict qu'en quelque part que cet Empereur addressast sa veüe, il ne voyoit que merueilles, dont la multitude luy esbloüissoit les yeux : en sorte que la premiere chose sur laquelle il s'arrestoit, il croyoit que ce fust la plus excellente de toutes. *Quicquid erat primum, id eminere inter alia cuncta sperabat.*

Pline parlant des bastimens & structures admirables qui estoient à Rome de son temps, les appelle *des miracles*, en chacun desquels Rome a surmonté tout le monde : De sorte que qui les voudroit rassembler en vn, Il sembleroit que ce fust vn monde assemblé en vn seul lieu. *Ad Vrbis nostræ miracula transire conuenit*, dit-il, *& sic quoque terrarum orbem victum ostendere. Quod accidisse toties pene, quot referentur miracula, apparebit. Vniuersitate vero aceruata, & in quendam vnum cumulum collecta, non alia magnitudine exurget, quàm si mundus alius quidam in vno loco narretur.*

Ceux qui d'entre les Grecs ont escrit des temps plus anciens, ont remarqué seulement sept ouurages, ausquels ils ont donné le nom de *Merueilles du Monde*. Sçauoir le le Temple de Diane en la ville d'Ephese : le Sepulchre de Mausolus au Royaume de Carie : le Colosse du Soleil en l'Isle de Rhodes : la Statue de Iupiter Olympien, faicte par Phidias : la Maison du Roy Cyrus, que Memnon fabri-

[a] *Dionys. Halic. li. 1.*
[b] *Martialis Terrarum dominā Gētiumq, Dea Cui par est nihil, & nihil secundū.*
[c] *Virg. 2. Georg. & rerum facta est pulcherrima Roma.*
[d] *Apud Atheneum.*

Marcell. lib. 16. n. 6.

Lib. 36. nat. Hist. c. 15.

PREFACE.

qua: les Murailles de la ville de Babylone, & les Pyramides d'Egypte: Mais qui croira que ces ouurages soient les plus admirables de tous, quand il aura veu tant de merueilles rassemblees dans vne seule ville? *Habuerunt honores septem illa fabricarum miracula*, comme parle Cassiodore, *quia præcesserunt tempore: & in rudi seculo quicquid emersisset nouum, per ora hominum iure ferebatur eximium. Nunc autem posset esse veridicum, si vniuersa Roma dicatur esse miraculum.*

Ce qui n'est pas seulement veritable, si on prend l'ancienne ville de Rome en son tout, mais aussi si on la considere en ses parties: Car si l'on prend garde au nombre & à la structure des Temples, des Amphitheatres, des marchez & places publiques, des bains, des fontaines: & autres edifices tant publics que particuliers, tant sacrez que profanes, enrichis de colomnes, de statues de bronze & de marbre, de peintures, & autres ornemens sans nombre: on iugera tout aussi tost, que le monde n'a rien veu de semblable, attendu qu'autant d'ouurages qu'il y auoit, c'estoient tout autant de miracles.

Ammian Marcellin remarque ceux-cy comme les principaux, *Iouis Tarpeij delubra quantum terrenis diuina præcellunt: Lauacra in modum Prouinciarum extructa, Amphitheatri molem solidatam lapidis Tiburtini compage: ad cuius summitatem ægrè visio humana ascendit, Pantheon velut regionem teretem speciosa celsitudine fornicatam, elatosque vertice scansili Suggestus, Consulum & priorum Principum imitamenta portantes, & Vrbis forum, Templumque pacis, & Pompeij Theatrum, & Odeum, & Stadium: Traiani Forum, singularem sub omni cœlo structuram, etiam Numinum assentione mirabilem, ob Gyganteos contextus, omni huiusmodi quicquam conandi spe depulsa.*

Lib. 16. n. 6.

Que si des ouurages de main, vous venez à ceux de l'esprit: tels que sont les Loix & la Police instituee par les Romains pour l'entretenement d'vn tel Empire, vous

PREFACE.

verrez que Virgile a fort bien dict, que l'art de regir, commander, & policer le monde, estoit le vray mestier du peuple Romain:

Tu regere Imperio populos Romane memento:
Hæ tibi erunt artes.

C'est donc à iuste tiltre, que Claudian a nommé la ville de Rome, *Armorum legumque parentem*: Sidonius Apollinaris, *verticem mundi*: Iules Frontin, *Reginam ac dominam orbis*. Et que Properce a dict, qu'il faut que tous les miracles du monde façent hommage à la terre, sur laquelle la ville de Rome est assise: d'autant qu'en ce peu de place la nature a mis & recueilly tout ce qu'elle a dispersé de beau & de rare par le reste du monde.

Omnia Romanæ cedant miracula terræ.
Natura hic posuit quicquid vbique fuit.

Mais encore que tous les ouurages de la ville de Rome soient tels, que les comparant les vns aux autres, il soit bien difficile de dire lequel de tous est le plus admirable: si est-ce qu'il y a bien de la difference entre ceux qui sont faits pour l'vtilité & necessité, & ceux qui ne sont que pour le plaisir & la volupté. Les Theatres, Amphitheatres, Bains, Colomnes, Obelisques, & autres tels ouurages, ne pouuoient estre prisez suyuant leur valeur & magnificence. Tout cela neantmoins n'estoit principalement que pour donner contentement aux yeux: Mais il y auoit d'autres œuures, esquels l'vtilité combatoit auec la magnificence, & la necessité auec la grandeur de l'entreprise & de la despense.

Lib. 5.
Geogr.

Tels sont trois sortes d'ouurages, que Strabo dict auoir esté negligez par les Grecs, quoy que curieux & subtils en inuentions: qui ont esté pratiquez par les Romains auec vne despense si profuse, & vne magnificence si sumptueuse, qu'ils excedent tout ce qui fut iamais entrepris

PREFACE.

de grand & de magnifique au reste de la terre. Ces trois ouurages sont les Aqueducs, les grands Chemins, & les Cloaques. Ce que Denys de Halicarnasse a confirmé, & laissé par escrit, apres auoir vescu vingt ans dedans Rome souz l'Empire d'Auguste: & apres auoir eu tout loisir de contempler ce qui y estoit d'admirable. Voicy donc comme il en parle: *In tribus magnificentissimis operibus Romæ, & è quibus maximè apparent illius Imperij opes, pono Aquæductus, Viarum munitiones, & Cloacarum structuras. Neque id solum ad vtilitatem eiusmodi operum respiciens: sed etiam ad impendij sumptuumque modum.* Lib. ji

Et si cet Autheur n'est pas seul qui en faict ce iugement: Car prenant ces trois genres d'Ouurage à part, on trouue que les Autheurs les plus iudicieux en ont iugé tout de mesme. I'en produiray quelques tesmoignages, & commenceray par celuy des trois ouurages qui semble estre le plus vil & le plus abiect de tous.

Pline en son histoire naturelle, parlant des Cloaques, esgouts, ou fosses soubterraines, qui seruoiét à purger les rues de la ville de Rome de leurs immondices, dict, que c'est la plus haulte entreprise qui fut iamais faicte: & que l'on admire, comme pour les faire on a peu percer & enfoncer les montagnes, & rendre en ce faisant la ville de Rome quasi suspendue en l'air: de sorte que comme a escrit Strabo, l'on pouuoit aller par batteaux au dessouz de toutes les rues, ces Canaux estans de telle largeur & haulteur, qu'vn char de foin y pouuoit facilement passer. Pline adiouste qu'Agrippa y feit dresser sept conduits d'vne eau si roide, qu'elle emportoit ordinairement comme vn torrent tout ce qu'elle rencontroit. Et neanmoins que depuis le siecle de Tarquinius Priscus, qui les auoit faict, iusques à son temps, c'est à dire, en l'espace de huict cens ans & plus, on ne s'apperceuoit que l'eau eust sceu

Lib. 36. cap. 15.

Lib. 5.

ã iij

PREFACE.

miner vn seul coing de leur massonnerie, & ny voyoit-on aucune decadence.

Cassiodore dict que ces fosses souzterraines donnoient tel estonnement à ceux qui les voyoient, qu'elles surpassoient aisément tout ce qu'il y a de miracles és autres Citez de l'Vniuers: De sorte que par la structure d'icelles on pouuoit entendre la grandeur de la puissance Romaine: Et les appelle *Splendidas Romanæ ciuitatis Cloacas, quæ tantum visentibus conferunt stuporem, vt aliarum ciuitatum possint miracula superare.* Puis il adiouste: *Hinc Roma singularis, quanta in te sit potest colligi magnitudo. Quæ enim vrbium audeat tuis culminibus contendere, quando nec ima tua possint similitudinem reperire?*

Ces Autheurs ne sont pas plustost sortis de la consideration de ces grandes & larges fosses souzterraines, pour entrer en celle des canaux qui seruoient à conduire des fontaines de bien loing dans la ville de Rome, qu'ils appelloient des Aqueducs: que rauis d'vne nouuelle admiration, & comme ne se souuenás de ce qu'ils auoient escrit, ils viennent à dire que la structure des Aqueducs est la plus miraculeuse de toutes les autres.

Pline parlant de ceux que Q. Martius Rex, feit venir dedans Rome, dict qu'à les bien estimer ce sont des miracles inuincibles: *Vera æstimatióne inuicta miracula*, à raison des montagnes qu'il auoit fallu percer, & des structures plus que de Geants qu'il auoit fallu faire pour la perfection d'vn tel ouurage: le tout dans l'annee de son Edilité. Puis venant aux Aqueducs de Caligula & de Domitian, dict, que si on veut bien considerer la grande quantité d'eau qui en vient, & en combien de lieux elle sert tant en public qu'en particulier, és estuues, aux viuiers, és cuisines, és ruisseaux seruants à arroser jardins, tant aux champs qu'en la ville: Et que d'ailleurs l'on regarde la longueur du chemin

PREFACE.

que prend ceste eau, & le grand nombre d'arcs qu'il a fallu faire pour la conduire, & les montagnes qu'il a fallu percer pour donner passage aux conduits, & les vallees qu'il a fallu applanir: on confessera (dit il) qu'il n'y eust oncques entreprise plus haulte ny plus admirable en toute la terre que celle là.

Quant à l'abondance des eaux, voicy ce que Strabo en escrit. *Tanta autem per Aquæductus aquarum vbertas influit, vt per vrbem atque Cloacas amnes inundare videantur: & vniuersæ propemodum ædes subterraneos meatus, siphones, & fistulas venosas habeant.*

Leandre Albert, qui a consideré ce qui reste de ces Aqueducs iusques à ces derniers siecles, dict que quiconque ne les aura veu, n'en pourra iamais croire la magnificence: Et que l'esprit de l'homme ne conceut iamais rien de si terrible & admirable entreprise: & que pour les faire & parfaire, tout le monde d'auiourd'huy ne seroit pas suffisant. *Nec enim maius quicquam excogitari posse humano ingenio arbitror, quàm quod hic Romani effossis tanto spatio montium visceribus fecerunt, ad quæ patranda nunc totus orbis infirmus videatur.*

De sorte que Frontinus a eu raison de dire, qu'és Aqueducs consistoit la marque principale de la grandeur & puissance de l'Empire Romain: & que la garde & conseruation de tels Ouurages, meritoit vn grand soing & solicitude, *Rem enixiore cura dignam, cum magnitudinis Romani Imperij præcipuum sit indicium.* *Lib.2. de Aquæductibus.*

Cassiodore nous tesmoigne, que s'il y eut oncques Ouurage auquel l'excellence de la structure ait esté ioincte à l'vsage & vtilité publique, c'est principalement en la fabrique des Aqueducs, & en faict comparaison auec les plus beaux edifices de Rome, lesquels pris à part il dict estre autant de miracles. *Traiani forum vel sub assiduitate vi-*

PREFACE.

dere miraculum est: Capitolia celsa conscendere, hoc est humana ingenia superata vidisse. Sed nunquid per ea viuitur, aut corporis salus aliqua inde delectatione recreatur? In Formis autem Romanis vtrumque præcipuum est, vt fabrica sit mirabilis, & aquarum salubritas singularis.

Il y auoit quatorze Aqueducs à Rome, dont les conduits faicts en voulte estoient si grands & si haults, qu'vn homme de cheual y pouuoit aifément passer. Et si ces canaux en plusieurs endroits estoient comme suspendus en l'air par vn grand nombre d'arcades, plusieurs desquels auoient cent neuf pieds de haulteur: ausquelles Iules Frontin dict, que les Pyramides d'Aegypte n'estoient nullement comparables. *Tot aquarum tam multis necessarijsque molibus Pyramides videlicet otiosas comparem: aut cætera inertia, sed fama celebrata opera?*

Aussi Rutilius considerant la multitude & la haulteur des arcades seruants aux Aqueducs, les appelloit Oeuures de Geants.

Itinerarij lib. I.

Quid loquar aërio pendentes fornice riuos,
Quâ vix imbriferas tolleret Iris aquas?
Hæc potiùs dicas creuisse in sydera montes.
Tale Giganteum Græcia laudat opus.

Et faut à la verité confesser, que ces deux sortes d'Ouurages estoient admirables: Mais si on vient à les comparer auec les grands Chemins que le peuple Romain & les Empereurs ont faict, tant en Italie qu'és Prouinces, ils viendront à paroistre bien peu de chose.

Ce qui se trouuera veritable, soit que l'on considere la quantité incroyable des marbres, pierres, quarreaux, blocailles, cailloux, descombres, chaulx, sable & arene employez aux grands Chemins: le tout conduit & charroyé de bien loing. Soit que l'on prenne garde aux Montagnes percees ou tranchees, aux collines applanies, aux valees rehaussees,

PREFACE.

rehauffees, aux maraiz deffechez, aux fondrières comblees, *Strabo lib.*
Cernere licet stratas in agro Vias excisis ad hæc collibus, exaggeratis vallibus, vnde nauigiorum onera plaustris exciperentur. Soit que l'on porte les yeux à la magnificence des Ponts qui les continuoient, des Ports qui les finissoient : aux bastimens des Postes & des Gistes qui les accompagnoient, aux Colonnes inscrites qui les mesuroient, à la façon qui les affermissoit contre les siecles, & les rendoit durables cótre les efforts du charroy de quinze & seize cens ans. Soit que l'on regarde l'vtilité publique en la conduite des armees & des armes, au charroy des marchandises, à la facilité d'enuoyer des nouuelles en peu de temps de la ville de Rome iusques aux confins de l'Empire, & d'en receuoir auec mesme commodité par le moyen des Postes establies sur iceux : à la police excellente qui regloit ces Postes, à la dignité des Autheurs des grands Chemins, & des Commissaires establis pour leur entretenement & reparation, aux sommes d'argent sans nombre, & à la multitude des hommes qui ont esté employez aux ouurages d'iceux : Certes on trouuera que l'esprit humain ne conçeut, & la main n'acheua iamais vn plus grand œuure : de l'entreprise duquel le seul Empire de Rome estoit capable : & auquel il a faict paroistre l'extremité de sa puissance.

Que si vous adioustez à tout cela le nombre d'iceux & leur estendue, ce sera chose surpassante toute admiration. Les Cloaques n'excedoient en leur estendue l'enceinte de la ville de Rome. Les Aqueducs n'estoient que quatorze en nombre, selon Procopius : ou vingt, si l'on croit à Pub. Victor : & n'estoient conduits dedans Rome que de cinq à six lieües loing, excepté le seul Aqueduc de Claudius, que Pline dict auoir eu son commencement à vingt lieües de Rome. Mais que sera-ce de tout cela, si on en faict comparaison à la multitude & à l'estendue des grands Chemins? Car ayans leur commencement & racine primitiue au beau milieu de la ville de Rome, où estoit planté le *Milliarium aureum*: ils viennent à s'estendre de toutes parts à trauers l'Italie, & de là se continuer de port en port, ou de terre en terre, iusques aux extremitez de ce grand Empire: ne plus ne moins que lignes qui du centre d'vn cercle s'estendent de tous costez à la circonference. Par le moyen desquels Chemins comme par certains nerfs, veines, & arteres, la ville de Rome, chef de cet Empire, donnoit vie & mouuement à toutes ses Prouinces, tout ainsi qu'à ses membres: & receuoient d'elles le seruice & le secours que les membres doiuent naturellement à leur chef. Bref, l'vsage & l'vtilité d'iceux estoit correspondante à la grandeur des frais & de l'entreprise.

Les Pyramides d'Ægypte ont esté faictes auec beaucoup d'hommes, de temps, & de despence: & ne sont toutesfois reuenues à autre vsage ou proffit, que d'auoir seruy de tombeaux à quelques Roys Aegyptiens. Et en peut-on dire autant du Mausole de Carie, du Colosse de Rhodes, & de quelques autres ouurages des sept Merueilles du monde, qui ne seruoient gueres à autre chose qu'à repaistre les yeux des curieux, qui admiroient ou la masse ou l'artifice de tels œuures, demeurans quant au reste sans aucun vsage remarquable. Mais il n'en est pas ainsi de nos grands Chemins. Peu eust seruy à la ville de Rome d'auoir assubjetty souz sa puissance tant de Royaumes, de Prouinces, & de Nations: & d'auoir receu au nombre de ses Citoyens les habitans de toutes les Prouinces subjettes à l'Empire, comme feit Antonin le Debonnaire: si elle n'eust eu quelque moyen de les vnir ensemble: & de tant de pieces differentes en mœurs, en humeurs, & en langues, n'en faire qu'vn corps d'Empire

PREFACE.

ferme & solide en son assemblage.

A quoy faire, outre ses belles Loix & Police admirable, ses grands Chemins n'ont pas seruy de peu, pour la facilité & promptitude qu'ils apportoient à l'execution de ses mandemens, & transport des choses qui luy estoient necessaires.

Car ces Chemins estoient comme certaines grandes rues, par le moyen desquelles, & du rapport qu'elles auoient auec Rome, tout le monde sembloit auoir esté changé en vne seule ville, pour la facilité qu'ils donnoient lors de courir de l'vn des bouts du monde à l'autre, souz la domination d'vn seul, sans aucune crainte. A quoy se rapporte ce que dict Rutilius Gallicanus parlant à la ville de Rome,

Fecisti patriam diuersis gentibus vnam:
Profuit iniustis te dominante capi.
Dumque offers victis proprij consortia iuris,
Vrbem fecisti quòd priùs Orbis erat.

Itinerarij lib. I.

Ou plustost Rome pauant ses grands Chemins tout ainsi que ses Rues, & les dilatant iusques aux extrémes recoings de son Empire, sembloit auoir changé sa nature & condition de ville, en celle d'vn Monde entier. Ce que l'on peut dire auec raison, si l'on considere que par le benefice de ces grands Chemins, tout ce que les saisons de l'annee produisoient, tout ce que chacune Region engendroit, tout ce que les Mers, les Riuieres, & les Lacs portoient de meilleur, tout ce que les Arts des Grecs & des Barbares pouuoient faire de plus rare, & de plus excellent en toutes sortes d'ouurages, estoit mené & conduit à Rome par ce moyen. De sorte que comme dict Aristides, la ville de Rome en estoit deuenue comme la boutique commune de toute la terre. Et Seneque à ce propos : *Considerate hanc ciuitatem, in qua turba per latissima iti-*

é ij

PREFACE.

nera sine intermissione defluens eliditur, in qua consumitur quicquid terris omnibus aratur.

C'est ce qui incita le doux & inuincible Trajan, de trauailler auec tant de diligence à la reparation des grands Chemins de son Empire: Duquel Pline second parlant en son Panegyrique, dict ces mots fort notables: *Nec vero ciuiliùs Pompeius, quàm Parens noster authoritate, consilio, fide reclusit Vias, portis patefecit, itinera terris, littoribus mare, littora mari reddidit : diuersasque gentes ita commercio miscuit, vt quod genitum esset vsquam, id apud omnes natum esse videretur.*

Que si les grands Chemins de l'Empire Romain, propres à tant de commoditez, & publicques & particulieres, eussent esté faicts au temps de la Grece florissante, comme ils ont esté faicts au temps de la Grece perissante, non seulement on les eust mis pour huictiesme Merueille: mais pour l'vnique Merueille du monde. Et à la verité, c'est encores vne autre merueille, qu'il ne se soit iusques à present trouué personne, qui ait par liure exprés donné ceste merueille à cognoistre: Car comme ainsi soit, que plusieurs hommes sçauans, & des siecles passez, & du present, ayent escrit, les vns des Dieux & Religion, les autres des Loix & de la Police, tant Ciuile que Militaire: les autres des Magistrats, les autres des Theatres, Amphitheatres, Temples, Palais, & Porticques, les autres de quelque autre subjet particulier de l'Empire & de la ville de Rome: Neantmoins ie ne voy persone qui ait entrepris de traiter des grands Chemins à plein fond, & par vn œuure à part & separé: Car encor que Onuphrius Panuinus, Iustus Lipsius, & aucuns autres y ont donné quelques atteintes en aucuns endroits de leurs œuures: Si est-ce qu'ils n'en ont parlé que comme en passant. Et y en a peu d'entre eux, qui traittans de ceste matiere, ayt excedé les limites d'vn

PREFACE.

Chapitre. Et quoy que ces grands Chemins soient exposez à nos yeux, & frayez de nos pieds, si est-ce que nous faisons en cela comme les Villageois, qui voyans passer vn grand Fleuue par leur village, sçauent bien s'en seruir au besoing, & en tirer des commoditez : mais ils ne se mettent pas en peine de s'enquerir, ny de l'endroit où il prend sa source, ny de celuy où il faict sa descharge.

Que s'il est ainsi que ceux qui se sont mis à considerer les Chemins de leurs Prouinces particulieres, ont pensé que c'estoient œuures de Demons ou de Geants, ne croyans pas qu'il y eust rien de pareil au reste du monde, ny que ce fussent ouurages d'hommes communs & ordinaires : En quelle admiration eussent ils esté rauis, s'ils eussent sçeu que ces Chemins s'estendent depuis les extremitez Occidentales de l'Europe, & de l'Affrique, iusques sur la riuiere d'Euphrate, & autres endroits Orientaux de l'Asie maieur. Et que de l'vne de ces extremitez à l'autre, il y a vingt ou vingt-cinq grands Chemins chacun de quinze à seize cens lieües d'estendue, continuez par des ponts sur les riuieres, ou par des ports se respondans de riuage en riuage, pour en aboutir les pieces à trauers les Mers : ainsi que l'on peut voir à l'œil par la Charte cõmunément dicte *Charta Peutingeriana*, qui semble auoir esté faicte sur l'Itineraire d'Antonin : le tout sans mettre en ligne de compte vne infinité de trauerses, qui n'y paroissent point.

Aussi n'estoit-ce pas l'entreprise d'vne puissance commune & ordinaire : mais de la seule puissance Romaine, qui a esté releuee par dessus toutes les autres puissances : qui n'a pas faict & parfaict cet ouurage à mesme siecle : mais qui a eu besoin de plusieurs centaines d'annees pour y mettre fin. Puissance non d'vn Empereur seul, mais de plusieurs, qui ont employé tous les peuples de la terre ha-

PREFACE.

bitable, & tous les soldats de leurs Legions pour estoffer ces grands Chemins, les conduire de l'Orient en Occident, à trauers les monts & les vallees, les vastes campagnes, les maraiz tremblants: les mesurer par miliaires, & marquer chacun d'iceux par colomnes qui en designoient le terme & le nombre iusques aux extremitez inhabitables de la terre: en toutes les parties de laquelle les vestiges en restent encore, n'ayans peu estre abolis par aucun temps. Hieronymus Surita, qui a commenté l'Itineraire d'Antonin, qui contient les noms des principales villes assises sur ces grands Chemins, considerant ces merueilles, & parlant de l'admirable fabricque & estendue desdits Chemins, a dict: *Summum verè non regis magni (vt est apud Poëtam) sed complurium Imperatorum atque principum opus; atque haud scio, an de humanis operibus longè maximum fuerit, spatiis immutabilibus ab Ortu ad Occasum regionum itinera circum circa ad inhabitabiles vsque oras, substructionum innumeris milliaribus fuisse dimensa, complanata, atque descripta: vt neque ipsius Imperij interitus, & vrbium occasus, earum columnarum & substructionum monumenta, quàm latè longéque Romani populi nomen diffusum fuerat, euertere penitus potuerit.*

C'est donc de ces grands Chemins que i'ay entrepris de parler en cet œuure, qui sera diuisé en cinq liures: Au premier desquels, sera traitté de la Cause efficiente d'iceux, qui sont les Magistrats & Empereurs Romains qui y ont faict trauailler. Au second, De la Matiere & de la Forme. deux causes & parties principales des grands Chemins: lesquelles estans iointes ensemble en la nature, ne se peuuent pas bien separer au discours qu'il en faut faire. Le troisiesme sera pour le Nombre & les Mesures d'iceux : & pour les choses qui seruoient à les designer. Le quatriesme, pour la cause finale qui consiste en l'vsage & vtilité qui en reuenoit à la ville, & à l'Empire. Et d'autant que le nom

PREFACE.

plus commun des grands Chemins de l'Empire, est celuy de *Via Militaris*, souz lequel sont comprises les plus belles, grandes, & spatieuses Rues de la ville de Rome: I'ay pour cela mis comme en reserue ces Rues militaires pour le cinquiesme & dernier liure, comme la partie des Voyes militaires, de laquelle les grands Chemins des champs prennent leur origine: & qui est la plus belle, la plus plaisante, & la plus admirable de toutes.

TABLE DES CHAPITRES.

CHAP. DV I. LIVRE.

E la curiosité des Romains à paver les Chemins publics par toute l'estenduë de leur Empire. Chap. 1.

De la dignité de ceux qui ont esté commis aux ouvrages des Chemins. Chapitre 2.

Des Magistrats Romains qui ont eu charge de faire, ou reparer les grands Chemins, tant de la ville que des champs. Chap. 3.

Des Commissaires establis aux grands chemins hors la ville, & du nombre d'iceux. Chap. 4.

De l'excellence & dignité des personnes, que l'on establissoit sur les grands chemins, sous le nom de Curatores viarum, Chap. 5.

Division generale des grands chemins de l'Empire. Chap. 6.

Par quels Magistrats les grands chemins des provinces ont esté faicts. Chap. 7.

En quel temps on a commencé les grāds chemins d'Italie Chap. 8.

Des temps ausquels on a commencé à faire des grands chemins par les provinces. Chap. 9.

Par quel nombre & conditions d'hommes les grāds chemins ont esté faits. Chap. 10.

Discours general des deniers employez aux grands chemins. Chap. 11.

Des deniers publics des Romains & difference d'iceux. Chap. 12.

Du grand fond de deniers que les Romains tiroient des Tributs, & des gabelles. Chap. 13.

Que les grands chemins faisoient partie des ouvrages ausquels on employoit les deniers publics. Chap. 14.

De l'argent employé aux ouvrages des grands chemins par les Empereurs. Chap. 15.

Des ouvrages faicts aux grands chemins par le reste des Empereurs de la race de Cæsar. Chap. 16.

Suite des Empereurs qui ont fait travailler aux grands chemins à leurs despens. Chap. 17.

Des successeurs de Traian qui ont fait travailler aux grands chemins. Chap. 18.

Des grands chemins faicts par Septimius Severus & ses enfans. Ch. 19.

Des autres Empereurs qui ont fait travailler aux grands chemins, iusques au declin de l'Empire Occidental.

TABLE

Chapitre 20.
Des deniers que les particuliers ont employé aux ouurages des grands chemins. Chap. 21.
De la seconde nature des deniers des particuliers, employez aux ouurages des grands chemins. Chap. 22.
Que nul ne se pouuoit dire exempt de la reparation des grands chemins. Chap. 23.
De la troisiesme nature de deniers employez aux ouurages des grands chemins par les particuliers. Chap. 24.
De l'affection du Senat & du peuple Romain vers les auteurs des grands chemins, & les honeurs qui leur ont esté publiquement decernez. Ch. 25.
De l'histoire fabuleuse des chaussees de Brunehault en la Gaule Belgique. Chap. 26.
D'vne autre opinion sur les chaussees de Brunehault. Chap. 27.
Des vrais auteurs des grands chemins des Gaules. Chap. 28.
De l'auteur des autres grands chemins de la Gaule. Chap. 29.
Histoire tant fabuleuse comme veritable des G. C. d'Angleterre. Ch. 30.

CHAPITRES DV II. LIVRE.

Que le subiect de ce second liure, est la matiere & la forme des grands chemins de l'Empire. Chap. 1.
Diuisió generale des matieres employees aux grands chemins en deux parties. Traitté de la premiere partie. Ch. 2.
De la nature du grauois, & de la difference qui est entre le grauois & autres matieres des G. C. Chap. 3.
De la seconde partie des matieres employees aux ouurages des chemins. Chap. 4.
Que le Caillou, & le Grauois ont esté les principales matieres des grands chemins de l'Empire. Chap. 5.
De quelques autres matieres employees aux ouurages des grands chemins. Chap. 6.
Discours general de la forme des gr̃ads chemins de l'Empire. Chap. 7.
Des chemins faicts sur la terre & des moyens de descouurir de la forme d'iceux. Chap. 8.
Des moyens tenus pour descouurir les matieres interieures, & noms propres d'icelles, cachees sous la surface des grands chemins. Chap. 9.
Raisons pour lesquelles il est icy traicté des pauez en general, auant que de traicter de la forme particuliere des grands chemins. Ch. 10.
Du paué en general: de l'Etymologie du mot: & des premiers inuenteurs du paué. Chap. 11.
De la diuision du paué en ses especes. Chap. 12.
De la diuision des pauez en leurs parties, & premier de ceux qui se faisoient sur estages de charpenterie. Chap. 13.
Des pauez faicts en terrasses lesquels en architecture on appelle Subdialia pauimenta. Chap. 14.
Des pauez des maisons qui se faisoient à rais de chaussee. Chap. 15.

DES CHAPITRES.

Du plan ou siege que l'on preparoit pour asseoir les materiaux des grands chemins, & de la diuersité d'iceux. Chap. 16.

De la maniere de faire les grands chemins en la campagne ouuerte, & des leuees ou terraces sur lesquelles ils estoient assis. Chap. 17.

De la nature, quantité, & ordonnance des autres matieres interieures, employees aux ouurages des grands chemins. Chap. 18.

De la superficie exterieure des pauez. Diuision d'icelle en ses especes és pauez des edifices : & de la premiere espece qui consiste en Terris. Ch. 19.

De la seconde surface des pauez des maisons, qui estoit de terre cuitte. Chap. 20.

De la troisiesme espece de surface des pauez des edifices qui estoit de pierre naturelle. Chap. 21.

Discours general de la surface des grads chemins de l'Empire, & diuision d'icelle en deux especes. Chap. 22.

Du chois des cailloux mis en œuure en la surface des grands chemins : & des diuerses manieres de les ioindre & assembler. Chap. 23.

Des grands chemins pauez en leur surface de quarreaux irreguliers : des deux especes de quarreaux, & de la nature d'iceux. Chap. 24.

En quel temps, & de quelle nature de quarreaux la ville de Paris a esté pauee Chap. 25.

Des grands chemins pauez de quarreaux taillez ou reguliers : & de la grande voye d'Appius. Chap. 26.

De la Voye de Domitian. Chap. 27.

De plusieurs autres Voyes pauees de grands cailloux, ou de marbre. Chap. 28.

Des matieres tant interieures qu'exterieures des Rues de la ville de Rome. Chap. 29.

De la seconde espece de surface des grands chemins de l'Empire. Chap. 30.

De la matiere & de la forme des grads chemins, quant à ce qui est de la largeur d'iceux. Chap. 31.

Discours general de la diuersité des ornemens qui bordoient les grands chemins de part & d'autre. Chap. 32.

Des Temples bastis sur les grands chemins. Chap. 33.

Des Sepulchres bastis sur les grands chemins de l'Empire. Chap. 34.

De la diuersité des Sepulchres bastis le long des grands chemins de l'Empire, & en quoy gisoit leur excellence. Chap. 35.

Des Sepulchres mediocres propres aux gens de nobles familles, & non populaires, Chap. 36.

Deux autres sortes de Sepulchres du rang des mediocres. Chap. 37.

Des Sepulchres des gens populaires & de basse condition. Chap. 38.

Des Inscriptions des Sepulchres anciens. Chap. 39.

Des edifices profanes qui seruoient d'ornement aux grands chemins de l'Empire hors la ville de Rome. Chap. 40.

Des edifices profanes qui bordoient les grands chemins de part & d'autre Chap. 41.

TABLE

CHAPITRES DV III. LIVRE.

De l'estendue de l'Empire Romain. Chap. 1.

Des limites de l'Empire Romain. Chap. 2.

De la longueur & largeur de l'Empire Romain. Chap. 3.

De la multitude des prouinces de l'Empire Romain. Chap. 4.

Que les grands chemins faicts de main d'hommes s'estendoient en bon nombre d'Orient en Occident, & du Midy au Septentrion dans l'espace de l'Empire. Chap. 5.

Du liure intitulé Itinerarium Antonini, & comme il comprend les grands chemins de chacune prouince en detail. Chap. 6.

De la Charte vulgairement dicte de Peutinger. Chap. 7.

Declaration plus particuliere du dessein de l'auteur qui a fait la Charte de Peutinger. Chap. 8.

De la comparaison de la Charte de Peutinger auec l'Itineraire d'Antonin. Chap. 9.

Des mesures en general, & de celles en particulier desquelles on se seruoit à mesurer les grãds chemins de l'Empire. Chap. 10.

Du rapport & raison qui se trouua entre le stade des Grecs & le milliaire des Romains. Chap. 11.

Du rapport qu'il y a entre le milliaire Italien, la lieuë Gauloise ancienne, & la lieuë Françoise d'auiourd'huy. Chap. 12.

De la colonne miliaire, dicte par les Auteurs Latins, milliarium aureũ. Chap. 13.

Que le Milliarium aureum estoit planté au milieu de la terre. Ch. 14.

Quel peut estre le mystere de la situation de la Ville de Rome au milieu du monde, dont aucuns auteurs Payens ont eu quelque legere cognoissance. Chap. 15.

De la longueur des Rues de la ville de Rome en general. Chap. 16.

Du nombre des rues militaires de la ville de Rome. Chap. 17.

De la longueur des grands chemins d'Italie en general. Chap. 18.

Du nombre des grands chemins d'Italie Chap. 19.

Des portes de la ville de Rome, desquelles les grands chemins d'Italie prenoient leur commencement. Ch. 20.

Des grands chemins d'Italie qui prenoient leur commencement aux portes de Rome. Chap. 21.

Des grands chemins d'Italie dependans de la Voye Flaminienne. Chap. 22.

Des Portes & voyes Collatine, Colline, Gabienne, & Tyburtine. Ch. 23.

De la porte Esquiliene & Celimontane: & des Voyes Prenestine, Lauicane, Champenoise, & autres qui en dependoient. Chap. 24.

Des Portes Latine & Capene, & des Voyes Valerienne, Latine, Appienne, & autres en dependantes. Ch. 25.

De la Porte & voye Ardeatine, Ostiense, & autres voyes qui en dependent. Chap. 26.

Des Portes de Rome, dictes Portuensis, Ianiculensis, Septimiana, & Triumphalis, qui sont deça le Tybre, & des voyes militaires

DES CHAPITRES.

qui en dependent. Chap. 27.
De la Porte & voye Aurelienne, & de quelques autres voyes d'Italie. Chap. 28.
Du passage & continuation des grãds chemins d'Italie dans les Prouinces de l'Empire. Chap. 29.
Discours general du passage des chemins d'Italie par les Alpes dedans la Gaule. Chap. 30.
Des chemins militaires conduits par les Alpes Maritimes, Cottiennes, & Grecques: & d'vn chemin fait par Pompee. Chap. 31.
Des Alpes Pennines, Hautes, Lepontines, & Rhetiques: & des grands chemins qui passent par icelles. Chap. 32.
Des Alpes Iuliennes, Carniques, Noriques, & chemins militaires conduits par icelles. Chap. 33.
De la multitude des chemins militaires qui sortoient des villes capitales des principales prouinces de l'Empire. Chap. 34.
Des grands chemins d'Espagne, & du rapport qu'ils ont auec ceux de Gaule & d'Italie. Chap. 35.
Du nõbre & de la grandeur des grands chemins de la Gaule. Chap. 36.
Opinion de Hieronymus Surita reiettee sur le mot de Legio dans l'Itineraire d'Antonin. Chap. 37.
De la troisiesme raison pour laquelle les lettres Leg. dans l'Itineraire d'Antonin se doiuent interpreter pour Lieuës, & non pour Legions Chap. 38.
Des chemins de trauerses qui dependent du grand chemin cy dessus. Chap. 39.
Des grands chemins de trauerses qui ioignent la Gaule auec l'Espagne, & la Hongrie. Chap. 40.
Des chemins de trauerses qui allient les Gaules auec les Allemagnes, & les Pannonies, Chap. 41.
Du chemin qui passe par terre d'Italie au reste de l'Europe. Chap. 42.
Du passage & continuation des grãds chemins aux autres prouinces à trauers la mer. Chap. 43.
Des deux passages de Thrace en l'Asie mineure. Chap. 44.
Des passages d'Italie aux Isles de Sicile, de Corse, & de Sardaigne. Chap. 45.
Du passage d'Italie en Affrique, & des grands chemins que les Empereurs de Rome y ont faits. Ch. 46.
Des grands chemins & des traiects & ports de mer qui allioient la ville de Rome auec la Macedoine. Chap. 47.
Des grands chemins pauez de Macedoine & de la Grece. Chap. 48.
De la largeur des chemins en general & du rapport qu'il y a de l'Iter des Latins, & le Chemin des François. Chap. 49.
Des noms Actus & Via, & de leurs differences. Chap. 50.
De la diuision des chemins compris sous le mot Latin Via. Chap. 51.
Du nom Grec ὁδὸς, & diuision des chemins publics. Chap. 52.
Du nom & de la nature des chemins Royaux en general. Chap. 53.
De la diuision des chemins Royaux, du nom & de la largeur des chemins pauez par les prouinces Romaines. Chap. 54.

§ iij

TABLE

CHAPITRES DV LIVRE IIII.

Discours general sur la cause finale des grãds chemins de l'Empire. Chap. 1.

De la premiere cause qui a meu les Magistrats & Empereurs de Rome à faire pauer les grands chemins par les champs. Chap. 2.

De la seconde cause finale des grands chemins de l'Empire. Chap. 3.

De la premiere inuention des postes: & de celles qui estoient assises sur les grands chemins de l'Empire. Ch. 4.

De l'estendue du mot Angaria, & description des postes Romaines. Chap. 5.

De certains mots de l'Itineraire d'Antonin, qui appartiennent au faict des postes. Chap. 6.

Des noms de Ciuitas, vrbs, & oppidum. Chap. 7.

De la diuersité des villes & citez, tant d'Italie que des prouinces. Chap. 8.

Des stations en ce qui touche les postes Romaines, & diuision d'icelles en mutations & mansions. Chap. 9.

De la diuersité des bestes de voicture, & des chariots que l'on entretenoit és mutations & mansions. Ch. 10.

Interpretation de Calciariũ: & d'où vient la coustume des messagers Romains de courir sur les grands chemins à pieds nuds. Chap. 11.

Du nombre des cheuaux, & des prouisiõs que les Empereurs de Rome tenoiët és postes, gistes & citez. Ch. 12.

Des hõmes entretenus aux citez, mutations, & mansions pour le gouuernement des postes. Chap. 13.

De la forme des postes Romaines, & difference qu'elles auoient auec les Françoises. Chap. 14.

Des lettres de poste, sans lesquelles il estoit defendu de courir. Chap. 15.

De ceux qui auoient droict de donner lettres de poste. Chap. 16.

Des Magistrats qui auoient droict de courir par lettres, & combien de lettres on leur donnoit par chacun an. Chap. 17.

Des messagers ou courriers ordinaires des Empereurs, que l'on appelloit Agentes in rebus. Chap. 18.

De la 3. fin pour laquelle les G. C. ont esté faicts. Chap. 19.

Des prouisions que l'on tenoit aux mãsions pour le passage des armees. Ch. 20.

Des prouisions que les Empereurs tenoient particulierement dans les citez assises sur les grands chemins de l'Empire. Chap. 21.

Des graueurs & doreurs publics: & en quelles citez ils estoient disposez sur les grands chemins de l'Empire. Chap. 22.

Des garderobes Imperiales establies és citez sur les G. C. de l'Emp. Ch. 23.

Des villes esquelles estoiët les Mõnoyes & thresors des Empereurs. Ch. 24.

De deux sortes de conduire par charroy toutes les prouisions declarees, sur les G. C. de l'Empire. Chap. 25.

Du transport des armes, des habits militaires, & des finances de l'Empire. Chap. 26.

Des voyages des Magistrats Romains par les prouinces, pour lesquels en partie les G. C. ont esté pauez. Ch. 27.

Des gouuerneurs des prouinces auant Auguste, & des gens de leur suite

DES CHAPITRES.

ordinaire. Chap. 28.
Des gouuerneurs des prouinces depuis Auguste: & du train qu'ils y conduisoient auec eux. Chap. 29.
Du quatriesme chef de la cause finale des grands chemins de l'Empire. Chap. 30.
De la multitude des Citoyës Romains ausquels il falloit fournir les choses necessaires à la vie par charroy fait sur les grands chemins pauez. Chap. 31.
De la quantité des grains & autres viures amenez à Rome pour la nourriture de tant de peuple. Chap. 32.
De la multitude d'autres marchandises amenees à Rome, au charroy desquelles les chemins pauez estoient fort necessaires. Chap. 33.
Discours des ouurages faicts sur les grands chemins de l'Empire pour en rendre l'vsage plus facile, & specialement des ponts. Chap. 34.
Des ponts de la ville de Rome. Ch. 35.
Des Ponts que les Romains ont fait en Italie. Chap. 36.
Des ponts admirables que les Romains ont basty par les prouinces, & premier de ceux des Gaules & de la Germanie. Chap. 37.
De quelques ponts faicts ou reparez par les Romains en Espagne & en Hongrie. Chap. 38.
Des pierres & colonnes que les Romains ont mis sur les grands chemins, & à quel vsage. Chap. 39.
Quelle estoit la premiere des colonnes milliaires, & de quelle façon les autres en dependoient. Chap. 40.
Comment il faut entendre les nombres qui se trouuent és colonnes miliaires tant d'Italie que des prouinces. Ch. 41
Des interualles obseruez en l'assiette & position des colonnes milliaires. Chap. 42.
Des statues de Mercure qui se trouuoiët sur les grãds chemins, & des Dieux qui presidoient sur iceux. Chap. 43.
Des chemins que le peuple & les Empereurs de Rome ont fait par les eaux. Chap. 44.
Des riuieres nauigables qui se deschargeoient dans le Tybre. Chap. 45.
Des canaux faicts de main d'homme pour accommoder la nauigation des riuieres. Chap. 46.
Des canaux inuentez pour la conionction des mers. Chap. 47.
De l'Itineraire maritime des Romains. Chap. 48.
Des ports d'Italie, & de quelques-vns des plus admirables, que les Empereurs de Rome y ont fait faire. Chap. 49.

CHAPITRES DV V. LIVRE.

Discours general de la beauté des rues militaires de la ville de Rome en ce qui regarde la largeur d'icelles. Chap. 1.
Des trois temps de la ville de Rome, & de l'estat de ses rues & edifices au premier des trois. Chapitre 2.

TABLE DES CHAPITRES.

Du deuxiesme temps de la ville de Rome, & de la magnificence des edifices qui y ont esté faicts. Chap. 3.

De ceux qui commencerent à enrichir la ville de Rome auec du marbre. Chap. 4.

Du troisiesme temps & estat de la ville de Rome. Chap. 5.

Description particuliere des ruës de la ville de Rome, suiuant le dessein de Neron. Chap. 6.

De la situation des grands edifices, tant sacrez que prophanes, sur les grandes Rues de la ville de Rome. Chap. 7.

De la nature & vsage de quelques vns des grands bastimens & principaux edifices de Rome. Chap. 8.

De la haulteur admirable des maisons & edifices de la ville de Rome. Chap. 9.

Des ornemens dont les edifices Romains estoient enrichis, & premier de ceux qui gisoient en architecture. Chap. 10.

Des enrichissemens qui faisoient partie du corps des grands edifices. Ch. 11.

Des ornemens des rues dependans de la peinture. Chap. 12.

Des Images de sculpture & de fonte: & de la difference d'icelles en ce qui est de la matiere. Chap. 13.

De quelques autres differences de statues, en ce qu'elles sont nues ou vestues, à pied, à cheual, ou en chariots de triomphe. Chap. 14.

De la difference des statues en ce qui touche la grandeur d'icelles: & du grand nombre qu'il y en auoit à Rome. Chap. 15.

Des anciens auteurs, qui ont descrit la ville de Rome en tout ou en partie, auec les tesmoignages qu'ils ont rendu de la beauté d'icelle. Chap. 16.

De la vieillesse & decadence de la ville de Rome, & de ceux qui ont trauaillé à restablir par pourtraicts l'ancien estat de sa beauté. Chap. 17.

FIN.

HISTOIRE DES GRANDS CHEMINS DE L'EMPIRE ROMAIN.

LIVRE PREMIER.

DE LA CVRIOSITE' DES ROMAINS à pauer les chemins publics par toute l'estenduë de leur Empire.

CHAPITRE I.

1. *Magistrats Romains curieux de l'vtilité publique en plusieurs sortes d'edifices.*
2. *Leur courage & diligence à faire des grands chemins.*
3. *Les Carthaginois premiers inuenteurs du paué.*
4. *Grands chemins qui paroissent encor pauez par les anciens Romains, tant és prouinces qu'en Italie.*
5. *Noms desdits chemins en l'histoire & Iurisprudence Romaine.*

1.  L n'y eut iamais Princes ou Magistrats si desireux de l'vtilité publique de leurs subiects & citoyens, ny plus curieux de l'ornement & enrichissement de leur ville, que les Princes & Magistrats de l'ancienne ville de Rome; ce qui paroist assez en la multitude des Temples, Cirques, Theatres, Amphitheatres, Places publiques, Palais, Bains, Aque-

A

ducs, & autres tels edifices magnifiques : qui n'ont iamais esté, ny si superbes en architecture, ny en si grand nombre en aucune autre ville du monde.

2. Au premier temps de la Republique Romaine, auquel la vertu, & l'honeste pauureté & parcimonie estoient en vogue, ces vieux Romains qui estoient esleus és charges & dignitez de leur Republique, ne s'adonnoient pas tant à s'accroistre & augmenter en richesses, comme ceux qui les ont suiuis : mais sur toutes choses ils auoient l'honneur de leur ville, & la commodité de leurs citoyens en recommandation. Que s'il y eut iamais chose en quoy ils ayent faict paroistre la grandeur de leur courage, & de leur affection au bien public, c'est en la sumptuosité & magnificence des Grands chemins qu'ils ont fait pauer par toute l'Italie, pour rendre l'accez de leur ville prompt & facile à tous venans, & par ce moyen la pouruoir des biens & commoditez necessaires à la vie d'vn si grand peuple, qui de tous costez y venoit faire sa demeure.

3. Isidore nous apprend que les Carthaginois ont esté les premiers qui se sont aduisez de munir, affermir, & consolider les chemins de pierres & caillous alliez auec sable, & comme maçonnez sur la superficie de la terre, ce que nous appellons en vn mot pauer, & que c'est à leur imitation que les Romains se sont mis à pauer les grands chemins quasi par tout le monde : ce que l'on voit en ces mots. *Primùm Pœni dicuntur lapidibus vias strauisse : postea Romani per omnem penè orbem disposuerunt, propter rectitudinem itinerum, & ne plebs esset otiosa.*

Lib. 15.
Originum
cap. vlt.

4. Car ce n'est pas seulement par l'Italie : mais par toutes les prouinces de l'Empire Romain, que l'on void encore iusques à present certains grands chemins faits de main d'hommes, garnis par le dedans de force blocailles, descombres, ciment, chaux & arene : les vns pauez de grands carreaux, les autres massiués par le dehors de cailloux & menus grauois, releuez sur les terres voisines, & continuez d'vn long dos à trauers les monts & les vallees, les vastes campagnes, les forests & marescages, d'vne estendue du tout admirable.

5 Ce sont ces chemins que l'histoire & la iurisprudence Romaine appelle *vias consulares, prætorias, Regias, militares, solemnes, aggeres publicos*, & de certains autres noms dont nous parlerons ailleurs : c'est cela mesme que nous appellons en nostre Gaule Belgique *chaussées de Brunehaut*, ou chemins ferrez : & qui selon la diuersité des pays, ont esté diuersement appellez suiuant le langage & idiome de chacune prouince.

DE LA DIGNITÉ DE CEVX QVI ONT esté commis aux ouurages des grands chemins.

CHAP. II.

1. *La charge des chemins digne des souuerains Magistrats.*
2. *Les Roys de Lacedæmone & de France ont soin des grands chemins.*
3. *Epaminondas esleu commissaire des grands chemins à Thebes.*
4. *Auguste Cæsar esleu en mesme charge à Rome.*

1. C'EST vn soin digne des souuerains Magistrats en chacune Republique, de tenir les chemins en tel estat, que le peuple y puisse seurement & commodément passer: & c'est d'où vient qu'en plusieurs lieux l'intendance & gouuernement des grands chemins, tant dedans les villes que dehors, a esté commise aux personnes les plus eminentes, & les plus releuees en dignité.

L. 1. §. Summa. D. De his qui deiecerint vel effuderint.

2. Les Lacedæmoniens attribuoient cette charge à leurs Rois, ainsi qu'vn droict souuerain: comme encor en France la superintendence & police generale des grands chemins appartient au Roy seul, qui en remet le soin & l'exercice sur son grand Voyer, lequel represente le Roy au faict de sa charge; ayant pouuoir d'abolir, changer, croistre ou diminuer les chemins, ainsi qu'il est expedient pour l'vtilité publique.

Herodotus in Erato.

L'oiseau liure des Seigneuries, chap. 9.

3. Quelques Thebains procurerent vn iour de faire eslire Epaminondas Commissaire des chemins publics, comme pour le raualer, & luy faire iniure, donnans à d'autres moins dignes que luy, les principales charges de leur Republique: mais il respondit à ceux qui luy en apporterent les nouuelles: Ie feray en sorte, que la bassesse de cet office ne me nuira pas tant, que la dignité de ma personne luy profitera & donnera de lustre. *Curabo ne tam mihi delati ministerij obsit indignitas, quam vt illi mea dignitas prosit.* Ce qui arriua, ceste charge n'ayant esté donnee depuis ce temps sinon aux principaux citoyens de Thebes.

Petrarcha lib. de optima administratione reip.

4. DION nous apprend que l'Empire Romain estant paruenu en son plus haut lustre, splendeur, & majesté, les ouurages des grands chemins estoient en tel estime, que le peuple Romain creut faire

Lib. 54.

grand honneur à Cæsar Auguste, l'eslisant curateur & Commissaire des grands chemins proches & és enuirons de la ville de Rome, & que ce grand Empereur ayant accepté cette charge, pour s'en mieux acquiter, prit pour ses commis des personnes de dignité Prætoriene qu'il constitua sur les ouurages desdits chemins, leur donant & attribuant à chaçun deux hommes, comme sergents, ministres, & executeurs de leurs mandemens : *tunc autem ipse viarum qua sunt circa Romam curator constitutus, milliarium aureum, quod vocatur, fecit : quique viis muniendis præessent, prætorios viros suffecit, qui binis lictoribus vterentur.* Voila comme les plus grands personnages n'ont desdaigné en quelque ville ou Republique que ce soit, la conduite des ouurages des rues des villes, & des grands chemins des champs. Ce qui s'est veu principalement en la ville de Rome, en laquelle la charge d'y faire trauailler a esté tousiours commise à gens de qualité & principaux officiers & Magistrats de la Republique : ainsi qu'il sera monstré en detail aux chapitres suiuans.

DES MAGISTRATS ROMAINS QVI ont eu charge de faire, ou reparer les grands chemins, tant de la ville que des champs.

CHAPITRE III.

1. *Les ouurages des chemins faits par diuers Magistrats.*
2. *Par les Censeurs.*
3. *Puis par les Consuls & Tribuns du peuple.*
4. *Par autres Magistrats & Commissaires.*
5. *Les Ediles ont esté preposez au paué de Rome & lieux attenans.*
6. *Les Ediles d'Athenes nommez ἀγωνόμοι ont eu la mesme charge.*
7. *Et les Escheuins des villes & citez de France.*
8. *Les Questeurs ont trauaillé au paué.*
9. *Depuis à Rome ont esté establis quatre hommes ou Voyers pour le paué de la ville.*
10. *Comme ils furent augmentez iusques à six, dont les deux furent abrogez.*
11. *Peu de tesmoignages desdicts Voyers dans l'histoire, & plusieurs dans les pierres grauées.*
12. *Que lesdits Voyers estoient gens signalez.*

'HISTOIRE Romaine nous apprend, que la charge de faire de nouueau, ou de reparer les grands chemins, n'a pas tousiours esté commise à vn mesme Magistrat : mais

que suiuant la diuersité des temps, les ouurages d'iceux ont eu diuers Magistrats ou Commissaires: aucuns desquels faisoient trauailler dans la ville seulement: les autres n'auoient commission que sur les chemins des champs: Et les autres sur les chemins des champs, & les ruës de la ville tout ensemble.

2. Les premiers de tous, qui comme Magistrats ordinaires ont faict trauailler aux grands chemins, ont esté les Censeurs, dont le pouuoir s'estendoit tant en la ville comme aux champs. Pour ce qui est de la ville, Ciceron rapporte vne Loy prise des douze tables, qui nous en faict foy, contenant ces mots entr'autres: *Censores vrbis vias, aquas, ærarium, vectigalia tuentor*. Pour les ouurages des champs & de la ville ensemble, nous auons la voye Appienne, qui est vne des grandes ruës de la ville de Rome: & vne autre de mesme nom, qui s'estend de Rome à Capoüe, ayant eu pour autheur Appius surnommé l'aueugle, qui les fit faire en qualité de Censeur, & qui donna son nom à l'vne & l'autre. Ce fut en ceste qualité mesme que Flaccus & Albinus publierent & adiugerent premierement les ouurages des grands chemins pour les pauer de cailloux ou quarreaux dedans Rome, & de grauois par les champs. On en peut dire autant des voyes Claudiennes, Cassiennes, & de plusieurs autres qui ont esté faictes par gens de nobles familles pendant qu'ils estoient Censeurs.

Lib. 3. de legib.

Iul. Frontinus, de aqueduct. lib. 1. Liuius, annal. lib. 41.

3. Quant aux chemins des champs, la charge de les pauer n'a pas tant esté affectée aux Censeurs que plusieurs autres Magistrats n'y ayent mis la main: tels que sont les Consuls & Tribuns du peuple: Consuls, comme Flaminius & Lepidus, lesquels ont faict faire les voyes qui portent le nom de ᵃ *Flaminia via, & Æmilia*, pendant le temps de leur dignité Consulaire. Tribuns du peuple, comme C. ᵇ Gracchus, & long temps depuis ᶜ Curio, lequel tenant le party de Cesar, pour s'insinuer aux bonnes graces du peuple, mit en auant ceste Loy des pauemens & emparemens, que ᵈ Curius escriuant à Ciceron, appelle *legem viariam*.

ᵃ *Strab. l. 5. Geograp.*
Festus Pompeius in verbo Flaminius circus.
ᵇ *Plutar. in Gracchis.*
ᶜ *Appianus lib. 2. Bellorum ciuiliū.*
ᵈ *Lib. 8. ep. famil. epist. 6.*

4. Mais comme les prouinces de l'Empire sont venues à se multiplier, & auec les prouinces, les affaires des principaux Magistrats, Il a esté necessaire de commettre la charge des grands chemins à d'autres Magistrats inferieurs: ou bien la donner à certains Commissaires, la plus part desquels estoient des meilleures & plus notables familles de Rome.

5. Quant à ce qui est des ruës & places publiques de la ville, & lieux attenants, la charge en fut donnée par le peuple aux Ediles, auec celle des viures, & des bastimens, tant publics que particuliers. Or quoy qu'à raison des bastimens ils ayent eu le nom d'Ediles,

A iij

Varro lib. 4 de lingua Latina.

quod ædes sacras & profanas procurarent: comme parle Varro, si est-ce que le gouuernement & entretenement du paué faisoit vne bonne partie de leur administration, d'autant que c'estoit de leur deuoir de faire pauer, vnir & applanir les ruës de la ville, & les yssues d'icelles: & de faire des ponts és endroits necessaires, pour empescher que les esgouts ne vinssent à nuire aux maisons voisines; donner ordre à ce que les parois où murailles de leurs propres maisons, & des autres aboutissans sur ruë, & qui menaçoient ruine, fussent abbatues & reparees pour ne nuire par leur cheute aux passans, & d'y contraindre les proprietaires par amendes, empescher qu'il ne fust faict sans leur permission ouuerture ou entreprise sur le paué, soit pour y faire bastir, ou asseoir aucune chose qui incommodast le public: mesmes de defendre de faire saillir des boutiques aucune chose qui empeschast le passage, defendre de quereller sur le paué, & de ietter sur iceluy bestes mortes, fumier, ou autres immondices, ainsi que nous lisons en la Loy 3. *D. de via publica & itinere publ. reficiendo.*

Lib. 6. de Repub.

6. Ceste Loy est conforme à celle de Platon, qui veut que le soin & le gouuernement des ruës & des edifices de chacune ville & fauxbourgs, appartienne aux Ediles ou Escheuins, qu'il appelle ἀστυνόμους.

7. De là sont procedez ceux qu'en France on nomme Voyers: Et les gouuerneurs & administrateurs du paué des villes, que vulgairement on appelle Escheuins, d'vn ancien mot François Thyois, qui signifie Iuge, ou Intendant: car les Escheuins representent en beaucoup de choses les Ediles Curules de la ville de Rome, à raison de la police, sur laquelle ils sont preposez, tant en ce qui est des victuailles & des mestiers, que du paué: qui sont les trois poincts de la police ordinaire des villes.

Glossarium in capitul. Caroli magni.

8. Les Questeurs ont eu part à ceste administration du temps de l'Empereur Claudius, puis que Suetone a escrit qu'il les en deschargea, pour leur donner le gouuernement des Gladiateurs. *Collegio Quæstorum pro stratura viarum, Gladiatorum munus iniunxit.*

In Claudio cap. 24.

9. Apres les Ediles furent encore establis quatre personnes, sur lesquelles le soin desdites ruës & pauemens d'icelles fut remis, lesquels à raison de leur nombre furent appellez *Quatuor viri curandarum viarum*, de l'institution desquels Tit. Pomponius faict mention *L. necessariam §. eodem tempore D. de origine Iuris. Eodem tempore & constituti sunt quatuor viri, qui curam viarum agerent*: Quant au temps de leur institution, Il le marque peu apres celle du Preteur qui cognoissoit des causes des forains, que l'on appelloit *prætorem peregrinum*: ce qui est arriué peu apres l'an de la fondation de Rome cinq cens &

10. Il semble que ce soit ces quatre Gouuerneurs du paué

que Varro appellé, *Viocuros à viarum cura*: mais comme ils ne pouuoient pas suffire aux ouurages de la ville, fauxbourgs, & lieux voisins, on en augmenta le nombre iusques à six, deux desquels auoient la charge de ce qui estoit à faire hors l'enceinte de la ville és auenues d'icelle. Ce que nous pouuons colliger d'vn lieu du 54. liure de Dion, où il parle de certains Magistrats de Rome, qui estoient auparauant iusques au nombre de vingt-six; & qui du temps d'Auguste par decret du Senat, furent reduits au nombre de vingt, à raison de quoy ils furent appellez *viginti viri*.

Il dit donc en cet endroit, que de ces vingt hommes, *tres ad capitalia iudicia sunt ordinati, alij tres cudendo numismati præsunt, quatuor vias vrbanas curant: Decem iudiciis iis, quæ ad centum viros sorte deferuntur, præficiuntur*. Puis il adiouste les causes pour lesquelles le nombre ancien de vingt-six hommes auoit lors esté reduit à vingt: qui est que les deux, qui auoient la charge des Voyes de dehors, auec les quatre que l'on enuoyoit en la Campaigne Italienne, auoient esté cassez & abrogez: *duo enim ij qui vias extra vrbem curabant, & quatuor qui in Campaniam mittebantur, tunc abrogati erant*. Or est-il qu'on ne pouuoit casser ny abroger les deux qui auoient la charge des chemins de dehors, si auparauant ils n'eussent esté instituez.

Dio Cassius lib. 55.

11. On ne trouue pas beaucoup de tesmoignages de ces quatre Voyers ou Gouuerneurs du paué de Rome dans l'histoire, mais il se void encores plusieurs pierres & inscriptions antiques qui en font mention: & qui tesmoignent, que ces quatre officiers ont eu vogue dedans Rome par l'espace de plus de trois cens soixante ans: estans paruenus auec la dignité de leur charge iusques au temps d'Adrian: qui fut fait Empereur l'an 871. de la fondation de Rome: ce que l'on peut iuger par l'inscription suiuante, rapportée par Onuphrius Panuinus *In Vrbe Rom. pag. 65.*

IMP. CAESARI. DIVI.
TRAIANI. PARTHICI.
FIL. DIVI. NERVAE. NEP.
TRAIANO. HADRIANO.
AVG. PONTIF. MAX. TRIB.
POTEST. COS. II. PP.
IIII. VIR. VIAR.
Q. TAMVDIVS. Q. F. PALAT.
GRAIVS VIENNA.
L. AVRELIVS. L. F. OVF.
TYRANNVS INTERAMN.
NAHAR. TI. IVLIVS. TI. F. STEL.
VERECVNDIANVS. BONONIA
Q. TAMVDIVS. SEX. F. ABRIVS
REATE. FAC. CVR.

12. Au reste il ne faut pas penser, que ceux que lon esliſoit en ces charges, fuſſent gens de baſſe condition: veu qu'il ſeſt trouué par pluſieurs inſcriptions antiques, que tel n'a deſdaigné d'en prendre le nom, & d'en faire l'exercice ſous les Empereurs, apres auoir eſté honoré des plus belles charges de la Republique. Ainſi le Senat de l'authorité & conſentement de Traian, decerna les ornemens du triomphe, & fit dreſſer vne ſtatue aux deſpens du public à certain grand Seigneur de Rome, qui auoit eſté Preteur, tribun du peuple, & Queſteur: & qui pour tiltre dernier eſt qualifié *IIII Vir Viarum curandarum*, comme on void par le Senatusconſulte qui en fut fait en cette forme, qui eſt ſans commencement.

Ex Onuph. Panuino in ſua Roma. pag. 66.

DACICVS. GENTEM. DACORVM. ET.
REGEM. DECEBALVM. BELLO. SVPERAVIT.
SVB. EODEM. DVCE. LEGATVS. PR. PR. AB.
EODEM. DONATO. HASTIS. PVRIS. VIII.
VEXILLIS. VIII. CORONIS. MVRALIBVS. II.
VALLARIBVS. II. CLASSICIS. II. AVRATIS. II.
LEG. PR. PR. PROVINC. BELGICAE. LEG. I.
MINERVIAE. CANDIDATO. CAESARIS. IN.
PRAETVRA. ET. IN. TRIBVNATV. PLEB.
QVAESTORI. PROVINCIAE. ACHAIAE.
IIII. VIRO. VIARVM. CVRANDARVM.
HVIC. SENATVS. AVCTORE. IMP.
TRAIANO. AVG. GERMANICO. DACICO.
TRIVMPHALIA. ORNAMENT.
DECREVIT. STATVAMQ. PECVN. PVBLIC.
PONEN. CENSVIT.

DES COMMISSAIRES ESTABLIS
aux grands chemins hors la ville, & du nombre d'iceux.

CHAPITRE IIII.

1. *Les quatuor Viri eſtoient pour la ville: & les* Curatores viarum *pour les champs.*
2. *La charge premiere des Commiſſaires des grands chemins: & quelles gens c'eſtoient que* Mancipes.
3. *Seconde charge deſdits Commiſſaires.*
4. *Plainte de Corbulo ſur la ruine des grands chemins.*
5. *Pierres inſcrites qui font mention des entrepreneurs dits* Mancipes.
6. *Troiſieſme charge des Curateurs des voyes.*
7. *Nombre d'iceux incertain: & des chemins dont ils eſtoient chargez.*

1. TOVT

DE L'EMPIRE. LIV. I.

1. TOVT ainſi que les affaires venans à ſe multiplier, & occuper les Magiſtrats qui auoient la charge du paué dedans Rome, il fut beſoin de creer & eſtablir de nouueau les quatre Commiſſaires, deſquels nous venons de parler: De meſme les Cenſeurs, Conſuls, & autres Magiſtrats, qui eurent au commencement le ſoin des grands chemins des champs, eſtans ſurchargez d'autres affaires, on fut contraint d'eſtablir de nouueau certains Commiſſaires extraordinaires, qui eurent le nom de *Curatores viarum*, que les Grecs appellent ὁδῶν ἐπιμελητὴς ſiue ἀμφοδάρχης, que quelques vns ont appellé *Viaculos*: auſquels furent attribuez pluſieurs auctoritez & pouuoirs touchant leſdits chemins, que les Cenſeurs auoient auparauant. *Scaliger in Caſtigationib. ad Feſt. Pompeium vbi vietum malè pro via poſuit in verbo viator.*

I'ay dit Commiſſaires extraordinaires, d'autant qu'ils eſtoient creez & eſtablis par le peuple, à meſure que les ouurages deſdits grands chemins le requeroient: & qu'ils n'ont eſté faits ordinaires, ſinon du temps d'Auguſte: ainſi qu'il ſera veu cy apres.

2. Leur charge eſtoit de publier les fermes des peages qui ſe leuoient ſur leſdits grands chemins & ailleurs, & qui eſtoient deſtinez aux ouurages d'iceux: Et des deniers en prouenans, faire recepte & miſe. Les adiudicataires deſdits peages eſtoient du nombre de ceux que l'on appelloit *Mancipes*, d'autant qu'en eſleuant la main, ils donnoient à entendre, qu'ils conſentoient à l'adiudication qui leur eſtoit faite des peages par le Magiſtrat, & promettoient d'en payer le prix au peuple. *Manceps dicitur, quod manu capiat*, dit Feſtus Pompeius: *vel, qui quid à populo emit, conducitue: Quia manu ſublata ſignificat ſe auctorem emptionis eſſe.* Ce que Aſconius Pedianus dit encore plus expreſſément: *Mancipes ſunt publicanorum principes, Romani homines, qui quæſtus ſui cauſa decumas redimunt, aut portoria, aut paſcua publica, quorum ratio ſcriptura dicitur. His enim exigenda à ſocijs ſuo periculo exigunt, & R. P. repræſentant, prouidentes etiam in illa redemptione commodis ſuis.* *Comentario in oratione Cic. de diuinatione.*

3. Dauantage, c'eſtoit encores de la charge deſdits Commiſſaires, de publier & adiuger au rabais les ouurages des grands chemins. Et iceux eſtans faits, en conſentir ou empeſcher la reception, & de faire amander les malfaçons qui ſ'y pouuoient trouuer. Deſquels ouurages les adiudicataires s'appelloient *Redemptores*. C'eſt de ces adiudicataires que parle Siculus Flaccus, quand il dit, qu'il y a des chemins publics, & voyes Royales, *Quæ curatores accipiunt, & per Redemptores muniuntur*.

4. On appelloit encore tels adiudicataires *Mancipes*, auſſi bien que les fermiers des peages. Et c'eſt de tels entrepreneurs, enſemble des Commiſſaires qui adiugeoient les ouurages des grands chemins, *Lib. de conditionibus Agrorum.*

B

que Corbulo se plaignoit du temps de Tybere, disant tout hault, que par leur fraude, & par la negligence des Magistrats, les grands chemins d'Italie estoient tellement rompus, qu'il estoit impossible d'y passer, & de s'en seruir: ce qui l'occasionna d'en prendre luy mesme la charge. Mais plusieurs desdits Commissaires & entrepreneurs n'eurent pas occasion de s'en contenter: d'autant que Corbulo abusant de son pouuoir, en ruina aucuns, de biens, & d'honneur; faisant vendre leurs terres & heritages, au plus offrant & dernier encherisseur. Tout ce que Tacite nous racompte en ce peu de mots, *Idem Corbulo plurima per Italiam itinera, fraude Mancipum, & incuria Magistratuum interrupta, & imperuia clamitando, executionem eius negotij libens suscepit. Quod haud perinde publicè vsui habitum, quam exitiosum multis: quorum in pecuniam atque famam damnationibus & hasta sæuiebat.*

Lib. 3. Annal.

Dion Cassius, raconte, que ce fut souz l'Empire de Caligula, que cette misere arriua, *tam Curatoribus viarum, quam Redemptoribus operarum.* Et que Corbulo trouua cette meschante inuention de ruiner contre tout droict ces pauures gens, pour fournir aux prodigalitez de l'Empereur: que pour l'heure il en fut recompensé, Caligula l'ayāt fait Consul: mais que souz Claudius, successeur de Caligula, cette cruauté & iniustice luy tourna à honte: & qu'il fut condamné de rendre de ses propres deniers partie de ce qui auoit esté rauy à ces Commissaires & Entrepreneurs: le reste leur ayant esté restitué des deniers publics.

Dio Cass. lib. 59. & 60.

5. Il se trouue quelques anciennes pierres, esquelles il est fait mention de ces Entrepreneurs des grands chemins: comme en celle cy, qui contient le tombeau, qu'vne Herennia Priscilla fit faire à Cn. Cornelius son mary, entrepreneur des ouurages de la voye d'Appius.

Onuphrius Panuinius in sua Roma pag. 111.

D. M. S.
CN. CORNELIO.
CN. F. SAR.
MVSAEO.
MANCIPI. VIAE. APPIAE.
HERENNIA. PRISCILLA.
CONIVGI.
BENE. MERENTI.
FECIT.

6. Finalement, comme ainsi soit que quelques vns estoient tenus d'entretenir les chemins sur certaine longueur & estendue d'iceux: c'estoit encor du deuoir desdits Commissaires de les y contraindre, & de leur faire mettre la main à l'œuure, comme on peut colliger de l'oraison de Ciceron, *pro M. Fonteio.* Comme aussi de punir les ad-

iudicataires des fermes affectees aux ouurages des grandschemins, s'ils leuoient des deniers outre les clauses de leur adiudication: ou bien les renuoyer au Preuost de la ville de Rome, pour en faire la iustice. Iulius Capitolinus nous apprend cecy, quand il dit, parlant de Marc Aurele: *Dedit præterea Curatoribus regionum ac viarum, vt vel punirent, vel ad Præfectum vrbi puniendos remitterent eos, qui vltra vectigalia quicquam ab aliquo exegissent.*

In M. Antonio Philosopho.

7. Quant au nombre des Commissaires, il n'a point esté certain, non plus que celuy des grands chemins dont la charge leur estoit commise. Le nombre s'augmentoit selon la necessité des affaires. D'auantage, on les chargeoit de reparer vn chemin ou plusieurs, suiuant le loisir, l'industrie & diligence qui se recognoissoient en eux.

Cela s'apprend plus par les pierres, que par les liures: car on trouue encor à Rome, & en diuers endroits d'Italie plusieurs pierres, dont les inscriptions parlent de ces Commissaires.

On void donques par aucunes d'icelles, quelques Commissaires n'estre preposez que sur les reparations d'vn seul chemin: comme és trois qui suiuent,

I.

L. RANIO. OPTAT. C. V. COS.
CVRATORI. REIP. MEDIOLANENSIVM.
CVRAT.
REIP. NOLANORVM. PRO. COS.
PROVINCIAE.
NARBONENSIS. LEGATO. AVG. ET.
IVRIDICO.
ASTYRIAE. GRAECIAE. CVRATORI. VIAE.
SALARIAE. CVRATORI. REIP. VRVINATIVM.
METAVRENSIVM. LEGATO. PROVINCIAE.
ASIAE. PRAETORI. TRIB. PLEBEI.
QVAESTORI. PROVINCIAE. SICILIAE.

Onuphr. ibid. pag. 84.

II.

CN. MVNATIVS. M. F. PAL.
AVRELIVS. BASSVS.
PROC. AVG.
PRAEF. FAB. PRAEF. COH. III.
SAGITTARIOR. PRAEF. COH. ITERVM. II.
ASTVRVM. CENSITOR. CIVIVM.
ROMANORVM. COLONIAE. VICTRI
CENSIS. QVAE. EST. IN. BRITANNIA.
CAMALODVNI. CVRATOR.
VIAE. NOMENTANAE. PATRONVS.
EIVSDEM.
MVNICIPI. FLAMEN. PARPETVVS.

Idem pag. 87.

DVVM. VIRALI. POTESTATE.
AEDILIS. DEDICATOR. L.II I.

III.

Idem ibid.
pag. 98.

L. ANNIO. FABIANO.
III. VIRO. CAPITALI.
TRIB. LEG. II. AVG.
QVAEST. VRBAN. TR. PLEB.
PRAETORI. CVRATORI.
VIAE. LATINAE. LEG.
LEG. X. FRETENSIS.
LEG. AVG. PROPR. PRO.
VINC. DAC. COL. VLP.
TRAIANA. ZARMAT.

Ainsi verrons nous cy apres, que Cæsar fut faict *Curator via Appie:*
Thermus, Flaminiæ; Cornutus Tertullus, AEmiliæ.

Quelquefois ces Commissaires estoient establis sur deux voyes:
comme on voit par cette autre inscription.

Idem ibid.
pag. 71.

L. OVINIO. L. F. QVIR.
RVSTICO. CORNELIANO.
COS. DES. PRAET. INTER.
TRIBVNICIVS. AD. LECTO.
CVRAT. VIAE. FLAMINIAE.
LEG. LEG. VII. MYS. INFERIOR.
CVRAT. VIAE. TIBVRTINAE.
CVRAT. REIP. RICINENSIS.
RVSTICA. OVINIA.
CORNELIANA. FILIA.
PATRI. PIENTISSIMO.

Aussi en a on veu qui auoient la surintendance de trois, quatre,
& dauantage: dont la presente inscription nous seruira de preuue.

Idem ibid.
pag. 75.
Smetius in-
scriptionum
fol. 77.
num. 13.

C. OPPIO. C. F. VEL.
SABINO. IVLIO. NEPOTI.
M. VIBIO. SOLEMNI. SEVERO.
COS.
ADLECTO. A. SACRATISSIMO. IMP.
HADRIANO. AVGVSTO.
INTER. TRIBVNICIOS. PR. PEREGR.
CANDIDATO. AVG.
LEGATO. PROV. BAETHICAE. CVR. VIAR.
CLODIAE. ANNIAE. CASSIAE.
CIMINAE. TRIVM. TRAIANARVM.
ET. AMERINAE. LEG. LEGION. XI.
CL. P. F. LEG. AVG. PR. PR.

PROVINCIAE LVSITANIAE
PRO. COS. PROV. BAETHICAE.
PATRONO. COL.
LEONAS. LIB. ADCENSVS. PATRONI.
ET. IN. DEDIC. STATVAE.
COLONIS. CENAM. DEDIT.

DE L'EXCELLENCE ET DIGNITÉ
des personnes, que l'on establissoit sur les grands chemins, sous le nom de *Curatores viarum*.

CHAP. V.

1. Pierres inscriptes monstrant la dignité des Curateurs des Voyes.
2. Iules Cæsar & Thermus Commissaires particuliers de certains grãds chemins.
3. Cette charge estoit si honorable que les amis s'en resiouïssoient.
4. Les charges des Commissaires des grands chemins, quand erigees en tiltre d'office.
5. L'administration des chemins des Prouinces, appartenante aux Presidens, Consuls, & Preteurs.
6. Quels Magistrats c'estoient que Curatores vicorum.
7. Difference inter Curatores vicorum & viarum.

1. QVAND les pierres inscriptes cy dessus employees, ne seruiroient d'autre chose, au moins rendent elles tesmoignage de la dignité de ceux, que lon establissoit Commissaires sur les ouurages des grands chemins souz le nom de *Curatores viarum*. Car on voit que c'estoient gens qualifiez des plus belles charges de la Republique : & releuees d'autant plus sur les quatre Commissaires establis au paué de la ville, comme les chemins des champs estoient de plus grande masse, de plus longue estendue, & de plus somptueuse despense, que le paué des ruës de la ville de Rome.

2. Iules Cæsar est vn des premiers qui a esté honoré de la qualité de tels Commissaires, ainsi que Plutarque nous enseigne : qui dit, qu'il fut fait Curateur de la voye Appienne : & que outre les deniers publics qu'il y employa, il y fit encores vne tres-grande despense de ses propres deniers ; & que ce fut l'vn des moyens, qui le mirent plus auant en credit & reputation vers le peuple : qui a

In Iulio Cæsare.

tousiours eu tels ouurages fort agreables. De sorte que Ciceron a escrit, que si vn autre grand seigneur Romain, nommé Thermus, pouuoit acheuer les reparations de la voye Flaminienne, ausquelles il auoit esté estably Commissaire, ce luy seroit vn vray moyen, à son aduis, d'estre esleu Consul, & fait Collegue en cette dignité à Iules Cæsar. *Thermus*, dit il, *Curator est Viæ Flaminiæ: Quæ cum erit absoluta, sanè facile eum Cæsari consulem addiderim.*

<small>*Epist. 1. lib. 2. ad Atticum.*</small>

3. Aussi estoit cette charge tant honorable, qu'vne personne n'y estoit pas plustost esleuee, que les amis s'en resioüissoient, comme d'vne chose qui luy deuoit tourner à grande loüange: d'autant que le peuple & les Empereurs, n'ont esleué en cette dignité que les hommes de merite: & qui eussent ja fait preuue de leur diligence & industrie en autres charges & magistratures.

On voit Pline le ieune tressaillir de ioye, ayant entendu que Cornutus Tertullus auoit esté constitué Curateur de la voye Emilienne: comme il tesmoigne luy mesme escriuant *ad Pontium*, en ces termes: *Recesseram in municipium, cum mihi nuntiatum est Cornutum Tertullum accepisse Æmiliæ viæ curam. Exprimere non possum quanto sim gaudio affectus, & ipsius, & meo nomine.*

<small>*Lib. 5. epist.*</small>

Ainsi Papinius Statius met entre les Eloges d'honneur de Victorius Marcellus, personnage de dignité Pretoriale, d'auoir esté choisi par Domitian pour estre Commissaire de la voye Latine.

<small>*Lib. 4. Syluarum: ad Marcellum.*</small>

Quique tuos alio subtexit munere fasces:
Et spatia antiquæ mandat renouare Latinæ.

Il en fait pareil estat en la personne de Plotius Grippus, qu'il appelle *Maioris gradus iuuenem*: auquel le mesme Empereur auoit baillé deux des plus belles & honorables charges de l'Empire, l'ayant fait *Præfectum Annonæ, & curatorem Viarum*: comme qui diroit Commissaire des viures, & Grand-voyer de l'Empire: car voicy comme il en parle,

Te Germanicus arbitrum sequenti
Annonæ dedit: omniumque latè
Præfecit stationibus Viarum.

<small>*Lib. 5. Syluarum. In risu Saturnalitio ad Plotium.*</small>

4. Au reste ces charges, auparauant Auguste Cæsar, n'estoient pas perpetuelles: ains se donnoient à temps, & par forme de Commission, selon la necessité des affaires: mais en fin, cet Empereur ayant creé & institué plusieurs charges en tiltres d'offices perpetuels, afin de gratifier d'autant plus de personnes, & leur donner part à l'administration des affaires, mit au rang des Magistrats ordinaires certain nombre de curateurs des Grands Chemins: Ce que Suetone escrit en ceste maniere. *Quoque plures partem administrandæ Reip. caperent, Augustus noua officia excogitauit: curam operum publicorum,*

viarum, & aquarum, alueï Tyberis, & cloacarum, &c.

5. Or est-il que tout ce qui a esté dit iusques à present, *de Censoribus, Aedilibus, IIII. Viris, & Curatoribus viarum,* se doit entendre des Voyes de la ville de Rome, & de l'Italie seulement. Car quant aux grands chemins des prouinces, ils faisoient partie de l'administration des Consuls, Preteurs, & Presidens qui en estoient les Gouuerneurs, & de leurs Commis: comme il sera dit en son lieu.

In Augusto cap. 37.

6. Mais auant que mettre fin au present discours *de Curatoribus viarum*: Il faut remarquer en passant, qu'ils sont fort differents de ceux que l'on appelloit *Curatores Vicorum*: quoy que l'vn des Interpretes de Stace sur le lieu cy dessus allegué, les confonde l'vn auec l'autre. Ces derniers sont ceux que l'on peut appeller Commissaires des Quartiers, prenant ce nom pour vn assemblage de maisons enuironnees de ruës: car la ville de Rome se diuisoit en xiiij. regions: & chacune region en plusieurs quartiers: les Commissaires desquels estoient preposez sur iceux pour plusieurs causes: mais specialement pour remedier aux inconueniens du feu: à raison dequoy certain nombre d'hommes leur estoit attribué, qui estoient auparauant soubmis aux Ædiles.

7. Il apparoist donc que les Commissaires des Quartiers auoient leur exercice dans la ville: & ceux des grands chemins aux champs par les regions d'Italie. Et y auoit encor entr'eux ces differences, que ceux-là estoient gens choisis du milieu de la populace: & ceux-cy, comme nous auons iustifié, se tiroient des plus nobles maisons, & d'entre les plus notables Citoyens. Que ceux-la n'ont esté creez qu'en l'an 747. de la fondation de Rome, sous le Consulat de Tybere & de Pison, qui est l'an de la diuision de Rome en xiiij. regions: & ceux-cy ont esté faits ordinaires dés le temps d'Auguste, ayant desia eu vogue long temps auparauant comme extraordinaires. Dion sera garand de tout ce que nous auons dit des Commissaires des quartiers, par ce seul texte tiré de son liure 55. *Procuratores autem, seu Curatores, aut Magistri vicorum, plebeij sunt constituti: quibus veste, quam magistratus gerunt, ac lictoribus binis, in iis locis quibus præessent, vti certis diebus concessum: ac seruitia, quæ antè cum ædilibus in vsum incendiorum extinguendorum fuerant addita: Vrbsque tota in regiones diuisa fuit xiiij. Quibus sorte diuisis, hi vicorum curatores præessent.*

DIVISION GENERALE DES GRANDS chemins de l'Empire.

Chapitre VI.

1. *Diuision generale des terres de l'Empire du temps d'Auguste.*
2. *L'Italie & les prouinces mises en contre-pointe audit temps & depuis.*
3. *L'Italie diuisee en Regions, non pas en prouinces.*
4. *Diuision generale des chemins en ceux d'Italie, & des prouinces.*
5. *Deux differences entre l'vn & l'autre: dont la premiere gist au temps.*
6. *Seconde difference gist aux Magistrats qui les ont faits.*

1.  OVs l'Empire d'Auguste & de ses successeurs iusques au grand Constantin, toute la seigneurie, & domination Romaine se diuisoit generalement en deux parties: L'vne desquelles estoit l'Italie, comprenant en soy tout ce qu'il y a de terre depuis le destroict de Sicile iusques en Istrie, & aux Alpes: & l'autre s'estendoit sur tout ce qui est hors l'Italie, vulgairement compris sous le nom des Prouinces.

2. Pendant tout ce temps, ces deux noms d'Italie & de Prouinces, estoient comme mis en contrepointe: de sorte que ce qui se disoit de l'vne, se nioit des autres: comme en vne Loy de Seuerus & d'Antoninus, qui est la 2. *C. de excusat. tutorum,* l'administration des biens Italiques, est opposee à celle des biens des prouinces.

3. Cette diuersité fut cause, qu'en la diuision generale qu'Auguste fit des terres de son Empire, il ne partagea pas l'Italie en prouinces, mais en regions: vray est que la Gaule, que les Romains appellent Cisalpine, auec les Liguriens, & Venitiens furent autrefois mises au rang des prouinces: mais c'estoit au temps de la Republique populaire, auquel l'Italie auoit deux sortes de limites: La premiere, par nature: & la seconde, par droict. Car la nature l'a terminee par la mer, qui l'enuironne du costé du Midy, de l'Orient, & du Septentrion. Et par Alpes de la partde l'Occident. Mais le peuple Romain appelloit Italie seulement ce qui est enuironné de la mer, à prendre depuis le Rubicon d'vne part du costé de la mer Adriatique

que, iusques à la riuiere d'Arne: ou selon les autres du Vare qui tombe dans la mer Thyrrene. En cette derniere signification, toute la Gaule que les Romains appelloient Cisalpine, estoit hors l'Italie, auec les terres des Liguriens, & Venitiens: tous lesquels Auguste Cæsar ayant mis au rang des Italiens, & reduit les limites du droict ancien aux termes de la nature, il diuisa leurs terres en Regions, comme les autres parties d'Italie. Et ce fut lors que toutes les terres generalement, qui sont hors les Alpes, furent entenduës sous le nom des Prouinces contre la seule Italie.

4. Or quoy que depuis Constantin, & l'Italie, & le reste de l'Empire ayent receu plusieurs autres diuisions: si est-ce que nous nous tiendrons à celle-cy: d'autant qu'il suffit au partage general de nos grands chemins: lesquels nous diuiserons par ce moyen en deux parties, dont l'vne comprend les chemins d'Italie, & l'autre ceux des Prouinces.

5. Entre les vns & les autres, il y a vne notable difference, qui gist en deux poincts principaux: sçauoir au temps, auquel ils ont esté faits: & aux Magistrats qui les ont fait faire. Pour le temps, à le prendre en gros, les grands chemins d'Italie, comme plus prochains de la ville capitale, ont esté faits les premiers: & ceux des Prouinces les derniers. Ceux d'Italie, pendant que le peuple a tenu la souueraineté dedans Rome, & iusques à l'Empire d'Auguste Cæsar: & ceux des Prouinces, depuis que la puissance souueraine du peuple fut reduite és mains d'Auguste. I'ay dit à prendre le temps en gros tout à dessein, d'autant qu'il se trouuera quelques chemins par les prouinces auant l'establissement des Empereurs: & qui precedent en temps aucuns chemins d'Italie que les Empereurs mesmes y ont fait, desquels nous parlerons cy apres: mais ils sont en si petit nombre en comparaison des autres, que l'on n'en doit pas faire grand estat, au regard de ceux qui constituent nostre diuision generale.

6. Pour ce qui est des Magistrats, nous auons veu cy dessus, que les Censeurs, Ediles, & Commissaires des chemins appellez *Quatuor viri, & Curatores Viarum*: mesmes quelques Consuls, Preteurs, Tribuns, & Empereurs, ont fait faire les chemins, tant de la ville, que des champs en Italie: mais pour les grands chemins des Prouinces, il n'en est pas de mesme: d'autant qu'ils ont esté faits à la diligence des Consuls, Preteurs, ou autres Magistrats, qui ont esté premierement enuoyez par le peuple, & depuis par les Empereurs, pour regir & administrer les prouinces en qualité de Presidens: dequoy nous verrons les preuues au Chapitre suiuant.

C

PAR QVELS MAGISTRATS LES grands Chemins des prouinces ont esté faits.

CHAPITRE VII.

1. *L'vne des charges des Magistrats és prouinces estoit des voyes publiques.*
2. *Deux Magistrats principaux en chacune prouince, le President & le Questeur.*
3. *Les Presidens estoient ou Preteurs, ou Consuls : Propreteurs, ou Proconsuls.*
4. *Officiers ou Ministres des Presidens, dont les premiers estoient les Legats.*
5. *Que les Presidens estoient preposez sur les grands chemins és prouinces.*
6. *Du pouuoir qu'ils auoient d'y commettre leurs Legats.*
7. *Preuue de ce que dessus tirée de Ciceron.*
8. *Chemins faits par mesmes officiers sous les Empereurs, que sous le peuple.*
9. *De la dignité des Questeurs enuoyez aux prouinces.*
10. *Difference entre les Questeurs & les Presidens en leurs charges.*

1. ENTRE les administrations que les Magistrats auoient par les prouinces, celle qui touche les ouurages & reparations des grands chemins en est vne, non pas des moindres, mais grandement necessaire pour la conduite des armees. C'est pourquoy ie trouue que dés auparauant qu'Auguste & ses successeurs eussent remply les prouinces de tels ouurages, la necessité auoit appris à plusieurs Magistrats & Lieutenans generaux du peuple d'en inuenter les commencemens.

2. Mais auant que d'en venir aux preuues, il est besoin sçauoir quels estoient ces Magistrats, & sous quels noms ils sont reconnus en l'histoire. Nous dirons donc briefuement, qu'en chacune prouince il y auoit deux principaux Magistrats pour y regir & gouuerner les affaires, tant de la guerre, que de la iustice, & des finances: sçauoir le President, & le Questeur.

3. Du commencement c'estoit les Preteurs, qui estoient en qualité de Presidens deputez par les prouinces, afin d'y exercer la iurisdiction, rendre droict & iustice aux prouinciaux : & si la necessité pressoit, y faire la guerre sous les auspices du peuple. D'où est venu que le nombre des Preteurs s'accreut auec le nombre des prouin-

ces. Mais s'il arriuoit quelque tumulte, & guerre de grande importance, on y enuoyoit des Consuls, lesquels dés le commencement de leur creation ont esté chefs & Capitaines generaux des armees Romaines. Que si la guerre n'estoit acheuee dans l'annee de leur Magistrature, ils s'appelloient lors Propreteurs & Proconsuls.

Et c'est en ces deux Magistrats que consistent les Presidens ordinaires des prouinces, dont les vns à raison de cela s'appelloient Consulaires, & les autres Pretoriens.

4 Les Consuls & Preteurs allans en leurs prouinces, estoient accompagnez de plusieurs gens, comme d'officiers, ministres, & coadiuteurs en l'exercice de leurs charges, tels que sont les Legats, Tribuns, Centurions, Secretaires, Truchemens, & autres. Les plus grands & honorables desquels estoient les Legats, qui vaut autant à dire, que Lieutenans & Conseillers, sans l'aduis desquels ils ne faisoient aucune entreprise de consequence: & par lesquels ils executoient plusieurs choses, dont ils leur donnoient les mandemens & commissions. Car quelquesfois ils conduisoient leurs armees, ou parties d'icelles, rendoient la iustice, auoient soin des tributs, gabelles & peages, & s'il estoit besoin de faire ou reparer quelques Chemins, c'estoit à eux, à qui les Consuls & Preteurs en donnoient les commissions.

5. Ie me contenteray pour le present d'en rapporter vn exemple tiré de Ciceron, qui raconte que Marcus Fonteius ayant geré & administré la charge de Preteur ou President des Gaules, fut accusé deuant le peuple Romain de plusieurs maluersations: entre lesquelles celle-cy en estoit l'vne, qu'il auoit tiré secrettement grandes sommes de deniers soubs pretexte des reparations & empatemens des chemins: prenant de l'argent des vns pour les exempter de trauailler à ces ouurages: & des autres, pour receuoir aucuns d'iceux ouurages, encores qu'ils ne fussent bien & fidelement faits. *Obiectum est etiam, quæstum Marcum Fonteium ex viarum munitione fecisse, vt aut ne cogeret munire, aut id quod munitum esset, ne improbaret.*

Oratione pro M. Fonteio.

6. Par cette accusation, on void que le pauement & affermissement des grands Chemins estoit de la charge du Preteur. Et ce qui suit apres, tesmoigne qu'en cas de necessité il y pouuoit commettre ses Legats ou Lieutenans: car pour eluder cette accusation, & la reietter bien loing de Fonteius, Ciceron dit, que ce n'estoit pas luy, qui en auoit fait les ouurages, mais telles personnes par luy commises, qui estoient publiquement recogneuës pour gens de bien, & qui auoient dequoy respondre de la sincerité de leurs actions. Que Fonteius estant occupé en meilleures affaires, & recognoissant que c'estoit vne des charges de la Republique, de munir & pauer certaine

C ij

voye, autres fois faicte par Domitius en la Gaule: Il en donna la commission à deux des premiers hommes de son armee, qui estoient deux de ses Legats: sçauoir, à C. Annius Bellienus, & à C. Fonteius. Que ce furent ces deux qui firent les commandemens au peuple de la prouince pour y trauailler: & que les ouurages estans acheuez, ils les approuuerent & receurent, sans que M. Fonteius s'en fust aucunement entremis.

7. Voicy comme Ciceron en parle: *Quid si hoc crimen optimis hominibus delegare possumus, & ita, vt non culpam in alios transferamus: sed vti doceamus, eos isti munitioni præfuisse, qui facile officium suum & præstare, & probare possunt. Tamenne vos omnia in M. Fonteium iratis testibus conferetis? cum maioribus Reip. negotiis M. Fonteius impediretur, & cum ad Remp. pertineret viam Domitiam munire, Legatis suis, Primariis viris C. Annio Bellieno, & C. Fonteio negotium dedit. Itaque præfuerunt, imperauerunt pro dignitate sua quod visum est, & probauerunt.*

8. Ce qui s'est fait pendant l'estat populaire, s'est continué sous les Empereurs: & me contenteray d'en rapporter vn seul exemple tiré de Tacite, lequel descriuant l'entree que Drusus Germanicus fit dans les Allemagnes sous l'Empire de Tybere, dit, que par la secheresse du temps les eaux estans basses, il tira apres soy toute son armee dans le pays des Cattes, peuple de Germanie: mais que craignant les pluyes, & le rehaussement des riuieres, il laissa derriere luy L. Apronius, lors son Lieutenant, & depuis Proprateur en Allemagne, pour luy pauer vn chemin, qui peust seruir à sa retraitte en cas de necessité, à trauers les riuieres & marescages du pays: Ce qui se peut colliger de ces mots. *Germanicus expeditum exercitum in Chattos rapit, L. Apronio ad munitiones viarum & fluuiorum relicto: nam (rarum illi cœlo) siccitate, & amnibus modicis, inoffensum iter properauerat, imbresq; & fluminum auctus regredienti metuebantur,* Ce fut par tels Consuls, ou Legats, qu'Auguste Cæsar fit faire des grands chemins de l'vn des bouts de son Empire à l'autre, ainsi que nous verrons cy apres en detail, & n'en diray rien icy d'auantage, pour toucher vn mot des Questeurs enuoyez auec les Presidens par les prouinces.

Tacitus lib. 1. annal.

9. Les Questeurs doncs'eslisoient par chacun an, tout ainsi que les Consuls & les Preteurs: & comme eux receuoient immediatemét du peuple ce qu'ils auoient d'authorité. En quoy ils estoient differents des Legats, qui tenoient leur pouuoir des Presidens, encores qu'ils fussent en beaucoup de choses leurs compagnons, & comme Assesseurs & Conseillers: au lieu que le Questeur tenoit rang de fils au President, ayant tel rapport & relatiõ l'vn à l'autre, que comme vn homme ne se peut dire pere qu'il n'ait vn fils: aussi n'y auoit-il aucun Consul ou Preteur és prouinces, qui n'eust auec soy son Que-

steur, qui estoit ordinairement joinct par amitié à son Consul ou Preteur, comme vn fils à son pere.

10. La difference de leur charge estoit, que les Presidens auoient la iurisdiction contentieuse des causes, tant publiques, que particulieres: & les Questeurs, le maniment des finances. Et quant à ce qui touche les grands chemins, c'estoit les Presidens des Prouinces ou leurs Lieutenans qui les faisoient faire: mais c'estoit les Questeurs qui sur les mandemens & ordonnances desdits Presidens, faisoient le payement des materiaux & salaires des ouuriers. Aussi estoient lesdits Questeurs comme Receueurs generaux, qui faisoient recepte & mise des deniers prouenans des tributs & peages, desquels ils rendoient les comptes au peuple. Et pour la confection d'iceux auoient des Greffiers, & autres officiers sous eux, entretenus aux despens du public.

EN QVEL TEMPS ON A COMMENCÉ les grands chemins d'Italie.

CHAPITRE VIII.

1. Pendant le temps des Rois, l'vsage du paué n'estoit encor' en Italie.
2. L'vsage du paué és grands chemins d'Italie n'a commencé que 188. ans apres l'eiection des Rois.
3. Clau. Appius Cœcus premier autheur desdits chemins.
4. La voye Appienne est ensemble la premiere & la plus excelente de toutes.
5. La seconde voye d'Italie faite par Aurelius Cotta.
6. La troisiesme par Flaminius.
7. La quatriesme par Æmilius.
8. Censeurs qui premiers publierent les ouurages des grands chemins.
9. C. Gracchus a fait plusieurs beaux grands chemins en Italie.
10. Au temps de Iules Cæsar l'Italie ia remplie de chemins pauez.

1. Es Romains ont esté à diuers temps gouuernez sous diuerses formes de Republique. Premieremét en Monarchie sous les Rois: puis en Democratie sous les Consuls: & de rechef en Monarchie sous les Empereurs. Durant le premier estat Monarchique, il ne se trouue aucune mention des grands chemins, ny dans la ville de Rome, ny dehors: n'ayans eu les Rois aucune cognoissance des Carthaginois premiers inuenteurs du paué.

2. Mesmes depuis le changement des Rois, il s'est coulé l'espace

de cent quatre vingts huict ans, auant que personne ayt mis la main à ce genre d'ouurages, qui n'a prins son origine sinon au temps que la seigneurie & domination Romaine a commencé de s'estendre à bon escient sur les peuples qui les enuironnoient.

3. C'est alors que pour faciliter les passages des armees, le transport des marchandises, & l'abord des viures requis à vn peuple qui s'augmentoit de iour en iour, les Magistrats de la ville de Rome s'auiserent de mettre en œuure l'inuention de ceux de Carthage : & de pauer les plus grands chemins & les plus frequés d'Italie. Ce fut Claudius Appius, surnommé l'aueugle, qui se mit le premier de tous durant sa Censure à pauer vn grand chemin, qui s'estendoit depuis Rome iusques à Capoüe : lequel de son nom s'appelle encore *via Appia.* Ce qu'il fit en l'an 442. de la fondation de Rome : estans lors Consuls M. Valerius Maximus, & P. Decius Mus. C'est ce que dit Iulius Frontinus lors qu'il parle de l'Aqueduc d'Appius, & de cette premiere Voye pauee, *Appia aqua inducta est ab Appio Claudio Censore, cui postea cæco fuit cognomen. M. Valerio Maximo, & P. Decio Mure. Coss. anno xx. post initium belli Samnitici. Qui & viam Appiam à porta Capena vsque ad vrbem Capuam muniendam curauit.* Cassiodore mesme a laissé par escrit, que ces deux ouurages furent faicts en cette mesme annee. *M. Valerio. P. Decio Consulib. per Appium Claudium Censorem via facta, & aqua inducta est, quæ ipsius nomine nuncupatur.*

a *Lib. 1. de Aquædu-Ctib.*

b *In Chronico.*

4. Cette grande & admirable Voye a cela de remarquable, que comme elle est la premiere en l'ordre des temps, aussi est elle premiere en beauté & magnificence d'ouurage, à l'excellence de laquelle aucun autre chemin posterieur n'a sçeu paruenir : soit que l'on considere sa grande estenduë, soit la largeur & espesseur des quarreaux dont elle est pauee, soit la forme de leur alliage, artifice de leur ioincture, & autres particularitez, que nous remarquerons au traitté qui sera fait à part des merueilles de ce grand & inimitable Chemin.

c *Lib. 2. de antiquo iure Italiæ, cap. vltimo.*

5. La seconde Voye pauee par l'Italie, est celle de Caius Aurelius Cotta, si la coniecture de Carolus Sigonius est veritable, qui dit qu'elle fut faicte l'an 512. de la fondation de Rome, & qu'elle fut nommee *via Aurelia* de son nom : & n'en sçaurois alleguer pour le present autre autheur.

d *In verbo Flaminius circus.*
e *Epitomes lib. 20.*
f *In Chronico.*

6. Apres vient celle qui de Flaminius est dicte *via Flaminia* : mais les autheurs ne s'accordent pas, ny sur le temps, ny sur la personne de celuy qui l'a fait faire : Car les vns la donnent à ce Flaminius qui fut tué par Hannibal au lac de Trasimene : & disent qu'elle fut faicte soubs le Consulat de Lucius Veturius & Caius Lutatius, l'an de Rome 533. Et en cela conuiennent Festus, Florus, & Cassiodore : le dernier desquels en parle ainsi, *L. Veturio & Caio Lutatio Coss. via*

Flaminia munita, & circus factus, qui Flaminius dictus est.

7. Neantmoins Strabo nous a laissé par escrit, que ce fut Flaminius le fils : lequel fit pauer deux grandes voyes en Italie, dont l'vne s'estendoit de Rome iusques à Rimini, qui est *via Flaminia*: & l'autre depuis Rimini iusques à Boulogne, & Aquilee, qui fut dicte *Æmilia*.

Mais quant à ce different, nous le terminerons ailleurs plus commodement: & suffit pour le present d'auoir monstré, que la voye Flaminienne doit estre mise au 3. rang d'antiquité: & que l'Æmilienne vient immediatement en suite.

8. Le plaisir que le peuple prenoit en ces ouurages, & les commoditez qui en procedoient, inuiterent treize ou quatorze ans apres Flaccus & Albinus Censeurs, à reprendre les aires des pauemens & emparemens des ruës de la ville, & des chemins des champs. Car ce fut sous le Consulat de SP. Posthumius Albinus, & de Q. Mutius Scæuola, l'an 580. de la fondation de Rome, qu'ils en firent premierement publier les ouurages, pour pauer de quarreaux dans la ville, & de grauois par les champs: Ainsi que nous monstrerons par le tesmoignage de Liuius, au liure suiuant.

9. Il est à croire que les Magistrats Romains qui succederent à ces deux Censeurs, vserent de semblable diligence à faire & continuer les grands chemins d'Italie: quoy que de là à cinquante ans, ie n'en trouue aucune particuliere remarque en l'Histoire. Celuy qui les suiuit de temps, & qui peut estre les deuança en diligence & magnificence d'ouurage, fut C. Gracchus, frere de Tyberius, duquel Plutarque escrit, qu'estant Tribun du peuple, il mit en auant de repeupler Carthage, & plusieurs autres villes, de pauer les grãds Chemins, & bastir des greniers ou magazins publics, pour y faire des prouisions de bled: desquels ouurages il entreprenoit luy-mesme la charge & surintendance: & les acheuoit tous auec telle diligence & dexterité, qu'il sembloit qu'il n'en eust qu'vn seul à faire. Mais celuy de tous les ouurages publics auquel il employa plus de labeur & solicitude, fut à dresser & munir les grands chemins d'Italie, de la forme, beauté & magnificence desquels nous parlerons plus à propos en autre endroit.

Lib. 5. Geograph.

10. Ce sont icy les premiers autheurs, & les plus anciennes remarques que l'on puisse trouuer en l'Histoire Romaine des grands chemins faicts en Italie, ausquels plusieurs Magistrats ont depuis fait tellement trauailler, que du temps de Iules Cæsar, la ville de Rome estoit ioincte par le moyen d'iceux à toutes les regions & principales Iles d'Italie: & quoy qu'Auguste & les Empereurs suiuans y ayent ait faire de grands ouurages, si est-ce que c'estoit plustost pour les

amplifier, ou pour les reparer, que pour en faire de nouueaux d'vn bout à l'autre: excepté quelques vns que Domitian, Aurelian, & Trajan ont fait faire.

DES TEMPS AVSQVELS ON A COMmencé à faire des grands chemins par les prouinces.

CHAPITRE IX.

1. *Premier chemin paué par les prouinces, est en la Gaule Aquitanique & Narbonoise.*
2. *Second chemin, dict via Domitia en Prouence & Sauoye.*
3. *Troisiesme chemin de mesme nom en Allemagne.*
4. *Quatriesme chemin en Epire & Macedone.*
5. *Auguste Cæsar principal auteur des grands chemins des prouinces.*
6. *Chemins pauez és prouinces sont ceux de l'itineraire d'Antonin, & Charte de Peutinger.*

1. Ⅰ L est assez difficile de determiner le temps, auquel les Romains ont commencé à faire des chemins pauez hors l'Italie: & s'en trouue peu de tesmoignages auant l'Empire d'Auguste. Ie ne laisseray toutesfois de rapporter icy ce peu que i'en ay rencontré dans les anciens escrits. Et commenceray par les voyes que ie trouue auoir esté pauees deçà les Alpes, tant en Gaule, qu'en Allemagne.

La premiere, &, comme ie pense, la plus ancienne de toutes, est celle que les Romains ont fait dés le temps de la derniere guerre d'Affrique, pour voyager des Espagnes & monts Pyrenees à trauers la Gaule Aquitanique & Narbonnoise, iusques aux Alpes. De laquelle Polybius, Historien fidele & veritable, fait mention en son liure troisiesme: où il dit, que du fleuue Ebro iusques à Ampurias, il y a mil six cens stades: & d'Ampurias au passage du Rhosne, encore autant. Puis pour monstrer qu'il est bien asseuré en ses nombres: il adiouste, que dés ce temps là les Romains auoient fait mesure exacte des interuales desdits chemins: & que de huict stades en huict stades ils les auoient marquez & limitez par des colomnes milliaires. Voicy les propres mots de l'auteur, ταῦτα γὰρ νῦν βεβημάτησαι, ἢ σεσημείοσαι κ̣τ̣ ςαδίους ὀκτὼ διὰ Ρωμαίων ἐπιμελῶς. C'est la mesme voye dont Andreas Resendius parle, comme l'ayant veu & remarqué qu'elle estoit pauee de cailloux esquarris, *penè insana profusione*: ainsi que nous dirons plus amplement en autre endroict. | *Lib.3. de antiquit. Lusitaniæ cap. de viis militarib.*

2. La seconde est *via Domitia*, que Domitius Ahenobardus feit faire l'an 629. de la fondation de Rome, M. Plautius Hypseus, & M. Fuluius Flaccus estans Consuls. Ce personnage ayant vaincu les peuples de Sauoye, de Dauphiné, & d'Auuergne, que l'histoire appelle *Allobroges & Aluernos*, pensa ne pouuoir laisser meilleure marque de sa victoire, que faisant munir ce grand chemin à la mode d'Italie. Et quoy qu'il soit assez difficile de trouuer precisément l'endroict d'iceluy : si est-ce qu'il est à croire, que ce fut dans la prouince particuliere des anciens Allobroges par luy vaincus, & dans la region laquelle par Antonomasie, ils appelloient *Prouinciam*, & nous la Prouence. Quoy que ce soit c'est la mesme voye que Ciceron appelle *Viam Domitiam*, & qu'il dit auoir esté reparee par deux Legats, ou Lieutenans de M. Fonteius, ainsi que nous auons remarqué cy-dessus. | *Oratione pro M. Fonteio.*

3. Il se trouue qu'il y en auoit vne en Allemagne au delà du Rhin, qui portoit le mesme nom de *via Domitia*, mais qui ne pouuoit estre de pareille antiquité, ny faicte par vn mesme autheur : d'autant que la voye Domitienne de la Gaule, est faicte assez long temps auant les conquestes de Iules Cæsar. Et quant à celle d'Allemagne, elle a esté munie long temps depuis : Au moins il est certain, que ce ne fut pas auant Iules Cæsar, puis que c'est le premier qui a mis le pied dans la Germanie : Toutesfois ladite Voye fut faicte par vn du mesme nom de Domitius à trauers des lieux humides & croullans de l'Allemagne, & où il n'y auoit moyen, sans ledit chemin, d'auoir le pied ferme en aucuns endroicts. Tacite nous dépeint ainsi ceste Voye, & nous en enseigne l'autheur, disant : *Angustus is trames vastas inter paludes, quondam a L. Domitio aggeratus. Cætera limosa, tenacia graui cæno, aut riuis incerta erant.* Ce fut par le moyen de ladite Voye, que Cæcina ramena deçà le Rhin partie de l'armee que Germanicus auoit fait entrer dans les Allemagnes : comme on voit par le tesmoignage du mesme autheur. | *Lib. I. Annal.*

4. Voila quant à ce qui est de la Gaule & des Allemagnes. Pour les autres prouinces, ie n'y trouue qu'vne seule Voye, dicte *via Egnatia*, qui s'estéd depuis la ville d'Apollonie en Epire, iusques à celle de Cypselus, & la riuiere Hebro : iusques sur la riue de laquelle ils ont paué ladite Voye, icelle mesuree par mille, & marquee de Colonnes milliaires, ainsi que de coustume. Et de cela nous auons ce tesmoignage exprés de Strabo. *Ab Apollonia in Macedoniam Egnatia via est, in Orientem versus per milliaria dimensa, & lapidibus distincta vsque Cypselum,* | *Strab. lib. 7*

& Hebrum flumen.

De Prouinciis Consularibus.

Or faut il bien conclure que ceste Voye estoit pauee auant que Auguste Cæsar commençast à faire celles des Prouinces: puis que jà du temps de Ciceron elle estoit faicte & parfaicte, portant dessors le nom de Voye Militaire, qui ne se donnoit sinon aux grands chemins pauez. Car c'est celle-mesme dont cet autheur fait mention, disant, que de son temps elle s'estendoit iusques à l'Hellespont à trauers la Macedoine: *Via illa nostra*, dit-il, *quæ per Macedoniam est vsque ad Hellespontum militaris.*

5. Que s'il y auoit quelques autres grands chemins semblables hors l'Italie auant Auguste, ie croy qu'ils estoient bien rares: ayant esté celuy qui prit à bon escient cette matiere à cœur, d'aggrandir & alonger les anciens chemins d'Italie, & d'en faire de nouueaux par les prouinces. Et de cela nous auons de bonnes marques dans l'histoire, qui se rencontreront deçà delà dans l'œuure present: de toutes lesquelles ie me contenteray de celle-cy, tirée de Suetone, qui dit: *Et quo celerius & sub manum annunciari, cognoscique posset, quid in Prouincia quaque gereretur, iuuenes primo modicis interuallis per militares vias: dehinc vehicula disposuit:* où ces termes, *In quacunque prouincia*, sont bien à remarquer, d'autant que s'il n'eust luy-mesme fait faire des chemins en chacune prouince, il n'eust pas sçeu disposer les Courriers & les Coches, dont il est fait mention en cet endroict, pour auoir commodement, & à la main promptes nouuelles de ce qui se faisoit en chacun quartier de son Empire. Or apparoist-il que ces chemins n'estoient autres que nos grands Chemins pauez, d'autant qu'il les appelle *vias militares*, du nom le plus propre qui soit dans les escrits des anciens, pour signifier les chemins faicts & construits de main d'homme.

Sueton. in Aug. cap. 49.

6. Ce sont les mesmes chemins, qui sont descrits dans l'Itineraire d'Antonin, & la Charte de Peutinger, qui ne contiennent pas seulement les grands chemins d'Italie: mais aussi des prouinces. Hieronymus Surita, qui a commenté ledit Itineraire, nous le fait assez entendre, quand il dit, Qu'Auguste Cæsar ne fut pas contant de veoir l'Italie seule remplie de l'ornement des chemins pauez, mais qu'il en accommoda toutes les prouinces de son Empire, afin que les Presidens & Proconsuls eussent plus de facilité de visiter les villes, & de se trouuer és assemblees ordinaires, qui s'y faisoient pour le reglement de la Iustice, & police d'icelles. *Neque Italiam modò*, dit cet autheur, *sed & vniuersas Romani Imperij Prouincias eodem decore atque ornamento idem Princeps affecit: vt Præsides, & qui pro Consulibus eo munere fungerentur, facilius Prouinciarum Vrbes atque conuentus obirent.*

Præfatione in Commentarium Itinerar. Ant.

PAR QVEL NOMBRE, ET CONDI-
tions d'hommes les grands chemins de l'Empire ont esté faicts.

CHAP. X.

1. Que pour faire les grands Chemins il a esté besoin de beaucoup de gens & d'argent.
2. Nombre d'hommes employez au Temple de Salomon, & à l'vne des Pyramides d'Egypte.
3. Le nombre d'hommes employé aux grands chemins excede l'vn & l'autre.
4. Quatre sortes d'hommes ont trauaillé aux grands chemins. Premiere sorte de soldats Legionnaires.
5. Qu'Auguste les employa premierement aux ouurages des grands chemins.
6. Nombre des Legions augmenté depuis Auguste.
7. Seconde sorte d'hommes est des peuples prouinciaux.
8. Maniere obseruee pour employer les Legionaires & prouinciaux aux grands chemins.
9. Plainte des vns & des autres.
10. Troisiesme genre d'hommes employez aux grands chemins.
11. Quatriesme genre.
12. Que toute l'Europe, l'Asie & l'Affrique, a mis la main à vn si grand œuure.

1. COMME les grands Chemins de l'Empire ont surpassé tout œuure de main en estenduë de pays, aussi a-il esté necessaire d'y employer plus de gens & d'argent, qu'en pas vn autre ouurage du monde, qui ait eu quelque reputation dans l'Histoire, soit Grecque ou Romaine : soit sacree ou prophane. Et partant il nous faut dire vn mot du nombre d'hommes sans nombre, & des sommes d'argent non comprehensibles, employees à cet œuure incomparable.

2. On lit que Salomon employa vn grand nombre de Iuifs naturels, & de Proselytes au bastiment du Temple de Hierusalem. Car il fit choix de trente mil Israelites pour couper le bois en la Montagne du Liban : dix mil desquels y trauailloient de trois mois l'vn, & se reposoient deux mois en la maison : & qu'ayant fait faire vn denombrement des Proselytes, qu'il trouua monter à cent cinquante trois mil six cens hommes : Il en destina quatre vingts mil pour la maçonnerie du Temple : soixante dix mil pour le charroy des ma-

3. Reg. cap. 5. & 2. Paral. cap. 2.

teriaux : & le reste consistant en trois mil six cens, il les constitua Directeurs & Intendans des ouurages, pour auoir l'œil & le commandement sur les autres.

Lib. 36. hist. Nat. cap. 12.

Pline escrit, que pour construire la plus grande des Pyramides d'Egypte, ont esté employez trois cens mil hommes l'espace de vingt ans. Ces grands œuures neantmoins ont esté limitez dans peu de place, & construits par gens de deux Royaumes seulement, lesquels depuis n'ont fait que deux petites parties de l'Empire Romain.

3. Mais quant aux ouurages de nos grands Chemins, comme ils se sont estendus par tout, aussi tous les habitans de l'Empire y ont mis la main depuis les parties Occidentales de l'Espagne, & de Mauritanie, iusques aux Occidentales d'Assyrie & des Medes : & depuis les terres Septentrionales de la grand' Bretagne, des Gaules, de la Hongrie, & de la Scythie, iusques aux Meridionales des Arabes, Egyptiés, & Garamantes: c'est à dire, vne quantité d'hommes de toute la terre habitable, qui ne peut estre nombree, d'autant que depuis Auguste Cæsar iusques au declin de l'Empire d'Occident, le Romain victorieux s'estoit assubietty toute la terre, au moins ce qu'il y auoit de beau & de bon en icelle, & qui meritoit qu'on en fist compte, ainsi que nous verrons au commencement du liure III. de cet œuure.

Et partant toutes les prouinces dudit Empire ayant contribué à cet œuure, on peut dire auec verité, que tout le monde y a mis la main: c'est à dire, vn si grand nombre d'hommes de chacune prouince, qu'il est impossible d'en faire vn certain estat.

4. Toutesfois pour en donner en gros quelque cognoissance, & faire aucunement toucher le nombre infiny des ouuriers, ie les diuiseray tous en quatre genres ou conditions d'hommes: sçauoir en soldats Legionnaires, en Peuples prouinciaux, en Artisans, & en Esclaues ou criminels.

Ie commenceray par les Soldats Legionnaires, lesquels deuant Auguste & depuis estoient choisis de purs & naturels Citoyens Romains : ainsi que sçauent ceux qui sont versez en l'histoire : qui nous enseigne que les Estrangers, & les peuples confederez, *militabant in auxiliis, non in Legionibus*. Auguste donc considerant que ce n'est pas moindre vertu de conseruer que d'acquerir : quoy que par vertu & felicité incomparable il eust sousmis à sa puissance souueraine l'Empire le plus grand, & le plus paisible de tous les Empires precedens, ne laissoit de tenir sur pied iusques au nombre de 25. Legions, par luy disposees en diuerses prouinces: mais principalement en celles qui seruoient de frontieres audit Empire : afin de les tenir prestes à tous euenemens contre les forces & irruptions estrangeres. Car il en tenoit trois en Espagne, huict en Gaule, deux en Afrique, quatre en

Onuphrius Panuinus in Imperio Romano, c. de legionib. pop. Rom.

Syrie, deux en Mesie, deux en Hongrie, & autant en Dalmatie. Chacune Legion du temps dudit Auguste, estoit composee de six mil deux cens pietons, & de sept cens trente cheuaux, ainsi que l'on peut colliger des escrits de Dion, de Corneille Tacite, & autres Historiens Romains: de sorte que les 25. Legions reuenoient lors à cent soixante treize mil hommes.

5. Ce grand & heureux Empereur, d'vn esprit vif, & remply de fortes conceptions, se voyant en pleine paix auec tant de Legions sur les bras, que l'oisiueté pouuoit gaster & corrompre, pensa qu'il ne pouuoit employer tant d'hommes dispersez par ses prouinces à vn trauail plus vtile & necessaire, qu'à faire & fabriquer de neuf des grands chemins par tous les endroits de son Empire. Ce qu'il fit pour plusieurs causes que nous dirons ailleurs: mais specialement pour éuiter les inconueniens que l'oisiueté apporte parmy les gês de guerre, estant souuent arriué qu'és armees *discordia laboratum est, cum assuetus expeditionibus miles otio lasciuiret*, comme parle Tacite. *In vita Iulij Agricola.*

6. Ces Legions se sont depuis grandement accreuës sous les Empereurs suiuans: s'estât veuës sous l'Empire de Trajan à mesme temps trente Legions sur pied. Et faut croire que ce bon Empereur ne les a pas laissé inutiles pendant que la paix luy a donné loisir de trauailler aux grands chemins de son Empire: estant l'vn de ceux qui a fait de neuf, ou reparé plus de Chemins apres Auguste. Adrian son successeur, quoy qu'amoureux de la paix, n'a laissé d'auoir toute sa vie pareil nombre de Legions entretenuës.

Ce que nous apprenons d'vne responce subtile que Fauorinus, l'vn des plus sçauans & mieux disans de son siecle, fit à quelques-vns de ses amis, qui luy reprochoient de n'auoir pas contesté comme il deuoit contre cet Empereur sur l'vsage d'vn mot Latin, sur lequel ledit Empereur l'auoit repris, quoy que le mot fust en vsage chez les bons autheurs. Ausquels Fauorinus fit responce. Vous n'y entendez rien, puis que vous ne me voulez permettre d'estimer celuy-là le plus sçauant de tous, qui a 30. Legions sous sa puissance. Ce fut à l'aide de ces Legions, qu'il edifia cette muraille tant renommee de la grande Bretaigne, de la longueur de quatre vingts mil Italiques, pour separer les terres Romaines, d'auec les Barbares, de laquelle Spartian fait mention en son histoire. *Aelius Spartianus in Adriano*

7. L'autre genre d'hommes employez à ces ouurages, consiste en la populace des Prouinces que l'histoire appelle *Prouinciales*: le tout à mesme fin que les soldats, de peur qu'elle ne demeurast oisieuse: côme remarque Isidore, quand il dit: *Romani vias per omnem pene orbem disposuerunt propter rectitudinem itinerum, & ne plebs esset otiosa.* C'est l'vne des raisons qui inciterent quelques Rois d'Egypte à bastir des Py- *Lib. 13. Origiinum cap. 16. Plin. lib. 36. Nat. hist. cap. 12.*

D iij

ramides: *Quippe cum faciendi eas causa à plerisque traditur, ne pecuniam successoribus, aut æmulis insidiantibus præberent : & ne plebs esset otiosa.* Pour oster donc toutes occasions de sedition à la populace de chacune prouince, on l'employoit à trauailler aux ouurages des grands chemins, comme par coruees: mais specialement celle des Bourgs, Villages, & autres lieux des prouinces, qui s'estoient laissé vaincre par la force des armes: & qui à raison de ce, auoient perdu leur premiere & naturelle liberté.

8. La maniere de faire trauailler les Soldats & les Prouinciaux estoit, que les Empereurs enuoyoient par les Prouinces leurs Capitaines & Lieutenans sous diuers noms & qualitez: comme de Proconsuls, de Presidens, de Preteurs, & de Legats, qui tenoient sous eux bon nombre de soldats Legionnaires, ausquels ils donnoient de l'exercice, tant en temps de guerre que de paix. Car mesmes en temps de paix, au lieu d'ouurages necessaires, ils les employoient à d'autres qui estoient de plaisir, ou bien de profit & vtilité publique.

9. En ces ouurages les soldats trauailloient auec la populace de chacune Region : & en estoient les vns & les autres en plusieurs endroicts si fatiguez, & si rudement menez, qu'ils en ont fait de grandes plaintes, & quelquefois en sont entrez en des seditions & rebellions ouuertes contre ceux qui leur commandoient: comme il arriua sous l'Empire d'Auguste, que les deux armees qu'il tenoit sur le Rhin, chacune composee de quatre Legions, s'esleuerent contre leurs propres Tribuns, leur reprochant *duritiem operum, vallum, fossas,*

Cornel. Ta- *pabuli, materiæ, lignorum adgestus, & si quæ alia ex necessitate, aut aduersus*
cit. lib. 1. *otium castrorum.*
Annal.

Or entr'autres ouurages d'vne peine & trauail incroyable, ceste-cy en estoit l'vne, de faire de grandes Chaussees à trauers les campagnes, les forests, & les lieux marescageux: trancher des montaignes, applanir des collines, & bastir des ponts sur des grandes riuieres pour appointer les bouts desdites Chaussees: & les conduire & continuer par les meilleures villes pour le passage des armees. Les Soldats Legionnaires se plaignoient souuent d'estre employez en tels ouurages, esquels de gens de guerre ils estoient faits manouuriers ou aides à Maçons. Et demandoient qu'on leur donnast des hommes à combattre, & non pas des fleuues rapides, des profondes forests des montaignes pleines de rochers, & des marais inespuisables: & disoient tout hault, qu'ils n'estoient pas des Geants pour combattre la Nature, & la forcer d'obeir contre son gré aux Empereurs & leurs Lieutenans.

Ceux des Prouinces que l'on y employoit par force, se plaignoient de ce que les Romains les contraignoient par iniures à force de coups au trauail des grands chemins. Ce qui se iustifie par la harangue que Galgacus Prince des Caledoniens ou Escossois fit à ses soldats, pour les exhorter à combatre contre l'armee Romaine conduite par Iulius Agricola: où entr'autres choses il leur represente le miserable estat des autres peuples ja vaincus en la grand' Bretaigne: *Quorum bona, fortunasque in tributum Romani egerant: corpora ipsa, ac manus, siluis ac paludibus emuniendis, verbera inter ac contumelias conterebant.* Il ne faut douter que les autres prouinces n'ayent eu semblables causes de se plaindre: car les vns y estoient contraints à fendre les rochers, approfondir les quarrieres, en tirer les pierres & cailloux: les autres à les charrier de dix, vingt, & trente lieuës loing, sur les endroicts esquels il ne s'en pouuoit trouuer: les autres à foüir du fond des riuieres le grauois & l'arene, les autres à cuire la chaux: & les autres à renuerser les forests pour fournir du bois aux fourneaux. Finalement les autres à dresser en vn corps d'ouurage toutes ces matieres, les asseoir par certain ordre chacune en leur lieu: les battre & massiuer, & leur donner par tout leur forme & perfection requise, pour les rendre durables à la Posterité.

In vita Iulij Agricolæ

10. La troisiesme sorte de gens qui ont trauaillé aux grands chemins, sont les Architectes, Maçons, & Charpentiers. Car comme ainsi soit que les pieces ou parties d'iceux ne pouuoient estre joinctes ensemble que par des ponts, ny terminez que par des ports: & d'ailleurs, que pour la commodité des Postes, & des Gistes, qu'ils appelloient *Mutationes, & Mansiones*, il a esté necessaire de construire sur les grands chemins vne infinité de nouueaux edifices, joinct la multitude des colonnes milliaires assises sur les grands chemins, & autres menus ouurages, dont il sera parlé cy apres: Il s'ensuit de là par consequence necessaire, que la plus grande partie des Massons, Tailleurs de pierres, Charpentiers, Architectes, Ingenieurs, & Entrepreneurs du monde ont contribué leur peine & industrie à tels ouurages. Que s'ils estoient recueillis & ramassez en vn, ils surpasseroient de bien loing tous les Ouuriers du Temple de Salomon, & des Pyramides d'Egypte. Et ne faut pas penser que ces ponts & ces ports soient ouurages de peu d'entreprise: veu que le Port d'Ostie fait par Claudius, & le Pont seul que Trajan fit bastir sur le Danube, sont comparables aux plus grands & hardis ouurages de Massonnerie qui soiet au reste du monde.

11. Le quatriesme genre d'hommes mis aux ouurages des grands chemins, est des coulpables & criminels: plusieurs desquels on condamnoit en ce temps, non à la mort, (quoy qu'ils l'eussent merité) ains à trauailler toute leur vie aux grands chemins des champs, comme

on en condamnoit aux metaux: & qu'en France on condamne aux Galeres. Anisis Roy d'Egypte, auoit autresfois vsé de cette inuention pour fortifier les villes de son Royaume. Ce Prince estoit aueugle, & ne laissa de regner en Egypte l'espace de cinquante ans, pendant lesquels il defendit de condamner à mort aucun criminel, mais à faire certaine mesure & longueur de rampart autour des villes d'où ils estoient natifs, chacun suiuant la grauité du delict. Or quoy que ceux contre qui tels iugemens estoient rendus par les Iuges de Rome fussent gens de basse estoffe, si est-ce que l'Empereur Caligula ne laissa pas d'y condamner quelques Citoyens Romains, qui estoient des meilleures familles, apres les auoir premierement fait marquer au front de la marque ignominieuse dont on marquoit les Esclaues criminels: dequoy nous produirons seulement ce tesmoignage de Suetone, parlant de Caligula: *multos honesti ordinis deformatos prius stigmatum notis, ad metalla, & munitiones Viarum, aut ad bestias condemnauit.*

Herodotus lib. 2.

In Caligula cap. 27.

Neron en fit de mesme, lors qu'il entreprit de conduire vn canal depuis le lac d'Auerne iusques au port d'Ostie, pour en faire vn chemin par eau. *Quorum operum perficiendorum gratia, quod vbique esset custodia in Italiam deportari: etiam scelere conuictos, nonnisi ad opus damnari præceperat.*

Sueton. in Nerone cap. 31.

12. Bref nous pouuons conclure, que ce n'est pas vn Royaume, vne Prouince, ou Region seule, qui a liuré des gens pour trauailler à vn si grand œuure: mais que toute l'Europe, l'Asie, & l'Affrique y ont mis la main: & que les plus grands & puissans Royaumes qui autresfois ont flory esdites parties du monde, s'y sont employez pendant qu'ils ont esté sousmis à l'Empire. Ce qui ne se peut dire d'aucun autre ouurage qui soit en l'vniuers.

DISCOVRS GENERAL DES DENIERS
employez aux grands Chemins.

Chapitre XI.

1. *Grandes sommes d'argent employez en certains ouurages.*
2. *Encore plus grandes employees aux grands chemins.*
3. *Trois natures de deniers mis aux ouurages des grands chemins.*

1. On

DE L'EMPIRE, LIV. I. 33

1. O N trouue par escrit que la Tour du Phare, que Ptolomée fit construire sur la Mer d'Egypte, cousta huict cens talens Egyptiens, qui reuiennent à vn milion cinq cens septāte neuf mil huict cens quarante liures: Chacun talent estant estimé à mil neuf cens soixante quatorze liures seize sols de nostre monnoye. Qu'en la nourriture de ceux qui bastirent la plus grande Pyramide dudit pays, fut consommee en raiforts & oignons, la somme de dixhuict cens talens, qui mōtent à trois millions cinq cens cinquante quatre mil six cens quarante liures. Que l'or mis en œuure au Temple de Salomon, tant en colonnes, ornemens, que vases propres à l'vsage des sacrifices, reuenoit à quatre millions six cens mil talens: l'argent à mil deux cens trente deux, & l'airain à dix-huict mil. Ce qui se doit entendre du petit talent des Hebrieux, qui estoit mesme chose auec le sicle, & ne valoit que vingt deux sols de la monnoye de France. Ces sommes reuenās en tout à cinq milliōs quatre vingts vn mil cēt cinquante cinq liures quatre sols. Que Iules Cæsar acheta vne place dans Rome pour y faire vn marché, cent millions de sesterces, qui reuiennent à deux millions, trois cens trente trois mil trois cens liures Françoises. Bref on ne peut parler sans estonnement des sommes mises à bastir l'Amphitheatre de Pompee, le Pantheon d'Agrippa, le Temple de Paix de Vespasian, & plusieurs grands ouurages mentionnez en l'Histoire.

Plin. liu. 36. chap. 12.

Pline au mesme endroict.

Eupolemus de rebus Iudaicis apud Eusebium lib. 9. de Præparatione Euangel.

2. Mais si apres toutes ces sommes, qui sont grandes à la verité, nous venons à examiner celles qui ont esté employees aux grands chemins de l'Empire, nous trouuerons qu'elles passent de bien loing les plus grandes sommes, qui furent oncques despensees aux plus somptueux ouurages faicts de main, en quelque partie du monde que ce soit: d'autant qu'à chacun autre œuure, pour grand qu'il fust, il n'y a eu qu'vne Ville, vne Prouince, ou vn Royaume, qui y ait contribué: mais quant aux grands chemins dont nous traittons, il n'y a eu Peuple ou Nation, Prouince, ou Region, qui n'y ait mis quelque chose du sien: outre ce que la ville mesme de Rome y a contribué de son propre.

3. Ce que nous ferons toucher au doigt, au discours que nous auons à faire de la diuersité des deniers employez par l'espace de cinq cens ans & plus, aux ouurages d'iceux: lesquels deniers nous diuiserons en trois genres ou natures differentes, qui sont deniers publics, des Empereurs, & des particuliers. De chacuns desquels nous dirons quelque chose à part, afin que si nous ne pouuons definir & determiner au iuste lesdites sommes, pour estre par trop profuses & immenses, nous en donnions au moins vne cognoissance generale: & façions

E

apparoir qu'elles ont esté telles, & si grandes, que le seul Empire Romain a esté capable d'y fournir : le reste des Principautez du monde n'ayant iamais esté suffisant de mettre à fin vne telle entreprise. Ce qui nous engage à faire vn recit abregé des principales sources d'où découloient les deniers publics des Romains : & dedans lesquels on puisoit comme à plein fond ce qui estoit necessaire pour faire ces grands chemins par le monde.

DES DENIERS PVBLICS DES ROmains & difference d'iceux.

CHAPITRE XII.

1. *Deniers publics diuisez en tributs & peages. que c'est que tribut.*
2. *Deux sortes de Tributs: quand instituez.*
3. *Des peages & especes d'iceux. Premiere espece dicte* Portorium.
4. *Seconde & troisiesme espece,* decima, & scriptura.
5. *Quatriesme espece, proprement dicte* Gabelle.
6. *Cinquiesme espece, dicte* Vigesima,

de la vente des Esclaues.
7. *Que le peuple Romain s'est peu à peu deschargé des tributs & peages, pour en charger l'Italie, & les Prouinces.*
8. *Nouuelle Institution de tributs par Auguste.*
9. *Troisiesme genre de finances prouenant des mines d'or & d'argent.*
10. *Plusieurs sortes de Tributs sordides & tyranniques.*

1. Es deniers publics des Romains ont esté differens en nature, & en quantité, selon la difference des temps, & mutations de leur Republique : mais les deux sources generales d'où ils procedoient, sont les Tributs & les Peages, qu'ils appelloient *Tributa, & Vectigalia.*

Les Tributs que les Grecs appellent du nom de φόρος se leuoiët par certains officiers sur les personnes, eu esgard aux moyens & facultez de chacun, comme les tailles personnelles en France. *Tributum dictum à tributus,* dit Varro, *quod ex pecunia, quæ à populo imperata erat, tributim à singulis pro portione census exigebatur.*

Varro, lib. 4. de lingua Latina.

2. Il y auoit deux sortes de Tributs: car les vns estoient ordinaires, qui se leuoient par chacun an, tant sur les personnes, que sur les biens & heritages. Les autres extraordinaires, que l'on imposoit par ordonnance du peuple, ou conclusions du Senat, selon la necessité

des affaires, pour le bié & defence de l'Empire, & des Prouinces qui en dependoient: comme lors que l'on ordonnoit aux Peuples tributaires de liurer certain nombre de gens de pied, ou de cheual, auec argent pour les soudoyer.

Les Tributs furent premierement mis sus par les Rois, & continuez par les Consuls, iusques en l'annee cinq cens quatre vingts six de la fondation de Rome, en laquelle Paulus Æmilius fit entrer si grande somme d'argent dans le Thresor public, prouenant des despouilles de Perseus Roy de Macedoine, que le peuple Romain fut de là en auant deschargé de la leuee des Tributs pour vn bien long temps: Dequoy Ciceron porte ce tesmoignage. *Omni Macedonum Gaza, quæ fuit maxima, potitus Paulus, tantum in ærarium pecuniæ inuexit, vt vnius Imperatoris præda, finem attulerit tributorum.*

3. Quant aux peages que les Grecs appellent τέλος, ils estoient de cinq especes differentes. La premiere estoit appellee par les Grecs *τέλη, πεζομίς, και, εἰσόδος*: Et par les Romains, *Vectigal peregrinum, siue portorium*. Ce peage a beaucoup de rapport auec ce que l'on appelle en France droict de Resue, de haut passage, de Traittes & impositions foraines, entrees de villes, droict de chaussee, de pontenage, & autres tels droicts qui se leuent sur le transport & voiturage des marchandises. *Portorium enim fuit vectigal, quod ex importatione, & exportatione rerum venalium capiebatur.*

4. La seconde espece de Peage s'appelloit *decima*: & la troisiesme *scriptura*. Ie les joins ensemble en cet endroict: d'autant qu'Appian Alexandrin parle conioinctement de l'vne & de l'autre, quand il dit: que les Romains sousmettans à leur domination tantost l'vne & tantost l'autre des Regions d'Italie, ostoient aux Peuples vaincus bonne partie de leurs terres, distribuans aux Citoyens Romains celles qui estoient en labeur: mais ce qui se trouuoit en frische, ils le donnoient à ferme, moyennant la dixiesme partie des fruicts qui en reuenoit au Public: d'où seroit venu à cette sorte de Peage le nom de Decime: Et quant aux bois & pasturages, les Censeurs les publioient & adiugeoient, auec pouuoir aux adiudicataires de leuer certain droict sur chacune teste de bestail, tant gros que menu, qui y venoient en pasture: & nommoient ceste espece de Peage, *Scripturam, quia publicanus scribendo conficit rationem cum pastore*: comme parle Festus. *Lib. 1. bellorum ciuilium.*

In verbo Scripturarius ager.

5. La quatriesme sorte de Peage estoit celle qu'en France nous appellons Gabelle, & se leuoit sur le sel vendu d'authorité publique. Car nous apprenons de Liuius, que deux ans apres l'eiection des Rois, le sel estant monté à vn prix excessif, la vente en fut ostee aux particuliers, & attribuee au Public: & que durant la seconde guerre contre les Carthaginois, Neron & Salinator, lors Censeurs, institue-

E ij

rent vn nouueau subside sur le sel, tant dedans Rome que par toutes les terres d'Italie.

Cicero Agraria I. in Rullum.

6. La cinquiesme sorte de Peage se leuoit sur les Esclaues que l'on affranchissoit, lesquels estoient estimez à certaine somme, la vingtiesme partie de laquelle estoit receuë par les Fermiers: à raison dequoy elle en eut le nom de *Vigesima*: comme en France on appelle Vingtiesme, la ferme du sol pour liure. Ce fut en l'an 398. de la fondatiõ de Rome, que Cn. Manlius mit premieremẽt sus tel subside, qui fut receu & confirmé par le Senat, *Quia ea lege haud paruum vectigal inopi ærario additum est*, comme Liuius en parle.

7. A mesure que la Seigneurie des Romains s'est accreuë & amplifiee sur les peuples de l'Europe, de l'Asie, & de l'Affrique, les Citoyens de Rome se sont deschargez des tributs & peages, & en ont rejetté la charge sur les nations subiuguees: mais principalement sur celles qui s'estoient laissé vaincre à viue force. Les peuples Latins & Italiens, comme les plus proches de la ville de Rome, en ont ressenty les premieres charges: car on void par ces mots de Liuius que les Latins furent faits tributaires. *Latinos post quam stipendiarij facti sunt, scuta pro clypeis vsurpasse*. Et quant aux Italiens, Appian dit qu'ils se plaignoient, *se militando, & tributo conferendo fessos esse*. Les Romains imposerent le mesme joug sur toutes les Prouinces, excepté sur les Peuples, & les villes amies & confederees. Ce qu'on peut entendre par ce qu'en escrit Appian, à l'endroict où Scipion, auec dix Commissaires donne des loix telles que bon luy semble aux Carthaginois vaincus.

In Lybico.

Quant aux Peuples & Rois alliez, & amis du peuple Romain, dit-il, ils leurs baillent des recompenses: Mais quant aux autres, ils establissent vn tribut annuel, tant sur leurs terres, que sur leurs personnes, τοῖς δὲ ἄλλοις φόρον ὥρισαν, ἐπὶ τῇ γῇ, κὴ ἐπὶ τοῖς σώμασι.

8. Mais comme auec le temps les tributs & peages des Prouinces fussent tellement accreus, que les charges en estoient deuenuës cõme insupportables. Auguste pouruoyant au repos des peuples de son Empire, retrancha tout à coup les peages extraordinaires que l'auarice insatiable des Magistrats Romains, enuoyez par les Prouinces sous qualité de Proconsuls, de Preteurs, ou Presidens, auoient inuenté. De sorte que sans auoir esgard aux formes anciennes, il institua de nouueau certains tributs ordinaires, les vns assignez sur les terres; & les autres sur les personnes. *Tributa ordinaria instituit, alia in agros, alia in caput*. Mais pour y proceder plus egalement, il fit faire ceste description generale de tout le Monde, de laquelle il est fait mention au commencement de l'Euangile de S. Luc, où il est dit, que *Exiit edictum à Cæsare Augusto vt describeretur vniuersus orbis*. Par ceste description, que l'on appelloit *Census*, il voulut recognoistre le nombre des

hommes, & les moyens & facultez d'vn chacun, pour égaler son departement. *Augustus Censu excogitato Romanum descripsit orbem*: comme parle Isidore: De ce departement general proceda vne multiplication admirable du reuenu de l'Empire, tant audit Auguste, qu'aux Empereurs suiuans, n'y ayant prouince au monde qui ne contribuast à telle charge.

Lib. 5. Etymologicon. cap. 36.

9. Ie passe sous silence vn troisiesme genre de finance qui apportoit encore vn profit inestimable aux Romains: c'est l'or & l'argent qui se tiroient des mines, qui estoient lors en tant de prouinces subiettes à l'Empire: entr'autres en l'Espagne & en la Gaule, d'où les Empereurs tiroient de l'or en grande abondance: Ainsi que Strabo, Pline, & autres en rendent de bons & suffisans tesmoignages. Mecenas faisoit estat de cette nature de deniers, és enseignemens qu'il donnoit à Auguste pour bien & heureusement regner, *Deinde horum omnium* (disoit-il) parlant des peages & tributs, *ac eorum quoque, quæ ex metallicis fodinis, aut aliundè certo ad nos redeunt, iucunda est ratio.*

Dio. lib. 52.

10. Ie ne veux m'arrester au tribut que Vespasian establit sur les vrines, qu'il vendoit aux Teinturiers en escarlatte: & vn autre encore plus sale, dont Cedrenus fait mention en la vie de l'Empereur Anastase: au Chrysargyron institué par Constantin, dont parle Zozimus, à celuy que l'Empereur Nicephore mit sur la fumée, d'où il eut le nom de Capnicon: à vn autre, que Michel Paphlagon imposa sur l'air qu'on respire. De cela se plaignoit S. Iean Chrysostome: Nous vendons, dit-il, les Elemens, les chemins sont tributaires, & l'air est venal. Pline se plaignoit que l'on imposoit tribut sur l'ombre de certains arbres: voire-mesme dessus les morts. Et Xiphilin dit, que du temps de Neron, il n'estoit pas permis de mourir sans payer tribut.

Macrobius in Saturnal.

Zozimus lib. 2.

Zonaras.

Cedrenus in compēdio historiarū.

DV GRAND FOND DE DENIERS QVE les Romains tiroient des Tributs, & des Gabelles.

CHAPITRE XIII.

1. *Premiere coniecture de la grandeur des Romains.*
2. *Reuenu de l'Asie deuant & apres les victoires de Pompee.*
3. *Reuenu d'Egypte & des Gaules.*
4. *A quelle somme montoit le reuenu total de l'Empire.*

E iij

1. Or pour donner en gros quelque cognoissance de la grandeur du reuenu annuel du peuple Romain: Ie commenceray par le temps du Consulat de S. Iulius, & de Lucius Aurelius Orestes, qui eschet en l'an 597. de la fondation de Rome, sept ans deuant la derniere guerre contre les Carthaginois. En ce temps les Romains auoient encores bien peu de pays hors l'Italie: & neantmoins Pline dit, que le reuenu des Tributs & peages estoit si grand, que toutes charges faites, il se trouua au thresor public de Rome, sept cens mil & vingts six liures d'or en masse: quatre vingts douze mil d'argent non monnoyé: & sept cens soixante & quinze mil liures d'autre-part, d'argent extraordinaire. Soixante six ans apres, sçauoir sous le Consulat de S. Iulius, & de L. Martius: qui fut au commencement de la guerre des Marses, il y auoit fond audit Thresor de huict cens quarante six mil liures d'or en masse.

Plutarch. in Pompeio num. 12. id- que iuxta Lipsii emen- dationem lib. 2. de magnif. Rom. cap. 2.

2. Mais tout cela n'est rien en comparaison de ce qui s'est recueilly des Tributs & peages aux siecles suiuans, esquels l'Empire est venu à s'estendre quasi par tout le monde. Plutarque dit que le reuenu ordinaire de la seule prouince dicte *Asia prouincia*, auiourd'huy cognuë sous le nom de Natolie, estoit de six millions d'escus: & que des autres prouinces, que Pompee le grand adiousta à l'Empire, tant de l'Asie mineure que majeure, faisant la guerre contre Mitridat: la ville de Rome en tiroit par an huict millions cinq cens mil escus. Appian a laissé par escrit, que de son temps la Natolie seule rapportoit à l'Empereur Adrian 20. millions d'escus. Strabo dit auoir trouué en certaine oraison de Ciceron, que les Tributs que Ptolomee, pere de Cleopatra, leuoit sur son Royaume d'Egypte, montoit à douze mil

Strabo lib. 17. Geogr.

cinq cens talens par chacune annee: qui reuiennent à sept millions cinq cens mil escus: *Auletæ patri Cleopatræ quotannis duodenum millium & quingenum talentorum tributum afferri solitum.* Cette somme fut augmentee iusques à dix millions au moins, apres que l'Egypte fut acquise aux Romains, & reduite en forme de Prouince. Ce que l'on peut coniecturer par les termes suiuans de cet autheur: *Quare cum is qui pessimè ac segnissimè regimen administrabat, tantos reditus haberet: qualia putanda sunt præsentia, quæ cum tanta diligentia à Romanis administrantur, Indicis, Troglodicisque Emporiis adeò aucti?*

3. Auguste Cæsar fut celuy qui rendit l'Egypte tributaire, & qui en augmenta le reuenu iusques à bien pres de la somme qui se leuoit sur les Gaules. Velleius Paterculus nous rend tesmoignage de cecy, disant, *Diuus Augustus præter Hispanias, aliasque gentes, quarum titulis forum eius prænitet, pænè idem facta Aegypto stipendiaria, quod pater eius Gallia, in ærarium reditus contulit.* La Gaule donc excedoit en quelque chose le

reuenu d'Egypte: & ne rapportoit pas moins que de dix ou douze millions d'or par chacun an. Encores ces sommes furent-elles grandement accreuës par le Cés qu'Auguste institua par tout le monde, particulierement en la Gaule: *Nam ille censum per Gallias instituit: opus nouum, & inauditum Gallis*: comme l'Empereur Claudius le recite en vne Harangue qu'il fait au Senat: & tient-on que de là, le reuenu de la Gaule en fut comme redoublé. Il se trouue par le tesmoignage d'Amian Marcellin, que du temps de l'Empereur Iulian, nos anciés Gaulois estoient taxez à 25. escus d'or par teste. Laquelle imposition, comme estant au delà des bornes de toute raison, Iulian modera, la reduisant à sept escus, pendant l'Hiuer qu'il passa en la ville de Paris. Que si la Gaule estoit autant peuplee comme elle est maintenant, où l'on compte quinze millions d'ames, elle pouuoit rapporter aux Empereurs de Rome auant Iulian trois cens soixante & quinze millions d'or, & depuis cent cinq millions.

4. Si doncques les seules Prouinces d'Egypte, & des Gaules fournissoient de si grandes sommes au Thresor des Empereurs, quelles, & combien grandes estoient celles qui leur procedoient du reste du monde? La Syrie (en laquelle commença la description de l'vniuers par le President Cyrinus) n'en pouuoit-elle pas bien fournir autant? Mais que peut-on dire de la Grece, de l'Illyrie, de l'Espagne, & de tant d'autres grandes prouinces de l'Europe, de l'Asie, & de l'Affrique; auec tant d'Isles adiacentes à l'vne ou à l'autre de ces trois parties de la terre. Certes il est difficile de comprendre en vn les sommes qui s'en pouuoient tirer: Mais Lipsius ne doute point d'affermer, que tout le reuenu annuel des Empereurs montoit à plus de cent cinquante millions d'escus: *Et concipere summas vereor* (dit-il) *sed supra centum quinquaginta milliones fuisse, animo hoc sentio, & ore etiam promo*. *Lib. 2. de Magnitud. Romanis cap. 3.*

Il ne faut donc trouuer estrange, si les Empereurs de Rome soudoyoient ordinairement deux cens mil hommes de pied, & quarante mil cheuaux: sans mettre en ligne de compte trois cens Elephans & deux mil chariots de bataille: & s'ils auoient sur mer deux mil vaisseaux ronds, & quinze cens Galeres. Telles estoient les forces Romaines sous Adrian au rapport d'Appian Alexandrin, qui viuoit sous cet Empereur, & qui sçauoit l'estat & les facultez de l'Empire: mieux que personne de son temps. *In proemio libri qui Lybicus dicitur, sub finem.*

QVE LES GRANDS CHEMINS FAI-
soient partie des ouurages ausquels on employoit les deniers publics.

CHAPITRE XIV.

1. *Liure d'Appian où estoit l'estat du reuenu de l'Empereur.*
2. *Estat du compte proposé en public des deniers de l'Empire.*
3. *Ledit Estat intermis par Tybere, remis sus par Caligula.*
4. *En quels affaires les deniers publics estoient employez.*
5. *Que les grands chemins se faisoient aux despens du Public.*
6. *Premiere raison qui induit à le croire ainsi.*
7. *Seconde raison.*
8. *Riches Citoyens, l'vn desquels seul a fait trauailler aux grands chemins.*
9. *Tesmoignage de Siculus Flaccus.*
10. *Comment on pourra comprendre la despense excessiue faicte pour les grands chemins.*

1.  I nous auions le dernier liure d'Appian Alexandrin, nous ne serions en peine de recercher par coniecture la somme à laquelle montoit le reuenu ordinaire des Romains, ny la partie qui s'employoit aux ouurages des grands chemins, d'autant qu'il promet au commencement de son Histoire de nous donner sur la fin cette cognoissance par le menu, & de prouince en prouince: ensemble en quoy ledit reuenu estoit employé par chacú an: Car voicy comme il en parle: *Vltimus liber habebit copiam militarem, quam & quantam Romani habeant: tum & prouentus pecuniasque, quas per singulas gentes capiunt. Item quid in classe impendant, & si quid est huiusmodi.*

In proemio Lybicæ historiæ.

2. Or Appian pouuoit sçauoir tout cela, tant pour auoir long temps conuersé parmy le Peuple, & les Empereurs de Rome, qu'à raison de la forme qui se tenoit anciennement par les Empereurs, de mettre & exposer en public vn abbregé de compte de toutes les finances de l'Empire, tant en mises qu'en recepte: Dequoy Auguste Cæsar fut le premier autheur, ne desdaignant pas de rendre compte au Peuple: & de monstrer que ce n'estoit pas pour sa personne particuliere, que tant de deniers estoient employez: mais pour le bien & conseruation de tous.

3. C'est

3. C'est cet estat de compte que l'histoire appelle *Breuiarium Imperij*: lequel ayant esté discontinué par Tybere, fut remis sus par Caligula: ainsi que Suetone nous l'apprend: *Rationes Imperij ab Augusto proponi solitas, sed à Tyberio intermissas publicauit.* Ce que Tybere neantmoins auoit fait autresfois, au rapport de Tacite, qui tesmoigne: *Prolatum à Tyberio libellum, quo opes publicæ continebantur, quantum ciuium, sociorumque in armis, quot classes, regna, prouinciæ, tributa, aut vectigalia, & largitiones, ac necessitates.*

In Caligula cap. 16.

Tacitus lib. 1. annal.

4. Or est-il bien certain, que c'estoit principalement au faict de la guerre, que les finances publiques estoient employees, mais non toutes entieres: Car il en restoit vne bonne & notable partie pour fournir aux edifices & ouurages publics, tels qu'estoient les Temples, & autres grands edifices dans la ville: & dehors, les grands chemins, les ponts, & les ports. Nous auons vn exemple de cecy en la personne de Trajan: duquel Dion parle en cette sorte: *Plurimum in gerendis bellis pecuniæ impendebat, non minore tamen liberalitate & impensa segnius ac animo ornamenta pacis amplexus est. Complura, & valde quidem necessaria ædificari curauit: vt portus & ædes publicas: Vias item muniuit.*

Dio lib. 68.

5. Aussi est-il à croire, que pendant que le Peuple a tenu la souueraineté, les ouurages des grands chemins n'estoient pas faits aux despens des Magistrats preposez sur iceux: Car comme ils estoient personnes publiques, c'estoit l'argent du Public qu'ils employoient, & non ce qui estoit de leur propre. Ce que l'on peut induire par plusieurs raisons.

6. Dont la premiere est tiree de la forme que les Censeurs, & autres Magistrats Romains tenoient à faire les marchez de ces ouurages auec les Paueurs & Architectes: sçauoir par publications & adiudications publiques, comme firent Posthumius Albinus, & Fuluius Flaccus, qui premiers de tous les Censeurs, *vias sternendas marginandasque locauerunt.* Ioinct que les grands chemins faisoient partie des ouurages publics, ausquels les Censeurs estoient commis: & lesquels ils ne faisoient pas à leurs despens, veu que c'estoit par loy publique que ces charges leur estoient donnees.

7. La seconde raison est, que les moyens & facultez de ceux qui ont fait les grands chemins, specialement des premiers & plus anciés, ne pouuoient pas suffire à telle & si magnifique despense, attendu que par loy publique, leurs biens estoient limitez à certaine valeur & estimation, non suffisante de fournir à telles entreprises: laquelle valeur neantmoins il n'estoit permis d'exceder, car ils ne pouuoient posseder plus de cinq cens arpens de terre, cent bestes à cornes, & cinq cens bestes blanches. Par effect Licinius Stolo, (lequel estant Tribun du Peuple fit receuoir cette loy l'an 377. de la fondation

Varro lib. 1. de rustica cap. 2. Liuius lib. 6. annal. Appianus lib. 1. Bell. ciuil.

F

Columella lib. 1. cap. 3. de la ville, fut mis à vne grosse amende pour auoir esté trouué possedant plus de cinq cens arpens de terre.

Encore se peut-il trouuer que pour les terres d'Italie, cette quantité fut reduite par vne loy de Gracchus à deux cens arpens: disant que c'estoit contre droict & raison, qu'vn homme possedast plus de terres qu'il n'en pouuoit labourer par ses mains: & de cela nous auons ce tesmoignage de Siculus Flaccus. *Gracchus legem tulit, ne quis in Italia amplius quam ducenta iugera possideret, intelligebat enim contra ius esse, maiorem modum possidere quam qui ab ipso possidente coli possit.*

De Conditionib. agrorum.

8. Vray est que depuis le temps de Sylla & Marius, il se trouua quelques Citoyens extremement riches, par les victoires & despouïlles conquises sur de grands Peuples & nations ennemies, tels que Lucullus, Crassus, Cæsar, & Pompee. On ne void pas neantmoins autre que Iules Cæsar, qui ait employé de ses propres deniers aux ouurages des grands chemins. Encores Plutarque ne l'eust pas remarqué lors qu'il dit, qu'il fut esleu Curateur de la Voye Appienne, n'eust esté que mettant vne grande somme de ses propres deniers à la reparer ou continuer, il faisoit en cela vne chose extraordinaire & non accoustumee.

9. Aussi auons nous de cela vn tesmoignage expres du mesme Flaccus, qui dit, que les grands Chemins appellez Royaux, sont faits & pauez aux despens du public: *Nam sunt viæ publicæ Regales, quæ publicè muniuntur*; Où le mot de *publicè muniri*, vaut autant que *publicis impensis.*

Adioustez à cela vne inscription antique, qui nous monstre que certaine Colline, dicte Cliuus Martis, fut reduicte en vne place vnie, afin d'en applanir le passage, dont les frais furent payez des deniers publics.

Grut. 152. 7.

SENATVS. POPVLVSQVE. ROMANVS.
CLIVOM. MARTIS. PECVNIA. PVBLICA.
IN. PLANITIAM. REDIGENDVM. CVRAVIT.

DE L'ARGENT EMPLOYE' AVX Ouurages des grands Chemins par les Empereurs.

CHAP. XV.

1. *Grands chemins faits par Iules & Auguste, tant en Italie qu'és Prouinces.*
2. *Chemins faicts par Auguste en Italie.*
3. *Doute sur les deniers publics & des Empereurs.*
4. *Chemins faits par Auguste par les Prouinces.*
5. *Statues d'argent fondues pour employer aux grands chemins.*
6. *Ouurages faicts en quelques chemins par Caius & Tibere enfans adoptifs d'Auguste.*
7. *Quelques chemins par luy faicts en Italie, Gaule, & Espagne.*

1. IVSQVES à present nous auons parlé des deniers publics employez aux ouurages des grands Chemins, pendant que le peuple a maintenu sa liberté dedans Rome: Il nous faut maintenant venir aux Empereurs, & mõstrer, qu'ils ont fait tel estat desdits ouurages, que non seulement en Italie, mais par le reste de l'Empire diuisé en prouinces, ils ont fait en iceux employ de leurs propres deniers, auec vne liberalité & magnificence admirable.

Ie ne diray rien des sommes tres-grandes que Iules Cæsar a mises à reparer & allonger la Voye Appienne: ny de quelques chemins par luy ouuerts dans les Alpes: & commenceray par Auguste son successeur, qui ne s'est pas contenté d'augmenter ou reparer les grands chemins d'Italie, mais en a fait de nouueaux en grand nombre par les prouinces, & donné occasion à ses successeurs d'y trauailler à son exemple.

2. Pour ce qui est de l'Italie, Dion nous raconte, que ce grand & magnifique Empereur estant Consul auec M. Iunius Syllanus, l'an 729. de la fondation de Rome, s'apperceut que les grands chemins hors la vile estoient negligez & rompus en plusieurs endroicts, & apportoient beaucoup d'incommoditez aux passans. Ce qui le meut de dõner charge à quelques Senateurs des plus riches & à leur aise, d'en reparer aucuns qu'il leur assigna particulierement: & que pour leur seruir d'exemple, il prit luy-mesme à tasche les reparatiõs de la Voye Flaminienne: d'autant que c'estoit par icelle qu'il se deliberoit lors de cõduire vne armee pour aller en la grand' Bretagne. Suetone s'accordant auec Dion en cet endroict, dit, Qu'Auguste Cæsar, *desumpta sibi Flaminia via Arimino tenus munienda, reliquas triumphalibus viris ex manubiali pecunia sternendas distribuit.* *Lib. 53.*

In Augusto cap. 30.

3. Quant à la Voye Flaminienne, il en acheua les ouurages en peu de iours: Mais pour les autres, elles ne furent reparees que long teps depuis: non pas des deniers des Senateurs, plusieurs desquels se faschoient de mettre là leur argent, mais des deniers publics, ou de

F ij

ceux de l'Empereur: Car il est bien veritable, qu'Auguste auoit ses finances à part, diuisees de celles du tresor public: cōme ses successeurs ont eu pareillement: Mais d'autāt qu'ils se seruoient souuent des deniers publics comme de leurs propres fināces, cela met Dion en peine de determiner asseurément, si les deniers employez par Auguste & ses successeurs és ouurages des grands Chemins, doyuent estre estimez publics, ou des Empereurs: *Nam & si suas pecunias ab ærario separatim habebat: Tamen his quoque suo arbitrio vtebatur.* Et en autre endroict: *Reliquæ viæ posteriori tempore refectæ, siue publicis (neque enim Senatores libenter sumptus faciebant) siue ipsius Augusti sumptibus hoc factum quis dicere velit?*

Dio lib. 53.

4. Que si nous venons aux Prouinces, nous trouuerons qu'Auguste Cæsar a quasi fait trauailler par tout, mais specialement en la Gaule, par Agrippa son Gēdre: & en Espagne, par soy-mesme. Pour la Gaule elle aura cy-apres son traitté à part. Quant à l'Espagne, outre ce qui en a esté dit cy dessus, ie vous produiray vne Inscriptiō antique, qui se void encore en la maison de Ferdinand de Carrera en ladite Prouince, par laquelle on peut apprēdre, qu'Auguste Cæsar ayant mis la paix par tout le monde, & en signe de cela clos le Temple de Ianus, il se mit à paracheuer vne grande Voye en Espagne, ja quelque temps auparauant commencee sous les precedens Consuls: la faisant & plus large, & plus longue qu'elle n'estoit, & la continuant de Medine iusques aux Gades, qui tiennent l'extremité de l'Espagne vers l'Ocean Occidental. L'Inscription est telle,

    IMP. CAES. DIVI. F. AVG. PON. MAX.
    COS. XII. TRIBVNIC. POTEST. X. IMP. VIII.
    ORBE. MARI. ET. TERRA. PACATO.
    TEMPLO. IANI. CLVSO. ET. REP. PO.
    ROM. OPTIM. LEGIB. SANCTISS.
    INSTIT. REFOR. VIAM. SVPERI
    ORVM. COSS. TEMPORE. INCHO.
    ET. MVLTIS. LOCIS. INTERMIS
    SAM. PRO DIGNITATE. IMPERII.
    LATIOREM. LONGIOREMQ.
    GADEIS. VSQ. PERDVXIT.
    X X X

Grut. 149. 4.

5. Au reste cet Empereur eut les ouurages des grands chemins tellement à cœur, qu'il n'espargna pas les statuës d'argēt, que plusieurs de ses amis, & des peuples de son Empire luy auoient donné pour honorer ses Triomphes: grand nōbre desquelles il fit mettre à la fonte pour en faire de la monnoye qu'il employoit à ces

ouurages: afin de faire croire, que tout ce qui se faisoit en son nom, se faisoit aussi à ses despens. *Quo existimaretur ex suis facultatibus omnia, quæ præ se ferebat, impendere:* comme parle Dion.

6. Entre les enfans de Iulia, fille d'Auguste, & femme de M. Agrippa, il y en eut deux tellement aimez de leur pere Grand, qu'il les adopta pour ses propres enfans: sçauoir Caius & Lucius: les auança ieunes dans les affaires, & les fit designer Consuls. C'est du premier des deux que se trouue ceste Inscription, qui tesmoigne qu'il a fait trauailler tout ieune qu'il estoit, auec Auguste aux chemins de Rimini.

C. CAESAR. AVGVSTI. F.
COS.
VIAS. OMNES. ARIMINI.
STERNI ......

Grut. 153. 3.

Mais ces deux enfans estans decedez en l'espace de dixhuict mois: Caius en Lycie, & Lucius à Marseille, Tibere fils de Liuia femme d'Auguste, fut par luy adopté pour successeur à l'Empire. Mais Tibere fut si peu curieux, qu'il n'a gueres employé d'argent, ny en grands chemins, ny ailleurs. En sorte que Tacite remarque, qu'il ne fit que deux ouurages publics: sçauoir vn Temple à Auguste, & vne Scene au Theatre de Pompee: *Ne publicè quidem nisi duo opera struxit: Templum Augusto, & scenam Pompeiani Theatri.* Encore n'acheua-il ne l'vn ne l'autre: ains Caligula son successeur, qui fut contrainct d'y mettre la derniere main: Si nous adioustons foy au dire de Suetone, *Opera sub Tiberio semiperfecta, Templum Augusti, Theatrumque Pompei Caius absoluit.* On trouue neantmoins par les deux Inscriptions qui ensuiuent, qu'il a fait faire quelques reparations aux chemins de la Gaule & de l'Espagne: dont la premiere est à Nismes, telle que vous la voyez icy.

TI. CAESAR. DIVI. AVG. AVG. PONTIF.
MAX. TRIB. POT. XXI. REFECIT.
ET. RESTITVIT.
IIII.

Grut. 149. 2.

La seconde est en Espagne prés de la ville d'Errea en vne colonne Milliaire.

TI. CAESAR. DIVI. AVG. F.
DIVI. IVL. N. AVG. PONT.
MAX. TRIB. POT. XXXV.

153. 7.

F iij

HIST. DES GR. CHEMINS

IMP. IIX. COS. V.
A. PISORACA.
M. L.

DES OVVRAGES FAICTS AVX grands chemins par le reste des Empereurs de la race des Cæsars.

Chapitre XVI.

1. *Successeurs d'Auguste ont fait trauailler aux grands chemins: Principalement les bons.*
2. *Oëuures insensez de Caligula, outre le pouuoir des hommes & de nature.*
3. *Ouurages faicts par Claudius au lac de Celano.*
4. *Autres ouurages admirables dudict Empereur.*
5. *Ouurages de Neron en petit nombre par les champs.*
6. *Grands ouurages de Neron dedans la Ville de Rome.*

1. C'EST chose bien certaine, que depuis qu'Auguste Cæsar se fut mis à cõtinuer les ouurages des grãds Chemins par l'Italie, & introduit l'vsage d'iceux par les prouinces, ils n'ont iamais esté delaissez ny interrompus tout à fait: attendu que partie des deniers publics y estoient destinez. Mais outre cela il appert, tant par les escrits des Historiens, que par plusieurs Inscriptions antiques, que les successeurs d'Auguste & de Tibere, tant de la race des Cæsars, qu'autres, y ont fait trauailler à leurs propres frais & despens. Et est chose remarquable, que ceux d'entre les Empereurs, qui se sont acquis la reputation de bons & iustes Princes, sont ceux-là mesmes, qui ont fait faire plus grande quantité d'ouurages en chemins pauez par les champs.

2. Mais afin de tenir quelque methode au discours que nous en ferons, il me semble que nous ne sçauriõs mieux proceder, que par la suite des temps, & ordre des Empereurs qui ont mis la main à cet œuure. Nous commencerons par les trois qui nous restent de la race des Cæsars. Et puis que Caligula est successeur immediat de Tibere, nous ferons marcher au premier rang ce peu d'ouurage qu'il a fait aux grands chemins: peu en estenduë de pays, mais beaucoup en grãdeur & quasi impossibilité d'entreprise. Suetone porte de luy

ce tesmoignage, qu'en matiere de bastimens & d'œuures publics, il ne gardoit ne rime, ne raison, n'ayant rien tant à cœur que de faire ce que la puissance des hommes & la nature mesme ne pouuoit porter. Suiuant cette affection insensée, il fit faire vn Pont en pleine mer comme pour la brauer, & marcher sur son dos à pied ferme, ainsi que sur le dos d'vn Esclaue: Il ietta des grands corps de massonnerie fort massiue dans le fond des ondes: couppa des rochers d'vn cailloux tref-dur, rehaussa des campagnes à l'esgal des monts prochains par des leuees de terre, & raualla les sommets des autres, qu'il vnissoit à la plaine: le tout à force de pionniers, & auec vne celerité incroyable: n'y allant pas moins que de la teste à ceux qui ne luy rendoient leurs tasches faites à certain temps: De sorte qu'il employa en folles, & quasi inutiles despenses, des sommes d'argent inestimables: consommāt en moins d'vn an les vingt-sept millions de Sesterces que Tybere son predecesseur auoit mis en son espargne. Ce que Suetone raconte a-uec admiration en ces mots: *Et tacta itaque moles infesto ac profundo mari,* *In Caligula* *excisa rupes durissimi silicis, & campi montibus aggere aquati, & complanata* *fossuris montium iuga, incredibili quidem celeritate, cum mora culpa capite lue-retur. Ac ne singula enumerem, immensas opes, totumque illud Tyberij Cæsaris* *vicies ac septies millies H--S. non toto vertente anno absumpsit.*

3. A Caius Caligula, Claudius vint à succeder, qui ne fit pas des *In Claudio* œuures publics fort necessaires, ny en grand nombre; mais d'vne *chap. 20.* terrible & prodigieuse entreprise. *Opera magna potius* (dit Suetone) *quā* *necessaria, quam multa perfecit.* Par exemple, ce qu'Auguste Cæsar n'a-uoit voulu faire, quelque requeste que les Marses luy en eussent pre-senté, il fut si hardy que de l'entreprēdre. C'est le Canal ou deschar-geoit creusé dans vn mont, pour la vuidange & assechement du Lac de Celano, dit *Lacus Fucinus,* pour faire des chemins, partie terre-stres, & partie aquatics à trauers. Ce que Pline met au rang des plus grandes & plus memorables entreprises du monde, & de celles, où *Lib.36. Na* ont esté employees des sommes d'argent qui ne se peuuent dire, auec *Hist.cap.15* vn nombre d'hommes admirable par plusieurs annees: *Inter maxima* *ac memoranda opera duxerim Montem perfossum ad Lacum Fucinum emitten-dum, inenarrabili profecto impendio, & operarum multitudine per tot annos.* Ce que cét auteur ne dit pas sans cause, d'autant que pour paruenir à son dessein, il fallut percer des montagnes, espuiser l'eau de dessous terre par des puits creusez és cimes desdites montagnes és endroicts terreux, ce qui se faisoit par engins & machines hydrauliques: tailler des rocs où ils se rencontroient, le tout sous terre, en tenebres, & à la chandelle: De sorte qu'il n'est possible à l'esprit humain de comprē-dre la grandeur de cette entreprise, sinon à ceux qui l'auroient veu. Encores ne la sçauroit-on representer par discours telle qu'elle est, à

l'opinion de Pline: qui en parle ainsi: *Cum aut corriuatio aquarum, quà ter-*
renus mons erat, egereretur in vertice machinis: aut silex cederetur: omniaque in-
tus in tenebris fierent, quæ neque concipi animo, nisi ab ijs qui vidêre, neque hu-
mano sermone enarrari possunt.

Lib. 36. cap. 15.

Or quoy que Pline dise, que Claudius laissa cet œuure imparfaict pour la haine qu'il portoit à son successeur, si est-ce que Suetone a laissé par escrit, qu'il en vint à bout, quoy que difficilement, y ayant employé trente mil hommes par l'espace d'vnze ans entiers.

4. Outre ce canal, cet Empereur fit encores d'autres merueilles en montaignes tranchees pour continuer des chemins à trauers: en moles ou masses de massonnerie iettees au fond des eaux, pour separer la mer morte de la mer Tyrrhene, & en vne infinité de Ponts, qui ont cousté des sommes immenses. Ce que Pline remarque en suite, disant: *Item vias inter montes excisas, mare Tyrrhenum à Lucrino molibus seclusum: Pontes tantis impendiis factos.* Entre autres memoires qui se trouuent des ouurages par luy faicts aux grands chemins, est l'Inscription suiuante qui se voit encore à Medine.

In Claudio cap. 20.

Grut. 153. 9.

  IMP. DIVVS. CLAVDIVS.
  DRVSI. F. CAES. AVG.
  GERM. PONT. MAX.
  XI. ITER. REPARAVIT.

5. Quant à Neron son successeur, en la personne de qui la race des Cæsars a pris fin, il n'a pas fait grand' chose és chemins d'Italie ny des prouinces, n'ayant trouué de luy autre monument qui nous enseigne qu'il ait fait trauailler par les champs, que deux Inscriptions qui sont en Espagne: dont la premiere est grauee en vne colomne milliaire pres d'vne ville dicte Errea, qui est telle.

  NERO. CLAVDIVS. DIVI. CLAVD.
  AVG. GERM. CAES. AVG.
  N. TIB. CAES. AVG. PRON.
  DIVI. AVG. ABN. CAES. AVG.
  GER. PONT. MAX. TR. POT.
  IMP. COS.
  A. PISOR. M. L.

Grut. 154. 1.

La seconde est à vn mil de Cordouë, comme vous la voyez icy.

154. 2.
  NERO. CLAVDIVS. DIVI. CLAVDII. F.
  GERMANICI. CAESARIS. N. DIVI.
  AVG. ABN. TIB. CAESARIS. PRON.
  TRIB. POT. IMP.

6. Mais

DE L'EMPIRE, LIV. I.

6. Mais comme cet Empereur a peu fait d'ouurages par les champs, aussi est-ce celuy qui a fait de plus grandes merueilles dans Rome mesme. car cette Ville, quoy que miraculeuse deslors en ses bastimens sacrez & prophanes, publics & priuez, ne luy plaisant pas en l'estat que ses predecesseurs l'auoient faicte, à cause de ses ruës estroites & tortueuses, il y mit le feu tout exprés pour la rebastir de nouueau à sa fantasie, & rendre les ruës plus larges, plus droictes, & mieux ornees que deuant: De la beauté & enrichissement desquelles ie ne diray rien pour l'heure, d'autant que c'est chose qui appartient au Traitté des Ruës militaires de la ville de Rome, que nous auons reserué au cinquiesme liure de cet œuure.

SVITE DES EMPEREVRS QVI ONT fait trauailler aux grands Chemins à leurs despens.

CHAPITRE XVII.

1. *Galba, Otho, & Vitellius pourquoy n'ont fait trauailler aux grãds chemins.*
2. *Vespasian premier, apres les Cæsars trauaillant particulierement aux grands Chemins.*
3. *Montagne percee par Vespasian en Italie.*
4. *Chemins par luy faicts en Espagne.*
5. *Grands Chemins de Titus & de Domitian en Italie & en Espagne.*
6. *Traian a surpassé tous les successeurs d'Auguste à faire des grands chemins.* Via Traiana, dedans Rome.
7. *Chemins par luy faits en Italie.*
8. *Chemins, Ponts, & Edifices par luy faicts à trauers le lac de Pontia.*
9. *Autre de Beneuent à Brindes.*
10. *Autres par luy faicts en Espagne.*

1. NERON succeda au regime de l'Empire, Sergius Galba, qui ne tenoit à la race des Cæsars par aucun degré de consanguinité, & qui estoit neantmoins *Sueto. in* de tres-noble & tres-ancienne famille, comme *Galba cap.* descendant en quatriesme degré de Q. Catulus 2: Capitolin, assez renommé dans l'Histoire Romaine: Mais comme son regne, auec celuy d'Otho & de Vitellius ont esté de peu de duree, & quasi perpetuellement en guerre ouuerte, ils n'ont pas eu loisir de laisser d'eux aucune memoire sur le

G

ſubiect des grands Chemins, ny d'aucuns autres ouurages publics: au moins qui ſoient venus à ma cognoiſſance.

2. L'Empire donc qui eſtoit en ce temps-là comme flottant en incertitude, s'affermit en fin en la famille des Flauiens, quoy qu'aſſez obſcure, & ſans images de maieurs qui peuſſent teſmoigner de ſon antiquité. Veſpaſian fils de Flauius Sabinus, & de Veſpaſia Polla, fut le premier de ſa race qui paruint à quelque dignité ſous les Empereurs, par aucuns deſquels il fut fait Colonnel d'vne Legion en la prouince Thracienne: depuis Receueur general en Candie & Cyrenaïque: & quelque temps apres Edile, Preteur, Conſul, & finalemēt Empereur de Rome. Ce Prince ſage & bon meſnager s'il en fut oncques entre les Empereurs, ayant acquis la paix par les armes, reprit le train d'Auguſte Cæſar pour ce qui eſt des ouurages publics, tant dās la ville de Rome, que dehors; Car il rebaſtit dedans Rome le Capitole qui auoit eſté bruſlé en la victoire obtenuë contre Vitellius, repara quelques edifices, & fit de neuf le Temple de la Paix, mis au rang des ſtructures plus admirables qui ſoient dans Rome. Et quant au dehors, par toutes les terres de la domination Romaine les villes furent renouuelees en beaux & magnifiques baſtimens. Sur tout neantmoins il eut ſoin que les grands chemins de l'Empire, tant en Italie que par les Prouinces, fuſſent munis & pauez auec ouurages treſ-ſomptueux & magnifiques.

Plin.lib.36. c.15.

3. Mais entr'autres eſt remarquable la Percee qu'il fit faire à coups de ciſeaux à trauers certaine montaigne en Italie pour racourcir le paſſage de la voye Flaminienne, d'où elle eut le nom de Rochepercee. Ce qu'Aurelius Victor en la vie de Veſpaſien deſcrit en cette forme: *Per omnes terras, qua ius Romanum eſt, renouatæ vrbes cultu egregio, Viæ operibus maximis munitæ ſunt. Tunc cauati montes per Flaminiam ſunt prono tranſgreſſu, quæ vulgariter Pertuſa petra vocitatur.* Ceux qui de noſtre temps ont veu cette montagne, diſent qu'elle fait partie de l'Appennin pres d'vn lieu nommé *Furlo*: & qu'empeſchant par ſa roideur le droict cours de la voye Flaminienne, l'Empereur Veſpaſian la fit creuſer en forme d'vne voute continuelle, & percer à iour ſur l'eſpace de deux cens pas Geometriques, qui reuiennent à mille pieds de longueur. Sur l'vne des entrees faicte en arcade ſe void encores l'Inſcription ſuiuante, qui porte teſmoignage de ſon Auteur,

Smetius fol. 1. Tab. 3. Grut. pag. 149. n. 7.

IMP. CAESAR. AVGVSTVS.
VESPASIANVS. PONT. MAX.
TRIB. POTEST. VII. IMP. XXVIII. COS. VIII.
CENSOR. FACIVND. CVRAVIT.

DE L'EMPIRE LIV. I.   51

4. Or comme ainsi soit que les Empereurs qui ont fait trauailler aux grands Chemins semblent auoir affectionné sur tous les autres ceux de la Prouince des Espagnes, aussi voit-on par certaines Inscriptiós antiques, que Vespasiá y en a fait reparer quelques vns: entre lesquels est celuy qui s'estend de Capara iusques à Medine, villes distantes l'vne de l'autre de cét dix mil Italiques, seló l'Itineraire d'Antonin. Ce qui se iustifie par vne Inscription grauee en vne colomne qui se void encores en Espagne, soit à Tarascon, soit à Medine, les auteurs n'estant pas bien d'accord du lieu.

Smet. fol. 145. 6. Grut. 154.3. Florianus Ocampius apud Suritā p. 584. hunc lapidem dicit esse in ea Via quæ Argētea dicitur.

IMP. CAESAR. VESPASIANVS. AVG.
PONT. MAX. TRIB. POT. II.
IMP. VII. COS. III. DES. IIII.
P.   P.
VIAM. A. CAPPARA. AD. EMERITAM.
AVG. VSQVE. IMPENSA. SVA.
RESTITVIT.

5. Vespasian est le premier des Empereurs qui a laissé pour successeur de son Empire ses enfans naturels & legitimes, dont l'aisné fut Titus, qui pour sa douceur & debonnaireté eut le nom de Delices du genre humain. Ie ne trouue autre marque d'ouurages par luy faicts aux grands chemins qu'vne seule Inscription que l'on dit estre à Medine: de laquelle nous pouuons tirer coniecture qu'il a fait faire quelque partie de l'vn des Chemins de ce païs là. Ceste Inscription est telle.

Lib. 67. Lib 4. Siluarum.

IMP. TITVS. CAES. VESP.
AVG. PON. M. TRIB. P. V.
COS. VIII. P. P. GENERIS.
HVMANI. AMOR. ET. DE
SIDERIVM. ETIAM. VI.
IIII.

Grut. 155. 3

Et ne sçay si ce ne seroit point de luy vne autre Inscription que l'on void encore en vn lieu nommé *Epila*, sur le chemin de Sarragoce à Medine, qui est de l'vn des fils de Vespasian: mais le nom propre estant effacé par l'iniure du temps, on ne peut sçauoir auquel des deux freres elle peut appartenir. Elle est telle que vous la voyez icy.

G ij

```
............ SAR.
............ SIANI.
........ S. AVG. GER.
..... P. VIII. COS. XI.
....TESTAT. P. P.
...... ECORR..... P.T.
...... TES. RESTIT.
   CC. LXXXIX.
 X  C.LXIX.
    V I I.
```

Grut.155.2.

Il est à croire que ce bon Prince en eust fait dauantage s'il eust eu vn Empire de plus longue duree : mais estant decedé au bout de deux ans deux mois & vingt iours, Il eut pour successeur Domitian son frere, lequel à l'imitation de son pere a fait trauailler aux grands Chemins, tant en Italie qu'en Espagne : Car ce fut luy qui fit faire le chemin qui s'estend de Sinuesse à Puzzolle, lequel tenant à la Voye Appienne, & en faisant comme vne branche, il le voulut pauer auec vne magnificence toute pareille : d'autant qu'il eust eu honte que l'ouurage d'vn Empereur eust esté moindre en estoffe & en façon que celuy d'vn simple Censeur. Aussi est elle couuerte de grands & larges carreaux, & en aucuns endroicts de marbre taillé à la reigle & à l'esquierre, ainsi que nous traicterons plus amplement quand nous parlerons de la diuersité des surfaces des grands Chemins de l'Empire. C'est la Voye de laquelle Dion parle sous le regne de Domitian, quand il dit : *Iisdem temporibus, ea Via quæ inter Sinuessam & Puteolos, lapidibus strata fuit.* C'est celle mesme que Statius a si hautement & naïuement descrite, sous le nom de *Via Domitiana*. En Espagne il fit parracheuer vn grand Chemin, qui auoit esté commencé par son pere, mais delaissé & interrōpu par la malice des fermiers publics, lesquels il punit de grosses amendes, & les declara incapables de toute charge publique pour l'aduenir : Comme on voit par l'Inscription icy transcrite, qui se trouue à Medine en vne colomne milliaire.

Lib.67.

Lib.4.Silu.

```
    IMP. DOMITIAN. VESP.
   CAES. AVG. GERM. P. M.
   OPVS. PATERN. NEQVITIA.
   PVBLICANOR. INFECTVM
   EA GENTE MALE MVLCTATA.
   ET. OMNI. IN. POSTERVM.
   MVNERE. PVBLICO. PRIV.
      CONFICI. IVSSIT.
         LXXXVIII.
```

6. Mais s'il y eut oncques Empereur apres Auguste, qui ait fait de la despense aux ouurages des grands Chemins, c'est principalement le bon Prince Traian, qui a laissé des marques de sa magnificēce à pauer des chemins, & dans la ville de Rome, & par les Regions d'Italie, & par vne grande partie des prouinces de son Empire, lequel il porta plus auant dans les Regions Orientales, que pas vn des Empereurs precedens & suiuans. Premierement il fit pauer dedans Rome vne grande ruë qui de son nom fut appellee *Via Traiana*, de laquelle Pub. Victor fait mention *Regione xiiij Vrbis*.

7. Pour ce qui est de l'Italie, ce bon & sage Prince n'y laissa pas vne seule Voye qui eust besoin de reparation, qu'il ne remist en bon & suffisant estat. Ce que Galien qui viuoit en son siecle, nous tesmoigne au 9. liure *de Methodo medendi, cap.* 8. auquel parlant des liures d'Hippocrate, il dit: Que c'est bien la verité, qu'en iceux ce grand Medecin a premierement ouuert la voye de guerir: mais que comme premier Inuenteur, & n'ayant personne qui luy en eust defriché le chemin, il n'a pas donné l'ordre deu à tout ce qui dépend de la medecine: & qu'à raison de la maniere antique d'escrire que l'on obseruoit de son temps, il a traitté les subiets qui en dependent auec obscurité: *Ac vt breuiter dicam* (dit cet autheur) *omnem ad medicationem viam aperuisse mihi videtur: sed ita tamen, vt ea curam, diligentiamque ad absolutionem desideret.* Puis par vne gentille similitude tiree des grāds chemins de l'Empire, specialemēt de ceux d'Italie: pour mieux donner à entendre sa conception, il adiouste, qu'il est ainsi des œuures d'Hippocrate, que de certains vieux chemins qui sont par le monde: partie desquels est ou fangeuse, ou remplie de pierres ou d'espines, ou trop aspre à monter, ou dangereuse à descendre, ou assiegee de bestes sauuages, ou sans passage, à cause de la largeur & profondeur des riuieres qui l'entrecouppent, ou trop longue, trop raboteuse & mal applanie. Puis venant à se restreindre dans les grands chemins d'Italie: *Itaque cum sic se haberent omnes in Italia Viæ* (dit-il) *eas Traianus refecit: quæ quidem earum humidæ, ac lutosæ partes erant, lapidibus sternens, aut editis aggestionibus exaltans: quæ senticosæ, & asperæ erant, eas expurgans, ac flumina quæ transiri non possent, pontibus iungens: Vbi longior quam opus erat, via videbatur, aliam breuiorem excindens. Sicubi verò propter arduum collem difficilis erat, per mitiora loca deflectens. Iam si obsessa feris, vel deserta erat, ab illa transferens, ac per habitata ducens: tum asperas complanans:* c'est à dire. Et partant comme tous les Grāds chemins d'Italie estoient en tel estat, Trajan Empereur de si grand renom se mit à les reparer, faisant pauer de pierres les endroits fangeux & marescageux: ou bien les haussant par grandes leuees de terre: nettoyant ceux qui estoient remplis d'espines & de ronces, & faisant des ponts sur les riuieres que l'on ne

pouuoit passer. Que si le chemin prenoit vn trop long destour, il le faisoit retrancher par vne voye plus courte : s'il se rencontroit quelque colline trop roide & difficile à monter, il faisoit prendre au chemin autre brisee par des lieux mollement rabaissez : si le chemin pouuoit estre infesté par les bestes sauuages, ou passoit par des deserts, il le destournoit & conduisoit par lieux frequentez, applanissant & vnissant par tout ce qui se rencontroit d'aspre & raboteux.

8. I'ay bien voulu mettre cette piece en nostre vulgaire en faueur de ceux qui n'entendent la langue Latine, d'autant qu'elle exprime naifuement la façon de faire les grands chemins, & les difficultez qu'il falloit vaincre & surmonter pour en rendre l'vsage facile: ensemble pour faire apparoir la grandeur du courage de ce Prince, & donner quelque Idee en general des sommes immenses qu'il peut auoir employé à tant de reparations, qui ne sont icy proposees qu'en gros: que s'il falloit venir au detail, ce seroit chose qui surpasseroit toute admiration. Mais ie ne puis passer sous silence les ouurages par luy faicts au Lac de Pontia, qui se peuuent comparer au labeur d'Hercules coupant les testes à l'Hydre: Car comme ceux qui ont interpreté les Fables poëtiques, disent que l'Hydre n'estoit autre chose qu'vn marais inhabitable, à raison de sept sources d'eaux qui y couloient perpetuellement, lesquelles Hercules estancha, combla tout le marais de terre. Ainsi Trajan fit combler ce Lac, & à trauers iceluy continua la Voye d'Appius à droicte ligne de la longueur de seize mil Italiques, & dauantage : Mais pour entendre la magnificence de cet ouurage, il faut sçauoir, que ces marais de Pontia estoient certaines fosses en partie nauigables, qui s'estendoiét depuis *Forum Appij*, iusques au Temple de la Deesse Ferronia, pres de Terracine, sur l'espace de quinze ou seize mil: lesquelles fosses sont de telle largeur, que dans l'estenduë d'icelles il y auoit autresfois eu vingt trois villes auparauant que les eaux eussent inondé le païs : ainsi que Mutianus, qui fut en son temps trois fois Consul à Rome, l'a laissé par escrit. Appius donc faisant pauer son grand chemin, & rencontrant cet obstacle, fut contraint de prendre vn grand destour pour le conduire iusques à Terracine: pour lequel éuiter les voyageurs auoiét de coustume de s'embarquer le soir sur ce Lac, au lieu de *Forum Appij*, sur lequel nauigeant toute la nuict, comme c'estoit leur coustume, ils se trouuoient pres de Terracine pour desembarquer & reprendre la Voye Appienne. Ce que le Poëte Horace tesmoigne auoir fait vne fois, au voyage de Rome à Brindes qu'il dépeint si plaisamment en la cinquiesme Satyre de son premier liure, où il n'oublie pas cette nauigation nocturne. Ceux qui de Terracine vouloient aller à Ro-

me, pour abbreger leur chemin vsoient de la mesme commodité: comme Strabo nous le tesmoigne en ces mots: *Penes Terracinam verò Romam iter facienti, fossa ad Appiam viam apponitur, & quidem multis in locis: eam & palustres & fluuiatiles implent aquæ. Per eam nocturna maxime fit nauigatio: vt qui primus inscendant tenebris, Oriente Sole egressi, via Appia reliquum euadant.* *Lib. 5. Geographiæ.*

Tout ainsi doncques que Pline met pour vn miracle remarquable, que le Lac de Pontia maintenant dit *Asfente Paluée* par les Italiens, ait inondé en vn instant vn si grand pays, qui contenoit 23. villes: aussi pouuons nous dire, que c'est vn œuure miraculeux que fit Trajan, en comblant comme vn autre Hercule ce marais important: & le contraignant par grandes & spacieuses leuees, de porter nō seulement la charge de la Voye Appienne qu'il continua par ce marais de droict fil iusques auprès de Terracine, mais aussi plusieurs edifices & ponts magnifiques, restituant vne bonne partie de ce Lac en sa premiere nature de terre ferme. Ce que Dion touche comme en passant, quand il dit: *Iisdem temporibus strauit Paludes Pontinas lapidibus: extruxitque iuxta vias ædificia, pontesque magnificos.* *Plin. lib. 3. cap. 5.* *Dio lib. 68.*

9. Outre tout cela, pour rendre tousiours l'Italie d'autant plus facile à voyager, Il tira de la mesme voye Appienne vn grand chemin commencé à Beneuent, & conduit iusques à Brindes, sur l'espace de deux cens mil Italiques, qui font cent de nos lieuës Françoises. Ce que l'on apprend par vne pierre inscrite, qui est en la ville d'Asculum, qui le porte disertement en ces termes.

V.
IMP. CAESAR.
DIVI. NERVAE. F.
NERVA. TRAIANVS.
AVG. GERM. DACIC.
PONT. MAX. TR. POT.
XIII. IMP. VI. COS. V.
P. P.
VIAM. A. BENEVENTO.
BRVNDISIVM. PECVN.
SVA FECIT.

Grut. 151. n. 2.

10. Au reste tous ces ouurages que Trajan a fait en Italie, sont grands & admirables: mais si nous adioustons foy à ce que Hieronymus Surita dit de ceux qu'il a fait en Espagne, il semble que ce soit encores quelque chose de plus grand & plus magnifique: Car cet autheur, qui estoit homme sçauant, & qui a fait vne curieuse recherche de telles choses par toute l'Espagne, où il a pris sa naissance, dit que Trajan augmenta & embellit toute l'Espagne (qui s'estend au long

& au large beaucoup plus que l'Italie) par des leuees & substructions continuelles de grands Chemins & de Ponts qu'il y a fait, auec vne splendeur & magnificéce admirable, & qu'en tels ouurages, sur tout ce qu'il y a au monde, paroist veritablement la grandeur & la puissance de l'Empire Romain, car voicy comme il en parle: *Magnificen-*

Præfatione in Itinerar. Antonini.

tiæ verò splendor Imperij Rom. supra omnem Imperatorum laudem Imperatore Traiano illuxit: qui totam ferè Hispaniam, longè latéque fusam ac patentem, Pontium & Viarum continuatis munitionibus ac molibus, mirabilius atque splendidius auxit, atque ornauit.

On trouue parmy les Espagnes plusieurs Inscriptions antiques, qui font foy de cette verité, l'vne desquelles ie vous represente icy en la forme que ie l'ay prise d'Andreas Resendius: qui asseure l'auoir extraict luy-mesme de l'vne des colomnes anciennes, qui seruoient à marquer les milliaires sur le chemin de Lisbone à Medine: Et est la dite Inscription en partie effacee.

```
        IMP. CAES. . . . . . . .
        . . . . . . . . . . . . . . . . . . . .
        . . . . . . . . . . . . . . . . . . . .
        TRAIANVS. AVG.
        CER. PONT. MAX.
        TRIB. POTESTAT
        IS. II. RESTITVIT.
              X
              I
```

Gru. p. 155. 2. 8.

DES SVCCESSEVRS DE TRAIAN
qui ont fait trauailler aux grands chemins.

CHAP. XVIII.

1. Noms diuers d'Adrian successeur de Traian.
2. Chemins par luy faicts en Italie.
3. Chemins par luy faicts en Espagne & Portugal.
4. Ponts & chemins faits par Antoninus Pius.
5. Chemin en Holande reparé par Marc Aurele, & L. Verus.

1.  DRIAN, successeur de Trajan à l'Empire de Rome, est l'vn de ceux qui ont fait des chemins nouueaux, ou reparé les anciens, tant en Italie qu'autres endroicts de la domination Romaine. Ce qui se voit par plusieurs
Inscription

Inscriptions antiques, où il se dit ordinairement fils de Trajan, & petit fils de Nerua: & quant à sa personne, il se nomme quelque fois de tous les trois ensemble, *Imperator Nerua Traianus Adrianus*, outre celuy d'Elius propre à la famille d'où il estoit descendu.

2. Cet Empereur, qui a esté l'vn des hommes du monde des plus accomplis en toutes sciences humaines, & specialement en peinture, sculpture, & architecture; ne laissa pas en arriere la structure & pauement des grands chemins: Car la Voye Cassienne estant fort endommagee de son temps: il la fit reparer d'vn œuure continuel depuis les confins de Chiusi iusques à Florence, distantes l'vne de l'autre de quatre vingts sept mil, suiuant l'Itineraire d'Antonin: ou de quatrevingts vn, suiuant l'Inscription grauee en vne colomne milliaire encore debout au mont Pulcian, telle que vous la voyez icy.

```
        IMP. CAESAR.
        DIVI. TRAIANI.
        PARTHICI. FIL.
        DIVI. NERVAE. NEP.
    TRAIANVS. HADRIANVS.
        AVG. PONT. MAX.
    TRIB. POT. VII. COS. III.
        VIAM. CASSIAM.
    VETVSTATE. COLLABSAM.
    A. CLVSINORVM. FINIBVS.
    FLORENTIAM. PERDVXIT.
        MILLIA. PASSVVM.
              XXCI.
```

3. Pour ce qui est de l'Espagne, on peut donner l'Inscription suiuante pour marque des ouurages qu'il y a fait pres de la ville de Braga.

```
    IMP. CAES. TRAIAN.
    HADRIAN. AVG.
    PONT. MAX. TRIB.
    POT. XVIII. COS. III.
    P. P. A. BRACARA.
         AVG.
       M. P. XIII.
```

En Portugal, que les Romains appellent *Prouinciam Lusitaniam*, est encore debout pres de Cappara vne colomne milliaire auec cette Inscription, qui monstre qu'il a reparé certain grand chemin, duquel elle fait mention en ces mots.

H

Smet. fol. 2.
n. 2.
Grut. 156, 1.

```
   IMP. CAES.
   DIVI. TRAIANI
   PARTHICI. F.
   DIVI. NERVAE
   NEPOS TRAIA
   NVS HADRIANVS.
   AVG. PONTIF. MAX.
   TRIB. POT. V. COS. IIII.
      RESTITVIT.
         CI I.
```

En la mesme Prouince il y a vn grand Chemin paué, qui conduit de la ville de Chaues, dicte par les Anciens *Aquæ Flauæ* iusques à Bragas: & sur iceluy plusieurs colonnes milliaires, deux desquelles ont esté apportees en l'Eglise de l'Ange Gardien en ladite ville: Les Inscriptions desquelles tesmoignent assez, que ce chemin est de la façon de l'Empereur Adrian: & sont semblables par tout, sinon au nombre des milliaires.

156. 4.

```
   IMP. CAES. TRAIAN.
   HADRIAN. AVG.
   P. M. TR. POT. XX. REFECIT.
   AQVIS. FLAVIS.
      M. P. II.
```

4. A l'Empereur Adrian succeda celuy qui par sa bonté naturelle fut appellé Antoninus Pius: duquel ie ne trouue autre monument d'antiquité, qui monstre qu'il ait fait trauailler aux grãds Chemins, que quatre Inscriptions: dont l'vne est tiree d'vne Table de Marbre, enchassee dans la muraille d'vne hostellerie de Cyperanum, ville bastie sur les ruines de l'ancienne ville de Fregella: qui tesmoigne, qu'il a refait & reparé certain Pont qui s'en alloit tombant d'antiquité.

Smet. fol. 3.
n. 7.

```
      IMP. CAESAR.
      DIVI. ADRIA
      NI FILIVS DIVI
         TRAIANI
      PARTHICI NEPOS
      DIVI NERVAE PR. N.
   T. AELIVS. HADRIANVS
         ANTONINVS
      AVGVSTVS. PIVS
```

DE L'EMPIRE. LIV. I.

```
        PONTIFEX. MAX.
     TRIBVNIC. POTEST. IIII.
          COS. III. P. P.
         OPVS. PONTIS
       VETVSTATE. CONLAPS.
          RESTITVIT.
```

La seconde se trouue en vn pont du fleuue Vulturnus en la ville de Capouë, par laquelle on voit qu'il a reparé en ces lieux vn grãd chemin interrompu par l'inondation des eaux prochaines:

```
   IMP. CAESAR. AVG. M. AVRE
   LIVS. ANTONINVS. PIVS. FE
   LIX. AVG. PARTHICVS. MAX.
   BRITANNICVS MAX. P. M. P. P.
        COS. III. DES. IIII.
   VIAM. INVNDATIONE. AQVAE
   INTERRVPTAM. RESTITVIT.
```
Smet. fol. I. n. 2.
Grut. p. 151. n. 4.

La troisiesme nous monstre qu'il a pareillement fait quelque reparation en Espagne pres de Malaca, de la iurisdiction de Seuille: & est tirée d'vne colonne milliaire, qui est encore sur pied en ces quartiers.

```
      M. AVRELIVS AN
      TONINVS. PIVS
      MAX. AVG. PARTH.
      MAX. BRIT. MAX.
      PONT. MAX. TRIB.
      POT. XVI. IMP.
      IIII. COS. VIII. RES
           TITVIT.
```
156. 2.

La quatriesme est en Allemagne, sur le chemin d'Ausbourg à vne ville dicte *Monachium*, où ledit Empereur restablit les ruines de plusieurs ponts & grands Chemins: ainsi que le porte ceste Inscription, quoy qu'effacee en plusieurs endroicts.

```
   ..............................
   ............................
   ... P. CAESAR M ...........
   ANTONINVS PIVS AVG. TRIB.
   POT. IIII. PROCOS ..........
      VIAS. ET. PONTES. REST.
         AB. AVG. M. P.
              XXXI.
```
156. 6.

H ij

5. À Antonin fucceda M. Aurele, furnommé le Philofophe, affociant auec foy en l'Empire L. Aurelius Verus, qui regna auec luy peu de temps: pendant lequel ils firent enfemble trauailler à certains grands chemins au païs bas: comme on voit par vne pierre grauee, qui fe trouue à la Haye en Hollande, en vne colonne milliaire, dont l'Infcription eft telle.

166.7.

```
            IMP.  CAESAR.
         M.  AVREL.  ANTO.
         NINO.   AVG.   PONT.
      MAX.  TRIB.  POT.  XVII.
              CO.  XIII.  ET.
              IMP.  CAES.
          L.  AVREL.  VERO.  AVG.
         TR.  POT. II. COS. II.
                A.  M.  A.  E.  C.
                   M.  P.  XII.
```

DES GRANDS CHEMINS FAICTS
par Septimius Seuerus & fes enfans.

CHAPITRE XIX.

1. *Les ouurages de Septimius Seuerus & de fes enfans.*
2. *Deux chemins faicts par Seuerus & Caracalla en Italie.*
3. *Chemins par eux faicts en Efpagne.*

4. *Chemin fait par Heliogabalus en Efpagne.*
5. *Chemins faicts par le Pere & les enfans en Allemagne.*

1. Es premieres marques que ie trouue d'œuures publiques employees aux grands Chemins apres Marc Aurele, font de Septimius Seuerus & de fes enfans. Encore faut-il en tirer les tefmoignages des Infcriptions grauees en des colomnes milliaires, & autres pierres antiques, l'hiftoire Romaine nous manquant au befoin en cet endroict. Ie trouue donc que cet Empereur & fes enfans tant conioinctement, que feparément, ont fait faire de nouueau plufieurs grands chemins, tant en Italie qu'en Efpagne, & quelques parties d'Allemagne.

2. En Italie, Seuerus & Baffianus Caracalla fon fils, ont fait de neuf à leurs propres frais & defpens deux grands chemins, dont l'vn

DE L'EMPIRE. LIV. I.

s'estend de Rome à vn certain lieu nommé Grand-ville: de la situation ou longueur duquel ie n'ay sceu trouuer aucun tesmoignage: mais il apparoist par l'Inscription cy transcrite, qu'ils la firent pauer de cailloux, & non de simple grauois: & que partant on le peut mettre au rang des plus beaux chemins d'Italie.

   IMP. CAESAR. DIVI. MARCI.
  ANTONINI. PII. GERM. SARMATICI.
  FILIVS. DIVI. COMMODI. FRATER. DIVI.
  ANTONINI PII NEPOS DIVI HADRIANI.
  PRONEP. DIVI. TRAIANI PARTHICI.
  ABN. DIVI. NERVAE. ADNEP.
  L. SEPTIMIVS. SEVERVS. PIVS. PERTI
  NAX. AVG. ARABIC. ADIAB. PARTHIC. MAX.
PONTIF. MAX. TRIB. POT. XV. IMP. XII. COS. III. P.P. ET
  IMP. CAESAR. IMP. CAESARIS. L. SEPTIMI.
  SEVERI. PII. PERTINACIS. AVG. ARABICI.
  ADIAB. PARTH. MAX. FIL. DIVI. MARCI. AN
  TONINI. PII. GERM. SARM. NEPOS. DIVI. ANTO
  NINI. PII. PRONEPOS. DIVI. HADRIANI.
  ABNEPOS. DIVI. TRAIANI. PARTH. ADNEP.
  M. AVRELIVS. ANTONINVS. AVG.
PIVS. FELIX. PONTIF. TRIB. POT. X. IMP. II. COS. III. DES.

   FORTISSIMVS. AC. SVPER.
   OMNES. FELICISSIMVS
    PRINCEPS.

VIAM. QVAE. DVCIT. IN. VILLAM. MAGNAM.
  SILICE. SVA. PECVNIA. STRAVERVNT.

 L'autre chemin par eux faict en Italie, auoit son commencement à Puzzole: mais il ne se peut recognoistre de quelle grandeur il pouuoit estre, ny en quelle part d'Italie il tendoit, n'en ayant peu trouuer autre tesmoignage que l'inscription suiuante.

  IMPERATOR. CAES. L. SEPTIMIVS. SEVERVS.
  PIVS. PERTINAX AVGVSTVS ARABIC.
  ADIAB. PARTHICVS. MAXIMVS. TRIB.
  POT. IX. IMP. XII. COS. II. P. P.
  PROCOS. ET. IMP. CAES. MARCVS.
  AVRELIVS. ANTONINVS. PIVS. AVG.
  TRIB. POT. IIII. PROCOS. E. VIAS.
  RESTITVIT A PVTEOL.

      H iij

3. En Espagne le pere & le fils ont fait trauailler à part, le pere és enuirons de Medine, où se trouue cette inscription qui fait foy des reparations qu'il a fait en l'vn des grands Chemins du pays.

156.9.
```
IMP. CAESAR. DIVI. M. ANTON.
PII. GERM. SARM. F. DIVI
COMMODI. FRAT. DIVI ANTON.
PII. NEP. DIVI HADRIANI
PRONEP. DIVI TRAIANI PARTH.
ABNEP. DIVI. NERVAE. ADNEP.
L. SEPTIMIVS SEVERVS. PARTH.
MAX. AVG. ARAB. ADIABEN.
PARTH. MAX. PONT. MAX.
TRIB. POT. VIII. IMP. XI. COS. IIII.
PROC. ITER. RESTITVIT.
        LXXII.
```

Le fils est celuy que l'histoire nomme ordinairement Bassianus Caracalla: mais qui en ces pierres grauees est designé sous le nom de Marcus Aurelius Antoninus Pius, qui luy fut donné par son pere dés ses ieunes ans. C'est par luy seul, que certain grand Chemin a esté fait en Espagne, mentionné en l'Inscription d'vne colomne milliaire qui est encores debout pres d'vn village dit Calzada, telle que ie vous la represente.

158.5.
```
IMP. CAESAR DIVI
SEPTIMI SEVERI PII ARAB.
ADIAB. PARTHICI. MAX. BRI
TT. MAX. FEL. DIVI AVR. ANTO.
GERM. SARM. NEP. DIVI ADRIANI
ABNEP. DIVI TRAIANI PARTHICE.
ADNEP. M. AVREL. ANTONINVS
PIVS. FELIX. AVG. PART.
MAX. BRIT. MAX. GERM.
MAXIM....... TRI. PO.
XX. IMP. III. COS. IIII. PP.
PROCOS. FECIT.
       CXXXVI.
```

4. De Caracalla, & de certaine sienne concubine, nasquit Heliogabalus, vray monstre de nature. Cestuy-cy a fait quelques ouurages en Espagne, sur le grand chemin qui va de Lisbonne à Ebora: sur lequel se voit encore vne colomne milliaire auec ceste Inscription.

IMP. CAES. DIVI. ANTONI
NI. PII. MAGNI. FIL.
DIVI. SEPTIMI. SEVERI
PII. NEPOTI. M. AVRE
LIO. ANTONINO
P. FEL. AVG. PONT. MAX.
TRIB. POT. II. COS. II.
PROC. P. P.
FORTISSIMO. FELICISSI
MOQVE PRINCIPI
.... ORA. M. P.
XXII.

158.3.

5. Quant à ce qui est des chemins par eux faicts en Allemagne, ils se trouuent, non en celle que l'on dit la grand' Germanie, comprise dans le Rhin & le Danube: mais bien en cette partie de la Gaule, qui est deça le Rhin, sous les noms de haute & basse Allemagne, ou bien en la partie situee entre le Danube & les Alpes, anciennement recognuë sous le nom de *Vindelicia & Noricum*.

Le plus grand de tous, est celuy qu'ils ont commencé d'vne ville dicte *Augusta*, que j'estime estre *Augustam Vindelicorum* dicte Ausbourg. Quoy que ce soit, il est éuident par lesdites Inscriptions qu'ils ont paué ledit chemin sur la longueur de cét dix mil au moins; & qu'ils en auoient marqué les distances par des colomnes milliaires: car il en reste quatre semblables, excepté au nombre des milliaires. La premiere desquelles seruoit à marquer le trente troisiesme mille à compter d'Ausbonrg. Les trois autres designoient le quarante vniesme, quarante deuxiesme, & cent dixiesme milliaires. Vous voyez icy la premiere des quatre, qui mõstre quelles estoient les autres.

IMP. CAESAR. LVCIVS. SEPTIM
IVS. SEVERVS. PIVS. PERTIN
AX. AVG. ARABICVS. ADIAB
PARTHICVS. MAXIMVS
PONTIF. MAX. TRIB. POT.
VIIII. IMP. XII. COS. II. P. P.
PROCOS. ET. IMP. CAESAR
MARCVS. AVREL. ANTON
INVS. PIVS. AVG. TRIB
POT. IIII. PROCOS. ET. IMP
P. SEPTIM. GETA. ANTON
VIAS. ET. PONTES. REST.
AB. AVG. M. P. XXXIII.

157.4.

HIST. DES GR. CHEMINS

Les trois Inscriptions suiuantes se trouuent encore en d'autres endroicts d'Allemagne.

La premiere *in pago Straetualtio Salisburgum versus.*

157.b.
```
IMP. CAES. L. SEPTIMIO.
SEVERO. PIO. PERTINACI. AVG.
ARAB. ADIAB. PARTHICO. MAX.
BRITAN. MAX. PONTIF. MAX. TRIB.
POTES. III. IMP. VII. II. P. P. PROCOS.
ET. IMP. CAES. M. AVREL. ANTONINO.
PIO. INVICTO. AVG. PARTHICO. MAX.
BRITANNICO. MAX. GERMANICO.
MAX. PONTIF. MAX. TRIB. POTEST. XVI.
IMP. III. COS. IIII. P. P. PROCOS. FORTIS-
SIMO. AC. FELICISSIMO. PRINCIPI.
DOMINO. INDVLGENTISSIMO.
        M. P. LI.
```

La seconde, *in iugo Radstati Stiriæ.*

157.c.
```
        IMP. CAES. F.
PIVS. SEVERVS. PER. AVG.
TRIB. POTES. IX. IMP.
XII. COS. II. P. P. GOTH.
IMP. CAES. MAR. AV
RE. ANTONINVS. PIVS.
FELIX. AVG. ARAB. GERM.
MAX. ANT. TRIB. POTE.
P. P. PROCON. AT.
        M. LIII.
```

La troisiesme, *in Algoia Germaniæ Prouincia, in Monasterio sancti Benedicti.*

157.e.
```
    IMP. CAESAR. L. SEPTIMVS.
SEVERVS. PIVS. PERTINAX. AVG.
ARABIC. ADIAB. PARTHICVS. MAX.
PONTIFEX. MAX. TRIB. POT. VIIII.
IMP. XII. COS. II. P. P. PROCOS. ET.
IMP. CAESAR. M. AVRELIVS.
ANTONINVS. PIVS. AVG. TRIB.
POT. IIII. PRO. COS.
VIAS. ET. PONTES. RESTI. A. CAMB.
        M. P. XL.
```

6. Or quoy qu'il semble qu'Alexander Seuerus, Prince bon &
sage

DE L'EMPIRE LIV. I.

fage apres tant de meschans & prodigieux Empereurs, ait eu peu de reputation d'auoir fait trauailler en ce genre d'ouurage: si est-ce que comme les Ponts sont partie des grands Chemins, il a beaucoup fait, en ce qu'il a reparé tous les Ponts que Trajan auoit basti en si grand nombre: outre plusieurs autres qu'il a fait edifier de nouueau. Et comme c'estoit la coustume d'inscrire les noms des Empereurs aux ponts, ports, & colomnes milliaires qui se rencontroient sur les grands chemins, il laissa le nom de Trajan à tous les ponts qu'il fit reparer, sans permettre que le sien y fust mis: Ainsi que nous apprenons de ce passage de Lampridius: *Pontes quos Traianus fecerat, instaurauit penè in omnibus locis. Aliquos etiam nouos fecit: Sed instauratis nomen Traiani reseruauit.*

DES AVTRES EMPEREVRS QVI ONT fait trauailler aux grands Chemins, iusques au declin de l'Empire Occidental.

CHAPITRE XX.

1. *Ouurages des grands Chemins iusques à quand continuez.*
2. *Les pierres grauees sont de verité certaine.*
3. *Pourquoy tant d'Inscriptions des parties Occidentales de l'Europe, & si peu de la Grece, de l'Asie, & de l'Affrique.*
4. *Chemins faicts par Maximinus & Maximus son fils.*
5. *Autre par Gallienus & Tacitus.*
6. *Autres chemins par Diocletian & Maximian.*
7. *Autres par Constantin, Constans, Maxence & Gratian.*
8. *Pourquoy les Empereurs suiuans n'ont trauaillé aux grands chemins.*
9. *Que les natiõs qui ont dissipé l'Empire, n'ont eu les moyens suffisans pour y trauailler.*
10. *Conclusion sur le discours des deniers des Empereurs.*

1. A race des Antonins estant faillie, l'Empire de Rome tomba en diuerses familles estrangeres, qui par force, plustost que par droict, se saisissoient l'vne apres l'autre de la souueraineté Romaine: mais quelque changement qu'il y ait eu, les ouurages des grands chemins n'ont iamais esté du tout abandonnez iusques à l'entiere decadence de l'Empire en Occidẽt: ains y a tousiours eu quelque Empereur qui les a cõtinué, tant en Italie, que par les Prouinces.

I

2. Ce qui se voit, non dans l'histoire (qui nous manque en cet endroict) mais par Pierres inscrites, ausquelles nous sommes contraints d'auoir recours en cette necessité. Recours asseuré neantmoins, & d'vne verité tres certaine: veu qu'il n'y a point de doute, que ces inscriptions extraictes des anciennes colomnes milliaires, n'ayent esté faictes à la diligence des Empereurs mesmes dont elles portent les noms: ou par Commissaires par eux establis, qui ont fait dresser ces colomnes à l'honneur des Empereurs leurs maistres encores viuans. En sorte que les Inscriptions antiques qui se trouuent esparses par le monde sur ce subiet, nous doyuent tenir lieu de preuues autentiques, & comme de vrais & certains originaux.

3. Par ces Inscriptions on voit bien que les Empereurs y mentionnez ont fait trauailler, tant en Italie, qu'en Gaule & en Espagne: mais il ne se trouue rien en icelles des ouurages de la Grece, de l'Asie, & de l'Affrique. Ce n'est pas toutesfois que la construction & pauemét des G. C. n'y ait esté aussi cōmune qu'en ces quartiers d'Occidét: & que par tout, les Empereurs n'ayent erigé de seblables marques de leur ouurage: mais c'est que l'histoire ne fait aucune mention des chemins faits par les successeurs des Antonins en toutes ces regions Orientales & Meridionales, non plus qu'en nos Occidentales: car c'est vn defaut commun à toutes les Prouinces de l'Empire. Outre lequel la Grece, l'Asie & l'Affrique ont ce manquement, que d'estre destituees de la cognoissance de leurs Inscriptions antiques, pour les causes que nous dirons incontinent.

Ce qui fait donc que nous voyons des recueils si beaux & si grands, d'Inscriptions tirees d'Italie, de la Gaule, de l'Espagne, de quelques contrees d'Allemagne, & de Hongrie: & au contraire que nous auons peu de monumens des autres parties du monde, c'est que toutes ces Regions Occidentales se sont maintenuës en l'exercice & cognoissance des lettres, qui se sont grandement accruës & comme resueillees d'vn profond sommeil en ces derniers temps principalement: car c'est depuis cent ans, & moins encores, que les esprits curieux se sont mis à la recerche des Medailles, Inscriptions, & autres monumens antiques, dont ils nous ont donné la cognoissance par liures. C'est vn aide, dequoy nous estions destituez auparauant: en sorte qu'il n'y a que cinquante ans qu'il nous eust esté impossible de remplir cet œuure de la cognoissance de ce que nous escriuons maintenant. De tout cela nous deuons la grace à Onuphrius Panuinus, Ioseph Scaliger, Marcus Velserus, Andreas Resendius, Hieronymus Surita, & à plusieurs autres personnages sçauans & curieux, qui nous ont fait part de tant d'Inscriptions antiques par eux descouuertes en l'Europe Occidentale: de toutes lesquelles Smerius, Lipſius, & le dernier de tous Ianus Gruterus, nous ont fait de bons & amples recueils. Mais quant aux antiquitez des grands chemins de la Grece, de l'Aſie, & de l'Affrique, il ne faut s'eſtonner ſi nous en auons ſi peu de teſmoignages par Medailles, Inſcriptions antiques, ou autrement: veu que ces Regions ont ce commun manquemẽt auec nous d'eſtre deſtituees de l'hiſtoire. Et cela de ſurplus, qu'eſtant de long temps remplies de Turcs, Sarrazins & autres peuples Barbares, ennemis coniurez des lettres, ils n'ont point d'hommes qui vueillent, ou qui puiſſent faire eſclorre vn recueil des Inſcriptions qui y pourroient eſtre. Au contraire, ces nations ſauuages les ſuppriment, renuerſent & aboliſſent à meſure qu'elles les rencontrent.

4. Eſtant donc reduit à la neceſſité des Inſcriptions, ie les rangeray toutes ſuiuant l'ordre ja commencé, qui eſt celuy des Empereurs : & comme ainſi ſoit que Maximinus & ſon fils (que l'hiſtoire appelle C. Iulius Verus Maximus) ſont les premiers ſucceſſeurs des Antonins: ie produiray icy en premier lieu trois Inſcriptions qui ſe trouuent en Eſpagne, dont les deux premieres ſont du pere & du fils enſemble, telles que vous les voyez.

Pres de Bra-
gas en Eſ-
pagne.
Grut. p. 151.
5.

```
IMP. CAES. C. IVLIVS. VERVS. MAXIMINVS. PIVS.
F AVG. GERM. MAX. DAC. MAX. SARM.
MAX. PONT. MAX. TRIB. POT. V. IMP. VII.
        P. P. COS   PROCOS.
ET. C. IVLIVS. VERVS. MAX. NOBILISSIMVS.
CAESAR. GERM. MAX. DAC. MAX. SARM. MAX.
PRINC. IVVENTVTIS. FILIVS. D. N. IMP. C.
IVLII. VERI. MAXIMINI. P. F. AVG.
VIAS. ET PONTES. TEMPORE. VETVSTATIS.
    COLLAPSOS. RESTITVERVNT.
CVRANTE Q. DECIO LEG. AVGG. PRET.
    PRAEF. A. BRAC. AVG.
        M.      P.
```

La ſeconde quaſi toute ſemblable eſt ſur le chemin de Liſonne.

```
IMP. CAES C. IVLIVS.
VERVS. MAXIMINVS. PIVS. FE
LIX INVICTVS AVG. PONT.
MAX. PATER. PATRIAE. TRI
BVNITIAE POTESTATIS. TER. COS.
GERMANICVS. MAX. DACICVS.
MAX. SARMATICVS. MAX. ET.
```

158. 6.

I ij

```
            C. IVLIVS.  VERVS. MAXIMVS.
            NOBILISSI. CAESAR. PRINCEPS.
            IVVENTVTIS. GERMANICVS. MAX.
            DACICVS. MAX. SARMATICVS. MAX.
            IMP. CAES. CAI. IVLI. VERI. MAXI
            MINI. PII. FEL. AVG. GERMANICI
            MAX. DACICI. MAX. SARMATI
            MAX. FORTISSIMI CAESA
                  RIS. FILIVS.
                    IIII.
```

La troisiesme, qui est du pere ou du fils seul, se trouue en vne autre colonne dressee sur le mesme chemin.

```
           *  IMP.
           CAES. CAIVS
           IVL. VER........
           NOB. IMPERA
           TOR. V. TRIBVNI.
                CIAE. PO
           TEST. COS. PRO. P
           PATRIAE........
           .................
```

Et d'autant que le fils se qualifie en deux Inscriptions Prince de la ieunesse, ie ne sçay si ce ne seroit point de luy celle qui se trouue en France pres de Pauliaguet, à moy enuoyee par le docte Sauaron, President à Clermont en Auuergne, par laquelle on voit que l'vn des Cæsars, qui se dit Prince de la ieunesse, a reparé vn Pót, & quelques grands Chemins de ce pays-là, qui tomboient en ruine de vieillesse.

```
           CAESAR PRINCEPS
             IVVENTVTIS
            PONTEM. ET
            VIAS VETVS
           TATE. COLLAP.
             RESTITVIT.
```

5. Ie ne trouue rien des cinq Empereurs suiuans : Et quant au sixiesme, qui est Gallienus, ceste Inscription se trouue de luy pres de Medine, qui tesmoigne qu'il a eu soin des grands Chemins d'Italie, de la Gaule, & d'Espagne : & qu'il a fait reparer vn chemin en Portugal, qui estoit interrompu en plusieurs endroicts.

DE L'EMPIRE. LIV. I.

```
    GALIENVS. IMP. CAES.
    AVG. CLEMENS. PIVS.
    VRBE AEDIF. RESTAVR.
    AD BONVM. ITAL. GAL.
    HISP. PVBLICVM. CON
    VERSVS HOC ITER VA
    RIE. PER PROVINC.
    INTERRVPT. REFICI
        IMPERAVIT.
          LXXXVIII.
```

158. 9.

Vient en aprés Tacitus successeur d'Aurelian, duquel se trouuent ces deux Inscriptions sur le mesme chemin de Lisbonne à Medine en deux colonnes milliaires, qui contiennent ce qui s'ensuit.

```
    IMP.                    IMP.
  CAESARI                CAESARI
  CLAVDI                    M.
  O. TACITO              CLAVDIO
  PIO. F. IN              TACITO
   VICTO                  PIO F. IN
    AVG.                   VICTO
  PONT. M.              AVG. PONTIF.
  TRIB. PO              M. TRIB.
   TESTA                  POTESTA
   TIS. II              TIS. II. COS.
  COS. PRO                P.   P.
```

Ex Andrea Resendio.

6. En aprés suiuent au nombre des Empereurs qui ont fait quelque chose en ce genre d'ouurage, Diocletian, Maximian, & ceux de la race de Constantin. La premiere marque desquels est vn fragment de colonne milliaire fort iustement arrondie, qui se voit à Pauie en la ruë saincte Croix : & qui monstre que ces trois Empereurs ont fait quelques chemins en ces quartiers.

```
    IMP. CAES. C. VAL.
    DIOCLETIANVS. P. P.
    AVG. ET IMP. CAES.
    M. AVR. VAL. ET
    MAXIMIANVS. P. P.
    AVG. ET. FL. VAL. CON
    STANTINVS. ET. GAL.
    VAL. MAXIMIANVS
    NOBIL. CAES. M.
```

159. L.

Celle-cy se trouue de Maximian seul, pres de la ville d'Ebora au Royaume d'Espagne, tirée d'vne colonne sise en vn lieu dit Tabularios.

158. 10.

IMP. CAES.
MAXI
MIANO
PIO. FELI
CI. AVG. EBO
RA. M. P.
XII.

7. De Constantin seul il y en a deux en Italie, dont l'vne est à Verone, *ad sanctum Petrum Carianum.*

159. 3.

D. N. CONSTANTINVS.
MAXIMVS.
VIII.
P.
XXX.

L'autre en vne colonne sise pres de l'Eglise de nostre Dame en la ville de Parme, grauée en lettres fort grossieres.

159. 6.

D. N. IMP. CAES.
CONSTANTINO. P. P.
VICTORI. AVG. PONT.
MAXIMO. TRIBVN.
POTESTAT. XXIII. IMP.
XXII. COS. VII. P. P.
PRO. COS.
RERVM. VMANARVM.
OPTIMO PRINCIPI
DIVI. CONSTANTI. FILIO.
B. R. P. NATO.
I

Voicy vne troisiesme du mesme Empereur, qui se voit à Medine.

159. 4.

IMP. CAES. FLAVIVS.
CONSTANTIN. AVG.
PACIS. ET. IVSTITIAE.
CVLT. PVB QVIETIS.
FVND. RELIGIONIS.
ET FIDEL. AVCTOR.
REMISSO. VECVE.
TRIBVTO. FINITIME.
PROVINC. ITER.
RESTAVR. FECIT.
CXIIII.

On voit encore à Veronne celle-cy de Constance, fils de Constantin, *ad D. Ambrosium Vallis Policellæ.*

    IMP. CAES.
    FL. VAL.
    CONSTANTIO
    M. P. VIII.

159. 5.

Cet autre est de Maxentius, qui se porta vn temps pour Empereur, & se trouue au terroir de Verone.

    IMP. CAESARI. M. AVRELIO.
    VALERIO. MAXENTIO. P.
    FEL. INVICTO. AVG.
    M. P. XIIX. C. L. N.

159. 2.

Finalement celle-cy se trouue à Medine, qui nous enseigne que l'Empereur Gratian a fait quelques reparations és grands chemins de Portugal.

    IMP. CAES. GRATIANVS.
    PIVS. FELIX. MAX. VICT.
    AC. TRIVMPH. SEMPER. AVG.
    PONT. MAX. GERM. MAX.
    ALAMANVS. MAX. FRANC.
    MAX. GOTH. M. TRI. P. III.

159. 7.

    IMP. IL COS. IIII. PRIM. P. PP.
    RESTITVIT.
    C. XI.

8. Que si depuis ces Empereurs il ne se trouue plus aucuns de leurs successeurs qui se soient mis à faire des chemins nouueaux, ou reparer les anciens, il ne s'en faut pas beaucoup estonner, pour deux raisons principales : L'vne que par la diligence des Empereurs precedens, toutes les Prouinces de l'Empire auoient esté munies & accommodees de leurs grands chemins, les ouurages en ayans esté continuez plus de trois cens ans, tant aux despens du public, que des Empereurs, & des particuliers.

6. La seconde raison est, que bien-tost apres l'Empire & decez de Theodose, il se fit tel desbordement & inondation de peuples barbares sur les terres de l'Empire, principalement de l'Occidental, que les Gaules, les Espagnes, la grand'Bretagne, & l'Italie mesme en furent infestees, sans excepter la ville de Rome, chef d'vn Empire qui auoit esté si grand & si florissant : Car ce fut peu apres

Theodose le Grand, que par les trahisons d'vn Gildo, d'vn Ruffin, & d'vn Stilico, nais à la ruine de la domination Romaine; & par les dissensions ciuiles d'entre les Grands, que les Goths, les Vandales, les Huns, les Gepides, les Bourguignons, les François, & autres peuples Septentrionaux rompirent les anciennes barrieres de l'Empire: & qu'ayant franchy les passages du Rhin, & du Danube mal gardez, ils se rendirent les maistres des Prouinces dessusdictes: voire-mesme de l'Affrique, que les Vandales conquirent sur les Empereurs. Lesquels estans bien empeschez de se defendre par les armes contre tant d'ennemis en mesme temps, n'eurent pas loisir de s'appliquer aux ouurages des grands Chemins, & autres œuures publics, ausquels la felicité, la paix & le repos de l'Empire auoit donné commencemét, accroissement, & perfection.

7. Et quant aux nations estrangeres, qui firent des conquestes dans ledit Empire, elles n'eurent pas le courage, ny les moyens suffisans, pour continuer de telles entreprises: car chacun peuple tenant sa piece à part, desvnie & descousuë du total, auoit besoin de la conseruer par les armes, comme nouuelles conquestes mal asseurees, & ne pouuoit pas fournir à tels ouurages qui auoient pris vie & mouuement de la totalité dudit Empire, comme d'vn corps, dont tous les membres estoient bien joints & alliez à vn chef. Corps qui auoit acquis sa iuste grandeur & ses forces par les victoires de plusieurs centaines d'annees, & dont les membres estans vne fois separez, & comme dispersez & priuez de la vie commune du total, se sont trouuez trop foibles, non seulement pour entreprendre, mais pour entretenir tels ouurages ja faits. De sorte que ce qui nous en reste par maints endroicts de la France, & d'autres terres & regions du vieil Empire, est encor de la façon des Empereurs Romains qui les ont rendus fermes & durables pour quinze ou seize siecles suiuans.

8. Mais en fin pour conclure ce discours des Empereurs, & de l'argét par eux employé aux ouurages des grands Chemins, quelle somme pourroit-on imaginer y auoir esté mise par les vingt cinq ou vingt six cy-dessus dénommez: sans les autres, dont les œuures ne sont venus en nostre cognoissance. Il est évident que la somme ne se peut estimer: & qu'en comparaison d'icelle, les sommes employees au Temple de Salomon, & aux sept merueilles du monde se trouueroient bien petites. Ce qui sera beaucoup plus facile à croire & à comprendre, quand on verra au liure suiuant l'immense quantité des materiaux que l'on employoit en tels ouurages: qui surpassent en grandeur, en estenduë, & en masse tout ce qui fut iamais fait au monde par les mains des hommes.

DES DENIERS QVE LES PARTIculiers ont employé aux ouurages des grands Chemins.

CHAPITRE XXI.

1. *Trois natures de deniers des particuliers employez aux grands Chemins.*
2. *Premiere nature gist és deniers des despouïlles ennemies.*
3. *De quel fond procedoit la grandeur immense desdits deniers.*
4. *Deniers apportez à Rome par Pompée, Cæsar, & Paul Æmile.*
5. *Sommes grandes tirees des couronnes d'or, dites* Aurum coronarium.
6. *Grandeur, & nombre admirable desdites couronnes.*
7. *Difference notable entre le temps de la Republique populaire, & celuy des Empereurs sur les deniers manubiaux.*
8. *Quelques grands ouurages faicts, per Triumphales viros de pecunia manubiali.*
9. *Conclusion sur la grande somme des deniers manubiaux, employez aux grands chemins.*

1. Pres les deniers publics, & ceux des Empereurs, faut considerer les grandes sommes que les particuliers ont employé à faire de neuf, & à reparer les grands chemins de l'Empire, tant en Italie, que par les Prouinces: qui sont telles, qu'on ne les sçauroit estimer. Mais pour les faire aucunement comprendre, ie les reduiray en trois natures differentes: car de ces deniers, les vns ont esté employez par commandement expres des Empereurs; les autres par loy publique; & les autres par pure gratuité & liberalité: qui sont trois sources fecondes, outre les precedentes, desquelles nous traicterons icy par ordre.

2. Nous commencerons par les deniers des despouïlles des ennemis, qu'Auguste Cæsar commanda y estre employez par les plus grands, & plus riches Citoyens de son temps. Nous auons dict cy dessus, que ce Prince heureux ayant resolu de faire les reparations de la voye Flaminienne, distribua les autres aux principaux Senateurs de Rome, pour les reparer à leurs despens. Ces Senateurs n'estoient autres que les grands Seigneurs du corps du Senat, qui auoient autresfois eu l'honneur du triomphe. Et quant aux deniers qu'ils mettoient en tels ouurages, ce n'estoit pas de leur patrimoine: mais de

K

ceux qui prouenoient des despoüilles ennemies, qu'en vn mot, on appelle *pecunias manubiales*.

Ce que Dion semble vouloir signifier, disant qu'Auguste Cæsar commanda à ceux qui auroient l'honneur du Triomphe, de faire quelque œuure public de l'argent prise sur les ennemis, pour memoire de leurs beaux faicts. *Augustus* (dict-il,) *ijs qui triumpharent mandauit, vt in rerum à se gestarum memoriam aliquod opus ex manubijs facerent.*

Or que tels œuures publics soient plustost des Grands chemins, qu'aucuns autres, Suetone nous le faict entendre, quand il dict, que faisant trauailler à la voye Flamin[i]ene, il assigna les autres à ceux qui auoient triomphé, pour les reparer des deniers prouenans des despoüilles ennemies.

Sueto. in Augustō cap. 30.

3. Pour faire entendre de quelle valeur estoient ces deniers, il faut sçauoir, qu'ils prouenoient tant des biens, que des personnes mesmes des peuples vaincus, que l'on vendoit comme esclaues. Car premierement ces deniers consistoient, tant en or & argent en masse, que mis en monnoye, comme aussi en statuës & images d'or & d'argent, en couronnes, en vases & vaisselles, en pierreries, tableaux, & peintures, en estoffes & vestemens precieux, & autres riches meubles, qui se prenoient sur les vaincus: puis on assembloit encores des sommes tres-grandes de la vendition des captifs, & prisonniers de guerre, que les parens racheptoient, ou autres, qui en faisoient traffic & marchandise comme d'esclaues.

Liuius lib. 10. sub finē.

Liuius, parlant du triomphe de *L. Papirius cursor*, nous donne vn exemple de tout cecy, quand il dict. *æris grauis transuecta vicies centum millia & quingenta triginta tria millia. Id æs redactum ex captiuis dicebatur. Argenti quod captum ex Vrbibus erat, pondo mille trecenta triginta.*

4. Et quoy que ces sommes tirees d'vne bien petite Region, semblent fort grandes, elles ne sont rien en comparaison de ce que Pompée fit apporter à Rome, en trois triomphes, & Iules Cæsar en cinq, apres auoir comme despoüillé l'Europe, l'Asie, & l'Affrique des antiques thresors des Roys, Princes, Peuples, & communautez, pour en enrichir vne seule ville. En sorte que telles despoüilles surpasserent de beaucoup le butin que Paul Æmile fit sur le Roy Perses de Macedoine: qui fut trouué monter à cinq millions d'escus: sans y comprendre les statuës, couronnes d'or, pierres, perles, & vestemens d'vne valeur inestimable.

5. Car quand nous ne voudrions mettre en ligne de compte que les couronnes d'or que les peuples, Princes, & Roys amis & confederez, enuoyoient aux vainqueurs pour gratification de leur victoire, le prix en est du tout admirable, tant le nombre en estoit grand. Car

comme ainsi soit, qu'elles fussent de leur premiere origine de simple liberalité : si est ce que la coustume les rendit auec le temps de deuoir & necessité. Ces couronnes d'or ayant pris force auec le temps, se tournerent en argent monnoyé : & furent taxées à certaine somme sur chacun Prince, Prouince, ou communauté : à raison de quoy l'or qui se leuoit en monnoye au lieu desdites couronnes, fut dict *Aurum coronarium*.

Au reste ces couronnes furent dés le commencement appellees Triomphales, à cause que les vainqueurs les ayant receu de la liberalité des peuples, les faisoient porter deuant eux en la monstre de leur triomphe. *Triumphales coronæ sunt*, dit Festus, *quæ Imperatori victori Aureæ præferuntur, quæ antiquis temporibus propter paupertatem Laureæ fuerunt.*

6. Ces couronnes estoient d'vne grandeur demesurée : & outre cela en fort grand nombre. Pour la grandeur, elles estoient telles, qu'elles excedoient en leur rondeur, la grosseur des testes des Triomphans. Aussi ne seruoient elles que pour la pompe & appareil de leurs triomphes : & eust fallu chercher des testes de Colosses pour les approprier, tant elles estoient larges en leur diametre. Ce que Tertulian a remarqué par ce peu de mots, parlant des couronnes Triomphales. *Sunt & Prouinciales Aureæ, imaginum iam, non virorum capita maiora quærentes.* Et pour ce qui est de la multitude, Paul Æmile en fit porter quatre cens deuant luy, en son triomphe de Macedoine, lesquelles les villes & citez de la Grece, luy auoient enuoyé par Ambassadeurs exprés pour honorer sa victoire. Cn. Manlius triomphant des Gallogrecs, en fit porter deux cens. Q. Flaminius cent quatorze. Et se trouue par l'histoire, que Iules, & Auguste Cæsar en ont eu en don de plusieurs Prouinces, villes, & communautez, iusques au nombre de mille huict cens vingt deux, chacune du poix de dix liures pour le moins.

7. C'est donc en telles richesses & dons gratuits, que consistoient les sommes d'argent, comprises soubs le nom de *pecunia manubialis* : aucunes d'icelles estans prises & extorquees sur les ennemis à viue force, & les autres donnees liberalement par les amis. Mais il faut icy remarquer vne difference notable sur la seigneurie & possession de ces deniers, entre le temps de la Republique populaire, & celuy qui à suiuy soubs les Empereurs : dautant que telle nature de deniers, pendant le Gouuernement populaire faisoit partie des deniers publics : & comme telle, se mettoit au tresor du peuple, qui se gardoit au temple de Saturne. En sorte que c'estoit le Senat & le peuple Romain, qui disposoit de ces deniers à son plaisir. Ainsi

voit-on que l'argent apporté à Rome par Paul Æmile, prouenu des despouïlles de Perseus, fut mis en ce thresor: & que la somme en fut si grande, que deslors le peuple Romain cessa de leuer sur soy aucuns tributs: & qu'il se maintint en ceste exemption iusques au Consulat de Hirtius & Pausa: qui fut enuiron le temps de la premiere guerre ciuile d'entre Auguste Cæsar, & M. Antoine.

Mais depuis que le peuple eut transferé toute sa puissance au seul Auguste, il en est allé bien autrement: Car ce grand Empereur ayant bon nombre de Capitaines & conducteurs d'armees, esquelles il ne pouuoit pas estre en personne: pour se les rendre fideles & affectionnez au commencement d'vne si nouuelle vsurpation, il leur permit de retenir la pluspart des despouïlles ennemies, comme chose à quoy le peuple ne pouuoit plus rien pretendre, & de s'en enrichir à bon escient. Puis quand bon luy sembloit, il leur commandoit de faire employ d'iceux en quelques grands ouurages, soit de plaisir, soit d'vtilité, ou de necessité publique.

8. Et voila la source de tant d'ouurages magnifiques, qui du téps d'Auguste ont esté faicts, tant dedans Rome que dehors. De là Paulus Æmilius, non le vainqueur de Perseus, mais celuy qui viuoit sous l'Empire d'Auguste, puisa les deniers necessaires pour edifier son Palais, que Stace appelle haut & magnifique.

Lib. 1. Siluarum, in equo Domitian.

Illinc Belligeri sublimis Regia Pauli.

De là son Gendre Agrippa eut dequoy fournir à la despense qu'il mit à reparer le paué de la ville de Rome, & plusieurs edifices publics outre le Pantheon qu'il edifia de neuf, *Anno sequenti Agrippa vltro ædi-*

Dio lib. 49. *lis factus est: omniaque ædificia publica, omnésque Vias priuatis impendiis refecit.* Bref cette licence se continuant sous Tybere, Lepidus qui d'ailleurs n'auoit pas grands moyens, eut de là vne grande somme d'argent, qu'il employa à reparer & embellir le Palais de Paul Æmile, qui estoit de ses predecesseurs: en imitant Taurus Philippus, & Balbus: lesquels sous l'Empire d'Auguste ayant fait de grands butins sur les ennemis, ne le rapporterent pas au thresor public, ou à celuy de l'Empereur: mais par la permission d'Auguste l'employerent à diuers ornemens de la ville.

Corneille Tacite nous tesmoigne ce commun vsage de deniers

Lib. 3. Annal. sub fine. manubiaux sous les Empereurs Auguste & Tybere, quand il parle des reparations faictes par Lepidus, disant: *Iisdem diebus Lepidus à Senatu petiuit, vt Basilicam Pauli, Aemilia monumenta, propria pecunia firmaret, ornaretque. Erat etiam tum in more publica munificentia: nec Augustus avguerat. Taurum Philippum Balbum, hostiles exuuias, aut exundantis opes, ad vrbe & posterorum gloriam conferre. Quo tum exemplo Lepidus, quamquam pecuniæ modicus auitum decus recoluit.*

9. Partant si les deniers des despouïlles ennemies estoient si grands: si sous le seul Auguste il y a eu trente de ses Capitaines honorez de la gloire du triomphe, & si c'est à Gens de telle qualité, qu'il a commandé de mettre telle nature de deniers aux ouurages des grãds Chemins, à la verité il seroit bien difficile de supputer en vne somme l'argent que ces grands personnages y ont employé, qui auoiét par tant de victoires despouïllé de leurs biens la plus grande & la meilleure partie de tous les peuples de l'vniuers.

Sueto. in Auguste cap. 38.

DE LA SECONDE NATVRE DE DEniers des particuliers, employez aux ouurages des grands Chemins.

CHAPITRE XXII.

1. Deniers des particuliers employez aux grands Chemins, comment se doiuent entendre.
2. En quelle forme les particuliers contribuoient au paué des villes.
3. Difference entre les chemins militaires & de trauerse par les champs.
4. Deux manieres de faire les chemins de trauerse, par coruees, & par contributions.
5. Que les chemins de trauerse sont du nombre des chemins publics.
6. Difference notable entre les chemins faits de neuf, & la reparation des anciens.

1. QVAND ie parle icy des deniers particuliers, ie n'entends toucher à ceux qui se leuoient sur chacun particulier en nom de tributs ou de peages: car ceux-là par le payement qui s'en fait aux fermiers, ou Receueurs publics, sont ja faits deniers publics. Mais i'entends de ceux que les particuliers y employoient par leurs mains: ou qui estoient leuez sur eux, non sous autre droict, cause, ou condition, que pour estre mis aux ouurages des grands chemins, & ce par l'ordonnance & necessité de la loy, qui estoit si generale qu'elle comprenoit les grands & les petits, les Prestres, les Nobles, les priuilegez & non priuilegez, les gens des villes & des champs, Bref la personne mesme de l'Empereur, lequel, quoy que par tout ailleurs *legibus esset solutus*, ne se donnoit non plus de priuilege qu'aux autres, quand il estoit question de la reparation des grands Chemins, tant cette sorte d'ouurage leur sembloit honorable, vtile, & necessaire, pour le bien commun de tout l'Empire.

K iij

2. Et d'autant qu'il y auoit des ouurages à faire, tant en la ville comme aux champs: Ie commenceray par les ruës de la ville de Rome, en laquelle la forme de la contribution pour le paué estoit telle, que les proprietaires des maisons & edifices estoient tenus d'entretenir à leurs despens, ou faire de neuf le paué de chacune ruë, selon la longueur & estenduë de leurs maisons. *Construat autem Vias publicas,* dit la Loy, *vnusquisque secundum propriam domum.* Et quoy que cette loy semble auoir esté faite pour la ville de Rome specialement, elle estoit neantmoins pratiquée és grandes villes de l'Empire, s'il y en auoit aucunes qui eussent des ruës fortifiees de chaussees ou de paué.

<small>L. Aediles D. de via publ.& itin. publ.reficiendo.</small>

Les Rois de France ont mesme fait passer cette loy dans leurs ordonnances, touchant la police des villes pauées, nō de faire de neuf, mais de reparer & entretenir le paué ja fait, chacun sur la portee & & estenduë de sa maison: mais cette ordonnance n'est pas obseruee par tout.

3. Quant aux grands Chemins des champs, auant que de determiner à quels despens ils se deuoient faire, il faut remarquer deux poincts necessaires à l'intelligence de ce subiet. Le premier est, que les chemins publics, ainsi que nous dirons ailleurs plus amplement, estoient diuisez en chemins Royaux & non Royaux, Militaires & non Militaires: lesquels non Royaux & non Militaires se nommoiēt par les Latins, *viæ Vicinales,* & par les coustumes Françoises, Chemins voisinaux, ou de trauerses: d'autant qu'ils trauersent parmy les chāps se destournans vers quelques bourgs ou villages: & souuēt d'vn chemin Militaire s'estendant à vn autre Militaire.

Quant aux Militaires, qui estoient les plus grands, les plus nobles & les plus droicts, ils seruoient pour aller de Prouince en autre, ou d'vne grande Cité en vne autre, & se faisoient de neuf aux despens du public, portoient le nom de leur autheur, se publioient à la diligence des Censeurs, des Curateurs des grands Chemins, ou autres Commissaires à ce deleguez: & s'adiugeoient à certains entrepreneurs, qui se chargeoient des ouurages d'iceux, promettans les bien & deuëment faire & parfaire moyennant le prix de leur adiudicatiō, & de les faire receuoir à leurs despens. Mais les Trauerses se faisoient à la diligence des Magistrats des bourgs & villages: comme feroient à present ceux que l'on appelle Maires & Escheuins: ausquels il estoit enjoint les faire munir & pauer chacun selon son destroict ou territoire, non pas aux despens du public, mais des particuliers qui auoient leur domicile en ces bourgs ou villages: ou qui y possedoiēt des maisons, terres, & heritages.

4. Donc ces Magistrats des bourgs & des villages, faisoient tra-

uailler en ces chemins de trauerse en deux manieres: sçauoir par coruees, & par contributions: Car ils auoient pouuoir de contraindre ceux de la commune populace qui y possedoiét quelques terres, d'y venir trauailler en personne, les vns pour charrier les pierres & cailloux, l'areine & le grauois, & autres materiaux necessaires, qu'il falloit souuent aller querir en lieux fort esloignez de l'ouurage: les autres à cuire la chaux: les autres à assembler les matieres par ordre, les battre, massiuer & affermir: les autres à trancher des montagnes, à combler des marais, escouler les eaux des fondrieres, & faire maints autres ouurages fascheux & difficiles, qui ont souuét excité de grandes plaintes & seditions par les Prouinces.

L'autre maniere estoit d'assigner aux gens de merite & de qualité, qui possedoient maisons & heritages, certaine quantité de chemin à faire à leurs despens: estimation premierement faicte de leurs maisons & heritages, suiuant laquelle le departement en estoit fait, comme au marc la liure.

Toutes ces differences de Chemins publics & diuersitez d'ouurages, & de contributions sont remarquees par vn insigne tesmoignage de *Siculus Flaccus, lib. de conditionibus agrorum*, qui merite bien d'estre icy inseré au long: *Viarum omnium*, dit cet Autheur, *non est vna & eadem conditio. Nam sunt Viæ publicæ Regales, quæ publicè muniuntur, & auctorum nomina obtinent: nam & Curatores accipiunt, & per Redemptores muniuntur. Sunt & Vicinales viæ, quæ de publicis diuertunt in agros: & sæpe ad alteras publicas perueniunt. Hæ muniuntur per pagos. I. per Magistros pagorum, qui operas à possessoribus ad eas tuendas exigere soliti sunt: aut, vt comperimus, vnicuique possessori per singulos agros certa spatia assignantur, quæ suis impensis tueantur.*

5. Or quoy qu'il semble que cet Autheur mette en contrepointe les Chemins publics auec les voisinaux, par ces mots, *Quæ de publicis diuertunt in agros: & sæpe ad alteras publicas perueniunt*: Si est-ce que tous ces Chemins voisinaux sont vrais chemins publics, & reputez publics par le Iurisconsulte Paulus, qui dit par expres, que *Viæ Vicinales publicarum viarum numero sunt*: Excepté ceux qui sont faicts de pieces des champs contribuees par les particuliers: & de la contribution desquelles pieces la memoire est encore en la cognoissance des hômes. Aussi ne faut il pas penser que Siculus Flaccus vueille exclure les Chemins voisinaux de la condition des publics, pour les ranger auec les Chemins priuez: Mais d'autant qu'entre les Chemins publics, les Royaux ou Militaires, sont les plus solennels, il appelle les Chemins Militaires, Chemins publics, leur donnant le nom de leur genre par excellence.

L. 3. D. de locis & Itinerib. publ.

6. Le second poinct à remarquer sur les grands Chemins des

champs, gist en la difference qui est entre la structure des chemins nouueaux, & la reparation des anciens: specialement pour ce qui est des chemins Royaux ou militaires: car c'est bien la verité, que tels chemins se faisoient de neuf aux despens du public: ce que Siculus Flaccus entend par ces termes *publicè muniuntur*. Mais quant à la reparation d'iceux, elle suiuoit le mesme train, que les chemins de trauerses, & se faisoit par coruees ou par contributions. Ce que l'on void par vne loy que les Empereurs Honorius & Theodose, firent au subiect de la Prouince de Bithynie: mais qu'ils voulurent estre obseruee par toutes les Prouinces de l'Empire. *Per Bithyniam cæterasque Prouincias, possessiones in reparatione publici aggeris, & cæteris huiusmodi muneribus, pro iugerum numero, vel capitum qui possidere noscuntur, dare cogantur.*

L. 2. C. de Immunitate nemini Concedenda lib. 10.

QVE NVL NE SE POVVOIT dire exempt de la reparation des Grands Chemins.

CHAPITRE XXIII.

1. *Deux sortes de contributions d'œuures, ou de deniers: sordides, & honorables.*
2. *Les heritages des Senateurs, & du Prince exempts de contributions sordides.*
3. *Contribution faicte pour les grands chemins estimée noble, & honorable.*
4. *Ecclesiastiques contribuables aux ouurages des grands chemins par vne loy qui n'exempte aucun ny l'Empereur mesme.*
5. *Sont en ladite loy cinq poincts remarquables, sur le faict des grands chemins.*
6. *Les heritages des Empereurs & des Nobles autresfois exempts, & depuis contribuables aux grands chemins.*
7. *Les grands Chemins long temps negligez, remis sus par Charlemagne, qui y astreint les Ecclesiastiques.*
8. *Arrest de la Cour, declarant les Ecclesiastiques cōtribuables aux ouurages des grands Chemins.*

1. IL n'y eut iamais Repnblique de quelque espece qu'elle ayt esté, qui se soit peu maintenir sans finances, ny les finances estre assemblees & tenuës prestes sans contributions de deniers, à faire par les subiects & Citoyens particuliers. Mais comme entre les Citoyens ou subiects y a diuers degrez,&

grez, & que les vns tiennent en vne Republique vn lieu plus honorable que les autres: Aussi ont esté les Contributions differentes: Car les vnes ont esté estimees comme viles, sordides & mechaniques: dautant qu'elles se faisoient par gens mechaniques & de basse estofe: Les autres estoient loüables, nobles, & honorables, dautant que les nobles personnes, & ceux qui tenoiēt les premiers degrez d'honneur y estoient astreints, comme à chose d'où dépendoit l'honneur, & le salut de la Republique.

2. Quant aux Prestations & Contributions sordides, les Empereurs en ont exempté les maisons, terres & possessions des Senateurs: ensemble ce qu'ils appelloient *rem priuatam*, *vel prædia aut possessiones priuatas*: qui sont les maisons & heritages de leur patrimoine, & qu'ils possedoient auant que d'estre Empereurs: ou qu'ils auoient acquis depuis: ou qui leur estoient escheus par succession, legs testamentaire, ou autre voye legitime. Et ne vouloient pas que les Commissaires ou officiers establis sur les ouurages publics, qui estoient de qualité vile & abiecte, contraignissent leurs Fermiers, Laboureurs, ou autres de leurs domestiques, à prester leurs œuures, ou cōtribuer leur argent à tels ouurages.

Constantin le Grand en fit exprés vne constitution qui est telle: *Possessiones nostras ab vniuersis muneribus sordidis placet immunes esse, neque eorum conductores, neque colonos ad extraordinaria munera, vel superindictiones aliquas conueniri*. Les possessions des Senateurs joüissoient des mesmes franchises & exemptions par cette autre loy. *Senatorum substantias & homines eorum, ab omnibus sordidis muneribus extraordinariisque & vilioribus liberos esse præcipimus*.

L. 1. de Priuileg. domus Augustæ C. lib. xi.

L. 4. C. de dignitatib. lib. 12.

3. Mais quant aux prestations & contributions faites pour les reparations des grands Chemins, quoy qu'elles semblent de premier abord estre de condition vile & mechanique, d'autant qu'elles gisent en ouurage de main, & en matieres qui semblent estre de peu d'excellence & dignité, telles que sont pierres cailloux, chaux, sable, & ciment: Si est-ce que les ouurages desdits grands Chemins n'ont iamais esté tenus & estimez pour abiects & sordides, ains pour nobles & honorables. En signe dequoy les Empereurs n'ont desdaigné d'y faire trauailler eux-mesmes: & par Epigrammes & Inscriptions grauees en marbre, ou autre matiere de duree, s'en dire & publier les autheurs. Et partant ils ont assubietty aux refections & reparations des grands Chemins, & des Ponts qui en dependent, toutes sortes de personnes sans exception quelconque, iusques à leurs propres maisons & heritages.

4. Et quoy que les premiers Empereurs Chrestiens, en la ser-

ueur de la foy par eux nouuellement receuë, ayent exempté & deschargé les biens & personnes Ecclesiastiques de tous tributs, gabelles, peages & impositions: si est-ce que la reparation des grands Chemins a tousiours esté exceptee de leurs priuileges: & à cela seul lesdits Empereurs les ont rendus contribuables. Ce qui se peut voir par plusieurs de leurs loix: mais specialement par celle-cy des Empereurs Honorius & Theodosius, *Absit vt nos instructionem Viæ publicæ, & Pontium, stratarumque operam, titulis magnorum Principum dedicatam, inter sordida munera numeremus. Igitur ad instructiones reparationesque itinerum, pontiumque, nullum genus hominum, nulliusque dignitatis ac venerationis meritis cessare oportet. Domos etiam diuinas, ac venerandas Ecclesias, tam laudabili titulo libenter ascribimus: Quam legem cunctarum prouinciarum Iudicibus intimari conueniet, vt nouerint, quæ Viis publicis antiquitas tribuenda decreuit, sine vllius vel reuerentiæ, vel dignitatis exceptione præstanda.*

L. ad instructionem C. de Sacrosanctis Ecclesiis.
L. 4. de Priuilegiis domus Augusta lib. xi. C
L. Absit, tit. 3. lib. 15. Cod. Theodos.

5. Or ce qui m'a fait mettre icy cette loy toute entiere, c'est que i'y trouue quatre ou cinq particularitez grandement à noter pour l'honneur & la recommandation des ouurages des grands Chemins, que ie toucheray en peu de mots. La premiere est, que les grands Chemins estoient mis au rang des ouurages Nobles, & non des sordides & mechaniques. La seconde, Que c'estoit vn oeuure comme dedié & consacré à la posterité sous les noms, tiltres & qualitez des plus grands Princes du monde, qui sont les Empereurs. La troisiesme est, que c'est quasi le seul ouurage duquel nulle condition d'hommes se soit peu dire exempte. La quatriesme est que ce genre d'ouurage n'estoit pas renclos dans vne ville, ou pays seul: mais qu'il s'estendoit par toutes les prouinces de l'Empire: autremét en vain eust il esté ordonné par ceste loy, qu'elle seroit signifiee aux Iuges de toutes les Prouinces. Et la derniere est, que l'estime que l'on faisoit des ouurages des grands Chemins n'estoit pas chose nouuelle, mais tiree des siecles superieurs, & prise de la venerable Antiquité.

6. Il faut confesser neantmoins qu'il fut vn temps, pendant lequel les heritages priuez des Empereurs, & les possessions des hommes nobles & illustres de la ville de Rome, furent exempts de contribuer aux reparations des grands Chemins: mais en fin Arcadius & Honorius, considerans la multitude, & pour vser de leurs mots, l'immense longueur & estenduë d'iceux, retrancherent pour ce regard toutes sortes d'exemptions, sousmettans les biens & heritages des personnes plus illustres, & les possessions mesmes qui leur appartenoient, à la restauration desdits grands Chemins. Voicy l'Ordonnance qu'ils en firent: *Dudum quidem fuerat constitutum, vt*

Illustrium patrimonia dignitatum ab instauratione itinerum habeantur excepta: Verum propter Immensas Vastitates Viarum, certatim studia cunctorum ad reparationem Publici Aggeris conducibili deuotione volumus festinare: nulla ad instructum munitionis huiusce dignitate, aut priuatorum priuilegiorum in qualibet studiosius adpetita. Etiam istud adiungimus, vt domos etiam clementiæ nostræ, quas vetusta & innumera, ab huius oneris curatione priuilegia vindicabant, par conditio & sollicitudo constringat.

7. Il est à croire que l'Empire d'Occident estant tombé en decadence par l'inuasion de plusieurs nations estrangeres, les ouurages des grands Chemins ont esté longuement negligez: Mais Charlemagne l'ayant aucunement remis sus, & rassemblé plusieurs pieces du naufrage joinctes auec la grande Allemagne, que les Empereurs precedents n'auoient iamais sceu domter: Il commença dés aussi tost qu'il eut le nom & la dignité d'Empereur, à tourner son esprit sur ces ouurages, comme si c'estoit chose necessaire à vn Empire que d'auoir des chemins pauez pour le transport soudain des armees: Dequoy vne Prouince ou Royaume particulier se peut passer plus aisément. Quoy que ce soit, par certaine constitution de son capitulaire, on void qu'il excepte les possessions, biens, & heritages appartenans à Gens d'Eglise, de toutes charges, descriptions, ou contributions: excepté celles qui estoient destinees à la reparation des grands Chemins, & des Ponts qui seruent pour en aboutir les pieces. *Possessiones*, dit-il, *ad Religiosa loca pertinentes nullam descriptionem agnoscant, nisi ad institutionem Viarum & Pontium.*

8. Or quoy que la France ne face qu'vne petite, mais Noble partie de ce grand Empire: & que l'vsage des grands Chemins en la façon que les Romains les faisoiét faire, massiuer & garnir dedans & dehors, y soit du tout inusité: si est-ce qu'aux Chemins que l'on repare, soit par chaussees à nostre mode, ou par paué, les Ecclesiastiques sont encores subiects d'y contribuer, suiuant les Coustumes des lieux. Et fut ainsi iugé par Arrest du vingtquatriesme May, mil cinq cens quatre vingts trois, rapporté par Monsieur Robert, & rendu au profit des habitans de la ville d'Orleans contre les Religieux de S. Victor lez Paris. *Lib. 2. Rerum iudic. cap. 3.*

DE LA TROISIESME NATVRE DE
deniers employez aux ouurages des grands
Chemins par les particuliers.

Chap. XXIII.

1. *Trois manieres d'ēploy de Deniers liberalement donnez par les particuliers.*
2. *Premiere maniere est de ceux qui faisoient trauailler eux-mesmes, soit en particulier, ou en communauté.*
3. *Exemple des particuliers, vn ou plusieurs, en charge ou sans charge, qui ont reparé des grands Chemins à leurs despens.*
4. *Exemple d'vne ville & communauté.*
5. *Seconde maniere de Deniers particuliers gisoit en dons gratuits faicts par les viuans.*
6. *La troisiesme par legs testamentaires.*
7. *Conclusion, qu'aux grands Chemins ont esté employez plus de gens & d'argent qu'en autre ouurage du monde.*

1. LVSIEVRS Citoyens Romains, & autres habitans d'Italie, ou des Prouinces, affectionnez au bié public, ne se sont pas contentez de satisfaire pour leur part aux contributions ordinaires, ausquelles ils estoient astraints par la loy: mais d'vne surabondance de bonne volonté, ont employé partie de leurs moyens aux ouurages d'iceux, d'vne pure & liberale affection. Ce que ie trouue auoir esté fait en trois manieres: Car les vns y ont fait trauailler par eux mesmes, les autres ont donné gratuitement de grandes sommes pendant qu'ils viuoient, pour y estre employees: & aucuns autres y faisoient des legs testamentaires, quand ils venoient à deceder.

2. Ceux qui par eux-mesmes faisoient ce bon office au Public, estoient vn, ou plusieurs ensemble, qui pour le bien & vtilité commune, ou pour l'honneur & le respect qu'ils portoient aux Empereurs de leur temps, & qu'ils auoient en affection, faisoient faire de neuf, ou reparer certaine longueur ou estenduë de chemin de leurs propres deniers. Aucuns desquels estoient Curateurs & Commissaires de quelques vns de ces Chemins, & les autres purement priuez & particuliers, & sans aucune charge publique.

3. Pour exemple de ceux qui estoient en charge de Commissaire des grands Chemins sera *Apuleius Niger*, lequel outre ce qu'il fit faire aux despens du Public, fit en outre paver de neuf à ses despens vn espace de dix mil pieds de longueur en vn chemin public, auquel pour le deu de sa charge il faisoit trauailler en Italie: comme on peut voir par l'Inscription suiuante,

<blockquote>
L. APVLEIVS
C. F. ANI. NIGER.
II. VIR.
CVRATOR. VIARVM.
STERNENDARVM.
PEDVM. DECEM.
MILLIA. VIAM.
SVA. PECVNIA.
FECIT.
</blockquote>

Onuphr. Panuin. in vrbe Rom.

Pour exemple de plusieurs faisans trauailler à frais communs en l'honneur & gratification de quelque Empereur, seruiront *C. Egnatius, M. L. Glico*, & leurs associez, qui se disent *Magistros Augustales*, lesquels à l'honneur d'Auguste Cæsar firent paver vn Chemin à prendre depuis la Voye Annienne au territoire des Falisques, iusques à certain lieu que l'on appelloit les Cailloux de Ceres: & donnerent à ce chemin le nom de *Via Augusta*. Il y a de cecy vne pierre inscrite *In horto Ecclesiæ Cathedralis vrbis Castellanæ, in Faliscis*, qui est telle que ie vous represente.

<blockquote>
HONORI
IMP. CAESARIS. DIVI. F.
AVGVSTI. PONT. MAXIM
PATR. PATRIAE. ET. MVNICIP
MAGISTRI. AVGVSTALES.
C. EGNATIVS. M. L. GLYCO.
C. EGNATIVS. C. L. MVSICVS.
C. IVLIVS. CAESAR. LISOCHRYSVS
Q. FLORINIVS. Q. L. PRINCEPS.
VIAM. AVGVSTAM. AB. VIA
ANNIA. EXTRA. PORTAM. AD
CERERIS. SILICES. STERNENDAM
CVRARVNT. PECVNIA. SVA
PRO. LVDIS.
</blockquote>

Idem ibid.

Quant aux ouurages faits de neuf, ou reparez par des particuliers és Prouinces à l'honneur de quelques Empereurs, nous produirons pour exemple vne pierre inscrite, posee sur le portail d'vne petite Eglise nommee S. Iulian, en la ville d'Alcantara en Espagne, pres d'vn Pont de pierre, qui ressent son antique Majesté, à raison de la grandeur de l'entreprise. Et neantmoins ce fut vn homme seul nommé Lacer, lequel estant affectionné vers l'Empereur Trajan, qui a tant fait trauailler aux chemins d'Espagne: fit construire & edifier ce Pont magnifique: Comme on void par cet Epigramme graué dans la pierre du Pont, auec ce tiltre.

IMP. NERVAE TRAIANO CAESARI AV-
GVSTO GERMANICO DACICO SACRVM.

TEMPLVM IN RVPE TAGI, SVPERIS ET CAESARE PLENVM,
 ARS VBI MATERIA VINCITVR IPSA SVA,
QVIS, QVALI DEDERIT VOTO, FORTASSE REQVIRIT
 CVRA VIATORVM QVOS NOVA FAMA IVVAT.
INGENTEM VASTA PONTEM QVOD MOLE PEREGIT
 SACRA LITATVRO FECIT HONORE LACER.
QVI PONTEM FECIT LACER, ET NOVA TEMPLA DICAVIT,
 ILLIC SE SOLV::::::VOTA LITANT.
PONTEM PERPETVI MANSVRVM IN SAECVLA MVNDI,
 FECIT DIVINA NOBILIS ARTE LACER.
IDEM ROMVLEIS TEMPLVM CVM CAESARE DIVIS
 CONSTITVIT. FOELIX VTRAQVE CAVSA SACRI.

C. IVLIVS. LACER. H. S. F. ET. DEDICAVIT
 AMICO CVRIO LACONE ICAEDITANO.

Au milieu du Pont y a vne grande Arcade, auec ceste Inscription.

IMP. CAESARI. DIVI. NERVAE. F.
NERVAE. TRAIANO. AVG. GERM
DACICO. PONTIF. MAX. TRIB.
POTEST. VIIII. IMP. V. COS. V. P. P.

4. Pour exemple des villes & communautez qui ont de pure liberalité fait employ de leurs deniers aux ouurages des Chemins & des Ponts, seruiront les anciens habitans de Chaues en Portugal, appellez *Aqui-Flauienses, ab aquis flauis*, autresfois ville & Cité de remarque, & aujourd'huy reduite en vn Bourg, non des moindres. En ce lieu donc est encores vn Pont de grande & magnifique structure, fait des deniers de ces habitans en l'honneur de Trajan: & assis sur vn fleuue qui baigne le rampart de ce Bourg, & qui se nomme *Tommagus*, sur l'vne des Arches duquel cette Inscription se trouue encores entiere.

```
        IMP. CAES. NERVAE
       TRAIANO. AVG. GER.
       DACICO. PONTIF. MAX.
       TRIB. POT. COS. V. P. P.
         AQVIFLAVIENSES.
      PONTEM. LAPIDEVM.
           DE SVO F. C.
```

5. La secōde maniere de deniers Gratuits, consistoit en dōs & liberalitez de certaines sommes que quelques-vns mettoiēt és mains des Cōmissaires ou des Questeurs, qui auoiēt charge de fournir aux frais des ouurages des grands chemins. Nous en auons vn exemple en vne inscription antique : que Rosinus dit estre en la ville de Rome, & Gruterus en la ville d'Assise en Vmbrie, par laquelle on void, qu'vn Medecin, nommé *P. Decimius. L. Heros. Merula*, autresfois de seruile condition : Et vn Chirurgien Oculiste, nommé Clinicus, font de grands dons au public : sçauoir le Medecin de cinquante mil Sesterces d'vne part : qui font trois mil cinq cens liures de nostre monnoye : & de trois cens milles Sesterces d'autres, qui valent xxj. mil liures, pour faire poser des statuës au temple d'Hercules. Et le Chirurgien donne au public deux mil Sesterces d'vne part, valant soixāte & dix liures, en recognoissance de la dignité de Seuirat, dont il auoit esté honoré : & trois cens sept mil Sesterces d'autre, reuenans à vingt & vn mil quarante trois liures, pour estre employez au pauement des grands Chemins, c'est le vray sens de la presente inscription.

```
       P. DECIMIVS. P. L. EROS
          MERVLA. MEDICVS
       CLINICVS CHIRVRGVS
          OCVLARIVS VI. VIR
       HIC PRO. LIBERTATE DEDIT  H--S  I ͻͻ
       HIC PRO SEVIRATV IN REMP.
             DEDIT  H--S  ∞  ∞
       HIC IN STATVAS PONENDAS IN
       AEDEM HERCVLIS DEDIT.  H--S  ⌘ ⌘ ⌘
       HIC IN VIAS STERNENDAS IN
       PVBLICVM DEDIT  H--S ⌘ ⌘ ⌘ I ͻͻ ∞ ∞
       HIC. PRIDIE. QVAM. MORTVVS. EST.
           RELIQVIT. PATRIMONI
                H--S  ∞  ⌘
```

Rosinus initio Cod. Antiquis. Roman.

Grut. 400. 7.

6. La troisiesme maniere de liberalité faite par les Particuliers aux grands chemins, estoit par legs testamentaires que plusieurs personnes faisoiét en faueur de ces grands & longs ouurages. Nous en auons vne marque en la loy 30. D. *de legatis secundo*, qui porte, qu'vn certain Testateur auoit escrit en ces mots en son testament, *Reipublicæ Gallicanorum lego in tutelam viæ reficiendæ, quæ est in colonia eorum, vsque ad viam Aureliam*. Esquels mots l'espace du chemin qui estoit à reparer est aucunement determiné: mais non la somme que le testateur entendoit y employer. Et là dessus estoit question de sçauoir, si le legs estoit valable. A laquelle le Iurisconsulte Celsus fit response, qu'il sembloit que telle forme de leguer fust imparfaite: neantmoins que la longueur de l'ouurage estant arrestee par le legs, il falloit entendre que la somme leguee est telle & si grãde, suiuant l'intention du Testateur, qu'elle puisse suffire à faire & parfaire le chemin ainsi limité pourueu qu'il n'apparoisse la volonté du Testateur auoir esté autre, soit par la grandeur de la somme, soit par la mediocrité des biés par luy delaissez: Car en ce cas, le legs peut estre arresté & determiné de l'office du Iuge, eu esgard à la valeur de la succession du defunct.

7. Iusques icy donc nous auons dit ce que nous auons peu rencontrer dans l'histoire, & des Gens qui ont trauaillé ou fait trauailler aux grands Chemins, & des sommes de deniers qui y ont esté employees. Que si ie n'ay determiné le nombre precis des Hommes, ny la quantité des sommes: c'est que l'vn & l'autre excede tout ce que l'Arithmetique plus subtile en pourroit nombrer ou calculer: ou l'esprit de l'homme conceuoir & entendre, sinon confusement & en gros. On a sceu le nombre des Hommes qui ont fait le Temple de Salomon, & les Pyramides d'Egypte, & les sommes de deniers qu'ils a cousté à les construire: Mais il est impossible d'en faire autãt des ouurages des grands Chemins, attendu que la plus grande partie des habitans de la terre y ont actuellement trauaillé de la main, par l'espace de plus de quatre cens ans par les Prouinces, & plus de six cens ans par l'Italie. Et quant à ceux qui n'y ont contribué de leur trauail en personne, ils y ont contribué de leur argent, sans exception de grands, de mediocres, ny de petits. Les ouurages desdits grãds Chemins pouuans bien se vanter estre seuls de ceux qui se font de main, ausquels tout le monde a contribué, en trauail, ou en argent.

DE L'AFFECTION DV SENAT ET DV
peuple Romain vers les Autheurs des grands
Chemins, & les honneurs qui leur ont esté
publiquement decernez.

CHAPITRE XXV.

1. Histoire de C. Gracchus, sur le sub-iect des grands Chemins.
2. Trois sortes d'honneur fait à ceux qui ont trauaillé aux grands Chemins. Premiere sorte.
3. Seconde sorte aux Arcs de Triomphe. Deux Arcs dressez à Auguste.
4. Arc dressé à l'honneur de Vespasian en la Ville de Rome.
5. Trois Arcs dressez à Traian.
6. Troisiesme genre d'honneur, consistant en Medailles.
7. Medailles à l'honneur d'Auguste.
8. Medaille excellente frappée à l'honneur de Traian.

1. Es profits & commoditez que les grands Chemins pauez apportoient au public, & les dommages que par iceux on euitoit par chacun iour, ont esté si sensibles, & tant estimez par le Senat & le peuple Romain : qu'il n'y a espece d'ouurage, aux Autheurs desquels ils ayent porté plus d'affection, & decerné des recompenses plus honorables, & de plus longue durée.

C. Graccus s'acquit par là, tant de credit & de faueur, qu'il obtenoit de ses Concitoyens, tout ce qu'il desiroit. Et comme vn iour le peuple le magnifioit à merueilles, à raison de plusieurs grands Chemins qu'il auoit fait par les champs, & des inuentions nouuelles dont il s'estoit serui pour les embellir, & les rendre commodes à tous ; il osa dire vn iour en l'vne de ses harangues, qu'il auoit vne seule grace à demander, laquelle s'il plaisoit au peuple luy octroyer, il se sentiroit entierement satisfait : & si elle luy estoit refusée, qu'il n'en feroit pour cela aucune plainte. On pensoit qu'il deust demander le Consulat pour luy mesme : mais le iour de l'Eslection estant escheu, il le demanda pour Fannius, lequel à sa recommandation fut promptement esleu Consul. Et quant à luy il fut fait Tribun du peuple, encores qu'il ne l'eust aucunement brigué ny demandé.

2. Pour les honneurs decernez, tant aux Magistrats, pendant la Republique populaire, comme aux Empereurs, ils consistoient en

trois choses, qui peuuent rendre immortel le nom d'vn homme, autant qu'il se peut par industrie humaine. La premiere estoit de donner aux grands Chemins le nom de leur Autheur. Et par effect les noms leur en sont demeurez pour la plus part, tant en Italie, qu'és Prouinces, comme *Via Appia, Flaminia, Æmilia*, n'estât pas sans cause, que Siculus Flaccus a dit, que *Viæ publicæ regales Auctorum nomina obtinent*.

3. La secôde sorte de recognoissance consiste aux Arcs de Triomphe, que le Senat & le peuple Romain par decrets publics, & conclusions du Senat, faisoient dresser à l'honneur des Empereurs qui auoient fait, ou reparé des grands Chemins: ou basty des Ponts & des Ports, qui sont pieces necessaires & inseparables d'iceux. Ainsi Dion nous apprend, qu'en recognoissance des reparations qu'Auguste Cæsar feit sur la voye Flaminienne depuis Rome iusques à Rimini, luy furent dressez deux Arcs de Triomphe és deux extremitez de son ouurage: l'vn dans Rome, sur le pont du Tybre: & l'autre à Rimini: sur lesquels furent posees des statuës representans l'Empereur au naturel. *Ac ob id statuæ tam in ponte Tyberino, quam Arimini sunt positæ.*

Dio Cass. lib. 53.

4. Es siecles suiuans, le S. & le P. Romain continuerent ces honneurs aux successeurs d'Auguste, qui firent des Chemins nouueaux, ou reparerent les anciens, leur erigeât des Arcs de triomphe, ou dedâs Rome, ou dehors és principaux lieux des ouurages par eux faits. Dans la ville de Rome, ainsi qu'à Vespasian, auquel le Senat fit dresser vn Arc de triomphe auec ceste inscription qui se trouue à Rome.

```
        IMP. CAESARI
       VESPASIANO AVG.
    PONT. MAX. TR. POT. III.
   IMP. IIX. P. P. COS. III. DES. IIII.
            S.        C.
   QVOD VIAS VRBIS NEGLIGENTIA
        SVPERIORVM TEMPORVM
       CORRVPTAS IMPENSA SVA
              RESTITVERIT.
```

Grut. 243. 2.

Ie passe à dessein celuy de Domitian pour en parler ailleurs plus à propos

5. Quant à Trajan, comme il a fait plus d'ouurage que pas vn autre Empereur apres Auguste, aussi a-il esté honoré par ce genre de recognoissance, & dedans Rome, & dehors. Car nous apprenons de Sextus Ruffus, qu'il auoit vn Arc de triomphe, *in prima Regione Vrbis*. Et sçauons d'ailleurs qu'il en auoit deux aux principaux endroicts d'Italie, esquels il auoit fait trauailler. Le 1. luy fut erigé à Beneuent, duquel lieu (ainsi que nous auons remarqué cy dessus)

il auoit fait pauer vn grand Chemin iusques à Brindes. L'Inscription qui se trouue encore audit Arc, tesmoigne que c'est vn œuure de recognoissance du Senat & du peuple Romain. Dont voicy les mots.

IMP. CAESARI. DIVI. NERVAE. FILIO
NERVAE. TRAIANO. OPTIMO. AVG.
GERMANICO. PONT. MAX. TRIBVNIC.
POTEST. XVIIII. IMP. VII. COS. VII. P. P.
FORTISSIMO PRINCIPI. S. P. Q. R.

Smet. fol. 11. n. 4.

Le second, est en la marque d'Ancone, qui se void quasi entier pres l'vne des portes de la ville. Et luy fut erigé par Ordonnance du peuple & du Senat, pour auoir fait faire ou reparer le Port de cette ville, & par ce moyen rendu la nauigation de toute la coste Hadriatique plus asseuree contre les dangers ordinaires de la mer.

Cet Arc est l'vn des plus admirables en sa structure que l'on ait iamais veu : Car encore qu'il soit à present despouillé de ses principaux ornemens, tels qu'estoient les Chariots de triomphe, les Images de marbre & de fonte, & les Trophees qui y furent autresfois appendus : Toutesfois il ne laisse de rauir les yeux & les esprits de ceux qui le contemplent, comme feroit vne Venus deuestuë de ses principaux habits. La matiere & la forme en est exquise, & paroissante à l'œil, auec vne beauté & Symmetrie exacte de toutes ses parties.

Le corps principal est de Marbre blanc parfaictement poly : dont les pierres sont si bien liees ensemble, que la poincte d'vn cousteau ne pourroit pas entrer dans les joinctures, & diroit-on que l'œuure entier seroit fait d'vne seule pierre de marbre Parien. Les carreaux dont il est composé sont si gros & si espais, qu'en peu de rangs ordonnez l'vn sur l'autre, l'ouurage ne laisse de s'esleuer fort haut : & representer tant de front, que de costé vne esleuation bien seante, & vne Scenographie ou assemblage tres-parfait. Et ce qui monstre l'industrie & hardiesse de l'entrepreneur, c'est que les parties, & comme membres exterieurs de l'Arc, tels que sont les Pied-d'estals, Bazes, Colomnes, Chapiteaux, Architraues, Phryses & Corniches, auec les moulures, saillies, ou proiectures propres à l'enrichissement de chacun, n'y sont pas adjoints ny apposez de dehors : mais font partie des grandes & vastes pierres de marbre, dont le corps de la Massonnerie est composé, ayans esté taillez & grauez dans la substance mesme des pierres. En sorte qu'estans inseparables des la massonnerie, ils se sont pour la plusparts conseruez iusques à present en leur entier : comme pareillement l'Inscription que le Senat & le peuple Romain y fit grauer dans vne Table de marbre qui s'y voit encore, telle que ie vous la represente.

> IMP. CAESAR. DIVI. NERVAE. F. NERVAE
> TRAIANO. OPTIMO. AVG. GERMANIC
> DACICO. PONT. MAX. TRIB. POT. XVIIII. IMP. VIIII.
> COS. VI. P. P. PROVIDENTISSIMO PRINCIPI
> SENATVS. P. Q. R. QVOD. ACCESSVM. ITALIAE.
> HOC ETIAM ADDITO, EX PECVNIA SVA.
> PORTV. TVTIOREM. NAVIGANTIBVS. REDDIDERIT.

Idem fol. 11 n. 3.

6. Le troisiesme genre d'honneur que les Romains ont fait aux Empereurs, qui sur tous autres ont eu les ouurages des grands Chemins en recommandation, gist en Medailles qu'ils ont fait fabriquer en recognoissance d'vn si grand bien. Que si les Medailles estoient faites de l'Ordonnance du Senat seul, on y marquoit ordinairemēt ces deux lettres S.C. qui signifient *Senatusconsulto* : par Ordonnance ou conclusion du Senat. Que si auec le Senat, le peuple contribuoit quelque chose, tant à la matiere qu'à la façon des Medailles, lors se mettoient ces quatre lettres sur le reuers, S.P.Q.R. pour signifier que la Medaille procedoit du Senat & du Peuple tout ensemble. Au reste en ces Medailles antiques sur tous autres sont remarquables Auguste & Trajan, comme en ceste espece de structure ils ont surmonté tous les autres Empereurs en affection & diligence : ainsi qu'il est apparu par les precedens discours. Aussi n'ay-je sceu trouuer Medailles que de ces deux, qui ayent esté faictes sur le subiect des grands Chemins.

7. Auguste est le premier que ie sçache, à qui fut fait cet honneur, n'en ayant trouué aucunes parmy les Medailles Consulaires. Et croy que c'est l'vn des nouueaux honneurs que chacun inuentoit à qui mieux mieux pour gratifier ce Prince, apres qu'il se fut fait seul Seigneur de l'Empire. Tout ainsi donc qu'en recognoissance des ouurages par luy faits à ses despens, on luy dressa deux Arcs de triõphe: aussi furent fabriquees deux sortes de Medailles, sur le reuers desquelles les Arcs estoient representez au naturel. L'vne porte vn Arc de triomphe composé de deux arcades, & posé sur vn pont, qui n'est autre que le Pont du Tybre, sur lequel Dion tesmoigne l'vn des deux Arcs auoir esté assis. Au dessus desdites arcades paroist vn chariot attelé de quatre cheuaux de front. Aucuns disent en auoir veu, où le chariot estoit attelé de deux Elephans. L'autre reuers represente vn Arc comme diuisé en deux parties, chacune composee d'vne simple Arcade, & separee par la Voye Flaminienne qui passe entre les deux. Sur chacune arcade paroist vne figure d'homme à cheual auec des trophees de part & d'autre. Et pour faire cognoistre à cha-

DE L'EMPIRE, LIV. I. 93

cun que le Senat les a fait fabriquer expres pour le gratifier à cause des chemins pauez, tant par luy, que par autres à son mandement, ce mot a esté mis en l'vn & l'autre reuers. *Quod Viæ munitæ sunt.* Sebastiano Erizzo Italien, fort entendu en telles curiositez, dit que ces deux Medailles furent battuës en ce temps, & pour la mesme fin que nous auons remarqué: parlant ainsi de l'vne & de l'autre. *Questa Medaglia fu battuta in Roma, al medesimo tempo della sopra detta ad honore di Augusto, per memoria delle Vie publiche in tal tempo lastricate & munite.*

En son traité des Medailles, aux reuers 25. & 28. des Medailles de Augusto. Vide Dionem lib. 53.

Et Antonius Augustinus Archeuesque de Tarragone, qui a escrit sur le mesme subiet: *Ob id statuæ Augusti super arcus in Ponte Tyberis, & Arimini positæ: Vt hi nummi testantur.*

Andræus Schottus, qui a adiousté ses Medailles aux Dialogues de ce mesme Auteur, nous represente trois autres Medailles, qui portent la face d'Auguste, & au dessous *Augustus*. Mais les reuers sont en quelque chose semblables, & en quelques choses differens: car ils ont cela de commun, qu'ils representent tous trois vne colomne milliaire, inscrite de mesmes lettres en la maniere que vous la voyez icy.

In Dialogis Antiquitatum Romanarum & Hispanicarum ex nummis veterū ab Andrea Schotto Latinè redditis.

Lesquelles lettres signifient, *Senatus populusque Romanus, Imperatori Cæsari, Quod Viæ munitæ sunt ex ea pecunia, quæ iussu Senatus ad Aerarium delata est.* Qui veulent dire en nostre vulgaire. Le Senat & le peuple Romain a fait dresser ceste colonne, ou frapper ceste Medaille à l'honneur de l'Empereur Auguste Cæsar: d'autant que les grands Chemins ont esté pauez de l'argent qui a esté mis au Tresor public par l'Ordonnance du Senat. Ce que i'ay interpreté en François: afin de faire cognoistre par là à tous, que Cæsar Auguste estoit le principal autheur des grands Chemins pauez de son temps: puis que c'estoit à son honneur que ces Arcs de triomphe, ces colonnes, & ces Medailles, se faisoient. Qu'aux ouurages des grands Chemins on employoit de l'argent tiré du tresor public: & que dés ce temps, & l'Italie, & les Prouinces estoient ja munies & accommodees de chemins pauez: comme l'on peut coniecturer par ces mots indefinis, *Quod Viæ munitæ sunt.*

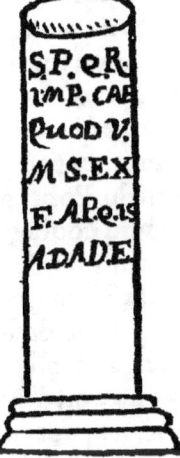

Et quant à la difference des reuers, c'est que l'vn porte ces mots en sa circonference, L. VINICIVS L. F. III. VIR. C'est à dire, Lucius Vinicius fils de Lucius, & l'vn des trois Maistres des Monnoyes. Le second ne porte rien autour, mais le troisiesme est marqué de ces mots, CN. CINNA. MAGNVS. III. VIR. qui est le nom d'vn autre Maistre des Monnoyes, à la diligence duquel les Medailles auoient esté fabriquees.

8. Il nous reste à dire vn mot de la Medaille qui se trouue faicte à l'honneur de Trajan, laquelle i'ay veu seule moulee sous son nom pour le regard des grands Chemins: & ne sçay s'il s'en trouueroit quelqu'autre: mais celle-cy est des mieux faictes, & des plus subtilement grauees. En son reuers est empreinte la figure d'vne femme à demi-nuë, assise & comme renuersee sur le bout d'vne arcade qui semble representer vn Pont. Elle tient vn roseau à la main gauche, & vne rouë en la droicte, auec ce mot au dessous, *Via Traiana*. Cette figure, suiuant la commune opinion, represente l'vne ou l'autre des principales Voyes que Trajan a fait pauer. Les vns disent que c'est celle qu'il a fait en Espagne, depuis Asturie iusques en Sarragoce, de laquelle l'Itineraire d'Antonin fait mention sous ce tiltre, *Ab Asturica per Cantabriam Cæsaraugustam*: laquelle Voye quelques pierres antiques appellent *Viam Traianam*. Quelques-vns pensent que c'estoit celle qu'il fit pauer de Beneuent à Brindes: mais les autres sont d'aduis que cette femme ainsi enclinee represente la voye qu'il fit à trauers le marais de Pontia, duquel nous auons parlé cy-dessus comme d'vn ouurage de tres-admirable entreprise: En signe dequoy elle tient vn roseau, que l'on sçait croistre naturellement sur les riues des marais. Que s'il est permis de deuiner en chose si douteuse, ie croirois que cette figure de femme represente ce mesme marais de Pontia, dit par les Latins *Pomptina Palus*. Qu'elle est enclinee sur le bord du Pont, pour monstrer, qu'elle se confesse vaincuë par la grädeur du courage de Trajan, lequel outre toute esperäce & apparence naturelle, l'a peu combler de terre, & bastir des Ponts és endroicts plus fascheux, pour luy faire endurer & souffrir le passage du charroy. Ce qui est designé par la rouë qu'elle tient de sa main droicte. Et quant au Roseau qu'elle porte de l'autre, c'est plustost la marque d'vn Lac ou d'vn marais que d'vn chemin: lequel estant asseché & paué, ne peut rien produire, de semblable. Toutesfois ie laisse à chacun la liberté de croire ce qu'il en voudra.

I'adiousteray seulement cecy, que Trajan ayant fait bastir vn Pöt sur le Danube, pour fin de l'vn des Chemins militaires qu'il conduisit en la Pannonie (duquel Pont nous parlerons cy apres, comme de l'vn des plus grands œuures du monde) il luy fut fabriqué vne Medaille, sur le reuers de laquelle ce Pont estoit figuré: Ce que i'ay bien voulu toucher en passant, puis que les Ponts sont partie des chemins.

DE L'HISTOIRE FABVLEVSE DES Chaussees de Brunehault en la Gaule Belgique.

CHAP. XXVI.

1. *Deux opinions fabuleuses sur les grands Chemins de la Gaule Belgique, appellez Chemins de Brunehault.*
2. *D'où vient ausdits grands Chemins le nom de chemins ferrez.*
3. *Certains Poëtes flatteurs des Princes.*
4. *Poëme Heroïque de Nicolas Reucleri.*
5. *Autres Autheurs fabuleux, & leurs fictions sur l'histoire de Hainault.*
6. *Opinion de Iacques de Guise sur les Autheurs des Chaussees de Brunehault.*
7. *Opinion du peuple de Hainault sur le faict desdictes Chaussees.*
8. *Colomne & Table de Marbre au marché de Bauais, où l'on dit que les sept Chaussees de Brunehault se rapportent.*
9. *Noms de la ville de Bauais, & siege supposé de ladite ville.*
10. *Refutation de ces fables & assertion de la verité.*

1. 'IL y a Prouince de l'ancien Empire des Romains, où les grands Chemins par eux faicts paroissent encores entiers, c'est principalement nostre Gaule Belgique, en laquelle lesdits chemins sont recognus de tous, sous le nom de Chaussees de Brunehault, ou de Chemins ferrez: sur le subiect desquels ont esté faicts plusieurs contes à plaisir, tant par escrit que par paroles, qui ne s'accordent pas bien ensemble : & moins encores auec la verité de l'histoire. Or ceux qui en ont escrit, alleguent pour Autheur desdits Chemins vn ancien Roy des Belges, nommé Brunehaldus : & ceux qui en parlent ordinairement, tiennent comme par certaine traditiue, que c'est la Roine Brunehault, femme de Sigebert Roy d'Austrasie, qui les a fait faire.

2. La populace des champs, les appelle autrement Chemins ferrez, soit pour la dureté & fermeté de l'ouurage, qui depuis quinze ou seize cens ans resiste au froissement du charroy : ou pour la couleur des petits cailloux, entiers ou par fragmens, desquels la surface desdits Chemins est composee : qui sont pour la plus part de couleur noi-

rastre, tirant à celle du fer: tout ainsi que l'on appelle en Espagne la Voye de Salamanque, *Viam argenteam*, pour estre couuerte & massiuee de petits cailloux de couleur blanche.

Ie ne doute pas qu'il ne reste encores de tels vestiges en plusieurs Prouinces de l'Empire, tant en Europe, Asie, qu'en Affrique: & que les peuples de chacun lieu ne puissent par ignorance forger des Auteurs, & donner des noms à tels ouurages à leur fantaisie: mais pour laisser ce qui est des autres Regions, ie me contenteray de parler de ceux de la Gaule Belgique: puis de ceux de la grand' Bretagne, qui n'en est separee que par vn petit traict de mer: d'autant que les Anglois ne se sont pas oubliez, non plus que les Belges, à forger de belles fables sur les autheurs de leurs grands Chemins.

3. Nous commencerons donc par les fables inuentees sur les grands Chemins de la Gaule Belgique: Mais auant que d'en entamer le discours, il est à entendre, qu'à diuers temps, il s'est trouué certains Poëtes, lesquels desirans se rendre agreables aux Rois & Princes de leur siecle, & de leur païs: & pour les gratifier de ce qui dependoit de leur Art, ont fait plusieurs fictions à leur auantage, leur ont dressé des Genealogies extraictes des Dieux, ou des Heros du temps des Payens, & sur tout de Troye la grande: & pour les faire valoir, en ont tiré les coniectures de quelques allusions de mots, pris dans la vieille Poësie Grecque: ou des noms propres des Villes & des Riuieres qui sont au païs, esquels les Princes, en faueur de qui ils ont escrit, auoient le gouuernement & authorité.

4. Tel a esté au païs de Henault depuis quatre cens ans, vn certain Poëte nommé *Nicolaus Reucler*, lequel pour gratifier aux Comtes de Hainault de son temps, donner credit à leur Noblesse, & les faire croire d'vne extraction tres-ancienne, les a voulu faire descendre d'vn certain Prince Troyen, nommé Bauo, Oncle de Priam. Et pour ce faire a dressé vn Poëme en vers Heroïques, quasi tous Leonins: & qui partant (pour accommoder sa rithme) sont forcez & remplis de mots, tirez comme par les cheueux.

Ce Poëte donc feint que Bauo estoit vn grand Deuin, qui preuit la ruine de Troye, dont il donna aduis à Priam son nepueu, qui ne le voulut pas croire. Qu'apres les feux de Troye, il se mit sur mer comme beaucoup d'autres Princes Troyens, auec quelques troupes qui s'estoiét sauuees du sac de la ville: & qu'ayát voyagé toute la Mer Mediterranee, il passa le destroit de Gilbratar, tournoya les Espagnes & la France, & paruint aux riuages de Flandres. Et qu'estát entré auant en terre ferme, en certain lieu qui luy fut diuinement enseigné, il bastit vne ville, laquelle de son nom il appella Bauais, qui est Bauais en Hainault. Qu'au milieu de sa ville il fit edifier vn Temple à seppic à sept pans, en l'honneur des sept Planettes. Qu'au milieu du Temple il planta vne colomne de figure Heptagone, & que d'icelle, (comme d'vn poinct commun) il fit commencer & partir à lignes droictes sept grandes Voyes, lesquelles à l'issuë du Temple passoient par les sept grandes ruës & les sept portes de la ville: & de là se continuoient iusques aux extremitez du monde: Dequoy i'ay bien voulu mettre icy quelques vns de ses vers, pour en faire veoir la façon,

> Rex fuit immensus quondam, qui nomine dictus
> Bauo: de genere insignis Priami fuit ille.
> Troiæ post miseros luctus, ignesque secundos,
> Per Maria à sociis Asiæ transuectus ab oris,
> Venit in extremis vbi sol se condit in Indis.

Et en vn autre endroict parlant des grands Chemins faicts par luy en nombre de sept.

> Rex septem Calles immensos, regna petentes
> Iussit, & in gyrum per totum pergere mundum.

5. Peu apres Reucleri, sont venus quelques vieux Escriuains soy disans Historiens, qui ont fomenté cette croyance: tels que sont Clarembault, Hugues de Thoul, & Lucius de Tongres: le dernier desquels forgeant vne Genealogie à Bauo, dit qu'il eut pour successeur en cinquiesme degré vn Roy de Belges nommé Brunehaldus, ou Brunehault qui estoit viuant du temps de Salomon: & que ce fût cetuy-cy, non pas Bauo son trisayeul, qui fit faire les sept Chemins de Bauais: & que de là vient qu'ils en ont eu le nom de Chaussees de Brunehault: adioustant qu'il en paua quatre de tuilles & briques quarrees: Sçauoir les Voyes de Iuppiter, de Mars, du Soleil, & de Venus: & les trois autres de pierre de marbre, ou d'escailles de pierre noire, qui sont celles de Saturne, de Mercure, & de la Lune.

6. Iacques de Guise Cordelier de Valencienne, qui viuoit sous Philippes le Bon, Duc de Bourgongne, & seigneur des Païs bas: tenant les œuures de Reucleri, & de Lucius de Tongres pour Histoires veritables, prend peine d'accorder ces deux autheurs: & dit que c'est bien la verité, que ce fut Bauo fondateur de Bauais, qui commença ces grandes Chaussees: mais que Brunehault, cinquiesme Roy des Belges, les paracheua: & que de luy elles ont esté denommees Chaussees de Brunehault par toute la Gaule Belgique.

Liu. I. des Chroniques de Hainault & antiquité de la Gaule Belgique.

7. Et de faict au Païs de Hainault, & Prouinces circonuoisines, le bruit commun est, que ce Brunehault estoit Magicien, & familier auec les Demons: & que se voyant souuent empesché en la conduite de ses armees, à cause des lieux fangeux, qui en ce temps tenoient

grande partie de la Gaule Belgique inondee, il impetra ces grandes & larges Chaussees que l'on dit auoir esté faictes & parfaictes par son Demon en trois iours. Guichiardin escrit la mesme chose sur certain grand Chemin paué, qu'il dit s'estendre de Tongres à Paris.

En la description des païs bas.

8. Or afin de donner lustre à cette fable, Charles Bouel natif d'Amiens, qui a veu la ville de Bauais, & s'est enquis de la verité autant comme il a peu sur les lieux, dit qu'au milieu du marché de Bauais, il y a encores vne colonne de Pierre, plantee comme seroit le *milliarium aureum*, que l'Empereur Auguste feit dresser au marché de Rome: & sur ceste colonne, vne table de marbre, sous laquelle les habitans du lieu disent se rapporter les commencemens, & comme les bouts & premieres racines de ces grandes Chaussees; duquel endroict elles s'estendent en forme de ramparts ou leuees tirees à droicte ligne par toutes les parties de la Gaule. Voicy ce que cet Auteur en a peu apprendre sur les lieux. *Fert eius Regionis vulgus in eo loco quundam post Bauonem regnasse quendam nomine Brunehaldū, vulgò Brunehault, arte quidem instar Iuliani Apostatæ Magum, & Dæmonum amicum. Qui cum sæpe palustriam viarum difficultatibus offenderetur, impetrasse à familiari Dæmone, vt quod humana opera vix perfici posse animaduertebat, id concita, & repentina Dæmonis opera impleretur: Scilicet, vt per omnem Galliam ab eius regni sede, insignes & publicæ Viæ lapidibus sternerentur. Et ne fabulæ (si fabula est) autoritas desit, in eo loco, quem incolæ Bauais vocant, in media eius foro, extat hodie Columna lapidea: & super columnam marmorea Tabula, sub qua ab incolis inchoare omnium huiusmodi Viarum capita proferuntur, quæ ab eo loco in omnes Galliæ partes, & sublimi, & recto tramite exporriguntur.*

Lib. de Hallucinatione Gallicorum nominum. cap. 23.

9. C'est tout ce que i'ay peu apprendre de l'origine de ces anciennes fables. A quoy i'adiousteray, que la ville de Bauais en Hainault est celle que l'Itineraire d'Antonin appellé *Bagacum*, & Ptolomee *Gayaror*, suiuant l'opinion de *Petrus Diuæus*, de Surita, & d'autres. Vray est que *Petrus Appianus* escrit, que c'est la ville de Tournay: mais il n'y a point d'apparence, veu que dans le mesme Itineraire se trouue le nom de *Turnacum*, qui est sans doute la ville de Tournay: & que entre ces deux villes, ledit Itineraire met xxiiij. mil de distance, posant entre l'vne & l'autre vne place appellee le Pont de l'Escault. Au reste ceux qui de nostre temps ont escrit de cette place, disent tous, qu'il y a iusques à present de grands restes d'antiquité, & des vestiges de bastimens tres-somptueux. Ce qui peut bien auoir donné occasion aux Auteurs dont nous auons parlé, d'inuenter les fables de Bauo, & de ses successeurs imaginaires: ensemble les contes par eux faicts d'vn siege supposé, que Iules Cæsar mit deuant ceste ville, qu'il prit par force & ruina iusques aux fondemens apres six mois de

Itinerar. pag. 85.

siege. Où ils luy font perdre plus de gens, qu'il n'en perdit iamais en la conqueste de toutes les Gaules: à raison dequoy ils ont inuenté, que Iules Cæsar, pour ne donner par soymesme à cognoistre les pertes & la honte qu'il y receut, n'en a voulu faire aucune mention dans ses Commentaires.

10. Mais pour sortir de ces fables, & venir à la verité de l'histoire, Iules Cæsar n'auoit garde parler de Bauais, qui n'estoit point de son temps: non plus que les belles & grandes villes qui sont maintenant au Païs bas, & qui y ont esté basties long temps depuis auec les grands Chemins. Et de fait Iules Cæsar en huict ans de guerres qu'il a eu en la Gaule Belgique, ne remarque pas vne seule ville au Païs bas. Aussi n'y auoit-il lors que des villages composez de maisons separees l'vne de l'autre, qu'il appelle ordinairement *Vicos*, & ne voit-on qu'il ait assiegé aucune place en tout le Païs, que celle des Aquatiques qui s'estoient fortifiez, non dans vne ville, mais dans vne forest, fauorisee d'vne montagne fort haute & de tres-difficile accez.

Lipsius parlant des ouurages tant de la ville, que des Chaussees de Bauais, & se mocquant de tous les contes qui se font au Païs des Roys Bauo & Brunehault, attribuë tous ces ouurages aux Romains, qui les ont fait par les mains des soldats Legionnaires, & des peuples de chacune Prouince: Et s'exclame en ces paroles. *Ah! ignaros & incredulos Romanorũ operum: qui hæc talia militari manu, & Prouincialium item subsidio supra omnem fidem patrabant.* — *Lib. 3. de Magnitu. Romana cap. 10.*

D'VNE AVTRE OPINION SVR LES
Chaussees de Brunehault.

CHAPITRE XXVII.

1. *Premiere cause pourquoy on attribuë les grands Chemins de la Gaule Belgique à Brunehault Royne d'Austrasie.*
2. *Tesmoignage de Sigebert & de Guaguin sur la 2. cause.*
3. *Tesmoignage de la Chronique de S. Bertin au Païs bas.*
4. *Refutation & interpretation de ce tesmoignage.*

1. A renommee plus commune sur les grands Chemins de la Gaule Belgique est, que Brunehault fille d'Atanagilde Roy d'Espagne, & femme de Sigebert Roy d'Austrasie, est celle qui les a faits. Et peut ceste opinion vulgaire auoir pris naissance de deux raisons.

La premiere est, que Nicolas Reuclery, Lucius de Tongres, & Iacques de Guise sont Auteurs peu cogneus, de stile grossier, remplis de fables. Et partant la Genealogie de Bauo, composee de grand nombre de Rois imaginaires, est paruenuë à la cognoissance de bien peu de gens. Au contraire par l'Histoire de France escrite par sainct Gregoire de Tours, Aimon le Moine, & autres Auteurs vulgaires, la Royne Brunehault est tres-signalee, non tant pour ses vertus, que pour ses insignes perfidies, meschancetez & cruautez contre le sang Royal de la France. D'où seroit procedé, que ceux qui ont ouy nommer ces grands Chemins du nom de Brunehault, ont plus facilemét tourné leur esprit & leur croyance sur cette femme, de laquelle ils auoient la cognoissance par l'Histoire Françoise, que vers vn Roy fabuleux, duquel ils n'auoient iamais ouy parler, abusez sur l'equiuocation du mot.

2. L'autre raison est, que l'Histoire remarque expressément, que cette Princesse se plaisoit fort à bastir, & qu'elle a construit & fondé plusieurs Eglises & Monasteres de haute & magnifique entreprise: Entr'autres, trois Monasteres sous le nom de sainct Vincent: l'vn à Lion, l'autre à Authun, & le troisiesme prés la ville de Laon: sans mettre en compte plusieurs autres par elle instituez sous le nom de sainct Martin, auquel elle auoit vne singuliere deuotion.

Sigebert nous rend tesmoignage de cecy, quand il dit parlant de Brunehault. *Quæ quamuis ita esset insolens, tamen Dei Ecclesias honorabat. Plura etiam sanctorum cœnobia fundauit, & ædificia admirandi operis construxit.*

Guaguin ayant specifié quelques Bastimens & Monasteres par elles faits en diuers endroicts de ses terres, admirât comme vne femme, qui n'estoit Royne que d'vne quatriesme partie de la France, ayt peu venir à chef de tant de beaux & magnifiques ouurages, adiouste ces paroles. *Itaut si impensam cum Bunechildis fortuna conferas, mireris sane, tot vno sæculo templa, assignatis prouentibus mulierem exædificare potuisse.* La renommee de ces bastimens courut de son temps iusques en Italie: & incita S. Gregoire le Grand, de luy addresser quelques lettres, qui se trouuent encores parmy ses Epistres: où il dit tout plein de bien de la deuotion de cette Princesse.

3. Du bruit tout commun des bastimens de Brunehault peut bien estre venu, que quelques esprits des siecles suiuans se soient laissez persuader, que ces Chaussees estans de son nom, soient aussi de sa façon. Ie n'en ay toutesfois iamais rien veu par escrit, sinon dans la Chronique de la grande & riche Abbaye de S. Bertin au Païs bas. Chronique non encore imprimee, & de laquelle i'ay vne copie, de la liberalité de feu Richard de Vvite, viuant Anglois de nation, homme noble de race, & plus encore de pieté & de doctrine, Docteur & Lecteur Public en droict à Doüay, qui a fait en Latin l'Histoire generale d'Angleterre. L'Auteur de coste Chronique ayant raconté la mort tragique de Brunehault, & emprunté quelques mots de Sigebert, y adiouste en suite, qu'entre autres ouurages admirables elle a fait le grand Chemin qui va de Cambray à Arras, & de là à Teroüenne, & plus outre iusques à la Mer, & que de son nom ce chemin s'appelle encore iusques à present, la Chaussee de Brunehault. Voicy les mots de la Chronique. *Hic finis Brunechildis fuit, quæ licet insolens esset, & periculosa; Ecclesias tamen honorabat. Ecclesiam sancti Vincentij Laudunensis fundauit: multa etiam opera miranda construxit: inter quæ Stratam publicam de Cameraco ad Atrebatum, hinc ad Morinum, & vsque in mare, vsque ad Vvithanduin fecit, quæ Calceia Brunechildis nominatur vsque in hodiernum diem.*

4. Ie ne sçay pas sur quel Auteur celuy qui a basty cette Chronique se peut estre fondé, veu que S. Gregoire de Tours, qui viuoit du temps de Brunehault, Aimon le Moine, Sigebert, ny aucuns des Historiens François ne luy attribuent l'inuention de tels ouurages, quoy qu'ils n'ayent pas oublié à remarquer qu'elle aimoit à bastir. En tout cas la Chronique de S. Bertin ne luy donne qu'vne bien petite partie de ces grãds Chemins: & faudroit que l'appellation de Chaussee de Brunehault donnee à cette partie, se fust par erreur estenduë sur le tout: Ioinct l'opinion commune de ses hautes & admirables entreprinses.

DES VRAIS AVTEVRS DES GRANDS
Chemins des Gaules.

CHAPITRE XXVIII.

1. *Auguste Cæsar Auteur des grands Chemins ouuerts à trauers les Alpes.*
2. *Briefue description des Alpes, & des peuples y demeurans du temps d'Auguste.*
3. *Les peuples des Alpes des derniers domtez.*
4. *Moyens dont Auguste se seruit pour les dompter.*
5. *Deux Voyes faictes par Auguste des Alpes à Lyon.*
6. *Paix vniuerselle acquise par Auguste: Trophees dressees sur le sommet des Alpes à son honneur.*

1.  PRES les discours fabuleux des grands Chemins de la Gaule Belgique, il faut venir aux veritables: & faire cognoistre par le moyen de l'histoire ceux qui sont Autheurs des grandes Voyes militaires, non seulement de la Gaule Belgique: mais aussi du reste de la France, qui fait la plus Noble, & la plus grande partie de toutes les Gaules: Car ces chemins ne s'estendent pas seulement par les prouinces de la Gaule qui sont suiettes à la Couronne de France: mais aussi à trauers celles des Princes voisins, tant de la Gaule Belgique, que de la Narbonnoise.

Au 9. chap. de ce liure. Ie ne repeteray point ce que i'ay dit cy dessus de la Voye Domitienne, qui est des premieres faictes deçà les Alpes, dont l'Auteur fut *Domitius Ahænobardus*, en l'an 629. de la fondation de Rome: & viendray à celles que Cesar Auguste a fait partie tailler dans les roches viues desdites Alpes, partie pauer & massiuer en autres endroicts, auec de la peine & des frais indicibles: voire auec l'assistance necessaire de plusieurs de ses Legions qui y trauailloient elles-mesmes, ou donnoient commodité d'y trauailler aux Ouuriers à ce destinez, pendant qu'elles soustenoient le choc des peuples montagnars, qui par la force des armes les en vouloit empescher: sçachant que l'establissement & direction de ces grands Chemins estoit le commencemét de leur ruine & destruction.

2. Car il faut entendre: Que les Alpes qui separent l'Italie de la France, occupent vn grand Païs fait en Croissant, dont la partie conuexe est du costé de la France, & la concaue du costé d'Italie. Dans ces Monts estoient du temps d'Auguste plusieurs peuples non encore domtez: lesquels viuans de brigandages, donnoient beaucoup de peine aux passans: & estoient bien si osez, que d'attaquer les armees Romaines, qui passoient ou repassoient d'Italie en Gaule: De sorte qu'ils forcerét Decimus Brutus fuyát de Modene, de leur payer vne drachme pour teste, afin de luy laisser le passage libre. Et Messala Capitaine Romain, ayant son Camp pres de là durant vn Hyuer, fut contraint de leur donner de l'argent, pour auoir permission &

liberté d'aller couper du bois seruant à brusler, ou à faire des hantes à leurs iauelots. Qui plus est, ils detrousserent vn iour le bagage d'Auguste auec son argent: se seruans de l'incommodité des lieux, pour incommoder les gens de guerre, & autres: iusques-là que de reduire ceux qui trauailloient aux Minieres pour les Romains, d'acheter à beaux deniers contants l'eau necessaire à lauer les Mines.

3. C'est merueille que les Romains eussent desia domté les nations les plus reculees de l'Europe, de l'Asie, & de l'Affrique: & que quarante ou cinquante petites nations, qui habitoient ces Montagnes, & qui estoient aux portes de Rome (s'il faut dire ainsi) osassent molester, & se prendre par escarmouches à vn peuple si puissant. Et semble que ces Gens, qui n'auoient confiance qu'en leurs roches inaccessibles, fussent reseruez pour derniere conqueste des Romains: & ne deussent estre subiuguees & mises à la raison que par Auguste, lors qu'il seroit en la fleur de sa bonne fortune: & qu'ayant la Paix auec tout le monde, il n'auroit plus à combatre que contre ces Rochers, comme contre certains nids, pour en dénicher ces oyseaux de rapine.

4. Et d'autant que c'estoit principalement la difficulté des chemins qui retranchoit l'esperance d'en venir à bout (car il y en auoit de si estroits, joincts à des precipices si profonds, qu'ils engendroient le vertige aux hommes & aux cheuaux qui n'y estoiét accoustumez) cela donna occasion à Cæsar Auguste de mettre ses gens apres ces Rochers pour les ouurir, ainsi qu'autresfois Hannibal auoit fait: & se faire de beaux & larges passages à trauers, pour y prendre ces gens comme bestes rousses en leurs forts. Ce qui n'estoit pas vne petite entreprise, ny d'vn Prince mediocre en puissance: mais plustost ouurages de Geants: où il falloit faire violence à la nature, rompant ces grands Rochers qui s'opposoient à leur droicte route: ou biaisant quelquesfois, lors que quelque pierre trop vaste, ou quelque precipice trop profond se presentoit à la rencontre.

Strabon en la description de la Gaule, nous fait foy de tout ce que dessus, disant entr'autres choses. *Augustus enim Cæsar ad latronum* *Lib.4.Geograph.* *delendas insidias, magnum, quantum licuit, Viarum apparatum apposuit. Nō enim propter Vastissima petrarum ingentium præcipitia, Vbique naturam violare fas fuerat, cum hinc quidem supra Vias imminerent, hinc autem irruerent.* Ainsi fallut-il faire la guerre aux pierres auant que la faire aux hommes: nes'estant trouué moyen plus seur de domter ces Nations rebelles, que par l'ouuerture de ces grands Chemins. D'où proceda ce bien, entr'autres choses (outre la victoire obtenuë contre toutes ces Nations auparauant indomtables) que comme aux temps precedens les montees & descentes à trauers ces Rochers estoient fort rares, & de difficile accez: Il s'en trouua dés le temps d'Auguste plusieurs faicts à sa diligence d'vn appareil si magnifique, que chacun y pouuoit passer facilement, & auec toute asseurance. *Hac autem ætate*, (dit le mesme Auteur, parlant de ces montagnes) *aut deleti sunt, aut mansuetiores facti penitus, vt cum antea transcensus per eorum montes pauci & difficiles essent: nunc multis ex locis per eos, mortales & tuti, & transitu faciles propter eorum apparatum habeantur.*

Ce fut donc à l'aide de ces grandes Voyes qu'Auguste Cæsar debusqua ces peuples innombrables de leurs cachots. Entr'autres estoient les Salassiens, qui sont auiourd'huy ceux de la valee d'Oste: dont la Region grande & spacieuse sur toutes les autres, consistoit en vne profonde vallee propre au labourage, enuironnee de grands Rochers qui la defendoient de tous costez. Ces Rochers furent ouuerts, & de là, sur la descente des monts qui tendent vers la France, fut fait par le mesme Auguste vn grand chemin diuisé en deux parties, qui se viennent rejoindre à la ville de Lyon, dont l'vne est large à suffisance pour y aller à charrois: mais c'est la plus longue des deux. Quant à l'autre, elle est plus droicte, & partant plus racourcie: mais elle est si estroite, qu'vne beste de somme à peine y pourroit passer. La plus large tire à trauers la Tarantaise, les Peuples de laquelle on appelloit *Centrone*: & la plus estroite, par les Monts Apennins, qui sont partie des Alpes: Ce que l'on apprend par ces mots dudit Auteur: *Vbi verò ex Italia supra conscenderis, via in exteriorem Galliam, & ad Septentriones est per Salassos: ducit Lugdunum: ea verò bifariam est: altera quidem prolixior plaustro permeabilis, per Centrones: altera verò recta, & angusta, compendiariaque, per Apenninum.*

La victoire obtenuë à l'encontre de tant de Nations diuerses, à l'aide des grands Chemins, fut comme le dernier labeur de l'Empereur Auguste, où il fut luy-mesme en personne: & par lequel il acquit au monde vne paix vniuerselle, ayant en signe de cela bien tost apres fermé le Temple de Ianus. En recognoissance d'vn si grand bien, & si general, le Senat & le Peuple Romain luy fit eriger au plus eminent lieu des Alpes, entre le grand & le petit Mont, maintenant dit de S. Bernard, vn Arc de triomphe fort magnifique: dont i'ay bien voulu rapporter icy l'Inscription, en la mesme forme que Pline nous la represente, afin de faire apparoir de la grandeur d'vne telle entreprise.

Lib. 3. nat. Hist. cap. 20.

IMPERATORI

DE L'EMPIRE LIV. I.

IMPERATORI. CAESARI. DIVI. FIL.
AVG. PONTIFICI MAXIMO IMP. XIIII. TRIBVNICIAE.
POTESTATIS. XVIII. S. P. Q. R. QVOD. EIVS. DVCTV. AVSPICIIS-
QVE. GENTES. ALPINAE. OMNES. QVAE. A. MARI. SVPERO.
AD. INFERVM. PERTINEBANT. SVB. IMPERIVM. POPVLI. RO-
MANI. SVNT. REDACTAE. GENTES. ALPINAE. DEVICTAE. TRIVM-
PILINI. CAMVNI. VENNONETES. ISARCI. BREVNI. NAVNES.
FOCVNATES. VINDELICORVM. GENTES. QVATVOR. CONSVA-
NETES. VIRVCINATES. LICATES. CATTENATES. ABISONTES. RV-
GVSCI. SVANETES. CALVCONES. BRIXENTES. LEPONTII. VI-
BERI. NANTVATES. SEDVNI. VERAGRI. SALASSI. ACITAVO-
NES. MEDVLLI. VCENI. CATVRIGES. BRICIANI. SOGIVNTII.
EBRODVNTII. NEMALONI. EDENATES. ESVBIANI. VEAMINI. GAL-
LITAE. TRIVLATTI. ECTINI. VERGVNNI. EGVITVRI. NEMEN-
TVRI. ORATELLI. NERVSI. VELAVNI. SVETRI. NON. SVNT.
ADIECTAE. COTTIANAE. CIVITATES. XII. QVAE NON FVERVNT
HOSTILES. SED. ITEM. ATTRIBVTAE. MVNICIPIIS. LEGE. POMPEIA.

DE L'AVTEVR DES AVTRES GRANDS Chemins de la Gaule.

CHAP. XXIX.

1. Que c'est Agrippa Gendre d'Auguste qui a fait les grands Chemins de la Gaule.
2. Que la ville de Lyon est le lieu d'où il les a fait commencer.
3. Du nom desdits Chemins tant militaires que de trauerses.
4. Quatre grands Chemins Militaires faicts par Agrippa.
5. Longueur du premier des quatre.
6. Longueur du second & Voyage de Tibere sur iceluy d'vne vistesse incroyable.
7. Estenduë du troisiesme, qui estoit le plus long de tous.
8. Estenduë du quatriesme.
9. Quelques Empereurs apres Auguste ont fait trauailler aux grands Chemins des Gaules.

Ovs auons donc desia conduit les grands Chemins de la Gaule iusques à Lyon: reste à veoir en quel temps, & par qui ils ont esté paracheuez, & allongez iusques aux derniers confins de l'Ocean, tant Occidental que Septentrional, qui baigne cette Prouince d'vne part: & iusques aux Pirenees Mer Mediterranee de l'autre.

O

Pour le sçauoir il ne faut que lire le quatriesme de la Geographie de Strabo sur la fin: où il se trouue, que comme l'ouurage estoit d'vne terrible entreprise: Aussi fut-il necessaire de le mettre en main du plus grand Prince de l'Empire apres Auguste, qui estoit Agrippa son Gendre: lequel Auguste auoit aucunement fait Empereur, luy departant quasi les mesmes degrez d'honneur & prerogatiues qu'il retenoit pour soy-mesme, iusques à la puissance Tribunicienne qu'il luy confera plusieurs fois: & chacune fois pour cinq ans. C'estoit au reste vn homme le plus sage, sans vanité, & le plus puissant sans ambition de son temps: & outre cela fort entendu en ce qui estoit de la situation des Prouinces, & de la nature des parties d'icelles: grandement addonné à l'Architecture: mais sur toutes choses extrememēt affectionné aux ouurages des grands Chemins, ausquels il trauailloit si continuellement, qu'il ne se passoit vne annee sans en entreprendre quelqu'vn.

Dio Cass. lib. 54. Cæterū Agrippam ad Imperium quodam od Augustus prouexit. &c.

Dio lib. 53.

Dion Cassius à ce propos dit, qu'Auguste Cæsar estant Consul pour la huictiesme fois auec Statilius Taurus, Agrippa eut loisir d'orner & embellir certain enclos fait *in Campo Martio*, & le dedier sous le nom de *Septa Iulia*, à cause que pour cette annee il n'auoit entrepris aucun grand Chemin à pauer. *Anno sequenti* (dit-il) *Augusto viij. Statilio Tauro Consulibus, Agrippa, quia nullam viam sternendam susceperat, septa dedicauit.*

2. Comme donc en la distribution que son beau-pere feit des ouurages des grands Chemins, ceux de la Gaule luy fussent escheus, il mit à bon escient la main à l'œuure, & ne cessa qu'il n'eust remply les Gaules d'vn bout à l'autre de Chemins si bien faicts, & si fermement estoffez, que nous les voyōs encores entiers en maints endroits de la France, & des païs bas, malgré le froissemēt continuel du charroy de quinze à seize siecles: & d'autant que les principaux passages d'Italie en France à trauers les Alpes, au moyen des Chemins ja faits par Auguste, venoient à se ioindre & croiser en la ville de Lyon: & d'ailleurs que la situation de ceste ville, (à raison des fleuues qui s'y viennent joindre) la rendoient propre pour en faire par le traffic vne belle & opulente Cité: cela fut cause qu'Agrippa y commença les grands Chemins de sa façon, & les fit partir de là pour les conduire à l'enuiron iusques aux extremitez des Prouinces Gauloises.

3. Quant au nombre d'iceux, il s'en peut diuersement parler: car les vns sont d'vne longueur desmesuree, trauersans toutes les Gaules, & se joignant à d'autres qui passent en Italie, en Espagne & en Hongrie: ou qui se terminent en des ports. Les autres sont Chemins trauersans, qui dependent des plus grands, comme branches de leur tronc principal, & faits expres pour faciliter les passages des armees

de lieu en autre en tout sens: & pour rendre les grandes villes d'autant plus communicables, comme elles seroient joinctes & accouplees par l'entre-las de ces grandes Chaussees de trauerses, dont le nombre est tel, qu'il ne se peut pas bonnement specifier.

4. Mais pour ce qui regarde les principales, & les plus grandes, Agrippa en fit faire quatre, qui sont remarquables pour la longueur de leur estenduë, & difficulté de leurs passages: Car il en tira l'vne tout à trauers les montagnes, que les Latins appellent *Cemmenos Montes*, & nous à present les Montagnes d'Auuergne: laquelle il fit continuer iusques au fond de l'Aquitaine. Il estendit la seconde tout le long du Rhin, iusques à l'Ocean Septentrional. La troisiesme tout à trauers la Bourgongne, la Champagne, & la Picardie, iusques à l'Ocean Occidental. La quatriesme par le territoire de Narbonne iusques au riuage de Marseille. Ce que nous apprenons de Strabo qui viuoit de ce temps-là mesme: à raison dequoy i'ay pensé estre à propos d'en coucher icy le tesmoignage en ses propres termes, qui sont tels. *Ceterum Lugdunum in medio instar arcis situm est, cum ibi amnes* Lib. 4. *confluant, & partibus omnibus propinquum sit. Ea propter Agrippa hoc ex* Geogr. *loco partitus est vias: vnam quæ per Cemmenos Montes vsque ad Autones, & Aquitaniam: aliam ad Rhenum: tertiam ad Oceanum, & Belloacos, & Ambianos: Quarta ducit in agrum Narbonensem, litusque Massiliense.*

5. Mais il faut voir de quelle estenduë estoient ces ouurages, & commencer par le Chemin conduit à trauers les Montagnes d'Auuergne. Ces Monts prennent leurs commencemens pres de Lyon, & autres places assises sur le cours de la Riuiere du Rhosne, specialement du lieu où le Rhosne & l'Isaire viennent à se joindre ensemble: & de là s'estendent de droict fil iusques bien pres des Pyrenees, sur la longueur de CCL. mil Italiques, & dauantage: qui reuiennent à CXXV. de nos lieuës Françoises. Car autant valent deux mil stades: auec lesquelles Strabo (qui estoit Grec de nation) mesure leur estenduë, *Cemmenus verò mons* (dit-il) *in Pyrenen medios per campos recta* Ibid. *perducitur: & in medio desinit prope Lugdunum, ad stadia millia duo prolixius.*

6. Le second auoit encores beaucoup plus d'estenduë que le premier, d'autant qu'il auoit sa portee iusques au lieu où le Rhin & la Meuse joincts ensemble, puis derechef desvnis & separez en diuers canaux, se vont precipiter en l'Ocean Germanique. C'est sans doubte ce Chemin sur lequel Tybere Cæsar, du viuant d'Auguste, fit en si peu de temps vne course si longue, allant visiter Drusus Germanicus son frere, detenu lors de la maladie, dont il deceda és quartiers de l'ancienne Hollande du costé de la Germanie. Car ce fut à l'aide de ce Chemin lors nouuellement faict, & de trois chariots de relays, establis sur ce Chemin à la mode du temps, qu'il fit deux cens

O ij

mille Italiques en vingt-quatre heures, qui sont cent de nos lieües Françoises. Ce que Pline nous raconte pour vne grande merueille, & pour exemple d'vne vistesse incroyable.

Lib. 7. nat. Hist. cap. 20.

7. Pour le troisiesme, c'estoit le plus long de tous, & qui estoit accompagné de plus grand nombre de Chemins trauersans, dont la Gaule Belgique est encores remplie. On le voit en son entier dans l'Itineraire d'Antonin conduit de place en place, & de ville en ville, depuis Lyon iusques au port dit par les Latins, *Gessoriacus portus*, sur l'estenduë de cinq cens quatre mil Italiques, supputez par l'Itineraire à trois cens trente huict lieües Gauloises, qui reuiennent à deux cens cinquante deux lieües Françoises, de nostre temps: Ainsi que nous deduirons ailleurs. Au reste ce Chemin vient de Lyon à la ville de Troye en Champagne, à trauers la Bourgongne: d'où il passe par Chaalons, Rheims, Soissons, Noyon, & Amiens. Et de là en fin il vient à se terminer à Boulongne, qui est le port tant renommé, dit *Iccium vel Gessoriacus portus*, assis au riuage des peuples nommez Morini, qui sont ceux de Teroüenne & de Flandre, que Virgile appelle les derniers des hommes, *Extremique hominum Morini*.

8. Pour le quatriesme & dernier, il s'estendoit le long du Rhosne pour aller atteindre la Mer Mediterranee: & se terminoit au port de Marseille, qui est composé d'vn grand Rocher fait en forme de theatre, exposé au vent de Midy. *Phocaensium verò ædificium est Massilia*, dit Strabo, *petroso in loco sita, cui quidem portus subiacet: Saxum videlicet in theatri forma ad Austrum spectans.*

9. Apres Auguste & son Gendre, il est certain que plusieurs des Empereurs de Rome ont adiousté leurs pieces aux grands Chemins de la France: Ce que nous sçaurions plus particulierement, si les colonnes milliaires par eux assises sur leur ouurage estoient paruenuës iusques à nous: mais le temps, qui consomme tout, les ayant ruinees & abolies auec les Inscriptions qui y estoient grauees, nous en a osté la cognoissance quasi toute entiere: ne nous restant que bien peu de telles colonnes sur pied: de quatre desquelles ce docte President d'Auuergne Monsieur Sauaron m'a enuoyé les Inscriptions. Les deux sont cy dessouz employees, qui monstrent que les Empereurs Claudius & Posthumus y ont faict trauailler. Et quant aux deux autres, dont l'vne se trouue à Perignac pres la Riuiere d'Ailler, & l'autre à Pauliaguet, elles nous enseignent, que l'Empereur Adrian, & l'vn des Cesars qui se qualifie Prince de la Ieunesse, en ont fait faire quelque partie és lieux où elles sont assises: Ce qui se peut iuger par les Inscriptions qui sont telles,

Liure 4. chap. 39. n. 10.

DE L'EMPIRE, LIV. I.   109

I.
I. CAES. DIVI. TR
IANI. PARTHICI. FIL
DIVI NERVAE. NE P
: RAIANVS. HADRI.
2.
CAESAR. PRINCEPS
IVVENTVTIS.
PONTEM. ET
VIAS. VETVS.
TATE. COLLAP.
RESTITVIT.

HISTOIRE TANT FABVLEVSE COMME veritable des grands Chemins d'Angleterre.

CHAPITRE XXX.

1. Tesmoignage de Camdenus sur les grands Chemins d'Angleterre.
2. Fable des Anglois sur ces chemins.
3. Resolution dudit Camdenus.
4. Coniecture sur les commencemens des grands Chemins d'Angleterre.
5. Coniecture qu'Adrian a fait trauailler aux G. C. d'Angleterre aussi bien qu'en sa grand'muraille.
6. Septimus Seuerus a faict des chemins & des Ponts en Angleterre.
7. Muraille par luy faicte d'vne Mer à l'autre de 32. mil de longueur.
8. Coniectures tirees de Spartian & Bede le Venerable sur les grands chemins d'Angleterre.
9. Noms de quatre grands Chemins d'Angleterre faits du temps d'Honorius & Arcadius.
10. Tesmoignage de Camdenus sur l'excellence des grands Chemins d'Angleterre.

CAMDENVS, qui a si doctement & elegamment descrit son Isle de la grand' Bretaigne, nous tesmoigne, que les grands Chemins autres fois pauez par les Empereurs de long & de trauers par cette Isle, paroissent encores à present en plusieurs endroits : principalement és lieux destournez & propres aux pasturages, où ils se monstrent haultement releuez sur terraces expressement faites pour les porter : mais que par les lieux plus frequentez, ils sont interrompus en maints endroits, à cause des Villageois qui en tirent le grauois & l'arene pour s'en seruir ailleurs, *Viæ militares nostræ*, dit-il, *nunc alicubi intercissa rusticis inde glaream effodientibus vix apparent. Alibi per auia & pascua ducentes, alto aggere sunt conspicuæ.*

2. La masse, la haulteur & longue estenduë de ces Chemins, qui semblent surpasser les forces communes des hommes, ont esté cause

Camdenus, in Tractatu qui dicitur Romani in Britannia pag. 45.

que les habitans de la grand' Bretaigne, ceux principalement qui de long temps sont recognus souz le nom d'Anglois, ont controuué plusieurs fables sur les Auteurs de ces Chemins, aussi bien que les Belges. Le mesme Auteur a laissé par escrit, que les vns tiennēt comme par tradition de pere en fils, que les Chemins qui s'y trouuent faits de main d'hommes, sont ouurages de Geants, qu'ils appellent en leur langue *Eatons*, comme qui diroit des Payens: ne pouuans croire qu'ils ayent esté faits par des hommes communs & ordinaires, tant la structure en est longue & magnifique, *Vulgus nostrum*, dit-il, *opera Romanorum Gigantum esse dicunt: quos sua lingua Septentrionali Eatons, pro Heatens, quasi Ethnicos, ni fallor, vocitant.*

Toutesfois Guillelmus Monumetensis escrit que l'Auteur de ces G. C. estoit l'vn des Rois descendans dudit Brutus, qui auoit nom Mulmutius: & qui viuoit long temps auparauant la naissance du Fils de Dieu: & dit que ce Mulmutius estant grand Magicien, fit à l'aide des Diables & de son Art, ce qu'il estoit impossible aux hommes de faire: c'est qu'en peu de iours l'Angleterre se trouua munie d'vn bout à l'autre de Gr. Ch. d'vne belle & admirable structure, qui estoient encores entiers iusques à son siecle en plusieurs endroits, auec l'estonnement de tous ceux qui les contemploient.

Guillelmus Monumetensis, in historia Bruti.

3. Mais Camdenus tranchant le mot sur ce sujet, dit fort bien, que tant s'en faut qu'il adiouste foy à tels discours: au cōtraire, qu'il peut dire auec toute asseurance, que ce sont les Romains qui peu à peu les ont fait ainsi sousleuer & pauer. *Sed tantum abest, vt fidem adhibeam: vt confidenter dixerim Romanos paulatim substruxisse.*

4. Et a raison de dire ce mot *paulatim*, d'autant que ces chemins n'ont pas esté faits à mesme temps, ny par vn mesme Empereur. Suetone tesmoigne que Claudius successeur de Caligula, fut celuy qui le premier apres Iules Cæsar mit le pied dans la grand' Bretaigne: & qu'ayant reduit vne partie de l'Isle souz sa puissance, *sine vllo prælio aut sanguine*, il s'en retourna à Rome, y entrant en triomphe, cōme s'il eust gaigné quelque grande victoire sur les Insulaires. Il est à coniecturer que dés ce tēps les Magistrats Rōmains enuoyez pour le gouuernement des Peuples subiuguez y cōmencerent les ouurages dés G. C. au moins auons nous cy deuāt apris, que souz l'Empire de Domitian il y auoit ja beaucoup de tels ouurages parfaits à l'aide des gēs du païs qui se plaignoient dés lors d'y auoir esté employez par force.

Tacitus in vita Iulij Agricol.

Les premiers Empereurs que ie trouue auoir mis le pied dans cet Isle apres Claudius, sont Hadrian & Septimius Seuerus: desquels ce premier, cōme il est à croire, fit trauailler aux Chemins du païs, aussi bien qu'à cette muraille d'octāte mil pas qu'il y fit faire: & pense que Spartian touche cecy, quoy qu'obscuremēt, quand il dit, qu'Adrian estant en la grand' Bretagne, *Multa correxit: murumque per octoginta millia passuum primus duxit, qui Barbaros Romanosque diuideret.*

6. Quát à Septimius Seuerus, il s'y en alla sur la fin de son aage pour domter certains peuples Barbares qui occupoient les parties de l'Isle aujourd'huy recognuës sous le nom d'Escosse, que les anciens appelloient Caledonie. Où estant, la premiere chose qu'il fit, ce fut de bastir plusieurs ponts & leuees à trauers les lieux paludeux & marescageux du païs, afin de preparer vn sol, sur lequel les soldats peussent combatre de pied ferme, à quoy il fut induit, d'autant que par le reflus de l'Ocean, le païs estoit occupé & remply de plusieurs eaux baignantes: à trauers lesquelles les peuples originaires du lieu auoiét accoustumé d'aller & venir: & mesme d'y combatre, enfoncez iusqu'au ventre: Car ils n'auoient lors aucun vsage de vestemens, n'estás couuerts que de deux cercles de fer, dont ils s'enuironnoient le corps & le ventre. Et quant au reste, ils se faisoient peindre & colorer la peau de diuerses figures d'animaux, ne portans ne casque ne cuirasse, ains seulement vn bouclier estroit, auec vn iauelot, & vne espee pendante à leur costé droit. Pour oster à ces gens qui estoient nuds l'auantage d'assaillir, ou de faire leur retraite dans ces marais, Seuerus en feit combler bône partie par grandes leuees de terre, qu'il fit ietter à trauers, pour y passer, ou combatre par les siens auec auantage en la façon que Herodiá nous le dépeint au 3. de son Histoire: où il dit entre autres choses. *Sed in primis curæ habuit Pontibus occupare paludes, vt stare in tuto milites possent, atque in solido præliari. Siquidem Britanniæ plæraque loca frequentibus Oceani adluuionibus paludescunt. Per eas igitur paludes Barbari ipsi natant excursantque ad Ilia vsque demersi.* Et peu apres, *Transgresso igitur Romano exercitu amnes, Aggeresq; eos, qui obiecti Barbaris, Romanorũ fines disterminant, pugnæ quædã tumultuariæ fiebãt, & excursiones, victore vbiq; Romano.*

7. Mais sur toutes ces leuees est admirable celle que Seuerus feit faire d'vne longueur & hauteur démesuree, & sur icelle vne forte & espaisse muraille, pour separer les prouinces Romaines de celles non encores conquises: & seruir d'vn fort rampart contre les Pictes & Escossois. Ce qui fut cause que l'ouurage entier fut appellé *murus Pictiæ:* & s'estendoit d'vne mer à l'autre à trauers l'Isle sur l'espace de cét trente deux mil Italiques, & non de xxxij. mil seulement, comme il est dans Aurelius Victor, & Baptista Equutius, où il y a faute aux nóbres. C'est le plus bel œuure que cet Empereur ait fait en son regne: & pour raison duquel il s'acquit le nom de *Britannicus. Britanniam,* dit Spartianus, *quod maximum eius Imperij decus est, muro per transuersam insulam ducto, vtrinq; ad finem Oceani muniuit. Vnde etiã Britannici nomẽ accepit.*

In Seuere.

8. Et faut bien dire, que dés auparauant cet Empereur, il y auoit ja des chemins pauez, & accommodez de toutes les pieces qui auoiét

de coustume d'accompagner les G. C. voire iusques aux Gistes qu'ils appelloient *mansiones*, esquels les Empereurs marchans sur les Chemins militaires auec leurs armees, auoient coustume de demeurer au giste. Ce qui se peut colliger des paroles de deux bons Auteurs: dont le premier est Spartian, qui dit, *Post murum apud Vallum missum in Britannia, cum ad proximam mansionem rediret, &c.* Le second est de Bede le venerable, natif du lieu mesme, & qui plus est Historien de son païs: qui parle ainsi des ouurages qui y ont esté faits par les Romains: Entre lesquels les G. C. ne sont pas oubliez. *Habitabant intra Vallum quod Seuerum trans insulam fecisse commemorauimus ad plagam meridianam, Quod ciuitates, fana, Pontes, & Stratæ ibidem factæ hodie testantur.*

9. Camdenus escrit qu'il se trouue de vieilles Panchartes en Angleterre, par lesquelles il appert que quelques-vns des G. C. du païs y ont esté faits du temps des Empereurs Honorius & Arcadius, tirāt d'vne Mer à l'autre, & dit que quelques Historiens du païs se trompent asseurément, disans qu'en toute l'Isle de la grand' Bretagne il n'y en a que quatre, d'autant qu'il s'en trouue beaucoup d'autres deçà, delà par les prouinces Britanniques. Ceux qui s'arrestent à ce nōbre, ont escrit que le premier fut fait par vn Romain nommé Vitellian, sans autrement declarer ses qualitez: & que de son nom ce Chemin fut appellé *Vvatlingstreat*, au langage du païs: & d'vne ville où il passe, *Verlamstreat*. Le second fut *Ikenildstreat*, de la ville d'Icene, d'où il prenoit son origine. Le troisiesme estant fossoyé de part & d'autre, en eut le nō de *Fossé*. Le quatriesme fut dit *Erminstreat*, c'est à dire, la Voye de Mercure, lequel les anciens Allemans, comme dit Ioannes Obsopæus, ont autresfois adoré sous le nom de *Irminsul*, c'est à dire, colonne de Mercure.

10. Mais Camdenus qui est du païs, & qui a curieusement recerché & consideré la forme de ces grands Chemins, dit, qu'outre ces quatre il y en a plusieurs autres par les Regions de la grād' Bretaigne: en diuers endroicts de laquelle il a fallu dessecher les marescages: & en autres esleuer des longues digues ou chaussees de terre, comme ramparts: puis les pauer de cailloux, de telle largeur, que deux charriots venans l'vn contre l'autre y peuuent facilement passer. *Summa certe sunt admirationis & munificentiæ*, dit-il, *In primis verò murus Picticus, & Via illæ admirando opere per omnem regionem, alicubi desiccatis Paludibus, alibi aggeratis Vallibus munita & constructa, ea latitudine, vt occurrentia sibi inuicem vehicula liberè exciperent.*

A MONSEIGNEVR
MESSIRE NICOLAS BRVLART,
SEIGNEVR DE SILLERY,
Chancelier de France.

MONSEIGNEVR,

Les Empereurs ont faict tant d'estat des grands Chemins pauez, que pour les conduire de leur ville Capitale iusques aux extremitez de leur Empire, ils y ont obligé les personnes et les biens de leurs subjects de toutes sortes de qualitez ; ils n'en ont pas mesme exempté les biens de l'Eglise, priuilegez en toutes autres choses : non plus que les terres et Seigneuries de leur domaine particulier : comme on voit par leurs loix et ordonnances, et particulierement par vne constitution de Constantin le grand, où parlant de certaines gens qui se defendoient de la faueur qui estoit en leurs personnes, et de leurs priuileges, il ordonne qu'ils contribueroient

EPISTRE.

comme tous les autres aux ouurages de ces grands Chemins, sur l'vtilité euidente que tout le monde en receuoit, qui equipole à vne espece de necessité. Le liure que ie vous presente, Monseigneur, traitte de la matiere et de la forme de ces grands Chemins. Il ne vous entretiendra du commencement que de Chaux et de Sable, de Pierres, de Grauois et de Cailloux: Mais sur le milieu, vous y verrez le plaisant artifice, et la symmetrie ingenieuse, dont les anciens se seruoient à disposer ces matieres par diuerses couches les vnes sur les autres, pour les affermir contre tous efforts. Puis sur la fin, vous verrez les Temples, les Palais, Iardins de plaisir, Sepulchres, et autres edifices magnifiques, qui bordoient ces Chemins de part et d'autre: en telle sorte, que ce qui de premiere veüe se trouuera indigne de paroistre à vos yeux, estât rangé par ordre, et ayant receu sa derniere forme, pourra donner quelque contentement à vostre esprit. Ie vous offre donc, Monseigneur, ce petit ouurage auec confiance d'autant plus grande, que ie sçay que vous en auez meilleure cognoissance que nul autre, tant par la Iurisprudence et l'histoire, que pour les auoir souuent veu, et dedans, et dehors ce Royaume, où vous auez esté employé aux plus importäs Ambassades pour le seruice de nos Roys. Ce qui m'a donné d'ailleurs la hardiesse de vous faire ce petit present,

EPISTRE.

c'est la douceur et l'humanité qui vous est naturelle, et que i'ay plusieurs fois experimentee, lors que chargé des affaires publiques de la ville de Reims, lieu de ma naissance, vous auez tousiours eu pour agreables les recommandations que i'ay éu l'honneur de vous en faire : et tesmoigné par vne infinité de bons effects vne particuliere inclination au bien et repos de cette ville. C'est ce qui me rend d'autant plus obligé de prier Dieu qu'il luy plaise pour le bien de cet Estat, augmenter vos iours en toute prosperité et santé; Estant,

MONSEIGNEVR,

Vostre tres-humble & tres-obeissant seruiteur,

NICOLAS BERGIER.

HISTOIRE DES GRANDS CHEMINS DE L'EMPIRE ROMAIN.

LIVRE SECOND.

QVE LE SVBIECT DE CE SECOND Liure, est de la Matiere & de la Forme des grands Chemins de l'Empire.

CHAPITRE I.

1. *Suite des subiects du premier & second Liure.*
2. *Matiere & forme des grands Chemins de difficile recherche.*
3. *Similitude tirée de ceux qui bastissent, qui assemblent ordinairement les Materiaux.*

1. PRES auoir discouru des Autheurs des grands Chemins de l'Empire, comme causes motiues & efficientes d'iceux, Il nous faut venir aux Matieres, desquelles ils se sont seruy pour les faire : & à la Forme, suiuant laquelle ils ont disposé & rangé lesdites Matieres, pour en faire ce corps d'ouurage vn en soy, & different de tous autres que nous appellons vn Chemin: non pas naturel, mais artificiel: non pas commun, mais paué.

2. C'est donc de la cause Materielle & Formelle, qu'il nous faut parler en ce Liure second: & monstrer qu'il n'y eust onques ouurage au Monde, auquel on ayt employé tant de Materiaux : & pour

P

pour les ranger, tant de patience, de force, & d'industrie. Subject d'autant plus difficile à traitter, comme il est moins esclaircy par l'Histoire : se rencontrant peu d'Autheurs qui ayent exactement & distinctement parlé de la diuersité des Matieres, dont lesdits Chemins sont composez. Et moins encore, qui ayent plainement traitté de la Forme que l'on a tenu à les ranger, & assembler les vnes auec les autres.

3. Nous esperons neantmoins d'en discourir par vn si bon ordre, que les Esprits curieux auront occasion de s'en contenter. En quoy nous imiterons ceux qui ont quelque grand edifice à construire, lesquels, auant que les Ouuriers mettent la main à l'œuure, font amas de pierres, de bois, & autres materiaux propres à leur dessein. Aussi feray-ie vn magazin de toutes les Matieres necessaires à nos grands Chemins, auant que venir à les assembler : & commençant par les moindres, Ie m'en iray selon l'ordre de Nature, poursuiuant iusques aux plus grandes & plus necessaires, pour en fin ranger le tout en ordre, & luy donner sa Forme requise, & sa Perfection toute entiere.

DIVISION GENERALE DES MATIERES employees aux grands Chemins en deux parties : Traitté de la premiere partie.

Chapitre II.

1. *Diuision generale des Matieres des grands Chemins en grosses & menues.*
2. *Quatre natures differentes des endroits de la terre.*
3. *En toutes terres y a trois substances, Limon, Argille, & Arene. maniere de les separer.*
4. *Le Limon la plus legere & la plus feconde partie.*
5. *L'Argille infeconde, rend la terre feconde.*
6. *L'Arene la plus seiche, & plus pesante partie de la terre.*
7. *Difference entre l'Arene & le Sable : nature du Sable.*
8. *De la nature & solidité de l'Arene.*
9. *Trois genres d'Arene : & quatre especes de l'Arene qui se tire de la terre.*
10. *Tesmoignage d'Aristote sur la fermeté de l'Arene.*
11. *De la nature de la Chaux, & inuention de la cuire.*
12. *Du meslange & temperance de la Chaux auec l'Arene & Tuile battue.*

1. **P**OVR tenir vn ordre de facile intelligence en traitant des matieres diuerses, desquelles les grands Chemins sont composez, nous les diuiserons generalement en deux parties. La premiere comprendra les Matieres plus menues, & qui ne seruent qu'à ioindre, allier, & comme cimenter les autres. La seconde, contiendra les plus grosses, qui sont jointes, alliees & cimentees par les plus menues. Ie range entre les menues la Terre commune, la Chaux, l'Arene, & la Tuile battue: entre les plus grosses, les Pierres, tant grosses que petites: telles que sont les Cailloux, & le Grauois.

2. Pour commencer donc par les plus menues, Il faut entendre, qu'en tous endroits de l'Element terrestre ne se trouue pas mesme genre de terre, ou de pierre: Car il y a des lieux terreux, aucuns sablonneux, les autres pleins d'Arenes, & les autres de Grauois, ou de pierrailles. Ce sont quatre differences remarquees par Vitruue en ces mots: *Omnibus in locis non eadem genera terræ, nec lapides nascuntur: sed nonnulla sunt terrosa, alia sabulosa, Item glareosa: alius locus arenosa.* *Lib. 2. c. 6.*

3. Il appelle les endroits terreux, ceux qui approchent de plus pres à la terre commune, & pure elementaire. Or quoy que ces endroits paroissent plus purs & plus simples que les autres: si est-ce qu'il ne se trouue aucune terre si simple, en laquelle il n'y ayt trois substances distinctes, qui se peuuent desvnir & separer l'vne de l'autre. A raison dequoy, les Hebrieux qui les ont mieux distingué que nous, donnent à la Terre trois appellatiõs differentes: *a* Erehs, Adamak, Iabassak. Erehs ou selon les autres *b* Arehs, est proprement le Limon; Adamak, l'Argille, & Iabassak, l'Arene; qui est la plus seiche partie des trois: C'est pourquoy la saincte Escriture appelle la Terre, *aridam*. Et de faict, lauez de la Terre commune auec de l'eau, & la versez soudain en vn autre vaisseau auec le Limon qu'elle aura tiré: reiterez ce lauement, il ne vous restera en fin que l'Arene, qui par sa grauité sera tousiours au fond.

a Vigenaire en son traité du feu & du Sel, partie premiere.
b Ponthus Thyard, lib. de recta nominum impositione.

4. Quant au Limon, c'est la plus legere, mais la plus feconde partie de toutes: & laquelle estant desseichee, plus facilement se reduit en pouldre. L'Homme, selon son corps, en a esté formé. Et c'est d'où vient, que souuent il est appellé Pouldre: & qu'il est dict qu'il retournera en pouldre. Sa fecondité se manifeste en vne infinité de petits animaux, qui se forment du Limon de la Terre.

5. L'Argille est la partie la plus gluante, & qui se resoult plus difficilement en pouldre. Et quoy qu'elle ne soit guere propre à produire, toutesfois elle faict comme la cendre, qui de soy ne produit rien; mais est cause de production, & de fecondité: pour ce qu'elle

P ij

eschauffe & engraisse la Terre. A raison dequoy Virgile aduertit les laboureurs,

Georg. lib. 1.

—— *Cinerem immundum iactare per agros.*

Pline lib. 17 natural. hist. ca. 7.

Plusieurs en ont faict de mesme de l'Argile: Les Megariens entre autres, engraissoient leur territoire d'Argile blanche, qu'ils appelloient Leucargillion. Et les Gaulois amendoient leurs champs de ceste terre argilleuse, qu'eux & les habitans de la grande Bretaigne appelloient de la Marne: *quod genus Galli & Britanni vocant Margam:*

lib. eod. c. 6.

dict Pline. La nature gluante de l'Argile, est cause qu'elle est mise en œuure en briques, tuiles, & poterie.

6. Pour l'Arene, c'est la plus seiche, & neātmoins la plus pesante partie de la terre. *Graue est Saxū* (dict le Sage) *& onerosa Arena.* C'est

Prouerb. cap. 27.

d'où vient qu'elle demeure au fond, au lauement qui se faict de la terre. Les Grues mesmes, & les Cailles en temps orageux & impetueux, *sese Arena saburrant,* se chargent d'Arene, pour n'estre emportees au gré du vent; affermissant leur vol par sa pesanteur: en la mesme maniere que l'on en remplit aucunefois le fond des Nauires, de peur de verser. L'Arene par ceste qualité sert de subsistance, retenement, & fondement à la terre: comme elle faict, quand on la mesle auec de la Chaux ou Mortier, de peur qu'il ne s'escoule & se destrépe à l'humidité: Et semble que Dauid a proprement parlé, quand il a dict: *Et aridam fundauerunt manus eius:* d'autant qu'en la seicheresse & au poids de l'Arene, gist le principal affermissement & solidité de la Terre.

7. Pour ce qui touche le Sable, encore que plusieurs le prēnent souuent pour mesme chose auec l'Arene: si est-ce que nous voyons icy vn maistre Masson & Architecte, mettre vne difference specifique entre les lieux Sablonneux & Areneux. Il y a donc de la difference à proprement parler, *inter Sabulum & Arenam.* Quelques vns disent, que le Sable, dict des Latins *Sabulum,* est vne espece d'Arene

Franciscus Grapald. li. 1. de partib. ædium. cap. 1.

plus grosse que l'ordinaire, qu'ils appellent *Arenam grossiorem.* Mais si nous considerōs la nature de l'vn & de l'autre, nous trouuerons, que le Sable n'est point Arene, & que l'vn approche plus pres de la terre, & l'autre de la pierre: d'autant que le Sable est ce menu grain blanc, ou jaune, dont l'on se sert à desseicher l'escriture: qui n'est autre chose qu'vne terre cuitte & desseichee peu à peu par la chaleur du Soleil. D'où viet qu'il s'en trouue beaucoup plus és Regiōs chaudes, qu'aux froides ou temperees. Comme en Affrique, ou il y a de grandes contrees toutes desertes, à cause des Sables qui en occupent la surface: & que le vent porte çà & la, comme vne Mer agitee. Le Sable dōc à raison de sa seicheresse, est la plus sterile partie de la terre, d'autant que ceste qualité est diametralemēt contraire à l'humidité que les Philosophes disent estre la source & le principe de toute production & generation. De là Thales & Pithagore disoient que l'Eau estoit la premiere matiere preexistante, de laquelle toutes choses auoient esté faictes, estant aydee & secourue par la chaleur. Et c'est la mesme chose (quoy que desguisee à la façon des Poëtes) qu'Homere & Virgile veulent signifier, quand ils appellent l'Ocean Pere de toutes choses. C'est donc la sterilité du Sable qui rend desert les lieux qu'il occupe, d'où vient que le Sable tenant ordinairemēt les riuages de la Mer, on a faict ce Prouerbe, *Arare littus*, pour perdre sa peine: d'autant que par aucun labourage on ne peut rendre le Sable propre à porter ne produire aucune chose. Au surplus ceste seicheresse, & rotondité orbiculaire des petits corps du Sable, est cause qu'il est rejetté des bastimens, d'autant qu'il ne se peut allier par aucune humidité à cause de son extréme seicheresse, & n'a point de retenement, à cause de sa rotōdité. Tant s'en faut aussi que l'on s'en soit seruy aux ouurages des grands Chemins, qu'il a conuenu l'oster des endroits où il s'est rencontré: le destourner, & en curer la place, pour y mettre autres matieres plus fermes & plus solides: ainsi que nous verrons au discours de la voye de Domitian.

Diogenes Laërt. in Talete.
Arist. lib. 1. Phisicorum cap. 2.
Cicero li. 2. Academic. Quæstio.
Ouid. li. 15. Metamor.

8. Ce qui monstre donc vne notable difference entre le Sable & l'Arene: C'est que le Sable par sa seicheresse & rotōdité, rend le pas instable, & s'esboule facilement souz les pieds: l'Arene au contraire, ayant de l'humide radical en soy; & d'ailleurs estant faicte à plusieurs angles, affermit par son alliage les corps où elle est meslee ainsi que nous auons dict. Et est de soy mesme si ferme, & si subsistante, qu'au commancemēt que les Romains se sont mis à munir des grāds Chemins, ils en ont faict quelques vns de pure Arene; à laquelle bien tost apres ils ont adiousté le Grauois. Aussi l'Arene n'est pas de nature de Terre ainsi que le Sable: mais tient veritablement de la Pierre, de laquelle elle emprunte ce qu'elle a de solidité: Car à proprement parler, l'Arene n'est autre chose que Pierre concassee en petits corps, & menues parcelles. Ce qu'Aristote nous confirme disertement en ses Problemes, où il faict ceste question: Pourquoy vn Lac ne faict point d'Arene, ou qu'il en faict beaucoup moins que la Mer ou les Riuieres. A quoy il faict response: qu'il y a force Rochers dans la Mer, & force pierres, que l'impetuosité des flots remue & verse les vnes contre les autres, par l'attrition & rencontre desquelles se faict l'Arene: *Arena aurē* (dit il) *Saxum in parua minutaq; perfractū est: quod ictu fluctuū frangitur*: En vn Lac il n'y a tant de pierres à descouuert: mais sont enduites de Boüe & de Limon, & ne viennent à s'entreheurter l'vne l'autre; d'autant que les flots ne les remuent point comme en la Mer: ains sont en repos dans vne eau dormāte. Et quāt aux Riuieres,

Sectione 23. art. 33.

il s'y faict aussi plus d'Arene que dedans les Lacs: d'autāt que l'eau par son cours, emporte ce qu'il y a de terre plus tendre, laissant à nud les pierrailles, & les cōcassant les vnes par les autres. Partāt Leon Albert apres auoir disputé, & discuté plusieurs choses sur la nature de l'Arene, a eu raison de cōclurre, que l'Arene est faicte de petits corps, & de menues pierrettes, rompues & concassees par la rencontre & froissement des plus grandes pierres. *Si quis me roget* (dit-il) *quidnam esse Arenam statuam, fortassis dixero, eam esse, quæ maioribus confractis lapidibus,*

Lib. 2. de re ædificatoria cap. 12. *minutulis constet lapilluscilis.*

9. Au reste, ce n'est pas seulement en la Mer, & aux Riuieres, que l'on trouue de l'Arene : mais aussi dedans terre, és endroits que Vitruue appelle *Loca arenosa*: aussi cet Autheur faict-il trois sortes d'Arenes: *Fossitiam, fluuiatilem, marinam*, c'est à dire, qui se fouit dans terre; qui se tire des Riuieres, ou de la Mer. Quant à celle qui se fouit de Terre, c'est la meilleure, & la plus propre à faire bastimens; & s'en trouue de quatre sortes: Sçauoir de la noire, de la blanche, de la rouge, & de couleur de feu, qu'il appelle *nigram, canam, rubram, carbunculum*: dont la derniere est vn genre de Terre enclos dans les Montaignes, qui par longue succession de temps a esté cuitte & desseichee par la chaleur du Soleil, & du feu elementaire : & est plus tendre que n'est la Tuf, mais plus ferme & solide que la Terre commune. *mollior quam Tophus, solidior quam terra.* ceste espece d'Arene

Vitruuius li. 2. c. 6. est fort frequente és Montaignes & Vallees de la Toscane.

10. Or que l'Arene soit propre à affermir & consolider les corps, parmy lesquels elle est meslangee, specialement les ouurages des Chemins & pauemens: Il en appert tant par l'experience ordinaire,

Sectione 23. art. 29. que par vn tesmoignage remarquable d'Aristote au mesme liure de ses Problemes: où il demande pourquoy la lisiere des riuages qui est plus proche des flots de la Mer, est plus ferme & plus solide que les parties dudit riuage plus reculees, & où le flot ne peut atteindre. C'est d'autant (dit-il) que le flot & agitation de la Mer jette loing de soy l'Arene la plus grosse, & non la plus menue: ne plus ne moins que la main ne peut pas jetter bien loing les corps plus menus, pour estre trop minces, legers, & sans poids. Donc comme plusieurs pierres viennent à s'entreheurter & arrester sur le bordage de la Mer, la partie la plus deliee de l'Arene agitee par les flots, tombant entre lesdites pierres, & remplissant les places vuides qui se trouuent entre les joints d'icelles, les consolide, & affermit: & comme l'Eau ne peut porter ces menus corps plus loing, en venant à les mouuoir, elle les entasse, & les presse entre les ouuertures desdites pierres en les remplissant: & par ce moyen s'attachent & se collent à l'ayde de l'humeur gluante de l'eau marine, qui les arrose: En sorte que le tout par la frequente agitation des flots estant comme battu & reserré, il se faict audit bordage vne sorte de paué aussi ferme & solide, que s'il estoit battu par l'artifice des hommes: Mais la partie du riuage où l'eau ne peut atteindre, se trouue couuerte des plus grosses pierrailles que les flots y renuersent; iusques ausquelles ils ne peuuent jetter l'Arene plus menue pour les vnir & joindre ensemble. En sorte que ladite partie ainsi esloignee, en demeure instable, raboteuse, & tremblante. Ces mots d'Aristote entre autres, sont à remarquer sur ce subject: *Tum etiam cum permulta & varia promiscue conquatiantur versenturque, pars minimorum interlapsa, spissat, atque condensat: mox fluctus residentis motio nihil propterea protrudit : sed opprimit, pauimentatque.*

11. Reste à dire vn mot de la Chaux, qui est la plus mince, mais la plus propre matiere, pour allier, consolider, & affermir vn ouurage : & qui estoit par le passé assez comune en la structure des grands Chemins de l'Empire. Or on sçait assez, que ceste matiere n'est pas œuure de simple nature, comme l'Arene & le Sable: mais qu'elle depend en partie de l'industrie & artifice des hommes, qui la font de Cailloux blancs, ou de pierre dure passee par le feu.

Vide Vitrauiũ lib. 2. cap. 5.

L'inuention de la Chaux, vient des espreuues que l'on a faict, que la Terre pure & simple, ny l'Arene, n'estoit pas suffisante à faire Mortier ou Ciment d'assez ferme alliage; & qui peust prendre corps auec pierres dures, & aucunement polies. On s'aduisa donc de reduire des pierres mesme en pouldre, pour sçauoir, si estant meslee auec Terre ou Arene, elle feroit vn ciment qui eust de la retenue, & fermeté suffisante : Mais estant ceste pouldre mise en œuure, on trouua qu'elle ne pouuoit lier vn bastimẽt. Ce fut lors, que l'on prit aduis de faire premierement passer les Pierres & Cailloux par le feu, pour dissiper la trop grande humidité, & autres qualitez nuisibles, qu'ils pouuoient auoir encloses dans leur propre substance, tirees des principes de leur nature. Ce qui succeda fort heureusement : Car apres auoir esté jettees dans vne fournaise, on les fit cuire & desseicher, tant que la tierce partie de leur poids fust reduite à neant, l'apparence de leur masse demeurant telle, qu'elle estoit auparauant la cuisson. Alors lesdites pierres estant bien bruslees, leur humidité naturelle desseichee & leurs pores ouuerts & addoucis, elles retindrent vne certaine chaleur latente, qui se fait paroistre par des qualitez contraires: Sçauoir, par l'humidité & la froidure : car l'eau que l'on y iette venant à penetrer dans leurs pores, elles commencent à boüillir & fumer : puis à tomber, & se resoudre d'elles mesmes en pouldre, propre à receuoir la mixtion de l'Arene. Tellement que ciment qui en est faict, seiche incontinent : & s'attache tellement à la matiere de l'œuure, qu'il s'en faict vne structure solide, & grandement durable. Et c'est en cela que l'on cognoit la bōté de la Chaux: car si la tirant & l'apportant du fourneau elle demeure en mottes blanches & sonantes cōme pierre: & que jettant de l'eau dessus elle craquette & faict bruit, & jette hors vne vapeur acre, c'est signe d'vne chaux bien cuitte, & de bon alliage. Au contraire, on reprouue celle qui tombe en pouldre en la tirant du fourneau, cōme non subsistante en bastimens, *calcem quidem quæ ex fornace apportata glebis fuerit non integris, sed resolutis, reprobant: eam probant, quæ ignibus perpurata; candicans & leuis & sonora sit: quæue, cum aspergas, multo crepitu acrem vaporis vim in altum euomat.*

Albert li. 3. de re ædificat. cap. 4.

12. Quand donc la Chaux estoit esteinte, & reduite en pouldre, on la mettoit diuersement auec l'Arene: Car si c'estoit Arene fossoyee & tiree de la Terre, on y mettoit trois parties d'Arene, contre vne de Chaux: mais si c'estoit de Mer ou de Riuiere, ils augmétoient la quantité de la Chaux à cause de l'humidité sur-abondāte de ladite Arene: & n'en mettoient que deux parties auec vne de Chaux: mesmes pour rendre la téperature du Mortier ou Ciment encores meilleure, ils y mesloient vne tierce partie de Bricque, ou Tuile mise en pouldre: mais ceste pouldre estoit peu vsitee és ouurages des grands Chemins; si ce n'estoit en la maçonnerie des Ponts & des Ports: & de quelques autres edifices, qui seruoient à l'vsage des postes assises sur iceux.

Vitruuius ibid.

DE LA NATVRE DV GRAVOIS, ET DE la difference qui est entre le Grauois & autres matieres des grands Chemins.

CHAPITRE III.

1. Le Grauois est plus gros que le Sable & l'Arene.
2. Que la Gresue en Champagne contient l'Arene & le Grauois: difference entre les lieux gras & pleins de Grauois.
3. Que le Grauois est distingué de l'Arene, & du Cailloux, par tesmoignage de Pline.
4. Que le Grauois tient le milieu entre l'Arene & le Cailloux. Equiuocation de Arena, Glàrea, & autres mots.
5. Glarea, & Silex, tantost pris pour mesme chose, & tantost opposez l'vn à l'autre.
6. Tesmoignage de Tibulle, où Glarea, & Silex, sont opposez. Que c'est que Glarea & Silex, és ouurages des grands Chemins.

1. Iusque

DE L'EMPIRE, LIV. I. 121

1. JVSQVES icy nous auons parlé *de locis terrosis, sabulosis, & arenosis*, ainsi appellez par Vitruue. Il nous reste à parler de ceux qu'il nôme *Glareosa*, lesquels nous auons gardé pour les derniers: d'autant que le Grauier ou Grauois, que les Latins appellent *Glaream*, est d'vn corps plus gros & plus massif que la Terre commune, que le Sable & que l'Arene: Ce que l'on peut colliger de ces mots de Vitruue. *Si autem non erunt Arenaria vnde fodiantur, tum de fluminibus, aut è Glarea erit excernenda*: C'est à dire, que s'il ne se trouue lieu, où on puisse prendre Arene dedans terre, qu'il en faut, en ce cas, tirer des Riuieres, ou en cribler & espurer du Grauois.

Vitru. lib. 2. cap. 7.

2. Nos Massons de Champagne appellent du mot de Gresue, vne matiere qui se foüit en certains endroicts de la terre, laquelle Gresue venant de la fosse, contient en soy l'Arene, & le Grauois ensemble: mais ils separét l'vn de l'autre, à l'aide du crible: En sorte que l'arene, comme la partie plus delice, & la plus terreuse, passe à trauers, pour en faire le ciment. Et ce qui ne peut passer pour sa grosseur, approche plus pres de la nature de pierre que de terre: & pense que c'est proprement ce que l'on appelle *Glaream*, que l'Interprete de Vitruue tourne par ces mots de Terre-Glaire: & celuy de Pline, de Grauier, ou Grauois. Quoy que ce soit, Pline met en contre-pointe les lieux purs & gras de la terre, contre ceux qui sont couuerts de Pierrailles & de Grauois. Comme lors qu'il parle de la nature des Oliuiers d'Italie, & d'Espagne, il dit, Qu'à Venafre, qui est au Royaume de Naples, les Oliuiers se portent le mieux du monde parmy le Grauois: & qu'au contraire, ils ayment les lieux gras au Royaume de Grenade: *Glareosum oleæ solum aptissimum in Venafro: pinguissimum in Bætica*.

Lib. 17. na. hist. cap. 4.

3. Au reste, comme les matieres propres à bastir, ou faire des chemins, vont du petit au gros: Il apparoist que ce que les Latins appellent *Glaream*, est quelque chose de plus gros que l'Arene, puis que l'Arene se separe du Grauois par le crible: & toutesfois, à proprement parler, le grauois n'est pas pierre: ains est distingué de la pierre, & du Caillou: encore qu'il tienne plus de la pierre, que ne fait le Sable ny l'Arene. Ce qui se manifeste à l'œil au lauement que chacun peut faire de quelque quâtité de terre commune: Car apres que l'eau plusieurs fois espurée, a emporté le limon & l'argile de la terre: Il vous reste deux substances differentes, residentes au fond de vostre vaisseau: dont l'vne est l'arene composée de petits corps fort minces & deliez, & qui font que l'arene toute lauée & espurée qu'elle est, ressemble encore à la terre. L'autre consiste en petits cailloux & menuës pierrailles qui tiennent visiblement de la Pierre: mais en ma-

Q

tiere d'ouurages de pauemens & de maſſonnerie ſont veritablement diſtinguez des pierres, & proprement appellez du nom de Grauois, à cauſe de leur petiteſſe, & non à cauſe de leur ſubſtance. Or que la nature du Grauois ſoit Pierre naturelle, & neātmoins priuee du nom de pierre, on le peut iuger par deux paſſages de Pline, tirez de ſon Hiſtoire naturelle. Au premier deſquels (parlant de la maniere de planter les arbres) il dit, que quelques-vns ſont d'opinion qu'il faut mettre des pierres rondes au fond de la foſſe que l'on fait pour les planter, pour retenir autant d'humidité qu'il en eſt de beſoin: & faire place pour eſcouler l'eau ſuperfluë. Ce que les pierres plattes ne peuuent faire: d'autant qu'elles empeſchent les racines de ſe pouſſer dans terre. Puis il adiouſte, qu'il eſt bon de prendre la voye du milieu, qui eſt, de mettre du Grauier au fond deſdites foſſes. *Ali-* *Lib.17.nat.* *qui* (dit-il) *lapides rotundos ſubiici malunt: qui & contineant humorem* *hiſt. cap. 11.* *& tranſmittant: non item planos facere, & à terreno arcere radicem exiſti-* *mantes. Glarea ſubſtrata inter vtramque ſententiam fuerit.* Au ſecond paſſage, le meſme Auteur parlant de la nature des ſources & des eaux qui en prouiennent, dit, que l'eau qui procede d'vne terre Argilleuſe eſt douce: Que celle qui vient du Tuf eſt plus freſche: Que le Sable rend les ſources petites & limoneuſes: Que le grauier ne promet pas que les ſources ſoient de longue duree, mais que l'eau en eſt de bōne ſaueur: Que le Sable maſle, & l'Arene de couleur noire, donne des eaux certaines, durables & ſalubres: Que les Cailloux rouges ſont ſignes de tres-bonne eau, & de certaine duree: & que celle qui viēt au pied des Montagnes pleines de rochers & cailloux, a *Lib.31.nat.* cela de plus, d'eſtre freſche & froide comme glace. Voicy ſes mots, *hiſt. cap.3. Aqua ſemper dulcis in Argilloſa terra: frigidior in Topho. Sabulum exiles, limo-* *ſaſque promittit. Glarea incertas venas, ſed boni ſaporis. Sabulum maſculum, &* *Arena carbunculoſa, certas ſtabileſque, & ſalubres. Rubra ſaxa optimas, ſpeique* *certiſſimæ: Radices montium ſaxoſæ, & ſilex, hoc amplius rigentes.* En ces paſſages on voit vne notable difference entre le Sable, l'Arene, le Grauier, la Pierre, les Rochers, & les Cailloux: veu que chacune de toutes ces matieres, ont leur naturelle proprieté differente des autres, en ce qui eſt de la production des eaux.

4. Que dirons nous donc de plus precis, & de plus intelligible de la nature du Grauois? ſinon que c'eſt vne certaine matiere, qui tient le milieu entre l'Arene & le Caillou: qui tient moins de la nature de la terre, que l'Arene, & moins de la nature de la pierre que le Caillou. En ſorte que nous pouuons dire, que le Grauois eſt comme vne groſſe Arene: & comme des petits Cailloux. Accurſe ſur la loy 1.ff.de Via publ. & Itin. publ. refic. meſle le Sable ou Arene auec la Pierre en la definition du Grauois: *Glarea* (dit-il) *eſt Sabulum cum paruis*

Lapillis. Aussi le voisinage qui se trouue en la nature de toutes ces matieres, est cause, que les Auteurs qui en parlent, donnét souuét le nō de l'vne à l'autre. Car bien souuét on trouue le Sable & l'Arene: l'Arene & le Grauier: le Grauier & le Caillou pris l'vn pour l'autre, à cause de la ressemblance de leur nature. Mesme le mot de Caillou est encore equiuoque, signifiant tantost ces petits Cailloux lissez & polis: & quelquesfois des gros quarreaux, ou grosses Pierres taillees ou non taillees, que l'on met en œuure aux ouurages de Massonnerie ou de Paué: lesquelles grosses Pierres on appelle autrement *Saxa*, d'vn nom aussi equiuoque que les autres. Car *Saxum*, se prend tantost pour vn Quarreau de Pierre, rude ou poly: tantost pour ces grands Rochers qui paroissent hors la face de la terre: ou bien ceux qui sont au fond de ses entrailles, tels que sont les grands & larges Bancs, soit de Marbre, ou d'autre nature de pierre, qui sont aux Quarrieres: ainsi que nous verrons cy apres. Bref si nous procedons du plus petit au plus grand, nous trouuerons que dans les meilleurs Auteurs le mot d'*Arena*, se prend tantost pour Sable & tantost pour Grauois: Celuy de *Glarea*, tantost pour Arene, & tantost pour des petits Cailloux & autres Pierrailles: Celuy de *Silex*, tantost pour Grauois, & tantost pour Rocher: chacun en particulier, empruntant les noms de ses voisins. Tantost au cōtraire, ces noms tiennent chacun leur rang à part: & se mettent en opposition cōtre ceux qui leur tiennét de plus pres.

5. Nous verrons des exemples manifestes de tout cecy és mots tant Latins que François, de toutes les Matieres dessusdites: specialement au subiect, qui touche les grands Chemins de l'Empire. Et c'est ce qui nous a engagé à l'explication de tous ces mots, & aux differences precises qui se trouuent entre-eux, auant que d'aller plus auant au discours de la Matiere & de la Forme des Chemins, que nous auons à déduire en ce liure, où nous verrons les mots de *Silex*, & de *Glarea*, tantost pris pour vne mesme chose, & tantost estre contraires l'vn à l'autre. Car encore que ces petites Pierres polies & lissees, qui se trouuent entieres ou par fragmens parsemez sur la terre, soient vrais Cailloux en ce qui est de leur nature: Si est-ce qu'en matiere de nos grands Chemins, ils sont bien souuent opposez aux Cailloux: leur petitesse leur faisant perdre le nom de Cailloux, pour les mettre au rang du Grauois.

6. Ie me contenteray pour cette heure d'en produire vn seul exemple tiré de Tibulle, lequel escriuant *ad Messalam*, Commissaire des grands Chemins, dit qu'en certains endroicts, il employoit pour les pauer du Grauois dur & ferme: & en autres endroits des Cailloux.

Namque opibus congesta tuis hic Glarea dura   Li. 1. eleg. 8.
Sternitur, hic apta iungitur arte Silex.

Où il ne faut pas penser, que par le mot de *Glarea*, il entende le Grauier commun seulement: Mais il signifie sous ce nom, vn ramas de ces petits Cailloux, tant entiers que rompus, & autres Pierrailles qui se voyent encores iusques aujourd'huy en la surface & plus haute couche des grands Chemins de la Gaule, & autres Prouinces: lesquels menus Cailloux il oppose aux quarreaux taillez ou non taillez, dont on pauoit & dedans Rome & dehors en quelques Voyes plus signalees. Ce sont ces grands Quarreaux, que Procopius, parlant de la Voye Appienne, appelle *Siliceos lapides*: lesquels mots le docte Lipsius interpretant, dit, que Procopius entend parler de ces grands Quarreaux de pierre dure & aspre, que l'on taille dans le Roc : & non pas de ces menuës pierres, que vulgairement on appelle des Cailloux: qui pour leur petitesse reuiennent plustost à la nature du Grauois.

Lib. 3. de Magn. Roma. cap. 10. *Silicem intelligit, durum asperumque lapidem, & è rupibus : non illum minutum & tenuem, quem vulgo vocamus: & qui in Glaream potius venit.*

DE LA SECONDE PARTIE DES MATIERES
employees aux ouurages des Chemins.

CHAPITRE IV.

1. Diuision des grosses Matieres des grands Chemins, en pierres taillees, & non taillees.
2. Trois especes de pierres taillees.
3. Premiere espece, sont pierres tendres.
4. Seconde espece est des temperees.
5. Troisiesme espece est des pierres dures.
6. On se seruoit de la derniere de ces trois especes és grands Chemins, sous le nom de Saxum & Silex.
7. Saxum, pour pierre de taille tirée de sa roche.
8. Que c'est que Scopulus, Ara, Rupes, Murex, Stobilus, Crepido, Escueil.
9. Signification de Silex. Maniere de tailler le Caillou, & le mettre en œuure és bastimens.
10. Cailloux principale matiere des grands Chemins. Difference entre Cailloux taillez & brisez.
11. Deux sortes de Cailloux brisez & leurs noms : où & comment mis en œuure aux grands Chemins.
12. Des petits Cailloux non taillez ne brisez.
13. Grosseur, figure, & polissure desdits Cailloux.
14. Petits Cailloux nuisibles à la Massonnerie : duisibles à la surface des grands Chemins.
15. Comment lesdits Cailloux sont dits & gros, & petits, par diuerses raisons.
16. Premiere raison de les mettre au rang des grosses Matieres sous le nom de Glarea.
17. Seconde raison.

DE L'EMPIRE LIV. I. 125

1. Ovs auons diuisé generalement toutes les matieres des G. C. de l'Empire en deux parties, sçauoir en grosses & menuës : & auons dit que les menuës sont celles, qui seruët à allier joindre & cimenter les plus grosses: telles que sont la Chaux, l'Arene, & la Tuile battuë. Il nous faut maintenant parler des plus grosses, lesquelles nous comprendrons toutes sous le nom commun de Pierres, soit grandes, moyennes, ou petites : aucunes desquelles se trouuent separees & esparses sur la superficie de la terre. Les autres se tirent des entrailles d'icelle, & se taillent à coups de ciseaux dans les roches viues des Quarrieres : en sorte que nous pouuons diuiser les pierres qui seruët à nos grands Chemins, en Pierres taillees, & non taillees.

2. Quant aux Pierres taillees, il y en a de trois especes, au dire de Vitruue, selon les trois sortes de Quarrieres desquelles elles sont tirees : dont les vnes sont tendres de nature, les autres dures, & les autres moyénes entre les tendres & les dures. *Lapidicinæ* (dit-il) *sunt disparibus & dissimilibus virtutibus. Sunt enim aliæ molles, aliæ temperatæ, aliæ duræ, vti Siliceæ.* *Vitruuius lib. 2. cap. 6.*

3. Les tendres ont ceste commodité, qu'estant tirees de leurs roches, elles sont aisees à tailler pour mettre en œuure : telles que sont nos Crayes en Champagne. Que si on les met en lieu couuert : ou bien vn pied au dessus du raiz de chaussee, elles sont pour porter de la peine, & durer long temps : principalement si elles ont eu le loisir de seicher quelque espace de temps apres qu'elles ont esté tirees des Quarrieres, auant que d'estre mises en œuure. Mais si on les expose à l'air & à descouuert, on les voit bien-tost esclater en fueilles, ou en poudre, quãd elles sont atteintes des gelees, ausquelles elles sont fort subiettes. Telles sont les Pierres qui se tirent des Quarrieres des villes de *Rubra*, de *Pallian*, de *Fidene*, & d'*Alba*, autour de la ville de Rome. *Quæ si sunt in locis tectis, sustinent laborem : sin autem in apertis & patentibus, gelicidiis & pruinis congesta, friantur & dissoluuntur.* *Ibidem.*

4. Les temperees endurent le fardeau & la gelee sans se gaster : mais sont aisement corrompuës par le feu, qui les dissoult en poudre, & en fait comme de la Chaux. Ce qui leur arriue, d'autant qu'en leur temperamment naturel, elles ont peu d'humide & de terrestre, & beaucoup d'air & de feu. D'où vient qu'aussi tost que le feu vient à les toucher, sa force entre dedans leurs pores & leurs veines, & en chasse l'air qui y estoit enclos, qui seruoit d'alliage & de solidité à leur structure, laquelle vient aussi tost à se dissiper & se reduire en poudre. Telles sont les Pierres de *Tiuoly*, & de quelques autres endroicts : *quæ sufferunt, & ab oneribus, & à tempestatibus iniurias : sed ab igne non pos-*

Q iij

sunt esse tuta, simulque vt sunt ab eo tacta, dissiliunt & dissipantur.

5. Les Pierres dures sont celles qui ne se corrompent ny par la rigueur de la gelee, ny par l'ardeur des flammes: & par ce moyen sont de longue duree. Elles resistent au feu, d'autant qu'elles ont peu d'air & de feu en l'interieur de leur substance: mais au contraire, contiennent beaucoup d'humide & de terrestre : qualitez propres à les rendre tellement solides, que la gelee, ny le feu, ne les peut endommager. Telles sont les Pierres tirees des Quarrieres qui sont és finages des Tarquiniens en la Campagne de Naples, que l'on appelle Pierres Anitiennes: celles du Lac de Volsene, & de la Preuosté de Statona en la Toscane: *Neque enim his gelicidiorum tempestas, neque tactus ignis potest nocere: Sed sunt firmæ, & ad vetustatem permanentes: quod parum habent è natura mixtione aeris & ignis: humoris autem temperatæ plurimum terreni. Ita spissis compactionibus solidatæ, neque à tempestatibus, neque ab ignis vehementia nocentur.* Voila ce que Vitruue a escrit de la diuersité des Pierres: à quoy Pline se conforme en beaucoup de choses au chap. XXII. du liure XXXVI. de son Histoire naturelle, où il parle amplemēt de toutes sortes de Pierres.

Vitru. ibid.

6. On se seruoit de Pierres dures & temperees aux ouurages des bastimens: mais en ceux des grands Chemins on ne mettoit en œuure que les plus dures: principalement celles qui tenoient de la nature de Caillou. Ce que Baptiste Albert nous fait entendre, lors qu'il parle des anciens pauez: *Qualicunque dabitur lapide pro rerum copia vtemur, modo prædurissimi seligantur, quibus ea saltem viæ pars insternatur, quam potissimum iumenta reptando petant. Cæterum veteres huic operi siliceum lapidem egregie probauerunt.* Ces Pierres dures és ouurages des grands Chemins sont recognuës sous le nom de *Saxum*, ou *Silex*, quasi indifferemmēt: comme si ces deux noms signifioient vne mesme chose. Ainsi Papinius Statius appelle *Silicem*, en ce vers: *Quis duri Silicis, grauisque ferri*: Ce qu'il nomme *Saxum* en cet autre: *Illi Saxa ligant, opusque texunt.* Il y a neantmoins ceste difference entre l'vn & l'autre à proprement parler, que le mot de *Saxum* est plus general, & *Silex*, plus special. Car *Saxum*, signifie proprement le Roc de quelque sorte de pierre dure que ce soit, qui se trouue par grands & longs bancs dans les entrailles de la terre, & qui seruent à l'affermissement du corps elementaire, comme les os aux corps des Animaux, suyuant le dire d'Ouide,

Lib. 4. de re ædific. cap. 6

Lib. 4. Siluarum in via Domitia.

Lib. 1. Metamorph.

Lapides in viscere terræ,
Ossa reor dici.

Lib. de differentiis.

Et c'est en la dureté seule, que le mot de *Saxum*, est different de *Lapis*, si nous en croyons Isidore, qui dit, *Inter Saxa & Lapides differentia est. Saxa tantum durissima: nam lapis, & dura, & mollis est petra.*

7. Et neantmoins les Pierres qui sont tirees par pieces des roches

viues pour les employer en bastimens, que nous appellons vulgairement Pierres de taille, retiennent aussi le nom de *Saxum*: encores que la roche d'où elles sont tirees, soit de pierre tendre. Ce qui se iustifie par ce passage de Vitruue. *Sed hæc omnia, quæ mollia sunt, hanc habent vtilitatem: quod ex his Saxa cum sint exempta, in opere facillimè tractantur.* Et peu apres, *Cum ædificandum fuerit, ante biennium ea Saxa non hieme, sed æstate eximantur, & iacentia permaneant, in locis patentibus.*

8. Que si de ces grands Bancs ou Rochers enclos dans la terre, quelque partie sort hors la surface d'icelle, & se fait paroistre à nud: si elle s'esleue tellement en l'air que l'on puisse y auoir accés, on l'appelle *Scopulus*: à cause que cela est faict en forme de Sentinelle ou d'Eschauguette. *Scopulus* (dit Isidore) *à Saxo eminenti, quasi à speculando dictus.* C'est la mesme raison en Mer, si vn Rocher paroist hors des eaux: Mais s'il ne paroist point, ains tiét son dos caché comme à fleur d'eau, les Latins appellent tel Rocher *Aram*: & les François, vn Escueil: chose de tresdangereuse rencontre aux nauigans. Ce que Virgile signifie par ces vers,

Lib. 6. orig. cap. 3.

 Tres Nothus abreptas in Saxa latentia torquet.
 Saxa vocant Itali mediis quæ in fluctibus Aras,
 Dorsum immane mari summo.

Virgil. 1. Aeneid.

Mais si tels Rochers sont tellement couppez du pied en amont, que l'on ne puisse y monter de part ny d'autre: ains soient inaccessibles: en ce cas on les nomme *Rupes*, & leurs poinctes *Murices*, & *Strobilos*. Et quant aux bords ainsi couppez à plomb, ils s'appellent *Crepidines*. *Crepido*, dict Isidore, *extremitas est Saxi abrupti.*

Isidor. ibid.

9. Voila l'estenduë de *Saxum*, & les noms differens de ses parties: mais celuy de *Silex*, que nous disons vn Caillou, ne s'estend pas si loing: Car il est proprement restreint à la Pierre qui iette feu lors que elle est frappee par le fer, ainsi que nous verrons cy apres par le tesmoignage d'Isidore.

Quant aux Cailloux, les vns se taillent dans les Quarrieres, & les autres non. Pline escrit que l'on tiroit des Cailloux naturels de certaines roches extremement dures, & qu'on ne laissoit de leur donner par la taille telle forme que l'on vouloit. Les Grecs s'en seruoiét en leurs bastimens, comme on feroit ailleurs de Brique. Que si le bastiment estoit composé de Cailloux de mesme taille, & pareille grosseur: ils appelloient ce genre de structure *Isidomon*. Si d'espesseure inegale, *Pseudisodomon*. Dauátage quelque dureté qui fust esdits Cailloux, si est-ce qu'ils pouuoient endurer la polissure: & y auoit certain autre genre de structure, qu'ils appelloient *Emplecton*, d'autant que ce qui paroissoit en front, estoit poly & applany.

Lib. 36. nat. hist. cap. 2.

10. La principale matiere des grands Chemins confiſtoit en Cailloux gros ou petits, taillez ou non taillez. Les gros ſe tiroiët du ventre des Rochers, & ſe mettoient en œuure en deux façons : Car les vns eſtoient taillez & les autres briſez. I'appelle taillez ceux qui receuoient figure & poliſſure par le ciſeau, la reigle, & le compas : ainſi que les grands Quarreaux de noz Egliſes. Quelques Citoyens Romains durant l'eſtat populaire, & depuis, quelques Empereurs, ont paué des grands Chemins par les champs de tels Quarreaux, d'vne admirable longueur. Pour les Cailloux briſez, ils ſont fendus & mis en pieces à ſimples coups de marteau : & ne ſont d'aucune figure reguliere : ains de celle, que le marteau fortuitement leur a donné.

11. Ces derniers ont pareillement ſeruy aux ouurages des grands Chemins, eſquels ils ſe trouuent de trois ſortes, qui ſont differents en figure & en ſituation : Car les vns ſont de figure platte; & partant propres pour faire vn lict ferme & ſtable à ſouſtenir les autres Materiaux, que l'on couchoit deſſus. D'où vient que cette partie (cóme premiere & fondamentale) a eu le nom de *Statumen* : que nous pouuons dire en noſtre vulgaire la Fondation : les autres ſont approchans de la figure ronde : & ne ſont guere plus gros que pour emplir la main : & ſont employez aux ouurages deſdits grands Chemins ſouz le nom de *Rudus*, que nous dirons Ruderation. La troiſieſme ſorte retire plus à la figure cubique : & ſe met principalement en œuure en la ſurface du Paué des villes, & de quelques Chauſſees des champs. Tels ſont les grez que l'on met en œuure au paué de Paris, & autres villes de France.

12. I'appelle petits Cailloux, ceux qui ne ſont tirez des roches viues des Quarrieres, & qui ne ſont taillez ne briſez par l'artifice des hommes : mais ſont petites Pierres, qui ſe trouuent entieres ou par fragmens, eſparpillees par les Monts & les Valees, par les Vignes ou Terres labourables : d'où elles ont eſté autrefois recueillies & ramaſſees auec grande peine, trauail, & diligence, pour en faire & maſſiuer la derniere ſurface des grands Chemins des champs. Telle eſt certaine eſpece de petit Caillou verd, que Pline dict reſiſter merueilleuſement au feu : & auquel il donne bien le nom de Pierre, mais non pas de Rocher : d'autant qu'il ne ſe tire des Quarrieres : *Vbi enim* (dit-il) *inuenitur, lapis, non ſaxum eſt.*

13. Mais il y a bien plus, c'eſt que combien que ces petites Pierres ſoient vrais Cailloux, & que nulle autre ne les ſurpaſſe en la vertu naturelle de jetter feu, ſi eſt-ce que leur petiteſſe (ainſi que ja nous auons dict) leur faict perdre le nom de *Silex*, en ce qui touche les grands Chemins, pour prendre celuy de *Glarea*. La verité eſt qu'ils n'excedent guere la groſſeur d'vn œuf de poule : & ſen trouue vne infinité

DE L'EMPIRE. LIV. II.

infinité és ouurages des grands Chemins qui ne sont pas plus gros que petites febues, ou noyaux de cerise. Au reste, ils sont plus de figure ronde ou ouale, qu'autrement. Et outre cela, polis & lissez comme par artifice. Et quoy qu'ils soient de tres-longue durée, & qu'ils resistent à tous efforts, si est qu'ils ne valent guere en Massonnerie, à cause de leur figure ronde, & de leur polissure: deux qualitez ennemies de consistence & de retenemēt; si ce n'est qu'ils soient bien liez & cimentez, auec Chaux & Arene. *Globosus contra forte* (dit Pline) *sed ad structuram infidelis: nisi multa suffrenatione deuinctus.*

Lib. 36 hist. nat. cap. 22.

14. Mais il n'en est pas ainsi pour ce qui touche les ouurages des grands Chemins: Car ces petits Cailloux s'y sont trouuez si propres par experience, que la surface d'iceux en a esté faicte par toute l'Italie & les Prouinces, hors que quelques vns par vne singuliere magnificence ont esté pauez de grands Quarreaux taillez à la reigle & à l'esquierre, ou brisez au marteau. Et quant aux autres, ils sont couuerts de ces petits Cailloux, auec vne quantité & solidité admirable. Car c'est merueille d'en auoir tant peu recueillir: & encore plus grande merueille, qu'estant vne fois mis en œuure, ils ayent péu resister tant d'annees: veu que les Chemins qui en sont faicts il y a quinze & seize cens ans, paroissent encores entiers en infinis endroits iusques à nos iours, malgré les continuels efforts du charroy.

15. Or comme ainsi soit, que le Grauois duquel la surface des grands Chemins est faicte, consiste principalement en ces Cailloux: c'est ce qui m'a persuadé de mettre ledit Grauois entre les matieres plus grosses des grands Chemins: Car encores qu'en comparaison des plus grands Cailloux, Pierres & Quarreaux, ils soient bien petits: si est ce qu'ils sont gros en comparaison de la Chaux, du Sable, & de l'Arene qui seruēt à les allier, *Nihil enim per se magnum aut paruum dicitur: sed quod cum alio comparatur.*

Aristot. lib. Categoriar. cap. 3.

16. Or ay-ie encore esté poussé à mettre le Grauois entre les plus grosses Matieres des grands Chemins, pour deux autres raisons. La premiere est, que le Grauois, tel qu'il est employé esdits Chemins, est de vraye nature de Pierre: Et qui plus est, vray Caillou, à prendre le mot de *Silex*, en sa propre signification, d'autant que le Caillou (suiuant le tesmoignage d'Isidore) est vne espece de Pierre la plus dure de toutes, que les Latins ont appellé *Silex, à saliendo, seu exiliendo*: à cause qu'estant frappee par le fer, elle faict saillir le feu hors de soy. *Silex est lapis durus* (dict cet Autheur) *eo quod exiliat ignis ab ipso, ictus.* Or est il que ces petits Cailloux, quoy que denuez du nom de *Silex*, & reuestus de celuy de *Glarea*, ne laissent d'estre de vraye nature de pierre à feu. Et partant, quoy que rangez parmy le Grauois, ils doiuent retenir au moins l'appellation commune des Pier-

res, puis qu'ils en retiennent la nature.

17. La seconde raison qui me faict mettre le *Glarea* des Latins au rang des Pierres, & partant des Matieres principales, & plus grosses: est, que tout ainsi que les grands Quatreaux, qui ont en tels ouurages le nom de *Silices*, sont les parties principales des Chemins où ils se trouuent: & que comme tels ils sont joincts & alliez par le moyen des moindres Matieres: ainsi és endroits où les petits Cailloux sont employez souz le nom de *Glarea*, ils y tiennent pareillement lieu de matiere principale: & ne seruent pas pour joindre ou allier autre matiere plus grosse: ains ils y sont eux mesmes alliez & cimentez par les moindres, tels que sont la Chaux & l'Arene.

QVE LE CAILLOV ET LE GRAVOIS ont esté les principales Matieres des grands Chemins de l'Empire.

CHAPITRE V.

1. Difference de pauer selon la difference des lieux & des temps.
2. L'vsage des Cailloux par les champs mesmes a precedé celuy du Grauois.
3. Coustume de pauer de Cailloux dans la ville de Rome, & de Grauois dehors.
4. L'vsage depuis, de pauer de Cailloux & de Grauois par les champs.
5. L'vsage du simple Grauois par les champs delaissé, & le Caillou mis en pratique par tout.
6. Tesmoignage des ouurages de simple Grauois par les champs.
7. Comme il faut entendre l'vsage des Cailloux auoir esté introduit par tout és Chemins des champs.

E trouue par l'Histoire Romaine, que les grands Chemins ont esté differens de Forme & de Matiere, selon la difference des lieux & des temps: Mais la principale difference en ce qui touche la Matiere, consistoit en ce que les vns estoient faicts de grands Quatreaux, compris souz le nom de *Silices*: & les autres de Grauois, designé par celuy de *Glarea*; l'ay dict selon la difference des lieux, & des temps: d'autant que les chemins estoient autrement pauez dedans la ville de Rome, & autrement par les champs. Car dedans Rome on y pauoit ordinairement de Cailloux: Mais dehors par les regions d'Italie, on pauoit & de Cailloux, & de Grauois: de Cailloux en certains endroits, & de Grauois en d'autres

2. Or quoy que par les champs, le Caillou ait esté bien rare, & le Grauois fort frequent, specialement és premiers Chemins qui ont esté faicts en Italie: si est-ce que par les champs mesmes, le Caillou a precedé le Grauois en priorité de temps: ce qui est assez apparant par la seule Voye tant renommee d'Appius, qui est la plus ancienne, & la premiere de toutes les autres: & qui estoit faicte de grands & larges Cailloux, non brisez simplement: mais taillez à la reigle & à l'esquierre, polis & joincts ensemble par tel artifice, qu'à peine en voit-on les joinctures. Et si les Quarreaux n'estoient pas de ces petits pauez communs: mais auoient quatre à cinq pieds de face: le tout de telle longueur, largeur, & magnificence, que nulle autre Voye depuis ne s'est peu comparer à ceste cy: qui fut faict souz le Consulat de M. Valerius Maximus, & de P. Decius Mus, l'an de la fondation de Rome 442.

3. Depuis la maniere commune de trauailler aux grands Chemins, fut de les faire de Cailloux dedans Rome, & de Grauois dehors: que les Autheurs appellent tantost *Glarear*, & tantost *Arenam*. Les premiers vestiges de cecy se trouuent souz le Consulat de Sp. Posthumius Albinus, & Q. Mutius Sceuola, qui eschet en l'an 579. de la fondation de Rome: Car ce fut en cette annee, que Q. Fuluius Flaccus, auec A. Posthumius Albinus Censeurs, firent premiers de tous publier les ouurages des Rues de la ville de Rome, & des grands Chemins des champs: & les adiugerent, pour pauer dedans Rome de Cailloux, & dehors de Grauois. C'est Tite Liue qui nous rend ce tesmoignage au 41. de ses Annales: *Q. Fuluium Flaccum & A. Posthumium Albinum censores, Vias sternendas silice in Vrbe, & extra Vrbem Glarea substruendas marginandasque primos omnium locauisse.*

4. Peu de temps apres, sçauoir souz le Consulat de C. Cassius Longinus & de S. Domitius Caluinus 630. *anno ab Vrbe condita*, C. Gracchus, frere de Tiberius, remit sus l'vne & l'autre façon de pauer par les champs: Plutarque nous asseurant, que de plusieurs grands Chemins qu'il feit faire en Italie, il en feit pauer vne partie de Pierres ou Quarreaux: & vne partie de Grauois. *c. Graccus rectis quidem regionibus vias deduxit: & eas partim lapide excusso strauit, partim arenæ muniuit aggeribus.* Ce sont les mots de son interprete Latin: desquels l'intelligence n'est pas, que la Pierre ait esté mise & posee sur l'Arene en vn mesme Chemin: comme on faict en nos Pauez ordinaires: Mais ce mot *partim*, diuise les Chemins entiers les vns des autres: aucuns d'iceux estans entierement faicts de Cailloux, & aucuns de simple Grauois: Car en cet endroit, les mots de *Lap-* & *Arena*, sont & signifient la mesme chose que *Silex* & *Glarea*, pour les causes que nous auons desduit cy deuāt: le voisinage & ressemblan-

In C. Gracho.

ce des Matieres, faisant confondre les noms qui les signifient.

5. Mais comme on commença depuis ce temps à s'apperceuoir que les grands Chemins faicts de simple Grauois, ne pouuoient longuement subsister, ny soustenir les efforts du temps & du charroy, en sorte que pour les tenir en estat, il y falloit incessamment reparer : cela donna occasion aux Censeurs & autres Magistrats suiuans, de laisser ceste forme d'ouurage comme par trop foible, & de rechercher les moyens de faire autres Chemins plus fermes, plus solides, & plus durables. Non que d'iceux ils ayent totalement rejetté le Grauois : Car ils l'ont tousiours reserué pour en faire la surface de leurs grands Chemins : Mais pour rendre leur ouurage de duree contre tous efforts, Ils se sont aduisez de fonder, soustenir, & fortifier ledit Grauois par dessouz, en y supposant force Pierres, Cailloux, Moilons, & Ciment, qu'ils ont disposé par certain ordre, & rangé en diuers licts & couches distinguees l'vne de l'autre : faisant par cette inuention, que ce qui ne pouuoit durer en son entier que bien peu de temps, a esté rendu capable par telle fondation & affermissement, de resister à plusieurs centaines d'annees : ce qui a esté principalement pratiqué depuis que la Souueraineté de la Republique Romaine est tombee és mains d'Auguste, & de ses successeurs en l'Empire.

6. Or qu'il soit ainsi, qu'autrefois on ayt faict par les champs des grands Chemins de simple Arene ou Grauois, il en appert par le tesmoignage de Onuphrius Panuinus, qui dict, qu'au commencement on faisoit ainsi les Chemins par les champs : Mais que depuis on s'est seruy de Cailloux indifferemment par tout, tant dehors que dedans la Ville : & que les vestiges qui restent desdits grands Chemins par les regions d'Italie, font plaine foy de cela : *Postea autem* (dit-il) *tam extra quam intra Vrbem vias Silice stratas fuisse, earum, quæ adhuc tota Italia supersunt, vestigia indicant.* Et encore plus clairement en autre endroit : *Primùm, vt dixi, in Vrbe tantum Silice sternebantur, extra verò Glarea : Vt ex Tibullo & Plinio constat. Posterioribus verò temporibus, omnes Silicibus stratæ sunt.*

In vrbe Roma. cap. de viis Rom. extra vrbem.

7. Ce qui est bien veritable, si on prend lesdits Chemins en leurs corps entier, & en toutes leurs parties, tant interieures comme exterieures : Car encore que quasi tous les grands Chemins tant d'Italie que des Prouinces, ayent leur surface & plus haute couche composee de simple Grauois, ainsi qu'il en apparoit à l'œil és grands Chemins de la France, & chaussees de Brunehault : si est-ce qu'il ne s'en trouue aucun, qui ne soit garny, fortifié, & comme farcy par le dedans de force Pierres & Cailloux de diuerses figures & grosseur : Lesquels, quoy que non paroiſ-

DE L'EMPIRE, LIV. II.

sans à l'œil, ne laissent d'estre parties essentielles desdits grands Chemins, & de leur seruir de principal appuy & affermissement: ainsi que chacun pourra voir à l'œil, & toucher de la main, en les faisant ouurir & renuerser.

DE QVELQVES AVTRES MATIERES employees aux ouurages des grands Chemins.

CHAPITRE VI.

1. Qu'en quelques endroits des grands Chemins on s'est seruy de Bois & de Fer.
2. A quel vsage le Bois a seruy.
3. A quoy le Fer estoit employé.
4. Tesmoignage de Statius sur l'employ du Bois à la Voye de Domitian.
5. Tesmoignage du mesme Autheur sur l'employ du Fer.

1. ON voit par les discours precedents, que les principales Matieres des grands Chemins consistent en plusieurs genres de Terres & de Pierres alliees ensemble en vn corps d'ouurage. Et à la verité ce que l'on y a mis d'ailleurs est si peu de chose, qu'à peine est-il besoing de s'y arrester. Ie trouue neantmoins qu'en quelques endroits on s'est seruy de Bois & de Fer.

2. Quant au Bois, il y a de l'apparence, que c'estoit pour faire Pilotis és lieux tremblants & marescageux: comme pres des Riuieres, & és endroits où il falloit faire des Ponts: afin de preparer vn lict ferme & stable, pour coucher & asseoir les grosses Pierres de taille, dont estoient basties les culees & les piles de ces Ponts magnifiques, qui sont parties des grands Chemins: & que les Empereurs, & autres ont faict edifier sur les Riuieres pour continuer lesdits Chemins, & en allier les bouts ensemble.

3. Pour le Fer, ie ne doute pas qu'és ouurages desdits Chemins il ne s'en soit mis en œuure: Mais sur tout, pour retenir & accrocher ensemble quelques grandes Pierres és Ponts, Ports, & lizieres des Chemins, pauez de grans Quarreaux, tels que les Chemins d'Appius, & de Domitian.

4. Nous auons quelque tesmoignage de cecy dans la description que Papinius Statius a faict de ladite Voye de Domitian, que cet Empereur continua de Sinuesse iusques à Bayes par vn Pont tres-magnifique basty sur le Fleuue Vulturnus, qui arrose la

R iij

Campagne Italienne, Region fertile & abondante en tous biens: Soit donc pour fonder les piles dudit Pont, soit pour fortifier quelques autres endroits fangeux & instables: Il est certain qu'il y fut employé grande quantité de Bois: attedu que Statius dict que quelques Montaignes en furet deuestues, quelques Forests degradees, & qu'à couper les Arbres, furent employez des hommes en grand nombre: Car voicy ce qu'il en dict,

Lib 4. Siluarum. in via Domitiana.

 O quantæ pariter manus laborant!
 Hi cædunt nemus, exuuntque montes.
 Hi ferro scopulos, trabesque cædunt.

Et quant au Pont où tels arbres peuuent auoir esté employez, le fleuue mesme introduit par le Poëte (comme appuyé & encliné sur l'vne des arcades dudit Pont) en parle en ceste maniere,

 Et nunc ille ego turbidus minaxque,
 Vix passus dubias prius carinas,
 Iam Pontem fero, peruiusque calcor.
 Qui terras rapere & rotare syluas
 Assueram (pudet) amnis esse cœpi.

5. Quant à ce qui est du Fer, non seulement les lices & accoudoirs dudit Pont en estoient garnis de part & d'autre: Mais aussi les grandes Pierres qui seruoient de liziere audit Chemin: Lesquelles lizieres ce Poëte appelle *Vmbones*, & dict qu'elles estoient faictes des plus grandes Pierres, bien serrees & alliees ensemble: Et d'ailleur joinctes & attachees l'vne à l'autre, auec agraphes de Fer. Ce que signifient ces deux vers:

 Tunc Vmbonibus hinc & hinc coactis,
 Et crebris iter alligare Gomphis.

DISCOVRS GENERAL DE LA FORME
des grands Chemins de l'Empire.

CHAPITRE VII.

1. *Deux sortes de Forme, naturelle, & artificielle. Que la Forme des grands Chemins est artificielle.*
2. *Qu'és ouurages des grāds Chemins l'art imite & paracheue la Nature.*
3. *Diuision generale des Chemins en terrestres & aquatiques. Subdiuision des Terrestres.*
4. *Subdiuision des Aquatiques.*
5. *Que les Romains ont faict des merueilles en toutes ces especes de Chemins.*

DE L'EMPIRE, LIV. II.

1. **A**PRES auoir preparé, & comme mis en reserue les Matieres dont on se sert à faire & composer les grands Chemins, il est temps maintenant de les mettre en œuure: & introduire en icelles la Forme qui doit donner l'estre au subiect entier. Or comme ainsi soit, qu'il y a deux sortes de Formes, l'vne qui dépend de la simple operation de Nature, d'où elle est appellee naturelle: & l'autre qui dépend de l'Art & industrie de l'homme: d'où elle est dicte artificielle. La Forme des grands Chemins est artificielle, consistant en l'assemblage & disposition des Matieres que dessus en certain ordre, que l'industrie humaine a inuenté par raison: non seulement pour donner l'estre à l'ouurage: mais aussi pour le conseruer le plus long temps que l'art des Ouuriers, & la Nature des materiaux le peuuent porter.

2. Ce n'est pas toutesfois qu'il n'y ait en la Forme & façon des grands Chemins quelque chose de naturel; d'autant que l'Art suit, voire paracheue la Nature: selon laquelle on trouue que les Materiaux les plus gros, & les plus consistans, ont esté mis au dessous des autres qui sont plus petits, plus coulans, & plus legers, pour leur seruir de fondement: & rendre par vne bonne ordonnance l'œuure entier, ferme, solide, & bien allié en toutes ses parties.

3. Mais auant que de proceder plus loing au discours de la Forme desdits grands Chemins, il faut entendre, qu'il y en auoit de plusieurs façons, selon lesquelles la forme estoit differente. Car à parler generalement, les Romains ont fait trauailler à deux genres de Chemins: sçauoir par Terre & par Eau: *Itinerum enim* (comme parle Iean Baptiste Albert) *duo sunt genera: Terrestre, & Aquaticum*: Encore chacun de ces deux genres reçoit-il de la difference en plusieurs especes: car des grands Chemins qui sont par la Terre, les vns sont pauez & faicts de main d'homme, les autres non pauez, ains simplement faicts & marquez par le froissement du chatroy & des cheuaux. Il y en a mesme qui diuisent encore les Chemins pauez, en deux especes subalternes: sçauoir en ceux qui sont faicts le long des riuages de la Mer: & ceux qui sont en plein païs, que l'on peut dire Mediterranez; Comme on voit par certains fragmēs de l'Itineraire d'Antonin, duquel nous parlerons au liure suiuant, & auquel il est porté que pour aller de Rome en la Gaule dicte par les Romains Cisalpine, il y auoit six Chemins differens: *Ab Vrbe in Gallias itur itineribus sex: Maritimo, littoreo, Aureliano, Cassiano, Tyberino, Flaminio*, où vous voyez vn Chemin par Mer, vn par le riuage de la Mer, & les quatre autres denommez en suite en pleine Terre, esloignez des riuages.

Lib. 10. cap. 8. de re ædificatoria.

4. Il y a pareillement plusieurs sortes de Chemins par Eau: Car

les vns sont terminez, restreints & limitez dans certains bordages, tels que sont ceux des Fleuues nauigables, & des canaux ou fosses d'eaux dormantes, que l'on tire & deriue des fleuues, & que l'on entretient par Escluses. Les autres n'ont ne fond ne riue (comme l'on dit) tels que sont les Chemins par la Mer: de tous lesquels nous parlerons sur la fin du liure quatriesme de cet œuure.

5. Or est-il, que tous ces genres & especes de Chemins ont leur forme à part: Car autres sont les ouurages necessaires aux Chemins terrestres tant pauez, que non pauez: autres ceux des Mers, des Riuieres, & des Riuages, à tous lesquels le Peuple & les Empereurs de Rome ont fait trauailler, & employer diuersement les Pierres, Cailloux, Grauois, Arene, Chaux, & autres matieres, desquelles nous auons parlé cy-dessus. C'est pourquoy nous traicterons de toutes ces sortes de Chemins par ordre: & monstrerons qu'en chacune espece d'iceux les Romains ont fait des merueilles, que les autres nations du monde n'ont sceu conceuoir ny penser : & encore moins parfaire & executer.

DES CHEMINS FAICTS SVR LA TERRE, & des moyens de discourir de la forme d'iceux.

CHAPITRE VIII.

1. Trois sortes de Chemins selon Vlpian.
2. Chemins non pauez.
3. Grands Chemins d'Espagne en Italie par Nismes, non paués.
4. Moyen pour affermir & dessecher vn Chemin non paué.
5. Les grands Chemins faits par Terre sont les principaux en comparaison des Chemins faits par eau.
6. Trois considerations sur les grands Chemins des champs. Sçauoir sur leur longueur, largeur, & profondeur.
7. Dessein de discourir sur lesdictes considerations.

1. Nous auons dit au Chapitre precedent, que les grands Chemins terrestres se diuisent en pauez, & non pauez. Et quoy que ceux qui ne sont pauez soient hors du subiect par nous enttrepris; Ie ne laisseray toutesfois d'en toucher vn mot en passant: veu que tous les grands Chemins de l'Empire, soit en Italie, soit par les Prouinces, n'estoient pas pauez: & qu'il en restoit beaucoup plus à pauer, ausquels on ne laissoit de trauailler, & d'y mettre la main aux occasions qui se

DE L'EMPIRE LIV. II. 137

qui se presentoient. Ioinct que les Loix faictes pour la reparation des Chemins, concernent également les pauez & non pauez. Vlpian appelle telles Voyes non pauees *Vias Terrenas*, à la difference de celles qui sont faictes de Grauois & de Pierre : & dit qu'il n'est pas permis, *In viam terrenam Glaream mittere: aut sternere viam lapide, quæ Terrena sit: vel è contrario de strata terrenam facere*. Ce qui monstre que l'on auoit soin de regler par Loix & Ordonnances les Chemins non pauez, aussi bien que ceux qui estoient faicts de Grauois ou de Pierre. De sorte que ce n'est pas sans cause que Marcus Velserus en la Preface du Commentaire qu'il a fait sur les Tables de Peutinger, a dit, que les grands Chemins de l'Empire estoient munis & fortifiez en trois manieres: de Pierres, de Grauois, & de Terre. *Vias militares tribus modis munitas reperio: siue stratus lapidibus, siue iniecta Glarea, siue congestis terrenis aggeribus*.

L.1.de Via publ.& Itinere publ. reficiendo.

2. I'appelle les Chemins non pauez, ceux qui sont comme designez & marquez par le passage ordinaire des chars & charettes, laissant le long d'iceux des ornieres imprimees dans la surface de la terre, par le froissement des roües. Tels Chemins sont fort subiects à estre rompus specialement en temps de pluye, & en terres grasses & argilleuses. A la reparation desquels, sont establis diuers Officiers, Magistrats, Loix, & Ordonnances, selon la diuersité des Royaumes & Republiques, Coustumes des lieux, & des Prouinces.

3. Tel estoit l'vn des Chemins, qui conduit d'Espagne en Italie par la ville de Nismes: par lequel il estoit facile de passer en Esté: mais difficile en Hyuer & au Printemps: à cause qu'en ces deux saisons il estoit remply de boües, & comme submergé des eaux procedans des Montages voisines: en sorte qu'en aucuns endroits il falloit passer à bateaux, & en autres sur Ponts de bois ou de Pierre : Ainsi que Strabon nous enseigne en ce passage, parlant de la ville de Nismes. *Situm autem hoc oppidum est in via, qua ex Hispania itur in Italiam: per estatem autem quidem ad permeandum facili: cæterum hiberno tempore ac verno cœnosa, fluminibusque demersa. Quædam igitur fluenta nauigiis traiiciunt: nonnulla pontibus partim ligneis, partim lapideis.*

Lib.4.Geograph.

4. Le remede principal que l'on peut apporter contre la rupture & corruption de tels Chemins, c'est de faire qu'ils soient fort exposez au Soleil & aux Vents: & d'en oster tout ce qui leur peut seruir d'ombrage: Car on voit par experience, que les Chemins non pauez qui sont ombragez d'arbres ou de hayes, ne se peuuent assecher qu'auec vn long temps: d'où vient qu'estans ordinairement humides & fangeux, il s'y fait par le marcher des bestes, vne infinité de petites fosses qui retiennent les eaux de pluye, comme dans des vases. Ce qui rend lesdits Chemins fort incommodes, voire dangereux aux

S

hommes & aux cheuaux. Et n'y a rien de si prompt pour remedier à ces inconueniens, que de faire ce que ceux de Rauenne en Italie firent il y a six ou sept vingts ans, en vn chemin passant à trauers vne forest prochaine de leur ville. Ce fut de couper les arbres à certaine largeur, pour donner iour audit chemin, & le dilater en sorte que les rayons du Soleil y peussent atteindre: ayant fait par ce moyen en peu de temps vn beau Chemin, d'vn qui estoit fort meschant & incommode: Ce que Leon Albert (qui viuoit de ce temps-là) nous tesmoigne disant: *Apud Lucum Rauennæ per hos dies quod viam abscissis arboribus dilatarint, solesque immiserint, ex corruptissima percommoda reddita est.* Puis il adiouste: *Videre istuc licet sub arboribus, quæ propter viam sunt, quod solum illic tardius siccetur, fouente vmbra fieri ex quadrupedum attritu lacusculos, qui collecto imbre semper commadescant atque dilatentur.*

Lib. 10. de re ædificat. cap. 8.

5. Mais laissons ces Chemins communs, & venons à ceux qui seruent de principale matiere à cet œuure: entre lesquels, les Chemins faicts en terre, soit pres des riuages, soit en plain païs, sont les plus frequents & les principaux. Car encore que les Romains ayent fait plusieurs ouurages admirables sur les Riuieres & riuages de la Mer: & que l'Itineraire d'Antonin monstre aussi bien les Chemins qu'il faut tenir par Mer de port en port, comme par terre de ville en ville: si est-ce que ce qu'ils ont fait & edifié en Ponts, & en Ports ne peut entrer en comparaison auec les grands Chemins qu'ils ont conduit à trauers les campagnes, les monts & les valees de l'Europe, de l'Asie, & de l'Affrique. Ioinct que les Ponts mesmes, & les Ports sont partie desdicts grands Chemins de la Terre, seruans à les continuer, ou les finir.

6. Tout ainsi donc que l'Itineraire d'Antonin commence par la partie des grands Chemins de la Terre, qu'il appelle *Itinerarium Prouinciarum,* & finit par celle de la Mer, qu'il nomme *Itinerarium Maritimum*: Ainsi commencerons nous le discours de la forme des grands Chemins par ceux qui sont faits & dressez sur Terre, & disposez par les Prouinces de ce grand Empire. Et ditons que l'Ordonnance & la disposition des Matieres, qui donne l'estre ausdits grands Chemins, reçoit trois considerations differentes, suiuant les trois dimensions ordinaires de chacun corps: qui sont longueur, largeur, & profondeur, Car autre est l'ordre & la situation desdites matieres, à les prendre du plus bas estage au plus hault, & comme de fond en comble: autre à les prendre sur la largeur, & autre encore sur la longueur. Encore doncques que lesdites Matieres fassent partie de l'œuure en quelque sens qu'on les vueille prendre, si est-ce que les noms d'icelles parties, sont differens selon la difference de ces trois situations. D'autant qu'en discourant des parties qui sont disposees,

agencees, & couchees les vnes sur les autres, & qui constituent la profondeur de l'ouurage, on se sert de ces mots, *Statumen, Rudus, Nucleus, summa crusta,* vel *summum dorsum*. Les parties considerees en la largeur, ne gisent qu'aux deux lisieres, & à l'eleuation du milieu qui s'estend de l'vn à l'autre bord. Les Latins appellent ces parties *Margines, & medium Aggerem*: Mais celles qui regardent la longueur, consistent en l'estenduë continuelle desdits Chemins, aux Ponts qui en allient les parties, & aux Ports de Mer, ou Portes des villes qui les terminent.

7. Et partant comme les Ouuriers qui faisoient les grands Chemins, prenoient tantost des Pierres, tantost de l'Arene, & autres Matieres dont nous auons cy dessus fait mention, alliant & disposant le tout par couches & estages diuers, pour conduire l'œuure iusques à son entiere perfection: Ainsi pour imiter la nature par l'escriture, & monstrer en detail comme toutes ces matieres se ioignoient ensemble en vn corps: Nous commencerons par les couches differentes, desquelles lesdits Chemins estoient composez du haut en bas. Puis nous parlerons des Marges ou Lisieres, & de la Terrace du milieu: ensemble des diuers Ornemens & enrichissemens qui bordoient lesdits Chemins de part & d'autre: & donnoient du plaisir & de la delectation aux passans. En ces deux poincts nous acheuerons le discours de la Matiere & de la Forme des grands Chemins, dont nous auons à traicter en ce liure second.

Quant aux Ponts & aux Ports, & Colonnes milliaires, d'autant que ce sont pieces qui seruent à l'vsage des grands Chemins, nous en reseruerons le discours au quatriesme liure. Ensemble le traicté des Chemins sur fleuues, ou sur Mer, ausquels lesdits Ports sont particulierement, & les Ponts aucunement affectez.

DES MOYENS TENVS POVR DESCOVVRIR
les matieres interieures, & noms propres d'icelles, cachees sous la surface des
grands Chemins.

CHAPITRE IX.

1. *Quantité des Matieres employees aux grands Chemins sur tout admirable.*
2. *Matieres des grands Chemins divisees en interieures & exterieures. Interieures rares dans les livres.*
3. *Le Poete Statius donne vne apprehension generale de l'vne & l'autre.*
4. *Pavez des Maisons descrits par Pline & Vitruve.*
5. *Recours à ces Pavez domestiques pour auoir cognoissance des Matieres interieures des grands Chemins des champs.*
6. *Aduis & resolution de faire fouïr dans les grands Chemins, pour en descouurir les Matieres interieures.*
7. *Heureuse rencontre en l'effect de cet aduis.*

1. IL y a beaucoup de choses dignes d'admiration en la structure des grands Chemins de l'Empire: mais la plus admirable gist en la quantité quasi incroyable & incomprehensible des Matieres, qui sont cachees & recelees sous la surface d'iceux : & neantmoins il y a peu d'Autheurs, qui nous les ayent donné à cognoistre distinctement, & selon l'ordre qu'elles y tiennent.

2. Car comme ainsi soit que lesdits Chemins sont composez de plusieurs Matieres, dont les vnes sont interieures, & les autres exterieures: la plus grande partie de ceux qui ont escrit desdits grands Chemins, se sont contentez de nous en depeindre la surface, qu'ils nous ont appris consister en Grauois ou en Cailloux: Mais quant aux Matieres interieures, il faut que ie confesse, que iusques à present ie n'ay sceu rencontrer aucun Autheur qui m'en ayt donné autre cognoissance, sinon en gros, & en termes generaux: sans ranger les Matieres qui s'y trouuent par plusieurs couches differentes, suiuant leur ordre, & sans assigner à chacune couche vn nom, qui la puisse faire recognoistre contre les autres. Que s'il me tombe en main à l'aduenir quelque Autheur qui en parle (comme ie ne doute point qu'il n'y en ait quelqu'vn) ie ne faudray pas de luy donner en temps & lieu la loüange qu'il merite dans cet ouurage.

3. Papinius Statius est l'vn de ceux que i'ay veu mettre quelque distinction entre les Matieres interieures & exterieures desdits Chemins: mais briefuement, poëtiquement, & sous mots metaphoriques: qui donnent neantmoins à penser au Lecteur qu'il y auoit quelques Materiaux sous cette peau ou superficie exterieure, sur laquelle nous marchons, qu'il nomme *summum dorsum*, à la difference des matieres interieures, qu'il comprend sous ce mot general de *Gremium*: ce que vous verrez en ces vers, où il dit que pour faire le Chemin de Domitian, il fallut foüiller bien auant dans la terre pour en oster les ma-

tieres inſtables & croullantes: puis remplir le creux d'autre plus ſo-
lides & plus fermes, pour ſeruir de fondement aux Matieres plus
hautes de la derniere coùche. Ce qu'il appelle
——— alto
*Egeſtu penitus cauare terras.
Mox hauſtas aliter replere foſſas,
Et ſummo Gremium parare dorſo;
Ne nutent ſola, ne maligna ſedes,
Et preſſis dubium cubile ſaxis.*

4. Sur ceſte difficulté il me reſſouuient d'auoir autresfois leu
quelque choſe dans l'Hiſtoire Naturelle de Pline, & dans les œuures de Vitruue ſur le ſubiect des Pauez des Sales, Chambres, Cabinets, & Galeries des Maiſons que les Grecs & les Romains faiſoient baſtir : & que lors ie m'eſtois eſtonné de la quantité des Matieres qu'ils entaſſoient les vnes ſur les autres pour faire tels pauez,
non ſeulement ſur terre ferme, & à rais de chauſſee: mais encore ſur
les eſtages haults, voire-meſme ſur les couuertures de leurs maiſons:
& ne ſçay comme il y auoit charpenterie aſſez forte, qui en peuſt
porter la charge: eſtant vray que nous ne voyons rien auiourd'huy
de ſemblable en nos Baſtimens.

5. Ie repris donc Pline & Vitruue en main: & de nouueau me ra-
freſchis la memoire des diuerſes matieres que les Architectes auoiét
accouſtumé d'y employer: & pris garde, qu'ils les diſtribuoient par
couches, rangees par certain ordre, à chacune deſquelles ils donnoient leur nom propre ſuiuant l'Architecture du temps. De là, ie
viens à coniecturer, que ſi pour porter quelques meubles, & endurer
le froiſſement des pieds de ceux qui marchent ou ſe pourmenent ſur
tels Pauez, les anciens Architectes les fourniſſoient de tant de matieres, ſans apprehender que leur charpenterie vinſt à ſuccomber ſous
le fais. A plus forte raiſon, qu'il falloit que la ſurface des grands Chemins fuſt garnie & fortifiee au dedans de quelques materiaux plus
ſolides, & en plus grande quantité. Veu qu'elle eſt faicte pour eſtre
perpetuellement battuë du charroy: & pour porter des fardeaux de
toutes ſortes: comme Poutres, Pierres, Colonnes, Obeliſques, Be-
liers, & autres machines d'vn poids exceſſif, & d'vne grandeur dé-
meſuree.

6. Cela fait, ie pris auſſi toſt reſolution de faire foüir en ma pre-
ſence dans les grands Chemins de la façon d'Agrippa, Gendre d'Auguſte, qui de diuers endroicts de la Gaule, tát Françoiſe que des Païs
bas, ſe viennent rendre en la ville de Rheims, & tirent droict aux anciennes Portes de la Cité: afin de veu ſ'il y auoit quelque choſe
en ces Chemins, qui reſſemblaſt aux Pauez domeſtiques, tant en la

S iij

diuersité des Matieres qu'en l'Ordonnance & situation d'icelles.

7. En quoy ie ne fus deceu de mon attente. Car ayant fait foüir iusques à la terre ferme dans trois desdits grands Chemins, & iceux descouurir & renuerser de fond en comble, i'y trouuay plusieurs matieres bien distinguees, & mises par certains licts les vnes sur les autres. De sorte qu'au premier desdits trois Chemins, les couches estoient rangees par le mesme ordre qu'és Pauez domestiques; & en nombre tout pareil: Au second, ie trouuay l'ordre vn peu changé: Et au troisiesme le nombre des couches multiplié: mais au fond, il y a tel rapport des Pauez des Maisons antiques, auec les Matieres des grands Chemins des Champs, que l'ordre de celuy des Maisons estant recognu piece à piece, & nom pour nom, peut suppleer à celuy des champs, & restablir les nôs propres de chacune Couche qui m'estoient incognus d'ailleurs: attendant que par bonne rencontre ie puisse trouuer des liures, qui m'en donnent vne plus speciale & particuliere instruction.

RAISONS POVR LESQVELLES IL EST ICY
traicté des Pauez en general, auant que de traicter de
la Forme particuliere des grands Chemins.

CHAPITRE X.

1. *Les grands Chemins font vne espece de Paué, genre commun à tous Pauez.*
2. *Definition en quelque maniere interpretatiue de la nature des choses.*
3. *Premiere cause du traicté general*
des Pauez, est la nouueauté du subiect.
4. *Obiection & responfe à icelle, sur le Traicté general des Pauez.*
5. *Seconde raison dudit Traicté.*
6. *Troisiesme raison.*

1. L'OVVRAGE des grands Chemins de l'Empire consiste en plusieurs sortes de Terres & de Pierres assemblees en vn corps, qui font & constituent l'vne des especes de ce que les Grecs appellent ἔδαφος, & les Latins *Pauimentum*. Car ce mot est le genre commmun, tant au Paué des Maisons, que des Ruës des villes, & grands Chemins des champs: & partant qui veut bien cognoistre l'vne des especes du Paué, il faut qu'il ait bonne cognoissance des autres: & qu'il sçache en quoy elles conuiennent ensemble, & en quoy elles font differentes.

DE L'EMPIRE LIV. II.

2. Les Philosophes disent, que la definition interprete la nature de chacune chose : d'autant qu'elle est composee de genre & de difference, dont le genre se rapporte à la Matiere, & la difference à la Forme : qui sont les deux principes positifs de toutes choses, soit naturelles, soit artificielles. Puis donc que les grands Chemins de l'Empire font vne espece de Paué : Il faut sçauoir que c'est que l'on appelle Paué, de combien de sortes il y en a : & quel rang les grands Chemins tiendront entre ces especes differentes.

Partant apres auoir discouru de la Matiere desdits grands Chemins, consistant en plusieurs sortes de Terres & de Pierres, communes à tous Pauez, comme le genre est commun à toutes les especes : auant que d'allier ces Matieres ensemble, pour y introduire la Forme que nous recherchons, Il nous faut traitter du Paué en general : puis descendre aux differéces specifiques qui constituent les especes de Paué, & qui tenant lieu de Forme, donnent l'estre à la chose, la rendent vne en soy, & la font differente de toutes les autres.

3. Ce qui m'a faict entreprendre ce Discours d'autant plus volontiers, c'est la nouueauté du subject : nouueauté, non pas en la chose : Car ces Pauez sont ouurages tres-anciens : Mais en cognoissance : D'autant qu'és Siecles où nous sommes (si reculez de ceux esquels tels Ouurages estoient en vogue) la cognoissance d'iceux estant de nouueau remise au iour par cet Escrit, pourra bien tenir lieu de nouueauté. Or est-il que les choses nouuelles sont plaisantes à l'esprit, à cause de l'admiration qu'elles excitent en l'entendement qui les conçoit tout freschement, & s'en repaist auec volupté : comme faict le corps, de quelque viande exquise & non accoustumee.

4. Mais on me pourra dire, que puis que Pline & Vitruue ont traitté de ces Matieres, que chacun les ayant en main, peut apprendre d'eux tout ce qui en est : & partant que la digression que ie pretends faire icy, traittant de toutes les especes de Paué, n'est pas à propos à cet œuure, qui n'est que du Paué des grands Chemins. A cela ie responds, que chacun n'a pas la curiosité d'aller voir ces Autheurs : Et ores que cela fust, chacun ne prendroit pas la peine de se les rendre intelligibles : à raison que traittant de ces Matieres, qui sont assez extraordinaires ; Ils se seruent de plusieurs mots de Massonnerie, de Charpenterie, & d'Architecture, assez peu cognus & de difficile intelligence, principalement dans leurs escrits, qui qui sont d'vn stile court & concis. Ce que l'vn & l'autre a discouru des Pauez, & des especes de Pauez, n'est pas tousiours disposé par ordre de Nature & par Art : ains est espars ça & là dans leurs Liures, dont le raport est bien difficile à faire, sinon auec peine & meditation assiduë. Or est-il qu'en cet Escrit, se trouuera non seulement

l'interpretation des mots de cet Art de pauer: Mais toutes les especes de Paué s'y verront chacunes en leur lieu, selon l'ordre de Nature reduit en Art. En sorte que ce qui est obscur dedans ces Autheurs, sera esclaircy par cet ordre : & ce qui estoit de difficile & fascheux à comprendre, sera tellement ordonné par artifice, qu'il se pourra trouuer agreable & facile.

5. La raison principale, qui m'engage à traitter des Pauez à plain fond, est que les grands Chemins de l'Empire sont vrays Pauez. En sorte, que qui les voudroit deffinir, il faudroit qu'il commençast par ce mot de Paué, comme par leur genre, qui marche tousiours pour premiere piece en vne definition. Et de faict, lesdits grands Chemins ne sont autre chose, que Pauez faicts par le Peuple & les Empereurs, pour joindre la ville de Rome auec le reste du Monde.

6. Ce qui rend ceste digression non seulement de plaisir & vtilité, ains encore comme de necessité, c'est ce que nous auons ja touché cy deuant : sçauoir que ie n'ay encore trouué aucun Autheur, qui ayt parlé distinctement des parties interieures des grands Chemins, & qui leur ayt assigné leur nom & leur situation en l'ouurage. Tellement que les plus grands, les plus excellents, & les plus durables Pauez estoient à mon regard, les plus negligez en ce qui est de leur Forme; & les moins cognus de tous. Il m'a donc esté necessaire d'appeller les petits Pauez, renclos dans vne chambre, dans vne sale, ou vne galerie, au secours de ceux qui s'estendent de l'Orient iusques en l'Occident, d'autant que les Architectes ont laissé par escrit la maniere de les construire, & transmis iusques à nous les noms & l'ordre des parties dont ils sont faicts : Mais quant à nos grands Chemins, les anciens & les nouueaux Autheurs que i'ay peu rencontrer, en ont escrit sans mettre distinction entre lesdites parties : & quasi comme si ces Chemins ne consistoient qu'en la seule face exterieure qui se touche des pieds. Ce qui m'a mis en ceste necessité de remplir l'ordre & les noms des Matieres interieures des plus grands, à l'ayde de ce que nous trouuons par escrit sur le subject des plus petits.

DV PAVÉ EN GENERAL: DE L'ETYMOLOGIE du mot: & des premiers inuenteurs du Paué.

CHAPITRE XI.

1. *Deux*

DE L'EMPIRE. LIV. II.

1. *Deux significations en France du nom de Paué. Premiere significatiõ.*
2. *Seconde signification.*
3. *Le mot* Pauimentum, *est de plus large estendue chez les Latins.*
4. *Etymologie de* Pauimentum.
5. *Tesmoignage de Ciceron, Festus Pompeius, & de Pline sur ladite Etymologie.*
6. *Les Carthaginois premiers inuenteurs du Paué dans les Villes, & les Romains dans les champs.*

1. EN nostre commun vsage de parler, ce mot de Paué a deux principales significations: Car nous appellons en France vn Quarreau de Grez, de Cailloux, ou autre nature de Pierres ou terre cuitte, du nom de Paué. Et ainsi en vsent les Escheuins des Villes, qui ont le gouuernement & administration du Paué, lors qu'en leur estat de compte, ils se seruent de ces termes: vn milier ou vn cent de Pauez, pour vn milier ou vn cent de Quarreaux à pauer.

2. L'autre signification emporte auec soy l'ouurage entier, composez des Pauez ou Quarreaux particuliers, alliez ou battus auec Arene sur la superficie de la Terre. Que si quelque chose est jettee ou tombee par les Ruës, ou autres places qui en sont couuertes, on dict qu'elle est jettee sur le Paué ou tombee sur les Quarreaux.

3. Mais les Latins (desquels est venu aux François le nom de Paué) l'estendent bien plus au large: Car ce qu'ils appellent *Pauimentum*, & les Grecs δάπεδον, ἐδάπεδον, ἔδαφος: signifie le sol ou le parterre d'vne place de quelque matiere que ce soit: Plastre, Terre, Arene, Grauois, Cailloux, Briques, ou Quarreaux de terre cuitte, Marbre, & autre nature de Pierres, pourueu que ledit sol ou parterre, ayt esté affermy, battu, frappé, & consolidé sur la superficie de la terre ou d'vn plancher, pour en faire vne crouste, & vn plant ferme pour porter ce qui doit reposer ou passer par dessus: *Pauimentum enim est solidamentum, siue incrustatio, quam gradiendo calcamus.*

4. Aussi le mot *Pauimentum* est originaire d'vn ancien verbe à present de peu d'vsage, qui est *Pauire*: qui vaut autant que *tundere, ferire*: battre, & frapper: à cause que pour faire vn Paué qui soit durable, Il est besoin de le battre & massiuer à force de coups, de quelque matiere qu'il puisse estre: *Pauimenta enim sunt à Pauire quod ferire significat, quia fiebant, vt fiunt è lapidibus, & testulis bene percussis, addita calce:*

Francis. Marius Grapaldus de partibus ædiũ lib. 2. c.1. in verbo Pauimentũ.

5. Ciceron prend ainsi ce mot, où faisant mention de certains auspices, ou diuinations, que les augures de Rome faisoient au moyen de certains Poulets qu'ils nourrissoient expres pour ce genre

de superstition Payenne, il dict : *sed quia dum pascunt, necesse est aliquid ex ore decidere, & terram pauire, terripudium dictum est.* Festus Pompeius interpretant ce mot *Tripudium*, nous en donne encore vn tesmoignage plus clair : *Puls potissimum dabatur pullis in auspiciis : quia ex ea necesse erat aliquid decidere, quod tripudium faceret : id est Terripudium. Pauire enim ferire est.* Pline se sert de ce mot sur le subject des pauez qui se faisoient en Italie, sur le modele de ceux de Barbarie en Afrique, quand il dict : *Pauimenta credo primum facta, quæ nunc reuocamus Barbarica, atque subregulanea : in Italia fistucis pauita. hoc certè ex nomine ipso intelligi potest,* où ces deux mots, *fistucis Pauita,* signifient battus & frappez à coups de hie : c'est à dire, de cet instrument à deux anses, duquel les Paueurs se seruent à battre le Paué : d'où est venu le mot de hier, pour battre vn Paué : duquel s'est seruy l'interprete François de Pline, tournant ce passage en la maniere qui ensuit : *Quant au Paué de Barbarie dont nous vsons maintenant, Ie pense que c'est encore la premiere façon : comme aussi sont les Pauez que nous faisons és maisons : Car tant les vns que les autres sont hiez, & pauis : & de là est venu le nom de Paué.* Et ne faut doubter qu'il ne faille lire, hiez, au lieu de siez, qui par erreur ou inaduertance s'est glissé dans la version Françoise.

6. Quant à ce que Pline dict, que les Pauez de Barbarie sont *primùm facta.* Il ne veut pas dire que ceux de la Barbarie Tingitane ou Cesaree soient les premiers Autheurs du Paué, à prendre ce mot de Paué en general : d'autant que comme nous auons dict dés le commencement de cet œuure, suiuant le tesmoignage d'Isidore, Les Carthaginois voisins de Barbarie, ont esté les premiers, qui ont paué les Chemins auec des pierres : *Primum pœni dicuntur lapidibus vias strauisse :* ou par ce mot *vias*, il faut entendre les Rues des Villes, & non les Chemins des champs : ne se trouuant point en l'histoire, qu'autres que les Romains ayent faict cette entreprise que de pauer des grands Chemins hors de leur Ville. Mais ceux de Barbarie (comme Voisins des Cartaginois) peuuent bien s'estre seruis de l'inuention du Paué dans leurs Villes : le faisant de la mesme façon que les Pauez de Cartage, *quæ sunt verè primum facta,* à l'imitation desquels les Romains les ont mis en œuure quasi par tout le Monde, *Per omnem pene per orbem disposuerunt,* comme parle le mesme Isidore.

Lib. de diuinit.

Lib. 36. nat. hist. cap. 25.

DE LA DIVISION DV PAVE'
en ses espeçes.

CHAPITRE XII.

1. *Diuision generale des Pauez.*
2. *Diuision des Pauez des edifices.*
3. *Diuision des pauez faict sur estages de charpenterie.*
4. *Difference de tous les Pauez susdits, consistant en la surface d'iceux.*
5. *Diuision des Quarreaux en grands & petits.*
6. *Diuision des Pauez faicts hors edifices, & difference entre les vns & les autres.*

1. IL y auoit en general deux Genres ou manieres de Pauez, les vns se faisoient dans les bastimens ou edifices : & les autres dehors. Dans les bastimens, comme és Temples, Palais, Sales, Galeries, & autres parties des maisons: hors les edifices, comme és courts des Maisons, ruës des Villes, & grands Chemins des champs.

2. Les Pauez des edifices se subdiuisent en deux especes: car les vns estoient faicts sur estages de Charpenterie, les autres sur le sol de la Terre, ou raiz de chaussee. Ceux qui se faisoient sur estages ou planchers, se nommoient *Pauimenta contignata*, *à Tigno*, qui signifie tout bois à bastir : & quelquefois vne poultre ou sommier, qui sert à soustenir vn plancher. Les autres qui se faisoient par terre s'appelloient, *Pauimenta plano pede*, d'autant que sans y monter on y pouuoient aller de plain pied.

3. Quant aux Pauez faicts sur planchers ou estages, encore s'en trouuoit-il de deux façons: dont les vns estoient à couuert, les autres à descouuert. Les Grecs appelloient les Pauez couuers ὑπώροφα, les Latins *Subtegulanea*, comme qui diroit Pauez faicts souz toict. Les descouuers estoient exposez au Ciel, à raison dequoy ils estoient dicts par les Grecs ὑπαίθρια, par les Latins *Subdialia Pauimenta*, quasi *sub Dio seu Cœlo posita*. Ces derniers estoient fort vsitez tant en Grece, qu'en Italie, pour seruir de couuerture aux Maisons, & comme de terrace ou platte-forme, pour s'y pourmener & prendre l'air.

5. Les differences de tous ces pauez consistoient principalement en la surface d'iceux, selon laquelle on leur donnoit à tous des noms diuers. Ceste Surface s'appelloit *Summa Crusta*, & y en auoit generalement de trois façons: Sçauoir de Terre, de Brique, & de Pierre: que les Architectes appelloient *Terrenam crustam*, *Testaceam*, *Lapideam* : Car aucuns desdits Pauez, tant haults que bas, tant couuerts que descouuerts, estoient encroustez par dessus de simple Terris, dont la matiere s'appelloit *Terra materiata*, laquelle ils rendoient par certaine industrie, dure comme Pierre. Les autres estoient couuerts de Briques ou Quarreaux de terre cuitte, de di-

T ij

uerses couleurs & figures, qui sont encore frequentes aux bastimens d'auiourd'huy: & les autres de Pierre naturelle, comme de Marbre, ou autre nature de Pierre, partagees par quarrez, lozanges, ou autres figures.

6. Quant aux Quarreaux soit de Terre cuitte ou de Pierre, ils se diuisoient generalement en grands & petits. Les grands estoient comme de quatre poulces de face & au dessus, iusques à quatre & cinq pieds. Les petits estoient moindres de quatre poulces, & s'en trouuoit de non plus gros qu'vne febue. Les grands s'appelloient *Tessera*, ou *Tessella*. Et les Pauez qui en estoient faicts, *Pauimenta Tessellata*. Les petits se nommoient *Sectilia*. & y en auoit de deux façons: Car les vns estoient sans peinture ny couleur, sinon celle qui leur estoit naturelle. Les autres estoient colorez & comme esmaillez par le feu en la surface qui deuoit paroistre estans mis en œuure. Les Pauez faicts de petites pieces non peintes, s'appelloient *Pauimenta segmentata*, que nous appellons Pauez de Marqueterie: à la difference de ceux qui estoient faicts de pieces peintes & esmaillees que l'on nommoit *Pauimenta Musiua*, en François Pauez à la Mosaïque. Que si outre la peinture ces petits Quarreaux estoient grauez de diuerses figures, les Pauez qu'en estoient faicts auoient encore de surplus le nom de *Emblemata Vermiculata*.

7. Voila tout ce qui depend des Pauez faicts dans edifices. Quant à ceux de dehors, ils consistent principalement és Ruës des Villes, que le Iurisconsulte Vlpian appelle *Vias Vrbicas*: & aux grands Chemins des champs, qu'il nomme *Vias rusticas*. La difference desquels, gist principalement en la surface & plus haulte partie d'iceux: Car à Rome on pauoit par dessus de grands Quarreaux, signifiez souz le nom de *Silices*: Mais aux champs, soit par l'Italie, ou par les Prouinces, Il s'en trouue de l'vne & de l'autre façon: Car il y en a, dont la surface est faicte de grands Quarreaux, comme les Voyes d'Appius & de Domitian. Quant aux autres, quoy qu'ils fussent tous garnis au dedans de gros Cailloux: si est-ce qu'ils n'ont pour matiere de leur surface que ces menus Cailloux, que nous auons dict estre censez & reputez pour Grauois, à cause de la petitesse de leur corps.

DE LA DIVISION DES PAVEZ EN LEVRS parties, & premier de ceux qui se faisoient sur estages de Charpenterie.

CHAPITRE XIII.

1. En la diuision des Pauez en leur parties gist principalement la forme des grands Chemins.
2. Diuision generale des matieres des Pauez, en interieures & exterieures.
3. En quelle façon se posoient les Pauez sur Charpenterie.
4. Fougere ou Paille iettee sur les planchers pour les defendre de la Chaux.
5. Premiere couche de Massonnerie dicte Statumen.
6. Seconde couche appellee Rudus.
7. Troisiesme nommee Nucleus, & quatriesme Summa Crusta.
8. Espesseur des quatre couches.

'EST principalement en ces discours de la diuision des Pauez en leurs parties, que la forme des Pauez, & par consequent, des grands Chemins de l'Empire paroistra en son naturel: d'autant que nous y verrons mettre & agencer les Matieres desquelles ils sont cõposez par certain ordre, tant en longueur, largeur, que profondeur: auquel ordre & agencement consiste la forme & la façon desdits Pauez.

2. Nous commencerons ce qui est des parties des Pauez par la profondeur d'iceux; & dirons, qu'en gros lesdites parties se diuisent en interieures & exterieures. Nous ferons premierement l'Anatomie des interieures: & monstrerons par la diuersité d'icelles, auec quelle curiosité les anciens Grecs & Romains faisoient construire & fortifier les Pauez de leurs edifices: le tout à force d'argent, & sans y rien espargner.

3. Pour ce faire, nous entamerons ce discours par les Pauez faicts sur estages de Charpenterie, qu'ils appelloient Contignata Pauimenta; & les estages, Contignationes. Le premier artifice des Ouuriers estoit de faire en sorte, que nulle partie de leur Paué ne s'aduançast sur les murailles: ains que l'ouurage entier demeurast assis & suspendu sur la Charpenterie: de peur que le bois de la Charpenterie venant à se retirer par seicheresse, ou à s'affaisser par le poids, la Massonnerie demeurant en estat; ne se fissent necessairement des fentes & ouuertures au Paué tout le long de ladite Massonnerie.

T iij

Ce que Vitruue nous donne à entendre, quand il dict: *In contignationibus diligenter est animaduertendum, ne quis paries qui non exeat ad summum, sit extructus sub Pauimentum, sed potius relaxatus supra se pendentem habeat coaxationem. Cum enim solidus exit, contignationibus arescentibus, aut pandatione sidentibus, permanente structuræ solidate, dextra aut sinistra secundum se facit in pauimentis necessario rimas.*

Lib.7. c.1.

4. Quant aux planchers qu'ils appelloient *Coaxationes* ou *Coassationes*, ils les faisoient de planches de certaine espece de Chesne, que les Latins appellent *Esculus*, à cause qu'elles sont moins subjettes à se retirer & cambrer. Et mesmes pour les defendre contre la force & la vapeur de la Chaux qui se mesle parmy les matieres que l'on jette dessus, ils les couuroient d'vn lict de fougere, s'ils en pouuoient recouurer: sinon ils se seruoiẽt de paille comme les Laboureurs souz leurs tas de bled, de peur que le Grain n'attire l'humidité & le relant de la terre. Ce qu'ils appellent du Soustré, comme qui diroit *Substratum*. Voicy cõme Vitruue parle de ce premier lict: *Coaxationibus factis, si erit filix; si non, palea substernatur, vti materies ab calcis vitiis defendatur.*

Ibidem.

5. C'estoit sur ce premier lict de Fougere ou de Paille que les Ouuriers venoient à poser & asseoir leur Maſſonnerie par quatre diuerses couches: dont la premiere estoit composee de Pierres ou Cailloux tenans de la forme ronde, alliez ensemble auec Chaux & Ciment dont le moindre pouuoit emplir la paume de la main. Cette couche premiere de Maſſonnerie se nommoit *Statumen*, que nous pouuons dire en nostre vulgaire, le Pied, ou la fondation de l'ouurage. Car encore que ce mot ait plusieurs significations: comme d'vn pieu ou eschalas, vn Trauail à ferrer cheuaux, & autres, que ie passe sous silence: Si est-ce que dedans Vitruue, *Statumen id dicitur omne, quod ad sustinendum aliud corpus aut materiam substernitur, aut pro strato subiicitur*: c'est à dire, que l'on nomme *Statumen*, tout ce qui sert à soustenir vn autre corps, ou qui est couché sous vne autre matiere pour la porter. Ce que i'appelle Pied ou fondation, d'autant que Varro dit, que tout ce qui se fait pour seruir d'appuy & de fondemẽt à quelque chose, se peut appeler du nom de Pied, *Standi fundamentum Pes: & qui fundamentum instituit, Pedem ponit*. Et de faict pour monstrer que ce *Statumen* peut estre dit du nom de fondement, ou fondation, le produiray vne Inscription antique, portant qu'vn Gouuerneur de Prouince nõmé Fabius Maximus a refait & reparé les Voyes d'Hercules, qui sont au Royaume de Naples, à commencer dés le fondement. Or que seroient ces fondemens en vn Chemin, sinon cette Couche premiere dicte *Statumen*, qui soustient toutes les autres? Voicy l'Inscription qui vous en fera foy.

DE L'EMPIRE. LIV. II.

FABIVS. MAXIMVS. V. C. RECT. PROV.
F † S. PR. VIAS. HERCVLIS. OB. TERR
AEMOTVS. EVERSAS. RESTITVIT. A FVN
DAMENTIS.

*Grut.*150.9.

Pline appelle les Pierres dont on composoit le Pied de la Maſſonnerie de ces Pauez, *Globoſum lapidem*: & Vitruue la façon de les mettre en œuure en cette couche premiere de Maſſonnerie, *Statuminare. Tunc inſuper Statuminetur*, dit-il, *ne minore ſaxo, quam qui poſsit manum implere*: comme s'il diſoit, lors ſur la fougere ſoit mis le Pied ou la fondatiō de l'œuure, qui ſoit compoſee de Pierres, dont les moindres puiſſent emplir la main.

6. Suiuoit en apres la ſeconde couche de Maſſonnerie, qui ſe faiſoit de pluſieurs Moilons ou Pierrailles caſſees & meſlees auec de la Chaux, leſquelles Iſidore appelle *Rudus, Rudi*, auſſi bien que *Rudus Ruderis*: car il en parle ainſi: *Rudos, Artifices appellant lapides contuſos, & calci admixtos, quos in pauimentis faciendis ſuperfundunt. Vnde & rudera dicuntur*. Que ſi telle Matiere eſtoit faicte de Pierres freſchement caſſées & briſees, & qui n'euſſent encore eſté miſes en œuure, ils appelloient ceſte matiere *Rudus nouum*: & meſloient à trois parties d'icelle, vne quatrieſme partie de Chaux viue: Mais ſi telle Matiere prouenoit des demolitions des maiſons, que nous appellons en Champagne des Deſcombres, & que ja elle euſt eſté miſe en œuure, elle s'appelloit *Rudus Rediuiuum*. On meſloit deux parties de Chaux contre cinq de telle matiere, & appelloit-on l'application d'icelle *Ruderationem*: qui ſe faiſoit à coups de Hie ou de battoir, pour l'affermir, eſgaler & applanir. Et falloit que tout ce terracement ou compoſition tant de Cailloux que Deſcombres, euſt au moins neuf poulces d'eſpeſſeur, apres auoir eſté ſuffiſamment battu & maſſiué. Ce que l'on peut apprendre de Vitruue, qui en parle ainſi. *Statuminationibus inductis ruderetur. Rudus ſi nouum erit, ad tres partes vna calcis miſceatur. Si rediuiuum fuerit, quinque ad duūm mixtiones habeant reſponſum. Deinde Rudus inducatur, & veſtibus ligneis decurſis inductis crebiter pulſatione ſolidetur: & id non minus pinſum abſolutum craſsitudine ſit dodrantis*.

7. Sur ce Terraſſement ou Ruderation, on faiſoit vn Ciment pour troiſieſme couche, lequel on compoſoit de Briques, Teſts de pots, ou Tuiles battuës, meſlees auec de la Chaux. Ce Ciment ou compoſition ſe faiſoit d'vne partie de Chaux contre trois de Tuile battuë. On l'eſtendoit ſur la Ruderation comme vne couche molle & delicate, pour receuoir ſur elle la quatrieſme couche du Paué qui ſeruoient de derniere couuerture à l'œuure entier, à cauſe dequoy on la nommoit *Summam cruſtam*, comme qui diroit la crouſte ou la

surface de dessus. C'est donc à bon droict, que par certaine comparaison tirée de la Nature, les Architectes donnoient à la troisiesme couche de leur Massonnerie le nom de *Nucleus*, qui signifie proprement, ce qui est de plus tendre & de bon à manger dans les noix, les amandes, & les os des autres fruicts à noyaux.

Ceste comparaison n'est pas hors de propos: Car tout ainsi que ce qui est tendre, & bon à manger és noix, amandes, & autres especes de noyaux, est enclos entre deux escailles dures, qu'il faut rompre à force, si on en veut tirer ce qui est dedans, conformement à ce vers de Plaute,

In Curcul.

Qui è nuce nucleum esse vult, frangat nucem.

Ainsi ceste couche de Ciment que les Architectes appellent *Nucleum*, est la plus tendre & la plus molle partie du Paué: qui s'enclost & s'enferme entre deux plus fermes & plus dures, qui sont la Ruderation par dessous, & les Quarreaux de la derniere couche par dessus.

8. Au reste, il falloit que le lict de Ciment, auec les Pauez ou Quarreaux que l'on couchoit dessus, eussent ensemble six poulces d'espesseur, pour auoir vne fermeté & solidité parfaicte. Ce que Vitruue nous apprend en ces mots, qui seruent de preuue à tout ce que nous auons dit cy dessus de ceste quatriesme Couche. *Insuper ex testa nucleus inducatur, mixtionem habens ad tres partes vnam calcis: vti ne minore sit crassitudine pauimentum digitorum senum.* Par ce moyen la structure entiere de tels Pauez, tant en parties interieures, qu'exterieures estoit de quinze poulces d'espesseur, qui estoit vne grande charge sur vn simple plancher.

Vitru. ibid.

DES PAVEZ FAICTS EN TERRASSES,
qu'en Architecture on appelle *subdialia pauimenta*.

CHAPITRE XIIII.

1. Les Grecs inuenteurs des Terrasses ou Pauez descouuerts.
2. En quelles Regions ces Pauez sont commodes ou incommodes.
3. Que les Pauez en Terrasses se posoient sur doubles planchers.
4. De diuerses couches dont lesdictes Terraces estoient composées.
5. D'vne couche extraordinaire faicte de larges Tuiles.
6. Des deux dernieres Couches desdictes Terrasses, & de la Pante qu'on leur donnoit pour l'escoulement des pluyes.
7. Moyen pour empescher que les Bruines fondues ne penetrassent les Pierres ou Quarreaux des Terrasses.

1. LES

DE L'EMPIRE, LIV. II.

1. **L**es Grecs ont esté les premiers inuenteurs des Pauez qui se faisoient dans les Maisons, & de ceux que l'on faisoit és plus hauts estages d'icelles pour seruir de couuerture, que les Architectes appellent *Subdialia pauimenta*, & que les interpretes de Vitruue & de Pline appellent des Terrasses ou Plateformes.

2. Ces pauez sont de bonne inuention és Regions chaudes, mais dangereux où l'eau de pluye gele en Hyuer : pour ce que les entablemens de Charpenterie sur lesquels ils sont assis, venans à s'enfler par trop d'humeur, ou se retirer par trop de hasle, ou bien à s'affaisser par trop de poix ; les Pauez en sont bien tost empirez & endommagez. C'est pourquoy on y trauailloit auec plus d'estoffe & de façon, qu'aux autres : comme Vitruue nous le dit en ces mots. *Sub Dio maxime idonea facienda sunt Pauimenta: quod contignationes humore crescentes, aut siccitate decrescentes, seu pandationibus sidentes, mouendo se, faciunt vitia Pauimentis.* Pline en dit presque de mesme, *Subdialia Græci inuenêre, talibus domos contegentes, facili tractu & tepente: sed fallaci, vbicunque imbres gelant.* *Lib. 7. cap. 1. / Lib. 36. cap. 25.*

3. Pour remedier à ces inconueniens, ils faisoient sur l'entablement de la Maßonnerie vn double plancher, que Pline appelle *binas Coaßationes*, pour seruir de double defensif contre l'incommodité de l'air, & le fardeau des Matieres que l'on iettoit dessus. Car apres auoir estendu vn lict de Planches sur les soliues, ils en posoient encore vn autre par dessus en trauers, qu'ils faisoient tenir auec des gros & longs cloux: afin que l'entablement fust comme doublement armé & defendu, & que les planches bien cloüees ne vinssent à se dejetter & gauchir. C'est ainsi que Vitruue enseigne à le faire, quand il dit. *Cum coaxatum fuerit, super altera coaxatio transuersa sternatur, clauisque fixa, duplicem præbeat contignationi loricationem.*

4. Quant au reste, ils se gouuernoient quasi de la mesme maniere qu'és Pauez faits à couuert: Car ayant fait sur le plancher vn lict de Fougere ou de Paille, ils posoient par dessus leur premiere couche de Maßonnerie, telle que nous l'auons descrit cy dessus. Pline parle ainsi de ces deux premieres parties, traictant *De Pauimentis Subdialibus, Imo & filice aut Palea subterni melius est, quo minor vis calcis peruenat. Necesse est & globosum lapidem subici.* Ils faisoient pour seconde Couche vn terrassement ou Ruderation nouuelle: à deux parties de laquelle ils mesloient vne partie de Chaux viue, pour rendre les ouurages plus durables contre les pluyes & humiditez : & falloit que ce *Rudus nouum*, auec le *Statumen*, eussent au moins vn pied d'espesseur, apres auoir esté bien battu & maßiué, selon le precepte de Vitruue. *Ruderi nouo tertia pars testæ tunsæ admisceatur.* Et peu apres, *Statumina-* *Lib. 36. nat. Hist. cap.*

V

tione facta rudus inducatur: idque pinsum, absolutum ne minus pede sit crossum.

5. Ceux qui vouloient plus seurement defendre la Charpenterie des humiditez du Ciel, faisoient mettre de surcroist par dessus ces deux terrassemens, vn lict de Tuiles plattes de deux pieds de face, enclauees les vnes dans les autres par petites fueillures d'vn doigt de large, entaillez dans l'espesseur d'icelles, qu'ils appelloient, *Excisos canaliculos digitales*. Puis enduisoient les jointures de Chaux detrempee auec huile, laquelle venãt à s'endurcir entre les joinctures, l'eau, ny autre liqueur ne pouuoit penetrer à trauers.

6. Sur ces Tuiles ainsi vnies & agencees, ils estendoient leur Couche de Ciment qu'ils appelloient *Nucleum*, ou *Mortarium*, faict de deux parties de Chaux, contre cinq de Tuile battuë: & l'affermissoient à coups de Pilons ou Battoirs. Finalement ils posoient là dessus, tel Paué que bon leur sembloit, soit de grandes Lozanges de Pierres, ou Quarreaux de terre cuite, qu'ils appelloient *Tessera*: soit de certaines petites Briques appoinctees par les bouts en forme d'espy, & couchees sur leur costé qu'ils nommoient *Spica*, ou *Spicata Testacea*: Le tout assis de telle sorte sur ladite Couche de Cimẽt, qu'ils donnoient tousiours deux poulces de Pante au Paué sur dix pieds de longueur, pour faire escouler les pluyes par les goutieres. Ce que le mesme Vitruue comprẽd en ce peu de mots. *Cum fuerit ita perstructũ,*

Lib.7. cap.I *supra Nucleus inducatur: & Virgis cedendo subigatur. Supra autem siue è tessera grandi, siue ex spica testacea struatur.* Et peu deuant parlant de la Pante. *Fastigium habens in pedes denos digitos duos.*

7. Pour plus grande conseruation de l'œuure entier à l'encontre des bruines & gelees, qui se pouuoient mettre entre les joincts des Quarreaux, ils mettoient tous les ans par dessus, auant que l'Hyuer commençast, de la lie d'huile, ou du marc d'oliues, qu'ils appellent *Fraces*: duquel la terrasse estant oincte & abbreuuee, elle se trouuoit suffisante pour empescher que les bruines n'y peussent penetrer ny mal faire.

DES PAVEZ DES MAISONS QVI SE FAIsoient à rais de Chaussee.

CHAPITRE XV.

1. De deux sortes de Sol, Perpetuo solidum, & congestitium.
2. De la maniere de les preparer chacun selon sa nature, & des Instrumens qui seruoient à ce faire.
3. Des Pilotis appellez Fistuca, & des diuerses significations de ce mot.
4. Des Couches diuerses que l'on iettoit sur le Sol affermy.

1. C'EST ainsi que les anciens Architectes de Grece & d'Italie se gouuernoient à faire les Pauez sur les estages des Maisons. Quant à ceux qu'ils faisoient à raiz de chaussee, la premiere chose qu'ils consideroient, c'estoit le plan, ou le Sol, sur lequel il se deuoit asseoir: dautant que si le Sol estoit par tout ferme & solide, qu'ils appelloient *Perpetuo solidum*, il n'y auoit autre chose à faire, sinon à l'vnir, applanir & égaler: & appelloient cela, *Exæquare, coæquare, vel librare*. Si le Sol n'estoit tel: ains qu'il fust pour le tout, ou en partie en place humide, ou lieu croulant, & comblé de terrasses tremblantes & descombres ramassees, ils l'appelloient *Solum congestitium*, lequel auant toutes choses ils faisoient solider & affermir par le Cylindre ou le Battoir, & quelquefois par Pilotis enfoncez au dedans.

2. Le Cylindre estoit vne pierre assez grosse, lourde, & pesante, arondie comme autour, à la façon de celles dont on se sert à faire les huiles: ou bien comme ces Rouleaux auec quoy les Laboureurs roulent leurs champs en auoine, afin de les rendre à faux courante. Quant au Battoir, c'est ce qu'ils appelloient *Pauiculam*, à cause que cela seruoit à pauir ou frapper. Et c'est ce qu'en Champagne on appelle vne Batte, composee d'vn morceau de bois d'vn pied de longueur, & demy pied ou enuiron de largeur & d'espesseur, allié à vn long manche à demy penchant: à raison duquel Pline donne quelquefois à tout l'instrument, le nom de *Virga*, & Vitruue de *Vectis ligneus*. C'est auec ces instrumés mesmes que les Laboureurs affermissoient les aires de leurs granges: ainsi que l'on peut iuger par ces mots de Caton. *Aream Cylindro aut Pauicula coæquato*: Et en autre endroict, *deinde coæquato, & pauiculis verberato*.

Lib. de re Rust. cap. 129.

3. Quant aux Pilotis que l'on enfonçoit és lieux croulans & mal asseurez, les Architectes Romains les appelloient *Fistucas*, ce que l'Interprete de Vitruue nomme des Palis, auec lesquels on a de coustume de bastir sur, & és enuirons des eaux. On tient que ce mot de *Fistuca* est venu aux Pilotis, de l'engin ou instrument auec lequel on les enfonçoit dans terre, que l'on appelle proprement en Architecture *Fistucam*, d'où vient le verbe *fistucare*. Les François appellent cet instrument vne Hie: d'où pareillement les Interpretes de Pline & de Vitruue ont fait le verbe Hier, pour frapper & enfoncer vn Pilotis. C'est ce qu'on voit faire à Paris és ouurages des Ponts, soit de bois ou de pierre. Car on leue par engin & à force de bras, vn morceau de bois le long d'vn fust dressé à plomb: qui venant à tomber & retomber sur les testes des Pilotis, les enfoncent peu à peu iusques à vne iuste profondeur. On donne encore le nom de *Fistuca*, à cet instrument à deux anses, dont les Paueurs se seruent pour battre, vnir,

156 HIST. DES GR. CHEMINS

In Lexico de partibus ædium lib. 2. cap. I. In verbo Pauimentum.

& affermir leur ouurage. Au reste les pauez assis & posez sur pilotis, sont ceux que les Latins appellent *annea Pauimenta*: suiuant le tesmoignage de Marius Parmensis, qui dit, *Latini fistucas subiiciendo, annea pauimenta nuncuparunt*.

4. Le Sol estant affermy & battu à suffisance, on iettoit par dessus les mesmes materiaux que sur les estages ou planchers, & les couchoit-on les vns sur les autres en mesme ordre que nous auons déduit cy dessus: sçauoir des Cailloux au premier rang, des Descombres au second, & du Ciment au troisiesme: trois Couches que les Latins appellent *Statumen, Rudus Nucleu*: &si on tēperoit ces deux dernieres auec de la Chaux, par mesme raison & proportion que sur les Planchers. *Si plano pede erit ruderandum*. (dit Vitruue) *quæratur solum si sit perpetuo solidum, & ita exæquetur, & inducatur cum statumine rudus. Si autem omnis, aut ex parte congestitius locus fuerit, fistucationibus cum magna cura solidetur*. Cela faict, il ne restoit plus qu'à poser & asseoir par dessus la derniere Couche, que proprement on appelle le Paué: des diuerses especes, duquel nous traicterons en temps & lieu.

DV PLAN, OV SIEGE QVE L'ON PREPAROIT pour asseoir les Materiaux des grands Chemins, & de la diuersité d'iceux.

CHAP. XVI.

1. Par la comparaison des Pauez des edifices, faut faire recherche du Paué des grands Chemins des champs.
2. Diuers plans & assiettes des parties d'vn mesme Chemin.
3. Deux plans les plus rares.
4. Des Chemins conduits à trauers des Montagnes fendues.
5. Deux sortes de Chemins fendus. Premiere sorte.
6. Seconde sorte: Alpes ouuertes par Hannibal.
7. Roche ouuerte par Appius Cæcus, & autres par Cl. Posthum. Dardan.
8. Roches des Alpes ouuertes par Auguste: Chemins percez en forme de cauerne.
9. Deux Chemins sousterrains, l'vn en Egypte, l'autre en Babylone.
10. Voyes sousterraines en Italie.
11. Deux Voyes sousterraines au terroir de Naples. Premiere Voye.
12. Autre Voye percee entre Puzol & Naples.
13. Vn Roy & vn Viceroy de Naples, qui ont fait trauailler audit Chemin percé.
14. Coniecture sur l'Auteur dudit Chemin.
15. Deux autres chemins percez faits par Agrippa.
16. Aux chemins percez il n'estoit besoin d'autres matieres que du Roc.

1. **T**EL est donc le soing & l'artifice, duquel les Architectes se seruent, tant pour preparer vn plan, que disposer sur iceluy les Matieres interieures des Pauez domestiques, soit sur estages, soit à rez de chaussee. Il faut maintenant voir, si ceux qui se mesloient de faire les grands Chemins, ne se seruoient pas de la mesme diligence & artifice, tant en pauant les Ruës de la Ville de Rome, que les grands Chemins des champs. Quant au Paué de la Ville, nous en parlerons ailleurs plus commodément, & traitterons pour le present des preparations qui se faisoient pour les Chemins champestres.

2. Or est-il ainsi qu'ils se trouuent assis sur diuers plans, selon la diuersité des lieux par lesquels ils sont conduits : Car on voit en vn mesme Chemin, aucuns endroits enfoncez entre deux terres, comme entre deux hautes murailles, ou creusez à trauers les entrailles des Rochers & des Montagnes, ainsi que profondes & obscures cauernes. Autres endroits sont pleins & vnis : & font auec les terres voisines qui les bordent de part & d'autre, vne superficie toute esgale. Les autres, sont hault montez sur les champs voisins, à guise de leuees, terraces, ou rampars de Ville : & les autres sont posez sur le pendant des Montagnes: de maniere que d'vn costé ils sont plus bas, & d'autre costé plus haults, que les terres qui les costoyent. Voila les quatre sortes de plans, sur lesquels les grands Chemins sont assis : dont les vns sont plus rares, les autres plus frequents.

3. Les plus rares sont ceux qui sont enfoncez au dessouz de la surface des Terres. D'autant que pour en venir about, il falloit fendre ou percer les Montagnes pour leur ouurir le passage. Ce qui estoit de grande depense, pour la quantité des terres qu'il falloit remuer : ou la dureté des Roches qu'il falloit tailler.

4. J'appelle Montagnes fendues, celles que l'on ouuroit & descouuroit du hault au bas, pour bailler passage au Chemin : & qui de part & d'autre tiennent la largeur dudit Chemin comme enclose entre deux ramparts ou haultes murailles. C'est de ces Voyes fendues, que Strabo parle par admiration, quand il dict: *Cernere licet* *stratas in agro Vias excisis ad hæc collibus*. Telles estoient certaines Voyes creuses & profondes au territoire des Priuernats en Italie: lesquelles ont dict estre d'autant plus asseurees pour ceux du pays, comme elles sont dangereuses & incertaines aux Estrangers qui voudroient y entrer à main armee : D'autant qu'elles sont couppees entre deux haultes riues, du dessus desquelles, les habitans dudit territoire peuuent accabler leurs ennemis à coups de pierres : n'y ayant autre accez dans le pays qu'entre ces precipices, à la misericorde desquels,

Lib.5. Geo-graph.

V iij

il faut passer en y entrant. Baptiste Albert nous depeint ces Voyes profondes en ceste façon : *Sunt qui putent agrum Priuernatem esse tutissimum : quod eum profundæ via quasi demersæ fossæ persecent, ingressu ambiguæ, progressu incertæ, & minimè tutæ, ripis extantibus, vnde hostis facilè possit obteri.*

Lib. 4. de re ædificatoria cap. 5.

5. Or y auoit-il deux sortes de tels Chemins fendus : Car aucuns estoient entamez dans Terre ou Arene, facile à cheuer & remuer : en tels endroits, l'ouuerture estant faicte de profondeur competante, il falloit affermir le Sol, & preparer le plan, pour receuoir les mesmes Matieres, qui s'employoient en lieu plain & vny.

6. Que si ouurant vne Montagne, il se rencontroit vn Rocher : c'estoit lors que le courage & la puissance Romaine se faisoit paroistre : Car sans quitter l'ouurage commencé, ils entamoient le Roc à coups de ciseaux, & se faisoient passage quasi malgré la Nature à force de gents & d'argent. Telles sont plusieurs Voyes taillees dans les Alpes, l'vne desquelles on dict auoir esté faicte par Hannibal, pour passer de la Gaule en Italie : ayant ouuert vne Roche inaccessible, non tant par le Fer, que par le Feu & le Vinaigre qu'il jetta dessus, comme Liuius le raconte en ces mots : *Cum cedendum esset saxum, arboribus circa immanibus deiectis detruncatisque, struem ingentem lignorum faciunt, eamque, cum & vis venti apta faciendo igni coarta esset, succendunt : ardentiaque saxa infuso aceto putrefaciunt. ita torridam incendio rupem ferro pandunt, & c.*

Liu. lib. 21.

7. Mais pour retourner à nos Romains, Appius eut vn Rocher quasi tout pareil à combatre pres de la ville de Terracine, qui bouchoit le passage à son entreprise. Pour la continuation de laquelle il fit faire vne ouuerture dans ledit Rocher à coups de ciseaux & de marteaux : continuant son Chemin de plein pied iusques au riuage de la Mer à trauers le Roc, sur la longueur de cent pieds, & largeur de quinze. De sorte que le passant estonné, contemple vne seule pierre souz ses pieds de la longueur & largeur dessusdite, paroissant comme vn grand paué d'vne piece, muny de part & d'autre de certains bords espargnez de la mesme roche, large de deux pieds, & releuez sur le sol du Chemin de pareille haulteur, pour y aller à pied sec en temps de pluye. Ausquels bords, sont joinctes & rangees autres pierres de dix pieds en dix pieds, en forme de piedestal, de haulteur suffisante pour monter en carosse ou à cheual, ou pour en descendre sans peine : le tout enclos entre deux murailles tres-haultes, faictes de la matiere mesme du Roc, lissees & polies comme tables de marbre : & diuisees de dix pieds en dix pieds par plusieurs estages ou moulures, chascune desquelles est chargee d'inscriptions, grauees auec telle proportion & symmetrie que

les lettres des estages plus haults (quoy que beaucoup plus grandes que celles des plus bas) paroissent neantmoins de pareille grandeur, racourcies par la distance du lieu, & par l'estendue du rayon Visuel. Cyprianus Eicouius docte Allemand, qui a veu & consideré la fente de ce Rocher, est celuy qui nous la depeint en ceste forme, quand il dict: *Appia Via, silice strata, viatorem detinet structura sua eximia, & consideratione reliquiarum antiquarum: atque in primis vbi in planum & rectum Scalptris ferreis ad littus in Terracinensi promontorio excisa est ex durißima caute. Stupet spectator admirabundus rectæ viæ planum vnius saxi pauimentum, sub pedibus porrectum per passus plus minus viginti in longitudinem, ac trinis ferè paßibus in latitudinem: munitũ quidem, vt Appia tota fuit, ab vtroque latere Lymbis bipedali latitudine eminentioribus, qui viatori pediti semitam siccam præstabunt. Quibus adiecti lapides eminentiores, veluti bases quædam, per decimum quemque pedem, è queis in vehicula vel equos scansio fieret commodior. Quis non miretur solidum ex eadem candenti rupe parietem explanatum in summam altitudinem, quam per pedum decades multas, characteribus numerorum magnis, singularum decempedarum distantia sculptis, curiosa Vetustas posteris demonstrare voluit? Quem non delectatione afficeret graphicotera characterum illa Symmetria proportioque? qui æquè magni à longè in altißimi parietis summitate, ac in imo intuentium oculis occurrunt.*

In deliciis Italiæ.

Telle est vne Roche fendue de main d'homme, en vn lieu dict Theopolis prés de Cisteron, que Claudius Posthumus Dardanus, homme illustre, qui a esté honoré des plus belles charges de l'Empire, fit ouurir couppant la roche de part & d'autre en plusieurs endroits: qui fut dicte du nom de *Petra Scripta*, à cause de l'Inscription suiuante qui y est engrauee: & qui nous rend tesmoignage de ce que dessus,

```
        CL. POSTHVMVS. DARDANVS. VI. NP. ET. PA
      TRICIAE. DIGNITATIS. EX CONSVLARI. PRO
      VINCIAE. VIENNENSIS. EX MAGISTRO. SCRI
      NI. LIB. EX QVAEST. EX PRAEF. PRAET. GALL. ET
      NEMA..... GALLACIAE. ET. IVL. FEM. MATERFAM
         EIVS. LOCO. CVI. NOMEN. THEOPOLI. EST
         VIARVM. VSVM. CAESIS. VTRINQVE. MON
         TIVM, LATERIBVS. PRAESTITERVNT. MVROS
         ET. PORTAS. DEDERVNT. QVOD. IN. AGRO
         PROPRIO. CONSTITVTVM. TVENTIONI. OM
         NIVM. VOLVERVNT. ESSE COMMVNE. ADNI
      NITENTE. ET. IANV. IVL. CON. AC. FRATRE. ME
         MORATI. VIRI. TI. LEPIDO. EX CONSVLARI
         GERMANIAE. PRIMAE. EXMAG. MEMORI
         EXCON. RERVM. PRIVAT. VT. ERGA. OMNI
             VM. SALVTEM. EORVM. DEVOTIONIS.
         PVB. STENED...T. VEN. SARO...SS.
```

Grut. 151. 6.

8. Telles sont dans les Alpes plusieurs Voyes ouuertes par Auguste, desquelles nous auons faict mention au liure precedent, Et maints autres Chemins que ie passe souz silence, pour venir à ceux, lesquels par vne merueille encore plus grande, passoient à trauers des Montagnes percees, ouuertes par les deux extremitez seulement, Et quant au reste couuertes & voultees en forme d'vne longue & estroite cauerne.

9. L'Antiquité a faict grand estat de certaines Voyes souzterraines; L'vne desquelles estoit en la ville de Thebes à cent portes, de telle longueur & largeur, que les Roys d'Egypte pouuoient faire sortir leur armee de ladite Ville, sans que les Citoyens en sentissent le vent. L'autre estoit en la ville de Babylone, inuentee & parfaicte par vne Princesse Medoise: & par elle conduitte par vne voute de pierre & de bitume par dessouz le canal de l'Euphrate, l'vn des plus grands Fleuues du Monde: afin d'auoir commodité d'aller par cette Voye racourcie de l'vn des palais royaux à l'autre, sans estre veüe ny aperceüe des habitans de ladite Ville.

Philostra. in vita Apollonij.

1. Mais qui considerera ce que l'Italie peut monstrer en ce genre d'ouurage, il y trouuera bien autres merueilles: d'autant qu'il n'y a pas vne seule Voye, mais plusieurs, qui sont taillees dans des Roches viues d'vne longueur & estendue admirable. Ie passe souz silence celle que Vespasian fit percer à trauers l'vn des bras de l'Apennin, pour continuer la Vôye Flaminienne interrompue en cet endroit, dautant que nous en auons parlé suffisamment au liure precedent.

11. Mais sur toutes les autres sont à considerer deux Voyes souzterraines au territoire de Naple, dont l'vne tendoit de Bayes en la ville de Cumes, qui auoit son entree assez estroitte. Ceux qui se ventent d'y auoir esté en ces derniers siecles, disent qu'ayant faict quatre vingts pas de Chemin, se trouue vn lieu quadrangulaire, creusé dans le Roc en forme d'vne chambre de quatorze pieds de long, & huict de large: & que vis à vis de l'entree, il y a vn Roc releué en forme d'vn lict. Que le paué & les costez sont encores marquetez d'Azur & nacre de perle: & tiennent que c'est la Cauerne tant renommee de la Sibyle, dont Virgile faict mention au sixiesme de son Æneide. Cette Grotte du commencement n'auoit point d'issue, & se terminoit par plusieurs autres lieux creusez & ciselez dans le Roc, esquels on a faict quelque forme de Chapelle. Mais Agrippa gendre d'Auguste, qui a excellé sur tous és entreprises qui touchent les grands Chemins, fit encore en cet endroit paroistre la grandeur de ses richesses & de son courage: Car ayant faict coupper la Forest tant renommee d'Auerne, ainsi dicte, à cause du

Fleuue

DE L'EMPIRE. LIV. II.

fleuve de mesme nom, que l'on disoit estre l'vn des fleuues d'Enfer: & ayant orné ces quartiers de tres-beaux edifices, Il fit pareillement tailler le Roc de ladite Cauerne, & icelle continuer iusques en la ville de Cumes: faisant par ce moyen euanoüir l'opinion de plusieurs fables que l'Antiquité auoit forgé sur les lieux souz-terrains, & les profondes forests de ceste Region: en laquelle on disoit estre l'habitation des Cymmeriens, qui ne voyoient iamais le Soleil: d'autant que n'ayant pour domicile que des fosses souz-terraines, il leur estoit defendu d'en sortir, sinon de nuict: ce qui a tourné en Prouerbe, *les tenebres Cymmeriennes*, & occasionné le Poëte Homere de dire, que le Soleil ne se leuoit iamais sur eux.

Vne partie de ce discours est en ces mots de Strabo: *Atqui hisce annis cum Auerni lucum succiderit Agrippa, locus per pulchra adornatis ædificia, conscissáque deinde vsq; Cumas subterranea fossa, omnia illa fabulæ apparuerunt.*

12. L'autre Voye souz-terraine est au chemin de Puzzol à Naples: & faut passer par là, si on ne veut aller par Mer, ou allonger son chemin par terre: d'autant que le mont dict par les Anciens Pausilipus, renômé par les escrits de Sannazare, s'estend en forme de promontoire, iusques au riuage de la Mer de Sicile: & ferme le pas à ceux qui veulent aller de Puzzol à Naples. Ce qui dôna occasion à l'auteur de ce chemin, quiconque soit-il, de l'ouurir par le pied, & de le percer d'outre en outre, en ciselant le Roc dont il est composé à grands fraiz & long trauail: attendu que la percee par laquelle on y passe maintenant en droicte ligne, est de demie lieuë Françoise, peu plus ou peu moins de longueur: de douze à quinze pieds de largeur, & autant de haulteur. Quoy que ce soit, elle estoit de telle largeur du temps mesme de Strabo, qu'elle receuoit deux chariots passans l'vn contre l'autre: & si elle estoit dés lors ouuerte par plusieurs fenestres faictes ainsi que souspiraux, & percees à plomb de la sommité du Môt iusques au creux dudit chemin, pour donner iour aux passans. Voicy comme Strabo parle de l'vne & de l'autre de ces Voyes percees: *Extat & his in locis intra montem effossa spelúca in Dicearchiæ Neapolísq; medio) sicut altera Cumas tendens facta.) in qua Via obuiis curribus peruia multis panditur stadiis. E superna autem montis parte, excisis multifariam fenestris lumen in profunditatem infunditur.*

13. Alfonse Roy d'Arragô ayât reduit le Royaume de Naples souz sa puissance, fit eslargir ladite Voye en plusieurs endroits: Mais specialement les deux entrees opposites. Mesmes il la fit vnir & applanir de nouueau par le bas: & au lieu des anciens souspiraux bouchez par la longueur du temps, il en fit percer deux nouueaux à trauers le dos de la Montagne, par lesquels la lumiere estant infuse, paroist aux yeux de ceux qui la voyent de loing, comme nege esparse sur le sol,

iufques à ce que l'on foit tout pres defdits foufpiraux. Finalement Pierre de Tolede, Vice-Roy de Naples pour l'Empereur Charles V. a mis la derniere main à cet œuure, ayant faict corriger ce qu'il y reftoit d'oblique & tortueux : & tellement reformer à droicte ligne, que l'vne des ouuertures paroift à ceux qui entrent par l'autre, tout ainfi que quelque Aftre, à la veüe duquel ils peuuent marcher tout droict à trauers ces tenebres. Ce qui apporte encore vn autre plaifir aux Voyageants, c'eft qu'ils voyent de loing ceux qui entrent, ou qui fortent dudit Chemin, ne paroiffans non plus que Pygmees, foit qu'ils aillent à pied ou à cheual: & comme aggrandiffans à mefure qu'ils en approchent.

14. Au refte, il y a plufieurs opinions fur l'autheur de ce Chemin percé. Strabo dict qu'il a efté faict auec la cauerne cy deffus par vn Cocceius, fans autrement donner à entendre qui il eftoit, ny en quel temps il a vefcu. Voicy comme il en parle, *Cocceium eam quidem condi-*

Lib. 5. *diffe foffam memoriæ proditum eft: & eam, quæ ex Dicæarchia, id eft Puteolis extat Neapolim ad Baias.*

Leander Albert en la defcription de la Campagne heureufe, à l'endroit où il parle des anciens habitans de la ville de Cume, dict, qu'vn autre Italien nómé Zenobio Acciaiuolo de l'ordre des freres Prefcheurs, a laiffé par efcrit au Panegyric de Naples & des Neapolitains, que quelques vns difent que L. Lucullus eft celuy qui l'a faict faire : & que les autres le donnent à vn nommé Baffus, fans en produire autre plus affeuré tefmoignage. La verité eft que Lucullus fit bien creufer dans vn Roc, & approfondir vne foffe en ces quartiers là, qui luy coufta d'auantage à tailler, qu'à baftir fon beau & fuperbe Palais de Bayes. Ce n'eftoit pas toutesfois pour en faire vn Chemin: mais vn Canal pour attirer l'eau de la Mer toutes & quantesfois que bon luy fembleroit, dans certaines pifcines qu'il auoit faict faire dans vn Mont prochain en forme de cauernes, où il nourriffoit force poiffons, & l'efté, & l'hiuer. Et n'y a guere d'apparence, que Strabo, qui viuoit fi pres du temps de Lucullus, ayt ignoré fes ouurages: qui eftoient de telle reputation, que Pompee le grand, Ciceron, & Tuberon l'appelloient *Xerfem Togatum*, c'eft à dire le Xerfes des Romains, qui faifoit en paix des œuures auffi admirables, que Xerfes Roy de Perfes en auoit autrefois faict pour la neceffité de la Guerre.

Il en faut donc reuenir au tefmoignage de Strabo, & croire

Lib. 3. cap. que l'Autheur de cette Voye eft ce Cocceius, que Leander Al-
de itinere bert appelle *Cumanum* : où quelqu'vn de fa race & de fon nom:
Puteolos Race, qui au rapport de Francifcus Scottus, a flory en la Cam-
verfus. pagne heureufe, long temps auant le fiecle de Lucullus. *Ex Stra-*

bonis verbis elicimus, dict-il, *diu ante illius tempora Cocceiam gentem in Campania floruisse: Cryptamque dictam ibi fuisse: nec de eius authore quid aliud certi constitisse.* Or quoy que Strabo ne nous assigne ny la qualité, ny le siecle de ce Cocceius, si est-il à croire qu'il estoit Romain, attendu que de long temps ceux de la famille & du nom de Cocceius s'estoient transportez en la ville de Rome, & y auoient tenu des premieres Magistratures. De cette race estoit issu vn Cocceius grand Iurisconsulte, qui viuoit du temps de Tibere, lequel prenant à desplaisir les cruautez de cet Empereur, qui faisoit mourir beaucoup de bons Citoyens : sans attendre autre mandement ou condamnation, iouïssant d'vne santé entiere, prit resolution de se faire mourir, ainsi que Tacite le rapporte parlant de ce personnage : *Qui omnis diuini humanique iuris sciens, integro statu, corpore illæso, moriendi consilium cepit.* Quelques vns tiennent que c'est de sa race, que Cocceius Nerua, qui vint à l'Empire apres Domitian, estoit descendu. Mais outre la coniecture du nom, la grandeur de l'entreprise ressent bien son courage & son entreprise Romaine, & non de quelque petit Prince de ces quartiers de Naples : eu esgard à la multitude des hommes & de la despense necessaire à tels ouurages, qui a esté telle & si grande, que Leon Baptiste Albert, dict que cette despense eust esté beaucoup plus vtilement employée en autre endroict : *Tum & eum*, dict-il, *qui tam multis hominum millibus montem apud Puteolos foderit, quis non malit vtiliori aliqua in re tantum operæ atque impensæ consumpsisse?* Adioustez à cela les œuures admirables de mesme nature, que plusieurs Romains ont faict faire en ces contrees voisines de Naples : esquelles ils se retiroient volontiers pour se donner repos & contentement d'esprit, à cause de la bonté de l'air, & fecondité de la terre : mesme de la douceur & lympidité des eaux du Pays. De sorte que tout le Mont Misenus, vanté par les Vers de Virgile, est quasi entierement creusé, & porté sur colomnes, par la multitude de tels Ouurages Romains.

Lib. 5. Annal.

Lib. 2. de re ædificat. c. 2.

15. Au moins est-ce chose asseuree, qu'outre la percee faicte par Agrippe en la Grotte de Cume, il fit de surcroit deux autres percees à trauers deux Rochers de ces mesmes quartiers, pour continuer les Chemins de plain pied iusques aux riuages de Baye, & de la Mer morte, dict *Lucrinum littus*. Ce que ie trouue estre mis entre les œuures dudit Agrippa en ces termes de Cyprianus Eichouius: *Excisus Auerni saltus propter syluarum densitatem, & aëris salubritatem: perfossi Montes, atque duræ cautes, quo Via paterent plana per compendia ad Baias, Lucrinique littora.* Quant au reste, c'est le plus seur de laisser à chacun la liberté de son iugement.

In Delitiis Italiæ.

164 HIST. DES GR: CHEMINS

16. Mais quiconque ayt esté l'Autheur de ces deux grands Chemins de Puzzol & de Cumes, & d'autres taillez ou percez à trauers des Roches viues; il ne luy fut besoin d'assembler autres matieres par dessus le Sol d'iceux : d'autant que faisant partie de la Roche mesme, ils estoient assez fermes pour soustenir le froissement du charroy. Ainsi l'ouuerture estant faicte, & le bas applany, il n'y restoit plus rien à faire dauantage. C'est pourquoy nous passerons aux autres Chemins ou partie d'iceux, faicts en plaine campagne, qui sont les plus communs & ordinaires de tous, & qui enferment dans leurs entrailles autres merueilles non moins à considerer que celles des Chemins dont nous venons de parler.

DE LA MANIERE DE FAIRE LES grands Chemins en la Campagne ouuerte : & des leuees ou terraces sur lesquelles ils estoient assis.

CHAPITRE XVII.

1. *Trois sortes d'assietes des grands Chemins.*
2. *Maniere que l'on tenoit à commancer les grands Chemins.*
3. *Tesmoignage de Statius.*
4. *Maniere de faire les Chemins en lieux plains & vnis.*
5. *Comme és lieux deprimez on esleuoit des Terrasses.*
6. *Ces Terrasses appelees* Aggeres Itinerarij, *ou* Aggeres viæ.
7. *Haulteurs desdites Terrasses.*
8. *Que du nom de* Agger *les grands Chemins ont esté quelquefois appellez, à cause de leur masse & haulteur.*
9. *Commoditez de ces haults Chemins en paix & en guerre.*
10. *Où estoit prise la terre dont on faisoit lesdites leuees.*
11. *Ouurages de Massonnerie faicts sur le pendant des Montagnes, pour soustenir les grands Chemins.*

1.  ES Chemins faicts & conduicts à trauers les Champs, Maraiz, Bois, & autres natures de lieux, aucuns sont releuez sur haultes Terrasses, les autres paroissent comme à fleur de terre, & autres par certains endroicts disparoissent tout à faict: Soit que les charrois continuels les ayent rompus auec longue portee de temps : ou que les champs voisins estans

surhauffez par les diuers accidents que les fiecles apportent, ils foient comme abforbez & cachez deffous terre. Ce qui arriue ordinairement prés des entrees des grandes villes. Au moins en ay-je trouué trois ou quatre pres des anciennes Portes de Rheims qui ne paroiffent plus, quoy que bien entiers : ains font recouuerts de cinq ou fix pieds de terre. Ce que ie croy eftre arriué à caufe des rehauffemens des airs, & des vuidanges continuelles des Defcombres & immondices que l'on defcharge deffus, ou és enuirons d'iceux, qui viennent peu à peu à les couurir & abyfmer.

2. Au refte la forme & maniere de les commencer eftoit, de marquer les endroits par lefquels on vouloit conduire l'ouurage par deux Seillons egalemēt diftans l'vn de l'autre, tirez au cordeau à trauers les champs, foit en lieu plain & vny, foit en lieu marefcageux, ou fur le pendant des Montagnes. Entre ces deux Seillons, comme entre deux lignes paralleles, eftoit terminee & limitee la largeur du Chemin entrepris. Cela fait & defigné, on jettoit les Ouuriers à la befongne, qui venoient à entamer les champs, & iceux creufer & approfondir entre lefdits Seillōs en forme de lōgues foffes ou canaux; vuidant les terres molles & inftables iufques au ferme, puis rempliffoient le vuide d'autre matiere plus folide : comme d'Arene tiree de la Mer, des Riuieres prochaines, ou de quelque foffe en terre ferme, felon la commodité des lieux: laquelle Arene ils maffiuoient & affermiffoient, en roulant par deffus quelque gros Cylindre, ainfi qu'on traine vn rouleau par deffus vn champ d'auoine : ou bien ils durciffoient & folidoient le tout à coups de Battes ou Pilons, afin de preparer vn plan de fermeté & folidité fuffifante pour porter les Pierres, Cailloux, & autres matieres que l'on frapperoit & entafferoit deffus.

3. Le Poëte Statius appelle cela preparer vn giron au dos releué des Chemins, de peur que les pofant fur la terre commune & non remuee, le fiege n'en fuft malin & trompeur, le lict mal affeuré, & le Sol fubiect à crouler, & fe creuaffer fous le fardeau. C'eft de luy que i'ay appris ce commencement & premier plan d'ouurage qu'il nous depeint naïuement en ces vers.

Hic primus labor inchoare fulcos,
Et refcindere limites: & alto
Egeftu penitus cauare terras.
Mox hauftas aliter replere foffas,
Et fummo gremium parare dorfo:
Ne nutent fola, ne maligna fedes,
Et preffis dubium cubile Saxis.

Lib. 4. Situar. in Via Demit.

4. Que fi c'eftoit en lieu plain & vny, & que le fond en fuft fer-

me & solide, l'ordinaire estoit de faire le rempliage des fosses ainsi creusees, iusques à rais de chaussee, ou à peu pres. Puis on posoit là dessus les diuerses Couches des Materiaux dont lesdits Chemins estoient composez. De sorte que l'ouurage entier estoit presque à fleur des champs voisins: autant releué neantmoins, qu'il en estoit de besoin pour l'escoulement des eaux. Les mieux entendus tenoient tels Chemins encores plus commodes & plus seurs, que les Chemins creux dont nous auons parlé cy dessus. *Peritiores viam tutissimam putant* (dit le mesme Baptiste Albert) *quæ coæquatum per colliculorum dorsum agitur.*

Lib. 4. cap. 5. de re ædificat.

5. Que si le chemin prenoit sa route par des lieux bas, deprimez & raualez entre deux Colines, la coustume estoit non seulement de remplir le vuide des fosses à fleur de terre: mais de leuer au par dessus vn amas ou vn comble d'Arene conduit & continué de l'vne des Colines à l'autre de mesme niueau que lesdites colines. Ce que Strabo appelle *exaggerare valles*: Cela se faisoit pour continuer le Chemin de mesme train, & d'vn dos également releué. Les Latins appelloient ces leuees *Aggeres*, qui estoient comme Terrasses amoncelees entre deux Seillons, & continuees d'vn long dos à trauers les champs en maniere d'vn rampart ou platte forme estroitte, mais de tres-longue estenduë: sur laquelle finalement ils faisoient leurs Pauez de Cailloux & de Grauois. On se seruoit encores de semblables leuees de terre és lieux fangeux & humides: *Locis autem vliginosis addebant terræ aggerem, super quem lapideam crustam insternerent*, dit le mesme Albert.

Li. 5. Georg.

Albert. ibid

6. Ammian Marcellin appelle ces leuees, d'vn nom propre & significatif, *Aggerem Itinerarium*: lors que representant la cheute de certaine Terrasse & platteforme, qui vint à fondre sous les pieds des soldats Romains, en vne ville de Perse nommee *Amida*, il s'en feit comme vne leuee Itineraire à trauers le fossé: ou comme vn Pont bien vny, pour faciliter l'accez aux Perses, assiegeans ladite ville contre les Romains assiegez: entre lesquels estoit ledit Marcellin, qui en parle ainsi, pour l'auoir veu. *Diu laborata moles illa nostrorum, velut terræ quodam tremore quassata procubuit: & tanquam Itinerario aggere, vel superposito ponte complanatum spatium, patefecit hostibus transitum.*

Lib. 19.

Virgile l'appelle d'vne façon encore plus claire & manifeste. *Aggerem Viæ*, en ce Vers du 5. de son Æneide.

Qualis sæpe Via deprensus in aggere serpens.

C'est cela mesme que les anciens Auteurs appellent *Aggerum structuras, substructiones, continuatas munitiones siue moles, & editas aggestiones*: ainsi que l'on peut remarquer en plusieurs textes alleguez en cet ouurage.

7. Et à la verité, c'est en ces leuees ou Terrasses seules, que consiste tout ce que i'ay trouué dans les anciens & nouueaux Auteurs de toutes les matieres interieures des grands Chemins. Et ne faut pas s'estonner s'ils ont bié sceu nommer & marquer telles leuees en leurs escrits, estant hautes comme petites Montagnes longues & estroites. Et si ce n'est pas en lieux humides & deprimez seulement qu'on les voit paroistre : mais à trauers les terres mesme les plus fermes & les plus solides, principalement en la Gaule Belgique. Car i'en ay veu plusieurs, qui sont releuees sur les terres voisines de dix, quinze, & vingt pieds de hauteur : & de cinq à six lieuës de longueur, quasi sans interruption. Et de tels Chemins la Gaule Belgique est des mieux fournie de long & de trauers, & d'vn bout à l'autre : où ils sont recognus sous le faux nom de Chaussees de Brunehault. Et diroit-on à les voir de loing, que ce sont des Cordons verdoyans, estendus à perte de veuë à trauers les champs : à cause que la pante desdites leuees est quasi par tout chargee d'herbe ou de mousse, qui y verdoye de part & d'autre.

8. La hauteur & la masse continuelle de telles Leuees, faisant bonne partie de ce qui est d'admirable en tel espece d'ouurage, a esté cause que plusieurs ont appellé les grands Chemins simplement *Aggeres* : les autres *Aggeres publicos vel militares*, ou bien, *Tellures inaggeratas. Eoque factum*, ainsi que parle Andreas Resendius, *vt aliquando ipsa publica Via ac militaris, Agger publicus diceretur*. Ce qui est assez familier à nos anciens Auteurs Gaulois : comme à Sidonius Apollinaris, en ces Vers, qui s'adressent à son liure,

> *Antiquus tibi nec teratur Agger :*
> *Cuius per spatium satis vetustis*
> *Nomen Cæsareum nitet columnis.*

Propempti. ad libellum.

Et le mesme Auteur,

> *Verum post patruos patremque, carmen*
> *Haud indignus auo Nepos dicaui.*
> *Ne forte tempore posthumo, Viator,*
> *Ignorans reuerentiam sepulchri,*
> *Tellurem tereres inaggeratam.*

In Epitaph. Apollinaris Auisi.

Et c'est ainsi qu'il faut entendre ces termes d'*Agger publicus* dans Floart, Historien de l'Eglise de Rheims qui viuoit il y a 690. ans, lors que parlant de la Sepulture de S. Gibrian, il dit qu'elle fut faicte *iuxta publicum Aggerem* : C'est à dire, pres du chemin public ou Voye militaire : ainsi que les Tombeaux se faisoient auant l'institution des Cimetieres : Ce que Chesneau son Interprete n'ayant entendu, a tourné ces mots *Pres du Tertre, ou de la Motte publique*.

9. Les grands Chemins faicts sur telles Leuees ou Terrasses à

trauers les champs, auoient plusieurs commoditez, & pour la Paix, &
pour la Guerre : Car en temps de Paix les Voyagers qui marchoient
quasi en toute saison à pied sec sur ces Chemins releuez, estoient fort
soulagez de l'ennuy & du trauail ordinaire du Chemin, en considerant l'assiette & varieté du pays de part & d'autre, comme de dessus
quelque haut rampart : Et en temps de guerre, il est de tres-grande
importance d'apperceuoir de bië loing s'il y a des ennemis en Campagne, pour se preparer à l'vne des deux choses : ou de les soustenir,
& attaquer, si on a forces bastantes pour ce faire : ou bien faire vne
retraitte seure & à temps, sans perte de gens, sans terreur, & sans espouuante, que les attaques soudaines ont accoustumé de produire

Lib. 4. cap. és cœurs de ceux qui sont surpris. Ce que Baptiste Albert remarque
5. ae reædi- en suite des autres genres de Chemins cy dessus specifiez, disant. *Pro-*
ficat. *ximè ad hæc accedit, quæ ex vetere more extracto aggere medios per campos diri-*
gitur. Quin & illam veteres ea de re, Aggerem nuncuparūt, & protecta sic per-
ducta, multas de se præbebit commoditates. Nam cum ex prospectus amœnitate
per celsam exaggerationem, ambulantes viatores ab itineris labore & molestijs
plurimum leuentur : Tum & multo interest, hostem longè præuidisse : & habere
qui possis infestū vrgentem, aut modica manu distinere, aut nulla tuorum iactura
si superet, cedere.

10. Vne partie de ces Leuees ou Terrasses estoient faictes des
terres prises és champs labourables, ou autre nature d'heritage prochains. Ainsi que l'on peut iuger par les costez approfondis en forme de longs fossez, qui bordent vne partie des grands Chemins de
costé & d'autre. Mais en autres endroicts les terres viennent ioindre les lizieres desdites Leuees, d'vne face toute plaine & vnie : n'y
ayant aucune apparence que l'on ayt releué ces haults combles aux
despens des terres voisines : ains est à croire, que tout ainsi que les
Pierres & Cailloux dont les grands Chemins estoient pauez, se portoient & charoyoient de bien loing sur les lieux : qu'ainsi l'Arene dõt
ces Terres ou rampars estoient rehaussez, procedoit de certains
lieux fort esloignez : & se conduisoit és endroicts necessaires à force
de charroy. Et cependant la quantité des terres à ce requises : & la
longueur & estenduë de l'ouurage est telle, que c'est vne des plus
grandes merueilles à considerer esdits Chemins.

11. Mais ce qui surpasse toute admiration, ce sont ouurages de
Massonnerie, que les Romains ont esté comme contraincts de faire
és endroicts des Chemins conduits le long des pendans des Montaignes. Car si la pante estoit par trop roide apres y auoir tranché &
applany vn siege propre pour y asseoir le Paué, ils tiroient du bas
de la colline iusques à la hauteur dudit siege vne forte Muraille de
pierres esquarries, pour s'opposer au fardeau des matieres desdicts
Chemins

Chemins: & empescher que par leur propre faix, ou par le froissement continuel du charroy le costé bas de la Coline ne vinst à se dissoudre & esbouler : & par ce moyen interrompre la continuation du chemin. Tels estoient certains gros Murs de pierre de taille, qui s'estendent depuis l'Eglise de saincte Marie du Pont, iusques à Cailly, assez prés de la ville d'Vrbin. Ces Murs soustiennent sur leurs espaules vne partie de la Voye Flaminienne qui passe en cet endroict, & qui est posée sur la pante de l'vn des deux Monts, entre lesquels passe le fleuue Metaurus: desquelles Murailles & Masse d'ouurage admirable en hauteur, les Masures paroissent encore és lieux dessusdicts à trois ou quatre mil de Fossumbruno: ainsi que tesmoigne le curieux Smetius, és petites annotations par luy adioustees au recueil de ses Inscriptions antiques, où vous trouuerez ces mots. *In Via Flaminia, tertio aut quarto lapide a foro Semprony, Vrbinum versus, Metaurus fluuius inter duos excelsos montes labitur. Iuxtaque Via iacet, quam necesse fuit muniri: & pro loci natura nonnunquam fulciri. Et in eam rem extant antiquissima murorum ex quadrato lapide vestigia, à Templo sanctæ Mariæ del Ponte, vsque ad locum quem Cailly vocant, &c.* Bref tout ce qui se faisoit pour preparer vn plan aux Matieres, tant interieures qu'exterieures des grands Chemins, se peut rapporter à quatre poincts d'vne despense incroyable, & d'vn trauail continuel & extremement obstiné : sçauoir aux roches fenduës & creusées: aux costes ou pendants des Motagnes applanies, aux Colines percees à iour, & aux Vallees remplies. Ce qui se voit encore tant en Italie comme ailleurs, auec rauissemēt d'esprit, & estonnement de ceux qui contemplent tels miracles. Baptiste Albert qui a consideré de prés ces ouurages terribles, les rassemble tous quatre en ce peu de mots. *Visuntur passim totis Viis militaribus proscissæ Rupes, delumbati Montes, perfossi Colles, æquatæ Valles impensa incredibili, & operum miraculo.*

Fol. 1. Antiq. Inscript.

Lib. 8. de re ædific. cap. 1.

DE LA NATVRE, QVANTITE', ET ORDONnance des autres Matieres interieures, employees aux ouurages des grands Chemins.

CHAPITRE XVIII.

Y

1. *Chemins ouuerts, & rapport des Couches d'iceux, auec celle des Pauez des edifices.*
2. *Premier Chemin où situé, & en quoy different des pauez des edifices en sa premiere couche.*
3. *Que cette difference n'empesche qu'elle ne soit dicte Statumen.*
4. *Seconde Couche dudit Chemin.*
5. *Nature des Pierres dont elle est composée.*
6. *Troisiesme Couche.*
7. *Espesseur entiere du premier Chemin.*
8. *Description du second Chemin ouuert.*
9. *Description du troisiesme.*

1. LA Leuce ou Terrasse estant preparee, massiuee, & affermie en la maniere dessusdite, il falloit venir au principal ouurage, qui consistoit és Couches diuerses des Pierres, & autres Materiaux, desquels les grands Chemins estoient composez. I'ay dit cy dessus, que pour en faire la descouuerte, & voir si les parties interieures du Paué desdits grands Chemins auroient quelque chose de semblable auec les Pauez des Maisons, i'auois fait foüir & renuerser aucuns endroicts de plusieurs grands Chemins, qui aboutissent de diuerses contrees, tant de la France, que du Païs bas, en la ville de Rheims. Quoy faisant, i'ay trouué, que tant en la matiere qu'en la forme il y a beaucoup de choses semblables, & bien peu de dissemblables. Premierement les Matieres se rapportent partout: excepté que celles des grands Chemins sont plus fortes, & mieux fournies. Aussi ont-elles à porter plus de poids. Et quant à la façon, elle a cela de semblable à celle des Pauez des Edifices, que les Matieres y sont disposees par couches distinguees les vnes des autres, & rangees l'vne sur l'autre par certain ordre chacune en son lieu. Il y a neantmoins cette difference, que le nombre des Couches, & l'ordre suiuant lequel elles sont mises en œuure, n'est pas de mesme partout. Car il y a plus de Couches en l'vn des Chemins qu'en l'autre: & si telle Couche est la seconde en l'vn, qui est la troisiesme en l'autre. Quant au reste, tout y est semblable. Comme il sera veu en discourant de chacun Chemin en particulier.

2. Le premier donc que ie fis ouurir, c'est celuy que les Peres Capucins trouuerent il y a deux ans dãs l'enclos du Monastere qu'ils ont fait bastir en la ville de Rheims, és annees 1617. 1618. & 1619. & qui est assis dans vne partie des Marais de la Riuiere de Vesle, qui sert de fossez à ladite Ville du costé d'Occident. Et ont lesdits Marais esté enclos dans icelle Ville depuis 480. ans: auquel temps les Rois de France commencerent à dilater de nouueau son enceinte.

Ayant fait foüir dans le Iardin dudit Monastere iusques à neuf pieds de profondeur, parut la terre ferme sur laquelle ledit Chemin est assis. Et fut trouué sur icelle vn Ciment de Chaulx & d'Arene, de l'espesseur d'vn poulce seulement, qui est aussi blanc que s'il venoit d'estre faict. Il enfarine les mains en le maniant, comme si c'estoit de la Chaux nouuelle : & semble en ces ouurages, tenir le lieu de la Fougère, ou de la Paille que l'on iettoit sur les Planchers sous les quatre Couches de Massonnerie. Sur ce Ciment estoient assises pour premiere Couche dudit Chemin, des Pierres larges & plattes, couchees les vnes sur les autres de l'espesseur de dix poulces, & ioinctes ensemble auec vn Ciment, qui rend cette Couche de tel alliage & fermeté, qu'il est bien difficile d'en auoir des pieces.

3. Or quoy-qu'és Pauez des Maisons la premiere Couche soit de pierres plus rondes que plattes, qui y sont mises en œuure *pro Statumine*, & qu'és grands Chemins le premier lict se trouue par tout de pierres plus plattes que rondes : Si est-ce que nous pouuons auec raison donner à cette premiere Couche le nom de *Statumen*, veu qu'elle tient le premier rang és ouurages desdits grands Chemins, comme le *Statumen* és Pauez des edifices. A quoy ne peut nuire ce peu de difference qui se trouue en la figure desdites Pierres. Dautant que dans Vitruue, ainsi que nous auons iustifié cy dessus, ce mot *Statumē*, est pris pour tout Corps ou Matiere qui en doit soustenir vne autre: ou que l'on met sous vn autre pour luy seruir de pied & de fondement. De là vient le Verbe *Statuminare*, que Pline met en œuure, pour porter & soustenir quelque chose auec des pierres, aussi bien qu'auec des Pieux ou Eschalats. Comme en ce lieu du 18. de son Histoire, chap 6. *In solutiore terra sepibus firmari. Ora vtrinque lapidibus Statuminari*. Où il parle d'appuyer les terres croulantes de l'embouchure d'vn fossé auec des Pierres.

4. Vient apres la seconde Couche, faicte & composee de pierres, qui tiennent plus de la figure Cubique, ronde ou ouale, que de la platte & dilatee. Les moindres sont comme pour emplir la paulme de la main, & n'y a rien qui ressemble mieux au *Statumen* des Pauez domestiques. Nous ne dirons pas neantmoins qu'en ces pierres gise le *Statumen*, ou fondement des grands Chemins: mais plustost, la Ruderation. Dautant qu'elles ne tiénent pas le premier lieu en l'ouurage ce qui est le propre du *Statumen*. Nous appellerons donc hardiment cette Couche du nom de *Ruderation*, que l'on donne à la seconde Couche des Pauez des Edifices: eu mesme esgard aux tests de Pots, Tuiles & Briques cassees, qui se trouuent meslez parmy les Pierres de ladite Couche, restees d'anciens bastimens ruinez, & qui sont proprement compris sous ce terme *Rudus*, qui signifie toutes vieilles

Matieres d'edifices rompus: comme vieux Moilons, Plaſtras, & Decombres.

5. Ces Pierrailles de la Ruderation des grands Chemins: tant de ce premier qu'autres depuis deſcouuerts, ſont de nature beaucoup plus tendre que le Cailloux naturel, & non propres à ietter feu: mais elles ſont d'vn alliage ſi fort & ſi tenant, que les Manœuures ſont bien empeſchez d'en tirer & dejoindre autant en vne heure, qu'ils en pourroient porter ſur leurs eſpaul s. Ce n'eſtoit pas à la main toutesfois que l'on mettoit ces Pierres en œuure: mais on les eſpandoit ſur l'ouurage à la paeſle. Puis y eſtant arrangees, on les frappoit à coups de Batte dans le Conroy qui ſeruoit à les allier. Ce que les anciens Architectes appelloient, *Virgis cædere, vel ſolidare, decurſu inductu*: C'eſt à dire, affermir & maſſiuer à coups de Battes par gens que l'on y mettoit par dixaines. Quant au reſte, cette Couche ſeconde ne s'eſleue ſur la premiere que de huict poulces d'eſpeſſeur.

6. Apres la Ruderation ſe trouue au Chemin deſſuſdit pour troiſieſme Couche, vn Ciment ou Conroy d'vn pied d'eſpez: non pas de Tuile battuë, comme és Pauez des edifices: mais de certaine matiere gluante, attachante, & mollace, que l'on appelle en Champagne du Croüin. Ce n'eſt autre choſe qu'vne Arene de nature de Croye, que ie penſe eſtre cela meſme que Virgile appelle *Cretam tenacem*, & dequoy il dit, qu'il faut faire les aires des granges.

i. Georg.

Area cum primus Creta eſt ſolidanda tenaci.

Où, *per Cretam*, il n'entend pas de la Croye en Pierre, laquelle on ne peut pas affermir ny ſolider plus qu'elle n'eſt de nature: mais pluſtoſt vne Arene graſſe & attachante de nature de Croye: que l'on peut maſſiuer à coups de Batte, comme on la maſſiuoit aux ouurages des grands Chemins, la meſlant auec de la Chaux.

Il n'y a point de difficulté qui nous empeſche de donner à cette Couche troiſieſme, le nom de *Nucleus*: puis qu'elle eſt de meſme nature, & tient le meſme rang és grands Chemins, que le *Nucleus*, és Pauez des Edifices. Car encore qu'és grands Chemins elle ne ſoit faicte de Tuile battuë: c'eſt neantmoins vn Ciment, auquel conuiennent fort bien deux autres appellations, que quelques Architectes donnent à cette Couche troiſieſme. Sçauoir, *Puls & Offa*: comme qui diroit vne farce. Dautant que le Croüin duquel ladite Couche eſt compoſee, eſt graſſe & propre à demeurer en maſſe. De ſorte que le Pic entrant dedans, & ayant fait ſon trou, ne peut emporter que ſa largeur de telle matiere, qui ne ſe veut rompre ne ſeparer par gazons.

7. Que ſi nous colligeons en vn, l'eſpeſſeur des Matieres interieures dudit Chemin, nous trouuerons qu'elles auoient enſemble

deux pieds six poulces. A laquelle quantité adioustant l'espesseur de la derniere couche, qui n'est que de six poulces, l'œuure entier se trouuera de trois pieds d'espesseur, & non plus.

8. Tel estoit ce Chemin premier ouuert: mais non contant d'y auoir veu l'ordre & la diuersité de ces Matieres, respondantes si naïfuement aux Pauez des Edifices: Ie me transportay peu apres à demie lieuë de la ville, sur l'vn des grands Chemins qui y abordent du costé de Chaalons: & m'arrestay en vn endroict, où ledict Chemin est releué de quatre ou cinq pieds au dessus des terres voisines. Là ie trouuay quelque peu de difference, tant en la Forme qu'en la Matiere. En la Forme, d'autant que le *Nucleus*, y tenoit lieu de seconde Couche, qui est mis pour la troisiesme au chemin precedent, & aux Pauez des Edifices: & le *Rudus* y tenoit lieu de la troisiesme.
Quant à la Matiere, elle estoit semblable par tout: sinon que parmy les Pierrailles de la ruderatiō, il ne se trouue en ce Chemin des chāps aucuns fragmens de Tuiles ne de Briques, comme en l'autre.

9. Le troisiesme grand Chemin que ie fis ouurir, est celuy qui conduit de Rheims à Mouzon, assis sur vne Leuee de terre de vingt pieds de hauteur à l'endroit où ie le fis entamer, qui est à trois lieuës de Rheims, ou peu plus. En ce lieu ie trouuay que la fondation ou *Statumen*, estoit double, estant faicte de deux Couches de Pierres plattes, dont la premiere est massiue dans du Ciment, ainsi qu'és autres grands Chemins dessusdits: & est de dix poulces d'espesseur. La seconde est espesse d'vnze poulces, & composee de Pierres seiches, c'est à dire, couchees l'vne sur l'autre, sans aucun alliage de terre ny de Ciment: Ce que ie n'auois encore veu ailleurs. I'estime que l'on peut prendre ces deux Couches pour vne seule sous le nom de double Pied ou fondatiō: *duplicis Statuminis*. Le noyau est immediatemēt par dessus cōposé de certaine espece de terre rousse de l'espesseur de quatre à cinq poulces seulemēt bien estēduë & massiue sur les Pierres seiches. Sur le noyau est posee la Ruderation, espesse de dix poulces, composee de Cailloux ronds & lissez, de pareille nature à ceux dont la surface est faicte: mais beaucoup plus minces & plus petits. A peines s'en trouue-il aucun qui surpasse en grosseur vne noix commune: & y en a vne quantité infinie, qui ne sont guere plus gros que noyaux de cerises. Tous ces petits Cailloux sont alliez d'vn Ciment ou Conroy, de si ferme consistance, qu'il est bien difficile à rompre & entamer. Ceste Couche soustient sur soy la derniere & plus haute, faite contre l'ordinaire de plus gros Cailloux que ceux de la Ruderation: & n'a que six poulces d'espesseur: en sorte que tout le Chemin pris ensemble, n'a en ses quatre couches que trois pieds & demy du hault en bas.

DE LA SVPERFICIE EXTERIEVRE DES
Pauez: Diuision d'icelle en ses especes és pauez
des edifices: Et de la premiere espece
qui consiste en Terris.

CHAPITRE XIX.

1. *Derniere surface des Pauez comparee à la peau des animaux, ou à la crouste d'vn pain.*
2. *Diuision de la surface des Pauez des edifices en ses especes.*
3. *L'Interprete de Pline, corrigé sur ce mot de* Materia.
4. *Que* Materia *en ce passage de Pline se prend pour terre, & non pour pierre.*
5. *Signification de* Terra materina.
6. *Nature de l'Arene ou Poudre de Puzzol.*
7. *Que l'on se seruoit de cette Poudre à faire des Pauez en Terris.*
8. *Vernis auec lequel on durcissoit les croustes des Pauez faicts en Terris.*

1. NOVS auons discouru iusques à present des parties interieures, & comme des entrailles, dont les Anciens composoient & farcissoient (s'il faut dire ainsi) le corps des Pauez qu'ils faisoient tant és Maisons & edifices, qu'és grands Chemins de l'Empire. Il est temps à cette heure de parler de la derniere superficie d'iceux, qui seruoit de couuerture à l'ouurage entier: & comme d'vne peau bien polie, qui comprenoit dans soy les os, les muscles, les nerfs, les veines, & les arteres du Paué, & ressembloit à la crouste de dessus d'vn pain, qui souz sa voulte arondie recele la mie dudit pain: qui est la plus tendre, mais non pas la moindre partie de son tout.

C'est pourquoy les anciens Autheurs appellent cette partie *Summam Crustam* : & la façon de la coucher & appliquer, *Incrustare*: duquel mot ils se seruent en tous ouurages de polissure, qu'ils appellent *Expolitiones, Tectoria, incrustationes* : comme qui diroit des Enduits qui seruent à remplir, couurir, & polir les vuides des murailles en ouurages de Maçonnerie. De ce nombre sont les applications des pieces esmaillees à la Mosaïque, & les incrustations des tables de marbre, qui s'appliquent pour ornement dans les parois & pauez des Temples, Palais, & Maisons des grands.

2. Or ne plus ne moins que nous auons commencé le discours des Matieres interieures des Pauez par ceux des Edifices; aussi

DE L'EMPIRE, LIV. II.

commencerons nous tout de mesme le traitté de leur derniere surface: & dirons qu'és Pauez des Maisons, faicts à raiz de chaussée ou sur Charpenterie, Il y auoit de trois sortes de ces Croustes ou couuertures; Sçauoir de Terre, de Brique, & de Pierre: d'où vient qu'il y auoit trois genres de Paué, *Forma terrena*, *Testacea*, *Lapidea*. Pline met celuy qui estoit faict en forme de Terris, au rang de ceux dont les Grecs ont esté les inuenteurs: & le depeint en ce peu de mots: *Non negligendum etiam vnum genus Græcanicum: solo sistucato inijcitur rudus aut testaceum pauimentum. Dein spisse calcatus carbonibus, inducitur sabulo, calce, ac fauilla mixtis: materia crassitudine semipedali ad regulam & libellam exigitur: & est forma terrena*. Ce que l'interprete de Pline tourne en cette maniere, Ce pendant toutesfois ie ne veux oublier vne sorte de Paué faict à la Greque, qui est fort gentil: Car apres auoir bien hié & foulé la place qu'ils vouloient pauer, ils la cimentoient de plastrats ou de tests de pots cassez: Et sur cela mettoient vne couche fort espesse de charbons pilez, puis luy bailloient son dernier ciment, qui estoit de mortier faict de chaux, de sable, & de cendres menuës: & en apres mettoient par dessus au niueau, à l'esquiere, & à la reigle des pierres de demy pied d'espez; & tenoient cela estre le vray Paué faict à la mode de Pise.

3. I'ay transcrit icy cette piece de l'interprete de Pline, pour aduertir le Lecteur qu'il se mesconte de beaucoup, quand il rend le nom de *Materia*, par celuy de pierres, qu'il feint de demy pied d'espez: Car outre ce qu'il ne s'est veu pierres de telle espesseur mises en œuure és Pauez des bastiments; ce mot de *Materia*, en cet endroit se prend pour la terrasse que Pline dict estre faicte, *ex sabulo, calce, ac fauillis mixtis*: qui doit estre de demy pied d'espesseur, & seruir de derniere Crouste & superficie au Paué: Il falloit donc ainsi tourner la fin de ce passage. Ceste Matiere qui estoit de demy pied d'espez, estoit mise à l'vny, à la reigle & à l'esquiere, & representoit la forme d'vn Terris.

4. Pour preuue de l'interpretation du mot de *Materia* en la maniere susdite, seruira l'auctorité de Leon Baptiste Albert de Florence, docte, eloquent, & excellent en Architecture: lequel au troisiesme liure des dix qu'il a faict de cet Art, au Chapitre vingt-sixiesme, parle ainsi de cette espece de Terris: *Præterea spectantur vetustæ ex sola materia, quæ fiat iuncta calce, harena, & tunsa testa minutiore, quantum coniector ex tertia*. Où il se voit euidemment, que le mot de *Materia* de Pline, se doit entendre de celle qui est composée de sable, de Chaux & de Cendres: quoy qu'au lieu de Cendres, cet Autheur mette de Thuile battuë en pouldre, qu'il appelle *Testam minutiorem*: à la difference des tests de pots, ou Brique cassée en gros fragments, qui seruoiēt à la Ruderation. Ce qui sera encore plus facilement en-

Lib. 3. Architect. c. 16. tendu par la suite du mesme Autheur, qui adiouste peu apres, *Crusta item quæ ex sola sint materia obducta, experiri licet verberatu crebriore, & in dies iterato, acquirere spissitudinem & duritiem, propè vt superent lapidem.* Ce que nous pouuons ainsi rendre en François, On peut voir par experiēce, que les Croustes qui sont faictes & composees de ceste Matiere seule, deuiennent à force de les battre & rebattre de iour en iour, si solides & si dures, qu'elles surmontent la Pierre en fermeté, que si le mot *Materia*, de Pline, se deuoit interpreter par celuy de Pierres, cet Auteur ne diroit pas qu'elles se durcissent à force de les battre : & moins encore qu'ainsi battues, elles surpasseroient la Pierre en dureté, puis que ce seroit de Pierre mesme.

5. Cette Matiere n'est donc pas de Pierre, mais de Terre faicte & composee des ingrediens specifiez par l'Autheur : c'est vne Terre, ou Matiere semblable à celle, que Caton appelle *Terram materinam*, quand il dict : *Terram caue cariosam ractes : ager rubricosus & terra pulla* *Cap. 34. de re rustica.* *Materina, rudeta, & arenosa.* Sur lequel mot le docte Turnebe donne cet aduis : *Ego Materinam putauerim à materia deduci : eoque verbo intelligi duram, solidam, & prope ligneam : qua in notione nomen materiæ poni non est infrequens.*

6. Que si le mot de *Materia*, se prend en plusieurs endroits pour vne Terre dure comme Pierre & comme Bois, ainsi que cet Autheur nous en asseure, c'est principalement au lieu de Pline susallegué. Car il se trouue, que cette Matiere ou composition estoit souuent faicte d'vne certaine espece d'Arene ou de Pouldre, qui faisoit naturellement des choses admirables : on la trouuoit és enuirons de Bayes, & aux territoires des Villes qui sont autour de la Montagne de Vesuue, assez pres de Puzzol. A raison dequoy Vitruue l'appelle *Puluerem Puteolanum*, & en faict vn Traitté à part. Cette Pouldre estant meslee auec de la Chaux ou Ciment, ne donne pas seulement fermeté aux edifices que l'on en faict : mais si on s'en sert à bastir ces grosses, espesses, & massiues murailles, que les Latins appellent *Moles*, & qui se fondent dans le riuage de la Mer pour soustenir l'impetuosité des flots, elle s'endurcit dedans l'eau, & se tourne en pierre ferme & solide au possible : ne plus ne moins que nous voyons le Plastre estant mis en œuure, receuoir en vn moment vne dureté & fermeté, qui le faict ressembler à la Pierre naturelle. A raison dequoy, on en faict les terrasses des Maisons à Paris & ailleurs, tant à rez de chaussee, que sur estages, qui nous representent naïuement la derniere superficie des Pauez faicts en Terris.

Quant à la pouldre de Puzzol, voicy comme Vitruue en parle: *Est etiam genus pulueris, quod efficit naturaliter res admirandas ; nascitur in regionibus Baianis, & in agris municipiorum, quæ sunt circa Vesuuium montem,*
quod

quod commixtum calce & cemento, non modo cæteris ædificiis præstat firmitate, sed etiam moles quæ construuntur in mari, sub aqua solidescunt.

7. Or que ce soit de cette Pouldre que souuent l'on se seruoit en telle nature de Paué, nous le pouuons apprendre par ledit Albert: qui dict au lieu sus allegué, parlant des pauez en Terris: *Sunt qui puteolanum puluerem, quem Rapillum nuncupant, huic operi probent mirum in modum.*

8. Pour rendre encore cette espece de Paué faict en Terris plus fort, & plus resistant, ils luy donnoient par dessus vne certaine couche de Vernis, qui par sa trempe & dureté, estoit capable de resister à toutes les iniures du temps. Ce Vernis estoit composé *ex calce, oleo linaceo subacta:* comme parle ledit Albert: c'est à dire, auec Chaux detrempée & fondue auec huile de lin. Et *crustis istiusmodi constat (dict cet Autheur) si lotura calcis aspergantur, si oleo linaceo oblinantur, importari duritiem quandam vitream, & contra tempestates illæsam.*

DE LA SECONDE SVRFACE DES PAVEZ des Maisons, qui estoit de Terre cuitte.

CHAHITRE XX.

1. L'Art de cuire la terre comment nommé en Grec & en Latin: & diuision d'iceluy In lateres & testas.
2. Later, signifie trois ouurages à bastir: Tuile, Brique, & Quarreaux. Etymologie de Later.
3. Tuile platte dicte Tegula: Tuile courbe, Imbrex.
4. Brique comment nommee en Grec & en Latin. Plinthe quelle chose en l'Architecture.
5. Diuision de la Brique en ses especes.
6. Pourquoy les trois especes de Briques ont en fin de leur nom Grec le mot Doron.
7. Du Paué de terre cuitte: Diuision en grands & petits, Les grands se nomment Tessera. Etymologie de Tessera & de Quarreau.
8. Pauez de petites Briques, dicts, Spicata Testacea.
9. Description des petites Briques dont ces pauez estoient faicts.
10. Tesmoignage d'Albert sur ces petites Briques.
11. Premiere signification de Spicare. d'où vient Inspicare faces dans Virgile.
12. Seconde signification, de laquelle viennent Pique, Piquer & Spicata testacea.

Z

1. L'ART de cuire la terre, est appellé par les Grecs d'vn mot general *Plastice*, & par les Latins *Figlina*, ou *Figulina*, & se diuise en deux sortes d'ouurages: Car les vns se jettent en moule, & les autres se forment à la roüe: les vns & les autres compris souz le terme *Fictilia*: comme on peut voir au 12. Chapitre du quinziesme liure de l'Histoire naturelle. Les ouurages de Terre cuitte qui se jettent en moule, s'appellent d'vn nom commun *Lateres*, & seruent pour la pluspart à bastir les Maisons: comme ceux qui se tournent à la roüe, seruent à les meubler de toutes sortes de vaisselles de Terre. Et c'est proprement en quoy gist l'art de Poterie, dont le subjet principal est designé par le nom *Testa*, duquel tous les vaisseaux de Terre cuitte, & ouurages de Poterie s'appellent *Vasa testacea, & opera testacea*.

2. Pour le regard de ce que les Latins appellent *Lateres*, l'en trouue de trois genres, qui tous seruent à la construction des Edifices: Sçauoir la Tuile pour couurir, la Brique pour massonner, & les Quarreaux pour pauer. Ces trois genres de Materiaux ont eu ce nom de *Later*, *à latitudine*, d'autant qu'on les jette en des moules, dans lesquels on les estend en largeur entre quatre petites planches: comme nous apprenons d'Isidore, *Quod lati formentur circumactis indique quatuor tabulis*.

Isidor. li. 15. orig. cap. 8.

3. Or quoy que ce soit és Quarreaux de Terre, & non és Tuiles ne Briques que consiste le Paué, si est-ce que ces Matieres ayant en nature, & en art vne grande conformité par ensemble, il est besoin de dire vn mot des deux premieres, pour mieux entendre les troisiesmes: Joinct que les noms ont encore telle connexité entre eux, qu'ils se prennent assez souuent les vns pour les autres. Nous commencerons donc par la Tuile, qui est ou platte ou courbe: la Tuile platte se nomme *Tegula, quod ædes tegat*, selon Isidore, & la courbe, *Imbrex, quod accipiat imbres*. Entre les Tuiles courbes sont les Festieres, que Pline appelle, *Laterculos frontatos*, d'autāt qu'elles se font paroistre en l'vn & l'autre front des couuertures.

Li. 15. orig. cap. 8.
Lib. 35. nat. hist. cap. 14.

4. Quant aux Briques, les Grecs les nomment d'vn nom specific πλίνθος, d'où nous vient celuy de Plinthe en nostre architecture Françoise, pour signifier la haulte moulure d'vn chapiteau, faicte en forme de Brique platte & quarree: ou pour vn rang de Pierres, ou de Briques, sortant de la surface de l'ortographie ou esleuation d'vn bastiment, & l'enuironnant en forme de cordon pour en distinguer les estages: Mais chez les Latins, les Briques sont demeurees au nom de leur genre, & ne s'appellent autrement que *Lateres*; ou par diminution, *Laterculi*.

5. Vitruue traitte des Briques souz ce terme, au Chapitre qu'il a faict, *de Lateribus*, qui est le troisiesme de son liure second: où il rapporte trois especes de Briques souz ce nom, qui ne seruent qu'à la Maßonnerie : & non à la couuerture ny au Paué. Pline en faict tout de mesme au Chapitre quatorziesme de son liure trentecinquiesme, où il dict, que la premiere espece de Brique, est celle dont on se sert en Italie : & l'appelle *Didoron*, qu'il dict estre d'vn pied de longueur, & demy pied de largeur : la seconde s'appelle *Tetradoron*, & la troisiesme, *Pentadoron*.

6. Tous les trois ont ce nom de *Doron* à la fin, à cause que les Grecs en leur ancienne langue, appelloient la paulme de la main δῶρον : d'où seroit venu qu'ils nomment encore vn don ou present δῶρον, à cause qu'il se faict de la main : si nous en croyons Pline & Vitruue ensemble. *Genera eorum tria*, dict Pline, *Didorum, quo vtimur, longum sesquipede, latum pede: alterum tetradoron: tertium pentadoron. Græci enim antiqui Doron palmam vocabat: & ideo Dora, munera, quæ manu darentur*. Vitruue en dit tout autant ; sinon qu'à iuste cause il faict le *Didoron* d'vn pied de long seulement, & de demy pied de large, qui vaut autant que deux paulmes, d'où sans doubte le nom de *Didoron* luy seront venu : qui ne peut conuenir à la mesure de Pline, puis que la paulme sert de mesure commune à tous les trois : Car le *Pentadoron*, aeu ce nom des cinq paulmes qu'il a de toute face : & le *Tetradoron*, de quatre ; l'vn & l'autre seruants aux bastimens des Grecs : Sçauoir le *Pentadoron* aux publics, & le *Tetradoron* aux priuez : *Cæteris duobus* (comme parle Vitruue) *Græcorum ædificia struuntur. Ex his vnum Pentadoron, alterum Tetradoron dicitur. Quæ sunt publica opera, Pentadoro: quæ priuata, Tetradoro struuntur*.

Lib. 2. Architect. c. 3.

7. Mais venons maintenant aux Pauez de terre, compris souz le nom commun, *Lateres*. Il s'en trouuoit anciennement de deux sortes, des grands & des petits. Les grands s'appelloient *Tesseræ*, ou *Tesseræ magnæ* : & les petits, *Spicata testacea*. le nom de *Tessera* est tiré par mesme deduction de la langue Grecque, que nostre Quarreau François de la Latine : dautant que l'vn & l'autre sont originaires du nombre de Quatre, à cause des quatre costez, & quatre coings qui leur seruent de commune figure. *Tesseram* (dict Turnebe) *à verbo Græco τέσσαρα dictam esse puto*. Ce qui est confirmé par Isidore, *Tessellæ sunt è quibus domicilia sternuntur: à Tesseris nominatæ, id est à quadratis lapillis per diminutionem*. Ainsi voyons nous que le *Tessera* des Latins vient du τέσσαρα des Grecs, qui signifie Quatre : & le Quarreau des François du *Quadratum* des Latins, qui signifie Quarré. Non que l'vn & l'autre mot, ne se donne à chose d'autre figure, ainsi que Turnebe monstre au dixneufiesme liure de ses Aduersaires, Chapitre 26. où

il traitte des diuerses significations de *Tessera*: Mais c'est que de premiere institution, tels pauez ont esté moulez dans des formes quadrangulaires.

8. Or quoy que de Tessera soient sortis deux diminutifs, *Tessella* & *Tesserula*: si est-ce que ces mots conuiennent mieux aux petits quatreaux de Pierre & de Marbre dont on se sert aux ouurages de Mosaïque & de Marqueterie, qu'aux petits Pauez de terre cuitte: Car à ceux-cy on a donné le nom de *Laterculus*, en Architecture, d'autant qu'ils sont de nature de Brique. On les nomme autrement *Spicata Testacea*, de quelque forme ou figure qu'ils puissent estre; Triangulaires, Longs, Quarrez, en Lozange, ou à six costez: de tous lesquels l'inuention vient de Tiuoly. C'est de ces Pauez qu'il faut entendre ces mots de Vitruue. *Item Testacea Spicata Tiburtina sunt diligenter exigenda: non habeant lacunas, nec extantes tumulos: sed sint extenta, & ad regulam perfricata*: Comme s'il disoit, il faut pareillement polir auec diligence les Pauez faits de Brique de Tiuoly: de sorte qu'il n'y ayt rien de caué, ny de bossu ou raboteux: mais que le tout soit vniment estendu, & mis à niueau à force de les polir & frotter. Pline entend la mesme espece de Paué, sous ces mots: *Similiter fiunt & Spicata testacea*: que son Interprete tourne Pauez faits à Pennes ou Arrestes de Poissons, dont les figures se peuuent voir dans les Annotations de Vitruue, & dans l'abregé dudit Auteur fait par Iean Antoine Rusconi, page 99.

9. Le nom toutesfois de *Spicata Testacea*, est venu à toutes ces especes de quatreaux de Terre, de certaine sorte de petite Brique, laquelle estât mise en œuure, representoit vne couche d'espis de bled.

Ces Briques estoient de quatre poulces de longueur seulement, deux de largeur, & vn d'espesseur. On ne les couchoit pas de plat en l'ouurage, comme on fait maintenant les quarreaux de terre cuitte: mais on les posoit sur leur costé, tout ainsi que l'on agence les Ardoises & les Tuiles, quand on en fait des Aistres ou foyers de cheminees. Elles estoient appointees par les bouts enuiron de demy poulce de part & d'autre, representant par ce moyen la figure d'vn espy: En sorte qu'estans mises en œuure, les poinctes de l'vn des rangs estoient inserees & enclauees dans les poinctes de l'autre rang, en la maniere que vous le voyez icy.

C'est ce que les Architectes appellerent du commencement *Spicatim Pauimenta insternere*, à cause de la figure des espis ioints ensemble que cette espece de Paué representoit. Toutesfois ils estendirent en fin ces mots à tous les autres Pauez de Terre cuitte, de quelque figure que les quarreaux en peussent estre.

10. Or que ces Briques ayent eu le nom de *Spicata Testacea*, à cause de leur figure. Le docte Albert nous en rend ce tesmoignage en son Architecture. *Et visuntur laterculi crassi vnum, lati binum digitum, longi duplo quam lati, stantes in latus ad Spicarum imitationem.* Le mesme Auteur dit en auoir veu aucunes de six poulces de long, de trois de large sur la mesme espesseur mis en œuure en forme d'espy, comme les precedents. *Lateres vidi longos digitos non plus sex, crassos vnum, latos tres: sed his potissimum Spicatim pauimenta insternebantur.*

Lib. 2. de re edificat. cap. 16.

11. C'est ainsi que la forme de ces petites Briques nous est exprimé par le mot *Spicata*, qui ne vient d'ailleurs que de *Spicare*, qui se dit proprement des bleds, lors qu'ils commencent à ietter & pousser leur espy hors du tuyau, lequel estant tout formé n'a pas vne seule pointe, mais plusieurs que les Latins appellent *Aristas*, d'où vient le mot d'Arestes, dont se sert l'Interprete de Pline sur la matiere de ces Pauez. Virgile vse ainsi du mot d'*inspicare*, quand il dit,

Ferroque faces inspicat acuto.

Lib. 1. Georg.

Ce que Seruius son Interprete expose, *incidere ad spici & aristarum imaginem*, que nous pourrions dire fendre & barbeler le bout d'vn flambeau à mode d'espy de bled. C'est ainsi qu'il faut lire ces mots, & non pas *ad speciem*, comme on trouue en aucuns exemplaires corrompus. Ce qu'il ne faut trouuer estrange, d'autant que l'on dit aussi bien *Spicus* & *Spicum*, pour vn Espy de bled, que *Spica*. Festus nous asseure du premier, & Ciceron du deuxiesme en ce Vers.

Spicum illustre tenens splendenti corpore Virgo.

Ce qu'il dit de ceste Estoile de la premiere grosseur, qui est par les Astrologues appellee *Spica Virginis*.

En sa versiō des Phænomenes d'Aratus, & au liure 2. de natu. deor.

12. Ce mesme mot neantmoins ne laisse pas de signifier, appointer ou aiguiser quelque chose en vne seule pointe: comme nos petits Pauez. Et de faict, la barbe des espis composee de tant de petits filets ne laisse de paroistre à l'œil, la voyant vn peu de loing, comme formee & terminee en vne poincte generale, composee de plusieurs petites poinctes particulieres. Le Poëte Gratius met le verbe *Spicare* à cet vsage, lors que parlant des picques dont se seruoient les Macedoniens, il admire comme ils appliquoient de si petits fers, qu'il appelle des petites dents, à de si longs Bois.

Quid Macedûm immensos libeat si dicere Contos,
Quam longua exigui spicant hastilia dentes!

Telle est la Pique de laquelle on se sert maintenant quasi par tout; qui a donné le nom aux Piquiers: & que Turnebe appelle *Hastam Macedonicam*, comme estant empruntee des Macedoniens: laquelle il dit auoir eu en nostre vulgaire le nom de Pique, comme qui diroit Spique, de *Spica*: & que de *Spicare*, par semblable deduction est venu le verbe Piquer, qui signifie toucher d'vne poincte. *Inde putauerim*, dit-il, *Hastam Macedoniam Picam, quasi Spicam vocari, quod ferro spicata sit exiguo. Inde Picare quasi Spicare dicimus*.

Lib. 21. aduersar. cap. 25.

Quoy donc que nos petits Pauez n'ayent qu'vne Poincte de part & d'autre, & non plusieurs; il ne faut pas s'estoner, si à raison de la similitude qu'ils ont en leur figure auec vn espy de bled, Ils en ont eu le nom de *Spicata*: qui regarde leur forme, comme *Testacea*, leur matiere. Car encore que le nom de *Testa*, signifie proprement toutes sortes de Pots, Vaisseaux, ou Vaisselle de terre cuitte: si est-ce que bien souuent il est mis en œuure pour *Later*, ou *Laterculus*, à cause que les Vaisselles de terre, & les Briques ou Tuilles sont faictes de mesme nature de terre qui est l'Argile. Il signifie quelquefois vn test de pot.

Ouid. 8. Met. fab. 2.

Mensa sed erat pes tertius impar.   *Testa parem fecit.*

DE LA TROISIESME ESPECE DE SVRFACE des Pauez des Edifices qui estoit de Pierre naturelle.

CHAP. XXI.

1. *Deux sortes de Pauez faicts de Pierre naturelle, grands & petits.*
2. *Plusieurs sortes de grands Pauez.*
3. *Des petits Pauez: noms & differences d'iceux, en ce qui est de leur figure.*
4. *Difference en ce qui touche leurs couleurs.*
5. *Des sortes de marbre exquis, employez en marqueterie.*
6. *Des petits Pauez mis en couleur, & des ouurages de Mosaïque.*
7. *Que les Pauez de Marqueterie & de Mosaïque s'appelloient* Lithostrata.
8. *D'vne autre espece de Paué de Marqueterie dit* Cerostroton.
9. *Deux poincts esquels consistoit l'excellence & artifice des Pauez de Marqueterie & de Mosaïque.*
10. *Les Grecs Inuenteurs des Pauez de Marqueterie & de Mosaïque. Premier Anteur d'iceux.*
11. *Pourquoy les Pauez de Marqueterie & de Mosaïque ont esté appellez* Asarota.
12. *Des Pauez taillez & grauez.*
13. *Du magnifique Paué de Marqueterie & Mosaïque de l'Eglise de sainct Remy de Rheims.*

DE L'EMPIRE. LIV. II.

APRES auoir discouru des Pauez faicts en simple Terris, & de ceux que l'on faisoit de Briques & Quarreaux de Terre cuitte; il nous faut parler de ceux qui estoient composez de Pierre naturelle, lesquels surpassoient les autres en beauté, fermeté, & excellence. Ie trouue qu'il y en auoit de deux façons: car les vns estoient couuerts de grands Quarreaux, & les autres de petits. Ie mets au rang des grands Quarreaux ceux qui auoient quatre poulces de face & au dessus: & au nombre des petits, ceux qui estoient moindre de quatre poulces, & iusques à la petitesse d'vne febue. On appelle les grands *Tesseras*, & les petits *Sectilia*.

Ceste difference est precisément touchee dans Vitruue en ces mots: *Supra Nucleum ad regulam & libellam exacta pauimenta struantur, siue sectilibus, siue tesseris*. Ce que l'on peut interpreter ainsi: Sur cette Escaille, appliquez à la regle & au niueau vostre Paué faict de petites placques de Pierre de diuerses couleurs, en maniere de Marqueterie & de Mosaïque; ou bien de grandes Pierres diuersement taillees & esquarries. Suetone appelle les Pauez faicts de grands Quarreaux *Tessellata, quasi Tesserata à Tesseris*: & les petits *Sectilia*. C'est ainsi qu'il faut entendre vn passage de la vie de Iules Cæsar: où il dict, qu'entre autres magnificences de ce grand Capitaine, celle-cy en estoit l'vne, de faire porter auec son bagage par les Prouinces, des Pauez de grands Quarreaux, & de Marqueterie: *In expeditionibus tessellata & sectilia pauimenta circumtulisse*. Auquel endroit cet Autheur ne s'est pas seruy de ces mots pour vne mesme chose: mais pour les deux, que Vitruue a compris, *sub Tesseris & sectilibus*.

Lib. 7. c. 1.

Id C. Cæs. cap. 46.

2. Pour les grands Quarreaux, les vns estoient Triangulaires, les autres Quadrangulaires, en forme d'vne Table plus longue que large: Il y en auoit plusieurs parfaictement quarrez, ou en lozange, & de plusieurs autres figures à la fantaisie des Ouuriers.

Tous lesquels, Vitruue comprend souz le nom commun de *Tessera*, quand il dict, *Si Tesseris stratum erit, vt eæ omnes angulos habeant æquales, nulliquè à fricatura extantes*, C'est à dire, si le paué est de grands Quarreaux, Il faut prendre garde à ce que les encoignures soient egalement jointes: & qu'apres auoir esté polis, l'vn des coings ne vienne à se pousser plus hault que les autres. Ces grands Quarreaux sont communs parmy nous dans les Eglises, esquelles on les voit ordinairement d'vne couleur, & quelquefois de deux, assortis par certain ordre les vns auec les autres.

3. Quant aux petits Quarreaux, ils eurent en general le nom de *Sectilia*, ou *segmenta*, à cause qu'ils estoient taillez en menues parcelles, & pieces de rapport: d'où vient qu'on appelle les ouurages

qui en estoient faicts, *Opera segmentata* : que nous appellons proprement en François ouurage de Marqueterie.

La difference de ces petits Pauez consistoit en deux choses, sçauoir en la Figure, & en la Couleur.

La figure se consideroit ou en la surface desdits Pauez, ou bien aux costez d'iceux. La surface estoit plaine, ou grauee. Les Pauez qui estoient d'vne superficie plaine & vnie, se nommoient *Pura Pauimenta* : mais ceux qui estoient comme imprimez & grauez de diuerses figures, s'appellent *Scalpturata*, ou *Calata*.

Pour ce qui regarde les costez de ces petits Quarreaux, les vns estoient de figure Circulaire, & s'appelloient *Scutula*, comme qui diroit de petits Boucliers, d'autant qu'ils en representoient la forme ronde. S'ils estoient à trois coins, ils se nommoient *Trigona* : si à quatre *Quadrata* ; si à six, *Faui*, du nom des Rayons de miel que les Abeilles font tousiours à six coins & six costez. Il y en pouuoit auoir d'autre figure, comme Pentagones, Heptagones, & Octogones, Mais Vitruue ne remarque que ces quatre, pour estre les plus communs en ouurage de Marqueterie : Car voicy comme il en parle : *Cum ea extructa fuerint, & fastigia extructiones habuerint, ita fricentur, vt si sectilia sint, nullibi gradus in scutulis, aut trigonis, aut quadratis, aut fauis extent : sed coagmentorum compositio plenam habeant inter se directionem* :

Lib. 7. cap. 1.

C'est à dire, Et quand toutes ces Matieres seront bien rangees les vnes sur les autres, & que tout l'assemblage aura receu sa derniere surface : si elle est de Marqueterie, faites la si bien polir, qu'il ne paroisse aucuns degrez ou eschelettes és petits quarreaux, soit ronds, triangulaires, quarrez, ou à six pants : mais que la composition de tout l'assemblage soit plaine, esgale, & bien mise à niueau.

4. Quant à ce qui dépend des couleurs, les vnes estoient naturelles, les autres peintes par artifice : Pour les premieres, il y en auoit d'autant de couleurs qu'il y auoit de diuersité de Marbre, Iaspe, Porphire, ou autres Pierres exquises, rares, & singulieres, que l'on mettoit en œuure esdits Pauez : dont les vnes estoient d'vne couleur simple : comme le marbre noir & blanc : Les autres estoient madrez & marquetez, tauelez & diuersifiez par taches, veines, ondes, mouchetures, nuages, & autres façons que ie ne sçaurois exprimer : & que la Nature se plaist (comme en se iouant) d'introduire dans la diuersité de ces Matieres : ainsi que l'on peut veoir au liu. 36. de l'Histoire naturelle de Pline, & au cinquiesme de Dioscoride.

Capitib. 5. 6. 7. Cap. 92. & 63.

5. Stace, descriuant l'excellence du Paué des Bains d'Etruscus, touche en passant les Marbres plus exquis, que l'on employoit en tels ouurages : & dit que ce Paué particulier estoit si excellent, que le Marbre madré de l'Isle de Tasso prés de Thrace, & de la ville de Caristo, de

risto de l'Isle d'Eubée, & l'Albastre Onix, & le Marbre Serpentin, dict *Ophites*, à cause qu'il est marqueté d'ondes qui vont en serpentant, quoy que tous rares, excellens, & employez en autres tels ouurages, n'auoient pas eu le credit d'entrer en si precieux Paué. Mais seulement le Marbre taillé dans les quarrieres de Numidie, reluisant en couleur purpurine: & celuy qui vient de la ville de Sinada en la haute ᵃ Phrygie, marqueté de taches rouges & luisātes, lesquelles les Poëtes feignent prouenir du sang de l'adolescent Atys, chastré par Berecynthe: auec le Iaspe de Tyre & de Sydon, blanc comme neige: & qu'à peine le marbre de Lacedemone (qui se taille sur le fleuue Eurotas, & que ᵇ Pline dit estre le plus excellent & le plus gay de tous, à cause de sa verdure) y auoit peu trouuer place. Que ces pierres reluisoient de nuict, & que le feu allumé sur vn foüyer de si grand prix, s'estonnoit, & s'estimoit heureux de comprendre telles richesses: & reprimoit la violence de sa chaleur, pour ne nuire à de si beaux ouurages. C'est ce que veut dire ce Poëte admirable par ces vers,

De quo Plin. liu. 5. cap. 29.

Libro 36. cap 6.

> *Non hic admissa Thasos, aut vndosa Caristos.*
> *Mœret Onix longè, queriturque exclusus Ophites.*
> *Sola nitet flauis Nomadum decisa metallis*
> *Purpura: sola cauo Phrygia quam Synados antro*
> *Ipse cruentauit maculis lucentibus Atys.*
> *Quasque Tyrus niueas secat, & Sydonia rupes:*
> *Vix locus Eurotæ viridis, cum regula longo*
> *Synnada distinctu variat. non lumina cessant:*
> *Effulgent cameræ. vario fastigia vitro*
> *In species animosque nitent. Stupet ipse beatus*
> *Circumplexus opes, & parcius imperat igni.*

Siluarum lib. I.

C'est ce que nous pouuons dire des petits Quarreaux qui n'auoient autre Couleur que la naturelle: & qui commençoient dés le temps de Catō d'estre mis en œuure és ouurages des Pauez de Marqueterie: specialement ceux du Marbre Numidié, qui estoit des plus precieux: & qui donnoit à l'œuure entier desdits Pauez le nom de *Pauimenta Pœnica*: comme tesmoigne Festus Pompeius, qui dit, *Pauimenta Pœnica marmore Numidico constrata significat Cato.*

6. Quant aux Quarreaux colorez par artifice, les vns estoient peints de certaines couleurs, sur lesquelles on couloit vn Vernis, qui les rendoit fermes & durables contre le temps & les efforts exterieurs. Les autres, estoient mis en couleur par le Feu, & comme enduits de certaines croustes de Verre semblables à nos esmaux, qui representoient plusieurs figures. Pline dict que cela fut inuenté du temps de Claudius Empereur: auquel les esprits des hōmes auoient

comme à defdain les Efmaux faicts en cuiure, & les pieces de Marbre de leur chambre, quoy que vaftes & amples, fi elles n'eftoient peintes: & par ce moyen, comme changees de nature : *Non placent iam abaci, nec spatia motis in cubilo delitentia. Cœpimus & lapidem pingere. Hoc Claudij principatu inuentum.* C'eft de ces Marbres peints qu'eftoit faict ce genre d'ouurage, que l'on appelle *opus Muſiuum, vel muſaceum*: à la difference de la fimple Marqueterie, qui eftoit de pieces non peintes: Ce que nous pouuons apprendre de Francifcus Marius Grapaldus de la ville de Parme, qui parle en cette maniere de l'vn & de l'autre: *Pauimenta, quibus lacunariū nitor respondere debet, ex humo ad cameras primum Agrippam in thermis quas Romæ fecerat, transtulisse legimus. Hæ fuere ex lapidibus, figlinisque cruftis vitro tectis, atque encausto pictis: quod opus è muſaceo, vt nunc appellant. Teſſellatum dicitur, quod Teſſellis, id eſt paruis quadratis lapillis intextum ſit.* On se feruoit des ouurages de Mofaïque, principalement aux incruftations des murailles, & parois des Temples, Palais, & Cabinets des Grands. On en voit encore la façon à quelques anciennes Eglifes: mefme en la faincte Chapelle à Paris, il y a certains petits endroits de la nef de part & d'autre, peu au deffouz des verrieres, qui en font enduites & encrouftez. C'eft l'vn des genres de peinture que les Grecs appelloient *Encauſtum*, à caufe du feu qu'on employoit à le faire: & les Latins *Vitrum*, du nom de la Matiere que l'on y appliquoit par le feu.

In lexico de partib adiū lib.2. c.1. in Verbo Pauimentum.

7. Au refte, les Pauez de pierre, tant de Marqueterie fimple, que de Mofaïque, ont efté nommez par les Grecs, *Lithoſtrata*: c'eft à dire Pauez de pierre, les petits pauez ayans emporté ce nom par excellence au deſſus des plus grands: Ainfi que ledit Grapaldus le tefmoigne, difant: *Præterea lithoſtrata è paruulis cruſtis marmoreis, quaſi pauimentā lapidibus ſtrata.* De là eft venu que les Interpretes de Vitruue & de Pline ont confondu la Marqueterie & la Mofaïque enfemble, les prenant l'vn pour l'autre, comme fi ce n'eftoit qu'vne mefme forte d'ouurage. C'eft de ces Pauez que parle Varron, lors qu'efcriuant à l'vn de fes amis, il vfe de ces mots: *Cum enim villam haberes opere tectorio & inteſtino, ac pauimentis nobilibus lithoſtratis ſpectandam parum putaſſes eſſe, ni tuis quoque literis ornati parietes eſſent.* Tel pouuoit eftre le Paué du tribunal de Pilate: c'eft à dire, du lieu où il tenoit fon fiege de Iudicature, que fainct Iean dict auoir eu le nom de *Lithoſtratos*, & en Hebrieu *Gabatha*.

Ibid.

Lib.3. de re ruſt. c.1.

Ioan.c.15.

8. Il y auoit encore vn troifiefme genre de Paué, qui fe faifoit, non de Marbre, ou autre Pierre, ou Terre cuitte: ains de petites pieces & efquilles de Bois, meflez auec Cornes peintes & façonnees: le tout joinct & rapporté par figures, fuiuāt la fantaifie des Ouuriers fçauans en cet art de Marqueterie: C'eft ce genre d'ouurage vfité

en Pauez que Pline appelle *Cerostrota*, qu'il dict estre vn genre de peinture, auquel le nom est venu des Cornes qui y sont employees & meslees auec le Bois: & lesquelles Cornes, le feu & l'artifice des hommes ont peu mettre en fueilles transparantes, comme celles des Lanternes: ou bien les teindre de diuerses couleurs, ou les enduire de quelques peintures, & mettre en œuure és ouurages de Marqueterie. Ce qui se faisoit du temps de cet Auteur, & se fait encore à present. *Apud nos* (dit-il) *cornua in Laminas secta translucent, atque lumen inclusum latius fundunt: multasque alias ad delicias conferuntur, nunc tincta, nunc sublita: nunc quæ Cerostrota pictura genere dicuntur.* *Plin. lib. 11. cap. 37.*

Voila donc trois genres d'ouurages employez pour parer & encrouster les Pauez, Parois & Planchers: desquels Philander, qui a commenté Vitruue, parle en cette maniere. *Vitreæ camera dictæ quod tessellis Vitreis Versicoloribus inducerentur, quod vulgo Musaicum opus vocamus. Illud si lapide, Litostroton dicitur: Si ramentis & tessellis varijs coloribus & Vermiculatim ligno insertis componeretur, Cerostroton fuit.* *Philander ad Vitru. lib. 4. cap. 16*

9. La beauté, & l'artifice des Pauez faits de petites Pierres, gisoit en deux choses: dont la premiere est à joindre & assembler tant de menuës pieces auec vn certain Ciment, ou plustost auec vn Mastic si delicat, qu'à peine en voyt-on les joinctures: & neantmoins de telle retenuë & alliage, qu'il s'en faisoit comme vn corps ferme, vny, & de telle consistence, qu'on n'en peut auoir la fin qu'auec la ruine des edifices. Ces petits quarreaux sont ceux que les Grecs appellent proprement κύβος, & les Latins *Tessera*. Car ce mot de *Tessera*, est extremement equiuoque, signifiant tantost le Mot du guet, tantost vn Maireau, vne taille de bois diuisee en deux, à marquer des nombres par petits crans: & autres choses dont parle Turnebe en ses memoires: où il remarque, que ce mot de *Tessera*, signifie (entr'autres choses) ceste sorte de petit Paué cubique, & tous autres menus Pauez employez en Marqueterie, que les Grecs appellent generalement ψῆφος, c'est à dire, *Calculum, Tesseram*: d'où vient le mot de ψηφόστρωμα, *Tesselatum Pauimentum*, en autre signification que cy-deuant, où il signifioit vn Paué de grands Quarreaux. *Turneb. li. 19. adu. cap. 27.*

Le second poinct auquel gist l'artifice des Pauez de Marqueterie & de Mosaïque, est en la diuersité des figures que les Maistres entendus en tels ouurages sçauoient representer par la diuersité des couleurs de ces petits Quarreaux: lesquels ils compartissoient tantost en forme d'Hommes, tantost en figure d'Animaux, d'Oyseaux, de Poissons, de Plantes, & de toutes autres choses visibles produites par la Nature.

10. Les Grecs ont esté les premiers inuenteurs des Pauez de Marqueterie & de Mosaïque. Au commencement ils se contentoient

A a ij

de peindre ces Pauez comme on faict maintenant les parois des maisons : mais la Marqueterie & Mosaïque estant venue au Monde, a faict perdre l'vsage de ces premieres peintures. Ce que Pline nous enseigne en ce peu de mots : *Pauimenta originem apud Græcos habent, elaborata arte, picturæ ratione, donec Lithostrata expulere eam.*

Lib. 36. cap. 25.

Le mesme Auteur adiouste, que Sosus fut vn des plus celebres en tels ouurages : & que ce fut luy, qui fit le riche Paué de la Sale de Pergame, que les Grecs appellerent *Asarotos œcos* : comme qui diroit, Maison non ballice : pour ce qu'il auoit representé audit Paué des ordures & ballieures, comme restes d'vn banquet, que l'on secoüe des nappes apres le repas. A quoy faire il auoit employé parmy les autres Pierres, des petites Briques peintes. *Celeberrimus fuit in hoc genere Sosus* (dict-il) *qui Pergami strauit quam vocant Asaroton œcon, quoniam purgamenta cœnæ in pauimento, quæque euerri solent, veluti relicta, fecerat paruulis è testulis, tinctisque in varios colores.* Les autres disent, que ce fut Zenodore, & non pas Sosus, qui fut autheur de ce Paué de Pergame tant renommé : *In quo cum aliis quibusdam imaginibus, reliquias cœnæ pinxit : & ὄικον ἀσάρωτον appellauit, non quod esset impurgatum, sed quod tale videretur.*

Ibid.

Fräc. Mari, Grapald. lib. 2. de partibus ædium cap. 1.

11. Quoy que ce soit, le mot de ἀσάρωτον vient de la particule priuatiue, & du verbe Grec σαίρω, qui signifie, ballier. Et de ce mot ont esté appellez tous les Pauez de Marqueterie & de Mosaïque, de quelque forme ou figure qu'ils fussent enrichis. C'est d'où vient que Stace s'est seruy de ce nom, pour signifier l'excellent Paué des Bains, que Manlius Vopiscus auoit faict faire en son Palais de Tiuoli, dont la voute ou plancher estoit couuert & enduit de verre, ainsi que de miroirs, representans à la veüe de ceux qui y entroient, les figures empreintes au Paué qui estoit au dessouz.

Grapald. Ibid.

Lib. 1. Silu.

─────── *nam splendor ab alto*
Defluus, & nitidum referentes aëra testæ
Monstrauere solum : varias vbi picta per artes
Gaudet humus, superantque nouis Asarota figuris.

Ces Pauez excellens (au dire de Pline) commencerent du temps de Sylla à entrer en credit en Italie : car ce fut Sylla qui fit faire vn Paué de petites pieces de rapport au Temple de Fortune en la ville de Philastro : *Lithostrata cæptauere iam sub Sylla paruulis certe crustis : extatque hodie quod in Fortunæ delubro Præneste fecit.*

Lib. 36. cap. 25.

12. Iusques à present nous auons parlé des petits Pauez vnis & applanis, que l'on dit *Pauimenta pura* : reste à dire vn mot de ceux qui estoient grauez & taillez au cizeau sur leur superficie exterieure, nommez *Scalpturata* : l'inuention desquels fut premierement practiquee au Temple de Iupiter basty au Capitole, au commencement

DE L'EMPIRE, LIV. II.

de la tierce guerre contre les Cartaginois. Ce que le mesme Auteur nous tesmoigne, disant, *Romæ scalpturatū in Iouis Capitolini æde primum factum est, post tertium bellum Punicū initum.* Si tels petits Pauez estoient grauez, & auec cela peints de diuerses couleurs, on les appelloit *Emblemata*, du verbe ἐμβάλλω, *intersero*: comme qui diroit des graueures entremeslees: Ce que nous apprenons de Grapaldus, quand il dit, *Tesserulas autem quibus instrata pauimenta variantur, dum versicoloria fiunt, Emblemata quidam dixere, veluti sculptiones insertas, cum ἐμβάλλω, sit intersero.* Le Poëte ancien Lucilius, parle de ceste espece de Paué en vn vers que Pline rapporte, pour monstrer qu'il y auoit ja à Rome des commencemens de tels Pauez deuant la guerre que Marius fit à l'encontre des Cymbres.

Plin. Ibid.

Grap. Ibid.

Plin. ibid.

Antepauimenta, atque Emblemata vermiculata.

13. Mais ie ne sçaurois icy passer sous silence vn excellent Paué de Marqueterie & de Mosaïque, qui se void encore bien entier en l'Eglise du Monastere de sainct Remy en la ville de Rheims: en laquelle Eglise se garde la saincte Ampoule dans le Sepulchre dudict sainct Remy. Ce Paué remplit le Chœur d'vn bout à l'autre, qui n'est pas moins long ny large que celuy de Nostre Dame de Paris. Il est assemblé de petites pieces de Marbre, les vnes en leur couleur naturelle, & les autres teintes & esmaillees à la Mosaïque: si bien rangees & mastiquees ensemble, qu'elles representent vne infinité de figures comme faictes au Pinceau. Dés l'entree du Chœur paroist la figure de Dauid joüant de la Harpe, auec ces mots pres de son chef, *Rex Dauid.* Entre ladite figure & l'Aigle, se voit vn grand Quadre, au milieu duquel est l'image & le nom de sainct Hierosme: & autour de luy, les figures & les noms de tous les Prophetes, Apostres, & Euangelistes, qui sont Auteurs des liures de l'Ancien & nouueau Testament: chacun ayant son liure figuré prés de soy, & denommé par son nom: les vns representez en forme de liures clos, & les autres en Volumes roulez à l'antique, & tellement parsemez par ledict quadre, que les Auteurs du Nouueau Testament auec leurs liures, en tiennent le milieu: & ceux de l'ancien, les extremitez.

Au costé droict dudict Chœur, sont quatre Quarrez separez l'vn de l'autre par petits interuales: au premier desquels sont les Figures des quatre Fleuues du Paradis Terrestre, representez par des Hommes versans de l'eau de certaines Cruches, qu'ils tiennent sous leur bras: & designez de ces quatre noms, *Tigris, Euphrates, Geon, Fison.* Ces quatre Figures occupent les quatre coins dudict Quarré: au milieu duquel paroist vne Femme nuë qui tient vne rame: & est assise sur vn Dauphin, auec ces mots, *Terra, mare.*

A a iij

Le second Quarré est remply d'vn simple rameau, auec ses fueillages.

Le troisiesme represente en ses encoignures les quatre Saisons de l'annee, auec leurs noms, *Ver, Aestas, Autumnus, Hyems* : Et au milieu vn Homme assis sur vn Fleuue, auec ce nom, *Orbis terræ*. Dans le quatriesme, sont representez les sept Arts liberaux, dont les figures sont pour la pluspart cachees & couuertes des chaires des Religieux. On y voit neantmoins encore à descouuert ces deux mots, *Septem Artes*.

Au costé senestre, est vn grand quadrangle, dont la longueur est double à la largeur: & contient deux bandes larges arrondies en cercle, égales l'vne à l'autre: & se touchent l'vne l'autre par leur conuexité. Dans la premiere bande sont figurez les douze Mois de l'annee: & dans la seconde les douze signes du Zodiaque.

Au milieu, & comme au centre de la premiere bande, on voit la figure de Moyse, assis en vne chaire, & soustenant vn Ange sur l'vn de ses genoux auec ces mots à l'entour,

———— *Lex Moïsique figuras,*
Monstrant hi proceres.

Le reste ne se peut lire, estant caché souz les chaires des Religieux, comme aussi sont couuertes souz lesdites chaires les figures de la Iustice, de la Force, & de la Temperance: & celles de l'Orient, Occident, & Septentrion. Ce que l'on iuge par la figure encores apparante de la Prudence, faicte en femme tenant vn serpent, & designee par ce mot *Prudentia* : & par celle d'vn Homme representant le Midy, auec ce mot *Meridies*.

Au milieu de la bande ronde des douze Signes, sont representees les deux Ourses, marquees de leurs estoiles: l'vne ayant la queüe du costé que l'autre à la teste, en la mesme façon qu'on les voit depeintes sur les Globes Celestes. Toutes ces Figures, & plusieurs autres, qui seroient longues à raconter, sont faictes de pieces peintes à la Mosaïque dans vn chãp iaune de mesme ouurage, dont les plus gros Pauez n'excedent point la largeur de l'ongle : excepté quelques tombes noires & blanches, & quelques pieces rondes de Iaspe, les vnes purpurines & les autres ondees de diuerses couleurs, qui y sont appliquees dans certains compartimẽts faicts de pieces de Marbre, comme pierres precieuses enchassees en vn anneau. De là montant deux pas, & tirant au grand Autel, se voit vne autre sorte de Paué de petites pieces de Marbre, diuisez en beaux compartiments de Marqueterie: Et sur les degrez de l'Autel, le Sacrifice d'Abraham, l'Echelle de Iacob, & autres histoires de l'ancien Testament, faictes de mesme genre d'ouurage: & figuratiues du sainct Sacrement de l'Autel: L'Eglise où est ce Paué, fut dediee par le Pape Leon IX. y tenant vn Concile au commencement d'Octobre 1049. Que si ledit Paué estoit faict dés lors, il a esté necessaire d'y changer quelque chose, pour y accommoder les Tombeaux qui s'y voyent, & qui y ont esté mis depuis ce temps là.

Anselmus Monachus in Itinerario Leonis 9.

DISCOVRS GENERAL DE LA SVRFACE des grands Chemins de l'Empire, & diuision d'icelle en deux especes.

CHAPITRE XIX.

1. Via Terrena, *dans Vlpian.*
2. *Diuision en Cailloux & Grauois retenue en la surface des grands Chemins.*
3. *Ce qu'il faut entendre souz le mot de Cailloux.*
4. *Trois choses à considerer aux Cailloux, Substance, Quantité, Qualité.*
5. *Consideration de la substance des Cailloux en la diuersité de leurs proprietez essentielles.*
6. *Trois sortes de Pierres en ce qui touche leur quantité.*
7. *Deux sortes de Cailloux en ce qui regarde leur figure, Reguliers ou taillez, irreguliers ou brisez.*
8. *Les Romains ont faict des grands Chemins de Cailloux taillez.*
9. *Cailloux brisez appellez* Incerti lapides.
10. *Cailloux irreguliers, les plus communs en Paué.*
11. *Que ceux du Paué de Paris sont de ce genre irregulier.*
12. *Difference entre nos Pauez de Cailloux communs, & ceux des anciens Romains.*
13. *Cailloux reguliers & irreguliers employez aux grands Chemins de l'Empire par les champs.*

1. APRES auoir discouru de la surface des Pauez des Edifices; Il faut venir à celle des grands Chemins: & monstrer auec quelle diligence on preparoit les Materiaux, & auec quelle artifice on les agençoit sur l'ouurage. Ie passe icy souz silence les Voyes qu'Vlpian appelle *Vias Terrenas*, lesquelles n'estoiẽt faictes ne composees que de Terre, sans artifice ne diuersité de matieres: & me restrains dans celles, qu'il dict estre faictes *Silice aut Glarea*, qui sont les vrays Chemins Militaires, seruans de subjet à cet œuure.

L. 1. D. de Via publ. & Itin. publ.

2. Nous disons donc qu'il y auoit deux sortes de Surfaces és grands Chemins de l'Empire: l'vne de Cailloux, & l'autre de Gra-

uois, suiuant la diuision primitiue desdits Chemins lesquels on faisoit dés le commencement, *Silice in Vrbe, & extra Vrbem Glarea*: ainsi que nous auons appris de Liuius: Car encore que la Fondation & la Ruderation des grands Chemins se soit depuis faicte & composée de Cailloux, en la maniere par nous déduicte, lors que nous auons traité des matieres interieures : Si est-ce que cette difference en deux especes est demeuree en la superficie d'iceux : aucunes estant faictes de Cailloux, & les autres de Grauois, tant en Italie, que par les Prouinces.

Lib. 41. sub finem.

3. Or quoy que les surfaces de Cailloux soient les plus rares, & celles de Grauois les plus frequentes; toutesfois puis que les Cailloux ont precedé en ordre de temps, ayans esté mis en œuure en la surface de la Voye Appienne, qui est la premiere en datte: Aussi commencerons nous à traitter des surfaces des grands Chemins par celles qui sont faictes de Cailloux, c'est à dire, de Pierres ou de Quarreaux. J'entends de ceux qui sont de telle grosseur, qu'ils ne peuuēt tomber en la nature du Grauois, qui n'est composé que de menuës Pierrailles. Or le mot de Cailloux és matieres de pauemens, n'est pas restreint dans la seule espece de pierre qui iette feu, à laquelle le nom de *Silex* conuient proprement : Mais s'estend à toutes sortes de pierres dures, & propres à pauer, que nous appellons vulgairement des Quarreaux, à cause que les pierres qui sont de figure quarree ou quadrangulaire, ont donné leur nom à toutes les autres, pour estre les plus frequentes & les plus vsitees.

4. Donc pour commencer par les Cailloux, à prendre ce mot pour toute sorte de Quarreaux à pauer, on peut considerer en eux trois choses qui touchent les ouurages des pauez : sçauoir la force & dureté naturelle, la Grosseur, & la Figure. La premiere regarde la substance des pierres : La seconde, la quantité : & la troisiesme, l'vne des especes de qualité qu'Aristote appelle *formam & figuram*.

5. Nous auons ja dit quelque chose de la substance au chap. 4. de ce liure, où nous auons diuisé les pierres en dures, tendres, & mediocres : Mais il faut considerer en outre, que de toutes ces pierres les vnes sont dures, lourdes, claires, resonantes, seiches, pleines, solides, moiteuses & impenetrables. De ces conditions sont le Marbre, la pierre de Liests, le Cliquart, le Cailloux, & le franc Grez. Au contraire les autres sont tendres, legeres, sourdes, humides, friables, spongieuses, fistuleuses & penetrables. Et telles sont les pierres nommees de S. Leu, de Vergelé, de Vernon, de Tonnerre & les Grez tendres. C'est donc de la prudence des Ouuriers, de faire choix de celles qui sont les plus propres à pauer suiuant la commodité des lieux, & de reietter les autres.

Les meilleures

Les meilleures sont celles qui ont de la force interieure pour resister aux gelees, neiges, pluyes, & humiditez: & pour soustenir le heurt & rencontre des corps qui les peuuent choquer ou frayer.

6. Voila ce qui touche la substance des Pierres: il faut en apres examiner ce qui est de la quantité, comme du premier accident, nay auec la matiere, & inseparable d'icelle, *Quantitas enim est coëua materiæ*. Ce qui est à remarquer aux Cailloux & Quarreaux en cet endroict, c'est que les vns sont de telle masse, & de si grand poids, que l'homme ne les sçauroit remuer ne transporter à l'aide seul de ses mains, & de ses forces propres & naturelles; ains a besoin pour ce faire, de quelque instrument: comme de Leuier, de Rouleaux, de Traineaux & autres engins à porter & charroyer quelque chose. Les autres, sont petits & maniables à fantaisie par la main de celuy qui les met en œuure. Et les troisiesmes, tiennent le milieu entre ces deux. Ces trois sortes de Pierres entrent diuersement és ouurages de la surface des grands Chemins, selon la diuersité de ses parties, ainsi que nous verrons en suitte: dont les premieres sont nommees par les Architectes, *Lapides prægrandes*: les secondes, *Minuti*: & les troisiesmes *Iusti*. Comme on peut voir en ce passage de Leon Baptiste Albert. *Lapides alij prægrandes, hoc est, quos singulos nuda hominum manu absque traha, vecte, rotulo, & gerulis, & istiusmodi, agere ad arbitrium nequeant: alij minuti,* Lib.3. c.4. *quos vel vna manu tollere, collocareque possis ex sententia : tertij lapides inter istos, qui pondere & magnitudine medij sunt, iustos appellabimus.*

7. Voila ce qui touche la quantité des Cailloux. Quant à leur qualité, elle gist en ce qu'Aristote appelle Forme & figure. Cette Forme (qui n'est pas naturelle, mais accidentelle) & cette Figure se partage generalement en deux especes: sçauoir, en reguliere, & irreguliere. Selon la premiere, les Cailloux ou Quarreaux à pauer sont dicts taillez: & selon la seconde, brisez. Les reguliers sont ceux qui sont reglez suiuant l'art de Geometrie, consistans en coins & costez limitez par mesure & par nombre: tels que sont les Triangulaires, Quadrangulaires, Pantagones, Hexagones, & autres semblables, qui ne sont formez à l'aduanture: mais à la regle & au compas. Tels sont les Quarreaux taillez à pleine face, à lignes droictes, & à coins esgaux, qui sont frequens és Pauez des Eglises, des Palais & bastimens publics. *Lapidum enim alij planis superficiebus, rectis lineis, æqualibus angulis constant:, quos quadratos nuncupant.* Où le mot de *Quadratus lapis*, ne se prend pas à la rigueur de Geometrie, pour vne pierre qui ait les quatre coins & les quatre costez esgaux: mais en general pour toute pierre taillée & polie à la regle & au compas, de quelque forme ou figure qu'elle puisse estre. Ainsi que nous apprenons par ces mots d'Hadrian Cardinal au tiltre de sainct Chrysogon. *Est enim Quadrato*

Bb

Lib. de Sermone Lat. & modis Latine loquendi pag. 233. impressi Colon. 1542

2. Georg.

lapide ædificare, non verè quadratis lapidibus, sed sectis & expolitis, etiamsi non sint verè quadrati. Et adiouste que cette façon de parler, *Ædificare quadrato lapide*, vient du verbe *Quadrare*, qui signifie Quadrer & conuenir.

Quadratum sic dici, non quod sit Quadrum, sed quod Quadret: hoc est, conueniat operi. Comme en ce Vers de Virgile,

Arboribus positis secto Via limite quadret.

Et c'est en ces mots que gist la difference d'entre les Structures & Bastimens faicts de Moillons ou blocages, & ceux qui sont faicts de pierres taillees & polies: Car ces Bloccages sont les Pierres informes & irregulieres que les anciens Auteurs appellent *Cementa*: & les structures ou edifices qui en sont faicts, *Cementitias Structuras*, contraires à ceux qui sont bastis, *Lapidibus Quadratis*: comme tesmoigne le mesme Auteur, disant: *Lapide structili, aut Cementitio, vel Structura aut Ruderatione ædificare, paulo remotius est ab aperta intelligentia. Est enim Lapidibus ædificare, non quadris, vel sectis, aut ad lineam vel perpendiculum collocatis: sed minutis concisisque frustulis, quæ cementa dicuntur.* Dequoy il rapporte en ce lieu plusieurs tesmoignages que les curieux pourront aller veoir.

Les Empereurs Arcadius & Honorius appellent les pierres taillees, polies & reglees, *Materiam ordinatam. l. 77. Tit. de operibus public. C. Theod.* par laquelle ils donnent permission d'employer à la reparation des Chemins & des Ponts, *per quos itinera celebrantur, cunctam materiam quæ Ordinata dicitur, ex demolitione templorum prouenientem.*

8. C'est vne des plus grandes merueilles de toutes celles qui se rencontrent au subiect des grands Chemins, que le Peuple & les Empereurs de Rome, grands & magnifiques en toutes choses, se sont comme surmontez eux-mesmes en magnificence, pauant des Chemins, tant en la ville, comme aux champs de ce genre de grands Quarreaux taillez, si bien joincts & alliez ensemble, qu'à peine en voyoit-on les joinctures: & si iustemét polis & niuelez, que les encoignures ne surpassoient en hauteur la surface generale de l'œuure entier. Et cependant les Chemins des Champs sont d'vne estenduë presque incroyable, pauez de tels Cailloux d'vne substance tres-dure, & d'vne grandeur démesuree.

9. Les Cailloux Brisez ou Irreguliers, sont ceux qui ne sont pas taillez au ciseau, mais fendus & cassez au marteau. D'où vient que les Ouuriers qui façonnent les Grez à pauer, sont communement appellez Fendeurs ou Brizeurs de Grez. Ces Cailloux ne sont ny polis en leur surface, ny droicts en leur allignement, ny égaux en leur encoignures, à raison dequoy les Ouuriers anciens les appelloient Quarreaux incertains, ou Pierres incertaines, à la difference de ceux

qu'ils appelloient *Quadratos. Alij superficiebus, lineis, angulis multiplicibus & varijs: Nos incertos appellabimus.*   *Albert. ibid.*

10. Ces Quarreaux Irreguliers sont les plus communs és ouurages des Surfaces des Pauez: & croy que la plus grande partie des Ruës de la ville de Rome en estoit pauee, comme plusieurs grands Chemins des Champs, que nous trouuons auoir esté pauez de Cailloux, & non de Grauois. Andrea Palladio, Italien de nation, nous asseure, pour l'auoir ainsi obserué en plusieurs grands Chemins de son païs, qu'ils s'en trouue plusieurs qui sont pauez auec des pierres larges, faites à Angles inegaux, fort bien lices & entrelacees les vnes auec les autres: & que pour les mettre en œuure, les paueurs se seruoient d'vn certain instrument de Plomb, qu'ils ouuroient & resserroient à leur plaisir, pour le plier & accommoder à la figure irreguliere de ces Quarreaux, & auec lequel ils les joignoient fort bien & fort promptement en la surface de ces vieux Chemins: Voicy ses propres mots: *Et era salicata di Pietre incerte, cioe, di lati, & d'angoli diseguali: nel qual modo di salicare, come strato detto altroue, vsauano vna squadra di piumbo, laqual aprivano & serrauano come andeuano i lati, & gl'angoli delle pietre. Onde la commettauano benissimo insieme, & cio faceuano con prestezza.*   *Liu. 3. de son Architecture. cha. 5.*

Telle, ou à peu pres, est la façon du Paué de Paris & autres bonnes Villes de France: comme pareillement de plusieurs Chaussees & grands Chemins des Champs, ainsi que celuy de Paris à Orleans: soit que les Quarreaux soient de Grez ou de Caillou. Car encore qu'en ceux qui sont faits de Grez il y ait grand nōbre de Quarreaux faicts à quatre costez & quatre coins: & qu'en plusieurs endroicts ils soient disposez auec telle suitte, qu'ils se iettent à l'œil cōmes s'ils estoient tirez à droicte ligne: si est-ce qu'à prendre l'ouurage à la rigueur, & suiuant les regles de Mathematique, ces quarreaux, qui ne sont que brisez, ne tombent en aucune figure reguliere, encore qu'ils semblent en approcher de bien prés. Et si ils ne peuuent pas tenir rang en l'ouurage auec vne suite parfaictement égale, comme font les Quarreaux taillez à la Regle, à l'Esquierre, & au Compas.

11. Il y a neantmoins cette difference notable entre les Pauez de France que l'on fait maintenant, & dans les villes, & aux Champs: & ceux que les Romains faisoient anciennement, que les nostres consistent en vne seule couche de Quarreaux, frappez & affermis sur simple Arene, sans autre appuy ne fondement que le sol de la terre de telle nature qu'il se rencontre, ferme ou croustant, sec ou humide: d'où vient qu'ils ne peuuent long temps resister au charroy; & qu'il y a souuent des reparations à faire. Mais les Quarreaux qui

Bb ij

seruoient de surface aux grands Chemins de l'Empire, estoient bien munis & fondez d'autre façon, ayant pour appuy les estages ou couches diuerses que nous auons cy dessus designez, *Per Aggerem, Statumen, Rudum, & Nucleum* : Ce qui rendoit vn Paué d'vne force & fermeté perpetuelle.

12. Or que les Cailloux taillez & non taillez, Reguliers & Irreguliers ayent esté employez aux ouurages des Surfaces des grands Chemins de l'Empire, Andreas Resendius nous en rend ce tesmoignage, parlant de certains grands Chemins qu'il a luy mesme veu & consideré par les champs, & aux aduenuës de certaines grandes Villes de la Gaule Narbonnoise: *Sternebant*, dit il, *alibi impolito ruine lapide: alibi pro vrbium claritate, quadratis saxis penè insana profusione: Vt memini in Narbonensi Gallia me vidisse.*

Lib. 2. de Antiquit. Lusitaniæ. cap. de Viis Militarib.

DV CHOIX DES CAILLOVX MIS EN OEVure en la surface des grands Chemins: & des diuerses manieres de les ioindre & assembler.

CHAPITRE XXIII.

1. Lapis fistulosus, *approuué és grands Chemins.*
2. *Dureté requise aux Cailloux. Cailloux frayez par les Fourmis.*
3. *Pauez mediocres sur les rampans des ponts.*
4. *Deux choses à obseruer en mettant les Cailloux en œuure.*
5. *Premiere chose à obseruer. Production des Pierres & Cailloux dans terre.*
6. *Seconde chose à obseruer par l'art des Paueurs. Trois sortes de Structures. Premiere sorte dite* Ordinaria.
7. *Seconde sorte, dicte* Reticulata.
8. *Troisiesme, dicte* incerta.
9. *Ces trois Structures employées en Pauemens aussi bien qu'en Maçonnerie.*

1. NOVS auons remarqué cy-dessus, que les Maistres & Conducteurs des ouurages des grands Chemins faisoient choix des Pierres & Cailloux les plus durs qu'ils pouuoient trouuer, pour en construire & pauer la surface de leur ouurage, soit qu'ils la façonnassent de Quarreaux Reguliers, soit Irreguliers: sur tous ils approuuoient les Pauez de vraye nature de Caillou: Mais specialement ceux qui auoient certaines veines & cauitez raboteuses, non propres à receuoir vne parfaicte polissure. Ce n'est pas

que ce genre de Caillou fust plus dur que les autres: Mais pour ce qu'il estoit moins glissant sous les pieds des hommes & des cheuaux: & appelloient tels Cailloux *Fistulosos*. C'est ce que veut dire le docte Albert en ce passage. *Veteres huic operi siliceum lapidem egregiè probarunt. Inter Silices fistulosum commodior: non quia durior, sed quia vestigiis minus lubricus.* Lib. 4. de re ædificat. cap. 6.

2. Ce sont donc les deux qualitez requises en vn bon Quarreau à pauer, qu'il soit dur & raboteux: Car il importe de faire choix de Pierres qui soient fermes & resistantes contre les efforts des charrois ordinaires, & des pieds des animaux ou bestes de voicture: dautant que quelques dures qu'elles soient, elles s'vsent auec le temps sous le faiz des roues, qui peuuent bien grauer des ornieres sur icelles, veu que Pline dit auoir remarqué des Cailloux, dans lesquels les Fourmis auoient imprimé des petites sentes par le froissement de leurs pieds.

3. En second lieu, il faut pouruoir à la commodité des bestes de charge: & leur preparer vn sol, sur lequel ils ne viennent à donner du nez en terre en glissant, auãt que leur ongle trouue vn joinct où s'arrester. C'estoit à ces fins que l'on employoit volontiers en tels ouurages, specialement en lieux rampans, des Quarreaux qui ne fussent trop petits ne trop grands: d'aurãt que les petits ne sont assez fixes & arrestez: ains volubiles, & facilement poussez hors de leur siege. Et quant aux grands, ils sont lubriques & glissans. Donc pour le plus seur il faut que les Chemins, *Superinsternantur lapide nec pusillo, nec volubili: qui leur appulsu diuellatur. Nec item amplissimo: adeò vt illic veluti in lubrico prolabi iumentum si cœperit, ruat, priusquam fixuram inueniat, vbi vngula restiterit.* Ibid.

4. Le choix des Cailloux estant faict en la maniere dessusdite, il ne restoit plus qu'à les construire & assembler en vn corps d'Ouurage. Quoy faisant, il falloit obseruer deux choses: dont l'vne regarde la nature de la Pierre, & l'autre l'artifice des Ouuriers. L'vne estant bien obseruee rendoit les Matieres durables en elles-mesmes. Et l'autre les conseruoit en leur structure & alliage.

5. La premiere consistoit à coucher les Pierres sur leur ventre, & non sur leurs costez. Ce qui n'est pas de peu de consequẽce, dautant que tout ainsi qu'il y a certaines veines & fibres au bois, & qu'en vne posture il est plus ferme & plus puissant qu'en vne autre: Il en est tout ainsi des Pierres, lesquelles la Nature produit dans les entrailles de la Terre couchees de plat: non tout à coup, mais par longue succession de temps qui joinct à la Roche vne fois commencee la terre plus prochaine, & la conuertit en nature de pierre: Car les Pierres croissent en effect, non comme la Paste par le Leuain, mais aux de-

Bb iij

spens d'vne matiere prochaine propre à se resoudre en pierre: à la façon des substances metalliques, qui sont produites & engendrees de
matieres qui changent leurs qualitez, & prennent la forme des metaux par diuerses preparations naturelles: dont la principale est la
condensation des corps prochains & attenans. De mesme les Pierres
ne croissent point en elles-mesmes à la façon des Plantes & des Animaux, par transformation d'aliment en leur substance: mais leur
croissance se fait par condensation & transmutation des corps voisins, selon que la nature de chacune pierre le requiert: comme vne
compagnie de Soldats qui s'accroist, non que les corps des Soldats
viennent à se grossir: mais par la creuë & augmentation d'hommes
que l'on adiouste au nombre premier. Dauantage la croissance des
Pierres ne se fait pas par vne conuersion vniforme & continuelle des
matieres prochaines: mais comme par veines, dont l'vne croissant sur
l'autre, & la couurant, s'allie & s'attache à sa voisine, *Prout materia*
materiæ superinfusa & obducta cohæret: comme parle Baptiste Albert: en
Albert. lib. la mesme sorte que les fueilles de papier que l'on cole l'vne sur l'au-
3. de re edi- tre pour en faire quelque carte bien espesse. C'est dont de l'art & de
ficat. cap. 7. la prudence des Ouuriers, de ne pas asseoir ou poser les Pierres sur
leurs costez: de peur que les pluyes, & autres iniures exterieures, ne
viennent à pourrir le Quarreau, & le dissoudre en fueilles: mais il le
faut coucher en la mesme posture qu'il est tiré de sa Roche, veine
sur veine, & fueille sur fueille. Par ce moyen il sera comme couuert
par soy-mesme, & resistera à tous efforts qui luy passeront sur le dos:
Ergo non in latus vena stans collocabitur, nequid decrustetur tempestatibus : sed
iacebit prostrata: vt pressa mole superincumbentium, nusquam pandat. C'est
donc cette forme d'assiette & de contexture, qui regarde la naturelle force ou imbecillité des Cailloux.

6. Quant à la Structure & disposition qui dépend de l'art & de
l'industrie des Paueurs, il y en a de trois façons, dont les deux appartiennent aux Pierres taillees: & la troisiesme aux brisees. La premiere est celle en laquelle les Pierres esquarries, soit grandes, iustes,
ou petites, sont ioinctes ou alliees par vn seul ordre dressé par la reigle & le niueau à ligne droicte. Que si les Pierres qui y sont employees sont esgales en grandeur, les Ouuriers pour donner grace à
la besongne font tomber la ligne qui ioinct deux Pierres ensemble
Idem lib. 3. d'vn certain rang, sur le milieu d'vne pierre de l'autre rang. Ceste
cap. 6. premiere façon de pauer s'appelle Structure ou assemblage ordinaire. *Ordinaria enim ea structura est, in qua lapides quadrati, seu iusti, seu potius*
prægrandes, coagmentantur: ita vt sint suis lineis ordine ad regulam libellam, &
perpendiculum positi.

7. La seconde sorte de liaison & assemblage des Pauez, est sem-

blable aux trous quarrez des filets ou raiſeaux, où luy eſt venu le nom de *Structura reticulata*, en laquelle les grands, moyens, ou petits Quarreaux, ne paroiſſent pas mis ne rangez les vns prés des autres ſur leurs coſtez, mais ſur leurs coins: c'eſt à dire, que ce ne ſont pas les coſtez, mais les coins de tels Quarreaux, qui regardent la longueur & largeur des baſtimens à droicte ligne. Tel eſtoit le Paué de la grande Sale du Palais à Paris, auant l'incendie de l'an 1618. où les Pauez noirs & blancs eſtoient tellement diſpoſez, que c'eſtoient les coins, & non les coſtez, qui tendoient directement aux Parois dont elle eſtoit circonſcrite & limitee. *Reticulata ſtructura eſt, in qua lapides quadrati, ſeu iuſti, ſeu minuti ponuntur, non iacentes in latus, ſed in angulum ſtantes; fronte ad regulam & perpendiculum expoſita.* *Idem. ibid.*

8. La troiſieſme ſorte de Structure, s'appelloit Incertaine, dautant qu'elle eſtoit compoſee de Quarreaux Irreguliers & incertains, que l'on ioignoit les vns aux autres, ſelon que les lignes & les faces deſdits Quarreaux le pouuoient permettre, ſans forme ne figure aſſeuree: *Vt quodq; latus, quoad per eius lineas licuerit, cōtigui lapidis lateriƀ. hæreat.*

9. Or quoy que ces trois genres de ſtructure ſoient ordinairement vſitez en ouurage de Maſſonnerie, conſtruction & eleuation de Murailles des Edifices, tant publics que particuliers: ſi ne laiſſent-ils de paroiſtre és ouurages de Paué: comme le meſme Auteur nous le teſmoigne en ces mots: où parlant de ces trois ſortes de ſtructures, il dit: *Huiuſmodi lapidum adiunctionibus in Silicea viarum ſtructura vtimur.* Ce que nous verrons cy apres par les exemples. *Lib. 3. de ædificat. cap. 6.*

DES GRANDS CHEMINS PAVEZ EN LEVR ſurface de Quarreaux irreguliers: Des deux eſpeces de Quarreaux, & de la nature d'iceux.

CHAPITRE XXIIII.

1. Les Romains ont paué de Quarreaux Reguliers & Irreguliers.
2. Remarque ſur les Hiſtoires & Inſcriptions touchant la ſurface des grands Chemins.
3. Exemple d'vn grand Chemin paué de Cailloux.
4. Difference en l'hiſtoire entre les Cailloux briſez & taillez.
5. Comme il faut entendre Liuius & Plutarque ſur les Pauez faicts de Cailloux.
6. Es Pauez de Quarreaux, il entre de deux ſortes de Pierres: des Cailloux proprement dicts, & des Grez.
7. Que les Romains ſe ſont ſeruis de Cailloux & de Grez, ſelon la commodité des lieux.

1. **P**AR les Discours precedens on a peu voir, que l'on mettoit en œuure deux sortes de Cailloux pour faire la surface des Pauez: dont les vns sont taillez, & les autres brisez: & que de là procedent deux genres de structure, Reguliere ou irreguliere: certaine, ou incertaine. Il faut és discours suiuans faire paroistre par exemples & tesmoignages des Anciens, que les Romains ont employé l'vne & l'autre sorte de Cailloux & de structure, en la surface de leurs grandes Voyes, tant des champs, que de la Ville.

2. Nous commencerons par les Cailloux brisez, comme par les plus communs & vsitez en tels ouurages: & remarquerons, que les anciens Marbres & Pierres inscrites (conformément à l'histoire) parlent diuersement des grands Chemins de l'Empire quant à ce qui touche la surface d'iceux: Car si l'Histoire, ou les Inscriptions antiques portent tout simplement, que quelque personne publique ou particuliere, a faict faire quelque grand Chemin, cela se doit entendre en sorte, que quant à la surface d'iceux, ils sont faicts de Grauois, & non de Cailloux: d'autant que le Grauois en estoit la matiere commune & ordinaire. Et ainsi faut-il entendre les Inscriptions mises au Liure precedant esquelles il n'est point parlé de Cailloux. Que si aucuns ont paué de Cailloux, l'Histoire ou les Inscriptions antiques n'ont pas failly de le remarquer, comme ouurage magnifique & extraordinaire.

3. Nous produirons vne ancienne Inscription pour exemple, qui porte, que plusieurs affranchis en recognoissance de la liberté à eux donnee par leurs Seigneurs, & de l'honneur qu'ils auoient receu en leur Colonie, où ils auoient esté honorez de certain Magistrat nommé *Sexviratus*, qui estoient comme six Iuges ou Escheuins de Ville: Ils firent pauer de Cailloux vn grand Chemin aux champs sur la longueur de mil cent soixante & quinze pas Geometriques: qui est plus de demie lieuë Françoise. Le tout à leurs propres cousts & despens, ainsi qu'on voit par ladite Inscription, qui porte ces mots.

Grut. 250. 4.

AVGVSTALES. VI. VIR
C. PESCENNIVS. CLEMENS
I. VETTIENVS. C. F. TIRO
L. MAENVS. L. L. PHARNACES
C. VERNASIVS. C. L. TVMOLPHVS
C. VEIACVS. C. L. EPAPHRA
L. LVCILIVS. 7. L. CHRESTVS
CN. VETTIDIVS. CN. L. OPTATVS
C. VTTIEDIVS. C. L. QVARTIO

```
        C. CVPPIENVS C. L. SVCCESSOR
        L. MAENVS. L. L. ATOBVTIVS.
        L. CATELLIVS. L. L. BARBARVS
        SEX. FIRMIVS. SEX. L. PRIMIG
        CN. RVSTIVS CN. L. CLARVS
        VIAM. LONG. P. ∞. CLXV. EX. D. D.
        OB. HONOREM. SEXVIRATVS
        SVA. PECVNIA. SILICE. STERNEND
            CVRARVNT.
```

4. Que si le mot de *Silex*, est mis purement & simplement, comme en l'Inscription precedente: Il faut entendre, que la surface du Chemin dont est question, n'est faicte que de Cailloux brisez, & de structure Irreguliere: comme estant la commune façon de pauer de Cailloux. Qui si aucunes surfaces ont esté faictes de Quarreaux taillez, & joincts d'vne structure Reguliere, l'Histoire en a donné des marques particulieres, comme d'vn ouurage admirable entre les Chemins pauez, & surpassant tous les autres en magnificence: ainsi que nous verrons en temps & lieu par bons exemples.

5. Quand donc il est dict au 41. de Tite Liue, que les Censeurs Flaccus & Albinus, publièrent les ouurages des Chemins pour pauer de Cailloux dans la Ville, & de Grauois dehors, cela se doit entendre de Cailloux ordinaires, non taillez ny esquarriz, mais brisez. Il en faut dire de mesme des Chemins des Champs, que Plutarque dict auoir esté pauez de Cailloux par Caius Graccus: Et croy qu'il n'y a rien qui represente si bien la haute surface du Paué commun de l'ancienne Rome, que le Paué de Paris, ou d'autres Villes de France: ensemble de quelques Chaussees & grands Chemins, és endroicts où ils sont pauez de main d'homme.

6. En ces Pauez des villes ou des champs on voit des Quarreaux de deux natures, qui peuuent bien auoir esté mis en œuure és grands Chemins de l'Empire. Sçauoir le Caillou proprement dit, & le Grez. C'est ainsi que les Ouuriers d'aujourd'huy les plus experts en l'art des Pauemens, nomment les deux sortes de Pierre qu'ils employent aux pauez: mettant ordinairement le Cailloux & le Grez en contre-poincte. Et estime qu'ils ont raison de ce faire: car encore que les Latins confondent bien souuent ces deux noms ensemble, *Silex*, & *Saxum*, pour signifier toutes sortes de Quarreaux à pauer: si est-ce qu'à nostre commune façon de parler en France, celuy-là parleroit improprement, qui donneroit au Grez le nom de Caillou: dautant que le Grez n'approche point à la dureté naturelle du Caillou: n'est propre à ietter feu, comme le Caillou: & si de soy-mesme

Gc

il est friable, & propre à reduire en poudre, laquelle on applique mesme en ouurage de Poterie. A quoy le Caillou est du tout contraire: qui est si rebelle sous le marteau, que si ce n'est auec grand' force & violence, on ne le peut mettre en poudre.

7. Donc pour parler à la mode Françoise, on paue de Grez, ou de Cailloux selon la diuersité & commodité des lieux : & selon que l'on peut de plus prés recouurer de l'vne ou l'autre sorte de ces Pierres. C'est d'où vient qu'il se voit des villes entieres pauees de Cailloux, les autres de Grez, & que les autres sont entremeslees de l'vn & de l'autre ensemble. Ce qui me fait croire, que comme l'Empire Romain est le plus grand, & le plus spacieux de tous, que selon la diuersité des lieux esquels ils pauoient auec des Quarreaux, ils pouuoient bien mettre en œuure & l'vne & l'autre nature de Pierre, que l'on pourroit dire *Silicem*, & *Saxum*: desquels le *Silex* est proprement le Caillou: & quant aux Grez, ie n'ay encore trouué vn nom qui luy soit propre: mais c'est vne espece de Roche comprise sous le nom general de *Saxum*.

EN QVEL TEMPS ET DE QVELLE NATVRE de Quarreaux la ville de Paris a esté pauee.

CHAPITRE XXV.

1. Pourquoy il est icy parlé du Paué de Paris.
2. Depuis quel temps la ville de Paris est pauee.
3. Philippe Auguste premier Auteur du Paué de Paris.
4. Pour quelle cause il feit pauer Paris.
5. Commandement par luy fait de pauer ladite ville au Preuost des Marchands & autres.
6. Pour quelle cause on a dit que Lutetia venoit de Lutum.
7. Le peu d'apparence en telle etymologie.
8. Opinion d'aucuns sur le mot Grec λευκοτία, & Parisij.
9. Noms propres de plusieurs grandes Villes de France, perdus: & le peu de raison d'en tirer l'etymologie des langues estrangeres.
10. En quel temps les noms propres des Villes se sont changez en ceux des Peuples desquels elles estoient capitales ou Metropolitaines.
11. Deux sortes de Quarreaux au Paué de Paris: sçauoir de Cailloux naturels & de Grez.
12. Cailloux plus forts que les Grez.
13. Grand auantage à vne ville que d'auoir des Quarrieres prochaines.
14. Difficulté de charrier des Cailloux & des Grez sur les lieux pour les grands Chemins de l'Empire.
15. Grands Chemins sortans des portes de Rome pauez de Quarreaux sur cinquante lieuës de longueur.

1. Il n'y a point de doute que le Paué de Paris ne nous represente naïfuement la Surface des grands Chemins de l'Empire, qui estoient faicts de Quarreaux brisez & Irreguliers. Et c'est pourquoy il ne sera hors de propos de dire vn mot en passant, du temps auquel il a esté faict, & de quelle nature de Quarreaux il a esté muny & fortifié selon la diuersité des temps: afin que par la grandeur de l'entreprise du pauement d'vne seule ville, nous puissions mieux iuger de la grandeur du courage des Romains, en ce qui regarde les ouurages des grandes Voyes qu'ils ont fait par les champs.

2. C'est merueille, que la ville de Paris n'a esté pauee que depuis 437. ans à compter iusques à l'annee presente 1621. Ce que plusieurs à l'aduanture trouueront fort estrange, veu que l'inuention & l'vsage des Chemins pauez est beaucoup plus ancien. Mais nous auons des tesmoignages si certains de ceste verité, qu'il n'y a moyen aucun de la reuoquer en doute.

3. Rigordus Historien, François d'origine & de demeure, qui viuoit de ce temps là, nous apprend que ce fut Philippes Auguste, qui s'aduisa tout premierement de la faire pauer. Que si ce Prince merita ce tiltre d'Auguste par ses faicts & gestes Militaires: aussi luy est il deu d'ailleurs à raison d'vne si magnanime entreprise: en laquelle il imitoit Auguste Cæsar, qui premier fut qualifié de ce nom approchant de la diuinité: & qui fut le plus courageux, & le plus curieux des Chemins pauez qu'autre qui ait esté, ny deuant, ny depuis.

4. Telle fut la cause de ceste magnanime, mais tres-vtile & tres-necessaire entreprise: principalement en vn lieu si subiect aux bouës & aux fanges, que le Paué mesme ne l'en peut pas totalemét exempter: & qu'à trauers les interuales des Quarreaux, les boües sortent quasi perpetuellement comme vne sueur humide: *Perpetuo exudat inutilis humor.* Ce Prince donc n'estát encore qu'au vingtiesme de son aage, & cinquiesme de son regne: qui tombe en l'an de grace 1184. se pourmenant vn iour seul en vne salle de son Palais à Paris, assis sur le bord de la Riuiere de Seine, s'aprocha d'vne fenestre, de laquelle pour relascher son esprit, il contemploit le cours de ladite Riuiere. A l'instant quelques Charrettes qui passoient prés, & au dessous de ladite fenestre, vindrent à remuer les boües prochaines: & en firent exhaler vne odeur si puante, que le Roy ne la pouuant supporter, fut contraint se retirer en arriere. Ce qui l'occasionna dés lors d'entreprendre en telle ieunesse vn ouurage, que les Rois ses predecesseurs (à cause de la grandeur de la despense) n'auoient osé entreprendre

Cc ij

In vita Phi-
lippi Augu-
ſti.

au plus floriſſant de leur aage: qui fut, de faire pauer toutes les ruës de Paris: *Arduum opus* (comme Rigotdus eſcrit) *ſed valde neceſſarium: quod omnes Prædeceſſores ſui ex nimia grauitate & operis impenſa aggredi non præſumpſerant.*

5. Pour mettre à chef ſa reſolution, il appella pardeuant ſoy le Preuoſt des Marchands, & pluſieurs des plus notables Bourgeois de Paris : & leur commanda d'authorité Royale de faire pauer la ville d'vn bout à l'autre, tant les Ruës, que Marchez, & Places publiques. C'eſtoit le vray moyen de remedier aux incommoditez du charroy: & d'exterminer la puanteur intolerable, qui procedoit des fanges remuees: leſquelles eſtant entremeſlees de plaſtre, qui abonde au ſol de Paris, & qui tient de la nature du feu, enuoyent cette odeur picquante & inſupportable, à ceux principalement qui n'y ſont de de long temps accouſtumez.

6. La quantité & mauuaiſe odeur de ces fanges, a fait croire à pluſieurs, que la ville de Paris en auoit eu le nom de *Lutetia, a Luti*, à cauſe de la nature boüeuſe du ſol ſur lequel elle eſt aſſiſe. Guillaume le Breton qui a eſcrit en douze liures la Vie de Philippes Auguſte, eſt du nombre de ces gens là: diſant,

Lib. 1. Phi-
lippidos.

> *Cui quamuis verè toto præluccat orbi*
> *Nullus in orbe locus, quoniam tunc temporis illam*
> *Reddebat Palus, & terræ pinguedo Lutoſam,*
> *Aptum Pariſii poſuêre Lutetia nomen.*

Rigordus
ibid.

Rigordus a creu la meſme choſe, & dit que Philippes Auguſte faiſant pauer la ville de Paris, taſchoit à luy oſter ſon ancien nom de *Lutetia*: adiouſtant que cela arriua par effect: & que ceux du Pays, qui auoient ce nom à contre-cœur à cauſe de la puanteur des boües, luy donnerent le nom de l'vn des enfans de Priam. *Ad hoc enim* (dit-il) *Chriſtianiſſimus Rex conabatur, quod nomen antiquum auferret Ciuitati: Lutea enim à Luti fætore prius dicta fuerat: ſed Gentiles quidam huiuſmodi nomen propter fætorem abhorrentes, à Paride Alexandro filio Priami regis Troiæ, Pariſius vocauerunt.*

7. Ie ne me veux pas arreſter ſur ces belles etymologies : & diray ſeulement, qu'il n'y a nulle apparence, que les Gaulois qui ont baſty la ville de Paris, ayent emprûté des Latins ou des Grecs le nom qu'ils auoient à luy donner. Ceſte ville donc eut vn nom Gaulois long temps auparauant que les Gens du païs euſſent cognoiſſance des Latins, ny de leur langue. Or quoy que ce nom nous ſoit à preſent incognu, ſi eſt-ce qu'il approchoit à peu prés de celuy de Lutece, ou Leucotece, puis que les Romains en ont fait leur mot *Lutetia*, ſuiuant les terminaiſons & inflexions de leur langue, comme les Grecs Λευκοτεκια, ou Λευκοτεκιον.

Strabo lib.
4. Geog.
Ptolemæus
lib 2. Geog.
cap. 8.

8. Pour moy, ie ne voy guere de raison de tirer l'etymologie du Grec, plustost que du Latin: quoy que quelques-vns se persuadent que les Gaulois se soient seruis non seulement de lettres Grecques (ce que Iules Cæsar a escrit) mais aussi de leur langue, de laquelle plusieurs mots nous sont restez iusques à present. Ie ne sçay donc si ceux-là ont mieux rencontré, qui ont deriué l'ancien nom Gaulois de *Leucotesia*, qu'ils disent estre l'vn des Noms Grecs de la Deesse Isis: comme qui diroit Blanche Deesse. Ny pareillement si les habitans de l'Isle & du Païs, furent appellez *Parisii, quasi περὶ τὸ Ἰσίου, id est, Circa Isii Templum habitantes*. A cause qu'ils habitoient és enuirons du Temple d'Isis, autresfois situé au lieu mesme où est l'Eglise de sainct Germain des Prez; en laquelle on dit que l'Idole de la Deesse s'est veuë iusques à nostre temps.

9. Mon aduis est que le vray nom Gaulois de la ville de Paris, est aussi peu cognu que celuy des villes de Bourges & Nantes, que les Latins appellent *Auaricum, Condiuicnum*, & d'autres Villes qui ont perdu auec le temps, & par faute d'Histoire Gauloise, leurs anciens noms, pour prendre ceux des Païs, desquels elles estoient les Capitales ou Metropolitaines: que si les Noms propres & primitifs Gaulois sont perdus auec la langue Gauloise, (de laquelle il nous reste peu de vestiges) en vain nous mettons nous en peine de tirer les Etymologies des Noms des anciennes Villes de France, du fond des langues estrangeres, desquelles les Gaulois (qui auoient leur langue à part) ne se seruoient pas.

Il seroit bien plus à-propos de la tirer de la vieille langue Gauloise, si quelque vestige nous en restoit encore: comme Milœus a fait celle de Lyon, qu'il dit auoir esté nommée *Lugdunum*, de *Lug*, qui signifie Long, & *Dune*, qui vaut autant à dire que *Riue: à longioribus ripis*, pour les causes par luy déduites en son liure *De Primordiis Clariss. Vrbis Lugduni*: où il dit entre autres choses, *Ad eam rem quidem facere illi non male mihi videntur, qui eiusmodi Vrbium nomina, non tam ad Græcæ, Latinæque linguæ rationem, quam ad patriam gentis linguam referunt.*

10. Au reste c'est vn erreur bien lourd à Rigordus, de croire que la Ville de Paris n'ait changé de nom que depuis qu'elle fut pauee par Philippe Auguste. Ce change est beaucoup plus ancien. Guillaume le Breton le porte iusques au temps que Clouis mettant son siege Royal à Paris, fit des Parisiens & des François ensemble vn mesme Peuple: & donna au pays des Parisiens le nom de France qu'il retient encore auiourd'huy.

Lib. 1. Philipp.

Vnus fit populus Franci cum Parrisianis.
Vrbs quoque Parisius meruit tunc primo vocari
Cui prius indiderit situs ipse Lutetia nomen.

C'est chose asseuree neantmoins, qu'Ammian Marcellin, qui viuoit deux cens ans auparauant, auoit ja commencé de donner le nom des Peuples, aux Villes qui en estoient les Capitales: comme *Ciuitatem Remos*: au lieu de *Durocortum*, ou *Durocortorum*. Ce que les Auteurs Ecclesiastiques, qui ont escrit de ce temps-là, & depuis, ont pratiqué auec les Peuples de chacune Prouince de France, ayant fait par ce moyen esuanoüir les propres noms Gaulois des plus grandes Villes, qui ne nous sont restez qu'en Grec & en Latin.

11. Mais c'est trop extrauaguer hors le subiet de nos Pauez: retournons donc à celuy de Paris, qui nous a ietté en ceste longue digression. Et disons qu'il se remarque iusques à present deux sortes de Quarreaux en sa Surface: sçauoir de Cailloux, & de Grez. Et semble que suiuant le tesmoignage de Rigordus, le Caillou ait esté le premier mis en œuure: & que la ville de Paris en ait esté pauee entierement de son temps: Dautant qu'il donne aux Quarreaux, dont Philippe Auguste la feit pauer, les mesmes Epithetes qu'Isidore donne aux Cailloux naturels, les appellant *Duros & fortes lapides*.

12. Quoy que ce soit, les vestiges y apparoissent encore en plusieurs endroicts: specialement où le charroy est plus frequent, les Cailloux estans beaucoup plus forts que les Grez. Tels sont encore quelques issuës de la Gréue, l'abord du Pont nostre Dame, vne partie de la ruë suiuante pres de l'Eglise de la Magdelaine, de cent cinquante pas ou enuiron & vne autre partie de quelque deux cens pas tirant du petit Pont à sainct Seuerin. Quant au reste de la ville, elle est quasi pauee de Grez entierement, qui viennent en abondāce par la Riuiere de Seine des quartiers de Fontaine-bleau. Ces Grez ont pris la place des anciens Cailloux, dautant qu'à mesure qu'il faut reparer, l'on substituë le Grez que l'on a maintenant en abondance, au lieu des Cailloux qui se trouuent bien plus difficilement. Ce qui me fait coniecturer, que dans peu de temps les restes qui paroissent encore pauez de Cailloux, seront entierement abolis.

13. Ce que ie coniecture aussi par ceste sentence de Strabo: *Non parua profecto vtilitas est, cum ad cætera ædificia, tum ad Templorum & aliorum publicorum operum fabricas, lapidariam copiam habere*. Voulant dire, Que ce n'est pas peu d'auantage & de commodité en vne Ville pour bastir Maisons, Temples, & autres Ouurages publics, que d'auoir prés de soy forces quarrieres à commandement. Tant que l'on aura donques la commodité des Grez, dont il semble que les quarrieres soient inespuisables, on ne s'amusera pas à rechercher des Cailloux auec peine: ains on se seruira du benefice des quarrieres de Grez: & de la Riuiere qui sert à les rendre dans Paris auec bien peu de frais.

Lib. 14. Geograph.

14. Mais il n'estoit pas si facile de fournir de Grez ou de Cail-

loux aux grands Chemins de l'Empire: d'autant qu'ils estoient continuez sans interruption à trauers des grandes Prouinces, qui n'auoient pas des quarrieres prochaines par tout: ains se trouuoient tels endroits, où il falloit charrier les Quarreaux de vingt & trente lieuës de distance. Ce qui apportoit de la peine & de la despense infinie, que Rome seule s'est trouuee capable de supporter par l'abondance de ses hommes & de ses Richesses, pendant son estat triomphant.

15. Sa puissance s'est fait paroistre (entr'autres choses) en ce poinct, que les grands Chemins sortans de ses Portes, & se diuisans en plusieurs branches par les Regions d'Italie, estoient pauez de Pierres tres-dures, & de tres-grands Quarreaux iusques à cinquante lieuës de distance. Ce que Baptiste Albert (qui est Italien de nation) a remarqué de ses propres yeux: & laissé par escrit en ces mots: *Non illud refero, in centesimum vsque milliare stratas Vias lapide præduro, & maximorum lapidum strue coaggeratas.* Lib. 8. de re ædific. cap. 1.

Mais aussi tost que son Empire est tombé en decadence: & que ses Prouinces ont esté descousuës, & separees en plusieurs Royaumes & Republiques particulieres, ces Ouurages sont demeurez court, chacune Prouince se trouuant par trop foible pour fournir à de si grands Ouurages. Et de là est procedé qu'en France (quoy que puissante sur beaucoup d'autres Regions) les Ouurages des grands Chemins ont esté negligez, comme par tout ailleurs, au grand interest du public: & que les Villes mesmes, auant le regne de Philippe Auguste, n'estoient fortifiees & munies que de simples Chaussees faictes de Grauois.

On en trouue plusieurs de telles en la ville de Reims, que les Massons du Païs appellent Chaussees de Brunehault quand ils viennent à les rencontrer. Elles sont couuertes de sept à huict pieds de terre, & quelquesfois dauantage par le rehaussemēt des aires de ladite Ville, & du Paué que l'on y a fait depuis.

DES GRANDS CHEMINS PAVEZ DE Quarreaux taillez ou Reguliers: & de la grande Voye d'Appius.

CHAPITRE XXVI.

1. Seconde sorte de Cailloux, mis en la surface des grands Chemins.
2. Tesmoignage de Procopius & de Liuius sur les Chemins pauez de Pierres esquarries.
3. Voye Appienne, premiere en temps & en excellence, Royne des grandes Voyes.
4. Qu'Appius Claudius est Auteur de ladite Voye.
5. Description d'icelle tiree de Procopius.
6. Doutes à resoudre sur ladicte description.
7. Longueur de ladite Voye de Rome à Cappoüe.
8. Longueur d'icelle de Rome à Brindes.
9. Appius n'estendit sa grande Voye que iusques à Cappoüe : & pourquoy.
10. Par qui ladite Voye peut auoir esté acheuee iusques à Brindes.
11. Les Quarreaux de ladite Voye de 3. 4 & 5. pieds de façon
12. De quel lieu on coniecture lesdits Quarreaux auoir esté tirez. Premier lieu.
13. Second lieu.
14. Distance differente des lieux où se charrioyent lesdicts Quarreaux.
15. La Voye Appienne reparee par Theodoric Roy des Goths.

1. LA seconde sorte de Cailloux mis en œuure aux surfaces des grands Chemins, estoit de ceux que par vne insigne magnificence, & despense incroyable, on tiroit par grands quartiers du ventre des Rochers les plus durs : lesquels on tailloit par apres, non à l'aduanture à coups de marteaux, mais au ciseau, à la reigle, & à l'esquiere, pour les joindre en la surface des Chemins comme pierres de tailles en Massonnerie. De tels Quarreaux ont esté pauez quelques grands Chemins, tant en Italie que par les Prouinces.

2. Et d'autant que c'est en tels Ouurages, que la richesse & magnificence Romaine, s'est faict paroistre sur toutes autres structures de mesme genre ; Les Autheurs qui en ont parlé, ont faict ordinairement expresse mention de la taille des Pierres, les appellant *Lapides vel Silices quadratos* : sinon par certaine circunlocution, ils ne faillent pas les designer estre telles. Procopius parlant de la Voye Appienne, qui estoit pauee de Pierres esquarries : *Et est sane hæc Via præter cæteras spectabilis* (dict-il) *siquidem Appius ex alia & longinqua tunc, vt reor, regione excisos lapides, & hos quidem siliceos, ac suopte ingenio durissimos, in hanc viam vehendos curauit : quos planos deinde ac læues redditos, & quadratos incisione factos iunxit, & in ordine locauit :* Il y a vn autre petit Chemin, qui tire d'vne Porte, dicte *Porta Capena*; au Temple de Mars : de laquelle Liuius faict mention en ces termes, parlant des Censeurs de Rome. *Semitamque saxo quadrato ad martis ædem Capena porta strauerunt.* Ce que cet Autheur a bien voulu remarquer par excellence,

Li. 1 de bello Gothico.

DE L'EMPIRE, LIV. II.

excellence, ainsi que plusieurs autres que ie passe pour cause de briefueté.

3. Mais d'autant que les grands Chemins des Champs ou de la Ville, qui ont esté couuerts de Quarreaux taillez, sont les plus excellens de tous: & que c'est en eux que la grandeur de courage des Romains s'est faict paroistre: nous auons raison (ce me semble) d'en produire quelques exemples, & d'en depeindre icy deux ou trois comme au naturel: afin que par iceux on puisse iuger des autres: & conceuoir qu'elles estoient les richesses, & la magnificence Romaine. Or ne sçaurions nous mieux commancer que par la Voye Appienne, puis qu'elle a ensemble ces deux prerogatiues, d'estre la premiere en temps, & la plus excellente en structure de toutes les autres. De sorte que ce n'est pas sans cause, que Papinius Statius la qualifie du tiltre de Royne des grands Chemins en ces vers:

Flectere iam cupidum gressus, quà limite noto
Appia longarum teritur Regina viarum:

Lib.2. Silu. in Surrenti- no Polly.

Et que Onuphrius Panuinus l'appelle *Omnium maximam & laudatissimam*.

4. Quant à l'Autheur, il n'y a point de doubte que ce ne soit cet aueugle tant renommé dict Appius Claudius, qui fut en sa vie honoré des plus belles charges de la republique: ayant esté Censeur, deux fois Consul, Preteur, Edile Curule, Colonnel & Lieutenant general des Romains en leurs armees pendant la vacance des autres Magistrats, qu'ils appelloient *Interregnum*, & en fin Dictateur: esquelles charges il prit beaucoup de places sur les Sabins, & obtint d'eux, & des Toscans aussi plusieurs Victoires, apres lesquelles il fit bastir le Temple de Bellone. Pendant sa Censure, il paua la grande Voye dont est question, & fit venir de l'eau de bien loing dedans Rome par vn Aqueduc. Estant ja aueugle, il empescha formellement la Paix, que plusieurs notables Citoyens estoient d'aduis de faire auec Pyrrhus. Tout ce que dessus se peut apprendre tant par l'Histoire Romaine, que par l'Inscription suiuãte, que quelques vns disent estre à Florence: & les autres à Arrezzo, qui est telle

APPIVS. CLAVDIVS
C. F. CAECVS
CENSOR. COS. BIS. DICT. INTERREX. †. II.
PR. II. AED. CVR. II. Q. TR. MIL. III.
COMPLVRA. OPPIDA. DE. SAMNITIBVS
CEPIT. SABINORVM. ET. TVSCORVM. EXER
CITVM. FVDIT. PACEM. FIERI. CVM. PYRRHO
REGE. PROHIBVIT. IN. CENSVRA. VIAM
APPIAM. STRAVIT. ET. AQVAM. IN. VRBEM.
ADDVXIT. AEDEM. BELLONAE. FECIT.

Grut. 389. 4.

5. Il y a plusieurs anciens Autheurs qui font mention de cette Voye comme par admiration: mais il n'y en a point qui l'ait descrit si naïfuement de toutes ses pieces que Procopius. C'est au premier liure *de Bello Gothico*, où cet Autheur dict qu'Appius estant Censeur l'auoit faict faire, & l'auoit nommé de son nom, il y auoit ja neuf cens ans à compter iusques à son siecle: qu'elle estoit de telle estendue, qu'vn homme prompt & habile ne la pouuoit parcourir en moins de cinq iournees: qu'elle auoit sa longueur de Rome à Cappoüe, & qu'elle estoit de telle largeur, que deux chariots se venans à la rencontre, pouuoient facilement passer sur icelle sans se frayer: qu'en cela elle estoit admirable, que les grands Quarreaux dont elle estoit pauee (qui sont de nature de Caillou le plus dur qu'Appius auoit peu trouuer) ont esté charroyez & amenez sur les lieux: de quelque quarriere fort esloignee de là: & qu'il les fit esquarrir, polir & applanir à coups de ciseaux, puis joindre ensemble si iustement, sans y entremesler ne metail, n'autre matiere, qu'à peine en voit-on les jointures: & qu'à les contempler, on iugeroit qu'ils n'ont pas esté là couchez & agencez de main d'homme: mais que c'est de Nature qu'ils sont ainsi rangez & venus au Monde. Et quoy que depuis tant de siecles ces Quarreaux ayent esté continuellement frayez par le charroy, ils n'auoient toutesfois iusques à son temps en rien esté desjoints ny esbranlez de leur premiere assiette: n'estoient aucunement rompus, & n'auoient rien perdu de leur polissure. Voila à peu pres ce qu'en dit Procopius qui en est tesmoin oculaire, & qui rauy en admiration d'vn tel ouurage, s'est jetté exprés hors du subjet de son Histoire, pour se contenter l'esprit en vne description si exacte.

6. Sur laquelle neantmoins se presentent quelques difficultez à resoudre pour la faire mieux entédre: La premiere est sur le temps de neuf cens ans que Procopius dict s'estre escoulé depuis qu'Appius eut faict ce grand Chemin, iusques à son temps. Que si de l'an 442. de la fondation de Rome, auquel nous auons dict la Voye Appienne auoir esté faicte, on suppute iustement le temps iusques au siecle de Procopius, il faudra desduire cinquante ans & plus du nombre des neuf cens ans par luy assignez. Ce qui soit dict en passant. La seconde difficulté gist en la longueur ou estédue de ladite Voye: d'autant que quelques vns disent, qu'Appius Cæcus la feit pauer iusques à Capoüe seulement: & les autres escriuent que ce fut iusques en la ville de Brindes, dicte *Brundusium* par les Latins. L'Autheur de la vie des hommes Illustres, qui court souz le nom de Pline, dict en termes exprés, *Appium viam Brundusium vsque lapidibus strauisse*. Les autres asseurent qu'elle estoit pauee de Rome iusques à Brindes: mais ils ne disent pas que ce soit Appius qui l'ait conduit iusques là.

Strabo parlant de la ville de Terracine, size prés du riuage de la *Strab lib. 5.*
Mer Tyrrhene, nous tesmoigne que *hoc in loco mari adiungitur Appia* *Geog.*
Via, strata à Roma vsque Brundusium. Et Corneille Tacite raconte, que
Libo Drusus consulta autrefois en soy-mesme, *an habiturus foret opes,* *Lib. 2. An-*
quis Viam Appiam Brundusium vsque pecunia operiret, c'est à dire, si iamais *nal.*
il auroit tant de richesses, qu'il peust couurir de pieces de monnoye
la Voye Appienne de Rome iusques à Brindes. Et si on voit par le
tesmoignage d'Horace, en la description de son voyage à Brindes
par la Voye d'Appius, que c'estoit iusques là, qu'elle s'estendoit:
puis qu'il dict, que
Lib 1. Sa-
Brundusium longæ finis chartæque, Viæque. *tyr. 5.*

7. Or est-il, que le Chemin de Capoüe à Brindes est beaucoup
plus long que de Rome à Capoüe: Et partant, il semble y auoir vne
insigne contradiction entre Procopius & tous ces Autheurs. Voicy
la distance de Rome à Capoüe suiuant l'Itineraire d'Antonin, tirée
de la description du Chemin de Rome à Colomne prés de Rhege,
sur la Mer de Sicile.

Item ab vrbe, Appia Via, recto Itinere ad Columnam.

Ariciam	M. P. XVI.
Tres Tabernas	M. P. XVII.
Appi forum	M. P. XVIII.
Tarracinam	M. P. XVIII.
Fundos	M. P. XVI.
Formias	M. P. XIII.
Minturnas	M. P. IX.
Sinuessam	M. P. IX.
Capuam	M. P. XXVI.

Pag. 23.

Tous ces Nombres rapportez en vn, reuiennent à 142. mil Italiques, qui font 71. lieües Françoises: lesquelles diuisées par 5. rendent 14. lieües ⅖. Et c'est ce qu'il faudroit faire de Chemin par
iour, à qui voudroit aller de Rome à Capoüe en cinq iournees: suiuant ce que Procopius dict pouuoir estre faict *per hominem expedi-*
tum.

Suit apres le Chemin de Capoüe à Brindes, en cette façon.

A C A P V A.

Iter à Capua Equotuticum.	M. P. LIII.	sic.
Vbi Campania limitem habet.		
Caudium	M. P. XXI.	
Beneuentum	M. P. XI.	

Pag. 24.

D d ij

Equotuticum	M. P. XXI.
Ab Equotutico Hydruntum ad Tau-	
ctum	M. P. CCXXXV. sic
Ecas	M. P. XVIII.
Erdonias	M. P. XVIIII.
Canusium	M. P. XXVI.
Rubos	M. P. XXIII.
Bruduntum	M. P. XI.
Barium	M. P. XII.
Turres	M. P. XXI.
Egnatiam	M. P. XVI.
Speluncas	M. P. XX.
Brundusium	M. P. XVIIII.
Lupias	M. P. XXV.
Hydruntum	M. P. XXV.

Que si vous recueillez en vne somme les Nombres des Milliaires de Capouë à Brindes, vous en trouuerez CCXXXVIII. qui rendent CXIX. lieuës

8. En sorte que suiuant ledict Itineraire, l'espace entier de Rome à Brindes sera de CCCLXXX. mil Italiques, qui rendent cent quatre-vingts dix lieuës Françoises. Ou bien de CCCLX. mil, suiuant le tesmoignage de Strabo, qui dit, *Tota verò ex Roma Brundusium CCC. & LX. milliaria continet.* Ce qui reuient à 180. lieuës Françoises, qui sont cent neuf Lieues de Chemin par delà Capouë. Aussi la ville de Brindes est-elle assise en l'extremité d'Italie, sur le riuage de la Mer Hadriatique à 42. degrez 30. minutes de longitude, & 39. degrez 40. minutes de latitude, selon Ptolomee.

Lib. 5.

Ptolom. Lib. 6. Geograph. Tab. 6. Europæ.

9. Il n'y a point de doute, que la Voye Appienne ne s'estendist iusques là: Mais Appius n'auoit pas esté seul Auteur de cette Voye entiere. Iulius Frontinus qui viuoit assez long temps deuant Procopius, nous tesmoigne, que ce ne fut que iusques à Capouë qu'Appius conduisit son ouurage: *Appia aqua* (dit-il) *inducta est ab Appio Claudio Censore: qui & viam Appiam à porta Capena, ad vrbem Capuam muniendam curauit.* Or quant à Appius, il ne pouuoit pas conduire ce chemin plus auant: pour ce que de son temps les Prouinces plus esloignees n'appartenoient pas encore aux Romains: mais à d'autres Peuples, contre lesquels les Romains estoient continuellement en guerre.

Lib. 1. de Aquæduct.

10. Que si on me demande en quel temps, & par qui elle a esté acheuee: c'est chose bien certaine qu'elle estoit ja faicte iusques à Brindes du temps d'Auguste, puis qu'Horace le tesmoigne si clairement au lieu cy-dessus allegué: Mais la Personne qui en a fait les

DE L'EMPIRE. LIV. II.

Ouurages n'est pas si facile à descouurir. Plutarque nous asseure d'vne chose, C'est que Iules Cæsar fut en son temps estably par le Peuple commissaire de la Voye Appienne: mais il ne dit & ne determine pas l'ouurage qu'il y a fait. C'est neantmoins l'opinion de plusieurs Hommes sçauans que ce Prince nay à toutes choses grandes & magnifiques, n'aura pas laissé cet œuure imparfaict, & qui pour sa grandeur & pour la magnificence de sa Surface, ne pouuoit tomber en meilleures mains. Ce qui est fort vraysemblable : attendu que Plutarque nous asseure qu'il y employa vne merueilleuse somme d'argent : *Appiæ curatorem factum, plurimum pecuniæ in eam impendisse.*

11. Pour ce qui est de la grandeur des Quarreaux dont cette Voye estoit couuerte, Procopius, ny autres des anciens (que ie sçache) ne la determinent pas. Mais le docte Lipsius nous apprend, qu'ils estoient de trois, quatre, & cinq pieds de face en quarré : & quant à la liaison & contexture de l'ouurage, elle est telle, qu'il semble que tous ensemble ils ne fassent qu'vn corps. Chose plus à admirer en nos temps, qu'à imiter. Voicy ce qu'il en dit : *Conspiciuntur hodie tales, id est, plani, quadratique diuersa magnitudine : trium, quatuor, quinque etiam pedum quaquauersus. Cætera de iunctura & firmitate, vtque vnum corpus appareant, sunt miranda magis hodie, quam imitanda.*

Lib. 3. de Magnit. Rom. cap. 10.

12. Quant au lieu d'où les Quarreaux de nature de Cailloux ont esté pris & amenez sur l'ouurage, Procopius dit qu'il estoit bien loing de ladite Voye, mais il n'en determine pas la distance, & n'en ay rien trouué dans les vieux Auteurs. Onuphrius Panuinus qui escriuoit au siecle de nos Peres, homme curieux de telles raretez, a laissé par escrit, qu'il a entendu de quelques-vns, qu'ils auoient veu deux montagnes en la Campagne Romaine, des entrailles desquelles les pierres semblables au fer en dureté & en couleur, desquelles ladite Voye est pauee, pouuoient bien auoir esté tirees : dont l'vne est près de la ville de Sinuesse, & l'autre prés de la Mer, entre Puzzol & Naples : *Quidam referunt duos se montes in Campania vidisse, ex quibus Saxa illa coloris duritieique ferreæ excindi essent solita. Alterum prope Suessam ; alterum ad mare, inter Puteolos, & Neapolim.* Le premier donc, & le plus pres de Rome estoit és enuirons de l'ancienne ville de Sinuesse, que Ptolomee appelle σινοεσα ; Premierement bastie par les Grecs sur le riuage de la Mer, sous le nom de Synope : & depuis Colonie des Romains, qui luy donnerent le nom de Sinuesse, à present ruinee, & reduite en vn petit village, dit *Rocha de monte Dragone*, distant de la ville de Rome de 116. mil. suiuant l'Itineraire d'Antonin : qui valent 58. lieuës Françoises.

Lib. 1. Comment. Reip. Romanæ in vrbe Roma. Tab. 6. Eurp. Liuius lib. 10.

13. Le second est proche du Golphe nommé *Lucrinus*, à l'adresse

de Capouë, à quelque soixante & dix lieuës de Rome: & ne sçay si ce second ne seroit point le Mont Misenus, qui est proche dudit Golphe: duquel Cyprianus Eychouius (qui a esté sur les lieux) fait mention en ces termes : *Hinc est quod videmus magna ex parte Miseni Montis exhausta viscera: imo totum fere concauum, & cacumine pensilem esse. In quo nunc etiam apparent Lauationum solia, balnea, lacus, & ad coenas faciendas Triclinia: Nam cryptis, viis, ædificiisque fornicatis intus plenus est, quæ crebris hinc inde columnis incumbunt, partim lateritiis, partim ex ipso Montis Saxo cæsis.*

C'est merueille de ce que cet Auteur tesmoigne auoir veu en Edifices creusez dans ceste montagne: côme de la Grotte appellee *Traconaria Crypta* : & d'vne Piscine longue de cinq cens pieds, & large de deux cens vingt.

14. Ie ne veux icy redire ce que i'ay escrit de la Roche fenduë par Appius prés de Terracine au chap. 16. de ce liure : où il peut bien auoir pris vne partie de ces grands quarreaux. Car il est à croire, qu'en taillant ladite Roche & autres semblables, les Ouuriers faisoient ces grands Quarreaux, que l'on charroyoit de là sur les endroits où l'on trauailloit à la surface de ladite Voye : Les vns desquels endroicts estoient beaucoup plus eslongnez que les autres. Ce que Strabo semble nous indiquer, quand il dit: *Strauerunt & vias excisis montibus*. Et est certain qu'il y auoit tel endroict de ladite Voye, sur lequel il a fallu charroyer ces grands Quarreaux de plus de quarante lieuës de distance. Ce qui montoit à vne terrible despense, & à vn merueilleux trauail, & d'hommes & de cheuaux.

15. Or quoy que l'ouurage de la Voye Appienne fust d'vn assemblage bien fort pour resister au temps: si est-ce qu'il se trouue qu'en quelques endroicts vers Terracine elle auoit esté rompuë par l'affluence des eaux de certains Marais voisins, qui l'abordoient de part & d'autre : qui peuuent bien estre les Marais de Pontia, où Trajan fit plusieurs grands ouurages & reparations dont nous auons fait mention au premier liure, Chapitre 17. Theodoric Roy des Goths, qui regna quelque temps assez heureusement dedans Rome, fut celuy qui en repara derechef plusieurs endroicts démolis par le temps, comme l'on voit dans l'Inscription presente qui rend tesmoignage de tout ce que dessus.

Grut. 152. 8.

DN. GLORIOSISS. ADQ. IN
CLVTVS. REX. THEODORICVS. VICT.
AC. TRIF. SEMPER. AVG. BONO. REIP.
NATVS. CVSTOS. LIBERTATIS. ET.
PROPAGATOR. ROMANI. NOMINIS.
DOMITOR. GENTIVM.

DECENNOVII. VIAE. APPIAE. ID. EST. A. TRIP
VSQ. TERRACENA. ITER. ET. LOCA. QVAE
CONFLVENTIBVS. AB. VTRAQ. PARTE. PALVDVM
PER. OMNES. RETRETRO. PRINCIPVM. INVNDAVERANT
VSVI. PVBLICO. ET. SECVRITATE. VIANTIVM
ADMIRANDA. PROPITIO. DEO. FELICITATE
RESTITVIT. OPERI. INIVNCTO. NAVITER. INSVDANTE
ADQ. CLEMENTISSIMI. PRINCIPIS. FELICITER
DESERVIENTE. PRAECONIIS. EX. PROSAPIA. DECIO
RVM. CAEC. MAV. BASILIO. DECIO. V.C. ET. INL
EXPF. VRB. EXPRO. EXCONS. ORD. PAT. QVI. AD
PERPETVANDAM. TANTI. DOMINI. GLORIAM. PER
PLVRIMOS. QVI. ANTE. NON. ERANT. ALBEOS
.... DEDVCTA. IN. MA
RE. AQVA. IGNOTAE. ATAVIS. ET. NIMIS. ANTIQVAE
REDDI. ....

DE LA VOYE DE DOMITIAN.

CHAPITRE XXVII.

1. Belle description faicte par Statius de la Voye de Domitian.
2. Erreur de Domitius son Interprete.
3. Voye de Domitian en partie pauee de Marbre.
4. Ouurages faits par Domitian pour restablir la Nauigation du fleuue Vulturnus.
5. Second erreur de Domitius sur le commencement de ladite Voye.
6. Estenduë de la Voye de Domitian de Sinuesse à Puzzol, & plusieurs autoritez iustificatiues de ladite estenduë.
7. Comment la ville de Rome est iointe à celle de Bayes par le moyen de la Voye de Domitian.
8. Deux incommoditez ostees par le moyen de la Voye de Domitian.
9. Moyen de remedier à la seconde incommodité.
10. Arc de Triomphe dressé à Domitian par le Senat & le Peuple, en actions de graces de son grãd Chem.
11. Raisons de croire que les Chemins d'Appius & de Domitiã sont fournis de Matieres interieures, communes aux autres Chemins.

I. **P**APINIVS Statius est celuy d'entre tous les Poëtes qui approche de plus prés de la grauité & Majesté de Virgile : Entr'autres preuues qu'il en a rendu, c'est la description qu'il a faicte de la Voye de Domitian : où il a pris peine d'en rendre l'Escriture aussi admirable que la Structure. Car en lisant ce Poëme, on pense encore voir les Ouuriers embesongnez, demener les mains sur l'ouurage, ouïr le son des marteaux & des cizeaux employez à tailler les Rochers, & iceux transformer en grands Quarreaux : puis les ioindre & allier ensemble auec Chaux & Sable: couper les Arbres, & deuestir les Montagnes des Forests qui leur seruoient d'ombrage par leurs cheuelures verdes, pour en faire des Pilotis: tant il a mis d'artifice à nous representer cet ouurage à force de beaux traicts Poëtiques.

2. Ie ne sçay où Domitius son Interprete, a pris ce qu'il dit, que Domitian a paué ce grand Chemin auec de la Brique : veu que le texte porte si clairement, que la surface a esté faicte de Cailloux. Ce que le commencement dudit Poëme exprime en ces mots.

Quis duri silicis, grauisque ferri
Immanis sonus æquori propinquum
Saxosæ latus Appiæ repleuit.

On voit mesme par autres endroicts, que ce n'est pas de Quarreaux brisez, ains taillez, que ceste Voye fut couuerte : attendu que la liaison en est faicte auec vn Ciment fort delicat, composé de Tuf battu auec de la Chaux.

Illi saxa ligant opusque texunt
Coéto puluere, sordidoque Topho.

Où le mot de *Coétus puluis*, ne signifie pas de la Brique, comme Domitius a pensé: mais de la Chaux, de laquelle joincte auec Sable & Tuf pulueriré, on faisoit vn Ciment ou Mastic propre à allier les grands Quarreaux regulierement taillez. Tel estoit le Ciment dont parle Baptiste Albert: *Tessellatis affigendis vtilior est calx, cui Tiburtini lapidis farina tritissima immixta est.*

3. Tant s'en faut donc qu'elle fust pauee de Brique, qu'en plusieurs endroicts elle estoit couuerte de grands Quarreaux de Marbre: Ce que Domitius mesme a confessé sans y penser, interpretant ces mots de Statius : *Ingenti Plaga marmorata dorso. Id est,* dit Domitius, *Longa Via strata marmoribus.*

Comme de faict Domitian auoit par vne insigne magnificence paué de Marbre vne grande partie du Chemin és enuirons du Fleuue Vulturnus: qui procedant des Monts Apennins, diuise la Champagne Italienne en deux parties : & se descharge dans la Mer Tyrrhene prés d'vne ville de mesme nom.

4. Ce Fleuue n'auoit auparauant ne fond, ne riue : ains par ses desbordemens ordinaires inondoit les terres voisines, les rendoit steriles & inutiles : & par la rupture de ses bords & marchepieds, interrompoit le cours de la Nauigation que l'on pouuoit faire le long de son canal: dans lequel Domitian le restraignit & resserra, le rendant de

dant derechef nauigable par le rehauſſement & affermiſſement de ſes bordages: & ioignit l'vne & l'autre riue par vn Pont tres-magnifique baſty ſur Pilotis, & paua tant le deſſus dudit Pont, que les rampans & aduenuës d'iceluy de part & d'autre, auec grands Quarreaux de Marbre ſur vne bien longue eſtenduë. Bref d'vn Fleuue auparauant vaſte, vague, & charriant apres ſoy vne infinité d'immondices qui le rendoient trouble & fangeux, il en fit vne Riuiere, qui en clarté & netteté d'eaux, ne craignoit d'entrer en comparaiſon auec pas vn de ſes voiſins. Tout cela ſe voit en cette excellente Proſopopee, en laquelle le Poëte introduit le Fleuue Vulturnus parlant ainſi à l'Empereur Domitian.

> *Camporum bone Conditor meorum,*
> *Qui me vallibus auiis refuſum,*
> *Et ripas habitare neſcientem*
> *Recti Legibus aluei ligaſti.*
> *Et nunc ego ille turbidus, minaxque,*
> *Vix paſſus dubias prius carinas,*
> *Iam pontem fero, peruiúſque calcor.*
> *Qui terras rapere, & rotare ſiluas*
> *Aſſueram, pudet, Amnis eſſe cœpi.*
> *Sed grates ago, ſeruitúſque tanti eſt,*
> *Quod ſub te duce, te iubente ceſſi.*
> *Quod tu maximus arbiter, meæque*
> *Victor perpetuus legêre ripæ.*
> *Et nunc limite me colis beato.*
> *Nec ſordere ſinis: malúmque latè*
> *Deterges ſterilis ſoli putorem.*
> *Ne me puluereum, grauémque cœno,*
> *Tyrrheni ſinus obruat profundi.*
> *Qualis Cinyphius tacente ripa*
> *Pœnos Bragada ſerpit inter agros.*
> *Sed talis ferar, vt nitente curſu*
> *Tranquillum mare, proximúmque poſſim*
> *Puro gurgite prouocare Lyrim.*
> *Hæc Amnis, paritérque ſe leuarat*
> *Ingenti plaga marmorata dorſo.*

5. Le ſecond erreur que fait l'Interprete Domitius, c'eſt quand il dit, que Domitian commença ſon grand Chemin à Terracine: & c'eſt la verité que ce ne fut qu'à Sinueſſe, diſtante de Terracine de quarante ſept mil, qui reuiennent à vingt trois lieuës & demie de nos lieuës Françoiſes. La raiſon de cecy eſt, que la Voye Appienne ſe continuë encores depuis Terracine iuſques à Sinueſſe

Ee

tout le long du riuage de la mer Tyrrhene, par les villes maritimes de Fundy, de Formies, & de Minturne: ne laissant iusques à Sinuesse aucun lieu ou espace vuide entr'elle & le riuage, auquel la Voye de Domitian peust auoir place.

Horace en son Itineraire de Rome à Brindes sur la Voye Appienne, la conduit iusques à Sinuesse: disant,

> *Postera lux oritur multo gratissima: namque*
> *Plotius & Varius Sinuessæ, Virgiliusque*
> *Occurrunt.*

Strabo nôme les Villes Maritimes de la Voye Appiéne, en ce peu de mots: *Ex Maritimis vrbibus ea solùm attingunt (viam Appiam) Terracina, atque deinceps Formij, Minturnæ, Sinuessa.* Cela mesme se voit par la piece de l'Itineraire d'Antonin mise au Chapitre precedent: où la Voye Appienne est continuee iusques à Sinuesse. Ce qui paroist à l'œil dans la Carte de Peutinger, où ladite Voye ayant gaigné Sinuesse, commence à se retirer du riuage en plaine terre, & se conduire à trauers la Campagne iusques à Capouë.

6. Par la retraite susdite, la Voye Appienne quitte la place à celle de Domitian: laquelle prenant son origine en cet endroict, s'auance le long du riuage, passe à trauers la Riuiere de Sauo, & de Vulturne, voisine les Monts Gaurus & Massicus si fertiles en bons vins, continuë son cours par le Marais de Linterne, se coule entre les Lacs d'Auerne & d'Acherusie, touche la ville de Cumes, d'où en fin elle se va terminant à Puzzol. Statius commence ainsi la Voye de Domitian: & ne p..:. nullement des lieux qui sont entre Sinuesse & Terracine. Ce qu'il n'eust pas obmis, si à Terracine elle eust eu son commencement.

> *It longas medius fragor per vrbes.*
> *Atque Echo simul hinc & inde fractam*
> *Gauro Massicus vuifer remittit.*
> *Miratur sonitum quieta Cyme,*
> *Et Lynterna palus, pigerque Sauo, &c.*

Bref nous en auons ce tesmoignage expres de Strabo: lequel parlant des trois plus excellentes Voyes d'Italie, met celle d'Appius la premiere, & l'a conduit iusques à Sinuesse. *Præclarissimæ sunt Viæ,* *Lib. 5.* *Appia, Latina, Valeria: vna quidem ad mare Latinæ partes separans, vsque Si-* *Geog.* *muessam protenditur. Altera in Sabinam vsque ad Marsos. Inter has media Latina est.* Dion parlant de la Voye de Domitian, la termine entre Sinuesse & Puzzol, en ces mots. *tisdē tēporibus ea via quæ inter Sinuessā &* *Dio lib. 67.* *Puteolos, lapidibus strata fuit.* Nostre Poëte semble la conduire iusques à Bayes, quand il dit, que par le moyen d'icelle Domitian joignit Bayes auec les sept Montagnes de Rome.

Gaudens Euboicæ domum Sybillæ,
Gauranósque sinus, & æstuantes
Septem montibus adhibere Baias.

7. Ce n'est pas toutesfois que la seule Voye de Domitian s'estende de Bayes à Rome: mais c'est qu'estant jointe à la Voye Appienne d'vne part, & à l'ancienne Voye de Puzzol à Bayes d'autre part, elle alloit Rome à Bayes par son entremise, & donnoit moyen d'aller de l'vne de ces Villes à l'autre, faisant soixante & & douze lieües de chemin sans interruption ne discontinuation quelconque: Car il y auoit de Rome à Sinuesse sur la Voye Appienne cinquante-huict lieües: de Sinuesse à Puzzol, sur celle de Domitian treize lieües: & de Puzzol à Bayes vne lieüe.

8. Or quoy que la Voye de Domitian ne fust pas de fort longue estenduë, si est-ce qu'elle ne laissoit d'estre recommandable pour auoir retranché deux grandes incommoditez, que les lieux par où elle passe apportoient aux Voyageans, soit à pied, à cheual, ou par charroy. La premiere est des Marais & Terres paludeuses: à laquelle il remedia par des Leuees & des Ponts és endroicts necessaires. La seconde est des Sables mouuans, dont la quantité estoit si grande, que les passans ne se pouuoient haster, specialement à charroy: dautant que les roües enfonçoient, & demeuroient comme absorbees dans ce Chemin sourd, pesant, & paresseux, qui mettoit les hommes & les bestes hors d'haleine: & falloit vn iour entier à faire autant de chemin que l'on en faisoit par apres en deux heures. Ce que le Poete mesme represente elegamment en ces Vers.

Hic quondam piger axe vectus vno
Nutabat cruce pendula Viator.
Rodebátque rotas maligna Tellus.
Et plebs in mediis Latina campis
Horrebat mala nauigationis.
Nec cursus agiles, sed impeditum
Tardabant iter orbitæ tacentes.
Dum pondus nimium querens, sub alta
Repit languida quadrupes statera.
At nunc quæ solidum diem terebat,
Horarum via facta vix duarum.

9. Le remede donc à cette incommodité seconde, fut de faire curer iusques au ferme ces Sables mouuans: & faire remplir les lieux vuides, y substituant autre Arene plus pesante & plus solide, afin de preparer vn siege assez fort pour porter les Matieres, tant interieures qu'exterieures dudit Chemin. Ce que Statius en l'Epistre

ad Marcellinum, mise au deuant du 4. liure de ses Bocages, remarque, disant: *Tertio Viam Domitianam miratus sum, qua grauißimam Arenarum moram exemit: cuius beneficio tu quoque maturius epistolam meam accipies, quam tibi in hoc libro à Neapoli scribo.* Et dans son Poëme.

    Hic scenis populi vias grauantes
    Et campis iter omne detinentes.
    Longos eximit ambitus: nouóque
    Iniectu solidat graues Arenas.

Comme s'il vouloit dire, que Domitian retrancha les longs destours qu'il falloit prendre à cause des Sables qui occupoient la campagne: & que par vn nouueau reiect d'Areine plus solide, il affermit le Chemin aux Passans.

10. Ce Chemin faisoit comme vn bras ou vne branche de la Voye Appienne, à laquelle il estoit ioinct pres de Sinuesse: & où le Senat & le Peuple de Rome, en recognoissance du bié & de la commodité que les Passans en receuoient, fit eriger à Domitian vn Arc de Triomphe des plus magnifiques qui se soit iamais veu, lequel Statius dépeint en ces Vers.

    Huius Ianua, prosperúmque limen
    Arcus Belligeri ducis tropheis,
    Et totis Ligurum nitens metallis,
    Quantus nubila qui coronat imbri.
    Illic flectitur excitus viator.
    Illic Appia se dolet relinqui.

11. Ie renuoye le Lecteur plus curieux, à l'ouurage mesme de Statius, qu'il trouuera au 4. liure de ses Bocages: & concluray, que si pour porter vn Paué de simple Grauois, les Ouuriers ont garny le dedans des sortes de Matieres interieures, dont nous auons fait mention cy dessus. Il y a raison de croire, que ces grands Quarreaux taillez à la reigle & au compas, n'estoient pas assis sur simple Areine: ains qu'il y auoit plus de Materiaux enclos, que descouuerts. Que si par espreuue on venoit à fouïr & renuerser quelque partie de la Voye Appienne ou Domitienne, il n'y a point de doute, que l'on ne trouuast sous leur Surface, toutes les Matieres qui seruent de Fondation, Ruderation, & Noyau aux Chemins communs de Grauois: & est à croire qu'elles sont encore mieux fournies & estofees que les autres. Ce qui emportoit auec soy vne despense admirable.

DE L'EMPIRE. LIV. II.

DE PLVSIEVRS AVTRES VOYES PAVEES de grands Cailloux, ou de Marbre.

CHAPITRE XXVIII.

1. Grand Chemin paué de longs Quarreaux de marbre de Gayette à Capouë.
2. Autre grand Chemin de Tongres à Paris.
3. Excellences dudit Chemin, & fable controuuee sur iceluy.
4. Autre Chemin troisiesme en la Gaule Narbonnoise.
5. Deux Voyes longues & admirables en l'Amerique, par qui pauees.
6. Diuers aduis sur l'estendue de ces deux grandes Voyes.
7. Palais admirables bastis le long desdites Voyes.
6. Pierres de 10. pieds mises en œuure sans engins ny eschaffaux.
9. Reparatiõ d'icelles par le Roy Guaynacape.

1. 'AY trouué deux Chemins dans quelques Auteurs nouueaux, lesquels meritent bien d'estre mis au rang des plus excellens, s'ils sont tels qu'ils nous les ont dépeints. Le premier est vn grand Chemin qui s'estend de la ville de Gayette à Capouë, que Theuet dit auoir veu sur les lieux; & entendu de ceux du Païs, que Virgile le fit faire en vne seule nuict par art Magique. Ce Chemin (à ce qu'il dit) est paué d'vn bout à l'autre de grands Quarreaux de marbre noir, qui sont si longs & si lourds, que tel se trouue que vingt hommes ne sçauroient leuer de terre. Puis il adiouste: *Soit ce quel'on voudra en dire: Mais ie sçay que c'est vne des choses nompareilles de tout le Païs Neapolitain.* On voit par ces mots qu'il n'adiouste pas foy à la Fable que ceux du Païs font de Virgile, que quelques-vns ont escrit auoir esté Magicien: Mais ie n'adiousterois moy-mesme guere de foy au tesmoignage d'vn tel homme que Theuet, n'estoit qu'il se dit estre tesmoin oculaire de ce qu'il en escrit: & ne vous le donne que pour le prix que ie l'ay eu d'vn si foible Auteur, n'en ayāt d'ailleurs autre tesmoignage plus certain.

Li. 17. de sa Cosmograph. cap. 8

2. L'autre est vn grand Chemin en la Gaule Belgique, duquel ie n'ay iamais rien veu, ny entendu que de Guichardin, qui raconte au Traicté qu'il a fait du Païs bas, parlant des anciens Tongres & Eburons, que l'on voit encores des grands restes d'vne certaine Voye,

E e iij

qui s'eſtendoit autresfois de la ville de Tongres iuſques à Paris: & appelle cette Voye *Merueilleuſe & Miraculeuſe*: tant à raiſon de ſon eſtenduë, qui eſt de quatre vingts lieuës: que pour auoir eſté jadis toute pauee de treſ grandes Pierres qui ſe voyent encores entieres en pluſieurs endroicts.

3. Cette Voye auoit cecy de particulier, qui eſt bien digne d'admiration: c'eſt qu'elle eſtoit faicte & côtinuee entre deux murailles (dont les reſtes paroiſſent encores par la Gaule Belgique) qui luy ſeruoient comme de courtines de part & d'autre: entre leſquelles elle eſtoit mollemét rehauſſee vers le milieu pour faire eſcouler les eaux, qui auoient leurs eſgouts & deſchargeoirs à trauers leſdites Murailles: & par ce moyen ne pouuoient empeſcher que le Chemin ne fuſt ferme & ſec en tout temps: De ſorte que le peuple esbahy d'vn ouurage ſi excellent, & de ſi haute entrepriſe, a inuenté cette fable, que c'eſt le Diable qui l'a paué, & baſty leſdites Murailles: & qu'il a le tout fait & parfait en trois iours. Voila où ſont contraints d'auoir recours ceux qui ſont ignorans de la puiſſance du Peuple & des Empereurs Romains, qui ſeuls ont peu faire ces merueilles, qui ſurpaſſent le commun pouuoir des hômes de nos ſiecles: Ce qui fait reietter tels ouurages ſur les Demons & la Magie.

4. A ces deux Voyes ſe peut adiouſter celle dont nous auons cy deſſus fait mention: laquelle Andreas Reſendius dit auoir veu en la Gaule Narbonnoiſe, pauee de grandes Pierres eſquarries auec vne deſpenſe exorbitante: *Quadratis ſaxis pœne inſana profuſione.*

au chap. 22.
nombre 12.

5. Mais quoy que cette Voye, & autres cy deſſus ſpecifiees ſoient admirables, tant pour la deſpenſe, que pour la façon des grands Cailloux ſi bien tiſſus & alliez enſemble: ſi eſt-ce qu'elles ne peuuent entrer en comparaiſon auec deux certaines Voyes non Romaines, mais Americaines, qui ſe ſont trouuees au Peru. Et croy que le ſujet ſe preſentant fort à propos, i'aurois tort de paſſer deux ſi grands & ſi beaux Chemins ſous ſilence: à la pompe & magnificence deſquels, il n'y a Chemin de l'Empire (à le prendre à part) qui ſe puiſſe eſgaler: ſoit que l'on conſidere la longueur de leur eſtenduë, ſoit la ſtructure & l'aſſemblage des Quarreaux, qui excedent en groſſeur & en poids, tout ce que nous auons veu des Pauez Romains.

Ces deux Voyes ont eſté faictes de long temps par les Rois du Païs qui les ont conduit depuis la ville de Cuſco, Capitale du Royaume de meſme nom, iuſques en celle de Quito: l'vne deſquelles Voyes ſe coule par le plat Païs: & l'autre à trauers les Montagnes: & ſont à preſent quaſi entieremét ruinees, par les guerres des Eſpagnols contre ceux du Païs.

La premiere eſtoit droicte, vnie, large de 25. pas, pauee & reueſtuë

DE L'EMPIRE, LIV. II.

de costé & d'autre de belles & hautes Murailles: le long desquelles par le dedans, couloient sans fin deux ruisseaux bordez de beaux arbres nommez Moly. La seconde est de mesme largeur, entaillee en vne infinité d'endroicts dans les Rochers: & remplie de Pierres massonnees auec de la Chaux és endroicts où se sont trouuees des Fondrieres, afin de rendre l'ouurage plein, iuste & esgal.

6. Michel de Montagne, qui ne parle que du premier de ces deux Chemins, ne luy donne que 300. lieuës de longueur: Mais Ian de la Haye qui descrit l'vn & l'autre, leur donne cinq cens lieuës d'estenduë: qui est la distance d'entre les villes de Cusco & de Quito. Ce que ie croy falloir entendre des lieuës d'Espagne: Car ie trouue vn Auteur qui leur donne beaucoup dauantage de longueur. C'est Iosephus Morletius, qui a fait imprimer les Cartes de Ptolomee à Venise, l'an 1552. Celuy-cy a laissé par escrit, que ces deux Voyes estoient de deux mil quatre cens milliaires Italiques de longueur, qui reuiendroient à 1200. lieuës Françoises: & de 25. pas de largeur.

Liu. 3. des Essais chap. 6. sur la fin.

En son Tresor des Cartes de tous les païs du Monde.

7. Et dit conformement auec les autres, que ce qui estoit de braue & de magnifique en l'vne & l'autre Voye, c'est qu'au chef de chacune iournee il y auoit de beaux Palais, disposez de giste en giste, ou de iournee en iournee, que les Indiens appellent *Tambos*: où le Roy du Païs se logeoit auec toute sa Cour, quand il alloit en voyage: lesquels Palais estoient fournis de viures & vestemens à leur mode, & d'armes, tant pour les Voyageans, que pour les armees qui auoient à y passer. Voicy comme ce troisiesme Auteur en parle. *Ante Christianorum aduentum Regio Peru subdita erat proprio Vngi, qui Regem sonat. Hic duas construere fecit Vias, quarū vnaquæque continet milliaria 2400. longitudinis ferè, & latitudinis 25. passuum, cum parietibus ab extremis erectis, & per singulum spatium vnius diei Itineris, singulam erigere fecit Regiam domum, in quibus seruabantur arma, & alia bello necessaria, & in quibus etiam Rex cum familia in Itinere recipiebatur.*

Tabula 34 additarum.

8. Qui plus est, ils ne bastissoient point tels Ouurages, de Pierres qui fussent moindres de dix pieds en quarré. En quoy la difficulté de les remuer fait vne autre grande merueille: Car ils n'auoient autre moyen de charrier ces lourds fardeaux, que trainant leurs charges à force de bras: & pour les ioindre en leur place, ils estoient sans aucū art d'eschaffauder, n'y sçachant autre finesse, que de hausser la terre à mesure que le bastiment se haussoit, pour l'en tirer & transporter arriere apres l'ouurage fait. Bref c'estoient Chemins (au dire de ceux qui les ont veu) qui surpassoient tout ce que les Egyptiens, Grecs, & Romains ont fait en vtilité, difficulté & noblesse de bastimens, en leurs structures antiques.

9. Le Roy Guaynacape, qui viuoit il y a enuiron six vingts ans,

feit bien reparer ces Chemins: Mais il n'en a pas esté le premier fondateur, la Maſſonnerie paroiſſant beaucoup plus antique. Sa vie auſſi euſt eſté trop courte, pour donner fin & commencement à cet œuvre qui n'a peu eſtre fait qu'à pluſieurs ſiecles: joinct les Palais qui ſont baſtis le long deſdits Chemins.

Mais maintenant, & les Palais, & les Chemins ſont preſque entierement ruinez: dautant que les Eſpagnols d'vne part s'en ſont ſeruis pour empeſcher ceux du Païs, contre leſquels ils faiſoient la guerre. Et les Indiens d'autre-part ne les ont pas eſpargnez, quand il leur a eſté beſoin de s'en ſeruir pour s'en defendre contre les Eſpagnols.

Au reſte c'eſt vne choſe bien eſtrange, que d'auoir trouué de tels Ouurages en vne Terre ſi barbare. Que s'ils nous ſemblent admirables en nos contrees, où ils ont eſté faits par les meilleurs eſprits que le monde ayt iamais porté, ils meritent double admiration parmy ces gens, que nous tenons pour barbares.

DES MATIERES TANT INTERIEVRES qu'exterieures des Ruës de la ville de Rome.

Chapitre XXIX.

1. *Que les grandes Ruës de la Ville de Rome faiſoient partie des grands Chemins Militaires.*

2. *Les grandes Ruës de la ville de Rome ſurpaſſoient en excellence les grands Chemins des Champs.*

3. *Que les Cloaques faiſoient partie des grandes Ruës. Caution demandee à Scaurus pour y charrier ſes Colomnes.*

4. *Teſmoignage de Baptiſte Albert ſur les Cloaques & grandes ruës de Rome.*

5. *Que ledit Auteur entend per Inſtraturam & Subſtraturam, les Matieres interieures & exterieures du paué des grandes Ruës.*

6. *Raiſons de fournir de Matieres interieures les grandes Ruës de la Ville auſſi bien que les grands Chemins des Champs.*

7. *Que la Surface des Ruës de Rome eſtoit de Cailloux.*

8. *Difference entre leſdites Ruës pour la dignité.*

9. *Nombre des Ruës Militaires dedans Rome, & quelles eſtoient les plus excellentes.*

10. *Aucuns des grands Chemins commençoient dedans, autres dehors.*

11. *Que les Ruës eſtoient communement pauez de Cailloux irreguliers: mais aucunes des grandes Pierres eſquarries.*

12. *Exemple d'vne Voye faicte de Pierres eſquarries.*

13. *Quelques Voyes tant à Rome qu'ailleurs, excellentes en leur ſurface.*

14. *Places*

DE L'EMPIRE. LIV. II.

14. *Places & Rues dedans Rome pauees de marbres & de Porphyre.*
15. *Comme les Cloaques seruoient à tenir les Rues nettes.*
16. *Trois commoditez prouenant des Cloaques. Smirne & Sienne incommodees, faute de Cloaques.*
17. *La maniere de purger les Rues & les Cloaques.*
18. *Histoire admirable sur la Structure des Cloaques.*
19. *Que tout ce qui est à admirable aux Cloaques, retourne à l'auantage des grandes Rues.*

1. CE ne sont pas seulement les grands Chemins des Champs, mais aussi les grandes Ruës des Villes, qui sont comprises sous les termes de *Via Militaris*. Ce que Leon Baptiste Albert nous tesmoigne en plusieurs endroicts de son liure d'Architecture & Maßonnerie : specialement par ces mots : *Viarum militarium ductus non eosdem ipsum per agrum esse, atque intra Vrbem oportet.* Puis donc que ce sont les Chemins militaires, qui donnent le suiect à cet œuure, & que les Philosophes appellent *Subiectum adæquatum*, c'est bien la raison qu'apres auoir parlé des Matieres tant interieures qu'exterieures des grands Chemins des Champs, nous venions maintenant à dire ce que nous auons trouué des Matieres & de la Forme des grandes Rues de la ville de Rome, qui donnoient commencement & origine aux grands Chemins des Champs : & à l'vne ou l'autre desquelles tous se venoient rendre, ou immediatement, ou par l'entremise des autres : ceux des Champs n'ayans esté faits que pour faciliter l'accez à la Ville.

Lib. 4. c. 5. & l. 8. c. 1.

2. Or est-il que ie n'entends parler que des principales Ruës dignes du nom de Militaire : au nombre desquelles sont comprises les Places publiques. Car ce sont celles pour lesquelles rendre faictes & parfaictes de tout poinct, les Romains ont fait des merueilles, qui surpassent autant les ouurages des Champs en excellence & dignité, que le sol de la ville de Rome excedoit le reste des terres, en grandeur d'Ouurages publics, & en Majesté.

3. Car que pensez-vous que fussent autre chose ces Cloaques, que Cassiodore appelle *Splendidas*, & que Pline dit estre la plus haute entreprise qui fut iamais faicte à Rome, sinon vne partie desdites Rues, qui tient le mesme rang entre les Matieres interieures d'icelle, comme les hautes Leuees, que l'on appelle *Aggeres*, entre celles qui soustiennent les Chemins des Champs ? Et qu'est-ce autre chose que ces grandes Fosses souterraines, sinon des Ponts, Arches ou Voutes d'vne extreme longueur ou largeur, conduites par dessous les grandes Rues de la ville, pour soustenir le fardeau des Materiaux, tant du dedans que dehors, dont elles estoient pauees : ensemble des

De Cloacis vide Bapt. Albert. lib. 4. de re ædificat. 6. 7.

Ff

Colomnes, Obelisques & autres pieces de tresgrand poids, que l'on charroyoit tous les iours par deffus. Pline nous appréd que M. Scaurus voulant faire charoyer trois cens foixante Colomnes de marbre, chacune de trente huict pieds de longueur: & les tranfporter du lieu où elles auoient feruy à fon Theatre, iufques au mont Palatin, où il les vouloit employer au baftiment de fa maifon: Les Commiffaires ou intendans des Cloaques confiderans le nombre & le poids de telles maffes de marbre,& craignant qu'en les charroyant par deffus, les Voutes d'icelles ne vinffent à f'esbranler, demanderent caution à Scaurus de faire reparer à fes defpens tout le dommage que lefdites Colomnes y pourroient faire en les charroyât, ce qu'il leur accorda. Mais le charroy defdites Colomnes eftant faict, la maffonnerie d'icelles Voutes fe trouua fi bonne & fi ferme, que lors, ny long temps depuis, on ne f'apperçeut qu'il y euft aucune decadence: ny vn feul coin de ladite maffonnerie endommagé.

Plin. lib. 36. chap. 2. & 15.

7. Or que les Cloaques façent partie des Rues fouz lefquelles elles font; Ie m'en rapporte à Leon Baptifte Albert, qui en rend ce tefmoignage tout clair & manifefte: *Cloacas ad opus viarum fpectare arbitrantur, quæ fubter medias per Vias ducendæ funt: quod ad infternandas, coæquandas, purgatiorefque reddendas vias conferant. Enimuero Cloacam quid effe ego aliud dixerim, quam Pontem, vel potius arcum aliquem longè latiffimum?* où l'on voit deux principaux vfages que les Cloaques donnent aux grandes Rues. Le premier eft pour les pauer & vnir: puis pour les rendre feiches & nettes; vfages qui apportent des grandes commoditez à vne Ville.

5. Premierement ces longues Voutes feruoient à pofer & affeoir les Matieres du Paué, qui fe diuifoient (ainfi qu'aux Chemins des Champs) en interieures & exterieures, & qui font remarquees par ledit Albert fouz ces deux termes, *Subftratura, & Inftratura*: lors que parlant du paué qu'il faut faire fur les Ponts de pierre, il dict qu'il faut garnir le deffus des Voutes d'vne maffonnerie de bloccages, *Opere cementitio*, de pareille efpeffeur que les grandes Pierres taillees, dont lefdites Voutes font baftics & compofees. Puis il faut affeoir fur Chaux les Quarreaux qui doiuent feruir de furface & de derniere couche au Paué: *Pontibus autem fubftratura & folum cementitio opere ad fui arcus parem craffitudinem erit coæquandum. Poft id, quæ inftratura, calce fulcienda funt.*

6. Or apres ce qu'il a dict de la forme de pauer les Ponts, il adioufte qu'il faut fe feruir de la mefme forme aux pauemêts des Cloaques: *Nimirum idcirco in his Cloacis conftituendis quæ hactenus de ponte ipfo aftruendo recenfuimus, omnia admodum obferuabantur.* Encore donc que ledit Albert n'ayt en ce lieu, ny ailleurs, monftré en detail quelles

estoient les Matieres interieures des Chemins ny des Rues: & qu'il comprenne le tout souz ce nom general de *Substratura*: si est-ce qu'il ne faut doubter que sur les longues Voutes des Cloaques, comme sur les leuees des Champs, n'ayent esté rangees & disposees les mesmes Matieres, que celles des grands Chemins des Champs, par nous signifiees *Perstatumen*, *Rudum*, *Nucleum*. On peut appeller tout cela du mot commun d'Albert, *Substraturam cementitio opere factam*; Attendu que le *Statumen* & le *Rudus* des grands Chemins, ne sont composez d'autre chose que de pierres informes & incertaines, que les bons Autheurs appellent *Cementa*. Et quoy que nous n'en ayons autre tesmoignage exprés: si est-ce que la raison nous contraint de le croire. D'autant que si chacun Chemin des Champs estoit garny au dedans de telles Matieres, pour les rendre fermes & durables contre le charroy des fardeaux qui estoient amenez à Rome: desquels lesdits Chemins ne portoient chacun que leur part: Que pensons nous auoir esté faict, pour munir & fortifier les grandes Rues de la ville Capitale, en laquelle venoient abboutir (comme en vn centre) tout ce qui estoit charroyé sur les Chemins des Champs de toutes les parties du Monde? Il faut donc penser que les grandes Rues de la ville de Rome, ne manquoient pas de toutes ces Matieres interieures.

7. Quant aux exterieures, nous auons veu en plusieurs endroits de cet Oeuure, que les Censeurs publians au rabaiz les ouurages des grands Chemins, c'estoit à condition de faire ceux de la Ville de Cailloux & non de Grauois: qui estoit matiere reseruee pour les Champs au raport de Liuius, qui dict, *Q. Fuluium Flaccum & A. Posthumium Albinum Censores, vias sternendas Silice in Vrbe, & extra Vrbem Glarea substruendas, marginandasque primos omnium locauisse.* *Lib. 4.*

8. Il faut neantmoins mettre difference entre les Rues communes, & celles qui sont les plus dignes & remarquables dedans les Villes, ou dehors és aduenues d'icelles: comme sont les Rues qui conduisent en quelque Temple, Palais, Theatre, ou autres places publiques: *Sunt enim viæ quædam multo digniores, quæ quidem esse natura sui & intra Vrbem, & extra Vrbem possunt: vti sunt quæ in templum, Basilicam, spectaculumue dicunt.* *Bapt. Alb. lib. 8. de re edificat. c. 6*

9. Guido Pancirolus dict, que dans l'ancienne Rome, il y auoit trente-vne Rues principales, qu'il appelle, *Vias regias publicas*, & quatre cens vingt-deux Rues communes. Andrea Palladio ne met que vingt-neuf Rues Royales ou militaires dedans Rome: Trois desquelles, il dict estre les plus excellentes, & les plus celebres de toutes, qui sont les Voyes Appienne, Flaminienne, & Emilienne. *Antiquitatū deperditarum lib. 1. cap. de viis militarib.*

10. D'auantage, il faut remarquer que quelques vnes de ces Voyes

plus excellentes, prenoient leur origine & commencement dedans Rome : d'où se continuant à trauers l'vne des Portes, estendoient leur nom & leur structure bien loin dans les Regions, & aucunes iusques aux extremitez d'Italie : Entre lesquelles Onuphrius Panuinus range *Viam Flaminiam, Prænestinam, Lauicanam, Campanam, Appiam, & Ardeatinam.* Quant aux autres qui ont de la reputation dans l'Histoire, elles commançoient aux Portes, ou bien au beau milieu des Champs : & estoient jointes à celles qui partoient de la Ville, comme branches à leur tronc principal.

11. Cela supposé, il faut entendre que les Rues cõmunes estoient pauees en leur surface de Cailloux communs, non taillez, mais brisez : ainsi que nous voyons estre pauees les Rues des bonnes Villes de France, Et quant aux Rues militaires comme elles surpassoient les communes en dignité, aussi faisoient elles en la beauté & magnificence de leur surface, d'autant qu'il y en auoit plusieurs qui estoient pauees de grands Cailloux esquarris à la reigle & au compas. Et ne doubte pas que la Voye Appienne ne fust de de ce nombre : Car s'il est ainsi qu'Appius la fit pauer de larges Quarreaux, que Procopius appelle *Leues, & quadratos incisione factos*, depuis Rome iusques à Capouë, sur la longueur de soixante & dix lieües : Il est à croire qu'il aura faict pauer ce qui en estoit dedans Rome, de Quarreaux taillez auec pareille magnificence : veu que les ouurages de la Ville sont ordinairement en telles choses, plus priuilegez que ceux des Champs.

12. Ce qui confirme mon opinion est, que comme le Chemin de Rome au temple de Mars tant renommé, que Sylla rebastit sur cent Colomnes, estant fort fascheux, à cause des eaux qui croupissoient ordinairement és enuirons (*Nam Romæ, & maximè Appia ad Martis, mira prolunies*, dict Ciceron) les Censeurs designerent vne sente tirant de la Voye Appienne au Temple dessusdit, & commençant à l'issue de *Porta Capena* : laquelle sente ils pauerent de grands Quarreaux taillez à la reigle & au compas, qu'ils appellent *Quadrata Saxa*, pour esgaler leur ouurage à celuy d'Appius, auec la bien-seance requise à vne Voye qui conduisoit en vn Temple de telle reputation : *Viam Censores sternendam*, (dict Liuius) *à Porta Capena ad Martis templum locauere*. Et en autre endroict, *Semitamque Saxo quadrato ad Martis ædem capena porta strauerunt*.

Ad Quintũ fratrem.

VideStrab. lib. 17. Geograph.

13. Telle estoit l'vne des Rues de la ville de Bubastis en Ægypte, qui passoit du marché de ladite ville au Temple : *Erat enim directa per forum : & instrata lapidibus egregijs.* Telle encore la Voye sacree qui conduisoit de Milase ville de Carie, au Temple

de Iupiter le guerrier, adoré par ceux du païs: ledit Temple assis au bourg de Labranda, à vne lieüe & vn quart de Milase: de laquelle Strabo parle en ceste façon: *Via est per sexaginta fere stadia vsque ad vrbem instrata, nomine sacra: Per quam sacrorum Pompa mittitur*: & telles dedans la ville mesme de Rome deux grandes Rues, desquelles Leon Baptiste Albert faict mention en ces mots, *Comperio inter cæteras apud Romam duas fuisse huius generis vias longè dignissimas admiratione: vnam à porta ad Basilicam vsque Pauli, stadia circiter quinque: alteram à ponte ad Basilicam vsque Petri, pedes M M. D. opertam porticu ex marmoreis columnis, & plumbea tectura.*

Lib. 14. Georg.

Lib. 8. c. 6. de re ædific.

14. Mais sur toutes les Surfaces excellentes des Pauez de Rome, ont esté remarquables celles que ce monstre de nature Heliogabalus, fit faire en quelques places fort grandes de son Palais à Rome, qu'il appella *Plateas Antoninianas*, à cause du nom d'Antoninus, qu'il auoit pris dés le commencement de son Empire: Car non contant des Pierres ou Marbre commun d'Italie, il en fit venir de Lacedemone, qui estoit au (rapport de Pline) le plus beau & le plus plaisant à voir quasi de tous les Marbres, à cause de la gayeté de sa verdure: & le mesla auec du Porphire, pour en faire la Surface du Paué des places susdites. *Strauit & saxis Lacedemonijs, ac Porphireticis plateas in Palatio, quas Antoninianas vocauit: quæ saxa vsque ad nostram memoriam manserunt*. Comme dict Lampride. Spartian dict d'auantage, que ce mesme Empereur fit pauer l'vne des grandes Rues de la ville de Rome, qui passoit prés des Estuues Antoniniennes, la faisant tellement orner & embellir en sa Surface, qu'il n'estoit pas facile d'en trouuer encore vne semblable en beauté. *Idem Viam nouam muniuit*, (dict-il) *quæ est sub eius Thermis, Antoninianis scilicet, qua pulchrius inter Romanas Plateas non facile quicquam inuenias*.

Lib. 36. nat hist. cap. 6.

Lamprid. in Heliogá.

15. Voila les Matieres tant exterieures qu'interieures, que les Cloaques auoient à supporter: en quoy gisoit leur premier vsage. Le second estoit de rendre les Rues de ladite ville de Rome plus nettes: Car comme ainsi soit, que les Cloaques tenoient comme suspendues les principales Rues de ladite Ville sur Voutes, il y auoit certaines ouuertures à trauers d'espace en espace, comme esgouts & receptacles d'eaux, qui entrainoient au dedans auec soy toutes les boües & immondices qui pouuoient estre sur le Paué. De sorte, qu'en moins d'vn rien les Rues estoient seiches & nettes tout ensemble: ainsi chacune Rue ayant ses deschargeoirs, l'vne n'estoit point obligee ny assubjettie à reecuois les eaux, ny les immondices des autres.

16. De là ressortissoient ces trois commoditez, que la Ville en paroissoit plus belle & plus agreable: les maisons tant publiques que particulieres plus nettes, & si l'air en estoit beaucoup plus salubre, & moins sujet aux infections & corruptions. *Magnas enim afferunt Cloacæ commoditates: & ad Vrbis lautitiam, & ad publicarum priuatarúmque ædium munditiem, & ad aëris salubritatem sinceritatémque non inficiendam.* On raconte que la ville de Smirne en Asie, & celle de Sienne en Italie, sont fort bien comparties en Ruës, belles, droictes, & accompagnees de tres-beaux Edifices: mais qui offençoient grandement les Estrangers, non accoustumez aux mauuaises odeurs des immondices que l'on iettoit par chacune nuict sur le Paué, d'autant qu'il n'y auoit aucunes Cloaques pour en faire la descharge.

17. Mais par le moyen de ces grandes Fosses sousterraines, la ville de Rome estoit exempte de telles incommoditez: dautant que tout ce qui se pouuoit ietter d'immondices sur les Rues, estoit facilement emporté des eaux, ou promptement ietté par le trauail des hommes, dans les Cloaques par les égouts frequens qui se rencontroient le long du Paué, desquelles immondices lesdites Fosses ne pouuoient iamais estre remplies: d'autant qu'à toute heure on les pouuoit purger & nettoyer au moyen de sept canaux d'vne eau forte & roide que l'on iettoit dedans en leuant les escluses qui la retenoient. Ainsi ceste eau debondant impetueusemét de sept endroits, venoit à emporter & charroyer auec soy à mode d'vn torrent, tout ce qu'elle rencontroit: & deschargeoit le tout dans le Tybre par les bouches desdites Fosses, lesquelles (pour cet effect) y auoient esté tournees & conduites par Tarquinius Priscus, qui en fut le premier Auteur.

18. Ie ne veux pas icy repeter ce que i'ay dit de la grandeur de tels Ouurages dans la preface de cet œuure: & comme en l'espace de huict cens ans, ny le coulement rapide des eaux qui seruoient à les curer, ny les desbordemens du Tybre, ny les cheutes frequentes des maisons, ny les tremblemens de terre, n'auoient sceu tant soit peu entamer la Massonnerie des Cloaques. Mais ie ne sçaurois icy passer sous silence vn acte bien remarquable, qui aduint à Rome au temps mesme qu'on les bastissoit: qui sert à monstrer la grandeur desesperee d'vne si Gigantine entreprise. Car comme Tarquinius Priscus, (ainsi que Pline le raconte) faisoit faire ces Esuiers & conduits publiques aux despens du commun: & que mesme il contraignoit tant les hommes que les femmes d'y trauailler en personne: Il arriua que plusieurs se faschans de cette besongne, qui sembloit trop longue & trop dangereuse à leur opinion, aymerent mieux se tuer eux-mesmes, que plus y trauailler: De sorte qu'on trouuoit ordinai-

rement des gens qui s'eſtoient défaits par deſeſpoir. Pour remedier à vn ſi grand mal, le Roy Tarquinius trouua le meſme moyen, duquel les Habitans de Milete s'eſtoient ſeruis en pareil cas à l'encontre des ieunes filles qui ſe tuoient elles meſmes, quelques remonſtrances qu'on leur fiſt au contraire. Car il ordonna de pendre en vn gibet à la veuë d'vn chacun, les corps tous nuds de ceux qui auoient prins ce ſujet d'eſtre meurtriers d'eux-meſmes : expoſant ainſi ces corps aux Corbeaux & autres beſtes. Ce que voyant les Romains, & ſe remettant deuant les yeux l'honneur qui les auoit ſi ſouuent rendus vainqueurs en grandes affaires, ſe laiſſerent conduire par leur Roy : & conceurent deſlors vne honte pareille à celles des Filles Mileſiennes qui furent arreſtees court en la fureur de ſe tuer, ſur la crainte de paroiſtre nuës deuant tout vn Peuple : comme ſi elles deuoient ſe reſſentir des ignominies que l'on pouuoit faire à leurs corps apres leur decez.

19. Par là peut-on voir combien eſtoit grande l'entrepriſe des Cloaques, qui pouſſoit ainſi les hommes au deſeſpoir : Mais quelque grande & admirable qu'elle fuſt, tout ce qu'il y a de grandeur & d'admiration, tourne en fin aux Ouurages des grands Chemins : d'autant que c'eſtoit à la fermeté, ſolidité, beauté & netteté des Ruës de la ville de Rome, que ces grandes Voutes & Foſſes souſterraines eſtoient relatiues.

DE LA SECONDE ESPECE DE SVRFACE des grands Chemins de l'Empire.

CHAPITRE XXX.

1. Surface de Grauois les plus communes de toutes.
2. Deux manieres d'employer le Grauois aux Chemins d'Italie.
3. Teſmoignages de la premiere façon.
4. Teſmoignage de la ſeconde.
5. Deſcription des Chemins de la France, & du Païs bas.
6. Conieƈture ſur les lieux d'où on pouuoit tirer tant de petits Cailloux.
7. De la diuerſité des figures, couleurs & groſſeur de ces Cailloux.
8. Preuues que les grands Chemins d'Eſpagne ſont pauez de Grauois.
9. Meſmes preuues ſur les Chemins d'Angleterre.
10. Maniere de mettre en œuure ces petits Cailloux, en la ſurface des grands Chemins.

1. IVSQVES icy nous auons traitté des grands Chemins, dont la surface estoit faicte de Cailloux, soit taillez, soit brisez: Il nous reste à parler de ceux qui n'estoient couuers & fortifiez que de simple Grauois, qui sont les plus frequents de tous, tant en Italie, que par les Prouinces. C'est principalement de ces Surfaces de Grauois, que les Empereurs ont faict fortifier des Chemins par leurs Soldats legionnaires, & par les peuples Prouinciaux, depuis les riues Occidentales d'Espagne & de Mauritanie, iusques aux terres les plus Orientales de la domination Romaine. Que si vous exceptez les Voyes d'Appius, de Domitian, & peu d'autres dont nous auons parlé cy dessus, tout le reste n'auoit pour surface que ces menus Cailloux, compris souz le nom de Grauois, & alliez auec Chaux en cette couche derniere, que les Latins appellent *Summam Crustam*.

2. Donc, pour commencer par les grands Chemins d'Italie, on sçait que les Censeurs ne publioyent du commencement les ouurages des Chemins qui estoient hors la Ville, sinon pour les pauer de Grauois: qui estoient employés és surfaces des Chemins d'Italie en deux manieres: Car quelquesfois les Ouuriers en couuroient la surface des Chemins sur la largeur entiere: mais aux autres ils n'en fortifioient que les deux lisieres, le milieu estant occupé de Quarreaux: Et c'est, peut estre, le sens de ces Vers de Tibulle, où parlant des Voyes Tusculanes & Albanes faictes par Messala à ses propres frais & despens: il dit,

Nec taceant monumenta Viæ, quâ Tuscula Tellus,
Candidaque antiquo detulit Alba Iare:
Namque opibus congesta tuis, hic Glarea dura
Sternitur, hic apta iungitur arte Silex.

Lib.1.eleg.8

Comme s'il vouloit dire qu'en vn mesme Chemin il se seruoit de Cailloux à pauer en vn endroict, & de Grauois en l'autre.

Pour entendre cecy, il faut sçauoir qu'il y auoit plusieurs grands Chemins sortans de Rome pour tirer aux Champs, lesquels estoient au partir de la ville diuisez en trois espaces. Celuy du milieu estoit paué de Quarreaux ou Cailloux irreguliers, & seruoit aux gens de pied, qui pouuoient y marcher à sec en tout temps, à cause de la pante qu'on luy donnoit pour faire escouler les pluyes de part & d'autre: Mais les deux autres espaces qui tenoient les costez, n'estoient pauez que de Grauois, & seruoient pour la conduite des cheuaux & du charroy: Par ce moyen on voyoit les deux especes de surfaces estre employees en vn mesme Chemin Militaire.

3. Or quoy que cela semble bien estrange, que la partie du milieu

lieu fuft deftinee pour les gens de pied, & les extremitez pour les cheuaux: veu que les pauez de Cailloux femblent deuoir eftre faicts pour le charroy, comme eftans les plus forts & refiftans: fi eft-ce que i'ay deux Auteurs originaires d'Italie mefme, pour garans de ce que i'en ay mis en auant: tous deux habiles hommes, & tres-bien entendus en tout ce qui depend de l'art de pauer, & de baftir. Le premier eft Andrea Palladio, qui dit en fon Architecture Italienne: *Fecero gli antichi quefte lor Vie militari in due modi: cioè ò laftrigandole di Pietre, ouero coprendole tutte di Ghiara & di Sabbia. Le Vie della prima maniera (per quanto da alcuni veftigi s'è potuto conietturare) erano diuife in tre fpacij: per quel di mezo, ilquale era più alto de gli altri due, & il quale era alquanto colmo nel mezo, accio l'acque poteffero fcorrere, & non vi fi affermaffero, andauano i pedoni: & era felicato di Pietre incerte. Gli altri due fpacij, ch'erano dalle bande, fi faceuano alquanto più baffi, & fi copriuano di Sabbia, & di Ghiara minuta, e per qual li andauano i caualli. Era ciafcuno di quefti margini largho per la metà della larghezza del fpatio di mezo, dalquale erano diuifi con lafte di Pietra pofte in coltello.* Les Anciens, dit cet Auteur, firent leurs Chemins militaires en deux façons: fçauoir en les pauant de Pierre, ou bien en les couurant de Grauois u Arene. Les Chemins de la premiere façon (ainfi que l'on peut conieĉturer par quelques veftiges qui en reftent encore) eftoient diuifez en trois efpaces. Celuy du milieu eftoit vn peu plus releué que les autres, fe rehauffant à dos d'afne, afin que les eaux s'efcoulaffent plus facilement, & par là marchoient les gens de pied, & eftoit cet efpace muny & paué de Pierres irregulieres. Les deux autres qui feruoient de lifieres au Chemin, eftoient vn peu plus bas: on les couuroit d'Arene & menu Grauois: & par là paffoient les cheuaux. Chacune de fes marges ou lifieres auoit en fa largeur la moitié de l'efpace du milieu: & eftoit diuifée d'iceluy par certaines Pierres larges, & pofees en eftaluant.

Liu.3. ch.3. de fon Architecture.

Le fecond Auteur qui nous confirme le mefme vfage, eft Baptifte Albert, qui dit auoir pris garde, que les anciens ont paué le milieu de plufieurs grands Chemins, fpecialement de la Voye Tiburtine, de Quatreaux ou Cailloux: & qu'ils couuroient les deux coftez oppofites de menu Grauois, ou Glaire deliée afin que là les rouës ne fiffent tant de dommage, & que les cheuaux ne fe gaftaffent les cornes de leurs pieds. C'eft ainfi que fon Interprete François a tourné les mots qui enfuiuent. *Sed veteres animaduerti cum alibi, tum ad Tiburtinam, Viæ medium Siliceo lapide inftrauiffe: latera verò hinc atque hinc operuiffe Glarea minuta. Id quidem, quo iftic rotæ inftrata corrumperent minus, & ne recuteret iumentorum vngulas.*

Lib.4.de re edific.cap.6

4. Quant à la feconde maniere d'employer le Grauois és furfaces des grands Chemins d'Italie, elle eft commune auec celle des Prouinces qui comprend la largeur entiere des Chemins militaires.

Gg

Voicy comme Andrea Palladio nous la dépeint, *Les Chemins militaires de la seconde façon, estoient munis de Grauois. Les Anciens les faisoient aucunement releuez sur le milieu, à l'occasion dequoy, les eaux ne s'y pouuoient arrester: & estoient de matiere propre à se desseicher promptement, & ainsi estoient beaux en tout temps, c'est à dire, sans boües & sans pouldre.* Puis pour exemple de telles surfaces, tant deçà que delà les Alpes, il adiouste: *De cette façon, l'on en voit vn en l'estat de Friul (dict Forum July) lequel est appellé des habitans du lieu la Posthume, qui conduit droict en Hongrie. On en voit encore vn autre au territoire de Padoüe, lequel commence en la mesme ville, au lieu appellé Argere: & passe au milieu de Cigogne, ville du Comte Odoüart, & du Comte Theodore freres. Ce Chemin est encore entier; & va iusques aux Alpes, qui diuisent l'Italie des Allemagnes.*

Liu.3. ch.3.

5. Or à bien peser & examiner l'vne & l'autre de ces deux façons de surface, il ne faut pas beaucoup s'estonner, si ces deux Autheurs attribuét les Cailloux aux gens de pied, & le Grauois au charroy: d'autant que les surfaces de Grauois ont esté les plus durables: Ce que l'on iuge par les vestiges entiers qui en restét de tous costéz par le Monde. Pour ceux de la France & du Païs bas, ils ne sont couuerts en leur largeur entiere, que d'vne simple surface de Grauois. Et sont en cela remarquables, qu'estant releuez sur haultes terraces, ils sont conduits à perte de veüe par les Champs, droict aux plus anciennes Villes & Citez du Païs: & que pour les y faire aller à droicte ligne, il a esté necessaire en plusieurs endroits d'asseicher des maraiz, trancher des Montagnes, rehausser des Vallées, & bastir des Ponts de tres-grande despense: Mais ce qui passe toute admiration, c'est que les menus Cailloux dont la surface desdits Chemins est composee, ne se trouuent point és Champs voisins, à trauers lesquels ils sont conduits: & est bien difficile de iuger d'où telles pierrailles ont peu estre apportees sur les lieux en quantité si grande. De sorte, que Charles Bouel natif d'Amiens, homme sçauant & eloquent tout ensemble, apres les auoir veu & consideré, comme rauy en admiration, dict par vne hyperbole poëtique, qu'il semble que ces caillotages soient sortis de terre à gros boüillons, ou tombez du Ciel comme gresle tres-abondante: & que par autres moyens, que par œuure ou main d'homme, telle quantité de Grauois ayt esté apportee de tous les costez du Monde, pour estre mise en œuure en la composition de ces grands Chemins. Mais voyez ie vous prie auec quelle admiration il en parle: *Hæ viæ, dit-il, id præsertim miraculi habent, quod sublimiores sint vicinis vndique agris: quod inter insignia Galliæ oppida rectissimum iter conficiunt: quod Silicinis lapillis qui etiam vicinis agris desint, sternantur. Adeout vel ab humo ebulliuisse Silices, vel ab æthere sublimi eos pluisse, vel alia quam humana manu & opera vndecumque toto orbe lectos in eiusmodi viarum ruderationem quis*

Lib. de Hallucinatione Gallicorum nominum cap. 23.

DE L'EMPIRE LIV. II.

demiretur. Puis, comme s'il ne sçauoit à quoy se resoudre, il dict, qu'il a declaré la chose ainsi qu'elle est en la bouche du vulgaire, qui tient ces Chemins estre ouurage de Demons : mais qu'il laisse à iuger au Lecteur, si ce qui s'en dict, est Fable ou Histoire, & qu'il n'en peut autrement asseurer.

6. Et à la verité, il est difficile de dire auec certitude, d'où l'on a peu tirer si grande quantité de ces petits Cailloux. I'estime toutesfois qu'ils viennent en partie de la surface de la terre, & qu'en partie ils ont esté foüis du fond d'icelle. Quant aux vns, ils peuuent auoir este cueillis & assemblez de certains endroits de la terre, employez en champs labourables ou en vignes, qui sont naturellement couuerts, & comme parsemez de tels Cailloux. Et voit-on encore des Vignes sur quelques pendans de Montagnes, qu'on ne sçauroit labourer qu'auec certain instrument à deux cornes poinctues, que quelques vns appellent vne Pioche : & que l'on faict exprés, à cause de l'abondance de ces pierrailles, qui empeschent qu'on ne les laboure auec des hoües ou besches ordinaires. Pour ceux qui peuuent auoir esté foüis de terre; l'ay remarqué en passant Chemin par la Champagne, certains endroits de trois ou quatre arpens d'estendue, enflez & boursoufflez d'vne infinité de petits monceaux, comme seroient les ondes d'vne Mer agitee : lesquels endroits sont du tout steriles, & entierement couuerts de fragmens de Cailloux, de la nature & couleur de ceux, dont la surface de nos grands Chemins est composee. Ces vagues de caillotages monstrent que la terre en ces endroits a esté foüye & remuee, non pour autre cause, que pour estre feconde en ce genre de pierrailles : d'où, comme d'vne quarriere propre au dessein des ouuriers, on les pouuoit tirer, & trasporter sur les lieux pour estre mis en œuure en ceste espece de Surface.

7. En ces petits Cailloux, se rencontre vne grande diuersité de figures & de couleurs, de sorte qu'il y en a peu qui se ressemblent en tout & par tout, parmy-vne si miraculeuse quantité : quoy que pour leurs corps ils soient terminez pour la plusart entre la grosseur d'vn œuf de poulle & d'vne febue. Pour ce qui est de la figure, il semble que la nature se soit iouée & esbatue en la diuersité qui s'y rencôtre : Car elle a donné à quelques vns vne rondeur parfaictement Spherique & orbiculaire, tout ainsi que s'ils auoient esté arrondis au tour. Les autres sont faicts en Pommes, Poires, Figues, Courges, Concombres, & autres figures de fruicts. Aucuns sont si bien façonnez en ouale, que s'ils estoient blanchis, on les prendroit pour ces œufs de marbre, que l'on trouue quelquefois exposez en vente au Palais à Paris. Bref aucuns sont cornus, bossus, inegaux, & irreguliers, qui ont neantmoins cela de commun auec les autres, d'estre lissez en

leur surface, comme vn marbre qui a receu sa derniere polissure. Que si les figures en sont differentes, les couleurs ne le sont pas moins: Car encore qu'à les prendre en gros, ils tirent à la couleur de fer, d'où les Chemins qui en sont couuerts ont eu le nom de Chemins ferrez; si est-ce qu'il s'en trouue des verds, des bleuz, des rouges, & des gris: & sont quelques vns entremeslez de teints diuers, tauelez, pommelez, mouchetez, & tellement variez, qu'il est impossible d'en exprimer toutes les couleurs.

8. Que si nous examinons les Auteurs Espagnols & Anglois, qui ont laissé quelque chose par escrit des Chemins militaires de leurs Païs, nous trouuerons que c'estoit de pareille matiere, que la surface de leurs Chemins estoit massiue. Et pour commécer par les grands Chemins d'Espagne, F. Alfonse Ciacono, au liure qu'il a fait des Figures de relief de la Colomne tant renommee de Trajan, nous asseure que ce fut de Grauois allié auec de la Chaux, que cet Empereur composa la surface des grands & longs Chemins qu'il y fit pauer, qu'il dit paroistre encore entieres iusques à nostre temps. Voicy comme il en parle. *Hispaniæ Pontem de suo nomine Traiani appellatum super Tagum ædificauit. Vias ibi construxit, & Glarea & calce muniuit, vt vsque ad nostram ætatem integræ maxima ex parte perseuerent.* Le docte & iudicieux Camdenus fait mention d'vne Voye Militaire, passant à Salamanque ville d'Espagne, qu'il appelle *Viam Argenteam*, qui n'a eu ce nom, pour autre cause, sinon que sa surface estoit faite de petits Cailloux autant approchans de la blancheur de l'argent, que ceux de la Gaule de la couleur du fer. Aussi joint-il cette Voye d'Espagne auec celles de la Gaule, l'vne & l'autre ayant esté faictes par mesmes maistres, & pareilles matieres, excepté la couleur. *Videturque,* dit-il, *in Hispania Via Salamantica, siue Argentea: & in Gallia Viæ quædam militares à Romanis cōstratæ, &c.* Florianus Ocampius parle de la mesme Voye Argentee, & dit que c'est sur icelle que se trouue l'Inscription par nous employee au chap. 17. du liure 1. qui nous monstre que c'est l'Empereur Vespasian qui en est l'Auteur.

9. Il nous reste à dire vn mot des grands Chemins d'Angleterre, que nous pouuons iuger auoir eu leurs surfaces composees de Grauois, puis que c'estoit la coustume de les faire ainsi par tout. Mais en outre nous auons vn passage de Camdenus, duquel nous pouuons tirer cela par certaine coniecture: dautant que parlant des Voyes militaires que les Romains ont fait en son Païs. Il tire à part la grand' Voye de Glocestre qu'il excepte du nombre des autres, & qu'il dit paroistre encore releuee sur vne haute terrace: & que si on y prend garde de prés, on la trouuera estre pauee de Cailloux: confirmant par cette exception particuliere, la reigle generale des surfaces de

Pag. 35.

In tractatu qui inscribitur, Romani in Britānia. p. 45.

Apud Suritam in annot. ad Itinerar. Antonini. pag. 584.

Grauois en la grand' Bretagne. *Et Viæ illæ Romanorum consulares, dit-* *il, quæ sic transuersæ se intersecarunt: quarum illa quæ ad Glanum, siue Glo-* *cester duxit, conspicuo Aggere adhuc extat vsque ad Birdlip Hill. & diligenter* *intuenti Saxis constrata videtur.* *In Tracta-* *tu Dobuni* *Glocester* *Shire p. 258*

10. C'est doncques de petits Cailloux qui tombent en la nature de Grauois, que l'on faisoit les surfaces des grands Chemins par toutes les Prouinces. Or soit qu'on vinst à les asseoir sur le Noyau, soit sur la Ruderation, cela se faisoit auec certaine sorte de conroy, ou Ciment meslé de Chaux, qui estoit de tresbon alliage. C'est ce que Ciaconus au lieu sus-allegué appelle *Glarea & Calce munire*. Au reste les Chemins Militaires estans continuez de telle longueur que chacun peut entendre, il falloit pour y fournir si grande quantité de Chaux, qu'il ne faut pas s'estonner, si pour la faire cuire il estoit quelquefois necessaire de mettre de grandes Forests à blanc estoc: & si Stace dit, que pour les Ouurages de la Voye de Domitian, il fallut renuerser des Forests, & deuestir des Montagnes entieres des arbres qui les ombrageoient.

Hi cadunt Nemus, exuuntque Montes.

Dans ce Ciment on ne rangeoit pas ces petits Cailloux à la main, mais on les espandoit à la paësle: puis on les enfonçoit & affermissoit à coups de Batte, en meslant les petits auec les gros & les moyens. Et de cela se faisoit vne crouste de telle fermeté & retenement, que nous les voyons auoir resisté à la pluye, aux neiges, aux bruines, aux gelees & autres humiditez du temps: & qui plus est, au froissement continuel des pieds des cheuaux & du charroy, par l'espace de quinze & seize cens ans continuels.

DE LA MATIERE ET DE LA FORME DES grands Chemins, quant à ce qui est de la largeur d'iceux.

CHAPITRE XXXI.

1. *Forme des grands Chemins en ce qui touche la Largeur.*
2. *Diuision des grands Chemins selon la Largeur. Partie du milieu dicte* Agger.
3. *Les deux Lisieres dictes Margines, & la façon de les faire* Marginare.
4. *Les Pierres des Lisieres dressees à la ligne és fondations desdits grands Chemins.*
5. *Bordages de pierres en la Voye Appienne, & leur vsage.*
6. *Chemins diuisez & marquez par Colomnes Milliaires.*
7. *Les Pierres releuees sur les bordages ne se voyent plus és grands Chemins de France.*

1. IL a esté dit au chapitre 8. de ce Liure, que l'ordonnance & la disposition des Matieres employees aux Ouurages des grands Chemins, receuoit trois considerations differentes, selon les trois dimensions ordinaires de chacun corps, qui sont Longueur, Largeur, & Profondeur. Apres donc que nous auons discouru de la Profondeur, il faut venir à l'interpretation de la Largeur, qui est la seconde dimension des grands Chemins, & voir par quels noms on en designoit la Matiere & la Forme.

Le discours ne sera pas moins plaisant & agreable, que celuy que nous auons fait sur la Profondeur, quoy que plus court & resserré: d'autant qu'au subiect de la Profondeur nous auons traité de plusieurs choses, qui ne regardent sinon l'art de Massonnerie: Mais icy se presentent plusieurs autres choses à dire, dependâtes de l'Architecture, qui surpasse autant la Massonnerie simple en excellence & dignité, comme la Forme est plus excellente que la Matiere, & l'Esprit que le Corps.

C'est principalement en la Largeur des grands Chemins, que la Forme d'iceux paroist à l'œil auec plaisir & admiration : soit que l'on considere les grandes Ruës des Villes, soit les grands Chemins des Champs. D'autant que c'est en la Largeur d'iceux que consistent les ornemens diuers qui leur apportent de la bien-seance & de la beauté : comme c'est en la profondeur que consiste la disposition des Matieres, qui leur donnent de la solidité.

2. Or tout ainsi qu'au Traicté que nous auons fait de la Profondeur, nous auons commencé par les grands Chemins des Champs, nous tiendrons encore cet ordre mesme au discours de la Largeur. Et dirons qu'elle se diuise generalement en deux parties : Sçauoir en celle du milieu, & aux deux Lisieres & extremitez d'iceux : Celle du milieu, est mollement releuee & arondie entre les deux bords: afin que les eaux ne s'y puissent arrester ne croupir, ains qu'elles viennent à s'escouler promptement de part & d'autre, pour tenir le chemin à sec. Cette partie est nômee *Agger, ab aggerando*: d'autant qu'elle estoit amassee & assemblee des principales matieres, dont les grands Chemins sont composez: & estoit cet assemblage ordinairemét designé par ce terme *Struere*. Cet assemblage & compositiô du milieu, est naïuement depeinte par Isidore tant en sa Forme qu'en sa Matiere, par ces mots : *Agger est media stratæ eminentia, coaggeratis lapidibus, vel Glarea aut Silicibus strata : ab Aggere, id est, coaceruatione dicta, quam Historici Viam militarem dicunt.*

Orig. lib. 15. cap. vlt.

Et cet Autheur a raison de dire, que les Historiens appellent cette Leuee du milieu, *Viam militarem* : d'autant que comme la principale partie des grands Chemins, elle donnoit son nom à la totalité. C'est ainsi qu'Ammian Marcellin a mis ce mot en œuure, lors que parlant de Iulian l'Apostat, se preparant à la guerre contre Constantius, & se saisissant en diligéce des passages de Thrace & d'Illirie, Il dit: *Vbi lux excanduit tertia, morarum impatiens, percursis Aggeribus publicis, Succos, nemine auso resistere, præsidiis occupauit.* C'est cela mesme qu'il appelle ailleurs, *Itinerarium Aggerem*: Et Sidonius, *Tellurem inaggeratam.*

Lib. 21.

Lib. 19.

In Epitaphio Apollinaris Auiti.

3. L'autre partie desdits grands Chemins, consistoit és deux Lisieres, qui bordoient la Leuee du milieu de part & d'autre. Ce que les Latins nommét *Margines*: & la façon de les composer, *Marginare*. C'est d'où viennent les mots de Liuius, ja cy dessus plusieurs fois raportez: *Vias silice in Vrbe, & extra Vrbem Glarea substruendas marginandasque*: Car ce terme de *Substruere*, appartient à la leuee du milieu: comme celuy de *Marginare* aux deux Lisieres, qui la tenoient vnie & serree des deux costez.

Pour faire ces Lisieres, les ouuriers mettoient en reserue les plus grosses Pierres, Cailloux, ou Blocailles, lesquelles ils allioient d'vn fort assemblage, afin de tenir la Chaussee du milieu en estat: & empescher qu'elle ne vinst à s'esbouler, & se dissoudre, ou creuasser de part & d'autre.

4. Et neantmoins, és grands Chemins de nostre Gaule Belgique, ces grosses Pierres ne paroissent point à l'œil: dautant que ce n'est point en la surface exterieure qu'elles sont mises en œuure: mais au plus bas estage de tous, que nous auons dict auoir le nom de *Statumen*: ayant obserué par tous les Chemins que i'ay faict ouurir, que les fondations sont munies de part & d'autre de grosses Pierres, dont les moindres pesent vingt ou trente liures, & aucunes plus de cent. Ces gros Cailloux sont arrangez au cordeau, sans que l'vn passe ou desborde l'autre: & sont tellement alliez ensemble, qu'ils tiennent en estat non seulement lesdites fondations, ausquelles ils sont plus particulierement affectez: mais aussi la Ruderation, & autres couches des matieres, tant interieures qu'exterieures des grands Chemins.

5. Ie ne sçay pas quels sont les bordages des grands Chemins d'Italie, qui sont couuerts de Grauois: ny si les plus grosses Pierres, desquelles on faisoit les deux Lisieres paroissent à l'œil: Mais ie trouue vne chose remarquable touchant les Voyes faictes par le Censeur Appius, & par C. Graccus: dôt le premier fit faire certains bordages de pierre de taille, de la largeur de deux pieds, & de pareille haulteur, sur lesquels les gens de pied pouuoient en tout temps marcher à pied sec. Et si de dix pieds en dix pieds il auoit faict asseoir certaines Pier-

res faictes par degrez joignant lesdits bordages, pour seruir à monter à cheual & en charriot, ou en descendre sans aucune peine ny incommodité. Ce qui est d'vne admirable despense & magnific appareil à considerer la longueur de ladite Voye. Et neantmoins nous en auons ce tesmoignage expres de Cyprianus Eichouius, qui dit l'auoir veu & consideré, non sans stupeur & admiration: où parlant de la Roche de Terracine, de laquelle mention a esté faite au chapitre 16. de ce Liure, il dit: *Stupet spectator admirabundus rectæ viæ planũ vnius Saxi pauimentum, &c. Munitum quidem (vt Appia tota fuit) ab vtroque latere lymbis bipedali latitudine eminentioribus, qui viatori pediti semitam siccam præstabunt: quibus adiecti lapides eminentiores, veluti bases quædam per decimum quemque pedem: è queis in vehicula vel equos scansio fieret commodior.* Ce que Franciscus Schottus raconte en mesmes termes au liu.3. de son Itineraire d'Italie, parlant de Terracine.

In delitiis Italiæ.

6. Quant à C. Gracchus, ce fut le premier qui s'aduisa de compartir les Chemins par pierres, qu'il planta & assit au bout de chacun Mil pour en remarquer les distances. Et si fit encore asseoir aux deux bords d'autres Pierres peu distantes l'vne de l'autre, pour aider les Voyageans à monter à cheual, sans auoir besoin de l'aide de personne: ainsi que Plutarque nous apprend en sa vie, sans autrement specifier la distance qu'il obseruoit en l'assiette de telles Pierres.

7. Il est à croire que les autres grands Chemins, tant d'Italie, que des Prouinces, n'ont pas esté dénuez de tels ornemens, quoy que pour les Pierres à monter à cheual, ie n'en aye trouué autres tesmoignages que les dessusdits: & si ie n'en trouue en France aucun vestige de reste: mais quant aux Pierres qui seruoient à marquer les Miliaires, il y a plusieurs bons Auteurs, tant anciens que modernes, qui tesmoignent qu'Auguste & les Empereurs suiuans ne pensoient pas auoir acheué, ne mis la main derniere à vn grand Chemin, s'il n'estoit marqué de mil en mil, ou de lieuë en lieuë par des Pierres ou Colomnes, qui portoient ordinairement quelque Inscription grauee du nom de l'Empereur qui les auoit fait faire ou restablir. Mais nous reseruons le discours des Colomnes milliaires au quatriesme liure: d'autant qu'elles appartiennent à l'vsage des grands Chemins dont nous traicterons en ce lieu.

DISCOVRS

DISCOVRS GENERAL DE LA DIVERSITÉ des ornemens qui bordoient les grands Chemins de part & d'autre.

CHAPITRE XXXII.

1. En quoy consiste la beauté & le plaisir des grands Chemins.
2. Diuers Edifices bastis sur les grands Chemins, iusqu'à huict & dix lieuës de Rome.
3. Villes ioinctes à Rome par la grandeur de ses fauxbourgs.
4. La Voye du Port d'Ostie toute chargee de bastimens. Entreprise de Neron d'aggrandir Rome iusques audit Port.
5. Pourquoy on disoit qu'il y auoit trois sortes de Rome.
6. Comparaison d'Aristides, de la ville de Rome, aux neiges des monts & valees pour signifier sa grandeur.
7. Rome enceinte de plusieurs villes & nations: & le Peuple Romain, le Peuple du monde.
8. Rome alloit accueillir les Voyagers bien loing par la continuation de ses Edifices.

1. CE qui rend vn grand Chemin plaisant & agreable aux voyageans, c'est quand il est bordé & accompagné de part & d'autre de choses qui resiouïssent la veuë, soit qu'elles depedent de la nature, soit qu'elles procedent de l'artifice des hommes, ou de tous les deux ensemble. *Militarem Viam quæ per agrum fit* (dit le docte Albert) *vehementer ornabit ager ipse per quem dirigatur: si erit ille quidem cultus, refertus villis, diuersoriis, rerum amœnitate & copia: si modo mare, modo montes, modo lacum fluentem, fontesue, modo aridam & rupem, aut planitiem: modo nemus, vallemque exhibebit.* Comme s'il vouloit dire, qu'vn Chemin militaire conduict par les Champs, a pour marques de beauté la verdure des terres voisines, si elles sont bien cultiuees: la multitude des metairies & belles hostelleries abondantes en toutes choses: si tantost de dessus le hault dos de sa leuee on voit la Mer, tantost quelques montagnes, tantost quelque lac ou fontaine coulante, tantost vne terre seiche, ou vne roche, vne forest cheueluë, vne vallee feconde & abondante: qui sont choses qui dependent quasi toutes de la Nature, & qui se rencontrent diuersement, suiuant la diuersité des lieux: n'y ayant rien qui puisse tant ennuyer que de

Lib. 8. de re ædific. cap. 1.

voir toufiours vne mefme chofe : dautant que la Nature fe plaift en la diuerſité.

2. Or eſt-il que ſans mettre en ligne de compte ce que la Nature pouuoit faire & produire pour la recreation des voyagers, l'artifice des hommes y auoit mis vne infinité de belles choſes & attrayantes, qui detenoient les yeux des paſſans, & les arreſtoient, comme par vne douce force & violence, pour admirer la nouueauté de tant d'ornemens diuers qui ſe preſentoient à leurs yeux. Car en Italie, ſpecialement à huict & dix lieuës de la ville de Rome, les grãds Chemins eſtoient bordez de part & d'autre de Temples grands, mediocres, ou petits: qu'ils appelloient *Templa, Aedes, Fana & Sacella*, d'Arcs de triomphe, de Sepulchres, de Maiſons de plaiſance, de iardins, non ſimples, mais accompagnez de grands & ſpacieux baſtimens, accommodez de ſales & galeries excellentes, & de toutes les commoditez que l'on ſçauroit deſirer és maiſons plus accomplies des grandes villes : iuſques à des bains & des fontaines treſ-magnifiques : De ſorte que les Legats & Ambaſſadeurs des terres & païs eſtrangers, venans premierement en la ville de Rome, & voyans tant d'Edifices, & priuez & publics, & ſacrez & profanes, penſoient eſtre deſia dans ladite ville, long temps auparauant qu'ils fuſſent approchez des fauxbourgs. Onuphrius Panuinus, qui a veu ces Reliques d'antiquité, nous donne de cecy ce teſmoignage expres : *Ad Vias autem exædificata ſunt Aedes, Domus, Arcus, Hippodromi, Prædia, Horti, Taberna, & Sepulchra, tanta frequentia, vt exterarũ gentium legati per ſuburbana venientes, longè ante Vrbis portas, iam in ipſa Vrbe ſe eſſe exiſtimarent.*

In Vrbe Roma. Pag. 122.

3. Et ne faut pas s'eſtonner de cela : veu que Pline dit, que les maiſons & edifices qui ſe iettoient hors, & auançoient aux champs le long des grands Chemins, adiouſtoient pluſieurs autres Villes à la Ville de Rome, par vn ordre & ſuite continuelle de baſtimens : *Ex patientia tecta multas addidiſſe Vrbes*. Et à la verité, autant qu'il y auoit de Fauxbourgs, autant y auoit-il de villes, qui par vne longue continuation de maiſons alloient regaigner d'autres villes voiſines : entre leſquelles ſont *Ocriculum, Tibur*, & *Aricia*.

Nat. Hiſt. lib. 3. c. 5.

4. Mais ſur tout, la Voye dicte *Oſtienſis* (à cauſe qu'elle conduiſoit en la ville & port d'Oſtie) eſtoit bordee de part & d'autre de maiſons & baſtimens par vne entreſuitte quaſi perpetuelle, & peu interrompue : & ce, ſur l'eſtendue de ſeize mille Italiques, que Pline & l'Itineraire d'Antonin donnent à ladite Voye en longueur. Ce qui fit naiſtre autrefois à Neron la volonté d'eſtendre l'enceinte des murailles de la ville de Rome iuſques au port d'Oſtie : & par vne foſſe ou canal artificiel, tirer l'eau de la Mer Tyrrhene iuſques à l'ancienne Rome. Ce que toutefois il n'executa point : & ne ſçay ſi la grandeur de l'entrepriſe ne luy en fit point quitter la volonté : Mais

voicy ce que Suetone en dict, *Destinarat etiam visum est Ostiam tenus*   *In Nerone*
mœnia promouere: atque inde fossa, mare veteri Vrbi inducere.   *cap.16.*

5. Au reste, la multitude des maisons & edifices des champs, qui estoient joincts à la ville de Rome par vne enfileure perpetuelle, a esté cause, que l'on a dict y auoir trois sortes de Rome en vne seule Rome. Sçauoir, celle qui estoit comprise dans sa premiere & ancienne enceinte. Celle que les Empereurs ont dilaté dans de nouuelles murailles: & celle qui n'estoit point enclose, ains s'estendoit de toutes parts dans la campagne d'autour. De cette derniere sorte de ville parle naïuement Denys de Halicarnasse, disant: *Omnia loca*   *Lib.4.* *circa vrbem sine mœnibus esse: In qua si quis intuens magnitudinem Romæ exquirere velit, frustra eum fore: & hæsurum vbi desinat vrbs, vbi incipiat: adeò suburbana ipsi vrbi adhærent, & innexa sunt: & speciem immensæ longitudinis exhibent spectanti.* Nous signifiant cet Autheur, qu'il y a vne infinité de demeures & d'edifices hors l'enceinte des murailles de la ville de Rome, sur la grandeur & estendue desquels jettant les yeux, & considerant la contexture & assemblage d'iceux auec les faulx-bourgs, & des faulx bourgs auec la ville: Il est bien difficile de iuger & determiner, en quel lieu Rome commence precisément, & en quel lieu elle finit.

6. Cette quantité de maisons & bastimens, hors & prés de la ville estoit telle, que le rhetoricien Aristides voyant qu'elle occupoit tant de place d'vn seul continent & mesme teneure, comparoit la ville de Rome (ainsi qu'elle estoit souz l'Empereur Adrian, & M. Antonin, souz lequel il viuoit) aux neges dont parle Homere, qui couurent les haults sommets des montagnes, & les campagnes cultiuees par le trauail des hommes: descendant du lieu où elle prit ses premiers commencemens tout le long du Tybre, iusques au port d'Ostie, & Mer Tyrrhene: où estoit le commun abord, & la distribution ou departement ordinaire de tout ce que la terre vniuerselle engendroit de beau & de bon. Et si les maisons ainsi estendues rendoient si bonne apparence de ville, qu'en quelque endroit que l'on s'y voulust arrester, il sembloit que l'on fust au beau milieu de Rome, comme au milieu d'vn cercle, dont le centre se rencontroit par tout. Bref, c'est la ville vnique, *Quæ tanquam nix Homerica tegit*

    Excelsas rupes, summique cacumina montu:

    Florentes & agros, ac pinguia culta virorum,

    Funditur & cani per inertia littora ponti.

Similiter & vrbs, tum iuga summa, tum mediam tegit terram: & ad mare vsque descendit, vbi publicum est emporium, & communis rerum è terra nacentium administratio, nec impedit quicquam, quominus quamcumque vrbis artem occupes, in media tamen consistas.   *Aeli. Aristides tom.i. oratione 14.*

7. Finalement, cette admirable estendue de Ville a faict dire ces paroles au sçauant Athenee, que Rome estoit vne Ville enceinte de plusieurs autres villes; A raison de la multitude des citoyens de toutes les villes du monde, qui estoient venus habiter dedans Rome: & qu'en ce sens, elle comprenoit au milieu de soy la ville dorée d'Alexandrie, Antioche la belle, Nicomedie la gentille, & la plus illustre de toutes celles que Iupiter esclaire de son Soleil, qui est la ville d'Athenes: Que s'il falloit qu'il racontast toutes les villes que Rome enuironnoit dans son enceinte, qu'à raison de la multitude d'icelles, non seulement vn iour ne luy suffiroit pas, mais autant de iours qu'il y en a en l'an tout entier: veu mesme, (ce qui est bien plus difficile à croire) que dedans Rome estoient venus habiter des nations toutes entieres: telles que celles de Capadoce, des Scythes, du Pont, & plusieurs autres diuisees deça delà, par quantons & regions diuerses: par le concours & l'assemblage desquelles dans vne seule place, on pouuoit nommer la ville de Rome, l'abregé de l'Vniuers: & le peuple Romain, le peuple du Monde: Mais afin que ie ne semble estre inuenteur de telles hyperboles; l'ay bien voulu transcrire icy le mesme texte duquel i'ay faict vn sommaire en mon rude stile françois. Voicy donc comme Timocrates en parle au premier liure des Diphnosophistes. *Gentem Romanam mundi esse populum vere dixit Athenæus, vt à scopo non procul sit iaculaturus & aberraturus, qui vrbem Romam esse totius orbis compendium asseruerit, ciuitates nimirum in vniuersum omnes extructas intra se complexam: & particulatim multas, quas licet cuiuis agnoscere, vt auream Alexandriam, Antiochiam pulchram, Nicomediam speciosißimam, & splendißimas omnium, quibus illucet Iupiter, Athenas inquam. Recensere me conantem quot oppida orbis cœlestis ambitus contineat, ob eorum multitudinem non vnica dies tantum defecerit, sed quotquot annum conficiunt. Quandoquidem in ea vrbe gentes etiam totæ habitant: vt Cappadoces, Scythæ, Ponti nationes, & alia complures: quarum concursu, habitabilis totius terræ populus est.*

8. Puis donc, que la ville de Rome enuelopoit dedans soy tant de villes, voires de nations entieres: Il ne faut pas s'estonner, si elle sortoit (comme on dict) si loing par ses propres portes: & si elle iettoit des longues rues, ainsi que des bras estendus par les champs le long des grands Chemins, pour aller accueillir les estrangers à sept ou huict lieües de l'enceinte de ses murailles. Et de là ie vous laisse à penser combien de temples, de tombeaux, de metairies, de maisons de plaisances, & autres edifices se faisoient paroistre, seruans d'ornemens aux grands Chemins qui en estoient bordez: suffisans à retarder mille fois les esprits curieux au milieu de leurs courses: voire(comme dit vn bon Auteur)de les y arrester & endormir d'ai-

se & de plaisir, en la contemplation de tant de raretez, lesquelles nous allons donner en detail au discours ensuiuant.

DES TEMPLES BASTIS SVR LES grands Chemins.

CHAP. XXXIII.

1. *Diuision des bastimens qui bordent les grands Chemins d'Italie.*
2. *Des Temples & Dieux des Romains.*
3. *Du temple de Mars & de la porte Capene.*
4. *Recueil de plusieurs temples qui estoient sur les grands Chemins, & ornemens d'iceux.*

1. LES bastimens ou edifices qui bordoient les grands Chemins d'Italie se diuisoient en deux especes: car les vns estoient sacrez, & les autres prophanes. Ie mets au rang des sacrez les temples & les sepulchres, que l'on appelloit autrement Lieux saincts & Religieux, desquels nous parlerons en premier lieu : puis nous viendrons aux bastimens prophanes, tant publics que priuez, qui auec les sacrez seruoient d'ornement aux Chemins Militaires, principalement és enuirons de la ville de Rome.

2. Nous commencerons ce discours par les Temples tât grands, que petits: dont les grands sont ceux qui du nom commun & general sont appellez par les Latins *Templa*, & les petits *Fana*, & *Sacella*: tels que sont les chapelles des Chrestiens : & quelquefois *Aedes*, qui conuient aux Temples, & grands, & petits ; Mais auant que de proceder plus outre, il est besoin de remarquer, Que les Romains (les plus grands Idolatres qui furent iamais) auoient ceste croyance faulse & superstitieuse, qu'il y auoit deux sortes de Dieux: Sçauoit des bons & des mauuais. Ils appelloient bons, ceux de qui ils esperoient du bien, de l'heur & de la felicité en leurs affaires: & leur dressoient des temples, & dedans la ville & dehors. Ils croyoient ceux là mauuais, de qui ils craignoient receuoir du mal & de l'incommodité : ausquels ils ne laissoient de bastir des temples, & instituer des sacrifices & des prieres, qui ne tendoiét pas à obtenir d'eux aucun bien: mais à ne receuoir de leur part aucun mal. Or quoy qu'ils ayent autresfois dressé vn Autel à la Fieure au Mont Palatin, vn Temple à la mauuaise Fortune, & vn autre à la Paresse, en au-

Hh iij

tres endroicts de la ville de Rome: si est-ce que l'ordinaire estoit de bannir ces mauuais Dieux de l'enceinte de la ville: & leur dresser des Temples aux fauxbourgs, ou au milieu des champs: ainsi que nous apprenons de ce passage de Panuinus: *Deorum enim quos obesse arbitrabantur Templa secundum stationis decorem extra Vrbem ponebantur.*

In vrbe Roma p. 86.

3. Or entre les Temples qui bordoient les grands Chemins hors la ville paroissoit celuy de Mars, non beaucoup loing de la porte qu'ils appelloient *Portam Capenam*, soit à cause d'vne ancienne ville de ce nom bastie par Italus, assez pres de celle d'Alba, du temps que Ianus habitoit és lieux où la ville de Rome a depuis esté fondee: & en laquelle on alloit de Rome par cette porte, ainsi que veut Solinus. soit à cause du Temple des Muses que l'on appelle *Camœnas* basty aussi bien que celuy de Mars, sur la Voye Appienne: d'où vient que quelques-vns l'ont nommee *Portam Camœnam*: ou bien à *Lucis Capenis*, c'est à dire, de certains boccages consacrez, qui estoient voisins dudict Temple des Muses, comme l'escrit Seruius sur ces mots de Virgile,

——— Lucosque Capenos.

Quoy que ce soit, c'est par cette porte que la Voye Appienne se continuë du dedans de la ville (où elle prend son origine) par les campagnes d'Italie: & non loing de laquelle est assis le Temple de Mars, duquel nous auons à parler. Ouide nous asseure du voisinage de ces lieux, quand il dit,

Lux eadem Marti festa est, quam prospicit extra
Appositum rectæ Porta Capena viæ.

Et Liuius nous en donne ce tesmoignage exprés: *Cum omnes extra Portam Capenam ad Martis Aedem conuenire iuniores armatos iussisset.*

Ce Temple estant venu en decadence par son antiquité, fut rebasti & amplifié de nouueau par Sylla, qui employa cent Colomnes de marbre au restablissement d'iceluy. Par lesquelles on peut coniecturer quelle pouuoit estre la beauté de sa structure.

4. Ce ne seroit iamais faict à qui voudroit faire vn recueil entier des autres Temples & lieux sacrez qui se trouuoient sur les autres grands Chemins au sortir de la ville de Rome. Tel qu'estoit celuy de la Deesse Bona, pres duquel Clodius fut tué par Milo: le Téple des Muses de la façon de M. Fuluius Nobilior: celuy de l'Honeur & de la Vertu sur la Voye Nomentane: la Chapelle de la Deesse Nænia, inuoquee par certaines Fémes que l'on prenoit à gage pour pleurer, & pour luy faire prieres, à ce qu'elle assistast aux funerailles des morts. Tel le Temple de Bacchus, à deux mille de Rome, faict en forme de boule arrondie au tour, qui a seruy depuis assez long temps de tombeau à la race des Constantins. Finalement, tel estoit sur la

DE L'EMPIRE LIV. II. 247

Voye Flaminienne, *Fanum fortunæ*, & plusieurs autres que ie passe souz silence, tous bastis selon quelques vns des cinq Ordres de l'ancienne Architecture, & enrichis des ornemens que l'art a ordonné à chacun d'iceux à l'imitation des œuures de Nature, ainsi que Vitruue en traitte en ses liures : qui nous enseignent que tous ces Temples anciens estoient formez à la Dorique, Ionique, Corinthienne, Toscane, ou Composite: chacun desquels auoient ses Piedestales, Bases, Colõnes, Architraues, Phrises, Corniches, Tympans, Moulures & ornemens à part, capables de donner aux yeux & à l'esprit, beaucoup de plaisir & de contentement.

Itinerariũ Antonini.

DES SEPVLCHRES BASTIS SVR LES grands Chemins de l'Empire.

CHAPITRE XXXIIII.

1. *Seconde espece des Edifices sacrez consiste aux Tombeaux & Sepultures.*
2. *Causes pour lesquelles les Sepultures dans la ville de Rome estoient defendues.*
3. *Exceptions de la Loy generale.*
4. *Loix portant defense d'inhumer dans les Villes : exemple de la ville d'Athenes.*
5. *Coustume des Sepultures sur les grands Chemins des Champs.*
6. *Premiere cause pourquoy.*
7. *Seconde cause.*
8. *Troisiesme cause.*
9. *Quatriesme cause.*
10. *Difference entre Sepulchre, Sepulture, & Monument.*
11. *Autre difference entre Sepulchre & Monument.*
12. *Veneration des Sepulchres chez les Payens.*

1. LA seconde espece de bastimens ou edifices sacrez, consiste és sepulchres des morts, qu'ils mettroient au rang *Locorum sacrorum siue religiosorum*, apres les Temples. *Vbi corpus demortui hominis condas* (dict vne ancienne Loy) *sacer esto.* C'est pourquoy il vient à propos d'en parler en cet endroit : & faire apparoir, que c'estoit és Sepulchres, que consistoit le principal ornement des grands Chemins des Champs, és enuirons de la ville de Rome principalement, où il y en auoit sans nombre.

2. Entre autres Loix des douze Tables, celle-cy en estoit vne remarquee par Ciceron, *Hominem in Vrbe ne sepelito, neue vrito*, Par laquelle il estoit defendu par expres, de mettre les corps en Sepul-

Lib. 2. de legib.

ture, ny de les brusler dedans la ville de Rome : où il faut remarquer deux choses differentes, desquelles chacune auoit sa raison à part : la premiere est d'enseuelir, c'est à dire mettre en sepulture vn Corps mort dans la Ville : ce qui estoit defendu suiuant vne Loy de Solon, fondee sur la croyance des Grecs, & depuis des Romains : Sçauoir, qu'vne ville où gisoient des Corps morts, estoit censee & reputee comme contaminee & polluë. Ce qui donna occasion à l'Empereur Adrian de defendre d'inhumer les Morts non seulement dedans Rome : mais dans pas vne ville de son Empire, donnant pour raison de cecy : *ne sanctum municipiorum ius polluatur* : ou comme dict Paulus, *Ne funestarentur sacra Ciuitatis*. Et quant à l'autre poinct, qui gist au bruslement des corps, la defense en fut faicte parauanture pour euiter les dangers du feu : *Credo* (dict Ciceron) *vel propter ignis periculum*, à cause du grand amas de bois & des feux excessifs, dont ils se seruoient à reduire les corps en cendre : ausquels feux ne gisoit pas la Sepulture, mais en l'inhumation, *Quod enim lex addit, Neve vrito : hoc indicat : non eum qui vritur sepeliri, sed qui humetur* : Mais la cause principale estoit, que selon le droict Pontifical, *Locus publicus non poterat, obligari priuata religione sepulchrorum*, comme Ciceron mesme a remarqué.

L. 12. C. de Relligios. & sumpt. funerum.
Paulus l. 1. Sentet. Tit. 21.

3. Cette defense neantmoins d'ensepulturer dedás Rome, se doit entendre à l'exception de quelques familles Romaines : comme aussi des Empereurs, & des Vierges Vestales : qui par priuilege special, pouuoient estre inhumez dans la Ville. Tels estoient ceux de la race de Valerius Publicola, & de Tubertus, auant que cette Loy fust faicte. Comme depuis, ceux des Fabriciens, ausquels il fut permis par honneur de se faire ensepulturer au marché Romain. Neantmoins leurs successeurs se contenterent depuis de faire porter leurs corps audit Marché : souz lesquels ayant esté mise la torche ardante, comme pour les brusler, ils se faisoient porter hors la ville ainsi que les autres : contens de monstrer au peuple, que ce leur estoit chose permise : mais dont ils ne se vouloient seruir ne preualoir sur les autres.

Cic. lib. 2. de legib.

Et comme il y eust quelques Citoyens Romains d'autre famille, qui commencerent à se vouloir faire inhumer dans la Ville peu auparauant le Consulat de Duillius, il en fit son rapport au Senat : lequel par conclusion generale (en confirmant & renouuellant la Loy des douze Tables) ordonna que nul à l'aduenir ne pretendist d'y choisir sa sepulture. *Senatus censuit* (dict Seruius) *ne quis in Vrbe sepeliretur*.

Seruius in 11. Aeneid.

4. A quoy se rapporte la Loy faicte long temps depuis par l'Empereur Adrian qui condamnoit à quarante escus d'or, tous ceux qui feroient

feroient enfepulturer vn corps mort dedans Rome, d'amande appli-
quable au fifque. *Pœnam statuit quadraginta aureorum in eos, qui in Ciuitate Sepulchrum faciunt, quam fisco inferri iussit.* La mefme chofe fut defen-
duë par le mefme Empereur auffi bien pour les autres villes de fon
empire, pour la mefme caufe, *Ne sanctum municipiorum ius polluatur.* Et fe trouue par vne epiftre, que Sulpitius efcrit à Ciceron, que
les Atheniens gardoient cette Loy qu'ils auoiét euë de Solon, auec
telle religion, qu'ils ne voulurent iamais accorder audit Sulpitius,
pour quelque priere qu'il leur en fift, que le corps d'vn Citoyen
Romain, des plus nobles & anciennes familles de Rome, qui eftoit
M. Marcellus, fuft inhumé dedans la ville. A faute dequoy Sulpitius luy feit fa fepulture dans cette Academie tant renommee, où
Platon auoit appris de Socrate, & enfeigné aux autres la Philofo-
phie : ayant dreffé fur icelle vn tombeau digne du perfonnage.

L. Prætor ait §. dinus, ff. de Sepulchro violato.
L. 12. C. de Religiosis & sumpt. fun.
Lib. 4. epist. famil. epist. 55.

5. C'eft donc la caufe pour laquelle les tombeaux, fepulchres,
& monumens des anciens, fe trouuoient hors des Villes : Specialement ceux des Romains. Et quoy que plufieurs fe fiffent inhumer
en quelques lieux de leurs terres & metairies efloignees des grands
Chemins : fi eft-ce que la couftume de faire les fepultures le long
d'iceux, emporta facilement le deffus, pour plufieurs bonnes caufes
& iuftes raifons.

6. Premierement c'eftoit pour donner inftruction & plaifir aux
paffans : inftruction, par la cogitation de l'infirmité & inftabilité de
la vie des hommes, leur reduifant en memoire, que ceux dont les
cendres font là repofans, ont efté viuans & font morts : & que tous
ceux qui contemploient leurs tombeaux mourroient dans peu de
temps : *Monumenta enim in sepulchris secundum viam sunt*, dit Varro,
quæ prætereuntes admoneant & se fuisse, & illos esse mortales. Et que (comme dit Seneque) *æquat omnes cinis, impares nascimur, pares morimur.* Ce
qui fert beaucoup à retenir les hómes dás les termes & barrieres de la
raifon, quand ils contemplent que tant de grands perfonnages qui
ont efté chefs d'armees, qui ont eu de grandes victoires, & acquis
de larges prouinces à l'Empire : à qui prefque la terre ne pouuoit fuf-
fire, ny raffafier leur ambition, fe voyoient là reclus & renfermez dás
cinq ou fix pieds de place : & que là ils n'ont plus de force ny puiffance de bien ou mal faire à perfonne, finon par les exemples de leur vie :
dont les actes principaux eftoient reprefentez en aucunes fepultures. Quant à ce qui eft du plaifir, c'eft chofe bien certaine qu'il eftoit
grand, principalemét pour les hommes fçauans & curieux, qui pouuoient contempler vn grand nombre de fepulchres admirables en
ornemens & architecture, dont l'vn ne reffembloit point à l'au-

Lib. 5. de lingua Latina.

Ii

tre: & qui portoient en eux dequoy s'entretenir le long du Chemin, d'vne infinité de beaux discours.

7. C'estoit aussi pour affermir le courage, & donner fondement à la Fortune des Citoyens de Rome en particulier, & de toute la Republique en general. Combien pensez-vous que ces Tombeaux des Hommes Illustres & des meilleures familles de Rome, donnoient de courage de bien viure à ceux de leur race & posterité, quand ils y contemploient, non plus les corps morts, mais la Vertu viuante de leurs Majeurs? Ce qui les engageoit à conseruer, non seulement la bonne renommee, mais aussi les biens & les heritages qui procedoiēt de leurs Majeurs: lesquels (sans ceste espece d'aduertissement muet) plusieurs eussent peu perdre & prodiguer en desbauches ou folles despenses: desquelles la pieté & la veneration deuë à la memoire de leurs Majeurs, les destournoit facilement. Et quant au gros de la Republique, si par cas d'auanture l'ennemy se fust approché prés de la ville, enuironnee des tombeaux de leurs majeurs, qui eust esté le Citoyen si lasche & si peu courageux, qui n'eust pris valeureusement les armes en main, pour defendre le païs, où les os de ceux qui l'auoient tant de fois conserué & amplifié estoient gisans en paix & en repos?

8. C'estoit encore pour monstrer que l'ame des hommes est de nature immortelle, & non perissable auec le corps, comme l'ame des bestes brutes. Et que l'aduis de ceste immortalité fist prendre resolution aux hommes de viure vertueusement, pour estre bien-heureux apres le decez: & euiter les maux eternels, dont les nations les plus barbares ont eu quelque apprehension & cognoissance: croyāt que les crimes & les pechez des mortels restoient à punir en l'autre monde. Platon a notamment touché ce poinct au 12. de de ses Loix, quand il dit: *Acre vera vnumquemque nostrum animam ipsam immortalem esse, eamque ad deos proficisci rationem operum suorum reddituram, vt lex patria continet. In quo certè bonis viris confidendum esse, malis autem formidandum, quippè cum post mortem omni auxilio careant.* C'est à dire, il n'y a personne de nous qui ne ressente bien que son Ame est immortelle: & qu'il faut qu'elle s'en aille deuant Dieu, pour y rendre compte de ses actions: ainsi que la Loy de nostre païs le contient. Et en cela il faut que les gens de bien prennent de l'asseurance, & que les meschans fremissent d'horreur, consideré qu'apres la mort ils sont destituez de tout secours. Et Ciceron nous tesmoigne, que c'estoit chose engrauee en l'esprit des premiers Peuples d'Italie, qu'il y auoit quelque sentiment apres la mort: & que par le depart de ce monde, l'homme n'estoit pas tellement aneanty, qu'il defaillist & s'euanoüist tout à faict. Et dit que les Loix des Pontifes, & les Ceremonies qui s'obser-

uoient és obseques & funerailles, suggere cela clairement à l'esprit: desquelles Ceremonies les hommes n'eussent iamais fait estat auec tant de soin & solicitude, & n'eussent ordonné de si seueres loix contre ceux qui en estoient violateurs, s'ils n'eussent eu cette croyance enracinee naturellement en leur ame, que la mort n'estoit pas chose qui ostast & aneantist l'homme totalement : mais que c'estoit comme vn passage & changement de vie, qui auoit coustume de conduire au ciel les hommes & les femmes qui auoient bien & vertueusement vescu. Et quant aux autres, que leur mauuaise vie les detenoit en quelque lieu en terre : mais que pour cela ils ne laissoient pas de demeurer en leur estre. Ce passage d'vn auteur Payen, pour ressentir son Christianisme, merite bien d'estre icy transcrit en ses propres termes, qui sont tels. *Itaque vnum illud erat insitum priscis illis, quos Cascos appellat Ennius, esse in morte sensum: neq, excessu vitæ sic deleri hominē, vt funditus interiret. Idque cum multis aliis rebus, tum è Pontificio iure, & ceremoniis sepulchrorū intelligi licet: quas maximis ingeniis præditi, nec tanta cura coluissent, nec violatas tam inexpiabili religione sanxissent, nisi hæsisset in eorū mētibus, morte non interitum esse omnia tollentem atque delentē : sed quandam quasi migrationem commutationemque vitæ, quæ in claris viris & fœminis dux in cœlum soleret esse : in cæteris, humi retineret, & permaneret tamen.* A quoy se peut joindre tout ce qu'Homere & Virgile ont laissé par escrit de la ioye & du repos dont les Ames des vertueux iouïssent és champs Eliseens : & des peines dont celles des meschans & scelerats sont tourmentez dans les Enfers.

Tuscul. qu. lib. I.

9. Bref les sepulchres estoient rangez le long des grands Chemins, pour cōseruer les morts en la memoire des viuans : estans mis és lieux frequentez par le peuple. Ce desir estant naturel aux hommes, de viure au moins apres leur decez en la memoire de ceux qui viendront apres eux. En quoy gist vne vraye marque de l'Immortalité de l'Ame, qui iette ses pensees & ses desirs à ce qui luy doit arriuer, apres que par la mort elle sera desvnie de ce corps. Ceste derniere cause paroist nettement en vn tombeau ancien de Lollius, dont l'Epitaphe ou Inscription porte expressement, qu'il s'estoit fait ensepulturer prés d'vn grand Chemin, afin que les voyageans luy peussent dire Adieu en passant : l'Inscription en est telle,

Grut. 431. 5.

T. LOLLIVS. T. LOLLII. MASCVLVS
IIII VIR. BONDICOMENSIS
HIC. PROPTER. VIAM. POSITVS
VT. DICANT. PRAETEREVNTES
LOLLI. VALE.

10. C'est d'où vient que les Sepulchres ont eu le nom de *Monumenta*, à cause de l'aduertissement qu'ils donnent, que ceux qui

sont là inhumez ont autrefois esté au Monde. Il y a neantmoins de la difference entre ces mots de *Sepultura, Sepulchrum,* & *Monumentum,* à les prendre en leur signification propre & naturelle. Premierement, entre le mot de sepulture, & de sepulchre: Car encore que le mot de sepulchre, à le prendre au large & en general, comprenne en soy tout lieu de sepulture, selon le Iurisconsulte en la Loy 3. *D. de sepulchro violato*, où il est dict, *Sepulchri appellatione omnem sepulturæ locum contineri.* Toutefois, à prendre les mots à la rigueur, tel a sepulture, qui n'a point de sepulchre: Car le mot de sepulture se prend pour tout lieu où les corps sont enseuelis & ensepulturez: & pour les ceremonies dont on se sert à les mettre en terre: & c'est de la sepulture que les Payens auoient vn grand soing, croyans que l'ame de celuy dont le corps est priué de sepulture, est errante & vagabonde, sans siege certain, & sans repos: & qu'elle ne peut estre receüe ny admise au rang des autres dans leurs Champs Elisées.

Lib. 6. Aeneid.

Nec ripas datur horrendas, nec rauca fluenta
Transportare prius, quam sedibus ossa quierunt.

C'est d'où vient l'instante priere, que le pauure Palinurus faict à Enee le rencontrant aux Enfers, de vouloir mettre son corps en terre à son retour, qui estoit encore porté sur les flots prés le port de Velie, depuis l'heure de son naufrage & de sa mort.

Ibid.

Nunc me fluctus habet, versantque in littore venti:
Quod te per cœli iucundum lumen, & auras,
Per Genitorem oro, per spem surgentis Iuli,
Eripe me his inuicte malis: aut tu mihi terram
Iniyce, namque potes: portusque require Velinos.

& donne pour raison de sa requeste.

Sedibus vt saltem placidis in morte quiescam.

Mais quant au sepulchre, il n'estoit pas de necessité, ains d'honneur & de bien-seance: d'autant qu'à proprement parler, vn sepulchre consiste en quelque masse de massonnerie & d'architecture, faict au dessus, ou au deuant du lieu de sa sepulture. Et de ce genre d'ouurage, les anciens Germains auoient cette opinion, que cela ne seruoit que de poids & de fardeau inutile aux corps des defuncts.

Lib. de Morib. Germano.

Mais que l'honneur de la sepulture estoit chose loüable en soy, agreable aux defuncts, & pleine de consolation aux viuans. Ce que nous auons appris de Tacite, qui dict; que *Sepulchrum cespes erigit: monumentorũ arduum, & operosum honorem, vt grauem defunctis aspernantur.*

11. Encore y a-il ceste difference entre sepulchre & monument, à prendre ces mots en leur propre signification; que le monument est pris pour toute sorte d'ouurage ou edifice, faict pour transmettre à la posterité la memoire de quelque chose, *Monumen-*

… *tum est quod memoriæ seruandæ gratia existit.* Que si dans ce monument on met & enferme le corps d'vn homme mort, de simple monument qu'il estoit, il deuient vray sepulchre, & se reuest de la nature des lieux saincts & religieux. Que si l'edifice & l'architecture est faicte à la memoire d'vn defunct, & que son corps ne soit mis en sepulture en icelle : cela a le nom d'vn sepulchre vuide, que les Grecs appellent κενοτάφιον : ainsi que l'on peut voir par ces mots de la Loy 42. *de Religiosis & sumptibus funerum. Monumentum generaliter res est memoriæ causa in posterum prodita : in quam si corpus, vel reliquiæ inferantur, fiet sepulchrum. Si vero nihil eorum inferatur, erit monumentum memoriæ causa factum, quod Græci* κενοτάφιον *appellant.* De là procede que les hommes illustres du passé se trouuent auoir plusieurs monumens, de tous lesquels vn seul a le nom de sepulchre. Ce que Dionysius tesmoigne du grand capitaine Æneas, duquel se trouuoient en diuers lieux plusieurs monuments, selon la deuotion & bonne volonté de ceux qui les auoient faict dresser à son honneur.

L. locum D de religios. & sumpt. fun.

Dionys. l.1.

12. Au reste, les Sepulchres estoient en telle veneration parmy les Payens (particulierement les Romains) que personne ne s'en pouuoit dire maistre ou seigneur, *Sepulchrum iure dominij nullus vindicare potest.*

L. si sepulchrum C. de religios. sumpt. fun.

Et s'il arriuoit que quelqu'vn fust si osé & si temeraire, que d'emporter quelques pieces ou materiaux des sepulchres, pour employer en edifices profanes, ou pour vendre : comme des tables de marbre, ou colomnes : la Loy le condamnoit à dix liures pesant d'or, appliquables au fisque, ou au thresor publicq. *Si quis de sepulchro abstulerit saxa, vel marmora, siue columnas, aliamue quamcumque materiam fabricandi gratia : siue id fecerit venditurus, decem pondo auri cogatur fisco inferre.*

Que s'il se trouuoit & recognoissoit aucunes de telles matieres employees en vn bastiment, maison, ou metairie, la maison ou autre edifice estoit confisquee de droit, par ces mots de la Loy, *si seruus*, au Code *de sepulchro violato. Et si forte detractum aliquid de sepulchro ad domum eius villamque profectum, reperitur : villa, siue domus, aut ædificium quodcumque, fisci iuribus vendicetur.* Toutesfois les sepulchres des ennemis estoient exceptez, lesquels les Romains ne tenoient pour lieux saincts ne religieux. *Ideoque lapides inde sublatos in quemlibet vsum conuertere possumus :* Comme il est dit en la Loy 4. du mesme tiltre au Digeste.

L. Qui sepulchra §. si quis C. de sepulchro violato.

DE LA DIVERSITÉ DES SEPVLCHRES bastis le long des grands Chemins de l'Empire, & en quoy gisoit leur excellence.

CHAPITRE XXXV.

1. Deux choses à considerer és tombeaux : l'Architecture, & les Inscriptions.
2. Trois façons de Tombeaux, pour l'Architecture, grands, moyens & petits.
3. Les Grands, appellez Mausoles, propres aux Empereurs, Rois & Princes. Du Mausole de Carie.
4. Du Mausole de Porsena en la Toscane.
5. Des Pyramides d'Egypte & pretexte de la despense que les Rois d'Egypte y ont fait.
6. Description du Mausole d'Auguste & des lieux attenans.
7. Description du Mausole, vulgairement dit Moles Hadriani, hors la ville.
8. Du Mausole dit Septizonium Seueri, dans la ville de Rome. Pourquoy basty en la voye d'Appius. Raison du nom Septizoniū.
9. Figures au naturel des Mausoles d'Auguste, d'Adrian, & de Seuerus, tant en leur ancien estat que present.

1. TOVT ce qui pouuoit arrester les yeux des passans en ce qui est des Sepulchres anciens bastis sur les grands Chemins, consistoit generalement en deux choses : sçauoir en la forme de l'Architecture, & en la beauté & subtilité des Inscriptions. Ce que les Latins comprennent sous ces deux termes, *Forma operis*, & *Titulus*. C'est donc de ces deux choses qu'il nous faut maintenant parler, pour faire paroistre la grandeur du plaisir & de la volupté d'esprit que les passans pouuoient conceuoir en la contemplation des choses, de la beauté & magnificence desquelles nous ne laissons encores de tirer quelque delectation par la lecture des liures.

2. Donc pour entrer en matiere sur les sepulchres, ie diray qu'il s'en est trouué sur les grands Chemins, de trois façons : non pas differens au droict de Saincteté & de Religion, qui estoit vnique & commun à tous : mais en sumptuosité d'edifice, & en grauité & majesté d'Inscriptions. Les vns donc estoient grands & magnifiques, les autres mediocres en leur structure, & les autres bas & hūbles en comparaison des deux premiers. Les grands estoient pour les Rois, Prin-

ces, & hommes Illustres: les mediocres, pour gens riches & d'honneste famille: & les plus petits pour le commun du peuple.

3. Quant aux grands & superbes Tombeaux ou Sepulchres, c'estoit bien la raison, qu'ils fussent reseruez aux grands Rois, Princes, & Seigneurs: *Datum hoc Principum & Illustrium virorum posteritati, vt exequiis à promiscua sepultura separentur: & in traditione supremorum accipiant, habeantque propriam memoriam:* comme dit Tacite. Ces grands & superbes sepulchres se nommoient ordinairement *Mausolea*, du nom de ce Mausolus Roy de Carie, duquel Ciceron, Pline, Valere le Grand, & Gellius font mention en leurs escrits: où l'on peut voir, qu'Arthemise sa femme fit paroistre en deux choses la grandeur de l'amour qu'elle portoit à son mary: L'vne en ce qu'elle beut ses os mis en poudre en son breuuage ordinaire; croyant ne luy pouuoir dresser vn plus honorable tombeau, que son corps mesme. L'autre qu'elle luy fit bastir vn sepulchre de marbre exquis, de telle grandeur & magnificence, qu'il a tenu lieu entre les sept Merueilles du monde: & a donné nom à tous les autres tombeaux des Rois & Princes suiuans, qui ont esté ensepulturez en quelques grands edifices extraordinaires.

Lib. 16 Annal.

Les Romains (entr'autres) appelloient ainsi les sepulchres magnifiques de leurs Empereurs, à ce meuz & incitez par la grandeur admirable de tel ouurage: comme Pausanias le tesmoigne en ces mots de son Arcadique: Ῥωμαῖοι μεγάλως δὴ τι αὐτὸ θαυμαζοντες ἐπὶ σφίσιν ὑπαρξι μνήματα, Μαυσωλεία ὀνομαζουσι.

4. Tel estoit le Sepulchre admirable du Roy des Toscans Porsena, assis sur vn chemin prés la ville de Clusium en l'ancienne Hetrurie. Ce Mausole consistoit en vn bastiment quarré long de trois cens pieds de chacune face, & hault de cinq cens: dans lequel il auoit faict faire vn Labyrinthe, diuisé en tant de petites places ayant issue les vnes dans les autres, qu'il estoit presque impossible d'en trouuer la sortie. Sur ce grand corps d'Architecture, approchant de la figure Cubique, il fit esleuer cinq Pyramides disposees en quinquonce: c'est à dire dire, dont l'vne, qui estoit la plus haulte de toutes, tenoit la place du milieu entre les quatre autres: lesquelles occupoient les quatre coings. Par la folle despense de tel ouurage Porsena surpassa la sumptuosité de plusieurs nations estrangeres: mais il affoiblit grandement les richesses & les forces de son Royaume: suiuant le tesmoignage que Pline rapporte de Varron, qui depeint ainsi ce superbe edifice. *Sepultus est sub vrbe Clusio, in quo loco monumentum reliquit lapide quadrato: singula latera pedum lata tricenum, alta quinquagenum. Inque basi quadrata intus Labyrinthum inextricabilem: quo si*

quis improperet sine glomere lini, exitum inuenire nequeat. Supra id pyrami-
des stant quinque: quattuor in angulis, & in medio vna, in imò latæ pedum
septuagenum quinum, altæ centum quinquagenum.

Lib.36.nat.
Hist. c.13.
Lib. eod.
cap.12.
De Aquæ-
duct.lib.li.1.

5. Telle estoit la folie des anciens Roys d'Egypte és bastimens de leurs Pyramides, que Pline appelle *Regum pecuniæ otiosam ac stultam ostentationem*: & Iules Frontin, *Pyramides otiosas, inertia opera*. Il y en a neantmoins qui estiment, que ces grandes masses de massonnerie construites auec tant d'hommes, d'argent & de temps, n'ont pas esté faictes sans quelque cause qui valust la peine: principalement chez les Egyptiens; parmy lesquels, en ces premiers siecles les estudes & la cognoissance des choses estoient en grand' vogue. Ils disent donc qu'il faut que souz ces vastes bastimens il y ait quelque mystere caché de ceux qui appartiennent à la religion, ou au reglement & direction des Temps, & qui n'estoient anciennement cognus, sinon aux Prestres en Egypte, aux Hierophantes en Grece, & aux Pontifes à Rome. Ceux qui se vantent d'en auoir descouuert quelque chose, disent que les Egyptiens sont ceux qui premiers ont trouué le cours ou durée precise de l'an Solaire, dequoy plusieurs nations se debattoient ensemble, comme d'vne chose qui estoit de grande importance pour reigler beaucoup d'affaires, & diuines & politiques. Ils voulurent donc laisser de cela par ces Pyramides comme vn Hierogliphe à la posterité. Et d'autant qu'ils auoient recogneu par frequentes obseruatiōs, que l'an Solaire estoit de 365. iours & vn quart: Et partāt que chacun an estoit defectueux en soy de six heures selon le cours du Soleil, & que par l'addition d'vn iour ces quatre ans estoient remplis & parfaicts à mesme temps: pour signifier cela par vn certain symbole qui fust de duree, ils bastirent des grands corps de pyramides dont les quatre costez peu à peu s'esslouans, venoient à se terminer & abboutir en vn seul poinct: tout ainsi que les quatre annees en soy imparfaictes, receuoient leur perfection par vn seul iour adiousté qui les restituoit en leur entier. Ludouicus Demontiosius au liure qu'il a intitulé *Gallus, Romæ hospes*, est celuy qui en a faict ce iugement: où il dict, *Hoc igitur cum vellent Ægyptij significare Pyramides illas extruxerunt quatuor laterum quæ in vnum coëuntia eodem puncto terminarentur: quemadmodum & anni singuli tetraeteridi siniebantur vno die, qui post confectum quadriennium intercalabatur, vt omnium idem esset finis idem exitus.* Les autres couurent ces grands edifices d'vn autre pretexte, disans que la plus part du genre humain faisoit vne grande faute: en ce qu'ils bastissoient des maisons tres-excellentes pour leur seruir de domicile perpetuel. *Namque errare quidem genus hominum prædicabant, qui domos breuissimi temporis diuersorium, lautissimas ædificarent: sepulchra verò, vbi diutissimè essent requieturi, præ illis negligerent.*

1 part.p.7.

Et à la

Et à la verité, les sepulchres dans les Loix Romaines, sont appellez maisons des morts: En sorte que ces Egyptiens sembloient estre fondez en quelque raison: veu que quelques vns se mocquoient de ces grands palais que plusieurs font construire de matieres aussi fermes, que s'ils deuoient tousiours viure: mais à considerer leurs banquets si sumptueux, il sembloit qu'ils deussent mourir des le lendemain. Et à ce propos S. Hierosme disoit, *Viuimus quasi altera die morituri: & ædificamus quasi semper in hoc seculo victuri.* C'est à dire, Nous nous traittons comme si nous deuions mourir des demain: & edifions comme si nous deuions viure à iamais en ce monde.

l. Qui sepulchra C. de sepulchro violato.

Epistola ad Gaudentiũ.

6. Les Romains qui ont surpassé le reste des hommes en excellence d'edifices, n'ont pas negligé ce genre d'ouurage pour ensepulturer leurs Princes: Mais entre autres grands sepulchres, paroissoit celuy d'Auguste Cæsar, que Strabo dict auoir esté appellé *Mausoleum Cæsaris*: qui estoit assis non loing de la Voye Flaminienne, & construit de marbre tres blanc & reluisant à plusieurs estages, sur la retraite desquels croissoient certains arbres de hauteur admirable, qui par la verdure perpetuelle de leurs fueiles, venoient à couurir, & comme faire ombrage au comble de ce superbe edifice: en la sommité duquel estoit posée la statuë d'Auguste faite de bronze, beaucoup plus grande que le naturel. Au pied de la motte ou terrasse estoient les monumens, où son corps & ceux de sa famille estoient inhumez: le tout accompagné de certain bocage, diuisé en plusieurs parties par de grandes allees & pourmenoirs: tirez à la ligne, où plusieurs hommes pouuoient aller de front: *Commemoratione dignissimum est* (dit cet auteur) *quod Mausoleum appellant, in excelsis fundatum collibus, lapide niueo, & perpetuæ viriditatis arboribus coopertum, in summum vsque verticem, ad Flaminis ripam exaggeratum: in summo autem positum est Cæsaris Augusti simulachrum ex ære factum, &c.* Ce fut Auguste mesme qui se prepara ce magnifique sepulchre l'an de son 6. Consulat, ayãt fait choix d'vn lieu qui estoit entre la voye Flaminienne & la riue du Tybre: & le fit enuironner des allees & pourmenoirs cy dessus mentionnez, pour en donner le plaisir & le contentement au peuple, ainsi que Suetone a laissé par escrit sur la fin de sa vie: où vous trouuerez ces mots: *Id opus inter Flaminiam Viam, ripamque Tyberis sexto suo Consulatu extruxerat: circumiectásque siluas & ambulationes in vsum populi tunc iam publicarat.*

Strab. lib. 5. Geograph.

Cap. 100.

7. Les Empereurs suiuans iusques à Adrian, furent quasi tous inhumez dans ce Mausole d'Auguste, qui comprenoit en soy plusieurs petits lieux propres à receuoir les reliques des corps des Empereurs & de leurs enfans: & c'est en cela que le Mausole est distingué des sepulchres communs: Car le Mausole est vn lieu capable de

plusieurs sepulchres. Comme donc du temps d'Adrian tous ces lieux soufterrains furent remplis, cela luy donna occasion d'en bastir vn autre de semblable magnificence hors la ville, prés la porte dicte de de son nom *Porta Elia*. La matiere estoit de marbre Parien, ainsi dit de Paros, l'vne des Isles Cyclades, dont on amenoit des grandes pieces de ce marbre exquis en blancheur en la ville de Rome. La forme de l'edifice est quarree, de telle lôgueur, qu'à peine de l'vn des coins à l'autre eust-on peu atteindre d'vn jet de pierre: & quant à sa hauteur elle surpassoit les murailles mesmes de la ville. Sa statuë de mesme marbre blanc comme neige, estoit posee sur le hault de l'ouurage faicte d'vn rare artifice, & accôpagnee d'autres statuës d'hommes & de cheuaux de pareil estoffe. Ce que vous verrez en ces mots de Procopius, qui a veu & consideré ce Mausole. *Hadrianus extra portam Eliam sepulchrum construxit spectatu dignissimum, & quaternis partitum pari dimensione lateribus, eam porrectis in latitudinem, vt iactus ex angulo lapis alterum fere pertingat: altitudine autem hæc Vrbis mœnia superant. Statuæ quoque illius pario marmore, & virorum equorumque, miro artificio factæ desuper insident.*

Lib. 5.

8. Le troisiesme Mausole est celuy qui a seruy de sepulture aux Antonins: & qui est recognu dans l'histoire sous ce mot de *Septizonium Seueri*. Pour ce troisiesme, il fut edifié par Septimius Seuerus Empereur de Rome dedans la ville mesme: dans laquelle (ainsi que nous auons dit cy dessus) les Empereurs & les Vierges Vestales auoient droict de sepulture. Ce Mausole, suiuant Aurelius Victor estoit en la dixiesme region de la ville de Rome, où il est nommé *Septizonium vetus*, à la differêce d'vn autre de mesme nom qui se trouuoit en la douziesme. Spartian met cet edifice en la Voye Appienne, dedans Rome sous le Mont Palatin. Ce que l'on peut entendre par ces mots: *Occisus Geta illatus est maiorum sepulchro, hoc est Seueri, quod est in Appia Via euntibus ad partem dextram specie Septizonij extractum: quod sibi ille viuus ornauerat.*

In Geta.

La cause pourquoy Seuerus choisit ce lieu pour son sepulchre est remarquable dans le mesme auteur, sçauoir afin que ceux qui venoient souuêt d'Affrique à Rome, eussent ce monument à la rencontre. *Quum Septimius Pertinax Seuerus Septizonium faceret, nihil aliud cogitauit, quam vt ex Africa venientibus suum opus occurreret.* Quant au reste il y en a qui tiennent que le nom de *Septizonium*, fut donné à ce genre de sepulchre, à raison qu'il estoit composé de sept estages differens, mis les vns sur les autres: chacun desquels estoit enuironné d'vn rang de Colomnes, comme d'vne ceinture.

C'est l'opinion de Iacobus Laurus, qui nous le represente ainsi, & en figure, & en paroles, en son liure intitulé *Antiquæ Vrbis splendor.*

où il dit. *Septizonium à septem columnarum ordinibus dictum est sibi mutuo in altitudine superpositis.* Mais Demontiosius croit que c'est chose ridicule de penser, que le Septizone ayt esté cõposé de sept estages: & que iamais l'Empereur Septimius Seuerus ait eu dessein de l'esleuer, sinon iusques à quatre: & dict que les anciens n'auoient pas tant de loisir de mettre ainsi pierre sur pierre, & colomne sur colomne, sans quelque raison digne de l'entreprise, quoy que secrette & peu cognuë. Au cõtraire, il estime que plus vn œuure est de haute & magnifique structure, & de peu d'vsage public ou priué, plus il y a de suspicion, qu'il tient quelque mystere occulte & recelé sous la grandeur de sa masse. Et partant apres nous l'auoir representé par figure tant en son plan, qu'en son esleuation, où il ne met que quatre estages : Il dit que chacun estage estoit de 19. colomnes: & que le plus bas pris à part represente le Cycle inuenté par Meton, pour accorder le mouuement de la Lune auec celuy du Soleil. C'est ce Cycle qui est dit par les Grecs *Enneadecaeteris*, à cause qu'il contient vne reuolution de dixneuf ans, dans laquelle il y a sept annees embolismiques, c'est à dire, surabondantes, d'autant qu'elles ont chacune treize Lunaisons. C'est le Cycle vulgairement dit du nombre d'Or, qui seruoit auant l'vsage des Epactes, à cognoistre les nouuelles Lunes, & à esgaler les annees Lunaires aux Solaires: Ce qui se faisoit à peu prés en 19. ans. Que si on prend les quatre ordres ensemble, il en procedera vne autre reuolution inuentee par Calippus, qui égale encore plus iustement le cours de la Lune à celuy du Soleil : Laquelle reuolution est de quatre fois dix neuf, qui font soixante & seize ans, correspondans aux soixante & seize colomnes des quatre estages du Septizone: qui a eu son nom des sept annees embolismiques que contient chacune zone ou reuolution de dix-neuf ans: & non pas de sept ordres de colomnes, comme s'imaginent ceux qui ne sçauent à quel dessein ces grands ouurages ont esté faicts. C'est le sens des paroles de cet auteur, disant: *In singulis autem planis sunt nouemdenæ columnæ: quarum quæ in imo sunt, Metonis Enneadecaeteriden ostendunt, quæ eodem annorum numero terminabatur. Tota verò operis constitutio ex quaternis ordinibus constans, periodum Calippicam significabat, annorum numerum pari numero columnarum referens, quum ex quaternouendenis annis constaret.*

In Gallo, Romano Hospite parte 1. pag. 23.

9. Or sans nous arrester dauantage en ces subtilitez vray-semblables, nous dirons que les trois premiers estages de ce Septizone restent encore sur pied iusques à present, tels qu'Estienne du Perrac Parisien nous les a representez dans son liure Italien, des Vestiges des Antiquitez Romaines: par l'Inspection desquels on voit que l'Architecture de ce Mausole estoit Corinthienne. Et quant à ceux d'Auguste & d'Hadrian, ledict du Perrac les dépeint en l'estat qu'ils sont

260 HIST. DES GR. CHEMINS

à present: mais Bartholomeo Rosso Florentin nous en a laissé les figures au naturel, en l'estat qu'ils furent premierement faicts par leurs auteurs. C'est au liure qui porte pour tiltre: *Ornamenti di fabriche antichi di Roma*: où les curieux en pourront voir les pourtraicts.

DES SEPVLCHRES MEDIOCRES PROPRES aux gens de nobles familles & non populaires.

CHAPITRE XXXVI.

1. Ordonnance de Platon sur le faict des Sepulchres.
2. Grands & magnifiques Tombeaux de quelques Seigneurs Romains.
3. La diuersité recherchee en la structure des Sepulchres.
4. Desir de plusieurs d'enuoyer à la posterité la memoire de leur vie par la magnificence de leurs tombeaux.
5. Sepulchres de plusieurs illustres Citoyens en la Voye Appienne.
6. Deux choses à considerer és Tombeaux.
7. Que c'est que Temple, en matiere de Sepulchres.
8. Moles, quel genre de Sepulchre. Description de sa partie basse.
9. Description de ses trois plus haultes parties: de la platte forme, niches & haulteur d'iceluy.
10. Pyramides esleuees sur Tombeaux.
11. Especes diuerses de Corps appointez. Que c'est que Conus.
12. Deux especes de Corps appointez faicts à angles. Que c'est qu'Obelisque, & de quelques vns qui estoient à Rome.
13. Des Pyramides d'Egypte, & mesures d'icelles.
14. Pyramides à Rome, de quelle forme. De celle qui a seruy de tombeau à Cestius.
15. Assiette & ornemens des Obelisques.
16. De deux genres de Colomnes.
17. Trois especes de Colomnes du second genre.

1. PLATON au 12. liure de ses Loix, ne veut point que l'on fasse de Sepulchres plus grands ny plus superbes en ouurages, que cinq hommes ne les puissent construire en cinq iours: & defend d'y employer des pierres qui soient plus grandes que dans icelles on puisse grauer plus de quatre vers heroïques, pour seruir de tiltre au defunct. *Agger non altior sit eo cumulo, quem viui quinque, diebus quinque construere possunt. Lapides quoque superstruantur non maiores, quam vt possint defuncti laudes quatuor solum heroïcis versibus editas comprehendere.* C'est ainsi que Marsilius Ficinus a

tourné ce mot de Platon χῶμα *per Aggerem*, comme si Platon entendoit par iceluy vn amas, ou vne leuee de terre, qui se faisoit sur la sepulture des morts: dequoy Virgile parle en ce vers du 7. de l'Eneide,

Aggere composito tumuli.

Mais Ciceron a rendu le mesme mot de χῶμα par celuy de *Sepulchrum*, d'autant que Platon ne regarde pas en cet endroict à tels amas de terre, qui ne requierent, ny tant de personnes, ny tant de iours: mais aux ouurages de massonnerie & d'Architecture, qui constituent le corps d'vn Sepulchre, & qu'il ne veut point outrepasser ce que cinq hommes peuuent faire en cinq iours.

2. Tels Sepulchres peuuent estre mis au rang des mediocres, & honnestemét seruir aux personnes de nobles familles: Mais ceux des races Patriciennes de la ville de Rome, excedoiẽt de beaucoup cette forme de mediocrité: D'autant qu'il se trouuoit des sepulchres le long des grands chemins d'Italie, lesquels en forme d'Architecture, & en excellence de matieres, approchoient à la splendeur & dignité des Mausoles. Et s'en rencontroient aucuns non seulement faicts de marbre precieux, ornez par Architecture de Colomnes, d'Obelisques, de Pyramides: mais accompagnez de Temples, comme petites Chapelles, & de maisons fort belles & commodes, pour seruir de logement à certaines gens establies pour la conseruation des richesses & ornemens qui dependoient de ces grands & superbes Tombeaux.

3. La premiere chose que ceux qui faisoient faire quelque Sepulchre auoient en recommandation, c'estoit que l'ouurage fust different en lineamens de tous les autres: non pas qu'ils eussent en mespris les ouurages desja faicts: mais pour attirer la veüe des passans, par quelque nouueauté d'inuention. En quoy ils sont en fin paruenus à ce poinct, par la multitude profuse de nouuelles inuentions, qu'à peine estoit-il possible à ceux qui faisoient les desseins de tels ouurages, d'y rien mettre n'y adiouster de nouueau.

4. Et à la verité, il y en auoit plusieurs qui terminoient leurs desseins à mettre honnestement leurs corps en Sepulture: & se contentoient de quelque tombeau de marbre, ou d'autres pierres de peu de monstre, & de peu d'estendue. Mais les autres portoient leur ambition plus loing, & recherchoient de l'honneur & de la gloire en leur Sepulchre apres leur decez: faisant dresser des grandes masses d'ouurages en forme quarree, ou des Chapelles, ou bien des Colomnes, & autres pieces d'Architecture, esquelles ils peussent laisser à la posterité la renommee & souuenance de leurs beaux faicts & vertus heroiques.

5. Tels pouuoient estre les Sepulchres des Calatins, des Scipions, des Seruiliens, & des Metelles: lesquels estoient disposez le long de la grande voye Appienne hors la porte Capena, & desquels Ciceron dict ce qui ensuit: *An tu egressus porta Capena, cum Calatini, Scipionum, Seruiliorum, Metellorum sepulchra vides, miseros eos putas?* Quant aux Scipions, ie trouue que l'vn d'iceux (qui est P. Scipio Africanus) auoit deux monuments, l'vn pour memoire en la ville de Linterne, sur lequel estoit posee sa statuë: l'autre pour sepulchre pres la porte susdite: où se voyoient trois statuës dignes de remarque: deux desquelles estoient de P. & L. Scipions: & la troisiesme d'Ennius Poëte, que P. Scipion a tant aimé, qu'il le conduisoit auec luy en ses expeditions de guerre.

Lib. I. Tusc. quæst.

Liu. lib. 38.

6. En ces grands & superbes tombeaux, il y auoit deux choses à considerer, le corps de l'ouurage, & les ornemens. Quant aux corps ils consistoient ou en quelque petit temple, ou en vne masse de maçonnerie & d'architecture, ou en Pyramide, ou en obelisque, ou en colomne, qui sont les principaux genres d'ouurages vsitez és sepulchres anciens: de chacun desquels nous dirons vn mot en passant, auãt que de discourir des ornemés diuers qui seruoient à les embellir.

Pour commencer par les temples, nous dirons que c'estoient bastimens qu'ils appelloient *Sacella*, semblables aux Chappelles des Chrestiens, faictes en maniere de petits temples. *Sacella enim in sepulchrorum ædificiis, sunt veluti pusilla templorum exemplaria*: comme Albert les definit. Ces petits Temples ou Chapelles estoient designees par ouuriers sçauans en architecture, suiuant l'vn ou l'autre des ordres qui dependoit de cet art. La matiere estoit de pierres communes ou de marbres enrichis de diuerses façons, afin de rendre les pierres & materiaux ainsi façonnez inutiles à d'autres ouurages: & par ce moyen les sauuer des mains des larrons, & violateurs de sepulchres: *Sed ornatus nimirum delectat*, dit le mesme auteur, *quo nihil ad conseruandas res, & posteritati commendandas commodius est.*

De re ædif. lib. 8. cap. 3.

8. Quant aux sepulchres qu'ils appelloient *Moles*, c'estoient edifices pleins & massifs, dressez en forme de quelque temples & sepultures, sans portes ne fenestres, d'autant qu'il n'y auoit rien de vuide au dedans: non plus qu'en ces tombeaux esleuez de solide & plaine maçonnerie quadrangulaire, qui se voyent au milieu des Chœurs ou des Chapelles de plusieurs Eglises des Chrestiens.

Il faut toutesfois tirer du rang des *Moles* communs le sepulchre d'Adrian, qui fut appellé *Moles Adriani*, encore qu'il ressentist mieux son Mausole, que son Mole simple. Ce qui nous l'a fait mettre en l'ordre des Mausoles auec celuy d'Auguste & de Seuerus.

Quant aux Moles communs, ils estoient haults esleuez en forme

DE L'EMPIRE LIV. II. 263

de temple de figure quarree : dont les quatre parois auoient en hauteur au moins la sixiesme, & au plus, la quatriesme partie de leur aire : c'est à dire de la longueur de la place ou du sol, que tels edifices occupoient sur la terre. Et y en auoit aucuns qui n'estoient enrichis que de simples moulures par le bords & de quatre pilastres és encoignures. Mais les autres estoient garnis de certain nombre de colomnes disposees par ordre sur la longueur de chacun costé : lesquelles estoient ioinctes aux parois par égale distance : & neantmoins saillantes de leur diametre entier hors la surface de l'edifice. Que s'il n'y auoit que quatre colomnes és quatre coins, lors toute la hauteur de la massonnerie estoit diuisee en quatre parties égales, trois desquelles estoiét assignees à chacune colomne, garnie de sa base, & de son chapiteau : & la plus haulte estoit pour l'architraue, la phrise, & la corniche : mais si chacun des quatre parois estoit orné d'vn rang de plusieurs colomnes, en ce cas, les quatre colomnes des encoigneures estoient quarrees à la mode Attique, & auoient six fois leur propre diametre en hauteur. Et quát aux colomnes du milieu elles estoient de figure ronde, & suiuoient l'vn ou l'autre des ordres d'architecture.

9. De la surface superieure de tel edifice quarré, s'esleuoit vne autre massonnerie toute ronde, qui en occupoit le milieu sur moitié de ladite surface : ayant au moins la seconde partie de son Diametre en haulteur, & quelquefois les deux tiers. Puis derechef sur cet edifice rond, vn autre quarré : & sur ce quarré second, vn second dé figure ronde, qui faisoit le quatriesme & dernier estage : sur lequel (comme sur son siege propre) on posoit la figure ou simulachre du personnage, en l'honneur duquel le sepulchre estoit faict. Ce qui estoit d'vn aspect fort plaisant : pour estre chacun de ces trois estages superieurs enrichis des mesmes ornemens que le grand mole inferieur. Adioustez à tous cela cinq ou six degrez de pierre de taille en forme quarree : qu'il falloit monter pour approcher de ces Moles, & qui seruoient comme d'vne platte-forme à l'edifice entier. Ioignez encore de surcroit les niches d'entre les Colomnes garnies de leurs statues, Inscriptions, & autres enrichissemens que ie passe souz silence : & vous trouuerez qu'en tels edifices artificiels, il y auoit dequoy repaistre la curiosité des plus curieux. Quant au reste, imaginez vous que ces moles, ou edifices solides, estoient de telle haulteur, que non sans cause Virgile a donné l'Epithete de *Ingens*, à celuy qu'Æneas fit dresser sur la Sepulture de son trompette excellent, Misenus : l'ayant en outre enrichy des marques d'vn bon Soldat, & d'vn bon Marinier : dautant qu'il y fit suspendre ses armes, sa rame, & sa trompette : comme vous pouuez voir par ces vers.

At pius Æneas ingenti mole Sepulchrum
Imposuit, suaque arma viro, remumque, tubamque
Monte sub aërio: qui nunc Misenus ab illo
Dicitur, æternumque tenet per secula nomen..

Aeneid. l. 6

10. Ce qui suiuoit le mole en grandeur d'ouurage & de structure, estoient les Pyramides, que quelques seigneurs Romains faisoient esleuer sur leurs tombeaux. Et furent ainsi dictes du nom Grec, πῦρ, à raison que du bas en hault elles alloient en poincte, tout ainsi qu'vne flame de feu.

11. Or de ces corps ainsi appoinctez, les vns estoient arrondis, & les autres faicts à angles. Les arrondis sont en forme d'vne colomne, ayant le pied large par bas, & par hault finissant en poincte. C'est ce que les Grecs appellent κῶνος, les Latins *Conus*, & nous vne quille, ce nom estant venu à telle forme de corps par similitude, qu'elles ont auec la pomme de Pin, ou celle de Cypres, & autres arbres, qui s'esleuent du bas en hault en poincte: lesquels originairement les Grecs appellent κῶνος.

12. Quant aux corps appoinctez faicts à angles, ou ils sont d'vne piece, ou de plusieurs. Si d'vne piece, on les nomme Obelisque: si de plusieurs, c'est proprement ce que l'on appelle du nom de Pyramide. Les Egyptiens ont esté les premiers inuenteurs de tels ouurages, pour leur seruir de memoire, ou de sepulture. Et dict-on que Mitres Roy d'Egypte fut le premier qui inuenta les obelisques. Apres luy Semnesertes en fit tailler vn de six vingt cinq pieds de longueur, outre sa baze & son piedestal, le tout d'vne piece: qui est le plus grand de tous. Celuy d'après fut taillé par le commandement de Sesostris, de cent seize pieds. Auguste Cesar fit amener l'vn & l'autre à Rome: & fit planter le plus grand au milieu du grand Cirque, & l'autre au champ de Mars. Le troisiesme est celuy que Ramisses autre Roy d'Egypte fit tailler, & Claudius Empereur amener de la ville de Heliopolis à Rome, qui est demeuré en son entier iusques à present, & dit-on que Ramisses mit vingt mil hommes à le tailler. Le Pape Xiste V. fit remettre ce dernier, & quelques autres sur leurs pieds, en l'an 1586. apres auoir esté long temps gisans par terre entre les ruines de l'ancienne Rome.

13. Quant aux Pyramides, il y en a trois remarquables sur les autres en Egypte, la plus grande desquelles occupe sous sa masse huict arpens de terre: ayant huict cens quatre vingts trois pieds de chacune face par le bas: reuenant par hault à vne superficie quarree de vingt cinq pieds seulement. La moyenne est quarree comme l'autre, & a par le bas sept cens trente sept pieds de face. La moindre des trois a de chacun costé trois cens soixante trois pieds. Au reste l'obelisque

l'obelisque fut ainsi dit d'vn nom Ægyptiaque, qui vaut autant à dire qu'vn rayon de soleil. Aussi est-ce au Soleil que les Egyptiens dedioient leurs Obelisques. Les autres tirent ce mot d'vne broche quarree à rostir viandes que les Grecs appellent ὀβελίσκος: Et disent que quoy que ces Obelisques Egyptiens soient extremement grands, suiuant les mesures cy dessus designez, si est-ce qu'ils eurent le nom d'ὀβελίσκος, par diminution, à cause des pyramides qui estoient plus grandes sans comparaison: aussi estoient-elles faictes d'vn million de pierres, & esleuees par degrez, par lesquels on pouuoit monter à la sommité d'icelles: mais l'obelisque n'estoit que d'vne piece, coulant du bas en hault par vne surface toute égale.

14. A l'imitation des Egyptiens, les Romains ont fait dresser des pyramides sur leurs sepultures, beaucoup moindres en masse, mais pareilles en figure & en façon: & y obseruoient cette raison, qu'elles fussent de hauteur toute pareille à la largeur. Dauantage ils traçoiẽt les lignes de ces pyramides de tel artifice, que quand le soleil en plein midy venoit à luire dessus és grands iours d'Esté, elles ne rendoient aucun ombre, les rayons du soleil glissans le long de toutes les surfaces, & les illuminant de tous costez: & estoient aucunes d'icelles de pierres esquaries, les autres de briques. On voit encore à Rome les vestiges d'vne pyramide de marbre, qui seruit de tombeau à Cestius, l'vn des sept Prestres de Iupiter, qu'ils appelloient *VII. Viros Epulonum*: la figure & situation de laquelle Demontiosius & du Perrac nous representent: & disent qu'elle est assise sur la Voye dicte *Hostiensis*, assez prés de la porte de S. Paul.

15. Pour ce qui est des obelisques, ils auoient pour premiere assiette vn plan ou soubassement tout quarré, fait à plusieurs degrez: sur l'aire duquel s'esleuoit vn pied-d'estal quarré enrichy de ses moulures, sur lequel l'obelisque estoit assis, comme en son propre siege: & au plus hault, sur la poincte de l'obelisque estoit ordinairement attachee vne boule de cuiure doré, & sur icelle la statuë du defunct, en l'honneur de qui l'obelisque estoit faict, ou bien la figure d'vn des Dieux ou Deesse que le Paganisme adoroit anciennement.

16. Reste à dire vn mot des colomnes: aucunes desquelles seruoient aux bastimens publiques ou particuliers: les autres estoient separees de tout bastiment, & n'estoient faictes que pour seruir de memoire à la posterité: & y en auoit de si grãdes, qu'elles n'estoient aucunement commodes en edifices. Telles estoient celles que l'on employoit pour sepulchres aux defuncts, & les composoit-on des pieces qui ensuiuent.

Premierement on preparoit vn plan quarré, comme vn perron releué de plusieurs degrez en nombre impair, sur le milieu duquel

Ll

estoit assis vn piedestal quarré, qui souftenoit vn autre vn peu moindre: l'vn & l'autre orné de moulures propres, selon l'ordre que la colomne tenoit en l'architecture. Quelques-vns (pour donner plus de grace & de relief à l'ouurage) interposoient entre les deux piedestals vn gros plinthe quarré & vny: au front duquel par ses quatre costez se grauoient plusieurs figures, soit de la vie du defunct, ou de quelque fable ou histoire antique. En apres vient la base, assise sur le second piedestal: puis le corps ou verge de la colône que les Grecs appellent σῦλος, portant son chapiteau. Et sur iceluy l'architraue, la phrise, & la corniche. Finalement le siege de l'image: laquelle en memoire du defunct estoit assise au plus hault de l'ouurage, representant le naturel en tant que faire se pouuoit.

17. De ces colomnes, il y auoit trois sortes differentes en grandeur. Sçauoir grandes, moyennes, & petites: Entre les grandes il s'en est trouué de telles, qu'elles alloient quasi du pair auec les Mausoles: aussi n'appartenoient-elles qu'aux Princes. Il s'est trouué des ouuriers qui ont fait des tiges de colônes de cent pieds de hauteur, & les ont reuestu tout autour de figures de quelque histoire. Et ce qui est encore plus admirable, c'est qu'ils les ont ouuert & percé d'vn bout à l'autre par degrez faicts en forme d'escalier à viz, pour dôner moyen de monter iusques à la sommité. *Fuêre qui columnæ altitudinem ad pedes* *Lib. 8. de re edif. c. 3.* *centenos duxerint*, dit le sçauant Albert, *totamque circum asperam signis & rerum historia conuestitam reddiderint, introrsusque gradus ad cocleam scalpserint, quibus ad summum vsque conscendas.* Telle estoit la colomne tant renommee: qui contenoit en ouurage de relief les principaux subiects de la vie de Trajan, si bien representez par figures, & si doctement interpretez par Alfonsus Ciaconus. Sur ces colomnes de telle *In historia vtriusque belli Dacici.* hauteur, on se contentoit d'asseoir vn chapiteau Toscan ou Dorique qui sont les plus simples de tous: sans poser, ny asseoir au dessus aucū ornement: mais en matiere de petites colonnes ou mediocres, on faisoit tousiours regner par dessus vn architraue, vne frize, & vne corniche, auec les autres ornemens requis. Toutesfois tant aux grandes, qu'aux mediocres, ou aux petites, on esleuoit quelque chose au dessus, pour seruir de base ou assiette à la statuë que l'on y vouloit asseoir.

DE DEVX AVTRES SORTES DE
Sepulchres du rang des mediocres.

CHAP. XXXVII.

DE L'EMPIRE. LIV. II. 267

1. Piles, quelle sorte de sepulchre.
2. Coffres de deux sortes. Exemple de la premiere sorte.
3. Premier exemple de la seconde sorte
4. Second exemple à Reims.
5. Troisiesme exemple à Paris.
6. Coffres pourquoy dicts Sarcophages.

1. ENTRE les sepulchres mediocres nous rangerons les piles ou pilastres, & les coffres, qui ont seruy non seulement pour gens de mediocre condition, mais aussi quelquefois pour des grads Princes & Princesses: voire pour quelques Imperatrices Romaines.

Les pilastres sont colomnes irregulieres, ainsi nommez à cause qu'ils ne tombent en aucun des cinq ordres d'architecture, pour estre par trop courts, gros & massifs. Ces pilastres sont, ou ronds, ou quarrez. Les ronds se nomment par les Grecs κιονες ου στύλοι: & les quarrez πλάται. d'où vient que Pline appelle les pilastres quarrez, qui sont de pierre *Stelas lapideas*. De la premiere espece est le gros pilier rond du tombeau de Pacuuius, Poëte fort ancien, qui se trouue encore à Rome, tel qu'il nous est representé dans le liure des tombeaux de Tobias Fendt, Peintre & graueur de Pologne. Ce Pilastre n'a que trois diametres de sa partie basse, & est recouuert d'vn chapiteau Doric. *Philander ad Vitruu. l.2. c.11. Lib.6. c.28. nat. hist.*

2. Pour ce qui est des Coffres, c'est ce que le Iurisconsulte Caius & autres Auteurs appellent *Arcas*. Ce sont pieces quarrees ouuertes par hault, & approfondies en forme d'vn coffre: Et s'en trouue de deux façons: de terre cuitte, & de marbre. Les plus communs sont ceux de terre cuitte, ou tuile batuë. On en trouue en plusieurs endroits, specialement en Champagne. I'en ay veu neuf entre autres, qui estoient longs de six pieds, & large de deux: qui furent trouuez il y a quinze ou seize ans dans vn petit mont prés le village & Chasteau de Neufulise, à six lieües de Reims sur la riuiere de Retourne: dans chacun desquels estoient estendus les os d'vn homme mort, auec vne espee: & prés de leur espaule senestre, vn petit vaze de terre, plein de certaine liqueur huileuse, que les bonnes gens du païs pensoient estre de l'eau beniste. *l.1. ff. de re-lig. sumpt. fun.*

3. Pour les coffres de marbre, ils sont faicts de grand quartiers de pierre d'vne seule piece, que l'on approfondissoit à coups de ciseaux, par vne ouuerture capable de contenir vn ou plusieurs corps, auec des habits precieux, des bagues & joyaux, que ceux qui y estoient ensepulturés auoient aimé pendant qu'ils estoient en vie. Tel estoit celuy que Marlianus a veu & descrit, trouué en l'Eglise de sainct Pierre, que l'on appelle maintenant la chapelle du Roy de France en la ville de Rome: Ce coffre a huict pieds & demy de lon-

Ll ij

gueur, cinq de largeur, & six de profondeur : dans lequel Marie femme de l'Empereur Honorius a esté mise en sepulture. Il ne restoit dans iceluy du corps de cette Princesse que les os des jambes, quelques vnes de ses dents, & quelque peu de ses cheueux : Mais on y trouua des vestemens Imperiaux, dont on tira trente six liures d'or en les mettant au feu. Et auec cela plusieurs vaisseaux de Chrystal & d'Agate, grand nombre d'anneaux accompagnez de pierres precieuses, vne Esmeraude où estoit engrauee la teste d'Honorius, & plusieurs autres richesses que vous verrez plus particulierement dans les Inscriptions de Gruterus, qui remarque, qu'il y auoit vne Bulle en forme de nos Agnus Dei, autour de laquelle estoient escrits ces mots : *Maria nostra Florentissima*: & vne lame d'or qui portoit engrauez ces noms d'Anges, *Michael, Gabriel, Raphael, Vriel*. Et qu'en l'vn des costez estoit graué dans le marbre, *Domino nostro Honorio*. Et en l'autre, *Domina nostra Maria*.

pag. 287. 4.

4. De ce genre de tombeaux est vn coffre de marbre blanc faict d'vne seule piece, qui se voit en l'Eglise & Monastere de S. Nicaise en la ville de Reims, qui a seruy de tõbeau à Iouin, autrefois maistre de la Caualerie & Infanterie Romaine, viuant souz le regne des enfans de Constantin : duquel Ammian Marcellin, faict assez frequente mention. Ce seigneur aymant le sejour de la ville de Reims, y fit bastir vn Palais pour sa demeure, & vne Eglise à l'honneur des saincts Martyrs, Vital & Agricole : depuis dediee souz le nom de S. Nicaise, en laquelle il choisit sa sepulture. Ce coffre est vne des plus belles pieces de France pour sepulture antique. Elle a sept pieds en longueur, quatre en largeur, & autant en profondeur : elle est taillee à plain relief en sa face anterieure : & represente vne Chasse signalee, autrefois faicte par quelque Empereur ou grand Seigneur Romain, que l'on voit à cheual, eslançant vn jauelot contre vn grand Lyon ja transpercé d'vn autre jauelot depuis la gorge iusques au costé senestre, où le fer luy sort d'entre deux costes. Autour de ce personnage, sont plusieurs figures à cheual, deux desquelles qui tiennent le costé droict de la pierre, semblent se presenter Meleager & Athalante : dautant qu'és tombeaux anciens la chasse du Sanglier Caledonien estoit souuent figuree, comme Claude Guichart le remarque dans son liure des funerailles. Il y a plusieurs bestes sauuages qui gisent comme mortes sur le champ qui seruent d'enrichissement à l'œuure.

Pag. 119.

Monsieur Colin, Chanoine & Tresorier de l'Eglise Metropolitaine de Reims, qui nous a donné en François quasi tous les œuures Latins & Espagnols de Grenade, homme fort entendu au faict des medailles & pieces antiques, m'a dit maintefois qu'il estimoit que la chasse representee en ce marbre exquis, estoit celle tant renommee que l'Empereur Hadrian fit en la Lybie voisine d'Egypte, en laquelle il tua de sa propre main vn Lyon terrible & espouuantable, qui donnoit le degast à tout le païs. Dequoy il me donna de tresbonnes coniectures tirees de l'histoire Romaine : L'vne est de Spartian, qui dict, parlant de cet Empereur, *Armis & pilo se semper exercuit. Venatu frequentissimè Leonem manu sua occidit.* L'autre est d'Athenee, qui faict vne remarque particuliere du Lyon Maurusien : & dict qu'vn Poëte de ce temps-là nommé Pancrates, fit voir à Hadrian vne herbe que ceux du païs appellent *Lotos*, laquelle ainsi que par vn nouueau miracle estoit changee en couleur de rose, luy voulant faire croire par flatterie que ce changement de couleur s'estoit faict pour auoir esté arrosee du sang de ce grand Lyon ; & qu'il falloit la nommer Antinoïde, du nom d'vn ieune garçon qu'Hadrian aimoit fort, afin qu'elle fust d'autant mieux recognue, quand elle auroit changé de nom, aussi bien que de couleur. Vous trouuerez tout cela au 15. des Diphnosophistes. Ce qui sert à confirmer encores ces coniectures, c'est que l'on voit pres du Lyon au marbre dessusdit deux figures d'hommes nuds, maigres & descharnez, auec des grosses leures & des cheueux crespez & grezillez à la façon des Mores Affricains, & prés de la figure de celuy qui tue le Lyon, vn ieune enfant nud, portant le casque du Prince en ses mains, que l'on iugeroit estre cet Antinous qui fut tant aimé par Hadrian, qu'il prit bien la peine de le representer luy mesme en marbre blanc, cet Empereur estant vn des meilleurs Sculpteurs, Statuaires, Peintres, Musiciens, Geometriens & Medecins de son temps. *Nam non sermone tantum*, dict Aurelius Victor, *sed exteris disciplinis canendi, psallendi, medendique scientia, Musicus, Geometra, Pictor, Fictor ex ære, ex marmore proximè ad Policletos, & Euphranoras.* Et à la verité ces coniectures de si bonne rencontre m'auoient faict croire la chose estre telle : veu mesme que ie trouuois de surcroit dans Dion, que cet Empereur estoit d'vn si grand trauail, qu'il auoit autrefois tué vn Sanglier grand & puissant d'vn seul coup de sa main. *Tanti laboris fuit vt Suem eximiæ magnitudinis manu sua occiderit.* Or est-il qu'en la mesme pierre de marbre, il y a prés de luy vne hure de Sanglier fort grosse, qui semble cōfirmer toute cette Histoire. Adioustez à cela l'habit, & de luy, & de ceux qui l'accompagnent qui est à l'antique Romaine. Mais cōme depuis deux ans il me prit enuie de cōferer plusieurs medailles d'Hadrian, auec la figure que nous prenions pour luy, nous trouuasmes qu'en toutes ses medailles il porte barbe, & que ladite figure n'ē porte point. Cela nous arresta court pour l'heure : Et plus encore, ce que i'ay rencontré depuis dans le mesme Dion, conforme aux medailles d'Hadrian: Sçauoir qu'il est le premier de tous les Empereurs, qui a laissé croistre sa barbe. Ce que vous trouuerez au 68. liure de son Histoire en ces mots : Ἀδριανὸς τῶν πρῶτος ἤνειαν κατέδειξε. Voila la seule circonstāce entre tant d'autres, qui semble faire vaciller l'opiniō dudit sieur Colin sur les figures releuees dās ce marbre, qui est d'ailleurs fort biē appuyee: Mais soit que cette chasse soit celle d'Hadrian, ou de quelque autre Prince que ie ne sçaurois dire, la piece en est si exquise, & si bien elabourée, que tous les peintres, Sculpteurs & autres gens curieux qui passent à Reims, la voyant n'en peuuent tirer les yeux, & confessent n'auoir rien veu de tel en toute la France.

5. Le troisiesme est aussi d'vne piece de marbre, blanc comme albastre, trouué depuis deux ou trois ans en l'Eglise de l'Abbaye de saincte Geneuiefue à Paris, prés des fondations du chœur du costé du conuent. Cestuy cy a six pieds & demy de longueur, trois pieds de largeur, & deux pieds huict poulces de hauteur. Dans sa face anterieure se voyent vnze personnages à pied, quasi tous de plein relief, les vns nuds, les autres vestus à la Grecque : sans qu'il y ait aucune figure equestre. Les curieux estiment que ce soit la chasse du sanglier Caledonien. Et de faict, le personnage qui en occupe le milieu, semble representer Meleager. Il a le bras dextre rompu, duquel, ainsi qu'il est vray-semblable, il eslançoit vn jauelot contre la beste, qui toute herissee se presente à luy de grande fureur. Non loing de luy est la figure d'vne femme coiffee à l'antique, & reuestuë d'vne robe legere, ceinte & retroussee en chasseresse, à la façon de la Diane d'Ephese. En bas on voit la figure d'vn homme renuersé, & de quelques bestes mortes estenduës sur la place. Au costé droict de la pierre sont deux personnages à demie bosse, & des filets suspendus d'vne perche, qu'ils portent à deux sur leurs espaules. Au senestre se voit vn Chasseur de pareil ouurage, qui lasche vn leurier pour courir. La symmetrie entiere des personnages, & leur cheueleure, ressentent vn peu sa Gothique : Ce qui me fait soupçonner que ce soit vne piece faicte depuis les Constantins, au temps que la sculpture s'en alloit au declin.

Lib. 3. Variarū, epist. 19.

6. C'est doncques en ces coffres où on mettoit anciennement les os : ou les corps des grands seigneurs : & desquels parle Cassiodore, quand il dit: *Artis tuæ peritia delectati, quam in excauandis atque ornandis marmoribus exerces, præsenti auctoritate concedimus: vt te rationabiliter ordinante, Arcæ quæ in Rauennati vrbe ad recondenda funera distrahantur: quarum beneficio cadauera in supernis humata sunt, lugentium non parua consolatio.* Ces pierres ainsi creusees se nommoient autrement Sarco-

DE L'EMPIRE LIV. II.

phages, comme qui diroit Mange chair: d'autant que la chair des corps morts y estoit consommee. Et telle estoit vne pierre en la grande Voye Appienne, d'où ceste Inscription a esté prise.

```
         D.    M.    S.
C. CAERELLIO. C. F. FAB. PVLCHERIANO. SABINO.
VIX. AN. LXXI. M. IIII. D. VIII. H. VII. C.
CAERELLIVS. RAVCVS. SABINVS. SARCOPHAGVM. FECIT.
MARMOREVM. VI. NONAS MAI.
M. IVNIO. SVLLANO. ET. L. NORBANO. BALBO.
       COS. H. M. D. M. A.
```
Grut. 1041. 14.

DES SEPVLCHRES DES GENS POPVlaires, & de basse condition.

CHAPITRE XXXVIII.

1. *Risée ou indignation sur les tombeaux és Inscriptions trop superbes de gens de basse condition.*
2. *Tombeaux ordinaires de la populace, & les noms d'iceux.*
3. *Loy de Solon pour limiter la despense des sepulchres.*
4. *Des colomnes que l'on appelloit Cyppos.*
5. *De la table ou tombe. Et que veut dire ponere mensam.*
6. *Quel estoit le genre de sepulchre dit Labellum, i. bassin, ou bassinage.*
7. *De plusieurs sortes de sepulchres, ou parties d'iceux, qui ont eu leurs noms des choses à quoy ils estoient semblables.*
8. *De combien de sortes il y auoit de bassinages & description d'iceux.*

1. TOVT ainsi que c'estoit chose honorable aux Princes & grands Seigneurs d'auoir de grands sepulchres: & aux mediocres des moyens, aussi se mocquoit-on des petits compagnons, & gens de basse condition, si apres leurs decez on voyoit leur sepulture couuerte & enrichie de quelques sepulchres magnifiques, & plus somptueux, qu'à leur estat & condition n'appartenoit. C'est d'où sont venus les traicts picquants qui se trouuent dans les Satiriques à l'encontre de Licinus, Barbier d'Auguste, de qui le tombeau assis à deux mil de Rome, *In via Salaria*, égaloit ceux des plus nobles Citoyens Romains de son temps. Dont Varro fit ce Distique plein d'indignation,

Marmoreo Licinus tumulo iacet, at Cato paruo,
Pompeius nullo. quis putet esse deos?

Tel estoit encore celuy de Pallas serf affranchy de Tibere Auguste, basty sur la voye Tyburtine à vn mil de Rome, portant cette Inscription pleine de superbe & d'arrogance.

>TI. CLAVDIVS. AVG. L.
>PALLAS.
>HVIC SENATVS OB FIDEM
>PIETATEM QVE ERGA
>PATRONOS ORNAMENTA
>PRAETORIA DECREVIT
>ET H. S. CENTIES QVIN
>QVAGIES CVIVS HONORE
>CONTENTVS FVIT.

Panuinus in sua Roma.

2. Partant les Citoyens Romains de l'ordre de la populace, se contentoient de sepulchres de peu de monstre & de despense conuenable à leur condition. Et y auoit plusieurs façons de tels sepulchres sur les grands Chemins, signifiez sous les noms qui ensuiuent. *Columellæ, Mensæ, Saxa, Cippi, Labella, Cupæ, Massæ, Ollæ, Ossuaria, Vrnæ, Ampullæ, Phialæ, Thecæ, Culignæ, Laminæ.*

Gutber. l. 2. de iure manium.

3. Or comme en la ville d'Athene, & autres endroicts de la Grece, le luxe & profusion se couloit sur le faict des sepulchres, Solon fut celuy qui en borna la despense. Car il defendit de mettre autre chose sur la sepulture des morts, sinon vne petite colomne, non plus haute que de trois coudees; vne tombe ou table de pierre: ou vne pierre creuse en forme de bassin. Et croy que c'est de Solon & non de Pittacus, comme aucuns ont voulu dire, que Ciceron parle sur la fin du 3. *De legibus*, quand il dit, *sepulchris autem nouis finiuit modum: nam super terræ tumulum noluit quid statui, nisi columellam tribus cubitis non altiorem: aut mensam, aut labellum: & huic procurationi certum magistratum præfecerat.* Puis il adiouste immediatement ces mots, parlant à Atticus: *Hæc igitur Athenienses tui.* Ce qui monstre assez que c'est de Solon qu'il entend parler, Legislateur des Atheniens, & non de Pittacus, qui estoit de Mitylene en l'Isle de Lesbos: quoy qu'en cet endroict il soit parlé de Pittacus, mais en vn poinct seulement, qui est en la defense de faire de grandes assemblees aux funerailles: *Quis habet luctum concursus hominum.* Aussi cela se doit joindre à la suite d'autres loix de Solon, dont il est parlé peu aupatauant & depuis: entr'autres, de la defense faicte par le mesme Solon, de dresser sepulchre à aucun, de plus grande despense, que dix hommes en trois iours ne le peussent faire & parfaire: de les enduire de marbre, ny de
poser

poser dessus des demy statuës de Mercure, de prendre aucune partie de terre labourable, & propre à porter fruicts, pour y faire des tombeaux ou sepulchres: ains que les corps soient mis en lieu sterile, de peur que les morts ne fissent quelque preiudice aux viuans, occupant les lieux qui peuuent seruir à leur nourriture: *Nec enim à viuis, nec à mortuis terræ matris fœcunditas impedienda est.*

4. Mais pour retourner aux tombeaux des gens de basse condition, les noms desquels nous auons specifié cy dessus, il est besoin de dire vn mot de chacun d'iceux pour en monstrer les differences: nous commencerons donc *per Columellas*, qui estoient petites colomnes, presque semblables à ces bouquets ou troncs de pierre, que les Latins appellent *Cippos* : sinon que les colomnes estoient arrondies, & les troncs quarrez, ou de quelque figure irreguliere. Properce parle ainsi des colomnes.

I puer, & citus hac aliqua propone columna.
Et dominum exquiliis dic habitare tuum.

Où il faut noter, que les Exquilies estoient certains lieux hors la porte dicte *Exquilina Porta*, où l'on executoit à mort les criminels: & où les pauures estoient mis en sepulture.

Hoc miseræ plebi stabat commune sepulchrum. — Horat. Lib. 1. Sat. 8.

Ce que Porphyre nous apprend sur ce texte d'Horace,

Post insepulta membra different lupi,
Et Exquilinæ alites. — Od. 9. Epod.

5. Quant aux tables que les Grecs appelloient τράπεζας, & les Latins *Mensas*: c'estoient pierres Quadrangulaires plus longues que larges, assises sur les sepultures des morts: soit à fleur de terre, soit sur quatre bouquets de pierre, releuez de deux à trois pieds ou enuiron. C'est cela mesme que les François appellent des tombes, d'vn mot deriué de τύμβος, qui signifie *sepultura*, ou *sepulchrum*, à proprement parler: que Ciceron neantmoins tourne par le mot de *Bustum*, d'autant que souuent il arriuoit de mettre les corps en sepulture au lieu mesme où ils estoient bruslez: lequel lieu auec les cendres des defuncts on appelloit *Bustum*, & comme le verbe *Ponere* est de commun vsage en toute sorte de sepulchres, pour mettre & edifier: les Latins signifioient la structure, position, ou assiette des tombes des morts, par ces mots, *Ponere mensam*. Cette Inscription qui se trouue à Milan seruira pour exemple.

Grut. 850. 6

M.   M.
MINICIAE RVFINAE
INNOCENTISSIMAE FEMINAE
QVAE VIXIT ANNIS XXII.
MENSE VNO DIEB XXIIII.
MINICIA DOMITIA SORORI
POSVIT MENSAM CONTRA
VOTVM.

6. *Labellum* eſtoit vne pierre creuſee en forme de baſſin de fontaine, que les Latins appelloient autrement *Arcam* ou *Arculam*. Les Grecs meſme l'appelloient πυαλον en matiere de ſepulture: comme il eſt arriué, que pluſieurs choſes faictes pour conſeruer les reliques des morts, ont eu leur nom de certaines choſes, auſquelles elles eſtoient ſemblables.

7. De là ſont venus les noms de *Cupa*, *Dolia*, *Maſſa*, *Olla*, *Vrna*, *Vrnula*, *Phiala*: & quelques autres qui ſignifient non des ſepulchres entiers: mais parties de ſepulchres: comme vaiſſeaux, dans leſquels on reſſerroit les os ou les cendres des corps bruſlez, à la maniere des anciens Grecs & Romains. Et neantmoins qui ſeruoient ſouuent à part de ſepulchres ou ſepultures, aux perſonnes qui n'auoient pas grands moyens.

8. Mais pour retourner à nos Baſſins, que l'on appelloit *labra* vel *labella*, les vns eſtoient de forme ronde, les autres faicts en ouale, & les autres en quarré. C'eſt à ces derniers, que l'on donnoit le nom de *Arca* ou *Arcula*, pour la ſimilitude qu'ils auoient auec les coffres vſitez és tombeaux, dont nous auons parlé cy deſſus: d'autant qu'ils eſtoient tout ſemblables, excepté que les quatre coſtez deſdits baſſins ne tomboient pas à droict plomb: mais venoient premierement à ſe reſſerrer par le hault, faiſant à l'entour comme vne gorge ou goule, que l'on appelle *gula* ou *gulula* en Architecture. Puis ils ſe renfloient par le milieu de leur pante, pour ſe terminer par bas en ventre arrondy: le tout ordinairement porté ſur quatre pieds de Lyon, ou de quelque autre beſte feroce.

DES INSCRIPTIONS DES
Sepulchres anciens.

CHAPITRE XXXIX.

1. Des Inscriptions des Sepulchres, dictes Epitaphia.
2. Que les plus courtes Inscriptions ou Epitaphes estoient estimez les plus beaux. Exemples d'iceux.
3. Cinq genres d'Inscriptions, soit en vers ou en prose. Exemple du premier genre.
4. Exemple du second, plein de commiseration.
5. Le troisiesme genre de ceux qui sont à la loüange, est le plus commun.
6. Des Tombeaux ridicules, quatriesme genre, & exemples d'iceux. Tombeaux Enigmatiques.
7. Cinquiesme genre d'Inscriptions qui est des infames. Exemples d'iceux.
8. Interpretation de ces lettres D. M. S.
9. Inscriptions morales, où le nom des defuncts n'estoit point.
10. Tesmoignage de Lipsius sur la diuersité des Inscriptions des anciens Tombeaux.

1. CY deuant nous auons dict, que les Sepulchres anciens auoient deux choses en eux, qui pouuoient donner plaisir & delectation aux passans: Sçauoir le corps de l'ouurage, qu'ils appelloient *Formam operis*: & l'Inscription designee souz le nom de *Titulus*. Iusques icy nous auons representé au mieux qu'il nous a esté possible la forme & la figure desdits Sepulchres: reste à dire vn mot des tiltres & Inscriptions d'iceux: lesquelles, d'vn nom propre aux Sepulchres, que les Grecs appellent πίρος, sont ordinairement nommees *Epitaphia*: comme qui diroit Escriture appliquee aux Sepulchres, qui faict vne espece de ce que les Grecs mesmes ont dict Επιγραμμα, qui signifie toutes sortes d'Inscriptions.

2. Quant aux Epitaphes, on les faisoit ou en prose, ou en vers, ou en l'vn & l'autre: Mais de quelque façon qu'ils fussent, les plus courts estoient estimez les meilleurs: afin que les voyagers les peussent lire d'vn bout à l'autre en passant. Ce qui a faict dire à la Cinthie de Properce,

Hoc carmen media dignum me scribe columna.
Sed breue, quod currens vector ab vrbe legat.

Propert. li. 4. eleg. 7.

Platon pour cette consideration entre autres, limitoit les Tombeaux ou Epitaphes faicts en poësie à quatre vers Hexametres: Et tel estoit l'Epitaphe de l'ancien Poëte Ennius, siz sur la voye Appienne: dont la pierre est representee dans les tombeaux de Tobias Fendt, chargee de ces mots,

Lib. 12. de legib.

Aspicite ô ciues, Senis Ennij imaginis formam.
Heic vestrum panxit maxuma facta patrum.
Nemo me lacrumis decoret, nec funera fletu
Faxit, cur? volito viuus per ora virum.

Gellius.

Tel est encore celuy de Neuius autre Poëte quasi de mesme temps, raporté par le mesme Auteur, quoy qu'en autre genre de vers,

Gellius.

Immortales mortales si foret fas flere,
Flerent diuæ Camœnæ Neuium Poëtam.
Itaque postquam est Orcino traditus thesauro,
Obliti sunt Romæ lingua Latina loquier.

En prose on en trouue vne infinité, & de longs & de courts : dont il n'est besoing de raporter icy les exemples, & me contenteray de celuy de Tite Liue qui se voit encore à Padoüe, sur la porte de la galerie du Palais, au dessous de la figure dudit Auteur en cette forme,

OSSA.
TI. LIVII. PATAVINI. VNIVS
OMNIVM. MORTALIVM. IVDICIO
DIGNI. CVIVS. PROPE. INVICTO
CALAMO. INVICTI. P. R. RES
GESTAE. CONSCRIBERENTVR.

3. De ces Inscriptions soit en vers ou en prose, il y auoit cinq genres principaux ausquels elles se pouuoient toutes rapporter : Car les vnes estoient par simple discours, & contenoient seulement les noms de ceux qui estoient mis en sepulture auec quelque bref recit de leur aage, & de l'annee, mois, & iour ausquels il estoient morts : Les autres estoient tout pleins de douleur & de commiseration : aucuns estoient faicts par honneur ; les autres par gausserie : & les autres par ignominie. De tous lesquels, nous apporterons icy quelques exemples. Vous aurez ces deux Inscriptions, pour exemple de la premiere espece.

Roma ex Tobia Fendt.

INFER. D. DEAB. E
C. VIBIVS. ADVLESCENS
INTEMPERATO. AMORE
PERCITVS PVTILLIAE
SEX. PVELLAE. GRATISS
QVOD. ALTERI. VITRO
TRADIT. NON. SVSTINENS
CRVENTO. GLADIO. SIBIMET
MORTEM. CONSCIVIT. VIX. ANN
XIX. M. II. D. IX. HORAS
SCIT. NEMO

Autre,

C. IVLIVS. EPHEBO. DVLCISSIMO
FILIO. SVO. VIXIT. ANNIS. III. ORCVS
ERIPVIT. MIHI. IN. QVO. SPES

4. De la seconde espece, est le suiuant Epitaphe.

D.   M.
ATIMETVS. PAMPHILI. TIB. CAESARIS. AVGVSTI. LL.
ANTEROCIANVS. SIBI. ET. CLAVDIAE. HOMONOEAE
CONLIBERTAE. ET. CONTVBERNALI
PERMISSV. PATRONI
IN. FRONTE. LONGVM. P. V. LATVM. P. IV.

Grut. 607.
4.
Tob. Fendt.

Tu qui secura procedis mente, parumper
Siste gradum quæso, paucaque verba lege.
HOMONOEA.
Illa ego quæ claris fueram prælata puellis,
Hoc Homonœa breui condita sum tumulo.
Cui formam Paphia charites tribuere decoram,
Quam Pallas cunctis artibus erudijt.
Nondum bis Denos ætas mea viderat annos,
Iniecere manus inuida fata mihi.
Nec pro me queror: hoc morte est mihi tristior ipsa,
Mœror Athimeti coniugis ille mei.
ATHIMETVS.
Si pensare animas sinerent crudelia fata,
Et posset redimi morte aliena salus.
Quantulacumque meæ debentur tempora vitæ,
Pensassem pro te chara Homonœa libens.
At nunc, quod possum, fugiam lucemque, deosque,
Vt te matura per Stiga morte sequar.
HOMONOEA.
Parce tuam, coniux, fletu quassare iuuentam.
Fataque mœrendo sollicitare mea.
Nil prosunt lacrymæ, nec possunt fata moueri:
Viximus, hic omnes exitus vnus habet.
Parce: ita non vnquam similem experiare dolorem:
Et faueant votis numina cuncta tuis.
Quodque meæ eripuit mors immatura iuuentæ,
Id tibi victuro proroget vlterius.
ATHIMETVS.
Sit tibi terra leuis, Mulier dignissima vita:
Quæque tuis olim perfruerere bonis.

5. La plus grande partie estoit faicte à l'honneur de ceux au nom desquels estoient dressez les sepulchres. Ce ne seroit iamais fait à celuy qui en voudroit rapporter les exemples : les liures qui sont faicts sur le subiect des anciens tombeaux, en fourniront à suffisance.

6. Quant aux ridicules & faicts par gausserie ou par ignominie, ils n'estoient pas si frequens. C'est pourquoy i'en mettray quelques exemples en cet endroict : & premierement de ceux qu'ils appelloient *Epitaphia ridicula*. Tel est le tombeau d'vn homme & d'vne femme qui toute leur vie auoient esté en querelle ensemble, où l'on voit la femme quereler encore le mary apres sa mort.

Tob. Fendt
& Leo Baptista.
Albert. lib.
8. cap. 4.

HEVS VIATOR MIRACVLVM
HIC VIR ET VXOR NON LITIGANT
QVI SIMVS NON DICO.
AT IPSA DICAM. HIC EBRIVS
EBRIVS ME EBRIAM NVNCVPAT.
NON DICO AMPLIVS. HEV
VXOR ETIAM MORTVA
LITIGAS.

Et cet autre d'vn Heliodore, qui par testament se fit enterrer prés des Gades, en l'extremité du monde Occidental.

Tob. Fendt.

D.   M.   S.
SI LVBET LEGITO
HELIODORVS INSANVS CARTHAGINENSIS AD EXTREMVM ORBIS SARCOPHAGO
TESTAMENTO ME HIC IVSSI CONDIER VT
VIDEREM SI QVISPIAM ME VNQVAM INSANIOR,
AD ME VISENDVM AD HAEC VSQVE LOCA PENETRAVERIT.

Il y en auoit de ce genre qui estoient faicts en forme d'Enigme tel que le suiuant, qui est le dernier de ceux de Tobias Fendt, & qu'il dit estre en la ville de Bologne.

AM.   PP.   D.
AELIA. LAELIA. CRISPIS. NEC. VIR. NEC. MVLIER. NEC. ANDROGINA.
NEC. PVELLA. NEC. IVVENIS. NEC. ANVS. NEC. MERETRIX. NEC. PVDICA.
SED. OMNIA.
SVBLATA. NEQVE. FAME. NEQVE. FERRO. NEQVE. VENENO.
SED. OMNIBVS.
NEC. COELO. NEC. AQVIS. NEC. TERRIS
SED. VBIQVE. IACET
LVCIVS. AGATO. PRISCVS. NEC. MARITVS. NEC. AMATOR. NEC. NECESSARIVS. NEQVE. MOERENS. NEQVE. GAVDENS. NEQVE. FLENS.
HANC. NEC. MOLEM. NEC. PYRAMIDEM. NEC. SEPVLCHRVM.

DE L'EMPIRE, LIV. II. 279

SED. OMNIA
SCIT. ET. NESCIT. QVID. POSVERIT.
HOC. EST. SEPVLCHRVM. INTVS. CADAVER. NON. HABENS
HOC. EST. CADAVER. SEPVLCHRVM. EXTRA. NON. HABENS
SED. CADAVER. IDEM. EST. ET. SEPVLCHRVM. SIBI.

Au rang des Inscriptions faictes pour rire, se peuuent mettre celles qui ont esté faictes pour Epitaphes de quelques bestes: comme celle de la mule de Crassus, composée de mots imitans & contrefaisans les termes des Epitaphes vulgaires, subtilement destournez au subiect de ladite mule: comme vous verrez en l'Inscription suiuante.

DIS. PEDIBVS. SAXVM
CINCIAE. DORSIFERAE. ET. CLVNIFERAE. VT. INSVLTARE.
ET. DESVLTARE. COMMODETVR. PVB. CRASSVS. MVLAE. SVAE
CRASSAE. BENFFERENTI. SVPPEDANEVM. HOC. CVM. RISV.
POSVIT. VIXIT. ANNOS. XI.

Thomas Porcacius l. 3. de funer. antiq.

7. Pour les Inscriptions infames, vous en aurez les deux exemples suiuans, dont le premier, tiré dudit Tobias, est en la ville de Rauenne, & porte ces mots:

F. I. DICAT.
CINERES. ET. OSSA. LAODICEAE. PHILOCAPTAE.
HIC. SITA. SVNT. PERPETVAE. MEMORIAE. FACTI
ET. INFAMIAE. CAVSA. QVAE. INSACIABILI. VENERE
EXHAVSTA. SVBTER. VIVO. VIRO. MORTVA. EST
VIXIT. ANN. XXIII. MENS. VIII. D. III
INFELICISSIMI. PARENTES. TACITO. NOMINE
EXTRA. SORTEM. AD. RVDERA. POSVERE
O. VORAGINEM. EXVRIENTEM.
S. S. S.
E. S T. F. F. F. F. F.
R. R.

L'autre est en la ville de Beneuent, d'vne Pontia, qui se pendit par auarice, apres auoir fait mourir deux de ses propres enfans par poison : comme on voit en cette Inscription rapportee parmy les tombeaux de Tobias Fendt.

PONTIA. T. PONTII. FILIA. HIC. SVM
QVAE. DVOBVS. NATIS. A. ME. VENENO. CONSVMPTIS
AVARITIAE. OPVS. MISERAE. MIHI. MORTEM. CONSCIVI.
TV. QVISQVIS. ES. QVI. HAC. TRANSIS. SI. PIVS. ES
QVAESO. A. ME. OCVLOS. AVERTE.

8. La plus grande partie de ces Inscriptions antiques, portoient ordinairement au front ces trois lettres, ou deux d'icelles : sçauoir, D. M. S. c'est à dire, *Dis Manibus Sacrum.*

Pour signifier que le sepulchre auec le lieu sur lequel il estoit basty, estoit consacré aux Dieux Infernaux, & Ames des Trespassez. La consecration des sepulchres estoit ordinairement designee par lesdites lettres seules : mais quelquefois on trouue les mots entiers, & autresfois à demy escrits. Comme en cetuy-cy, où il y a de la prose & des vers ensemble.

Romæ in Hortis Mediceis. Grut. 726.

```
        DIS.        MAN.
     CLAVDIAE. LEPIDILLAE
     EX PROVINCIA
     BELGICA. AMBIANAE
     FECERVNT. LIBERI
     EIVS LEPIDVS ET
     TREBELLIVS MATRI
             OPTIMAE
     HIC MATRIS CINERES
     SOLA SACRAVIMVS ARA
     QVAE GENVIT TELLVS OSSA
     TEGET TVMVLO.
```

9. Il se trouuoit en autres tombeaux certaines Inscriptions, qui ne faisoient mention aucune des noms de ceux pour lesquels ils estoient edifiez : mais contenoient seulement quelque belle sentence, pour seruir d'exhortation ou admonition aux suruiuans : telle que la suiuante Inscription.

Tob. Fendt.

```
     NVLLI PRAECLVSA EST VIR
    TVS. OMNIBVS PATET. NON QVAERIT DONVM
    NON CENSVM SED NVDO HOMINE
             CONTENTA EST
```

10. Il seroit bien difficile de rapporter les autres à certains genres : autrement il en faudroit faire vn volume entier. Ceux qui auront la curiosité d'en voir dauantage pourront auoir recours aux Recueils que Smetius, Iustus Lipsius, Onuphrius Panuinus, Tobias Fendt, & Ianus Gruterus en ont fait. Et finiray ce discours des tombeaux & Inscriptions qui se voyoiët de part & d'autre sur les grands Chemins, par ces mots dudit Lipsius, qui dit, que le principal ornement d'iceux, *si non in vsu, at splendore & voluptate id fuit, quod monumenta & sepulchra passim ad viam assita, & latus vtrumque prætexebant.* Puis il adiouste, *Quam pulcher ille aspectus viantibus ! quanta & seriorum & iocorum materies : illic illustrium ingeniorum, aut clarorum virorum memoriæ*

& in

DE L'EMPIRE. LIV. II.

& inscriptio: alibi libertorum, seruorum, scortorum superba monumenta: mirari, dolere, illudere, etiam detestari occasio erat. Et quid in tot titulis & inscriptionibus pasim quædam à meliore ingenio, & scita: quædam aliqua nota aut inuentiuncula spectabiles.

DES EDIFICES PROFANES QVI SERVOIENT d'ornement aux grands Chemins de l'Empire, hors la ville de Rome.

CHAPITRE. XL.

1. Edifices profanes diuisez en publics, & priuez: noms des publics.
2. Origine des arcs de triomphe, & ornemens d'iceux.
3. Arcs de triomphe dressez sur les Voyes plus celebres.
4. Deux façons d'arcs de triomphe: de bois, ou de pierre, faicts à l'honneur des victorieux.
5. Arcs dressez à quelques Empereurs.
6. Exemple d'arcs de triomphe erigez prés des portes des villes en Italie.
7. Exemple pour les prouinces de deux arcs de triomphe prés de deux anciennes portes de Reims.
8. Description du premier arc.
9. Description du second.
10. Grands Chemins prenans leur commencement à ces deux arcs de triomphe. Ornemës d'iceux ruinez.
11. Assiette des arcs de triomphe sur les grands Chemins, differente des autres edifices.

1. IVSQVES à present nous auons traité des Edifices sacrez & religieux, qui bordoient les grands Chemins des champs de part & d'autre: Il nous faut maintenant venir aux profanes, lesquels nous diuiserons en deux especes, sçauoir en edifices publics & priuez : Quant aux edifices publics il y en auoit de plusieurs façons qui seruoient d'embelissement tant aux grandes ruës de la ville, que Chemins des champs. A la ville estoient propres les marchez, les basiliques, les curies ou senacles, les theatres & amphitheatres, & les Cirques, & autres dont il sera parlé en la description des ruës militaires de la ville de Rome. Quant aux Arcs de triomphe, ils se dressoient tant aux champs comme en la ville. C'est pourquoy delaissant tous les autres, nous parlerons seulement des arcs de triomphe, qui semblent estre plus particulierement affectez à l'ornement des grands Chemins des champs: encore que l'inuention premiere soit venue & procedee de la ville.

2. Cela se peut coniecturer par la forme desdits arcs de triomphe, d'autant qu'ils sont faicts en maniere de grandes portes de ville tousiours ouuertes & sans vantelles : *Est enim arcus triumphalus* (dict Leon Albert) *veluti perpetuo patens porta.* Et y a de l'apparence que l'inuention de tels edifices procede de ceux d'entre les Roys, ou Empereurs, qui ont agrandy & amplifié l'enceinte de la ville de Rome. Ce que les Magistrats ou Empereurs Romains n'ont pas faict indifferemment : Mais ceux-là seulement, qui auoient acquis quelque Prouince de nouueau à l'Empire : Car de l'agrandissement ou amplification du territoire de l'Empire, procedoit le droict d'agrandir & de dilater le contour des murailles de la ville : Ce qu'ils appelloient *Pomœrium vrbis dilatare.* Or en agrandissant la ville, les vieilles portes n'estoient point abbatues, ains reseruees pour plus grande seureté : afin qu'en vn besoin elles peussent seruir de retranchement pour arrester vne furie d'ennemis. Et d'autāt que ces Portes estoiēt assises en lieu celebre, à raison que les rues qui seruent d'entree dans les villes, sont ordinairemēt les plus larges & les plus belles : on commença à suspendre en icelles les despoüilles prises en guerre, & les marques & enseignes de victoire, que l'on appelle en vn mot des Trophees. Puis peu à peu on inuenta la façon de grauer en pierre & en marbre lesdites despoüilles. Et d'y adiouster des statues d'hommes, des chariots tirez à deux ou quatre cheuaux de front : des victoires ailees : & d'interpreter le tout par certaines Inscriptions composees à l'hōneur & à la memoire de ceux, pour qui lesdits arcs estoient faicts & dediez. Car à l'imitatiō de ces vieilles portes, qui ne seruoiēt plus que de marque d'antiquité, on s'aduisa d'en faire des nouuelles, qu'ils appelloient arcs de triomphe : Arcs, à cause qu'elles estoient voutees en demy cercle : de triomphe, à cause que tels arcs estoient principalement dressez à l'honneur de ceux, à qui le triomphe estoit decerné. On les bastissoit ordinairement sur les grands Chemins des champs, & grandes rues de la ville, par lesquelles passoient les ceremonies du triomphe.

3. Ie ne parleray point icy des arcs de triomphe qui estoient dedans Rome, qui viendront à leur tour auec les autres edifices qui seruoient d'ornement aux grandes rues de la ville. Et me tiendray à ceux de dehors, bastis au beau milieu des champs, ou prés des portes & entrees de certaines villes, tant d'Italie, que des Prouinces. Mais pour commencer par ceux des champs : C'est chose asseuree que c'estoient sur les voyes plus grandes & plus celebres, qu'ils estoient dressez & edifiez de l'ordonnance du Senat & du peuple Romain. Telle estoit la voye Triumphale, dont parle Aurel. Victor. Telle encore la voye Appienne, qui se trouue auoir esté enrichie de

Lib. 8. de re ædific. cap. 6

DE L'EMPIRE, LIV. II. 283

plusieurs arcs de triomphe tres-magnifics. Aussi estoit-ce par cette voye, que la plus grande partie des triomphans estoient conduits dedans Rome, à trauers la porte Capene: d'autant qu'elle estoit ample & spatieuse: bordee de part & d'autre de tres excellents edifices sur la longueur de huict mil Italiques: Et qu'entrant dans la ville de Rome, elle conduisoit les triomphans par vne rue large de mesme nom, droict au Capitole. C'est là, qu'estoit le temple de Iupiter, où les triōphans alloient auant que de se diuertir à autre affaire, pour sacrifier aux Dieux en action de grace de la victoire par eux obtenue.

4. Sur la voye Appienne & autres, on faisoit des Arcs de triomphe de deux façons: Les vns pour seruir à vn triomphe particulier, & pour estre ostez apres que la pompe & les ceremonies du triomphe estoient paracheuees. Ceux-cy n'estoient composez que de bois: & seruoient en partie à loger & receuoir ceux qui estoient spectateurs du triomphe: tels sont ceux que l'on faict à Paris és entrees des Roys & des Roynes: Et tels estoient les quatre qui furent faits en la ville de Reims, lors que le Roy LOVIS à present regnant y fit son entree au temps de son sacre & couronnement. On nomme ces ouurages, *Arcus subitaneos*: d'autant que l'action pour laquelle ils sont faicts, estant acheuee, ils sont subitement ostez de leur lieu: Mais les autres sont faicts à demeurer, pour seruir à la posterité de memoire perpetuelle des vertus & actions genereuses de ceux, en l'honneur desquels ils sont dressez. Ces derniers estoient faicts & composez de marbre, ou autres pierres, enrichis de colomnes, & de tout ce que l'Architecture pouuoit representer de plus beau, & de plus parfaict. Tout ce que nous pouuons apprendre d'vn seul passage de Pomponius Lætus, où il dict, *Inserebantur fere omnes Triumphi via Appia; porta Capena, ea enim via ampla VIII. millibus passuum ab vrbe frequens, ex vtroq; latere habitata, & inde in Capitolium rectum & amplum iter: in qua lignei primum, contunuique arcus, post marmorei, columnis suffulti, vnde multitudo satis commodè triumphum spectare posset.* *In Diocletiano.*

Que si les Capitaines victorieux estoient decedez auant le triomphe, on ne laissoit de leur decerner publiquement, & faire dresser vn arc en recognoissance de leur vertu; comme il fut faict à l'Ancien Drusus, qui mourut en Allemagne: Car entre autres honneurs que le Senat luy decerna, ce fut vn arc de triomphe faict de marbre sur la voye Appienne, auec le nom de *Germanicus* pour luy & sa posterité, pour auoir vaincu les Allemans en plusieurs batailles, où il se porta tres-valeureusement: Suetone nous en laisse ce tesmoignage exprés en la vie de Claudius: *Præterea Senatus inter alia complura, marmoreum arcum cum tropheis via Appia decreuit: & Ger- *Cap. I. in Claudio.*

Nn ij

Lib. 55. manici cognomen ipsi posterisque eius. Dion nous en dict tout autant: *Drusi funus ab ijs qui ordinem equestrem cum dignitate seruabant: & à patricijs in campum Martium est ablatum. Ibi cremati reliquiæ in Augusti sepulchrum conditæ sunt, Germanicique cognomen & filijs datum: honoresque statuarum, fornicum, & honorarij ad ipsum Rhenum tumuli dati.*

5. Ce fut aussi à l'endroit où la voye Appienne se joinct au chemin de Domitian, que le Senat & le peuple fit dresser ce grand arc à l'honneur dudit Domitian, que Statius compare à l'arc en Ciel, en ces vers,

Huius ianua, prosperumque limen
Arcus Belligeri ducis Trophæis,
Et totius Ligurum nitens metallis,
Quantus nubila qui coronat imbri:
Illic flectitur excitus viator,
Illic Appia se dolet relinqui.

Lib. 8. Epig. 65. C'est ce mesme arc que Martial appelle *Arcum ouantem.*
Stat sacer edomitis gentibus arcus ouans.

Tel estoit encore celuy que les habitans de Puzzole firent dresser à l'honneur d'Antonin le Debonnaire, pour recognoissance de ce que par vn don pur & gratuit, il leur donna dequoy reparer le grand, & plus que gigantin ouurage du port & mole de la ville de Puzzol: prés, & à l'entrée duquel cet arc tout de marbre est erigé ainsi que Cyprianus Eichouius nous le faict entendre en ces termes: *In itinere Romæ Cumas Bajas Puteolos. p. 152.* *In cuius ingressu stetit sublimis arcus marmoreus Antonino Pio Augusto quondam à Puteolanis erectus, gratitudinis ergo: quod ad Molem portus restaurandam liberaliter Reip. subuenisset.*

6. Quant aux Arcs de triomphe erigez prés des portes & entrees des villes d'Italie en l'honneur des Empereurs, seront pour exemple les Arcs d'Auguste en la ville de Rimini: & de Trajan en la Marcq d'Ancone, & à Beneuent: desquels nous auons fait ample mention au liure premier de cet Oeuure. Et adiousteray seulement celuy que les habitans de Verone firent eriger en l'honneur de Galienus, qui leur auoit fait ce benefice que de faire reparer les murailles de leur ville: l'Inscription duquel Arc reste encore en son entier, telle que vous la voyez icy,

Smet. fol. 145. n. 8.

COLONIA. AVGVSTA. VERONA. NOVA. GALLIENIANA
VALERIO. II. ET. LVCILLIO. CONS
MVRI. VERONENSIVM. FABRICATI. EX. DIE. III. NON
APRILIVM. DEDICATI. PRIDIE. NON. DECEMBRIS. IVBENTE
SANCTISSIMO. GALLIENO. AVG. N.
INSISTENTE. AVRE. MARCELLINO. V. P. DVC. DVC.
CVRANTE. IVL. MARCELLINO.

DE L'EMPIRE. LIV. II. 285

Où Smetius qui nous donne ceste Inscription, remarque que cet Arc estoit tout aupres de la porte de Verone, que l'on appelle aujourd'huy *porta Barsarea*.

7. Cecy suffira pour exemple des Arcs de triomphe qui se trouuent és villes d'Italie. Pour ce qui est des Prouinces, ie ne doute point que plusieurs n'ayent esté semblablement erigez és anciennes villes libres & confederees, ou és colonies que les Empereurs y ont autresfois estably: desquels ie ne diray rien pour le present: mais ie ne sçaurois passer sous silence deux Arcs de triomphe tres-anciés, que le Senat & le peuple de Rheims ont autresfois fait dresser és entrees des deux portes les plus celebres de leur ville, de toute antiquité recognuës sous ces noms de porte Mars & porte Bazee: ce qu'ils firent en l'honneur (& comme il est à croire) au temps mesme de ce grand & inuincible Prince Iules Cæsar, pour recognoissance de ce que par sa faueur ils auoient succedé à ceux du Duché de Bourgongne, (que I. Cæsar appelloit *Sequanos*) à la Principauté d'vne grande partie des Gaules: & qu'ils estoient aussi auant en ses bonnes graces, que ceux d'Autun, qui s'appelloient freres des Romains: ainsi que l'on peut voir en plusieurs endroicts des Commentaires de la guerre des Gaules: où il est dit (entr'autres choses) *Sequani principatum dimiserant: in eorum locum Remi successerant*. En ce temps le peuple de Reims & du païs Rhemois, estoit gouuerné en estat Democratic, eslisant par chacun an vers le primtemps les Magistrats, par lesquels, & la ville, & le païs estoit gouuerné, cóme on peut colliger desdits Commentaires: Quoy que ce soit ces Arcs ou portes sont tres-anciennes, puis que l'on trouue par escrit, que S. Sixte & S. Sinice nos premiers Archeuesques, venans de Rome à Reims pour y prescher l'Euangile, s'y arresterent d'autant plus volontiers, comme ils apperceurent en y entrant, des Auspices & marques de leur nation figurez de relief en ses portes: qui ne sont autres, que les figures entaillees és arcs de triomphes dessusdits.

Lib. 2. & 6.

Es anciens Manuscrit de leur vie.

8. De ces deux portes, l'vne estoit à la partie Septentrionale de la ville, à present entierement ruinee. Mais l'Arc de triomphe fait prés d'icelle, est encores en son entier. Et semble que du temps de Floart, Historien de l'Eglise de Rheims, ledit Arc seruist comme de porte à ladite ville. Car voicy comme il en parle: *Probabilius ergo videtur quod à militibus Remi patria profugis vrbs nostra condita, vel Remorum gens instituta: & editior porta Martis, Romanæ stirpis, veterum opinione, propagatoris ex nomine vocitata, priscum ad hæc quoque nostra cognomen reseruauerit tempora. Cuius etiam fornicem prodeuntibus dexterum, lupæ Remo Romuloque paruis vbera præbentis fabula cernimus innotatum: Medius autem duodecim mensium iuxta Romanorum Institutionem panditur ordinatione desculp-*

Lib. 1. hist. Ecclesiast. Remen. s. 2.

Nn iij

ptus. Tertius, qui & sinister, cycnorum vel anserum figuratus auspicio. Nautæ siquidem cycnum bonam prognosin prodere ferunt, vt Æmilius.

Cycnus in auspiciis semper latissimus ales.

Hanc optant nautæ, quia se non mergit in undas.

Nous sommes contraints d'auoir recours à ce texte, qui dépeint si naïuement les trois arcades de ceste ancienne porte, d'autant qu'elle fut comblee de terre dés l'an 1544. comme i'ay trouué par certains memoires, & l'est encore iusques à present, au grand regret des curieux. Vray est qu'en l'annee 1595. l'arcade dextre fut à demy descouuerte: où ie vy la figure de la Louue Romaine, & des deux petits enfans Remus & Romulus, dans le plat fond de la voute: & de part & d'autre dans deux quadrangles qui occupent les pendans d'icelle voûte, les figures de Faustulus & d'Acca Laurentia, que l'on dit auoir souftrait ces deux enfans à la Louue, & les auoir nourry iusques à l'aage de dix huict ans. Quant aux douze mois de l'annee, figurez dans la voûte du milieu: & aux Cignes ou Oyes sacrees de la troisiesme voûtes, ie ne les ay point veu: mais on peut dire que les figures representees en toutes ces trois voûtes, rapportent quelque chose de la race & des actions ou auantures de Iule Cæsar. Car les images de Remus & Romulus nous representent deux personnes, tirees de mesme origine que Iules Cæsar: attendu que ces deux personnages sont naiz par vne longue suite de Rois, du Prince Troyen Æneas, duquel est issu Procas pere de Numitor & d'Amulius: & de Numitor, Rhea Siluia, mere de ces deux Gemeaux. Aucuns disent qu'elle conceut ces deux enfans du Dieu Mars, dont cette ancienne porte a le nom. Ce qui estoit cõmunément receu par les Romains, encore que quelques-vns ayẽt escrit que ces deux enfãs estoiẽt procreez d'Amulius mesme, que l'on tenoit pour oncle de leur mere: & qui les feit exposer nouueaux naiz à la mercy des ondes. Or est-il que la race des Iules (laquelle Tullus Hostilius transporta dedans Rome, ayant ruiné la ville d'Alba) estoit originaire de Iulus, fils dudit Ænee, & fondateur de ladite ville d'Alba: ainsi que nous apprenons de Cornelius

Lib. 4. Annal. Tacitus, qui dit que *Origo Iuliæ gentis Aeneas, omnésque Albanorum Reges, & conditor Vrbis Romulus.* Ce que L. Viues confirme parlant ainsi:

In additis ad Sueton. Sueto. in Iul. Cæs. cap. 81. *Iuliam gentem pro indubitato creditur ab Iulo Aeneæ filio Manasse: qui Lauinio relicto albam longam condidit. In qua & regnauit, eo mortuo cum ad Ascanium Lauiniæ atque Aeneæ filium Latinum rediisset regnum, cura sacrorum ceremoniarumque Latinæ ac Troianæ gentis, penes sobolem Iuli mansit: ex qua sunt Iulij.* Ce que Virgile confirme au 6. de son Æneide parlant de Iules Cesar mesme, & tirant particulierement son nom dudit Iulus en ces mots,

Iulius à magno deductum nomen Iulo.

DE L'EMPIRE. LIV. II.

Quant aux douze Mois, on sçait assez par le tesmoignage de Suetone, de Dio Cassius, & de plusieurs autres, que ce fut ce Prince, grand d'esprit aussi bien que de corps, qui reforma l'annee à l'aide des plus grands Philosophes & Mathematiciens de son temps: & qui reduisit les douze Mois au nombre des iours qu'ils ont maintenant. Pour ce qui est des Cignes qui ne plongent iamais sous les eaux, ils y furent mis en memoire du danger que Iule Cæsar courut prés du Phare d'Egypte, raconté par les mesmes auteurs, lors qu'estant contraint de se ietter en mer reuestu de sa robe de pourpre, il s'en défit si dextrement, & nauigea de telle force & adresse iusques à vne barque qui le receut, que mesme certains papiers qu'il tenoit en l'vne de ses mains, ne furent pas seulement mouillez de l'eau marine: *Atque ita præsens periculum effugit*, (ainsi que parle Dion) *ne madefactis quidem inter natandum, quos sinistra manu tenuerat libellis.*

Sueto. in Iul. Cæs. cap. 40.
Dio. lib. 43.

Lib. 42.

9. Tout ainsi donc qu'en ce premier Arc de triomphe Septentrional, les Remois grauerent les marques de la race paternelle de Iules Cæsar, qui se vantoit d'estre descendu d'Anchise par Enee, Iulus, & le Dieu Mars. Aussi ne faillirent-ils pas de figurer dans l'autre arc opposite, les recognoissances de sa race maternelle: Car il se disoit luy-mesme proceder de la Deesse Venus mere dudit Anchise. Cet Arc second est encore en veuë de tout le monde: non pas en son entier, mais plus qu'à demy ruiné: dautant que des trois voûtes dont il estoit composé, il ne reste plus que celle du milieu, & quelques vestiges des deux autres sur les deux aisles. Cet Arc second estoit pareillement basty prés d'vne ancienne porte de long temps ruinee, que nos peres appellerent premierement *Portam Collatitiam*, en Latin (comme S. Remy la nomme en son Testament) & en leur langue Porte Collectice: *Fortè à conferendis mercimoniis*. Elle fut depuis le Christianisme appellee *porta Basilicaris*: d'où luy vient le nom de porte Bazée & Bazeil: comme portent les anciens papiers & registres de la ville: à cause que c'estoit par cette porte que l'on alloit *Ad primas Christianorum Basilicas*: C'est à dire, aux premieres Eglises des Chrestiens, qui estoient bastis hors la ville, à vn demy quart de lieuë ou enuiron: & qui sont à present encloses dans l'enceinte d'icelle: le pourpris des murailles ayant esté agrandi & dilaté iusques là, depuis 400. ans. En sorte que ledit Arc (quoy qu'il n'y ayt iamais eu ventelles, pont leuis, ny marque aucune de portes de villes) en a neantmoins retenu, & retient encore le nom de porte Basee: separant ce qui est de l'ancienne Cité de Rheims, d'auec les parties qui y ont esté adioustees *per Pomerÿ dilatatationem*.

Cet arcade restant, peut auoir vingt-cinq pieds de hauteur du rez de chaussee: dont la voûte est portee sur les deux grosses piles qui tenoient le milieu des quatre qui sont ordinaires aux Arcs de triomphe, ayant quelque huict pieds d'espesseur. Chacune de ces piles estoit accompagnee de part & d'autre de colomnes striees ou canelees, qui n'auoient de saillie que moitié de leur corps : ainsi que l'on voit par les restes de leurs stiles. L'arcade est ornee par le dehors de sa rondeur, de grandes fueilles d'Achante grauees dans les bords exterieurs de ladite arcade. Mais au dessous de la voûte, y a vn plat-fond quarré, & enuironné de bordures chargees de roses grauees à l'antique: dans le quarré ou plat-fond de ladite voûte, se voit vn triton dont la partie d'embas finissant en poisson fait plusieurs tours & circonuolutions en forme de roulots, sur l'vn desquels est assise vne Venus toute nuë, qui tient le Triton embrassé : tout en la mesme sorte que Nonnus Poëte Grec, nous l'a dépeint au premier liure de ses Dionysiaques. C'est où il descrit l'enleuement de la belle Europe portee sur le dos d'vn Taureau à trauers les ondes sans estre mouillee. En sorte que la voyant on eust dict que c'estoit Thetis, ou Galathee, ou la femme de Neptune : ou bien la Deesse Venus assize sur le dos d'vn Triton.

Η Θέτις, ἢ Γαλάτεια ἢ εἰνάλιη ἐποχιμένη.
Η λοφιῇ Τείτωνος ἐφεζομένη Ἀφροδίτη.

Sur le bout de la queüe du Triton, releuee en hault, & fourchee en deux parties, est pareillement assis Cupidon fils de Venus, auec ses aisles estendues. Ce qui confirme d'autant plus, que c'est l'image de Venus, & non d'autre, qui se trouue assise sur le dos de ce Triton. Or que Iules Cæsar se vantast d'estre descendu de Venus, il en appert par la qualité de mere, qu'il donnoit à la Deesse, l'appellant *Venerem genitricem*. Et à ce propos, le Poëte Properce faict vne priere à Venus, de conseruer Auguste Cæsar, fils adoptif de Iules, comme dernier de la race d'Eneas son fils : & appelle ledit Auguste sa progeniture en ces mots:

Lib. 3.
eleg. 4.

Ipsa tuam prolem serua Venus, hoc sit in æuum,
Cernis ab Aenea quod superesse caput.

Voila donc Mars & Venus, assez recognus pour chefs de la famille des Cæsars. Et partant ces vers de Rutilius Gallicanus conuiennent mieux à cette race qu'à tout le reste du peuple Romain.

Itinerarij
lib. 1.

Auctorem generis Venerem Martemque fatemur,
Aeneadum matrem, Romulidumque patrem.

Quant à Iules Cæsar, il recognoissoit en sorte la Deesse Venus pour sa mere, que ce fut en son honneur qu'il fit vœu de construire vn Temple ; estant prest à combatre à l'encontre de Pompee en la plaine de Pharsale, si par son moyen il en emportoit la victoire. Et de faict, pour s'acquiter de son vœu apres la bataille, il dressa ce
Temple

Temple au marché qui de son nom est dict, *forum Cæsaris*, assez prés de la voye sacree: comme nous apprenons d'Appian Alexandrin. Il embellit ce Temple de Tableaux de grand prix, & de statues singulieres. Entre lesquelles paroissoit sur toutes au lieu le plus celebre l'image de marbre blanc de *Venus Genitrix*, qu'il fit faire toute armee comme vne Pallas: de laquelle Archesilaus, excellent ouurier de son temps, fut le sculpteur, à qui Cæsar ne donna pas loisir de l'acheuer, tant il eut haste de la dedier: ainsi que nous apprenons de ce passage de Pline. *ab Archesilao factam Venerem genitricem in foro Cæsaris: & priusquam absolueretur festinatione dedicandi positam.* Voila donc ce qui est graué dans ladite porte Basee: Et ne sçay comment André Theuet, escriuant des portes de la ville de Reims, a pris ledit Triton, ou la figure assise dessus son dos, pour vn Bacchus: principalement apres s'estre vanté de l'auoir veu.

Lib. 35. nat. Hist. cap. 12.

9. I'adiousteray pour fin de ce discours, qu'il y a deux des grands Chemins faicts par Agrippa, qui prennent leur commencement de ces deux arcs de Triomphe, dont l'vn dans le testament de sainct Remy se nomme *Via Cæsarea*, dés le temps qu'il fut fait: partie duquel est enclose dans la ville, auiourd'huy recognue souz le nom de ruë du Barbatre. C'est à l'endroit où sainct Remy faict vn legs testamentaire à l'Eglise de sainct Maurice, assize sur ledit grand Chemin, en ces mots, *Titulo sancti Mauricij in Via Cæsarea solidos duos.* Les ornemens qui embelissoient ces deux arcs comme Piedestales, Bazes, Chapiteaux, Architraues, Frizes, Corniches, & Inscriptions, ont esté pour la pluspart ruinez par le temps: ne restant plus que quelques bouts d'Architraue, & de colomnes qui se soient conseruez, pour estre faicts de la mesme pierre dont les piles sont basties.

10. Au reste il y auoit ceste difference entre les arcs de Triomphe, & tous les autres edifices bastis sur les grands Chemins, que ceux-cy estoient rangez de part & d'autre le long d'iceux, & en bordoient les deux costez: Mais les arcs de Triomphe estoient construits tout à trauers, & en occupoient plus que la largeur entiere, à cause des deux moindres ouuertures qu'ils iettoient de part & d'autre ainsi que deux aisles.

11. Car il faut entendre, qu'és endroits où l'on designoit vn arc de triomphe, on eslargissoit le grand Chemin de part & d'autre, & luy donnoit-on cinquante coudees ou enuiron, sur quelque longueur competante. Des cinquante coudees, le corps de l'Architecture dudit arc en comprenoit les vingt-cinq du milieu: Et quant aux vingt-cinq autres, il en restoit douze & demy de cha-

Oo

cun costé pour les passans, afin de n'interrompre par la frequence du Peuple, l'ordre des Triomphes. Les vingt-cinq coudees du milieu se distribuoient en apres en huict parties egales, dequoy les deux se donnoient à la grande ouuerture du milieu ; qui estoit tousiours faicte en arcade : puis aux quatre piles à chacun vn huitiesme, & autant à chacune des deux ouuertures collaterales : Par ce moyen l'arc de triomphe estoit semblable à vn pont composé de quatre grosses piles, & de trois ouuertures faictes en arcades : dont celles du milieu receuoit dans soy le milieu du Chemin : & seruoit pour la passee des Triomphes, & de tout l'ordre des Soldats & Seigneurs qui suyuoient ou precedoient le victorieux : & qui l'auoient accompagné en la bataille. Les deux autres collaterales estoient pour les Seigneurs & Dames, qui venoient pour voir les ceremonies du Triomphe. Specialement pour les parens & alliez des victorieux, qui les suyuoient iusques au Temple, ausquels ils alloient rendre graces à leurs dieux. Ie ne diray rien icy de la beauté & des ornemens des arcs de triomphe : ny des Colomnes & autres pieces d'Architecture, dont ils estoient enrichis, qui donnoient vn singulier contentement à l'œil, reseruant cela pour le discours general des ornemens, desquels tous les edifices dont nous auons parlé cy dessus, & autres dont nous auons encores à parler, estoient accompagnez.

DES EDIFICES PRIVEZ QVI BORDOIENT les grands Chemins de part & d'autre.

CHAPITRE XLI.

1. *Bastimens des Empereurs & Citoyens de Rome: pourquoy situez sur les grands Chemins.*
2. *Tels bastimens comparez aux Palais des Roys de Perse.*
3. *Maisons magnifiques de Lucullus, & par qui il eut le nom de Xerxes Togatus.*
4. *Palais admirable des Gordians sur la voye Prenestine.*
5. *Villa Cæsarum, maison de plaisance d'Auguste: pourquoy dicte la maison aux Poulles.*
6. *Maison excellente de l'Empereur Adrian prés de Tiuoli.*
7. *Trois maisons des champs de citoyens particuliers, depeintes par Statius auec admirable artifice.*
8. *Tesmoignages sur la grandeur de telles maisons.*
9. *Que la multitude de tels Palais a reduict des grandes villes en petites Bourgades.*

1. APRES les edifices publics, qui se trouuoient sur les grands Chemins de l'Empire, suiuent les maisons & bastimens des Empereurs, des Seigneurs, & Citoyens de la ville de Rome: voire des serfs affranchis, dont la magnificence ne donnoit pas peu d'estonnement & d'admiration aux passans. Et les faisoit-on construire, eriger & bastir prés des grands Chemins pour deux causes principales: l'vne pour y aller à l'aise par dessus ces chemins plains & vnis, où il faisoit bon de voyager en tout temps: l'autre afin que les ouurages fussent d'autant plus cognuz & admirez, comme la multitude des passans estoit plus grande & plus frequente par lesdits chemins pauez, que par d'autres.

2. Ces maisons meritoient bien d'estre mises en lieux pour estre veuës, estans plusieurs d'icelles basties auec telle magnificence que Strabo les compare auec les Palais admirables des Rois de Perse, tant vantez par l'antiquité. C'est au liure 5. de sa Geographie, où parlant des quarrieres voisines de la ville de Pise, & de la Ligurie, il dit que l'on en tiroit vne quantité fort grande de pierres à bastir: mais que les Romains les espuisoient és bastimens de leurs maisons

Oo ij

de la ville, & de leurs metairies des champs: metairies esquelles (à la mode des Perses) ils bastissent des Palais Royaux. *Villas* (dit cet auteur) *in quibus more Persarum Regias quasdam struunt.*

Plutar. in Lucullo sub finem.

3. Tels estoient les Palais de Lucullus: principalement celuy qu'il feit bastir à Bayes prés de Naples. Et pourtant Tubero le Philosophe Stoïque, ayant veu les superbes ouurages qu'il faisoit faire audit lieu le long de la marine, où il y auoit des Montagnes percées à iour, & suspendues en voûtes: & de grands fossez cauez à force, pour faire passer & courir la mer à l'entour de ses maisons, & y nourir du poisson: ayant aussi consideré les grands Palais que ledit Lucullus faisoit fonder & bastir dedans la mer mesme: ce Philosophe l'appelloit *Xerxem Togatum*: comme s'il eust voulu dire, que Lucullus estoit le Xerxes des Romains, qui faisoit pour son plaisir au beau milieu de la paix, ce que Xerxes Roy des Perses fit pour la necessité de la guerre, lors qu'il perça la montagne d'Athos pour faire passer son armee nauale à trauers.

4. Tel estoit encore celuy des Gordians sur la voye Prenestine, où il y auoit vn lieu fait à mode des preaux quarrez de nos Eglises, que les Grecs appellent *Peristilia*, pour estre enuironnez de colomnes tout à l'enuiron. En ce preau ou peristile il y auoit deux cens colomnes de marbre tres-exquis, apportees sur les lieux des extremitez de l'Empire à trauers la mer mediterranee: dont les cinquante estoient de marbre de Caristo en l'isle d'Eubee: cinquante de Siene au fond de l'Egypte: & cinquante de la Numidie en Affrique, sans que l'on sçache d'où venoient les cinquante autres. Dauantage il y auoit trois bastimens Royaux, chacun accompagné de cent autres colomnes tres-rares, auec toute la suite necessaire à telles colomnes, suiuāt les ordres de l'architecture: sçauoir les piedestals, bazes, chapiteaux, architraues, phrises, & corniches, le tout enrichy de ses moulures: auec des bains si beaux & si magnifiques, que (la seule Rome exceptee) il ne se voyoit rien de tel au reste du monde. Iules Capitolin nous dépeint cette maison des champs en ces mots: *Extat Gordianorum Villa Via Prænestina, ducentas columnas vno peristilio habens: quarum quinquaginta Carystiæ Claudianæ, quinquaginta Sienitides, quinquaginta Numidicæ pari mensura sunt. In qua Basilicæ centenariæ tres: cætera huic operi conuenientia: & thermæ, quales præter vrbem, nusquam in orbe terrarum.*

5. Tel estoit encores la maison de plaisance, dicte *Villa Cæsarum*, à neuf mil Italiques de la ville de Rome sur la voye Flaminienne, que l'on appelloit autrement la maison aux Poules: d'autant qu'vn iour Liuia nouuellement mariee auec Auguste, estant assise en ce lieu, il y eut vn Aigle qui laissa tomber vne Poule sur son gyron, qui

estoit entierement blanche: & tenoit en son beq vn rameau de laurier auec ses petits grains.

Les Deuins de ce temps là, qu'ils appelloient *Aruspices*, luy conseillerent de nourrir la poule, & planter le rameau de laurier. D'où auec le temps proceda telle abondance de poules de la race de cette poule blanche, que le lieu fut appellé *ad Gallinas*. Et si la branche de laurier vint à multiplier en telle sorte, que depuis ce temps, ceux qui estoient honorez du triomphe, y venoient cueillir le rameau de laurier duquel ils estoient couronnez en la pompe : & fut obserué pour presage de la mort prochaine de Neron, (qui est le dernier de la race des Cæsars,) que la derniere annee de sa vie & de son Empire, tous ces lauriers vindrent à flestrir : & toutes ces poules à mourir, ainsi que Pline & Suetone le racontent : desquels le premier dit (entr'autres choses) que cela s'est fait, *In villa Cæsarum, fluuio Tyberi imposita, iuxta nonum lapidem Flaminia via, quæ ob id vocatur ad Gallinas*. Or n'y a-il point de doute que ceste maison des Cæsars ne fust l'vne des plus belles & des mieux basties de toutes les autres : d'autant que tout ainsi que Cassiodore dit que l'on iuge de la dignité des hommes par la grandeur de leurs domiciles, aussi peut-on iuger de la splendeur des maisons, par la splendeur & dignité de leurs maistres.

Lib. 15. cap. vlt. Sueton. in Galba c. 1.

6. Mais sur toutes les autres semble exceller vne maison que l'Empereur Adrian auoit prés de Tiuoly, nommee de son nom Ælia, & surnommee du lieu *Tiburtina*. Spartian tesmoigne que cette maison, & les parties dont elle estoit cõposee, portoient les noms auec les images & ressemblances des Prouinces, des plus nobles villes, & des lieux plus renommez de l'vniuers. Car premierement elle s'appelloit du mesme nom que Hierusalem, par luy rebastie de nouueau, & nommee Ælia : & si on y voyoit vn Lycee, vne Academie, & vn Prytanee, comme à Athenes : vn Canopus, comme en Egypte : & des jardins de plaisance, qu'il appelloit Tempe, comme ce lieu delectable de Thessalie : mesmes il y auoit fait depeindre & figurer les Enfers. Voyez ie vous prie comme cet auteur en parle. *Tiburtinam villam mirè exædificauit. Ita ut in ea & prouinciarum, & locorum celeberrima nomina inscriberet : velut Lycæũ, Academiã, Prytaneum, Canopum, Pœcilem, Tempe vocaret : & vt nihil prætermitteret, etiam inferos finxit.*

7. Que si quelqu'vn desire de voir par le menu les beautez & raretez admirables, de telles maisons des champs, qu'ils appelloient *Prætoria & villas*, il ne faut que prendre en main les boccages de Statius, & lire les Poëmes qu'il a intitulé *Tiburtinum Manlij Vopisci, & Balneum Hetrusij*, au 1. liure, auec le *Surrentinum Pollij* du 2. Il verra là des Palais de Citoyens particuliers, surpassans en estenduë de lieu

In Hadriano.

Oo iij

en magnificences d'edifices, & en richesses & subtilité d'ouurages, tout ce que les Rois & Princes d'aujourd'huy pourroient edifier de plus beau. Dauantage, il aura d'autant plus de plaisir en lisant telles singularitez dans ce Poëte, comme il est propre & naïf sur tous autres, en telles descriptions topographiques: Car à l'aide de son art & de son eloquence, il semble faire apparoir aux yeux, aussi bien qu'à l'entendement du Lecteur, les lieux qu'il entreprend de descrire. Domitius son ancien Interprete, a fort bien recognu en luy cette grace particuliere, & faculté naturelle de bien dépeindre & figurer ce qu'il veut, quand il dit: *Papinius ita hanc descriptionis locorum partem excoluit, & variauit: Vt quæ solet esse poematis pars, apud hunc perfectum & elucubratum opus videatis. Nec enim tantùm energiam & repræsentationem loci sectatus est, qua sola solet esse contenta descriptio: sed multa addit variis figuris, quæ supra descriptionis legem in opus consummatum conueniunt. Quod cum alibi tum in villa Pollij describenda spectare licet.*

8. Sous l'Empire de Tibere, le luxe des habits, la superfluité des banquets, & la magnificence des Palais & maisons des champs estoit paruenuë à tel excés, que les Ediles furent comme contraincts pour le deuoir de leur charge d'en faire vne plainte publique au Senat, qui renuoya le tout à l'Empereur lors absent, pour en ordonner à son plaisir. Tibere donc rescriuant là dessus aux Senateurs ce qui luy sembloit de tant de desordres, adresse ses plaintes tout premierement contre les metairies des plus nobles & puissans Citoyens de la ville de Rome, qui occupoient des espaces infinis au milieu des champs au preiudice du labourage. Pour le gouuernement desquelles, & pour le seruice ordinaire des maistres, il falloit vn nombre admirable de seruiteurs de toutes nations: pour la despense, des grandes sommes d'or & d'argent: & pour l'embelissement, tant de statuës & de riches tableaux, que c'estoit chose merueilleuse à voir. En sorte que se trouuant bien empesché par quel bout il commenceroit à remedier à ces maux qui menaçoient l'Empire d'vne prochaine ruine, il dit: *Quid enim, primùm prohibere, & priscum ad morem recidere adgrediar? Villarúmne infinita spatia? Familiarum numerum & nationes? argenti & auri pondus? æris tabularumque miracula?* Et ne faut pas s'estonner si ces maisons estoient si spacieuses en plaine campagne, veu qu'Ammian Marcellin dit qu'il y auoit mesme dedans Rome des estuues si grandes qu'il sembloit que ce fussent des prouinces: *Lauacra in prouinciarum modum extructa:* & Valere le Grand escrit, qu'on estimoit les seigneurs Romains estre logez trop à l'estroict si leurs maisons n'occupoient plus de place que toutes les terres labourables de Cincinnatus autrefois esleu Dictateur par le peuple Romain. *Angusti*

Cornel. Tacit. lib. 3. annal.

Lib. 16.

se habitare nunc putat, cuius domus tantum patet, quantum Cincinnati *rura patuerunt.* *Lib.4. c.4.*

9. La multitude de ces Palais & metairies estoit telle par les Prouinces d'Italie, que plusieurs villes, de grandes qu'elles estoient, en sont decheües en petites bourgades à demy desertes : à raison que telles maisons de plaisances, & les heritages en dependans, en ont peu à peu remply & occupé tout le territoire. Tesmoin la ville de Cumes, autresfois grande & populeuse, comme on peut coniecturer par les ruines des temples, tours, aqueducs, & autres grandes masses d'edifices à present deserts & horribles à voir : ceste miserable ville s'est ressentie de la fortune de beaucoup d'autres citez d'Italie, *Quæ Romæ potentia & amplitudine oppressæ, in obscuros decreuere vicos : maxime cum Campania vniuersa capacissimis Romanorum Principum villis oppleta luxuriaret nimium. Tum Cumæ quasi vacuæ ad secessum tenuiorum ac plebeiorum ciuium patebant, in introitu videlicet Baiarum, & Puteolani sinus ac littoris : quandoquidem horti, prætoria, & villæ locupletissimorum occupassent circumquaque vicinitatem omnem, vt agri nihil Cumanis relinqueretur.* Et ne faut pas s'estonner si chacun vouloit bastir és enuirons : car la ville de Cumes estoit en ce temps-là pleine de toutes commoditez, assize sur vn grand Chemin propre à faire voyage, & en vn des plus beaux païs du monde : qui sont trois poincts remarquez par Baptiste Albert, propres à rendre vne maison des champs celebre & remarquable. *Villæ celebritatem,* dict-il, *dabit vrbis vicinitas, viæ claritas, regionis amœnitas.* Et partant les plus riches citoyens de Rome bastissans à l'enuie sur vn territoire si bon & si plaisant, cette ville en a esté quasi entierement denuee : & n'a rien eu de si contraire à soy-mesme, que les propres biens dont elle estoit douée de nature.

Cyprian. Eichonius in delitijs Italiæ.

Lib.9. de re ædificat. cap. 2.

FIN DV SECOND LIVRE.

A MONSEIGNEVR DE VIC,
GARDE DES SCEAVX
DE FRANCE.

MONSEIGNEVR,

Ce Philosophe, qui par ses escrits admirables s'est acquis le nom de diuin, parlant de Dieu dans son Timee, dit qu'il s'esiouit grandement apres qu'il eut acheué le monde, quand il vit le Ciel tourner et s'esbranler à son premier mouuement: la terre produire, et toutes les autres parties de cet vniuers tendre à la fin que sa sapience eternelle leur auoit prescrite et limitee. I'estime qu'vne pareille ioye tomba dans le cœur d'Auguste Cæsar, apres que par vne entreprise digne de la seule grandeur de son esprit, il eut muny et fortifié toutes les Prouinces de son Empire de grands Chemins militaires, et qu'il y veit le faict des postes bien estably; les passages faciles et aisez à ses armees, et autres vsages tres-necessaires, qui ne se

EPISTRE.

pouuoient mettre sus, que par vne suitte continuelle de tels chemins, depuis le milieu de sa Ville capitale iusques aux extremitez de sa domination. Suitte incognue à nos iours: et que ie confesserois incroyable, si elle n'estoit appuyee des tesmoignages d'anciēs auteurs, et confirmee par les restes qui paroissent encore de ces ouurages admirables. Or comme autrefois ces grands Chemins apporterent de la ioye et du contentement à leur auteur, i'estime que vostre esprit, capable de toutes choses grandes, peut auoir part à ce plaisir, en contemplant la forme et la matiere de ces ouurages, leur nombre et leur estendue quasi incomprehensible, et principalement les grands vsages et vtilitez qui en reuenoient à l'Empire: et qui pourroient en reuenir à la France, si cette inuention se pouuoit remettre sus, sinon par tout, au moins és passages plus communs, et endroits plus necessaires de chacune Prouince. A quoy le Zele que vous portez au bien de l'estat François, pourroit plus que toute autre chose. C'est donc le nombre, la suitte, et la longueur immense de ces grands Chemins, Monseigneur, que ie viens representer à vos yeux dans ce Liure, comme dans vn tableau racourcy: où vous les pourrez voir d'vn traict d'œil partir de Rome: et de là se continuer par l'Italie et par les Prouinces de ce grand Empire, auec telle estendue de pays, qu'en comparaison des choses que

EPISTRE.

l'antiquité a tenue pour admirables, ces Chemins, et les pieces qui en dependent, se peuuent dire l'vnique merueille du monde. Or ie vous presente, Monseigneur, cette parcelle de mon ouurage, pour auec plus de liberté vous tesmoigner la ioye que i'ay receu en mon ame, du bien qui est arriué à toute la France, quand par l'inspiration de Dieu, le Roy par son seul iugement, guidé de vos longs et vtils seruices, vous a esleué en ce hault degré d'honneur, où l'on vous voit maintenant : et où par vos bons et prudens conseils, vous n'acquerrez pas moins d'honneur au maniement des affaires de la France, que feu Monseigneur de Vic vostre frere s'en est acquis en celuy des armes. Outre ce deuoir general, à quoy tous les François sont obligez, i'y suis particulierement tenu, pour l'honneur que depuis trois ou quatre ans i'ay receu de vous, lors que passant à Reims il vous resouuint, et de mon nom, et du peu de seruice que i'auois faict au Roy et à mon pays, en l'ordre et enrichissement des arcs de triomphe, qui furent dressez pour honorer l'entree de sa Majesté venant à son sacre : et qu'il vous pleut me faire appeller, et m'interroger sur quelques antiquitez de la ville de Reims. Dés lors, Monseigneur, il vous pleut m'asseurer de vostre bienueillance : et m'en donnastes de tels tesmoignages, que ie en serois beaucoup failliz, si publiant cet ouurage, ie

EPISTRE.

ne vous en presentois vne partie: qui vous sera sans doute agreable, pour la parfaicte cognoissance que vous auez de l'antiquité, et de tout ce qu'elle à produict de beau et d'excellent. Ce qui me reste, Monseigneur, est de prier Dieu pour vostre prosperité, et qu'il luy plaise, pour le bien de cet Estat, vous continuer en cette grande et illustre chaege, vne tres-heureuse et longue vie. Ce sont les vœuz, que faict,

MONSEIGNEVR,

Vostre tres-humble, & tres-obeissant
seruiteur,
NICOLAS BERGIER.

HISTOIRE DES GRANDS CHEMINS DE L'EMPIRE ROMAIN.

LIVRE TROISIESME.

DE L'ESTENDVE DE L'EMPIRE ROMAIN.

CHAPITRE I.

1. *La longueur & le nombre des grands Chemins de l'Empire font la plus grande partie des merueilles d'iceux.*
2. *Longueur & nombre d'iceux, se doit prendre du milieu de Rome.*
3. *Longueur & largeur de l'Empire sont à presupposer, pour discourir de celle des grands Chemins.*
4. *L'Empire Romain signifié par ces mots: tout le rond de la terre.*
5. *Que les Romains sont allés conquerir des terres hors les communes barrieres du Monde.*
6. *Limitation & restrinction de ces mots à ce qui est de bon & vtile en la terre.*
7. *& 8. Auctorité d'Aristides & d'Appian Alexandrin sur cette restrinction.*

1. C'EST chose qui fait beaucoup à la recommandation des grands Chemins de l'Empire de Rome, que d'auoir eu pour auteurs les plus signalez personnages, & les plus releuez en vertu & dignité de tous les hommes du monde : Tels que les Censeurs, Consuls & Empereurs. C'est d'ailleurs vne merueille des plus grandes, que tant de gens & d'argent, tant de pierres, de cailloux, & d'autres materiaux y ayent esté employez : & que la façon de les mettre en œuure les ait rendu si durables, que

Pp

les vestiges en paroissent encore en tant d'endroicts. Mais tout cela seroit bien peu de chose, s'ils estoient renclos & resserrez dans les termes d'vne ville, ainsi que la plus grande partie des autres ouurages publics: ou dans vn espace de dix, quinze, ou vingt lieuës, comme les Aqueducs. Mais ce qui rend ces Chemins admirables sur tous les ouurages du monde, c'est la longueur immense, & grande estenduë des terres, à trauers lesquelles ils sont conduits: qui est de l'Orient en l'Occident, & du Midy au Septentrion. Encore ne seroit-ce pas si grand cas, s'il n'y auoit qu'vn chemin ou deux de telle estenduë: mais il y en a si grande quantité, qu'il n'est pas possible de les supputer par vn nombre certain, à qui veut faire estat des grands, des moyens, & des petits: estant tres-asseuré, que les liures n'ont fait mention que des plus grands & plus signalez, comme des corps ou troncs principaux: & laissé en arriere vne infinité de bras & de branches qui en dependent, comme chose par trop longue & ennuyeuse à déuelopper par le menu.

2. Aprés donc qu'és deux liures precedans nous auons traicté du mieux qu'il nous a esté possible des auteurs des grands Chemins, de la matiere dont ils sont cōposez, & de la forme dont on s'est serui pour les rendre forts & durables contre les annees: Il faut parler en ce troisiesme liure du grand nombre, & de la longueur admirable d'iceux: & pour ce faire, les prendre en la colomne tant renommee, que l'on appelloit *Milliarium aureum*, plantee par Auguste au beau milieu de la ville de Rome: pour de là, ainsi que de leur source, & premiere racine, les faire sortir à trauers les ruës militaires, portes & fauxbourgs de ladite ville: les conduire par tout és enuirons, & les continuer par des ponts sur les riuieres, & par des ports à trauers les mers iusques aux extremitez de la domination Romaine.

3. Comme ainsi soit donc que l'Empire de Rome est le champ, sur lequel toutes ces Voyes sont dépeintes & tracees, il ne nous est pas possible de former dans les esprits vne conception digne de la grandeur & du nombre desdits chemins, si nous ne representons premierement la longueur & la largeur dudit Empire: ensemble la multitude de ses prouinces, chacune desquelles estoit accommodee & garnie de bon nombre de telles voyes: ainsi que nous verrons au progrez de ce liure. Et c'est chose admirable que le peuple Romain ait esté quasi l'espace de cinq cens ans à luicter comme dans son foüyer à l'encontre des peuples de la seule Italie, tant il a fallu de temps pour decider par diuers combats qui en seroit le maistre: puisqu'és deux centaines d'annees ensuiuantes, il se soit espars à la poincte de son espee par toute l'Europe, l'Asie, & l'Affrique: c'est à dire, par tout ce qu'il y a de beau & de bon au monde. *Itaque mirum*

DE L'EMPIRE, LIV. III.

& incredibile dictu (ce sont les termes de Florus) *qui propè quingentis annis domi luctatus est, adeo difficile fuerat dare Italiæ caput, his CC. annis, qui sequuntur, Africam, Europam, Asiam, totum denique orbem terrarum, bellis victoriisque peragrauit.* Et Polybius remarque que la pluspart de toutes ces conquestes, se firent par les Romains en moins de cinquante trois ans. *Vniuersus propè orbis terrarum sub vnius Po. Ro. Imperium LIII. annis, atque ipsis non totis, fuit redactus.* *Lib. 2. cap. 1.*
Lib. 1.

4. Et ne faut s'estonner, si ces auteurs vsent de ces termes, *totum vel vniuersum orbem terrarum.* Ce sont les mesmes termes par lesquels plusieurs autres ont signifié l'estenduë de l'Empire Romain, *In quo totum orbem terrarum complector,* dit Aristide. Ouide escrit qu'aux autres nations, la terre a esté distribuee par certaine mesure & proportion : mais que l'espace de l'Empire de Rome est celuy du monde mesme. *Orat. 14.*
Tom. 1.

Gentibus est aliis Tellus data limite certo:
Romanæ spatium est vrbis, & orbis idem.

Et Petronius Arbiter, à ce propos,

Orbem iam totum victor Romanus habebat,
Qua mare, qua terræ, qua sydus currit vtrumque. *In Satyric.*

Où il comprend sous les victoires du peuple Romain toute la rondeur du monde : soit en ce que la mer occupe, ou ce que la terre en contient, depuis le Soleil leuant iusques au couchant. Ciceron mesme n'en excepte aucune nation : *Nulla gens est,* dit-il, *quæ non aut ita subacta sit, vt vix extet: aut ita domita, vt quiescat: aut ita pacata, vt victoria nostra Imperioque lætetur:* Sainct Luc au chap. 2. de son Euangile, ne donne point autre nom à l'Empire d'Auguste, que celuy du monde vniuersel. *Exiit edictum à Cæsare Augusto, vt describeretur vniuersus orbis.* Et c'est d'où viennent ces façons de parler assez frequentes. *Romanos orbis dominos, Imperij terminos Orientem, Occidentemque sibi fecisse: solem vtrumq; in eorum Imperio currere.* C'est à dire, que les Romains ont donné l'Orient & l'Occident pour terme à leur Empire : & que le Soleil se couche & se leue dans les limites de leurs terres : suiuant ces vers de Rutilius Gallicanus, adressant sa parole à la ville de Rome, *Appia. Alex. in Proemio. lib. bellorum ciuil. Dionys. Halicarnass. lib. 1.*
Veget. de re milit. lib. 1. c. 8.

Voluitur ipse tibi, qui continet omnia, Phœbus.
Eque tuis ortus, in tua condit equos.

Suiuant quoy Ethicus appelle le Senat & le peuple Romain, *Totius mundi dominos, domitores orbis, & præsules:* Les seigneurs du monde, les vainqueurs de la terre, lesquels ayant penetré par leurs triomphes tout ce qu'il y a sous le Ciel, ont trouué que la terre estoit enuironnee tout autour par l'Ocean : & qu'afin qu'elle ne demeurast incognuë à la posterité, ils l'auoient designee & marquee par *Itinerarij lib. 1.*
In Cosmographia.

Pp ij

ses propres bornes par tout où elle se peut estendre, apres l'auoir subiuguee par leur puissance.

5. Encore la vertu Romaine a-elle plus fait : d'autant qu'elle a franchy les bords communs que la nature auoit donné à la terre continente, & est allé chercher des nouuelles prouinces au milieu de l'Ocean. En sorte qu'Agrippa auoit raison de dire, que les elemens mesmes, sçauoir la terre, & l'eau, estoient passez sous le nom Romain, & s'estoient mis du party de ce peuple victorieux : que la terre se qualifioit du nom de Romaine estant terminee dans l'Empire des Romains : & que plusieurs appelloient le monde entier du nom de monde Romain. Car si nous recherchons ce qui est vray, dit ce Prince, la terre est moindre que l'Empire des Romains, outre les derniers bords de laquelle la vertu Romaine estant eschappee, & s'estant glissée dedans l'Ocean, y est allé trouuer vn autre monde & s'acquerir vne possession toute nouuelle dans la grande Bretaigne, quoy que retranchee des confins de la terre. Finalement ceux qui sont priuez, non seulement de la Cité Romaine, mais aussi de la conuersation des hommes, sont releguez en ce lieu pour y habiter, ainsi que s'ils estoient bannis & exilez hors du monde. L'Ocean a renoncé aux droicts anciens de ses riuages en faueur des Romains, qui ont ja penetré dans la cognoissance de ses plus intimes secrets. Voila comme Agrippa amplifie l'estenduë de l'Empire Romain par des paroles qui sont bien dignes d'estre icy couchees en ses propres mots. *In Romanorum nomen*, dit-il, *elementa etiam transierunt : in quos etiam transiuit orbis terrarum, qui Romano Imperio clauditur & definitur. Denique à plerisque orbis Romanus appellatur. Nam si rerum quæramus terra ipsa, infra Romanorum Imperium est : supra quam progressa Romana virtus vltra Oceanum alterum sibi orbem quæsiuit : & in Britannia, remota à confinio terrarum, nouam inuenit possessionem. Denique quibus ius non solum Ciuitatis Romanæ, sed etiam ipsius propè humanæ conuersationis negatur, illo diriguntur vt illic habitent quasi mundi exules. Cessit Oceanus finibus suis : nouit Romanus, interiora eius petere secreta.* A ceste conception se rapportent ces vers d'vn auteur incertain, parlant de Claudius Empereur, qui premier prit vne possession asseuree de la grande Bretaigne, Iules Cæsar l'ayant pluostost monstree, que domptee.

Apud Hegesippum li. 2. cap. 9.

Ausonijs nunquam tellus violata triumphis
Victa tuo, Cæsar, fulmine procubuit.
Oceanusque tuas vltra se respicit aras.
Qui finis mundo est, non erit imperio.

6. Dionysius Halicarnasseus s'estendant sur ce subjet vn peu plus au long, dict que la ville de Rome commandoit à toute la terre

DE L'EMPIRE. LIV. III.

és endroicts où l'on pouuoit auoir accez; & esquels il y a habitation d'hommes: Mais qui plus est, elle estendoit son Empire sur toute la Mer: non seulement sur celle qui est enclose dans les colomnes d'Hercules, mais aussi sur l'Ocean en quelque endroit qu'il fust nauigable: &c'est la premiere & seule ville depuis la memoire des hômes, qui ait estably l'Oriét & l'Occidét pour terme de sa puissance. Voicy ses propres mots: ἡ δὲ ῥωμαίων πόλις ἁπάσης μὲν ἄρχει γῆς, ὅσην μὴ ἀνέμβατός ἐστιν ἀλλ' ὑπ' ἀνθρώπων κατοικεῖται· πάσης δὲ κρατεῖ θαλάσσης, οὐ μόνον τῆς ἐντὸς Ἡρακλείων στηλῶν, ἀλλὰ καὶ τῆς ὠκεανίδος, ὅσην πλεῖσθαι μὴ ἀδύνατός ἐστι, πρώτη καὶ μόνη τῶν ἐκ τοῦ παντὸς αἰῶνος μνημονευομένων, ἀνατολὰς καὶ δύσεις ὅρους πεποιημένη τῆς δυναστείας. Où il se voit, qu'il attribue toutes les terres & les mers à l'Empire de Rome: auec vne restriction neantmoins bien seante à vn Historien de bonne foy: Car il en excepte les lieux deserts & inhabitez, & les Mers incognues & non encores nauigees. Et à la verité, il faut confesser que ce mot de tout le monde pour l'Empire Romain, tient vn peu de sa synecdoche qui donne le nom du tout à la plus grande partie: Car si nous y prenons garde de plus prés, tous les lieux & regions mesme habitees, n'estoient pas souz l'Empire Romain: d'autant que du costé de l'Orient estoit le Royaume des Parthes: & tout ce qu'il y a de terre entre l'Inde & le Gange, habitee dés lors par les Indiens Orientaux. Il y auoit en outre le Royaume d'Ethiopie au Midy, & l'Allemagne quasi toute entiere vers le Septentrion auec la Poulongne, & terres voisines; recognues en ce temps là souz les noms de Sarmatie & de Scytie, qui n'estoient de la domination Romaine. Pour dire donc ce qui en est à la verité, tout ce qui sembloit estre bon & vtile, & ce qui meritoit la peine d'vne victoire, a esté vaincu & subiugué par le peuple & les Empereurs Romains. Quant au reste, ils l'ont laissé là par iugement & par raison: non pas pour ne l'auoir peu reduire souz leur puissance, ains pour ne l'auoir pas voulu faire. Mais on ne sçauroit denier, que la fleur d'Europe, d'Asie & d'Affrique n'ait esté comprise dans cet Empire, auec les forces des plus braues nations, & les richesses des peuples les plus opulents du monde.

Lib. 1. Antiquit. Rom.

7. Le Rhetoricien Aristides dict fort bien à ce propos, qu'il n'y a ville, nation, port, ny autre lieu, qui se soit peu cacher aux yeux, & soustraire de la puissance des Romains: si ce n'est ce qu'ils reputoient pour inutile, mais que l'extremité du Royaume des Perses à l'Orient: l'Ocean Atlantique à l'Occident: la Mer rouge & les Cataractes du Nil au Midy: & les Palus Meotides au Septentrion, que l'on tenoit auparauant pour les quatre bouts du monde, seruoient de son temps comme de clos & de ramparts à la ville de Rome. Et quant à l'Ocean, que plusieurs anciens Autheurs ne croyoient pas

Orat. 14. Tom. 1.

estre au monde, ny enuironner la terre: mais que c'estoit vn nom feint par les Poëtes pour recreer les esprits. Cet Ocean, dis-je, auoit esté si bien trouué & descouuert par eux, que les Isles mesmes, qui y sont esparses, n'auoient pas peu eschapper de leur cognoissance. *Quid quod nihil vos effugit, non vrbs, non gens, non portus, non locus vllus, nisi quem pro inutili habueritis, &c.*

8. Appian Alexandrin, en la preface qu'il a faict sur les liures de la guerre Ciuile, raconte par le menu toutes les Prouinces conquises par les Romains, tant en Italie, que dehors: & commençant aux colomnes de Hercules, & destroit que l'on appelle vulgairement de Gibraltar; il prend les regions de Mauritanie à main droicte iusques au territoire de Cartage: Et de là tournoyant tous les riuages de la mer d'Egypte, de Syrie, de Cypre, de Rhodes, de la mer Egee, le Propont, la mer Majour, les Palus Meotides, il retourne par la mer Ionienne, Sicilienne, Tyrrhene, Ligustique, & Gallicane, iusques en la mer d'Espagne, & au destroit dessusdit, rejoingnant la fin à son commencement: & monstrant que toutes les nations qui habitent ces riuages, & les endroits Mediterranez, qui meritent que l'on en face cas, appartenoient aux Romains. Ce qu'ayant parcouru & raconté par le menu, il adiouste: que les Empereurs de son temps qui par bon conseil commandoient à la mer & à la terre, aymoient mieux s'accroistre en honneur & dignité, qu'en vne plus longue estendue de terre: specialement sur certaines nations barbares qui sont indigentes: & sur lesquelles il n'y auoit rien à gaigner. Et dict, qu'il en a veu aucunes enuoyer des Ambassadeurs, pour signifier qu'ils se donnoient & soubmettoient eux mesmes aux Empereurs: lesquels refusoient neantmoins de les receuoir pour subjets, comme estant inutiles à l'Empire. Ils se contentoient de donner des Roys à plusieurs nations, desquelles ils n'auoient aucun besoin: & y auoit plusieurs Prouinces de celles qui faisoient partie de l'Empire, desquelles ils receuoient plus de dōmage, que de profit. Et nonobstant ils les conseruoient, ayant honte de les rejetter & abandonner: & pour ce faire entretenoient plusieurs legions à leurs propres despens, par le moyen desquelles ils gouuernoient toutes ces terres & ces mers, tout ainsi qu'vn pere de famille gouuerne vne sienne maison ou metairie. Mais le subject vault bien la peine de coucher icy vne partie de ses mots: *Ac nonnullas ex prioribus nationibus ijdem Imperatores in principatu subegere, deficientesque restituere, integritate consilij terra marique dominantes. Potiusque augere dignitatem cupiunt, quam inter barbaros propagare Imperium: gentē inopem, & minimæ vtilitatis. Quorū ego nonnullos Romæ vidi, ob id missos, quo se, suaque Romanis dederent, neque Imperatorem admittentem, quos vt inutiles sponte recusabat. Ex nonnullis præterea, qui eorum Imperio*

parent, plus detrimenti capiunt, quam vtilitatis. Quos, quamquam inutiles, quam reijcere pudeat, imperium omne magnis legionum copijs præsidijsque circumquaque vallantes, tantum terræ, tantumque maris, quasi fundum quendam seruant ac continent.

DES LIMITES DE L'EMPIRE ROMAIN.

CHAPITRE II.

1. Figure de l'Empire Romain, & ses limites generaux.
2. Plant abbregé dudit Empire par Pomponius Lætus.
3. Limites particuliers du costé d'O-
vient.
4. Limites Occidentaux.
5. Limites Meridionaux.
6. Limites Septentrionaux, outre lesquels Traian adiousta les Daces.

I. AVGVSTE Cesar parlant de Iules son pere adoptif, dict que si par l'enuie & malueillance de quelques editieux, il n'eust esté contraint de retourner à Rome aussi tost apres les guerres de Gaules, qu'il eust reduit souz la domination Romaine toute la grand Bretagne, la Germanie, & Isles adiacentes: & eust tellement faict, que ce n'eussent pas esté des peuples, ou des terres, qui eussent serui de frontieres à l'Empire de Rome : mais l'air & la mer qui enuironnent tout le monde par le dehors: *Vt Imperij nostri limites non amplius Populi terræue: sed aër, & mare exterius ambiens fuisset.* Mais Iules Cesar estant diuerty par les guerres ciuiles d'vn si grand desseing, & peu de temps apres cruellement occis, comme il deliberoit de tourner ses armes contre les Parthes, l'Empire resta par endroits borné de fleuues, ou de monts, qui le diuisoient d'auec les peuples non subiuguez, vulgairement compris souz le nom de Barbares. Ce sont ces limites auec ceux de l'Ocean, qui le bordoiët d'ailleurs, qu'il nous faut à present examiner, & monstrer qu'elle a esté à diuers temps sa figure & son estendue. Il n'y a point de doute que cet Empire n'ait esté plus long que large : & que sa longueur ne s'estende d'Orient en Occident, & sa largeur du Midy au Septentrion: mais il n'a pas tousiours eu ses termes & limites en mesme sendroits : Car selon la diuersité des temps, & des Empereurs, les frontieres de la domination Romaine ont changé de place. Auguste Cæsar dressant l'estat de son Empire, prit aduis de l'enclorre dans certaines fins: soit qu'il fust ja grand assez, & qu'il redoutast

Apud Dionem Cass. lib. 44.

les vicissitudes de la fortune: soit par enuie vers ceux qui luy viendroient à succeder, par lesquels il ne vouloit pas estre passé en gloire ny estendue de terres: ainsi que Tacite nous le donne à entendre, disant: *Augustum consilium addidisse coërcendi intra terminos Imperij. Incertum metu, an per inuidiam,* Quoy que ce soit, cet Autheur loüe Auguste, de ce que par son aduis l'Empire Romain fut clos par la mer, ou par des riuieres fort loingtaines, *Mari Oceano, aut amnibus longinquis septum Imperium.*

<small>Lib. 1. Annal.</small>

2. Ce qui est dict icy en general, il nous le faut determiner en particulier: & voir quelles sont ces Mers & ces Riuieres qui luy seruoient de limites, tant en Orient & Occident, que Midy & Septentrion: afin que sur la resolution de ces extremitez nous puissions prendre nos mesures au iuste: ou au moins, au plus prés que nous pourrons faire par raison. Pomponius Lætus nous le definit ainsi en peu de mots: *Ab ortu vsque ad Indos propagati Imperij fines, non Euphrates non Tygris vetuere: non superbæ regum Persarum minæ. A Meridie Aethiopes per legatos accessere. Ab Aquilone Barbaræ feræque nationes Sarmatarum domitæ: ab occasu Gessoriacus Oceanus admirabilis victoriæ testis est, simul & Britannicus.* Où se peut voir que cet Autheur estend les limites de l'Empire de Rome à l'Orient, iusques aux Indes: au Midy, aux Ethiopiens: au Septentrion, iusques aux Sarmates: & à l'Occident, iusques à la mer de Flandre & d'Angleterre. Ce qui merite bien d'estre examiné piece à piece pour euiter les contradictions qui en pourroient naistre si ce texte n'estoit bien entendu, estant besoin de bien distinguer les temps pour accorder les tesmoignages diuers qui se trouuent là dessus dans l'Histoire.

<small>In Diocletiano.</small>

3. Nous commencerons donc par les limites Orientaux, lesquels estoient du temps dudit Auguste, & long temps depuis, le fleuue d'Euphrate, & la montagne du Caucase: auec vne partie de l'Armenie maieur, le Royaume de Mingrelie ou Colchos, auec ceux qui habitent le riuage Oriental de la mer Majour. C'est ainsi qu'il est limité par Appian: *In Asia autem Euphrates fluuius, & Caucasus mons, maiorisque Armeniæ principium: Colchi, & ad Euxinum pontum habitantes, huiusque maris reliqua, fines sunt Romanæ ditionis.* Et quant Aurelius Victor dict, que *Sub Claudio retenti fines, seu dati Imperio per Orientem Mesopotamia; Rhenus Danubiusque ad Septentrionem, & à Meridie Mauri.* Il ne faut pas entendre que la Mesopotamie fust dans l'Empire, mais dehors: C'est à dire que l'Empire s'estendoit iusques à la Mesopotamie, mais exclusiuement: d'autant qu'elle en estoit separee par l'Euphrate. Vray est que Trajan, long temps depuis franchit ce fleuue, & porta l'Empire iusques sur le Tygre & pardelà, y adioutant toute l'Armenie, la Mesopotamie, & l'Assyrie, iusques à l'Ocean Oriental:

<small>In proëmio lib. bellorū Ciuilium.</small>

Oriental: Et amplifiant l'Empire de cinq grandes Prouinces occupees sur les Perses, qui s'estendoient bien loing par de là le Tygre vers les Indes: Et croy que la conqueste de ces Prouinces est cause, que Pomponius Lætus & quelques autres, ont donné les Indes pour terme Oriental de l'Empire: quoy que les armes Romaines n'ayent iamais atteint iusques au fleuue *Indus*, qui donne le nom aux Indes Orientales. Encore la conqueste de ces cinq Prouinces d'outre le Tygre, ne fut elle pas de longue duree, d'autant que comme Festus Ruffus a remarqué, l'Empereur Adrian successeur de Trajan qui en auoit faict la conqueste, & singulierement enuieux de sa gloire, renonça volontairement, & comme en despit de luy, a toutes ses conquestes d'Armenie, de Mesopotamie, & d'Assyrie: restablissant de rechef l'Euphrate pour le limite Oriental de la seigneurie Romaine. Voicy comme il en parlé: *Inuidens Adrianus Traiani gloria sponte Armeniam ac Mesopotamiam & Assyriam reddidit: ac medium inter Persas & Romanos Euphratem esse voluit.* Toutesfois souz l'Empire de Diocletian, Galerius son fils adoptif, conquist de rechef les cinq Prouinces dessusdites auec toutes les terres qui sont au deça du Tygre: encore qu'en ce temps couroit vn Prouerbe ou prophetie, que les armees Romaines ne pouuoient passer la ville de Ctesiphon, de la domination des Perses, sans quelque presage de malheur, & que tous les Capitaines generaux, ou Empereurs Romains qui l'auoient outrepassé, estoient tombez bien tost apres en quelque insigne infortune, comme Crassus & Trajan mesme, qui depuis ne reueit iamais l'Italie: Valerian pris par Sapores, & Ælius Verus touché du fouldre. Et neantmoins Galerius, *de quo sermo est*, dit Pomponius Lætus, *Totam Assyria nexpugnata Ctesiphonte cepit: & quinque Prouincias Transtigritanas, quæ statim deiuncte ad nos Traiano defecerant, subegit, & Imperio adiunxit.* Mais il en arriua bien tost comme apres Trajan: Car les Romains perdirent derechef, & les cinq Prouinces dessusdites, & toute la Mesotamie laquelle Heraclius reconquist pour la troisiesme fois: & restablit derechef les frontieres de l'Empire sur le Tygre, ayant vaincu Cosroë Roy de Perses: Et ce par accord faict auec Siroë son fils. *Cui pax data est ijs conditionibus, vt limes Persici, ac Romani Imperij Tygris esset: atque Persæ Mesopotamiam non attentarent:* comme dict le mesme Autheur.

In Compendio Historiæ Rom.

In Diocletiano.

in Heraclio.

4. Quant au limite Occidental, il n'y en a nulle controuerse entre les auteurs, qui tous recognoissent l'Ocean Atlantique pour les fins és endroicts où il baigne les riuages d'Affrique, d'Espagne, & de la Gaule. C'est pourquoy nous n'en produirons autre tesmoignage que celuy-cy d'Aristides: lequel ayant limité l'Empire au Septentrion par les Palus Meotides: à l'Orient par la mer rouge, &

au Midy par les cataractes du Nil : pour luy assigner ses limites Orientaux, adiouste ce qui ensuit. *Oceanum autem, quem multi scriptores nec extare prorsus, neque terram ambire credebant : Verum Poëtas nomen hoc fictum ad delectationem versibus suis inseruisse, tam probè reperistis, vt nec que in eo erat insula vos latuerit :* Ce qui s'accorde proprement auec ces vers d'vn certain Autheur, dont ie ne sçay le nom, mais que ie ne laisseray de mettre icy pour estre fort propres à ce subiect.

Opponis frustra rapidum Germania Rhenum,
  Euphrates prodest nil tibi Parthe fugax.
Oceanus iam terga dedit : nec peruius vlli,
  Cæsareos fasces Imperiumque tulit.

5. Pour ce qui est du Midy, le limite en est fort bien marqué par ces mots d'Appian : *Maurusiorum pars est, quæ ad Aethiopes Occidentales spectat, ac calidiorem, ferisque horrentem Lybiam vsque ad Orientales Aethiopes pertinet : Qui Romani Imperij in Affrica terminus est.* C'est à dire, que les lizieres de Mauritanie qui regarde l'Æthiopie Occidentale, & les parties plus feruentes de la Lybie, occupees par bestes feroces à l'endroict des Æthiopiens Orientaux, font le limite de l'Empire du costé de Midy. A quoy les autres adioustent de mesme suitte les regions d'Elephantine & de Sienne au fond de l'Ægypte : & les cataractes du Nil. *Ventum inde Elephantinen & Sienen, claustra olim Romani Imperij, qui nunc ad rubrum mare patescit.*

<small>Tacitus II. Annal.</small>

6. Reste le costé Septentrional, qu'Auguste voulut estre le Danube & le Rhin, auec la coste de l'Ocean qui est entre les bouches du Rhin & l'Angleterre. Nous auons veu cy dessus par le tesmoignage d'Aurelius Victor, que ces deux fleuues seruoient encore de limites à l'Empire du temps de Claudius. Mesme souz l'Empire d'Adrian, suiuant le tesmoignage d'Appian Alexandrin, *In Europa fluuij duo Rhenus & Danubius Romanis fines imponebant.* Toutefois Trajan passa outre le Danube, & joignit à l'Empire toutes les terres des Daces, ayant vaincu le Roy Decebalus. Mais Adrian poussé de pareille enuie, quitta volontairement tout ce qui estoit au delà du Danube, & le donna de rechef pour limite à l'Empire, ayant rompu les arches de ce pont admirable que Trajan y auoit faict faire. A ces deux fleuues on adiouste la partie de la grande Bretagne, iusques aux Caledoniens, qui sont ceux d'Escosse : auec les Palus Meotides qui tirent à l'Orient. *Rubrum vero mare*, dict Aristides, *Nili cataractæ, & Mæotis Palus, quæ maioribus nostris extremam terram occupabant, vrbi vallorum vicem obtinent.*

DE LA LONGVEVR ET LARGEVR de l'Empire Romain.

CHAPITRE III.

1. Difficulté de mesurer l'Empire de Rome, & comparaison d'iceluy, auec les autres Empires.
2. Longueur & largeur de l'Empire de Rome, selon Pline.
3. Longueur & largeur dudit Empire, selon les regles de Cosmographie.
4. Variation qui se trouue en la mesure des degrez Celestes.

1. VOILA les limites de l'ancien Empire recognus: Il reste de sçauoir maintenant quelle distance il y a des vns aux autres, pour de là tirer la longueur & la largeur de l'Empire. Ce qui n'est pas facile à faire au iuste, pour la grande diuersité qui se trouue és mesures de la terre, & partie d'icelle dans les anciens & nouueaux Autheurs, tant Historiens que Cosmographes: Mais de quelque part que ce soit, tousiours trouuerons nous la longueur dudit Empire estre telle, qu'Appian a eu iuste raison de dire, *Neque Assyriorum, aut Medorum, aut Persarum, aut Macedonum, aut Græcorum Imperia cum Romano comparanda esse: eorum enim magnitudo nec ad dimidium Romanæ potentiæ, vt opinor, attigit*: C'est à dire, que les Empires des Assyriens, des Medes, des Macedoniens, & des Grecs, ne peuuent entrer en comparaison auec celuy des Romains: d'autant que l'estendue de tels Empires n'a peu atteindre à la moitié de la seigneurie Romaine.

2. Pline parlant de la longueur & largeur de la terre recognuë *Lib 2. nat.* de son temps, dit que selon les mesures d'Artemidore, il y a depuis *Hist.c.108.* le Gange iusques à l'extremité de l'Espagne sur l'Ocean Occidental, huict milions six cens quatre vingts cinq mil pas: qu'il dit en son langage, *Octuagies sexies centena octoginta quinque millia*: & qui valent quatre mil trois cens quarante deux lieuës & demie. Pour sçauoir à ce compte la longueur de l'Empire Romain, il ne faut que leuer de ce nombre la distance qu'il y a du Gange à l'Euphrate, que le mesme auteur dit estre de cinq miliós vingt & vn pas: *A Gange ad Euphratem amnem, quinquagies centena millia passuum, & viginti vnum*: Qui sont cinq mil miliaires Italiques, auec vingt & vn pas: lesquels soustraits de huict milions six cens quatre vingts & cinq, resteront pour l'e-

Qq ij

stenduë de l'Euphrate à l'extremité d'Espagne (qui est la longueur de l'Empire Romain) trois mil six cens quatre vingts quatre miliaires Italiques, auec neuf cens soixante & dix neuf pas: le tout reuenãt à mille huict cens quarante deux lieuës & demie. Quant à la largeur de la terre habitable, Pline dit, qu'elle est moindre quasi de la moitié de sa longueur: & ne luy donne que cinq mil quatre cens soixante deux miliaires Italiques, suiuant les mesures dudit Artemidore: *Latitudo autem terræ a meridiano situ ad Septentrionem, dimidio ferè minor colligitur, quinquagies quater centena sexaginta duo millia.* Que si on oste de ce nombre 1164. miliaires Italiques qui s'estendent du costé du Midy au delà dudit Empire, comme on peut colliger du liure 2. chap. 108. & du liure 5. chap. 9. de son histoire naturelle : si d'ailleurs on vient à souftraire encores autres distances du costé du Septentrion, qui n'estoient dudit Empire, sa largeur reuiendra à peu plus de la moitié de sa longueur. Ce que l'on ne peut neantmoins determiner au iuste par le texte de Pline, qui ne nous suppute point les miliaires qu'il faudroit oster du costé du Septentrion.

3. A ce default nous aurons recours aux reigles de Cosmographie, lesquelles nous monstreront sur vn globe bien iustifié la longueur & largeur precise dudit Empire. Pour la longueur, il ne faut qu'ouurir le compas, & mettre l'vn des pieds d'iceluy sur le riuage Occidental d'Affrique ou d'Espagne: & l'autre sur la conionction de l'Euphrate auec le Tigre, qui sont les deux extremitez de sa longueur. Puis transporter le compas ainsi ouuert sur les degrez marquez en l'equateur: en apres compter combien de degrez se trouueront dans l'ouuerture dudit compas, & iceux multiplier par 62. ½ (qui est le nombre des miliaires que Ptolomee assigne à chacun degré celeste appliqué sur la terre) & le produit monstrera combien il y aura de miliaires de l'vne des extremitez à l'autre. Suiuant cela i'ay pris le globe terrestre de Guillaume Ianssenius, qui est le plus beau, le plus gros, & le plus nouueau de tous: &, comme ie croy, le mieux calculé & supputé, faict à Amstredam l'an 1616. Sur ce globe i'ay trouué, que l'Empire Romain a soixante degrez d'estenduë en sa longueur: lesquelles ayant multiplié par 62. & demy, i'ay eu au produit trois mil sept cens cinquante & vn mil Italiques, qui reuiennent à mil huict cens soixante & quinze lieuës & demie de nos lieuës Françoises. Lequel nombre n'excede celuy d'Artemidore & de Pline, que de trente trois lieuës Françoises: qui est bien peu de chose pour vne si grande longueur de païs. Pour ce qui est de la largeur, i'ay trouué par le mesme globe, que cet Empire comprend 32. degrez, à prendre depuis les cataractes du Nil, iusques aux Palus Meotides: & depuis le Mont Atlas en Mauritanie iusques au Royaume d'Es-

coſſe: leſquels ayant multiplié par 62. & demy, i'ay au produit deux mil miliaires Italiques, qui font mil lieuës Françoiſes.

4. Ie ſçay qu'Alphraganus, Alcmeon, & autres Mathematiciens, ne donnent que 56. mil & deux troiſieſmes au degré celeſte: & que ceux de nos derniers ſiecles nē luy en donnent que 55. qui eſt le moindre nombre auquel vn degré celeſte ait eſté eſtimé par quelque Mathematicien que ce ſoit. Or me ſuis-je ſeruy de la ſupputation de Ptolomee, comme la plus commune & la mieux receuë. Si toutesfois quelqu'vn veut mettre en œuure la plus petite, qui eſt de 53. touſiours aura-il vne admirable longueur & largeur d'Empire: car multipliant les 60. degrez de ſa longueur par 53. il aura 3180. miliaires, qui ſont 1590. lieuës Françoiſes en long. Et faiſant le meſme des 32. degrez de la largeur prouiendront 1696. miliaires, qui ſont 848. lieuës Françoiſes, qui eſt la moindre qu'on luy ſçauroit donner.

DE LA MVLTITVDE DES PROVINCES de l'Empire Romain.

CHAPITRE. IV.

1. *Diuiſion de l'Empire en XI. Regions & des Regions en Prouinces.*
2. *Noms & nombre des Prouinces de l'Empire en Europe.*
3. *Noms des Prouinces d'Aſie.*
4. *Prouinces d'Affrique.*
5. *Conſideration des Iſles de la mer Mediterranee.*
6. *Leſdites Iſles enſemble eſtimees à la cinquieſme partie des terres de l'Empire.*

1. LA longueur doncques, & la largeur de l'Empire, eſtant ainſi determinee, il nous reſte à dire vn mot de la multitude de ſes Prouinces. Le petit liure qui porte pour tiltre *Prouinciarum Romanarum libellus*, diuiſe l'Empire entier en vnze parties ſignifiees ſous le nom de Regions: qui ſont l'Italie, la Gaule, l'Affrique, l'Eſpagne, l'Eſclauonie, la Trace, l'Aſie, l'Orient, le Pont, l'Egypte, & la grand' Bretagne. Chacune de ſes Regions ſe ſubdiuiſe en apres en Prouinces, qui ſe trouuent monter enſemble iuſques au nombre de cent & treize. Car l'Italie contient XVII. prouinces: la Gaule XVII. l'Affrique VI. l'Eſpagne VII. l'Illyrie XIX. la Trace VI. l'Aſie XII. l'Orient X. le Pont VIII. l'Egypte VI. & la grand' Bretagne V. Les noms de toutes leſquelles ſe trouuent en particulier au liure

Qq iij

desdictes prouinces qui est joinct à l'Itineraire d'Antonin.

2. Mais pour faire cognoistre à chacun, que l'Empire Romain embrassoit tout ce qu'il y a de beau & de bon en toute la terre, ie me suis aduisé de les distribuer en ses trois parties, & de mettre vn petit abregé des prouinces qui estoient en chacune d'icelles sous la puissance & domination des Empereurs. Nous commencerons par nostre Europe, en laquelle les Romains auoient les prouinces qui en suiuent, l'Italie, les Espagnes, les Gaules, les Alpes, les Grisons, Bauiere, l'Esclauonie, Macedoine, Epire, la Grece, Trace, Valachie, Transsiluanie, & la Hongrie. Ce que les Latins appellent *Italiam, Hispanias, Gallias, Inalpinos, Rhetiam, Noricum, Illyricum, Macedoniam, Epirum, Græciam, Traciam, Moesiam, Daciam, Pannoniam.*

3. En l'Asie les Romains possedoient toute la petite Asie, enuironnee de la mer Cyprienne, Cilicienne, Rhodienne, Carpathienne, Egee, Hellesponte, Propontique, & mer Majour. Quant à la petite Asie elle fut autresfois diuisee en 14. Royaumes. Les principaux & plus renomez sont la Phrygie, le Pont, & Bithynie, Galatie, Cappadoce, Cilicie, Lycie, Lydie, Carie, & Pamphilie. En apres dans l'Asie Majeur, le Royaume de Colchos, dit Mingrelie, l'Iberie, l'Albanie, le Bosphore, l'Armenie, Syrie, Arabie, Palestine, & autresfois la Mesopotamie & l'Assyrie. Les noms Latins sont *Asia minor, Phrygia, Pontus & Bithynia, Galatia, Cappadocia, Cilicia, Lydia, Caria, Pamphilia: & in Asia maiore, Colchis, Iberia, Albania, Bosphorus Cymmerius, Armenia, Syria, Arabia, Palestina, Mesopotamia, Assyria.*

4. Dans l'Affrique, anciennement appellee Lybie, l'Empire de Rome s'estendoit sur l'Egypte, la Cyrenaïque, Marmarique, Getulie, Affrique proprement dicte, où estoit la ville de Carthage, la Numidie, & les deux Mauritanies, Tyngitane, & Cæsaree. L'histoire Latine nomme ces prouinces *Aegyptum, Cyrenaicam, Marmaricã, Getuliam, Affricam propriè dictam, Numidiam, Mauritanias.*

5. Voila les plus belles, les plus grandes, & les meilleures parties de tout le monde, desquelles vn Empire estant composé, n'auoit besoin de s'accroistre dauantage pour y viure heureusement. Et si c'est sans y comprendre les Isles esparses en grand nombre dans la mer Mediterranee: laquelle s'estendant à trauers ce long Empire, & le diuisant quasi par le milieu, apportoit cette commodité à la ville & à l'Empire, que de joindre & allier toutes les prouinces sus-mentionnees par le commerce: l'vne donnant aux autres ce qu'elle auoit de trop: & receuant respectiuement de ses compagnes ce qui luy defailloit. Ce qui se faisoit d'autant plus facilement, que ces prouinces, quoy que distantes les vnes des autres par de grands interuales, appartenoient tous à vn mesme maistre.

6. Et quant aux Isles, il y en auoit tant, & de si grandes depuis les colomnes d'Hercules iusques à la mer Syriaque & Pontique, qu'elles sont censees & reputees par les Cosmographes pour la cinquiesme partie des terres de l'Empire. Entre toutes paroissent la Sicile, Candie, Cypre, Corse & Sardaigne: en aucunes desquelles il y a eu plusieurs Royaumes ensemble, qui ont eu grande reputation dans l'Histoire. Et quant aux moindres, elles seruent grandement pour la commodité de la nauigation de la mer Mediterranee.

QVE LES GRANDS CHEMINS FAICTS DE main d'hommes s'estendoient en bon nombre d'Orient en Occident, & du Midy au Septentrion dans l'espace de l'Empire Romain.

CHAPITRE V.

1. *Faut faire paroistre que les grands Chemins faicts de main d'homme ont esté par toutes les Prouinces de l'Empire.*
2. *Tesmoignage d'Isidore que lesdicts grands Chemins ont esté quasi par tout le monde.*
3. *Tesmoignage d'Aristides à mesme fin.*
4. *Tesmoignage de Suetone.*
5. *Argument tiré d'vne loy Romaine à ce subiect.*
6. *Auctorité de Hierony. Surita.*
7. *Auctorité de Lipsius.*

1. Il ne nous seruiroit de rien d'auoir monstré l'admirable estendue de l'Empire de Rome, & d'en auoir fait les mesures au plus prés que nous auons peu, si nous ne venions à iustifier, que toute cette vaste estendue de païs a esté remplie de grands Chemins faicts de main d'homme pour aller & venir par tout le monde, comme on alloit par toute la ville de Rome par le moyen de ses rues pauees. Et si cela n'est pas seulement veritable à prendre l'estendue dudit Empire en gros, mais aussi à parcourir les prouinces particulieres en detail. Et c'est ce que nous tascherons de faire paroistre en ce lieu par si bonnes preuues, que personne n'aura suiet de le reuoquer en doute.

2. Premierement pour en parler en general, nous produirons le tesmoignage d'Isidore ja mis en auant, (mais sur autre subiect) au commencement de cet œuure: qui porte expressement que les Ro-

mains ont fait de grands Chemins pauez quasi par tout le monde, pour les accourcir & redresser : & pour empescher que la populace ne demeurast en oisiueté. *Primum Pœni dicuntur lapidibus vias strauisse. Postea Romani per omnem ferè orbem disposuerunt, propter rectitudinem Itinerum, & ne plebs esset otiosa.*

3. Mais voyons ie vous prie ce qu'Aristides a laissé par escrit à ce propos. *Et quod Homerus cecinit terra tamen communis erat: id vos opere compleuistis. Terrámque omnem dimensi, Pontibus varijs fluuios iunxistis, montésque excidistis, vt equitabilis fieret terra: & solitudines diuersorijs repleuistis: cunctáque dietæ & ordinis beneficio mansuetiora reddidistis: Quapropter eam vitæ rationem, quæ ante Triptolemum vsurpata fertur, eandem fuisse existimauerim, quæ ante vos in vsu fuit: duram videlicet, atque agrestem. Mansuetam verò illam, & quæ nunc viget, ab Atheniensibus quidem initium cepisse: à vobis autem pariter secundis, quod aiunt melioribus, esse confirmatam.*

Cet auteur sçauant en l'Histoire Romaine, & eloquent tout ensemble, adresse sa parole aux Romains : & dit, qu'ils ont accomply par effect ce qu'Homere auoit long temps auparauant chanté dans ses vers, à sçauoir que la terre estoit commune à tous, d'autant que les Empereurs de Rome ayant fait la mesure de tout le monde, ont conjoint les diuerses parties d'iceluy par vne infinité de ponts, ont tranché les montagnes en plusieurs endroicts, afin que l'on peust aller à cheual par toute la terre : ont remply les deserts de logemens commodes : & par le moyen du bon regime & de l'ordre establypar tout, ils ont rendu la vie des hommes beaucoup plus douce & plus ciuile qu'auparauant : de sorte qu'il y a de l'apparence, que deuant l'establissement de l'Empire Romain, la vie des hommes estoit telle que celle qui estoit en vogue auant Triptolemus : c'est à sçauoir, vne vie dure, rustique, & peu differente de ceux qui viuent comme sauuages par les forests & les montagnes; & quant à la vie presente, addoucie & ciuilisee, il estoit bien vray qu'elle auoit pris son commencement des Atheniens, mais que les Romains meilleurs qu'eux, quoy que posterieurs à eux, estoient ceux qui l'auoient parsemee & confirmee par tout le monde :

4. Or afin de monstrer non seulement en gros, voire aussi prouince par prouince, que l'Empire estoit remply de tels ouurages: ie n'en sçaurois produire vn tesmoignage plus clair que celuy que nous auons ja mis en auant en autre endroict, extraict de Suetone : qui porte, qu'Auguste Cæsar desirant auoir le plus promptement que faire se pourroit les aduis de tout ce qui se feroit en chacune prouince de son Empire, disposa premierement des ieunes hommes, comme laquais : & depuis des chariots sur les chemins militaires : d'où se peut conclure par argument necessaire, qu'il y auoit des chemins militaires

taires, *In vnaquaque Prouincia*, puis que c'estoit sur chacune d'icelles que les courriers tant à pied qu'en chariot, estoient disposez, pour apporter à Rome des nouuelles de toutes les parties de l'Empire. Ce qui se pourra facilement colliger des mesmes mots de l'auteur, qui sont tels. *Et quo celerius, & sub manum annuntiari cognoscique posset, quid in prouincia quaque gereretur, iuuenes primo modicis interuallis per militares vias, dehinc vehicula disposuit.* *In Aug. cap. 49.*

5. Semblable argument se peut tirer de la loy qui ensuit : *per Bithiniam, cæterasque prouincias, possessores in reparatione publici aggeris, & cæteris eiusmodi muneribus pro iugerum numero, vel capitum qui possidere noscuntur, dare cogantur.* Or ce seroit en vain que l'on contraindroit les possesseurs des terres labourables des autres prouinces, aussi bien que ceux de Bithinie, à la reparation des grands Chemins, s'il n'y auoit de tels ouurages à reparer par toutes les autres prouinces de l'Empire. *L. per Bithiniam, C. de immunitate nemini concedēda.*

6. Hieronymus Surita Commentateur de l'Itineraire d'Antonin, est de mesme aduis, escriuant en la preface de ses Commentaires, qu'Auguste Cæsar n'embellit pas seulement l'Italie de grands Chemins faicts de main d'homme, mais aussi toutes les prouinces de l'Empire : afin que les Presidens & Proconsuls parcourussent d'autant plus legerement les villes, & autres lieux où se tenoient les Estats generaux des prouinces, sur le gouuernement desquelles ils estoient establis & proposez. *Nec Italiam modo*, dit-il, *sed vniuersas Romani Imperij prouincias eodē decore, atque ornamento idem Princeps affecit: vt præsides, & qui pro consulibus eo munere fungerentur, facilius prouinciarū vrbes atque conuentus obirent.*

7. Ie ne veux pas icy repeter ce que i'ay allegué du mesme auteur, ensemble du Panegyrique de Pline à Trajan en la preface de cet œuure, comme appartenant à ce suiet : & diray seulement, que le docte Lipsius est de pareille opinion à tous les precedents : Car ayant parlé de la voye Flaminienne, qu'il dit estre l'vne des plus grandes, & des mieux munies de toutes celles d'Italie, il adiouste : *Nam quod ad munitionem pleræque similes : nec in Italia solùm plurimæ, sed in prouinciis ipsis.* Où ce mot *quod ad munitionem*, monstre assez qu'il ne parle pas des voyes communes, mais de celles qui estoient munies & pauees à la mode des Romains. *Lib. 3. de magnitud. Rom. c. 10.*

Rr

DV LIVRE INTITVLE' *ITINERARIVM ANtonini*, & comme il comprend les grands Chemins de chacune prouince en detail.

CHAP. VI.

1. Qu'il faut monstrer qu'en chaque prouince il y auoit des Chemins militaires.
2. Dessein de commencer à Rome pour en faire preuue.
3. L'Itineraire d'Antonin fort propre à ce dessein.
4. Quatre opinions sur l'auteur de l'Itineraire. Premiere opinion. Raisons de dire que l'Itineraire est de Iules Cæsar : mesure generale de la terre.
5. Auctoritez d'Aethicus & d'Aristides sur la mesure generale de la terre.
6. Qu'Auguste peut auoir part audit Itineraire.
7. Seconde opinion.
8. Duquel des Antonins peut estre ledit Itineraire.
9. Troisiesme opinion.
10. Quatriesme opinion.
11. Opiniõ de l'auteur sur ces differẽs.

1. IVSQVES icy nous auons mis en auant des tesmoignages generaux, pour iustifier que la terre estoit remplie de grands Chemins faicts par le peuple & les Empereurs de Rome : Mais ce n'est pas assez pour en faire comprendre le nombre & la longueur. Il faut pour ce faire, prendre chacune Prouince à part, & monstrer au doigt par nõbre & mesure les grands Chemins qui y ont esté faicts, & quels raports ils auoient auec les Prouinces voisines : comme les bouts en estoient appoinctez, & comme par le rapport qu'il y auoit des chemins d'vne prouince auec ceux des Regions contigues, on pouuoit aller sur iceux depuis la ville de Rome à l'enuiron iusques aux extremitez de l'Empire.

2. Aussi nostre dessein est-il de commencer par la ville mesme de Rome comme par le chef : & tirer du milieu d'icelle, les Chemins militaires de l'Italie, pour de là les estendre de prouince en prouince tant à trauers les mers, par le moyen des ports : cõme à trauers les terres par le moyen des ponts, iusques aux derniers confins de ce grand corps d'Empire : à la façon d'vn Anatomiste, qui pour faire demonstration des nerfs du corps humain, commenceroit par le chef, d'où ils tirent leur origine, & en monstreroit la suite depuis le cer-

ueau iusques aux extremitez des pieds & des mains.

3. A cela nous peuuent seruir beaucoup d'Auteurs, que nous mettrons en œuure chacun en son lieu: mais il n'y en a point qui puisse mieux ayder & promouuoir nostre dessein, que le liure que nous auons en main souz le tiltre de *Itinerarium Antonini Augusti*, d'autant qu'il contient les plus grands & plus renommez de tous les chemins militaires, lesquels il conduit par les Citez, Bourgades, villages, gistes & postes de chacune Prouince, tant de l'Europe, de l'Asie, que de l'Affrique, sur lesquelles ledit Empire s'estendoit: adioustant les distances qu'il y auoit d'vn lieu à l'autre, marquees par nombre de milliaires, de stades, ou de lieües Gauloises, selon la diuersité des païs. Tout ainsi donc que ce liure fut faict autrefois pour seruir de guide à ceux qui voyageroient sur les grands chemins de l'Empire, nous le prendrōs aussi pour guide & principal conducteur du chemin que nous auōs à faire en ce liure troisiesme. A quoy nous adiousterons la Charte vulgairement dicte de *Peutinger*, qui nous represente par lignes & figures, ce que l'Itineraire nous represente par escriture.

4. Mais quoy qu'il n'importe pas beaucoup à nostre subject, de sçauoir qui est l'Auteur dudit Itineraire, si est-ce que pour faire paroistre en quel rang & auctorité on le doit tenir, Il ne sera pas hors de propos de dire qu'il y a la dessus quatre opinions differentes, dont les trois premieres dependent de trois tiltres differens qu'il a porté. La quatriesme, n'est fondee que sur des coniectures. Il faut donc remarquer que cet œuure se trouue allegué par les anciens ou nouueaux Escriuains, souz les noms de trois Auteurs differens: sçauoir de Iules Cæsar, d'Antonius ou Antoninus Augustus, & d'vn Auteur nommé Æthicus. Quant au premier, Fœlix Malleolus, au Dialogue qu'il a faict *de Nobilitate*, faict mention de certaine description de toute la terre qui a esté commencee par Iules Cæsar, & acheuee souz Auguste: en laquelle il dict, que chacunes nations, & chacunes villes estoient rangees en leur place, auec leurs distances & dimensions, *Gentes & ciuitates singulas cum suis dimensionibus annotatas*, Iosias Simlerus qui a veu ces Dialogues, estime que la description de laquelle parle cet Auteur, n'est autre que la Cosmographie d'Æthicus, & l'Itineraire d'Antonin: dont ce dernier à diuers temps ait eu cette diuersité de tiltres. Or que Iules Cæsar en soit le premier Auteur, on le peut coniecturer par plusieurs causes: dont l'vne est, qu'il se trouue des Itineraires, qui ne sont autres en substance que celuy qui court souz le nom d'Antonin, & qui toutefois portent en leur intitulation Iules Cæsar pour Auteur. Tel est celuy que Iean Cuspinian escrit auoir par deuers soy, qui porte pour tiltre,

In prefatione ad Æthici Cosmographiā.

Itinerarium Iulij Cæsaris. En second lieu, on peut encore tirer vn grand argument, de ce que le mesme Æthicus escrit tout au commencement de sa Cosmographie. C'est à sçauoir, que Iules Cæsar estant Consul auec M. Antoine, excita le Senat & le peuple Romain à faire vn decret, par lequel il estoit ordonné, que mesure ou arpentage general seroit fait de tout le monde: à quoy le Senat se laissa d'autant plus facilement porter, comme le peuple Romain auoit dés lors penetré par ses victoires iusques aux derniers confins de la terre: & trouué qu'elle estoit bordee de l'Occean tout à l'enuiron. Pour l'execution de ce decret furent deputez trois excellents personnages de ce temps-là, dont l'vn mesura l'Asie soubs le nom de partie Orientale: l'autre l'Europe sous celuy de partie Septentrionale: & le troisiesme l'Afrique, soubs celuy de partie Meridionale. Et quand à l'Occidentale elle demeura sans nom, estant comprise partie dans l'Europe, & partie dans l'Afrique, l'vne & l'autre faisant la fin du mõde vers l'Occident. Zenodoxus fut celuy qui mesura l'Orient, à quoy faire il employa 21. ans 5. mois & 10. iours, à compter du Consulat de Iules Cæsar & de M. Antoine, au rapport dudit autheur. Theodotus fit la mesure de la partie Septentrionale en 29. ans 8. mois & 10. iours, à compter du mesme temps. Et Polyclitus de la partie Meridionale en 32. ans vn mois & 10. iours: en sorte qu'en l'espace de 32. ans toute la terre fut parcourue par ces trois personnages: & les mesures d'icelle rapportees au Senat.

5. Voicy vne partie du tesmoignage d'Æthicus qui merite bien d'estre icy couché en ces propres termes: *Lectionum peruigili cura comprimus, senatum populumque Romanum totius mundi dominos: domitores orbis & præsules: qui cum quicquid subiacet cœlo penetrarent triumphis, omnem terram Oceani lymbo circundatam inuenerunt: atque eam ne incognitam posteris reliquissent, subiugatum virtute sua orbem totum, qua terra protenditur, proprio limiti signauerunt: & ne diuinam eorum mentem, omnium rerum magistram, aliquid præterlret, quam vicerant, quadripartito cœli cardine inuestigarunt, & intellectu æthereo totum quod ab Oceano cingitur tres partes esse dixerunt, Asiam, Europam, & Africam reputantes.* Et puis quelque peu apres: *Itaque Iulius Cæsar bissextilis rationis inuentor, diuinis humanisque rebus singulariter instructus, cum consulatus sui fasces erigeret, ex Senatusconsulto censuit omnem orbem, iam Romani nominis, admetiri per prudentissimos viros, & omni Philosophiæ munere decoratos. Ergo à Iulio Cæsare, & M. Antonio Coss. orbis terrarum metiri cœpit, &c.* Et y a de l'apparence, que ceste mesure de la terre n'est autre, que celle dont Aristides faict mention par ces mots, rapportez au chapitre precedent, *Terramque omnem dimensi, pontibus varijs fluuios innixistis.*

6. Comme donc ce mesurage de terre ayant esté commencé par

Iules Cæsar, ne fut paracheué que sous Auguste, il est à croire, qu'Auguste, si curieux de faire pauer des chemins par tout son Empire, n'aura pas esté moins curieux à les faire descrire & mesurer: veu que c'est bien chose plus difficile, & de plus grands frais de pauer des chemins, que de les descrire sur le papier quand ils sont pauez. Or est-il qu'Auguste Cæsar estoit fort curieux de telles descriptions lesquelles il faisoit faire par son gendre Agrippa, homme expert aux mesures & dimensions de la terre: ainsi que nous verrons au chapitre suyuant. Ce qui a faict croire à plusieurs, qu'Auguste Cæsar aussi bien que Iules ait mis la main audit Itineraire.

7 Quand au second tiltre sous lequel ce liure est publié, c'est celuy de *Itinerarium Antonij* ou *Antonini Augusti*. Car on trouue l'vn & l'autre és anciens liures escrits à la main. Le manuscrit qui vient de Monsieur Pithou, & qui est à present en la Bibliotheque de feu Monsieur le President de Thou, porte ces mots pour tiltre, escrits en lettres rouges. *Incipit itinerarium prouinciarum Antonij Augusti*. L'exemplaire de Simlerus portoit le mesme nom: mais il dict qu'il a veu vn autre exemplaire qui donnoit ce liure *Antonino Augustali*. Auquel se raporte l'ancien manuscrit de Philippe II. Roy d'Espagne, sur lequel *Hieronymus Surita* a faict ses commentaires: d'où vient que la derniere edition qui vient de luy porte ce tiltre, *Itinerarium Antonini Augusti*.

8 Plusieurs ont pensé qu'Antonin, surnommé le Debonnaire, ait esté l'autheur de ce liure: ou pour le moins qu'il soit l'vn de ceux qui y ont contribué. Et de faict ledit Simlerus faict mention d'vn certain fragment d'Itineraire qui est attribué audit Empereur: mais qui ne contient que les grands chemins seulement qui conduisent de Rome en la Gaule, & si il n'y a aucuns nombres ny distances d'vn lieu en autre. Ce fragment a esté mis en lumiere, & commenté par Annius de Viterbe soubs ce tiltre *Antonini Pij Itinerarium*. Mais quant à l'Itineraire que nous auons à present en son entier, les autres nous le donnent indefiniment sous le nom d'Antoninus Augustus, sans nous dire lequel est cet Antonin entre dix ou douze Empereurs qui successiuement ont porté ce nom. Les plus iudicieux l'attribuent à Bassianus Caracalla fils de Septimius Seuerus, à qui le pere dona le nom de Marcus Aurelius Antoninus, lors qu'il l'associa auec luy en l'Empire: ne pouuant croire, que celuy qui fut surnommé le Debonnaire en soit autheur, d'autant qu'audit Itineraire il est faict mention de certains lieux, villes & bourgades, qui n'estoient point encore en estre du temps de Antoninus Pius.

9 Le troisiesme à qui on attribuë cet Itineraire, c'est Æthicus autheur de la Cosmographie cy-dessus par nous alleguee. Floart Historien de l'Eglise de Reims cite soubs le nom dudit Æthicus en sa

Cosmographie vne piece notoirement prise dudit Itineraire : par laquelle il veut prouuer que la ville de Reims estoit appellee par les anciens du nom de *Durocortorum*. Pour preuue de cela il tire dudit Itineraire ce qui ensuit.

  A Mediolano
  Per Alpes Cottias
  Viennam.   M.PM. ccccix.
  Inde Durocortorum.   M.PM.cccxxxi.quæ sunt leugæ ccxxi.   Item à Durocortoro.
  Diuodurum vsque.   M.P.M.lxii.

C'est la piece que Floart allegue *ex Æthici Cosmographia*. Dont la cause peut bien estre, qu'és anciens exemplaires escrits à la main, ledit Itineraire est ordinairement mis à la fin de la Cosmographie dudit Æthicus, comme si ce n'estoit qu'vn seul ouurage, & d'vn seul autheur : encore que ledit Itineraire y ait son tiltre à part. Ainsi voit-on au manuscrit dessus dict, que la Cosmographie dudit Æthicus finit en la mesme page & mesme colonne, en laquelle l'Itineraire d'Antonin prend son commencement, en la sorte que vous le voyez icy.

 Ex æterna Vrbe Roma initium sumens,
 Quæ caput est orbis & domina.
  Explicit
 Fœliciter descriptio totius orbis tripertiti.
  Incipit Itinerarium prouinciarum.
   Antonij Augusti.

D'auantage en quelques anciens Itineraires d'Antonin, se trouue la mesme preface, que Æthicus a mis au deuant de sa Cosmographie, sur les mesures de la terre faicte de l'authorité du Senat soubs Iules & Auguste Cæsar : laquelle præface estant dudit Æthicus sans aucun contredict, on a peu penser que l'œuure auquel elle est ioincte soit aussi de sa façon.

10 La quatriesme opinion sur l'auteur de l'Itineraire, est de Philippus Cluuerius, au 2. liure de son ancienne Germanie, chap. 5. où parlant de certaines villes d'Allemagne mentionnees audit Itineraire, il dict, qu'il ne pense pas qu'elles soient de plus grande antiquité que du regne de Valentinian, encore que leurs noms se trouuēt dans l'Itineraire qui court soubs le nom de l'Empereur Antonin, comme si Antonin le Debonnaire, ou quelque autre Empereur de ce nom en estoit l'auteur. Ce qu'il maintient n'estre pas, pour deux raisons principales. La premiere est, que celuy qui prendra la peine de conferer l'Itineraire auec la Charte de Peutinger (de laquelle nous parlerons au chapitre suyuant) il trouuera par le rapport qu'il y a entre l'vn & l'autre, tant au nombre des chemins, que des miliaires qui les me-

furent, qu'ils n'ont ensemble qu'vn mesme auteur, ou bien, s'ils ont leurs auteurs à part, que l'vn & l'autre viuoient à mesme temps. Or est-il que l'auteur de la Charte de Peutinger estoit Chrestien: ce qui paroist manifestement en ce qu'elle porte les noms de S. Pierre, de Moyse, des enfans d'Israël, & de la loy qui leur fut baillée au mont de Sinaï. Ce que iamais persône viuât au têps des Antonins n'eust meslé dans ceste Charte Itineraire. L'autre raison est, que plusieurs villes de la Gaule qui ont esté Metropolitaines ou Chefs de prouinces, sont nómees dans l'Itineraire & la Charte, des noms desdictes prouinces, ayant reietté leurs propres noms: Ce qui ne s'est pas fait du regne des Antonins, mais long temps depuis. Et dautant qu'Ammian Marcellin est des premiers qui en a ainsi vsé (comme par exemple, lors qu'il a appellé la ville de Reims *Remos*, au lieu de *Durocortorum*) Cluuerius estime, que c'est Ammian Marcellin qui est le vray auteur de l'vn & de l'autre. Ou que quiconque en soit l'auteur, il faut qu'il ait vescu en mesme siecle. *Vnde etiam sæpius suspicatus sum, Ammianum fuisse autorem vtriusque operis. Verum quicunque is fuerit, certum est circa huius seculum, vtrumque fuisse compositum.*

11. Que dirons nous donc à trauers vne si grande diuersité d'opinions? & à laquelle nous pourrons-nous resoudre? Certes il me semble, que nous n'irons pas loing de la verité, si nous disons que ny Iules Cæsar, ny Auguste, ny Antonin le debonnaire, ou autre de ce nom, ne sont point les auteurs de l'Itineraire que nous auons auiourd'huy sous le nom d'*Itinerarium Antonini Augusti*, d'autant qu'il y a plusieurs noms de villes, & autres places qui n'estoient point encore fondees ne basties de leurs siecles, ny long temps depuis: telle que *Constantinopolis, Diocletianopolis, Maximianopolis, Constantia*, & autres que ie passe sous silence. Ce n'est pas toutesfois que Iules, Auguste, & Antonin n'ayent rien qui leur appartienne en cet œuure: mais i'estime que dés le temps de Iules & d'Auguste il se soit fait par l'Ordonnance du Senat quelque description du monde, en laquelle les chemins ayent esté marquez par les villes, citez, colonies, municipes, gistes, postes & lieux semblables, qui se trouuêt assis sur iceux en chacune prouince. Et que quelqu'vn des Antonins, soit le debonnaire, ou autre, y ait adiousté quelque chose du sien: comme pareillement les Empereurs suiuans y ayent mis les villes & autres places fondees és siecles posterieurs à mesure qu'elles ont esté faictes. Et quant à Æthicus, la Cosmographie duquel se trouue iointe de si pres audit Itineraire, il est à croire qu'ayant pris des Romains l'vn & l'autre de ces deux œuures, il les a descrit & augmenté à sa mode, & accommodé à son stile, & que de là est procedé, que plusieurs les citent soubs son nom. Pour ce qui est de sa Cosmographie, il confesse luy-

mesme, que les subiects qui y sont traictez, & l'ordre qu'il y a tenu, est celuy mesme, que les trois, qui ont mesuré la terre du temps de Iules & d'Auguste Cæsar, ont rapporté au Senat Romain: ce que l'on peut iuger par ces mots, & plusieurs autres espars par sa Cosmographie. *Ergo à Iulio Cæsare, & M. Antonio Coss. orbis terrarum metiri cœpit, id est, à consulatu suprascripti, vsque ad consulatum Augusti tertium, & Crassi, annis 2. mensibus quinque, diebus 8. Zenodoxo omnis oriens dimensus est, sicut inferius demonstratur.* Où vous voyez que ses demonstrations, & sa forme d'escrire, depend de Zenodoxus pour ce qui est de la partie Orientale. Et si il en dict tout de mesme de la partie Septentrionale & Meridionale: en la description desquelles il dict auoir suiuy Theodotus & Polyclitus. Il est donc à presumer, qu'il en aura faict autant de l'Itineraire que nous trouuons ioinct à sa Cosmographie, & que l'ayant trouué soubs le nom de l'vn des Antonins, il ne luy a pas voulu changer d'intitulation, ny le confondre auec sa Cosmographie: ains l'a distingué d'icelle par son tiltre ancien: & s'est contenté de l'accroistre du nombre des villes qu'il a sçeu estre basties par l'Empire iusques à son temps, qui est escheu apres Constantin. On peut iuger de son siecle par ledit Itineraire, où il est parlé de Constantinople & autres villes faictes quelque temps apres. Simlerus ne va pas loing de cet aduis: car voicy ce qu'il en dit: *Cæterùm an Aethicus Itinerarium scripserit, aut auxerit (vt Flodoardus censere videtur) affirmare non ausim: & si animus huc inclinat, eundem vtriusque libelli (1. Cosmographiæ & Itinerarij) auctorem esse. Attamen quoniam in vetustis & manuscriptis exemplaribus, prior Æthico, posterior Antonio Augusto inscribitur, nihil hic mutare voluimus.* Donc pour conclusion de ce discours, sans nous arrester dauantage sur l'auteur dudit Itineraire, nous nous en seruirons en l'estat qu'il est paruenu iusques à nous: & l'alleguerons sous le nom d'Itineraire d'Antonin, sous lequel Andreas Schottus nous l'a fait imprimer, auec les Commentaires de Hieronymus Surita, & les siens.

DE LA CHARTE VVLGAIREMENT dicte de Peutinger.

CHAPITRE VII.

1. *Enseignemes*

DE L'EMPIRE, LIV. III. 321

1. *Enseignemens de Vegece sur le faict des Itineraires mis en chartes.*
2. *Antiquité des chartes Geographiques & Itineraires.*
3. *Charte de Peutinger pourquoy ainsi dicte.*
4. *L'auteur en est incognu: sinon qu'il estoit Chrestien.*
5. *En quel temps ladite charte a este faicte.*
6. *L'opinion de M. Velserus sur la ca-pacité de l'Auteur.*
7. *Que la table de Peutinger se-roit remplie de tresgrands erreurs, si on la vouloit prendre pour table Geographique.*
8. *Grandes impertinences contre les reigles de Geographie en ladicte charte.*
9. *Opinion sur le dessein de l'auteur de ladite Carte.*
10. *Coniectures sur cette opinion.*

1. ENTR'AVTRES preceptes que Vegece donne de l'art militaire, celuy-cy n'est pas des moindres, par lequel il aduertit les Princes & conducteurs d'armees d'auoir tousiours auec eux la description des Chemins, non seulement en escriture, mais aussi en peinture : afin de faire choix des Chemins, qu'ils doiuent tenir auec leurs armees, tant à force de conseil & de raison, que par les obiects sensibles qui tombent sous les yeux; deuant lesquels ils puissent voir les distances des lieux, auec le nombre des milliaires : la qualité des chemins, les racourcissemens ou destours d'iceux, auec les riuieres & les montagnes qui s'y peu-uent rencontrer. Voicy les propres mots dudit auteur : *Primum Itineraria omnium regionum, in quibus bellum geritur, plenissimè debet habere perscripta : Ita vt locorum interualla, non solùm passuum numero, sed etiam via-rum qualitates perdiscat : compendia, diuerticula, montes, flumina ad fidem de-scripta consideret. Vsque eo, vt solertiores duces, Itineraria prouinciarum, in quibus necessitas geritur, non tantùm adnotata, sed etiam picta habuisse firmen-tur : Vt non solùm consilio mentis, verùm aspectu oculorum viam profecturis eligerent.* *Lib. 3. de re militari cap. 6.*

2. A ces fins ils se seruoient de Chartes Geographiques ou Iti-neraires, dont l'inuention est fort ancienne chez les Grecs & les Ro-mains. Anaximander disciple de Thales, qui viuoit du temps de Ser-uius Tullius Roy des Romains, commença de monstrer la terre dé-peinte en vne Charte : si nous en croyons Strabo, qui dit : *Illum qui-dem prius de situ orbis descriptam edidisse tabulam.* Du temps de Socrate les Atheniens auoient la Grece depeinte en vne Charte, en laquelle il dit vn iour à Alcibiade, qu'il luy monstrast les grandes terres & possessions dont il se vantoit. Et comme Alcibiade eut fait respon-se, qu'elles n'y paroissoient point, il luy repliqua : *Quid igitur his tibi* *Strabo lib. 1.*

Aelianus lib. 3. cap. 2.

S f

diuitiis, quarum nullam Geographus rationem duxit: tantopere places? C'eſt à dire: Pourquoy te vantes-tu ſi fort de richeſſes, deſquelles le Geographe, qui a fait cette Charte, n'a point fait d'eſtat? Theophraſte diſciple d'Ariſtote ordonna par teſtament, qu'vne Charte vniuerſelle de la terre, qu'il auoit, fuſt miſe apres ſon decez en vne Galerie du Lycee, où il auoit enſeigné la Philoſophie. Properce, qui viuoit du temps d'Auguſte, monſtre aſſez qu'il y auoit déſlors des Chartes vniuerſelles du monde, diſant,

Diog. Laert lib. 5.

Lib. 4. eleg. 3.

    Cogor & è tabula pictos ediſcere mundos.
    Qualis & hæc docti ſit poſitura Dei.

Et Vitruue qui eſtoit de meſme temps, *Hæc ſic fieri*, dit-il, *teſtimonio poſſunt eſſe capita fluminum, quæ orbe terrarum Chorographiis picta, itémque ſcripta, plurima maximaque inueniuntur egreſſa ab Septentrione.* Alexandre le grand auoit Diognetus & Biton, comme deux Arpenteurs qui ſeruoient à luy deſcrire les chemins, & iceux meſurer auec leurs diſtances. Les memoires deſquels eſtoient encore en eſtre du temps de Pline, qui s'en eſt ſeruy en pluſieurs de ſes liures, auſſi bien que de ceux de Cæſar Auguſte, d'Agrippa ſon Gendre, & de Iuba Roy de Mauritanie, qui ont eſté tous trois grandement affectionnez à la deſcription des parties du monde, & des chemins qu'il falloit tenir pour voyager par icelles. Et n'y a point de doute, qu'ils n'ayent eu des deſcriptions & figures des chemins pour ſe les repreſenter comme deuant les yeux: d'autant que

Lib. 8. Architect. c. 2. Plin. lib. 6. nat. Hiſt. cap. 17. Lib. 3. 4. 5. 6. nat. hiſt.

Horatius de arte Poetica.

    Segnius irritant animum demiſſa per aures,
    Quam quæ ſunt oculis commiſſa fidelibus: & quæ
    Ipſe tibi tradit ſpectator.

Pline dit expreſſément que M. Agrippa auoit fait vne Charte vniuerſelle du monde, meſuree par miliaires, laquelle Cæſar Auguſte & luy, firent veoir au peuple comme ouurage exacte, & où il n'y auoit point de faute aux meſures. *Agrippam quidem, in tanta viri diligentia, prætereaque in hoc opere cura: cum orbem terrarum Vrbi ſpectandum propoſiturus eſſet, erraſſe quis credat: & cum eo D. Auguſtum?*

3. Or entre les Reliques d'antiquité, eſt paruenuë iuſques à nous vne Table ou *Charte Itineraire*, vulgairement appellee la *Charte* de Peutinger, pour auoir premierement eſté veuë & trouuee en la ville d'Auſbourg en Allemagne, chez vn nommé Conrade Peutinger, homme ſçauant, & curieux des choſes antiques, lequel Geſnerus en ſa Bibliotheque, dit auoir eſté Docteur és Droicts. Pluſieurs auteurs de nos derniers ſiecles, qui l'ont veuë és mains dudit Peutinger, entr'autres Beatus Rhenanus, Gerardus Nouiomagus, & Franciſcus Irenicus, l'appellent *Tabulam prouincialem, Itinerariam, militarem*: Ou bien, du lieu où elle a premierement paru, *Itinerarium Auguſtanum*

Rerum Germanicarum lib. 1. de Francia. In Hiſtoria Batauica. Germaniæ Exegeſeos lib. 9. c. 6. & 7.

4. Lauteur de ladite Table, non plus que de l'Itineraire d'Antonin, n'est cognu que par les coniectures rapportees au chapitre precedent: où il s'est veu que Cluuerius donne l'vn & l'autre ensemble à Ammian Marcellin. Et n'en sçaurions rendre autre tesmoignage, sinon qu'il apparoit par quelques termes tirez de l'Ancien & Nouueau Testament, qu'il estoit de la Religion Chrestienne. Ce que Petrus Bertius, & Ioannes Moretus ont remarqué, lesquels à diuers temps ont mis ladicte Charte en lumiere. *Christianum auctorem fuisse res clamat*, dit Bertius: & Moret escrit, *Addimus auctorem Christianum fuisse. Id verò ex S. Petri nomine, & ijs quæ de Moyse, Israeliticisque tradit intelligi.*

In præfatione ad Theatrum Cosmographiæ veteris.

Initio ipsius Chartæ.

5. Quant au temps auquel ladite Charte peut auoir esté faicte Beatus Rhenanus dit, que c'est *Sub vltimis Imperatoribus*, sans autrement les specifier. M. Velserus prend ces derniers Empereurs pour Theodose & ses deux fils Arcadius & Honorius, du temps desquels l'Empire estoit encore en son entier, & consistoit és Regions & prouinces descrites & mentionnees en ladite Charte, lesquelles, ainsi qu'il est vray semblable, ne s'y trouueroiēt point, si elles estoient posterieures aux Theodoses: n'y ayant apparence que l'auteur qui estoit Romain, descriuant les terres de l'Empire en ladite Charte, y eust mis celles qui eussent ja esté occupees & detenuës par autres, que par les Empereurs. De dire aussi que ladite Charte ait esté faicte deuant le siecle de Theodose, il n'y a point d'apparence: d'autant qu'en icelle il est fait mention de peuples, & de villes, ou bourgs, & autres places qui n'estoient point du tout: ou au moins qui n'estoient point cognuës, sinon enuiron le siecle de Theodose. Ce qui a donné occasion à quelques-vns de l'appeler *Chartam Theodosianam*.

6. Or quiconque en soit l'auteur, M. Velserus son Interprete dit, qu'il estoit du tout ignorant de la Geographie, & des sciences Mathematiques: & que c'est vn ouurage faict par quelque Fourrier ou Mareschal de camp, au milieu de la confusion des armes: & non pas vn œuure trauaillé & elabouré dans vn estude par quelque homme sçauant: *Auctorem*, dict-il, *Geographiæ imperitum, Mathematicas literas in vniuersum non doctum fuisse necessario fatendum. Res enim loquitur: cum neque prouinciarū circunscriptiones & figuræ, neque littorū extremitates, neque fluuiorū decursus, neq; locorū interualla Geographicis canonibus respondeāt. Inde fit, vt nō temere suspicer, hæc in turbido castrensi potius, quam erudito scholarum pulue-renata, manu Metatoris alicuius descripta esse.* Et en autre endroict parlant de la riuiere de Seine, & lieux voisins, confondus auec autres qui en sont fort eslongnez, il dict. *Quæ cum considero, auctorem nostrum culpa difficulter libero: nisi ad ruditatem, quæ per omnem sane descriptionem vsus, confugia-*

mus. Et peu apres. *Sed fortaßis simplicius & rectius facturi sumus, si auctoris errorem fateamur.*

7   Et n'y a point de doubte, que si on veut examiner la charte de Peutinger par les loix de la Geographie, ou reigles des Mathematiques, qu'il ne se trouue en icelle des fautes, les plus grandes, les plus manifestes, & les plus insuportables que l'on ait iamais veu en ouurage quelconque: soit que l'on considere l'estenduë de l'Empire Romain en son tout, duquel il descrit les chemins: soit en ses parties & prouinces particulieres. Premierement nous auons veu cy dessus, tant par les mesures & supputations d'Artemidore & de Pline, que par le calcul qui se peut faire sur le globe terrestre, que la longueur de l'Empire Romain ne contient pas iustement deux fois sa largeur, ains que la longueur est à la largeur comme 60. à 32. ou si vous voulez 15. à 8. qui est la mesme chose. Ce que les Mathematiciens appellent raison superpartiente sept huictiesme: d'autant qu'en 15. il y a autant qu'en huict: & en outre 7. parties de 8. & par ainsi il s'en faut vne huictiesme partie, que la longueur dudit Empire n'ait deux fois sa largeur. Et neantmoins en la description de l'Empire, ainsi qu'elle est en ladicte charte, la longueur a dixneuf fois sa largeur: comme pourront voir au doigt & à l'œil ceux qui prendront la peine d'en faire la mesure auec le compas. Or quel plus grand erreur sçauroit-on imaginer en choses qui se doiuent conduire par nombre & mesure, que de donner dixneuf largeurs à ce qui n'en a pas deux. Et neantmoins ce n'est pas seulement en la totalité de l'Empire que cela se trouue, mais en chacune prouince d'iceluy, qui sont extremement allongees, & grandement estressies en ladite charte.

8   Dauantage, le terrain des riuages de la mer, soit Oceane ou Mediterranee, ny la largeur naturelle de leurs goulphes ou promontoires, n'ont rien és figures de ladicte charte, qui se raporte à la nature. Les grands fleuues qui ont leurs cours du Midy au Septentrion sur la terre, sont tournez de l'Orient en l'Occident sur ladite charte, auec la suitte des villes, citez, & autres places qui sont sur iceux. Bref plus vous eslongnez la ville de Rome (qui se doit prendre pour centre de ladicte charte, comme elle est le centre des grands chemins qui y sont depeincts) & plus vous trouuez de confusion & de meslange en la situation des villes, voire des prouinces toutes entieres, en sorte que qui voudroit rapeller ladicte charte aux theoremes de la Geographie, il se trouueroit infiniment eslongné de son compte.

6   La longueur exorbitante de ladicte charte en comparaison de sa largeur tant estroicte, donne assez à penser à ceux qui la considerent, que cela ne s'est point faict sans quelque mystere caché, & peu entendu. Que s'il m'est permis d'en dire ce que i'en pense en mon

particulier, n'ayant trouué aucun auteur qui m'en ait donné vne plus specifique instruction, ie diray, soubs la correction de ceux qui en comprendront mieux le secret, que ce n'est pas par ignorance, mais par dessein, & de propos deliberé, que ladite charte a esté faicte en la forme que nous la voyons. Quiconque en soit l'auteur, son dessein a esté de faire de l'Empire Romain comme vne routte longue & estroite, & de nous representer en icelle les grands chemins dudit Empire, pour nous les faire voir *per Synopsin*, & d'vn seul traict d'œil : & par la longueur & multitude d'iceux, nous faire apparoir de la longueur & multitudes d'ouurages faicts de main d'homme, qui surpassent en ces deux proprietez, tout ce qui a iamais esté faict en l'Vniuers. En vn mot, c'estoit pour nous faire conceuoir la grandeur & la puissance Romaine par les yeux : & mettre en veuë la merueille des merueilles de la terre. Car y a-il ouurage faict de main en tout le monde, que l'on puisse mettre en parangon à l'encontre de ceux-cy, qui se trouuent en nombre de vingtcinq ou trente continuez depuis l'Orient iusques en l'Occident sur la longueur de seize à dixhuict cens lieuës Françoises, & du Midy au Septentrion sur l'estenduë de huict ou neuf cens lieuës par certains endroicts, & de mille lieuës par autres. Et si c'est sans mettre en ligne de compte les trauerses & moindres chemins militaires, qui sont en grand nombre par les prouinces de l'Empire. Et à la verité, s'il y a merueille au monde, il faut confesser que c'est celle cy : eu esgard aux montagnes coupees ou percees, aux maraiz desseichez, aux leuees & terraces exhaussees à la quantité des matieres employees, au nombre des ponts & des ports bastis pour continuer vn si long ouurage : pour la perfection duquel, les Romains ont employé plus de gens & d'argent, qu'en pas vn œuure, qui ait iamais eu quelque reputation de grandeur.

10. Il ne faut donc pas s'estonner, si l'auteur de ladite Charte n'ayant autre dessein en son esprit que celuy-là, ne s'est pas mis en peine de distribuer les prouinces chacune en son lieu, ny figurer les riuages selon leurs flexions & situations. Ce n'estoit pas son dessein de nous donner vne Charte Geographique, ny de nous depeindre l'Empire de Rome & ses prouinces : mais seulement de nous figurer les chemins dedans l'Empire, & dedans ses prouinces. Ce qui monstre que son dessein estoit cela, & non plus, c'est qu'il a figuré lesdits chemins par lignes toutes simples, n'exprimant en ladite Charte aucunes villes, citez, bourgs, ou demeures, sinon celles qui estoient dessus lesdits Chemins, ou prés & le long d'iceux, entre lesquelles il y en a vne infinité de peu de nom ; & qui ne se trouuent sur aucunes Chartes Geographiques. Au contraire il a delaissé en arriere vne infinité de villes, & citez de grand renom, à cause qu'elles estoient es-

Ioignees desdits chemins: ce qu'il n'eust pas fait, s'il eut entrepris de nous dépeindre les prouinces par les reigles de Geographie, & non pas les grands chemins dans les prouinces. Ce que M. Velserus n'a pas ignoré luy-mesme, quoy qu'il n'ait pas voulu descharger du soupçon d'ignorance l'auteur de la Charte. Car ayant dit que les Chartes Itineraires sont faictes seulement, pour mettre deuant les yeux des Empereurs ou Capitaines generaux des armees la conduite des chemins d'vne seule veue, il adiouste, *Et nostram tabulam huic fini paratam non dubiè innuunt dicta hactenus. Clarius adhuc ostendunt lineæ viarum, & numeri spatiorum indices: vt quod illæ tantum mansiones expressæ, quæ in vias delineatas incidunt: præteritis alijs non obscuri nominis vrbibus. Quorum nihil commisisset auctor, si ipsas prouincias, non certa in prouincijs itinera describenda sumpsisset. At priuatum institutum respexit: Metatorem, non Geographum præstitit.*

DECLARATION PLVS PARTICVLIERE
du dessein de l'Auteur, qui a faict la charte de Peutinger.

CHAPITRE. VIII.

1. M. Velserus confesse que la Charte de Peutinger ne se doit rappeller aux reigles Geographiques: mais de l'art des Fourriers seulement.
2. Qu'il sera iustifié que l'auteur d'icelle Charte n'a fait le Geographe, ny le Fourrier.
3. Trois genres de mesures selon Frontinus.
4. Quelles choses se mesurent par chacun de ces trois genres.
5. Dessein de l'auteur: & pourquoy il a pris pour mesure le miliaire Romain.
6. Raison de l'extreme longueur de ladicte Charte, en comparaison de sa largeur si estroite.
7. Pourquoy la Charte de Peutinger n'a esté proportionnee suiuant la nature.
8. Similitude pour faire entendre le dessein de l'auteur de ladite charte.
9. Suitte de ladicte similitude.
10. Exemple du Rhin pour seruir d'intelligence aux irregularitez de la charte.
11. Que lesdictes irregularitez ne tentent à deceuoir les lecteurs.
12. Deux sortes de tables plates, qui soubs le mensonge monstrent la verité.
13. Le subiect de la charte n'est que sur la longueur des chemins, sans respect aux parties du monde.
14. Similitude pour faire entendre la façon dont l'auteur s'est serui en la composition de ladicte charte.
15. Que l'auteur de ladicte charte n'a faict le fourrier, non plus que le geographe en la composant.

1. **M**Velserus est donc contrainct de confesser, que l'auteur de nostre charte n'a pas faict le Cosmographe en la construction ou composition d'icelle, & partant qu'il ne luy faut pas attribuer l'auctorité qu'il ne demande, & qu'il ne merite pas. Et que si quelqu'vn esperoit d'en tirer l'vsage des chartes Geographiques, il se tromperoit grandement. *Idque vel idcirco animaduertendum, ne antiquitatis nomine decepti, tabulæ authoritatem, quam Autor non petit, non meretur, tribuamus. Si quis enim vsum sperat, quem ex Geographicis pinacibus diligentissimè & scientissimè confectis, fallitur.*

2. Velserus donc a raison de dire, que nostre auteur ne contrefait pas le Geographe. Mais quant il dict qu'il s'est contenté de faire l'office d'vn Fourrier, qu'il appelle Metatorem, l'estime qu'en cela il s'est deceu, d'autant que ledit auteur n'a eu intention de faire office de Fourrier non plus que de Geographe. Ce que i'espere de pouuoir persuader par raisons bonnes & valables, si on me donne loisir de m'estendre vn peu plus au large sur le dessein precis & particulier dudit auteur en la composition de sa charte.

3. Il faut donc entendre, que les mesures de quelque chose que ce soit, se diuisent en trois genres, selon Iulius Frontinus, qui sont longueur, largeur, & profondeur. *Mensuræ aguntur generibus tribus: per longitudinem, latitudinem, & crassitudinem: hoc est, rectum, planum, solidum.* Ce que cet auteur appelle droict, plat, & solide, c'est ce que les Geometres & les Naturalistes nomment ligne, surface, & corps ou corpulence. La ligne sert à mesurer les choses en leur longueur sans largeur: & recoit soubs soy plusieurs especes de mesures, esquelles la longueur seule est considerable. Tel est le pied, que ledit Frontinus appelle *pedem rectum*, à la difference *pedis plani & solidi*. Tel est le stade des Grecs, le milliaire des Romains, la lieuë des Gaulois, la Scœne des Ægyptiens, & le parasange des Perses. *Rectum est*, dict Frontinus, *cuius longitudinem sine latitudine metimur: vt lineas, porticus, stadia, milliaria, fluminum longitudines.* La surface, qu'il appelle *planum*, mesure la longueur & la largeur; comme le pied pris en quarré, qu'il appelle δίπεδον, ou *constratum pedem*. Telles sont les mesures que les Latins appellent *Clima, actum maiorem vel minorem, & iugerum*: qui se rapportent en quelque chose à ce que nous appellons des quartels, des boisseaux, des septiers, des arpés, & iours, ou iournels de terres labourables. Le corps ou corpulence, qu'il nomme *solidum*, sert à mesurer la longueur, la largeur, & la profondeur, comme est le pied cubique, que les Grecs appellent στερεόν: & Frontinus d'vn nom impropre *Quadratum*, au lieu de *Cubicum*.

Lib. de agrorum qualitate. In expositione formarum.

4. Ces trois genres de mesures seruent à mesurer les choses diuersement, selon la diuersité de leurs natures. Car auec les stades, les

mil, & les lieuës, on mesure les chemins en leur longueur seulement, sans auoir aucun respect ou relation à leur largeur ou profondeur, qui dependent d'autres mesures. Par les pieds quarrez, les climats, les actes, & les arpens, qui ont longueur & largeur, on mesure les terres labourables, les sols des edifices, & les incrustations des parois. Mais par le pied cube, & la toise solide, on prend les mesures de l'espoisseur des parois, des piles ou pilastres, des colonnes, obelisques, Pyramides, & autres choses, qui gisent en longueur, largeur, & profondeur ensemble.

5. Donc pour venir à l'auteur de nostre charte Itineraire, son dessein ne l'a porté à autre chose qu'à representer la longueur des grands chemins dans l'estenduë de l'Empire, sans aucun respect, ne relation à la largeur dudit Empire, ny des parties d'iceluy. Et comme il luy estoit besoin d'vne certaine mesure pour icelle estendre sur lesdits chemins, comme on estend vne aulne sur le drap, afin d'en sçauoir la longueur par la multiplication & reiteration de l'aulnage; Aussi a-il choisi le milliaire Romain pour la mesure des grands chemins, lequel Frontinus nous monstre estre vne des mesures, qui n'ont esgard qu'à supputer les longueurs sans largeurs. Prenant donc le seul milliaire pour mesure de son ouurage, il n'auoit que faire de se mettre en peine de la largeur, qui n'estoit pas de son faict. Et voyla d'où vient qu'il a tiré l'Empire en forme de routte, luy donnant vne longueur, qui semble de premier abord sans reigle & sans raison, en comparaison de sa largeur. Et toutesfois à prendre ceste longueur, suyuant le dessein de l'auteur, on y trouuera reigle, mesure & raison.

6. Premierement ayant entrepris de mettre deuant les yeux le nombre & la longueur des grands chemins, non pas nuëment & simplement, mais auec leurs mesures naturelles, qui sont les milliaires: il auoit besoin d'vn merueilleux espace, pour marquer chacune ville ou cité sur lesdits grands chemins, auec les distances qui sont de l'vne à l'autre, & le nombre des milliaires qui seruent de mesure ausdictes distances. Donc pour fournir vn espace suffisant à son dessein, il a reduict tout l'Empire au petit pied; & suiuant sa reduction il a trouué, que pour faire paroistre les villes, citez, gistes, & postes qu'il auoit à marquer sur les grãds chemins, il ne le pouuoit faire auec grace en moins de douze pieds d'estenduë, qu'il a donné à sa charte; sur laquelle les terres de l'Empire en occupe dix & demy. Et quand à la largeur, il ne luy a donné que six poulces huict lignes, qui n'est que la dixneufiesme partie de la longueur: au lieu qu'elle contiendroit en nature plus que moitié. Ce qu'il a faict, d'autant qu'il a iugé que dans ce peu de largeur, comme dans vne routte suffisante, il pouuoit designer

gner tous les grands chemins de l'Empire, qui ne sont figurez que par des lignes, comme estant longueur sans largeur.

7. Or d'autant que la longueur naturelle de l'Empire s'estend d'Orient en Occident, comme sa largeur, du Midy au Septentrion, aussi est-ce de l'Orient en l'Occident qu'il a estendu ledit Empire en longueur. Que s'il eut voulu proportionner la largeur à la longueur en sa peinture, ainsi qu'elles sont proportionnees en la nature, il eust esté contraint, suiuant les maximes cy dessus deduictes, de donner à sa Charte plus de six pieds & demy en largeur, pour la tenir en raison de huict à 15. qui se trouue entre les terres qui y sont descrites. Et de là fussent procedees deux incommoditez non necessaires à son dessein. La premiere est la grandeur & largeur exorbitante d'vne telle Charte, qui eust eu douze pieds d'vn sens, & six pieds & demy d'autre, qui reuiennent ensemble à 75. pieds quarrez, lesquels on n'eust sceu où loger. L'autre c'est qu'en vne si vaste largeur, on n'eust veu que bien peu de lignes tracees : sçauoir celles mesme que l'auteur a fait tenir en six poulces & huict grains, qu'il a donné de largeur à sa Charte : largeur suffisante à son dessein, auquel il n'y a que la longueur de considerable. Ainsi n'ayant à tracer que vingt ou trente lignes l'vne sur l'autre pour designer ces chemins, il y eut eu par trop de vuide en ladicte Charte, si elle eut eu six pieds & demy de largeur: de sorte que voyant si peu d'ouurage en tant d'espace, on eust peu approprier ce vers de Virgile à telle Charte,

Lib.1.Æn

Apparent rari nantes in gurgite vasto.

C'est ce qu'eussent peu dire ceux qui n'eussent esté aduertis de son dessein, qui n'est que de marquer en sa Charte les villes, citez & autres places, pour petites qu'elles soient, & de peu de nom, qui se rencontrent sur les grands Chemins : & ne faire estat de plusieurs villes & citez renommees, d'autant qu'elles ne s'y trouuent point.

8. Partant l'auteur de ladite Charte a prins autant d'espace seulement pour la largeur d'icelle, qu'il en estoit de besoin pour y figurer ses grands Chemins par des lignes seulement, & non plus: ayant fait de l'estenduë naturelle de l'Empire Romain, ce qu'vn Pasticier feroit d'vne masse de paste d'vn pied de longueur, & de demy pied ou peu plus de largeur, s'il venoit à l'estendre, de dix pieds & demy de longueur, & ne rien adiouster à sa largeur : car il se feroit par ce moyen, que la longueur qui ne contenoit pas iustement deux fois la largeur, viendroit à la contenir dixneuf fois : De sorte que la longueur qui auparauant n'estoit pas seulement double à la largeur, seroit apres cela en raison Nouendecuple, pour parler en termes d'Arithmetique. Tel est neantmoins la forme, que l'auteur de ladicte Charte a donné aux terres de l'Empire.

Tt

9. Comme donc il arriue qu'en allongeant vne masse de paste, telle partie d'icelle estoit prés d'vne autre, qui par l'action de la main s'en retire bien arriere : telle estoit deuant, qui demeure derriere: & telle estoit à droict qui se coule à gauche : il a esté necessaire qu'il en soit arriué de mesme aux terres, prouinces, villes, & citez de l'Empire. Car en l'allongeant si exorbitamment, & le reduisant en vne route, il est arriué que les mers & les terres se sont pareillement allongees comme boyaux, & que les prouinces se sont mises à l'estroict dans vne largeur si anguste, l'vne receuant l'autre comme dans ses entrailles, qui en estoit auparauant fort eslongnee. Cela mesme est arriué aux grands fleuues de l'Empire: & par consequent aux villes situees sur iceux.

10. Pour exemple, le Rhin, ancien limite de l'Empire entre la Germanie & les Gaules, a vn bien long cours tendant du Midy au Septentrion: & par ce moyen tranchant en la nature la largeur dudit Empire. Or comme ladite largeur est tellement reduite à l'estroict, que sur icelle ledit fleuue ne se peut suffisamment estendre, pour receuoir sur la longueur de son cours toutes les villes, citez, & Postes qui sont situees sur ses bords: & par lesquels passe l'vn des grands chemins de l'Empire: l'auteur de ladite charte a esté contrainct pour luy donner sa iuste longueur, de luy detourner son cours sur la charte: & au lieu qu'il va coulant au Septentrion en la nature, le faire couler à l'Occident en sa peinture, reiettant son flus dans la longueur de ladite charte, qu'il ne pouuoit figurer dans sa largeur. De sorte que la descharge du Rhin, qui se faict en nature dans l'Ocean Septentrional par plusieurs bouches, bien loing de la riuiere de Seine, se va faire en l'Occidental pres l'emboucheure de ladite riuiere. Ce qu'il a esté cotrainct de faire de tous les grands fleuues qui vont du Midy au Septentrion, & par ainsi aux places assises sur iceux: lesquelles par consequent sont tellement changees de situation, que l'vne ayant l'autre du Midy au Septentrion, en la nature, elle l'a de l'Orient en Occident en peinture sur ladicte charte.

11. Et ne faut pas pourtant estimer, que l'auteur de cette charte nous vueille deceuoir ou troper, & nous faire croire, que ce qui coule au Septentrion s'en aille à l'Occident. Il suppose, que ceux qui se seruiront de sa charte (qui n'est qu'Itineraire) auroт appris d'autres chartes, qui sont Geographiques, la vraye situation des villes & prouinces, & le vray cours des riuieres. Quant à luy, ce luy est assez en quelque sens que lesdictes prouinces soient tournees, & en quelque partie que le cours des riuieres soit porté, il puisse representer la longueur des chemins sur l'estenduë d'iceux. C'est là le subiect dans lequel il s'est retranché en la composition de sa charte.

DE L'EMPIRE, LIV. III. 331

12. Car il est à sçauoir, que selon le dire mesme de Bertius il y a deux sortes de tables plates à figurer le monde, ou partie d'iceluy: l'vne rude, & sur le lourd, pour monstrer seulement la direction des chemins, sans se soucier d'Orient, d'Occident, de Midy, ny de Septentrion: & donne pour exemple de celle cy, nostre charte de Peutinger. L'autre est plus exacte en ses obseruations, dressee sur les quatre parties du monde, & constitutions celestes: qui represente en plat autant que faire se peut, la terre qui est faicte en Sphere, y obseruant les degrez celestes de longitude & latitude: telles que sont les chartes Cosmographiques d'Ortelius & de Mercator, & les tables racourcies dudit Bertius, qui est grand maistre en cet art, & qui en parle ainsi. *Planarum tabularum duplex ratio fuit: vna rudior, ad itinerum tantum directionem comparata: qualis est Theodosiana seu Peutingeriana, quam nos damus. Altera accuratior, facta ad constitutionem celestem, quæ Sphæræ orbem vniuersum repræsentantis positionem, quo ad eius fieri potest, in plano refert. Illa Græcis χωρογραφία, dicta est: hæc γεωγραφία.* Or l'vne & l'autre atteindēt tellement au poinct de la verité, que soubs des hypotheses ou suppositions fausses, elles nous font entendre ce qui est veritable, & ce sans aucun erreur: Et ne laissent d'agir auec nous de bonne foy, quand elles nous proposent des mensonges. Vn Cosmographe enseignant quelqu'vn sur vne charte, dira: icy sont vingt degrez celestes, chacun desquels valent trente & vne lieuë & vn quart. Or est-il que les degrez qu'il monstre disant cela, n'auront pas demy doigt de longueur. Il y a donc en ses paroles vn mensonge manifeste. Ouy à la verité: mais ce mensonge pourtant, ne laisse d'apprendre aux hommes ce qui est vray, d'autant que par ces petits degrez peincts & figurez sur vne charte, il entend ceux qui sont au ciel ou en terre, & qui s'estendēt de la longueur susdite en la nature. *Vtraque autem,* dict le mesme auteur, *ita verum assequitur, vt sub falsa hipothesi, certam rerum ipsarum constitutionem animo proponat: & quidem sine errore.*

Præfatione in Theatrū Cosmographiæ veteris.

13. Nostre Charte donc, quoy que distorquee en la façon que nous l'auons dit, ne laisse de nous representer la verité soubs le mensonge, suyuant le dessein de l'auteur. Qui n'est pas de nous faire paroistre aux yeux en quelle partie du monde tendent les grands chemins de l'Empire: sçauoir en l'Orient, Occident, Midy, ou Septentrion: ny soubs quel degré de longitude ou de latitude chacune ville est assise. Ce luy est assez de nous en faire voir la longueur, auec les distances de ville en ville, marquee par les nombres de leurs milliaires. C'est là le *subiectum adæquatum* de ladite charte, qui n'a cure du reste, qui n'est point de son gibier: & qu'elle laisse aux chartes Geographiques.

14. Que si vous desirez d'entendre la maniere qu'il a tenu en la disposition desdits grands chemins, & lieux qui sont sur iceux dedans

Tt ij

sa charte, vous le pourrez entendre à peu pres par ceste similitude. Supposez qu'il y ait vn grand arbre, qui iette des branches en rõd vers toutes les parties du monde également, & que quelqu'vn diuisast ledit arbre par le diametre de sa rondeur en deux parties égales, par vne ligne qui allast du Midy au Septentrion: puis qu'il vinst à plier par force les branches Meridionales & Septentrionales, & les detourner partie à l'Orient, & partie à l'Occident par égale portion : il arriueroit que les extremitez de certaines branches voisines, qui se touchoient quasi l'vne l'autre en leur situation naturelle, en allãt ainsi en contraires parties, se trouueroient separees d'vn tres grand interuale: comme au contraire elles viendroient à approcher les extremitez des branches Orientales & Occidentales, desquelles elles estoient aparauant fort esloignees. Il s'en est fait quasi tout de mesme des grands Chemins de l'Empire en ladite charte, d'autant que sortant de la ville de Rome, comme branches de leur tronc, & se portant en rond par toutes les parties de la terre, l'auteur de ladicte charte les a pris de là, auec les rameaux qui en dependent, chargees de leurs villes, citez, gistes & postes, comme branches chargees de leurs fueilles : & a faict prendre l'adresse vers l'Orient ou l'Occident, à tous ceux qui prenoient leur route au Midy ou Septentrion. Par ce moyen les resserrant les vns pres des autres, il n'a pas eu besoin de grande largeur en sa charte. Et tout ainsi que les fueilles d'vne brãche ne changent point le rang & situation qu'elles auoient entr'elles, encore que la branche soit destournee de sa posture naturelle en vne autre: ainsi le rang & l'ordre des villes qui estoient sur vn certain chemin, n'a point esté changé, quoy que le chemin ait esté tourné de l'vne des parties du monde à l'autre. Il n'y a que ceste difference, que l'ordre qui tend du Midy au Septentrion en la nature, tend de l'Orient à l'Occident en la figure: le tout sans detriment de la lõgueur desdits chemins, qui est seule considerable au subiect de ladite charte. Dauantage comme les fueilles des branches d'vn arbre, plus elles approchent du tronc, & moins se peuuent elles destourner & separer l'vne de l'autre: ainsi est il des villes assises sur les G. C. qui sortent immediatement de Rome: entre lesquelles il y a moins de destour, qu'êtres celles qui sont situees és extremitez de l'Empire. C'est là que se trouuent les situations des lieux les plus exorbitantes; car telles villes se touchent quasi sur les points du Midy & du Septentriõ, qui se trouuent eslongnees de l'Oriẽt iusques à l'Occidẽt, par les flexions & destours que l'auteur a donné aux riuieres ou aux prouinces entieres, sur lesquelles elles sont situees. La charte ne laisse neantmoins à fournir au dessein, pour lequel elle est faicte, qui ne tend qu'à nous monstrer soubs vne veuë tous les grands chemins de l'Empire en leur longueur quasi miraculeuse.

15. Par ce que deſſus, il appert, que tant s'en faut que l'auteur de ladite Charte ait voulu faire le Geographe, qu'il n'a pas ſeulement eu intention de contre-faire le Fourrier, ou Mareſchal de Camp: Car c'eſt du deuoir des Fourriers, que l'on appelle *Metatores*, de deſigner les metes ou termes d'vn Camp, non en longueur ſeulement, mais auſſi en largeur ſuffiſante pour le logement d'vne armee, qui ne ſe rangera pas comme des poules ſur vne perche. Auſſi la meſure des Camps ne ſe fait pas par le pied droict: mais par le quarré: ny par la toiſe prinſe en ſa ſimple longueur, mais auſſi en ſa largeur. Car apres que les Fourriers auoient choiſi le lieu du Camp en general, c'eſtoit du deuoir des meſureurs & arpenteurs de diſtribuer les places aux ſoldats au pied quarré, qu'ils appelloient *Dimetiri ad podiſmum*. Ce que M. Velſerus a recognu luy-meſme, alleguant ces mots du 2. liure chap. 7. de Vegetius, *Metatores ſunt, qui præcedentes locum eligunt caſtris. Menſores qui in caſtris ad podiſmum dimetiuntur loca, in quibus milites tentoria figant*. Or eſt-il que l'auteur de noſtre Charte n'a eu en ſon deſſein aucun eſgard à la largeur, laquelle il a quaſi exterminé tout à faict, pour faire place à la longueur: afin de trouuer des interualles ſuffiſans pour y ranger les villes, & autres demeures qui ſont ſituees ſur les grands Chemins, y obſeruer leurs diſtances, & inſcrire les nombres ſignificatifs des miliaires qui eſtoient de l'vn à l'autre. Tout ce que nous verrons cy apres, par les eſpreuues que nous en ferons en detail en pluſieurs endroicts de ce liure troiſieſme. Et partant nous pouuons conclure, que l'auteur de la Charte de Peutinger n'a eu aucun deſſein de faire office de Fourrier, non plus que de Geographe. Dequoy Velſerus, & autres ne s'eſtans aduiſez, l'ont accuſé d'ignorance en la Geographie & ſciences Mathematiques.

DE LA COMPARAISON DE LA CHARTE de Peutinger auec l'Itineraire d'Antonin.

CHAP. IX.

1. Pluſieurs Itineraires faits par des Empereurs ou gens ſçauans. Sur tous leſquels ſont à eſtimer celuy d'Antonin & de Peutinger.
2. Pourquoy ſont employez quelques chapitres à diſcourir de ces deux derniers.
3. Premier poinct en quoy l'Itineraire d'Antonin conuient auec la Charte de Peutinger.
4. Second poinct.
5. Auctorité de Cluuerius ſur le ſecond poinct.
6. D'où eſt venuë la corruption de la

Charte de Peutinger.
7. Que nonobstant les fautes qui y sont, elle ne laisse de fournir à l'effect de son auteur.
8. Premiere difference d'entre l'Itineraire & la Charte.
9. Seconde difference.
10. Troisiesme difference.

11. Quatriesme & cinquiesme difference.
12. Sixiesme & derniere difference.
13. Sçauoir si la Charte de Peutinger a esté faicte sur l'Itineraire d'Antonin.
14. Facilité de la corriger, ou d'en faire vne nouuelle sur ledit Itineraire.

1. L y a eu quelques Empereurs, & quelques gens de sçauoir, qui ont pris tant de plaisir en certains voyages particuliers qu'ils ont fait de Rome en quelques prouinces loingtaines, qu'ils ont bien voulu prendre la peine de nous en laisser des memoires : afin qu'ils peussent seruir à ceux de la posterité, qui auroient les mesmes voyages à faire. Tels sont les Itineraires de Iules Cæsar en Espagne, de Trajan aux Daces, d'Alexander Seuerus au Royaume de Perse, d'Horace à Brindes, d'Ouide à Milete, de Firmian en Affrique, & de Rutilius en la Gaule, desquels Onuphrius Panuinus fait mention en la preface qu'il a mis au deuant des deux Itineraires dudit Rutilius, surnommé Gallicanus. Mais sur tous sont à priser & estimer les deux, de la comparaison desquels nous auons entrepris de discourir. Dautant que ces Itineraires precedés ne sont que descriptions de chemins ou voyages particuliers de la ville de Rome en quelqu'vnes des prouinces de l'Empire : mais ceux d'Antonin & de Peutinger sont vniuersels, comprenans tous les chemins militaires : ou au moins la plus grande & principale partie d'iceux, lesquels de ladite ville s'estendent aux extremitez de la terre : dont l'vn nous represente les noms des villes, citez, gistes & postes qui sont sur lesdits grands Chemins auec les distances par nombres, le tout en escriture seulement : & l'autre nous met comme deuant les yeux les mesmes Chemins en escriture & en figure tout ensemble.

2. Et ne faut s'estonner si nous employons trois ou quatre chapitres à discourir de ces deux ouurages, d'autāt qu'ils nous doyuent seruir sur tous autres en ce liure troisiesme, où il n'est question que du nombre & de la longueur des grands Chemins, que nous ferons mieux entendre par ces deux Itineraires, que par tout le reste des liures que nous sçaurions employer à cet effect, pourueu que nous fassions bien entendre la nature de l'vn & de l'autre.

3. Mais pour entrer dans la comparaison entreprise, il est certain que ces deux Itineraires ont beaucoup de choses semblables, &

beaucoup de dissemblables. Ils se rapportent premierement au poinct principal de nostre subiect: c'est que l'vn & l'autre ne contiennent aucuns chemins communs de l'ancien Empire: mais ceux-là seulement qui estoient faicts de main d'homme, & qu'à raison des Consuls ou Preteurs, & depuis des Empereurs qui y auoient fait trauailler, ils appelloient, *Vias Consulares, Prætorias, Imperatorias, Basilicas siue Regias, & Militares*. Nous auons prouué cela de l'Itineraire d'Antonin en plusieurs endroicts de cet œuure, tant par l'autorité de Hieronymus Surita, que vous trouuerez en la preface du Commentaire qu'il a fait sur ledit Itineraire; que de quelques autres. Et quand à la charte de Peutinger, M. Velserus son interprete nous en donne vn tesmoignage exprés en ces termes: *Linearum ductus, quibus stationes aut mansiones (sunt ea solemnia metatoribus nomina) coniunguntur, Vias publicas exprimunt, quas Consulares, Prætorias, & Militares appellant*. Et peu apres: *Verum ego in schedis nullam non Consularem, aut, quod idem est, Militarem delineatam opinor*.

M. Velserus in proemio.

4. En second lieu l'Itineraire d'Antonin, & la charte de Peutinger conuiennent en cela, que l'vn & l'autre designent les chemins par noms des citez, gistes & postes qui se trouuoient assises sur iceux: & qu'ils en determinent tous deux les distances par nombre de milliaires. Et ont encore cela de commun, que tant és noms desdictes citez, gistes, postes, & nombres significatifs des distances qui sont d'vn lieu à vn autre, il y a de grandes fautes, & en grand nombre. Pour ce qui est de l'Itineraire d'Antonin, lesdictes fautes se manifestent assez sur les nos propres desdites citez, & autres lieux: en ce que Hieronymus Surita n'est en rie tat empesché és cōmentaires qu'il a fait sur iceluy, que d'en accorder les exemplaires. Car de cinq qui luy sont tombez és mains, à peine y en a-il deux qui s'accordent en l'ortographe des places qui y sont remarquees. Et quand à sa charte de Peutinger, ce qui a fait que celuy mesme, duquel elle porte le nom, ne l'a point publiée, ny mise en lumiere de son tēps, c'est la multitude des fautes qui se trouuent és noms des villes, gistes & postes, n'y ayant à peine de dix noms l'vn, qui soit nettement & correctement escrit en ladite table. *Nam aut ego fallor*, dict M. Velserus, *aut his ipsis salebris impeditus Peutingerus, quo nemo antiquitatis studia promouit cupidius, ab editione abstinuit*. Or que Peutinger eust assez de curiosité pour la publier, & de cognoissance és choses antiques, il en appert par les œuures qu'il a mis en lumiere, entr'autres par celuy qu'il a intitulé *Sermones conuiuales*, où il y a tout plein de traicts qui touchent l'Antiquité de la Germanie, & vn autre qu'il a faict, *de Gentium quarundam emigrationib*. desquels Gesnerus faict mention en sa Bibliotheque. Mais quoy? ceste table est redondante en tant de fautes en l'ortographe des noms, que Velserus mesme a esté

contrainct d'adiouster son commenraire à l'edition qu'il a premierement donné au public de quelques parties de ladite charte : d'autant qu'il y auoit danger, qu'en les imprimant toutes seules, ceux qui fussent venus pour s'en seruir, ne les eussent abandonné dés le commencement, à cause des fautes que les Copistes d'icelle Charte y auoient fait de long temps. *Et periculum fuerit*, dit il, *si schedas nudas emitterem, ne permulti quibus illæ iam vsui erant, vix inspectas abijcerent: tædium non laturi corrigendi, quæ à descriptoribus errata; commode explicandi, quæ ab authore incóncinnius posita; confirmandi, quæ in speciem dubia, incerta; annotandi denique, si quæ ab autographo errores viderentur.*

In Præfatione vbi de Geographia antiqua.

5. Philippus Cluuerius a fait ce iugement de l'vn & de l'autre Itineraire, qu'auec le temps ils ont esté tellement corrompus, deprauez, mutilez, tronquez, & detorquez, par la faute des anciens escriuains, qui à diuers temps en ont fait des copies, qu'en l'estat qu'ils ont esté trouuez en nos derniers siecles, ils ne seruent qu'à ietter des tenebres obscures, aux yeux de ceux qui ne sont versez en l'ancienne Geographie. Voicy le iugement qu'il en faict. *Restant duo itineraria, quorum alterum Antonini, siue Antonij cuiusdam nomini ascriptum : alterum tabula illa incerti authoris refert, in prælongum producta. Vtrumque ingentis vsus opus, si barbarum illud seculum, quo librariorum incredibili imperitia incuriaque corrupta fuerunt, salua ad nos, sanaque transijssent. Nunc mutila, manca, detorta, ac plurima ex parte deprauata, nil nisi meras tenebras Geographiæ antiquæ ignaris offundunt.*

6. Et se peut faire à la verité, que la charte dont est question, ait eu dés sa naissance, les distances qui sont entre les villes & citez proportionnees à leurs nombres : en sorte que si vne distance estoit double à vne autre en estenduë, aussi estoit le nombre qui la designoit : si triple ou quadruple, le nombre des milliaires estoit pareillement triple ou quadruple : & s'en trouue encore quelques vnes qui sont ainsi mesurees & correspondantes à leur nombres. Mais il faut confesser, que la negligence de prendre le compas en main par ceux qui en ont faict des copies, a quasi tout peruerti en ce qui est des distances. Car il y en a de bien petites, qui sont marquees par de grands nombres. Comme au contraire des grandes, chargees de bien petits nombres.

7. Mais quelque faute qu'il y ait en ladite Table, soit en l'ortographe des noms propres (au restablissement desquels principalemét, M. Velserus a trauaillé) soit aux distances ou aux nombres des milliaires, ladite charte ne laisse pas d'estre fort à priser, tant pour l'esclarcissement que l'on en peut tirer à l'intelligence de beaucoup de passages, & des Historiens, & des Poëtes, que pour le subiect pour lequel elle a esté composee par son auteur, qui n'est que pour nous faire voir

le nombre

le nombre & la longueur des grands chemins de l'Empire d'vne seule veuë: ainsi que ja nous auons dict cy-dessus. C'est là le gros de l'affaire, & le seul but de son auteur.

8. Iusques icy nous auons remarqué ce que l'Itineraire d'Antonin & la charte de Peutinger ont de commun ensemble: il en faut maintenant monstrer les differences. Dont la premiere est, que l'Itineraire d'Antonin nous represente les grands chemins par escrit seulement, & la charte de Peutinger par escrit & par figures. Celuy là ne nous donne que les noms des villes, & places qui sont sur iceux, auec le nombre des milliaires qui les diuisent l'vne de l'autre: celle cy nous figure lesdits chemins par petites lignes, & sur icelle dispose les villes & citez par certains interualles, accompagnez de leur nombre.

9. La seconde difference est au nombre & quantité des grands chemins, qui sont en l'vn & en l'autre: en ce que lesdits chemins sont en l'Itineraire d'Antonin en nombre de trois cens septante deux ou enuiron. Mais quant aux grâds chemins figurez sur la charte, le nombre ne s'en peut pas sçauoir, à cause du meslage frequent desdits chemins: & que l'on ne sçauroit iuger sur ladite charte, en quel endroict la plus part desdits chemins prend son commencement & sa fin; si on n'est aydé par l'Itineraire d'Antonin, qui determine les commencemens & les fins de chacun.

10. La troisiesme est, en ce que l'vn & l'autre cōmencent bien souuêt par mesmes citez, postes, ou mansiõs: mais ils ne poursuiuent, & ne finissent pas de mesme; car il faut souuêt aller prêdre en deux ou trois chemins de la Charte de Peutinger, les villes & autres places qui ne sont qu'vn seul chemin dãs l'Itineraire. Ce qui se fait ainsi, à cause de la mutatiõ & transport des prouinces qui se trouuent en ladite Charte pour les raisons dessusdites. Partant vn chemin de l'Itineraire semble estre coupé en deux ou trois dans la Charte, si ce n'est que nous venions à suppleer par raison & operation de l'esprit ce qui defaut à la veuë & situation des lieux sur ladite Charte.

11. Dauantage en conferant les chemins de l'Itineraire d'Antonin auec ceux qui sont dépeints sur la Charte, on trouue plusieurs villes, gistes & postes en l'vn, qui ne sont point en l'autre: Tantost l'Itineraire en aura trois ou quatre qui ne sont sur la Charte, & tantost la Charte en contiêdra pareil nombre qui ne sont sur l'Itineraire. Et quant à ceux qui se trouuent en commun sur l'vn & sur l'autre, encore y a-il deux differences notables. L'vne c'est qu'en l'Itineraire ils sont tous enoncez par l'accusatif, *ad quæstionem factam per quo*: & en la Charte, par l'ablatif, *ad quæstionem factam per quâ*. Ce qu'il faut entendre de l'Itineraire, ainsi que nous l'auons des mains de Hieronymus Surita: Car il s'en trouue des anciens exemplaires (tel que ce-

luy de la Bibliotheque de monſieur de Thou) eſquels les noms ſont enoncez par le casablatif auſſi bien qu'en la Charte de Peutinger. La ſeconde giſt en outre, en la diuerſité de l'orthographe. Car ſans mettre en ligne de compte la difference des cas, à peine de dix noms en trouuerez vous les deux qui ſe raportent en tout & par tout en ce qui eſt de l'orthographe.

12. La derniere difference giſt és nombres qui ſeruent à marquer les miliaires d'vn lieu à l'autre. Car encore qu'il y en ait pluſieurs qui ſont eſgaux entr'eux, la verité eſt qu'il y en a beaucoup dauantage qui ſont inégaux. Ce qui fait douter plus que toute autre choſe, ſi ladite Charte a eſté faicte ſur l'Itineraire d'Antonin.

13. Car il ſemble à voir les rapports cy-deſſus par nous remarquez que l'auteur de ladite Charte ait pris ledit Itineraire pour ſubiect de ſon ouurage, & qu'il ait voulu faire ce bien au monde, de le mettre en figure : afin que ce qui ne paroiſſoit qu'à l'eſprit par des noms de villes & d'autres places, ſimples & nuds, vinſt à paroiſtre aux yeux par les figures deſdits chemins repreſentez és lignes que l'on y voit tracees d'vn bout à l'autre. Mais d'vn coſté la diuerſité qui ſe trouue en l'eſcriture aux noms des villes, & aux nombres des milliaires, nous font quaſi croire que ce ſoient deux deſſeins à part: quoy que l'vn & l'autre tendent à meſme fin. Que ſi ladite Charte a eſté faicte ſur ledit Itineraire, il faut dire que l'auteur n'a pas eſté heureux en rencontre: & qu'il s'eſt ſeruy pour la compoſer d'vn exemplaire merueilleuſement corrompu.

14. Au reſte ce ſeroit choſe facile à faire de corriger ladite Charte ſur ledit Itineraire. Et encore plus facile de faire ſur iceluy vne Charte toute nouuelle : en laquelle apres auoir reduit de nouueau l'eſtenduë de l'Empire, au petit pied, on obſerueroit à l'aide du compas les miliaires qui ſe trouuent entre chacuns lieux, par meſmes raiſons & proportions de diſtances, que de nombres. C'eſt à dire que l'on donneroit à vne diſtance de trente lieuës, trois fois autant d'eſtenduë, qu'à vne de dix, comme en trente il y a trois fois autant que en dix : & par ce moyen on feroit aller la Geometrie & l'Arithmetique de meſme pied, à quoy faire, il faudroit plus de temps & de loiſir, que de trauail ou de ſubtilité d'eſprit.

DE L'EMPIRE, LIV. III.

DES MESVRES EN GENERAL, ET DE celles en particulier desquelles on se seruoit à mesurer les grands Chemins. de l'Empire.

CHAPITRE. X.

1. *Diuision de la terre des plus grandes parties aux plus petites, & comment separees par mesures.*
2. *Que c'est que mesure selon Frontinus: & combien de sorte il y en a.*
3. *Exacte consideration des mesures des petites aux grandes.*
4. *Le pas, stade, miliaire & lieuë, communes mesures des grands Chemins. Trois differences de Pas.*
5. *Le Pas Geometrique, est seul qui sert à la mesure des grands Chemins, d'où vient le mot de Pas.*
6. *Difference entre les Pas Geometriques & le Pas commun. Toutes*
7. *mesures limitees par art.*
8. *Le Miliaire se doit entendre en en tous les nombres de la Charte de Peutinger.*
9. *Comment sont marquez les mil Pas, en l'Itineraire, & que signifient ces deux lettres M. P.*
10. *Refutation de ceux qui interpretent M. P. par millia plus minus: Premiere Raison.*
11. *Seconde Raison.*
12. *Troisiesme Raison.*
13. *Auctorité de Hieronymus Surita au mesme effect.*
14. *Opinion de l'auteur.*

1. LES anciens ont diuisé toute la terre en parties, les parties en Empires, les Empires en Royaumes, les Royaumes en prouinces, les prouinces en regions, les regions en citez ou communautez, les citez en cantons, les cantons en territoires, & les territoires en forests, marais, vignes & terres labourables. Pour distinguer toutes ces parties les vnes des autres, & faire que les possesseurs en peussent jouïr en paix, il a esté besoin d'en determiner les fins & limites par certaines lignes & bornes, qui en monstrassent à l'œil les distinctions & separations.

Ce qui ne s'est peu faire sans l'aide des mesures, lesquelles sont differentes entr'elles, suiuant la nature des choses mesurees. Car autrement se mesure vn Empire, ou vn Royaume, qu'vne terre labourable, ou quelque autre piece d'heritage, encore que toutes les mesures ayent entr'elles quelque proportion & commun respect.

2. La mesure, suiuant Iulius Frontinus, est vne longueur finie &

Vv ij

determinée de plusieurs interuales comparez les vns auec les autres. *Mensura*, dit-il, *est complurium, & inter se æqualium interuallorum longitudo finita*. Ainsi le pied se mesure par les poulces, le pas par le pied, le stade par le pas, & le milliaire par le stade. Puis cet auteur adiouste, qu'il y a douze genres de mesures, qu'il appelle *digitos, vncias, palmos, Sextantes seu potius dodrantes, pedes, cubitos, Gradus, passus, decempedas, actus, stadia, milliaria*. Et dit que le doigt est la moindre mesure de toutes. Ce qu'il faut entendre des mesures qui seruoient à l'arpentage des terres. *Digitus enim est pars minima agrestium mensurarum*.

In tractatu de Mensuris, apud auctores finiũ Regundorum.

3. Mais ceux qui ont traicté ceste matiere plus exactement, disent, que comme l'vnité en l'Arithmetique, & le poinct en Geometrie, sont les extremitez plus petites, ausquelles on puisse paruenir : ainsi que la plus petite mesure est le grain d'orge pris de sa largeur. Que quatre grains d'orge couchez ventre contre ventre, font vn doigt : que quatre doigts valent trois poulces, ou vn palme; & quatre palmes vn pied : que cinq pieds font vn pas : cent vingt-cinq pas, vn stade : huict stades, vn milliaire : & deux milliaires, la lieuë Françoise. Et de cela, tous les Geometriens sont d'accord, & en ont faict les vers qui ensuiuent.

> *Quatuor ex granis digitus formabitur vnus,*
> *Est quater in palmo digitus, quater in pede palmus.*
> *Quinque pedes passum faciunt, passus quoque centum*
> *Quinque & vicem stadium dant : sed milliare*
> *Octo dabunt stadia, duplicatum dat tibi leucam.*

4. Or quoy que toutes ces mesures puissent seruir aux grands chemins, si est-ce que le pas, le stade, le milliaire, & la lieuë, sont les plus communes de toutes. Aussi sont elles les plus frequentes & les plus familiaires à l'Itineraire d'Antonin, & charte de Peutinger. C'est pourquoy il nous faut esclarcir ces quatre sortes de mesures, & commencer par le pas, qui est le plus petit des tous : mais fort equiuoque en sa signification, attendu que les Geometres font trois differences de pas ; en chacune desquelles il y a le pas simple & le double. Le pas simple de la premiere difference n'est que de deux pieds de longueur, & le double de quatre pieds : Le pas simple de la seconde difference est de deux pieds & demy, & le double de cinq pieds. Le pas simple de la troisiesme difference est de trois pieds, & le double de six.

5. De toutes ces sortes de pas, il n'y en a qu'vn seul qui serue à la mesure de nos grands chemins. Sçauoir ; le double pas de la seconde difference, que nous auons dict estre de cinq pieds ; C'est celuy qui reigle les stades & les milliaires : & que par excellence on appelle le pas Geometrique. Et fut dict *passus* par les Latins, *à pandendo. Passus enim dicitur ab expansis manibus*, c'est à dire, que le *passus* est dict de l'esten-

DE L'EMPIRE, LIV. III. 341

duë des mains: d'autant que la commune mesure de l'homme est de cinq pieds, qui se trouuent de l'vne des extremitez des mains à l'autre, quand les bras sont tout ouuerts & estendus. Et tient-on que ceste estenduë de mains, respond iustement à la grandeur naturelle de l'homme.

6. Ce pas Geometric est ainsi dict, à la difference du pas commun, que les Latins appellent *gressum*, *siue gradum*: & auquel ils donnent deux pieds & demy, qui n'est que moitié du pas Geometric. *Gradus habet pedes* II. S. dict Frontinus, *Passus habet pedes* v. Ce pas ou degré, respondant au marcher naturel de l'homme, est la mesure que l'on appelle vulgairemẽt vn Appas: d'où vient le mot Appasser quelque chose, quand on la mesure auec l'ouuerture des iambes & des pieds de l'homme: ainsi que l'on feroit auec les iambes d'vn compas. Et quoy qu'en la nature il y ait des hommes fort differens les vns des autres en leur grandeur, neantmoins l'art a reduict tout pas à cinq pieds. Et en a faict de mesme de toutes les autres mesures qui sont denommees par les parties du corps humain. Car encore que les membres des hommes soient differents en grandeur selon la difference des corps, si est ce que par art, qui aide & paracheue la nature, l'apas, dit Gradus, a esté reduict à 2. pieds & demy: la coudee, à vn pied & demy: le pied à douze poulces, ou seize doigts: & les doigts à quatre grains d'orge: non pas tels & quels, à l'arbitrage de chacun en particulier, mais d'vne quantité certaine, dont les hommes ont conuenu par vsage, pour la commodité de la vie & du traffic; estant l'interest public d'arrester par art ce qui ne l'estoit pas par nature.

De Agrorũ qualitate.

7. Mais venons maintenant au miliaire, qui a pris son nom de mil pas Geometriques desquels il est composé: & ausquels les Latins ont donné le nom de *Milliare*, ou *Milliarium*: C'est l'vn ou l'autre de ces deux mots qu'il faut sous-entendre en tous les nombres de la Charte de Peutinger, comme au commencement de la Charte: *Burdegalo* IX. c'est à dire, *nouem milliaria*. *Serione* XX. c'est à dire, *viginti milliaria*. Si vous n'aymez mieux indiquer ces nombres à la maniere de l'Itineraire d'Antonin, qui ne se sert de *Milliare*, ne *Milliariũ*: mais de *Mille passus*, ou *Millia passuum*, qui est la mesme chose, puis que le miliaire est vne mesure de mil pas.

8. Ces deux mots, *Mille passus*, ou *Millia passuum*, sont ordinairement notez audit Itineraire par ces deux lettres capitales M. P. comme au commencement dudit Itineraire *ad Mercuri* M. P. CLXXIIII. c'est à dire: au Temple de Mercure cent soixante & quatorze mil pas, qui est la mesme chose, auec cent soixante & quatorze miliaires, ou mil Italiques: & par apres,

Vv iij

Salaconiam M. P. XVI.
Thamſidam M. P. XXXII.

Et ainſi le reſte du liure.

9. Il s'eſt trouué neantmoins quelques gens de ſçauoir, qui ont interpreté ces deux lettres dans ledit Itineraire par ces mots, *Millia plus minus*: En quoy ils ſe ſont grandement abuſez, ainſi qu'il apparoit par pluſieurs raiſons bonnes & valables: Dont la premiere eſt, que comme nous apprenons de Plutarque, & de pluſieurs autres, la meſure des grands Chemins militaires eſtoit certaine & determinee, eſtant faicte à la verge & au cordeau: & marquee par pierres qui en deſignoient les extremitez & les nombres. Que ſi ces lettres M. P. ſignifioient *plus minus*, il n'y auoit rien de precis ny de determiné en tous les nombres dudit Itineraire. Ce qui eſt contre la verité des meſures, deſquelles, comme bien certaines, pluſieurs giſtes & poſtes ont tiré leur propre nom, comme celles qui ſe trouuent dans l'Itineraire marquees de ces mots. *Ad decimum*, *Ad vigeſimum*, & autres: auſquelles les noms ne conuiendroient pas, ſi les meſures n'eſtoient arreſtees au iuſte, ſuiuant les nombres.

10. La ſeconde raiſon eſt, que ſi les miliaires eſtoient comptez par ces termes indefinis de *plus minus*, auſſi ſeroient les ſtades & les lieuës, lors que dans ledit Itineraire ces meſures ſont employees à meſurer les chemins. Et partant en la page 95. il euſt fallu mettre

pag. 95.

    Aquas Celenias.   Stad. CLXV. P. M.
    Vicum Spacorum.   Stad. CXCV. P. M.

pag. 84. Ainſi en la page 84. il euſt fallu deſcrire les diſtances des lieuës en ceſte ſorte.

    Bedam Vicum.   Leug. XII. P. M.
    Auſanam Vicum.   Leug. XII. P. M.

Pour ſignifier que de l'vn de ces lieux à l'autre, il y a tant de ſtades ou tant de lieuës, plus ou moins. Mais cela ne ſe deuoit ny pouuoit faire, d'autant que le nombre des ſtades & des lieuës eſt certain, comme le nombre des milliaires l'eſtoit pareillement.

11. La troiſieſme raiſon ſe peut tirer de la façon, que ledit Itineraire obſerue à compter les interualles d'vne grande cité à vne autre, qui eſt, qu'il propoſe premierement le nombre des milliaires en gros, comme par exemple. Le chemin de la cité de Reims à celle de Mets, eſt ainſi propoſé en general.

Itinerar. pag. 82.

    Item à Durocortoro Diuodurum
    Vſque   M. P. LXII. ſic.

Puis ce nombre general eſt mis en detail auec ce mot de *Sic*, pour ſignifier qu'il ſe diuiſe ainſi.

    Baſilia.   M. P. X.

Axuenam.	M. P. XII.
Virodunum.	M. P. XVII.
Fines.	M. P. IX.
Ibliodurum.	M. P. VI.
Diuodurum.	M. P. VIII.

Or est-il, que si vous adioustez ces six nombres particuliers en vne somme generale, vous trouuerez le nombre susdict de LXII. milliaires: ce qui ne se feroit pas, si lesdicts milliaires n'estoient marquez & designez au iuste.

12. A cela se peut adiouster l'authorité de Hieronymus Surita, commentateur dudit Itineraire, qui dict auoir rencontré en tous les exemplaires dont il s'est serui, ces deux notes M.P. interpretez par mille pas: excepté en vn exemplaire tres ancien, auquel par l'ignorance de l'escriuain, lesdites lettres M.P. estoient interpretees par *plus minus*. Tel est l'exemplaire escrit à la main de la Bibliotheque de Monsieur de Thou, auquel on voit dés le commencement ces mots escrits tout au long: *Tingi vsque milia plus minus* CLXXIIII. *Rusader milia plus minus* CCCXXVIII. *Cæsarea Mauritaniæ milia plus minus* CCCCXCIIII. *Saldis* M.P.M. CCXVIII. Et au dessous de ces lettres M.P.M. est escrit entre lignes en menu caractere, mais ancien. I. *milia plus minus*. Au reste du liure, les milliaires sont quasi par tout escrits par ces trois lettres M.P.M. auec vn tiltre dessus: desquelles, pour en dire la verité, la premiere a esté originairemēt prinse pour *milia*: & les deux autres auec le tiltre pour *passuum*, d'autant que P M. sont les premiere & derniere lettres, lesquelles auec le tiltre marqué dessus M. font le mot de *passuum*, & non pas, *plus minus*. Ce que ledit Surita reprouue grandement, attendu que les mesures des grands chemins ont par tout esté certaines. *Illud tamen mirum videri debet*, dict-il, *in omnibus exemplaribus, vnico vetustissimo excepto, ineruditum, ne dicam ineptum aliquem virum, notas illas M.P. milia plus minus fuisse interpretatum. Cum confirmare hoc liquido possimus, vias eas certis & constantibus lapidum dimensionibus fuisse demetatas; vt inepti ac stupidi ingenij sit, plus minus pro M.P. transferre.* pag. 180.

13. Que s'il m'estoit permis de dire ce que ie pense de la cause de cet erreur, ie dirois, que cela procede de ce que ledit Itineraire assigne les milliaires qui se trouuent en chacun chemin en deux façons: dont la premiere est en gros, de l'vne des extremitez à l'autre: & la seconde en detail de place en place, ainsi que nous auons ia dict cy-dessus. Et d'autant que le nombre pris en gros est quelquefois vn peu plus grand, ou vn peu plus petit, que celuy qui se peut colliger de tous les nombres mis en detail, il se peut faire, qu'aux nōbres mis en gros, l'auteur dudit Itineraire ait attaché ces mots, *millia plus minus*, comme ne ...... ant pas tousiours iustement à tous les nombres du detail

mis ensemble : & que par erreur, ce *plus minus* ait esté approprié aussi bien en nombre du detail, qu'à celuy du gros, qui n'est pas si certain que ceux du detail, à raison des fautes que l'on peut commettre en supputant les nombres particuliers pour n'en faire qu'vne somme: ou bien pource que l'erreur d'vne vnité ou deux qui s'y peuuent trouuer de trop ou trop peu, n'est pas considerable sur vn grand nombre. Pour exemple, le chemin de Reims à Mets est audit Itinerarire en deux façons, dont la premiere a esté mise cy-dessus, en laquelle le nombre en gros se rapporte iustement au detail : mais en la seconde façon, il s'en faut vne vnité que le gros ne se conforme aux nôbres particuliers, à raison dequoy l'auteur peut bien auoir mis audit nombre general, *Millia plus minus*, & de mesme aux autres prins en gros : pour signifier que ces nombres vniuersels ne sont pas calculez sur les particuliers tant au iuste qu'il n'y ait que redire, dequoy vous voyez icy l'exemple.

Itinerar. pag. 82.

Alio Itinere à Durocortoro Diuodurum.

Vsque	M. P. LXXXVII. sic,
Fanum Mineruæ	M. P. XIIII.
Ariolam	M. P. XVI.
Caturigas	M. P. IX.
Nasium	M. P. IX.
Tullum	M. P. XVI.
Scarponam	M. P. X.
Diuodurum	M. P. XII.

En ces nombres, le gros surpasse les petits d'vne vnité seulement, car le gros est de LXXXVII. & les petits ne reuiennent ensemble qu'à LXXXVI. Qui voudra examiner les autres nombres dans ledit Itineraire du gros au detail, il en trouuera plusieurs semblables, qui ont trop ou trop peu d'vne vnité ou deux, à raison dequoy i'ay dit se pouuoir faire, que les mots de *plus minus*, ayent esté joincts aux nombres vniuersels, & non aux particuliers : sans toutesfois rien asseurer en chose si incertaine.

DV RAPPORT ET RAISON QVI SE TROVVE
entre le Stade des Grecs & le Miliaire des Romains.

CHAPITRE XI.

1. *Les*

DE L'EMPIRE. LIV. III.

1. Les grandes nations ont eu la mesure de leurs chemins à part.
2. Que les nations particulieres ne conuiennent pas ensemble és mesures propres de leurs chemins.
3. D'où est venuë l'incertitude des mesures aux chemins.
4. Que les miliaires estoient certains és grands Chemins de l'Empire.
5. Quand on a commencé à compter les miliaires par pierres.
6. Puis que la mesure des grands Chemins est determinee à certaine quatité, il faut sçauoir quelle elle est.
7. Comme la mesure du Stade est de 125. pas & de 625. pieds chez les auteurs Latins.
8. Photius & Plutarque font le Stade plus long que de 125. pas.
9. Polybius fait le Stade plus petit.
10. Le plus seur est de suiure le milieu.
11. Comparaison des mesures Grecques & Romaines, qui mesurent le Stade.

1. ON voit par les auteurs Grecs & Latins, que les plus celebres Nations de l'vniuers ont eu chacune leurs mesures à part, pour designer & limiter les espaces & distances d'vn lieu à vn autre: & par ce moyen rendre raison de la longueur du chemin qu'ils auoient à faire.

Les Hebreux se seruoient à cela de coudees: non pas des communes, qui ne sont que d'vn pied & demy selon Frontinus & autres: mais de celle que l'on appelle Geometrique, composee de six coudees simples: & partant de neuf pieds de longueur. Ce que les Hebreux appelloient autrement vne aulne, au rapport d'Antoine du Pinet en son liure des poids & mesures.

Les Perses mesuroient leurs Chemins par Parasanges: les Egyptiens par Scenes: les Grecs par Stades: les Italiens par Miliaires: les Gaulois par lieuës: les Germains autresfois par simples journees, & depuis par certaine mesure qu'ils appelloient *Rastes*. S. Hierosme touche bonne partie de ces mots, & des nations qui s'en seruoient, en ses Commentaires sur le Prophete Ioel, quand il dit: *Vnaquæque gens certa viarum spatia suis appellat nominibus. Nam & Latini mille passus vocant, & Galli leugas, Persæ parasangas, & rastas vniuersa Germania.*

2. Or ce n'est pas seulement entre les nations diuerses, qu'il y a diuersité de mesures pour ce qui regarde les chemins: mais il n'y a quasi nation, prise à part, qui conuienne auec soy-mesme en ses propres mesures, & qui n'y reçoiue quelque diuersité en leur substance, encores qu'elles y soient appellees de mesme nom. En sorte que ny les Scenes des Egyptiens, ny les lieuës des François, ny les mil d'Italie, ny les stades des Grecs, ne se trouuent égales parmy les nations mesmes qui s'en seruent.

Xx

Lib. 2. Le Scene Egyptien a pour mesure commune soixante stades, ainsi que nous apprenons de ces mots d'Herodote: *Constant autem Parasangæ tricenis, Scœni sexaginta stadiis*, où l'on voit qu'vn Scene vaut deux Parasanges, suiuant la mesure commune & reguliere des lieux. Neantmoins Strabo nous asseure, qu'en certains endroicts d'Egypte vn Scene en valoit deux, estant composé de six vingts stades. *Geograph. lib. 17.* Ce que l'on peut recueillir de ces mots: *Quod autem etiam apud Ægyptios inconstans sit scœnorum mensura, ipse Artemidorus deinceps declarat. A Memphi enim vsque ad Thebaiden Scœnos singulos facit centum ac viginti stadiorum, à Thebaide vsque ad Syenen sexaginta.* Il en est arriué de mesme à la lieuë, au mil Italique, & au stade. A peine trouuerez-vous en France deux Arpenteurs qui soient bien d'accord de la longueur de la lieuë: en Italie les miliaires ne sont pas égaux. Et se trouuera tel espace que l'on ne compte que pour vn mil, qui en vault bien prés de deux. Adioustez à cela que le temps qui apporte du changement par tout, a fait encores les miliaires Italiques inegaux à eux-mesmes: *En sa description d'Italie. Fol. 91.* Leandre Albert nous asseurant que les miliaires de l'Itineraire d'Antonin sont moindres que ceux dont on se sert aujourd'huy par l'Italie. *Conciosia cosa che secundo la misura che vsa Antonino nel suo Itinerario, pare que fessero gli antichi piu breui che non sono i moderni.* Il en est de mesme du Stade chez les Grecs.

3. Et neantmoins il est certain que toutes ces mesures ont esté determinees par quelque longueur precise communement receuë en chacun païs, de laquelle on se seruoit en affaires où il estoit question de mesurage ou d'arpentage: car c'est de la nature des poids, des nombres & des mesures, d'estre certains, & determinez à certaine quantité. De sorte que si vous adioustez ou diminuez quelque chose à l'vn ou à l'autre, vous leur faites changer d'espece. Mais d'où viennent donc tant de varietez en la mesure des distances? elles peuuent bien proceder de ce que hors les grands Chemins, toutes les distances & eslongnemens des villes, bourgades, & autres lieux, n'estoient pas si precisément mesurez, comme seroit quelque piece de terre, que l'on arpenteroit à la verge. Car le plus souuent on y procedoit à veuë de païs, comme l'on dit. Et c'est d'où vient qu'en telles façons de mesures on vse souuent de ce mot d'*Enuiron*. Comme *Cæsar lib. 5. de Bell. Gall.* fait Iules Cæsar mesurant le passage de Calais ou de Boulongne en Angleterre: *Ex portu Iccio commodissimum in Britanniam traiectum esse cognouerat, circiter millium passuum triginta.* Et Strabo mesurant l'espa- *Lib. 4. Geogr.* ce de Viéne à Lyon. *A Vienna ad Lugdunum pedestri per Allobroges itinere, stadia sunt circiter ducenta.* Philippus Cluuerius a remarqué, que Pline (aussi bien que Cæsar) n'a pas tousiours mesuré la distance des lieuës si iustement, qu'il ne s'en faille quelque mil sur la mesure. *Cæsar &*

Plinius, dit-il, *non adeò exactè sua millia passuum dimetiuntur vti ne vnis quidem millibus computatio aberret.* Or ces Auteurs n'ont pas eu la toise ou la verge en main, pour faire telles mesures: mais ils en ont escrit suiuant la commune opinion du païs. Ce qui se faisoit hors les grands Chemins.

Lib. de Rheni alueis pag. 31

4. Mais quand aux stades, milliaires, ou lieuës notees dans l'Itineraire d'Antonin, ce sont mesures precises & arrestees par arpentage, marquees de pierres ou colomnes, qui à raison des mesures obseruees sur lesdits chemins, se nommoient Pierres ou Colomnes milliaires, qui portoient en elles engraué combien il y auoit de mille, à compter du lieu de leur assiete, iusques à certaine grande cité, où le chemin qui en estoit marqué, prenoit son commencement.

5. Et de là vint, que du temps d'Auguste & de Tibere, on commença à compter les milliaires marquez de pierres, par les pierres mesmes, disant, à huict ou dix pierres de Rome, au lieu de huict ou dix mille. Corneil Tacite au 5. de ses Annales en vse ainsi. *Iustiore altero deinde prælio ad VIII. lapidem Gabina via memorat, &c.* Cornelius Nepos compte de la mesme sorte, quand il dict. *Pomponium Atticum iuxta viam Appiam ad V. lapidem in monumento Q. Cæcilij auunculi sui positum.* Les Iurisconsultes se seruirent pareillement du mot de *lapis*, pour circonscrire & determiner les Iurisdictions des Magistrats Romains. Ce qu'ils n'eussent pas faict, si ces mesures n'eussent esté bien certaines. Ainsi voyez vous que de tout cas commis dans la centiesme pierre, à compter de la ville de Rome, la cognoissance appartenoit au Preuost de ladicte ville, qu'ils appelloient *præfectum vrbi. Sed & si quid intra centesimum milliarium admissum sit, ad præfectum vbi pertinet. Si vltra ipsum lapidem egressum est, præfecti vrbi notio non est.* Ce sont les mots de la loy premiere. §. *In initio, D. de officio præfecti vrbis.* Et ainsi faut-il entendre le mot de *lapis*. *L. Propter litem §. vlt. de excusat. tut. & l. 2. de erogatione militaris annonæ, C. lib. 12.*

6. Puis donc que les mesures marquees sur les grands chemins par stades, milliaires, & lieuës en l'Itineraire d'Antonin, sont mesures certaines, nous sommes engagez à discerner la vraye lõgueur de chacune desdictes mesures, parmy tant de longueurs faulses: si nous voulons nettement & seurement faire entendre la longueur des grands chemins de l'Empire, tant en general qu'en particulier. Ce qui ne se peut pas bien faire, si suiuant la nature des mesures, on ne les compare les vnes aux autres.

7. Donc pour commencer par le stade, les Grecs mesmes qui s'en seruent de mesure, n'en sont pas bien d'accord ensemble. La commune opinion est, que la longueur reguliere des stades, est de 125. pas Geometriques, qui reuiennent iustement à 625. pieds. *Stadium*, dict

X x ij

Lib. de a-
gror̄u qua-
litate pag.
36.
Lib. 2.
nat. hist.
cap. 23.
Lib. eodem
cap. 108.

Iul. Frontin. *habet ped.* D.C.XXV. Ce qui est conforme aux plus ancien: & plus renommez auteurs qui ont parlé des mesures. Pline dict expressément: *Stadium centum viginti quinque nostros efficit passus, hoc est pedes sexcentos viginti quinque*. Et à ceste proportion, il a reduit les stades d'Eratosthene auteur Grec en mille Italiques, à l'endroict où il parle de la mesure totale du rond de la terre. *Vniuersum autem hunc circuitum Eratosthenes in omniū quidem literarum subtilitate, & in hac vtiq; præter cæteros solers, quem cunctis probari video, ducentorum quinquaginta duorum millia stadiorū prodidit. Quæ mensura Romana computatione efficit, trecenties quindecies centena millia passuum.* Puis donc qu'à la mesure commune il faut 8. stades pour vn mille, si vous diuisez les 252000. stades d'Eratosthene par huict, vous aurez iustemét les 31500. milliaires de Pline. Ou bien par autre maniere : puis qu'en chacun stade il y a 125. pas. Si vous multipliez 252000. par 125. vous aurez le mesme nombre en autres chiffres: Sçauoir 31500000. pas, qui est proprement ce que Pline appelle, *Trecenties quindecies centena millia passuum*. Columella est de pareil aduis auec Pline, disant quasi en mesmes termes, *Stadium habet passus centum viginti quinque: id est, pedes sexcentos viginti quinque*.

8. Nonobstant toutes ces authoritez, il y en a quelques vns, qui font le stade plus grand, & les autres plus petit. Photius en sa Bibliotheque le faict plus grand, quand il dict, ἑπτὰ ἥμισυ στάδια ποιοῦσι μίλιον ἕν. C'est à dire, sept stades & demy font vn milliaire. A ce compte le stade auroit 133. pas & vn tiers, au lieu de 125. pas. Cela reuiendroit à peu pres à ce qui se lit en Plutarque (τὸ δὲ μίλιον ἐντὸς σταδίων ὀλίγον λείπει τῶν ὀκτώ) c'est à dire, que le milliaire est vn peu moindre que de huict stades. Le mesme auteur en la vie de Camillus dict, que Brennus ayant quitté la ville de Rome, mit son camp à 60. mille arriere d'icelle, sur la voye Gabienne. Ce que Liuius racompte auoir esté faict sur la huictiesme pierre de ladicte voye. *Ad octauum lapidem Gabina via*. Et à la verité, si on ne prend le milliaire que pour sept stades & demy, les 60. stades de l'vn de ces auteurs, reuiendront iustement aux 8. milliaires de l'autre.

Lib. 5.

9. Mais tout au contraire de ce que dessus, Polybius dict, que le milliaire tient vn peu plus que huict stades: & partant il donne au stade moins que 125. pas. Car voicy comme Strabo en parle au 7. de sa Geographie, où il faict mention d'vne voye qu'il appelle Egnatienne, & qu'il dict contenir 535. milliaires, καταμεμέτρηται δὲ, ὡς μέν οἱ πολλοὶ, ἡ μὲν ἐκ σταδίων, παραυξῆσαι δὲ ἑπτὰ σταδίῳ, καὶ ἐπ' αὐτῆς διακόσιοι ὀγδοήκοντα· ὡς δὲ Πολύβιος φησὶ τῇ ἐκ σταδίου διαλήψει, ὁ δεῖ πρὸς τῷ σταδίῳ, προστιθέναι ἄλλοις σταδίοις ἑκατὸν ἑβδομήκοντα ἑπτὰ τὸ τρίτον τοῦ ἐπὶ μείζον ἀριθμοῦ. C'est à dire, que si, comme plusieurs en vsent, vous prenez huict stades pour vn milliaire, vous aurez 4280. stades. Mais si vous suiuez la supputation de Polybius, qui adiouste deux iugeres, qui font 200. pieds aux huict stades, c'est à sçauoir

DE L'EMPIRE, LIV. III.

la troisiesme partie d'vn stade, Il faudra encore adiouster cent soixante & dixhuict stades, qui est vne troisiesme partie des milliaires.

10. Entre ces diuersitez d'opinions, il n'est que de se tenir à la plus commune, qui donne 125. pas au stade & 8. stades au milliaire : veu que Strabo au mesme passage sus allegué, nous asseure, que telle estoit la supputation du stade. Et quant à Polybius, encore qu'il soit de cet aduis, de donner au milliaire peu plus de huict stades, si est-ce qu'il suit ailleurs la commune façon de compter. Voicy ses propres mots en son liure troisiesme. *ταῦτα δὲ ἤδη ἐξημάνται ἐ σεσημείωται κατὰ σαδίους ἐπὶ ὀγδοήκοντα σημείοις.* C'est à dire : Desia tous ces interualles sont exactement mesurez par huict stades : & les Romains sont ceux qui les ont distinguez par signes, c'est à dire, par pierres, qui en designent les distances. Ce que Polybe dit d'vne Voye qui va de l'Espagne aux Alpes à trauers la Gaule Aquitanique. Puis donc que les Romains sont ceux qui ont mesuré ladite Voye, y mettant des pierres pour signes de huict Stades en huict Stades, qui ne voit que ces 8. Stades ne peuuent estre autre chose que des milliaires, puis que c'estoit la commune mesure des grands Chemins de l'Empire : & que de là, les pierres dessusdictes en ont eu le nom de *Lapides milliares.* Plutarque mesme, qui estimoit le milliaire estre vn peu moins que huict Stades, suit en plusieurs endroicts la commune reduction de 8. Stades pour le milliaire. Ainsi en la vie de Fabius Maximus, à l'endroict où il racompte que Hannibal approcha de Tarente apres qu'elle fut reprise par ledit Fabius, il dit que Hannibal mit son Camp à quarante Stades seulement *τεσσαράκοντα μόνον σαδίους ἀπέχων σαδίους.* C'est la mesure qu'il a prise de Liuius, qui dit au 27. de son Histoire, parlant de Tarente & de Hannibal : *Quinque millia fermè ab vrbe posuit castra.* Or est-il tout éuident, que les cinq mil à nostre compte, valent quarante Stades à celuy des Grecs. Et quant à Suidas, que quelques-vns alleguent pour prouuer que le milliaire n'a que sept Stades & demy : il se dement tout à l'heure par soy-mesme, & reduict le milliaire à 8. stades tout apertement : ainsi que vous verrez par ces mots. *ἔστι ἡμιου σάδια σάδια μίλιον ἐν ᾧ δέκα μίλια ἔχει σάδια π΄. τὸ σάδιον ἔχει πόδας χ΄. τὸ μίλιον, πόδας δ. τὸ δὲ πλέθρον, πόδας ρ. ἰά έκα, πόδας ι΄. ὁ τῆς δακτύλοις ὁ πῆχις, πόδας α ϛ.*

C'est à dire, que sept stades & demy font vne milliaire : & que dix milliaires font quatre vingts stades, que le stade a six cens pieds, & le milliaire, 4200 : le iugere cent pieds : le champ, dict Aruus, 50. pieds : le pied, 16. doigts : & le coude, vn pied & demy. Ceux qui sçauent tant soit peu d'Arithmetique, verront bien, que Suidas a ramassé tous ces nombres de diuers auteurs, & qu'il n'a pas pris la peine de les comparer les vns auec les autres : car si 7 stades & demy sont suffisans de faire vn milliaire, certes dix milliaires ne feront que soixante & quinze sta-

Xx iij

Herodot.
Lib. 2.

des. Et luy mesme dict, que dix milliaires font quatre vingts stades, qui est à raison de huict stades pour milliaire.

11. Nous nous tiendrons donc à la commune façon de compter des Grecs, qui ont donné cent pieds au iugere, qu'ils appellent πλέθρον, (comme Suidas & Herodote le remarquent) & qui ont fait leur stade de six cens pieds seulement, ainsi que les mesmes auteurs auec Strabo & Gellius le supputent, *qui stadium ἑξαπλέθρον faciunt.* Et d'autant que le pied Romain estoit vn peu plus petit que le pied Grec, c'est pourquoy pour suppleer à ce deffaut, Pline, Columelle, & autres auteurs Latins & Grecs, ont adiousté 25. pieds Romains au stade, pour égaler les 600. pieds des Grecs. Et ont aresté le stade à 125. pas, qui font 625. pieds Romains, respondans au 620. des Grecs. C'est la supputation communément receuë par tous les anciens, quoy que quelques vns ayent voulu dire au contraire: & partant nous nous en seruirons en la reduction des stades en milliaires, sur le subiect de la longueur de nos grands chemins.

Lib. 7. Geogra.
Gellius
Lib. 1. c. 1.

DV RAPPORT QV'IL Y A ENTRE LE milliaire Italien, la lieuë Gauloise ancienne, & la lieuë Françoise d'auiourd'huy.

CHAPITRE XII.

1. *Question sur la raison de la lieuë Françoise, & du milliaire Italique fort enuelopee, & pourquoy.*
2. *La lieuë est differente entre les François & les estrangers, & entre eux mesmes.*
3. *Six especes de lieuës selon Oronce Finee.*
4. *Diuerses sortes de lieuës selon autres auteurs.*
5. *Que la lieuë Françoise doit estre limitee à deux milliers Italiques.*
6. *Obiection sur la lieuë Gauloise de Classius. Responce à l'obiection, & notable difference, entre la lieuë Gauloise, & Françoise.*
7. *Opinion de Vigenaire sur la lieuë Françoise.*
8. *Trois raisons de Vigenaire, & responses à icelles.*
9. *Que la lieuë Gauloise n'auoit que 1500. pas. Auctorité de Iornandes, & d'Ammian Marcellin.*
10. *Qu'en l'Itineraire la lieuë Gauloise est tousiours en raison d'autant & demy auec le milliaire Italique.*
11. *Raison d'entre la lieuë Gauloise & la Françoise.*
12. *Difference entre lieuë Germanique & Allemande.*

1. C'EST vne grande question entre vne infinité d'auteurs de nostre temps, quelle est la raison & proportion du miliaire Italique auec la lieuë Françoise: question d'autant plus enueloppee & difficile à recognoistre, comme on ne voit personne qui mette difference entre la lieuë Gauloise & Françoise, de l'vne desquelles l'Itineraire d'Antonin se sert en plusieurs endroicts, pour mesurer la longueur des grands Chemins, & non pas de l'autre. C'est donc ce qu'il est necessaire d'esclaircir auant que nous venions à nous seruir dudit Itineraire, pour monstrer par iceluy la longueur des Chemins qui y sont mesurez par lieuës.

2. C'est bien la verité, que le mot de *Leuca*, a esté forgé par les Latins sur quelque ancien terme Gaulois: puis que d'vn consentement ils aduoüent que *Leuca* est vn mot Gaulois. Mais si est-ce que les prouinces voisines ont emprunté ce mot de Lieuë, pour s'en seruir en la mesure de leurs Chemins, quoy qu'ils n'en ayent pas retenu la legitime longueur. Et qui est plus, dans les prouinces de la Gaule, elle n'est pas vniforme à soy-mesme, l'vne l'allongeant, & l'autre la racourcissant à sa fantaisie. Et c'est d'où sont procedees tant de sortes de lieuës, à trauers lesquelles il n'est pas facile de cognoistre la vraye lieuë Françoise, & en quelle raison elle est auec la Gauloise ancienne, pour faire cy apres vne comparaison certaine de l'vne & de l'autre auec le miliaire Italique.

3. Oronce Finee grand Mathematicien, nous fait six especes de lieuës: sçauoir lieuë Italique, lieuë proprement dicte, puis la Françoise; la commune; la majeur, & la maxime. C'est à l'endroict où mesurant la terre & la mer, prises ensemble pour vn globe, il dit suiuant la supputation de Ptolomee, qui donne 62. mil & demy à chacun degré celeste: *Hinc facilè colligemus vniuersum ambitum ipsius conglobati ex tellure & aqua corporis, seu quemuis maximum in terra circulum, continere 22500000. passus duplices, siue stadia 180000. aut 22500. milliaria: Leucas verò proprie nuncupatas circiter 14760. Maiores autem 5400. Maximas denique 4320.*

Or quoy qu'en ce texte, ny ailleurs, Oronce ne determine point le nombre des pas, que contient chacune de ces lieuës en longueur: si est-ce que cela se peut facilement colliger à l'aide de l'Arithmetique en diuisant vingt deux millions cinq cens mil pas, qui est la iuste mesure du globe de la terre, par les nombres patticuliers qu'il assigne à chacune de ces six especes de lieues. Ainsi trouuerons nous, que le mil Italique (qu'il comprend sous le nom de lieue) aura mil pas suiuant la nature de son appellation.

La Lieuë proprement dicte	1524. pas, & $\frac{26}{41}$
La Françoise	2000. pas.
La commune	3125. pas.
La majeure	4116. pas, & $\frac{12}{17}$
Et la maxime	5208. pas, & $\frac{1}{3}$

4. François Garault en son liure des poids & mesures, fait mention d'vne espece de lieuë qu'il appelle la lieuë Royale, dont l'estenduë est de 2000. tours de rouë de cinq pieds de diametre, qui reuiendroient à son compte à 6000. pas, en triplant le diametre: & seroit sa mesure au iuste, si la circonference d'vn cercle estoit iustement triple à son diametre. Ce qui n'est pas.

Guichardin au commencement de sa description du Païs bas, dit qu'il y a deux sortes principales de lieuës par les Gaules. Que les vnes sont Flamandes, contenant enuiron trois mil d'Italie, de laquelle on vse en Flandre, appellee Flamingante (c'est à dire où l'on parle Flamant) presque par tout le Brabant, en vne partie de la Holande, & Zeelande, és païs de Liege & de Namur. Qu'au Duché de Luxembourg, elles sont plus grandes, & qu'en plusieurs endroits de Gueldres, elles surpassent celles de Luxembourg. Qu'en Frize elles sont tref-grandes, & telles que les lieuës d'Allemagne, desquelles chacune vaut à son compte cinq & six mil Italiques, & souuent dauantage. Que l'autre sorte de lieuë consiste és lieuës Françoises, qu'il dit valoir enuiron deux mil d'Italie : comme en la Flandre Gauloise ou Françoise (en laquelle on parle Vvalon, qui est vn François grossier & corrompu) en Artois, & en la plus grande partie de Hainault.

Antoine de Pinet en son liure des Poids & Mesures, partage toutes les lieuës en trois sortes, qu'il appelle grandes, moyennes, & petites: & dit que les grandes sont les lieuës d'Allemagne, composées de quatre mil Italiques. Les moyennes comme celles de Dauphiné & de Languedoc, faictes de trois mil : & les petites, comme celles de France, qui contiennent deux mille: & en aucuns endroicts, vn mil & demy seulement.

Finalement, Clauius personnage sçauant és Mathematiques, nous tesmoigne, que la lieuë par luy dicte *Leuca Gallica*, n'est que d'vn mil & demy: c'est à dire, de quinze cens pas, qui valent 12. Stades. Et par ainsi la lieuë Gauloise seroit égale à la mesure que les Grecs appellent *Dolicos*, que Glarean dit contenir douze Stades en longueur. Voila toutes les sortes de mesures, que i'ay trouué comprises soubs l'ancien terme Gaulois de *Leuca*.

5. Au milieu de tant de diuersitez on ne laisse pas de recognoistre à peu prés quelle est la lieuë Françoise. Car vous voyez la pluspart des auteurs dessusdicts, luy donner deux mil Italiques. Ce qui est confirmé

confirmé par l'vsage commun des plus sçauans auteurs François, comme d'Amiot & Genebrard, desquels le premier en sa version de Plutarque, fait ordinairement respondre la lieüe, dont il se sert, à deux mil d'Italie ou 8. Stades des Grecs, comme en la vie de C. Gracchus, où il interprete 8. Stades Grecques par vne demie lieüe Françoise. Et quant au sieur Genebrard, parlant de Sosigenes, il dit, qu'il trouua à l'aide de la sonde, que le plus profond de la mer estoit de quinze stades, qui font presque vne lieuë Françoise. *Sosigenes maris profundissimum perpendiculo in 15. stadia protendi, id est, in Gallicam ferè leucam.* Et non sans raison il adiouste ce mot *ferè*, d'autant qu'il faudroit encore vn stade pour remplir la lieuë Françoise, comme estant double au mille Italique.

In Chronologia.

Le Sieur de Mesme est de pareil aduis, où parlant des mesures qui seruent aux chemins, il dict: que le millier ou mille Italique est de mil pas, qui font 8. stades. Que les quatre mille font vne lieuë d'Allemagne ou de Gascongne, & les deux mille vne lieuë de France.

En ses Institutions Astronomiques.

6. Mais que dirons nous donc de l'aduis de Clauius, qui termine la lieuë Gauloise à quinze cens pas, qui n'est qu'vn mille & demy. Nous respondons à cela, que si *per leucam Gallicam*, il entend l'ancienne lieuë Gauloise, il a fort bien dict, & iustement rencontré. Car il y a grande difference entre la lieuë Gauloise & la lieuë Françoise, quoy que les auteurs Latins comprennent l'vne & l'autre soubs le mesme nom de *Leuca Gallica*, suyuant en cela l'vsage commun: par lequel on voit souuent le mot de *Gallia* employé pour la France, donant le nom du tout à vne partie. C'est d'où viennent ces façons de parler, qui sont communes tant à nous, qu'aux estrangers: *Rex Gallorum* pour *Francorum*. Mais cet vsage deuoit cesser sur le subiect de la lieuë, d'autāt que la Gauloise n'est que de 1500. pas, & est celle dont se seruoient les Gaulois dés le temps des premiers Empereurs de Rome, long temps auparauant que les François eussent planté leur siege & leur nom dans la Gaule: mais quant à la lieuë Françoise, c'est celle de 2000. pas, de laquelle on se sert communément au cœur de la France. Et que les gens de lettres mettent en œuure, quand ils viennent à reduire les stades des Grecs, & les mille Italiques en lieuës Françoises, és versions des liures Grecs & Latins qu'ils font en nostre langue.

7. Vigenaire toutesfois est excepté de ce nombre, lequel en ses versions de Latin en François donne tousiours quatre mille Italiques à la lieuë, sans distinguer la Françoise des autres: Et mesmes en ses annotations sur les commentaires de Cæsar, a voulu soustenir, qu'en France aussi bien comme ailleurs, il falloit assigner quatre mille Italiques à la lieuë. L'auctorité de ce personnage m'a engagé d'apporter icy vne partie de ses raisons, la solution desquelles seruira de responce

Yy

à toutes les autres. Estant donc tombé sur ce texte de Cæsar du 1. de la Guerre des Gaules. *Qui in longitudinem millia passuum* 240. *in latitudinem* 180. *patebant.* Il dict. Certains doctes personnages de nostre temps se sont arrestez à ceste opinion, que les lieües ne sont que de deux mille pas : & l'ont par tout ainsi tourné. Desquels, puis que ie me suis icy monstré en cest endroit different (car ie mets le double, à sçauoir quatre mille pour lieüe) non toutefois pour intention de leur contredire, sinon entant que la verité m'y contrainct, il est bien conuenable, que ie desduise vn peu plus au long, les raisons qui me peuuent auoir meu à cela. Iusques icy sont les paroles de Vigenaire.

8. Pour preuue de son dire, il allegue premierement les authoritez de deux Espagnols, Gonsalo d'Ouiedo, & Fernand Cortes, dont le premier dict, que d'Espagne aux Isles Canaries, il y a 250. lieües, à quatre mille pour lieüe. Et l'autre, que de Cimpual, ville de la nouuelle Espagne, iusques à saincte Croix, il y a enuiron quatre lieües, vne lieüe reuenant à quatre mille d'Italie. A quoy se peut respondre, que ces deux autheurs estans Espagnols, & sçachans bien qu'il y a de plusieurs sortes de lieües par le monde, afin que l'on ne prist l'vne pour l'autre, ils ont declaré, que celle dont ils entendoient parler, n'estoit autre que celle d'Espagne, qui est de quatre mille Italiques. Et ont eu raison de ce faire, puis qu'il estoit question de mesures qui touchent l'ancienne ou la nouuelle Espagne. Or que la lieüe d'Espagne soit de quatre mille, aussi bien que celle d'Allemagne, Andreas Resendius Portugais, nous le donne assez à entendre, lors que parlant d'vn grãd chemin, qui va de Lisbonne à Medine, il dict, *Nam recto itinere ab Olysippone Emeritam, numeramus tres & quinquaginta leucas, eæ conficiunt ducenta duodecim millia passuum.* Que si vous diuisez 212. pas par 53. vous aurez iustement quatre mille Italiques pour chacune lieüe. Ianus Gruterus nous en donne vn tesmoignage tout exprez, contre ceux qui terminent les lieües Espagnoles à trois mille : & tire son argument des colonnes milliaires, disant. *Ex columnarum Hispanicarum distantijs compertum est, spatium ab Hispanis leucam appellatum, passuum non tribus (vt vulgo etiam docti opinantur) sed quatuor milliaribus, seu passuum millibus constare.* Donc l'authorité de ces deux Espagnols, qui se seruent de la lieüe de quatre mille Italiques en Espagne, ne faict rien contre les 2000. pas de nostre lieüe Françoise : de laquelle les François se doiuent seruir en France, & par tout ailleurs, où ils veulent rendre les stades des Grecs, ou les mille Italiques en nostre langue. Si ce n'est qu'estãt question de quelques chemins d'Espagne ou d'Allemagne, ils en facent les mesures par les lieues du pays : ce qui ne se doit faire sans en aduertir le lecteur.

La seconde raison de Vigenaire, est tirée des auctoritez de Dio-

Lib. 3. Antiquit. Lusitaniæ cap. de vijs militaribus.

In inscriptionibus Antiquis. pag 156. 1.

DE L'EMPIRE, LIV. III. 355

dore & de Pline, qui enſuiuent. Diodore au 19. de ſon Hiſtoire, eſcrit, que les Dromadaires peuuét faire en vn iour 1500. ſtades de chemin: que ſi la lieuë n'eſtoit que de 16. ſtades ou 2000. pas, ce nombre reuiendroit à tout prez de 95. lieuës: Choſe, dict Vigenaire, hors de toute creance. Donc pour la rendre croyable, il donne quatre mille pas à la lieuë, & par ce moyen il n'en trouue que quarante ſept & demie, qui luy ſemblent plus tolerables que 95. Mais il ne s'aduiſe pas que s'il y a cauſe d'admiration au chemin iournalier de ces Dromadaires, c'eſt au nombre des Stades qu'il conſiſte, & non au nombre des lieuës : leſquelles priſes en quelque façon que ce ſoit, n'accroiſſent ny ne diminuent le nombre des Stades, ny la longueur du chemin. Car autant valent 95. lieuës à 16. Stades ou 2000. pas pour lieuës, que 47. lieuës & demie, à 32. Stades ou quatre mil pas. Ce qui ſe iuſtifiera en les reduiſant à leurs principes, qui ſont les pas Geometriques, dont les vnes & les autres ſont compoſees. Dautant que ſi vous multipliez 2000 par 95. ou 4000. par 47. & demy, qui eſt moitié de 95. vous aurez également en l'vn & l'autre produit 190000. pas.

Pline dit que Philonide Laquais d'Alexandre, alloit en 9. heures de Sicion en Elis, où il y a 1200. Stades, qui ſont 75. lieuës, à 2000. pas pour lieuë. Vigenaire trouuant cela probable, pour ce qui eſt des Stades, mais impoſſible en ce qui eſt des lieuës, reduit le nombre des lieuës à la moitié, qui ſont 37. & demie : mais il double la lieuë, luy donnant quatre miliaire au lieu de deux. Or qui ne voit par ſimple iugement naturel, que 75 lieuës a 2000. pas, ne ſont pas plus longues que 37. & demie à 4000. pas, puis que l'vn adiouſte autant à la choſe, comme il diminuë au nombre. Il allegue encore ce que Pline dit de Tybere Neron, qui allant voir ſon frere Druſus en Allemagne, feit deux cens mil pas en 24. heures: que ſi la lieuë n'auoit que 2000. pas, ce ſeroit faire cent lieuës en 24. heures. Ce qui luy ſemble du tout hors de raiſon. Afin donc que la choſe ſoit plus vray-ſemblable, il dit, qu'il ne faut faire eſtat que de cinquante lieuës : mais qu'il faut donner 4000. pas à chacune lieuë. C'eſt merueille qu'vn homme qui ne manquoit point ailleurs de iugemét, ne ſe ſoit apperceu de la nullité de tels argumens. Car qui eſt-ce qui ne iuge auſſi croyable que Tybere ait fait 100. lieuës de 2000. pas en 24. heures, comme 50. lieuës de 4000. veu qu'en nature ces deux diſtances ſe rapportent par tout. Cependant Vigenaire a creu l'vn, puis qu'il ne denie point ce que ces auteurs en ont laiſſé par eſcrit: & n'a pas voulu croire l'autre. Que s'il trouue bien eſtrange que ces Coureurs ayent fait ſi grand nombre de lieuës en ſi peu de temps: auſſi faiſoient bié Diodore & Pline le nombre de leurs Stades & de leurs pas, & n'ont eſcrit

Lib. 2. cap. 71. & lib. cap. 20.

ces Histoires que pour la celerité presque incroyable de ceux qui en si peu d'heures faisoient tant de chemin.

Quant à ce que Vigenaire apporte de la longueur du païs des Suisses, de la Riuiere de Meuse, & du Rhin en Hollande, cela est hors de la France, & en vn païs, où l'on donne 4. mil à la lieuë, & partant qui ne touche en rien la lieuë Françoise. Ie laisse en arriere le reste de ses raisons, qui ne sont pas plus valables que les premieres: toute sa faute ne procedant, sinon de ce qu'il n'a fait aucune distinction entre les lieuës, & que contre l'vsage des nations qui s'en seruent fort diuersement, il les a toutes voulu mesurer à vne aulne. Nous arresterons donc auec les plus sçauans, & auec le consentement le plus vniuersel de ceux qui en ont escrit, que la lieuë Françoise est double au miliaire Italique: & nous en seruirons ainsi és discours suiuans, comme nous auons fait aux precedens.

9. Pour ce qui est de la lieuë antique Gauloise, elle n'auoit que 1500. pas, qui sont les trois quarts de la Françoise, entre laquelle & le mil Italique elle tenoit le milieu: ce que nous prouuerons par tesmoignages exprés des anciens: & commencerons par celuy de Iornandes, qui dit en son liure *de rebus Gothicis*, descriuant cette grande bataille que perdit Attila aux Champs Cathalauniques: *Conueniture itaque in campos Cathalaunicos, qui & Mauritij nominantur, C. leugas, vt Galli vocant, in longum tenentes, & LXX. in latum. Leuga autem Gallica mille & quingentorum passuum quantitate metitur.*

Pag. 618.

Lib. 16.

Ammian Marcellin (qui parle souuent des grands Chemins des Gaules, & qui se sert de l'ancien mot de *Leuca* quand il en veut supputer les distances) voulant signifier la distance qu'il y auoit entre le Camp de Iulian l'Apostat, faisant la guerre en Gaule, & celuy des Germains, vse de ces termes, qui confirment la mesure de Iornandes. *Et quoniam à loco vnde Romana promota sunt signa, quarta leuca signabatur & decima, id est, vnum & viginti millia passuum.* De ce peu de mots on collige aisément que la vraye lieuë Gauloise estoit anciennement de quinze cens pas, puis que quatorze lieuës Gauloises respondent à vingt & vn mil Italiques. Car il y a pareille raison entre mil & quinze cens, qu'entre quatorze & vingt & vn, qui est raison d'autant & demy, laquelle en Arithmetique se nomme par les Latins *Sesquialtera*, & par les Grecs *Hemiolia* : les François l'ont appellé raison d'autant & demy, à cause qu'elle se trouue entre deux nombres, au plus grand desquels il y a autant qu'au plus petit, & encore la moitié du plus petit, Ainsi en 1500. pas, que tient la lieuë Gauloise, il y a autant qu'au miliaire Italique qui est 1000. & moitié de mil qui est 500. Il est ainsi de 21. & de 14. Car en 21. il y a autant qu'en 14. & moitié de 14. qui est 7.

10. De là est procedé, qu'en tous endroicts où la lieuë Gauloise est comparee au mille Italique, les nombres de la comparaison se rencontrent tousiours en raison sesquialtere, ou d'autant & demy. Ainsi que nous verrons par vne infinité d'exemples dans l'Itineraire d'Antonin, où les nombres des milliaires Italiques excedent tousiours celuy des lieuës Gauloises de la moitié: afin que ce qui defaut à la longueur du milliaire, en comparaison de la lieuë Gauloise, soit recompensé par la grandeur ou excez des nombres. Vous y verrez dóc tousiours quinze mille Italiques respondre à dix lieuës Gauloise, 14. à 21. 24. à 16. 27. à 18. & ainsi des autres.

11. Qui veut donc éuiter confusion au traicté de la longueur des grands chemins, il y faut distinguer non seulement le milliaire de la lieuë Gauloise: mais aussi la lieuë Gauloise de la Françoise, & sçauoir les raisons & proportions qui se trouuent entre les vnes les autres. Et puis que la lieuë Gauloise est de 1500. pas, & la Françoise de 2000. nous pouuons dire que la raison de l'vne à l'autre est d'autant & tierce, que les Latins appellent *sesquitertiam*: d'autant qu'en 2000. il y a autant qu'en 1500. & la tierce partie de quinze cens, qui est 500. laquelle adioustee à 1500. nous faict 2000.

12. Quant à ce qui touche les Germains, ils doiuent faire pareille distinction entre la lieuë Germanique & Allemande, que les François entre la Gauloise & Françoise: d'autant que la vieille lieuë Germanique, qu'ils appelloient *Rasta*, comme nous auons appris de sainct Hierome, ne contenoit que trois mille Italiques, où la lieuë commune d'Allemagne en tient quatre, suyuant l'opinion vniuersellement receüe par les plus sçauans. Ce que i'ay appris du traicté des Mesures, que Monsieur Rigaut a faict imprimer *cum autoribus finium Regundorum*: où se trouuent ces mots, qui seruent grandement à la cófirmation de tout ce que nous auons dit sur les anciennes mesures des chemins. *Illud sciendum est, quia sunt mensuræ, quæ ad viatores, seu ad cursores pertinent. Minima pars stadium est, habens passus c. xxv. octo stadia milliarium reddunt, mille passus habentem: milliarius & dimidius apud Gallos, leuuam facit, habentem passus mille quingentos: duæ leuuæ, siue milliarij tres, apud Germanos vnam rastam efficiunt.* Il faut sçauoir (dict cest autheur) qu'il y a certaines mesures, lesquelles appartiennent proprement à ceux qui font voyage, ou qui courent la poste, & desquelles la moindre partie est le stade, ayant 125. pas: huict stades rendent le milliaire ou mille Italique, qui a mille pas: Vn milliaire & demy faict chez les Gaulois vne lieuë, qui contient mil cinq cens pas. Deux lieuës, ou bien trois milliaires parmy les Germains font vne rasta.

pag.332.

Y iij

DE LA COLONNE MILLIAIRE, DICTE par les Auteurs Latins, *Milliarium Aureum*.

CHAPITRE XIII.

1. *Colonne dicte Milliarium Aureum, du pied de laquelle les mesures des grands chemins commencent.*
2. *Auguste Cæsar est celuy, qui la planta au marché Romain.*
3. *Tesmoignage de Dio & de Plutarque. Les mesures seruent d'ame aux grands chemins.*
4. *La colonne milliaire restablie à diuerses fois, & où transportee.*
5. *Description de ladite colonne, & en quels liures elle est mise en figure.*

1. AVEC ce fondement de la cognoissance des mesures, qui seruent à designer les distances des grands chemins, nous pouuons hardiment mettre la main à l'œuure, & parler auec asseurance de la longueur & estenduë d'iceux. Mais il nous faut auant toute chose, recognoistre & determiner le lieu, duquel toutes les mesures des grãds Chemins de l'Empire prenoiét leur source & origine, qui est la Colonne milliaire, ordinairement dicte par les autheurs Latins, *Milliarium aureum*: car c'est du pied de ceste colonne, duquel lesdits chemins s'estendoient par tout à l'enuiron, iusques aux extremitez de l'Empire Romain.

2. L'on trouue que Caius Gracchus fut le premier qui mesura les grãds Chemins, & planta des pierres au bout de chacun milliaire: toutefois on ne voit pas de quel endroict il prit le commencement de ses mesures, si du milieu de Rome, ou bien des portes d'icelle. Mais l'Histoire nous donne des tesmoignages asseurez, qu'Auguste Cæsar fut celuy qui planta la colonne dont est question au marché Romain, qui tient le milieu de la ville, assez pres du temple de Saturne, où Corn. Tacite & Suetone, disent qu'elle fut assise. Et d'autant qu'Auguste la fit dorer d'vn bout à l'autre, & qu'il ordonna, que de là commenceroient à courir les mesures des grands chemins par milliaires, elle en eut le nom de *Milliarium aureum*.

Tacitus lib. 17. Annal. Sueton. in Othone cap. 6.

Lib. 54.

In C. Graccho.

3. Dion nous donne certain tesmoignage de son auteur, quand il dit, parlant d'Auguste: *Viarum quæ sunt circa Romam, curator constitutus, Milliarium aureum, quod vocatur, fecit.* Et quant à l'vsage dudit milliaire: Plutarque nous le fait assez entendre, quand il dit, que tous les grãds Chemins d'Italie se venoient rendre & aboutir à cette colomne. Et à la verité c'estoit chose digne d'Auguste, non seulement de faire le

corps des grands Chemins, tant en l'Italie qu'és prouinces de l'Empire : mais aussi de les animer par les mesures : veu que les compartimens desdits chemins par pierres qui en designent le nombre & les distances, seruent comme d'ame à ces chemins, les faisans parler par des Inscriptions qui y estoient grauees, & donner des aduis aux passans, du lieu où ils estoient, & de la distance qu'il y auoit de là à Rome, ou à quelqu'autre cité remarquable. Or de ces colomnes le *Milliarium aureum* estoit la premiere de toutes, & celle à laquelle toutes les autres se rapportoient, comme à leur principe, & ce à la maniere que nous dirons ailleurs.

4. Ce Miliaire demeura debout au grand Marché de Rome iusques au temps de Vespasian, qui la voyant pancher & incliner, l'restablit & affermit en son siege : afin que comme il auoit esté apres Auguste fort affectionné à la reparation des chemins anciens, & institution de nouueaux, il reparast aussi la colomne, où ils venoient tous se rendre : & d'où ils empruntoyent leurs mesures. Ce qui se peut iuger par l'Inscription suiuante grauee sur le stile de ladite colomne, pres de son Chapiteau.

  IMPERATOR. CAESAR. VESPA-
   SIANVS. AVG.
  PONT. MAX. TRIB.
   POT. VII. IMP.
  XVII. P. P. CEN
  SOR. COS. VII. DE
   SIGN. VIII.

Depuis l'Empereur Nerua la fit encore reparer, comme cette autre Inscription le donne à entendre, qui est grauee dans le corps de ladite colomne au dessous de la precedente.

  IMP. NERVA CAES.
   AVG. PONT.
  MAX. TRIB. POT.
   COS. III.
  PATER. PATRIAE.
   REFECIT.

Il y eut derechef sous l'Empire d'Adrian quelques particuliers qui la firent mettre sur vn nouueau piedestal, comme il se void par vne troisiesme Inscription, engrauee dans l'vne des faces dudit piedestal.

IMP. CAESARI DIVI
TRAIANI. PARTHICI. F.
DIVI. NERVAE. NEPOTI.
TRAIANO. HADRIANO.
AVG. PONTIF. MAXIM.
TRIB. POT. II. COS. II.
VIATORES. QVI. IPSI. ET. COS.ET.
PR. CETERISQVE. MAGISTRATIB.
APPARENT. ET. H. V.

Long temps depuis ladite colonne ayant esté trouuee dans certanes ruines prés la voye Appienne és fauxbourgs de Rome, fut transportee au lieu où on dit qu'elle est encore, sur certains degrez qui seruent à monter.

5. Sa figure est ronde, & si grossiere, qu'elle ne tombe en pas vn des ordres d'Architecture. Elle est assise sur vn piedestal Corinthien: & porte vne boule au dessus de son chapiteau Tuscan, comme pour representer le rond de la terre, sur laquelle les Romains ont estendu leur seigneurie & leurs grands Chemins. La figure en est representee dans le recueil de Bartholomeo Rossy, qu'il appelle *Ornamenti di fabriche antichi & moderni*: & dans les Inscriptions de Ianus Grutherus pag. 154. n.4.

QVE LE *MILLIARIVM AVREVM* ESTOIT planté au milieu de la terre.

CHAPITRE XIV.

1. *Trois propositions, pour prouuer que le milliaire doré est sis au milieu du monde.*
2. *En quelle façon il faut prendre le milieu du monde.*
3. *L'Italie le plus bel œuure de nature, où assis.*
4. *Homere l'appelle* μέσον. *I. qui est au milieu.*
5. *Strabo dict qu'elle est au milieu des plus grandes & renommees nations du monde.*
6. *Furius Camillus met Rome au milieu de l'Italie.*
7. *Qu'il faut entendre ce milieu en longueur, & non en largeur.*
8. *Rome au milieu d'Italie & du monde.*
9. *Comme il faut entendre ce milieu.*
10. *Similitude pour faire entendre ce milieu.*
11. *Milliaire doré au milieu de Rome.*
12. *Obiection & responce à icelles, sur l'assiette du milliaire doré au milieu de Rome.*

1. PVIS

1. **P**VISQVE si souuent nous auons comparé la ville de Rome, & le Miliaire doré qui estoit en icelle, au centre d'vn cercle, d'où les grands Chemins de l'Empire partent ainsi que lignes, pour tirer de leur centre à la circonference, ce ne sera pas hors de propos, de monstrer par raisons & tesmoignages exprés, que ledit Miliaire estoit mis & planté au milieu du monde: & partant qu'il n'y auoit place plus propre pour y commencer vn œuure, tel que celuy des grands Chemins, qui s'estendent comme ligne dudit Miliaire iusques aux extremitez de l'Empire: lequel nous auons dit estre souuent appellé du nom du Monde, à cause qu'il en est la plus grande & la plus excellente partie.

Pour prouuer ma question ie pense que ie feray assez, si ie fay paroistre que l'Italie est au milieu du monde, Rome au milieu de l'Italie, & le Miliaire doré au milieu de Rome. Ces trois propositions bien prouuees, ne laisseront point de doute en celle que nous mettons en auant: qui ne seruira pas peu à bien faire entendre l'estenduë de nos grands Chemins par toutes les parties du monde: voire par delà l'estenduë du monde, s'il y a quelque chose, que les anciens ayent tenu pour separé d'iceluy, & mis hors de ses termes ordinaires.

2. Nous commencerons donc nos preuues par l'Italie, & monstrerons que les plus sçauans d'entre les anciens auteurs ont tenu qu'elle estoit au milieu du monde, & qu'ils ont eu raison de ce faire. Car encore qu'en vne chose orbiculaire, ainsi qu'est le monde à le prendre en son tout, il n'y ait proprement ny commencement, ny milieu, ny fin: si est-ce qu'à prendre ce mot pour la terre habitable, recognuë par les anciens, & diuisee en ses trois parties, qui sont l'Europe, l'Asie, & l'Affrique: il se trouuera que non sans cause l'Italie est estimee par les gens sçauans en tenir le milieu.

3. Pline qui a fait apres plusieurs autres la description de la terre, & de tout ce qui s'y trouue de plus remarquable en toutes sortes de choses creées, faisant vne reflexion d'esprit sur tous les œuures de nature desquels il a parlé, & qui sont en nombre infiny dans son histoire, il dit, qu'encore faut-il faire choix d'vne, qui soit discernee des autres, & qui les surpasse en perfections & dignité. De toutes les choses donc que le ciel couure de sa voute arrondie, il dit que la plus belle, & celle qui tient à bon droict la principauté naturelle sur les autres, c'est l'Italie, qu'il appelle gouuernante, & seconde mere de la nature: abondante en hommes, en femmes, en Capitaines, en soldats en nombre de gés propres à seruir, en arts excellens, en beaux esprits: Et au par dessus, sise en lieu où l'air est salubre & temperé, facile à a-

border par toutes les nations du monde, garnie de ports en ses riuages, & enuironnee de mers où les vents ne sont pas trop impetueux. Bref que sa situation sur la terre s'est rencontree en la partie plus vtile de toutes, & qui tient le milieu entre l'Orient & l'Occident: abondante en eaux, en belles forests, en montagnes bien joinctes & continuees, en bestes sauuages qui ne sont aucunement nuisibles, en terres fertiles, & gras pasturages: qui porte en perfection toutes les choses dont la vie de l'homme ne se peut passer, comme bleds, vins, huile, laine, lins, bestes à cornes, cheuaux, or, argent, airain, fer, sucs, herbes & fruicts de toutes les especes & saueurs. Bref il ne prefere aucune partie du monde à celle-cy: entre les excellences de laquelle il ne fault pas de remarquer, que son assiette ou position tient le milieu entre l'Orient & l'Occident. *Etenim contingit recurrentis positio*, dit-il, *in partem vtilißimam, inter ortus occasusque mediam*.

Lib. vltimo nat. hist. cap. vlt.

4. Strabo parlant de l'excellence de l'esprit, qui estoit au Poëte Homere, dit entr'autres choses, qu'il a recognu les goulphes & promontoires d'Italie, & qu'il l'appelle μέσον, comme estant au milieu du monde. Et quant à ce qu'Eratosthene obiecte contre Homere, & contre les Poëtes en general, que ce qu'ils escriuent, ce n'est que par coniecture, & pour donner quelque plaisir aux hommes, non pas pour leur enseigner la verité des choses: Strabo respōd fort bien, que c'est tout au cōtraire: & que les plus sçauans qui ont parlé de la Poësie, ont dit, que c'estoit la premiere Philosophie du mōde. Ce qu'ayāt déduit amplement, & prouué, que ce que les Poëtes, particulierement Homere, disent de la situation des villes, est conforme à la nature, il adiouste: *Vtrum igitur vates qui ista canit, delectare, an docere velle videtur? docere per Iouem*. C'est à dire: mais que vous semble d'vn Poëte, qui chante telles choses en ses vers: veut-il delecter, ou enseigner. Certes il veut enseigner.

Lib. 1. Geogr.

Ibid.

5. Strabo donc parlant de l'Italie selon son sens, & non plus au sens d'Homere, dict en autre endroict, que l'Italie est assise au beau milieu des plus grandes, & plus renommees nations du monde: entre lesquelles sont la Grece, & les plus belles parties de l'Asie: & que pour l'excellence & grandeur de sa vertu, elle estoit nee pour commander aux nations qui l'enuironnent tout autour, ayant trouué moyen de les subiuguer, & les ioindre en vn corps par leur voisinage. *Italia*, dict-il, *inter gentes quidem amplißimas, & Græciam ipsam, & excellentißimas Asiæ partes media consistens, virtute præstantia & amplitudine, ad circunstantibus imperandum nata est: ex vicinitate subiugandorum facultatem nacta*.

Lib. 6. Geograph.

Que si nous venons à bien prendre & considerer la situation d'Italie, nous verrons que ce n'est pas sans cause qu'elle est dicte par ces autheurs estre au milieu du monde: d'autant que du costé de l'Orient

DE L'EMPIRE. LIV. III.

elle a la Grece & l'Asie, de la part de l'Occident, les Gaules & les Espagnes: au Midy, l'Affrique & l'Ægypte: & au Septentrion, la Germanie, l'Esclauonie, la Hongrie, & la Poulongne. Toutes lesquelles prouinces ou regions sont les principales pieces de la terre.

6. Ayant donc monstré que l'Italie occupe le milieu du monde, il faut maintenant assigner lieu à la ville de Rome au milieu de l'Italie. Ce que nous ferons par le moyen des paroles que Furius Camillus tient au peuple Romain, sur la fin du cinquiesme liure de Liuius, où il dict. *Non sine causa dij hominesque huic vrbi condendæ locum elegerunt: saluberrimos colles, flumen oportunum, quo ex Mediterraneis fruges deuehantur: quo maritimi commeatus accipiantur. Mare vicinum ad commoditates, nec expositum nimia propinquitate ad pericula classium externarum: regionum Italiæ medium, ad incrementum vrbis natum vnicè locum.* C'est à dire, nõ sans cause les Dieux & les hommes ont choisi cet endroict pour y bastir la ville de Rome, où on voit des colines tres-salubres, vn fleuue fort commode pour amener des bleds à Rome du costé de la terre, propre à receuoir toutes sortes de marchandises du costé de la mer, qui est voisine de la ville pour en tirer mille commoditez: & non si prochaine d'icelle, que pour cela elle en soit exposee aux dangers des nauires estrangeres. Place qui tient le milieu d'Italie, singulierement propre à l'accroissement & amplification d'vne ville.

7. Où il faut remarquer, que ce qui est dict du milieu d'Italie, se doit entendre, selon la longueur seulement, & non selon sa largeur. Car si on a égard à sa longueur & largeur ensemble, on tient que c'est vn lieu dict *Pie di luco*, qui occupe le milieu, & cõme le nombril d'Italie. Que si on considere sa largeur à part, on trouuera Rome size en l'vne de ses extremitez, ainsi que chacũ peut voir sur les chartes Geographiques, en toutes lesquelles elle est situee enuiron le riuage Meridional, pres de la mer Tyrrhene, & port d'Ostie: d'où la ville de Rome n'est esloignee que de seize mille. *Roma terrarum caput*, dict Pline, *xvi. M. pass. interuallo à mari*. A quoy se rapporte l'Itineraire d'Antonin, où vous trouuez ces mots:

Lib. 3. cap. 5

AB VRBE OSTIAM M. P. XVI.

Pag. 68.

Mais quant au riuage Septentrional, qui regarde la mer Adriatique, Rome en est esloignee de six vingts mil, qui sont soixante lieuës Frãçoises. C'est donc en consideration de la longueur d'Italie que Rome en occupe le milieu, ainsi que l'on peut tirer de ce tesmoignage de Pline: auquel descriuant la largeur d'Italie, où elle est reduite au plus estroict, il dict: *Mediæ (Italiæ) atque fermè circa vrbem Romam, ab ostio Aterni amnis in Adriaticum mare influentis, ad Tyberina Ostia, cxxxvi.* On voit en ces mots, que la ville de Rome est és enuirons du milieu d'Italie, prise en longueur, en cas qu'elle n'y soit tout iustement. Et si on peut colli-

Plin. ibid.

Zz ij

ger de ce lieu mesme de Pline, que de Rome au riuage Septentrional & mer Adriatique, il y a les six vingt mil par nous cy-dessus remarquez, puis que la largeur d'Italie à l'endroict de Rome, & du port d'Ostie, est de cent trente six mil Italiques : duquel nombre si vous ostez les seize, qui s'estendent de Rome à la mer Tyrrhene, vous en aurez six vingts de reste.

8. Mais pour reuenir à la longueur, si quelqu'vn prend vn compas en main, & mesurant l'Italie, vient à la diuiser en deux parties égales, à prendre du pied des Alpes iusques en la ville de Rhege (qui sont les deux termes que Pline luy donne, il trouuera que la ville de Rome en tiendra iustement le milieu, ou à peu pres. *Nec enim situs originesque Vrbium persequi facile est*: comme dict le mesme autheur.

Ibid.

lib. 6. cap. I.

Ce n'est donc pas sans cause que Vitruué a laissé par escrit, que la ville de Rome estoit assise au milieu du monde. Car puis qu'elle tient le milieu de l'Italie, & que l'Italie est au milieu de toutes les terres habitables, il faut conclure que la ville de Rome est pareillement au milieu du monde.

9. Et certes il n'y a point de doute, que mesurant la terre habitable en deux parties égales : voire mesme les terres de l'Empire consideree à part, on en trouueroit le milieu bien loin de la ville de Rome & de l'Italie : d'autant que l'Italie est beaucoup plus pres des riuages de l'Ocean Atlantique, qui luy seruent de limite Occidental, qu'elle n'est de l'Euphrate, qui est en ses confins Orientaux. Et toutesfois la verité de ces propositions ne laisse pas de subsister, que l'Italie, & la ville de Rome, sont au milieu du monde : d'autant qu'elles sont au milieu des principales regions d'iceluy.

10. Ce qui sera facile à entendre par ceste similitude. Si l'on considere l'homme à le prendre des pieds iusques au sommet de la teste, on trouuera que c'est au defaut du ventre qu'est le milieu de son corps, à prendre ce milieu exterieurement & superficiellement. Mais si on vient à considerer les principales parties du corps, & sans lesquelles l'homme ne peut viure, qui sont les parties vitales & naturelles, ce sera le cœur qui en tiendra le milieu & en longueur, & en largeur, & en profondeur. Ainsi est-il de Rome & de l'Italie en comparaison des principales regions, & comme parties vitales de la terre : car elles sont tout à l'entour de Rome, ainsi que les poulmons, le foye, & autres parties vitales & naturelles sont à l'entour du cœur. Que s'il faut iuger de la vie par les mouuements & les actions, il est certain que les terres qui enuironnent l'Italie de plus pres, telles que la Gaule & l'Espagne d'vn costé, la Grece & la petite Asie de l'autre, auec vne partie de l'Affrique voisine de la mer Mediterrance, ont monstré plus de signes de vie, que celles qui en sont plus reculees vers l'Orient, le Sep-

tentrion, & le Midy. Ces parties ainsi esloignees tiennent comme lieu de iambes & de bras au reste du monde: & sans elles il ne laisseroit de viure, comme on voit l'homme viure long temps, apres qu'on luy a coupé les bras ou les iambes. Or ces signes de vie ne sont autres que l'excellence des choses, que ces terres du milieu ont porté au pardessus de celles qui sont aux extremitez. Mais sur tout, la viuacité des esprits qui ont produict les sciences & les arts, sans lesquelles le monde seroit comme mort, & sans vie : lesquels arts nous n'auons pas appris des Sarmates, des Scithes, des Indiens, des Æthiopiens ou Garamantes, qui sont comme les coupures & rongnures de la terre, *terrae praesegmina*, mais des regions du milieu, qui constituent le corps principal des regions habitables : & qui sont plus proches de la ville de Rome, comme les parties naturelles & vitales plus proches du cœur.

11. C'est donc ainsi que l'Italie & la ville de Rome ont esté estimees par les plus sçauans tenir le milieu du monde. Il ne nous reste plus qu'à monstrer, que le Milliaire doré estoit assis au milieu de Rome. Pour ce faire il faut entendre, qu'Auguste Cæsar ayant diuisé toute la ville en quatorze regions, la huictiesme, que l'on appelloit *forum Romanum*, en tenoit le milieu sans aucun contredict. Ce qui paroistra facilement à tous ceux qui prendront la peine de voir les chartes de la vieille Rome. Et de faict, c'est dans ladite region qu'Aurelius Victor range certain tronc ou Pilastre, qui se nommoit *Vmbilicus Vrbis*, à cause qu'il seruoit à marquer le milieu de la ville. Or est-il, que le mesme auteur met le milliaire doré en la region huictiesme pres de l'Vmbilic de la ville : & partant nous pouuons dire, que le Milliaire doré estoit au milieu de la ville. Pline nous asseure de la situation d'iceluy au marché Romain : *Miliarium*, dict-il, *in capite fori Romani statutum est*. Ce marché estoit vne des plus belles & des plus admirables places de Rome : à raison dequoy toute la region huictiesme fut denommee de son nom.

Libello de Regionib. vrbis Romæ.

Lib. 3. Nat. Hist. cap. 5.

12. Que si l'on nous obiecte, que c'estoit l'*Vmbilicus Vrbis* qui en occupoit le milieu, & non le Milliaire doré : ie respons à cela, que quand on dict que ce Milliaire est au milieu de la ville, on ne veut pas entendre qu'il y soit si iustement qu'il n'y ait que redire. C'est assez que son siege soit aupres, & non loing du milieu. L'Vmbilic mesme, que l'on prend communement en l'homme pour le milieu de son corps, n'en faict pas iustement le milieu : & se peut faire, que l'Vmbilic de la ville, suiuant la similitude de son nom, fust plustost assis pres du milieu que au milieu de la ville. Et de faict, Pline mesurant les distances qui se trouuoient de son temps du milieu de la ville de Rome à chacune de ses portes, en a pris les mesures du Miliaire doré, & non pas de cet Vmbilic. Et comme la ville de Rome estoit fort approchante de la figure

circulaire en ce temps-là, il a trouué en la mesurant, que toutes ses Portes estoient également distantes dudit miliaire, ainsi qu'vne ligne circulaire de son centre : car il leur donne également à toutes, trois mil sept cens soixante cinq pas de distance à prendre dudit Miliaire. En tout cas, si le Miliaire doré n'estoit iustement au milieu de Rome, au moins en estoit-il si pres, que ce qui s'en pouuoit defaillir est de nulle importance : attendu que les anciens ne mesuroient pas toutes choses tant à la rigueur : & ne reduisoient pas tout à la reigle & au compas : Ce que Lipsius a remarqué sur le subiect mesme de la situation de ce Miliaire, disant : *Sed esto tamen non exacte in medio : quid refert? Non sic χαμαιζήλως omnia, & ad lineam regulamque veteres metiuntur.*

Lib. 3. de Magnitud. Rom. c. 2.

QVEL PEVT ESTRE LE MYSTERE DE LA situation de la ville de Rome au milieu du monde, dont aucuns auteurs Payens ont eu quelque legere cognoissance.

CHAPITRE XV.

1. Consideration sur la situation de la Ville de Rome, & lieu où commencent les grands Chemins.
2. Rome le cœur de la terre.
3. Comment la nature a pourueu à la seureté de la ville de Rome. Tesmoignage de Rutilius.
4. Tesmoignage de Pline sur l'excellence de Rome & d'Italie.
5. Tesmoignage de Plutarque & d'Homere sur sa perpetuelle duree.
6. Que Romulus a esté poussé de quelque instinct diuin en la fondation de Rome : & Auguste à l'entreprise des grands Chemins.
7. Opinion de l'auteur, & application des paroles de Pline à la ville de Rome en qualité de Chef spirituel de la terre.
8. Ouurages des grands Chemins vtiles à la Predication de l'Euangile.
9. Que les Apostres ont plus facilement voyagé par le monde à l'aide des grands Chemins.
10. Obligation de la ville de Rome vers ceux qui ont presché l'Euangile.
11. Virgile & Suetone sur l'Empire de Rome sans fin.

1. PVISQVE par raisons & tesmoignages éuidens nous auons monstré que le Miliaire doré estoit assis au Marché Romain : que le Marché Romain estoit au milieu de Rome, Rome au milieu de l'Italie, & l'Italie au milieu du môde : n'auôs nous pas eu raison de dire, que le Miliaire doré, seruant de principe & d'origine aux grands Chemins de l'Empire,

estoit assis au milieu du mõde? Et à la verité, celuy qui considerera de plus prés la situation de la ville de Rome, auec le commencement & la source des grands Chemins en lieu si commode & auantageux, viendra incontinent à iuger, que cela ne s'est point fait sans quelque mystere digne d'estre sondé, approfondy, & examiné auec attention.

2. Premierement pour parler de la ville, il semble que la nature, ou Dieu pluſtoſt, qui en eſt l'auteur, ait eu ſoin de luy preparer vne aſſiette qui fuſt cloſe & enuironnee de beaucoup de choſes propres à la conſeruer, comme ſi c'eſtoit elle qui deuſt vn iour tenir lieu de cœur à toute la terre. Tout ainſi donc que le cœur eſt le premier viuant, & le dernier mourant, & que c'eſt de luy comme d'vne ſource feconde, que la vie ſe coule par tous les autres membres : Ainſi Rome eſtoit-elle predeſtinee auant que d'eſtre faicte, pour receuoir des premieres vne certaine ſorte de vie en ſoy, qu'elle deuoit departir & communiquer en ſon temps, à tous les mẽbres de cette grande Sphere terreſtre.

3. Il n'eſt pas meſme que quelques auteurs Payens n'ayent odoré de loing, qu'il y auoit quelque myſtere en cette ville pleine de merueilles, lequel ils n'ont ſceu deſcouurir ny penetrer : mais au moins ont ils eſté pouſſez d'vn inſtinct comme diuin, quand ils ont attribué à la diuine prouidence vne ſituation de ville ſi propre à s'accroiſtre en Empire, & à ſe defendre & maintenir enuers tous & contre tous. Ce qu'ils ont fait, conſiderant qu'elle eſt aſſiſe au milieu d'vne longue eſtenduë de terre, qui eſt couuerte & enuironnee de tous coſtez par des mers & des montagnes preſque inacceſſibles. Sçauoir de la mer Tyrrhene au Midy : de l'Ionienne à l'Orient, & de l'Adriatique au Septentrion, qui la fortifient en forme de trois longs & profonds foſſez. Et ſi elle a les Alpes à l'Occident, qui luy ſeruent comme de ramparts contre tous ceux qui la voudroient attaquer par terre. Encore la nature non contente de ces fortifications plus eſlongnees, luy a jetté à dos les Apennins, comme vn ſecond rampart du coſté du Septentrion, d'où les plus grands maux ont accouſtumé de naiſtre. En ſorte que Rutilius Gallicanus a eu raiſon de comparer vne telle ville aux parties vitales du corps humain, que la nature a circonſcrit & enuironné de pluſieurs membres plus fermes & plus ſolides, pour leur ſeruir de defenſe : à cauſe que ces parties ſeruent grandement à la conſeruation du tout. Mais voyez ie vous prie comme il en parle en ſon langage Payen.

Si factum certa Mundum ratione fatemur,
Conſiliumque Dei Machina tanta fuit :
Excubiis latuis prætexuit Appenninum,
Clauſtraque montanis vix adeunda viis.

Itinerarij lib. 2.

Insidiam timuit Natura, parumque putauit
Arctois Alpes opposuisse minis.
Sicut vallauit multis Italia membris,
Nec semel inclusit quæ pretiosa tulit:
Iam tum multiplici meruit munimine cingi,
Sollicitósque habuit Roma futura Deos.

4. Pline s'accuse d'impuissance, quand il entreprend de depeindre l'Italie, comme vn long & large territoire preparé pour la ville de Rome: & comme le col de l'element terrestre, seul digne de porter vn si beau chef. Et a peur d'estre estimé ingrat, ou trop peu curieux, s'il dit tant seulement, que c'est vne terre mere & nourrice de toutes les autres, telle choisie par la Diuinité mesme pour rendre le ciel plus clair & plus resplandissant, pour congreger en vn tous les Empires, pour adoucir leur maniere de viure, & polir les ceremonies de leurs religions, & pour rappeller en vn les langues rudes & barbares de toutes les nations du monde par le commerce de sa langue, pour rendre à l'homme l'humanité mesme qu'il auoit perduë, & pour faire qu'vne seule region deuinst le païs commun de toutes les prouinces de la terre. Puis comme s'il ne pouuoit se contenter soy-mesme en ses loüanges, il dist: Mais que feray-je à cela. Qui pourroit atteindre à ce poinct de raconter dignement l'excellence de tant de villes, la beauté de tant de choses, & la noblesse de tant de peuples qui s'y trouuent? Quand Rome y seroit toute seule à loüanger, comme elle est le seul chef digne d'estre porté par vn si beau col.

Mais afin qu'il ne semble pas que ie feigne quelque chose en alleguant cet auteur assez mal informé sur la croyance de la Diuinité: i'ay bien voulu transcrire icy ses propres mots: *Nec ignoro*, dit-il, *ingrati ac segnis animi existimari posse merito, si breuiter atque in transcursu ad hunc modum dicatur: Italia terra omnium terrarum Alumna, eademque & Parens, numine Deûm electa, quæ cœlum ipsum clarius faceret, sparsa congregaret Imperia, ritúsque molliret: & tot populorum discordes feraslque linguas sermonis commercio contraheret ad colloquia, & humanitatem homini daret. Breuitérque vna cunctarum gentium in toto orbe patria fieret. Sed quid agam? tanta nobilitas omnium locorum, quos quis attigerit? tanta rerum singularum populorúmque claritas tenet: Vrbs Roma vel sola in ea, & digna tanta ceruice Facies, quo tandem narrari debet opere?*

Lib. 3. nat. hist. c. 5.

5. De là vient que les anciens appelloient Rome *Vrbem æternam*. Et que Plutarque a escrit, que la Fortune auoit des aisles pour passer volage & vagabonde des Assyriens aux Medes, & des Medes aux Perses, des Perses aux Macedoniens, tous lesquels elle a abandonné: mais qu'estant paruenuë sur le Tybre, elle a quitté ses aisles, & delaissé la boule

la boule roulante sur laquelle ses pieds estoient posez auparauant, & qu'elle est entree dans la ville de Rome pour y habiter à iamais. Homere mesme semble auoir predit l'eternelle duree de son Empire, quand il dit, qu'Enee tiendra le Sceptre Troyen dans l'Italie, & apres luy les enfans de ses enfans, & ceux qui viendront à naistre de leur posterité,

Νῦν ꝗ δὲ Αἰνείω βίη, τρώεσσιν ἀνάξει, *Iliad. γ.*
Καὶ παῖδες παίδων, τοί κεν μετόπισθε γένωνται.

Suiuant cette prediction, Romulus premier des Rois, & Iules Cæsar premier des Empereurs, que toute l'antiquité a creu estre enfans des enfans d'Æneé, ont tenu le Sceptre de Rome: & l'ont si bien affermy, que les restes en durent encore iusques à present auec le nom, quoy que passé en plusieurs familles estrangeres.

6. Que si ces auteurs Payens ont recogneu comme à trauers des nuages obscurs, que Rome n'auoit pas esté faicte en cet endroict sans quelque prouidence diuine: nous qui sommes esclairez de la lumiere de la foy, ne sçaurions nous penetrer plus auant dans vne telle disposition de ville & d'Empire? diroit-on que Dieu, sans la prouidence duquel les grands Estats du monde ne se sont iamais faicts ne desfaicts, auroit permis que ceste grand' masse d'Empire se fust esleuee si haut, pour seruir de ioüet à Caligula, à Claudius, à Neron, & autres Empereurs Payens, plusieurs desquels ont si cruellement persecuté son Eglise. Il est à croire, que ce ne fut pas sans quelque instinct de la Diuinité, que Romulus choisit ce lieu pour y bastir sa ville: & qu'Auguste s'estant acquis pour sa Seigneurie, le monde presque entier, se mit en teste vne si terrible & desesperee entreprise, que de la ioindre auec toutes les regions de la terre, par des chemins pauez: comme qui ioindroit le dongeon principal de quelque superbe chasteau à ses moindres bastimens, auec des galeries descouuertes. Le fils de Dieu mesme n'a pas faict choix de cet Empire entre tous les autres, pour y prendre Chair humaine, & se rendre l'vn des Subiects d'Auguste Cæsar par le droict de sa naissance temporelle, s'il n'eust determiné de s'en seruir à quelque grand effect, pour le bien commun de tout le genre humain.

7. Il ne m'est pas permis de penetrer dans les secrets de Dieu: mais si diray-je neantmoins, qu'il y a de l'apparence, que la prouidéce eternelle a presté le bras fort aux Capitaines & Empereurs de Rome, pour acquerir à ceste ville vn Empire seculier & terrien de si grande estenduë, pour y planter en son temps vn Empire diuin & celeste encore beaucoup plus grand: C'est l'Empire de son Eglise, dont Rome est la ville capitale : à laquelle en ceste qualité, les paroles de Pline cy-dessus couchees conuiennent beaucoup mieux qu'à la Rome mondai-

Aaa

nement triomphante. Car c'est en consideration de son Empire spirituel qu'elle a esté choisie de Dieu, pour estre mere & nourrice de toutes les nations, lesquelles elle a enfanté & allaicté du laict de la foy, pour rendre le ciel plus clair, le peuplant des ames des fideles, pour congreger en vn tous les Empires du monde, leur enseigner les vrayes & legitimes ceremonies, rappeler, & comme racourcir en vne seule societé tous les peuples de la terre si differens en langues & en mœurs. Bref pour faire que l'humanité fust renduë à l'homme, qui gist en la vraye cognoissance de son Auteur.

8. Cet Empire donc est deuenu ainsi grand & ample, pour seruir de champ à la predication de l'Euangile, à quoy l'ouurage des grands chemins estoit merueilleusement vtile & commode. Car comme ainsi soit, que le son de la parole Euangelique se deuoit porter par les Apostres mesmes, en tous les endroicts de la terre, & comme dict le Prophete Royal, iusques aux derniers confins d'icelle, il n'y auoit rien si propre à ce dessein, qu'vn Empire qui eust ces trois choses ioinctes ensemble: c'est à sçauoir vn seul Prince souuerain, vne Ville capitale au milieu du monde, & des grands Chemins pauez du milieu d'icelle, iusques aux derniers limites & extremitez de la terre. Et semble que S. Leon ait voulu dire cela en son premier sermon de la feste de sainct Pierre & de sainct Paul, quand il escrit: *disposito namque diuinitus operi maximè congruebat, vt multa regna vno confederarentur Imperio: & cito peruios haberet populos Prædicatio generalis, quos Vnius teneret regimen dignitatis.* Car c'estoit, dict S. Leon, chose tres-conuenable à l'ouurage de l'establissement de la foy diuinement ordonnee, que plusieurs Royaumes fussent alliez sous vn seul Empire: & que la predication generale de l'Euangile trouuast des chemins faicts, pour aborder tous les peuples qui seroient soubmis sous le gouuernement d'vn seul Prince.

9. Dauantage, cõme Dieu auoit de tout temps preordonné la ville de Rome, pour siege de celuy, que son fils establiroit chef visible de sõ Eglise: afin que de là, cõme de la capitale du mõde, il peust enuoier gens en toutes les parties de la terre pour l'establissement de la foy, c'estoit pareillement chose fort vtile & necessaire, qu'il y eust des chemins tout disposez à faire de si longs voyages, & en si grand nombre, comme les Apostres en ont faict, & ceux qui ont esté de par eux enuoyez par toutes les prouinces de l'Empire. Et partant, qui considerera, que dés le temps premier de la predication de l'Euangile, les ouurages des grands Chemins estoient ia faits, ne s'estonnera pas tãt, de ce qu'en si peu d'annees les Apostres ont voyagé par tout le monde. Et ne sera d'oresnauant chose si difficile à croire, que S. Pierre ait esté iusques en Angleterre, & S. Iacques iusques au fond de l'Espagne: veu que du temps de Claudius & de Neron, sous lesquels prin-

cipalemẽt ils ont presché l'Euãgile, toutes ces terres obeyssoient à vn mesme maistre: & qu'il y auoit des grãds Chemins ia faits pour y aller.

Finalement, ne plus ne moins que les Empereurs auoient sousmis toute la terre à leur puissance, pour y commander en tout ce qui dependoit de la Seigneurie temporelle : ce qu'ils faisoient facilement à l'ayde des grãds Chemins. Tout de mesme, sainct Pierre ayant estably dans la mesme ville son siege Spirituel, auoit beaucoup plus de facilité par le benefice de ces Chemins d'enuoyer par tout le monde, que s'il eust esté en Antioche, ou en quelque autre ville non capitale de l'Empire, où ces grands Chemins n'auoient point ce rapport vniuersel, necessaire à celuy qui estoit preposé sur tout le monde.

10. De sorte que si la ville de Rome auoit grande obligation à ses Empereurs, d'auoir assubiecti sous elle la plus grande & la meilleure partie de la terre, par vne domination temporelle & perissable : La mesme ville a beaucoup plus d'obligation à S. Pierre & à S. Paul, par le moyen desquels son peuple a esté conuerty d'vne gent prophane & idolatre, en vne gent saincte, en vn peuple esleu; & elle mesme, d'vne Babilon qu'elle estoit, en vne cité Sacerdotale & Royale, & chef spirituel de toutes les villes & citez du monde, dequoy elle ne se pouuoit vanter pour ce qui est de sa puissance terrienne & temporelle. Ce que S. Leon a fort bien dict, parlant de ces deux Apostres, & s'adressant à la ville de Rome : *Isti sunt qui te ad hanc gloriam prouexerunt, vt gens sancta, populus electus, ciuitas Sacerdotalis & Regia, per sacram beati Petri sedẽ Caput orbis effecta, latius praesideres Religione diuina, quam Dominatione terrena. Quamuis enim multis aucta victorijs, ius imperij tui terra marique protuleris; minus tamen est, quod tibi bellicus labor subdidit, quam quod pax Christiana subiecit.* Et S. Ambroise à ce propos, *Roma per Apostolici Sacerdotij principatum, amplior facta est Arce religionis, quam Solio potestatis.*

Ibid.

Lib. 2. de vocatione gentium, cap. 6.

11. Ceste amplificatiõ de Seigneurie n'est autre, que de la Spirituelle qui s'estend par toute la terre indifferemment, *actu vel potentia*. Par effect, où il y a des Chrestiẽs: par puissance, où il y en peut auoir. Et semble que ce soit cet Empire dont Virgile parle sans le bien cognoistre, lors qu'il faict dire à son Iupiter, parlant de l'Empire des Romains,

His ego nec metas rerum, nec tempora pono.
Imperium sine fine dedi.

Aeneid. 1.

C'est ce mesme Empire vniuersel & indeterminé, dont toutes les nations Orientales estoient imbuës: lesquelles tenoient par vne tres-ancienne & constante opinion, que de la Iudee partiroient des personnes, enuiron le temps de Vespasian, qui iouyroient d'vn souuerain pouuoir sur tout le monde. Ce que Suetone remarque par exprés en ces mots. *Percrebuerat Oriente toto vetus & constãs opinio, vt eo tempore Iudaea profecti Rerum potirentur.* Or quoy que cet Auteur ait

In Vespasiano cap. 4.

Aaa ij

eu raison d'interpreter ceste vieille prophetie de l'Empire temporel de la ville de Rome, & de l'approprier à Vespasian, qui fut faict Empereur à son retour de la Palestine: Si est-ce qu'il y a bien plus d'apparance de l'attribuer à S. Pierre & S. Paul Iuifs naturels, nourris & esleuez en Iudee, qu'à Vespasian, qui estoit Italien de nation: veu que le mot de *Iudæa profecti* semble se deuoir entendre de personnes Iuifues originaires, telles que ces deux Apostres, qui en ce temps là mesme establirent Rome pour ville capitale de l'Empire spirituel, sur lequel le Sauueur du monde les auoit preposé. Et de faict, Il n'y a que ce seul Empire qui se puisse dire sans fin, soit pour le lieu qui n'est point limité, comme l'Empire temporel: soit pour sa duree perpetuelle, qui est asseuree par les paroles de Iesus-Christ mesme, de n'auoir autre fin que la consommation du monde. Et voila comme les Infideles mesmes ont euenté quelque chose d'vn si durable Empire, dont Rome seroit le chef.

DE LA LONGVEVR DES RVES DE la ville de Rome en general.

CHAPITRE XVI.

1. *Que la grandeur de Rome sert pour entendre la grandeur de ses rues; & son enceinte pour en entendre le nombre.*
2. *Texte de Pline sur la longueur de la ville de Rome.*
3. *Rome ville double, close & non close.*
4. *Longueur de la ville de Rome close de murs.*
5. *Longueur de la ville & faulxbourgs ensemble.*
6. *Comme il faut icy entendre les fauxbourgs & la longueur d'iceux.*
7. *Combien de pierres miliaires il y auoit dans la ville & fauxbourgs.*
8. *En quelle sorte les rues Militaires estoient rapportees au Miliaire doré.*
9. *Rues Appienne & Flaminienne ioinctes ensemble auoient plus de trois lieues & demie de longueur.*
10. *Texte de Pline seruant de fondement à toutes les mesures desusdictes.*

1. PVISQVE c'est de la ville de Rome que tous les grands Chemins prenoient leur origine, & que là ils se rapportoient finalement comme à leur centre: c'est bien la raison que nous commencions le traicté de la longueur & du nombre desdits Chemins par les rues Militaires de ladite ville. Ce que nous ne sçaurions mieux faire, qu'en monstrant quelle estoit la

grandeur & l'estenduë d'icelle, afin de faire paroistre de là, combien grandes pouuoient estre lesdites ruës : & puis apres discourir de son enceinte admirable, pour imprimer aux Esprits, combien dans vn si grand espace quasi circulaire, enuironné de ses murailles, il y pouuoit tenir de ruës, & militaires, & non militaires.

2. Nous parlerons donc premierement de la longueur de la ville de Rome, laquelle nous ne sçaurions auoir plus au iuste que par vn certain texte de Pline, qui en definit les mesures, non pas à commencer d'vne porte à l'autre qui luy est opposite : mais à prendre de la colomne miliaire, que nous auons dit estre assise au milieu de Rome, iusques à chacune de ses portes : comme qui prendroit les mesures de la longueur de Paris, du poinct du milieu de l'Isle du Palais, à ses quatorze portes.

Quoy faisant on ne pourroit pas tousiours tenir vne ligne droicte : mais il seroit besoin en quelques endroicts se plier & gauchir pour rechercher les commencemens des principales ruës qui conduisent à chacune desdites portes.

3. Pour dire donc ce qui est de la longueur de la ville de Rome suiuant le tesmoignage de Pline, il faut sçauoir, que Rome estoit comme vne ville double, l'vne des parties de laquelle enuironnoit l'autre tout à l'entour. De ces deux parties, l'vne estoit close de murs, & l'autre ne l'estoit pas : & de là vient que Pline fait deux sortes de mesures de la ville de Rome : l'vne à commencer du Miliaire doré iusques aux portes de la ville : & l'autre à commencer dudict Miliaire iusques aux bouts & dernieres maisons des fauxbourgs, qu'il appelle, *Vsque ad vltima tecta* : comme qui mesureroit Paris iusques aux bouts opposites des fauxbourgs de sainct Martin & de sainct Iacques.

4. Pline donc mesurant la ville de Rome sous l'Empire de Vespasian, & de ses deux fils Tite & Domitian, a trouué qu'elle auoit lors trois mil sept cens soixante cinq pas, à compter du miliaire doré iusques à chacune de ses portes. Et faut bien dire que ledict miliaire estoit bien au milieu de la ville, puis qu'il n'assigne à toutes lesdites portes que cette mesure seule, à prendre dudit miliaire. Que s'il y auoit plus ou moins d'estenduë à quelques-vnes d'icelle (comme il est à croire) la difference en estoit de si peu de consequence, qu'il n'en a point fait d'estat. Cette estenduë n'est donc que le my-diametre, c'est à dire, moitié de la longueur de la ville : laquelle estant reduite à la mesure d'Italie, fait trois miliaires & demy auec deux cens soixante cinq pas Geometriques : Et à la mesure Françoise, vne lieuë & trois quarts, auec mesme nombre de pas. Si donc nous voulons auoir le diametre entier, & sçauoir la longueur de ladite ville, à

Aaa iij

prendre d'vne porte à l'autre, il ne faut que doubler ces nombres. Et vous aurez sept miliaires & demy auec trente pas à la mesure Italique: & trois lieuës & demie de nos lieuës Françoises auec trente pas, pour sa longueur entiere.

5. La seconde mesure que Pline fait au mesme endroit, c'est de la ville & fauxbourgs, lesquels fauxbourgs s'estendoient en rond tout au tour des ramparts & fossez de la ville si également, qu'il n'en faict point deux mesures: mais parlant generalement, il donne à l'estenduë, qui estoit dudict Miliaire doré, iusques aux dernieres maisons desdits fauxbourgs à trauers les portes, sept mille Italiques, ou peu plus: qui font trois lieuës & demy de nos lieuës Françoises, pour moitié de la longueur de la ville & fauxbourgs: pour auoir donc la longueur entiere, il faut doubler ces nombres, & vous aurez quatorze mille Italiques, qui valent sept lieuës Françoise.

6. Il ne faut donc pas s'estonner, si Pline mesme dit, que les edifices qui estoient hors de la ville, ont ioinct d'autres villes à celle de Rome, puisque ses fauxbourgs estoient d'vne si longue estenduë. *Expatiantia tecta multas addidere Vrbes.* Car on voit par ces mesures, qu'outre l'estenduë de la ville (qui estoit ia si grande) ses fauxbourgs se iettoient aux champs tout à l'enuiron, trois mille Italiques auec deux cens trente cinq pas: qui est mil six cens dixsept pas, outre les portes de chacun costé. Ce qu'il faut entendre en edifices contingens, & s'entresuyuans les vns les autres, sans autres interualles que des ruës trauersantes qui les separoient. Que si on y vouloit adiouster les villes, bourgs, & places voisines, qui retenoient encore leurs noms, & n'estoient passez, & comme engloutis dans lesdits fauxbourgs, il y auroit lieu de dire auec Denis de Halicarnasse, qu'il seroit bien difficile de dire en quel endroict la ville de Rome commençoit, & en quel endroict elle finissoit, comme nous auons remarqué cy-deuant.

7. Or comme ainsi soit, que les pierres ou colonnes inscriptes qui seruoient à monstrer l'endroict de chacun mille Italique, prenoient leur commencement & leur mesure du Miliaire doré, il s'ensuit, que les trois premieres qui tiroient à chacune des portes, estoiét dedans la ville. De là aussi s'ensuit, que la septiesme pierre de celles, qui de ladicte colonne s'estendoit hors la ville par chacune porte, estoit à peu pres au bout de chacun fauxbourg. En sorte que pour aller du bout de l'vn des fauxbourgs à l'autre, à trauers la ville on pouuoit compter quatorze pierres, qui sont autant de mille Italiques. Ce qui donne facilement à cognoistre, quelle pouuoit estre la longueur d'aucunes ruës, & de la ville, & des fauxbourgs dans vne si grande estenduë que de sept lieuës Françoises.

8. Mais laissant là les fauxbourgs à part, & nous restreignāt dans

se pourpris de la ville, nous dirons, que chacune ruë militaire ne tiroit pas directement au Miliaire doré: specialement celles qui ne s'eftendoient point iufques à l'vne ou l'autre des portes. Car de celles là, il y en auoit tout à l'enuiron du marché Romain, qui tiroiēt à droict & à gauche, felon la diuerfité de leurs fituations. Mais quant à celles qui s'eftendoient iufques aux portes, la ville eftant de forme circulaire, il eftoit comme neceffaire qu'elles tendiffent vers le marché Romain, & colonne Miliaire: les vnes, iuftement & droictemēt: les autres, vn peu de biais. D'auantage, les vnes s'y eftendoient par elles mefmes, qui eftoient les plus longues & les plus droictes: les autres qui n'y pouuoient atteindre, foit pour n'eftre affez longues, ou affez directemēt dreffees vers le milieu de la ville, y eftoient raportees par autres: ainfi que les branches d'vn arbre plus eflongnees, font raportees à leur tronc par l'entremife de celles qui en font les plus prochaines.

9. De là fe peut colliger, que celles qui s'eftendoient par elles-mefmes, & fous vn feul nom, dudit Marché Romain iufques à l'vne des portes, auoient plus d'vne lieuë & demie en longueur. A quoy il ne fe voit rien de pareil en la ville de Paris, de laquelle l'eftenduë entiere n'eft pas fi longue que la moitié de l'ancienne Rome, veu que ceux qui en ont fait les mefures ne luy donnent que mil fept cens dix toifes de longueur, à prendre depuis la Porte Neuue iufques au Baftion qui eft derriere l'Arcenal: & mil cinq cens foixante toifes de largeur qui fe trouuent de la porte S. Martin à celle de S. Iacques. Que fi vous reduifez ces toifes en pas Geometriques, & donnez à la lieuë deux mil pas, vous aurez pour fa longueur 2052. pas. qui font vne lieuë, & peu plus que la quarantiefme partie d'vne lieuë. Et pour fa largeur 1872. pas, c'eft à dire vne lieuë moins 128. pas, qui font tout prés de la quinziefme partie d'vne lieuë.

En vne ancienne charte de la ville de Paris.

10. Les rues donc qui de contraires parties fe venoient ioindre au Marché Romain, comme les rues de S. Martin & fainct Iacques à l'Ifle de Paris, auoient enfemble plus de trois lieuës de longueur. Telles eftoient les Voyes Appienne & Flaminienne, dont l'vne venoit de la porte Capene, & l'autre de la Flumentane, qui eftoient portes oppofites en la ville de Rome, ainfi que celles de S. Martin & S. Iacques à Paris. Et quant aux autres portes, fi vne rue feule, & fous vn mefme nom n'y pouuoient atteindre du milieu de la ville, plufieurs enfemble fe fuccedans l'vne à l'autre, foit obliquement ou de droict fil, venoient à remplir l'interual: à trauers defquelles rues on ne laiffoit de prendre les mefures, à compter du Miliaire doré iufques à chacune defdites portes pour en fçauoir l'eftendue.

11. Mais il eft bien raifonnable de mettre icy le texte de Pline,

qui sert de fondement à nos mesures. Non pas comme il se trouue ordinairement és liures de son Histoire naturelle, où il est quasi tout corrompu en ses nombres: mais comme Lipsius l'a corrigé par bonnes & necessaires coniectures, ainsi qu'il s'ensuit. *Mœnia eius (Roma) collegere ambitu, Imperatoribus Vespasianis, anno conditæ DCCCXXXVIII. passuum XXIII. millia. Complexa montes septem; ipsa diuiditur in regiones XIIII. compita earum CCLXV. Eiusdem spatij mensura currente à milliario in capite Romani fori statuto, ad singulas portas, quæ sunt numero XXIIII. Itaque XII. porta semel numerentur, prætereanturque ex veteribus VII. quæ esse desierunt, efficit passuum per directum ∞ ∞ ∞ DCCLXV. Ad extremum vero tectorum cum castris prætorijs ab eodem milliario per vicos omnium viarum mensura colligit paulò amplius DCC.M.P.*

Lib. 3. de magnitud. Rom. c. 2.

Plin. lib. 3. Nat. Hist. cap. 5.

Voila ce que nous auons peu dire de la longueur des rues de la ville de Rome en general: nous reseruant à parler du nombre d'icelles au discours ensuiuant.

DV NOMBRE DES RVES MILITAIRES de la ville de Rome.

CHAPITRE XVII.

1. L'enceinte grande de Rome faict recognoistre la multitude de ses ruës.
2. Pour auoir ladicte enceinte faut recourir aux reigles de Mathematique.
3. Que la circonference d'vn cercle est plus que triple à son diametre.
4. Vraye raison de la circonference au diametre, selon Euclide. Mesure de l'enceinte de la ville seule de Rome.
5. Mesure du circuit de la ville & fauxbourgs ensemble.
6. Nombre des ruës, tant militaires, que non militaires de la ville de Rome. Noms desdictes ruës.
7. Que toutes les ruës dont les noms sont icy touchez, ne sont pas dans la ville de Rome.
8. Diuision & distinction desdictes voyes par Onuphrius Panuinus.
9. Autre diuision necessaire plus generale.
10. Difference en vne mesme voye, entre ce qui est ruë de ville, & chemin des champs.
11. D'où viennent les noms des ruës, & chemins dessusdicts.
12. Treize desdictes voyes dedans Rome, qui sont ruës militaires.

1. COMME

DE L'EMPIRE LIV. III. 377

1. COMME nous auons eu recours à la longueur de la ville de Rome, pour faire conceuoir en general la longueur de ses ruës, ainsi aurons nous recours à son enceinte, pour en faire conceuoir le nombre: & faire paroistre, que ce n'estoit pas merueille, si dans vne si grande estenduë de pays, approchant de la figure circulaire, il y pouuoit tenir tant de ruës & de places publiques: & en chacune d'icelles tant de Temples, de Palais, de Theatres, d'Amphitheatres, & autres edifices, tant sacrez que prophanes, tant publics que particuliers, que nous auons raconté par leur nombre au dernier liure de cet œuure. Or prendrons nous les mesures du circuit tant de la ville à part, que de la ville & fauxbourgs ensemble.

2. Nous viendrons facilement à bout de l'vn & l'autre dessein, en nous seruant des reigles de la Geometrie propres à rechercher la grandeur d'vn cercle en son entier. Le commun des Geometriens dict, que tout cercle est triple à son diametre; & que pour trouuer la longueur de la circonference, il ne faut que tripler la longueur du diametre. C'est la reigle, de laquelle Iustus Lipsius, & Daniel Cellarius Ferimontanus se sont seruis, pour trouuer l'enceinte de la ville de Rome. Encore ne s'en sont-ils pas seruis exactement, & suiuant la rigueur des nombres, mais à peu pres: d'autant que multipliant par trois le diametre entier de la ville de Rome, que nous auons dit estre de sept mille cinq cens trente pas, vous aurez iustement au produict vingt deux mille cinq cens quatre vingt & dix pas pour son enceinte: & Lipsius, qui n'a pas entrepris de limiter ladicte enceinte si au iuste, ne luy donne que vingtdeux mille cinq cens pas. Cellarius ne luy en donne que vingt mille.

Lips. lib. 2. de Magnit. Rom. cap. 2.

Cellarius in speculo orbis terrarū.

3. Encore trouuerons nous l'enceinte de ladite ville plus grande que nous n'auons dit, si nous la voulons supputer à la vraye mesure de Geometrie: dautant que la circonference d'vn cercle est plus que triple à son diametre, à raison de la curuature que font les trois parties d'vn cercle diuisé par le diametre en trois arcs: estant certain que la ligne courbe ou circulaire est tousiours plus grande, que la droicte qui luy est soustenduë: cóme on voit que l'arc est tousiours plus grand que sa corde. Or ceux qui mesurent le cercle par trois diametres, ne prennent que les lignes droictes, & mesprisent les courbes: c'est à dire, n'ont esgard qu'à la longueur des cordes, & non des arcs: & de là vient l'erreur qui se trouue en leurs procedures.

4. Que si on me demande la iuste raison du cercle à son diametre, ie diray auec Archimede, qui est le plus excellent maistre des Mathematiciens, qu'elle est en raison triple: & outre, peu moins que d'vne septiesme, & peu plus que dix septante & vniesme: ainsi qu'il

Bbb

Libello de Dimensione circuli. nu. 3 le fait entendre en ce Theoreme. Παντὸς κύκλου ἡ ἀπὸ τοῦ κέντρου τριπλασίων ἐςὶ, ἢ ἐπὶ ἐλάσσονι ἢ ἑβδόμῳ μέρει τῆς διαμέτρου, μείζονι ἢ ἢ δέκα ἑβδομηκοστομόνοις. Suiuant cette reigle, qui voudra faire vne supputation qui approche de plus pres à la vraye raison du diametre de Rome auec son enceinte, il faudra qu'il adiouste trois mil deux cens vingt sept pas, qui est tout pres de la septiesme partie de vingt deux mil cinq cens quatre vingts & dix: & il y aura vingt cinq mil huict cens dix sept pas pour la iuste enceinte de la ville de Rome, qui reuiennent à douze lieües Françoises, auec vn quart de lieüe & trois cens dix sept pas. Enceinte à laquelle le tour de Paris n'est aucunement comparable, veu que ceux qui en ont fait le toisé, ne luy donnent que 5048. toises: lesquelles reduites en pas Geometriques ne sont que 6057. pas: qui ne valent que trois lieües, & peu plus que la trenteeinquiesme partie d'vne lieüe.

5. Il en faudra faire de mesme du contenu de la ville & fauxbourgs de Rome tout ensemble, dont le diametre est de quatorze mil Italiques. Il ne faut que tripler ce nombre, & vous aurez quarante deux mil: dont la septiesme partie est six, qu'il faut adiouster à son tout. Ainsi vous aurez quarante huict mil Italiques pour le contour de la ville & fauxbourgs de Rome, qui sont vingt quatre lieües Françoises. C'est le nombre le plus iuste que l'on en sçauroit donner, encore qu'il ne soit pas entierement exact: dautât que le diametre d'vn cercle est incommensurable à sa circonference, comme celuy d'vn quarré à ses costez.

6. Or ie vous laisse à penser quel nombre de Rues grandes, moyennes & petites se pouuoit trouuer dans vne enceinte de vingt quatre lieües: de laquelle le tour de la ville & fauxbourgs de Paris ne sçauroit faire la quatriesme partie. Mais pour nous restreindre dans la seule ville de Rome, ceux qui ont parlé du nombre de ses rues, tant militaires que non militaires, ne sont pas beaucoup differens les vns des autres. Pour les rues communes & non militaires, ils sont tous d'accord au nombre de quatre cens vingt quatre. Mais quant aux militaires, Andrea Palladio ne luy en donne que vingt neuf, qu'il nomme *Voyes principales*, les plus celebres & renommees desquelles il dit estre les Voyes Appienne, Flaminienne, & Æmilienne. Mais Guido Pancirolus en met iusques à trente & vne, quand il dit, *Antiquitatum deperditarū lib. I. cap. de Viis Militaribus.* *Viæ Regiæ publicæ Romæ 31. reliquæ 424.* Ce qui me semble estre conforme à Publius Victor, lequel faisant vn recueil des choses plus excellentes qui estoient de son temps dedans Rome, & apres auoir dit combien il y auoit de Cenacles, de Bibliotheques, d'Obelisques, & choses semblables qui sont notoirement dedans Rome, il adiouste

DE L'EMPIRE. LIV. III.

à la suite de cela ; qu'il y auoit trente & vne rues, sans dire si elles estoient dedans Rome, en tout ou en partie : & leur assigne les noms qui ensuiuent.

Libello de Regionib. vrbis, sub finem.

VIAE XXXI.

Appia.	Setina.
Latina.	Quintia.
Lauicana, *alias* Labicana.	Gallicana.
Campana.	Triumphalis.
Prænestina.	Patinaria.
Tiburtina, *vel* Gabina.	Cimina.
Collatina.	Cornelia.
Nomentana, *vel* Figulensis: *alias*, Ficulnensis.	Tyberina.
	Aurelia.
Salaria.	Cassia
Flaminia.	Portuensis.
Æmilia.	Gallica.
Claudia, *vel* Clodia.	Laticulensis, *alias*, Ianiculensis.
Valeria noua & vetus.	
Ostiensis.	Flauia
Laurentina.	Et Trajana.
Ardeatina.	

7. Cela a fait croire à plusieurs, que toutes ces rues fussent dedans Rome. Ce qui n'est pas neantmoins, car de ces 31. Voyes, il y en a beaucoup plus dehors que dedans. Et de là vient que Daniel Cellarius, qui s'accorde au nombre de 29. auec Andrea Palladio, déduisant ces Voyes par leurs noms, dit que partie d'icelles sont dedans Rome, & partie dehors. *Viarum* xxix. dit-il, *tam intra Romam, quàm extra, nomina sunt Appia, Latina, &c.* qui sont les mesmes Voyes de Publius Victor, deux seulement exceptez:

In speculo orbis terrarum.

8. Onuphrius Panuinus parlant des Voyes Militaires de Rome & d'Italie en general, dit qu'il y en a quelques vnes qui prennent leur commencement hors la ville de Rome, & les autres dedans, & donne pour exemple de celles qui auoient leur commencement dedans Rome, les Voyes Flaminienne, Prænestine, Lauicane, Champenoise, Appienne, & Ardeatine: adioustant que toutes les autres, ne commençoient qu'aux portes de la ville, d'où elles s'estendoient en dehors vers les Champs. *Viarum autem*, dit-il, *quædam extra vrbem, quædam intra initium habuerunt: Vt Flaminia, Prænestina, Lauicana, Campana, Appia, & Ardeatina. Reliquæ vero omnes ab ipsis portis incipiebant, atque extra vrbem protendebatur.*

In vrbe Roma pag. 68.

Bbb ij

9. Et à la verité, ie croy que ceste diuision des voyes de Rome & d'Italie n'est pas assez generale, & ne les peut pas toutes comprendre. Car ie trouue pour ce regard quatre sortes de grands Chemins, ou voyes militaires: dont la premiere est de celles, qui ont leur commencement & leur fin dans l'enclos de la ville de Rome, sans qu'aucune partie d'icelles sorte dehors: Telle est, *via sacra*, *via suburrana*, *via noua*, *via fornicata*, *via recta*, & quelques autres, dont aucunes des XIIII. regions de Rome portent les noms, comme la VI. region dicte *alta semita*, & la VII. *via lata*: La seconde est de celles qui prennent leur commencement dedans Rome: & qui passant à trauers l'une des portes & des fauxbourgs, se continuent bien loing par les champs: telles que les six denommees cy-dessus par Onuphrius, & encore quelques autres, desquelles il ne parle point, & que nous specifierons en leur lieu. La troisiesme est de celles qui ont leur commencement aux portes de Rome: & qui de là, tirent en auant vers les champs, comme *via Aurelia, Latina, Ostiensis*. Et la quatriesme, de celles qui ne touchét en rien à la ville ny fauxbourgs, ains commencent au milieu des champs, ou à quelque ville eslongnee de Rome, ainsi que la voye de Domitian, qui prent son commencement pres Sinuesse, la voye Æmilienne à Rimini, & autres en grand nombre, desquelles nous parlerons cy-apres.

10. On peut neantmoins en quelque maniere appeller toutes ces grandes voyes, *vias Romanas*, c'est à dire, chemins de Rome: d'autant qu'ils sont, ou tirez de Rome immediatement, ou qu'ils sont ioincts à d'autres qui s'en vont à Rome: mais on ne peut pas mettre au rāg des ruës de Rome, sinon celles qui ont leur situation dans son enceinte; de sorte que les auteurs Latins mesmes, mettent quelque difference sur vne mesme voye, diuisant ce qui est dedans Rome en nature de Ruë, de la partie qui tire aux champs en nature de grand Chemin. Et c'est ainsi qu'il faut entendre ces mots de Festus Pompeius, quand il dict, que le commencement de la voye Appienne, c'est la porte Capene, *Initium est principium: sed alias quo quid incipiat, vt via Appia porta Capena: alias ex quo quid constet, vt aqua, terra, aer.* Auquel endroict il couppe & retranche de la voye Appienne, ce qui estoit dedans Rome de nature de Ruë: & ne préd que ce qui s'estendoit dehors sous le nom de grād Chemin, quoy que les Ruës militaires & les Chemins des chāps, soient compris sous ce nom commun des Latins, *via*. Or que la voye Appiēnne ait son commencement dedans Rome, toute l'Antiquité en est d'accord auec Panuinus, qui l'a mise au rāg des six qui ont leur origine dedans la ville: mais en ce lieu Festus n'entend parler que du grand chemin des champs, dicte *via Appia*, & non de la partie d'icelle qui est dedans Rome.

In verbo Initium.

DE L'EMPIRE. LIV. III.

11. Quant à ce qui est des noms de toutes ces Voyes, ils leur sont venus de plusieurs causes & diuerses auantures: car les vns sont procedez des auteurs ou curateurs desdictes voyes: comme *via Appia, Flaminia, Aemilia, duæ Cassiæ, Clodia siue Claudia, Annia, Augusta, Quintia, Iunia, Sempronia, Valeriæ duæ, Numicia, tres Traiana, Vitellia, Aurelia, Cornelia, Domitiana, Postumia, Flauia, Pompeia, & Domitia.* Les autres auoient pris leur nom des villes ausquelles elles estoient conduictes: comme *via Collatina, Numentana, Tiburtina, Gabina, Prænestina, Labicana, Laurentina, Setina, Ardeatina, Ostiensis, Portuensis, Amerina.* Les autres des prouinces ausquelles elles alloient: comme *via Campana, Ausonia, quæ & Latia vel Latina, Gallicana, & Gallica.* Les autres de quelque forme & vsage, ou autre cas & euenemét, comme *via Salaria, Asinaria, Cimina, Triomphalis, Tyberina, Sacra, noua, lata, alta, recta, fornicata.* Les autres n'auoient aucune cause apparente de leur nom: ains le portoient par quelque auenture incognuë, comme *via Patinaria, Laticulensis, &c.*

12. De toutes ces voyes militaires, nous en auons trouué XIIII. ou XV. tant seulement dedans la ville de Rome, qui sont celles dont les noms ensuyuent.

VIÆ.

Appia.	Campana.	Noua altera.	Alta Semita.
Flaminia.	Ardeatina.	Fornicata.	Sacra.
Prænestina.	Triumphalis.	Recta.	Suburrana.
Lauicana.	Noua.	Lata.	

Nous n'en ferons pour le present plus exacte recherche, remettant le reste au discours des grands chemins des champs, qui commencent immediatement aux portes de la ville.

DE LA LONGVEVR DES GRANDS CHEmins d'Italie en general.

CHAPITRE XVIII.

1. *Ce qu'il faut faire pour donner à entendre la longueur & le nombre des grands chemins militaires d'Italie.*
2. *Passage de Pline pour la longueur & largeur d'Italie.*
3. *Longueur & largeur d'Italie selon ledit passage, longueur de cinq cens dix lieuës.*
4. *Chemin de Milan à Colonne de CCCCLXXVIII. lieuës.*
5. *Que l'Itineraire d'Antonin ne designe les grands chemins par autres noms, sinon des deux villes qui en sont les deux bouts.*
6. *Quel est le dessein de l'Itineraire à nommer les chemins ainsi qu'il fait.*
7. *Raison de son dessein, & pourquoy il ne donne aux chemins qu'il descrit, les noms propres qui sont en l'Histoire.*

1. CE que nous auons faict en gros de la ville de Rome, il est temps maintenant d'en faire de mesme de l'Italie toute entiere : c'est de donner icy vne Idee generale de la longueur, & du nombre des chemins militaires, que les Magistrats & Empereurs Romains y ont faits. Ce que nous ferons par l'ordre mesme que nous auons obserué cy-dessus; commençant par la longueur d'iceux, puis finissant par le nombre.

2. Donc pour ce qui est de la longueur, nous ne sçaurions plus clairement la faire entendre, que par la longueur & largeur de l'Italie mesme, qui estoit en tous sens la mieux garnie de grands chemins pauez, qu'aucune des prouinces de l'Empire. Or est-il à remarquer, que l'Italie auoit deux sortes de limites : c'est à sçauoir, de nature, & de droict ; & se trouue vne notable difference entre les vns & les autres. Selon la nature, elle s'estend des Alpes iusques à la mer qui regarde la Sicile & la Macedoine. Et de ceste estenduë, parle Siculus Flaccus en son liure *de Conditionibus agrorum*. Les limites de droict sont ceux que le peuple Romain y a mis diuersement, selon la diuersité des temps : la terminant tantost par la riuiere d'Esis, tantost par celle de Rubicon du costé de la mer Adriatique : & par les fleuues d'Arne, ou du Vare, du costé de la Tyrrhene, selon la doctrine de Strabo. *Li. 5. Geog.* Quand donc nous parlons icy de la longueur d'Italie, c'est de celle que la nature luy a determinee, qui est tousiours vne : & non pas de celle que les Romains luy ont assignee, qui est subiecte au changement. *Quæcunque enim secundum naturæ partes distincta sunt*, comme parle le mesme autheur, *orbis descriptori dicenda sunt. Quæcunque verò Principes Li. 4. Geog. reip. temporibus obsequentes varijs modis instituunt, summatim commemorasse satis est.*

3. Pour venir donc à la longueur naturelle d'Italie, nous nous contenterons de ce que Pline nous en apprend, sans en faire plus diligente enqueste. Cet auteur qui estoit originaire Italien, commence l'Italie par la ville que ceux du pays appellent Aosta, les François *Cluuerius* Oste, les Allemans Augst, & les Latins *Augustam prætoriam*, qui est vn *lib. 2. Antiq. Germa.* petit bourg en Lombardie en la contree des vieux Salassiens, les-*cap. 6.* quels Pline met au rang des nations Alpines. Le bourg donne son nom de la valee d'Oste, à l'entree de laquelle il est assis assez pres d'vn ancien arc de Triomphe à present denué de ses ornemens : & gist à trente degrez nulle minute de longitude, quarante quatre degrez trente minutes de latitude, comme il se peut voir en la charte vniuerselle d'Italie de Iacques de Castalde Piemontois, imprimee à Rome l'an 1582. De là, Pline conduit la longueur d'Italie à trauers la ville de Capouë iusques à Rhege, qui tient l'autre extremité d'Italie sur

le destroit de Sicile, & qui est assise à trente six degrez quarante-cinq minutes de longitude: trente sept degrez vingt minutes de latitude. De l'vne desquelles places à l'autre, Pline dict y auoir vn million, & vingt mille pas: qui font mille vingt miliaires Italiques, reuenans à cinq cens dix lieuës Françoises: & dit qu'elle est encore plus longue en certains endroicts. Quant à la largeur, il dict qu'elle est fort variable: & qu'à l'endroict de la riuiere du Vare & d'Arsie, dont l'vne se descharge en la mer Tyrrhene, & l'autre en l'Adriatique, l'Italie à quatre cens dix miliaires, qui rendent deux cens cinq de nos lieuës. Et qu'elle a beaucoup moins en plusieurs endroicts, specialement és enuirons de la ville de Rome, où elle n'a d'vne mer à l'autre que cent trente six mille de largeur, qui valent seulement 68. lieuës. Voicy ce qu'il en escrit: *Patet ab Alpino fine Prætoriæ Augustæ per vrbem Capuam, causa meante Rhegium oppidum, in humero eius situm, à quo veluti ceruicis incipit flexus, decies centena & viginti M. passuum: Multoque amplior mensura fieret Lacinium vsque, ni talis obliquitas in latus digredi videretur, latitudo eius varia est, CCCCX. millium inter duo maria, inferum & superum, amnesque Varum atque Arsiam: medis, atque fermè circa vrbem Romam, ab ostio Aterni amnis, in Adriaticum mare influentis, ad Tyberina ostia CXXXVI.* Lib. 3. Nat. Hist. cap. 5.

4. C'est donc dans l'espace de 510. lieuës Françoises de longueur, que les grands chemins d'Italie peuuent auoir leur estenduë. Et de faict, l'Itineraire d'Antonin donne pour premier chemin militaire d'Italie, vn qui s'estend de Milan à Colonne, qu'il dit estre de neuf cens cinquante six mille de longueur, qui font quatre cens soixāte & dix-huit lieuës Françoises. Et partant, il ne s'en faut que 32. lieuës que ce chemin ne s'estende d'vn bout de l'Italie à l'autre bout. Or ces 32. lieuës se trouuent moins que le nombre total, d'autāt que ce chemin n'est pas cōmencé des racines des Alpes (où est la ville d'Oste és frontieres de Lombardie) mais de Milan, capitale de ladite prouince, qui peut bien estre à 32. lieuës d'Oste, en tirant au dedans de l'Italie: & quant à la ville, ou plustost à la bourgade de Colōne, qui tient l'autre extremité dudit chemin, elle est assise assez près de Rhege, sur vn riuage d'Italie, qui regarde à l'opposite de soy le promontoire de Sicile nommé Pelorus. Hermolaus Barbarus en ses correctiōs de Pline, dit que les Grecs la nōment Stilidam. i. Columellā: d'où elle a tiré le nō de Stylarion, que plusieurs luy dōnent maintenāt au lieu de Colōne.

5. Que si vous me demandez le nom de ce grand Chemin, qui a pres de 500. de nos lieuës, ie vous diray que l'Itineraire d'Antonin faisant registre entier de ce qu'il y auoit de Chemins militaires par l'estenduë de l'Italie, n'en appelle toutefois pas vn de son nom: ou au moins des noms propres, que Publius Victor nous donne à la fin de son liure, de XIIII. *Vrbis regionibus*: Et en faict de mesme des Chemins

des prouinces. Car il ne tient autre forme ny façon de discerner ses chemins les vns des autres, sinon en les signifiant, & designant par les noms des deux villes, qui en tiennent les deux extremitez; comme pour exemple:

  Ab Vrbe Mediolanum.
  A Mediolano Aquileiam.
  Ab Arimino Rauennam.
  A Cremona Bononiam.
 Et ainsi des autres.

Sous cette forme de parler, il nous descrit cinquante Chemins ou enuiron par toute l'Italie, qu'il commence à certains lieux & finit en autres, sans se soucier des noms propres que l'histoire leur donne. Il se contente de prendre certaines villes & citez plus celebres pour en faire les commencemens & les fins, sans dire, ny exprimer, si c'est sur la Voye Appienne, Flaminienne, ou autre, que courent & s'estendent les Chemins dont il parle, si ce n'est bien rarement.

6. Que si quelquefois il fait mention de la Voye Appienne, Flaminienne, Clodienne, Valerienne, ou autre, ce n'est que par accident. Car son dessein n'est pas de prendre aucunes de ces Voyes, pour les conduire d'vn bout à l'autre, & les descrire en leur entier: mais commençant & finissant ses Chemins où bon luy semble, il donne quelquefois aduis, que le Chemin qu'il descrit, & dont il parle, s'estend le long de la Voye Appienne, Flaminienne, ou autres de celles que l'histoire appelle par des noms propres: tels que ceux que nous auons dit estre empruntez des auteurs desdits chemins, ou des villes & prouinces ausquels ils tendent, ou de quelqu'autre cause par nous cy dessus remarquee. Vous trouuerez donc aucuns des Chemins de l'Itineraire, qui feront partie de l'vn ou de l'autre des grands Chemins que l'histoire marque de leurs noms propres. Les autres commençans sur l'vn des grands Chemins, se vont terminer en vn autre qui en dépend, comme vne moindre branche d'vne plus grosse.

7. Bref il ne s'est asseruy aux termes, limites, ou estenduë precise d'aucun des Chemins Militaires: mais il a pris dans chacun d'eux autant d'espace & de distance qui luy en estoit de besoin, pour designer ses chemins: y obseruant cela, neantmoins à la rigueur, de ne rager aucunes citez, gistes, postes, ou autres places dans ses Chemins, sinon celles qui se trouuent sur les Chemins Militaires. Tout ce que l'auteur dudit Itineraire n'a pas fait sans cause: d'autant que son dessein n'estoit pas de nous faire l'Histoire des grands Chemins, & de nous dire, où ils ont esté commencez & finis par ceux qui les ont faicts. Mais son entreprise estoit de monstrer, comme par ces grands Chemins on pouuoit aller d'vne ville ou d'vne prouince en vne autre.

Qui est

Qui est le vray dessein d'vn Itineraire. Car comme ainsi soit que lesdits Chemins ayent esté faicts principalement pour la conduite des armees, & courses des postes, toutes les armees qui deuoient faire voyage, n'estoient pas tousiours à Rome comme au centre, d'où les Chemins ont tiré leur commencement auec leurs noms propres. Et tous les Postes qui couroient, ne partoient pas non plus de la ville de Rome. Il falloit aller de lieu en autre par les terres de l'Empire, & de long & de trauers. C'est pourquoy tout ainsi que sur les chartes marines il y a plusieurs Rombs de vents, & en plusieurs endroicts de la mer, afin que les nauigeants puissent prendre celuy qui est le plus proche de l'endroict où ils sont, & le plus commode à leur course; ainsi l'auteur de l'Itineraire a estably plusieurs departemens par les terres d'Italie, qu'il a attaché aux principales citez, autour desquelles les armees pouuoient faire quelque sejour. Et comme vn chemin ou plusieurs auoient leur cours par lesdites citez, il commence par l'vne d'icelles la description de ses chemins, & les finit en vne autre telle que bon luy semble: sans se soucier si c'est là, que commencent ou finissent les Chemins Militaires designez par vn seul nom, ou si de l'vn des Chemins il enjambe sur vn autre qui luy est attenant: comme par exemple, il ne descrit pas la Voye Flaminienne à part d'vn bout à l'autre, & l'Æmilienne à part: mais quelquefois il commencera l'vn des Chemins de son Itineraire au milieu d'vn Chemin nommé en l'histoire, & l'ira finir au milieu de l'autre, n'en faisant qu'vn de plusieurs. Et c'est d'où vient qu'il ne donne point de nom propre à ses Chemins, & qu'il se contente de les designer en gros par les noms des villes qui en occupent les deux extremitez. Ainsi que nous verrons par plusieurs exemples aux discours suiuans.

DV NOMBRE DES GRANDS CHEMINS d'Italie.

Chapitre XIX.

1. *Deux manieres obseruees en parlāt des grands Chemins, l'vne selon l'histoire, & l'autre selon l'Itineraire.*
2. *Nombre des G. Chemins d'Italie marquez de noms propres dedans l'histoire.*
3. *Nombre des grands Chemins d'Italie, selon l'Itineraire d'Antonin.*
4. *Quarante sept Chemins Militaires suiuant l'Itineraire, dont toute l'estenduë mise ensemble, excede 4500. lieuës de longueur.*

1. VOILA ce que nous pouuons dire en general des grands Chemins d'Italie, qui ont plus de cinq cens lieües pour s'eſtendre ſur la longueur d'icelle, & plus de deux cens ſur la largeur. Il faut maintenant venir au nombre d'iceux, duquel nous parlerons en deux manieres: l'vne ſelon l'hiſtoire, & l'autre ſelon l'Itineraire d'Antonin. Selon l'hiſtoire nous donnerōs à chacun Chemin Militaire ſon nom propre: mais ſelon l'Itineraire d'Antonin, nous ne les nommerons autrement que par les villes qui en occupent les deux bouts. Et neantmoins le nombre des vns reuient à bien pres du nombre des autres. Et ſi ils ont cela de commun, que tant en l'Hiſtoire qu'en l'Itineraire, meſme en la Charte de Peutinger, les vns prennent leur commencement aux portes de Rome, & les autres au beau milieu de l'Italie.

2. Les Chemins Militaires qui partent immediatement des portes de Rome, ſuiuant la Charte de Peutinger: & qui ont leurs noms propres en l'hiſtoire, ſont onze en nombre, denommez & rangez au tour de ladite ville, ainſi qu'il enſuit.

VIA.

Flaminia.	Tiburtina.	Latina.	Aurelia.
Salaria.	Præneſtina.	Appia.	Triumphalis.
Numentana.	Lauicana.	Hoſtienſis.	

A ces onze nous adiouſterons les douze que vous voyez cy deſſous, leſquels Onuphrius Panuinus teſmoigne prendre leur commencement és portes de Rome auſſi bien que les deſſuſdites.

VIA.

Collatina.	Valeria noua.	Albana.	Portuenſis.
Gabina.	Valeria vetus.	Ardeatina.	Vitellia.
Campana.	Tuſculana.	Laurentina.	Aurelia noua.

Quant aux grands Chemins qui prenoient leur commencement au milieu de l'Italie, vous en voyez icy les noms.

VIA.

Aimilia Lepidi	Auguſta.	Poſthumia.	Numicia.
Caſſia	Cimina.	Quinctia.	Setina.
Clodia, vel, Claudia.	Amerina.	Iunia.	Domitiana.
Annia.	Sempronia.	Trajana.	Aſinaria.
			Cornelia.
			Aimilia Scauri.

DE L'EMPIRE LIV. III.

Outre tous ces Chemins, il y en a sept ou huict, de l'assiette desquels on ne sçauroit rien asseurer : estant incertain s'ils sont dans Rome ou dehors, & impossible de determiner leurs fins, ny leurs commencemens : qui sont,

VIA.

Trajana 2.	Patinaria.	Gallicana.	Laticulensis.
Trajana 3.	Tiberina.	Gallica.	Flauia.

Iusques icy sont les grands Chemins d'Italie, qui sont remarquez par noms propres dedans l'histoire, & qui reuiennent au nombre de quarante neuf, sans ceux qui nous peuuent estre eschappez.

3. Il faut venir à ceux que l'Itineraire d'Antonin nous specifie : & qu'il estend dans la longueur & largeur d'Italie, soit à commencer à Rome, ou autres citez principales, ainsi qu'il ensuit.

VIÆ ITALIÆ.

Iter quod à Mediolano per Picenum & Campaniam ad Columnam, id est Trajectum Siciliæ, ducit.	M. P. DCCCCLV.
Item ab Vrbe, Appia via recto itinere ad Columnam.	M. P. CCCCLV.
In medio Falerno ad Tanarum.	M. P. XXV.
Iter à Capua Equotuticum.	M. P. LIII.
Ab Equotutico per Roscianum, Rhegium.	M. P. CCCCLXXVIII.
Ab Equotutico Hydruntum.	M. P. CCXXXV.
A Brundusio Tarentum ad littus.	M. P. XLIIII.
A Bario per compendium Tarentum.	M. P. LX.
A Beneuento Hydruntum.	M. P. CLXV.
A Beneuento Tarentum.	M. P. LXVI.
A Tarracina Beneuentum.	M. P. CXIII.
A Tarracina Neapolim.	M. P. LXXXVI.
A Neapoli Nuceriam Constantiam.	M. P. XXXVI.
A Literno Misenam.	M. P. XII.
Ab vrbe Mediolanum.	M. P. DXXVIII.
Inde Aquileiam.	M. P. CCLX.
Ab vrbe Ariminum.	M. P. CCXXII.

Ab Arimino recto itinere Rauennam.	M. P.	XXXIII.
Inde Concordiam.	M. P.	XXXI.
Ab Arimino Aquileiam.	M. P.	CCCCLXXXV.
A Brigantia per Lacum, Mediolanum vsque.	M. P.	CXXXVIII.
A Brigantia Comum.	M. P.	CXCV.
Ab Aquileia Bononiam.	M. P.	CCXVI.
A Verona Bononiam.	M. P.	CV.
A Vercellis laudem.	M. P.	LXX.
A Cremona Bononiam.	M. P.	CXII.
A Fauentia lucam.	M. P.	CXX.
Iter à Parma lucam.	M. P.	C.

VIA CLODIA.

Iter à Luca Romam per Clodiam.	M. P.	CCXXXVIII.
Iter ab Ariminio Dertonam.	M. P.	CCXXIX.

VIA AVRELIA.

A Roma per Tusciam, & Alpes maritimas.

Arelatum vsque.	M. P.	DCCLXI.
A Roma Cossam.	M. P.	LXI.
Item à Roma per Portum, Centum cellas.	M. P.	LXIX.
Ab Vrbe Ostiam.	M. P.	XVI.

PRAENESTINA.

Ab Vrbe Beneuentum vsque	M. P.	CLXXXVIII.

LAVICANA.

Ab Vrbe Beneuentum vsque	M. P.	CLXX.

LATINA.

Ab Vrbe Compitum.	M. P.	XLVIII.

Intrat in Lauicanam Salaria.

Ab Vrbe Hadriam vsque	M. P.	CLVI.

VALERIA.

Ab Vrbe Hadriam vsque	M. P.	CXLVIII.

FLAMINIA.

Ab Vrbe per Picenum, Anconam, & inde Brundusium.	M. P. DCXXVII.
Ab Heluillo Anconam.	M. P. L.
A Septempeda Castrum Truentinum.	M. P. LXXIV.

De Italia in Gallias.

A Mediolano Arelate per Alpes Cottias.	M. P. CCCCXI.
Iter à Mediolano per Alpes Graias Viennam.	M. P. CCCVIII.
Item à Mediolano per Alpes Graias Argentoratum.	M. P. DLXXVI.
Item à Mediolano per Alpes Penninas Maguntiacum.	M. P. CCCCXIX.
A Mediolano per Alpes Cottias Viennam.	M. P. CCCCIX.

4. C'est donc ainsi que l'Itineraire d'Antonin faict recognoistre les grands Chemins d'Italie, par les noms des villes qui les terminent de part & d'autre, & qui se trouuent icy iusques au nombre de quarante sept, chacun desquels est accompagné du nombre des miliaires, qui se trouuent de l'vne de ses extremitez à l'autre. Que si nous venons à supputer lesdits miliaires, & les adiouster en vne somme, nous trouuerons, que dans la seule Italie les Romains ont faict à la main plus de quatre mille cinq cens lieuës de chemins pauez, soit de grauois ou de cailloux, garnis par le dedans des materiaux disposez en la forme & maniere que nous auons dict au liure second : sans mettre en ligne de compte les ponts qui les continuent par terre, & les ports qui les finissent sur les riuages de la mer.

DES PORTES DE LA VILLE DE ROme, desquelles les grands Chemins d'Italie prenoient leur commencement.

CHAPITRE XX.

Ccc iij

1. *Quels sont les commencemens & les fins des grands Chemins, tant terrestres que maritimes. Nombre des Portes doit respondre à celuy des Chemins.*
2. *Plusieurs grands Chemins d'Italie tirez d'vne seule porte de Rome.*
3. *Nombre des portes sert à sçauoir le nombre des chemins en dependans.*
4. *Difference en l'histoire sur le nombre & situatiõ des portes de Rome.*
5. *Par qui l'enceinte de la Ville de Ro-*
me a esté dilatée.
6. *Nombre des portes de sa derniere enceinte.*
7. *Conciliation des passages de Pline & de Procopius, sur le nombre des portes de Rome: noms de 14. desdites portes suiuant leur ordre.*
8. *Noms de dix autres moindres portes.*
9. *Porte triomphale, & autres, non mises au nombre des principales.*

1.  LEON Baptiste Albert a fort bien dict, que les grandes voyes terrestres, soit dedans les villes, ou dehors, commencent ou finissent en des portes, comme les maritimes en des ports. *Viarum quidem*, dict-il, *& earum quæ extra Vrbem sint, & earum quæ intra Vrbem sint, caput, & quasi terminus quidam, est terrestribus porta: maritimis (nisi fallimur) portus.* Et remarque en autre endroict, que selon l'art qui se doit obseruer au bastiment des grandes villes, il faut que le nombre des portes soit correspondant au nombre des chemins militaires qui y viennent aboutir. *Portarum ratio pro Viarum militarium numero habenda est.*

Lib. 8. de re ædificatoria cap. 6.

lib. 4. cap. 5.

2. Or quant aux Romains, ils n'ont pas approprié les portes de leur Ville à leurs chemins militaires: mais leurs chemins militaires à leurs Portes, de plusieurs desquelles ils n'ont pas seulement faict partir vn chemin militaire, mais deux, ou plusieurs: comme nous apprenons de Onuphrius Panuinus, qui dict: *Ab vna autem Porta plures viæ deduci, atque eas in diuersa loca diuidi manifestum est.* Et de là est venu, que plusieurs portes ont eu le nom de quelques vns des Chemins militaires: comme au contraire, quelques chemins militaires celuy des Portes, d'où ils sont tirez & deriuez.

3. Donc pour discourir clairement & nettement des grãds Chemins d'Italie, il nous faut dire quelque chose des Portes de l'ancienne Rome: afin que par le nombre & la situation de chacune, nous puissions faire entendre le nombre & la situation des grands Chemins, qui de là s'estendent par toute l'Italie: soit qu'ils partent immediatement desdites portes, ou qu'ils soient ioincts, & comme entez sur ceux qui en sortent immediatement.

4. Or est-il, que le nombre & la situation desdictes portes a esté fort differente, selon la difference des temps: Car au commencemẽt de la fondation de Rome, lors qu'elle ne comprenoit encore que le

nont Palatin, & la valee prochaine, où eſtoit le grand marché Romain, elle n'auoit que trois portes. Puis lors que les Sabins furent receus par Romulus au droict de Bourgeoiſie Romaine, l'enceinte de la ville fut augmentee, le Capitole enclos dans icelle, & vne quatrieſme porte baſtie, pour ſeruir d'iſſuë à la ville du coſté dudit Capitole. C'eſt de ces trois portes, & de la quatrieſme enſuiuante, que Pline veut parler, quand il dit: *Vrbem treu portas habentem Romulus reliquit, aut (vt plurimas tradentibus credamus) quatuor.* Mais Pline ne donnant à cognoiſtre les noms deſdictes portes, nous aurons recours à Varron, qui parle ainſi des trois premieres. *Præterea intra muros video portas dici in palatio, Mutionis à mugitu, quod ea pecus in bucitatum antiquum oppidum, exigebant. Alteram Romanulam, quæ eſt dicta à Roma. Tertia Ianualis, dicta à Iano.* Où l'on voit que la premiere porte eut ce nom de *Porta mutionis*, du mugiſſement des beſtes à cornes, que l'on enuoyoit par là aux paſturages voiſins: celle de Romanula, ainſi dicte du nom de la ville meſme: & la troiſieſme Ianualis, du Dieu Ianus, qui autrefois habita en ces quartiers. Quant à la quatrieſme, elle eut le nom de *Porta Carmentalis*, de Carmenta mere d'Euander, qui fit autrefois ſa demeure en cet endroict au pied du Capitole, comme nous pouuons apprendre de ces mots de Solinus: *Pars infima Capitolini montis, habitaculum Carmentæ fuit, vbi & Carmentale fanum nunc eſt: à quo Carmentalis portæ nomen eſt.* Liuius au 17. de ſon Hiſtoire, & Plutarque en la vie de Camillus, font mention de ceſte porte, & Virgile en ce vers du 8. de ſon Æneide,   *Et Carmentalem Romano nomine Portam.*

Lib.3.ca.5.

Lib.4.de ling.Lat.

5. La ville de Rome en ce temps là eſtoit de figure quarree, aux entrees & iſſuës de laquelle ces quatre portes pouuoiēt ſuffire. Mais és ſiecles ſuiuans, ſon enceinte ayant eſté dilatee à pluſieurs fois, il fallut ſouuent y faire des portes toutes nouuelles, ces quatre premieres ne ſeruans plus de rien à la forterſſſe & cloſture de la ville. Car bien-toſt apres, Numa Pompilius, ſucceſſeur de Romulus, adiouſta à la ville de Rome vne partie du Mont Quirinal. Et comme le peuple vint à s'accroiſtre grandement ſous les Rois ſuiuans, Tullus Hoſtilius y joignit le Mont Cœlius: Ancus Martius, le Ianicule: Seruius Tullius, le reſte du Quirinal & le Viminal. Long temps depuis Sylla, Iules Cæſar, Auguſte & Tybere augmenterent l'enceinte de ladite ville de pluſieurs grandes places, qu'ils y enfermerent: mais Neron, apres y auoir mis le feu, l'agrandit encore plus que deuant. Trajan y meit ſa piece, & Aurelian auſſi, qui premier enuironna le Champ de Mars dans ſon enclos. Finalement Conſtantin le Grand fut le dernier qui l'amplifia du coſté des portes Viminale & Tiburtine, ayant ietté bas pour ce faire l'ancien Camp Pretorial qui eſtoit en ces quartiers.

6. C'est donc des portes de cette large enceinte de ville que nous auons à traicter, dautant que c'est de celle-là que partoient les grands Chemins d'Italie, & par eux le reste des grands Chemins de toutes les prouinces de l'Empire. Or le nombre desdites portes est diuersement assigné par les auteurs. Pline dit que de son temps il y en auoit vingt quatre. Car c'est ainsi qu'il faut lire ce passage du 3. liure chap. 5. de son histoire Naturelle: où il parle des portes de Rome qui estoient du temps de Vespasian & de ses deux enfans : *Quæ sunt hodie XXIIII. & non pas XXXVII.* Ainsi que les liures vulgaires le portent, ce que nous auons dit ailleurs. Les autres n'en comptent que quatorze. Entre lesquels est Procopius au liure 1. *de Bello Gothorum*, où parlant du temps de Iustinian, il dit: *Habet autem circuniectus Vrbi murus portas decem & quatuor: Portulasque alias quasdam.*

7. Pour accorder ces deux auteurs ensemble, nous pouuons dire que c'est bien la verité, qu'à Rome il n'y auoit que quatorze ou quinze portes Royales & principales, que l'on pourroit appeller Imperiales ou Militaires, dautant qu'à ces quatorze ou quinze se rapportoient toutes les Voyes Militaires d'Italie, soit qu'elles portassent leur nom iusques là, ainsi que branches attachees à leur tronc: ou bien qu'elles dependissent d'autres, par le moyen desquelles elles y fussent portees. De ces quatorze portes Militaires vous voyez icy les noms disposez par le mesme ordre que les portes à l'entour de la ville de Rome.

  Porta Flumentana, post Flaminia, nunc Populi.
  Porta Collatina, post Pinciana.
  Porta Agonensis, post, Quirinalis, deinde Collina, postea Salaria.
  Porta Viminalis, post sanctæ Agnetis.
  Porta Gabiusa, nunc sancti Laurentij.
  Porta Esquilina, *alias*, Labicana, post Prænestina, nunc Maior.
  Porta Cælimontana, post Asinaria, nunc sancti Ioannis.
  Porta Ferentina, postea Latina.
  Porta Capena, post Appia, nunc sancti Sebastiani.
  Porta Trigemina, post Ostiensis, nunc sancti Pauli.
  Porta Naualis, post Portuensis.
  Porta Ianiculensis, post sancti Pancratij.
  Porta Fontinalis, post Septimiana.
  Porta Aurelia, propè molem Adriani.

8. Quant aux dix autres portes qui estoient à Rome du temps de Pline, il est à croire que c'estoient portes de moindre apparence, lesquelles Procopius appelle *Portulas*: & desquelles les noms ensuiuét.

Porta Querquetularia vel Querquetulana, in Viminali.
Porta Piacularis.
Porta Catularia.
Porta Minutia.
Porta Mugiona.
Porta Sanqualis.
Porta Næuia.
Porta Randuscula, alias Randusculana.
Porta Lauernalis.
Porta Libitinensis.

9. Outre ces 24. portes, il y en auoit encore vne qui seruoit d'entree à la ville de Rome du costé du mont Vatican deçà le Tybre, que l'on a tenu hors du nombre des portes principales, sans que i'en puisse sçauoir la cause : veu qu'elle est des plus celebres, & que par icelle les triomphans entroient dedans Rome, d'où elle auroit eu le nom *Porta Triumphalis*, à trauers laquelle passoit vne Ruë celebre du mesme nom, dont nous parlerons à son tour. Quant à quelques autres qui sont mentionnees en l'histoire, sçauoir *Porta Saturnia, vel Pandana, Porta Ratumena, Salutaris, Stercoraria*. C'estoient portes du dedans de la ville, qui ne seruoient plus d'entree ny d'issuë : & qui pouuoient bien estre des sept portes, que Pline dit n'estre paruenuës iusques à son temps: *Prætereunturque*, dit-il, *ex veteribus septem quæ esse desierant*.

DES GRANDS CHEMINS D'ITALIE QVI prenoient leur commencement aux portes de Rome.

Chapitre XXI.

1. De la maniere qui sera tenuë pour déduire les grands Chemins d'Italie en particulier.
2. Qu'apres les branches principales desdits Chemins sera traicté des moindres Rameaux.
3. Pourquoy est commencé par la Voye Flaminienne.
4. D'où est dicte la porte Flaminiëne.
5. Quels noms ladite porte a eu depuis.
6. Comme se doit entendre que la Voye Flaminienne prend son commencement à ladite Porte.
7. La longueur de la Voye Flaminiëne estoit de Rome à Rimini, auctorité de Strabo.
8. Auctorité de Suetone sur ladicte longueur, & de l'Itineraire d'Antonin.
9. Distance de Rome à Rimini selon l'Itineraire, differente de celle de la Charte de Peutinger.

10. *Vestiges de la Voye Flaminienne, & restes de sepulchres trouuez sur icelle.*

11. *Edifices qui se trouuent sur ladicte Voye.*

12. *Aduis de l'Auteur sur les distances des lieux, & differences de l'Orthographe des noms propres, tã de l'Itineraire, que de la Charte.*

1. IL est têps en fin de faire partir des Portes de la ville de Rome, toutes les Voyes en particulier desquelles nous auons iusques à present traicté en general, & de les conduire les vnes apres les autres par toute la longueur & largeur d'Italie. A cette fin nous commencerons par celles qui ont des noms propres dans l'histoire, que nous déduirons selon l'ordre de la situation qu'elles ont en la nature. A chacune desquelles nous accommoderons celles qui sont dans l'Itineraire d'Antonin denuees de leur propre nom, ensemble celles qui sont dépeintes en la Charte de Peutinger : aucunes desquelles sont accompagnees de leur nom propre: & les autres sans aucuns noms. Et confererons ainsi les vnes auec les autres au plus pres qu'il nous sera possible.

2. Dauantage, nous y obseruerons cet ordre, qu'ayant discouru d'vne voye Militaire, qui part immediatement de l'vne desdites portes, nous traicterons en suite, de toutes celles qui en dependent, comme rameaux de leurs principales branches. Ce qui seruira grandement à faire entendre les rapports que chacune voye peut auoir auec la Ville: ensemble à mettre comme deuant les yeux, la grandeur admirable de leur estenduë.

3. Nous commencerons par la Voye Flaminienne, non pas seulement à cause qu'elle est des plus anciennes, & des plus renommees de toutes: mais à cause de la situation de la Porte Flumentane, de laquelle elle prent son commencement pour tirer aux champs. La raison de cela est, que nous auons à déduire nos grands Chemins suiuant l'ordre des Portes où ils commencent. Or celle-cy estant assise au delà du Tybre à nostre regard, & plus pres du Tybre que pas vn autre; nous tirerons de là en auant vers les autres portes dans le territoire des vieux Latins, prenant chacune porte & chacune Voye à son tour, iusques à ce que nous ayons rejoint le Tybre à l'autre partie de la ville. Puis passant la riuiere, nous continuerons nostre route par celles de deçà, tant que nous soyons paruenus iusques à la derniere.

In verbo Flumentana.

4. Or que la porte Flumentane soit assise auprés du Tybre, il en appert par son nom mesme, qu'elle a tiré du voisinage de ce fleuue: *Flumentana porta*, dit Festus Pompeius, *Romæ appellata quod Tyberis par-*

sem ea fluxisse affirmant. Et voit-on qu'elle en estoit si prés, que le Tybre estant autresfois desbordé de son canal, ruina plusieurs edifices és enuirons de ladite porte: ainsi que nous lisons dans Liuius, qui dit: *Tyberis infestiore quà prius impetu illatus Vrbi, duos pontes, ædificia multa, maximè circa portam Flumentanam euertit.*

Lib. 35.

5. Il faut neantmoins confesser qu'à present elle n'est plus si pres du Tybre qu'elle estoit auant l'Empire d'Aurelian. Dautant que cet Empereur voulant mettre dans l'enclos de Rome le Champ de Mars, qui en auoit tousiours esté dehors iusques à son temps, fut contraint de ruiner l'ancienne porte Flumentane, qui estoit tout pres du Champ de Flora, & de la transporter ailleurs: ce qu'il fit iustement sur la Voye Flaminienne, qu'elle reçoit dans son ouuerture, à raison dequoy elle fut depuis appellee, *Porta Flaminia*: ainsi que Procopius la nomme, quand il dit: *Inter portam namque Flaminiam & Prænestinam cis Tyberim castra vna locauerant.* Et en vn autre endroict: *Belisarius Prænestinam portam Bessæ tradiderat custodiendam: Flaminiæ Constantium præfecerat.* C'est la mesme porte que l'on nomme maintenant *Porta Populi*, d'vne troisiesme appellation.

6. C'est donc à cette porte que la voye Flaminiéne préd son cómencemét pour tirer du costé des Cháps: cóme Festus Pompeius dit la voye Appienne prendre son cómencement de *Porta Capena*, qui luy est quasi diametralement opposite. Ce n'est pas toutesfois, qu'elles n'ayent leur premiere origine dedans la ville: car la Flaminienne s'auance de ladicte porte bien auant vers le marché Romain, tant qu'elle vienne à se ioindre à vne autre grande ruë, dicte *Via lata*, qui est entre elle & ledit marché, & qui par ce moyen la porte auec bien peu de flechissement iusques au Miliaire doré.

7. Mais pour venir à la principale partie, qui est celle qui sort aux champs: ie ne rediray point ce que i'ay remarqué cy-dessus de son auteur, cela se peut voir au chapitre 8. du premier liure. Ie me contenteray de parler seulement de sa longueur. Car quiconque l'ait faict, soit Flaminius qui fut tué au Lac de Trasimene, ou son fils; c'est chose asseuree, qu'elle a esté continuee sans interruption depuis la ville de Rome iusques à Rimini, ville sise sur le riuage de la mer Adriatique, où elle a esté conduicte à trauers le pays des Hetruriens & Vmbriens, qui sont auiourd'huy les habitans de la Toscane, & du Duché de Spolete. Strabo parlant de Flaminius le fils, lors Consul auec M. Æmilius Lepidus, nous en donne ce tesmoignage. *Eodem enim in consulatu, M. Lepidus & Caius Flaminius collegæ fuerunt. Victores autem Ligurum, strauere, hic quidem Flaminiam è Roma per Tusciam & Vmbriam vsque Ariminum. Alter reliquam porro vsque Bononiam, & ex ea in Aquileiam prope Alpium radices, ducto per gyrum circa Paludes opere.*

Lib. 5. Geogr.

Ddd ij

8. D'auantage, lors qu'Auguste Cæsar entreprit de la reparer, Suetone dict expressement, que ce fut iusques à Rimini. *Desumpta sibi Flaminia Via Arimino tenus munienda.* Ce qui est encore confirmé par l'Itineraire d'Antonin, qui nous descrit entr'autres Chemins, vn qui s'estend de Rome à Rimini, qui ne peut estre autre que la voye Flaminienne, encore qu'il ne luy donne autre tiltre que celuy-cy, *Ab Vrbe*, sans adiouster *Ariminum* : Ainsi qu'il a de coustume de faire aux autres grandes Voyes, qu'il denomme par la premiere & la derniere ville de leur estenduë. Voicy donc la forme soubs laquelle il nous la donne : soubs laquelle i'ay mis pareillement ladicte Voye, ainsi qu'elle est depeinte & denommee en la charte de Peutinger, pour iuger de l'vne par la comparaison de l'autre : comme il s'enfuit.

EX ITINERARIO ANTONINI.

AB VRBE.

Rostratam Villam.	M. P. XXIIII.
Ocricolos ciuitatem.	M. P. XXV.
Narniam Ciu.	M. P. XII.
Interamniam. Ciu.	M. P. VIII.
Spoletium Ciu.	M. P. XVIII.
Forum Flaminij Vicum.	M. P. XIX.
Heluillum Vicum.	M. P. XXVII.
Callem Vicum.	M. P. XXIII.
Forum Sempronij.	M. P. XVIII.
Fanum Fortunæ.	M. P. XVI.
Pisaurum.	M. P. VIII.
Ariminum.	M. P. XXIIII.

EX CHARTA PEVTINGERIANA

VIA FLAMINIA.

Ad Rubras.	VI.
Ad Vicesimum.	XI.
Aqua viua.	VII.
Interamnio.	VII.
Adtine Recine.	XI.
Fano fugitiui.	II.
Spoleto.	V.
Menauio.	XII.
Foro Flamini.	XVI.

Nucerio Camellaria.	XII.
Haluillo.	XV.
Ad Enſem.	X.
Ad Calem.	VII.
Ad Intercifa.	XIIII.
Foro Sempronij.	XII.
Fano Fortunæ.	XVI.
Piſauro.	VIII.
Arimino.	XXIII.

9. Que ſi vous deſirez ſçauoir la diſtance preciſe de Rome à Rimini par l'Itineraire d'Antonin ſur ladiête Voye Flaminienne, il ne faut qu'adiouſter tous ces nombres en vn, & vous trouuerez qu'elle eſt de deux cens vingt deux mille Italiques, qui valent cent onze lieuës Françoiſes, & par la charte de Peutinger de 194. mille ſeulement, qui ne reuiennent qu'à quatre vingt dix-ſept lieuës.

10. Panuinus dict, qu'en pluſieurs endroicts du Duché de Spolete, mais principalement entre Rome & Otricoli, on en voit iuſques à preſent beaucoup de veſtiges: & que le long d'icelle paroiſſent pluſieurs tombeaux, qui pour eſtre conſommez de vieilleſſe ne ſe peuuent plus recognoiſtre. Sur tous autres paroiſſoient anciennement en ladicte voye les tombeaux de deux eſclaues affranchis, que leurs maiſtres leur auoient faict dreſſer tout de marbre. L'vn eſtoit celuy de Paris, ioüeur de Farce, natif d'Ægypte, affranchy de Neron, qui aymoit telle race de gens. De ce tombeau parle Martial, quand il dit:

Quiſquis Flaminiam teris, Viator,
Noli nobile præterire marmor   *Lib. 11. epig. 14.*

L'autre eſtoit celuy de Glaucias, affranchy de Atedius Melior citoyen Romain, qui mourut ieune, & à qui Papinius Statius a faict vn tombeau plus durable que celuy de marbre, que ſon Seigneur luy fit dreſſer. C'eſt le premier poëme du ſecond liure de ſes Boſcages, par lequel il prend peine de conſoler ledit Atedius ſur le decez dudict Glaucias: & où ſe trouuent ces vers.

Quid mirum? plebs cuncta, nefas, & præuia flerunt
Agmina, Flaminio quæ limite Milvius agger   *Lib. 6. epig. 28.*
Tranſuehit.

Martial dict auſſi ce mot dudit Tombeau.

Sub hoc marmore Glaucias humatus,
Iuncto Flaminia iacet ſepulchro.

11. C'eſt encore ſur ladicte voye qu'eſt aſſiſe la maiſon de plaiſance d'Auguſte Cæſar, dicte la maiſon aux Poulles, de laquelle nous auons parlé au ſecond liure, comme pareillement de la Roche que

Vespasian perça pres de Furlo, pour continuer ladicte voye en ligne droicte de mille pieds de longueur. Finalement, il y auoit encore certain lieu, que les Romains nommoient Clitellas, pour estre faict à la similitude d'vn bast que l'on met sur vn mulet ou vn asne: duquel Festus Pompeius faict mention en ces mots: *Clitellæ in Via Flaminia, loca quædam deuexa & accliuia.*

12. Or ay-ie à donner aduis vne fois pour tout au Lecteur, que ie ne veux entrer en question sur la verité des distances, qui se trouuent en l'Itineraire d'Antonin, & la charte de Peutinger: ny pareillement examiner de plus pres, lequel des deux a mieux ordonné ses citez, ses gistes, & ses postes: lequel est le plus iuste à les compter & marquer par miliaires, & le plus correct à les escrire. Ceux qui auront la curiosité d'examiner tout cela, pourront auoir recours aux commentaires, que Hieronymus Surita a faict sur l'Itineraire: & à ceux que M. Velserus a composé sur la charte de Peutinger: esquels l'vn & l'autre ne sont en rien tant occupez, qu'à corriger & redresser les fautes & l'ortographe des noms propres qui s'y trouuent. Ce qu'ils font par la conference de ces deux œuures auec l'histoire: & par la collation des vieux exemplaires dudit Itineraire, en quoy gist le plus gros de l'ouurage de Surita.

DES GRANDS CHEMINS D'ITALIE DEpendants de la voye Flaminienne.

CHAPITRE XXII.

1. *Neuf chemins qui ont leurs noms en l'histoire, dependans de la voye Flaminienne.*
2. *Antiquité, excellence, & longueur de la Voye Æmilienne.*
3. *Quelques remarques sur la conference de l'Itineraire auec la charte de Peutinger.*
4. *Autre remarque sur ladicte conference.*
5. *Passage de Liuius & de Martial sur la voye Æmilienne.*
6. *Regions d'Italie qui ont pris leurs noms des Voyes Flaminienne & Æmilienne.*
7. *Voye Cassienne, seconde branche de la Flaminienne.*
8. *La voye Claudienne, troisiesme branche de la Flaminienne.*
9. *Noms des six autres branches dependant de la Voye Flaminienne. Inscription antique où elles sont nommees.*

DE L'EMPIRE. LIV. III.

1. Il se trouve en tout neuf chemins militaires, designez par leurs noms dans l'Histoire, qui partent de la voye Flaminienne, ainsi que rameaux de leur tronc. De toutes ces voyes, celle qui porte le nom de *via Æmilia*, est la plus ancienne, la plus renommee, & la plus grande de toutes : car pour ce qui est de la grandeur, elle surpasse de beaucoup la Flaminienne, & si elle luy est egale d'antiquité & de renom.

2. Pour l'antiquité, nous auõs veu par le tesmoignage de Strabo, qu'elle est du mesme temps que la Flaminienne. Quand à la dignité, Andrea Palladio la met au rang des trois plus renommees & plus excellentes de toutes, qui sont les voyes Appienne, Flaminienne, & Æmilienne. Et pour la longueur, elle s'estendoit depuis Rimini iusques à Boulogne, & de là en Aquilee, par les citez, gistes, postes & villages qui ensuiuent, suiuant l'Itineraire d'Antonin, & charte de Peutinger.

Ex Itinerario Antonini, pag. 28.		*Ex charta Peutingeriana.*	
Ab Arimino Cæsenam		Ab Arimino.	
Ciuit.	M. P. XX.	Rubico Fl.	XI.
Fauentiam.	M. P. XXIIII.	Ad Nouas.	III.
Forum Cornelij Ciu.	M. P. X.	Sabis.	XI.
Bononiam Ciu.	M. P. XXIIII.	Curua Cesena.	XI.
Mutinam Ciu.	M. P. XXV.	Foro populi.	VII.
Regium Ciu.	M. P. XVIII.	Foro Liui.	VII.
Parmam Ciu.	M. P. XIX.	Fauentia.	X.
Fidentiolam Vicum.	M. P. XX.	Sinuum Fl.	III.
Placentium Ciu.	M. P. XXIV.	Foro Corneli.	VI.
Laudem Ciu.	M. P. XXIV.	Silarum Fl.	VII.
Mediolanum Ciu.	M. P. XVI.	Claterua.	VII.
Bergomum Ciu.	M. P. XXXIII.	Isex Fl.	VI.
Brixiam Ciu.	M. P. XVIII.	Bononia.	IIII.
Sirmionem Mansionem.	M. P. XXII.	Foro Gallorum.	XVII.
Veronam Ciu.	M. P. XXXIII.	Mutina.	VIII.
Vicetiam Ciu.	M. P. XXXIII.	Lepido regio.	XVII.
Patauium Ciu.	M. P. XXVII.	Tannetum.	XI.
Altinum Ciu.	M. P. XXXIII.	Parma.	XI.
Concordiam Ciu.	M. P. XXXI.	Fidentia.	XV.
Aquileiam Ciu.	M. P. XXXI.	Florentia.	X.
		Placentia.	XV.
		Laude Pompeia.	XXII.
		Mediolanum.	XVI.
		Camo.	XXXV.

3. Conferant donc l'Itineraire d'Antonin auec la charte de Peutinger, on voit par exemple particulier, ce que

Bergomum.	xx.	nous auons dict cy-dessus en general,
Leuceris.	xxxv.	lors que nous auons parlé de la compa-
Brixia.	xxxii.	raison de l'vn & de l'autre. Sçauoir, que
Ariolica.	xiii.	en la description des grands Chemins,
Verona.	xxxiii.	ces deux ouurages sont differens l'vn de
Vicentia.	xxii.	l'autre aux noms & au nombre des ci-
Patauis.	xxx.	tez, villes, gistes, ou mansions, & autres
Altino.	xxx.	places, qui seruent à designer lesdits
Concordia.	xxx.	Chemins. Et que quant au nombre des
Aquileia.	xiiii.	miliaires, il se trouuoit bien quelque es-

galité en aucuns: mais que pour la pluspart ils sont inégaux & disproportionnez, tant en gros, comme en detail. Ainsi voyez vous que suyuant l'Itineraire, il y a de Rimini en Aquilee ccccLxxxv. mil Italiques: qui font deux cens quarāte deux lieuës & demie. Et selon la Charte de Peutinger il y en a DXXVII. qui reuiennent à deux cens soixante trois lieuës & demie.

4. Dauantage en conferant l'Itineraire à la Charte sur ce Chemin present, on trouue qu'en ladite Charte, de *Curua Cæsena à Fon Populi*, il se fait vn sault d'vn chemin à l'autre sans aucun milieu, ces deux places estans assises sur deux lignes differentes, & qui ne s'entretiennent en cet endroict par aucune trauerse: Mais de *Placentia à Laude Pompeia*: de *Mediolanum à Como*: & d'*Altino à Concordia*, il y a bien mutation de chemin, c'est toutesfois moyennant des lignes ou chemins de trauerses, qui seruent à allier vn grand chemin à vn autre. On rencontre fort souuent, de tels & semblables saults & mutations de lignes, en conferant les chemins de l'Itineraire auec ladite Carte: en sorte que ce qui n'est qu'vn seul chemin en l'Itineraire, semble appartenir à deux ou trois dans ladite Charte. Et de toutes ces remarques particulieres, I'ay bien voulu aduertir le Lecteur pour vne seule fois, & sans y plus retourner: laissant à sa diligence d'en faire les espreuues, en conferant particulierement les chemins de l'vn auec ceux de l'autre.

5. Mais pour retourner à nostre Voye Æmilienne, Liuius luy donne son origine à Rimini, & semble ne la conduire que iusques à Plaisance, quand il dit, parlant d'Æmilius: *Pacatis liguribus in agrum Gallicum exercitum duxit : Viamque ab Placentia, vt Flaminiæ committeret, Ariminum perduxit.* Le Poëte Martial parlant à son liure, fait mention de ce grand Chemin, & de l'vne des Citez qui est sur iceluy, és vers ensuiuans.

Liuius lib. 39.

Romam vade liber, si veneris vnde requiret,
Aemilia dicas de regione viæ.

Lib.3.ep.4.

Si quibus

Si quibus in terris, qua simus in Vrbe rogabit,
Corneli referas me licet esse foro.

Li.3.Epig.4

6. Auquel endroict ce n'est pas sans cause qu'il vse du mot *Regio via Aemiliae*. D'autant que des onze regions, esquelles Auguste Cæsar auoit diuisé toute l'Italie, il y en auoit deux, l'vne desquelles s'appelloit *Flaminia*, & l'autre *Aemilia*, des noms de ces deux Voyes si anciènes, qui passoient par lesdites regions. Encore ont elles retenu ces noms, depuis que l'Italie a esté diuisée en 17. prouinces par les derniers Empereurs qui y ont commandé: comme on peut voir *In prouinciarum Romanarum libello*.

7. La seconde branche de la Voye Flaminienne est celle, qui du nom de Cassius son auteur est appellee Cassienne. Ciceron parle de cette Voye en sa XII. Philippique, la mettant pour l'vne des trois, par lesquelles on peut aller de Rome à Modene. *Tres viæ sunt ad Mutinam*, dit-il, *à Supero mari Flaminia: ab Infero Aurelia: Media Cassia*. Ce n'est pas que la Voye Cassienne ait son origine à Rome: mais c'est qu'elle tire sa branche de la Flaminienne au pont Miluius, auiourd'huy *Ponte mole*, basti sur le Tybre à deux mil pres de Rome. Ce fut tout aupres de ce pont, que Constantin le Grand vainquit le Tyran Maxentius: lequel pensant fuir, & faire sa retraitte dedans Rome, le pont estant rompu par la multitude, il tomba dans le Tybre, où il perdit la vie & l'Empire qu'il auoit tant affecté. On voit la figure & le nom dudit pont en la Charte intitulee *Paese di Roma*, Imprimee par *Pierre de Nobilibus*: en laquelle la Voye Flaminienne est conduicte le long du Tybre iusques audit Pont: & de là se separant de la Voye Cassienne, prend sa route à droict comme la Cassienne tire à gauche, allant droict en la ville de *Sutri*. Et dit-on que l'on voit encore les restes de ladicte Voye entre les villes de Sutri, de Viterbe, & de Bolsene.

8. La troisiesme branche est la Claudienne, qu'Ouide tesmoigne par ses vers auoir esté ioincte auec la Flaminienne.

Nec ques pomiferis positos in collibus hortos,
Spectat Flaminiæ Claudia iuncta viæ.

Lib.1. de Ponto.

Celle-cy est descrite dans l'Itineraire, non pas de Rome à Lucques (qui sont ses deux extremitez) mais de Lucques à Rome, en la forme que vous la voyez icy mise en comparaison auec la Charte de Peutinger.

Ex Itinerario
VIA CLODIA
Iter à Luca Romam
  per Clodiam M. P. CCXXXVIII. Sic
Pistorium
          M.P. XXVIII.   Leuca   XII.

Ex Charta Peutingeriana.

Eee

Florentiam.	M. P. XXV.	Ad Martis.	VIII.
Ad fines siue Casas		Pistoris.	VI.
Cæsarianas.	M. P. XXV.	Hollana.	VIIII.
Arretium.	M. P. XXV.	Ad Solaria.	VIIII.
Ad Statuas.	M. P. XXV.	Florentia Tusco-	
Clusium.	M. P. XII.	rū ad Aquileia.	VIIII.
Vvlsinios.	M. P XXX.	Biturisa.	X.
Forum Cassi.	M. P. XXVIII.	Adretio.	XXIIII.
Sutrium.	M P. XI.	Ad nouas.	VIIII.
Baccanas.	M. P. XII.	Clusio.	VIII.
Romam.	M. P. XXI.	Volsinis.	VIII.
		Aquas Passarias	XI.
		Foro Cassi	IIII.
		Vico Matrini	XVI.
		Sutrio	XII.
		Veros.	VI.
		Ad Sextum via	
		Clodia.	IIII.
		Roma.	

Que si vous supputez les nombres particuliers de l'vn & de l'autre. Vous trouuerez au detail de l'Itineraire CCXXXVIII. mil Italiques, qui est vne vnité plus qu'au nombre general : mais ces nombres, ny en gros, ny en detail, ne conuiennent point auec ceux de la Charte de Peutinger qui ne sont que CLXV. mil, encore que les citez & mansions y soient en beaucoup plus grand nombre : en sorte que l'Itineraire excede la Charte en la description de ce chemin de 37. lieuës Françoises.

9. Suiuēt en apres les Voyes Annienne, Augustane, Cimine, Amerine, Sempronienne, & Postumienne: qui prenans leurs commencemens en diuers endroicts de la Flaminienne, s'estendent deçà delà, comme rameaux, à trauers les regions d'Italie, qui sont entre la ville de Rome, & l'Eridan.

Il se trouue vne Inscription antique en vne ville de Lombardie, nommee par les anciens *Axima*, ou *Axuma*, aujourd'huy Berinson: en laquelle bonne partie de ces Voyes sont denommees, comme estant voisines l'vne de l'autre, & administrees par vn mesme curateur.

Grut. 446. 4.

C. OPPIO. C. F. VEL
SABINO. IVLIO. NEPOTI
M. VIBIO. SOLEMNI. SEVERO
COS.
AD LECTO. A. SACRATISSIMO IMP.
HADRIANO AVG.
INTER. TRIBVN. TIOS. PR PEREGR.
CANDIDATO. AVG.
LEG. PROV. BAETHICAE. CVR. VIAR.

DE L'EMPIRE LIV. III.

```
        CLODIAE. ANNIAE. CASSIAE
      CIMINAE. TRIVM. TRAIANARVM
      ET. AMERINAE. LEG. LEG. XI.
      CL. P. E. LEG. AVG. PR. PR
           PROVINCIAE. LVSITANIAE.
         PROCONS. PROV. BAETHICAE
           PATRONO. COL
              LEONAS. LIB.
         ADCENSVS. PATRONI
      ET. IN. DEDIC. STATVAE
         COLONIS. COENAM. DEDIT
```

Quant à la Voye Annienne, ie n'en trouue autre chose, que ce qui est, en cette Inscription. De celle d'Auguste, il est parlé en vne autre Inscription par nous employee au liu. 1. chap. 24. La Cimine tendoient en certaine Montagne & Lac de ce nom, assez prés de Viterbe, dont Virgile fait mention en ces vers.

Cimini cum Monte Lacum, lucosque Capenos.   l. 7. Aeneid

L'Amerienne auoit ce nom d'vne ville du Duché de Spolete maintenant dicte Amelia. Et au mesme Duché naissoit la Sempronienne, ainsi dicte *De forum Sempronij*, où elle s'estendoit depuis Fuligno dicte *Fulginia*, ou *Fulcinium in Vmbria*. Et quant à la Posthumienne elle auoit son cours par la Gaule que les Romains appelloient *Togatam*, ce qui se peut coniecturer de Tacite qui en parle ainsi. *Sistere tertiam legionem in ipso via Posthumia aggere iubet*, &c.

DES PORTES ET VOYES COLLATINE, Colline, Salaire, Gabienne & Tyburtine.

CHAPITRE XXIII.

1. *De la Porte Collatine & de l'origine de son nom.*
2. *Que la Voye Collatine estoit partie en la ville & partie aux champs.*
3. *De la Porte Colline, & diuersité de ses noms.*
4. *De la Voye dicte Salaria, & cause de sa denomination.*
5. *Description de ladicte Voye suiuãt l'Itineraire & la Charte.*
6. *Des Temples & Sepulchres bastis sur ladicte Voye.*
7. *Les Romains vaincus par les Gaulois sur ladicte Voye. Inscription qui fait mention d'icelle.*
8. *Des Voyes Quinctienne & Iunienne dependant de la Salarienne.*
9. *De la porte Viminale etymologie de son nom, & varieté de son assiette.*
10. *De la Voye Nomentane, autrement dicte Ficulnensis, partant*

Ece ij

de ladicte Porte.
11. Nero s'est tué pres d'icelle Voye. Temple de Bacchus. Inscription antique.

12. Porte dicte Gabina, Gabiusa, & Tiburtina.
13. Des Voyes Gabienne & Tiburtine, partant de ladicte porte.

1. APRES la porte Flumentane, suiuoit celle que l'on nommoit Collatine, bastie sur vne coline, dicte, Collis Hortulorum, à cause des beaux & grands Iardins, que plusieurs Citoyés Romains y auoient. Et neantmoins ce n'estoit pas de ladicte Colline qu'elle auoit le nom de Collatina: mais d'vn ancien bourg ou villette que l'on appelloit Collatia, sis bien pres de Rome. Ainsi que Festus Pompeius nous l'apprend, quand il escrit, Collatia oppidum fuit propè Romam, eo quod opes aliarum ciuitatum ibi fuerint collatæ: à qua porta Romæ Collatina dicta est. Cette porte fut autrefois plus prés du Tybre & du Champ de Flora: mais Aurelian la transporta sur ladicte Colline, lors qu'il amplifia la ville de ce costé là. Elle eut depuis le nom de Porta Pinciana, à cause du Palais des Pinciens qui en estoit voisin. Et de ce nom Procopius l'appelle, lors que parlant de Belisaire, il dit: Pincianam is fermè, & proximam huic Salariam portam tenebat, vt suspectiores & necessarias: ea namque parte oppugnari facile poterat murus.

In verbo Conlatia.

Lib. 1. de Bello Goth.

2. De la porte Collatine sortoit la grande voye du mesme nom, qui prenoit son origine bien auant dedans Rome, car elle s'auançoit de ladite porte vers le marché Romain iusques à l'Aqueduc, dict Aqua Virgo: & se venoit quasi joindre à la Flaminienne, prés de celle que l'on appelloit Viam latam: qui portoit l'vne & l'autre iusques au dit marché: ainsi que l'on peut voir par la Charte de Estienne du Perac. De cet endroit donc la voye Collatine s'estend aux champs à trauers ladite porte, quasi droict au Septentrion: Et vient à quelque distance de la ville, rencontrer celle qui sort de la porte Colline, souz le nom de Via Salaria. Frontinus parle de certaine eau seruant à vn Aqueduc, qui prenoit sa source prés de ladicte voye, Aquæ Alsietinæ augustæ ramus proximè Viam Collatinam accipit fontem. Et ailleurs il en faict partir la source de l'eau Vierge, à huict mille de Rome. Concipitur Aqua Virgo Via Collatina ad milliarium octauum palustribus locis.

3. Vient apres la porte, qui du nom de la Colline aux jardins est appellee Porta Collina, qui fut autrefois dicte Agonensis, depuis Quirinalis, & en fin Salaria. Festus Pompeius nous donne ce tesmoignage de son nom ancien, Agonia, dict-il, quæ fiebant in monte. Hinc Roma mons Quirinalis, Agonius, & Collina porta Agonensis. Et en autre endroit: Quirinalis porta dicta, siue quod ea in collem Quirinalem itur: siue quod proximè

In verbo Agonensis & verbo Quirinalis porta.

tum est Quirini sacellum. Liuius dict que ce fut par cette porte que les Gaulois entrerent dedans Rome, lors qu'elle fut prinse & bruslee par eux. Ce fut aussi de ce costé, que s'approcha Hannibal auec son Armee, lors qu'il se fit voir aux Romains du dessus de leur ramparts selon le dire de Iuuenal :

Lib.5.

—*proximus vrbi*
Hannibal, & stantes Collina in Turre mariti.

Satyr.6.

Quand au nom de *Salaria*, c'est le dernier qui luy est escheu, à cause de la voye du mesme nom, qui prenoit de là son commencement : comme on peut colliger de ces mots de Tacite, *Tertium agmen per Salariam portæ Collinæ appropinquabat.*

Lib.3. Hist.

4. C'estoit donc de la porte Colline, que la voye dont nous parlons prenoit son commencement : De là elle s'estendoit vers le Septentrion tout à trauers les terres des Sabins, receuant en soy la Nomentane en vn village nommé Heretium sis à XVIII. mille de Rome, sur le riuage du Tybre : ainsi que Strabo nous le tesmoigne en ces mots : *Per ipsos (Sabinos) via Salaria, in quam apud Heretium Sabinorum vicum supra Tyberim iacentem Nomentana incidit, non magnæ longitudinis strata est, ex eadem Collina porta inchoans.* Au reste elle eut ce nom de *Salaria*, comme Sextus Pompeius & Pline le tesmoignent : d'autant que c'estoit sur icelle, que les Sabins charioient le Sel, qu'ils alloient querir à la mer, *Salaria via Romæ est appellata*, dict le premier, *quia per eam Sabini sal à mari deferebant.* Et Pline *honoribus etiam militiæ interponitur : Salariis inde dictis magna apud antiquos auctoritate : sicut apparet ex nomine Salariæ viæ : quoniam illa Sal in Sabinos portari consueuerat.*

L.5. Geog.

Lib.31.c.7.

5. Vous voyez icy la description de ladite Voye ainsi qu'elle est dans l'Itineraire & dedans la Charte, à prendre de la porte Colline iusques en la ville de Hadria.

Ex Itinerario			*Ex Charta Peut.*	
Ab vrbe Hadriam vsque	M. P.	CLXVI.		
Eretum.	M. P.	XVIII.		
Vicum nouum.	M. P.	XIIII.	Ereto.	XII.
Reate.	M. P.	XVI.	Ad nouas.	XIIII.
Cutilias.	M. P.	XVIII.	Reate.	XVI.
Interocrium.	M. P.	VI.	Aquæ Cutilliæ.	VIIII.
Falacrinum.	M. P.	XVI.	Interocrio.	VII.
Vicum Badies.	M. P.	IX.	Foroecri.	XII.
Ad centesimum.	M. P.	X.	Palacrinis.	IIII.
Asclum.	M. P.	XII.	Ad Martis.	XVI.
Castrum Truentinum.	M. P.	XX.	Firmo Viceno.	X.
Castrum nouum.	M. P.	XII.	Castello Firmani.	XII.
Hadriam.	M. P.	XV.	Cupra Maritima.	XII.

Eee ij

Castro Trentino. XVII.
Castro nouo. XVIII.
Hadria. VII.

Que si vous faictes vne supputation des nombres particuliers qui sont en l'Itineraire, Vous aurez en la somme entiere CLXVI. mille Italiques. Ce qui manifeste la faute qui est au nombre general ainsi qu'il est imprimé, qui n'est que de CLVI.

6. Prés la voye dont est question, & le long d'icelle estoient bastis les temples de Venus *Ericine*, de Venus *Verticordia*, & celuy de l'honneur, en vn lieu auquel ayant esté trouué vne lame sur laquelle estoient escrits ces deux mots, *Demina honoris*, Cela donna occasion aux Romains d'y bastir ledit Temple: duquel Ciceron dict ce mot au 2. liure de ses Loix: *Nostis extra portam Collinam ædem honoris*. Sur ladite voye estoient pareillement rangez plusieurs tombeaux magnifiques, entre lesquels estoit celuy de C. Marius, qui fut VII. fois Cósul: & celuy de Licinus Barbier d'Auguste Cæsar, que les Poëtes Satyriques ont noté de trop d'ambition pour la qualité du personnage: & sur lequel Varro qui viuoit du mesme temps, fist ce distic plein d'indignation,

Marmoreo Tumulo Licinus iacet: at Cato paruo.
Pompeius nullo. Credimus esse deos?

7. Ce fut à XIII. mille de la ville de Rome sur ladite voye, que les Gaulois conduits par Brenus, que l'histoire appelle *Gallos Senones*, gaignerent la victoire contre les Romains, sur le bord de la riuiere d'Allia: Lequel prenant sa source aux montagnes Crustumiennes, vient en cet endroit à se mesler dans le Tybre. Il est parlé de ladite voye en cette Inscription ancienne.

Grut. 463. 4

ACONTH
L. RANIO. OPTAT. C. V. COS.
CVRATORI. REIP. MEDIOLANENSIVM.
CVRAT.
REIP. NOLANORVM. PRO. COS.
PROVINCIAE
NARBONENSIS. LEGATO. AVG. ET
IVRIDICO

ASTVRIAE. ET. GALAECIAE. CVRATORI. VIAE
SALARIAE. ET. CVRATORI. REIP. VRVINATIVM
METAVRENSIVM. LEGATO. PROVINCIAE
ASIAE. PRATORI. TRIB. PLEBEI
QVAESTORI. PROVINCIAE. SICILIAE

8. De la voye Salaire, comme d'vn tronc principal, dependoient deux autres voyes beaucoup moindres: sçauoir la Quinctienne, &

la Iunienne. Denis de Halicarnasse faict mention de la premiere, quand il dict: *Palatium quidem quinque & viginti stadiis à Reate distans, vrbe nunc etiam a Romanis habitata, via Quinctia proximum.* Et de l'autre: *à Reate rursus stadiis LXXX. via Iunia eundo iuxta Coritum montem Corsula est nuper diruta.* De la premiere des deux se trouue cette Inscription.

```
C. CVRTIVS.  P. F.  PAL.  NERVA.  IIII. VIR
P. SILIVS.   P. F.  ARNIEN. PAETINVS.  IIII. VIR
C. RVSTIVS.  C. F.  QVARTVS.  VEL  IIII. VIR
T. FLAVIVS.  T. F.  ARN.  SABINVS.  IIII. VIR
     ARAM.  ET.  SIGN.  VIA.  QVINCT.  D. D.
```

Idem p 85. Grut. 1294.

9. Apres la porte Colline succede la viminale, tirant son nom de la colline Viminale, sur laquelle elle est assise. *Viminalis & porta & collis appellabantur* dict Sextus Pompeius, *quod ibi Viminum sylua fuisse videtur, vbi est & ara Ioui Vimini consecrata.* On voit par ces mots de Strabo qu'elle fut premierement assise aux ramparts, que Tarquinius Priscus fit autrefois pour la fortification de la ville. *In aggere autem medio tertia est porta eiusdem nominis cum colle Viminali.* Auquel endroit il l'appelle la troisiesme à côpter du temps que la Flaminienne & Colline estoient seules de ce costé là. La Collatine ayant esté faicte depuis le siecle de Strabo, lors que la ville a esté amplifiee par les Empereurs suiuans. Ce fut lors que la porte Viminale fut transportée au lieu où elle est en nos iours recognue souz le nom de saincte Agnes, à cause de l'Eglise de ce nom qui en est voisine.

10. De la porte Viminale la voye Nomentane prend son origine & s'estend au Nortest, iusques à Nomentum, que Leander appelle Lamentane, ville des Sabins en l'ancienne region des Latins, desquels les Sabins faisoient partie. Ouide touche & la voye, & la ville en ces deux vers,

Hac mihi Nomento Romam cum luce redirem,
Obstitit in media candida turba via.

4. Fastor.

Nous lisons au 3 liure de Liuius que son nom antique estoit *via Ficulnensis.* La voye aux figues, ou aux figuiers: où il dict, *via Nomentana, cui ficulnensi nomen fuit, profecti, castra in monte sacro locauere.*

11. Ce fut entre ces deux grandes voyes *Salariam & Nomentanam*, à quatre mille de Rome, que Neron ayant esté iugé par le Senat ennemy du peuple Romain. se retira en la metairie de l'vn de ses affranchis nommé Phaon: ou de desespoir il se fit mourir soy mesme.

A deux milliaires de la ville sur la voye Nomentane, estoit le Temple de Bacchus arrondy, en sphere, qui fut conuerty en vn sepulchre propre à la famille des Constantins. Il y auoit encore plufieurs autres temples & fepulchres que ie paffe fouz filence, pour vous donner l'Infcription fuiuante qui parle de la voye Nomentane.

Panuin. in Roma. p. 87 Grut. 439. 5.

```
CN. MVNATIVS. M. F. PAL.
   AVRELIVS. BASSVS
      PROC. AVG.
PRAEF. FAB. PRAEF. COH. III
SAGITTARIOR. PRAEF. COH. ITERVM. II,
ASTVRVM. CENSITOR. CIVIVM
ROMANORVM. COLONIAE. VICTRI
CENSIS. QVAE EST. IN. BRITANNIA
   CAMALODVNI.   CVRATOR
 VIAE. NOMENTANAE. PATRONVS
            EIVSDEM
 MVNICIPI. FLAMEN. PERPETVVS
 DVVM. VIRALI. POTESTATE
    AEDILIS. DEDICATOR. IIII.
```

12. Ie ne m'arresteray point icy à parler d'vne ancienne porte qui estoit close dés le temps de Procopius, que l'on appelloit *Portam Quelquerulanam*, ny d'vne voye de mefme nom qui paffoit entre le camp Pretorial, & vn viuier prochain : d'autant qu'elle n'eft pas des 14. portes principales de la ville de Rome : mais de celles qui font abolies il y a plus de mille ans. Ie viendray donc à la defcription de la porte dicte *Gabina* ou *Gabiufa*, que l'on tient eftre la mefme que *porta Tiburtina*, auiourd'huy recognue fouz le nom de S. Laurent. Quelques vns mefmes ont dit, que la voye Tiburtine & Gabienne n'eftoit qu'vne. Quant à la porte, elle fut appellee *Gabina vel Gabiufa*, d'autant que par icelle on alloit en l'ancienne ville de Gabium à prefent appellee *Gallicani*, comme pareillement elle euft le nom de Tiburtine, à cause que par icelle mefme on prenoit fon chemin droict à Tiuoli, qui eft le Tibur des anciens.

13. Les autres tiennent neantmoins, que c'eftoient deux voyes differentes, qui fortoient d'vne mefme porte : Car la voye Gabienne eftoit plus Orientale que la Tiburtine, d'autãt qu'elle tiroit à droict vers la voye Preneftine, le long de laquelle s'eftendoit le territoire des Gabiens, ainfi que nous apprenõs de Strabo, qui dit *Sane Gabÿ extant in Praeneftina via fiti*. Mais quãt à la Tiburtine elle prenoit fa route à Gauche, droict au Nortest cõduifant aux lieux de Plaifance de Tiuoli, ainfi que l'on peut voir par la Charte du territoire Romain, ou l'vne & l'autre voye font defcrites à part, auec la ville de Tiuoli & Gallicani. Ce fut fur la voye Gabienne, que Furius Camillus deffit les Gaulois apres la prinfe & l'embrazement de Rome : ainfi que

Lib. 5.

Liuius

Liuius escrit au 5. de son histoire. *Iustiore altero deinde prælio ad Octa-uum lapidem Gabina via, quò se ex fuga contulerant, eiusdem ductu auspicióque Camilli, Galli vincuntur.* Sur la mesme Voye estoit situé le superbe Tombeau de Pallas, affranchy de Tyberius Empereur, auec cette Inscription encore plus superbe & arrogante que nous auons transcrit au chap. 38. du liure precedent. A raison dequoy ie n'en feray pour l'heure autre discours.

DE LA PORTE ESQVILIENNE ET
Celimontane: & des Voyes Prenestine, Lauicane, Champenoise, & autres qui en dependoient

CHAPITRE XXIIII.

1. *Noms diuers de la porte Esquilienne, & les deux chemins qui en sortent.*
2. *Commencement de la Voye Prænestine progrez, & fin.*
3. *Estendue de la Voye Lauicane.*
4. *Les Esquilies lieu du supplice de criminels, & des sepultures de pauures. Tombeaux sur la Voy. Prenestine & Lauicane.*
5. *Porte Celimontane, Asinaire, ou de S. Iean, par laquelle la ville fut prise deux fois par les Gots.*
6. *Estendue des Voyes Champenoise, Tusculane & Albane.*
7. *Different sur la situation de la Voye Asinaire.*

1. DE l'vne des sept montagnes de Rome dicte *Esquilius Mons*, la porte Esquilienne a tiré son nom, qui suiuoit immediatement la porte Gabienne : & de laquelle sortoient deux grandes Voyes, dont l'vne est la Prænestine, & l'autre la Lauicane. Ainsi que Strabo nous append par ces mots: *Porro in v-num cadit Labicana, à porta quidem Esquilina incipiens : A qua & Prænesti-na.* Cette porte est celle que l'on appelle maintenant *Porta maior*, ainsi dicte à cause de la grandeur de l'edifice sous lequel elle est assise, qui est l'vn des regards de l'Aqueduc de Claudius.

2. Mais pour reuenir à nos deux Voyes, la Prænestine auoit son commencement dedans Rome, non loing du Marché Romain, de certain endroict, dit Cliuus Vrbicus: pres duquel elle s'alloit joindre a vne autre grande ruë, qui portoit le nom de Patricienne. De là, tirant à droicte ligne à ladicte porte, elle sortoit d'icelle sur la ligne d'Est-Nortest. Et prenant sa route à gauche en comparaison de la

Fff

Lauicane elle s'en alloit portant son nom iusques en la ville d'Anagnia, où elle s'assembloit à la Voye Latine: & de là tiroit à Beneuent: ainsi que l'Itineraire nous le depeint cy dessous.

Ex Itinerario.

Pag. 69.

PRAENESTINA.		Ex charta Peutingeriana.	
Ab vrbe Beneuentum		VIA PRAENESTINA	
vsque	M. P. CLXXXVIII	Cabios.	XI.
Cabios.	M. P. XII.	Præneste.	XI.
Præneste.	M. P. XI.	Treblis.	XV.
Sub Anagniam.	M. P. XXIIII.	Carsulis.	VI.
Frusinonem.	M. P. VII.	In monte Graui.	V.
Fregellanum.	M. P. XIIII.	In Monte Car-	
Fabrateriam.	M. P. III.	bonario.	V.
Aquinum.	M. P. VIII.	*Icy se fait mutation*	
Casinum.	M. P. VII.	*de chemin.*	
Venafrum.	M. P. XVI.	Anagnino.	VIIII.
Teanum.	M. P. XVIII.	Ferentinum.	VII.
Alifas.	M. P. XVII.	Fabrateriæ.	IIII.
Telesiam.	M. P. XXV.	Mel fel.	IIII.
Beneuentum.	M. P. XVIII.	Aquino.	VIIII.
		Casinum.	VIII.

3. Quant à la Lauicane, elle est vne de celles qui prenoit son origine dedans Rome: d'où elle tiroit à trauers la mesme porte aux champs, ayant cours à main droicte entre deux Aqueducs, dont l'vn portoit le nom d'*Aqua Martia Tepula & Iulia*: & l'autre d'*Aqua Claudia*; & se venoit ioindre auec la Latine au mesme lieu d'Anagnia, ainsi que la Prænestine, comme on peut voir tant par ledict Itineraire, que par la Charte en l'ordre qui ensuit.

		Ad flexum.	IX.
		Theano Scedi-	VIII.
		cino.	
		Icy se fait vne tra-	
		uerse.	
		Ebutiana.	IX.
		Ad Lesas.	VI.
		Sepinum.	XII.
		Sirpium.	XVIII.
		Beneuento.	IIII.

LAVICANA.			
Ab vrbe Beneuentum			
vsque	M. P. *C * LXX. sic	Ex Charta Peutingeri.	
Ad Quintanas.	M. P. XV.	VIA LAVICANA.	
Ad Pictas.	M. P. X.	Ad Quintanas.	III.
Compitum.	M. P. XV.	Ad Statuas.	VI l.
Ferentinum.	M. P. VIII.	Ad Pactas.	V.
Frusinouem.	M. P. VII.	Sublanubium.	X.

Beneuentum mansio-	Compito.	
nibus quibus & in	Anagnino.	VIII.
Præneſtina.	M. P. CI.	

Toutesfois il ſemble que Strabo ne la conduiſe pas ſi loing : Car il dit, que laiſſant à main gauche la voye Preneſtine & le champ Eſquilien, elle s'auance aux champs de la longueur de ſix vingts Stades, (qui font quinze mil Italiques) & qu'eſtant paruenu iuſques à l'ancien bourg de Lauicum à preſent ruiné : elle le laiſſe à main droicte, comme auſſi le Tuſculum, & de là vient faire fin au lieu qu'il nomme *Pictus*, & à la Voye Latine.

Or on voit à l'œil ſur la charte de Peutinger, que la Voye Lauicane prend fin à Lanuuium qu'il met plus pres de Rome de 19. mil, que Anagnia : Que ſi leſdites deux voyes venoient ioindre la Latine, ainſi que l'Itineraire & Strabo nous apprennent, il falloit neceſſairement qu'elles trauerſaſſent la voye Champenoiſe, attendu qu'elle eſtoit notoiremét entre la voye Lauicane & la Latine, ainſi que l'on voit par toutes les chartes de l'ancienne Rome : ou bien il falloit que quatre voyes vinſſent toutes à ſe rencontrer à la ville d'Anagnia, & qu'en cet endroict la Champenoiſe & la Latine ſe croiſant l'vne l'autre, tendiſſent en diuerſes parties, ainſi que l'on peut iuger par la Charte du territoire Romain.

4. Au reſte ie ne fay plus eſtat de m'arreſter en la diſcuſſion des nombres des mil Italiques, comme choſe par trop ennuyeuſe, & diray ſeulement, que prés de la porte Eſquilienne eſtoit le lieu, où on faiſoit anciennement mourir les malfaicteurs, ainſi que l'on peut entendre de ces mots de Tacite : *Sumptum more priſco extra Eſquilinam de nocentibus ſupplicium*. Dauantage c'eſtoit pres de là, où l'on mettoit en ſepulture les corps des gens pauures, & de baſſe condition, apres qu'ils y auoient eſté bruſlez à la mode antique : ou bien on les iettoit & expoſoit-on audit lieu, comme pour eſtre mangez des beſtes & des oyſeaux : ainſi que Porphirio l'vn des Interpretes d'Horaſce a eſcrit ſur ces mots de l'Epode 5.

Poſt inſepulta membra different lupi,
  Et Eſquilinæ alites.

Sur la voye Preneſtine fut fait le Tombeau de Q. Attius Poëte Comique, & ſur la Labicane celuy de l'Empereur Didius Iulianus, qui acheta l'Empire à deniers contans, comme Spartian a laiſſé par eſcrit : qui dit qu'il fut mis en ſepulture au tombeau de Saluius Iulianus pere de ſon ayeul, à la cinquieſme pierre de la ville de Rome, ſur la voye Labicane.

5. En pourſuiuant noſtre route au tour de la ville de Rome,

nous venons à rencontrer la porte, qui du nom du mont Celius, se nommoit anciennement Celimontana : depuis Asinaria, & à present la porte de S. Iean, dautant que ce fut pres d'icelle que S. Iean l'Euangeliste fut mis en vn vaisseau plein d'huile bouillante.

Lib. 1. & 3. de bello Gothico.

C'est par la mesme porte qu'Alaric, & depuis Totila prirent la ville de Rome : comme on peut apprendre de Procopius qui en parle ainsi au liure 3. *Cum itaque perpauci, vt diximus, admodum ad murorum custodiam relinquerentur : & si quidem iam fame confecti, quaterni custodes quidam, & Isauri genere, ad portam Asinariam custodiae nacti, excepturos se Gothorum intra vrbem exercitum pollicentur. Et peu apres, Qui nocte statim eadem, qua & Isauris ipsis obuenerat per vices custodia, dormitantibus cæteris, ad fores Asinarias aperiendas descendunt : præcisaque lignea securibus obice, refractisque ferreis claustris Gothis aditum patefaciunt.*

6. De la porte Celimontane ou Asinaire, sortoit tout droit à l'Orient la grande Voye appellee Champenoise, ainsi dicte, à cause qu'elle tiroit à la Champagne Romaine, autrement dicte Terre de labour. Cette Voye est vne de celles qui prenoient leur origine dedans Rome, & qui estoit chargee de plusieurs Temples & Sepulchres excellens, dont ie me deporte de faire plus longs discours, pour vous donner deux Inscriptions, esquelles est fait mention de ladite Voye, qui sont telles.

Grutagi.63

HVIC. MONVMENTO. ITER. ADITVS
AMBITVS. DEBETVR. EX. SENTENTIA
EROTIS. AVG. L. IVDICIS. A. VIA
CAMPANA. PVBLICA. &c.

Autre,

374.5.

M. BASSAEO. M. F. PAL. AXIO.
PATR. COL. CVR. R. P. II. VIR. MVNIF.
PROC. AVG. VIAE. OST. ET. CAMP. &c.

De la mesme porte, ou non loing d'icelle, commençoient les voyes Tusculanes & Albane, que M. Messala fit reparer soubs l'Empire d'Auguste, ainsi que dit Tibulle,

Lib. 1. Eleg. 8.

Nec taceam monumenta viæ, qua Tuscula tellus,
Candidaque antiquo detinet alba lare.

7. Or comme ainsi soit que les grands Chemins qui sont appellez du nom de l'vne des portes de Rome, prennent leur commencement esdictes portes, il y a de l'apparence que certaine voye dicte Asinaria, procede de la porte Celimontane, ou Asinaire : tout ainsi que les Voyes Collatine, Gabienne, Latine, Portuense & Triom-

phale tirent leur origine des portes de mesme nom. Et neantmoins Festus Pompeius semble ranger cette Voye Asinaire bien loing de la porte Celimontane, entre les voyes Latine & Ardeatine, qui tirent plus à main droicte : Car voicy comme il en parle, *Cato in ea, quâ scribit ratione, cum edissertauit Fuluij Nobilioris censuram, significat aquam eo nomine, quæ est supra viam Ardeatinam & Asinariam, vsque Latinam, &c.* Ces mots ainsi rangez ont fait croire à Onuphrius Panuinus, que les Voyes soiét rangees tout de mesme, faisant les Voyes Asinaire & Ardeatine voisines l'vne de l'autre. *Post Asinariam* dit-il, *erat Via, quæ ab Ardes, quo protendebatur Ardeatina dicta est.* Si toutesfois la Voye Asinaire part de la porte Asinaire ou Celimontane, comme il est vray semblable, on trouueroit les Voyes Latine & Appienne entre l'Asinaire & l'Ardeatine, comme on peut voir par les Chartes de la vieille Rome & territoire d'icelle. Ce que ie laisse au iugement de ceux qui en voudroient faire plus exacte recherche.

DES PORTES LATINE ET CAPENE, ET des voyes Valerienne, Latine, Appienne, & autres en dependantes.

CHAPITRE XXV.

1. Assiette de la porte Latine, & coniecture sur le nom de Ferentine.
2. De la voye Latine & de sa situation auec l'Appiēne & Valerienne.
3. Deux Voyes Valeriennes, & coniecture sur leurs situations.
4. Voye Latine dicte Ausonienne,
5. Temples & sepulchres sur la voye Latine.
6. Porte Capene & voyes Appienne, & Domitienne qui en dependent.
7. Des voyes de Traian, Numicienne & Setine, tirees de l'Appienne.

La porte Celimontane succede celle, qui pour estre tournee vers le milieu de la region des Latins, est nommee iusques à present porte Latine : estant incertain, si autrefois elle a eu quelque autre nom, si ce n'est celuy de *Porta Ferentina.* Ce qui se peut coniecturer par deux choses : l'vne de ce que Strabo dict, que sur la voye Latine sont assises les villes de Ferentium & *Lib. 5.* Frusinum. Or est-il que Plutarque faict mention d'vne porte Ferentine, pres de laquelle il dict, que ce font encore certaines expiations autrefois commencees par Romulus, pour purger la ville suiuant les superstitions Payennes. Il se peut donc faire, que puisque par la porte & voye Latine on alloit à Ferentium, que celle que Plutarque appelle Ferentine soit vne mesme porte auec la Latine.

2. Mais sans nous arrester d'auantage à cette discussion, nous viendrons à la voye Latine, qui prenoit son commencement à ladite porte: & tirant droict entre l'Orient & le Midy, s'en alloit joindre à la grande voye Appienne, tout au pres de la ville de Cassinum à xix. stades de Capoüe: ce que nous pouuons apprendre de ce texte exprés de Strabo, qui est fort remarquable sur le subjet des voyes dont nous traittons presentement. *Aliarum vero in Latina ciuitatum, quædam aliis insignibus, quædam nobilissimis discernuntur viis, quæ per Latinam stratæ visuntur. Præclarissimæ sunt Appia, Latina, Valeria, vna quidem ad mare Latinæ partes separans, vsque Sinuessam protenditur. Altera in Sabinam, vsque ad Marsos. Inter has media Latina est, quæ ad Casinum oppidum coniungitur Appiæ, ab Capua XIX. distans stadiis.* De là se peut entendre l'ordre & la situation de ces trois grandes voyes Appienne, Latine, & Valerienne: qu'il dict estre les trois plus excellents de toutes celles qui passent à trauers l'antienne region des Latins: Car la Valerienne tient la main senestre au partir de la ville de Rome, l'Appienne la droicte, & la Latine est assise au milieu des deux.

3. Quant à la Valerienne il y en auoit deux de ce nom, l'ancienne & la nouuelle, ainsi que l'on peut sçauoir de P. Victor, de l'vne desquelles l'Itineraire, & de l'autre Strabo faict icy mention. Or est-il incertain, de quelle porte de Rome celle de Strabo pouuoit partir: car la faisant voisine de la voye Latine à main senestre, Il falloit qu'elle partist de la porte Celimontane, auec la Champenoise, & qu'elle fust entre la Champenoise & la Latine. Et neantmoins il semble que puis qu'elle tiroit au territoire des Sabins, il falloit qu'elle laissast la Champenoise entre elle & la Latine: ce qui n'est pas de facile resolution. Quant à la Valeriennne de laquelle l'Itineraire faict mention, il semble qu'elle partist de la porte Tiburtine, & qu'elle laissast la voye Tiburtine & Gabienne, à main droicte: d'autant qu'il la faict tomber en la ville d'Hadria auec la Salarienne: comme vous verrez par cette piece dudit Itineraire, & de la charte de Peutinger.

Ex Itinerario.

Pag. 70.

VALERIA.			*Ex Charta Peuting.*	
Ab vrbe Hadriam vsque	M. P.	CXLVIII. Sic	Tiberi	VIII.
Tibur.	M. P.	XX.	Varie.	V.
Carceolos.	M. P.	XXII.	Lamnas.	X.

Albam Fucentiam.	M. P.	XXV.	Cursulis.		VI.
Cersinniam.	M. P.	XXIII.	Cirfenna.		V.
Corfinium.	M. P.	XVII.	Corsinio.		
Interbromium.	M. P.	XI.	Inter primum.		VII.
Teate Marucinum.	M. P.	XVII.	Tea Nomarucinoceio.		V.
Hadriam.	M. P.	XIIII.	Alba.		XIII.
			Hadria.		VII.

4. Mais pour reuenir à la voye Latine, c'est celle que les anciens appelloient autrement Ausonienne. Martial luy donne ces deux noms: Car celle qu'il nomme Latine en ces vers,

Herculis in magni vultu descendere Cæsar
Dignatus, Latiæ dat nona Templa viæ.

Li. 9. Epig. 65.

C'est la mesme qu'il appelle Ausonienne en cet autre endroit,

Appia, quam simili Venerandus in Hercule Cæsar,
Consecrat, Ausoniæ maxima fama viæ.

Li. 9. Epig. 104.

Dans l'Itineraire la voye Latine est coupée en deux pieces: dont l'vne y est descrite en cette sorte.

LATINA.

Ab vrbe ad Decimum.	M. P. X.	Ad Pictas.	M. P.	XVII.
Roboraria.	M. P. VI.	Compitum.	M. P.	XV.

Pag. 69.

De là en auant, succede Anagnia, & les autres villes iusques à Beneuent, que nous auons mis cy dessus au bout de la voye Prenestine. Quant à la voye Latine, on en trouue l'Inscription suiuante.

```
       L. ANNIO. FABIANO
       III. VIRO. CAPITALI
       TRIB. LEG. II. AVG.
       QVAEST. VRBAN. TR. PLEB.
       PRAETORI. CVRATORI
       VIAE. LATINAE. LEG.
       LEG. X. FRETENSIS
       LEG. AVG. PROPR. PRO.
       VINC. DAC. COL. VLP.
       TRAIANA. ZARMAT.
```

Pan. in Roma pag. 98. Orn. 354. 5.

5. Sur ceste voye estoit assis le temple de Fortune Feminine auec son simulachre, que nulle autre que les femmes mariees ne pouuoient toucher sans grand sacrilege. Sur ceste voye estoit aussi la netairie de Phylis, nourrice de Domitian, où elle mit ses cendres en sepulture. Il y auoit pareillement beaucoup de sepulchres antiques, de l'vn desquels Ausonius nous raporte cette Inscription remarquable,

Non nomen, non quo genitus, non vnde, quid egi.
Mutus in æternum, sum cinis, ossa, nihil.
Nec sum, nec fueram: genitus tamen è nihilo sum.
Mitte, nec exprobres singula: talis eris.

6. Apres la porte Latine suit en ordre la Capene, que Festus Pompeius dict estre le commécement de la grande voye Appienne. Ce qu'il faut entendre de celle qui sortoit aux champs, car la voye Appienne estoit comme diuisee en deux parties appoinctees à l'endroit de ladite porte : l'vne faisoit vne grande ruë de la ville, & auoit son estendue de ladite porte vn peu en tournoyant iusques à ce bastiment admirable, dict *Septizonium Seueri*, tout aupres de la ruë neuue qui costoyoit le grand Cirque, vers le marché Romain: Andrea Palladio la va prendre iusques au Colisee: *Hauena questa Strada*, *Lib.3.cap.3.* dict il, *Il suo principio dal Coliseo*. L'autre partie s'estendoit aux champs, sçauoir de ladite porte iusques à Capoüe de la façon d'Appius, sur l'estendue de 142. mille italiques: & de Capoüe à Brindes de la continuation de Iules Cæsar, sur la longueur de 238. mille. Ce qui faict en tout cccxxx. mille italiques suiuant l'Itineraire d'Antonin, ou bien ccclx. selon la supputation de Strabo : ainsi que nous auons *Liu.2.chap.* dict au liure second : auquel ayant traitté fort amplement de ladite *26.* voye, Ie n'en feray icy plus ample discours, non plus que de la voye Domitienne, qui en dependoit. Ie ne parleray non plus des temples & des sepulchres qui bordoient ladite voye des deux costez, d'autant *Lib.1.de* que nous en auons suffisamment traitté au mesme liure, Chap. 33. *bello Gothic.* & 38. Et diray seulement que Procopius a eu raison d'escrire, que Belisaire venant de Naples à Rome par dessus la voye Latine, laissoit l'Appienne à la senestre : Car telle est leur situation.

7. Ie diray aussi qu'il y auoit trois autres grandes voyes qui dependoient de celle d'Appius, comme rameaux de leur tronc. Donc la premiere est celle que Traian a faict de Beneuent à Brindes. La seconde celle, qui de Numicius son auteur, fut dict Numicia: sur laquelle on pouuoit faire bonne partie du chemin de Rome à Brindes : ainsi que Horace nous le faict coniecturer en ces vers,

Brundusium Numici melius via ducat, an Appi.

Il y auoit aussi la voye dicte *Setina*, d'vne ville de la Champagne Italienne, *Setia*, d'où elle prenoit son commencement: de laquelle Pub. Victor faict mention en son liure *de Regionibus Vrbu*.

DE LA

DE LA PORTE ET VOYE ARDEATINE, Ostiense, & autres Voyes qui en dependent.

CHAPITRE XXVI.

1. Different sur la situation de la voye Ardeatine.
2. De la voye Laurentine.
3. De la porte Ostiense, noms & situations d'icelle à divers temps.
4. De la voye dicte Ostiensis, situation & antiquité d'icelle.
5. De la longueur de ladite voye.

E trouue vn notable different sur la voye que l'on appelle Ardeatine, consistant en ce que les vns la font partir de la voye Appienne, bien prés de la porte Capene, ainsi que l'on voit en la Charte d'Ambrosius Brambilla faicte en l'an 1582. contenant les principales places, Montagnes, Ramparts, & portes de la ville de Rome, auec la figure des grandes Voyes, qui en sortent, où vous voyez la voye Ardeatine prendre son commencement de l'Appienne hors ladite ville, & tirer aux champs à main droicte. Mais les autres en vont prendre l'origine dedans la ville mesme, au dessous du mont Auentin, prés des estuues d'Antoninus Caracalla, d'où ils la font sortir aux champs par vne porte de mesme nom: & de là, ils la conduisent en la ville de Ardea, entre l'Appienne & l'Ostiense. Onuphrius dict expressément. *Hæc (Ardeatina) intra vrbem sub Auentino iuxta thermas Antoninianas principium habebat.* Quant à la porte Ardeatine elle est remarquee dans plusieurs Chartes de l'ancienne Rome, & par figure, & par escriture. Entre autres en celles de Pyrrhus Ligorius Romain & d'Estienne du Perac François, où se voit la voye Ardeatine sortant de ladite porte, & tirant premierement au Midy: puis retournant vers l'Orient à quelque distance de la ville.

2. Apres la voye Ardeatine continuant nostre routte à main droicte, se rencontre la Laurentine, laquelle Aulus Gellius nous tesmoigne estre assise entre l'Ardeatine & l'Ostiense. Quoy que ce soit, Pline le ieune en ses Epistres, faict ces deux voyes Laurentine & Ostiense voisine l'vne de l'autre: quand il dict, que l'on pouuoit aller en sa maison Laurentine par l'vne & l'autre voye. *Aditus non vna via. Nam & Laurentina, & Ostiensis eodem ferunt. Sed Laurentina à XIIII. lapides: Ostiensis ab XI. relinquenda est.*

Ggg

3. La derniere porte de Rome par delà le Tybre à noſtre regard eſt celle, que l'on appelle à preſent la porte de ſainct Paul, anciennement *porta Trigemina*: à cauſe que par icelle ſortirent les trois freres gemeaux de la famille & du nom des Horaces, lors qu'ils s'en allerent pour combattre les Curiaces. Du commencement elle fut baſtie au pied du mont Auentin. Ce qui ſe peut entendre de pluſieurs paſſages de Liuius, comme de cettuy-cy: *Aediles extra portam Trigeminam in Auentinum porticum ſtrauiſſe.* Mais depuis l'Empereur Claudius ayant enfermé le mont Auentin dans l'enceinte de la ville, ladite porte fut tranſportee où elle ſe voit à preſent, & où elle eſt recogneüe par Ammiam Marcellin, Procopius, & autres de leur ſiecle, ſous le nom de *Porta Oſtienſis*, prés du ſepulchre de Seſtius faict en Pyramide, qui touche aux ramparts voiſins de ladite porte.

4. Il y a de l'apparence qu'elle euſt ce nom de la voye pauee, qui s'en va de Rome au port d'Oſtie, ſituee au Midy de la ville. Et de faict ſur la Charte de du Perac, ſe voit la figure de ladite voye ſous le nom de *via Oſtenſis* tirant directement au Midy: de laquelle Procopius porte ce teſmoignage, que de long temps elle a eſté pauee par les Romains. *A portu via recta ad Vrbem ducit, plana quidem, & prorſum nil impedita. Hanc à principio Romani conſtrarunt.*

Procopius l.1. de Bello Gothi.

5. Pour ce qui eſt de ſa longueur, nous auons veu cy deuant que l'Itineraire ne la faict que de xvi. mille: mais Procopius ſemble luy donner iuſques à dix-neuf mille & plus, lors que parlant du port d'Oſtie, où ladite voye finit, il dict qu'il eſt à cent vingt ſix ſtades eſloigné de Rome: & qu'il n'y a que ce peu d'interualle, qui empeſche que Rome ne ſoit ville maritime. *Vitiges locum quem portum vocant Romani, præoccupare animo deſtinat: qui ferme ab Vrbe centum ſexque & viginti ſtadiis abeſt. Hac tantula, & ſola intercapedine, ne maritima ſit Vrbs Roma, dirimitur.* Or eſt-il que cent vingt-ſix ſtades, rendent iuſtement dix-neuf mille italiques, & vne huictieſme.

DES PORTES DE ROME DICTES PORtuenſis, Ianiculenſis, Septimiana, & Triumphalis, qui ſont deça le Tybre: & des voyes militaires qui en dependent.

CHAPITRE XXVII.

DE L'EMPIRE LIV. III.   419

1. Cinq portes de la ville de Rome deça le Tybre.
2. Premiere porte dicte Porta Naualis.
3. Question sur la porte & voye Nauale: & resolution d'icelle.
4. Description de la voye Nauale ou Portuense.
5. Porte Ianiculense ou de sainct Pancrace.
6. Porte Septimienne ou fontinale.
7. Porte Triomphale.
8. Priuilege des funerailles d'Auguste conduites par la porte Triomphale.
9. Triomphe de Vespasian & de Titus par la porte & voye Triomphale.
10. Diuision de la voye Triumphale en deux parties.

1. IVSQVES à present ont esté mises en ordre quasi circulaire toutes les portes de la ville de Rome qui sont au delà du Tybre, auec les grandes Voyes qui d'icelles tiroient aux champs vers les parties Septentrionales, Orientales, & Meridionales: restent les portes & les voyes qui sont au deça, & qui tiennent du Midy ou de l'Occident. Ces Portes & ces Voyes ne sont pas en grand nombre, d'autant que la partie de la ville de Rome, qui estoit au deça du Tybre, estoit bien petite en comparaison de celle qui estoit au de là. En ce peu d'espace neantmoins ie remarque cinq portes principales, des quatre premieres desquelles nous traitterons icy, reseruant la cinquiesme pour en faire vn discours à part.

2. La premiere donc qui se rencontre au deça, est celle que les anciens ont recognu sous le nom de *Porta Naualis*: à cause qu'elle estoit plus proche du lieu, où les Nauires de tout temps auoient leur station: mesmes auant que Claudius & Traian eussent faict bastir le port d'Ostie: *Naualis porta*, dict Sextus Pompeius, *à vicinia Naualium dicta*. Depuis ce port tant admirable, edifié premierement par Claudius, & depuis amplifié par Traian, ladite porte & la voye pauee, qui y conduisoit vers les parties Meridionales, en eurent le nom de *Porta & Via Portuensis*.

3. Que si l'on me demande, pourquoy ce port a plustost donné son nom à la porte & voye presente, qu'à celle que l'on appelle *Ostiensis* au delà du Tybre, veu que par l'vne & par l'autre on alloit audit port. Ie respond à cela, que le Tybre approchant pres de la mer Tyrrhene, se partage en deux bras, & faict vne Isle quasi triangulaire, que les anciens appelloient l'Isle sacree. De ces deux bras, celuy qui tire à senestre est le plus grand, & semble estre celuy qui porte le nom du Tybre dans la mer, auec vraye apparence d'vn grand fleuue. Sur la riue senestre de ce bras est assise la ville d'Ostie, dans le territoire des vieux Latins. Et partant il ne faut s'estonner,

Ggg ij

si la porte & la voye qui eſt au delà du Tybre, & qui conduit par terre en ladite ville, a eu le nom de porte & voye Oſtienſe, pluſtoſt que Portuenſe. L'autre bras du Tybre eſt celuy qui tire deça à main droicte au territoire des vieux Vmbriens & Tuſcans. Lequel pour eſtre plus petit beaucoup que le premier, ſe nomme ordinairement au païs *Flumicino* : comme qui diroit petit fleuue. Sur la riue dextre de cetuy-cy eſt aſſis le port tant renommé, que l'on appelle le port d'Oſtie : non pas qu'il ſoit joinct & contingent à la ville de ce nom. Car l'Iſle ſacree, & les deux bras du Tybre les ſeparent l'vn de l'autre : Mais c'eſt d'autant qu'il n'y a ville plus prochaine, de qui ce port puiſſe plus conuenablement tirer ſon nom. Ioinct que le mot *Oſtium* ſignifiant l'embouſcheure d'vn fleuue dans la mer, comme la ville d'Oſtie a eu ce nom pour eſtre aſſiſe ſur l'vn des huis ou embouſcheures du Tybre, ce port auſſi qui eſt aſſis ſur l'autre, peut bié auoir eu le nom de *Portus Oſtienſis, ab altero Tyberis oſtio*. Et comme ceux qui ſont demeurans dans la partie de Rome qui eſt au deça du Tybre, pouuoient aller par terre audit port d'vne courſe continuelle, par la porte & ſur la voye dont nous parlons, c'eſt d'où vient qu'elles en ont eu le nom de *Portuenſis*, pluſtoſt que l'autre, de laquelle on ne ſçauroit aller audit port, ſans paſſer le Tybre. Tout ce qui ſe voit à l'œil tant par la charte du territoire de Rome, que par celle que Eſtienne du Perac a faict du port d'Oſtie, lequel il aſſiet ſur la riue dextre du moindre bras du Tybre, qu'il appelle *Fiumicino*. Quoy que ce ſoit la porte & la voye dont nous parlons, eſt celle meſme que Procopius appelle *Portam & Viam Portuenſem* : comme en ces deux paſſages de ſon liure 3. *Ex altera ripæ fluminis parte, Portuenſique via, pedeſtris exercitus ſubſidio veniebat*. Et peu apres : *Tum Beliſarius nauibus ſtatim ad terram viæ Portuenſis è regione ſubductu, &c.*

4. Cette Voye eſtoit belle & commode ſur toutes les autres, d'autant que comme Baptiſte Albert a remarqué, elle eſtoit diuiſée en deux parties, entre l'vne & l'autre deſquelles ſe leuoit vn cours de pierre en forme d'vn petit mur d'vn pied ou peu plus de hauteur, qui diuiſoit ſa largeur en deux. Par l'vne deſdites parties on alloit de Rome au port, & retournoit-on par l'autre : afin que ceux qui alloient & venoient à pied, à cheual, ou en charroy, ne vinſſent à s'empeſcher l'vn l'autre par la rencontre. Voicy comme il en parle : *Et ad re-ſit, quod ad Viam Portuenſem annotaui. Quando enim Ægypto, Africa, Lybia, Hiſpaniis, Germania, Inſulis, hominum ingens numerus, mercium maxima confluebat : ſtratam efficere duplam : & in medio, lapidum ordo eminens vt linea extabat pedem : vt prodirent altera, redirent altera, vitata properantium offenſione.*

Lib. 4. Ar-chitect. c. 5.

5. La ſeconde porte de deça le Tybre eſt celle que l'on appelle

Ianiculensis, à cause qu'elle est assise sur le mont *Ianiculum*, exposée entre le Midy & l'Occident: prés de laquelle dés le temps de Procopius, il y auoit vne Eglise bastie portant le nom de S. Pancrace, d'où elle fut dés ce temps-là nommee *Porta Pancratiana, vel S. Pancratij*: comme vous pouuez voir en ces mots dudit auteur: *Inter hæc Bessas, qui Prænestinam portam custodiendam acceperat, ad Belisarium misit, qui nunciaret teneri ab hostibus Vrbem, per portam aliam introgressis, quæ supra Tyberim est, & sancti Pancratij dicitur*. De la porte de S. Pancrace partoit la Voye Vitellienne, tirant au Sudoüest: delaquelle Tacite fait mention en ces termes: *Indicia Vitelliæ stirpis diu mansisse constat: viam Vitelliam ab Ianiculo vsque ad mare; itemque Coloniam eiusdem nominis, &c.*

Lib. I. de Bello Gothico.

6. La troisiesme porte deçà le Tybre est la Septimienne assise sur la riue droicte du Tybre assez pres du mont Ianicule, ayant son aspect à l'Occident. C'est la mesme porte que l'on nommoit anciennement Fontinale, mentionnee en ces mots de Festus Pompeius: *Fontinalia fontiũ sacra; vnde & Roma Fontinalis porta*. Et en ceux-cy de Liuius. *Ædiles alteram porticum ad portam Fontinalem, ad Martis aram, quâ in campos iter esset, perduxere.* Mais depuis, Septimius Seuerus luy donna le nom de Septimienne, apres auoir construit des Estuues au Ianicule assez pres d'icelle, ainsi que Spartian nous tesmoigne en sa vie. De cette porte certaine voye pauee tiroit à l'Occident, & prenant son cours tout le long de la contr'escarpe du fossé, s'alloit ioindre non loing de là à la voye Triomphale.

7. Cette voye eut ce nom, pource que les Capitaines generaux des armees Romaines, où les Empereurs ayans obtenu quelques victoires sur les ennemis, entroient par icelle en triomphe dedans la ville de Rome. Elle estoit assise entre la Septimienne & l'Aurelienne pres de la montagne du Vatican, & d'vn pont de mesme nom basty sur le Tybre. Cette porte du temps de Procopius n'estoit plus en estre. Ce que l'on peut coniecturer de ce que descriuant le premier & second siege que les Goths ont mis deuant Rome, encore que ce soit de ce costé là qu'ils ayent fait leurs plus grands efforts, si est-ce que Procopius n'en fait mention aucune, quoy qu'il parle bien souuent de celles qui luy estoient voisines. Que si ladite porte eust esté lors, il n'eust pas terminé le nombre des portes de Rome à quatorze, mais à quinze.

8. Suetone parlant des honneurs que le Senat ordonna estre faicts à l'Empereur Auguste apres sa mort, dit qu'entre plusieurs autres, ils conclurent comme par vn priuilege singulier, que la pompe de ses funerailles seroit conduicte par cette porte. *Funus Triumphali porta ducendum*. A quoy Tacite se rapporte en ces mots. *Tum con-*

In August. cap. 100.

sultatum de honoribus: Ex queis maximè insignes visi, vt porta Triumphali duceretur funus.

9. Quant aux Empereurs viuans, qui faisoient par icelle leur entree triomphale, vous en auez l'exemple de Vespasian & de Titus, lesquels ayant vaincu les Iuifs en plusieurs rencontres, & pris la ville de Hierusalem, entrerent par ceste porte au Triomphe qu'ils firent de cette race obstinee à sa ruine: ainsi que Ioseph le déduit amplement en ce passage. *Die Triumphali Principes, qui non in Palatio, sed propè Isidis Templum nocte illa quieuerant, prima iam aurora incipiente procedunt, lauro quidem coronati, amicti verò patria veste purpurea.* Puis quelque peu apres: *Ibi cum milites alloquutus fuisset, solemnibusque votis susceptis soluisset, Imperator ipse cum Tito Cæsare ad portam recedit, quæ ab eo, quod per illam semper triumphorum pompa ducitur, nomen accepit. Ibi triumphalibus vestibus amicti, Dijs ad portam collocatis, cæsa hostia, inter spectacula transeuntes triumphum ducebant.*

L'Inscription suiuante fait mention de ladite porte,

FORTVNAE. SANCTAE
ATINIA. TYRANNIS
SEMINARIA. A. PORTA.
TRIVMPHALE.
P. TERENTIVS. FORTVNATVS.
VIR. CLARISSIMVS.
CVI. GRATIAS. MAXIMAS.
SEMPER. EGI
CVM.
TERENTIA. FAVSTINA.
FILIA
DONVM. DEDIT.
L. D. D. D.

10. Or la voye de mesme nom, qui passoit par ladite porte, & sur laquelle les Triomphans estoient conduits, se diuisoit en deux parties, ainsi que beaucoup d'autres: dont l'vne estoit dans la ville, & l'autre dehors. La premiere s'estendoit de ladite porte par dessus le Pont Triomphal iusques au Capitole, ayant à dextre les Theatres de Pompee & de Marcellus. Et quant à l'autre partie, elle tiroit de ladite porte aux champs entre les montagnes du Ianicule & du Vatican, tout le long du Cirque de Caius & de Neron, qui estoit assis sur icelle à main droicte.

DE L'EMPIRE, LIV. III. 423

DE LA PORTE ET VOYE AVRELIENNE
& de quelques autres voyes d'Italie.

CHAPITRE XXVIII.

1. De la porte Aurelienne, & qu'elle estoit autre que celle de S. Pancrace.
2. Voye Aurelienne pourquoy appellee Consulaire. Deux Voyes Aureliennes: estendue de la premiere.
3. Partie de la Voye Aurelienne, pourquoy dicte Æmilia Scauri.
4. Que la Voye Aurelienne estend son nom iusques à Arles.
5. Preuue de son estendue par Inscriptions de ses colonnes miliaires.
6. Colomnes miliaires encores sur pied dans la Crau. Descriptiõ de la Crau, Etymologie du mot.
7. De la Voye Cornelienne, & Aurelienne vieille & nouuelle.
8. De quelques autres voyes militaires en Italie, dont on ne sçait la situation.

1. La derniere des portes de la ville de Rome, qui est au deçà du Tybre, est la porte Aureliéne, ainsi dicte d'vne voye Militaire de mesme nom qui passe par icelle, ou bien de certain edifice dit *Aurelium Tribunal*, voisin de ladite porte, duquel Ciceron parle en son oraison *in Pisonē*. Cette porte estoit assise pres du Mole d'Adrian, où est à present le Castel S. Ange: mais elle fut demolie sous le Pontificat de Leon IIII. lors qu'amplifiant la ville de ce costé là, il enferma le mont Vatican & la Basilique de sainct Pierre dans son enceinte. Quelques-vns ont estimé que ce fust la mesme porte auec celle de sainct Pancrace. Mais Procopius en plusieurs endroicts de son premier liure de la Guerre des Goths, nous les distingue expressément l'vne de l'autre: & sur tout en ce passage: *Itaque factum, vt circa Aurelsam portam omnia in tuto iam essent. Ad portam vero Pancratiaxam quæ trans Tyberim est, cum hostium copiæ peruenissent, ob loci difficultatem nihil per eas gestum est memoria dignum.*

Panuinus in sua Româ pag. 116.

2. Quant à la voye Aurelienne, quelques-vns disent qu'elle eut ce nom d'vn Citoyen de Rome qui en fut Commissaire. Andrea Palladio entr'autres, le dit ainsi: *Celebratissima la via Aurelia chiamata cosi da Aurelio, Cittadino Romano che la fece.* Aucuns adioustent que cet Aurelius auoit esté Consul, & que de là elle auoit eu le nom de la voye Consulaire, comme par excellence.

Lib. 3. dell' Architettura, cap. 3.

Il y auoit en Italie deux grands Chemins de ce nom, l'ancienne & la nouuelle. L'ancienne sortant de la porte Aurelienne s'estendoit le

424　HIST. DES GR. CHEMINS

Panuinius. ibid.

long du riuage de la mer Tyrrhene, iusques à Forum Aurelij sur quatre-vingts cinq mil d'estenduë : C'est vn lieu iusques auquel Aurelius qui en est auteur, a conduit les ouurages de ce grand Chemin: qui a depuis esté continué par plusieurs autres iusques dedãs la Gaule Narbonnoise sans perdre son nom.

3. Nous trouuons dans la Geographie de Strabo qu'Æmilius Scaurus la prit en cet endroict, & la continua par les villes de Pise & de Luni iusqu'aux terres des Sabatiens de trois cens quatre vingt trois mil d'estenduë: auec vn petit retour qu'il paua de Genes à Dertone de xxvi. mil de longueur seulement : *Hic ille Scaurus*, dit-il, *qui per Pisas & Lunam vsque Sabatios viam stauit Æmiliam, & hinc per Dertonam.* Elle en eut le nom de *Via Æmilia Scauri* à la difference de celle qui reçoit la voye Flaminienne, & qui s'estend de Rimini en Aquilee.

Lib. 5.

4. Or quoy que Scaurus ait ainsi continué & prolongé cette Voye, si est-ce que cela n'a sceu empescher, que le nom de voye Aurelienne ne se soit estendu par delà. Eutropius le porte iusques aux Alpes Maritimes quand il dit: *Etruriæ per Aureliam, vsque ad Alpes maritimas ingentes agri sunt: Hique fertiles & siluosi.*

L'Itineraire d'Antonin luy fait passer les Monts, & la conduit de Rome par vne suite continuelle de villes, mutatiõs & mansions iusques dans la Gaule Narbonnoise, où il la termine à la ville d'Arles: comme fait pareillement la Charte de Peutinger. Et d'autant que c'est vne des plus renommees de toutes les Voyes militaires, comme elle est aussi des plus longues, Ie l'ay trascrite icy selon l'Itineraire & la Charte, pour conferer ensemble ces deux monumens d'antiquité, en la maniere que vous les voyez cy dessous.

	Ex Itinerario Antonini.		Ex Charta Peuting.	
	VIA AVRELIA.			
	A Roma per Tusciã & Alpes Maritimas Arelatum vsque	M. P. DCCXCVI.	VIA AVRELIA.	
Sic	Lorium	M. P. XII.	Lorio.	XII.
	Ad Turres.	M. P. X.	Bebiana.	
	Pyrgos.	M. P. XII.	Alsium.	VI.
	Castrum nouum.	M. P. VIII.	Pyrgos.	X.
	Centumcellas.	M. P. V.	Punicum.	VI.
	Martham	M. P. X.	Castro nouo	IX.
	Forum Aureli.	M. P. XIIII.	Centumcellis.	IIII.
	Cossam.	M. P. XXV.	Mindo fluuius.	
			Cossam.	

DE L'EMPIRE LIV. III.

Cossam.	M. P. XXV.	Foro Aureli	III.
Ad lacum Aprilem	M. P. XXII.	Armenta fl.	IIII.
Salebronem	M. P. XII.	Ad Nouas	III.
Manliana	M. P. VIIII.	Succosa	II.
Populonium	M. P. XII.	Cosa	XX.
Vada Volaterrana	M. P. XXV.	Albinia fl.	VIIII.
Ad Herculem	M. P. XVIII.	Hasta	VIII.
Pisas	M. P. XII.	Fluuius Vmbro.	VIIII.
Papiriana	M. P. XI.	Saleborna	XII.
Lunam	M. P. XII.	Maniliana	VIIII.
Boaceas	M. P. XII.	Populonio	XII.
Bodetiam	M. P. XXVII.	Vadis volateris.	X.
Tegulatam	M. P. XII.	Velinis	X.
Delphinos	M. P. XXI.	Ad fines	XIII.
Genuam	M. P. XII.	Piscinas	VIII.
Libanum	M. P. XXXVI.	Turrita	XVI.
Deotonam	M. P. XXXV.	Pisis	IX.
Aquas	M. P. XXVIII.	Fossis Papirianis	XV.
Crixiam	M. P. XX.	Ad Taberna frigida	XII.
Cannalicum	M. P. X.	Lune	X.
Vada Sabatia	M. P. XII.	Boron	XVI.
Pullopicem	M. P. XII.	In Alpe Pennino	II.
Albingaunum	M. P. VIII.	Ad Monilia	XIII.
Lucum Bormani	M. P. XV.	Ad Solaria	VI.
Costam Balenæ	M. P. XVI.	Ricina	XV.
Albintimilium	M. P. XVI.	Genua	VII.
Lumonem	M. P. X.	Liburnum	XXVI.
Alpem summam	M. P. VI.	Dertona	XXVII.
Huc vsque Italia,		Aquis Tatelis	X.
Ab hinc Gallia.		Crixia	XXII.
Cemenelum	M. P. VIIII.	Calauico	XX.
Varum flumen	M. P. VI.	Vadis Sabates	XII.
Antipolin	M. P. X.	Albingauno	XXVIIII
Ad horrea	M. P. XII.	Luco Borannij	XV.
Forum Iuli	M. P. XVIII.	Costa Bellenæ.	
Forum Voconi	M. P. XII.	Albentimillo	XVI.
Mautauonium	M. P. XII.	In Alpe Maritima	VIIII.
Ad Turrem	M. P. XIIII.	Gemenello	VIIII.
Tegulatam	M. P. XVI.	Varum	VI.
Aquas Sextias	M. P. XVI.	Antipoli	X.
Massiliam	M. P. XVIII.	Ad horrea	XII.
Calcariam	M. P. XIIII.	Foro Iulij	XVII.

Hhh

Fossas Marianas	M. P. XXXIIII.	Foro Voconi	XVII.
Arelate	M. P. XXXIII.	Matauone	XXII.
		Ad Turrem	XVII.
		Tegulata	XVI.
		Aquis Sestis	XV.
		Massilia Græcorum	XVIII.
		Calcaria	XXXIII.
		Fossis Marianis	XXXIII.
		Arelato	XXXIII.

5. Ce qui confirme encore plus l'estenduë de la voye Aureliënnne, iusques en la ville d'Arles, c'est le nom qu'elle retient iusques à present en Prouence, où les gens du païs la nomment *lou grand Camin Aurelian*. Ainsi que i'ay appris de Monsieur Peirese, Conseiller du Roy en sa Cour de Parlement d'Aix. Ce n'est pas toutefois qu'Aurelius, qui luy a donné son nom & son commencement, l'ait conduict iusques à Arles. Il est à croire qu'à mesure que les Romains se sont estendus par leurs victoires dans la Gaule Narbonnoise, ils y ont allongé ce grand Chemin pour marque de Seigneurie, long temps auant Auguste; veu mesme que nous auons appris de Polybius, qu'il y auoit dés le temps des Scipions vn grand Chemin paué & marqué de ses colomnes de mil en mil qui s'estendoit des Alpes aux Pyrenees. Au moins est-ce chose tesmoignee par plusieurs colomnes milliaires qui sont encore debout sur ladite Voye, ou qui en ont esté tirees, qu'Auguste Cæsar, & quelques Empereurs suiuans y ont faict trauailler deça les Alpes. Ce que ie n'ay appris d'aucū auteur qui en ait escrit iusques à present: mais des Inscriptions que ledit sieur de Peirese personnage des plus sçauans en l'antiquité, m'a mis és mains; & qu'il m'a asseuré auoir extraict luy mesme des colomnes où elles sont engrauees. Il y en a trois qui sont sur, ou és enuirons de la partie du Chemin Aurelian, qui s'estend de Frejus, dict *Forum Iuly*, iusques à Aix: telles que vous les voyez icy:

Au Puget lez Frejus, en l'Eglise Parrochiale de sainct André, en vn tronc de colomne ronde, sous l'eau beniste.

IMP. CAESAR. DIVI. F.
AVGVSTVS. IMP. XL.
TRIBVNITIA.
POTESTATE. XI.
IIII.

Au village de Luc du païs de Frejus, sur la voye Aurelienne.

NERO. CLAVDIVS
DIVI. CLAVDI. F.
GERMANICI. CAESAR.
N. TI. CAESAR. AVG. PRO.

DE L'EMPIRE. LIV. III.

```
    NEP. DIVI. AVG. ANEPOS
     CAESAR.  AVG.
   GERMANICVS. PONTIFEX.
    MAX. TR. POT. IIII.
         IMP. ITE.
        COS. III. PP.
        RESTITVIT.
```

En l'Eglise de sainct Ponce au village de Cabassa, non loing de la voye Aurelienne en deux fragmens d'vne mesme colomne, sous l'Autel sainct Antoine.

```
        IMP. CAES.
          FL. VAL.
         CONSTAN
        TINO. P. F.
            AVG.
        DIVI. MAXIMI
         ANI. AVG.
           NEPOTI.
        DIVI. CONS
        TANTI. AVG.
             PII
           FILIO.
           XXIIII.
```

6. Les deux suiuantes se trouuent encore debout malgré les vents impetueux, qui regnent ordinairement au lieu où elles sont assises. C'est en vn champ de figure quasi Circulaire, dont le diametre est de cent stades, suiuant le tesmoignage de Strabo, qui reuiennent à six lieües & vn quart de nos lieües Françoises. C'est ce champ tant renommé, que les auteurs anciens appellent, *Campum petrosum siue lapideum*, à cause de l'extreme quantité de pierres dont il est couuert: *Ab eo vero quod accidit*, comme parle Strabo, *Petrosus appellatur, lapidibus qui manus impleant plenissimus*. Les gens du païs de toute antiquité luy donnent le nom de la Crau, comme s'ils vouloient dire, lieu plein de Greue ou de Grauois: Mesmes ils appellent au païs vin de Graue, celuy qui croist en des costaux & montagnes pierreuses. *Lib. 4. Geogr.*

Les habitans de la grand Bretagne, qui ont pris de nous beaucoup de vieux mots, se seruent encore de ce mot quasi en mesme prononciation, appellans vne pierre du nom de Craig. Ce que Camdenus remarque sur le subject de ce champ pierreux au commencement de son histoire, où il dict *Ad littus Galliæ Narbonensis, vbi Herculem & Albionem concertasse fabulantur, lapides adeo multi passim & late iacent, vt la-* *In Britannia. Tractatu de primis incolis.*

Hhh ij

pides pluisse credas. Vnde littus lapideum, & campus lapideus ab auctoribus nuncupatur. Gallis hodie la Crau dicitur. Nominis tamen rationem nesciunt. At lapides Craig Britannica lingua nuncupantur. Mais pour retourner à nos colomnes milliaires, elles sont toutes deux d'Auguste Cæsar, dont la premiere se voit au chemin qui va du Mas de Brau à Salon: & la secōde sur le mesme chemin, assez pres d'vn bois qu'ils appellēt le bois d'Aureille, du nom de Aurelius anteur de nostre voye Aurelienne. Ces Inscriptions sont presque à demy effacees, comme vous les voyez icy.

```
              1.
........ ........ AE
........ ...... DIVI. F.
........ .... PONTIFEX
........ .... XII. COS
........ ... ATVS. XIII.
..... . POTEST. XXI.

              2
. . . . . . . . . . . . . . . .
CAESAR. DIVI. F
AVGVSTVS. PONTIF
MAXIMVS. ...... COS
DESIGNATVS . . . . . .
. . . . . . POTESTATE
       IIII.
```

7. Il ne nous reste maintenant de tous les grands Chemins d'Italie qui ont quelque nom dans l'histoire, sinon la voye Cornelienne, de laquelle nous ayons peu par coniecture marquer la situation, C'est par le moyen de deux Inscriptions antiques qui la rangent entre l'Aurelienne & Triomphale: dont la premiere est telle.

Grut. 465.5

```
    C. SALLIQ. ARISTENETO. C. V.
    SEPTEM. VIRO. EPVLONVM.
    SODALI. AVGVSTALI. IVRIDI
    CO. PER. PICENVM. ET. APVLIAM.
    CVRATORI. VIARVM. AVRELI
    AE. CORNELIAE. TRIVMPHALIS.
    PRAETORI. K. TVTELARIO. QVAESTORI
    DESIGNATO. ET. EODEM. ANNO. AD. AEDI
         LITATEM. PROMOTO. X. VIRO
    STLITIB. IVDICAND. ORATORI. MAXIMO
       DECVRIONES. ET. PLE. COLONIAE.
    ASCVLANORVM. ANCONITANORVM.
    PROPTER. HVMANITATEM. ABSTINEN
         TIAM. EFFICACIAM.
```

DE L'EMPIRE, LIV. III.

La seconde est de C. Popillius autresfois honoré des plus belles charges de l'Empire, sous Antonin le Debonnaire. Entr'autres de celle de Curateur ou Commissaire des voyes Aureliennes vieille & nouuelle, de la Cornelienne & Triomphale.

```
C. POPILLIO. C. F. QVIR. CARO.
PEDONI. COS. VII. VIRO. EPVLON
SODALI. HADRIANALI. LEGATO.
IMP. CAESARIS. ANTONINI. AVG.
PII. PROPTER. GERMANIAE. SVPER. ET. EX
ERCITVS. IN. EA. TENDENTIS. CVRATOR.
OPER. PVBLICOR. PRAEF. AERAR. SATVR.
CVRATORI. VIAR. AVRELIAE. VETERIS. ET
NOVAE. CORNELIAE. ET. TRIVMPHALIS
LEGATO LEG. X. FRETENSIS.
A. CVIVS CVRA. SE. EXCVSAVIT. PRAETORI
TRIBVNO. PLEBIS. T. DIVI. HADRIANI. AVG.
IN. OMNIBVS. HONORIBVS. CANDIDATO.
IMPERATOR. TR. LATICLAVIO. LEG. III.
CYRENAICAE. DONATO. DONIS MILI
TARIBVS. A. DIVO. HADRIANO. OB
IVDAICAM. EXPEDITIONEM. X. VIRO
STLITIBVS. IVDICANDIS. PATRONO.
MVNICIPI. CVRATORI. MAXIMI. EXEMPLI
SENATVS P. Q. TIBVRS.
OPTIME. DE. REPVBLICA. MERITO.
```

457.6.

B. Il y a quelques autres voyes pauees hors la ville, qui ont des noms propres en l'histoire: specialement dans Publius Victor; telles que sont *Via Patinaria, Tyberina, Gallica, Gallicana, Latiulensis & Flauia.* La situation desquelles il m'a esté iusques à present impossible de descouurir. Ie ne doute pas neantmoins qu'elles ne fassent partie de celles qui se trouuent depeintes par lignes dans la Charte de Peutinger: mais sans aucun nom propre qui puisse seruir à les entrecognoistre, & sans marque de leurs commencemens & de leurs fins: C'est pourquoy ie n'en feray autre plus long discours, & qu'en cet endroict ie mettray fin au Traicté des grands Chemins d'Italie.

DV PASSAGE ET CONTINVATION DES grands Chemins d'Italie dans les Prouinces de l'Empire.

Chapitre XXIX.

1. *Continuation des Chemins militaires, ou par terre, ou par mer.*
2. *Continuation par terre iusques aux extremitez de l'Europe.*
3. *De quelle part l'Italie communique ses Chemins aux prouinces.*
4. *La Gaule Cisalpine reçoit premiere les Chemins d'Italie. Diuision de la Gaule.*
5. *Que c'est de la Gaule Cisalpine, qu'il faut entendre le fragment de l'Itineraire d'Antonin.*
6. *Fragment de l'Itineraire d'Antonin.*
7. *Doute sur l'auteur dudit Fragment.*
8. *Diuision du passage des grands Chemins d'Italie aux prouinces de l'Europe.*

1. C'EST ainsi doncques que les grands Chemins d'Italie dénomez dans l'histoire, prenoient leur commencement des portes de la ville de Rome, ou immediatement par eux mesmes, ou mediatement par autres qui les y rapportoient : & comme ils s'estendoient par tout à l'enuiron pour faciliter l'acces à ladite ville. C'est maintenant qu'il faut sortir d'Italie, & conduire nos grands Chemins dans les prouinces. Ce que nous auons à faire en deux façons : l'vne par terre & l'autre par mer. Par terre à trauers des fleuues & des montaignes : & par mer à prendre de chacun port d'Italie, aux ports des prouinces qui leur sont correspondants.

2. Nous commencerons par la terre : & monstrerons que par icelle les grands Chemins de l'Empire estoient continuez sans interruption de prouince en prouince : & comme les prouinces plus prochaines du costé de la terre continente, les receuoient dans leur sein pour les distribuer aux autres selon la situation de chacune, prochaine ou loingtaine dedãs l'Europe, iusques aux limites plus reculez de l'Empire, qui estoient quasi semblables à ceux de l'Europe mesme : Car l'Empire & l'Europe auoient cela de commun d'estre terminez à l'Orient par le fleuue Tanaïs, les Palus Meotides, & extremitez du pont Euxin ; A l'Occident de la mer d'Espagne, & de l'Ocean At-

DE L'EMPIRE. LIV. III.

lantique : au Midy de la mer Mediterranee, & au Septentrion, de l'Ocean Britannique & Germanique.

3. Or comme ainsi soit que l'Italie est estenduë en longueur ainsi que la jambe d'vn homme, dont le pied va rendre contre la Sicile : ce n'est que par le bout opposite que l'Italie tient à la terre ferme, comme la jambe à sa cuisse. C'est donc du seul costé qui regarde le Nort oüest, par où elle communique les grands Chemins au reste de l'Europe. Dautant que par les trois autres parties elle est enuironnee de mer : sçauoir au Septention, de l'Adriatique : au Midy de la Tyrrhene & Ligustique : & à l'Orient de l'Ionienne. Ainsi se fait-il que l'Italie est vne Peninsule, qui ne tient à la terre sinon du costé des Alpes, qui la separent de la Gaule & de l'Allemagne. *Facit autem Italia Peninsulam*, dit Strabo, *Tyrrhenum mare incipiens à Ligustico, & Ausonium, & Adriaticum*. Et en vn autre endroict : *Reliqua Italia angusta quidem, & oblonga, in duos excurrit vertices : hinc quidem in Siculum fretum : hinc autem ad Iapygiam. Vtrinque vero stringitur, & ab Adriatico sinu, & à Tyrrheno mari*. *Lib. 2. Geogr.* *Lib. 5.*

4. La premiere & plus prochaine prouince qui reçoit dedans soy les grands Chemins d'Italie pour les communiquer aux autres, c'est la Gaule dicte par les Romains *Gallia Cisalpina* : Car encores qu'elle façe partie de l'Italie prise en son entier, si est-ce qu'auant Auguste Cæsar elle estoit comme excluse de l'Italie : Car il faut entendre que les Romains diuisoient toutes les Gaules en trois parties, qu'ils appelloient *Galliam Togatam, Bracatam, & Comatam* : dont la premiere estoit par delà les Alpes à nostre regard : & les deux autres par deça. Les Romains appelloient la premiere Cisalpine, qui s'estendoit depuis la Riuiere du Vare, & les racines des Alpes, iusques à la Riuiere d'Arne sur la mer Tyrrhene d'vne part : & depuis lesdictes montagnes du costé de Venise, iusques au Rubicon d'autre part. Encores partagerent ils ladite Gaule Cisalpine en deux regions, diuisees l'vne de l'autre par le fleuue du Po : d'où vient qu'ils en appelloient l'vne *Cispadanam* : & l'autre *Transpadanam*. La seconde partie des Gaules estoit celle de deça les Alpes, que les Romains nommoient *Galliam Narbonensem*, ou *Bracatam*, d'vne certaine sorte de vestement que les gens du pays portoient : à la difference de la robe longue des Cisalpins qui donna le nom *Galliæ Togatæ*. Et quant à la troisiesme, elle fut dicte *Comata*, de la longue cheuelure que portoient les habitans : & se subdiuisoit en trois parties, Belgique, Celtique, & Aquitanique, ainsi que Iules Cæsar nous le dit, dés l'entree de ses Commentaires.

5. De toutes ces terres comprises sous le nom de la Gaule, c'estoit celle que les Romains appelloient la Cisalpine qui receuoit

tous les grands Chemins qui venoient de Rome, & qui tendoient à l'Occident & au Septentrion. Et c'est de cette Gaule, & non d'autre, qu'il faut entendre le fragment de l'Itineraire d'Antonin, dont parle Iozias Simlerus, où se trouuent ces mots, *ab Vrbe in Gallias itur itineribus sex: Maritimo, Littoreo, Aureliano, Cassiano, Tiberino, Flaminio.* Pas vn desquels, suiuant la description qu'il en faict, ne passe dans la Gaule Transalpine.

6. Vous verrez cela par ledit fragment, auquel les noms des Villes, Citez, & autres places ne sont accompagnez d'aucuns nombres, ny milliaires.

ITER.

Maritimum tenet.	*Littoreum continet.*	*Aurelianum quod & Claudianum, fertur per ipsam Aureliam.*
Pheregenas.	Alsium.	
Castrum nouum.	Cœre.	
Cellas.	Pyrganum.	Thermas Stygianas.
Herculem.	Forum cellæ.	Forum nouem
Thelamonem.	Grauiscas.	Pagorum Claudij.
Caput Hetruriæ.	Cosas.	Tarquinias.
Phaliscas.	Volaterras.	Saturniam.
Traianum.	Pisam.	Volcem.
Populonium.	Lunam.	Tunniatem montem.
Vada.	Et Ipsum transitum in Gallias.	
Lygurnum.		Rosellas.
Erycis.	Cariaram.	Rosetum.
Entelliam.		Tursenam.
Delphinum.		Et transitum Apuam.
Genuam inter Porsenam & Pheritonem.		
Monachum.		
Niceam.		

Cassiano Itinere itur per	*Tiberinum quod & cyminium, fertur*	*Flaminium habet.*
Politorium.	Galera.	Castrum nouum,
Arcenum.	Partheniano, siue Veiente.	Ocream & Oriculum.
Minionem.		
Forum Cassij.	Rosulo.	Narniam, olim Nequinam.
Aruntes	Sutrio.	
Camillarios.	Lacu elbij, & iugis cyminis.	Tuder.
Tudernum.		Hispellum.

Veren-

DE L'EMPIRE LIV. III. 433

Verentanum.	Fano, Volturnæ, cuius claris gestis	Aut à castronouo, Spoletum.
Ymbronem montem.	Inuidit Liuius.	Camerinum.
Senam coloniam.	Saleumbrone	Vrbinum.
Phocenses.	Volturnæ.	Pisaurum.
Lucam, & capheronianum, transitum in Galias.	Larthe amni.	Ariminum.
	Volsinis.	
	Clusio vlteri, olim Comersolo.	
	Clusio nouo, à quo dictus Clusentinus.	
	Transitus Annibalis: & Phesulæ transitus.	

7. Ce fragment a quelque chose de semblable auec l'Itineraire d'Antonin, & la Charte de Peutinger: & beaucoup de choses dissemblables: Et ne sçay s'il n'auroit point esté supposé par Annius de Viterbe, qui en a faict le commentaire: aussi bien qu'il est accusé par les sçauants, d'auoir supposé ce qu'il a mis en lumiere de Berose & Maneton. Mais quoy que ce soit, il est certain, que c'est par la Gaule Cisalpine des Romains, que ces chemins militaires sont portez aux Prouinces plus esloignees.

8. Ce qui se faict par deux endroicts, dont le premier est à trauers les Alpes pour aller en l'Espagne, en la Gaule, en la grand' Bretagne, & en la Germanie: Et l'autre par le pied des Alpes, en tournoyant autour du Golphe de Venise pour aller en Esclauonie: & de là en Hongrie, en la Mesie superieure & inferieure, en la Scythie, & en la Trace, iusques à Constantinople, & autres parties Septentrionales & Orientales de l'Europe.

DISCOVRS GENERAL DV PASSAGE
des chemins d'Italie par les Alpes dedans la Gaule.

CHAPITRE XXX.

Consideration sur les tiltres generaux de l'Itineraire & question sur la Gaule Cisalpine.	2. Diuers noms de la Gaule Cisalpine.
	3. Mutation arriuee à la Gaule Cisal-

pine sous Constantin, & resolution de la question.
4. Preuue de ladite resolution.
5. Comme il faut entendre le tiltre general, de Italia in Gallias.
6. Remarque notable sur les villes Metropolitaines des prouinces.

1. POVR conduire nos grands Chemins hors d'Italie, nous commencerons par ceux qui trauersent en la Gaule, que les Romains appelloient Transalpine, d'autant que c'est la prouince la plus prochaine de toutes: & par l'entremise de laquelle lesdits chemins se doiuent porter en Espagne, en la grand' Bretagne, & en la haute & basse Allemagne de deça le Rhin. Pour ce faire auec ordre & facilité, il faut entendre, qu'il se trouue plusieurs tiltres generaux dans l'Itineraire d'Antonin, qui se diuisent en apres en autres tiltres particuliers, lesquels en dependent comme membres de leurs corps, ou parties de leur tout. Tel est ce tiltre general, *Iter de Pannoniis in Gallias* : qui comprend sous soy plusieurs chemins particuliers qui vont de Hongrie en la Gaule. Tel est celuy que nous auons à traicter, qui porte ces mots generaux, *de Italia in Gallias*. Ce tiltre ainsi generalement pris se diuise par apres en plusieurs chemins qui s'en vont en la Gaule: & qui tous ont leur commencement à Milan, comme estant vne ville d'Italie. Et neantmoins au chapitre precedent nous auons veu, que le Fragment de l'Itineraire y mentionné, appellé Gaule Cisalpine la prouince en laquelle la ville de Milan est situee: Car elle est assise deça le Po en la Gaule que les Romains appelloient Transpadane, qui fait partie de la Cisalpine: Comment est ce doncques que sous le tiltre general des chemins qui vont d'Italie en la Gaule, l'Itineraire comprend ceux qui vont de Milan à Arles, à Vienne, & ailleurs à trauers les Alpes? Le tiltre ne seroit-il pas mieux, s'il estoit conceu en ces termes. *Iter à Gallia Cisalpina ad Transalpinam?*

2. Pour entendre ce tiltre, il faut sçauoir que la pluspart des terres du monde ont eu diuers noms, selon la diuersité des temps. De ce nombre est nostre Gaule Cisalpine: car dés la premiere memoire que l'on peut auoir d'Italie, la partie d'icelle qui s'estend depuis le Tybre iusques aux Alpes appartenoit entierement, & pour le tout aux Vmbriens & Toscans, que les histoires appellent *Vmbros & Hetruscos*: Mais vne troupe de Gaulois de deça les Alpes ayans passé les Monts, & chassé les Hetruriens d'vne partie de leur siege, donnerent le nom de Gaule à la partie de leur conqueste. Ils s'estendirent donc iusques sur le Rubicon, petit fleuue qui se iette dans la mer Adriatique, & qui a long temps seruy de limite entre la Gaule & l'Italie:

car iusques au siecle de Iules Cæsar, les Romains tenoient encores cette partie d'Italie, pour partie de la Gaule, attendu qu'ayant decerné audit Iules Cæsar à plusieurs fois, & pour plusieurs annees le gouuernement de la Gaule, Il auoit pouuoir sur la Cisalpine, aussi bien que sur la Transalpine : & se pouuoit pourmener en l'vne & l'autre auec les armees Romaines, sans enfreindre les loix de sa Republique : mais non pas dedans l'Italie. Aussi ne passa-il le Rubicon auec son armee, que lors qu'il eut pris certaine resolution de faire la guerre ouuerte à son païs.

3. Depuis ce temps, la Republique Romaine a receu de grands & notables changemens, tant en la forme de sa police, qu'au departement de ses terres : principalement sous Auguste, Adrian & Constantin. Premierement Auguste allongea l'Italie, l'estendant sur la Gaule Cisalpine, tant deçà que delà le Po, lors qu'il fit vne nouuelle diuision de l'Italie vniuerselle en vnze Regiōs. Constantin la diuisa derechef, & chāgea ses XI. Regiōs en XVII. Prouinces, lesquelles il partagea en 2. Dioceses. Dont le premier fut celuy de Rome, *Ex Notit.* auquel il sousmit les prouinces qui ensuiuent : *Campaniam, Tusciam* *Imp. Occid.* *cum Vmbria, Picenum suburbicarium, Siciliam, Apuliam, Calabriam, Brutios & Lucaniam, Samniam, Sardiniam, Corsicam & Valeriam.* Le second Diocese eut le nom d'Italique, comprenant les prouinces cy denommees: *Venetiam cum Istria, Aemiliam, Flaminiam cum Piceno annonario, Liguriam, Alpes Cottias, Rætiam primam, Rætiam secundam.* On appella ce dernier Diocese, Italique, d'autant qu'il estoit composé de la Gaule Cisalpine, tant Cispadane que Transpadane, laquelle estant reioincte au corps d'Italie par Auguste, s'estoit auec le temps attribué le nom d'Italie comme à elle propre & particulier. Et de faict Constantin ayant institué deux Vicaires ou Lieutenans du *Præfectus Prætorio Italiæ*, il en appella l'vn *Vicarium Vrbis*, qui auoit son siege à Rome : & l'autre *Vicarium Italiæ*, qui auoit le sien à Milan.

4. Ainsi aduint-il qu'en ce temps-là, le nom d'Italie fut pris en plusieurs significations, tantost au large, tantost à l'estroict, soit pour ce qui est de la police ciuile, soit Ecclesiastique, selon les diuers respects ou relations que cette diction auoit auec ses Gouuerneurs ou ses Prelats. Car estant question du Præfect du Prætoire d'Italie, il est certain que ce mot comprenoit l'Italie vniuerselle, auec les Isles de Sicile, de Corse, & de Sardaigne, sur lesquelles, aussi bien que sur l'Italie, l'auctorité de ce Magistrat s'estendoit. S'il s'agissoit de Vicaire d'Italie, lors cette mesme diction ne se rapportoit qu'aux sept prouinces qui luy estoient sousmises. Que s'il estoit question de la police Ecclesiastique, encore qu'elle ait esté quasi entieremēt faicte sur la ciuile, les Eglises Metropolitaines ayant esté instituees

Epist. ad Solitaries. és villes Metropolitaines : si est-ce que pour ce regard le mot d'Italie, fut encore restreint, & logé plus à l'estroict. Comme quand S. Athanase appelle la ville de Milan τῆς Ἰταλίας μεξόπολη, La Metropolitaine d'Italie, il ne faut pas entendre qu'elle soit Metropolitaine de la partie entiere d'Italie, qui estoit sous la charge du Vicaire d'Italie : d'autant que ceste partie comprenoit encore deux villes Metropolitaines : sçauoir, Rauennes & Aquilee, sur lesquels l'Archeuesque de Milan n'auoit point de pouuoir : mais l'Italie sur laquelle Milã s'esté doit au fait Ecclesiastique, estoit l'Italie Trãspadane, qui contenoit toutes les villes & nations de la Ligurie, que Pline dit estre la neufiesme des vnze Regions d'Auguste Cæsar.

5. C'est en l'vne ou l'autre de ces deux dernieres significations qu'il faut entendre le mot d'Italie au tiltre general de nostre Itineraire, qui porte *de Italia in Gallias*, sous lequel il fait vne enumeration des chemins militaires qui vont de Milan en la Gaule à trauers les Alpes. Où se peut voir vne mutation bien estrange sur ce mot d'Italie entre le fragment de l'Itineraire d'Antonin mis au chapitre precedent, & au tiltre qui se presente à interpreter. Car en ce fragment, la partie d'Italie depuis les Alpes iusques au Vare & Rubicon, est designee sous le nom de *Gallia*, comme si elle estoit estrangere à l'Italie : & au tiltre de *Italia in Gallias* de nostre Itineraire, ceste partie mesme est nommee purement & absolumẽt *Italia*, à l'exclusion de Rome & de toutes les autres prouinces qui dependoient de son ancien Diocese, & qui estoient soûsmises au magistrat que l'on appelloit *Vicarium Vrbis*.

6. Il faut donc remarquer que tout ainsi que nous auons veu sortir de Rome, capitale de l'Empire, plusieurs chemins militaires qui s'estendent par tout à l'enuiron : ainsi en estoit-il de Milan en Italie, de Lyõ en la Gaule Celtique, de Reims en la Belgique, & de plusieurs autres villes Metropolitaines des prouinces d'Europe, d'Asie, & d'Affrique, desquelles villes les Romains auoient fait pauer plusieurs grands chemins pour aller aux bourgs & moindres villes, & pour s'estendre d'vne Metropolitaine à plusieurs autres pour la commodité des affaires : ainsi qu'il sera monstré cy apres par plusieurs exemples.

DES CHEMINS MILITAIRES CONDVITS
par les Alpes Maritimes, Cottiennes, & Grecques:
& d'vn chemin faict par Pompee.

CHAPITRE XXXI.

1. *Ordre pour traitter du passage des chemins d'Italie dans les Gaules.*
2. *Quatre chemins selon Polybius. Plusieurs autres faicts depuis.*
3. *Premier chemin à trauers les Alpes Maritimes.*
4. *Second chemin par les Alpes Cottiennes ainsi dictes du Roy Cottius.*
5. *Deux grands chemins dans l'Itineraire par les Alpes Cottiennes.*
6. *Commencement & fin des Alpes Cottiennes dans la largeur des Alpes. Description d'icelles.*
7. *Alpes Grecques troisiesmes en ordre. Deux grands chemins par icelles.*
8. *D'où vient le nom d'Alpes Grecques. Description d'icelles.*
9. *Chemin faict par Pompee par les Alpes Grecques, dicte, Strata Romana.*

1. POVR traitter par vn bon ordre de tous les grands Chemins, qui passent d'Italie dãs les Gaules à trauers les Alpes, nous commencerons par ceux qui tirent à la mer Ligustique: & poursuiurons de là vers les autres, qui sont du costé de l'Adriatique, de l'vne desquelles mers à l'autre les Alpes ont leur estenduë. Cet ordre est d'autant plus naturel, comme Strabo nous apprend, que les Alpes prennent leur cõmencement *ab ora Ligustica*, c'est à dire, de la coste Ligustique, ou riuiere de Genes: d'où se continuãt comme en demy cercle, ils s'en vont prendre fin en Istrie, tout aupres du Golphe de Venise.

Lib. 4. Georg.

2. Polybius au rapport dudit Strabo, dict, qu'il y auoit de son temps quatre grands chemins pour passer d'Italie en la Gaule: l'vn par les Liguriens, tout aupres de la mer Tyrrhene: l'autre, par les Piemontois, par où passa Hannibal: Le troisiesme par le val d'Oste: Et le quatriesme, par les Grisons, *Vnam per Ligures, alteram per Taurinos, qua vsus sit Hannibal, Tertiam per Salassos, quartam per Rhœtos*. Mais depuis le siecle de Polybe, le nombre desdits chemins a esté grandement augmenté: d'autant que les Romains & autres, en ont faict plusieurs depuis ce temps-là, qui passent par les parties des Alpes, que l'histoire appelle *Alpes Maritimas, Cottias, Græcas, Penninas, Lepontias, Rhœticas, Tridentinas, Iulias, Venetas, Carnicas, & Noricas*: des principales desquelles nous traitterons icy par ordre.

3. Le premier de tous est celuy que nous auons descrit au Chapitre 28. de ce liure, qui s'estend de Rome mesme à trauers la Gaule Cisalpine, par les Alpes maritimes, iusques à la ville d'Arles: C'est celle qui est signifiee sous ce tiltre dans l'Itineraire.

Pag. 66.

VIA AVRELIA.

A Roma per Tusciam & Alpes maritimas Arelatum vsque M. P. DCCXCVI.
Ie n'ay rien à adiouster au discours que i'en ay faict, sinon que les Alpes maritimes ont eu ce nom du voisinage de la mer Ligustique, le long de laquelle elles s'estédent en largeur, à cómencer depuis le

lieu dict *Ad Salanę*, du costé d'Italie, iusques à celuy que l'on appelle *Tegulata*, du costé de la France. Strabo nous rend ce tesmoignage du lieu où commence la largeur de ces grandes montagnes: *Alpes vero à Sabatiis initium capiunt*.

L'opinion des plus sçauans est que le chemin des Alpes maritimes est le premier de tous ceux qui ont seruy de passage de la Gaule en Italie. Ce qu'ils coniecturent, à cause que les lieux maritimes ont esté les premiers habitez. Ioinct qu'en cet endroit les Alpes ne sont pas si aspres, ny fascheuses à monter, comme par le milieu de leurs rochers. Et partant, la place ou bourg remarqué audit chemin par ce mot *Alpem summam*, ne se doit pas prendre pour le plus hault de toutes les Alpes ensemble: mais pour vn lieu sis au plus hault de la partie des Alpes, par laquelle ce chemin prenoit son cours.

4. Apres les Alpes maritimes, suiuét les Cottiénes: ainsi dites de Cottius Roy des Allobroges, lequel ainsi qu'Ammian Marcellin le rapporte, se sceut tenir clos & couuert dans les diuers contours des Alpes, du téps que Iules Cæsar subiugua les Gaules à l'Empire, se confiant à la rudesse & aspreté des rochers qui enuironnoient sa retraitte: *Inuia locorum asperitate confisus, &c.* Mais depuis, ayant esté receu en l'amitié d'Auguste, il se mit à faire & construire vn grand chemin à trauers quelques rochers des Alpes, auec vn admirable artifice & sumptuosité, pour seruir de passage commode & racourcy aux voyageans, qui passeroient de l'vn des costez des Alpes en l'autre. *Lenito tandem timore, in amicitiam Octauij principis receptus, molibus magnis extruxit, ad vicem memorabilis muneris, compendiarias, & viantibus oportunas, medias inter Alpes vetusti.*

Marcellin. lib. 15.

Ce Prince, qui fit ce bien au monde, auoit douze villes sous sa puissance, ainsi que Pline le tesmoigne: qui estoient assises au pied des Alpes du costé d'Italie. D'où vient qu'au liuret des prouinces Romaines, les Alpes Cottiennes sont mises au rang des Prouinces Italiennes. Ce païs est celuy mesme, qui est auiourd'huy recogneu sous le nom de Piedmont, de l'obeissance & domaine du Duc de Sauoye, auec la plus grande partie des anciens peuples Salassiens, des Alpes Grecques, Pennines, & autres des plus approchantes à la mer Ligustique.

Quant à l'ordre des Alpes Cottiennes, Pline nous monstre assez clairement qu'elles sont entre les Maritimes & les Grecques, quand il dit: *Sunt præterea Latio donati incolæ: vt Octodorenses, & finitimi Centrones, Cottianæ ciuitates, Caturiges, & ex Caturigibus orti Vagienni Ligures, & qui Montani vocantur*: Où racontant par ordre les peuples Alpins il met les villes Cottiennes entre les Centrons qui sont habitás des

Lib. 3. c. 20.

DE L'EMPIRE LIV. III.

Alpes Grecques: & les Caturiges, & Liguriens, qui ont leur habitation aux Maritimes.

5. L'Itineraire d'Antonin nous donne deux passages d'Italie dans les Gaules par les Alpes Cottiennes: en la premiere desquelles l'Empereur Probus a fait quelques ouurages: ainsi qu'il apparoit par l'Inscription suiuante, à moy baillee par Monsieur de Peiresc, & par luy extraicte d'vne Colomne assise sur le chemin de Castelane & Taulaue.

```
    IMP.  CAES.
    M.   AVR.
    PROB. P. F.
    INV.  AVG.
    III. COS. P. P.
         II.
```

Voicy comme l'Itineraire nous represente cette premiere voye.

DE ITALIA IN GALLIAS.

A Mediolano Arelate.		*Charta Peutingeriana.*	
Per *Alpes Cottias.*	M.P.CCCCXI. sic.	MEDIOLANVM.	
Ticinum.	M. P. XXII.	Ticeno.	
Laumellum.	M. P. XXII.	Laumellum.	XXI.
Cottias.	M. P. XXIII.	Cutias.	XII.
Carbantiam.	M. P. XII.	Vergellis.	XIII.
Rigomagum.	M. P. XII.	Eporedia.	XXXIII.
Quadratas.	M. P. XVI.	Augusta Taurinorū.	
Taurinos.	M. P. XXIII.	Finibus.	XVIII.
Fines.	M. P. XVIII.	Segusione.	XXII.
Segusionem.	M. P. XXXIII	Martis.	XVII.
Ad Martis.	M. P. XVI.	Gadaone.	VIII.
Brigantionem.	M. P. XXIV.	Brigantione in Alpe Cottia.	VI.
Rame.	M. P. XIX.		
Eburodunum.	M. P. XVIII.	Rama.	XVIIII.
Caturigas.	M. P. XVII.	Eburuno.	XVII.
Vapincum.	M. P. XII.	Catorigomagus.	VII.
Alabontem.	M. P. XVIII.	Ictodurum.	VI.
Segusteronem.	M. P. XVI.	Vapincum.	
Alaunium.	M. P. XXIIII	Alarante	XVIII.
Catolucam.	M. P. XVI.	Alarante.	XVI.
Aptaiuliam.	M. P. XV.	Segusterone.	XVI.
Fines.	M. P. XVI.	Alaunio.	XIIII.

Cabellionem.	M. P. XII.	Camacia	XVI.
Glauum.	M. P. XVI.	Apta Iulia.	XII.
Ernaginum.	M. P. XII.	Ad Fines.	XII.
Atelate.	M. P. VII.	Caballine.	XII.
		Clauo.	XII.
		Ernagina.	XV.
		Arelate.	VI.

En ces nombres, les Miliaires du detail reuiennent à quatre cens trente neuf mil Italiques: & partant ils excedent le nombre general de 28. mil. Le second passage sera déduit cy apres en son lieu: à raison dequoy il n'en sera fait icy plus long discours.

6. Il faut neantmoins remarquer en passant, que c'est en la ville de Suze (que l'on appelle *Segusionem*) que commence la largeur des Alpes Cottiénes vers l'Italie: d'où elle procede vers les Gaules iusques à Ambrun, dit *Eburodunum*, capitale des peuples nommez *Caturiges*, & de la prouince des Alpes Maritimes. Au liure des Prouinces il est dict, *Metropolis huius prouinciæ Eburodunum, Ciuitas Caturigum*. Le chemin de l'vn à l'autre à trauers les Alpes est si bien déduit par Ammian Marcelin, qu'il n'y a point d'apparence de passer sous silence vne si elegante description, laquelle ie vous donneray en sa propre langue, qui porte, *In his Alpibus Cottiis, quarum initium a Segusione oppido est, præcelsum erigitur iugum, nulli fere sine discrimine penetrabile. Est enim e Galliis venientibus prona humilitate denexum, pendentium saxorum altrinsecus visu terribile: præsertim verno tempore; cum liquente gelu, niuibusque solutis, flatu calidiore ventorum per deruptas vtrinque angustias & lacunas pruinarum congerie latebrosas, descendentes cunctantibus plantis homines & iumenta procidunt,*

Lib. 15.
pag. 410.

& carpenta: Idque remedium ad arcendum exitium repertum solum, quod pleraque vehicula vastis funibus illigata, pone cohibente virorum, vel boum nisu valido, vix gressu reptante paulo tutius deuoluuntur. Et hæc (vt diximus) anni verno contingunt. Hieme vero humus crustata frigoribus: & tanquam leuigata, ideoque labilis, incessum precipitantem impellit. Et patulæ valles per spatia plana glacie perfida, vorant nonnunquam transeuntes: ob quæ locorum callidi eminetes ligneos stylos per cautiora loca defigunt: vt eorum series viatorem ducat innoxium. Qui si niuibus operti latuerint, montanis defluentibus riuis euersi, agrestibus præuijs difficile peruaditur. A summitate autem huius Italici cliui planities, ad vsque stationem nomine Martis, per septem extenditur millia: & hinc celsitudo erectior, ægreque superabilis, ad Matronæ porrigitur verticem: cuius vocabulum casus fœminæ nobilis dedit. Vnde decliue quidem Iter, sed expeditius ad vsque Castellum Virgantiam patet: huius sepulchrum reguli, quem Itinera struxisse retulimus, Segusione est mœnibus proximum: manésque eius ratione gemina religione colitur, quod Iusto moderamine rexerat suos: & ascitus in

societatem

DE L'EMPIRE LIV. III.

societate xi Romanæ, quietem genti præstitit sempiternam.

7. Apres les Alpes Cottiennes suiuent en ordre les Alpes Grecques assises entre les peuples de la Tarantaise, & le Val d'Oste, *Inter Centrones & Salassos*. Pline parle ainsi du voisinage des Alpes Grecques & du Val d'Oste, *Salassorum Augusta Prætoria, iuxta geminas Alpium fauces Graias atque Penninas*. Ces deux bouches, ou bien deux ouuertures, sont les mesmes, que celles dont parle Strabo: *Illis itaque qui ex Italia super montes positi sunt, vna per vallem Salassorum, iam memoratam via est. Inde bifariam diuiditer, vna quidem per Peninum (sic enim dicitur) ducit per Alpium summitates, iumentis inaccessibilis: altera per Centrones prolixior*: C'est à dire, que prés le Val d'Oste, il y a vn chemin qui se diuise en deux branches: l'vne va par les Monts Pennins, où les bestes à charge ne peuuent passer: Et l'autre par la Tarantaise, plus large & susceptible du charroy: mais plus lõgue. C'est de ces deux chemins, & des ouurages admirables qu'Auguste Cesar a fait dans les Alpes, que nous auons parlé au 27. chapitre du liure premier, où ie renuoye le Lecteur. Aussi trouuons nous deux chemins dans l'Itineraire d'Antonin, qui passent de l'Italie dans les Gaules à trauers les Alpes Grecques, & ce par le Val d'Oste, que nous auons dit estre *Augustam Prætoriam*, dont le premier est tel,

A MEDIOLANO

Per Alpes Graias		Tabula	
Viennam	M. P. CCCVIII.	Mediolanum.	
Nouariam.	M. P. XXXIII.	Ticeno.	
Vercellas.	M. P. XVI.	Laumelum.	XXI.
Eporediam.	M. P. XXXIII.	Cutias.	XII.
Vitriciam.	M. P. XXI.	Vergellis.	XIII.
Augustam Prætoriam.	M. P. XXV.	Eporedia.	XXXIII.
		Vtricio.	XXI.
Arebrigium.	M. P. XXV.	Augusta Prætoria.	XXVIII.
Bergintrum.	M. P. XXIIII.	Arebrigum.	XXV.
Darantasiam.	M. P. XIX.	Ariolica.	XVI.
Oblimum.	M. P. XIII.	In Alpe Graia.	VI.
Ad Publicanos.	M. P. III.	Bergintrum.	XII.
Mantanam.	M. P. XVI.	Axunam.	IX.
Lemincum.	M. P. XVI.	Daratasia.	X.
Labisconem.	M. P. XIIII.	Obilomia.	XIII.
Augustum.	M. P. XIIII.	Ad Publicanos.	III.
Bergusiam.	M. P. XVI.	Mantala.	XVI.
Viennam.	M. P. XX.	Lemnico.	XVI.
		Lauiscone.	XIIII.

Kkk

Augustum.	✳ XII.
Bergusium	XII.
Vigenna.	XXI.

La voye qui passe de Milan par les Alpes Grecques, s'en va droict à Strasbourg en la maniere qui ensuit.

ITINERARIVM ANTONINI.

Pag. 79. *Iter à Mediolano per Alpes Graias Argentoratum,* M. P. DLXXVII. sic.

Ticinum.	M. P. XXII.
Laumellum.	M. P. XXII.
Vercellas.	M. P. XXVI.
Eporædiam.	M. P. XXXIII.
Vitricium.	M. P. XXI.
Augustā Prætoriā.	M. P. XXV.
Arebrigium.	M. P. XXV.
Bergintrum.	M. P. XXIIII.
Darantasiam.	M. P. XVIII.
Casuariam.	M. P. XXIIII.
Bautas.	M. P. XVIII.
Cenabum.	M. P. XXV.
Equestrim.	M. P. XVII.
Lacum Lausonium.	M. P. XX.
Vrbam.	M. P. XVIII.
Arioricam.	M. P. XXIIII.
Visontionem.	M. P. XVI.
Velatudurum.	M. P. XXII.
Epamantadurum.	M. P. XC.
Gramatum.	M. P. XIX.
Largam.	M. P. XXV.
Vruncim.	M. P. XVIII.
Montem Brisiacum.	M. P. XXIIII.
Elcebnm.	M. P. XXV.
Argentoratum.	M. P. XXX.

Quant à la Table de Peutinger, elle comprend bien vne bonne partie des villes & autres lieux mentionnez en l'Itineraire, mais d'vne façon où il y a si peu d'ordre & de suitte, que ie l'ay separée de l'Itineraire, pour les diuers tours & retours qui s'y trouuent, tantost d'Orient en Occident: puis tout au rebours, d'Occident en Orient sur des lignes diuerses, de l'vne desquelles à l'autre il faut faire plusieurs saults. Ce qui confirme d'autant plus cette opinion, que l'auteur de l'Itineraire d'Antonin, est autre que celuy de la table de Peutinger: en laquelle vous voyez le chemin de Milan à Strasbourg quasi de droict fil par les villes & mansions suiuantes, toutes differentes de celles de l'Itineraire.

TABVLA.

MEDIOLANVM.		Clunia	XVIII.
Couio	XXXV.	Brigantio.	XVII.
Clauenna	XVIII.	Arbor Fœlix	X.
Taruessedo	XX.	Ad Fines.	XXI.
Cunuaureum.	X.	Vindonissa.	VIII.
Lapidaria.	XVII.	Augusta Ruracū.	XXIX.
Fluuius nouaria.		Arialbinum.	VI.
Iuria.	XXXII.	Cambette.	VII.
Magia.	XVI.	Argentouaria.	XII.
		Helellum.	XII.
		Argentorate.	XII.

8. Au reste on tient que les Alpes Grecques furent ainsi dictes, à cause que ce fut par icelles que passa le grand Hercules, auec sa troupe composee de gens de nation Grecque. Par les mesmes Alpes Iules Cesar passa son armee, lors que quittant les Guerres des Gaules, où il auoit esté pres de neuf ans: Ils'en retourna en Italie auec toutes ses forces, & Romaines & Estrangeres, pour faire la guerre à Pompee. Vous verrez l'vn & l'autre en ces vers de Petronius Arbiter, qui dépeint naifuement & briefuement lesdictes Alpes Grecques en ces vers.

  ——— *Exuit omnes*
Quippè moras Cæsar: vindictæque actus amore,
Gallica proiecit, ciuilia sustulit arma
Alpibus aeriis: vbi Graio nomine pulsæ
Descendunt rupes, & se patiuntur adiri.
  Est locus Herculeis sacer aris: hunc niue dura
Claudit Hiems, canoque ad sydera, vertice surgit.
Cœlum illic cecidisse putes. Non solus adusti
Mansuescunt radij: non verni temporis aura.
Sed glacie concreta rigent: hiemisque pruinis
Totum ferre potest humeris minitantibus orbem.

9. Mais ie ne sçaurois passer outre, sans monstrer au doigt le chemin que Pompee le Grand ouurit de nouueau à trauers les Alpes auprés de cet endroict: sçauoir à trauers la plus haute poincte du Mont Cinesius: Car puis que nous traictons des grands chemins faicts par le peuple & les Empereurs de Rome, Il n'est pas raisonnable de passer sous silence, celuy que l'vn des plus grands Capitaines de Rome a fait en lieu si scabreux & difficile, qui se trouue entre la

K kk ij

voye de Hercules & d'Hannibal. Pompee donc encore bien jeune, enuoyé par le Senat & le peuple de Rome en Espagne pour faire la guerre à Sertorius, & prenant son chemin par terre, estant sur le passage des Alpes pour entrer dans les Gaules, ne se voulut pas seruir du chemin qu'Hannibal venant des Espagnes en Italie auoit autrefois ouuert: mais comme ne s'estimant en rien inferieur à luy, se voulut luy-mesme ouurir vn nouueau passage. Ce qu'il fit iustement entre les sources de deux fleuues, du Rhosne & de l'Eridan: qui ne sont diuisez l'vn de l'autre que par le Mont Cinesius, duquel on dit ces deux fleuues prendre leur origine. Et de faict, le chemin qui passe aujourd'huy en cet endroict, est beaucoup plus facile que celuy de Hannibal par les Alpes Pennines. Aussi est-il beaucoup plus frequenté par ceux qui des Gaules, des Espagnes & de la grand' Bretaigne font voyage en Italie par les Alpes. A raison dequoy les Romains ont donné à ce chemin le nom de *Strada Romana*, comme si par dessus tous les autres, cetuy-cy estoit propre aux Romains, estant fait par l'vn de leurs Capitaines generaux: ou bien si c'estoit le plus facile pour aller des Gaules en la ville de Rome.

C'est de ce chemin que parle Appian, quand il dit: *Senatus exercitum ducemque alium in Iberiam Pompeium misit: qui illi (Sertorio) obsisteret adolescentem adhuc: verum fama illustrem, ob ea quæ in Lybia, & in ipsa Italia sub Sylla gesserat. Is igitur ad Alpes penetrandas magno animo profectus, non per Hannibalis illud memoratum iter, verum haud longe à Rhodani atque Eridani fontibus iter cepit: quæ ambo flumina parue inter se spatio capita exerunt.* C'est de cela que Pompee se vante luy-mesme dans vne epistre qu'il enuoye d'Espagne aux Senateurs de Rome, qui se trouue parmy les Fragmens de Saluste, & qui contient ces mots entr'autres: *Hostes in ceruicibus iam Italiæ agentes, ab Alpibus in Hispaniam summoui: per eas iter, aliud atque Hannibal, nobis oportunius patefeci.* Et quant à la facilité du chemin, voicy ce que Iosias Simlerus en a dit. *Illud enim iter multo oportunius est Penninis Alpibus, per quas Hannibal transiuisse creditur. Achadie propterea quod omnium vsitatissimum sit ex Hispania, & Gallia, & Britannia Romam euntibus; strata Romana ab Italis nominatur.*

DES ALPES PENNINES, HAVLTES Lepontines, & Rhetiques: & des grands Chemins qui passent par icelles.

Chapitre XXXII.

DE L'EMPIRE. LIV. III.

1. Des Alpes Pennines, & origine de leur nom.
2. Monts Pennins autrement monts de Iupiter ou de sainct Bernard.
3. Description du chemin des monts Pennins par l'Itineraire & la Charte.
4. Deux opinions sur les Alpes dictes Alpes summæ.
5. Des Alpes Lepontines.
6. Deux passages dangereux és Alpes Lepontines.
7. Des Alpes Rhetiques ou des Grisons.
8. Trois chemins celebres par lesdites Alpes. Premier chemin.
9. Du mont speluga : & des trois sources du Rhin.
10. Secõd chemin des Alpes Rhetiques.
11. Passage de Stilico par ledit chemin.
12. Troisiesme chemin.
13. Description de certain destroict dudit chemin 3.

1. MAIS c'est assez parlé des Alpes Grecques, Venons maintenant aux Pennines. Plusieurs estiment qu'elles ayent eu ce nom, à cause que ce fut là que Hannibal passa en Italie auec l'armée des Carthaginois, que les Latins appellent Pœnos. De cet aduis sont C. Sempronius, Pline, Ammian Marcellin, Seruius & plusieurs autres : Mais Liuius est d'vn autre aduis, qui dict, que ces monts Pennins sont ainsi dicts : *A Deo Pennino*: d'vn certain Dieu nommé Pennin, que ceux du Païs de Gauot, nommez Veragri, auoient accoustumé d'adorer. Les autres leur donnent ce nom à Pinna, *quasi Pinninas*, à cause qu'ils surpassent tous les autres en haulteur : Et Pinna signifie la plus haulte partie de quelque chose.

2 Il y en a plusieurs qui les appellent *montes Iouis*: qui ne sont autres que la partie des Alpes, que l'on tient la plus haulte de toutes, vulgairement recogneuë sous le nom de sainct Bernard : non pas de celuy qui fut Abbé de Cleruaux, qui viuoit en France, il y a cinq cens ans, & qui fut tant renommé pour sa doctrine & bonne vie : Mais d'vn Prestre de ce nom du Val d'Oste, qui renuersa l'Idole autrefois adoree sur le plus hault des monts Pennins : Et qui par sa priere chassa de ces lieux vn malin esprit, qui molestoit ordinairement les passants. Et dict-on que c'est celuy mesme, qui y bastist vn petit Monastere pour la commodité des passants, duquel par succession de temps, & ledit Mont, & le Monastere eurent le nom de sainct Bernard. C'est par les monts Pennins, que passe la plus estroitte, & la plus Orientalle des deux Voyes, desquelles Strabo parle en deux endroicts de son liure 4. Et qui de là se viennent toutes deux rencontrer à Lyon.

3. Voicy comme l'Itineraire nous d'escrit le passage d'Italie en la ville de Mayence en Allemagne, à trauers les monts Pennins.

Kkk iij

Iter à Mediolano per Alpes Penninas.   *Charta*
Magontiacum, M. P. CCCCXIX.   *Mediolanum.*

Nouariam	M. P. XXXIII.	Ticeno	
Vercellas	M. P. XVI.	Laumellum	XXI.
Eporediam	M. P. XXXIII.	Cutias	XII.
Vitricium	M. P. XXI.	Vercellis	XIII.
Augustā Prætoriam	M. P. XXV.	Eporedia	XXXIII.
Summum Pennium	M. P. XXV.	Vtricio	XXI.
Octodurum	M. P.	Angusta Prætoria	XXVIII.
Tarnadas	M. P. XII.	Endracinum	XXV.
Pennolocos	M. P. XIII.	In summo Pennino	XIII.
Vbiscum	M. P. IX.	Octoduro	XXV.
Bromagum	M. P. IX.	Tarnajas	XII.
Minnidunum	M. P. VI.	Pennolucos	XIIII.
Auenticū Heluetiorum	M. P. XIII.	Viuisco	XIIII.
		Viromagus	
Penesticam	M. P. XIII.	Minodum	VI.
Salodurum	M. P. X.	Auēticū Heluetiorū	XVIII.
Angustā Rauracum	M. P. XXII.	*Iusques icy le chemin va à Orient*	
Cambetem	M. P. XII.	*en Occident, puis de là il retourne en Orient.*	
Stabula	M. P. VI.		
Argentouariam	M. XVIIII.	Auēticū Heluetiorū	XIIII.
Elcebum	M. P. VI.	Petenisca	X.
Argentoratum	M. P. XII.	Salodurum	XXII.
Saletionem	M. P. VII.	Angusta Rauracum	XXII.
Tabernas	M. P. XIII.	*Retour à l'Occident.*	
Nouiomagum	M. P. XI.	Arialbinum	VI.
Borbitamagum	M. P. XIIII.	Cambete	VII.
Banconicam	M. P. XIII.	Argentouaria	XII.
Maguntiacum	M. P. XL.	Helellum	XII.
		Argentorate	XII.
		Brocomacus	VII.
		Saletione	XVIII.
		Tabernis	XI.
		Nouiomago	XII.
		Bergetomagi	XIII.
		Bouconica	XI.
		Magontiaco	IX.

4. Quand aux Alpes, que Iules Cæsar nommé *Alpes summas,* lors qu'il dict, Antuates, Veragros, Sedunosque à finibus Allobrogum, & lacu Lemano, & flumine Rhodano ad Alpes summas pertinere, Ie ne veux pas

icy examiner, si elles signifient quelques parties desdites Alpes, appellees de ce nom, comme d'vn nom propre: ainsi que Glarean, Alciat, & plusieurs autres l'ont estimé, & qui ont pensé que ce soit la partie des Alpes, auiourd'huy recogneüe sous le nom de mont sainct Godard: où bien si *per summas Alpes*, ainsi que par vn nom commun & appellatif (pour parler en termes de Grammaire) Iules Cæsar entend les sum̃mitez & plus haults couppets desdites montagnes en general: à quoy il y a plus d'apparance. Ie diray tant seulement, que si'l y a quelque partie des Alpes, à laquelle appartienne ce nom de *Alpes summæ*, C'est à dire les Alpes les plus haultes, c'est la partie qui appartient à ces trois peuples, *Antuatibus, Veragri, & Seduni*, dont les premiers sont ceux du païs de Vau: les seconds du hault Valais, qui ont la ville de Sion pour capitale: & les troisiesmes du bas Valais, autrement dicte de Gauot. Mais ne voyant aucun chemin mentionné en l'Itineraire qui passe par icelles, Ie ne m'y arresteray d'auantage, & viendray aux Alpes Lepontiennes, qui suiuent immediatement les Pennines.

5. Cæsar dict que le Rhin prend sa source au milieu des peuples Lepontins qui habitent les Alpes: Et Pline d'autre part, dict que les Viberiens, peuples Lepontins, habitent sur la source du Rosne: & partant on peut estimer, que toutes les Alpes, qui sont entre les sources de ces deux fleuues, sont celles des Lepontins, que les Italiens appellent *Leuontina valle*. C'est la plus haulte partie de ce mont, qui se recognoist auiourd'huy sous le nom de mont sainct Godard: Et dict-on qu'il y a doubles peuples Lepontins, les grands & les petits. Les grands Lepontins sont ceux par le païs desquels on passe aux Grisons, que l'on appelle Rhœtos, par le lac de Como, dict *Larius lacus*. Les petits sont ceux qui de Belinsson en Italie, s'estendent à la valee du Thesin, dicte *Ticina vallis*, d'où ils sont continuez iusques en la premiere ville des Suisses, appellee *Torsanum*. Ce chemin seroit le plus plain, & le plus facile de tous ceux qui trauersent les Alpes, n'estoit le sommet aspre & facheux à monter du mont S. Godard: & certaine vallee que l'on appelle vulgairement la vallee d'Enfer, pour sa grande profondeur, & pour la frayeur qu'elle apporte aux passants.

6. Il y a en ladite vallee Lepontine deux passages tres-dangereux: l'vn du costé qu'elle regarde l'Italie, au dessus d'vn village nommé Arolo, par les Italiens. Quand on est paruenu quasi au milieu de la montee, on rencontre vn pont basty sur le Thesin, qu'on appelle *Pontem tremulum*: Le pont qui tremble: Faisant trembler de peur ceux qui y passent, estant vn passage fort dangereux. De ce pont Iozias Simlerus faict mention en ces mots, *Videtur itaque hic*

Ticini pons, tremulus dictus, non quia ipse tremat: sed quod montem ascendentes, vbi huc peruenerint, tremere, & sibi metuere incipiant. Itaque viso praesenti periculo, & ipso quoque montis praecipitiis & horridi aspectu perculsi, taciti, & trementes, quàm citissimè fieri potest, locum hunc praetereunt. L'autre danger de ladite vallee est prés d'vn village nommé *Vrsarium*, du fleuue *Vrsa*, sur lequel il est assis: auquel endroict il y a vn autre pont, nommé le pont du Diable, ou le pont d'Enfer. On y monte le long de la riue droicte du fleuue par vne sente si estroite, qu'en plusieurs lieux on a esté contraint d'entailler le roc, afin d'y faire vn passage de largeur suffisante. Or quand au fleuue *Vrsa*, il roulle impetueusement à trauers les rochers, & saulte de l'vn à l'autre auec vn son effroyable. Puis tombant sur vne partie dudit pont de dessus vn precipice tres hault, Il arrose les passants des goutes qui rejallissent de sa cheute en forme d'vne pluye perpetuelle: Mais il faict encores plus d'angereux à venir audit pont de la partie d'enhault, principalement en Yuer, où tout est remply de glaçons, sur lesquels on ne peut auoir le pied ferme. De sorte que les passants sont contraincts de se seoir sur leurs manteaux, ou autres habits, & à l'aide de leurs mains glissent à val, ainsi que font les enfans en se joüant.

7. Ie ne trouue dans l'Itineraire d'Antonin aucun grand chemin Militaire, qui passe à trauers les Alpes Lepontines. C'est pourquoy sans nous y arrester d'auantage; Ie viendray aux Alpes suiuantes, qui sont celles des Grisons, que les Latins appellent *Rethicas Alpes*. C'est par icelles que Strabo raconte la quatriesme voye dont parle Polibius, auoir son passage. Ces Alpes ont leur estendue de Come iusques à Verone, à les prendre du costé d'Italie, *Rethi enim* dict Strabo, *ad Italiam spectant supra Comum & Veronam.*

8. Il y a plusieurs monts particuliers, qui dependent en general de ces Alpes des Grisons, & plusieurs chemins aussi, qui de l'Italie passent aux Suisses & aux Grisons situez du costé de l'Allemagne. De tous lesquels nous ne parlerons que de trois seulement qui sont les plus celebres, Le premier est celuy qui passe pres du Lac de Come, & conduict droict par Clauenna, ville forte & bien munie, iusques à vne autre ville que l'on appelle *Curiam Rhaetorum*, auiourd'huy Coire, ou Chur. Ce premier chemin se diuise en deux bras: dont l'vn prend sa routte *per Septam montem*: & l'autre *per Spelugam*: l'vn & l'autre d'escrit dans l'Itineraire d'Antonin: le premier qui passe par le mont Septa, tel.

Ad Bri-

A Brigantia per lacum.

Mediolanum vsque	M. P. CXXXVIII.	sic,
Curiam	M. P. L.	
Tinnetionem	M. P. XX.	
Murum	M. P. XV.	
Summum lacum	M. P. XX.	
Comum	M. P. XV.	
Mediolanum.	M. P. XVIII.	

Pag. 63.

Ce chemin se diuise encores en deux, en vn lieu nommé Beuio, par ceux du païs: d'autant qu'en cet endroict la voye se separe en deux rameaux: Le premier tend par le mont Septa à Clauenna, & au lac de Como: L'autre aux Engadins par le mont de Iules, dict *Iulij mons*, à cause d'vne colomne que l'on y void encores, autrefois dressée à l'honneur de Iules Cæsar. Quant à la voye qui passe par le mont Speluga, c'est ainsi que l'Itineraire le descrit.

ALIO ITINERE A BRIGANTIA.

Comum.	M. P. CXCV.	sic
Curiam	M. P. L.	
Taruesede	M. P. LX.	
Clauennam	M. P. XV.	
Ad lacum Comacenum	M. P. X.	
Ad lacum Comum vsque	M. P. XL.	

Pag. 63.

9. Sur ce chemin est vn gros village nommé Speluga, de qui le mont a pris son appellation. Il est distant de Coire de XXXVI. mille, & de Clauenna de XXVII. Quant à la montagne de Speluga, c'est celle que les Grisons appellent Colmen del Orso, size prés du mont Adula, Abdua, ou Abua, lequel ils nomment Colmen de Olcello, les Italiens *Montbraio* ou *Montgraio*, par laquelle on va des Grisons à Bellinson. C'est de ce mont que part l'vne des trois sources primitiues du Rhin: car ce fleuue a trois fontaines differentes, dont la secõde procede du plus hault sommet des monts Lepontins nommé Cadelinus, & coule sous le nom de *Froda*, tant qu'il ayt attaint la valee Occidentale du mont Lucumo, où il prend le nom de Rhenus Medius, pour ce que des trois canaux primitifs du Rhin, celuy-cy en tient le milieu: le troisiesme sort du mont Chrispaltus, qui touche à celuy de sainct Godard d'vne part, & à celuy des Lepontins voisins de la riuiere Vrsa, d'autre part. De sorte que quand nous lisons dans Iules Cæsar & Ammian Marcellin, que le Rhin prend source chez les Lepontins: dans Tacite, *In Alpibus Rheticis*:

LII

Et dans Ptolomee, *in Adula monte*, Il ne faut pas penser qu'ils soient repugnants les vns aux autres : Car on tient que les monts Lepontins sont partie de ceux des Grisons. Et si les chefs ou sommets du mont Adula, tiennent & des Lepontins, & des Grisons tout ensemble.

10. Le second des chemins plus renommez qui passe par les Alpes des Grisons, est celuy qui conduict du lac de Como, dict *Larius lacus*, droict en Allemagne, par la valee de Volturrena au dessus de la source du Rhin, qui procede du mont Abdua. Voicy comme Alciat le descrit, *Sunt Rhœticæ Alpes, quibus in Rhœtos vadimus, quos vulgo Chrisons vocant: incipiunt ab Adya monte (Straboni corruptè legitur, nunc Adula, nunc Aduella) id est inaccesso: vernacula simplicitas montem Brulium nuncupat in Volturrena: seu, vt imperiti, in Valle Telina: & in Venetiam protenduntur, donec Ocræ subeant: Et Iouius quasi tout de mesme: his aliæ Rheticæ succedunt, quæ ab Lario lacu per Volturenam vallem supra Abduæ fontes, & Burmias aquas, Celsissimum Aduæ montis culmen habent, quod hodie Mongranum vocant.*

11. On tient que ce fut à trauers ces monts Rhetiens, que Stilico fit passer son armee d'Italie en Allemagne, lors qu'il y fut faire la guerre, ainsi que Claudian le recite en ses vers,

> *Protinus vmbrosa vestit qua litus oliua*
> *Larius, & dulci mentitur Nerea fluctu,*
> *Parua puppe lacum præteruolat ocyus : Inde*
> *Scandit inaccessos brumali frigore montes,*
> *Nil hiemis cœliue memor.*

Et peu apres, descriuant à la façon des Poëtes, la difficulté des passages qui se rencontrent parmy ces rochers presque inaccessibles, Il adioute,

> *Sed latus, Hesperiæ qua Rhetia iungitur oræ,*
> *Præruptis ferit astra iugis: panditque tremendam*
> *Vix æstate viam. multi, seu Gorgone visa,*
> *Obriguere gelu; multos hausere profundæ*
> *Vasta mole niues : cumque ipsis sæpe iuuencis*
> *Naufraga candenti merguntur plaustra baratro.*
> *Interdum subitam glacie labente ruinam*
> *Mons dedit, & tepidis fundamina subruit astris*
> *Pendenti malefida solo : per talia tendit*
> *Frigoribus medijs Stilico loca.*

12. Le troisiesme chemin qui trauerse les montagnes Rhetiennes ou des Grisons, est celuy qui passe en la ville de Trente, Iouius descrit ledit chemin en ces termes: *Secundum eas sunt Rhetica, quibus à Tridento per montis Cremeris clementia iuga in Vindeliciam, & ad loca*

Oenum amnem, *Hispurcho oppido proxima penetratur.* Il y en a qui diuisent les monts Tridentins, de ceux des Rhetiens: Mais ie croy que Iouius faict fort bien de les prendre pour vne mesme chose, attendu que Pline & Strabo disent, que les montagnes de Trente sont partie de celles des Grisons. Ce chemin estant paruenu iusques au Comté de Tirol, se diuise en deux, prés de la ville que les Latins appellent *Oenipontem*, les Allemans *Inspruch*, c'est à dire le pont du fleuue *Oenus*: auquel endroict il se diuise en deux bras pour aller en Allemagne: l'vn est à la dextre de ceux qui descendent selon le cours dudit fleuue, qui conduict droict au Duché de Bauieres, lequel les Anciens Latins appellent, *Noricum*: Mais à gauche, le second va droict aux Vindeliciens, qui sont auiourd'huy ceux de Baiern selon Auentin, ou bien de Lintgouu, selon Scudus. Sur ce dernier à l'issue des Alpes, est assis en lieu fort hault la ville dicte Erebergum, & celle de Fiessa qui a son nom de la bouche & premier ouuerture des Alpes de ce costé là. Ce chemin est descrit en l'Itineraire d'Antonin, ainsi que vous le voyez cy dessous.

ITER AB AVGVSTA VINDELICORVM		
Veronam.	M. P.	CCLXXII. sic,
Abuzacum	M. P.	XXXVI.
Parthanum	M. P.	XXX.
Vildidenam	M. P.	XXX.
Vipitenum	M. P.	XXXVI.
Sublauionem	M. P.	XXXII.
Endidas	M. P.	XXIIII.
Tridentum	M. P.	XXIIII.
Ad Palatiam	M. u.	XXIIII.
Veronam	M. a.	XXXVI.

Pag. 62.

Quand aux deux bras dudit chemin qui se separent auprés d'Inspruch, que les Latins appellent *Oenipontem*, vous en voyez icy la separation extraitte dudit Itineraire.

Inszprugg, vulgo, Hispurchum.

ITER A PONTE OENI AD		
Castra	M. P.	CL.
Turum	M. P.	XLIIII.
Iouisuram	M. P.	LXIIII.
Ad Castra	M. P.	XLII.

Pag. 57.

ITEM A PONTE OENI
Veldidenam	M. P. XC. sic,
Albiancum	M. P. XXXVIII.
Mastiacum	M. P. XXVI.
Veldidenam	M. P. XXVI.

13. Au chemin dessusdit du costé de Verone, il y a certains destroicts sur la fin des Alpes, fort difficiles à surmonter: Lesquels Gunterus Poëte nous despeint en assez beaux vers, tels que vous les voyez icy,

Lib. 4. sus Tigurini. Tigurinus pagus. Zurich.

> Ventum erat ad fauces, angustaque claustra viarum,
> Qua se nubiferis horrendæ rupibus Alpes
> Exiguo tantum penetrandas limite præbent:
> Vniusque capax scopuloso semitæ Calle,
> Arcta laboranti pandit vestigia turbæ.
>
> Hinc fractis prærupta iugis, tenebrosa vorago
> Pandit inane Chaos: Baratrique simillimus horror
> Exanimes fecisse potest: Athesamque fragosis
> Sub pedibus rauco certantem murmure saxis,
> Accipit attonita, quam non videt, aure viator.
>
> Hinc se nubifero super æthera vertice rupes
> Tollit: & ingenti late loca protegit vmbra:
> Eque supercilio scopulosi verticis vnus,
> Conatu facili, lapsuraque saxa mouendo,
> Mille potest arcere viros, aditusque viarum
> Claudere, vel missis incautos perdere saxis.

DES ALPES IVLIENNES, CARNIQVES, Noriques, & Chemins militaires, conduicts par icelles.

CHAPITRE XXXIII.

1. Des trois Alpes du nom de Iuliennes.
2. Mont saincte Croix, & Inscription antique de Iules Cæsar.
3. Des Alpes Carniques, Noriques, & Iuliennes.
4. Chemin de l'Itinéraire par ces Alpes.
5. Pourquoy quelques anciens chemins des Alpes ont changé de nom, & de situation.

1. APRES les Alpes des Grisons, suiuent celles qui du nom de Iules Cesar sont appellees Iuliénes, à cause d'vn chemin qui y fut fait du temps (& comme il est à croire) par le commandement de Iules & d'Auguste. Au moins S. Ruffus nous asseure, *Sub Iulio & Octauiano Cæsaribus per Alpes Iulias iter factum esse.* Et faut noter qu'il se trouue des Alpes Iuliennes en trois endroicts dedans l'estenduë des Alpes: les premieres sont celles desquelles parle Liuius (si d'auanture il n'y a point de faute en son texte) quand il dit, que les Gaulois entrerent en Italie *per Taurinos saltus, Iuliasque Alpes.* Si cela est, il se trouueroit des Alpes Iuliennes prés de Piemont. Ce qui a fort empesché plusieurs autheurs, qui ne sçauent où prendre ces Alpes de ce costé là: & a fait croire à quelquesvns, qu'il falloit lire en ce passage de Liuius *per inuias Alpes*, & non *Iulias*.

Les autres sont entre les montagnes des Grisons, prés d'vn Mont assez renommé, que l'on appelle *Septimus*. Car ces Alpes sont extremement hautes, & durant l'hyuer du tout inaccessibles. De ceste partie des Alpes le fleuue Arnus ou Oenus prend son origine. Les troisiesmes sont celles à qui proprement appartient le nom d'Alpes Iuliennes, qui ont leur descente au territoire des Venitiens. C'est de ces Alpes que parle Corneille Tacite, quand il dit: *A Vespasianus ducibus Veronam & Vicentiam possessas, & interceptum exercitum per Rheticam Iuliasque Alpes: ac ne peruium illac Germanicus exercitibus foret, obseptum.* Desquelles Alpes Ammian fait mention: & dit que ce sont celles mesmes, que les anciens appelloient *Alpes Venetas*, les Alpes de Venize.

Lib. 19. annal.

Lib. 31.

2. Quant à leur situation, elles sont posées entre les Tridentines & Carniques, & s'estendent de la voye Treuisiane prés du fleuue Anaxus, par les villes de Belluno & de Feltrio, iusques au Duché de Bauiere & d'Autriche: Et croy que c'est vne partie de ce Chemin par les Alpes Iuliennes, que l'Itineraire d'Antonin nous donne sous ces mots.

Ab Opitergio Tridentum.	M. P. CX. sic,
Ad Cepasias.	M. P. XXVIII.
Feltriam.	M. P. XXVIII.
Ausugum	M. P. XXX.
Tridentum	M. P. XXIII.

3. Sabellicus nous raconte, qu'assez prés d'vn lieu nommé *Iulium Carnicum*, il y a vn mont de tres-difficile accés, que l'on appelle aujourd'huy le Mont saincte Croix. Au milieu de la montee d'iceluy

LII iiij

l'on rencontre vn Roc coupé dés le pied, auec vn sentier fort estroit taillé autrefois par les soldats Romains du commandement de Iules Cesar : & que cela se peut entendre par les reliques d'vn Epigramme graué dans la pante du Roc, quasi tout mangé de vieillesse, ne restant que ces mots qui se puissent lire, C. IVLIVS CÆS R. Les autres nous rapportent cette Inscription plus entiere : laquelle ils disent estre *In Foroiuliensi regione, medio fere montis Crucis ascensu, præcipiti saxo*, telle que vous la voyez:

  C. IVLIVS. CAESAR
  VIAM. IVLIAM. SOLERT. ET.
  IMPENDIO. ROTAB.
   REDD.

Ledit Sabellicus estime que ce fut par icelles que Iules Cesar fit passer les cinq Legions qu'il amena en la Gaule, à cause que les Alpes Iuliennes sont voisines de la ville d'Aquilee, és enuirons de laquelle trois desdites Legions auoient passé leur hyuer. Toutesfois si on considere que ce chemin conduit en Bauiere bien loing de la Gaule : & que Iules Cesar, ainsi qu'il escrit luy-mesme, print son passage : *Qua proximum erat iter in interiorem Galliam : non qua ad Alpes iter proximum erat*, Il sera facile à iuger que Iules Cesar prit vn autre chemin.

4. La derniere partie des Alpes est celle qui se recognoist sous le nom de *Carnicæ Alpes*: & au langage du païs Alpes de Crainer. Cette partie auec les Iuliennes sont souuent comprises sous le nom seul d'*Alpes Norica*: à cause que du costé du Septentrion elles ont leur descente en Bauiere, que l'on appelle *Noricum* chez les Romains. Les Alpes Carniques & Iuliennes sont celles qui diuisent les prouinces d'Illyrie & d'Esclauonie d'auec les Regions Italiennes. Ce que l'on peut coniecturer par vn passage de sainct Hierosme en l'Epitaphe de Nepotian : où descriuant la misere de son temps, & le debord des nations Septentrionales sur les prouinces de l'Empire qui sont du costé de l'Esclauonie & de la Grece, il dit: *Horret animus temporum nostrorum ruinas prosequi. Viginti & eo amplius anni sunt, quod inter Constantinopolim & Alpes Iulias quotidie Romanus sanguis effunditur. Scythiam, Traciam, Macedoniam, Dardaniam, Daciam, Thessalonicam, Achaiam, Epiros, Dalmatiam, cunctasque Pannonias, Gothus, Sarmata, Quadus, Alanus, Hunni, Vandali, Marcomanni, vastant, trahunt, rapiunt.*

5. A trauers les Alpes Carniques passe le chemin ainsi descrit dans ledit Itineraire.

DE L'EMPIRE, LIV. III.

Iter ab Aquileia per compendium
Veldidenam.   M. P. CCXV.
Ad tricensimum.   M. P. XXX.
Iuliam Carnico.   M. P. XXX.
Loncium.   M. P. XXII.
Aguntum.   M. P. XVIII.
Littamum.   M. P. XXIII.
Sebatum.   M. P. XXIII.
Vipitenum.   M. P. XXXIII.
Veldidenam.   M. P. XXXVI.

6. Ie ne doute pas qu'il n'y ait encores quelques autres chemins par les Alpes, desquels ie n'ay fait icy aucune mention : mais ie me suis contenté de mettre en auant ceux qui sont les plus recognus, & renommez dans l'histoire : & principalement ceux que les Romains ont fait. Quant aux autres qui restent en l'histoire, ou dans l'Itineraire, ie les ay laissé exprés, pour n'estre pas bien asseuré de leur situation. Ioinct que pour le regard des chemins des Alpes en general, ils ont souuent changé de nom, voire-mesme de situation par les tremblemens de terre qui y sont arriuez. Ce que Cuspinian a fort bien remarqué, quand il dit : *Ego Alpium nomina & itinera, tam ex terrae motibus, quam ex arbitro principum & accolarum crediderim sæpissimè variata : & opinionibus scribentium nomenclaturam crebrò, pro vniuscuiusque constanti æstimatione inuersam, vt integrè de singulis nihil asserere possimus. Nam & vrbium nomina plerumque nobiscum intereunt & renascuntur : nedum montium & collium, quibus crebrò pastores rustica simplicitate nomina imponunt.*

DE LA MVLTITVDE DES CHEMINS
Militaires, qui sortoient des villes capitales des principales prouinces de l'Empire.

CHAPITRE XXXIV.

1. Que de plusieurs villes de l'Empire sortoient plusieurs grands chemins, ainsi que de Rome.
2. Similitude pour faire entendre l'estendue & correspondance des chemins Militaires.
3. L'vn des chemins de Rome à Milan distribué en plusieurs autres.
4. Similitude prises de Milan, & appropriée aux autres villes capitales des prouinces.
5. Deux sortes de chemins ; droicts & trauersans.
6. Exemple des vns & des autres.

1. OILA donc nos grands Chemins conduits à trauers les Alpes de la Gaule Cisalpine en la Transalpine: ou, si vous voulez, de l'Italie dans les Gaules, pour estre de là distribuez à l'Espagne, aux Gaules mesmes, à la grand' Bretagne & à l'Allemagne. mais auant que de faire ceste distribution, & de continuer lesdits chemins iusques aux extremitez Occidentales & Septentrionales de l'Empire dedans l'Europe; il nous faut remarquer, que ce n'estoit pas de la ville de Rome seulement, que les Romains auoient fait partir plusieurs chemins pour les estendre de toutes parts à l'enuiron: ainsi que nous auons monstré cy dessus. Ils en auoient fait le semblable en plusieurs villes de leur Empire, qui sont situees és principales prouinces.

2. Tout ainsi donc que sur les Chartes Hydrographiques on void la figure du Rhomb des vents, non en vne seule place, mais en plusieurs: de chacun desquels on voit partir vne ligne, qui s'en va droict au Pol, afin que ceux qui nauigent tant sur l'Ocean, que sur la mer Mediterranee, s'en puissent seruir à la conduite de leurs vaisseaux, selon les diuers endroicts & esleuations où ils se rencontrent: & comme outre ladite ligne on en void d'autres partir du centre desdits Rhombs de vents, & tendre vers toutes les parties du monde, aucunes desquelles vont d'vn Rhomb à l'autre, & le trauersent de droict fil. Finalement comme sous l'vne desdites lignes, les Pilotes qui ont le maniement du gouuernail & de la boussole, prennent leur route pour aller droict à la terre qu'ils desirent d'aborder: ainsi est-il de la disposition des grands chemins de l'Empire: Car les Romains ont fait sortir de plusieurs grandes villes d'Italie, ou des prouinces, plusieurs grands chemins à l'enuiron, dont l'vn se raporte à Rome comme à son Nort: & quant aux autres, ils ont des relations & des rapports auec d'autres villes sur la terre, comme vn Romb des vents auec vn autre sur vne Charte Hydrographique, pour se venir en fin rejoindre tous ensemble à la ville de Rome, comme à l'origine & source fontale de tous les grands chemins de l'Empire.

3. Tout ainsi doncques que de tant de chemins Militaires qui sortent de Rome, il y en a vn dans l'Itineraire qui s'en va droict à Milan sous ce tiltre, *ab Vrbe Mediolanum*: Et que Milan ayant receu ce chemin, le distribuë par apres à plusieurs villes, tant loingtaines que prochaines, tant d'Italie que dehors; Il en est ainsi de plusieurs villes des grandes prouinces, lesquelles ayant receu vn chemin qu'elles tirent originairement de la ville de Rome, soit immediatement, ou bien par l'entremise de Milan, ou de quelques autres villes: elles viennent par apres à l'espandre & distribuer en plusieurs branches

tout à

DE L'EMPIRE LIV. III.

tout à l'enuiron, pour se communiquer aux villes & autres lieux qui sont dans chacune prouince.

Quant à la ville de Milan, vous auez tous les chemins suiuans qui en sortent, ainsi que lignes d'vn Rhomb des vents, lesquels l'Itineraire a marqué de ces tiltres.

Iter quod à Mediolano per Picenum & Campaniam ad Columnam, id est traiectum Siciliæ ducit,	M. P. DCCCCLVI.	*Page 22.*
A Mediolano Arelate per Alpes Cottias	M. P. CCCCXI.	*Page 27.*
Iter à Mediolano per Alpes Cottias Viennam,	M. P. CCCCIX.	*Page 80.*
Iter à Mediolano per Alpes Graias Viennam	M. P. CCCVIII.	*Page 78.*
Iter à Mediolano per Alpes Graias Argentoratû,	M. P. DLXXVII.	*Page 79.*
Iter à Mediolano per Alpes Penninas Maguntiacum,	M. P. CCCCXIX.	*Ibid.*

ITER DE ITALIA IN HISPANIAS. *Page 88.*

A Mediolano Vapincum, trans Alpes Cottias mansionibus supradictis,   M. P. CCLV.   *Page 87.*

A MEDIOLANO AQVILEIAM.

4. Comme donc Milan ayant receu vn chemin de Rome, le distribuë en plusieurs branches: ainsi se trouuent en Espagne, en la Gaule, & ailleurs des Citez grandes, lesquelles ayans receu vn chemin de Milan ou d'ailleurs, le partagent par apres en plusieurs membres. Ce qui fait que les petites & grandes Citez des prouinces de toute l'Europe, ont des correspondances admirables les vnes auec les autres par des chemins trauersans, qui joignent l'Espagne à la Gaule: la Gaule à l'Allemagne, l'Allemagne à la Hongrie, la Hongrie aux Mesies, les Mesies à la Scythie, la Scythie à la Trace, la Trace à la petite Asie, la petite Asie aux Armenies & à la Syrie, la Syrie à la Palestine, la Palestine à l'Egypte, l'Egypte à Carthage, & à toutes les prouinces de l'Affrique, iusques aux Colomnes d'Hercules, où la fin vient quasi se rejoindre aux commencemens Occidentaux des grands chemins d'Espagne. Et s'y rejoindroit par effect, si le Traict de Gibraltar n'y mettoit empeschement. Ce que nous verrons cy apres en detail par bonnes & visibles preuues.

Par ce moyen les grandes Citez des prouinces ne sont pas seulement alliees à la ville de Rome comme à leur chef, par des chemins qui s'y en vont de droict fil, soit mediatement, soit immediatement: mais ont en outre vne communication de chemins trauersans qui les allient les vnes auec les autres, comme nerfs qui seruent de ligamens aux membres particuliers d'vn corps, pour en faire par apres vn rapport vniuersel auec leur chef.

5. C'est d'où vient que dans l'Itineraire d'Antonin, & dans la Charte de Peutinger, il y a pour ce regard deux sortes de grands Chemins : les vns qui vont de Rome aux extremitez de l'Empire, comme lignes tirees du centre d'vn cercle à sa circonference : & les autres trauersans, ainsi qu'en vn cercle les lignes qui ne vont pas au centre; mais qui sont soustenduës à vne partie du cercle, comme vne corde à son arc.

6. De la premiere sorte est le chemin de Rome iusques aux Gades qui va, sinon tousiours de droicte ligne, au moins du milieu à l'extremité en biaisant, suiuant la nature & situation des lieux. Vous trouuerez ce chemin par les parcelles qui ensuiuent dans l'Itineraire d'Antonin, sçauoir de Rome à Arles par les Alpes Maritimes, d'Arles à Narbonne : de Narbonne à Carthage en Espagne, de Cartage à Castlona la Veïa : de Costlona à Malaca : & de Malaca aux Gades, qui tiennent les extremitez Occidentales du monde, de l'Europe & de l'Empire de ce costé là. Vous auez ce chemin dans l'Itineraire sous ces tiltres.

VIA AVRELIA.

Page 66. A Roma per Tusciam & Alpes Maritimas Atelatum vsque	M. P. DCCXCVI.
Ab Arelate Narbonem,	M. P. CI.
Page 89. Inde Cartaginem Spatariam,	M P. CCCIX.
Page 90. Inde Castulonem,	M. P. CCCIII.
Ibid. Iter à Castulone Malacam	M. P. CCXCI.
Page 91. Iter à Malaca Gadis,	M. P. CXLV.

Où vous voyez vn chemin de Rome aux Gades de mil neuf cens IIII^{xx} x : mil Italiques : qui valent neuf cens IIII^{xx} XVIII. lieuës Françoises. Ce chemin n'est autre que celuy qu'Auguste Cesar repara & allongea iusques aux Gades : ainsi que nous auons dit au liure premier Chap. 15. de cet œuure. Pour exemple de l'autre sorte de chemins que nous appellons trauersans, vous aurez ceux qui vont de Hongrie ou d'Espagne dans les Gaules, compris sous ces tiltres dans l'Itineraire.

Page 52. **ITER DE PANNONIIS IN GALLIAS,**
Per Mediterranea loca : id est, à Sirmio per Soppanas, Treueros vsque.

Page 53. **ITER PER RIPAM PANNONIÆ,**
A Tauruno in Gallias ad Legionem xxx. vsque.

De Hispania in Aquitaniam.
De Aquitania in Gallias.
Et autres semblables qui ne tirent pas droict à Rome, & ne s'en elloignent pas aussi de droict fil : mais seruent de trauerses pour allier les prouinces les vnes aux autres : & par icelles donner passage en tous sens aux armees.

DES GRANDS CHEMINS D'ESPAGNE, & du rapport qu'ils ont auec ceux de Gaule & d'Italie.

CHAPITRE XXXV.

1. Pourquoy le discours des grands Chemins d'Europe commence par l'Espagne.
2. Deux moyens de discourir desdicts Chemins : par l'Itineraire, & par l'histoire.
3. Chemin continuel de Milan en Galice.
4. Chemins d'Espagne pourquoy rapportez en gros, & non en detail. Supputation des miliaires d'iceux.
5. Inscriptions pour prouuer les chemins d'Espagne, mentionnez en l'Itineraire, estre faits de main d'homme.
6. Huict voyes pauees en Portugal tesmoignees par Andreas Resendius.
7. Rapport de deux colomnes miliaires en Espagne par ledit auteur.
8. Bref recueil de la communication que les villes d'Espagne ont les vnes auec les autres.

1. AFIN que nous puissions discourir en bref & par vn bon ordre des grands Chemins que la Gaule a receu à trauers les Alpes pour les distribuer tant par ses propres Regions, que par celles des terres & nations voisines : nous commencerons par l'Espagne, comme par la plus Occidentale : d'où nous poursuiurons nostre route par la Gaule & l'Allemagne, pour aller prendre fin aux parties plus Orientales que les Empereurs de Rome possedoient dedans l'Europe.

2. Or est-il que nous pouuons discourir des chemins d'Espagne, & des autres prouinces de l'Empire par deux moyens assez suffisans pour contenter les curieux : Le premier est celuy que nous tirerons dudit Itineraire, qui nous met deuant les yeux la continuation desdits chemins, auec le rapport & relation qu'ils ont à la

ville de Rome. Le second est tiré de l'histoire qui parle d'iceux absolument, & sans relation à ladite ville.

3. Pour ce qui est de l'Itineraire: outre le grand chemin de Rome aux Gades cy dessus mentionné, vous en auez vn autre qui s'estend de Milan à trauers l'ancienne Gaule Narbonnoise, iusques à la prouince aujourd'huy recognuë sous le nom de *Gallicia*, faisant partie du Royaume de Portugal, à l'extremité d'Espagne la plus reculée d'Italie. Quant au premier qui conduit aux Gades, il coule le long de la coste d'Espagne qui regarde la mer Mediterranee : mais celuy duquel nous traictons maintenant tranche l'Espagne tout à trauers, & va diametralement d'vn bout à l'autre. Le chemin est tel.

IN HISPANIAS.
ITER DE ITALIA IN HISPANIAS.

Pag. 88.89

A Mediolano Vapincum trans Alpes Cottias Mansionibus supra dictis.	M. P. CCLV.
Inde ad Galleciam ad Legionem VII.	
Geminam.	M. P. DCCCCLXXV. sic.
Alamontem	M. P. XVII.
Regusturonem	M. P. XVI.
Alaunium	M. P. XXIIII.
Aptajuliam	M. P. XXVIII.
Cabellionem	M. P. XXII.
Arelate	M. P. XXX.
Nemansum.	M. P. XIX.
Ambrussum	M. P. XV.
Sextationem	M. P. XV.
Forum Domiti	M. P. XV.
Arauram siue Cesceronam	M. P. XVIII.
Beterras	M. P. XII.
Narbonem	M. P. XVI.
Salsulas	M. P. XXX.
Ad Stabulum	M. P. XLVIII.
Ad Pirenæum	M. P. XVI.
Iuncariam	M. P. XVI.
Gerundam	M. P. XXVII.
Barcinonem	M. P. LXVI.
Stabulum nouum	M. P. L...I.
Tarraconem	M. P. XXIIII.
Ilerdam	M. P. LXII.
Tolous	M. P. XXXII.
Pertusam	M. P. XVIII.

DE L'EMPIRE. LIV. III.

Oscam	M. P. XXVIIII.
Cæsaraugustam	M. P. XLVI.
Cascantum	M. P. L.
Calagurrim	M. P. XXIX.
Variam	M. P. XVIII.
Tritium	M. P. XVIII.
Olbiam	M. P. XVIII.
Segesamunclum	M. P. VII.
Veronescam	M. P. XI.
Segesamonem	M. P. XLVII.
Lacobrigam	M. P. XXX.
Camalam	M. P. XXIIII.
Lanciam	M. P. XXIX.
Ad Leg. VII. Geminam	M. P. IX.

Ainsi paroist-il par ces nombres, que de Milan iusques au lieu de la VII. Legion appellee Gemina, il y auoit douze cens trente mille Italiques, qui reuiennent à six cens quinze lieües Françoises. Au reste cette voye qui passe d'Italie à trauers la Gaule Narbonnoise, ne peut estre autre que celle que Polibius dict auoir esté faicte par les Romains, & par eux marquee de pierres de huict stades en huict stades : & qu'Andreas Resendius dict auoir veu toute pauee de pierres esquarries, auec vne folle depense & profusion de deniers incroyables : *Quadratis saxis pene insana profusione*. Ainsi que nous auons remarqué en autre endroict.

4. Vous auez encores plusieurs grands Chemins en Espagne, desquels l'Itineraire d'Antonin faict mention : Mais non pas la Charte de Peutinger, en laquelle ne se trouue aucune partie de l'Espagne : Mais d'autant que ce seroit chose par trop prolixe, de coucher au long tous les chemins, tant dudit Itineraire que de ladite Charte : Et que sans necessité cela grossiroit par trop cet ouurage. Ie me contenteray pour l'aduenir de transcrire les tiltres generaux dudit Itineraire auec les pages où ils sont registrez en leur detail, & là renuoyer le Lecteur qui sera curieux d'en examiner le nombre & la longueur de plus prés. Voyez donc icy en gros les chemins militaires des Prouinces d'Espagne, & de la partie de la Gaule qui sert à y aller par terre.

Iter ab Arelate Narbonem	M. P. CL.	Page 89.
Inde Tarraconem	M. P. CCXXXIV.	Page 89.
Inde Cartaginem Spatariam	M. P. CCCLX.	Page 90.
Inde Castulonem	M. P. CCCIII.	Ibid.

Iter à Corduba Castulonem	M. P. XCVIII.
Alio Itinere à Corduba Castulonem	M. P. LXXVIII.
Iter à Castulone Malacam	M. P. CCXCI.
Iter à Malaca Gadis	M. P. CXLV.
Iter à Gadibus Cordubam	M. P. CCXCV.
Iter ab Hispali Cordubam	M. P. XCIII.
Iter ab Hispali Emeritam	M. P. CLXII.
Iter à Corduba Emeritam	M. P. CXLIIII.
Iter ab Olisipone Emeritam	M. P. CLXI.
Iter à Salacia Ossobonam	M. P. XVI.
Iter ab Olisipone Emeritam	M. P. CXLV.
Item alio Itinere ab Olisipone Emeritam	M. P. CCXX.
Iter ab Olisipone Bracaram Augustam	M. P. CCXLIIII.
Iter à Bracara Asturicam	M. P. CCXLVII.
Iter per loca maritima à Bracara Asturicam	M. P. CCVII.
Iter de Estri Pacem Iuliam	M. P. CCLXIIII.
Item alio Itinere à Bracara Asturicam	M. P. CCXII.
Iter à Bracara Asturicam	M. P. CCCXCIX.
Iter ab Esuri per compendiũ pacem Iuliam	M. P. LXXVI.
Iter ab ostio fluminis Anæ Emeritam vsque	M. P. CCCXIII.
Iter ab Emerita Cæsaraugustam	M. P. DCXXXII.
Alio Itinere ab Emerita Cæsaraugustam	M. P. CCCXLIX.
Iter ab Asturica Cæsaraugustam	M. P. CCCCXCVII.
Item ab Asturica per Cantabriã Cæsaraugustã	M. P. CCCI.
Item à Turiasone Cæsaraugustam	M. P. LVI.
Per Lusitaniam ab Emerita Cæsaraugustam	M. P. CCCCLVIII.
Iter à Laminio Toletum	M. P. XCV.
Iter à Laminio alio Itinere Cæsaraugustam	M. P. CCXLIX.
Iter ab Asturica Tarraconem	M. P. CCCCLXXXVI.
Iter à Cæsaraugusta Benearnum	M. P. CXII.

Que si vous venez à supputer en vn tous ces nombres, vous trouuerez que les Romains ont faict dedans les Espagnes seules plus de sept mille sept cens milliaires Italiques de chemins pauez, qui se reduisent à trois mil huict cens cinquante lieües Françoises : sans mettre en ligne de comte quelques autres chemins, qui font vn retour d'Espagne dedans les Gaules.

5. Or afin que l'on ne pense pas que ces Chemins soient autres que ceux que les Romains y ont faict de main d'homme, Ie me seruiray de quelques inscriptions, & de quelques tesmoignages exprés des ouurages, que les Empereurs de Rome y ont faict faire : Et

commenceray par la ville d'Arles, puis que par icelle le chemin est tracé pour aller d'Italie en Espagne.

159. 8.
```
         SALVIS. D D. N N.
         THEODOSIO. ET
         VALENTINIANO
         P. F. V. AC TRIVM
         SEMPER. AVG. XV.
         CONS. VIR. INL.....
         AVXILIARIS. PRAE.
         PRAETO. GALLIA. ...
         DE ARELATE. MA
         MILARIA. PONL S.
         M. P. L.
```

Autre, en vne colomne prés de Calzada en Espagne.

158. 5.
```
         IMP. CAESAR. DIVI
         SEPTIMI. SEVERI. PII. ARAB
         ADIAB. PARTICI. MAX. BRI.
         TI. MAX. FEL. DIVI. AVR. ANTO.
         GERM. SARM NEP. DIVI. ADRIANE
         ABNEP. DIVI. TRAIANI. PARTICI
         ADNEP. M. AVREL. ANTONINVS
         PIVS. FELIX. AVG. PART
         MAX. BRIT. MAX. GERM.
         MAXIM...... TRI. PO
         X. IMP. III. COS. IIII. P. P.
         PROCOS. FECIT.
         CXXXVI.
```

Les trois suiuantes se trouuent en la ville de Medine.

158. 9.
```
              L
         GALIENVS. IMP. CAES.
         AVG. CLEMENS. PIVS
         VRBE. AEDIF. RESTAVR
         AD. BONVM. ITAL. GAL.
         HISP. PVBLICVM. CON
         VERSVS. HOC. ITER. VA
         RIE. PER. PROVINC.
         INTERRVPT. REFICI
              IMPERAVIT.
              LXXXVIII.
```

159. 4.
```
              II.
         IMP. CAES. FLAVIVS
         CONSTANTIN. AVG.
         PACIS. ET. IVSTITIAE
```

```
        CVLT. PVB. QVIETIS
        FVND. RELIGIONIS
        ET. FIDEL. AVCTOR
        REMISSO. VBIQVE
        TRIBVTO. FINITIMIS
        PROVINC. ITER
        RESTAVR. FECIT
             CXIIII.
```

III.

```
             IMP. CAES. GRATIANVS
  159. 7.    PIVS. FELIX. MAX. VICT
             AC. TRIVMPH. AVG.
             PONT. MAX. GERM. MAX.
             ALAMANVS. MAX. FRANC.
             MAX. GOT. M. TR. P. III.
             IMP. II. COS. IIII. PRIM. P. PP.
                   RESTITVIT
                      CXI.
```

Entre Medine & Lisbone en vne colomne miliaire.

```
                  IMP.
             CAES. CAIVS
   158. 7.   IVL. VER.
             NOB. IMPERA
             TOR. V. TRIBVNI
             CIAE. PO
             TEST. COS. PRO. P.
             PATRIAE. . . . . . .
             . . . . . . . . . . .
```

En vne colomne miliaire à douze milles de Ebora ville de Portugal.

```
            IMP. CAES.
              MAXI
             MIANO
            PIO. FELI
            CI. AVG EBO
            RA. M. P.
               XII.
```

6. Ie ne rapporteray point icy les autres Inscriptions par nous employees au liure premier, tant d'Auguste, que de plusieurs des Empereurs suiuants, qui ont faict trauailler aux grands Chemins d'Espagne, pour ne repeter deux fois vne mesme chose : & diray seulement qu'en Espagne, aussi bien comme en autres Prouinces de l'Empire,

l'Empire, paroissent encores plusieurs desdits grands Chemins, non du tout entiers, mais interrompus en plusieurs endroicts par faute de reparation: de huict desquels Andreas Resendius faict mention en ces mots: *Talium viarum septem in Lusitania, eaque in Bracaris supersunt adhuc: & vna in Vettonia, altera Lusitaniæ prouincia: verum magna ex parte obstructionibus stratisque vetustate corruptis, & collapsis milliariorum columnis. Prima, cuius meminit Antoninus Pius in Itinerario pag. 94. Ab Olisipone ducebat Emeritam, cuius verba apponam aliquanto emendatius, quam vulgo codices circunferunt.* Puis adioustant ce qui se trouue dudit Chemin audit Itineraire, il en corrige les faultes en la maniere que vous le voyez cy dessous.

Lib. 3. de Antiquita. Lusitaniæ cap. de viis militaris.

Ex Itinerario.		Ex Andrea Resendio, pag. 176.	
Iter ab Olisippone Emeritam. M. P. CLXI. sic,		*Iter ab Olisippone Emeritam.* M. P. CCIIII. sic,	
Equabonam	M. P. XII.	Equabona	M. P. XII.
Catobrigam	M. P. XII.	Ceciliana	M. P. XII.
Ceciliana	M. P. VIII.	Salacia	M. P. XII.
Malceam	M. P. XVI.	Ad Anā flumē	M. P. IX.
Salaciam	M. P. XII.	Dippone	M. P. XII.
Eboram	M. P. XLIIII.	Celtebrica	M. P. XII.
Ad Adrū flumen	M. P. IX.	Malcca	M. P. XVI.
Diponem	M. P. XII.	Ebora	M. P. XLIIII.
Euandrianam	M. P. XVII.	Euandriana	M. P. XVII.
Emeritam.	M. P. IX.	Emerita	M. P. IX.

7. Cet auteur rapporte encores deux colomnes milliaires auec leurs Inscriptions, dont l'vne est renuersee par terre qui se voit, *In agro Stermotiensi, non procul à pago Berbocena,* De l'Inscription de laquelle restent seulement ces mots.

        IMP. CAES. DIV
        RI. FIL FIL

L'autre est encores leuee, qui porte l'Inscription suiuante, faicte au nom de Heliogabalus, dernier de ceux qui a porté le nom des Antonins.

      IMP. CAES. D. ANTONI
      NI. FIL. MAGNI. FIL
      D. SEPTIMI. SEVERI
      FIL. NEPOTI. M. AVRE
        LIO ANTONINO
      FEL. AVG. PONT. MAX.

466　　HIST. DES GR. CHEMINS

```
        TRIB. POT. II. COS. II.
           PROC.  PP.
        FORTISSIMO FELICISSI
        MOQ.  PRINCIPI
```
Ora. I.
Ebora.
```
           ORA.  M.  P.
              XII.
```

8. Nous auons plusieurs exemples de ce qui a esté dict cy deuant des villes capitales ou Metropolitaines des principales Prouinces de l'Empire, desquelles, ainsi que de Rome, partent plusieurs grands Chemins, qui s'estédent au long & au large par les Regions voisines. Car on voit par l'Itineraire, qu'il y a neuf Chemins tirez de la seule ville de Medine dicte *Emerita* : huict de *Sarragoce*, qui est *Cesaraugusta* : sept d'Astorga, que l'on appelle *Asturicam* : cinq de Cordoüe, quatre de Lisbone, & autant de Braga qui sont *Olisippo* & *Brachara* : trois de Seuille, & autant de Castous la vieille, que l'Itineraire appelle *Hispalim* & *Castulonem*. Dauantage, on voit euidamment par ledit Itineraire, quels sont les rapports que chacune desdites villes peut auoir auec ses voisines : Et comme toutes les Prouinces d'Espagne estoient tellement accommodees & munies de chemins pauez, que l'on pouuoit voyager sur iceux de l'vn à l'autre en tous sens, attendu que les villes dessusdites sont Capitales desdites Prouinces, & qu'elles sont esparses deça, delà, dans toute l'estendue des Espagnes.

DV NOMBRE ET DE LA GRANDEVR des grands Chemins de la Gaule.

CHAPITRE XXXVI.

1. *Comme il faut icy entendre le mot de Gaule : Limites de la Gaule.*
2. *Que la Gaule reçoit les chemins de l'Empire par trois endroicts.*
3. *Chemin droict de Rome à Milan, & de Milan dans les Gaules, qu'il faut interpreter.*
4. *Ledit Chemin couché par escrit ainsi qu'il est en l'edition de Surita.*
5. *Longueur admirable dudit chemin.*
6. *Les faultes suruenues en iceluy.*
7. *Lesdites faultes sont sur les nombres & les lieües Gauloises.*
8. *Nombres & lieües Gauloises rapportez par Surita, ainsi qu'ils sont és anciens manuscrits, & par luy combatus.*

DE L'EMPIRE, LIV. III. 467

QVAND ie parle icy de la Gaule, l'entens la Gaule entiere, que les Romains appelloient Transalpine, & qui est Cisalpine à nostre regard: comprenant tout ce qui est entre les Alpes, la mer Mediteranee, les Pyrenees, l'Ocean & le Rhin: ainsi que Baptiste Mantuan l'a descrite en ces vers:

Gallia terreni pars est non infima mundi:
Sed longè latéque patens. Hispanica tangit
Oppida ab occasu: seseconiungit ab ortu
Italiæ: nostro huic pelago quà respicit Austrum
Clauditur: Oceano geminas Vbi respicit Vrsas:
Vnde venit Boreas, Hibernáque frigora surgunt.
Et vada Theutonici tangit vastissima Rheni.
Terra hominum pecudumque ferax, &c.

Toute cette estendue de terre comprend en soy le Royaume de France, les païs Bas, la Loraine, la haulte & basse Allemagne deçà le Rhin, & les terres des Suisses & des Grisons, que Iules Cæsar met au rang des Gaulois: encore que pour le present ils soient censez & reputez pour Allemans d'origine & de langue.

2. La Gaule ainsi determinee reçoit les grands Chemins de l'Empire par trois endroicts differents, qu'il nous faut examiner les vns apres les autres. Par le premier, les grands Chemins nous viennent d'Italie à trauers les Alpes: Par le second, d'Espagne à trauers les Pyrenees: Et par le troisiesme, de Hongrie du costé d'Istrie & de Bauiere. Les chemins qui nous viénent par le premier, sont chemins droicts de Rome en la Gaule: Les deux autres ne sont que trauerses: & neantmoins ils auoient ensemble certaine correspondance appropriee à l'estat & aux affaires de l'Empire

3. Donc pour commencer par les Chemins qui nous viennent d'Italie, & qui nous portent droict à Rome: Nous auons veu cy dessus, comme il y a vn grand chemin qui s'estend de Rome à Milan. Et comme de Milan plusieurs autres, ainsi que diuerses branches, s'estendent dans la Gaule à trauers les Alpes, qui se distribuent en diuerses Regions de l'Empire: Mais pour ne retourner sur nos marches, & ne repeter ce que nous auons dict en plusieurs endroicts de cet œuure: Ie prendray seulement vn chemin, lequel i'ay mis expres en reserue pour en traitter icy à plain fond, comme de celuy, qui vient plus droictement de Rome en la Gaule: & qui y estant arriué, tranche la Gaule par le milieu plus iustement que pas vn autre, passe par les villes de ladite Prouince qui sont les plus celebres & plus renommees en l'histoire Romaine: & atteint iusques à l'extremité du

Nnn ij

HIST. DES GR. CHEMINS

monde, entre l'Occident & le Septentrion de l'Italie.

4. Ce Chemin donc, est ainsi couché dans l'Itineraire d'Antonin de la correction de Hieronimus Surita. page 80.

A Mediolano per Alpes Cottias Viennam.	M. P. CCCCIX.
Inde Durocortorum, quæ fuit, Leg. xx.	M. P. CCCCXXXII.
Inde Gessoriacum, quæ fuit Leg. xx.	M. P. CLXXIIII. sic,
Ticinum	M. P. XXII.
Laumellum	M. P. XXII.
Rigomagum	M. P. XXXVI.
Quadratas	M. P. XVI.
Taurinos	M. P. XXI.
Ad fines	M. P. XVI.
Segusionem	M. P. XXIIII.
Ad Martis	M. P. XVI.
Brigantionem	M. P. XVIIII.
Rame	M. P. XVIII.
Eburodunum	M. P. XVII.
Catutigas	M. P. XVI.
Vapincum	M. P. XII.
Montem Seleucum	M. P. XXIIII.
Lucum	M. P. XXVI.
Deam Vocontiorum	M. P. XII.
Augustam	M. P. XXIII.
Valentiam	M. P. XXII.
Ursolim	M. P. XXII.
Viennam	M. P. XXVI.

    Lugdunum   M. P. XXIII.
Aut per compendium.

Assa Paulini	M. P. XV.	Leg. X.
Lunnam	M. P. XV.	Leg. X.
Matisconem	M. P. XV.	Leg. X.
Tinurtium	M. P. XVIIII.	Leg. XIII.
Cabellionem	M. P. XXI.	Leg. XIIII.
Augustodunum	M. P. XXXIII.	L. XXII.
Sidoloucum	M. P. XXVII.	L. XVIII.
Aballonem	M. P. XXIIII.	L. XVI.
Antesiodorum	M. P. XXXII.	L. XXII.

Euburobrincam.	M. P. XVIII.	Le.	XII.
Tricases.	M. P. XXXIII.	L.	XXII.
Artiacam.	M. P. XVIII.	L.	XII.
Durocatelaunos.	M. P. XXXIII.	L.	XXII.
Durocortorum.	M. P. XXVII.	Leg.	XVIII.
Suessonas.	M. P. XXXVII.	L.	XXV.
Nouiomagum.	M. P. XXVII.	Le.	XVIII.
Ambianos.	M. P. XXXIIII.	Leg.	XXIII.
Pontes.	M. P. XXXVI.	L.	XXIV.
Gessoriacum.	M. P. XXXIX.	Leg.	XV.

Tabula Peutinger.

MEDIOLANVM.		Vigenna.	XXI.
Ticeno		*Lugduno caput Galliarum:*	
Laumellam	XXI	*vsque hic legas.*	
Cutias	XII	Ludnam	XVI.
Vergellis.	XIII.	Matiscone.	XIIII.
Eporedia.	XXXIII.	Tinurtio.	XII.
Augusta Taurinorum		Cabillione.	
Finibus.	XVIII.	Augustodunum.	XXI.
Segusione.	XXII.	Sidoloco.	XVIII.
Martis.	XVII.	Aballo.	XVI.
Gadaone.	VIII.	Antessio Duro.	XXII.
Brigantione in		Eburobriga.	
Alpe Cottia.		*Hic fit saltus.*	
Rama.	XVIIII.	Durocortoro.	XII.
Eburuno.	XVII.	Aug. Suessorum.	XXI.
Catorigomagus.	VII.	Lura.	XVI.
Ictodurum.	VI.	Rodium.	VIIII.
Vapincum.		Setucis.	X.
Alarante.	XVIII.	Sammarobriua.	XXXI.
Hic fit saltus.		Teucera.	XII.
Luco.	XVIII.	Nemetaco.	XIII.
Ad Deam Bocontio-		Teruanna.	XXII.
rum	XII.	Castella Menapio-	
Augustam.	XIII.	rum.	XII.
Valentia.	XXII.	Gesogiaco, quod nunc	
Tegna.	XIII.	Bononia.	XXIIII.
Figlinis	XVI.		

¶ Ce chemin est le plus admirable de tous ceux de la Gaule en sa longueur. Car prenant son origine en Italie, il s'estend à trauers la Gaule, comme vne ligne diametrale de l'vne des extremitez à l'autre, sur la longueur de neuf cens quatorze mil Italiques: qui reuiennent à quatre cens cinquante sept lieuës Françoises, à prendre depuis Milan iusques à Boulongne, ou estoit anciennement le port tant renommé dict *Ictius*, par Iules Cæsar, & depuis *Gessoriacum* par les auteurs suiuans.

6. Mais s'il y a chemin gasté & corrompu en ses nombres, & en la proprieté de sesmots dedans tout l'Itineraire d'Antonin, c'est celuy-cy. D'autant que Hieronymus Surita, de la façon duquel nous l'auons maintenant, en a corrompu les noms & les nombres en plusieurs endroicts, tant en ce qui est du gros, que du detail.

Quant aux noms il a mis par tout le nom de *Legio*, au lieu de *Leuga*, ou *Lega*. Pour les nombres il en racourcit quelques vns : & comme ainsi soit que les nombres de lieuës sont cardinaux : les attribuant à des Legions, il les a fait ordinaux, ainsi que nous verrons incontinent.

7. Quant au nombre des mil, qui sont de Milan à Vienne, il n'y a que bien peu de fautes, non plus qu'en ceux de Vienne à Reims, & de Reims à Boulongne: mais l'erreur entier est tombé sur les lieuës Gauloises, que l'auteur de l'Itineraire a adiousté auec les mil Italiques, à commencer depuis Lyon iusques à Boulongne, ainsi que tesmoignent les exemplaires manuscrits, desquels Surita mesme s'est aidé à la correction & interpretation dudit Itineraire. Mais Surita, quoy que sçauant & iudicieux par tout ailleurs, s'est mis en teste sur quelques legeres coniectures, de changer ce nom de *Leu*, qui signifie lieuë, & de substituer en sa place celuy de *Legio*. Ce qu'il a fait tant au gros comme au detail : & par ce moyen s'est veu en necessité de corrompre les nombres pour les approprier à ses legions imaginaires. Comme par exemple, il y a en son imprimé

  Inde Durocortorum, quæ fuit legio xx.   M. P. CCCCXXXII.
Au lieu que tous les anciens manuscrits portent
  Inde Durocortorum,   M. P CCCXXXII.
  Quæ sunt Leugæ,   CCXXI.

En l'imprimé,
  Inde Gessoriacum quæ fuit Legio xx.   M. P. CLXXIIII.
Au lieu qu'il se lit és manuscrits,
  Inde Gessoriacum.   M. P. CLXXIIII.
  Quæ sunt Leugæ.   CXVI.

Il en est de mesme des nombres du detail, qui accompagnent ce mot racourcy, *Leg.* qu'il prend par tout *pro Legione*, au lieu qu'il se doit prendre *pro Leuga*, ou *Legâ*.

8. Cet auteur donc que ie respecte & que i'honore pour sa do-

ctrine, estant paruenu iusqués au lieu de son Commentaire, où il interprete ces mots,

Inde Durocortorum, &c.

Met en auant fort fidelement ce qu'il a trouué dans les manuscrits tres-anciens qu'il auoit en main, en la maniere qui ensuit,

In Regio exemplari.

| Inde Durocontoro | M. P. | CCCXXX. |
| Quæ fiunt Leugas | M. P. | CCXX. |

In Blandiniano.

| Inde Durocortoro | M. P. | CCCXXXII. |
| Quæ fiunt Leugas | | CCXXI. |

Neapolitanum.

| Indurocortoro | M. P. | CCCXXXII. |
| Quæ fiunt Leg. | M. P. | CCXXI. |

Longolianum.

| Inde Durocordorum | M. P. | CCCXXXII. |
| Quæ fiunt Leugæ | M. P. | CCXXI. |

Cela fait il adiouste: *Quorum si scripturâ conferas, satis manifestè elicies, ex nota Legionum Leugas vertisse Librariorum inscitiam: & ex singulis Itineribus bina compilasse*: C'est à dire, que si vous venez à conferer l'escriture de ces manuscrits, vous tirerez vne consequence assez manifeste, que l'ignorance des Escriuains a changé le mot de Legion en celuy de lieuës: & que pour vn Itineraire ils nous en font deux. Puis sur ces mots suiuans,

Pag. 511.

Inde Gessoriacum.

Il fait les remarques qui ensuiuent.

In Regio exemplari.

| Gessoriaco. | M. P. | XXIIII. |
| Quæ fiunt Legæ. | | CXX. |

Blandinianum.

| Inde Gessoriaco. | M. P. | CLXXIIII. |
| Quæ fiunt Leugas. | CXVI. | sic |

Neapolitanum.

| Inde Sosoriaco. | M. P. | CLXXIIII. |
| Quæ fiunt Leg. | CXVI. | sic |

Et in Longoliano.

| Inde Gesoriaco | M. P. | CXLXXIIII. |
| Quæ fiunt Leugæ | | CXVI. |

Il dit en aprés: *Simili errore atque in proximi itineris titulo*: comme s'il vouloit dire que ce mot de *Leugas* a esté mis au lieu de *Legio*, par mesme erreur qu'au tiltre precedent. Telle est l'opinion de Hieronymus Surita, laquelle il n'appuye d'aucune raison, ny auctorité

P. 512.

quelconque: mais il ne s'est apperceu, que reprenant les anciens Escriuains, il est tombé luy-mesme en vn erreur tres-manifeste & en cet endroit, & en quelques autres, où il nous a substitué des Legions pour des Lieuës.

OPINION DE HIERONYMVS SVRITA reiettee sur le mot de *Legio* dans l'Itineraire d'Antonin.

CHAPITRE XXXVII.

1. Les nombres & mesures, necessaires à vn Itineraire. Trois raisons contre Surita.
2. Premiere raison tiree des anciens manuscrits.
3. Seconde raison de la nature des nombres.
4. Quelle raison il y a entre le mil & la lieuë Gauloise.
5. Correction de quelques nombres en l'Itineraire.
6. Deux remarques notables sur le mot de Legio.
7. Deux impertinences notables suiuroient, si Leg. signifioit Legio.
8. Erreur de Surita procede de quelques places qui portent le nom de Legio.

1. VNE des principales parties d'vn Itineraire, c'est que les nombres & les mesures y soient bien obseruees. Et d'autant qu'au grand Chemin transcrit au chapitre precedent, Hieronymus Surita s'est mespris en l'vn & l'autre, ie me suis proposé de restablir ce qui a esté par luy corrompu sur les mesures des lieuës, & sur les nombres qui seruent à les designer. Ce que ie feray par trois raisons tres-euidentes.

2. La premiere sera tiree des manuscrits-mesmes, desquels ledit Surita s'est serui, qui portent tous le mot de *Leuga*, ou *Legua*, & non de *Legio*. Adioustez à cela le manuscrit de la Bibliotheque de Monsieur le President de Thou, duquel i'ay tiré ces mots,

A Mediolano per Alpes Cottias Viennam.	M. P. M. CCCCVIIII.
Inde Durocortoro.	M. P. CCCXXXII.
Quæ fiunt Leugas.	CCXXXI.
Inde Gosoriaco.	M. P. CLXXIII.
Quæ fiunt Leugas	M. P. CXVI.

Puis quand

DE L'EMPIRE. LIV. III. 473

Puis quand il est venu au detail iusques à Lyon, il poursuit ainsi son chemin au deça du Rhosne.

Asa Pauli.	M. P. M. XV.	
Leugas.	M. P. M. X.	
Lunna.	M. P. M. XV.	Leg. X.
Tinnitium.	M. P. XVIIII.	Leg. XIIII.
Matiscone.	M. P. XV.	Leg. X.
Gapilumno.	M. P. XXI.	Leg. XIIII.
Augustoduno.	M. P. XXXIII.	Leg. XXII.
Sidoloueum.	M. P. M. XXVII.	Leg. XVIIII.
Aballone.	M. P. M XXIIII.	Leg. XVI.
Antesiodor.	M. P. M. XXXIII.	Leg. XXII.
Eburobrica.	M. P. M. XVIII.	Leg. XII.
Tricasis.	M. P. M. XXXIII.	Leg. XXII.
Attiaca.	M. P. M. XVIII.	Leg. XII.
Durocatalaunos.	M. P. M. XXXIII.	Leg. XXII.
Suessonas.	M. P. M. XXXVI.	Leg. XXIV.
Nouiomago.	M. P. M. XXVII.	Leg. XVIII.
Ambianis.	M. P. M. XXXIIII.	Leg. XXIII.
Pontibus.	M. P. M. XXXVI.	Leg. XXIIII.
Gesoriaco.	M. P. M. XXXVIIII.	Leg. XXVI.

3. La seconde raison & la plus forte de toutes pour faire vne demonstration certaine de cette verité, sera tirée de la nature des nombres qui sont si certains, & si determinez, que c'est aux nombres que l'on compare les especes: Car tout ainsi que les especes des choses en la nature sont tellement circonscrites & limitees par leur genre & leur difference, qu'elles sont vnes en elles-mesmes, & differentes de toutes les autres: & que de là on dit que *Species non miscentur*. Il en est de mesme des nombres, qui ne peuuent endurer de meslange: & qui sont si certains, que si vous adioustez ou diminuez quelque vnité à vn nombre, ce n'est plus celuy qui estoit auparauant, mais vn autre different en espece: d'autant qu'vn nombre ne peut receuoir ne plus ne moins. Or comme ainsi soit qu'entre le mil Italique & la lieuë Gauloise il y ait certaine raison determinee par nombres, qui est la raison d'autant & demy: Ainsi que nous auons monstré par bons & suffisans tesmoignages en autre lieu de ce liure 3. Si vous venez à conferer les nombres des mil Italiques du chemin duquel nous traictons, auec les nombres des lieuës Gauloises, vous les trouuerez tous en ladicte raison d'autant & demy, soit en gros, soit en detail.

4. Le mil est ainsi dit, dautant qu'il est faict & composé de mil pas, & la lieuë Gauloise de quinze cens, ainsi que Iornandes & Am-

Ooo

Au chap.12 de ce liure. mian Marcellin nous en ont cy-deuant asseuré. Tout ainsi donc qu'en quinze cens il y a autant qu'en mil, & en outre la moitié de mil, qui est cinq cens: ainsi trouuerons nous qu'en tous les nombres significatifs des mil & des lieuës Gauloises, cette raison d'autant & demy sera par tout obseruee. Nous commencerons à iustifier cela par le gros, qui est tel au premier des anciens manuscrits, que Surita appelle *Exemplar Regium*.

   Inde Durocontoro   M. P. CCCXXX.
   Quæ fiunt Leugæ   CCXX.

Entre ces deux nombres se trouue iustement la raison d'autant & demy: car en trois cens trente, il y a autant qu'en deux cens vingt, & moitié de deux cens vingt, qui est cent & dix.

Que si nous venons au detail nous trouuerons és nombres mesme de l'edition de Hieronymus Surita semblable raison estre obseruee au iuste, entant que la nature des nombres le peut porter. Mais voyons cecy par quelques experiences.

   Assa Paulini   M. P. XV.   Legæ x.
   Lunnam.   M. P. XV.   Leg. x.
   Matisconem.   M. P. XV.   L. x.

En ces trois mansions les mil respondent aux lieuës en pareille raison. Car en quinze il y a autant qu'en dix, & moitié de dix, qui est cinq.

   Cabellionem.   M. P. XXI.   L. XIIII.

En cet exemple se iustifie ce que dit Ammian Marcellin, que quatorze lieuës Gauloises valent xxi. mil Italiques. La raison est qu'en xxi. il y a autãt qu'en quatorze, & moitié de xiiii. qui est sept.

5. Cela nous fait paroistre la faute du dernier nombre de ce Chemin en l'imprimé, qui est tel.

   Gessoriacum   M. P. XXXIX.   Leg. xv.

Au lieu que tous les manuscrits portent. *Leg.* xxvi. qui est le nombre au iuste. Veu qu'en trente neuf il y a autant qu'en xxvi. & moitié de xxvi. qui est xiii. Par mesme raison nous pouuons corriger les nombres des lieuës en la page 55. en la maniere qui ensuit.

   Vruncum.   M. P. XXII. Leg. xv. au lieu de Leg. x.
   Argentoratum. M. P. XXVIII. Leg. XIX. au lieu de Leg. VIII.

Dauantage il est certain qu'és lieux dudit Itineraire où il est question des chemins de la Gaule hors l'ancienne prouince Narbonnoise, & où le mot abbregé de *Leg.* se trouue escrit sans autre mesure, il faut entendre cela des lieuës Gauloises, & non des Legions: comme au chemin de Reims à Treues registré en la page 82. de l'Itineraire, que Cluuerius rapporte au 2. liure, *Antiquæ Germaniæ* chap. 14. auec ces mots:

DE L'EMPIRE LIV. III.

Iter inter Augustam Treuirorum & Durocortorum Rhemorum Antoninus per leugas computat huiusmodi.

Item à Durocortoro Treuiros vsque		
Vvngum vicum	Leg.	VII.
Sepoissum.	Leg.	XXII.
Orolaunum vicum.	Leg.	XX.
Andetannale vicum.	Leg.	XV.
Treueros Ciuit.	Leg.	XV.

Il faut faire mesme estat du chemin de Treues à Coulongne en la p. 84. & d'autres semblables: si ce n'est peut estre en la page 56. où vous trouuerez ces mots,

Coloniam Agrippinam.	Leg.		
Durnomagum.	Leg.	VII.	Ala.
Buruncum.	Leg.	v.	Ala.

Et les cinq autres suiuans, que quelques-vns interpretent *Legionis septimæ ala, legionis quintæ ala*. Toutesfois ces villes & mansions estant destituees de toute autre mesure: il y a de l'apparance que ce sont lieuës & non legions, nonobstant le mot d'*Ala*, qui signifie partie de legion. Autrement il n'y auroit rien qui designast les interuales de ces places, ce qui est de la nature d'vn Itineraire. Ie laisse neantmoins la decision de cela au iugement des plus sçauans.

6. Car ie ne veux pas dénier qu'il n'y ait eu plusieurs villes, bourgs, & autres places dans les Gaules, qui ont esté appellees du nom de Legion, accompagné de quelque nombre. Comme *Legio* X. *Legio* XIIII. *Legio* XXX. en sorte que les places remarquees en ce dernier endroict, accompagnees du nom *Ala*, partie de Legion, pourroient bien estre denommees de quelques-vnes de telles Legions. Mais ce qui me pousse en aduis contraire, c'est que lesdites legions ne se trouuent quasi nulle part, sans estre accompagnees d'vn nom propre, outre le numeral. Comme dans l'Itineraire mesme *Legio* I. *Italica. Legio* I. *Ionia. Legio* XI. *Adiutrix. Legio* X. & XIIII. *Gemina. Legio* XXX. *Vlpia*. Ce qui se voit encore mieux au liure intitulé *Notitia Imperij*. Or est-il, que ce nom abbregé *Leg*. n'est accompagné és endroicts par nous remarquez, que par nombres simples, sans aucun nom propre. Ce qui monstre que ce sont plustost Lieuës que Legions. Adioustez à cela que les noms des vrayes Legions, outre l'ordre ordinal, & le nom propre qui les designe, sont de surcroit accompagnez d'vn nombre cardinal qui signifie la distance: comme

Pag. 50. 54. & 56.

Nouas.	Leg. I. Italica,	M. P. XVII.
Dorostoron.	Leg. XI Claudia.	M. P. XVII.
Trosium.	Legio I. Ionia.	M. P. XVIII.
	Legio I. Adiutrix.	M. P. XXIII.

Ooo ij

Mais és endroicts dont nous parlons, ne se trouue aucun nombre, qui designe les distances. Et neantmoins c'est le faict plus important, & le principal des Itineraires.

7. Qui plus est, si ces nombres attachez aux lieuës estoient nombres de Legions, il s'ensuiuroit par consequence necessaire, qu'vne seule Legion se trouueroit en plusieurs endroicts, & plusieurs Legions en mesme lieu. Par exemple, la xx. Legion se trouueroit à Reims & à Boulongne, signifiez par ces mots *Durocortorum & Gessoriacum* dans l'Itineraire imprimé: où l'vn & l'autre est accompagné de ces mots *Legio* xx. Comme au contraire, vous auriez deux Legions à Reims. La xx. au gros, & la xvIII. au detail: & autant à Boulongne. sçauoir la xx. & la xxvi. Ce qui n'a point d'apparence.

8. Finalement les Romains n'eurent iamais tant de Legions en la Gaule, soit pour la conquerir, soit pour la conseruer apres l'auoir acquise: Car Iules Cæsar ne mit en œuure à conquerir les Gaules que [a] x. Legions, & Tibere, huict à les cōseruer. Et [c] Agrippa, en la harangue qu'il faict aux Iuifs, dict que du temps de Vespasian la Gaule obeissoit si volontairement aux Romains, que pour la tenir en obeissance, les Empereurs n'y tenoient en garnison que quatre Legions. Encore y estoient-elles plustost pour empescher le passage des Germains dans la Gaule, que pour la tenir contre les Gaulois. Aussi estoit-ce tout le long du Rhin que lesdites Legions estoient logees, principalement en Hiuer: Car les Romains auoient en la Gaule, & ailleurs par les limites de leur Empire deux sortes de Camps militaires, lesquels, *à Stando*, ils appelloient d'vn nom commun *Statiua*. De la premiere sorte estoit ceux d'Hiuer qu'ils nommoient *Hiberna*: De la seconde, ceux d'Esté dicts *Æstiua*. Les camps d'Hiuer estoient le long du Rhin, & autres fleuues qui seruoient de limites à l'Empire. Sur le riuage desquels les Legions estoient en garnison pour resister aux peuples Barbares qui en estoient voisins: Mais principalement aux Germains, lesquels se seruoient en hiuer des glaces du Rhin, comme de ponts, pour entrer à main armee dedans les Gaules. De plusieurs de ces camps peu à peu se sont faictes des Villes, des Bourgs, des Chasteaux, & autres places fortes, qui ont porté le nom des Legions, lesquelles ils auoient fortifiez pour s'y loger. Et c'est d'où vient, que les villes denommees par quelques Legions, se trouuent és parties voisines du Rhin, & non pas és endroicts esloingnez, tel que celuy où la ville de Reims est assise. Laquelle ville n'a pas eu pour origine des legions Romaines: ains estoit au monde long temps auant qu'elles eussent mis le pied dedans les Gaules. C'est des places faictes de ces camps & garnisons d'Hiuer que parle Zozimus, quand il dict: *Nam cum In-*

[a] *S. Rufus.*
[b] *Tacit. l. 4 Annal.*
[c] *Apud Iosephum de Bello Iudaico.*

DE L'EMPIRE. LIV. III.

periam Romanam extremis in limitibus vbique Diocletiani prouidentia, oppidis & Castellis, atque Burgis munitum esset, omnesque copiæ militares in ijs domiciliorum haberent: fieri non poterat, vt Barbari transirent, vbique copijs hostium repellendorum causa occurrentibus. Mais encore que dans l'Itineraire d'Antonin il soit faict mention de quelques places qui portent le nom de *Legio*, ce n'est pas à dire que par tout où se trouue le nom de *Leg.* en abbregé, qu'il faille incontinent l'interpreter *per legionem*, comme a faict Surita, qui en a pris de là l'occasion: estant bien certain que *Leg.* se peut aussi bien interpreter *per leugam* ou *legam*: specialement és lieux par nous cy dessus designez.

DE LA TROISIESME RAISON POVR
laquelle les lettres Leg. dans l'Itineraire d'Antonin,
se doiuent interpreter pour lieües,
& non pour Legions.

CHAPITRE XXXVIII.

1. *Diuision de la Gaule: & pourquoy en l'vne des parties on comptoit par mil, & en autres par lieües.*
2. *Seconde diuision de la Gaule en quatre parties.*
3. *Troisiesme diuision en sept parties.*
4. *Quatriesme diuision en 17. Prouinces.*
5. *Deux Prouinces Narbonnoises, & leurs limites.*
6. *Maniere de compter par mil retenue en Prouence nonobstant ces diuisions. Prouence pourquoy opposée à la Gaule.*
7. *Changement au compte des distances entre la Prouence & la Gaule Aquitanique.*
8. *Pareil changement entre la Prouence & la Gaule Lyonnoise.*
9. *Iusques à quel temps cette diuersité de mesure a perseueré.*

I. LA troisiesme raison pour laquelle il faut lire *Leugas* ou *Legas*, & non pas *Legio*, est tirée de l'ancienne façon que l'on tenoit à mesurer les chemins dans la Gaule, qui estoit diuerse selon la diuersité de ses parties. Car en la Gaule Narbonnoise on comptoit les distances des chemins par mille ou milliaires, ainsi qu'en Italie: Mais en l'Aquitanique, Celtique, & Belgique, on les comptoit par lieües Gauloises. La cause de cela vient de ce que les Romains ayant faict leurs premieres conquestes deça les Alpes, & reduict sous leur Empire tout ce que nous cognoissons auiourd'huy sous les noms de Prouence & de Languedoc, ils donnerent à tout ce païs tant deçà, que delà le Rhosne, le nom de *Prouincia Romana* par excellence, que les Gaulois appellerent la Prouence en leur langage tiré du Latin. Cette Prouince, ou Prouence estoit bien de plus longue estendue, que la partie de la Gaule maintenant appellee de ce nom : Car outre les deux Prouinces Narbonnoises, desquelles nous parlerons incontinent, elle comprenoit en soy la Prouince Viennoise : & deux autres, nommees les Alpes maritimes & Pennines : qui font cinq Prouinces des dix-sept, esquelles la Gaule fut depuis diuisee. Ce que nous pouuons recueillir de ces vers d'Ausonius,

> *Insinuent qua se Sequanis Allobroges oris,*
> *Excluduntque Italos Alpina cacumina fines :*
> *Qua Pyrenes niuibus dirimuntur Iberi :*
> *Qua rapitur præceps Rhodanus genitore Lemanno :*
> *Interiusque premunt Aquitanica rura Cebennæ,*
> *Vsque ad Tectosagas primæuo nomine Belcas,*
> *Totum Narbo fuit.*

Par cette premiere conqueste, ces cinq Prouinces furent comme retranchees du corps de la Gaule, & joinctes à celuy d'Italie. D'où vient que Iules Cæsar en la diuision generale qu'il faict de la Gaule, ne faict point d'estat de la Narbonnoise : ains dict que, *Gallia omnis diuisa est in partes tres*, renfermant toute la Gaule dans l'Aquitanique, Celtique, & Belgique : comme si la Narbonnoise conquise par les Romains ne tenoit plus au corps Gallique ; mais à l'Italique.

2. Vray est que depuis, la Gaule ayant esté entierement reduite sous l'Empire par vne guerre de neuf ans que Iules Cæsar y fit, Auguste son successeur, faisant vne nouuelle diuision de toutes les Prouinces de l'Empire, rejoignit la Prouince ou Prouence au corps de la Gaule, lequel il diuisa de nouueau comme en quatre membres, qu'il appella Gaule Narbonnoise, Lyonnoise, Aquitanique, & Belgique. Mais nonobstant cette reünion & diuision nouuelle, la coustume ja faicte & establie de long temps de mesurer les chemins par mille Italiques, resta en ladite Prouince Narbōnoise, s'y estant continuee tant qu'elle est demeuree en la puissance & domination des Empereurs : n'ayant peu pour ce regard se conformer aux trois autres parties qui se seruoient de la lieüe Gauloise de quinze cens pas, de laquelle nous auons traitté cy dessus, & monstré comme elle est differente de la Françoise.

3. Cela s'est encore pratiqué, depuis que la Gaule eut receu d'autres diuisions : Car on trouue que du temps d'Antonin le Debonnaire, à qui on attribue l'Itineraire dont nous nous seruons, la Gaule

estoit ja diuisée en sept Prouinces, que l'on appelloit *Germaniam*, *Belgicam, Lugdunensem, Aquitaniam, Narbonensem, Viennensem & Alpes*. C'est de là que la Gaule entiere eut autrefois le nom de *septem Prouincias*, qui luy resta mesme apres que Constantin le grãd l'eust diuisé en 17. Prouinces. Ainsi faut-il entendre ces mots de *septem Prouincias* pour la Gaule, *In notitia Imperij. Sub dispositione viri illustris Præfecti prætorio Galliarum, diœceses infra scriptæ : Hispaniæ, septem Prouinciæ, Britanniæ*. Et ailleurs: *Sub dispositione viri spectabilis præfecti septem prouinciarum*. Suiuant quoy Guido Pancirolus, qui est le commentateur dudit liure, nous asseure, que combien qu'au temps que ce liure a esté faict, la Gaule fust ja diuisée en XVII Prouinces : si est-ce que par coustume de long temps receüe, on ne laissoit de l'appeller *septem Prouincias*. Ce que Philippus Bertherius confirme quand il dict : *Verum aucto prouinciarum numero, extincta non est septem Prouinciarum appellatio, qua Constantinus Tyrannus vniuersam Galliarum diœcesim intellexit*.

Lib. 2. c. 68

Pithæon Diatriba. 1. cap. 5.

4. Quelque temps apres, Constantin le grand fit vne nouuelle diuision de la Gaule en dix-sept Prouinces : non pas en changeant les noms des sept precedentes, mais les multipliant en nombre. Car il fit deux Germanies, deux Belgiques, quatre Lyonnoises, deux Aquitaniques, deux Narbonnoises, deux Alpes, vne Viennoise, le Comté de Bourgongne, dict *Maxima Sequanorum*, qui faisoit partie de l'ancienne Viennoise, & la Gascongne, qu'il appela *Novem Populanam*, qui appartenoit auparauant à l'Aquitanique.

5. Cette derniere diuision se voit au petit liuret des Prouinces Romaines mis en la fin de l'Itineraire, où la Gaule Narbonnoise se voit diuisée en deux parties, ainsi qu'il ensuit :

Prouincia Narbonensis, { *Prima : cuius Metropolis Ciuitas Narbonensium. Secunda : cuius Metropolis Ciuitas Aquensium.*

La premiere, ayant la cité de Narbonne pour Metropolitaine, a son estenduë depuis le Rhosne le long du riuage de la mer Mediterrance d'vne-part, & iusques à la riuiere de Garõne d'autre : comprenant en soy la ville tres-ancienne de Thoulouse, qui du temps d'Auguste & depuis, auoit Narbonne pour Metropolitaine. C'est ce traict de païs que l'on appelle aujourd'huy du nom de Languedoc. La seconde s'estendoit outre le Rhosne iusques au Lyonnois, & comprenoit ce qui s'appelle encore du nom de Prouence, auec quelques terres prochaines & adiacentes.

6. Mais toutes ces diuisions n'ont sçeu tant faire, que la Prouince antique des Romains ait quitté sa façon de compter par mil en toutes les cinq parties dont elle estoit composée. Mesme quelque pos-

session que les Romains ayent eu dans l'Aquitanique, Celtique, & Belgique; la Narbonnoise a tousiours esté plus estimee, & comme opposee aux trois autres, plusieurs Escriuains des vieux siecles ayant mis comme en contre-pointe *Gallias, & quinque prouincias*, entendant par le premier, les douze prouinces esparses par la Gaule Aquitanique, Celtique & Belgique : & par le second les cinq prouinces de la Narbonnoise. Ainsi faut-il entendre ces mots en l'vne des epistres de Symmachus, *ad Protadium. Per Gallias & quinque prouincias* : comme pareillement és intitulations qui se lisent, *In Conciliis Valentino, & Taurinensi. Dilectissimis fratribus per Gallias & quinque prouincias* De là vient qu'Ammian Marcellin (qui viuoit assez long temps apres la diuision de Constantin en XVII. prouinces) oppose encore la Prouence à la Gaule, quand il constituë le commencement des Gaules à Lyon sur le confluent de la Saone & du Rhosne. *Qui locus*, dit il, *exordium est Galliarum*. A quoy se rapportent ces mots de la Charte de Peutinger, *Lugduno caput Galliarum* : Car en ce lieu descriuant vn chemin militaire qui vient de Milan dans les Gaules par les Alpes Cottriennes, quand il est paruenu iusques à Lyon, il dit, que c'est le chef, c'est à dire, le commencement des Gaules : ce mot de *Caput* estant la mesme chose en ce lieu, que l'*Exordium*, dans Ammian Marcellin. Ainsi Velserus interprete le mot de *Caput Germaniarum*, par celuy d'*Initium Germaniarum*, en la mesme Charte : où il est dit, que Leiden est le chef, c'est à dire, le commencement des Allemagnes de deça le Rhin. Bref c'est en mesme sens que les sources ou commencemens des riuieres sont signifiees par le mesme mot de *Caput*.

7. Comme donc la coustume estoit de compter les distances des chemins par miliaires dans la Gaule Narbonnoise, pour auoir esté la premiere conquestee des Romains, aussi tost que d'icelle on entroit dans la Gaule Aquitanique ou Lyonnoise, qui estoient ses voisines, on commençoit à compter lesdites distances, non plus par mil Italiques, mais par lieuës gauloises. Pour le costé d'Aquitaine, ie n'en sçaurois produire vn tesmoignage plus certain que celuy d'vn ancien Itineraire de Bordeaux en Hierusalem, dont l'auteur est incognu : mais que l'on peut iuger par son œuure mesme, auoir vescu sous l'Empire de Constantin, sous lequel Xenophilus se trouue auoir esté Consul, & de qui l'Itineraire susdit fait mention en cette qualité. Cet auteur donc commence son Itineraire de Bourdeaux ville d'Aquitaine, & le conduit de ville en ville, & de bourg en bourg à trauers la Guienne, mesurant ses distances par lieuës : mais aussi tost qu'il est paruenu à Thoulouse, & que passant la Garonne il est entré dans la Gaule Narbonnoise, il quitte la mesure des lieuës pour prendre celle des mil Italiques, desquels il se sert au reste de son ouurage

ouurage de Thoulouse en Hierusalem.
I'ay pensé qu'il estoit à propos d'en transcrire icy le commencement, qui est tel.

Itinerarium à Burdigala Hierusalem vsque: & ab Herculea, per Aulonam, & per Vrbem Romam Mediolanum vsque.   Sic.

Ciuitas Burdigala, vbi est fluuius Garonna, per quam facit mare Oceanum accessa & recessa per Leugas plus minus centum.

Mutatio.	Stomatas.	Leugas.	VII.
Mutatio.	Sirione.	L.	IX.
Ciuitas.	Vasatas.	L.	IX.
Mutatio.	Tresarbores.	L.	V.
Mutatio.	Oscineio.	L.	VIII.
Ciuitas.	Elusa.	L.	VIII.
Mutatio.	Vanesia.	L.	XII.
Ciuitas.	Auscius.	L.	VIII.
Mutatio.	Ad Sextum.	L.	VI.
Mutatio.	Hungunuerro.	L.	VII.
Mutatio.	Bucconis.	L.	VII.
Ciuitas.	Tholosa.	L.	VII.
Mutatio.	Ad nonum.	Mil.	IX.
Mutatio.	Ad Vigesimum.	Mil.	XI.
Mansio.	Elusione.	M.	IX.
Mutatio.	Sestomago.	M.	IX.
Vicus, &c.	Hebromago.	M.	X.

C'est ainsi que cet auteur conduit son Itineraire par lieües iusques à Thoulouse, comme estant la fin de l'Aquitaine, & le commencement de la Narbonnoise. Mais de là en auant il se sert des mille Italiques au reste de son chemin. Aussi auōs nous veu par le tesmoignage de Polibius qu'en tout le grand Chemin qui tend des Pyrenees aux Alpes, les distances estoient marquées de huict en huict stades, qui font vn mil Italique.

8. Il en est arriué tout de mesme és parties de la Gaule Narbonnoise, qui est au delà du Rhosne à l'endroict de la Gaule Celtique ou Lyonnoise: car on y mesuroit encore les chemins par milliaires suiuant l'ancienne institution des Romains. Mais aussi tost que passant le Rhosne on commençoit à entrer dans la Gaule Celtique, que les Anciens appelloient par excellence du nom general *Gallia*, on quittoit la mesure des mille pour prendre celle des lieües. Am-

mian Marcellin nous seruira de garand de cette verité, qui constitue le passage du Rhosne & de la Saone pour commencement des Gaules : d'où il tire la difference qui se trouue en la mesure des chemins au deça & au delà desdites riuieres, ainsi qu'il ensuit. *Rhodanus sine iactura Lemano exiens, longéque progressus, Viennensem latere sinistro perstringit, dextro Lugdunensem : & emensus spatia fluctuosa, Ararim, quem Sauconam appellant, inter Germaniam primam fluentem, suum in nomen adscicit. Qui locus exordium est Galliarum. Exinde non Milleniis passibus, sed Leugis itinera metiuntur : Vbi auctus Rhodanus, aquis aduenis locupletior, vehi grandissimas naues.* C'est à dire, le Rhosne sortant du lac Leman ou de Geneue, sans rien perdre du sien, & ayãt ja faict vn long cours, laue du costé senestre la Prouince de Vienne, & du costé dextre la Lyonnoise. Puis estant paruenu iusques à certains lieux panchants, qui redoublent la vitesse de ses flots, il faict perdre le nom à la riuiere de Saone, laquelle il reçoit en son canal, & qui a son cours à trauers la haulte Allemagne de deçà le Rhin. Cet endroict est le commencement des Gaules : d'où vient que de là en auant on ne mesure plus les chemins par milliaires, mais par lieües. En cet endroict le Rhosne enrichy des eaux d'vn fleuue suruenant d'ailleurs, est rendu capable de tres-grands vaisseaux. La table de Peutinger est naïfuement interpretee par ce passage, és mots que l'auteur d'icelle a mis sur le passage du Rhosne & de la Saone à Lyon : qui sont, *Lugduno caput Galliarum : vsque hic legas.* Qui ne veulent dire autre chose, sinon que les lieües Gauloises s'estendent iusques là : mais que passant de la Gaule dans la Prouence, on y reprend l'ancienne maniere d'y mesurer les chemins par milliaires.

Philippus Bertherius president au Parlement de Thoulouse, & partant voisin des Prouinces Aquitaniques & Narbonnoises, où se faisoit pareil changement, confirme nostre aduis par le sien, quand il dict, *In Lugdunensi prouincia initium Galliarum. Exinde non millenis passibus, sed Leucis itinera metiuntur. Optime conuenit cum tabula Peutingeri, quæ sic habet : Lugduno caput Galliarum, vsque hic legas : quod purum & putum Gallicum est*, signifiant par ces derniers mots que la diction *Lega* vient de *Lega* vocable pur Gaulois : ainsi que nous auons dict cy dessus en son lieu.

9. Cette difference de mesure qui estoit entre les cinq Prouinces Narbonnoises, & le reste que l'on appelloit la Gaule, a perseueré iusques au declin de l'Empire, & establissement du Royaume de France en ces quartiers de Prouence & de Languedoc : car les Romains ayans esté poussez hors la Gaule Narbonnoise par les Gots : & depuis les Gots par les François, l'vsage, & le nom des lieües s'est remis & restably par tout, ainsi qu'il y estoit auãt que les Romains l'eus-

sent conquise. Ce que l'on voit par experience, attendu que l'on compte dés long temps les distances des chemins par lieües, non seulement en Prouence & en Languedoc, mais aussi en Espagne & en Allemagne: quoy que le mot estant vn par tout, les mesures & l'estendue en soit differente, suiuant la difference des païs. Mais pour faire vne bresue conclusion sur tout ce discours, il est manifeste, que le second rang des nombres qui se trouue és anciens Itineraires manuscrits sur le chemin duquel nous traittons à present est vn nombre de lieües Gauloises, & non de Legions: attēdu qu'il prend son commencement à Lyon sur le confluent du Rhosne & de la Saone: auquel endroict iustement Ammian Marcellin, & la Charte de Peutinger monstrent, que l'on commençoit à compter par lieües entrant dedans la Gaule. Et si ce n'est pas que d'vn Itineraire il en soit faict deux, ainsi que dict Surita: mais c'est qu'vn mesme chemin est mesuré par deux sortes de distance, dont l'vne est le milliaire Italique, & l'autre la lieüe Gauloise.

DES CHEMINS DE TRAVERSES, QVI DEpendent du grand Chemin cy dessus.

CHAPITRE XXXIX.

1. L'histoire & l'Itineraire ensemble, necessaires à la cognoissance du nombre des grāds Chemins de l'Empire.
2. Exemple de la ville de Lyon.
3. La ville de Reims garnie de plusieurs chemins militaires, & de la cause pourquoy.
4. Comment Reims tient à Rome par l'vn des grands Chemins de l'Empire, & des 7. chemins qui en sortēt.
5. Premier chemin, appellé via Cæsarea.
6. Que par la voye de Cæsar S. Remy entend vne voye des champs, & non vne rue de la ville.
7. Second chemin partant de la ville de Reims.
8. Des noms propres des villes & autres places de l'Itineraire.
9. De la difficulté de cognoistre lesdits noms. Changement des noms propres des grandes villes de France.
10. Quatriesme chemin sortant de Reims.
11. Interpretation des noms de l'Itineraire.
12. Cinquiesme chemin & description d'iceluy.
13. Interpretation des mots de l'Itineraire.
14. Sixiesme chemin.
15. Septiesme chemin partant de la ville de Reims, auec l'interpretation des noms propres.
16. Port de Boulongne, dict par les anciens la fin du monde.
17. Vestiges de deux autres voyes Romaines qui venoient à Reims.

Ppp ij

1. Ce n'est pas sans cause que nous auons dict cy dessus, que la cognoissance des grands Chemins de la Gaule dependoit partie de l'Itineraire, & partie de l'histoire, d'autant que l'Itineraire seul ne remarque pas tous ceux que les Romains y ont faict : mais ils se peuuent remplir par le moyen de l'histoire. La ville de Lyon nous seruira d'exemple : par laquelle l'Itineraire ne faict passer qu'vn chemin seulement. Et Strabo nous tesmoigne que ce fut de Lyon, comme de la forteresse principale des Romains au deça des Alpes, qu'Agrippa prit les premiers bouts & commencemens des chemins de la Gaule: tant pour la rencontre des riuieres du Rhosne & de la Saone, qui se faict en cet endroict, que pour la situation commode de ladite ville, & du rapport qu'elle auoit auec toutes les parties de la Gaule. *Cæterum Lugdunū in medio instar arcis situm est, cum ibi amnes confluant, & partibus omnibus propinquum sit. Eapropter Agrippa hoc ex loco partitus est Vias: vnā quæ per Cemmenos montes vsque ad Anctones & Aquitaniam: aliam ad Rhenum: tertiam ad Oceanum, & Bellocos, & Ambianos. Quarta ducit in agrum Narbonensem, littusque Massiliense.*

Lib.4.Geograph.

2. Voila donc la ville de Lyon, que Strabo donne disertement, pour la premiere & principale source des grands Chemins de la Gaule, & d'où Agrippa en a conduit quatre aux quatre coings d'icelle: & neantmoins l'Itineraire en faict si peu d'estat, qu'il ne tire d'icelle aucun chemin comme de son origine : & n'y en conduit pas vn comme en sa fin : Car quant au tiltre dernier des chemins de la Gaule, qui porte *ab Aginno Lugdunum*, ce *Lugdunum* n'est pas la ville de Lyon: mais celle de la Prouince d'Aquitaine qu'on appelle vulgairement Oleron, laquelle Ortelius dict estre *Cognenorum vrbem in Gallia Aquitanica* : & dont Ptolomee faict mention en sa Geographie, où il l'appelle τῶν Λυγδιον.

Pag. 105.

3. Mais s'il y a ville en toute la Gaule de deça les Alpes, en laquelle il se face abord de toutes parts de grand nombre de chemins militaires, c'est la ville de Reims, que l'Itineraire, & la charte de Peutinger appellent *Durocortorum*, que l'on appelloit Durencourt en vieil langage Gaulois. C'est ce mot que les Grecs & les Latins ont diuersement tourné selon leur fantasie, & l'inflexion de leur langue. Iules Cæsar mieux que pas vn autre [a] *Durocortum* : [b] Strabo Δουρικόρτορα : [c] Ptolomee Δουρικόρτορον & [d] Stephanus Δουρικόττορα. Et ne se faut esmerueiller si les Empereurs de Rome l'ont accommodée dés le commencement de tant de grand chemins : attendu que dés le temps de Iules Cæsar les Remois auoient grand pouuoir sur toute la Gaule Belgique : & que d'ailleurs ils auoient succedé à l'auctorité & principauté que ceux de Bourgogne,

a *Lib. 6. Comment.*
b *Lib. 4.*
c *Lib. 2. Geogr. c. 9.*
d *De Vrbi.*

qu'il appelle *Sequanos*, auoient auparauant dans la Celtique. *Sequani principatum dimiserant : in eorum locum Remi successerant.* Et Strabo, qui viuoit du temps mesme d'Auguste, monstre bien en quel estime les Remois estoient chez les Romains, lors qu'ayant parlé des peuples de Paris, de Meaux, de Lizieux, & autres qui sont sur le cours de la riuiere de Seine : Il adiouste : *Super omnes autem huius tractus incolas Remi dignitate præcellunt, Metropolim Duricortoram frequentissimam habent ciuitatem, Romanos accipientes ductores.* Le peuple de Reims est vn de ceux que Pline met entre les confederez : c'est à dire, entre les peuples libres de leur propre & naturelle liberté. Qui sont ceux des Citez que Suetone appelle *Socios & benemeritas* : ausquelles Iules Cæsar & Auguste permirent de se seruir ainsi que de coustume, de leurs anciennes loix & Magistrats.

Lib. 4.
Lib. 4. cap. 17. Nat. Hist.

In Iul. Cæsare cap. 25.

4. La ville de Reims estant donc grande & frequente dés ce temps là, & en laquelle les Capitaines & Lieutenans des Romains faisoient beaucoup d'affaires, il ne faut s'estonner s'ils en ont fait partir plusieurs chemins militaires, pour auoir des correspondances tant à Rome, que par tout aux enuirons. A Rome par le grand chemin descrit au chapitre precedent, sur lequel on pouuoit aller à Rome par les villes qui ensuiuent : sçauoir par Chaalons en Champagne, Arcy sur Aube, Troyes, Auxerre, Autun, Chalons sur Saone, Mascon, Lyon, Vienne: & de là, par plusieurs chemins à trauers les Alpes, en la ville de Milan : par le moyé de laquelle, & celle de Reims, & vne infinité d'autres citez tenoient à la ville de Rome. C'est pourquoy nous commencerons par cetuy cy à déduire les grands Chemins militaires qui sortent de la ville de Reims, que ie trouue estre sept en nombre, tant dedans l'Itineraire en escriture, que parmy la campagne & territoire de l'ancienne Seigneurie Remoise en la nature.

5. Ce Chemin donc est celuy qui sortoit de l'ancienne Cité de Reims aux champs par la porte Basée : de laquelle nous auons parlé cy-deuant 2. chap. 40. où nous auons dit, que prés d'icelle estoit dressé vn Arc de triomphe, dont vne partie est encore debout, qui a retenu le nom de ladite porte. Aussi estoit-ce le propre des Arcs de triomphe d'estre placez aux chefs & commencemens des voyes militaires. Tout ainsi donques que l'Arc de triomphe fut fait par les Remois à l'honneur des Cesars, comme nous auons monstré audit endroit, ainsi le chemin militaire qui partoit de là, fut nommé *Via Cæsarea*, la Voye de Cæsar. Ce qui nous enseigne assez clairement qu'elle fait partie de celles qu'Agrippa fit pauer en France par le commandement d'Auguste. C'est le nom que S. Remy luy donne en son Testament, lors que faisant vn legs à l'Eglise de S. Maurice assise en ce

Ppp iiij

temps-là hors la ville sur ledit chemin, il dit : *Titulo S. Mauritij in Via Cæsarea solidos duos.*

6. Et ne faut pas penser que par ces mots S. Remy vueille entendre la grand'ruë du Barbastre, sur laquelle se trouue à present situee ladite Eglise de S. Maurice, d'autant que du temps de S. Remy cette ruë n'estoit point, ny plus de cinq cens ans apres luy : attendu que par lettres de nos Rois qui se gardent és Archiues de l'Escheuinage de Reims, il appert que ce n'est que depuis quatre cens ans, que l'enceinte de la ville de Reims a esté dilatee de ce costé là. Ce qui se voit encore par tesmoignage expres de Floart, qui met cette grande Voye hors la Cité de Reims, lors que parlant de quelques-vns de nos premiers Martyrs, il dit : *Illi autem cum magna fiducia producti sunt extra ciuitatem in Via quæ appellatur Cæsarea, in locum qui Buxitus dicitur.*

Lib. 1. cap. 4

Il est donc aisé de iuger, que la voye que S. Remy appelle *Viam Cæsaream*, estoit vne voye des champs, faisant partie des Voyes militaires qui sortoient de l'ancienne Cité de Reims. Quant à son estenduë, elle tiroit à droicte ligne de ladite porte, iusques au lieu où est à present assise vne vieille porte muree, que l'on appelle la porte de sainct Nicaise. D'où elle s'estend droict comme vne ligne à trauers la campagne Remoise, iusques en vn lieu dit la Pompelle : & de là au dessus de Sillery, à deux lieuës de la ville. En cet endroict elle se diuise en deux branches, dont l'vne tient tousiours sa droicte ligne à trauers les marais de la riuiere de Vesle, ou elle auoit passage sur vn ancien pont de pierre, appellé Pontvray, de qui vne cense ou metairie voisine retient encore le nom. De là sortant des marais tout aupres des Logettes, elle prend sa route à trauers la ruë grande & droicte du village de Beaumont sur Vesle : d'où sans gauchir ne varier, elle s'en va par les petites & grandes Loges, & par la Vesue, tout droict à Chaalons, à Arcy sur Aube, & à Troyes. En voicy la suitte.

Page 82.

Tricases

Artiacam.	M. P. XVIII.	Leg.	XII.
Durocatelaunos	M. P. XXXIII.	Leg.	XXII.
Durocortorum.	M. P. XXVII.	Leg.	XVII.

Vray est que par les nombres cy-dessus, il fait le chemin de Reims à Chaalons & à Troyes, vn peu plus long que nous ne le recognoissons : Car reduisant les mil de l'Itineraire en lieuës Françoises, on trouueroit trente neuf lieuës de Reims à Troyes, où il ne s'en compte que trente deux : & treize lieuës & demie à Chaalons, où il ne s'en trouue que dix. Ce qui fait coniecturer de deux choses l'vne : ou qu'il y a faute aux nombres : ou bien que le pied sur lequel les mil italiques estoient mesurez, n'estoit pas iustement si grand que nostre pied de Roy sur lequel sont mesurees nos lieuës Françoises. Et que

Leandre Albert a eu raison de dire, que les mesures desquelles Antonin se sert en son Itineraire, sont vn peu plus courtes que celles dont on se sert à present: & de cela peut proceder cette diuersité de distances.

En sa description d'Italie, fol. 91.

7. Le second chemin partant de Reims mentionné en l'Itineraire, est l'vn de ceux qui s'en va droict à Mets: ainsi descrit,

Item à Durocortoro Diuodurum
vsque   M. P. LXII. sic,

Basilia.	M. P. X.
Axuenam.	M. P. XII.
Virodunum.	M. P. XVII.
Fines.	M. P. VIIII.
Ibliodurum.	M. P. VI.
Diuodurum.	M. P. VIII.

Page 82.

La troisiesme ainsi,

Alio Itinere à Durocortoro Diuodurum
vsque   M. P. LXXXVII. sic,   Tabula.

Fanum Mineruæ.	M. P. XIIII.	Tanomia.	XXV.
Ariolam.	M. P. XVI.	Caturices.	IX.
Caturigas.	M. P. IX.	Nasio.	XIIII.
Nasium.	M. P. IX.	Ad fines.	V.
Tullum.	M. P. XVI.	Tullio.	X.
Scarponam.	M. P. X.	Scarpona.	XIIII.
Diuodurum.	M. P. XII.	Diuodurumedio.	
		Mutricorum.	XLII.

Ces deux chemins ne viennent pas separez l'vn de l'autre iusques aux portes de la ville de Reims: mais les deux ensemble se viennent ioindre au chemin de Chaalons, pour y estre apportez tous trois par vn seul tronc. Car il faut entendre, ainsi que nous auons dit cy dessus, que le grand chemin qui sort de Reims par la porte Bazee, estât paruenu à deux lieuës de la ville, se diuise en deux branches au dessus de Sillery, dont l'vne s'en va droict à Chaalons entre l'Orient & le Midy: l'autre prend à main senestre, droict à l'Orient æquinoctial, passe par vn lieu nommé les Deux Maisons: entre lesquelles, & le village de Prosne, à quatre lieues ou enuiron de la ville de Reims, il se diuise derechef en deux rameaux, l'vn & l'autre tendans en la ville de Mets par diuers endroicts, selon les villes & mansions dudit Itineraire.

8. Quant aux noms des villes, & autres lieux mentionnez esdits deux chemins, il est bien difficile de determiner maintenant quels ils sont, ny où precisement ils sont assis, à raison des noms Gaulois fort changez & alterez par les Latins: & de la longueur des

siecles qui en a ruiné les vns, & construit les autres de nouueau Philippus Cluuerius prend le nō de *Basilia*, pour nostre riuiere de Vesle & d'*Axuena* pour celle d'Aixne. Quant à la riuiere de Vesle, elle préd sa source à deux lieuës de Chaalons, en vn village distant de douze ou treize lieuës de Reims, dit Somme-Vesle. De là passant à Reims, elle se va descharger à douze ou treize lieuës au dessous dans la riuiere d'Aixne, prés de Condé & de Velly: apres auoir passé par les villes de Fismes & de Braine assises sur son cours: lequel peut auoir en tout vingthuict lieuës d'estenduë. Et certes il est bien vray que ces deux chemins passent le long du cours de la riuiere de Vesle, & approchent bien pres de sa source. Ie ne sçache point toutesfois qu'ils la trauersent en aucun endroict. Quant à la riuiere que Cluuerius marque en sa Charte de nom de *Basilia*, c'est plustost la riuiere de Suippe que celle de Vesle: attendu qu'il ne la conduit point à Reims, mais la dépeint à main senestre, à laquelle la riuiere de Suippe, pour ceux qui vont en Lorraine, à sa situation. Et quant à la riuiere sur laquelle il assiet la ville de Reims, il ne luy donne aucun nom. Ie croirois donc que *Basilia* est le nom de quelque place à present à nous incognuë: Ioinct que dans les anciennes Chartes de la ville de Reims, dans le pouïller de l'Eglise Metropolitaine, dans les liures de Hincmar l'vn de nos Archeuesques, & de Floart Historien de ladite Eglise, la riuiere de Vesle est par tout nommee *Vidula*, & en nul endroit *Basilia*.

9. Tout ainsi donc que Cluuerius dit, que cetuy là se trauaillera en vain *qui duobus locis interpositis, Finibus & Ibliuduro, certos situs inuestigare velit.* Ainsi pouuons nous dire de plusieurs villes, bourgs, gistes & postes assises sur les grands chemins, & mentionnees audit Itineraire: desquels la situation ne se peut plus descouurir. Ie diray toutesfois par coniecture que *Fanum Mineruæ*, peut bien estre vn gros village à sept lieuës de Reims nommé Suippe, eu esgard à la distance notee en l'Itineraire qui est de 14. mil, & Suippe en est à sept lieuës.

Quant au reste, il n'y a que les plus grosses villes, qui ayent conserué leurs noms, & leur cognoissance en la memoire des hommes: cōme au premier chemin de Reims à Mets, la ville de Verdun dicte *Virodunum*: & au second *Nasium* qui est Nancy: *Tullum*, Toul: & le nom mesme de *Diuodurum*: qui est la ville de Mets. Tacite est le premier de tous qui a mis ce nom en auant en son histoire. Ptolomee le donne pour capitale des peuples qu'il appelle *Mediomatrices*: & les Latins *Mediomatricos*. De ce dernier Ammian Marcellin appelle la ville de Mets, estant arriué de son temps qu'à plusieurs grandes villes de France, les noms propres anciens ont esté changez en ceux des peuples, desquels elles estoient capitales ou Metropolitaines: comme

Durocortum

Lib. 1. annal.
Lib. 2. Geograph.

Durocortum, Rhemi, Reims , *Lutetia, Parisij,* Paris, *Augusta, Treueri,* Treues: *Samarobriga, Ambiani,* Amiens: *Andomatunum, Lingones,* Langres: *Agendicum, Senones,* Sens, *Antricum, Carnutes,* Chartres: & ainsi de quelques autres.

10. Le quatriesme chemin qui sortoit de Reims aux champs, estoit celuy qui s'en alloit à Treues, ainsi descrit dans l'Itineraire. *Page 82.*

  Item à *Durocortoro Treueros*
      ysque

Vvugum vicum.	Leg.	XII.
Sepoissum	Leg.	XII.
Orolaunum Vicum.	Leg.	XX.
Andetannale Vicum.	Leg.	XV.
Treueros Ciuitas.	Leg.	XV.

Ce Chemin partoit d'vne porte fort ancienne, qui sert encore de clausure à la ville, & qui suiuant la diuersité des temps a esté diuersement nommee : mais son premier & plus ancien nom est celuy de *Porta Treuerensis*: ainsi que S. Remy la nomme dans son testament; d'autant que par icelle on alloit à Treues en Allemagne par le Chemin militaire dessusdit : comme au contraire la porte opposite, aujourd'huy porte aux Ferrõs, se nommoit *porta Valesia*: c'est à dire Porte Valoise, Baloise ou Gauloise (qui estoit mesme chose chez nos peres anciens) d'autant que par icelle on alloit en la Gaule, situee tout au contraire d'Allemagne : depuis ce temps, la porte de Treues ayant seruy de prison, comme elle seruoit encore il n'y a que quatre cens quarante ans, elle fut appellee porte Chartre, *Porta Carcera*: que l'on a tourné depuis cinquante ou soixante ans en porte Cere, comme qui diroit *porta Cereris*, à cause de l'abondance des bleds qui viennent à Reims de ce costé là.

Aegidius Leodicens. in vita S. Alberti Leodicens. Epis.

Ce Chemin est l'vn de ceux que i'ay fait ouurir pour y voir l'ordonnance des matieres. Et à la verité c'est l'vn des plus beaux, des plus haults, & des plus entiers qui soit en toute la Gaule Belgique. Vray est qu'il est partie rompu, & partie couuert de terraces depuis ladite porte iusques à certain lieu vulgairement appellé le Linguet, à vne lieuë & demie de Reims. Mais là, comme se releuant de ses ruines, il paroit sur vne haute leuee, qui tire droict à Vaudetré, Ville-sur-Tourbe, Attigni, Sedan, & Mouzon : d'où prenant sa route à trauers la forest d'Ardennes, & passant par les villes d'Yuois, d'Arlon, & d'Echternach, il se va rendre droict à Treues Metropolitaine de la Belgique premiere : par le moyen de laquelle Reims Metropolitaine de la Belgique seconde, auoit communication auec l'Allemagne, le Duché de Bauiere, & la Hongrie : ainsi que nous verrons cy apres.

Qqq

11. Quant aux noms de l'Itineraire, Cluuerius dit que *Yungo*, ou *Vuongo*, est Ligny sur Aixne, lieu incognu au païs, mais ie croy qu'il a voulu dire le bourg d'Attigny, situé iustement à dix ou onze lieuës de Reims, suiuant le nombre de l'Itineraire, qui met ce premier lieu à XXII. mil de la cité de Reims. Au reste ie croy qu'*Yungo*, n'estoit pas proprement le bourg d'Attigny, mais le Palais d'Yonne, sur l'assiette duquel est à present basty le Prieuré de saincte Vaubourg. Car i'ay appris de la Chronologie de Floart, & de certains memoires fort anciens que i'ay veu sur les lieux, que du temps de Charlemagne & de Louis le Debonnaire, Attigny estoit vne ville, non pas fort grande, mais accompagnee de beaux Palais & logemens commodes, esquels du temps dudit Louis se sont tenus deux Conciles, qui portent le nom de *Concilium Attiniacense primum & secundum*. Que prés d'Attigny estoit la maison Royale, où les Empereurs logeoient, & où ils se plaisoient grandement pour le plaisir de la chasse. Que cette maison se nommoit le Palais d'Yonne qui approche bien pres d'*Yungo*: & que long temps apres vn Comte de Champagne transporta douze Chanoines dudit Palais en l'Eglise de Reims, qui furent receus au nombre des autres, moyennant la donation qu'il fit de la ville d'Attigny aux Archeuesques de Reims, qui en iouyssent encore à present, & qui en ont fait l'vne de leurs sept Chastellenies. Et quant au Palais d'Yonne ledit Comte le transforma en vn Prieuré de l'Ordre de sainct Benoist sous le nom de saincte Vuaubourg, de laquelle ledit lieu porte à present le nom. Quant à Epoissus, que *notitia Imperij* appelle *Epusus*, ce n'est autre chose que la ville d'Yuois. Orolannus Vicus, c'est Arlon: & Andetannale, Echternach. Comme on peut colliger des distances de l'Itineraire, de l'allusion des mots, & de la situation des lieux.

12. Le cinquiesme chemin qui part de Reims, est celuy qui s'en va droict à Bauais en Hainault: ou si vous voulez, de Bauais à Reims: ainsi qu'il est dans l'Itineraire, qui nous le descrit en la maniere ensuiuante.

Pag. 86.

Iter à Bagaco Neruiorum Durocortorum Rhemorum Vsque.	M. P. LIII. sic,
Duronum.	M. P. XII.
Verbinum.	M. P. X.
Catusiacum.	M. P. VI.
Minaticum.	M. P. VII.
Muemam.	M. P. XVIII.
Durocortorum.	M. P. X.

Cetuy-cy sortoit aux champs par l'ancienne porte de Mars, tira à main dextre droict au Cren de Brimont. C'est à dire à vne large ouuerture de montagne, autrefois faicte par les Romains pres du village de Brimont, pour donner vn passage de plein pied au chemin militaire duquel nous parlons: comme c'estoit leur coustume en aucuns endroicts de trancher les montagnes. Ce Chemin qui est tout rompu en cet endroict, porte de là son estenduë à droicte ligne au Pont Giuar, Neuf-chastel, Lor, Nisi le Comte, Vouzi, Taueau, Montigny, laissant Montcornet en Tierrache à main droicte. Puis de Vreuin il tire à la Capelle, forteresse assise sur la frontiere de la France: & de là à Doren & à Bauais.

13. Que s'il faut conferer les noms anciens aux nouueaux: Cluuerius dit que *Duronum* est vn bourg de Thierrache appellé Doren. En quoy ie ne le sçaurois contredire, n'en ayant iamais ouy parler. Quant au lieu dict *Verbinum*, il est certain que c'est la Villette Gentille d'Vreuin, ronde en sa figure, assise sur vne Motte au pied de laquelle passe ledit chemin. Cette ville ayant esté affligee par six ou sept sieges qu'elle a enduré durant les troubles de la Ligue, a eu cet honneur d'auoir esté choisie pour vn lieu propre à traicter la Paix, que Henry le Grand fit auec Philippes Roy d'Espagne en l'an 1598. Catusiacum pourroit bien estre Montcornet, distant de Vreuin de trois lieuës, qui respōdent aux vi. mil de l'Itineraire. Pour *Minaticum* il m'est incognu, mais *Muenna*, que la Charte appelle plus correctement *Axuenam* au lieu d'*Axonam* n'est autre chose que le bourg de Neuf-chastel où il faut passer la riuiere d'Aisne à quatre lieuës de Reims.

14. Le sixiesme sort de la mesme porte de Mars, à l'issuë de laquelle il se diuise du cinquiesme. Mais ie le trouue fort different en son commencement, de celuy que nous descrit l'Itineraire d'Antonin: qui le conduit bien à Teroüenne par S. Quentin, mais il luy fait prendre vn long destour par Fismes & Soissons, au lieu de le conduire audit S. Quentin par vne ligne plus droicte, ainsi qu'il se trouue en nature. Voyons premierement ce que l'Itineraire en dit.

Iter à Taruennà Durocortorum.   M. P. CIII. sic
   Nemetacum   M. P. XXII.
   Camaracum.   M. P. XIV.
   Augustam Veromanduorū.   M. P. XVIII.
   Centra Aginnum.   M. P. XIII.
   Augustam Suessonum.   M. P. XIII.
   Fines   M. P. XIII.
   Durocortorum.   M. P. XII.

Que si nous prenons ce chemin à rebours pour aller de Reims à Teroüenne, il faudra premierement passer à Fismes, que l'Itineraire appelle *Fines*, d'autant que peu au dessus de Fismes estoient les fins & limites qui separoient les Remois des Soissonnois. Et se monstre encore vne ancienne borne plantee sur le chemin de Braine, qui sert iusques à present de diuision & separation entre le Diocese de Reims & celuy de Soissons. Quant à la situation, elle se rapporte iustement aux XII. mil de l'Itineraire, d'autant que l'on compte six lieües Françoises de Reims à Fismes, & quelque peu plus à Soissons, d'où ce chemin continue sa route à Sainct Quentin, qui est *Augusta Veromanduorum*.

Puis de S. Quentin il tire à Cambray, Arras, & Teroüenne, que l'Itineraire appelle *Camaracum*, *Nemetacum*, *Taruannam*. Il se trouue neantmoins vne autre Voye militaire, qui va beaucoup plus droict de Reims à sainct Quentin, sçauoir par le Bac à Berry Corbeny, Festieu, Vernueil, & S. Quentin. Vray est que ledit chemin est presque entierement dissipé de Reims au Bac sur l'espace de quatre lieües: mais entre Corbeny & S. Quentin il paroist encore entier en plusieurs pieces de bien longue estendue.

15. Reste le septiesme & dernier chemin sortant de Reims mentionné audit Itineraire qui le depeint ainsi,

A Durocortoro Gessoriacum.

Suessionas.	M. P. XXXVII.	Leg. XXV.
Nouiomagum.	M. P. XXVII.	Leg. XVIII.
Ambianos.	M. P. XXXIIII.	Leg. XXIII.
Pontes.	M. P. XXXVI.	Leg. XXIIII.
Gessoriacum.	M. P. XXXVIIII.	Leg. XXVI.

Ce chemin n'est qu'vn bout de celuy par nous descrit au Chapitre precedent, qui va de Milan à Boulongne. Les lieux cy dessus sont aisez à recognoistre. Sçauoir les villes de Soissons, Noyons, Amiens, Pontieu, & Boulongne. Quant aux trois premiers, il n'y a point de difficulté. Pour le quatriesme dict *Pontes* Cluuerius en parle ainsi: *Medio fere Itineris cursu occurrit hodie oppidum Condé, Scaldi ponte iunctum: Qui locus ex nomine, P. mutato in C. simulque situ atque interuallo haud dubie Verus ille est: pons Scaldis.* Où il se voit que cet auteur par la mutation de quelques lettres veut reduire le nom de Condé à celuy de Pont. Mais il ne s'apperçoit pas que le mot Condé dans la Gaule Belgique a bien vne autre Ethymologie. Car les Villes, Bourgs, ou villages appellez de ce mot, sont tous assis sur confluens ou assemblees de riuieres: comme Condé sur Aixne, Condé sur Marne, Condé sur Suippe, & autres, que l'Itineraire & nos anciens liures manuscrits appellent du nom de Condatum, ou Condate: quasi à condando seu congregando siue confluendo. Ainsi se nomme Condé sur Marne, assis prés du confluent de Marne, & d'vne petite riuiere qui vient du costé de la Brie: comme appert par ces mots tirez d'vn registre escrit à la main desia sont 760. ans, du reuenu de l'Abbaye de sainct Remy de Reims. *Anno Incarnationis Domini* DCCCLXI. *Episcopatus autem domini Hincmari*, XVII. *Veniens missus domini Regis Caroli in Villam Condatum, situm super sanctam Matronam tradidit ipsam Villam Missæ domini Hincmari, &c.* Reste *Gessoriacum*, sur lequel il y a grand' diuersité d'opinions. Hermolaus dict, que c'est la ville de Bruge: Hector Boëtus, celle de l'Escluse: Turnebus & Surita, sainct Omer: Ortelius n'en ose rien asseurer. Mais l'opinion de Marcus Velserus est la plus certaine, qui tient que ce port n'est autre, que celuy que Iules Cæsar appelle *Itium, Itium*, ou *Icium Portum: à quo breuissimus & commodissimus est traiectus in Britanniam.* Ce que Philippus Cluuerius confirme par raisons bonnes & valables, au liure 2. de son ancienne Germanie, Chap. 28. Laquelle opinion nous suiurons pour la plus certaine: car voicy comme il en parle: *Hunc vero portum tria diuersis temporibus diuersa obtinuisse nomina apud auctores reperio: primum fuit Icij, à Cæsare ac Strabone ei tributum: alterum Gessoriaci, à pluribus memoratum. Tertium Bononiæ à posterioris seculi scriptoribus traditum, quod etiamnum tenet: vocaturque vulgo Gallis incolis Bouloigne: Germanis proximis Buenen.* Adioustez à cela l'auctorité de la Charte de Peutinger, qui porte expressément *Gesogiaco, quod nunc Bononia* XXIIII. où *Gesogiacus Portus* est corrompu de *Gessoriacus*, ainsi que plusieurs autres mots de ladite Charte.

16. Ce port estoit estimé la fin du monde de ce costé là, comme generalement les peuples Morins, que l'on dict estre ceux de la ville de Terouenne, en la region desquels ce port estoit assis. C'est pourquoy Virgile appelle les Morins, les derniers des hommes: ainsi que nous auons dict en autre endroict. A quoy se rapportent ces paroles de Mela, *ab Ossonijs iterum ad Septentriones frons iterum respicit, pertingitque ad vltimos Gallicarum gentium Morinos.* Aussi estoit-ce la partie de la Gaule la plus esloignee d'Italie: laquelle ayant vn chemin paué depuis Rome iusques à son port, iustifie ce que nous auons dict en plusieurs endroicts de cet œuure, que Rome enuoyoit ses chemins militaires iusques aux extremitez du monde.

Mais pour reuenir à ce chemin dernier, il prenoit son origine à la vieille porte de Mars, ainsi que les deux precedens: au sortir de laquelle, il tiroit à senestre à trauers la riuiere de Vesle, droict au village de Champigny, à vne lieue de Reims: iusques auquel peu de vestiges en apparoissent à present. Mais il ne s'en faut estonner: car ie trouue par certaines Chartres que les grands Chemins de ce costé là, ont esté transportez de lieu en autre, à cause que l'ancienne porte de Mars, & celle de Regner Buiron, ayant esté murees, il a esté necessaire de dresser les chemins à la porte, que les habitans ont faict faire depuis trois cens ans, pour seruir d'entree à la ville au lieu des deux autres. Et d'autant que cette porte nouuelle n'estoit pas loing de l'ancienne porte de Mars: le voisinage luy en a donné le nom, qu'elle porte iusques à present. Mais au sortir du village de Champigny pour aller à Fismes, ledit chemin se releue beau & entier, continuant son cours iusques à Fismes, & de Fismes à Soissons par la ville de Braine: encore qu'en certains petits endroicts il soit tellement rompu qu'il se perd & euanoüit entierement.

17. Outre les sept Chemins cy dessus mentionnez, l'ay veu les vestiges de deux autres qui sont de la façon des Romains: dont l'vn alloit de Reims à Chastel en Portien, qui paroit encore en quelques endroicts bien entier au milieu des champs: l'autre est celuy que premier ie fis ouurir dans le jardin des Capuchins, ainsi que i'ay dict ailleurs. Mais d'autant que ces deux derniers ne sont pas de longue portee, & que ie n'en trouue aucune chose dans l'Itineraire d'Antonin, Ie n'en feray pareillement autre plus long discours.

DES GRANDS CHEMINS DE TRAVERSES, qui joignent la Gaule auec l'Espagne & la Hongrie.

CHAPITRE XL.

1. Chemins d'Espagne en la Gaule. Interpretation du mot Gallia.
2. Extraict d'vn chemin d'Espagne en Aquitaine.
3. Deux autres chemins dans l'Aquitaine.
4. Pourquoy la Gaule Celtique enoncée par Gallias.
5. Deux chemins militaires de l'Aquitaine en la Gaule.
6. Rapports du chemin d'Autun auec autres de la Celtique & Belgique.
7. Recueil de quelques chemins Belgiques.

DE L'EMPIRE. LIV. III.

1. APRES auoir examiné le chemin le plus droict de tous, qui passe de Rome mesme à trauers la Gaule, il nous faut venir aux chemins trauersans, qui la joignent aux Prouinces circonuoisines, tant d'vne part que d'autre. Nous commencerons par ceux qui luy venoient d'Espagne à trauers les Pyrenees de la part de l'Occident : & qui procedent de là, comme par deux degrez differens, mais s'entresuiuans l'vn l'autre, suiuant ledit Itineraire : dont le premier est d'Espagne en Aquitaine, & le second d'Aquitaine en la Gaule, comme si l'Aquitaine pour ce regard estoit separee de la Gaule du costé d'Espagne, ainsi que nous auons dict que la Prouence en estoit separee du costé d'Italie : quoy que l'vne & l'autre face partie de la Gaule Transalpine des Romains, à la prédre en son entier. Si ce n'est que le nom de *Gallia* se prêne specifiquement, *pro Gallia Celtica*, dans laquelle on entre, tant du costé de la Prouence en passant le Rhosne à Lyon, comme du costé d'Aquitaine, en passant la Garonne pour venir deça. Or que ce mot de *Gallia* fust en vsage parmy les Romains, pour signifier la Gaule Celtique toute seule, Iules Cæsar nous en aduertit dés l'entree de ses Commentaires, quand il dict, que ceux qui habitent entre la Seine & la Garonne : *Eorum lingua Celtæ, nostra Galli appellantur.* Où vous voyez le nom general de Gaulois, attribué par les Romains particulierement aux Celtiques. Ainsi prend-il le nom de *Gallia*, *pro Celtica*, lors que parlant des Remois, il dict, que de tous les Belges ce sont les peuples plus prochains de la Gaule : *Qui proximi Galliæ ex Belgis sunt.* Et c'est ainsi qu'il faut entendre le passage de Strabo, où il dict, que ceux d'Aquitaine sont differens de ceux de la Gaule en façon & habitude de corps, & en langage : estans en l'vne & l'autre plus aprochans aux Espagnols, qu'aux Gaulois. Ce que i'ay tiré de ces mots : *Verum, vt simpliciter dicam, Aquitani à natione Gallica corporis habitu, & lingua differunt, magis Hispanis similes.* *Li. 4. Geog.*

2. C'est donc ainsi qu'il faut prendre les mots de *Aquitania*, & de *Gallia*, dans nostre Itineraire és tiltres qui ensuiuent :

  De Hispania in Aquitaniam.
  De Aquitania in Gallias.

Or des chemins militaires qui sont dans l'Aquitaine, quelques vns luy viennent de dehors, les autres sont compris pour le tout dedans ses propres limites. De la premiere sorte est celuy qui conjoinct l'Espagne à l'Aquitaine, lequel ayant son origine & premiere racine en la ville capitale des Astures dicte *Astorga* par les Espagnols, & *Asturica Augusta*, par les Latins, s'estend à trauers les Pyrenees iusques en la ville de Bordeaux. Vous trouuerez ce chemin dans l'Itineraire, en la maniere qui ensuit.

DE HISPANIA IN AQVITANIAM.

Fol. 103.

Ab *Asturica Burdigalem*.	M. P. CCCCXXI. sic,
Vallatam.	M. P. XVI.
Interamnium.	M. P. XIII.
Palantiam.	M. P. XIIII.
Viminatium.	M. P. XXXI.
Lacobrigam.	M. P. XV.
Segisamonem.	M. P. XV.
Deobriculam.	M. P. XV.
Tritium.	M. P. XXI.
Virouescam.	M. P. XI.
Vindeleiam.	M. P. XII.
Deobrigam.	M. P. XIIII.
Beleiam.	M. P. XV.
Suissatium.	M. P. VII.
Tullonium.	M. P. VII.
Albam.	M. P. XII.
Araczlim.	M. P. XXI.
Alantonem.	M. P. XVI.
Pompelonem.	M. P. VIII.
Turissam.	M. P. XXII.
Summum Pyrenæum.	M. P. XVIII.
Imum Pyrenzum.	M. P. V.
Carasam.	M. P. XII.
Aquas Tarbellicas.	M. P. XXXIX.
Monsconnum.	M. P. XVI.
Segosam.	M. P. XII.
Losam.	M. P. XII.
Boios.	M. P. VII.
Burdegalam.	M. P. XVI.

3. Des chemins qui ont leur estenduë dans l'Aquitaine seule, vous auez ces deux pour exemple.

Pag. 104.

Ab *aquis Tarbellicis Burdigalam*.	M. P. LXIV.
Item *ab aquis Tarbellicis Tolosam*.	M. P. CXXX.

Ces deux chemins tirans leur origine de mesme lieu, qui est la ville d'Acqs s'estendent en contraires parties : Le premier à Bordeaux sur trente deux lieües & demie de longueur à la mesure Françoise : Le second s'en va gagner l'autre extremité de la Guienne droict à Toulouse, sur la longueur de soixante cinq lieües.

4. Estant

4. Estant donc paruenus d'Espagne en Aquitaine, & ayant visité les chemins qui s'y rencontrent. Il nous faut maintenant continuer nostre route dans les Prouinces voisines, lesquelles l'Itineraire signifie en nombre de plusieurs en ce tiltre, *ab Aquitania in Gallias*. Ces Gaules ne sont autres que celles, qui sont comprises dãs la Celtique: laquelle ayant eu le nom de Lyonnoise sous Constantin, fut subdiuisee en quatre autres Prouinces, signifiees en ce tiltre de l'Itineraire, *per Gallias*: qui sont la premiere, seconde, troisiesme, & quatriesme Lyonnoise. Dont la premiere a la ville de Lyon pour Metropolitaine: la seconde, Roüan: la troisiesme, Tours: & la quatriesme, Sens. Doncques pour auancer de l'Aquitaine dans les Gaules, Ie trouue deux grands Chemins dans l'Itineraire.

5. Le premier est celuy, qui s'estend de Bordeaux à Autun, que vous trouuerez sous ce tiltre.

DE AQVITANIA IN GALLIAS.

Iter à Burdigala Augustodunum.	M. P.	CCCLXXIV. sic,
Blanutum.	M. P.	XVIIII.
Tamnum.	M. P.	XVI.
Nouioregum.	M. P.	XII.
Mediolanum Santonum	M. P.	XV.
Annedonnacum.	M. P.	XVI.
Rauranum.	M. P.	XX.
Limonium.	M. P.	XXI.
Fines.	M. P.	XXI.
Argantomagum.	M. P.	XXI.
Euodurum.	M. P.	XXVI.
Auaricum.	M. P.	XIII.
Tinconcium.	M. P.	XX.
Deccidas.	M. P.	XXII.
Alisincum.	M. P.	XIIII.
Augustodunum.	M. P.	XXII.

Quant à l'autre, ie ne iugerois pas qu'il peust atteindre iusques dans la Gaule Celtique, si son tiltre ne le portoit expressément, d'autant qu'il ne s'allonge vers ces quartiers, que iusques à certaine ville dicte *Argantomagus*, de laquelle ie n'ay autre cognoissance, sinon que l'Itineraire la met à douze mil Italiques au deçà de Poictiers, dict *Augustoritum*. Or est-il que le liuret des Prouinces de l'Empire, met Poictiers au rang des villes Aquitaniques, & non des Celtiques; ayant la ville mesme de Bordeaux pour Metropolitaine. Ce chemin est ainsi desseigné dans l'Itineraire.

DE AQVITANIA IN GALLIAS.

Iter à Burdigala Argantomagum.	M. P.	CXCVII.
Sirionem.	M. P.	XV.
Vssubium.	M. P.	XX.
Fines.	M. P.	XXIIII.
Aginnum.	M. P.	XII.
Excisum.	M. P.	XIII.
Traiectum.	M. P.	XXI.
Vesunnam.	M. P.	XVIII.
Fines.	M. P.	XXI.
Augustoritum.	M. P.	XXVIII.
Argantomagum.	M. P.	XXI.

Pag. 105.

6. Ces chemins estans paruenus dans la Gaule Celtique, auoient plusieurs raports auec les principales villes du païs d'où ils se communiquoient par apres à la Belgique premiere & seconde. Ainsi la ville d'Autun ayant receu ce grand Chemin de Bordeaux, en portoit vn autre iusques à Paris : où se diuisant en deux branches, il s'en alloit à Roüen d'vn costé, & à Beauuais de l'autre : Comme on peut voir par ces tiltres de l'Itineraire.

Ab Augustoduno Lutetiam Parisiorum.	M. P.	CLXXXVII.
Iter à Rothomago Lutetiam vsque.	M. P.	LXXVI.
Iter à Cæsaromago Lutetiam vsque.	M. P.	XLVI.

Pag. 87.

7. Ce ne seroit iamais faict à celuy qui voudroit couldre toutes les pieces de l'Itineraire ensemble, pour faire paroistre les diuers raports qui se trouuent entre les plus grandes Villes, par le moyen des chemins militaires : & côme ceux de la Gaule Celtique correspondoient à ceux de la Belgique, allians les meilleures villes de tout le païs ensemble. C'est pourquoy laissant le reste à la diligence du Lecteur : Ie me contenteray de mettre icy vn extraict des tiltres des autres grands Chemins Celtiques & Belgiques, qui sont dans l'Itineraire, tels que sont ceux de Boulongne à Bauais, de Cassel à Tournay, de Teroüenne à Tournay, d'Amiens à Soissons, de Langres à Thoul en Lorraine, & quelques autres. De tous lesquels, les tiltres sont ainsi rangez dans l'Itineraire, chacun auec son estendue.

A portu Gessoriacensi Bagacum vsque	M. P.	LXXXIII.
A Castello per Compendium Turnacum vsque.	M. P.	XXXVIII.
Iter à Taruenna Turnacum.	M. P.	XLIX.
A Samarobrina Suessonas.	M. P.	LXXXIX.
Iter ab Antematunno Tullum Leucorum.	M. P.	XLIII.

Ibid & suiuantes.

DES CHEMINS DE TRAVERSES, QVI allient les Gaules auec les Allemagnes, & les Pannonies.

CHAPITRE XLI.

1. *Comme il faut entendre ces mots, Prouinces Belgiques & Germaniques.*
2. *Chemins de la Belgique seconde, & premiere Lyonnoise en la Belgique premiere.*
3. *Chemins de la Belgique premiere dans les Allemagnes.*
4. *Chemins qui vont d'ailleurs aux Allemagnes, ou qui y sont entierement compris.*
5. *Interpretation & diuision de la Pannonie.*
6. *Grands chemins de Sirmisch, & de Belgrade en la Gaule.*
7. *Pourquoy tant de chemins abordent à Treues.*
8. *Antiquité des chemins pauez en Pannonie.*
9. *Chemins pauez iusques au Danube.*
10. *Recueil abbregé d'autres chemins.*

1. LES grands Chemins qui nous viennent du costé de l'Occident estans expediez, Il faut parler de ceux qui nous allient aux Prouinces Romaines que nous auons à l'Orient. Les Allemagnes pour ce regard nous sont les plus prochaines, comme contingentes aux Prouinces Belgiques & Celtiques. J'entens par les Prouinces Belgiques la premiere & la seconde, desquelles Treues & Reims sont Metropolitaines: Côme aussi par les Allemagnes la haulte & basse, qui sont au deça du Rhin, dont la premiere a pour Metropolitaine la ville de Majence: & la seconde, celle de Coulongne. Et ne faut s'esmerueiller si nous disons les Allemagnes, & non l'Allemagne en singulier: d'autant que Constantin diuisant l'Allemagne de deça le Rhin en deux parties, & ne trouuant des noms propres pour les discerner l'vne de l'autre, il a esté contraint de donner le nom de premiere Allemagne à l'vne, & de seconde à l'autre: Il en a faict de mesme de plusieurs autres Prouinces. Ce qui a meu l'auteur de l'Itineraire à faire plusieurs Gaules, Germaniques & Pannonies, vsant de ces mots dans ces tiltres, *In Gallias, Germanias, Pannonias.* ainsi que nous auons veu cy deuant, & verrons encore en la suite de cet ouurage.

2. Mais pour retourner à nos chemins, il s'en trouue plusieurs dans l'Itineraire, qui partans de la Belgique seconde & premiere Lyonnoise, s'estendent aux principales villes de la Belgique premiere.

Rrr ij

Tels sont les trois chemins qui ont leur premiere racine à Reims: dont l'vn s'en va droict à Treues: & les deux autres à Mets. Et d'autant que ces trois chemins sont couchez cy deuant au Chapitre 39. c'est assez pour le present d'en auoir indiqué la suite. Quant à la premiere Lyonnoise, elle enuoye deux grands Chemins dans la premiere Belgique: dont l'vn s'estend de Chalons sur la Saonne à Treues, sous ce tiltre.

Pag. 82.

Item à Cabellione Treuiros.

Et l'autre de Langres à Thoul en Lorraine, qui auec Mets & Verdun font les trois villes dependantes de Treues leur Metropolitaine. Ce chemin est recognu sous ce tiltre.

Iter ab Antematunno Tullum Leucorum vsque　　M. P. XLIII.

3. Estans donc paruenus dans la Belgique premiere, Il faut visiter les chemins, qui de là s'estendent dans les Allemagnes & autres parties Orientales. I'en trouue deux remarquables sur les autres, qui partent de la ville Metropolitaine de Treues: dont le premier s'estend à Coulongne, & l'autre à Strasbourg. Celuy de Coulongne n'est pas mesuré par mil Italiques, ainsi que les autres: mais par lieües Gauloises de quinze cens pas. Ce chemin se voit cy dessous, suiuant les nombres des anciens manuscrits, alleguez par Surita.

Pag. 87.

A Treueris Agrippinam.	Leg.	LXVII. sic
Bedam vicum.	Leg.	XII.
Ausanam vicum.	Leg.	XII.
Egorigium vicum.	L.	XII.
Marcomagum.	L.	VIII.
*	*	
Belgicam.	L.	VIII.
Tolbiacum vicum Supenorum.	L.	X.
Agrippinam Ciuitatem.	L.	XVI.

Surita, qui suppose que ces lieües soient des Legions, & qui ne trouue point de soixante-septiesme Legion dans l'histoire Romaine, a esté contraint de substituer dans le texte de l'Itineraire vne seixiesme Legion par ces nombres. Leg. XVI. contre la foy de tous les anciens liures dont il s'est seruy: comme on peut voir en la page 523. de ses Commentaires.

Mais sans nous arrester dauantage sur ce sujet, par nous suffisamment esclaircy, nous viendrons au second chemin, qui va de Treues à Strasbourg en la maniere, & sous le tiltre qui ensuit.

Pag. 84.

Item à Treueris Argentoratum.	M. P.	CXXIX. sic.
Baudobricam.	M. P.	XVIII.
Salissonem.	M. P.	XXII.
Bingium.	M. P.	XXIII.

DE L'EMPIRE, LIV. III.

Magontiacum.	M. P. XII.
Brotomagum.	M. P. XVIII.
Nouiomagum.	M. P. XVIII.
Argentoratum.	M. P. XVIII.

4. Restent encores quelques autres chemins, qui prenans leur origine d'ailleurs que de Treues, s'estendent dans l'vne ou l'autre des Germanies. Tel est celuy de Cassel, qui est en la Belgique seconde, & qui va droict à Cologne sous ce tiltre,

A Castello Coloniam.	M. P. CLXXII.

Page 55.

Et celuy de Langres à Caemps sur le Rhin, de la longueur de cent deux mil Italiques, comme ce tiltre le tesmoigne.

Iter ab Antematunno Cambatem.	M. P. CII.

Page 88.

Il y a encore quelques chemins militaires qui ne viennent pas d'ailleurs dans les Allemagnes: mais qui y prennent leur commencement & leur fin pour en allier les principales villes. Tel est celuy qui s'estend de la ville de Leiden à Strasbourg. Cette ville fait l'entree & commencement de la basse Allemagne du costé de Hollande, où elle est assise, & d'où elle a le nom de *Lugdunum Batauorum*. Et c'est pourquoy l'Itineraire l'appelle *Caput Germaniarum*, en ce tiltre.

A Lugduno Capite Germaniarum,	
Argentoratum.	M. P. CCCXXV.

Page 85.

Où le mot de *Caput* ne signifie pas le Chef, ou la Metropolitaine: mais l'entree ou le commencement, ainsi que nous auons demonstré en autre endroict. Cet autre a pareillement son estenduë entiere dans les Allemagnes, sçauoir de Keysersvverd à Cologne, sous ce tiltre.

Item à Colonia Traiana Coloniam	
Agrippinam,	M. P. LXXI.

Page 84.

Il y a encore vn chemin de Strasbourg à Santen, ville du Duché de Cleues, laquelle l'Itineraire appelle *Vetera Castra*: & de là à Vtrech en Hollande. Ce Chemin passe par les villes de Concorde, Binge, Bonne, Cologne, & autres villes de la basse Allemagne mentionees en la page 56. dudit Itineraire: où ie renuoye le Lecteur curieux, pour venir aux grands chemins, qui des prouinces Belgiques ou Germaniques, ont leur portee iusques au fond de la Pannonie.

5. C'est vne Region qui s'estend le long de la riue du Danube du costé de l'Esclauonie: & qui se diuise, ainsi que les autres, en plusieurs prouinces recognuës sous ces noms de premiere & seconde. La premiere, porte à present le nom de trois Duchez contigus, qui sont l'Austriche, Carinthie, & Carniole. La basse est celle, que vulgairement nous appellons la Hongrie. L'vne recognoist la grande & populeuse ville de Vienne pour Capitale, que l'Itineraire nomme

Rrr iij

Vindobonam: & l'autre l'ancienne Cité de Sirmisch que les Latins appellent *Sirmium*.

6. C'est de Sirmisch que l'Itineraire fait partir vn grand chemin qui ioinct la Hongrie à la Belgique premiere: & qui passant par Zeeblach, ville de Pannonie inferieure, qu'on appelle *Soppanas*, vient a boutir à celle de Treues sous le tiltre qui ensuit.

Page 52.

ITER DE PANNONIIS IN GALLIAS
per Mediterranea loca: id est, à Sirmio per Soppanas Treueros vsque.

A Sirmio Lauriacum	M. P. CCCCXXXVII.
Augusta Vindelicorum	M. P. CCXVI.
Ad Fines	M. P. CXXXVI.
Ad Treueros	M. P. CCXXXI.

Ce seroit chose par trop longue de mettre icy vn si long Chemin en son detail, veu que l'on voit par ces tiltres generaux, qu'il contient neuf cens soixante & onze milliaires d'estenduë: qui valent quatre cens quatre vingts cinq lieuës & demie, de nos lieuës de France. Ie me contenteray de dire, que *Lauriacum* est vne ville d'Austriche nommee *Ensh*, par Lazius, & *Lorch* par Simlerus. *Augusta Vindelicorum*, est tenuë d'vn cōmun consentement pour Ausbourg. Et quant au nom de *Fines*, qui se trouue en tant de lieux dans l'Itineraire, Ie ne sçaurois dire au vray, si en cet endroict il signifie simplement les limites de quelque prouince: ou bien s'il designe quelque ville, mansion, ou mutation particuliere, qui en porte le nom: ainsi que fait la ville de Fismes, assize sur les limites des Remois & Soissonnois.

Il y a vn autre Chemin militaire qui vient de la Pannonie inferieure en Allemagne & en Gaule, s'estendant de Belgrade à Strasbourg, & de là dans la Belgique premiere, compris en gros soubs ce tiltre.

Page 53.

ITER PER RIPAM PANNONIÆ A TAVRVNNO
in Gallias, ad Leg. XXX. *vsque.*

7. Et ne faut pas s'esmerueiller, si on voit de si longs chemins se venir rendre de la Pannonie en la Gaule Belgique: & principalement à Treues, où il en arriue plusieurs autres de diuerses prouinces. La cause de cela est, que Treues a long temps seruy de siege & de domicile à quelques Empereurs qui se plaisoient d'habiter en lieu si delectable, qu'est la situation de cette ville sur la Moselle. Ce que l'on peut voir en plusieurs endroicts de l'histoire d'Ammian Marcellin: mais particulierement en ce passage de son liure 15. où il dit. *Bel-*

gica prima Mediomatricos pratendit, & Treueros, domicilium Principum dorum.

A quoy se rapportent les Vers d'Ausonius en la description de la Moselle, esquels addressant sa parole à ce fleuue, il dit, que c'est de sa grace que la Gaule Belgique a eu l'honneur d'auoir chez soy vne ville qui fust chef d'Empire.

Salue Amnis laudate aquis, laudate colonis:
Dignata Imperio debent cui mœnia Belgæ.

Et peu apres.

————nec præmia in vndis
Sola, sed Augusta veniens quod mœnibus Vrbis
Spectauit iunctos Natique Patrisque triumphos,
Hostibus exactis Nicrum super, & Lupodunum.

Auquel endroict Ausonius parle de la victoire obtenuë par Valentinian & Gratian son fils. Lesquels ayans forte guerre à l'encontre des Quades, des Sarmates, des Gots, & autres nations de la grande Allemagne, estoient contraincts de demeurer comme en sentinelle sur les riuages du Rhin & du Danube, principalement en hyuer. Car en ce temps là, les glaces du Rhin & du Danube seruoient de Pont aux nations Barbares pour entrer dans les terres de l'Empire. Et c'est d'où vient que ces Empereurs passoient ordinairement leur hyuer à Treues, comme Ammian mesme le tesmoigne a 27. de son histoire, où il dit, *Milites ad hyberna, Imperatores Treueros reuerterunt.* Et Pomponius Lætus à ce propos: *Valentinianus exacta Treueris hyeme, Gallias reuertitur.* In Valentiniano.

C'est ce qui incita ces Empereurs à continuer plusieurs grands Chemins ja commencez le long du Rhin & du Danube: & de les allier ensemble à trauers le Duché de Bauiere, & autres terres voisines, pour la necessité qu'ils auoient de passer & repasser souuent de l'vne de ces prouinces en l'autre auec leurs armees.

8. Ce n'est pas toutesfois qu'auparauant le siecle de Valentinian il n'y eust ja plusieurs grands Chemins pauez, tant par les Allemagnes que les Pannonies & Duché de Bauiere. Car il apparoit par plusieurs Inscriptions esparses deçà delà dans cet œuure, que Septimius Seuerus, Caracalla & Geta ses enfans, en auoient fait munir plusieurs, & en Germanie, & és quartiers d'Austriche, l'vne desquelles ie me contenteray de rapporter icy, tirée d'vne colomne miliaire qui est en la Styrie voisine du Duché d'Austriche, telle que vous la voyez.

Grut. 157. 6.

```
      IMP. CAES. P.
PIVS. SEVERVS . . . . . PER. AVG.
TRIB. POTES. IX. IMP.
XII. COS. II. P. P. GOTH.
IMP. CAES. MAR. AV
RE. ANTONINVS. PIVS.
FELIX. AVG. ARABI. GERM.
MAX. . . . . . . . VT. TRIB. POTE.
P. P. PROCON. AT.
      M. LII.
```

9. Mais pour monstrer qu'il y auoit des chemins pauez, & marquez de leurs colomnes miliaires en Pannonie, iusques sur les riues du Danube. Ie produiray icy vne Inscription prise de Leonclauius, & tiree d'vn fragment de colomne milliaire, trouué en certaine vigne size à vn mil de Vienne en Austriche, de laquelle cet auteur colige, que les puisnez des Empereurs estoient qualifiez du tiltre de *In Pande- Tresnobles: & que long temps auant le siecle de Valerian, denomé en ladite Inscription, les Empereurs precedens y auoient fait pauer des chemins, & edifier des Ponts: veu qu'il est porté par icelle, que les vns & les autres ont esté reparez par Valentinian, estans decheus & ruinez d'antiquité: comme vous verrez par ces mots.

In Pande-
ctis historia
Turcica.

358. 8.

```
      IMP. CAES.
P. LICINIO. CORNEL.
VALERIANO. NOBILISS.
CAES. PRINCIPI.
IVVENTVTIS. VIA.
ET. PONTES. VETVSTA.
CONLAPSA. REST.
A. . . . . . N. D. M. P.
```

Et d'autant que c'est vn tesmoignage certain, que les chemins pauez & marquez de colomnes s'estendoient iusques aux extremitez de l'Empire de ce costé-là, i'ay bien voulu fortifier cette croyance par les mesmes mots de Leonclauius, qui sont tels. *Romani filios Imperatorum natu minores nobilissimos vocabant: sicut patet ex historiis, Inscriptionibus, & numismatibus antiquis. Vnicam tantum hoc loco habes Inscriptionem fidei causa (licet in re manifesta) ponere: tum quod pro se vetus, non noua sit: hoc est recens primùm inuenta: tum quod antiquitatem nobis Austriae Viennensis quondam, seu Vindobonae, seu Vindonianae (quod magis probatur) insigniter illustret. Eam magnifici Equitis D. N. Hieronymi Bech à Leopoldstorf Caes. Maiestat. Camerae Aulicae Consiliarij, studio liberali debemus: qui colomnae fragmentum veteris, quae integra milliarium Romanorum fuit, in vinea quadam*

quadam haud procul à S. Marci Nosocomio, ad vnum à Vienna lapidem, repertum cum intelligeret, operam dedit, vt domum suam deportatum posteritati conseruaretur.

10. Quant aux autres Chemins de Bauiere & des deux Pannonies, desquels iusques à present n'a esté faicte aucune mention, vous n'en aurez icy que les tiltres generaux, qui sont tels.

Iter à Lauriaco Veldidenam.	M. P. CCLXVI.
Item ab Aemona per Sisciam Sirmium vsque	M. P. CCCXI.
Iter à Vindobona Petonionem.	M. P. CLXXXIV.
Iter à Petonione Carnuntum	M. P. CLXIIII.
A Sabaria Bregetionem.	M. P. CII.
A Sabaria Acincum.	M. P. CLXVIII.
A Sopianis Acincum.	M. P. CXXXV.
A Sopianis Bregetionem.	M. P. C.
Iter à Siscia Marsam.	M. P. CXXXIIII.
A Petonione Sisciam.	M. P. CX.
A Sabaria Vindobonam.	M. P. LXXXVIII.
Iter ab Acinco Crumero, quo castra constituta sunt	M. P. XLII.
Iter à Sirmio Carnuntum.	M. P. CCCI.
Iter à Sirmio Salonas.	M. P. CCLXXVI.

DV CHEMIN QVI PASSE PAR TERRE d'Italie au reste de l'Europe.

CHAPITRE XLII.

1. Recapitulation de ce qui a esté dit cy dessus. Dessein pour ce qui vient en suitte.
2. Deux grands Chemins qui conduisent de l'interieur de l'Italie en Aquilee.
3. Aquilee derniere ville d'Italie. Passage en Dalmatie & en Hongrie.
4. Chemin d'Aquilee à Constantinople & Nicomedie.
5. Autre chemin de Vidino à Nicomedie.
6. Villes principales par lesquelles passe ledit chemin.
7. La Scythie chargee des grands chemins de l'Empire. Chemin pavé en Scythie & en Trace.

NOVS auons dit au chapitre XXIX. de ce liure, que par l'entremise de la Gaule Cisalpine des Romains, leurs chemins militaires estoient portez de terre en terre, & de Region en Region par tout ce qu'ils tenoient de païs en l'Europe: & que cela se faisoit par deux endroicts: dont l'vn est à trauers les Alpes à senestre, & l'autre à dextre par le pied desdits monts, & le riuage de la mer Adriatique. Nous auons expedié les chemins qui passent par le premier endroict, & monstré que par iceluy les Gaules, l'Espagne, & la Pannonie sont remplies de chemins, qui ont correspondance les vns auec les autres: & tous ensemble auec les villes de Milan & de Rome. Il faut donc venir à present au Traicté de ceux qui prennent leur route par le second endroict, qui est à trauers de ce qui reste de terre plaine entre les Alpes, & la mer de Venize, iusques en Aquilee.

2. Or est-il, que dans l'Itineraire il y a plusieurs Chemins Militaires qui conduisent de l'interieur d'Italie en Aquilee: ou bien (si vous voulez) qui viennent d'Aquilee en Italie: specialement à Boulongne. Car c'est ainsi que l'Itineraire va bien souuent prendre le commencement des grands Chemins par leur fin. Voicy donc comme il en parle en la page 64.

ITER AB AQVILEIA BONONIAM.	M. P. CCXVI. sic
Concordiam.	M. P. XXXI.
Altinum.	M. P. XXXI.
Patauium.	M. P. XXXII.
Ateste.	M. P. XXV.
Anneianum.	M. P. XX.
Vicum Vatianum.	M. P. XVIII.
Vicum Serninum.	M. P. XX.
Mutinam.	M. P. XXIII.
Bononiam.	M. P. XVIII.

Le second est de Rimini audit lieu de Bolongne: & de là en Aquilee par vne autre voye: toutesfois vn peu meslee auec la premiere, ainsi qu'il s'ensuit,

Pag. 28.

Item ab Arimino Cesenam. Ciu.	M. P. XX.
Fauentiam. Ciu.	M. P. XXIIII.
Forum Cornelij. Ciu.	M. P. X.
Bononiam Ciu.	M. P. XXIIII.
Mutinam. Ciu.	M. P. XXV.
Regium. Ciu.	M. P. XVIII.

Parmam. Ciu.	M. P.	XIX.
Fidentiolam. Vicum.	M. P.	XX.
Placentiam. Ciuitatem.	M. P.	XXIV.
Laudem. Ciu.	M. P.	XXIV.
Mediolanum. Ciu.	M. P.	XVI.
Bergomum. Ciuit.	M. P.	XXXIII.
Brixiam.	M. P.	XVIII.
Sirmionem. Mansionem.	M. P.	XXII.
Veronam. Ciu.	M. P.	XXXIII.
Vicetiam. Ciu.	M. P.	XXXIII.
Patauium. Ciu.	M. P.	XXVII.
Altinum. Ciu.	M. P.	XXXIII.
Concordiam. Ciu.	M. P.	XXXI.
Aquileiam. Ciu.	M. P.	XXXI.

3. C'est ainsi que les Chemins militaires sont conduits iusques en Aquilee, qui est la derniere ville d'Italie selon l'Itineraire mesme: d'autant que pour signifier le passage & continuation d'iceux de l'Italie dans les prouinces voisines, il prend pied sur ladite ville, comme estant encores des villes Italiennes, ainsi que l'on peut voir par le tiltre suiuant.

DE ITALIA PER ISTRIAM IN DALMATIAS.

Iter ab Aquileia per Istriam extra mare Pag. 61.

Salonas.	M. P.	CXCVIII.
Fontem Timaui.	M. P.	XII.
Tergeste.	M. P.	XII.

Et ainsi du reste du detail, que l'Itineraire conduit iusques à Salone en Dalmatie, ville natale de l'Empereur Diocletian: comme aussi de sa retraitte, lors que volontairement il se fut deschargé de l'Empire. De Salone il y auoit vn grand Chemin qui alloit ioindre la ville de Sirmisch en Hongrie, inseré sous ce tiltre en la mesmé page.

Iter à Sirmio Salonas.

Ce qui monstre la correspondance que les grandes villes auoient les vnes auec les autres par lesdits grands Chemins: veu que Sirmisch auoit communication à Rome par Salone, Aquilee, Milan, Boulogne, & Rimini. Et d'autre-part, à Treues par le Duché de Bauiere: & par les villes assises tout le long de la riue du Rhin. Salone auoit encore vne correspondance à la ville de Duras, nommée *Dirrachium*, & *Epidamnum*, à trauers la Macedoine, que l'Itineraire remarque en ce tiltre.

Item de Dalmatia in Macedoniam: id est, Salonis   Page 76.
Dirrachium.	M. P.	CCCIII.

Dauantage il se trouue encores vn chemin d'Aquilee en la ville de Sisseg en la haute Pannonie sur la riuiere de Sauv, qui a pour tiltre,

Page 62.   Ab Aquileia per Liburniam Sisciam,   M. P. CCXIII.

4. Mais le plus grand, & le plus remarquable de tous, est celuy qui s'en va de la ville d'Aquilee en la ville Imperiale de Constantinople, assise sur l'extremité de l'Europe, vis à vis de la petite Asie. Ce Chemin seroit par trop long à rapporter icy en son entier, on le peut voir és pages 29. 30. & 31. de l'Itineraire d'Antonin: qui ne l'arreste pas à Constantinople: Mais passant outre à trauers le Bosphore Thracien, il le fait entrer en la petite Asie, le conduisant droict en Calcedoine : & de là à Nicomedie de Bithine. Que si vous supputez les nombres des distances depuis Aquilee iusques à Nicomedie, vous aurez au produit pour longueur dudit chemin douze cens cinquāte six mil Italiques, qui valent six cens vingt huict lieuës Françoises.

Ce Chemin partant d'Aquilee passe par les villes de Petavv, Marquise, Sirmisch, Belgrade, Machegek, dict *Aureus Mons*, & autres villes de Mesie & de Thrace: & a des rapports & communiquations auec plusieurs autres chemins, tels que sont ceux qui s'estendent de Cabila en Hadrianopoli: de Ploudin à Heraclee de Misie: & de Vidino à Nicomedie, signifiez sous ces tiltres.

Page 37.   *Iter Thraciæ à Cabyle per* Compendium   *Hadrianopolim*   M. P. LXXVIII.
              A Plotinopoli Heracleam,   M. P. XII.
              Item per ripam à Viminacio Nicome-
Page 49.   *diam.* $\overline{\text{XII}}$.   M P. LXXII. sic

5. Ce dernier est encores des plus longs de tous ceux de l'Itineraire, ainsi que mõstrent les nombres du detail, qui montent à vnze cens cinquante mil Italiques: c'est à dire, à cinq cens soixante & quinze lieuës de France. Et partant il faut conclure, que les nombres de $\overline{\text{XII}}$. & de $\overline{\text{LXXII}}$. qui se trouuent en l'Itineraire, sont nombres corrompus. Car le premier signifieroit douze mil miliaires, selon la commune façon des anciens, qui par vne petite ligne trauersante, mise au dessus d'vn nombre, le faisoit valoir mil fois autant cõme il valoit d'vnitez. Ainsi $\overline{\text{I}}$ signifioit vn mil $\overline{\text{x}}$ dix mil. Mais aussi peu conuient en cet endroict le nombre de LXXII. par trop eslongné de d'ouze cens cinquante, que ie trouue estre le nombre iuste des miliaires compris au detail.

6. Ce chemin s'estend de Vidino sur la riue du Danube, en la haulte Mesie, iusques au lieu dict *Sucidaua*, dans l'Itineraire: qui est la derniere ville de la basse Mesie: d'où il entre dans la partie de la Scythie qui dependoit de l'Empire Romain. Car encores qu'au detail dudit grand Chemin, le mot de *Scythia* ne soit mis qu'apres *Trosmim*: Si est-ce que la notice de l'Empire nous asseure, que *Ariopolis, Catidana, Carso, Cio, Biroe, & Trosmis*, estoient souz la disposition du Gouuerneur de Scythie, *sub dispositione Ducis Scythiæ*. De *Sucidaua*, ce chemin procedát iusques aux bouches du Danube, que l'on appelle Ister en Scythie, va droict à l'ancienne ville de Tomos, renommee pour le meurtre que Medee commit en cet endroict en la personne de son frere Absyrtus, qu'elle mit en plusieurs pieces. Comme aussi pour auoir esté le lieu d'exil du Poëte Ouide, qui descrit si bien ce meurtre au 3. *de Tristibus*: où vous trouuerez l'Ethimologie de Tomos, en ces vers,

Inde Tomos dictus locus hic: quia fertur in illo
Membra Soror Fratris dissecuisse sui.

De là ledit chemin rentrant dedans la Trace, vient rejoindre l'vn des chemins precedans, au lieu dict Ostudizum, mentionné en la page 30. d'où il s'en va par les mesmes villes à Constantinople, & de Constantinople par le Bosphore Tracien à Nicomedie.

7. Ainsi voyez vous la Scythie mesme estre chargee des grands Chemins de l'Empire, iusques aux terres lors inhabitees: Ouide nous asseurant en ses liures, *de Tristibus, & de Ponto*, que de son temps, outre la ville de Tomos, il n'y auoit plus que le Bosphore Cimmerien, & les marescages inhabitables de Scythie.

Bosphorus, & Tanais superant, Scythiæque paludes:
Vixque satis noti nomina pauca loci:
Vlterius nihil est, nisi non habitabile frigus.   3. *de Tristi*
Heu quam vicina est vltima terra mihi!

Et qui plus est, ie trouue par exprés, que ce chemin qui trauersoit la Scythie & la Trace, estoit du nombre des chemins pauez par les Romains. En signe dequoy, il en auoit le nom de *Strata vetus*, qui ne veut dire autre chose, que vieil chemin paué. Ce que l'on peut recueillir de ces mots d'Eutropius, lequel descriuant le meurtre comis en la personne de l'Empereur Aurelian, en vne des Mansions dudit chemin, nommé, *Cænophrurion*, & mentionné en deux endroicts en l'Itineraire, il dict, *Interfectus est Itinere medio, quod inter Constantinopolum & Heracliam est Stratæ veteris. Locus Cænophrurion appellatur.*

DV PASSAGE ET CONTINVATION DES grands Chemins aux autres Prouinces, à trauers la Mer.

CHAPITRE XLIII.

1. Deux endroicts hors d'Italie, par lesquels les chemins se continuent par Mer.
2. Le premier est des Gaules en Angleterre par le port de Boulongne.
3. Le port de Boulongne dict Iccius, & depuis Gessoriacus.
4. Preuues de cela, tirees de Suetone & de Pline.
5. Autres preuues d'Ammian & d'Olimpiodore, Du temps de Cæsar il n'y auoit point de villes chez les Morins.
6. Interpretation du tiltre general des chemins d'Angleterre. Prouinces d'Angleterre.
7. Portus Rutupensis, ou Ritupensis, cõment appellé en la langue du païs.
8. Distances diuerses de la Gaule en Angleterre, comment conceües.
9. Interpretation du tiltre du premier chemin d'Angleterre. Muraille d'Angleterre nommee Vallum, sa vraye estendue.
10. Que c'est de ce Vallu en rampãt que plusieurs chemins d'Angleterre prennent leur commencement.
11. Recit en bref de tous les chemins d'Angleterre. Du nombre & de l'estendue d'iceux.

1. IVSQVES à present nous auons mis en euidence tous les Chemins à nous cognus, qui passent par les terres d'Italie aux autres Prouinces de l'Empire. Il est temps de parler de ceux, qui passent d'Italie & des Prouinces aux regions qui ne se peuuent aborder que par mer; & dont les chemins se respondent de riuage en riuage, & de port en port. Tout ainsi donc que nous auons commencé le discours des chemins de la terre par la partie Occidentale les conduisant par le Septentrion iusques en la partie Orientale, de l'Europe. Nous ferons de mesme des chemins qui se continuent par mer: car de trois passages que ie trouue en tout hors l'Italie, l'vn en Occident, & les deux autres en Orient, ie parleray de l'Occidental le premier: puis des deux Orientaux. Par le moyen de l'Occidental, ie deduiray les chemins militaires de la grand' Bretagne: Et par les deux Orientaux, ceux de la petite Asie,

des Armeniens, de la Mesopotamie, de la Syrie, de la Palestine, & de l'Egypte.

2. Le premier donc, est celuy qui s'en va de la Gaule en la grand' Bretagne par le port de Boulongne, en la region des anciens Morins, que nous auons dict estre ceux de Teroüenne. Car encore que dés le temps de Cæsar il y eust quelques lieux qui pouuoient seruir de station, plustost que de port, pour passer en Angleterre : Si est-ce que c'estoit à Boulongne que se trouuoit celuy-cy, qu'il appelle *Ictium*, ou *Itium portum* cõme on peut colliger de ses liures de la guerre des Gaules. Ce passage estoit le plus court & le plus facile pour aller de la Gaule en Angleterre : comme il nous enseigne luy mesme, quãd il dict, qu'il assembla en ce port toutes ces gens pour y passer la seconde fois : *Omnes ad portum Icium conuenire iubet*, dict-il, *ex quo portu commodissimum in Britanniam traiectum esse cognouerat, circiter millium passuum XXX. à continenti*. C'est le port duquel il estoit ja passé la premiere fois : comme estant assis au traict de mer le plus court de ce riuage : *Ipse cum omnibus copijs in Morinos proficiscitur, quod inde erat breuissimus in Britanniam traiectus. Huc naueis vndique ex finitimis regionibus, & quam superiore æstate ad Veneticum bellum fecerat, classem iubet conuenire*. *Lib. 5. Comment.*

Lib. 4.

3. Aussi est ce le mesme port, que nostre Itineraire a remarqué, pour seruir de passage maritime en Angleterre : d'autant que celuy que les auteurs suiuants ont appellé *Gessoriacus*, n'est autre que le port mesme *Ictius*, qui est à Boulongne : Ainsi que la Charte de Peutinger le tesmoigne en ces mots.

TABVLA.

Gesogiaco, Quod nunc Bononia.   XXIIII.

Et ne sçay pourquoy Ortelius, & autres qui parlent de ce port, n'en ont pas voulu croire l'auteur de ladite Charte, qui est vn meilleur auteur que plusieurs ne se persuadent : & seroit bien encores autre, s'il estoit repurgé des faultes des copistes : comme en la diction mesme de *Gesogiaco*, qu'ils ont escrit au lieu de *Gessoriaco*.

4. D'auantage, c'est en ce lieu mesme qu'Antonin, ou quiconque soit auteur de l'Itineraire, porte la fin des grands Chemins de la Gaule. Auteur duquel le tesmoignage est considerable, veu qu'il est appuyé d'autres, qui disent, que *Gessoriacus portus* estoit le passage de la Gaule en la grand Bretagne. Suetone descriuant le passage de l'Empereur Claudius, qui premier aprés Iules Cæsar entra dans la grand Bretagne, & en conquit la plus grande partie : ne luy faict

prendre autre chemin que par là: difant, *à Maſſilia Geſſoriacum vſque pedeſtri Itinere confecto, inde tranſmiſit.* Pline nous donne vn teſmoignage bien aſſeuré de cela meſme, lors que parlant de la longueur de l'Europe, & de la fin qu'elle prend du coſté de la grand' Bretagne, il n'aſſigne pas pluſieurs ports au païs des Morins: mais comme s'il n'y en auoit qu'vn ſeul, il dict: *Eſt autem ipſius Italiæ,* vt dixi XII. M. XX. *ad Alpes, inde per Lugdunum ad portum Morinorum Britannicum, qua videtur menſuram agere Polybius,* XI. M. LXVIII. Que s'il y euſt eu pluſieurs ports au païs des Morins, il n'euſt pas failly de deſigner celuy duquel il vouloit parler.

Lib. 4. cap. vlt.

5. Que ſi on me demande où eſt ce port, outre l'auctorité de la Charte cy deſſus, Ammian Marcellin & Olimpiodore ont eſcrit que c'eſt celuy de Boulongne, deſquels le premier parlant d'vn certain Lupicinus, lors eſtant en la grand' Bretagne, homme fier & ſuperbe, à qui on vouloit retrancher le paſſage d'Angleterre en la Gaule, dict, que ce fut à Boulongne, que l'on mit des ſentinelles pour y veiller: *Notarius Bononiam mittitur, obſeruaturus ſollicitè, ne quiſquam fretum Oceani tranſire permitteretur.* Et Olimpiodore en l'hiſtoire de Theodoſe l'ancien, & de Theodoſe & Honorius le ieune, parlant de Conſtantin, qui s'eſtoit faict tyranniquement Empereur en la grande Bretagne, il dict: ταῖς Βρεταννίας ἰάσας, περάσας ἅμα τοῖς αὐτοῦ ἐν Βονωνίαν πόλιν, οὕτω καλουμένην, ὥσπερ θαλασσίας, καὶ πρώτη τῶν ἐν ταῖς Γαλατῶν ῥεις κειμένη. C'eſt à dire, que Conſtantin ayant laiſſé la grand' Bretaigne, paſſa auec les ſiens à Boulongne, qui eſt la premiere des villes maritimes ſur le riuage Gaulois. D'où l'on peut tirer en conſequence, que la ville de Calais n'eſtoit encore en eſtre en ce temps là: veu que ſous l'Empire de Iules Cæſar, ne long temps depuis, il n'y euoit aucune ville en tout le païs des Morins: ainſi que Dion Caſſius nous le teſmoigne en termes expres: où parlant des Morins & Menapiens, il dict, qu'ils n'auoient villes ne bourgs: mais qu'ils habitoient en des cauernes & tugurions: Οὔτε γὰρ πόλεις ἔχοντες, ἀλλ' ἐν καλύβαις διατώμενοι, &c. Auſſi en ce temps, & en celuy de Veſpaſian, de Tite & Domitian ſes enfans, Boulongne meſme n'auoit pas le nom de ville, mais ſeulement de *Pagus,* qui ſignifie vn village. C'eſt ainſi que Pline l'appelle au dix-ſeptieſme Chapitre du liure 4. de ſon hiſtoire: où parlant de certains peuples voiſins, il dict: *Deinde Menapij, Morini, Oromanſaci iuncti Pago qui Geſſoriacus vocatur:* Et ne peut-on prendre en cet endroict *Pagus* pour vne region entiere, ainſi qu'il ſe prend quelquefois: d'autant que le mot de la Region precede, qui eſt *Morini.*

Lib. I. c. 11.

Ce que Florus confirme par ces mots, où il faict comparaiſon du commencement encores rude & groſſier de la ville de Rome, auec ſon eſtat triomphant. *Idem tum Fœſulæ quod Carræ nuper. Idem nem*

Aric

DE L'EMPIRE LIV. III.

Aricinum, quod *Hercinius saltus*: *Fregellæ* quod *Gessoriacum*: *Tiberis* quod *Euphrates*. Où il ne faict pas vne comparaison de Prouince à Prouince, mais d'vn bourg d'Italie à vn village des Morins seulement.

6. Or voyons ce que dict l'Itineraire sur le passage de la Gaule en Angleterre.

ITER BRITANNIARVM.
A Gessoriaco de Gallijs Ritupas in portum Britanniarum. Stad. num. CCCCL.

Pag. 105.

Auant que les Romains eussent reduit la grand' Bretaigne sous leur Empire, toutes les Isles sizes au Septétrion de la Gaule, se nommoient du nom commun de *Britanniæ*: Comme Pline le raconte. Et à cela se rapportent les vers de Catulle, parlant d'Auguste,

Plin. lib. 4. cap. 16.

    Hunc Galliæ timent, Timent Britanniæ.

Mais depuis qu'elle fut mise sous le joug de l'Empire, ce mot fut attribué à trois Prouinces d'Angleterre, qui sont, *Maxima Cæsariensis*, *Britannia prima*, & *Britannia secunda*: Lesquelles la Notice de l'Empire augmente iusques à cinq; sçauoir, *Maximam Cæsariensem, Valentinam, Britanniam primam, Britanniam secundam, & Flauiam Cæsariensem*. Et n'y a point de doute, que ce ne soit ces diuerses Bretagnes, que l'Itineraire entend sous ces termes conceus en nombre de plusieurs.

Iuxta Rufum.

Iter Britanniarum.

7. Le port donc de la grand' Bretaigne, qui respondoit lors à celuy de Boulongne pour la cōtinuation des grands chemins, c'estoit celuy, que l'histoire appelle *Portum Rutupensem*, ou *Ritupensem*, du nom d'vne place ou bourg voisin, nommé *Rutupiæ* par les Latins, que l'on a depuis appellé *Reptacester*: & à present *Sandwich*. Aucūs le nomment *Richborrow*, du nom d'vn ancien Chasteau ruiné sur le riuage de la Mer, duquel le *Rutupiæ* des Latins retient encores quelque vestige. Ammian Marcellin l'appelle *Rutupias*, quand il dict: *Adulta hieme antedictus Bononiam venit: quæsitisque nauigijs, & omni imposito milite, obseruato flatu secundo ventorum, ad Rutupias, sitas ex aduerso defertur: petitque Londinum*. Les autres nomment ce port *Ritupas*, les autres *Rutubium* tesmoing le Venerable Bede, au commencement de son histoire Ecclesiastique: où descriuant la situation de la grand' Bretaigne, il dict: *Habet à meridie Galliam Belgicam, cuius proximum littus transmeantibus aperit ciuitas quæ dicitur Ruthubi portus. Qui portus à gente Anglorum nunc corruptè Reptacester vocata, interposito mari, à Gessoriaco Morinorum gentis littore proximo, traiectu milliarium quinquaginta, siue, vt quidam scripsere, Stadiorum quadringentorum quinquaginta*. Mais outre ce port, il y en auoit vn autre plus prochain, nommé *Dubris* par les Latins, & *Douer* par ceux du païs. Iules Cæsar touche l'vn & l'autre de ces deux

Lib. 20.

Ttt

ports, quand il dict, *Se hora circiter diei quarta Britanniam attigisse. Hinc vero se hora ix. circiter millia passuum vij. progressum, aperto ac plano litore naueis constituisse, militemque exposuisse.* Ou se peut colliger, que le port de Dover estoit plus proche de Boulongne de VIII. mil, que celuy de Sandvvich.

8. Quand à la distance de la Gaule en Angleterre, il y a grande diuersité dans les auteurs. Iules Cæsar ny met que XXX. mille, ainsi que nous auons veu par vn passage cy dessus allegué : Et semble qu'il en doiue estre plustost creu que les autres, d'autant que deuant que d'entreprendre d'y passer, il s'estoit enquis diligemment, & de la distance, & de plusieurs autres choses appartenantes au païs : & que par deux fois il a passé & repassé ce destroict. Dion nous le depeint de CCCCL. Stades, qui sont 56. mille Italiques. Strabo de CCCXX. stades, qui ne reuiennent qu'à quarante mille. Pline tient le milieu des deux, qui constitue entre l'vne & l'autre terre L. mille de distance. Mais ceste diuersité vient des endroicts diuers, desquels tous ces auteurs ont parlé. Quant à Iules Cæsar, il ne conduisit pas son armee de premier abord de Boulongne droict au port de Sandvvich : Car il vint premierement surgir à Dover, qui est plus proche de huict mille du port de Boulongne. C'est pourquoy Cæsar ne faict estat que de XXX. mille de distances d'vne terre à l'autre. Mais Strabo, qui en met quarante, & les autres cinquante, parlent de la distance qu'il y a de Boulongne à Sandvvich, ou *Ritupiæ* : le premier touchant bien prés à la iuste mesure, & les autres l'excedant de dix mille ou enuiron. Et quand à l'Itineraire, il excede de plus de seize mille, attendu que les CCCCL. stades auec lesquelles il mesure ladite distance, reuiennent à LVI. mille Italiques.

9. Mais sans nous arrester d'auantage à conferer ces distances, il nous faut venir à l'interpretation des grands Chemins d'Angleterre. Quoy faisant, ie ne diray rien de ce qui est touché au liure premier, touchant les inuenteurs & auteurs d'iceux. Et quant au nombre & à la longueur, ce que nous en dirons icy, sera tout different, non toutefois contraire, à ce que nous en auons dict ; d'autant que là, nous n'en auons parlé qu'en passant : Mais c'est icy le lieu où il en faut traitter à plain fond. Briefuement neantmoins, autant qu'il nous sera possible. Voicy donc le premier de tous.

A limite, id est à Vallo Prætorium vsque.   M. P. CLVI.

C'est à dire : du limite ou leuee de Seuerus en la ville de Vvestchestre, ou Coventre.

Spartianus in Hadriano.   Pour entendre ce que veut dire ce tiltre, il faut sçauoir, que l'Empereur Adrian fit autrefois construire en Angleterre vne muraille recognue dans l'histoire sous le nom de *Vallum*, qui est de LXXX. mille d'estendue. Septimius Seuerus l'amplifia depuis d'vne mer à l'autre, aux mesmes fins qu'elle auoit esté commencee : c'est à sçauoir pour seruir de barriere entre les terres conquises par les Romains, & celles des Barbares. Aurelius Victor nous en donne ce tesmoignage. *Hic in Britannia Vallum per xxx. passuum millia, à mari ad mare deduxit ;* où il ne faict l'augmentation de Seuerus que de trente mil pas. Mais pour monstrer qu'il y a de l'erreur en ce nombre, & que ce mur ou rampart, fut continué iusques à cent trente-deux mil pas, Nous produirons les tesmoignages conformes de deux anciens auteurs dignes de foy. Le premier, sera celuy d'Eusebe, qui dict, *Seuerus in Britannos transfert Bellum : Vbi vt receptas prouincias ab incursione Barbarica faceret securiores, Vallum per CXXXII. M. P. à mari ad mare duxit.* Le second est de Paul Orose, qui en dict autant : *Seuerus Victor in Britanniam defectu pene omnium sociorum trahitur, Vbi magnis, grauibusque prælijs sæpe gestis, receptam partem insulæ à cæteris indomitis gentibus Vallo distinguendam putauit. Itaque magnam fossam, firmißimumque vallum, crebris insuper turribus munitum, per CXXXII. M. P. à mari ad mare duxit : ibique apud opidum Eboracum morbo obijt.*

10. Or qui ne voit, que ce mur est le mesme ouurage, lequel nostre Itineraire appelle *Vallum*, en son premier tiltre : Car comme ainsi soit, que ce mur seruoit de barriere entre les Romains & les Pictes, il donne le nom de *Vallum* à ce limite : & d'iceluy, comme d'vn lieu fort remarquable, il commence à deduire les grands chemins d'Angleterre. Ainsi, encore que ce soit du port de Sandvvich, ou Ritupie, que les grands Chemins de l'Empire doiuent prendre commencement pour aller auant en païs dans la grand' Bretaigne : si est-ce que cet Itineraire s'en va prendre le premier bout d'iceux en la partie plus reculee de leur origine, & vient iustement finir à leur commencement : tesmoin le second chemin dudit Itineraire, qui trauerse l'Angleterre d'vn bout à l'autre : & qui porte pour tiltre,

ITER A VALLO AD PORTVM		*Pag. 106.*
Ritupas.	M. P. CCCCLXXXI. sic,	
A Blatoburgio castra Exploratorum.	M. P. XII.	
Luguuallum.	M. P. XII.	
Voredam.	M. P. XIIII.	
Brouonacim.	M. P. XIII.	
Verterim.	M. P. XIII.	
Lauatrim.	M. P. XIIII.	
Cataractonem.	M. P. XIII.	
Isurium.	M. P. XXIIII.	

Eboracum.	M. P.	XVII.
Calcariam.	M. P.	IX.
Camulodunum.	M. P.	XX.
Mamucium.	M. P.	XVII.
&c.		

11. Quant aux autres chemins, il suffit pour abreger de les donner icy en gros.

Iter à Londinio ad portum Dubrim	M. P. LXVI.
Iter à Londinio ad portum Lemanis	M. P. LXVIII.
Iter à Londinio Luguuallum ad Vallum.	M. P. CCCCXLIII.
Iter à Londinio Lindum.	M. P. CLVI.
Iter à Regno Londinium	M. P. CCXXVII.
Iter ab Eboraco Londinium.	M. P. CCXXVII.
Iter à Venta Icenorum Londinium.	M. P. CXXVIII.
Iter à Clano Venta Mediolanum.	M. P. CL.
Iter à Seguntio Deuam.	M. P. LXXIIII.
Iter à Muridono Viroconium.	M. P. CLXXXI.
Iter ab Isca Calleuam.	M. P. CIX.
Item alio Itinere ab Isca Calleuam.	M. P. CIII.
Iter à Calleua Iscadum Nuniorum.	M. P. CXXXVI.

Que si l'on recueille en vn tous les chemins que les Empereurs ont fait pauer en Angleterre, on en trouuera quinze en nombre; dont les sept prenoient fin ou commencement en la ville de Londres, comme en la principale de la grand' Bretaigne. Puis supputant les miliaires de tous les quinze ensemble, l'on verra que le tout monte à deux mil cinq cens soixante & dixneuf mil Italiques d'ouurage de main en longueur: & partant que ce n'est sans cause, si les habitans du païs, qui ne sçauent l'origine de tels œuures, les attribuent à des Geants, ou à la Magie, ainsi qu'il a esté dict au liure premier.

DE DEVX PASSAGES DE THRACE
en l'Asie mineure.

CHAPITRE XLIIII.

DE L'EMPIRE LIV. III.

1. *Deux passages à l'Orient de Thrace en Asie.*
2. *Premier passage par le destroict de Constantinople: & le premier chemin qui en depend.*
3. *Port de Constantinople.*
4. *Second chemin dependant du port de Constantinople.*
5. *Continuation dudit chemin.*
6. *Le plus grand chemin de l'Itineraire d'Antonin divisé, puis remis en un: Longueur d'iceluy.*
7. *Chemins d'Egypte, & leur estendue.*
8. *Toutes les provinces d'Asie mineure & maieure fournies de grands chemins.*
9. *Pourquoy les chemins d'Asie & d'Egypte ne sont descrits qu'en gros.*
10. *Situation des villes mentionnees esdicts chemins.*
11. *Deux chemins passez en Mesopotamie.*
12. *Villes de Phenice & de Palestine.*
13. *Second passage d'Europe en Asie.*
14. *Description dudit passage pris de l'Itineraire.*

1. APRES auoir monstré que les grands Chemins de la Gaule en la partie Occidentale d'Europe, se vont ioindre à ceux de la grand' Bretaigne par le benefice de certains ports se respondans de terre en terre les vns aux autres: Il en faut à cet' heure faire autant de la partie Orientale, qui est l'ancien Royaume de Thrace, que quelques-vns nomment à present, ou Romanie, ou Turquie. Ie ne doute point qu'il n'y ait plusieurs ports & passages, qui de divers endroicts de la Grece & de la Macedoine peuuent aller par toute l'Asie & l'Affrique: Mais d'autant qu'ils n'ont rien de commun auec nos grands Chemins, ie n'en feray mention aucune en cet endroict. Et diray, que pour ce qui touche la continuation des Chemins militaires des Romains à trauers la mer Mediterranee du costé de l'Orient, ie n'ay trouué que deux passages seulement, l'vn & l'autre de Thrace en la petite Asie. Le premier, par le Bosphore Thracien, auiourd'huy dict le destroit de Constantinople: & le deuxiesme par l'Hellespont. Pline nous apprend, que la mer Egee vient frapper les riuages de l'Asie & de l'Europe de la part du Midy: & que de large qu'elle estoit auparauant, elle se reduit à l'estroict pour entrer dans l'Hellespont: où l'Europe & l'Asie ne sont separees que de sept stades seulement. Puis s'eslargissant vn peu sur la longueur de deux cens trente neuf mil pas, elle fait ce que l'on appelle le Propont: & vient derechef à s'estressir au Bosphore de Thrace, qui n'est que de cinq cens pas de largeur entre Bizance & Calcedoine. Ces deux lieux, où la mer est ainsi mise à l'estroict, sont les endroicts de nos deux passages: desquels Pline fait ainsi la description. *Vastum mare praeiacens Asiae, & ab Europa porrecto Cherronesi littore ex-*

Plin. lib. 4 cap. 12.

Lib. 4. nat. hist. cap. 12.

pulsum, angusto meatu irrumpit in terras, VII. *Stadiorum interuallo Europam auferens Asiæ. Primas angustias Hellespontum vocant. Hac Xerxes Persarum Rex constrato in nauibus ponte duxit exercitum. Porrigitur inde tenus Euripus* LXXXVI. M. P. *spatio ad Vrbem Priapum Asiæ, qua magnus Alexander transcendit. Inde expatiatur æquor: rursusque in arctum coit laxitas. Propontis appellatur. Angustiæ, Thracius Bosphorus, latitudine* D. *passuum, qua Darius pater Xerxis copias ponte transuexit. Tota ab Hellesponto longitudo* CCXXXIX. M. P.

Nous parlerons donc de ces deux passages par ordre; & commencerons par celuy de Constantinople, afin de reprendre les grands Chemins que nous y auons ja conduits, & d'Italie, & de Hongrie: pour de là, les faire passer iusques aux extremitez Orientales de l'Empire en la grande Asie: & aux Meridionales en Egypte.

2. Quant au premier, c'est celuy qui de Constantinople passe en Calcedoine à trauers le Bosphore Thracien, que l'Itineraire appelle *Traiectum in Bithyniam*: d'autant que c'estoit en ce lieu que les grands Chemins de l'Empire estoient continuez d'Europe en Asie par les Royaumes de Thrace & de Bithynie: qui n'estoient esloignez l'vn de l'autre à l'endroict de ces deux villes, que de la longueur de cinq cens pas, suiuant la mesure de Pline. Ce qu'il faut entendre de terre en terre. Mais de Bizance à Chalcedoine, il y auoit quatre mil Italiques, suiuant l'Itineraire. Voicy comme il en descrit la distance.

BIZANTIVM.

Page 31.

Quæ & Constantinopolis,	M. P. XVIII.
Calcedoniam.	
Traiectus in Bithyniam.	M. P. IIII.
Pantichium.	M. P. XV.
Libyssam.	M. P. XXIIII.
Nicomediam.	M. P. XXII.

3. Quant au port du costé de la Thrace, Zosimus en fait mention, lors que discourant de la fondation de Constantinople sur les anciennes ruines de Bizance, il dit, *Eodem modo & ab Aquilonari colle deorsum ductus erat, vsque ad portum quod Nauale dicunt: & vlterius vsque ad mare, quod directo situm est ad id ostium, per quod in Euxinum pontum nauigatur.* C'est donc de ce port que l'on passoit d'Europe en Asie: & d'où l'Itineraire a pris le commencement du premier chemin qu'il conduit par Calcedoine en Nicomedie. Strabo met ainsi l'vne de ces villes en suitte de l'autre. *Huius est Chalcedon, in Ponti ore sita, quam Megarenses condidere. Post Chalcedonem sequitur litus, quod Astacenus sinus appellatur, qui Propontidis pars est. In eo condita est Nicomedia, dicta de nomine Regis cuiusdam Bithyni, qui eam condidit.*

Lib. 14. *Geogr.*

4. Le second chemin porte pour tiltre,

DE L'EMPIRE. LIV. III.

A Constantinopoli vsque Antiochiam	M. P. DCCCXVI.
Item Libo.	M. P. XXII.
Nicæam.	M. P. XXIII.
&c.	

Ce chemin passe à trauers la Bithynie iusques à Dadastane, assise sur les confins de Bithynie & de Galatie: qui est le lieu où l'Empereur Iouinian deceda d'vne mort soudaine, *Cum enim venisset Dadastanam* comme Ammian Marcellin le tesmoigne: *Qui locus Bithyniam distinguit & Galatas, exanimatus inuentus est nocte.* De là passant par Ancyre en Galatie, & par plusieurs villes de Cappadoce & de Pisidie, où il tranche le mont Taurus, il entre dans la Cilicie par la Region des Egeates: & de là dans la Syrie par Aiazzo, dit *Issus* par les Latins, derniere ville de Cilicie, que quelques-vns appellent la porte de la Syrie: De là ce chemin tire en Antioche, assise sur le fleuue Orontes, distante de 695. mil de Constantinople, suiuant le detail de l'Itineraire. C'est vne ville qui fut autrefois des plus renommees de tout l'Orient, honoree de l'origine du nom Chrestien, & de la Chaire S. Pierre: & neantmoins elle est à present tellement ruinee, qu'elle ne sert que de retraitte aux Hiboux.

5. Ceste grande Voye ne s'arreste pas là: mais passant outre, elle s'estend à trauers la Syrie, Phenicie, Palestine, & Egypte, iusques en Alexandrie. Encore n'est-ce pas là son dernier periode: car d'Alexandrie prenant sa route par la partie d'Egypte qui est à l'Occident du Nil, elle s'en va iusques à la derniere ville de l'Empire, size sur les confins d'Ethyopie, que l'Itineraire appelle *Hierasycaminon*: & les autres *Hieran Sycaminon*, comme qui diroit Sycaminon la sacree: iusques à laquelle ceux que Neron auoit commis pour faire la descouuerte de l'Egypte vers l'Ethyopie, estans paruenus, luy annoncerent qu'elle estoit à LIIII. mil pas au delà de Syenne: comme Pline nous l'a laissé par escrit en ces mots: *Neronis exploratores renunciauere hu mo-* *Lib.6.c.29.* *bis. A Syene Hieran Sycaminon LIIII. M. P. Inde Tania LXXV. M. P. Regionem Enomniton Ethyopum primae,* CXX.

Finalement ce chemin mesme fait vn retour vers l'Arabie à trauers le Nil, passe par la ville de Sienne, & autres dans la partie Orientale d'Egypte: & s'estendant dans les terres des Troglodites iusques au riuage de la mer Rouge, il vient prendre fin à la ville de Clysmos ou Clysma, selon Ptolomee, qui l'appelle *Præsidium*, comme estant vne place où les Romains tenoient gens en garnison.

6. Nous voila donc paruenus de Rome iusques aux confins d'Ethyopie par des petites parcelles de chemins, esparses en plusieurs endroicts de ce liure, lesquelles il est besoin de rejoindre ensemble. Aussi est ce la verité qu'en tout l'Itineraire d'Antonin il n'y a pieces

aucunes qui se suiuent mieux, & qui soient plus estroittement jointes & appoinctees que celles-cy. Mais l'ordre qu'il me falloit tenir en la deduction des prouinces, & en la continuation d'autres chemins par terre ou par mer, me les ont fait desvnir, & comme mettre en pieces, en intention de les reprendre en cet endroict, pour les remettre en vn corps entier de Rome iusques à Clysmos. Voyez donc icy les principales pieces d'vn si long chemin.

Page 28.	Ab vrbe Ariminum.	M. P. CCXXII.
	Ab Arimino Mediolanum.	M. P. CCXXIIII.
Page 29.	A Mediolano Aquileiam.	M. P. CCLXI.
	Ab Aquileia Aureum montem	M. P. CCCCLXXXI.
Page 30.	Ab Aureo monte Constantinopolim.	M. P. DCCX
Page 31.	A Constantinopoli Antiochiam.	M. P. DCXCV.
Page 32.	Ab Antiochia Alexandriam.	DCCCXXI.
Pag. 33.		
Page 35.	Ab Alexandria Hierasycaminon.	DLXIII.
	Per partem Arabicam trans Nilum Clysmon.	M. P. DCCCII.

Que si vous colligez tous ces nombres en vn, vous aurez de Rome à la derniere mansion sur la mer Rouge quatre mil sept cens soixante & dixneuf miliaires: qui se reduisent à deux mil trois cens quatre vingts neuf lieuës Françoises, lesquelles s'entresuiuent dans l'Itineraire sans interruption.

7. Le reste des chemins militaires de l'Egypte, sont designez sous les tiltres qui ensuiuent.

page 34.	Item à Pelusio Memphim	M. P. CXXII.
Pag. 36.	Item à Serapiu Pelusium.	M. P. LX.
	Item à Copto Berenicem vsque.	M. P. CCLXVI.
	Item à Copto Berenicem	M. P. CCLXXI.

I'ay tiré ces deux derniers nombres de la collection du detail, & non pas de l'Itineraire imprimé: qui ne porte au gros que CCVIII. & CCLVIII. Supputant donc en vne somme tous les ouurages d'Egypte à part, il se trouuera que les Romains y ont fait plus de quinze cens mille en longueur de chemins pauez, qui montent à plus de sept cent cinquante lieuës Françoises.

8. Reste maintenant à fournir les autres prouinces de l'Asie de leurs grands chemins. Ce que nous ferons, non pas selon l'ordre de l'Itineraire: mais de la situation de chacune prouince, à commencer du costé de l'Europe, & du traiect de Constantinople. Nous commencerons par la Bithynie, la Galatie, Paphlagonie, & Phrygie esquelles

DE L'EMPIRE LIV. III.

esquelles outre le grand Chemin cy dessus specifié, se trouvent encores ceux qui ensuiuent.

Item à Claudiopoli Ancyram.	M. P. CXXXIIII.	
Item à Pessinunte Ancyram.	M. P. XCIX.	
Item à Tauia Cæsaream vsque.	M. P. CIX.	Pag. 43.
Item à Dorileo Ancyram.	M. P. CXLI.	Pag. 44.
Item ab Ancyra Tauiam.	M. P. CXVI.	Pag. 44.
Item à Sebastia Cocusum.	M. P. CCVI.	Pag. 47.
Item à Cocuso Arabissum.	M. P. LII.	Pag. 48.
Item à Cocuso Melitenem.	M. P. XLII.	Pag. 48.

Passage de Galatie en Capadoce.

Item à Tauia Sebastiam.	M. P. CLXI.	
Item à Tauia per Sebastopolim Sebastiam vsque.	M. P. CLXVI.	Pag. 44. Pag. 45.
Item à Sebastia Cocusum per Cæsaream	M. P. CCLVIII.	Pag. 38.
Iter à Sebastia Cocuson per Compendium.	M. P. CCVI.	

Passage en Pisidie à trauers la Lydie & Mœonie.

Item ab Ancyra per Nyssam Cæsaream.	M. P. CXCVIII.	Pag. 45.

Passage de Pisidie en Mœonie.

Item à Cæsarea Satalam.	M. P. CCCXX.	Ibid.

Passage d'Armenie mineure iusques sur l'Euphrate.

Item ab Arabisso per Compendium Satalam.	M. P. CCLXVIII.	Pag. 38.
Item à Nicopoli Arabissum.	M. P. CCXXVI.	Pag. 47.
Item à Nicopoli Satalam.	M. P. CXXII.	Pag. 49.
Item à Trapezunte Satalam.	M. P. CXXXV.	Pag. 49.

Passage de Mœonie par les confins de Mysie, Lydie, & Phrygie, iusques sur l'Euphrate, en l'extremité de Syrie & de l'Empire.

Item à Satala Melitenem per ripam Samosata vsque	M. P. CCCXLI.	pag. 46.
Item à Cæsarea Melitenem.	M. P. CCXLII.	Ibid.
Item à Melitene Samosata.	M. P. XCI.	page 48.

Passage par la Cilicie.

Item à Cæsarea Anazarum.	M. P. CCXXII.	Page 47.

Passage par la Syrie & Mesopotamie outre l'Euphrate.

page 39.	A Germanicia per Dolicen & Zeugma vsque	M. P.	LXXXVII.
Ibid.	Item a Germanicia per Samosata Edissam.	M. P.	LXX.
Page 40.	Item a Germanicia Edissam.	M. P.	LXXXIIII.
Ibid.	Item a Cirrho Edissam.	M. P.	XCII.
Ibid.	Item a Nicopoli Edissam.	M. P.	CXXXVII.
p. 41.	Item a Callecome Edissam.	M. P.	LXXXV.
p. Ibid.	Item a Carris Hierapolim.	M. P.	LXXXIII.

Autres chemins de Syrie.

Page 39.	Iter ab Antiochia Emesam.	M. P.	CXXXIII.
p. 41.	Item a Cirrho Emesam.	M. P.	CLI.
	Item a Dolice Serianem Anunca.	M. P.	CXXVIII.
pag. 42.	A Callecome Larissam.	M. P.	LXXIX.
pag. 43.	Item a Damasco Emesam.	M. P.	CLII.

Par la Phœnicie & Palestine.

p. 42.	Item a Bemmari Neapolim.	M. P.	CCXXVII.
Ibid.	Item a Seriane Scythopolim.	M. P.	CCCXVIII.
43.	Item a Cæsarea Eleutheropolim.	M. P.	LXXVII.
Ibid.	Item a Neapoli Ascalonem.	M. P.	LXXIIII.

9. I'ay pensé qu'il suffiroit de mettre les tiltres de chacun chemin d'Egypte & d'Asie en gros, sans les distribuer par le detail, qui eust esté chose trop longue, & qui se peut voir en l'Itineraire mesme. Toutefois, pour ne laisser les tiltres de l'Asie, qui sont en assez grand nombre, nuds, confus & sans interpretation: Ie me suis aduisé de faire entendre en quelles Prouinces chacune ville mentionee esdits tiltres est assize: afin de donner vne plus particuliere cognoissance des endroicts par où les grands Chemins de l'Empire s'estendoient à trauers la petite & la grand' Asie: Laissant à la diligence du Lecteur la recherche de chacune place du detail, si la curiosité le pousse si auant. A quoy Strabo, Pline, Ptolomee, & les Commentaires de Surita pourront amplement satisfaire.

10. Ie suiuray donc le mesme ordre que i'ay faict en les disposant, suiuant la situation des Prouinces: Et commenceray par Claudiopolis, qui est nom propre de deux villes en Asie, dont l'vne est en Galatie, assize par Ptolomee, *in Trogmis*: l'autre en Bithynie, qui fut autrement dicte *Bithynion*: d'où estoit Antinous le bien-aymé d'Adrian. Il y a pareillement double Ancyre: l'vne en Phrygie, auprès de

DE L'EMPIRE. LIV. III.

Blairos, & l'autre en Galatie, en la region des Gaulois Tectosages, que l'on appelle à present Augoury.

Pesinus ou *Pessinus*, que quelques vns appellent *Tribanta*, & les autres Possene, est en Paphlagonie.

Tauia en Galatie, cité Episcopale, dont l'Euesque Dicasius a souscrit au Concile de Nice. *Aranissus, Sebastia, & Sebastopolis*, sont en Capadoce, selon le tesmoignage de Pline & Ptolomee: Mais quant à *Cocusos* ou *Cocusus*, l'Itineraire nous la donne pour vne bonne ville d'Asie, attendu le nombre des grands Chemins qui de tous costez y abordoient. C'est merueille toutesfois, que les Geographes n'en font aucune mention. Sainct Iean Chrysostome nous apprend, que c'estoit vne ville sixe en vne vaste solitude d'Armenie sur la mer Pontique: où du temps d'Arcadius, il fut enuoyé en exil, à soixante & dix iournees de Constantinople: *Septuaginta diebus in Itinere consumptis*, dict il, *aliquando tandem Cocusum peruenimus, locum totius orbis propter solitudinem grauissimum*. Et peu apres: *Quandoquidem & nos tertium iam annum in exilio agentes, in fame, peste, bellis continuis, obsidionibus, solitudine incredibili, morte quotidiana, ensibus Isauricis, non mediocriter animos adijcit, & consolatur affectionis vestrae abundantia, & constantia, & fiduciae stabilitas*. Quant au reste, cette ville estoit l'vne de celles qui tenoient l'extremité de l'Empire à l'Orient: elle estoit cité Episcopale, & se trouue que l'vn de ses Euesques a souscript au Concile de Calcedoine nommé *Bonnus Episcopus Cocusi*.

In epistola ad Constantium Presbyterum.

Pour le regard de Cesaree, il y a plusieurs villes de ce nom: dont l'vne est en Bithynie, autrement dicte *Smyrake*: la seconde en Pisidie ou Cilicie, nommee *Seuesta*: la troisiesme en Palestine, que l'on dict auoir eu diuers noms, comme *Turris Stratonis, Appolionis Colonia, prima Ficura, Siseria, Gad Palestinorum*, que l'on appelle auiourd'huy *Azor*: la troisiesme est *Caesarea Panias*, autrement, *Caesarea Philippi* en Phenicie, qui eut aussi des noms fort differens: Entre autres *Leser*: & depuis *Dan, Neronias, Margedan, & Dalmanatha*: Auiourd'huy *Belina*. Il y a pareillement deux villes du nom de *Satala*, l'vne en Mœonie: & l'autre en Armenie, sur la riuiere d'Euphrate, limite commun de l'Empire à l'Orient. Et en la mesme Armenie mineure, *Nicopolis* & *Melitine*.

En Syrie, vous auez *Germanicia, Damas, Emese, Delice, Hierapolis*, & sur l'Euphrate mesme, *Samosata*. Outre l'Euphrate vous auez *Edesse* & *Carra*: la derniere desquelles est tant renommee pour la defaicte de Crassus, & pour la perte des enseignes & Legions Romaines.

11 Mais ce qui est icy particulierement à remarquer, c'est que Trajan ayant passé l'Euphrate, a laissé pour marques de ses victoires

Vvv ij

deux grandes voyes militaires, qu'il a paué de *Carrs* en deux diuerses parties: Sçauoir iusques sur le Tigre, au Royaume de Perse, & l'autre à la dextre, par le pays d'Assyrie iusques sur l'Euphrate: ladite ville estant assize entre ces deux fleuues, au beau milieu de la Mesopotamie. Ammian Marcellin, appelle ces deux Voyes *Vias Regias*, lequel nom il a de coustume de donner aux chemins pauez des Romains. Voicy comme il en parle, *Mœstus deinde digressus venit cursu propero Carras. Antiquam oppidum, Crassorum & Romani exercitus erumnis insigne, vnde duæ ducentes persidem via Regia distinguuntur. Læua per Adiabenam, & Tigridem: dextra per Assyrios & Euphratem*. C'est de semblables chemins pauez que le mesme auteur entend parler, lors qu'il dict, que Iulian surnommé l'Apostat, vint en la ville de Hierapolis, size en la Syrie Commagene sur l'Euphrate, *solitis Itineribus*, par des chemins accoustumes: qui ne sont autres que chemins militaires, sur lesquels la Coustume estoit de conduire les armees Romaines.

12. Finalement en Phenicie & Palestine, sont assizes les villes qui ensuiuent: *Neapolis, Scitopolis, Cæsarea, Ascalon, & Eleutheropolis*. De quelques vnes desquelles, Ammian Marcellin faict mention en ce passage: *Syriarum est Palestina, per interuallis magna protenta, cultis abundans terris, ac nitidis: & ciuitates habens quasdam egregias, nullam nulli cedentem: sed sibi vicissim velut ad perpendiculum æmulas. Cæsaream, quam ad honorem Octauiani principis ædificauit Herodes & Eleutheropolim, & Neapolim*.

13. Iusques icy est expedié le premier passage d'Europe en Asie par le destroict de Bizance. Il faut maintenant venir au second.

Celuy-cy porte pour tiltre general.

DE THRACIA IN ASIAM.

Ce tiltre comprend sous soy ces deux tiltres particuliers: dont le premier est,

A Traianopoli, Callipolim ad Traiectum Asiæ.	M. P. CXXIX. sic,
A Trajanopoli Dimen.	M. P. XII.
Sirascellam.	M. P. XXXVIII.
Apros.	M. P. XXI.
Aphrodisiadem.	M. P. XXXIIII.
Callipolim.	M. P. XXIIII.

Pour ce premier chemin, il ne s'estend point outre la Thrace: & demeure court à Callipolis, assize sur le bord de l'Europe, duquel on passe en Asie, ayant les villes de Callipolis & de Sestos ce la part de l'Europe: Lampsaque & Abidos du costé d'Asie. Pline nous depeint fort gentiment ce passage par l'Hellespont, auec les villes qui en sont voisines, quand il dict: *Et Hellespontus, septem,* *Lib.4.c.11.* *iximus stadijs Europam ab Asia diuidens, quatuor illinc inter se contrarias vrbes habet. In Europa, Callipolim, & Seston: in Asia Lampsacum & Abidon.* C'est le destroict tant renommé dans les Poëtes, par le naufrage de Leander, par la cheute de Helle, qui donna nom à l'Hellespont: & dans les histoires, par le pont de Xerxes.

14. C'est de Callipolis que partoit le second chemin, qui seul seruoit en cet endroict de passage en Asie: & qui s'estendoit à trauers la Phrygie, par l'ancienne ville de Troye, & autres assez renommees, iusques en Laodice, ville de Lydie, assize sur la riuiere de Licus. Voicy comme l'Itineraire nous le depeint.

A Callipoli Traiectum in Asiam Lampsacum vsque
Stadia. EX.
Inde Abydum. M. P. XXIIII.
Dardanum. M. P. IX.
Ilium. M. P. XII.
Troadem. M. P. XVI.
Antandrum. M. P. XXXV.
Adramuthium. M. P. XXXI.
Pergamum. M. P. LIII.
Germam. M. P. XXV.
Thyatira. M. P. XXXIII.
Sardeis. M. P. XXXIII.
Philadelphiam. M. P. XXVIII.
Tripolim. M. P. XXXIII.
Hierapolim. M. P. XII.
Laodiciam. M. P. VI.

DES PASSAGES D'ITALIE AVX ISLES
de Sicile, de Corse & de Sardaigne.

CHAPITRE XLV.

1. *Proiect general du reste des grands Chemins de l'Empire.*
2. *Conuoitise des Romains sur la Sardaigne.*
3. *Occasion d'y faire la guerre, & de la conquerir.*
4. *Les Romains sçauoient aussi bien vaincre sur mer que sur terre.*
5. *En quel temps les Romains se mirent premierement sur mer pour y faire la guerre.*
6. *En quel temps ils s'y sont exposez pour la seconde fois. Sicile conquise.*
7. *Neuf grands Chemins pauez faits en Sicile, & longueur d'iceux.*
8. *En quels temps ils peuuent auoir esté faicts.*
9. *Entreprise & conqueste de Corse & de Sardaigne.*
10. *Correspondance de Rome auec Corse & Sardaigne par quels ports.*
11. *Six grands Chemins en Sardaigne, & longueur d'iceux.*
12. *Traiect de Sardaigne en Corse. Vn chemin seul en Corse.*

1. LE voisinage de la Gaule auec la grand' Bretaigne, & de la Thrace auec la petite Asie, nous a donné occasion de parler des trajects ou passages cy dessus expediez auant que de venir à ceux d'Italie, beaucoup plus prochains de la ville de Rome. Ce que nous auons fait, pour continuer le cours des grands Chemins conduits de terre en terre iusques à ces deux extremitez opposites de l'Europe: & monstrer, comme par ces deux endroicts la mer n'auoit sceu interrompre les chemins, non plus que les victoires du peuple Romain: ny empescher que ce qu'ils ont fait en ce genre d'ouurage, ne vint à esgaler l'estendue de leur conqueste. Il est temps maintenant de retourner en Italie, pour examiner les grands chemins des Isles voisines: puis de la terre ferme de l'Affrique, en laquelle ces Isles ont seruy comme de passage. Et finalement de la Grece & de la Macedoine, qui nous restent de toute l'Europe à fournir de Chemins militaires.

Flor.lib.4.

2. Il faut donc sçauoir, que le peuple Romain s'estant au bout de cinq cens ans rendu maistre & seigneur de tout ce qu'il y a de terre ferme en Italie, ayant rencontré la mer par trois endroicts, & les Alpes par le quatriesme, ainsi que quatre barrieres qui s'opposoient à ses conquestes, s'arresta court pour vn temps: & se tint en repos au dedans de ses termes. Mais ce peuple mal accoustumé au repos & à la paix, voyant vn beau subiet de guerre & de gain tout aupres de soy, qui est la Sicile, se resolut de la joindre à son Empire.

3. L'Occasion ne defaillit pas à leur dessein : car ceux de la ville de Messine se voyans inquietez & trauaillez de guerres par les Carthaginois, eurent recours aux Romains, comme à leurs anciens amis & confederez, & qui lors affectoient la seigneurie de la Sicile, aussi

bien que les Carthaginois. L'vn & l'autre peuple commençoit dés-lors à conceuoir de grandes esperances de s'acquerir l'Empire vniuersel & domination de toute la terre : à quoy ils estoient comme esgalement portez d'affection, de moyens, de vertus, & de cognoissance au faict de la guerre.

4. Ainsi sous pretexte de donner secours à ses alliez, ce Peuple autresfois si petit, & comme attaché à la terre, esmeu & solicité du desir de s'accroistre, osa se commettre à la mercy des eaux : & monstra par effect apres plusieurs rencontres, que ce luy estoit chose indifferente de se seruir de cheuaux ou de nauires en guerre, & qu'il sçauoit aussi bien vaincre sur mer que sur terre.

5. Ce fut donc sous le Consulat d'Appius Claudius Pulcher, & de Quintus Fuluius Flaccus, l'an 489. de la fondation de Rome, que les Romains se mirent premierement sur mer. En l'Olympiade 128. an 3. suiuant le tesmoignage de Denys Halicarnasse : ou bien en la 129. au rapport de Polybe : Ils commencerent par les quartiers de Sicile, où la mer est si dangereuse, qu'elle en est comme infame & des-honoree par les Poëtes : specialement par Homere és aduantures d'Vlysses. Ces dangers toutesfois ne les espouuanterent pas : au contraire, ayant pris à leur auantage la vitesse & violence des flots de la mer Sicilienne, Ils vainquirent Hieron Roy de Syracuse auec telle celerité, qu'apres la bataille & sa desroute, il confessa luy-mesme, qu'il auoit plustost esté vaincu, que declaré ennemy.

6. Ce premier essay ayant eu vn si heureux succez, les Romains firent vne seconde espreuue de leur puissance sur la mer quatre ans apres, sous le Consulat de C. Duilius, & de C. Cornelius Scipio Asina. La promptitude dont ils vserent à dresser leur equippage, fut vn vray signe de leur victoire : car dans le soixantiesme iour qu'ils eurent fait abattre le bois qu'ils vouloient employer en nauires, on vit vne armee de soixante grands vaisseaux aux ancres, tous prests à bien faire : quasi comme si ces vaisseaux n'eussent pas esté faicts par art à la maniere accoustumee : mais que les arbres coupez eussent esté en vn moment transformez en nauires. Leur maniere de combatre sur mer fut admirable, en ce que leurs nauires, qui estoient grands & pesans accrochoient auec certains instrumens, comme mains de fer, les vaisseaux legers & tournoyans des ennemis, les contraignans à combatre comme en terre ferme. En sorte que ces engins, dont les ennemis se mocquoient auparauant que d'en auoir veu l'espreuue, furent cause de la victoire nauale gaignee prés de l'Isle de Lypara : où les Poëtes feignoient estre la boutique de Vulcain : Duilius Consul ayant esté le premier, à qui fut decerné l'honneur d'vn Triomphe naual.

7. Bref apres plusieurs combats contre ceux de Carthage, les Romains s'estans rendus les maistres absolus de la Sicile, ne faillirent pas d'y faire des grands chemins à leur temps, ainsi qu'és prouinces de la terre ferme. Et comme ainsi soit que ceste Isle est faicte en Triangle, & qu'elle a le Lilybee, le Pelorus & le Pachinus pour ses trois pointes ou promontoires, C'est par le Lilybee, qui est le plus proche d'Italie, que les grands Chemins y ont esté continuez. Le port de Rhege en Italie, respondant à celuy de Messine qui est en Sicile. Et de faict, de neuf grands chemins faicts dans toute l'estendue de la Sicile par les Romains, le premiere est de Messine au Promontoire de Lilybee: ainsi que vous pouuez voir en l'extraict en suiuant.

SICILIÆ.

Pag. 19.

A Traiectu Lilybæum.	M. P.	CCXVIII. sic.
Messanam.	M. P.	XII.
Tamaricium siue Palmas.	M. P.	XX.

Les autres huict chemins portent les tiltres qui suiuent.

Page 220.

Alio Itinere à Libybæo Messanam.	M. P.	CCC.
A Messana Tyndaridem,	M. P.	XXXVI.
Item à Litybæ, per maritima loca Tyndaridem vsque.	M. P.	CCXXVIII.
Item à Thermis Catanam.	M. P.	XCI.
Item à Catana Agrigentum mansionibus nunc institutis.	M. P.	XCI.
Item ab Agrigento per maritima loca Syracusas.	M. P.	CXXXVII.
Item ab Agrigento Libybæum.	M. P.	CLXXV.
Item ab Hiccaris per maritima loca Drepanum vsque.	M. P.	XLVI.

8. Ainsi ont esté faicts les grands Chemins de Sicile peu auparauant la composition de l'Itineraire d'Antonin: comme il est à coniecturer par le tiltre sixiesme cy dessus, qui porte ces mots: *Mansionibus nunc institutis.* Car comme les Romains auoient de coustume de faire & establir deux sortes de logemens sur leurs grands Chemins, qu'ils appelloient *Mansiones & mutationes,* desquels il sera traitté au liure 4. de cet œuure: on voit par ces mots, *Nunc institutis,* que c'estoit depuis peu que les mansions desdits Chemins auoient esté faictes: &, comme il est à croire, lesdits chemins aussi: lesquels sont en toute l'Isle, de 1362. miliaires de longueur, qui reuiennent à 681. lieües Françoises.

9. La mer vne fois ouuerte aux Romains, & ces deux premieres entreprises heureusement acheuees, dés l'annee ensuiuante, qui est la 494. de la fondation de Rome, *Lucius Cornelius Scipio*, qui estoit Consul

Consul auec C. Aquilius Florus, voyant la Sicile estre reduitte en tel estat, que c'estoit comme vn faulx-bourg d'Italie du costé de la mer Ionienne: s'aduisa de passer aux Isles de Sardaigne, & en celle de Corse, que les Grecs appellent Cyrnos. Et comme les semences de la guerre contre les Carthaginois cōmençoient à pulluler dés ce temps-là, Il donna tel espouuante, & aux naturels du païs par la prise d'vne seule ville, qui est Caralis en Sardaigne, & aux Carthaginois, qui ja de long temps y auoient mis le pied: qu'en peu de temps il rendit l'vne & l'autre de ces Isles obeïssantes & subjettes à l'Empire. De sorte que la Sicile, Corse & Sardaigne, exposees à la prise du plus fort entre Rome & Carthage, estant entierement domptees, il sembloit ne rien rester, sinon la guerre en Lybie, & la prise de Carthage: qui bien peu de temps apres se vit à deux doigts de sa ruyne.

10. Or quoy que d'Italie en ces deux Isles, il n'y ait point de traject, c'est à dire de goulphe ou passage estroict, se respondant l'vn à l'autre en peu de distance, mais vne mer large & spatieuse, qui est la mer Tyrrhene: si est-ce que Rome ne laissoit pas d'auoir vne correspondance auec la Sardaigne de port en port: sçauoir du port d'Ostie à celuy de Tibula: dont le premier estoit assis sur le riuage Meridional d'Italie: & l'autre sur l'Oriental de Sardaigne, regardant l'Occidental de la Sicile. Par ces ports les grands chemins d'Italie estoient comme continuez & alliez auec ceux de Sardaigne, où se trouuoient six grandes voyes militaires de la façon des Romains. *Ptolem. li. 3. cap. 3.*

11. Car pour commencer par la Sardaigne, qui estoit la plus esloignee du riuage d'Italie, ils y ont faict les six grands chemins, dont les tiltres ensuiuent.

SARDINIÆ.

Iter Sardiniæ à portu Tibulis Caralim.	M. P. CCLII.	Pag. 17.
Alio Itinere ab Olbia Caralim.	M. P. CLXXIII.	
A Tibulis Caralim.	M. P. CCXIII.	
A Portu Tibulis per compendium Olbiam.	M. P. XVI.	
Item à Tibulis Sulcos.	M. P. CCLX.	
Item à Sulcis Noram.	M. P. LXVIII.	

12. Du port de Tibula, il n'y auoit qu'vn bien petit traject de mer en l'Isle de Corse, en laquelle on pouuoit entrer par l'vn de ses Ports, qui sont *Portus Titanus, Syracusanus, Philonij Fauoni, & Diane*. Mais le principal de tous estoit celuy de Diane. Ce port est prés de la ville de Marao, nommee *Mariana*, de Marius sept fois

Conful, qui autrefois y conduifit vne colonie. Et le port, & la ville font affis à 31. degrez de longitude : & quarante degrez de latitude. Les Romains n'ont paué qu'vn chemin feul en l'Ifle de Corfe, à raifon de fa petiteffe : & l'ont conduict iufques en la ville de Plalas fur la longueur de cent vingt-cinq mil feulement, qui font foixante & treize lieües Françoifes, ainfi que vous voyez cy deffous.

Ptolom. li. 3. cap. 2.

CORSICÆ.

A Mariana Plalas.	M. P. CXXV.
Aleriam.	M. P. XL.
Prefidium.	M. P. XXX.
Portum Fauoni.	M. P. XXX.
Plalas.	M. P. XXV.

DV PASSAGE D'ITALIE EN AFRIQVE, & des grands Chemins que les Empereurs de Rome y ont faict.

CHAPITRE XLVI.

1. L'Afrique difficile à dompter. Comparaifon des Romains & Carthaginois.
2. Attilius Regulus premier qui a nauigé auec armee en Afrique.
3. Heur & malheur dudit Regulus.
4. L'Afrique domptee par trois diuerfes guerres, & diuifee en Prouinces.
5. Cinq grands chemins faicts dans lefdites Prouinces, deux rapports d'iceux : premier rapport.
6. Pourquoy il n'eft icy parlé que du port d'Oftie & de Carthage.
7. Second rapport des grands chemins refpödans à Carthage : Des deux façõs que l'Itineraire tiët à les defcrire.
8. Deux manieres de defcrire les chemins qui partent de Carthage.
9. Confideration & correction des nombres de l'Itineraire.
10. Irregularitez & defaulx de la Charte de Peutinger fur les chemins d'Afrique.
11. Tiltres des grands chemins d'Afrique.
12. Rapports des grands chemins d'Afrique, auec ceux de l'Afie & de l'Europe.
13. Chemin de Ptolemaïs en Alexandrie.
14. Supputation generale des grands chemins de l'Afrique.

1. LA Sicile, Corse & Sardaigne estant tombées sous la puissance Romaine, le chemin estoit comme ouuert pour passer en Afrique, autrement appellée Lybie: entre laquelle, & l'Italie, ces trois Isles sont assizes. C'estoit bien le plus fort affaire de tous ceux que les Romains eussent oncques entrepris: d'autant que les Carthaginois qui en tenoient la plus belle, & la plus grande partie, alloient lors du pair auec le peuple Romain: auoient pareille puissance par mer & par terre, & affectoient l'Empire du monde auec autant d'apparence & de raison, & auec non moins d'ardeur & d'ambition. Et comme on iugeoit bien dés lors, que c'estoit à l'vn ou l'autre de ces deux peuples, que la souueraineté & domination de la terre inclinoit; les esprits estoient en attente, pour voir auquel des deux, la fortune ou la vertu la donneroit: Si l'Europe seruiroit à l'Afrique, Rome à Carthage: ou si l'Afrique passeroit sous les loix de l'Europe, qui auoit pour chef, vne si puissante ville que Rome.

2. Les ports de ces deux villes estoient separez d'vn bien long interualle. Ce n'estoit pas vn simple traject (comme à l'endroict de Constantinople & de Sicile) qui separoit l'vne des terres de l'autre: Mais vne mer plaine & ouuerte, que les Romains apprehendoient. Attilius Regulus fut esleu pour chef de l'armee premiere qui la trauersa. Et comme Mannius l'vn de ses Capitaines, donnoit l'espouuante aux soldats sur l'impetuosité de la mer de Carthage, il fut contrainct de le menacer de luy faire promptement trancher la teste, s'il ne leuoit les ancres pour partir tout à l'heure. La crainte de perdre la vie, luy donna l'audace de nauiger: en sorte que la flotte Romaine y allant à voiles & à rames, donna telle frayeur à tout le païs, que peu s'en fallut, que Carthage mesme ne se laissast prendre, sans auoir le courage de fermer ses portes: *Tantusque terror hostici aduentus Pœnis fuit*, comme dict Florus, *vt apertis pœne portis Carthago caperetur*. *Lib. 2. c. 2.*

3. Les commencements de la guerre furent fort heureux & aduantageux aux Romains. Regulus prit la ville de Clypea de premier abord, assize sur vn promontoire qui se jette fort auant en mer, assez prés de Carthage. Trois cens Bourgs ou Chasteaux coururent mesme fortune. L'armee des Carthaginois fut desfaicte en bataille rangee: les Capitaines, & la fleur de la jeunesse prins ou morts sur la place: & les prisonniers enuoyez à Rome, auec vne infinité de despoüilles. Mais Regulus tenant Carthage mesme assiegee fort à l'estroict, la chance se tourna tout à coup contre les Romains, qui furent vaincus par l'industrie d'vn vieil Capitaine Lacce-

demonien, que les Carthaginois auoient pris pour la conduitte de leur armee. Et ce qui estoit l'amentable, & comme inoüy iusques-là, le Capitaine general, quoy que fort & courageux, tomba vif entre les mains des ennemis: *Hic paululum circumacta fortuna est*, dict le mesme Florus, *tantum vt plura essent Romanæ Vrbis insignia, cuius feré magnitudo calamitatibus approbatur.*

4. Il n'y a personne qui ne sçache les aduantures pitoyables de Regulus, qui volontairement retourna vers ses ennemis: Celles de plusieurs autres grands Capitaines Romains, és trois guerres que ces deux peuples eurent ensemble: Et comme par la vertu du ieune Scipion, Carthage mesme vit ses derniers iours. On sçait aussi que personne depuis ce temps-là, n'oza quereller l'Afrique aux Romains, & que sous Auguste, elle fut diuisée en plusieurs Prouinces, ainsi que les autres terres de l'Empire. Et quoy que depuis les Colomnes d'Hercules iusques en Egypte, il y ait vne merueilleuse estendue de païs: Si est-ce que tout cela fut compris dans six Prouinces seulement, esquelles l'Afrique fut diuisée long temps depuis par Constantin. Le liuret des Prouinces Romaines leur donne les noms qui ensuiuent.

Proconsularis, in qua est Cartago.
Numidia.
Bizacium.
Tripolis.
Mauritaniæ duæ.
Sitisensis.
Cæsariensis.

5. C'est le long desdites Prouinces qu'Auguste, & quelques-vns de ses successeurs ont faict faire les grands chemins d'Afrique, ainsi qu'ils en ont faict ailleurs. Ces chemins ont deux respects ou relation diuers: l'vne auec Rome, par la mer: & l'autre auec les principales villes de l'Afrique & de l'Egypte par la terre.

Quant au premier, la relation s'en faisoit du port d'Ostie, à celuy de Carthage.

Le port d'Ostie estoit assis à seize mil de la ville de Rome, à la dextre de la moindre embouschure du Tybre dãs la mer Tyrrhene: Ainsi que nous auons dict ailleurs. Mais celuy de Carthage estoit tout joignant la ville, d'autant que Carthage auoit son plant & situation sur le riuage mesme de la mer d'Afrique. Ce que l'on peut apprendre de la harangue que le ieune Scipion faict aux Carthaginois, pour leur persuader de mettre bas volontairement leur ville: & la rebastir & transporter en certain lieu plus auant en terre ferme, distant de huict mil de la mer, suiuant l'ordonnance du Senat: afin que ce peuple, qui ne respiroit que la guerre & la vengeance, estant esloigné de la mer, comme d'vn obiect qui luy réueilloit le desir de faire la guerre, vinst à perdre l'enuie de nauiger pour l'aduenir en Europe à main armee; soit en Espagne, ou en Italie: & s'accoustumast peu à peu à vne vie champestre, changeant la guerre au labourage des champs. Scipion leur alleguoit mesme entr'autres choses l'exemple de la propre ville de Rome, qui n'estoit pas assise sur le riuage: ains en lieu encores plus esloigné, que celuy que le Senat Romain leur auoit designé pour rebastir & redresser leur ville.

Mais ceux de Carthage estonnez d'vn tel commandement, n'y voulurent obtemperer: & sur le refus qu'ils en firent, quelques fortes qu'ils peussent opposer à celles des Romains, leur ville fut prise & ruinee de fonds en comble.

6. Il y a plusieurs autres ports, tant en Italie sur la coste de la mer Tyrrhene, qu'en Sicile: desquels on peut nauiger en Affrique, dont sera parlé en autre endroict. Mais i'ay fait choix de ces deux cy sur tous les autres, d'autant que ce sont les deux qui seruent à continuer les grands Chemins de l'Europe auec ceux de l'Affrique: quoy qu'interrompus par vn si large & vaste bras de la mer, tel que celuy de la Mediterranee, qui est en cet endroict quasi au plus large qu'elle sçauroit estre par tout ailleurs: si ce n'est à l'endroict de la mer Egee.

7. Le second rapport des grands Chemins d'Affrique gist en la ville de Carthage où il faut prendre les premiers bouts & racines originales des grands Chemins de la Lybie, pour de là les estendre par toutes les prouinces d'icelle, Orientales, Occidentales & Meridionales. Aussi trouue-on dans l'Itineraire plus de chemins qui partent de Carthage, que de pas vne autre ville d'Affrique. Et y a de apparence, que la commodité du port, & le restablissement de la ville de Carthage par Adrian, qui luy donna le nom d'Helia, est cause de ce grand abord de chemins à Carthage: ainsi voyez vous ces tiltres dans l'Itineraire qui font foy de cecy.

A Cartagine Cirtam	M. P. CCCXXXI.	Page 4.
Sitifi.	M. P. C.	
Cæsaream.	M. P. CCCI.	
Item Cartagine Bizacio Sufetulam vsque	M. P. CLXXII.	Pag. 10.
Item à Cartagine per Adrumetum sufetulam vsque	M. P. CXC.	Pag. 11.

Item à Carthagine Clypeam.	M. P.	LXXXV.
A Carthagine Thenas.	M. P.	CCXVII.
Inde Leptim magnam.	M. P.	CCCCXXII.
Inde Alexandriam.	M. P.	DCCCCII.

8. Mais tout ainsi qu'en Italie il y a des chemins que l'Itineraire conduit de quelque ville particuliere à Rome, encore que ce soit à Rome qu'ils ayét pris leur commencement: en quoy il semble que les chemins soient comme renuersez: tel que celuy-cy.

Iter a Luca Romam per Clodiam. M. P. CCXXXVIII.

Il est de mesme des chemins de plusieurs prouinces, que l'Itineraire va prendre par les pieds, pour les reconduire à la teste. Nous auons veu cela aux chemins de la grand' Bretaigne, que l'Itineraire tire de la leuee ou muraille qui est au fond d'Angleterre, & les conduit au port de Ritupie pres de la Gaule: faisant le commencement de la fin, & la fin du commencement.

Le semblable est arriué à plusieurs des grands chemins d'Affrique, desquels l'Itineraire va prendre les commencemens iusques aux extremitez de ses riuages Occidentaux, pour en apporter les fins à Carthage. Tel est le premier chemin de tout l'Itineraire, qui procede de l'Ocean Atlantique: & passant à trauers les deux Mauritanies & la Numidie, vient aboutir au lieu, d'où par raison il deuroit commencer, en la maniere que vous voyez icy.

COLVMNÆ HERCVLIS.

A Tingi Mauritania, id est: vbi Bacuetes & Macenitas Barbari morantur, per maritima loca Carthaginem vsque. M.P.XVIII. XLVIII.

Puis diuisant ce chemin general en plusieurs pieces particulieres, il adiouste,

Ab exploratione, quæ ad Mercuri dicitur, Tingim vsque	M. P.	CLXXIIII.
Rusadder.	M. P.	CCCXVIII.
Cæsaream Mauritaniæ.	M. P.	CCCCXCIII.
Saldas.	M. P.	CCXVIII.
Hipponem Regium,	M. P.	CCXV.
Carthaginem.	M. P.	CXIII.

9. Tous ces nombres montent ensemble à mil huict cens quarante neuf miliaires Italiques, qui font neuf cens vingtquatre lieues Françoises: Ce qui monstre bien que le nombre tout premier dudit Itineraire est depraué & corrompu qui porte XVIII. XLVIIII. en deux parties: contre la façon perpetuelle dudit Itineraire, qui met par tout ailleurs les mil en vn seul nombre, quand il est question du gros, comme icy: & quand au detail il est donné en cet endroict en deux

façons: dont la premiere est celle cy-dessus, par laquelle le chemin d'entre les colomnes d'Hercules, & la ville de Carthage est coupé en sept parties, qui sont marquees par leurs nombres, & terminees par des villes des plus remarquables de la Lybie. Mais la seconde s'en va par les villages, bourgs, gistes & postes d'Affrique, qui se trouuent entre les deux extremitez dudit chemin, en la maniere qui ensuit.

A Mercuri.	M. P. CLXXIIII.
Salaconiam.	M. P. XVI.
Tamasidam.	M. P. XXXII.
&c.	

En cette déduction seconde, & le nombre, & le partage dudit chemin est vn peu autrement qu'en la premiere : car si vous supputez les miliaires du detail, vous trouuerez du commencement Occidental, qui regarde l'Ocean Atlantique, iusques en la ville de Tingi,

CLXXIIII. mil Italiques.

De Tingi iusques au fleuue Malua, qui separe la Mauritanie Sitifence de la Cæsaree.	cccxcv. mil.
Du fleuue Malua iusques à Cæsaree, colonie Romaine.	cccxcv.
De Cæsaree à Salde.	CCXVII.
De Salde à Rusiccade.	CCXII.
De Rusiccade à Carthage.	CCCLII.

Tous lesquels nombres adioustez ensemble, font mil sept cens quarante cinq miliaires, & c'est le nombre au iuste qu'il falloit substituer dés le commencement dudit Itineraire, au lieu de ces deux qui y sont inutiles, XVIII. & XLVIIII.

10. Ce chemin, & autres qui ont esté faicts en Affrique, se trouuent en la Charte de Peutinger : mais interrompus en quelques endroicts par certains saults, qui iettent les chemins d'vne ligne à l'autre. En sorte que les lignes de la Charte significatiues desdits grands chemins, ne sont pas conformes à la suite des villes de l'Itineraire. Il faut noter d'abondant que la partie Occidentale de l'Affrique, qui contient les deux Mauritanies, ne se trouuent point en ladite Charte, non plus que l'Espagne, derniere partie de l'Europe. Il y a donc 50. villes ou mansions, à commencer des colomnes d'Hercules, qui sont en l'Itineraire d'Antonin, & qui ne paroissent en ladite Charte: d'autant qu'elles ne commencent qu'en la mansion dicte *Rusubricari*, qui est la cinquanteuniesme de l'Itineraire. Au reste les chemins qui se trouuent encore venir d'ailleurs, & aboutir à Carthage, sont ceux qui ensuiuent.

Ab Hippone Regio Carthaginem.	M. P. CCXVIII.

536　HIST. DES GR. CHEMINS

pag. 3.
  Item alio Itinere ab Hippone regio
   Cartaginem   M. P. CCXXVIII.

11. Pour les autres chemins qui fourniſſent le reſte des ſix prouinces d'Affrique. Vous voyez cy deſſous les tiltres, eſquels ils ſont remarquez en l'Itineraire.

pag. 4.
pag. 5.
p. 6.
  Item ab Ptocoloſida Tingi.   M. P. CXLVIII.
  Item à Sitifi Saldas.   M. P. LXXVIIII.
  Item à Lambeſe Sitifi.   M. P. CII.
  Item à Theueſte per Lambeſem
   Sitifi   M. P. CCXII.
  Item à Turri Cæſaris Cirtam.   M. P. XL.

pag. 7.
  Item à Tamugadi Lamasbam   M. P. LXXII.
  Item à Lamasba Sitifi.   M. P. LXII.

pag. 8.
  Item à Cala Ruſuccurum.   M. P. CCCXCIIII.
  Item à Ruſuccuro Saldas.   M. P. CVII.
  Item Saldis Igilgili.   M. P. CLIX.
  Item à Lambeſe Cirtam.   M. P. LXXXIIII.
  Item à Muſti Cirtam.   M. P. CXCIX.
  Item à Cirta ad Hipponem regium.   M. P. XCIIII.
  Item à Thenis Theueſte.   M. P. CLXXV.

pag. 9.
  Item ab aquis Regiis Suſibus,   M. P. XLIII.

pag. 10.
  Item ab Aſſuris Thenas.   M. P. CLVII.
  Item à Tuburbo per vallos Tacapas.   M. P. CCCVIII.

pag. 11.
  Item a Tuſdro Theueſte.   M. P. CXV.
  Item alio Itinere a Theueſte Tuſ-
   drum.   M. P. CLXXXV.

page 12.
  Item a Suſibus Adrumetum.   M. P. CVIII.
  Item a Sufetula Clypeam.   M. P. CCXVI.

page 16.
  Item quod limitem Tripolitanam per
   turrem Tamalleni a Tacapis Le-
   ptim magnam ducit.   M. P. DCV.
  A Telepte Tacapas.   M. P. CXLII.

12. Il reſte vn grand chemin ou deux à examiner, dont l'vns'eſtend de Carthage en Alexandrie : & partant ſe va joindre à d'autres chemins, par le moyen deſquels la ville de Carthage a du rapport & de la correſpondance, non ſeulement auec l'Egypte, mais auec toute l'Aſie, tant grande que petite. Ie diray dauantage, que par Alexandrie, Carthage auoit vn rapport auec Rome par des chemins s'entre-ſuiuans de terre en terre, & de prouince en prouince, ſans autre interruption que du deſtroict de Conſtantinople, qui ſe pouuoit

paſſer

DE L'EMPIRE. LIV. III.

paſſer en vn inſtant. Ce rapport & conionction de chemins en la ville d'Alexandrie, ſont comprins en deux pages de l'Itineraire auec le nombre des mil Italiques ainſi qu'il enſuit.

Premierement en la page 27. le chemin eſt tel de Rome en Alexandrie.

Ab Vrbe Mediolanum	M. P.	DXXVIII.
Inde Aquileiam.	M. P.	CCLX.
Inde Sirmium	M. P.	CCCCI.
Inde Nicomediam.	M. P.	DCCCXV.
Inde Antiochiam.	M. P.	DCLXXXII.
Inde Alexandriam.	M. P.	DCCCII.

Quant au chemin de Carthage en Alexandrie, vous le trouuerez couché en la page 13. ainſi que vous le voyez cy deſſous.

A *Carthagine Thenas*.	M. P.	CCXVII.
Inde Leptim magnam	M. P.	CCCCXXII.
Inde Alexandriam.	M. P.	DCCCCII.

C'eſt ainſi que la grande & renommee ville d'Alexandrie ſert de lieu commun pour receuoir les bouts des deux grandes voyes, qui ioignét Rome à Carthage. Ce qui ſe fait en tournoyant pluſieurs prouinces d'Europe, d'Aſie, & d'Affrique. De ces deux voyes celle qui prend ſon commencement à Rome, eſt de deux mil ſix cens quatre vingts miliaires. L'autre qui procede de Carthage, de quinze cens quarante & vn: qui reuiennent enſemble à quatre mil deux cens vingt ſept miliaires, qui ſont deux mil cent treize lieuës & demie.

13. Le dernier chemin eſt celuy qui s'eſtend de Ptolemais, ville de la contree de Lybie nommee Pentapolis, iuſques en celle meſme d'Alexandrie, au trauers la Cyrenaïque, & la Marmarie, prouinces voiſines d'Egypte. Et ſe trouue regiſtré en la 15. page dudit Itineraire ſous ce tiltre

Item alio Itinere à Ptolemaide Alexandriam.

Duquel grand chemin les nombres ſinguliers colligez en vn, montent à 547. mil Italiques, qui font deux cens ſoixante & treize lieuës & demie.

14. Que ſi l'on vient à ſupputer en vn tout ce que les Romains ont fait de grands chemins dans toutes les ſix prouinces d'Affrique, ſans y comprendre les chemins d'Egypte, dont nous auons parlé en autre endroict, il ſe trouuera que toute la ſomme en reuient à neuf mil trois cens quarante huit miliaires Italiques qui font quatre mil ſix cens ſoixante & quatorze lieuës Françoiſes.

DES GRANDS CHEMINS, ET DES TRAiects & Ports de mer qui allioient la ville de Rome auec la Macedoine.

CHAPITRE XLVII.

1. Macedoine sousmise à l'Empire. Par quel endroict elle regarde l'Italie.
2. Estenduë de la Poüille & Calabre, & des villes & ports qui y sont.
3. Chemins de Rome ausdites villes par la voye Appienne.
4. Chemins de Beneuent & d'Equotuticum aux mesmes villes.
5. Des traicts d'Italie en Macedoine, dont le 1. est celuy de Brindes aux Ceraunies & à Duraze.
6. Second Traict est de la Macedoine à Tarante. Deux voyes de Brindes à Beneuent.
7. Troisiesme Traict est de Macedoine au port de Rhege.
8. Quatriesme & cinquiesme passage.
9. Que la voye Appienne recenoit elle tous ces passages pour les conduire à Rome.

1. LES Romains ayans entierement ruiné le peuple & la ville de Carthage, il y eut moins de honte aux autres nations de se laisser vaincre par eux, à qui on croyoit rien ne pouuoir resister. Et de faict la Macedoine, la Grece, l'Asie, la Syrie, & l'Egypte, furent emportees les vnes apres les autres par le torrent de la Vertu, & de la bonne Fortune de ce peuple belliqueux. La Macedoine fut des premieres conquises, cóme elle est des premieres exposees à la veuë d'Italie du costé de la Poüille & Calabre: Car l'Italie, comme dit Siculus Flaccus, ayant son estenduë des Alpes dans la mer: regarde les nations estrangeres de trois costez. Depuis la Gaule & la Sicile, elle a le riuage d'Affrique à l'opposite: depuis la Sicile & le Promontoire d'Italie, dicte *Leucopetra*, iusques en la mer Adriatique, elle regarde vne partie de la Macedoine & d'Epire: & le riuage Adriatique a celuy de l'Illyrie & d'Esclauonie deuant soy.

Lib. de conditionibus agrorum.

2. La Poüille & Calabre sont la partie d'Italie, que les anciens appelloient *Apuliam, Iapygiam, magnam Græciam*, & de quelques autres noms: & s'estendent de Leucopetra tout le long de la mer ionienne iusques en l'Adriatique, & comprennent dans leur estenduë quatre ou cinq villes accompagnees de ports des plus renommez d'Italie, qui sont Rhege, Colonne, Tarante, Otrante, & Brindes.

3. De Rome à ces villes, s'estendoient plusieurs grands Chemins

par l'entremise de la voye Appienne, à laquelle ils estoient entez, comme branches à leur tronc. Premierement la grande voye Appienne s'estendoit de Rome à Capouë sur la longueur de cent quarante deux mil, sous ce tiltre de l'Itineraire,

Pag. 23.

Item ab vrbe Appia via, recto
Itinere ad Columnam.   M. P. CCCCLVI.

De Capouë ce chemin se continuoit à Beneuent, & à vne autre ville que l'Itineraire nomme *Equotuticum*, en la maniere qui ensuit.

A CAPVA.

Pag. 26.

Item à Capua Equotuticum, vbi Campania limitem habet.	M. P. LIII.	sic
Caudium.	M. P. XXI.	
Beneuentum.	M. P. XI.	
Equotuticum.	M. P. XXI.	

4. De ces deux villes partent en apres plusieurs chemins qui conduisent à trois villes maritimes par nous denommees: dont le premier est de Beneuent à Tarente, ainsi marqué dans l'Itineraire.

Item à Beneuento Tarentum.	M. P. CLXVI.	sic,
Æsclanum.	M. P. XXV.	
Sub Romulam.	M. P. XXI.	
Pontem Aufidi.	M. P. XXII.	
Venusiam.	M. P. XVIII.	
Siluium.	M. P. XX.	
Bleram.	M. P. XIII.	
Sub Lupatia.	M. P. XIIII.	
Canales.	M. P. XIII.	
Tarentum.	M. P. XX.	

Pag. 24.

Le second est du mesme lieu de Beneuent à Otrante sous ce tiltre.

A *Beneuento Hydruntum.*   M. P. CLXV.

Le troisiesme est vn chemin commun d'Equotuticum à Otrante & à Brindes, sous cet autre tiltre.

Ab Equotutico Hydruntum ad Traiectum.   M. P. CCXXXV.

Outre tous ces chemins il s'en trouue encore vn de Rome à Brindes, qui est fort long & tournoyant: car il commence par la voye Flaminienne, sur laquelle il tire iusques à la Marcq d'Ancone: puis retournant le long du riuage Adriatique, il s'en va prendre fin à Brindes par les villes & lieux enroollez sous ce tiltre.

Yyy ij

FLAMINIA.

Ab Vrbe per Picenum, Anconam, & inde Brundisium.   M. P. DCXXVII.

Page 70.

5. Eſtant donc paruenus de Rome en ces villes maritimes, il nous reſte à voir comme des Ports d'icelles, les Trajects ſe faiſoient aux ports des villes oppoſites de Macedoine & d'Epire. Il n'y a point de doubte, que de ces villes, Brindes ne ſoit la plus en main de toutes les autres, & la plus commode pour paſſer d'Italie en la Macedoine ou en Epire : où bien pour aborder de Macedoine & d'Epire en Italie, voire de toute la Grece & de l'Aſie : ainſi que Strabo nous aſſeure, quand il dict : *E Græcia præterea nauigantibus, atque Aſia, longè rectior Brunduſium eſt nauigatio. Itaque omnes quibus propoſitum eſt iter Romam, huc applicant.* C'eſt à dire, que ceux qui voyagent par mer de la Grece & de l'Aſie, viennent aborder à Brindes, cõme par la plus droicte voye : & qu'à raiſon de cela, ceux qui veulẽt faire voyage à Rome ſe viennent deſembarquer à ſon port. Ceux pareillement qui vouloient paſſer d'Italie en la Grece, Macedoine, & Illyrie ſ'embarquoient le plus ſouuent au port de Brindes, d'où il y auoit au riuage oppoſite deux paſſages communs par la mer : l'vn eſtoit de Brindes aux roches Cerauniennes, ſur le riuage d'Epire & de la Grece : L'autre eſt en la ville de Duraze, que les Latins appellent *Dyrrachium*, & les Grecs *Epidamnum*. Ce chemin eſt vn peu plus long que l'autre, cõme eſtãt de 1800. Stades de longueur, qui valent 225. mil Italiques. C'eſt neantmoins la voye la plus commode, & la mieux frequentee : d'autant que la ville de Duraze eſt aſſize aux confins de la Macedoine & de l'Illyrie, d'où on pouuoit faire voyage en pluſieurs endroicts, d'Eſclauonie & de Macedoine. Tout ce que l'on peut tirer de ce paſſage de Strabo : *Atenim Brunduſio is tranſmarinam ripam nauigatio eſt : Vna quidem ad Ceraunia, litusque deinceps*

Lib. 7. Geogr.

reliquum Epiri & Græciæ. Altera ad Epidamnum, quam prima longior : nam mille & DCCC. Stad. eſt. Trita & hæc eſt, cum commodè, & ad gentes Illyricas, & Macedonicas ſita eſt.

Ce paſſage de Brindes à Duraze eſt rapporté dans l'Itineraire en ces mots :

A Brundiſio traiectus Dyrrachium vſque.   Stad. num. j. CCCC.

Auquel endroict, le nombre ſans doubte eſt corrompu : mais il eſt aiſé de le reſtablir par le texte de Strabo cy deſſus employé, qui faict ce Traject de MDCCC. Stades de longueur, qui valent CCXXV. mil Italiques. Pline n'y met que CCXX. mil en ce paſſage. *Brunduſium*

Lib. 3. nat. hiſt. c. 11.

L. M. P. ab Hydrunte, in primis Italiæ portu nobile, ac velut certiore tranſitu ſicuti longiore, excipiente Illyrica vrbe Dyrrachio CCXX. M. P. traiectu.

6. Le ſecond paſſage d'Italie en la Macedoine, ou de la Mace-

doine en Italie, est par la ville & port tant renommé de Tarante, ainsi que Strabo mesme nous l'enseigne, qui dict, que ceux qui viennent de la Macedoine, ou de la Grece par le passage de Brindes, ont deux voyes à choisir: par l'vne desquelles on ne sçauroit aller qu'auec des mulets: mais que ceux qui prennent leur chemin par Tarante, peuuent gaigner en vn iour la voye Appienne, commode sur toutes les autres au charroy. *Altera*, dict-il, *per Tarentum pedester* L.7. Geogr. *est iuum: & si quanta diei vnus est, circuitionem feceris, Via Appia offertur, plaustris comodior.* Puis il adiouste conformémét auec l'Itineraire, que l'vne & l'autre de ces deux voyes se viennent rendre à Beneuent: *Coniuntque Amba ad Beneuentum, & Campaniam ex Brundusio.*

7. Le troisiesme passage, suiuant le mesme auteur, est par le port de Rhege, par lequel on entre en Italie dans les terres de la Calabre inferieure, du Basilicat, & de l'Abruze: où le chemin se viét ioindre à la voye Appienne, au rapport de Strabo, qui dict: *Tertia è Rhegio per Brutios, & Lucanos, & Samnium ad Campaniam Appia iungitur.*

8. Le quatriesme est dudit port de Brindes à Velone, ville de Macedoine, que Ptolomee appelle ναυ Πόλιν, Cité nauale: à cause Li.3. Geogr. c.13. de la commodité de son port. Ce traiect se voit en ces termes dans l'Itineraire.

Item à Brundusio siue Hydrante Traiectus Aulonem Stadia. NVM. I. *Page 74.*

Le cinquiesme a son passage d'Otrante en la mesme ville de Velone, qui nous est baillé sous ce tiltre.

Item recto Itinere ab Hydrante Aulonem. Stad. I.

Au reste, il est bien certain, que les nombres des Stades qui se doiuent trouuer en ces deux derniers tiltres, sont corrompus: attendu qu'il y a bien plus d'vn Stade de Brindes, ou d'Otrante à Velone. Et pouuons nous tirer d'vn tesmoignage de Pline vn argument necessaire, qu'il y en auoit plus de cccc. Car cet auteur nous asseure que d'Otrante en Apollonie, autre ville de Macedoine, où le Traiect est le plus abbregé de tous pour passer d'Italie en la Grece, il y a cinquante mil pas, qui reuiennent iustement à cccc. Stades. *Ex aduerso*, dict-il, parlant d'Otrante, *Apollonia oppidum latitudine intercurrentis freti quinquaginta millia, non amplius.* Or est-il à croire qu'il y auoit Lib.3. c.11. d'Otrante à Velone, encore plus d'interualle, puis que Pline dict, que d'Otrante en Apollonie *Breuissimus erat in Græciam transitus.*

9. Mais auant que de mettre fin à ce discours, il faut remarquer, que ces cinq traiects, auec les chemins d'Italie qui en dependent, venoient quasi tous aboutir à la grande & celebre voye d'Appius. Aussi estoit-ce sur icelle, que les Ambassadeurs, ou Legats des

Yyy iiij

peuples Grecs & Asiatiques prenoient leur chemin pour venir à Rome, ou pour s'en retourner de Rome en leur païs. En sorte que Lipsius a eu raison de dire, qu'elle surpassoit toutes les autres en estendue de païs, & en celebrité & frequence de passage: d'autant que c'estoit par icelle que ceux-là prenoient leur chemin, qui s'en al-

Lib. 3. de magnitud. Rom. c. 10. loient de Rome en la Grece & en l'Asie, & autres regions outre la mer, *Via Appia*, dict-il, *celebritate & longitudine inter Italicas eminebat, quia à Roma in Græciam, Asiam, & trans mare ducebat.*

DES GRANDS CHEMINS PAVEZ DE Macedoine & de la Grece.

CHAPITRE XLVIII.

1. *Chemins qu'il faut conduire du riuage de Macedoine par toute la Grece.*
2. *Premier & second chemin commencent à Duraze & Velone.*
3. *Troisiesme chemin par la Macedoine & la Thrace, remarqué par Strabo.*
4. *Estendue dudit chemin, & diuision d'iceluy en deux parties.*

5. *Coniectures & consequences tirees des passages de Strabo & de Ciceron.*
6. *Comme il faut aider par la force de l'entendement ce qui default à la conduite des chemins en droicte ligne.*
7. *Conclusion de ce troisiesme liure: qui monstre que toutes les Prouinces de l'Empire sont remplies de chemins pauez.*

1. C'EST ainsi que par ces Trajects du riuage Italien à celuy de Macedoine, les grands chemins de l'vne & l'autre Prouince estoient alliez ensemble, se respondans de port en port. Ayant donc gaigné le riuage de Macedoine & d'Epire, Il nous faut voir quelle suitte lesdits chemins prenoient de tout à trauers de la Grece, qui nous reste pour derniere piece de l'Empire. Nous commencerons par la ville de Duraze, assize au voisinage de l'Epire & de l'Esclauonie, cité libre dés le siecle de Ciceron, & des plus proches du riuage Italien, ainsi qu'il tesmoigne en l'vne des Epistres de son liure 14. où il dict: *Dyrrachium veni, quod & libera ciuitas est, & proxima Italiæ.*

2. De cette ville partoit vn grand chemin, qui s'estendoit à trauers la Macedoine & la Thrace iusques à Constantinople, sur la lon-

gueur de sept cens cinquante quatre mil Italiques. l'Itineraire le descrit d'vn bout à l'autre sous ce tiltre.

Iter quod ducit à Dyrrachio per Macedoniam & Thraciam Byzantium vsque.

A *Dyrrachio Bizantium.*　　　　　M. P. DCCLIIII.

Le deuxiesme commençant à Velone, & prenant sa route à senestre, s'estendoit par le riuage de la mer Ionienne & Adriatique: puis se tirant en pleine terre par la ville de Delphes, elle s'en alloit regagner le riuage de la mer Egee, passant par les villes les plus renommees de la Grece: telles que sont Megare, Eleusine, Athenes, Thebes, Calcide, & Thessalonique. Lesquelles auec plusieurs autres sont rangees sous ce tiltre general.

Item a Brundusio, siue ab Hydrunte Traiectus Aulonem.

Inde per loca maritima in Epirum, & Thessaliam & Macedoniam.

Ce tiltre est destitué de deux choses, qui sont ordinairement aux autres: c'est à sçauoir, du nombre general des miliaires, & du nom de la derniere ville où ce chemin se va terminer. Mais l'vn & l'autre se peuuent facilemét restablir: le premier par ses nombres singuliers qui reuiennent ensemble à 752. mil: & l'autre par la derniere ville du detail qui est Mellisurgis. On pourroit donc ainsi restituer ce tiltre en son entier.

Iter per loca maritima ab Aulone in Epirum, & Thessaliam, & Macedoniam Mellisurgim.　　　M. P. DCCLII.

3. Le troisiesme part de la ville mesme de Velone, & prenant son addresse en Apollonie, passe à trauers la Macedoine & la Thrace, aussi bien que le premier, auec lequel il se va terminant à Constantinople: le tout compris sous le tiltre suiuant.

Item recto Itinere ab Hydrunte Aulonem.
Inde per Macedoniam vsque Constantinopolim.　　　　M. P. DCCLVI.
Apolloniam.　　　　　　　　　M. P. XXV.
Ad Nouas.　　　　　　　　　　M. P. XXIIII.
Clodianas.　　　　　　　　　　M. P. XXV.
Scampim.　　　　　　　　　　M. P. XXII.
Tres Tabernas.　　　　　　　　M. P. XXX.
Lychnidum.　　　　　　　　　M. P. XXVII.
Scirtianam.　　　　　　　　　　M. P. XXVII.
Castra.　　　　　　　　　　　　M. P. XV.
Heracleam.　　　　　　　　　　M. P. XII.
Cellas.　　　　　　　　　　　　M. P. XXXIII.

Ædessam.	M. P. XXXIII.
* Dicæopolim.	M. P. XXX.
Thessalonicam.	M. P. XXVIIII.
Apolloniam.	M. P. XXXVI.
Amphipolim.	M. P. XXXII.
Philippos.	M. P. XXXII.
Acontisma.	M. P. XXI.
Otopisum.	M. P. XVIII.
Stabulum Diomedis.	M. P. XXII.
Imparam siue Pyrsoalim *nunc Maximianopolim.*	M. P. XVIII.
Bricizem.	M. P. XX.
Traianopolim.	M. P. XXXVII.
Cypselam	M. P. XXVIIII.
Syracellam.	M. P. XXX.
Apros.	M. P. XXI.
Resiston.	M. P. XXVI.
Heracleam.	M. P. XXVI.
Cœnophrurion.	M. P. XXIIII.
Melantiada.	M. P. XXVIII.
Byzantium.	M. P. XVIIII.

Ce Chemin n'a rien de commun auec le premier sinon les deux dernieres mansions qui sont, Cœnophrurion & Melantiade, en la premiere desquelles l'Empereur Aurelian fut mis à mort. C'est ce troisiesme sans doute, que Strabo appelle *Viam Egnatiam* en deux endroicts de son liure 7. Ce qui se peut par vn signe infaillible tirer de deux villes denommees par Strabo, qui se trouuent dans l'Itineraire sous ce tiltre troisiesme, & non sous le premier. Sçauoir Apollonie & Cypselus. Au premier endroict cet auteur en parle ainsi: *Ionij sinus prima partes sunt Epidamnus siue Dyrrachium, & Apollonia. Ex Apollonia in Macedoniam Egnatia in Orientem via est, quam per millia passuum mensi sunt: lapideisque columnis vsque Cypselum & Hebrum amnem mil. pass. D. atque XXXV. distinxerunt. Computatis verò per singula millia stadiis octo, stadiorum erant millia quatuor, ducenta & LXXX.* En l'autre endroict il prend le commencement de ce grand chemin dés la ville de Duraze, & le conduit par Apollonie à trauers les nations de la Macedoine, desquelles il entend parler en ces mots. *Per has gentes Egnatia via à Dyrrachio & Apollonia perducitur.*

En ce chemin se rencontrent deux villes du nom d'Apollonie, la premiere est celle dont parle Strabo en ces deux passages, situee entre Duraze & Velone, sur le riuage de Macedoine: tout aupres du lieu, où la mer Adriatique est diuisee de l'Ionienne: comme on

Lib. 7. Geogr.

voit en

voit en la Charte 10. de l'Europe, en la Geographie de Ptolomee. La seconde est assize entre Thessalonique & Amphipolis villes de Macedoine vers le Strymon, Fleuue qui diuise la Macedoine de la Thrace.

4. Or quoy que Strabo semble terminer ce Chemin en la ville de Cypselus assize sur le fleuue Hebrus, entre Trajanapolis & Siracelle. Si est-ce qu'elle ne laissoit de s'estendre iusques à Constantinople d'vne part, & iusques à l'Hellespont d'autre : Car il se partageoit en deux en la ville de Trajanopolis : d'où il s'en alloit d'vne part en celle de Constantinople, pour passer de là en Calcedoine & Nicomedie par le Bosphore Thracien : ainsi que l'Itineraire en faict foy. Et d'autre part, ce chemin tiroit à dextre, droict à Callipolis, size sur le destroit de l'Hellespont, pour y prendre son passage & continuation à Lampsaque. Nous auons de cela vn tesmoignage expres de Ciceron en son traitté *de Prouincijs Consularibus*, où parlant de cette grande Voye Macedonienne, il dict qu'elle s'estendoit iusques à l'Hellespont : *Via illa nostra*, dit-il, *quæ per Macedoniam est vsque ad Hellespontum militaris*.

5. De ces deux passages de Strabo & de Ciceron, se peuuent tirer beaucoup de coniectures & consequences appartenantes à nos grands Chemins. La premiere est que ce chemin est l'vn de ceux que les Romains ont faict par les Prouinces auant Auguste Cesar. Ce que l'on peut iuger par ces mots, qui partent de la bouche d'vn qui le passoit en aage : *Via nostra militaris*. Comme s'il vouloit dire, que c'est vn ouurage Romain, muny & paué à la façon des autres chemins, ausquels proprement appartient le nom de Militaire. L'autre est, que ce n'estoit pas seulement vne partie du chemin qui estoit ainsi paué : mais que les ouurages en auoient esté continuez iusques à l'Hellespont, qui est l'extremité de l'Europe en cet endroict. La troisiesme, c'est que Cesar Auguste n'a pas esté le premier, qui a mesuré les grands chemins des Prouinces par mil Italiques, & iceux marqué & distingué par pierres ou colomnes, puis que cettuy-cy se trouuoit tel dés le temps de Ciceron. Le quatriesme est, que la mesure obseruee dans la Grece, n'est autre que celle d'Italie : sçauoir, la distance de mil pas : encore que le Stade fust la vraye mesure des Grecs, mais trop courte pour le compartiment des chemins : & qui eust desiré trop grand nombre de colomnes. Et en outre, se tire des mots de Strabo vn tesmoignage bien clair, que le mil Italique, duquel on se seruoit à la mesure des grands Chemins, estoit composé de huict Stades : & non de plus ny de moins.

6. Nous voila donc en fin paruenus au dernier Chemin de l'Itineraire : non pas en l'ordre qu'il y est rangé, mais en celuy que

nous auons tenu pour en faciliter la suitte: & par la suitte, l'intelligence de cette grand' machine & entreprise de chemins, que le peuple & les Empereurs de Rome ont esté seuls capables faire de reüssir. Ainsi me suis-ie acquitté de la promesse que i'auois faicte, de prendre les grands chemins de l'Empire au beau milieu de la ville capitale d'iceluy: & de là, les conduire ainsi que lignes d'vn cercle, qui s'en va du centre à la circonference. Or pour dire ce qui en est, les Monts & les Mers s'y opposans, les grands Chemins n'ont pas peu estre conduicts par tout en droicte ligne, ceux qui les ont faicts, ayans esté contraincts de flechir, & s'accommoder à la qualité des lieux: *Et in hoc Itinerario id sit animaduertendum*, ainsi que parle Hieronymus Surita, *Vias deflecti pro situ Vrbium aut oppidorum, quibus pro cõsules prouincias obire consueuerant*. Mais nonobstant cela, les pieces desdits chemins à les prendre à part, estoient tirées à ligne droicte sur des grandes & admirables estendues: ainsi qu'il se peut voir par les voyes militaires qui abordent à Reims, qui s'estendent à droicte ligne sur l'espace de quinze & vingt lieües continuelles, à trauers la campagne & territoire de l'ancienne seigneurie Remoise, ainsi que i'ay veu & consideré auec admiration.

Pag. 197.

Mais en cela il faut suppleer par la raison, ce qui defaut à la naturelle disposition desdits grands chemins. Ce qui se fera en prenant les bouts & extremitez de chacun chemin en son esprit, & les conferant l'vne auec l'autre, depuis Rome iusques aux confins de l'Empire, par vne relation qui ne depend que de l'entendement: lequel par la promptitude de son action, peut imaginer vne ligne droicte à trauers les Monts & les Mers, qui joignent les deux extremitez de chacun chemin ensemble. Comme par exemple, puis qu'il y a des chemins qui s'entresuiuent l'vn l'autre de Rome au fond d'Espagne, de la Gaule, d'Angleterre, de Hongrie, de la Scythie, des Armenies, de Syrie, de Palestine, d'Egypte, & de la Lybie, qui empesche mon esprit de prendre les deux extremitez de chacun d'iceux, & par la force de sa faculté raisonnable, & vertu intelligible, tirer vne ligne droicte du milieu de la ville de Rome, & Miliaire doré, iusques aux extremitez d'iceux, à trauers les terres & les Mers.

7. Et partant pour conclusion de ce discours, nous pouuons dire, que toutes les Prouinces de l'Empire qui estoient en terre ferme, & quelques Isles des principales, tant de l'Ocean, que de la Mer Mediterranee, estoient remplies & accommodees de grands chemins pauez (ce qui estoit du commencement bien difficile à croire) & qu'ils allioient les Prouinces dudit Empire auec Rome, ainsi que les membres auec leur chef: Car ces chemins estoient

comme les nerfs, les veines, & les arteres, par lesquels Rome donnoit vie & mouuement à ce grand corps d'Empire: ainsi que nous ferons paroistre clair comme le iour au liure suiuant, où nous traitterons de l'vsage & vtilité d'iceux.

On ne trouuera donc plus d'oresnauant si estrange le dire de Hieronymus Surita, par nous rapporté en la Preface de cet œuure: où il dict, que les grands Chemins de l'Empire ont esté faicts par vne entre-suitte continuelle & immuable de l'Orient en Occident, & iusques aux terres inhabitables, auec des leuees admirables, & substructions de matieres sans nombre: qu'ils ont esté redressez, applanis, mesurez, & distinguez par des pierres miliaires: le tout auec tant d'artifice & de fermeté, que la multitude des siecles, & longueur du temps n'en ont sçeu renuerser les monuments, ny effacer les vestiges, qui paroissent encores par toutes les anciennes Prouinces dudit Empire. Il sera aussi d'autant plus facile d'adiouster foy à Marcus Velserus, qui dict, qu'il ne croit point, qu'en tous les chemins descrits dans la Charte de Peutinger, en ce qui est de l'estendue de l'Empire Romain, il y en ait d'autres, que ceux qui ont esté pauez, que vulgairement on appelle Pretoriaux, Consulaires, & Militaires.

DE LA LARGEVR DES CHEMINS EN general, & du rapport qu'il y a entre l'*Iter* des Latins, & le chemin des François.

CHAPITRE XLIX.

1. En quelle maniere il faut traitter icy de la largeur des chemins: & que la largeur des chemins leur sert de difference specifique.
2. Les noms de chemin, & Iter pris en deux sortes, chacun en sa langue.
3. Chemins & Iter, noms de genre.
4. L'vn & l'autre noms d'espece.
5. Etymologie de Iter & Chemin.

6. Le droict François sur le subiect des Chemins, se doit conferer au droict Romain.
7. Chemin pris pour nom de genre és coustumes locales de France.
8. Especes de chemin François, conformes à l'Iter des Latins en la chose: differente au nom, & à la mesure.

548   HIST. DES GR. CHEMINS

1. IVSQVES icy nous auons parlé du nombre & de la longueur des grands Chemins: il faut maintenant traicter de leur largeur, & voir cōbien ils sōt differends les vns des autres en ce poinct. Ce qui seruira pour faire recognoistre vn chemin d'auec l'autre, & de quel nom on le doit appeler. Et en consequence on verra, quel droict le public & le particulier a de s'en seruir à pied, à cheual, ou auec charriots. En quoy la largeur a cela de particulier, que la longueur n'a pas, que selon la diuersité des largeurs qui se trouuent és chemins, ils sont diuersement nommez, ont diuers vsages, & se gouuernent par des droicts tous differents. Et partant, pour faire recognoistre l'excellence & la dignité de nos chemins militaires au dessus de tous autres, Il est à propos de monstrer quelle estoit la largeur des petits, des moyens & des grands: afin que par la comparaison des vns aux autres, la nature des nostres, soit d'autant mieux recognuë. C'est par ce moyen que nous sçaurons la difference specifique qui se trouue entre ces mots: *Iter*, *Via*, *actus*, *semita*, *callis*, *trames*, & autres qui ne sont recognus, sinon par la largeur qui les termine de part à d'autre: En quoy la longueur ne leur sert en aucune maniere.

2. Et d'autant que nous escriuons en François, & pour les François, nous commencerons l'interpretation des mots, qui seruent à nostre suject, par celuy de Chemin, duquel on se sert en France pour signifier toutes sortes de chemins: comme les Latins, de celuy de *Iter*, auquel le François rapporte naïuement: Car l'vn & l'autre, chacun en sa langue, se prend en deux manieres.

La premiere desquelles est celle, dont on se sert en paroles communes, & hors le suject, où il s'agist du droict des chemins, soit publics, soit particuliers: Car en cette commune façon, tant en parlant qu'en escriuant, le nom Chemin & Voye: *Iter* & *Via*, se prennent indifferemment pour vne mesme chose, & se definissent l'vn par l'autre. *Iter vel Itus*, dict Isidore, *est Via qua iri ab homine quaqua versum potest*. En la Iurisprudence, où les differences des chemins sont plus particulierement remarquees, on se sert de cette generale signification hors le traitté des seruitutes. Ælius Gallus nous en donne ce tesmoignage exprés. *Item via est, siue semita, siue Iter est*. Où l'on voit le chemin & la sente, estre compris sous le nom de Voye, comme sous vn terme commun & general.

L. 157. ff. de verb. signif.

Mais quand il est question des droicts de seruitutes, ou autres droicts publics ou particuliers, qui touchent le faict des chemins, il en va bien autrement: Car en tels sujects, le mot de *Iter* est en signification distincte & separee de celle de *Via* : & se prend tantost pour vn nom de genre, qui comprend sous soy plusieurs especes : & tantost pour vne espece, qui n'a autre nom que celuy de son genre.

3. *Iter* prins pour nom de genre, a sous soy les especes qui ensuiuent, *via, actus, iter, semita, callis, trames, ambitus, diuortia* : & quelques autres qui signifient quelque espece de chemin. Varro constitue ce mot pour commun genre à ces quatre especes : *via, actus, iter, ambitus* : quand il dit : *Via siquidem Iter, quod ea vehendo teritur : actus iter in agris, iter iterum quod agendo teritur : etiam ambitus iter, quod circumeundo teritur.* Isidore en fait de mesme de *Callis* & *Trames* car il dit : *Callis est iter pecudum inter montes, angustum, & tritum. Tramites sunt transuersa in agris itinera* : Et en autre endroict. *Inter semitam, & callem, & Tramitem differentia est : Semita hominis est, Callis pecorum vel ferarum. Tramites vero transuersa in agris itinera. Propriè ergo callis semita tenuis, callo pecorum præ durata. Semita autem quasi semis via.* Par où on voit que la sente, tant pour homme, dicte *Semita*, que pour bestes, dicte *Callis*, & les Trauerses, dictes *Tramites*, sont especes comprises sous le seul genre de chemin, que l'on appelle *Iter*. *Lib. 4. de lingua Lat.*

Lib. 15. originum. cap. vlt.

Lib. differentiarum.

4. *Iter* esdites matieres de seruitutes, se prend en seconde maniere pour vn nom d'espece, qui a ses differences à part : car c'est vne espece de chemin, par lequel il est loisible d'aller & venir, & de marcher tant à pied qu'à cheual : voire mesme en lictiere : mais non pas d'y conduire à la main, ou chasser deuant soy vn cheual, vn bœuf, ou autre beste de charge, & moins encores y mener charrettes, ny chariots. *Iter est ius eundi, ambulandi hominis, non etiam iumentum agendi, vel vehiculum* : comme parle Vlpian. Et le Iurisconsulte Paulus dit, que celuy qui va à cheual, ou en lictiere, est estimé aller simplement, & non mener ou conduire aucune chose. *Qui sella aut lectica vehitur, ire, non agere dicitur.* *L. 1. ff. de seruit. Rust. præd.*

L. 7. ff. eod.

5. Aussi tient on que le nom *Iter*, est fait du Supin *Itum ab eundo* : *quippe ius est hominis eundi.* Ce qui est conforme au dire de Varro : *Qua ibant, ab itu, iter appellarunt.* On en peut autant dire du mot François, si ce qui se trouue de son Etymologie est veritable. Car encore que ce soit vn nom purement nostre, & qui n'est emprunté ny du Grec, ny du Latin : mais pluſtost, qui nous est resté de l'ancienne langue Gauloise : si est ce qu'il peut bien auoir pris sa source de l'Hebraïque, auec laquelle on trouue que l'ancienne Gauloise auoit quelque affinité : & de faict l'auteur de l'Harmonie Etymologique estime, que les mots de Chemin & Cheminer viennét du verbe Hebrieu חמר *Chamar*, qu'il expose par ces mots : *Circuire, ambire, declinare, elongare se, ire, & ambulare.* Et par ce moyen l'originaire signification de chemin conuiendra fort bien auec celle d'*Iter*, l'vn & l'autre signifiant vn lieu *Ioannes Fungerus in Etymolog.*

Estienne Guichart en son Harmonie Etymologique.

par lequel on peut aller & marcher, les prenant en leur signification specifique.

6. Voila ce qui est de la iurisprudence Romaine sur le subiect de ces mots; & d'autant que nostre Droict François s'y accorde en quelques poincts, & en autres s'en retire de bien loing, il me semble qu'en cet endroict & ailleurs, ie feray chose agreable à ma nation, à laquelle ie donne cet œuure en sa langue, si ie fais vne certaine conference & rapport de l'vn à l'autre droict, d'autant qu'ils se font entendre & se manifestent l'vn par l'autre. Il faut rechercher en sorte les Antiquitez des païs estranges, que l'on ne neglige point celles de sa propre nation. Ie toucheray donc en passant & comme par comparaison, ce que ie trouueray des chemins de France dans les Edicts & Ordonnances de nos Rois, Arrests & Reglemens de leurs Cours souueraines, & Coustumes locales de chacune prouince: en quoy gist principalement ce que l'on peut appeller Droict François.

7. Ie commenceray par le mot de chemin, que lesdictes Coustumes prennent pour nom de genre, aussi bien que les Romains celuy d'*Iter*. Ce qui paroist en ces termes: *Chemin appellé voye, chemin appellé carriere, chemin appellé sentier, chemin appellé simplement chemin*, lesquels termes se trouuent en certaines coustumes locales de la France. Mais quand il est question des mots specifiques des chemins, ils s'y rencontre de la difference beaucoup, soit és noms, soit en la nature des choses, mais principalement és mesures. Car en ce poinct les chemins en France ne s'accordent point les vns auec les autres: & moins encore auec les mesures Romaines: ainsi que nous verrons au detail.

8. Ie trouue vne espece de chemin en quelques coustumes locales, qui tient cela de la nature du Latin *Iter*, qu'il n'est fait que pour y aller à pied & à cheual, & n'y doit-on point mener de charettes: mais ny le nom, ny la mesure, n'a aucune connenance auec le Latin *Iter*, car en François on l'appelle sentier, en quoy il s'accorde auec *Semita*, & porte quatre pieds de largeur: en laquelle il conuient auec *actus*.

En la Coustume de Valois §. 194. & en celle de Clermont en Beauuoisis §. 226.

DES NOMS *ACTVS ET VIA*: ET DE leurs differences.

Chapitre L.

DE L'EMPIRE LIV. III.

1. Le mot Actus, fort equiuoque.
2. Definition d'Actus, prins pour vn chemin. Etymologie du mot.
3. Via, quelle espece de chemin.
4. Etymologie de Via.
5. La difference des largeurs fait la difference des chemins.
6. Les largeurs ne sont pas tousiours exactement obseruees en toutes sortes de chemins.
7. Notable difference entre actus, & iter, d'vne part, & via d'autre.
8. Carriere & voye, quelles especes de chemins és Coustumes de France.

1. E mot *Actus*, duquel est appellee la seconde espece de chemin, est fort equiuoque, suiuant la diuersité des subiects & des arts, où il est mis en œuure. Car en Poësie seulement il se prend en deux façons, en la premiere, il signifie vne portion ou diuision de Comedie, & Tragedie, que Pompeius Festus appelle *Certa spatia canticorum*: & en la seconde, les gestes & les mouuemens de ceux qui joüent leur personnage. En Geometrie ce nom est encore de signification double, car le petit *Actus*, que Columelle nomme *Actum minimum*, est vne espace large de quatre pieds selon Varro: & long de cxx. Mais celuy que l'on appelle *Actus quadratus*, qui est le plus grand, est pris pour vne certaine quantité de terre de six vingts pieds de toute face. En Iurisprudence ce mot se prend pour certaine espece de chemin, diuisee contre *Iter* & *Via*.

In verbo Actus.

Columella lib. 5. de re Rustic. c. 1.

2. Ie ne pense pas que les François ayent vn mot, qui seul puisse respondre au Latin *Actus*, si ce n'est celuy de *Carriere*. Quoy que ce soit, *Actus* en droict n'est autre chose qu'vn chemin pris & practiqué entre les terres labourables, par lequel il est loisible d'aller & venir, tant à pied qu'à cheual: de conduire par iceluy toutes bestes de voictures: & d'y aller auec charrettes, pour transporter les fruicts prouenans des terres, ou y charroyer les amendemens. *Actus*, dit Vlpian, *est ius agendi vel iumentum, vel vehiculum*. Le nom Latin est déduict *ab agendo*, qui signifie aussi bien conduire vn char ou charette, comme des bestes de charges. D'où vient que Modestinus comprend ces deux droicts sous le nom d'*Actus*: *& armenta trahere, & vehiculum ducere*.

L. 1 ff. de Seruit. rust. prad.

3. La troisiesme espece est la plus grande & priuilegee de toutes, comprenant en soy les deux premieres: d'autant que par icelles il est loisible d'aller tant à pied qu'à cheual, d'y mener bestes de charge, & d'y passer auec chariots ou charettes de telle charge & grandeur que ce soit. Elle est communement appellee *Via*, d'où vient celuy de voye en nostre François, quoy que vulgairement on luy donne le nom general de Chemin. Vlpian la definit par ces mots:

L. 12 ff. de seruit. rust. prad.

Lib.1.ff. de ſeruit. ruſt. præd.

Via eſt ius eundi, & agendi, & ambulandi: nam & iter, & actum in ſe Via continet.

4. Auſſi dit on que *Via* tire ſon origine, vel ab eundo quaſi ia, quod

Iulianus Taboëtius in Epheme-rid.hiſtoric. in tractatu de 4. iure regio.

per eam eatur: vel à vehendo, quaſi veha, quod per eam fructus in domum ve-hantur: vel à vehiculo, quod per eam vehiculum eat. A cette derniere s'accorde Iſidore, diſant, *Via eſt qua poteſt ire vehiculum: & via dicta à vehiculorum incurſu*.

5. Et à la verité, quoy que *Via* puiſſe bien eſtre dict à vehendo: ſi eſt-ce que cette derniere Etymologie à vehiculo, denote proprement ſa nature ſpecifique, d'autant que *per Viam* peuuent eſtre conduictes toutes ſortes de voictures. Ce que l'on ne peut dire du chemin dict *Actus*, qui ſemble eſtre particulierement affecté pour le chemin des

a Lib. 4. de ling. Lat.
b In verbo actus.

fruicts prouenans des terres labourables, & des amendemens. C'eſt pourquoy Varro dit que *Actus eſt iter in agris* a: *& Pomponius Feſtus, iter inter vicinos*. b Il y a bien certaines voyes entre les voyes priuees, qui ſeruent à la meſme choſe, leſquelles Vlpian appelle *Vias agrarias, quæ*

c L.2.§. Via-rum & §. priuatæ viæ ſiue quid in loco pub. vel itinere fiat.

ſunt in agris, quibus impoſita eſt ſeruitus, itaut ad agrum alterius ducant c: mais quoy que telle Voye ſemble eſtre vne meſme choſe auec noſtre *actu*, d'autant que l'vn & l'autre s'eſtendent à trauers les champs labou-rables: il y a neantmoins entr'eux vne notable difference, qui procede de leur largeur naturelle: d'autant qu' *Actus* regulierement n'eſt que de quatre pieds, & *Via* de huict. Feſtus nous donne ce teſmoignage du premier *Actus inter vicinos quatuor pedum*. Columella dit, que Varro

d Lib. de re ruſt. cap. 1.
e Lib. 15. ea. vlt.

luy donne la meſme largeur d: mais *Via* eſt double à cette quantité, *Nam duos actus capit, propter euntium & venientium vehiculorum occurſus*: pour faciliter le paſſage des charettes & chariots qui vont l'vn con-tre l'autre: ainſi que parle Iſidore e: Ce qui eſt confirmé par Caius Iuriſconſulte, qui dit expreſſement; *Viæ latitudo ex lege XII. Tabularum*

L. via lati-tud.8.ff. de ſeruit. ruſt. præd.

in porrectum octo pedes habeat: In anfractum, id eſt vbi flexum eſt, XII.

6. Ainſi voit-on que c'eſt de la difference des largeurs, & non des longueurs, que l'on iuge de la difference des chemins, chacun deſquels doit auoir autant d'eſpace, que l'vſage & la commodité, à quoy il eſt deſtiné, le requiert. *Via*, eſt de huict pieds de largeur pour y receuoir deux chariots venans l'vn contre l'autre: *Actus* de qua-tre, comme largeur ſuffiſante pour vn ſimple chariot. *Iter*, de deux, pour le paſſage d'vn homme à pied ou à cheual. *Semita*, d'vn pied, eſtant dicte de *Semi-iter*: c'eſt ce que nous appellons vn ſentier à pied.

Lib. 4. de ling. Lat.

Qua ibant, dit Varro, *ab itu, iter appellarunt: quæ id anguſtè, ſemitæ, vt ſemi-ter dictum*: A quoy ſe rapporte Iſidore. *Semita itineris dimidium eſt, à ſe-*

Lib. 15. cap. vlt.

mitu dicta. Et ſemble que *Callis* n'ait encore en largeur que la moitié de *Semita*, puis que *Callis* eſt vne ſente pour les beſtes, & *Semita*, vn ſentier à pied pour les hommes. *Semita autem hominum eſt*, dit le meſme

auteur

auteur, *Callis ferarum & pecudum*. *Callis enim est iter pecudum inter montes, angustum & tritum, à callo pecudum vocatum, siue callo pecudum perduratum*. Ainsi voyons nous, que ces largeurs differentes constituent les differences des chemins, & se vont multipliant par proportion Geometrique, l'vn ayant tousiours le double de l'autre.

7. Ce n'est pas toutesfois que ces mesures soient si exactement observees en toutes ces especes de chemins, que plusieurs ne se trouuent, qui ayent plus ou moins de largeur. Celle mesme que l'on appelle *Viam*, se peut bien donner plus large ou plus estroite que de huict pieds, quoy que ce soit sa legitime estenduë. Il faut neantmoins qu'elle soit de telle largeur, qu'vn chariot, ou charette y puisse passer, autrement ce ne seroit pas *Via*, mais *Iter*, ou *Actus*. *L. Via constitui ff. de seruit. rust. prod.*

8. Dans les Coustumes de Valois & de Clermont en Beauuoisis, chemin appellé *Carriere*, a huict pieds de largeur, où on peut mener charettes l'vne apres l'autre, & bestial à la cordelle, non autrement. Par là se voit, que la carriere des François se rapporte à l'*Actus* des Latins, quant à la nature de la chose & droict d'vsage: mais nō quant à la mesure qu'elle a commune auec le Latin *Via*. Es mesmes coustumes *chemin* appellé *Voye* contient seize pieds de largeur, & y peut-on bien mener & chasser sans arrester, bestial de ville en autre. Où se manifeste que ceste espece de chemin est commune, tant au nom qu'en la nature de la chose auec le *Via* des Latins, mais est du tout different quant à la mesure, l'vn estant double à l'autre. Chopin parle d'vn autre chemin nommé *Carriere*, qui ne conuient en mesure auec pas vn des precedens: & le definit en ceste sorte. *Carriere* est chemin pour aller & venir à pied & à cheual, à char, & à charettes, sans defense ne contredit: & doit auoir vingt pieds de largeur pour le moins. §. 195.
§. 227.

Valois §. 196.
Clermont §. 228.

DE LA DIVISION DES CHEMINS
compris soubs le mot Latin
Via.

CHAPITRE LI.

1. Chemins compris sous le mot Latin *Via*, se diuisent en trois especes: publics, priuez, & de trauerses.
2. Noms ou Epithetes assignez aux chemins publics.
3. Definition des chemins publics & priuez.
4. Noms ou Epithetes assignez aux chemins priuez.
5. Diuision des chemins priuez en deux especes.
6. Noms assignez aux trauerses ou chemins voisinaux.
7. Definition des trauerses, & diuision d'icelles en deux especes.
8. Difference entre les chemins de trauerses & les militaires.
9. Voye se diuise proprement en deux especes: in publicam & priuatam.

1. Il y a trois sortes de chemins compris sous le mot Latin *Via*, sçauoir chemins publics, priuez, & de trauerses, suiuant la sentence d'Vlpian, qui porte ces mots: *Viarum quædam publicæ sunt, quædam priuatæ, quædam vicinales.* Ces trois especes neantmoins selon la droicte raison, se peuuent reduire en deux:

L. 2. § viarū ff. ne quid in loc. pub. vel itinere fiat.

puis que par le texte du mesme Vlpian il apparoit, que les chemins de trauerses retombent en la nature des chemins publics ou priuez ainsi que nous verrons sur la fin de ce chapitre.

2. Quant aux publics, ce sont ceux que les Grecs appellent τὰς ὁδοὺς βασιλικὰς, c'est à dire chemins Royaux: & les Romains, qui n'auoient point de Roys, *Prætorias, & Consulares*, du nom de leurs principaux Magistrats. *Publicas vias dicimus*, ainsi que parle ledit Vlpian,

Ibidem.

quas Græci τὰς ὁδοὺς βασιλικὰς, nostri Prætorias, alij Consulares vias vocant. Dans l'Histoire Romaine ces Chemins sont fort diuersement appellez: *Iulianus Taboëtius* en a recueilly vingt noms ou epithetes. *Via*

Iul. Taboetius in Ephemerid. hist.

publica, dit-il, *vicenus modis enunciatur: Regia, Militaris, Prætoria, Consularis, Ordinaria, Communis, Basilica, Vulgaris, Priuilegiata, Equestris, Aperta, Celebris, Receptitia, Illustris, Vrbica, Frequentata, Inoffensa, Pulueralenta, Nitens, Eximia.*

3. Or on appelle vne Voye publique, celle de laquelle le sol est public: à la difference de la Voye priuee, par laquelle encore que nous ayons droict d'aller & charrier, si est ce que le sol n'est au public, mais est emprunté des heritages appartenans à des particuliers.

L. 2. §. viam pub. ff. eod.

Viæ enim priuatæ solum alienum est. Ius tamen eundi & agendi nobis competit. Viæ autem publicæ solum publicum est, relictum ad directum certis finibus latitudinis ab eo, qui ius publicandi habuit, vt ea publicè iretur, commeàretur.

In Ephemeridib. historicis.

4. Le chemin ou Voye priuee est enoncee dans le droict & l'histoire, par ces noms & epithetes recueillis par le mesme Taboëtius: *Agraria, campestris, rustica, seruilis, transuersa, seruiens, obnoxia, præcialis*

semita, *via privati iuris, peculiaris domestica*. Vlpian confirme ce qui est du premier de ses epithetes, quand il dit. *Privatæ sunt, quas Agrarias quidem dicunt.* §. *Privatæ viæ l. & ff. eodem.*

5. Ce grand Iurisconsulte fait deux especes de chemins priuez, la premiere est de ceux que l'on voit à trauers les terres labourables, ausquels a esté imposee cette seruitute, que par iceluy vn particulier peut aller en son champ: quoy que le sol dudict chemin ne luy appartienne point. La seconde espece est de ceux qui sortans des chemins publics, sont tirez & conduits à trauers les terres labourables, par lesquelles il est permis à chacun d'aller & venir, tant à pied qu'à cheual, & auec voitures: & se terminent communement à quelque village ou metairie.

6. Pour ce qui est des chemins de la troisiesme sorte, que Vlpian appelle *Vicinales*, & quelques coustumes de France, Chemins voisinaux, ou de trauerse, le mesme auteur leur assigne trois noms seulement: *Via vicinalis tribus effertur vocibus*, dit il, *Vicana, Paganica, Solitaria*. Ces chemins ont eu ce nom de *Vicinales*, à *Vicis*: c'est à dire, des villages ou hameaux: d'autant que, comme parle Vlpian: *In vicis sunt, est in vicos ducunt*. *Via Vicana*, ainsi dicte à *Vico*, est proprement vne grande ruë dans vn village: comme *Vrbica*, dans vne ville: *Paganica*, est vne Voye passante à trauers certain canton ou territoire particulier d'vne prouince, que les Latins appellent *Pagos*: comme Cæsar au 1. de ses Commentaires, *Omnis ciuitas Heluetiorum in quatuor pagos diuisa est*. C'est à dire, Tout le païs des Suisses se diuise en quatre cantons. *Solitaria* est celle qui s'estend à trauers quelque quátité de terres labourables, & y finit: ou, comme la loy parle, y meurt sans issuë. *L. 2. §. via rum ff. eod.*

7. Quant aux trauerses, à parler generalement il y en a de deux sortes: car les vnes tiennent de la nature des Chemins publics: & les autres des particuliers. Celles qui tiennent de la nature des Chemins publics se subdiuisent encore en deux especes differentes. La premiere est de celles qui ont cela de commun auec les chemins publics, que d'auoir esté faictes & espargnees de la terre publique, par ceux qui premierement ont fait aux hommes le departement des terres labourables, prairies, bois, & marais. Ce que nous pouuons colliger de ces mots d'Vlpian. *Has quoque vicinales publicas esse quidam dicunt: quod ita verum est, si non ex collatione priuatorum hoc iter constitutum est*. La seconde est de celles, qui de premiere institution sont faictes des heritages des particuliers: mais dont la contribution est si ancienne, qu'il n'en reste plus aucune cognoissance en la memoire des hommes. Le Iurisconsulte Paulus nous asseure de cecy, quand il dit: *Via vicinales, quæ ex agris priuatorum collatis factæ sunt, quarum memoria non extat, publicarum viarum numero sunt*. Quant aux *L. 2. §. via publicam ff. ne quid in loco publ. vel iti. fiat.*

trauerses particulieres, ce sont celles, dont le sol est fait de la contribution des heritages des particuliers, de laquelle contribution la memoire n'est point encore perduë. Encore y a il cela esdites trauerses particulieres, qui approche de la nature des chemins publics, que combien que le sol soit particulier, l'vsage neantmoins en demeure au public.

8. Mais on pourra demander, si les chemins de trauerse appellez *Vicinales*, sont chemins publics, quelle difference y a-il entr'eux & les militaires? Le mesme Iurisconsulte nous dit, que les vns sont differens des autres, en ce que les militaires se vont terminans en la mer, ayant quelque port pour extremité: ou bien prennent fin en quelque cité de renom, ou à quelque fleuue nauigable, ou à d'autres chemins militaires: Mais les trauerses ont pour derniere fin quelque chemin militaire trauersant de l'vn en l'autre: ou quelque bourg & village, ou bien le milieu de quelque campagne, montagne, ou vallee, où elles se viennent perdre, & comme mourir sans issue. *Sed inter eas*, dit-il, *& cæteras vias militares, hoc inter est, quod viæ militares exitum ad mare, aut in vrbem, aut in flumina publica, aut ad aliam viam militarem habent. Harum autem vicinalium viarum dissimilis est conditio: nam pars earum in militares vias exitum habet: pars sine vllo exitu moriuntur.*

L.3.ff.de locis & itiner. publicis.

9. Or puis que par l'explication des Voyes de trauerse nous auons descouuert qu'elles se reduisent en partie à la nature des chemins publics, & en partie en celle des particuliers: nous auons eu occasion de dire dés le commencement, qu'à proprement parler, il n'y auoit que deux genres de chemins, ausquels la diuision d'Vlpian se pouuoit reduire: sçauoir chemin public & particulier.

DV NOM GREC ὁδός, ET DIVISION des Chemins publics.

CHAP. LII.

1. ὁδός, le plus commun d'entre plusieurs noms Grecs, pour signifier le nom Latin Via.
2. Noms propres chez les Grecs pour signifier les chemins publics, & diuision d'iceux.
3. Differences d'entre les deux especes de chemin public.
4. Diuision des chemins publics és les Coustumes de France.
5. Des chemins non Royaux chez les François.
6. Diuision des chemins publics, Pergeaux & voismaux.
7. Diuision desdits chemins selon Battillier en Royaux & des trauerses.

DE L'EMPIRE, LIV. III.

1. LES Grecs abondans en mots sur toutes les autres nations, ont beaucoup de noms pour signifier les Chemins entendus sous le nom Latin Via, tels que sont Ἀμαξιός, Ἀτραπός, Νίσος, Δεσμοί, Κέλευθος, Λεωφόρος. Mais entre tous, celuy de ὁδός est le plus propre, & le plus commun pour exprimer la signification de Via: & comprend en soy autant de sorte de chemins en Grec, comme Via en Latin. C'est de là que sont tirez ces mots Ὁδοποιΐα, Viarum constructio, & munus sternendæ Viæ: Ὁδοποίησις, Viæ præparatio. Ὁδοποιός, Viator, qui facit viam, & munit, & plusieurs autres de mesme deduction. Ὁδός est donc le nom general des Chemins chez les Grecs.

2. Mais le chemin public est proprement appellé Θ-μοσία ὁδός, ἀμαξιτός, ἀμαξία λαωφόρος, ὁδός βασιλική. & se diuise en deux especes, tant chez les auteurs Latins, que chez les François: Sçauoir en chemins Royaux, & non Royaux : militaires & non militaires. Les chemins Royaux ou militaires sont ceux, par lesquels, les Capitaines ou Empereurs Romains faisoient la conduitte de leurs armees, & du bagage qu'ils auoient à leur suitte par les Prouinces. Les non Royaux, ou non militaires, sont ceux qui trauersent d'vn militaire en vn autre: ou bien qui sortans des chemins Royaux ou militaires, s'estendent à trauers les champs labourables, ou autre nature nature de terres, aux Bourgs, Hameaux ou Villages, qui en sont destournez, & comme mis à l'escart. Leon Baptiste Albert, parlant des chemins publics, se conforme à cette diuision, quand il dict, *Viarum quidem aliæ militares, aliæ non militares. Sunt quidem militares, quæ in Prouincia proficiscimur, cum excursus & impedimentis. Non militares sunt quibus à militari egredimur, aut in viam, oppidum ve, aut aquæ aliam in viam militarem: Vti sunt per agrum actus, per Vrbem diuerticula.* *De re ædificatoria li. 4. cap. 6.*

3. Siculus Flaccus, faict la mesme diuision des chemins publics, quoy que sous autres termes: Sçauoir, *in vias regias & vicinales:* & dict, que les vns sont differens des autres, en ce que les chemins Royaux sont façonnez & entretenus aux despens du public: sont nommez des noms de ceux qui en ont esté les auteurs, comme *Via Appia, Flaminia, &c.* se publient à la diligence des Commissaires, & s'adiugent à des entrepreneurs, qui se chargent d'en faire les ouurages. Mais quant aux trauerses, elles se destournent des chemins Royaux dans les terres, & souuent viennent à se rejoindre à d'autres chemins Royaux: se façonnent & s'entretiennent à la diligence des Magistrats des lieux, qui en qualité de Voyers contraignent les proprietaires des heritages voisins d'y trauailler : ou bien de contribuer à la despense, à raison des terres que chacun a costoyant lesdites trauerses, ou aboutissant sur icelles. C'est le sens du passage, que nous *In lib. de cõdit. agrar.*

auós couché en ses propres mots au liure 1. Chap. 22. de cet œuure: où les termes *ad Vias tuendas*, signifient, pour reparer & entretenir les chemins. Conformément à cela, les entretenemés & reparations des grands Chemins, sont signifiees par le mot de *Tutela Viæ*, dans les loix Romaines: comme en la loy *Quædam. D. de legat. 2. & l. Patrum §. Codicillus D. de Legat. 3.*

4. Quant aux François, ils sont vne diuision de leurs chemins publics, quasi toute pareille aux Romains: Sçauoir en Royaux & non Royaux. Les Royaux par excellence, s'appellent du nom de Grands Chemins: & sont ceux qui vont de païs à autres: & de grande Ville à autre. Mais selon la diuersité des lieux & coustumes, ils reçoiuent des largeurs fort differentes. En la Coustume de sainct Omer, [a] de Boulougne, [b] & de Monstrueil [c] sur mer, les grands Chemins doiuent estre de soixante pieds de largeur. En celle de Clermont [d] en Beauuoisis, de soixante quatre pieds, à onze poulces pour pied. En celle de Senlis, grand Chemin Royal allant de Ville en ville, doit estre de quarante pieds en bois & forests: & en terres labourables, ou autre assiette, de trente pieds.

a §. 15.
b §. 157.
c §. 64.
d §. 272.

5. Les chemins non Royaux sont diuersement nommez & mesurez selon la difference & diuersité des lieux: En la coustume de Boulonnois il y a chemin Viscontier ou trauersant, qui doit estre de trente pieds de largeur [e]: Le chemin Chastelain [f] de vingt pieds: le forain [g] de quinze, & le volontaire pour issuë des Villes, de vnze pieds: Tous lesquels chemins respondent en quelque sorte aux chemins nommez *Vicinales*, entant qu'ils sont chemins publics de Sol & d'vsage ensemble, ou d'vsage tout au moins.

e §. 160.
f §. 161.
g §. 162. &
163.

6. Les coustumes d'Anjou, de Touraine, du Maine, & de Lodunois, diuisent leurs chemins publics en Peageaux, & Voisinaux: Et appellent chemins Peageaux, ceux dont les reparations doiuent estre faictes par les Seigneurs Chastelains, ou autres plus grands, qui en ces coustumes ont droict de peage. Les Voisinaux ont eu ce nom du Latin, *Vicinalis*, à la reparation desquels doit estre pourueu par les Iuges ordinaires de Police. Es coustumes d'Anjou & du Maine, grand Chemin Peageau doit contenir quatorze pieds: & ceux qui en ont plus, ne doiuent estre amoindris. En celle de Tours & de Lodunois, le grand Chemin est de seize pieds, & le voisinal de huict pieds seulement.

7. Boutillier en sa somme Rurale, appelle le chemin Voisinal du nom de trauerse: & le diuise contre le chemin Royal, en cette maniere. Trauerse (dict-il) est vn chemin qui trauerse d'vn Village en autre, & est commun à tous, pour gens, pour bestes, & pour charroy. Dois sçauoir qu'en France, au Roy appartient trauerses garder

DE L'EMPIRE. LIV. III.

& maintenir: si doit contenir de large, comme les plus des coustumiers sont d'accord, iusques à vingt, ou vingt-deux pieds. Item, le chemin Royal est le grand Chemin, qui va d'vn païs en autre, & d'vne bonne Ville à autre: & doit contenir quarante pieds de largeur, sur l'amande de soixante sols au Roy. C'est ainsi que les coustumes de France assignent aux chemins publics des noms, & des mesures fort differentes les vnes des autres: & qui peu conuiennent auec les noms & mesures des Romains: desquels, neantmoins ils retiennent quelques vestiges en aucunes choses.

DV NOM, ET DE LA NATVRE DES Chemins Royaux en general.

CHAPITRE LIII.

1. Antiquité du nom de Chemin Royal.
2. La proprieté des Chemins Royaux n'appartient au Roy, ny a aucun autre: mais l'vsage à tous.
3. Pourquoy appellez Royaux, n'e-

stans du Domaine des Roys.
4. La garde & superintendance des grands Chemins, appartient au Prince souuerain.
5. De la nature des Chemins Royaux, & de quel droict ils sont.

1. ENTRE les Chemins publics, les plus grands, qui seruent pour aller de païs en païs, & de bonne Ville en autre, ont eu quasi en tout temps, & en tous lieux, le nom de Chemins Royaux. Dés le temps de la sortie que le peuple d'Israël fit du Royaume d'Egypte sous la conduite de Moyse, les grands Chemins estoient ainsi appellez. Ce peuple demandant au Roy des Amorreans passage libre par ses terres, luy faict dire par ses Ambassadeurs, qu'il ne se destourneroit, ny par les terres labourables, ny par les vignes: mais qu'il marcheroit par la voye Royale, tant qu'il fust passé outre les limites de son Royaume: *Non declinabi-* *Num. c. 21.* *mus in agros & vineas, Via Regia gradiemur, donec transeamus terminos tuos.*

2. Ce n'est pas toutesfois que la proprieté des grands Chemins appartienne aux Roys, & soit de leur domaine, non plus que les trauerses, ou autres Chemins publics: ains ils sont au nombre des choses qui sont hors de commerce: & dont la proprieté n'appartient à aucun, quoy qu'il soit permis à chacun de s'en seruir: & tout aussi

Institut. li.
2. tit.1. §.
Literum
quoque.

bien aux subjects, qu'au Prince souuerain : car en cette qualité de public, *Proprietas potest intelligi nullius esse.*

3. Ils ont esté ainsi dicts, comme on dict vn courage Royal, ou vn banquet Royal, pour vn grand courage, & pour vn excellent banquet. Et de faict, plusieurs peuples, tant Grecs qu'autres, qui n'auoient point de Roys; & les Romains mesmes, n'ont laissé d'appeller leurs grands Chemins, du nom de chemins Royaux : comme qui diroit, les plus grands & les plus excellens de tous.

4. C'est aux Roys & souuerains Seigneurs neantmoins, qu'appartient la garde principale, & superintendance d'iceux : non comme estant de leur domaine, mais eux estans les gardiens legitimes, & les conseruateurs des choses publicques. Ie ne veux pas icy m'estendre sur la police des grands Chemins, ceux qui desirent s'en instruire auront recours aux liures des Seigneuries de Monsieur l'Oiseau, où il en a traitté suffisamment.

5. Or ces grands Chemins, ou chemins Royaux, ne sont autre chose, que pieces d'espargne, que l'on a faict de toute antiquité pour aller de region en autre, sans offenser les terres, vignes, prairies, bois, forests, & autre nature de terres, qui appartiennent aux Communautez, ou aux particuliers. Ce qui semble estre *de iure Gentium*, attendu que *Apud omnes gentes peræquè custoditur*, comme estant chose, que la raison naturelle a également establi par tout.

DE LA DIVISION DES CHEMINS ROYAVX,
Des noms & de la largeur des Chemins pauez par les Prouinces Romaines.

CHAPITRE LIIII.

1. *Difference au nom & en la nature des Chemins publics.*
2. *Que le nom de* Via militaris, *n'appartenoit qu'aux chemins pauez.*
3. *Chemins militaires diuersement nommez. Noms Latins.*
4. *Noms Italiens, François, & Portugais.*
5. *Chaussees & Chemins ferrez en* France. *Voye argentee en Espagne.*
6. *Noms des grands Chemins en Angleterre.*
7. *Pourquoy l'auteur s'est seruy du nom des Grands Chemins plustost que d'autres.*
8. *De la largeur commune des grands Chemins de l'Empire.*

ENCORES

A TRES-HAVLT, ET TRES-PVISSANT SEIGNEVR MESSIRE HENRY DE SCHONBERG, COMTE DE Nanthueil & de Durestal, Cheualier des Ordres du Roy, Capitaine de cent hommes d'armes de ses Ordonnances, Gouuerneur & Lieutenant general pour sa Majesté en ses païs de la Marche & Lymosin, Colonnel des gens de guerre Allemans entretenus pour le seruice de sa Majesté, & Surintendant General des Finances de France.

MONSEIGNEUR,

C'est vne loüange que les Estrangers mesmes donnent à la France, de ne mesurer pas les hommes par le lieu de leur naissance seulement, mais par leur esprit & leur industrie : & ne faire pas comme plusieurs autres nations, qui par vn commun erreur punissent aux estrangers la condition de leur origine. Au contraire de quelque part que les hommes soient naiz, la nation Françoise les aime d'vn amour simple, libre, & volontaire, pourueu qu'elle apperçoiue reluire en eux quelque vertu ou gentillesse d'esprit. Et tant s'en faut qu'elle leur porte enuie, qu'elle les reçoit dans elle comme par droict d'adoption, & leur fait liberalement part de ses biens & de ses honneurs: En sorte que ce n'est pas sans cause, qu'vn Auteur estranger, mais excellent a

EPISTRE.

esprit, que le monde ne sçauroit rendre graces suffisantes à la France, qui semble ouurir au reste de la terre le Temple d'hospitalité, dans lequel la fortune de toutes sortes de personnes & de nations se peut ietter comme en vn lieu de refuge. Elle fait des hommes comme des pierres precieuses, qui pour estre produites dans les Indes, & venir de bien loing, n'en sont que plus cherement estimees. Ainsi elle se pare & s'enrichit des beaux esprits estrangers, qui ne luy font point de honte, ains adioustent quelque chose à son lustre & à sa beauté. Or si iamais la France fut heureuse en cette sorte de rencontre, ce fut lors qu'elle receut Monseigneur le Comte de Schonberg vostre Pere, & que les Rois predecesseurs de sa Majesté ayant fait espreuue de sa valeur & de son affection enuers cette Couronne, l'ornerent des plus belles charges de leur estat: le transplanterent de la Germanie dans les Gaules, & eurent soin de l'arrouser de l'eau de leurs graces & faueurs, comme vn plant rare & singulier, pour le faire peupler & multiplier en leur terre, & en tirer des fruicts en sa saison. C'est donc d'vne si bonne plante, MONSEIGNEVR, que vous auez tiré vostre naissance: & qui ne degenerant point de son bon naturel, auez pris tel pied dans le terroir François, que vous y estes, & les vostres entierement & parfaictement naturalisé. Ce que nostre Roy ayant de long temps recognu & fait estime de vostre courage en guerre & de vostre prudence en paix : mais sur tout de l'excellence de vostre esprit, & de vostre fidelité & integrité singuliere, a fait choix de vostre personne pour vous commettre la charge de ses finances : l'vne des plus grandes & importantes du Royaume: & où l'industrie, la vigilance, & la fidelité sont plus requises : & depuis peu encore l'exercice de celle de Grand-Maistre de son Artillerie, où vous auez fait paroistre combien vous auez l'esprit grand & releué au dessus du commun des hommes, & iusques où pouuoient aller les forces humaines: ayant vous seul vaqué & satisfait à toutes les deux, bien qu'à peine deux hommes des plus excellens y eussent peu suffire. Ce qui m'a porté, MONSEIGNEVR, à vous adresser l'vn des liures des Chemins militaires de l'Empire Romain: où vous pourrez voir l'oi-

EPISTRE.

sueté bannie des soldats Legionnaires, & de la populace des Prouinces, la prudence des Empereurs employant les vns & les autres à pauer ces chemins Royaux. Vous y verrez premierement courir à pied des ieunes hommes, disposez par Auguste de place en place, pour estre porteurs de ses pacquets: puis des Chariots & Cheuaux de poste, à l'aide desquels ses mandemens estoient portez de Rome iusques aux terres plus reculees de son Empire, auec vne vistesse & celerité incomprehensible. Vous verrez les armees se transporter par ce moyen de l'un des limites de l'Empire à l'autre d'vne promptitude incroyable, malgré les rigueurs de l'Hyuer & autres iniures du temps: les Magistrats aller & venir de Rome au gouuernement des Prouinces auec toute facilité. Les nauires & les chariots gemir sous le poids des marchandises, necessaires à l'entretenement d'vn si grand peuple que celuy de Rome. Bref vous verrez que pour rendre l'vsage de ces grands chemins facile, & sans empeschemens, les bouts en estoient ioincts les vns aux autres par des ponts quasi miraculeux. Vous aurez le plaisir des Colonnes milliaires, & des Hermes tutelaires des grands Chemins. Et pour derniere piece, l'Itineraire maritime, accompagné de ses ports, se respondans de riuage en riuage à trauers les Mers pour l'vsage de la nauigation. Toutes ces choses sont dignes de la consideration d'vn grand Capitaine, qui selon les Loix de la guerre, doit auoir vne parfaicte cognoissance des Chemins, ponts, ports, & passages de chacune Prouince, où il a dessein de faire la guerre. Et ce non seulement par bruit commun, ou par les liures, mais par tables Geographiques & par peinture, qui luy mette deuant les yeux, ce que l'escriture ou les paroles ne peuuent pas representer. Or comme les chemins bien reparez & entretenus sont grandement requis au faict de la guerre pour le passage des armees, pour le charroy des finances, des munitions, de l'artillerie, machines, & instrumens militaires: Ie ne voy personne, qui puisse mieux, ny plus facilement faire reuiure cet ouurage en France, où il a esté negligé depuis la decadence de l'Empire, que vous Monseigneur; qui auez en main les finances qui sont plus necessaires que toute autre chose au restablissement d'vne si vtile

EPISTRE.

entreprinſe: qui ſçauez que c'eſt de la conduite de ces machines par des chemins mal entretenus, comme ſont la pluſpart de ceux de ce Royaume: & qui auez en tant de lieux fait preuue de voſtre courage & ſage conduite au faict des armes pour maintenir & conſeruer les Lys François. Ce qui me fait reſſouuenir d'vn vers inſcrit ſous vn ſymbole de voſtre Race treſ-illuſtre en la grande galerie de voſtre maiſon de Nanthueil.

Creſcite Germanæ Violæ inter Lilia Franca.

Ce vers contient le ſouhait que porte engraué en ſon cœur, & la priere que fait à Dieu de toute ſon affection,

MONSEIGNEVR,

Voſtre tres-humble & tres-obeïſſant
ſeruiteur,

NICOLAS BERGIER.

1. ENCORES que le Iurisconsulte Vlpian comprenne sous le nom general de Chemin public tous ceux que les Grecs appellent chemins Royaux, & les Romains, Prætoriaux ou Consulaires, quand il dict, *Publicas vias dicimus, quas Græci τας ὁδοὺς Βασιλικας, nostri Prætorias, & Consulares vias vocant*: Si est-ce qu'il y a tel chemin public, qui est fort different d'vn autre, non seulement en sa nature, mais en son nom propre & specifique: Car des chemins publics, ou chemins Royaux, les vns sont pauez, & les autres non pauez: Ainsi que nous auons dict ailleurs: Et est sans doubte, que ce n'est pas de la nature precise des chemins publics, ou voyes Royales, que d'estre pauees: attendu qu'il y en a peu de pauees, en comparaison de celles qui ne le sont.

l. 2. §. viarum ff. Ne quid in loco publico. vel Itin. fiat.

2. Toutesfois c'estoit aux chemins pauez qu'appartenoient proprement le nom de *Via Prætoria, Consularis, Militaris*: d'autant que c'estoit ouurage de Preteurs & de Cōsuls, & que c'estoit par lesdites voyes, que les Preteurs, Consuls, Propreteurs, & Proconsuls faisoient la conduitte des armees Romaines. Ces chemins ont esté fort diuersement nommez suiuant la diuersité des langues de chacune nation: specialement de l'Europe, où lesdites voyes paroissent encores en vne infinité d'endroicts.

3. Nous commencerons l'enumeration de ces appellations diuerses par les mots Latins, qui se trouuent tant en l'histoire que Iurisprudence: Car en l'vne & l'autre on les appelle tantost *Vias Regias, Prætorias, Consulares, Militares*, pour les causes que nous auons deduict cy dessus en plusieurs endroicts: tantost *Tellures inaggeratas*, à cause du grand amas des terres necessaires à exhausser les leuees, sur lesquelles lesdits chemins sont pauez: d'où viennent les mots de Sidonius Apollinaris,

Tellurem tereres Inaggeratam.

Tantost *Aggeres publicos, siue Itinerarios*, à cause qu'ils seruoient publiquement à voyager. Tantost *Vias solemnes*, à cause de l'excellence & celebrité de l'ouurage, & frequence des passans. Tantost *Cursus publicos*, à raison que les postes Romaines estoient assizes sur icelles: Tantost *Vias solitas*, ou *consueta Itinera*, & d'autres noms, qui se trouuent dās Ammian Marcellin, & autres auteurs anciens. On les nōme quelquefois purement & simplement, *Strata Stratorum*: non pas *à Terendo*, comme Isidore a pensé: mais *à Sternendo, id est, muniendo*. Car ce verbe est indifferent à plusieurs significations: Et n'y a que les noms que l'on y accouple, qui le terminent à l'vne ou à l'autre,

Bbbb

ne signifiant pas mesme action en ces façons de parler: *Sternere lectum, Sternere aulam, Sternere viam*. Or est-il, que *Sternere*, en cette derniere signification, vaut autant que *Munire*: Comme en ces mots d'Appius Cœcus dans Ciceron: *Ideo viam muniui, vt eam tu alienis viris comitata celebrares*. Et en ceux cy de Suetone: *Viam munire Iulius Cæsar destinarat à mari supero per Apennini dorsum ad Tyberim vsque, paulò ante obitum*. Et partant, nous pouuons dire, que c'est à *Sternendo*, & non *à terendo*, que les Latins ont tiré leur nom de *Strata*, pour signifier les grands Chemins pauez, soit aux champs, soit à la ville. Ainsi le prend Lucrece, quand il dict:

Marginalia: Oratio. pro Cœlio. In Iul. Cæs. cap. 44.

Marginalia: Lib. 1.

> *Strataque iam pedibus populi detrita viarum*
> *Saxea conspiciunt.*

4. Ie croy que c'est de là, que les Italiens ont emprunté leur mot de *la Strada*, duquel vient celuy de battre la strade, comme qui diroit, *Calcibus ferire viam stratam*, D'où vient qu'vn docte auteur du dernier siecle a escrit, que *Strata olim Gallicè dicta est Via munita pauimento, absque additione nominis Viæ. vnde Strata Italicè*. Ce mot est pareillement mis en œuure par les Portugais, qui l'ont tiré du mot *Strata*, aussi bien que nous par vn pareil eschange que celuy des Italiens: en la langue desquels ce mot Latin estant passé, il a changé & de nombre & de genre, d'vn neutre plurier, estant deuenu fœminin singulier: comme le docte Turnebe le remarque en ces termes: *quam Stratam fœminino genere vocant Itali, Strata plurali dixit Lucretius lib. primo, qui ei nomini fœminino occasionem dedisse propè videtur*.

Marginalia: Lib. 19. Aduersar. c. 19.

Guichardin, en sa belle & gentille description du païs Bas, parlant des grands Chemins de l'Empire, qui paroissent encore entiers auec admiration en ces quartiers: dit, que les Italiens les nomment autremēt, *Vie lastricate*, & les François des Chaussees. Quāt au mot Italien, il leur vient du verbe *Lastricare*, qui signifie pauer en leur langue, & qui s'approprie à toutes sortes de pauements & fortifications de chemins, voire mesme aux pauez de Mosaïque. Sebastiano Erisso, Italien de nation, tourne ainsi le mot de Suetone, *Vias sternendas silice in vrbe, & extra vrbem glarea substruendas, margmandasque* lors que parlant de la vôye Flaminienne, il dit, *Al qual luogo i de Suetonio noi vediamo, que Augusto prese sopra di se, a far lastricare la via Flaminia de Roma infino a Rimini*, Andrea Palladio met en vsage ce mot en la mesme signification, *Fecero*, dict-il, *gli antichi queste lor Vie militari in due modi. cioe ò lastrigandole di Pietre: ouero comprendole tutte di ghiara, & di Sabbia*.

Marginalia: Au liure intitulé Discorso sopra le Medegalie antich. aux medailles d'Auguste, Reuers 27. & 28.

5. Quant au nom François de chaussée, il ne vient d'ailleurs, sinon *à Calcibus*, C'est à dire, des plantes des pieds, desquelles ces

chemins sont ordinairemẽt battus en marchãt, de mesme deductiõ que *Callis, à callo pecudum vocatum, siue Callo pecudum perduratum:* comme dict Isidore. C'est d'où vient que nos vieux peres, qui escriuoient leurs tiltres en tel Latin qu'ils pouuoient, il y a deux cens ans, & au dessus, appelloient ces Chaussees *Calceïas*, & *Calciatas*, Ainsi que nous auons dict, lors que nous auons parlé des chaussees de Brunehault, que les anciennes escritures nomment *Calceïas Brunechildis*. On les nomme encore en nostre Gaule Belgique, Chemins Ferrez comme en Espagne on appelle le grand chemin de Salamanque, la Voye Argẽtee : l'vn & l'autre nom, estant pris de la similitude, que les petits cailloux, dont ces Chemins sont pauez, ont auec ces deux metaux contraires en couleur.

6. Quant aux Anglois, il semble qu'ils appellent les voyes Militaires faictes par les-Empereurs en la grand' Bretaigne, du nom de *Street*, *quasi à Sternendo*. Ce que l'on peut conjecturer par ces noms de *Wathlingstreat*, *Verlamstreat*, *Ikenildstreat*: desquels nous auons donné la signification au dernier Chapitre de nostre premier liure, parlant des auteurs des grands Chemins d'Angleterre.

7. Bref, encores que l'histoire & le droict appelle lesdites voyes de l'Empire, *Vias militares, Consulares, Prætorias*: Et que le nom de *Magnæ Viæ, vel magna Itinera*, ne se trouue point en vsage dans les auteurs Latins : Si est-ce que ie ne me suis point seruy de ces noms pour vn terme ordinaire, mais de celuy de Grands Chemins, que i'ay mis en œuure par tout : voire mesme au tiltre general de cet œuure. Ce que i'ay faict, non tant pour la grandeur immense de ces Chemins qui s'estendent par vn si long Empire : que pour la proprieté de nostre langue Françoise, en-laquelle on se sert de ce nom general de grands Chemins, pour signifier ce que les Latins appellent *Vias Regias*. Et tel en est l'vsage & la practique dans les Ordonnances des Roys, & les Coustumes locales de la France, où se trouuent tels ou semblables mots, Guetteurs de grands Chemins: Vol, ou Meurtre commis sur les Grands Chemins, & autres semblables.

8. C'est tout ce que nous pouuons dire sur les noms des Chemins militaires de l'Empire de Rome, pour les recognoistre & distinguer des communs & vulgaires. Et ne reste plus qu'à dire vn mot de la largeur d'iceux, selon les mesures que i'en ay faict sur ceux qui sont és enuirons de la ville de Reims. Ces mesures reçoiuent diuerses considerations selon la diuersité des parties desdits grands Chemins: Car en aucuns endroicts, ils sont comme à fleur de terre: & ne paroit rien d'iceux, sinon le paué de la surface exterieurieure, qui couure sous soy les couches interieures. La plus basse desquelles est

bordée de part & d'autre, de grosses pierres, disposées à ligne droicte, & comme tirees au cordeau qui seruent de liziere & de retenue aux matieres desdits chemins. Ces lizieres sont par tout couuertes de terre : & faut fouïr dans lesdits chemins à qui les veut trouuer. C'est toutesfois en elles que la largeur desdits chemins s'est maintenu & conserué en son entier : ayant trouué par tout, que d'vne liziere à l'autre, il y a vingt pieds ou enuiron de largeur. D'où se peut tirer en consequence, que les Loix qui n'attribuent aux chemins publics que huict pieds de largeur, entendent cela des chemins publics non militaires, & non pauez. Mais quant à nos chemins pauez, il en va bien autrement : Car és endroicts où ils sont releuez sur terraces, ils paroissent beaucoup plus larges : d'autant que les deux pantes des terraces ont quasi par tout autant de largeur, que le paué mesme qui est posé dessus. De sorte qu'en tels endroicts, ie les ay trouué de soixante pieds de largeur, diuisée en trois parties : Sçauoir, vingt pied pour le paué, & autant pour chacune desdites pantes. Et par ainsi nous pouuons dire que la mesure commune des grands Chemins de l'Empire, où ils sont esleuez sur terraces, est de soixante pieds ou enuiron.

FIN DV TROISIESME LIVRE.

HISTOIRE DES GRANDS CHEMINS DE L'EMPIRE ROMAIN.

LIVRE QVATRIESME.

DISCOVRS GENERAL SVR LA CAVSE finale des Grands Chemins de l'Empire.

CHAPITRE I.

1. *Que la consideration de l'vsage des grands Chemins doit estre plaisante & agreable.*
2. *La cause finale des grands Chemins reseruee au liure present.*
3. *Quatre chefs principaux dependans de la cause finale des grãds Chemins.*
4. *Par ces 4. chefs paroistra que l'vsage des grands Chemins, est correspondant aux frais & à l'entreprise.*
5. *Ce qui se peut apprendre par le discours de ces 4. chefs.*
6. *Remede à 4. incommoditez par les grands Chemins de l'Empire.*

1. 'IL y a cause d'admiration en l'excellence & dignité des personnes, qui ont fait les grands Chemins de l'Empire, en la quantité des matieres qu'ils y ont employees, en la forme qui les a rendu si fermes & si durables, au nombre & longueur immense de tel ouurage: il n'y aura pas moins de contentement en la consideration de la cause finale & de l'vsage d'iceux: comme pareillement des belles loix & ordonnances, que le Senat & le peuple Romain, & depuis encores les Empereurs ont fait pour en regler la Police. C'estoit cet ordre qui donnoit vie & mouue-

Bbbb iij

ment aux principales affaires de l'Empire, sans lequel cette grande machine d'ouurage estoit comme vn corps sans ame.

2. Ces loix & reglemens tendoient à rendre l'vsage desdits chemins vtile & commode, aux fins pour lesquelles ils estoient faicts. Que si de la grandeur & de l'excellence des choses, on doit iuger de l'vsage d'icelles: & si la fin de chacune substance respond à sa bonté interieure: il faut dire que les commoditez qui se tiroient continuellement d'vn tel ouurage, estoient bien grandes: & que ce ne fut pas en vain, que tant d'argent, auec tant de Legions & de peuples ont esté par vn si long temps employez à les faire, & les estendre par tout le monde. C'est de cet vsage que nous auons à traicter en ce liure, destiné à la cause finale des grands Chemins. Car encore que par tout, cette cause precede l'efficiente, materielle & formelle en l'intention des hommes, si est-ce qu'elle marche la derniere en execution: estant necessaire que les choses soient faictes & parfaictes à l'aide des trois premiers, auant que de s'en seruir à la fin, pour laquelle elles sont produictes & composees.

3. Or quoy que de chacune chose il y ait vne fin principale: & que l'vtilité des affaires de l'Empire, soit la cause generale pour laquelle les grands Chemins ont esté faicts: si est ce qu'il me semble que cette vtilité se peut distribuer en quatre chefs principaux, ausquels l'intention de ceux qui les ont faicts, semble se pouuoir rapporter. Le premier est, pour donner en temps de paix de l'exercice, tant aux gens de guerre, qu'à la populace de chacune prouince, pour éuiter les tumultes, seditions, & autres mouuemens, que l'oisiueté, mere de tous maux, a coustume de produire. Le second pour enuoyer des nouuelles en peu de temps de la ville de Rome aux extremitez de l'Empire: & en receuoir de toutes les prouinces auec pareille celerité. Le troisiesme, pour conduire & transporter les armees Romaines en tout temps, & en tous lieux où les affaires le requeroient. Le quatriesme, pour faciliter les voyages, soit à pied, soit à cheual, ou par charroy.

4. C'est de ces quatre chefs qu'il nous faut discourir, & appliquer à l'vsage d'iceux, & l'histoire, & les loix qui concernent l'vtilité de nos grands Chemins. Ainsi verrons nous, que les profits & commoditez qu'ils apportoient au gouuernement & à la conseruation de l'Empire, respondoient à la grandeur des frais & de l'entreprise: & comme les prouinces estant premierement joinctes & alliees entre elles par leur entre-suitte: puis toutes ensemble à la ville de Rome, ainsi que membres à leur chef, l'Empire en estoit mieux vny en soy, & moins exposé à la force & violence des estrangers.

5. Par là nous apprendrons la premiere inuention des postes: &

establissement d'icelles, tant par les Romains que par les François: que c'est que stations, mutations, & mansions: quelle est la difference d'entre les bourgs, les villages, les municipes, les colonies, les villes, & les citez: Le nombre & la façon des logemens disposez sur les G. Chemins, les fournitures d'habits, de viures, d'armes, de cheuaux & le chariots de relay, qui y estoient entretenus. A l'aide desquels on ne marchoit pas, mais on voloit de l'vne des extremitez de l'Empire à l'autre, sur ces chemins continuels & non interrompus.

6. Car comme ainsi soit, qu'il y a quatre incommoditez principales, qui peuuent faire de la fatigue, & apporter du retardement aux voyageans: sçauoir les valees profondes & marescageuses, les montagnes aspres & roides: les longs circuits & destours: & les endroicts scabreux & raboteux, les Romains auoient remedié à tous ces maux: dautant que par l'establissement de leurs grands Chemins il n'y auoit marais, ny passage de riuiere qui vous arrestast: il n'y auoit mont, ny coline qui vous retinst: les destours des chemins estoient redressez: & les endroicts rudes & raboteux, vnis & applanis: & le tout tellement affermy, qu'en quelque saison que ce fust, on y pouuoit aller à pied, à cheual, ou à charroy, sans empeschement ou retardement quelconque.

DE LA PREMIERE CAVSE QVI A MEV LES
Magistrats & Empereurs de Rome à faire
pauer des grands Chemins par
les champs.

CHAPITRE II.

1. Exemple des maux que l'oisiueté produit parmy les armes.
2. Capitaines Romains qui ont exercé les soldats pour les tirer d'oisiueté.
3. Qu'à cette fin Flaminius fit pauer vn chemin par son armee estant de repos.
4. Comme Auguste employa ses Legions durant la paix, à faire des chemins pauez.
5. La populace par luy employee à mesme ouurage, de peur qu'elle ne demeurast oisiue.

1. SI l'exercice est vtile & necessaire en quelque endroict, & l'oisiueté dangereuse & dommageable, c'est principalement parmy les armes. Car il arriue ordinairement l'vn de ces deux maux aux gens de guerre qui sont en plein repos: ou l'amortissement de force & de courage, ou les tumultes & seditions contre ceux qui leur commandent. L'histoire ne nous donne que trop d'exemples de l'vn & de l'autre de ces deux inconueniens. Lors que Hannibal apres la bataille de Cannes eut choisi la ville de Capoüe en la Campagne heureuse, pour lieu de repos & principale residence: ses soldats accoustumez auparauant de coucher sur la dure, & d'endurer le froid & le chaud, la faim & la soif, se trouuans de repos en lieu si plaisant & si abondant en delices, deuindrent de vaillans qu'ils estoient auparauant, lasches, coüarts & paresseux: d'industrieux, forts & habiles; craintifs, mols & effeminez. Ce qui ne leur vint d'ailleurs, que des voluptez desquelles ils iouyssoient tous les iours en vne region si fertile & si abondante en tous biens: voluptez friandes & attrayantes, qui corrompent la force & vigueur de courage, rebouchent la poincte de la vertu, abatardissent l'esprit, & estent le conseil & l'entendement aux hommes: De sorte qu'à bon droict Platon appelle la volupté, l'amorce & l'appast de tous maux. Et certes sans sortir du present exemple: les delices de la Champagne Italienne ont porté plus de perte & de dommage aux Carthaginois, & à leur Capitaine general, que n'ont pas fait les rochers inaccessibles des plus hautes Alpes, & que toutes les armees Romaines. Car vn seul hyuer ainsi passé en dissolution, fut de si grande efficace pour esteindre cette ardeur de courage qui estoit aux soldats de Hannibal, que quand il fut temps de les mener à la guerre, & leur faire tenir la campagne sur le commencement du printemps, vous eussiez proprement dit qu'ils auoient oublié leur escrime, & mis à part toute leur vertu militaire: & partant vn bon auteur a fort bien dit, que

Osorius, de Institutione Principis. lib. 7.

Otio & securitate franguntur vires, languescit industria, hebescit ingenium, vitia crescunt & prorumpunt, animi status opprimitur, flagitiorum omnium bellum inexpiabile concitatur: vsque adeò, vt quoduis bellum, quamuis durum & periculosum, huic insidioso pacis nomini longè praeferendum sit.

2. Les Capitaines generaux des armees Romaines tant sous la Republique populaire, que monarchique, recognoissant les maux qui peuuent naistre de cette hydre de volupté & de paresse, aussi tost que par les armes ils s'estoient acquis quelque temps de paix & de repos, ils ne detenoient pas pour cela leurs armes à rien faire: mais les employoient en quelques ouurages, soit de plaisir, soit de profit, soit de necessité. Entr'autres Corbulo, l'vn des Capitaines de Neron,

ron, craignant que les Legions qu'il auoit en Hollande ne vinssent à se rendre lasches & paresseuses, il les employa à faire vne grande fosse entre la Meuze & le Rhin, pour euiter les desbordemens de l'Ocean: mais principalement, *Ne miles otium indueret:* comme parle Tacite. Pompeius Paulinus sous le mesme Neron, & au mesme païs, mit ses soldats à continuer vne digue ou leuee de terre, auparauant commencee par Drusus, autant pour les tirer de l'oisiueté, que pour retenir le Rhin dans son canal, ainsi que nous apprenons du mesme auteur, disant: *Ne tamen segnem militem attineret, ille inchoatum ante tres & sexaginta annos à Druso ag gerem coercendo Rheno absoluit.*

3. Mais entr'autres exercices que les chefs des armees Romaines donnoiēt aux soldats, c'estoiēt les ouurages des Chemins pauez. Ce qui commença bien-tost apres que l'inuention de pauer des Chemins par les champs fut mise au monde. Flaminius (qui fut le premier apres Appius Cœcus à faire des grands Chemins par l'Italie) estant Consul, & ayant vaincu & reduit sous le joug plusieurs nations de l'ancienne Ligurie, se voyant en repos pour quelque temps, ne laissa pas ses gens de guerre oisifs: mais pour les tenir continuellement en exercice, les employa à pauer vn grand chemin de Boulongne à Arezzo, ainsi qu'auparauant il en auoit fait vn de Rome à Rimini. Liuius nous le raconte ainsi au 39. de son histoire, où se lisent ces mots. *Translatum deinde ad Apuanos Ligures bellum, qui agrum Pisanum Bononiensemque ita incursabant, vt coli non posset. His quoque perdomitis, Consul pacem dedit finitimis. Et quia bello quieta vt esset prouincia efficerat, ne in otio militem haberet, viam à Bononia perduxit ad Arretium.*

4. Long temps depuis la mesme pensee tomba en l'esprit d'Auguste Cesar, lequel ayant vaincu Lepidus & Marc Antoine, & reduit toute la puissance Romaine sous la domination de son Empire, se voyant en pleine paix, ferma le Temple de Ianus, pour signe d'vne tranquillité vniuerselle par tout le monde. Mais ayant sur les bras grand nombre de Legions destinees à la garde de ses frontieres, afin que les soldats dont elles estoient composees ne vinssent à se corrompre au calme d'vne si profonde paix, comme fait vne eau croupissante: & pour empescher que l'oisiueté ne leur donnast occasion d'exciter des seditions à l'encontre de ceux qui leur commandoient, il s'aduisa de leur donner force exercice, & les mettre tous à faire des grands Chemins de l'vn des bouts de son Empire à l'autre: employant les mesmes mains, auec lesquelles il auoit dompté les hommes, à dompter les Monts & les Rochers, & surmonter mil difficultez qui ne se pouuoient vaincre, sinon par ceux qui auoiēt auparauant vaincu tout le monde.

4. Encore fut-il necessaire de joindre à ce trauail les vaincus

Ccc

auec les vainqueurs:& d'y embesongner les Peuples de chacune prouince auec les soldats Legionnaires, pour venir à bout de cet ouurage: qui de tous les ouurages faicts de main d'homme, est (sans difficulté) le plus grand & le plus admirable. Par ce moyen Auguste fit vn œuure tres-vtile à son Empire, & à tout le genre humain: & euita de grãds maux, qui pouuoiẽt sourdre des seditions que l'oisiueté fait naistre parmy les armees & les peuples oisifs. C'est pourquoy Tacite dit, que tels & semblables ouurages se font partie par necessité, & partie pour exterminer l'oisiueté hors des camps militaires: *Ex necessitate, aut aduersus otium castrorum.* A quoy vise le tesmoignage d'Isidore, ja par nous employé en autre endroict: où il dit que ceux de Carthage sont les premiers inuenteurs des Voyes pauees: & que les Romains à leur imitation en ont fait pauer quasi tout le monde, pour radresser les chemins, & pour empescher que la populace des prouinces Romaines ne moisist en oisiueté. *Postea Romani per omnem penè orbem disposuerunt, propter rectitudinem itinerum, & ne Plebs esset otiosa.*

Li.1.annal.

Lib.15.orig. cap. vlt.

DE LA SECONDE CAVSE FINALE DES grands Chemins de l'Empire.

CHAPITRE III.

1. Qu'en vn si grand Empire qu'estoit celuy des Romains, le Prince deuoit auoir sa residence au milieu.
2. Conseil d'vn Gymnosophiste à Alexandre sur ce subiect.
3. Grands chemins pauez, propres à gouuerner vn si grand Empire.
4. Similitude du corps humain, & de ses parties.
5. Tesmoignage de Suetone.

1. L'EMPIRE de Rome du temps d'Auguste Cesar, estoit paruenu à vne grandeur & estenduë de terres si immense, que non sans cause plusieurs luy ont donné le nom du monde entier: ainsi que nous auons mõstré dés le commencement du liure troisiesme de cet œuure. Pour maintenir en estat vn corps d'Empire si diffus & si large, & pour empescher qu'il ne vinst à succomber sous son propre fais, il estoit necessaire que celuy qui en estoit le souuerain chef, fust en temps de paix en la ville de Rome, comme au centre de sa domination: & qu'il eust l'œil attentif ainsi qu'vn Argus, en tous les endroits de sa circonference: afin que si quelque par-

tie d'iceluy venoit à s'esbranler, qu'il y peust promptement courir: ou bien y enuoyer du secours pour le tenir en pied, & l'affermir en son siege.

Tybere Cesar au commencement de son Empire, voyant de quelle importance il estoit de faire sa demeure à Rome, afin d'establir les fondemens de sa domination naissante, ne voulut iamais quitter la ville, quelque clameur que le Senat & le peuple fist, sur les bruits qui couroient des seditions militaires esmeuës és armees de Drusus & Germanicus. Car chacun luy obiectoit, que cependant qu'il amusoit le Senat & le peuple de vaines promesses, les soldats se desbauchoient, ne pouuant pas estre tenus en leur deuoir par deux ieunes hommes qui manquoient d'experience & d'authorité: que sa presence y estoit necessaire pour ranger les Legions à l'obeissance: qu'Auguste auoit fait plusieurs tels voyages en sa vieillesse, & qu'il faisoit beau voir son successeur en la fleur de son aage, seoir és assemblees de conseil, pour controoller les paroles des Senateurs. Que sa ville estoit en assez grande asseurace: Que c'estoit aux armees à quoy il falloit promptement remedier, en appaisant les seditions par sa presence & authorité: mais nonobstant tout cela: *Immotum aduersus eos sermones, fixumque Tyberio fuit, non omittere caput rerum, neque se remque publicam in casum dare*, c'est à dire: Tybere eut en son esprit vne resolution ferme & constante, de n'abandonner à ces commencemens la ville de Rome, chef & siege des affaires: & de ne mettre, ny sa personne, ny la Republique en hazard. Quelque temps apres la plus grande partie des Gaules s'estant sousleuee, les Romains l'accusoient derechef, qu'au lieu de remedier en personne à des mouuemens si dangereux il perdoit son temps à lire les memoires des accusateurs: mais il rendit raison de son sejour à Rome, disant: *Neque decorum Principibus proficisci ad bellum, si vna, alterave ciuitas turbet, omissa vrbe, vnde in omnia regimen.* Qu'il n'estoit pas bien seant au Prince souuerain de s'en aller à la guerre en personne, pour vne ou deux citez qui se sousleuent: quittant la ville capitale, d'où il peut donner ordre à tous euenemens.

2. C'estoit le conseil que l'vn des Gymnosophistes des Indes donnoit au grand Alexandre, luy demandant par quel moyen il pourroit conseruer sous sa domination tant de terres qu'il auoit acquises. Car sans rien dire ne respondre, ce Gymnosophiste ietta par terre vn bouclier à l'antique, faict de cuir, de figure ronde, puis commença à marcher sur les bords & extremitez d'iceluy: en sorte que mettant le pied d'vn costé, la partie opposite du bouclier venoit à se hausser & releuer à mesure qu'il auançoit en tournoyant tout à l'enuiron. Puis ayant fait vn tour entier, il se planta au milieu, & par

Cccc ij

ce moyen tint le tout en égale balance. Signifiant par cette action, qu'vn grand Prince doit faire sa principale residence au beau milieu des terres de son Empire, afin de le maintenir ferme & sans branler: & de subuenir d'autant plus promptemét aux necessitez de chacune partie, comme il en seroit egalement distant : & par ce moyen n'estre contrainct de courir aux occasions pressees, de l'vne des extremitez à l'autre : ce qui est dangereux en toutes choses.

3. Auguste Cesar (qui n'ignoroit rien des principales maximes d'estat qui peuuent rendre vn Empire heureux) s'estant acquis la paix par les armes, s'aduisa de faire en sorte que la ville de Rome, que nous auons dit estre située au milieu de la terre, peust auoir vn certain rapport auec toutes les parties les plus estongnees de son Empire. Ce qu'il ne peut mieux, ny plus promptement executer, qu'en fournissant toutes les prouinces dudict Empire de grands Chemins pauez, par le moyen desquels il acquit cette puissance & faculté, de donner & de prendre la cognoissance de tout ce qui se faisoit, ou brassoit par toute l'estenduë de sa domination, auec vne promptitude & celerité admirable.

4. Et fut le vray moyen que tint ce grand & heureux Empereur pour se mettre l'esprit en repos, & gouuerner ses prouinces auec asseurance & facilité. Car tout ainsi que le chef donne mouuement aux parties inferieures du corps par les nerfs : que le foye distribuë le sang par les veines, que le cœur enuoye les esprits par les arteres: & que par telle distribution ces trois parties principales entretiennét le corps en sa pleine force & vigueur naturelle. Tout de mesme, par le moyen desdits grands Chemins, comme par les nerfs, veines & arteres de ce grand Empire, ledict Auguste & ses successeurs pouruoyoient chacune prouince de ce qui luy estoit necessaire en forces, en viures, & en toutes autres choses, pour maintenir & conseruer tout le corps en bon estat. C'estoit aussi pour faire, que de toutes parts on peust venir à Rome auec pareille promptitude & facilité : & que les prouinces tant loingtaines que prochaines, peussent rendre le secours deub à la ville capitale, comme les membres à leur chef.

5. C'est l'vne des principales causes que Suetone assigne des ourages qu'Auguste Cesar employa en chemins pauez : car il dit expressement, qu'afin que plus facilement on peust aborder à Rome, il prit luy-mesme a tasche de faire les reparations de l'antique Voye Flaminienne iusques à Rimini: & que pour la mesme fin il distribua les autres à faire de neuf, ou reparer, à ceux d'entre les grands Seigneurs de Rome, qui auoient eu l'honneur du Triomphe: afin qu'ils

y employassent l'argent qu'ils auoient eu des despoüilles des ennemis par eux vaincus. *Quo autem facilius Vrbs adiretur, desumpta sibi Flaminia via Arimino tenus munienda, reliquas triumphalibus viris ex manubiali pecunia sternendas distribuit.*

DE LA PREMIERE INVENTION DES
Postes : & de celles qui estoient assises sur les
Grands Chemins de l'Empire.

CHAPITRE IIII.

1. De la promptitude des Postes Romaines.
2. Postes suiuant Herodote, inuentees par les Perses : Cyrus premier inuenteur des Postes.
3. Que les Grecs & les Romains ont nommé leurs postes d'vn mot Persien, Angara.
4. Comment les Postillons ont eu le nō de ἄγγαροι, Cursores publici.
5. Premiers vestiges des Postes chez les Romains.
6. Auguste premier instituteur des Postes ordinaires, & quels estoient les commencemens d'icelles.
7. Premieres marques des Postes en France.
8. Louis XI. a premier institué les Postes ordinaires, & en quel temps.
9. Etymologie du nom de Poste.
10. Qu'elle fust la forme des Postes chez les Turcs.

1. AVANT que de proceder aux autres chefs dependans de la cause finale des grands Chemins de l'Empire, Il nous faut parler des moyens, que les Empereurs auoient d'enuoyer de Rome leurs lettres si promptement iusques aux confins de leur Empire : & d'en auoir les responses auec pareille promptitude & celerité. Cela se faisoit par le moyen des Postes assises sur les Voyes militaires, si bien reiglees & policees, qu'il n'estoit ia besoin au Prince souuerain de courir auec peine & trauail par les parties de son Empire, pour sçauoir ce qui s'y faisoit : veu que sans partir de la ville de Rome, il pouuoit gouuerner toute la terre par les lettres missiues, Edicts, Ordonnances, & mandemens : lesquels n'estoient pas plustost escrits, qu'ils estoient par la Voye des Postes, portez aussi promptemēt que si quelques oyseaux en eussent esté les messagers. Ce sont les mots d'Aristides, nous descriuant ainsi la vitesse des expeditions de l'Empire : *Quocirca nihil Imperatorem Romanum*

opus est Imperium totum miserè peruagari, nec varijs commeatibus singula stabilire terram calcando, cum possit orbem totum commodissimè per epistolas regere, quæ mox vt scriptæ sunt, velocissimè tanquam ab auibus deferuntur.

Oratione vlt. Tomi 3.

2. C'est doncques icy que le lieu se presente de parler des Postes Romaines, & des belles loix par lesquelles elles estoiēt estroitement reiglees. Il nous faut neantmoins voir auparauant qu'elle a esté la premiere inuention des Postes : par qui elles ont premierement esté mises en vsage, tant à Rome qu'en France, & quelle difference il y a entre les vnes & les autres, & de quels noms elles ont esté appellees.

Herodote est celuy qui nous apprend, que les courses publiques que nous appellons vulgairement des Postes, furent premieremen inuentees par les Perses : & dict que de la mer Grecque (qui est la mer Egee, & les Propont) iusques à la ville de Suze, capitale du Royaume des Perses, Il y auoit pour cent & vnze gistes ou mansions de distances. Il appelle ces Mansions, *Basilicos Stathmos*, i. *Mansiones Regias, siue diuersoria pulcherrima* : de l'vne desquelles à l'autre, il y auoit vne iournee de chemin.

Lib. 8.

Lib. 6.

2. Xenophon nous enseigne de plus, que ce fut Cyrus mesmes, qui premier de tous les Perses, mit les Postes en auant : & qui pour en rendre l'vsage facile & à la main, establit certaines Stations, ou lieux de retraitte sur les grands Chemins, sumptueusement bastis: esquelles y auoit nombres d'hommes & de cheuaux pour courir, & faire en peu de temps beaucoup de chemin. Et voulut cette maniere y estre obseruee, que ceux qui courroient pour les affaires estans paruenus en l'vne des Postes ou Stations, fissent entendre le subject de leur course à ceux qui y estoient preposez : & ceux-là par apres aux autres suiuants, tant que la nouuelle fust paruenue iusques au Roy.

Cyropedie lib. 8.

Ce fut en l'expedition que Cyrus entreprit à l'encontre des Scythes, qu'il establist les Postes de son Royaume, enuiron cinq cens ans auant la naissance de IESVS CHRIST : afin que ses messagers, comme rauis parmy l'air, peussent porter ses volontez aux Gouuerneurs de ses Prouinces en cas d'affaires precipitees, & qui ne pouuoient souffrir de delay. *Coactæ & publicæ festinationis, & Itineris raptim consiciendi gratiæ.*

3. Les Grecs appellent cette façon de courir ἀγγαρήιον δρόμα. *Cursum quasi seruilem & coactum* : d'vn mot emprunté de la langue naturelle des Perses, inuenteurs de la chose, chez lesquels *angara* signifie seruitude, ou seruice faict comme par force, & contre la volonté de celuy qui le faict : *Seruitutem, & inuoluntariam coactionem.* C'est de là que les Grecs ont faict leur verbe ἀγγαρεύω, *Compello* : & les Latins *At-*

gariare, qui emporte auec soy vne action de force & de contrainte. C'est la vraye signification de ce mot dans l'Euangile de S. Mathieu: où il est dict, que les soldats qui menoient nostre Sauueur au mont de Caluaire, chargé de sa Croix, contraignirent comme par force vn nommé Simon, de la Prouince de Cyrene en Egypte, de porter ladite Croix. ὧτοι ἀγγαρεύουσι, ἵνα ἄρῃ τὸν σταυρὸν αὐτοῦ. *hunc angariauerunt, vt tollerent Crucem eius*. Vlpian met en œuure ce mot en mesme signification: où il dit, que les soldats qui auoient faict leur temps en la guerre, nommez *Veterani*, quoy que grandement priuilegez, ne sont pas exempts de la reparation des grands Chemins, ny des contributions qu'il y falloit faire pour raison de leurs heritages. Au côtraire, que les nauires qui leur appartiennent peuuent estre prises par force, & contre leur volonté, quand il est question de s'en seruir pour le publiq: *Imo vt eorum naues angariari posse rescriptum est, 1. ad vsum reip. ceps, & compelli inuito domino*.

Cap.17.

Tit. de priuilegijs veteranorum.

4. Or comme ainsi soit, que l'on prenoit aussi bien quelquefois les cheuaux par force, que les nauires: Et qui plus est, d'autât que les cheuaux destinez aux courses publiques, sont ordinairemêt poussez à grands coups d'esperons, & forcez de courir malgré qu'ils en ayent; peu à peu on a donné le nom de cette seruitude forcée & inuolontaire à la course mesme des cheuaux de poste: & aux Postillons le nom de ἄγγαροι. 1. *Cursores Regij*: qui est le nom mesme qu'on donne aux Crocheteurs, *qui Iumentorum ritu baiulant onera*. Et de là mesme est venu, que *angariarum, siue parangariarum exibitio* dans le droict, vaut autant que *Equorum nauium, siue plaustrorum ab inuito præstatio*. Les Postes s'appellent autrement, *Cursus publici, vel Clabulares*, de *Clabulis*, qui est vne sorte de charriot, de laquelle nous parlerons en autre endroict.

5. Il n'est facile de determiner au iuste, en quel temps, ny par quelle personne l'vsage des Postes a esté institué parmy les Romains. Aucuns estiment que dés l'estat populaire il y auoit des Postes assises sur les grands Chemins, lesquelles on appelloit *Stationes*: & ceux qui portoient les pacquets en poste *Statores*. Et que dés lors il falloit que ceux qui couroient, eussent leurs lettres de Poste, que l'on appelloit *Diplomata, siue euectiones*, qui leur seruoient comme de passeport, pour aller auant auec les cheuaux publics. Et à la verité, on en peut tirer quelque coniecture de certains passages de Ciceron, qui donne le nom de *Stator* à ceux, par lesquels on enuoyoit des pacquets en diligence. C'est ainsi qu'il semble vsurper ce mot, escriuant à Caninius Salustius: *Literas à te mihi Stator tuus reddidit Tarsi*, ad XVI. Cal. Sext. Et en vne autre à C. Cælius, qui luy auoit esté donné pour Questeur lors qu'il estoit en Silicie, & lequel il desiroit le venir trou-

uer le plus hastiuement qu'il pourroit, il dit, *Quæ cum essent incerta, exi-*
Epist. vlt. *stimaui tamen esse faciendum, vt ad te Statores meos ac lictores cum litteris mit-*
lib. 2. *terem.* Et quant aux lettres de Poste, le mesme auteur escriuant a
Li.6. Epist. Ampius Balbus, en faict mention en ces mots: *Diploma statim non est*
Famil. *datum.* Et peu apres: *Pansa quidem mihi grauis homo, & certus, non solùm*
Ampio. *confirmauit, verum etiam recepit perceleriter se oblaturum diploma.* Et en vne
Balbo. autre Epistre *ad Atticum.* *Ego autem quia scripseras te proficisci cogitare*
Epist. pe- *(etenim audieram nemini aliter licere) eo te habere censebam, & quia pueris di-*
nult. lib.10. *ploma sumpseras.*

6. Mais nous parlerons des lettres de Poste plus à propos en
autre endroict. Et dirons seulement, que s'il y a eu quelque forme
de Postes auant Auguste, il y a de l'apparence qu'elles n'estoient
pas encores ordinaires: & que ceux qui portoient les pacquets, n'e-
stoient pas lors personnes publiques: ains domestiques de ceux qui
les enuoyoient. Ce qui se manifeste assez par ces mots, *statores tui, &*
statores meos, & non pas *Reip.* I'estime quant à moy, que comme Auguste fut principal auteur des grands Chemins des Prouinces, que
c'est aussi le premier qui a donné commencement & forme asseurée
aux Postes Romaines. Suetone parlant d'Auguste Cesar, dict que
pour faire qu'en peu d'heures il peust auoir des nouuelles de ce qui
se faisoit en chacune Prouince de son Empire: il s'aduisa premierement de disposer & establir sur les grands Chemins des ieunes hommes demeurans és Stations destinees aux Postes, qui n'estoient pas
fort esloignees l'vne de l'autre. Ces ieunes gens (comme lacquaiz)
couroient à pied auec les pacquets de l'Empereur, qu'ils portoient
de l'vne des Stations à la Poste prochaine: où ils en trouuoient d'autres tous prests à courir, ausquels ils donnoient les pacquets de main
en main, iusques à ce qu'ils fussent paruenus où ils estoient enuoyez.
Puis quelque temps apres le mesme Auguste y establit des cheuaux
& charriots, pour en rendre l'vsage encore plus expeditif & plus
prompt: *Quo celerius, & sub manum*, dict cet auteur, *annunciari co-*
gnosceique possit, quid in Prouincia quaque gereretur, iuuenes primo modicis in-
teruallis per militares vias: dehinc vehicula disposuit. Les successeurs d'Auguste en l'Empire, continuerent le mesme establissement, comme
l'vne des choses en quoy consistoit le principal vsage des grands Chemins. ainsi que nous verrons cy apres, où nous parlerons de la maniere des Postes antiques des Romains.

7. Pour le regard de la France, il se trouue bien peu de nouuelles des Postes auant le regne de Louis XI. Et n'en ay leu autre
chose, sinon qu'en l'an 807. de nostre salut, Charlemaigne ayant
reduict sous son Empire, l'Italie, l'Allemagne, & partie des Espagnes, establit trois Postes publiques pour aller & venir en ces trois
Prouinces,

prouinces, auec promptitude & celerité, & que ces Postes s'entretenoient aux despens du peuple. Ce que i'ay appris de Iulianus Taboëtius Iurisconsulte, qui en parle ainsi: *Carolus Magnus populorum expensis tres viatorias Stationes in Gallia constituit, anno Christi octingentesimo septimo. Primam propter Italiam à se deuictam, alteram propter Germaniam sub iugum missam, Tertiam propter Hispanias.* Mais il y a de l'apparance que ces Postes furent delaissees sous le regne de Lotaire, Louis & Charles le Chauue, fils de Louis le Debonnaire, & petits fils Charlemaigne: d'autant que de leur temps les terres dudit Charlemagne furent diuisees en trois: & par ce moyen l'Italie & l'Allemagne separees de la France.

In Paradoxis Regum, & summi Magistratus priuilegiis: in septimo iure Regio. pag. 112.

8. Le premier donc, qui les a mis sus, pour les rendre ordinaires & perpetuelles par le Royaume de France, c'est Louis XI. qui assigna certains lieux, comme Stations ou Gistes, où les cheuaux de Poste estoient entretenus. Ce que nous lisons dans les memoires de Philippes de Commines auteur de son temps, & de son histoire: où il dict, qu'auparauant il n'y en auoit iamais eu. Du Tillet, *in Chronico de Regibus Francorum*, en dict tout de mesme: & assigne cette nouuelle institution des Postes, à l'an de nostre salut 1477. auquel il escrit, que *Stathmi & diuersoria cursorijs equis à Rege Ludouico XI. primùm in Gallijs constituta.* Ce qu'il faut entendre des Postes ordinaires du Royaume de France seulement: Car quant aux Postes instituees par Charlemaigne, elles furent par luy faictes au nom & qualité d'Empereur, & pour l'Empire entier d'Occident, non pour la seule France.

Liure 5. chap. 10.

9. Pour ce qui est du nom de Poste, que l'on donne aux Courriers publics, Du Tillet mesme dict, que Louis XI. voulut qu'on les appellast ainsi, comme qui diroit, appareillez & disposez à bien courir. *Stationarios cursores Idiomate Gallico Postas, quasi bene dispositos ad cursum appellari voluit, à Græcis ἄνακες, Cursores Regij.* Que s'il m'estoit permis d'en dire ce que i'en pense, Ie croyrois plustost, que le nom de Postes vinst, *A positione, siue dispositione equorum, cursui publico deputatorum.* C'est à dire, de l'establissement ou disposition des cheuaux de poste en certains lieux, que les Latins appellent, *Stationes, quasi positiones*: Et que du nom des Postes, Stations, ou logement des cheuaux, les courriers qui s'en seruent, ont eu le nom mesme de Postes.

10. Calcondilas en son histoire, nous apprend, que les Turcs ont aussi vne forme de Postes, esquelles ils n'entretiennent aucuns cheuaux: mais seulement des hommes faicts & duicts à la course, comme grands laquais qu'ils font partir à pied. Et ont ce

Dddd

priuilege, que rencontrans vn paſſant à cheual de quelque qualité qu'il ſoit, il luy font commandement de deſcendre. A ce commandement perſonne n'oſeroit deſobeir, eſtant queſtion des affaires du grand Seigneur. Donc ainſi montez ſur ces cheuaux de rencontre, ils les pouſſent à toute bride, iuſques à ce qu'ils en rencontrent d'autres, à qui ils font pareil commandement, & à qui ils laiſſent leurs cheuaux laſſez pour ſe remonter de plus frais: continuant de faire ainſi leurs courſes aux deſpens d'autruy, tant qu'ils ſoient paruenus au lieu où ils ſont enuoyez.

DE L'ESTENDVE DV MOT ANGARIA, & deſcription des Poſtes Romaines.

CHAP. V.

1. *Trois ſortes d'exercice, compriſes ſous le nom de* Angaria. *premiere ſorte, dicte Equeſtre.*
2. *Seconde ſorte, dicte, Tumultuaire.*
3. *Troiſieſme ſorte, dicte Militaire, dont les ouurages des grands Chemins ſont partie.*
4. *Teſmoignage de* Procopius *ſur les Poſtes.*

1.  VIS que les Poſtes Romaines ſont compriſes ſous le nom de *Angaria*, il eſt beſoing de ſçauoir quelle eſt l'eſtendue du mot, tant en l'hiſtoire que Iuriſprudence, où il ſe rencontre ſouuent. Il faut donc entendre, que ſous ce mot ſont compris trois ſortes d'exercices, ou de deuoir & ſeruitudes, quaſi comme coruees, qui touchoient le bien publique, & le ſeruice deub à l'Empereur. *Triplices enim ab antiquis poſitæ reperiuntur Angariæ, Equeſtres, Tumultuariæ, Caſtrenſes.* On appelloit *Angarias Equeſtres*, ce que proprement nous appellons des Poſtes, deſquelles Cyrus (ainſi que nous auons dict) fut le premier inuenteur: & conſiſtoit en la courſe des cheuaux.

2. Quant aux Angaries & ſeruitudes Tumultuaires, c'eſtoient certaines charges, œuures, ou coruees que l'on commandoit aux peuples des Prouinces, & qu'on leur impoſoit à la haſte, lors qu'il

arriuoit quelque cas à l'improuiste, à quoy il estoit necessaire de remedier promptement : comme quelque soudaine incursion d'ennemis. *Tumultuariæ Angariæ, sunt onera, seruitutes, & opera viles, quæ subeunt inopinatò populares, vt occurratur repentinæ necessitati publicæ, propter hostium incursus imperatos.* Pour aller donc au deuant de ces maux subits, & non attendus, les Officiers & Commissaires des guerres prenoient les premiers cheuaux & harnois qu'ils pouuoient rencontrer pour la conduitte des armes, machines de guerre, & autres prouisions necessaires. Et cela s'appelloit *Præstare Angarias*. Mais si outre les cheuaux, il falloit encore fournir des viures, comme foing & auoine, pour la nourriture d'iceux : cela se disoit, *Perangariarum præstatio*.

3. Pour les Angaries ou seruitudes Militaires, c'estoient œuures viles que l'on commandoit aux soldats outre l'ordinaire, selon la necessité des affaires : comme de foüir la terre, porter la hotte, faire des tranchees, & esleuer des rampars, afin de se fortifier en plain champ contre l'incursion des ennemis, & semblables œuures: *Quales sunt aggerum structuræ, Valli munitiones, fossarum expurgationes, castrorum metationes & effossiones, effossæ terræ ac ruderum gestationes*. Ainsi furent les soldats d'Auguste employez à curer les fossez d'Egypte, pour l'escoulement des eaües du Nil. Et ceux de Probus, à planter des vignes en Hongrie & Mœsie, comme nous auons dict ailleurs. Ainsi ont ils esté mis à trauailler aux ouurages des chemins pauez: qui est le plus grand & le plus fascheux de tous les ouurages seruiles, à quoy les soldats Romains ayent iamais esté employez.

4. Mais pour reuenir à nos Postes, c'est d'elles principalement que s'entendent les tiltres, *de Cursu Publico, Angarijs, & parangarijs*, dans le Code tant de Theodose, que de Iustinian, où se trouuent beaucoup de Loix qui reiglent particulierement le faict des Postes, qui nous seruiront chacune à son lieu. Mais en attendant que nous venions au detail, nous mettrons icy vne piece entiere de Procopius, qui seruira pour nous faire entendre en gros quelles estoient les Postes Romaines. Voicy donc comme cet auteur en parle, suiuant la version Latine de Vincentius Pinellus. *Romani Imperatores qui antea fuerant, modum excogitarunt, quo cuncta sibi quam celerrimè possent nuntiari : & vt scirent quæ vbique inter hostes agerentur: & si qua in ciuitatibus seditio, vel quid aliud improuisum è Præsidibus, vel aliud quomodocumque oriretur : & vt annua tributa velociter & tuto transmitterentur. Publicum ergo & celerem quendam vbique cursum hoc modo instituerant. Viro expedito ad iter diei stationes constituerunt*

quandoque octo, quandoque pauciores : non tamen minus quinque, quod plurimum eueniebat. Quadraginta vero equi in singula mansione stabulabantur. Et ibidem Hippocomi ad curandos quot poterant equos erant destinati. Succedentibus vero sibi ad stationes probatissimis equis, qui eos agebant, decem ferme dierum iter vicissim conficiebant : agentes quo modo significauimus.

Procopius veut dire, que les Empereurs des temps precedents ont pensé & repensé aux moyens par lesquels ils peussent auoir promptes nouuelles de tout ce qui se faisoit par le monde, mesmes parmy les ennemis : si quelque sedition venoit à naistre par les Citez de l'Empire, qui meritast que les Presidens des Prouinces en aduertissent l'Empereur : Et pour faire que les Tributs & Peages annuels fussent hastiuement & seurement portez de lieu en autre. A ces fins les Empereurs instituerent dés le commencement des courses publiques, qui estoient d'vne vitesse & promptitude admirable, en la maniere qui ensuit. Ils assignerent à vn homme prest & disposé à courir huict postes par iour, & quelquefois moins : non toutesfois au dessous de cinq, qui estoit le nombre le plus commun & ordinaire. En chacun giste on tenoit prests quarante cheuaux, auec autant de palefreniers qu'il en estoit besoing pour les penser. Et ceux qui courroient trouuans en chacune Poste des bons cheuaux, & tout fraiz, faisoient d'vne course continuelle & non interrompue, tout autant de chemin en vn iour, que l'on feroit en dix, à qui iroit le train commun & ordinaire. Et se gouuernoient les Courrieres à la maniere que nous auons dict. Iusques icy sont les mots de Procopius, qui contiennent en general le subject des Postes Romaines en termes & mots Romains, comme de Stations & mansions : qui ne sont pas icy de commune signification : mais propre & accommodee au faict particulier desdites Postes, & des grands Chemins de l'Empire, sur lesquels elles estoient assises. Ces mots se trouuent dans l'Itineraire d'Antonin, auec quelques autres qu'il nous faut icy interpreter, comme en lieu vrayement propre & naturel à ce subject.

DE CERTAINS MOTS DE L'ITINERAIRE d'Antonin, qui appartiennent au faict des Postes.

CHAPITRE VI.

1. *Les noms propres des villes & autres places, mis dans l'Itineraire en deux façons.*
2. *Interpretation de quelques mots de l'Itineraire. Premierement de* Villa *&* Vicus.
3. *Que c'est que* Castra.
4. *Pourquoy quelques lieux ont porté le nom de* Legion.
5. *Que c'est que* Castellum, *dans l'Itineraire.*
6. *Pourquoy quelques Chasteaux portoient le nom d'*Ala.
7. *Que c'est que* Præsidium.
8. *Deux sortes de places signifiees par le mot de* Præsidium.

1. CEVX qui ont veu l'Itineraire d'Antonin, sçauent que les grands Chemins de l'Empire n'y sont autrement designez que par des noms propres de villes, bourgs, villages, & autres places, qui seruent d'habitations aux hommes. La plus grande partie de ces noms propres sont mis seuls dans ledit Itineraire, c'est à dire, sans Epithete, ou autre nom commun, qui fasse cognoistre en quoy ils sont differens des autres. Comme dés le commencement,

   Salaconiam   M. P. XVI.
   Tamusidam.   M. P. XXXII.

Où il n'y a autre chose qui les accompagne sinon le nombre des miliaires, qui denotent les distances d'vn lieu à l'autre. Mais il y a d'autres noms propres, ausquels sont joincts & attachez certains noms communs, lesquels seruent de determiner de quelle nature est le nom propre ausquels ils sont joincts: Sçauoir si c'est vne Cité, vne ville, vn bourg, vn village, vn camp militaire, ou autre espece d'habitation. Comme par exemple.

Lixon, Coloniam.
Sigam, Municipium.
Maxulam, Ciuitatem.
Putput, Vicum.
Agma, siue *Fulguritam,* Villam.

Dddd iij

HIST. DES GR. CHEMINS

Lar, Castellum.
Gadaum, Castra.
Tamaricetum, Præsidium.
Nouas, Leg. Italica.
Durnomagum, Ala.
Sirmionem, Mansionem.
Taurunnum, Classis.
Chalus, Refugium.
Caluisianus, Plagia.
Scabros, Porrus.
A Luna Segestam, Positio.

Tous lesquels mots sont espars deçà delà par ledit Itineraire.

2. Or dautant que ces mots communs ne sont pas joincts pour neant à leurs noms propres, & que l'intelligence d'iceux est necessaire pour bien entendre le faict des Postes, & des autres vsages des grands Chemins: I'en diray icy quelque chose, pour monstrer ce que ces places sont en elles-mesmes, & en quoy l'vne est differente de toutes les autres, quant à l'vsage des Postes & autres commoditez. Ie commenceray donc par le nom de *Villa*, qui n'estoit autre chose chez les anciens, qu'vne maison seule au milieu des champs, que nous appellons vne Cense, ou Metairie: dont y auoit grand nombre en Italie, tres-superbement basties: telles que *Villa Cæsaris*, *Villa Lucull:*, *Gordianorum*, & autres: de la magnificence desquelles ayant traicté ailleurs, ie n'en feray plus long discours en cet endroit. Telles sont dans l'Itineraire, *Villam magnam*, *Villam priuatam*,

Casas, Villam Aniciorum.
Minnam, Villam Marsi.

En apres vient *Vicus, qui dictus est à vicinis habitationibus*: Comme dit Isidore. Aussi entre plusieurs des significations que Festus Pompeius luy donne, il signifie vn assemblage de plusieurs maisons non fermees ne fortifiees, que les Latins appellent *Pagum*: & nous vn Village. Tels sont dans l'Itineraire.

Horrea Cælia, Vicum.
Cellas, Vicum.
Fisida, Vicum.

3. Pour les lieux lesquels dans l'Itineraire sont surnommez du nom de *Castra*, c'estoient places que les Romains fortifioient eux mesmes de ramparts & de fossez, pour s'y loger en asseurance contre les subites incursions des ennemis. De ces Camps les vns se faisoient pour y demeurer vne nuict ou deux: & les autres pour y faire vn long sejour. Les premiers estoient denommez du nom general de *Castra*, & quelquefois de *Mansiones*: comme qui diroit vn Giste. Mais le

autres s'appelloient *Stativa*, à *Stando*, qui signifie demeurer, ou s'arrester en place. Que si on les faisoit pour y demeurer l'Esté, on les appelloit *Æstiva*: si pour l'Hyuer, *Hyberna*. En ces Camps les Legions Romaines ne faisoient pas perpetuelle demeure: ains passoient des vns aux autres selon les saisons de l'annee.

Dans ces Camps tant d'Hyuer, que d'Esté, les soldats Legionnaires dressoient des tentes & pauillons de cuirs pour leur logement ordinaire: *Retentus omnis exercitus sub pellibus, quamuis Hyeme sæua*: dit Tacite. Mais aucuns y faisoient quelques edifices legers: lesquels auec le temps venans à s'accroistre & multiplier, il est arriué, que de plusieurs de ces Camps il s'est fait de belles & grandes Villes, ausquelles on a donné des noms propres, comme aux autres. Mais on y a attaché le surnom de *Castra* pour marque de leur premiere origine. Et de là viennent ces mots dans l'Itineraire d'Antonin.

    Gedaum, Castra.
    Tinagas, Castra.
    Rapida, Castra.

Et autres semblables.

4. Or d'autant que c'estoit le propre des Legions Romaines estans à la garde des frontieres de l'Empire, de loger dans des Camps: & non pas dans des villes, ainsi que nous venons de remarquer: de là est procedé que plusieurs villes qui ont esté faictes de ces Camps, ont retenu comme pour surnom, l'appellation & denomination des Legions Romaines qui y auoient tenu longue garnison. Et c'est où viennent dans ledit Itineraire ces surnoms d'aucunes places.

    Rattiarium, Legio XIV. Gemina.
    Oescon, Legio Macedonica.
    Nonas. Leg. I. Italica.
    Dorostoron. Leg. XI. Claudia.

5. Quant aux places designees sous le nom de *Castellum*, c'estoient lieux beaucoup moindres en estenduë que les Camps militaires: d'où par diminution de *Castrum*, le nom de *Castellum* leur seroit escheu: ce que les François appellét *Chasteau*, ou *Chastelet*. Mais en recompense, ils estoient mieux bastis, & plus seurement fortifiez que les camps militaires: car ils estoient ordinairement assis en lieu haut, & de difficile acces: & bastis de pierres esquarries par ouurage de Massonnerie, auec des tours & boulevers, pour demeurer long temps sur pied: & seruir de logement aux soldats, tant en Esté qu'en Hiuer. Et d'autant que l'angustie du lieu ne pouuoit pas suffire au logement d'vne Legion entiere, comme faisoit vn Camp militaire: cela estoit cause, que l'on ne mettoit pour la garde d'iceux qu'vne petite partie d'vne Legion que l'on tiroit ordinairement

de la Caualerie, comme plus propre à faire courses sur les ennemis, que n'estoient pas les gens de pied Legionnaires.

6. Dauantage, comme ainsi soit que les Legions Romaines estoient composees tant de gens de cheual, que de pied : la disposition des armees estoit telle, que la Caualerie couuroit ordinairement les flancs de l'Infanterie à droict & à gauche, à guise de deux aisles, qui couurent le corps des oiseaux : tesmoins ces mots de Vegetius. *Alæ dicuntur ab eo, quod ad similitudinem alarum vtraque parte protegant acies.* Delà est venu que la Caualerie de chacune Legion se diuise en aisles, & les aisles en bandes ou compagnies, de trente deux hommes chacune. Ce qu'en termes Latins on peut dire : *Æquitatus diuidetur in alas: alæ vero in turmas*: & quant à l'Infanterie elle se diuisoit *in Cohortes, Cohortes vero in Manipulos*: ainsi que Vegece mesme nous enseigne. Que si la partie d'vne Legion, que l'on mettoit en garnison dans les chasteaux, estoit prise & tiree de la Caualerie Legionnaire, & non de l'Infanterie : cela estoit cause que plusieurs desdits chasteaux, (outre le nom propre qu'on leur a donné) retenoient encore par forme de surnom, la denomination de l'vne des aisles de la Legion, de laquelle elle estoit empruntee. Plusieurs tiennent que de là procedent ces façons de parler en l'Itineraire, où il descrit les grands Chemins de la basse Allemagne.

Varro li.4. de ling. Lat.

Vegetius lib. 2. c. 14.

Durnomagum.	Leg. VII. Ala.

Pag. 36. Comme qui diroit *Dursmagen*, Aisle de la septiesme Legion.

Buruncum.	Leg. V. Ala.
Nouesium.	Leg. V. Ala.
Geldubam.	Leg. IX. Ala.

Et autres semblables : Mais i'estime le sens de ces mots estre tel, que de Cologne à Dursmagen, il y a VII. lieuës : de là à Vvaringen, V. lieuës : à Nuys, V. lieuës : à Gelb IX. lieuës : Et quant au mot *Ala*, il signifie qu'en chacune de ces places, il y auoit vne Aisle en garnison.

7. Pour le regard de *Præsidium*, à le prendre en sa propre signification, il ne signifie pas vne place forte : mais les gens de guerre que l'on met dedans pour la defendre. Toutesfois il se prend en general pour tout ce que l'on met au deuant de quelque chose pour le conseruer. Dans l'Itineraire il signifie certains lieux hors des Camps militaires, esquels on tenoit quelque nombre de gens en garnison, pour rendre le païs plus asseuré contre tous euenemens, selon le dire de Varro. *Præsidium est dictum, quia extra Castra præsidebant in loco, quo tutior Regio esset.*

Bib. 4. de Ling. Lat.

8. Il y auoit deux sortes de telles places : les vnes estoient faictes expres par les Romains, & n'estoient en rien differentes des chasteaux dont a esté parlé cy dessus. D'où vient que L. Florus
met ce

met ces mots indifferemment les vns pour les autres *Castella, Custo-* *dia, siue Præsidia,* lors que parlant de plusieurs telles places que Dru- *Lib. 4. cap.* sus fit edifier sur les riues de la Meuze, du Rhin & autres fleuues *vlt.* voisins, il dit: *In tutelam prouinciarum præsidia, atque custodias vbique di- sposuit, per Mosam flumen, per Albim, per Visurgim. Nam per Rheni ripam quinquaginta amplius castella direxit.* C'est du mesme genre de forteresse que le Rhetoricien Eumenius entend parler, quand il dit: *Nam quid* *Oratione* *pro clarum & cohortium castra percenseam, toto Rheni, Istri, & Euphratis* *pro Scholis* *limite restituta?* Où se peut remarquer par ces deux tesmoignages, *Instauran-* que ces forts ou chasteaux faicts exprés, estoient ordinairement ba- *dis.* stis sur les riues des grands fleuues qui seruoient de limites à l'Empire: tels que sont le Rhin, le Danube, & l'Euphrate. Les autres estoient places fortes, non faictes exprés: mais propres à receuoir garnisons selon la situation & opportunité des lieux. Telle estoit vne ville en Egypte nommée *Hydreuma vetus, vel Trogloditicum, vbi Præ-* *Lib. 6. na-* *sidium excubabat,* au rapport de Pline, en la description qu'il fait du *histor. c. 23.* grand Chemin de *Coptos* à Berenice: C'est de l'vne ou l'autre de ces deux sortes de garnisons, que quelques places dans l'Itineraire ont esté surnommees du mot de *Præsidium:* comme,

Bellene, Præsidium.

Tamaricetum, Præsidium.

Mesme quelquefois le nom de *Præsidium* s'y trouue seul, sans que aucun le precede ou le suiue. Au reste l'opportunité de toutes ces places a esté cause, que pour s'en seruir au besoin auec plus de commodité, ceux qui faisoient trauailler aux grands Chemins les con- *Lib. 2 An-* duisoient quelquefois tout exprés par icelles, à cause des garnisons *tiq. Germa-* qui y estoient entretenuës. Ce que Philippus Cluuerius a remar- *nia cap. 16.* qué en ces mots: *Romanorum Itinera per castra plerumque legionum, co-* *hortium, & alarum duxisse patet ex historiis & itinerariis.*

DES NOMS DE *CIVITAS* VRBS ET *Oppidum.*

CHAPITRE VII.

Ecce

1. *Diuersité de significations du mot de* Ciuitas.
2. *Premiere signification de* Ciuitas.
3. *Exemple tiré d'*Appian *Alexandrin fort notable.*
4. *Cité & Republique, quasi vne mesme chose.*
5. *Le mot de* Ciuitas, *quand donné aux villes.*
6. *Comment le mot de* Ciuitas *se prend dans l'Itineraire d'*Antonin.
7. Vrbs *&* Oppidum, *vne mesme chose.*
8. *Difference entre les Villes simples, & celles qui ont nom de* Cité.

1. IVSQVES icy nous auons traicté des moindres places, qui n'ont aucune marque de dignité primitiue : ains qui dependent d'autres plus dignes & plus grandes. Il est temps de venir à l'interpretation des mots, qui emportent auec eux quelque sorte de grade & de dignité. Le premier est celuy de Ciuitas, qui pour la diuersité & l'estenduë de sa signification, & des especes qu'il comprend sous soy, merite bien que l'on en face vn discours à part. Ce mot donc, suiuant la diuersité des siecles, a eu des significations toutes differentes : l'intelligence desquelles seruira beaucoup à comprendre distinctement l'vsage de nos grands Chemins, en ce qui dépend des plus grandes & des plus celebres villes de l'Empire, qui estoient assises sur iceux.

2. Ce mot en son originaire signification, ne signifie pas vne ville, mais vne nation, ou vn peuple entier : ou si vous voulez, vne multitude d'hommes vnis, alliez & associez ensemble sous mesme Magistrats, & vsans en commun de mesme coustume, & de mesmes loix, dans vn mesme territoire. Les autres disent que la Cité ne gist pas tant en la substance & nature des habitans, qu'au droict, à la police, & à la forme de gouuernement qui les conjoint ensemble.

3. Telle estoit la naïfue signification de ce mot du temps du ieune Scipion, qui ruina la ville de Carthage : ainsi que l'on peut apprendre d'Appian Alexandrin, qui raconte que les Ambassadeurs de Carthage, au dernier traicté faict auec les Romains, obtindrent (entr'autres choses) que leur Cité leur demeureroit. Censorinus enuoyé en Affrique pour l'execution du Traicté, demande premierement toutes les armes des Citoyens de Carthage, qui luy sont aussi tost apportees. Puis il leur fait commandement de quitter la ville, afin de la mettre bas, & la transporter & rebastir ailleurs. Les Carthaginois fort estonnez de tel commandement, refuserent de ce faire, alleguans la clause du Traicté, qui portoit, que *Carthago remaneret.* A quoy Censorinus fit responce, qu'il ne seroit en rien contreuenu à cet article : que Carthage ne consistoit pas au sol de leur Ville,

ains en eux, & en leur Republique, qu'on laissoit en son entier, sans que l'on y changeast aucune chose. Ainsi sur le refus de sortir que firent ceux de Carthage, abusez par la mauuaise intelligence d'vn mot, ils furent surpris sans armes, & portez par Scipion quelque temps apres à leur derniere ruine.

4. C'est donc quasi vne mesme chose que Cité & Republique, puis que ny l'vne ny l'autre ne gisent pas aux edifices, mais en l'vnion des Citoyens: & que tout ainsi que Pompee le Grand, lors qu'il sortit de la ville de Rome pour se preparer à la guerre contre Cesar, se voyant accompagné des Senateurs & principaux Citoyens de Rome, se tenoit bien asseuré de demeurer en la Republique, quoy qu'il quittast & abandonnast la Ville, disant: *Viris ciuitatem constare, non ædificijs*: ainsi Cesar Auguste eut depuis raison de dire en vne sienne harangue, *Neque enim Ciuitas domibus, porticibus, aut foris hominum manibus, sed viris constat*. Comme on voit en l'histoire de Dion Cassius. Et partant le mot de *Ciuitas* se prenoit anciennement pour l'vne ou l'autre de ces deux choses: ou pour le territoire & seigneurie entiere d'vn peuple allié sous mesmes Magistrats & mesmes loix: ou bien pour les loix mesmes, & la forme de la police, sous laquelle ils viuoient en communauté. C'est en la premiere signification que Iules Cesar met ce mot en vsage, quand il dit: que *Omnis Ciuitas Heluetiorum in quatuor pagos diuisa est*. C'est à dire, que toute la Cité ou le païs des Suisses se diuisoit en quatre Cantons, Regions ou departemens. Et c'est en la seconde qu'il employe le mesme mot en tant d'endroicts de ses Commentaires, où il vse de ces formes de parler: *Ciuitas Remorum, Bellouacorum, Neruiorum, Treuerorum, Biturigum*, & autres semblables: entendant par ces mots, non pas les villes Capitales de ces peuples, *Sed integram Nationem, siue Populum, siue Regionem, cuius incolæ eosdem agrorum fines incolunt, parique iuris conditione vtuntur*.

Appianus li. 2. de Bellis ciuilibus.

Lib. 56.

Lib. 1. Comment. de Bello Gall.

Toutesfois és siecles suiuans, le mot de *Ciuitas* a esté donné aux Villes non pas indifferemment à toutes, mais à celles esquelles residoit la puissance & l'auctorité principale, tant des Magistrats, que de la police de chacune Prouince ou Region. Iules Cesar est celuy mesmes, qui des premiers a mis en œuure ceste diction pour vne ville en ses Commentaires, quoy qu'assez rarement: mais ce qui se faisoit rarement du temps de Iules Cesar, s'est rendu tout commun aux siecles posterieurs, où le mot de *Ciuitas*, se prend ordinairement *pro vrbe vel oppido*: comme dans Ptolomee, qui confond souuent en ses Tables Geographiques le nom Grec de πόλις, qui reuient au Latin *Ciuitas*, auec celuy de ἄστυ, qui represente celuy d'*Vrbs*, ou *Oppidum*. Ammian Marcellin, & plusieurs Auteurs d'entre les premiers Chre-

Eeee ij

stiens, en ont fait de mesme: signifiant les principales villes des Gaules, comme Paris, Reims, Bourges, & autres par ces mots de *Ciuitas Parisiorum, Remorum, Biturigum, &c.* au lieu de se seruir des noms propres de *Lutetia, Durocortum, Auaricum*. Ce qui a esté cause de la perte des noms Gaulois, qui estoient propres aux principales Villes de France, qui portent à present les noms des Peuples, au lieu de leurs noms anciens qui sont de long temps abolis. Car encore qu'il nous reste quelques vestiges desdits noms propres dans les Auteurs Grecs & Latins: si est-ce que ce sont mots tellement déguisez & destournez de ceux du Païs, qu'à peine sçauroit-on (par le moyen d'iceux) restablir auec asseurance les noms purs Gaulois desdites Villes.

6. C'est donc en ceste signification seconde, que le mot de *Ciuitas*, est prins dans l'Itineraire: c'est à dire, pour vne Ville, ou pour vn Bourg. Et de là vient que les mots de *Vrbs* & *Oppidum*, ne s'y trouuent en aucun endroict, non plus qu'en l'ancien Itineraire de Bordeaux en Hierusalem, mis apres celuy d'Antonin: d'autant que le mot de *Ciuitas*, tient en l'vn & en l'autre le lieu de Ville. Et quant aux deux noms de *Vrbs* & *Oppidum*, quoy qu'ils soient diuers en leur origine, ne laissent de signifier vne mesme chose en substance: encore que quelques vns y mettent difference, signifiant *per Vrbes*, les grandes Villes closes, & *per Oppida*, les moindres, que vulgairement nous appellons des Bourgs. A laquelle difference les meilleurs Auteurs ne s'astreignent pas.

7. Varro, nous monstre bien que ces deux mots ne signifient qu'vne mesme chose, lors que nous donnant l'Etymologie de l'vn & de l'autre, il dit, que *Oppidum ab Ope dictum, quod munitur opis causa*: ou bien comme dit Festus: *Quod opem præbet: vel quod ibi homines opes suas conferunt*. Puis Varro nous ayant fait entendre la maniere que les vieux Toscans tenoient, iettans les premiers fondemens des Villes, qui estoit d'accoupler en vne charruë vn Taureau & vne vache: puis conduire vn sillon en figure ronde, & par iceluy marquer l'enceinte de la Ville que l'on vouloit bastir, il adiouste: *Quare & oppida quæ prius erant circumducta aratro, ab orbe, & vrbo, vrbes.*

8. Or quoy que le nom de *Ciuitas*, se tienne dans l'Itineraire & ailleurs, *pro Vrbe*, Si est-ce qu'il demeure encore cette difference entre vne Ville commune & vne Cité, que la Ville commune (pour estre ce qu'elle est) n'a pas besoin d'auoir des Magistrats ny des Loix à part: c'est assez pour la faire Ville, quelle soit fortifiee de murs, de ramparts, & de fossez. Mais les Villes qui ont le nom de Cité, sont celles qui au pardessus de ces fortifications, ont des Magistrats & des Loix particulieres, separees des autres Villes : telles que sont les C

stumes locales des Villes & Citez de France. Sur tout elles se recognoissét pour Citez, si elles ont quelque forme de Senat, tel qu'estoit celuy des Decurions és Colonies & Municipes, & des Escheuins és Villes de France, lesquels Strabo appelloit les Princes ou principaux habitans des Citez. *Plurimas Ciuitatum Primores gubernant.* D'où vient que dans Iules Cæsar, le Senat sert de marque aux Citez. Ainsi parlant de la Cité d'Authun, il dict: *Diuisum Populum: diuisum Senatum.* Et de la Cité de Reims, *Omnem Senatum ad se venire iussit.* Telles se peuuent encore dire les Villes de France qui sont capitales des Prouinces, ou qui ont leur coustume municipale, & leurs Magistrats en nō d'Escheuinage, ou de Conseil public. Ainsi Paris est veritablement vne Cité, qui a son Escheuinage & sa Coustume à part. Mais toutes les Villes circonuoisines qui se gouuernent sous ladite coustume, ne se peuuent dire Citez, quelque grandes ou fortes qu'elles soient: ains ne sont que Villes simplement. Strabo nous donne bien à entendre, que Ville & Cité, n'est pas vne mesme chose, lors que parlant de la ville de Cæré, qui est au territoire des vieux Toscans, assez prés de Rome, il dict qu'autrefois elle eut le nom de *Agilla,* & qu'elle fut Cité puissante & opulente, fondée par les Agilleans, qui de Thessalie se transporterent en la Toscane. Mais qu'ayant esté ruinée par plusieurs fois, à peine pouuoit-elle de son temps retenir & se conseruer le nom de Ville: ayant dés long temps perdu celuy de Cité: *Verum tam splendida, tamque gloriosa quondam Ciuitas, vix dum hac ætate Vrbis vestigia seruat.* Et en autre endroict le mesme auteur nous confirme, que *Vrbs* ou *Oppidum,* est quelque chose au dessous de *Ciuitas,* Quand il dict, que plusieurs ont donné le nom de Ville à vne Tour, à vn gros Village: mais non pas celuy de Cité. Ce qui se peut colliger de ces mots tirez du 3. de sa Geographie: *Polybius ccc. Vrbes Celtiberorum a Tiberio Graccho subuersas esse memoriæ prodidit: quod ritu Comico in Tiberij Gracchi gratiam dictum est, ab eo qui Turres Vrbes appellat, vt in Triumphalibus pompis fieri mos est.* Et peu apres, *Cum etiam qui Vrbes Hispanorum supra mille fuisse prædicant, huc deduci mihi videntur, vt ingentes vici, Oppida nominentur.* Et en quelques lignes suiuantes, *Nam qui Vicos incolunt, agrestes sunt. Huiusmodi magna ex parte sunt Hispani: Ciuitates autem comitate & mansuetudine condiunt incolas.*

Ecec iij

DE LA DIVERSITÉ DES VILLES ET
Citez, tant d'Italie que des Prouinces

CHAPITRE VIII.

1. *Comment les Citez sont nommees dans l'Itineraire.*
2. *Diuision des Citez en huict especes. Signification de Colonie.*
3. *Signification de Municipe.*
4. *Que c'est de Preuosté ou Prefecture.*
5. *Deux sortes de Villes du nõ de Forũ.*
6. *Que c'est que Villes confederees.*
7. *Des Villes qui viuoient en seruitude.*
8. *D'où vient la difference de tant de Villes.*
9. *Table desdites Villes.*

1. LE nom de Cité est vn terme general, qui se diuise en plusieurs especes, desquelles les Villes, qui ont droict de Cité, sont diuersement denommees dans l'Itineraire : Car les vnes y retiennent le nom general de Cité, comme,

  Maxulam, Ciuitatem.
  Leptim Minorem, Ciuitatem.

Les autres sont accompagnees de certains surnoms specifiques, qui denotent de quelle sorte de Cité est la Ville, au nom propre de laquelle ils sont joincts & alliez : comme,

  Gilaam, Coloniam.
  Cisi, Municipium.

Et autres semblables.

2. Or ie trouue que le nom de Cité, se donne à huict sortes de Villes closes, que les Latins appellent *Colonias, Municipia, Præfecturas, Fora, Ciuitates Liberas, Fœderatas, Immunes, & Vectigales*. De toutes lesquelles, nous dirons vn petit mot, pour en faire entendre les differences. Et commencerons par les Colonies, qui sont Villes, esquelles le Peuple & le Senat : & depuis les Empereurs, enuoyoient partie des Citoyés de Rome pour y habiter, *Coloniæ autē inde dictæ,quod populi Romani in ea municipia miserint colonos*. Ce qui se faisoit pour l'vne ou l'autre de ces cinq causes : ou pour tenir en bride les Peuples des Prouinces, ou pour subuenir aux incursions subites des ennemis, ou pour peupler la race des Romains par tous les endroicts de la terre, ou pour descharger la Ville de Rome, ou pour recompenser les vieux Soldats, qui auoient faict & passé le temps de leur milice.

Siculus Flaccus lib. de conditio-nib. agrorũ.

3. Quant aux Villes signifiees par ce mot *Municipium*: elles estoient en cela differentes des Colonies, que les Colonies estoient faictes de gens tirez de la ville de Rome pour estre enuoyez dehors, & comme transportez ou prouignez en des autres Villes, soit d'Italie, ou des Prouinces. *Non enim veniunt extrinsecus in Ciuitatem* (comme dit Gellius) *nec suis radicibus nituntur: sed ex Ciuitate quasi propagatæ sunt.* Les Municipes (au contraire) estoient composées de personnes appellees de dehors, & comme attirees des autres Villes en la Cité de Rome: Car c'estoient gens ausquels le Senat & le Peuple donnoient le droict de Citoyens Romains: soit qu'ils changeassent de domicile, ou qu'ils demeurassent tousiours au lieu de leur naissance.

Lib. 16. cap. 13.

4. Voila quant aux Colonies & Municipes dont il est faict frequente mention dans l'Itineraire d'Antonin. Suiuent en apres les Preuostez, que l'on appelloit *Præfecturas*, qui ont premierement esté instituees en Italie: & dont la condition estoit bien plus dure, & plus rigoureuse: Car s'il y auoit quelques Villes qui eussent vsé d'ingratitude & d'infidelité vers les Romains: aussi tost que par la force des armes elles estoient reduictes sous leur puissance, elles estoient gouuernees en forme de Prefectures, qui n'estoit guere meilleure que de Prouinces. Car tout ainsi que l'on ostoit aux Peuples reduicts en forme de Prouince, & leurs Loix & leurs Magistrats: & que pour les gouuerner on enuoyoit des Consuls ou Preteurs de la ville de Rome: On en faisoit tout de mesme aux Villes particulieres, reduictes en forme de Prefecture: Car on leur enuoyoit des Gouuerneurs pour y administrer la Iustice, lesquels on n'appelloit pas *Prætores*, mais *Præfectos*: & du nom desquels les Prefectures ont tiré leur denomination. Ce qui monstre assez, que les Prefectures n'estoient pas Villes libres: mais asseruies, ainsi que l'on peut recueillir de ces mots d'Vlpian: *Præfecturæ appellantur, ex eo quod in diuersis regionibus Magistratus ad Coloniarum Iurisdictionem mittere soliti sunt. Etenim in Italia Præfecturæ vocabantur, in quibus & ius dicebatur, & nundinæ agebantur: neque tamen Magistratus suos habebant, sed in eas legibus præfecti mittebantur.* Encore restoit-il neantmoins en icelles quelque forme de Republique, qui les a faict retenir au rang des Citez: dautant que outre les Iuges & Gouuerneurs qui leurs estoient enuoyez de Rome, on leur permettoit d'eslire des Magistrats populaires, comme Escheuins, auec vn Receueur des deniers communs, pour auoir soing des affaires de Police sur les viures, les mestiers, & le paué desdites Prefectures.

5. Quant aux Villes qui portoient le nom de *Forum*, qui sont en assez bon nombre dans l'Itineraire d'Antonin, Il y en auoit de deux façons sur les grans Chemins de l'Empire: Car les vnes estoient

celles où se tenoient les marchez publics des Prouinces, qui de *Forum* ont encores iusques à present le nom de Foires, *Forum sex modis intelligitur* (dict Festus) *primo negotiationis locus vt forum Flaminium, forum Iulium*. Ce qui s'appelloit autrement *Conciliabula*. Les autres estoient Villes, esquelles lesdits Consuls ou Preteurs exerçoient leurs Iurisdictions sur les Peuples de chacune Prouince: Et furent ainsi dictes, d'autant que selon Nennius, *Fora loci fuerunt in quibus ius dicitur*. Et Festus en la troisiesme signification: *Forum agere dicitur cum ciuitas vocat, & de controuersiis eorum agnoscit*.

<small>*In Cōmentariis de Sermone Latino.*</small>

C'estoit ordinairement sur les grands Chemins, que ces lieux, tant de Foires que de Iurisdiction, estoient establis par les Consuls, & autres Magistrats, qui ont eu la charge de faire trauailler aux grands Chemins. Et ceux des Prouinces, par les Consuls & Preteurs qui en auoient le gouuernement & administration. C'est d'où viennent ces mots dans l'Itineraire *Forum Flaminium, Forum Iulium, forum Appij, Cassij, Cornelij, Aurelij, Lepidi*, tous lesquels portent les noms de leurs Auteurs.

<small>*Carolus Sigonius li. 2. de antiquo iure Italiæ cap. vlt.*</small>

6. Venons maintenant aux Villes confederees, que l'on appelle *Oppida, siue ciuitates fœderatæ*: lesquelles on ne sçauroit mieux depeindre, qu'en disant qu'elles ne sont ne Colonies ne Municipes, ne Prefectures: mais c'estoient Villes, qui par les loix & articles de l'alliance faicte auec le peuple Romain, estoient obligees à quelque espece de deuoir, comme de leur fournir quelque nombre d'hommes pour la guerre: Et quant au reste, elles viuoient en toute liberté sous leurs anciennes loix & Magistrats. Or que plusieurs Villes confederees, ayent esté au rang des Citez libres, il en appert par ces mots de Suetone, parlant d'Auguste Cesar, *Vrbium quasdam fœderatas, sed ad exitium licentia præcipites, libertate priuauit*. Or est-il qu'il n'eust sceu priuer de liberté aucunes Villes confederees, si elles n'eussent esté libres auparauant. Aussi auons nous vn tesmoignage exprés de la liberté des Villes confederees au 54. liure de Dion: où il dict, que Cesar Auguste composant & reglant tous ses subjects selon les Ordonnances Romaines, permit aux Villes confederees de viure sous les loix de leurs majeurs, qui est vn vray signe de liberté, ainsi que l'on peut voir par ces mots: *Augustus interim subditos ex Romanorum legum præscripto composuit: fœderatos vt maiorum suorum institutis permisit: neque quicquam vel illis adimere, vel Bello acquirere, sed contentus esse parta statuit*.

<small>*Cap. 37. in August.*</small>

7. Iusques icy nous auons parlé des Villes ou Citez qui estoient en liberté: il faut maintenant dire vn mot de celles qui viuoient en seruitude, ou (si vous voulez) qui estoient reduictes en forme de Prouince: Car à celles-là, les Romains ostoient les deux choses, esquelles

quelles gisoit la principale marque de liberté: qui est l'eslection de leurs Magistrats, & l'vsage de leurs loix anciennes. Et y en auoit de trois façōs: sçauoir les Prefectures, desquelles nous auons parlé cy deuant: les Villes franches, & les Tributaires. Les Villes franches (que l'histoire Romaine appelle *Immunes*, à la difference des Villes libres) estoient à la verité sous le joug de seruitude, n'ayant ny loix ny Magistrats à eux: mais neantmoins pour quelque consideration particuliere, elles estoient exemptes de Tributs. Quant aux Villes Tributaires, c'estoient celles qui estoient imposees aux Tributs & Imposts ordinaires de la Prouince: & estoient de pire condition que toutes les autres. Telles estoient quasi toutes les Villes de la Gaule, ausquelles Iules Cesar osta la liberté, leur imposant vn tribut annuel, les priuant de leurs anciennes loix & Magistrats, & leur enuoyant des Officiers de Rome, pour estre leurs Iuges, tant de Police, que Iurisdiction contentieuse: Ce que l'on dict en vn mot, *Redigere in formam Prouinciæ*. Il en excepta neantmoins les Villes, qui pour leurs merites, & seruices faits à la republique Romaine, furent receuës au rang de celles, que l'on appeloit associees ou confederees: ausquelles il laissa la liberté toute entiere. Tout ce que Suetone nous enseigne, quand il dict: *Omnem Galliam, præter socias & benemeritas ciuitates, in prouinciæ formam redegit: eique in singulos annos stipendij nomen imposuit*. — *In Iul. Cæs. cap. 25.*

14. Voila toutes les sortes de Citez que ie trouue dans l'antiquité Romaine: dont la diuersité vient de ce que plusieurs ont faict la guerre aux Romains auec pertinacité & obstination: les autres ayant experimenté leur vertu, & recogneu quelle estoit leur Iustice & fidelité enuers tous, se sont maintenuës en bōne paix auec eux: & mesmes ont souuent porté les armes pour eux contre leurs ennemis. Et par ainsi chacune Ville ou Nation entiere, a esté traittee suiuant ses merites. Car il n'estoit pas raisonnable, que les Peuples, qui par plusieurs fois s'estoient rebellez contre leur foy donnee, iouïssent des mesmes droicts & priuileges que les Peuples fideles & pacifiques. *Leges itaque* (Comme dict Siculus Flaccus) *Pro suo quisque merito acceperunt: neque enim erat iustum qui toties admisse periurio rapere pacem, ac bellum intulere Romanis, idem præstari, quod fidelibus populis.* — *Lib. de Conditionibus agrorum.*

15. Toutes ces Villes donc se peuuent reduire en l'ordre que vous les voyez en la page suiuante.

Ffff

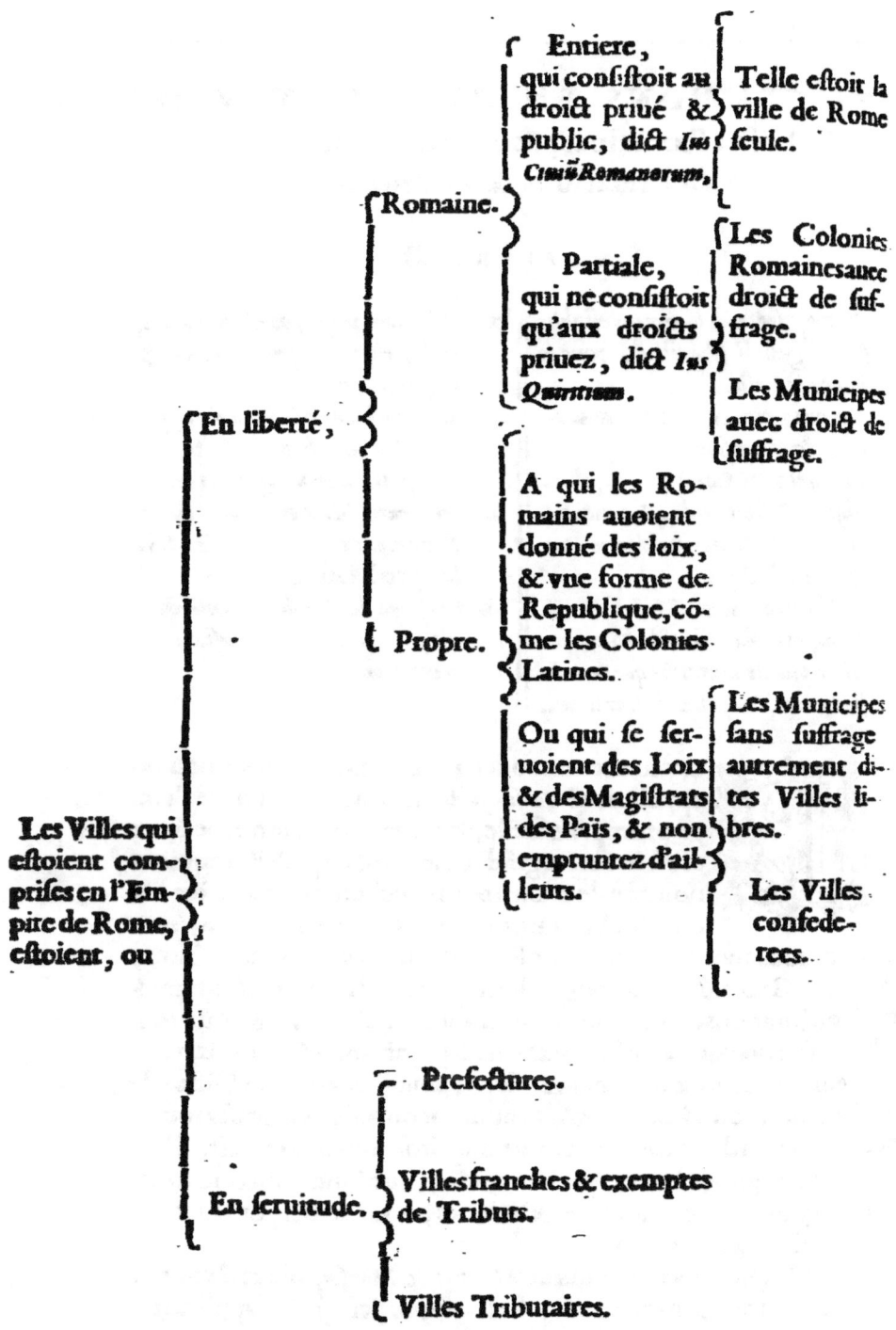

DES STATIONS EN CE QVI TOVCHE
les Postes Romaines, & de la diuision d'icelles en Mutations & Mansions.

CHAPITRE IX.

1. De trois sortes de logemens establis sur les grands Chemins, pour le faict des Postes.
2. En quoy consistoient les Mutations & Mansions.
3. Pourquoy Mutations appellees Postes. Definition de Mutations.
4. Nom de Mutation donné aux cheuaux de Poste.
5. Difference entre Mutation & Mansion: Definition de Mansion.
6. Il y a plus de Mutatiōs que de Māsions dās l'Itineraire de Bordeaux.
7. Mansion prise pour vne iournee, & quelquefois pour Postes & Gistes ensemble.
8. Comme les anciēs Gaulois appelloient les Mansions ou Gistes, des Maisons. Etymologie du mot.
9. Plusieurs lieux en Italie & en France, ont retenu le nom de Maison pro Mansione.
10. Passage de Camdenus remarquable sur les Citez, Mansions & Mutations.

1. POVR accommoder les Postes, que les Romains appelloient *Cursus publicos*, & pour en rendre l'vsage prompt & facile, ils auoient trois sortes de lieux establis sur les grāds Chemins, esquels ils tenoient nombre de cheuaux particulierement affectez à la course: Sçauoir, *Ciuitates, Mutationes, & Mansiones*: Ce que nous auons tourné en nostre vulgaire par ces mots, Citez, Postes, & Gistes. Nous auons parlé des Citez: il faut à present traitter des Mutations & Mansions. Et d'autant qu'en l'vn & l'autre il falloit faire quelque arrest & Station: Sçauoir aux Mutations, pour changer de cheuaux: & aux Mansions, pour demeurer au Giste: de là est arriué que les Mansions & Mutations ont esté comprises sous le nom commun de Stations: comme qui diroit, repos ou arrest. C'est cela mesme que les Grecs appellent σταθμοὶ, que Suidas dict estre certains logemens, & comme Hostelleries, pour heberger ceux qui courent d'vne Cité à l'autre.

2. Or quoy que ces mots de *Mutatio* & *Mansio*, soient d'vne origine commune & notoire à tous, si est-ce que l'vsage, & l'application

precise d'iceux (en ce qui touche les grands Chemins) n'est pas si facile intelligence, qu'ils ne meritent bien ce discours à part. Ie diray donc premierement, que les Mutations & Mansions auoient cela de cómun entre elles, que d'estre specifiquement distinguees des Citez: Ce qui se peut remarquer asseurémét par l'ancien Itineraire de Bordeaux à Hierusalem, auquel il n'y a lieu, qui ne soit (outre son nom propre) marqué de l'vn ou de l'autre de ces trois, *Ciuitas, Mutatio,* & *Mansio.* Comme doncques les Mutations & Mansions sont mises en contrepoincte à l'encontre des Citez, il est euident, que c'estoit hors des Villes & Citez qu'elles estoient establies : Sçauoir és Metairies & Villages, comme en lieux non clos, & de facile accez, où l'on pouuoit en courant la poste, aborder nuict & iour : & sans perte de temps changer de cheuaux pour cótinuer son voyage. Et partant, il ne faut pas penser que les Postes, ny les Gistes des courses publiques Romaines, se trouue es Colonies, Municipes, Prefectures, ou Villes confederees: Mais és lieux non clos ne fortifiez, qu'ils appelloient *Villæ* ou *Vicos* : esquels les Empereurs faisoient edifier des logemens exprés pour y tenir gens & cheuaux disposez à la course. Ce n'est pas toutesfois qu'il n'y eust des cheuaux de poste en reserue és Citez & Villes closes, aussi bien qu'és Mutations & Mansions : Car comme ainsi soit que les Citez sont les principales parties des lieux, par lesquels on conduisoit les ouurages des grands Chemins, & où se manioyent les principaux affaires : aussi estoit-il bien necessaire, qu'il y eust nombre de cheuaux, pour la continuation des voyages de ceux qui couroient pour les affaires publiques, & des Empereurs. Cela se peut colliger du commencement de la loy 35. du Code,

l. 35. C. Theod. de curs. publ.

Theod. *de Curs. pub. Ang. & Parang.* où il est defendu à ceux qui sont preposez au gouuernement des cheuaux de postes, de laisser partir des Villes, Citez, Mansions ou Villages, plus de cinq cheuaux en vn iour. *A nullo vnquam oppido aut frequenti Ciuitate, Mansione denique atque Vico, vno die vltra quinque veredorum numerus moueatur.*

3. Mais pour venir au discours particulier des Mutations, c'est ce que nous auons appellé du nom de Postes, non pas que les Mutations des Romains, & les Postes des François soient vne mesme chose en tout & partout. Il y a des differences entre les vnes & les autres, que nous remarquerons cy apres : Mais ils conuiennent ensemble, en tant de particularitez, que ie ne trouue nul mot François qui mieux puisse interpreter le Latin. Car les Romains en cet endroict appellent Mutations, certains lieux, comme Postes assises, esquels les Empereurs de Rome entretenoient nombre de cheuaux & de chariots, pour s'en seruir par ceux qui courroient

pour leur seruice, soit pour porter leurs lettres & mandemens par les prouinces: soit pour auoir en haste des nouuelles de chacune partie de leur Empire. Et d'autant qu'en tels lieux les Agens, Couriers, & Messagers Imperiaux changeoiēt leurs cheuaux las & fatiguez à d'autres tous frais & reposez, comme on fait és postes Françoises, les lieux destinez à cet vsage en ont eu le nom de Mutations. Le sieur Pithou, en la Preface qu'il a fait sur l'Itineraire de Bordeaux en Hierusalem, interprete ainsi ce mot, *Mutationes*, dit-il, *sunt veredorū vel animalium mutatio*. Et Guido Pancirolus encore plus apertement: *Loca animalium cursus publici Mutationes dicebantur, ab equis qui mutabantur*: c'est à dire, que les lieux où l'on tenoit les cheuaux & autres animaux seruans aux Postes, s'appelloient Mutations, à cause des cheuaux que l'on y changeoit.

Cap. 6. li. 1. comment. in notit. Imp.

4. Ammian Marcellin appelle quelquefois les cheuaux mesme de Poste du nom de Mutations. Comme quand il dit, que Taurus Preuost du Palais de l'Empereur, fit de bonne heure sa retraicte, estant porté par vne Mutation prompte de la course publique: *Vectus Mutatione celeri cursus publici*. C'est à dire, emporté à toute bride par les cheuaux de Poste.

Lib. 21.

5. Les Mutations estoient particulierement affectees aux Postes ou courses publiques: mais l'vsage des Mansions s'estendoit plus au large. Car elles seruoient & aux Couriers publics, & aux soldats Legionnaires des armees Romaines: pour ce qui est des Postes, on le peut voir par ces mots extraicts d'vne loy des Empereurs Constantin & Constans: *Quod pabula, quæ hactenus ex Tabellariorum voluntate atque arbitrio ad Mutationes Mansionesque singulas, animalibus cursui publico deparatis reperte atque impense solebant condici, &c.* Et quant à ce qui touche les armees, il y en a qui les definissent ainsi: *Mansiones sunt Stationes, in quas se milites expeditionis tempore quiescendi causa recipiebant: quæ annonis & pabulis ex vicinorum collatione instruebantur.* C'est à dire, que les Mansions sont Stations ou Logemens, esquels les soldats allans és expeditions de guerre, se retiroient pour s'y reposer au giste: & où il y auoit des prouisions tant pour les hommes que pour les cheuaux, qui s'y portoient des Villes & autres places voisines.

6. Or auons nous interpreté ce mot par celuy de Giste en nostre vulgaire, dautant que c'estoit és Mansions que les Couriers demeuroient au giste: estant tellement disposees, que de l'vne à l'autre il y auoit vne iournee de chemin, diuisee en plusieurs Postes ou Mutations: ainsi que l'on peut colliger de l'Itineraire de Bordeaux, auquel les noms propres des Villages & des Villes, estans accompagnez de l'vn ou l'autre de ces trois mots, *Ciuitas, Mansio, & Mutatio*: Il se voit beaucoup plus de Gistes que de Citez: & beaucoup plus de

Postes, que de Gistes: comme par exemple, il compte de Bordeaux à Arles CCCLXXI. miliaires de chemin, diuisé en XXX. Postes & XI. gistes.

  Fit à Burdigala Arellate vsque, millia   CCCLXXI.
   Mutationes XXX.   *Mansiones* XI.

Ainsi és endroicts ensuiuans audict Itineraire.

  Fit ab Arillato Mediolanum vsque, mil.   CCCLXXV.
   Mutationes LXIII.   *Mansiones* XXII.

Que si en l'imprimé dudit Itineraire, il se trouue au recueil qu'il fait en gros, plus de Mansions que de Mutations (comme il est arriué en deux ou trois endroicts) il est aisé à iuger par le detail que c'est vn erreur & transposition de mots, comme en la page 146.

  Fit à Serdica Constantinopolim mil.   CCCCXIII.
   Mutationes XII.   *Mansiones* XX.

Et neantmoins qui viendra au compte du detail, il trouuera XIX. Mutations & XV. Mansions: ainsi que verront ceux qui prendront la peine d'en faire la supputation. Et partant il faudroit restablir en ce lieu, *Mutationes* XIX. *Mansiones* XV.

7. A cause donc que chacune Mansion faisoit la fin du iour: il y en a plusieurs qui ont mis en œuure le mot de *Mansio*, pour vne iournee. Ainsi Pline diuisant l'Arabie par iournees, vse de cette façon de parler, *Mansionibus octo stat regio Turifera à monte excelso.* Et ailleurs, parlant du chemin de Coptos à Berenice au Royaume d'Egypte, il la diuise par Gistes ou journees, disposees en certains lieux, où il y auoit prouision d'eaux pour abbreuuer les cheuaux & autres bestes de charge. A raison dequoy on appelloit ces lieux *Aquationes*, en Grec *Hydreumata*. *A Copto* (dit-il) *Camelis itur aquationum ratione Mansionibus dispositis*: Ces Gistes donc auoient le nom de Mansions à *Manendo*, à cause que l'on y demeuroit la nuict. Il semble neantmoins que dans l'Itineraire les Postes & les Gistes soient quelquesfois signifiez & compris sous le nom seul de *Mansio*: comme en ces mots de la page 69. *Beneuentum, Mansionibus quibus in Prænestina,* où il comprend tous les lieux de la Voye Prænestine sous le nom de *Mansio*, encore qu'il y eust des Mutations aussi bien que des Mansions. Et en la page 88. *De Italia in Hispanias, Mansionibus supradictis.*

8. Au reste nos anciens Gaulois appelloient ces Mansions ou Gistes, du nom de Maisons, par mesme deduction de *Mansio*, que Raison de *Ratio*, Poison de *Potio*, & Saison de *Satio*: lesquels mots ont pour la pluspart changé de signification en nostre vulgaire François. Car le mot de Poison, ne signifie pas breuuage, ou potion: mais ce que les Latins appellent *Venenum*. D'où vient le mot d'empoisonner, d'autant que c'estoit en Poison ou Potion (cōme on parle à present)

que l'on donnoit ordinairement les venins. Et en est de mesme de Saison, qui a perdu sa signification propre, qui est Semage ou Plantage, pour signifier vne partie de temps propre à faire quelque chose. Le mesme est arriué au mot de Maison, qui du commencement signifioit les Gistes assis sur les grands Chemins de l'Empire seruans au faict des Postes.

9. D'où vient que parmy la France & l'Italie, plusieurs lieux ont encore retenu ce mot de *Mansio*, ou Maison, auec Epithete, prouenant de quelque rencontre: ainsi que Guido Pancirolus l'a remarqué, disant: *Multa exhinc loca in Italia & Gallia etiam hodie antiquum nomen retinent: Mansiones enim seu Masiones vocantur*: lesquels lieux n'estoient pas des maisons simples & particulieres: mais des Metairies ou Villages entiers, ainsi dicts à cause qu'ils seruoient de Gistes aux Postes des Empereurs. Ou bien si quelques logemens ont esté faicts à part pour seruir de Gistes aux Courriers publics (ainsi qu'il y a bien de l'apparence) il s'en est fait auec le temps des Villages, voire des bourgs tous entiers. Tel estoit vn lieu d'Italie appellé *Bona Mansio*, auquel l'Empereur Theodose fit quelques Ordonnances enuoyees au Maistre de sa Caualerie nommé Victor: comme on voit en la loy 12. *De Erogatione Militaris annona*, au Code Theodosian. Fin de laquelle se trouuent ces mots. *Datum VI. Kal. Ianuarias, Bona Mansione: D. Iouiano & Valeriano Coss.* De là sont venus ces mots de *Haute maison, Vieu-maison, Malle-maison*, & autres semblables qui sont encore par la France, specialement en la France Belgique.

10. Iusques icy nous auons interpreté les mots de l'Itineraire d'Antonin, qui appartiennent aux grands Chemins qui se font par terre: & quant aux autres suiuás mentionnez au chapitre 6. d'autant qu'ils appartiennent aux chemins qui se font par eau, nous les reseruerons au Traicté des chemins maritimes. Et partant pour mettre fin à ce discours: ie diray auec le docte Camdenus, que celuy se trompe fort, qui cherche d'autres interpretations à ces mots de *Ciuitas, Mansio*, & *Mutatio*, dans l'Itineraire d'Antonin, que celles que nous auons dit cy-dessus. Car c'estoit sur les grands Chemins que les Citez estoient assises, & que les Empereurs establissoient leurs Postes & leurs Gistes pour la commodité de leurs Courriers. *Ad has vias locatæ sunt Ciuitates*, dit cet Auteur, *atque Mansiones, quæ manendi & quiescendi causa, hospitia necessariis ad vitam vsum instructa habuerunt. Et mutationes (sic enim vocauit illa ætas) vbi veredos, iumenta, & vehicula mutarunt peregrinantes. Qui ad hæc igitur loca in Antonini Itinerario memorata non quærit, à vero, & à via procul dubio aberrabit.*

In tractatu qui dicitur, Romani in Britannia. pag. 45.

DE LA DIVERSITÉ DES BESTES DE Voicture, & des Chariots que l'on entretenoit és Mutations & Mansions.

Chapitre X.

1. Qu'és Mutations & Mansions on tenoit diuersité de Bestes de voicture & de Chariots.
2. Exemple pour les cheuaux.
3. Que l'on couroit en deux façons auec les cheuaux, ou seuls, ou attelez en Chariots. Vistesse admirable des cheuaux.
4. Vistesse admirable des cheuaux de Poste.
5. Diuers chariots és Mutations & Mansions pour les Postes. Qui premier les y mit en œuure.
6. Difference entre les charettes & les charriots.
7. Plusieurs sortes de chariots à quatre roües.
8. Du rapport de Rheda & Carpentum, auec les coches d'auiourd'huy, les Cochers dicts Carpentarij. Coche mot Hongrois.
9. De l'vsage des Bœufs & des Asnes és mutations & mansions.

1. COMME les grands Chemins de l'Empire estoient destinez, non aux Postes seulement, mais à plusieurs autres vsages, on ne tenoit pas seulement des cheuaux és Mutations & Mansions : mais aussi des mulets, des bœufs, & des asnes, afin de se seruir des vns & des autres selon la diuersité des affaires. Dauantage on y tenoit pareillement en reserue des Charts ou Chariots de plusieurs sortes, de quelques vns desquels ils se seruoient mesme pour courir la Poste, aussi bien que pour transporter les deniers publics, les viures, les armes, & les marchandises.

Lib. 2. hist. 2. Quant aux cheuaux qui y estoient entretenus aux despens du public, vous en auez vn tesmoignage expres dans Zosimus, qui raconte, que Constantin le Grand ayant aduis de la maladie de l'Empereur Constans son pere, qui lors estoit en la grande Bretagne : & desirant de se rendre pres de luy comme à cachette, & à la desrobée par le moyen des cheuaux de Poste : le desir qu'il auoit de regner estant ja cognu de plusieurs qui s'y pouuoient opposer : à mesure qu'il auançoit chemin, il reseruoit autant de cheuaux publics qu'il en auoit besoin pour courir : mais de peur qu'il ne fust suiuy de ses ennemis, il couppoit les jarrets à tous les autres, pour les rendre

inutils

inutiles à la course, & qu'il continuast ainsi son chemin iusques en Angleterre, où il fut fait Empereur, du commun consentement des gens de guerre apres le decés de son pere. Voicy les mots de l'auteur: *Veritus autem ne fortè fugiens apprehenderetur, quod compluribus iam notissimus esset amor Imperij, quo flagrabat: equos stabularios, quos alebat Respublica, quam primum aliquod stabulum attigisset mutilans, & inutiles reddens, quotquot ad iter vlterius restabant, iis vtebatur. Quod cum facere non desineret, persequentes excludebat, quo minus vlterius progrederentur.* Ce sont les cheuaux que la loy appelle, *Equos cursuales*, en ces mots: *Comperimus prouinciales, & pabula, & pecuniam pro equorum cursualium solemni ratione conferre, &c.*

L. 64. C. Theod. de Curs. publ.

3. C'estoit au faict des Postes principalement, que les cheuaux & les mulets estoient affectez. Quant aux cheuaux, on s'en seruoit en deux façons: sçauoir de cheuaux seuls, que l'on appelle *Equos singulares*, ainsi que l'on fait és Postes de France: & quant aux autres, on les accouploit en charts ou chariots, auec lesquels la coustume estoit de courrir en Poste. Les cheuaux singuliers seruoient principalement pour porter les pacquets & lettres des Empereurs, soit qu'elles ne seruissent que pour vn seul affaire, auquel il fust besoin de pouruoir à la haste: ou qu'elles fussent donnees sur des difficultez de droict, sur lesquelles il falloit auoir recours au Prince, & à son Conseil. Telles que sont tant de loix du Code de Theodose & de Iustinian, qui sont faictes en forme d'epistres, addressantes aux Gouuerneurs des prouinces, par lesquelles tout le monde estoit gouuerné. En sorte que ce n'est pas sans cause que l'on dit, que les missiues seruent d'ame aux affaires: d'autant que par leur moyen l'on traicte auec les absens auec autant de facilité qu'auec les presens, voire quasi auec autant de promptitude par la voye des Postes: par laquelle ces lettres: *Mox vt scriptæ sunt, velocissimè tanquam ab auibus deferebantur:* comme parle Aristide.

Oratione vlt. Tom. 3.

4. Quant aux chariots accouplez auec des cheuaux, c'est merueille de la vitesse & promptitude auec laquelle ils couroient sur les grands Chemins, la surface esgale d'iceux leur donnant cet aduantage de la course. Dequoy vous voyez vn exemple singulier en l'histoire naturelle de Pline, qui raconte pour vne grand' merueille, que Tiberius Nero enuoyé par Auguste en Allemagne sur la nouuelle qu'il receut de la maladie de Drusus Germanicus, partant de la ville de Lyon, fit en vingt-quatre heures à l'ayde de trois Chariots de relay, deux cens milles Italiques de Chemin, qui vallent cent de nos lieuës Françoises. *Cuius rei admiratio ita demum solida perueniet, si quis cogitet, nocte ac die longißimum iter vehiculis tribus Tiberium Neronem emensum, festinantem ad Drusum fratrem ægrotantem in Germania: in eo fuerunt CC. M. Pas-*

Plin. Lib. 6. c. 20.

fuum. Et à la verité faire cent lieües Françoises en vingt-quatre heures auec des chariots, ce n'est pas aller, c'est voler: & ne sçay s'il y auroit postillon en France qui le voulust entreprendre auec des cheuaux singuliers. Bref les Empereurs mesmes à l'aide des Postes & des grands Chemins se transportoient en moins de rien d'vn bout du monde à l'autre: Ie n'en veux autre tesmoignage que de Mamertinus lequel parlant de Diocletian & Maximian vse de ces mots: *Ille modo (Diocletianum) Syria viderat, iam Pannonia susceperat. Tu (Maximine) modo Galliæ oppida illustraueras: iam summas arces Monœci Herculis prætinebas. Ambo cum ad Orientem Occidentemque occupari putaremini, repente in medio Italiæ gremio apparuistis. Hos fructus capitis operum maximorum:* C'est à dire, à peine la Syrie auoit elle quitté de veüe Diocletian, que la Hongrie l'auoit receu dedans soy. Et quant à toy Maximian, tu esclairois de ta presence les villes de la Gaule, puis tout à coup tu passois en Italie par les hauts sommets de Hercules Monœcus en Ligurie: & à l'instant mesme que l'on vous estimoit estre bien empeschez, l'vn en Orient & l'outre en Occident: on estoit estonné de vous voir au giron de l'Italie. Voila les fruicts que vous receuez de ces grands ouurages.

In Geneth-liaco Maximiani.

5. Mais pour retourner à nos charettes & chariots, il y en auoit de plusieurs sortes que l'on tenoit prestes és Mutations & Mansions pour l'vsage des courses publiques: lesquelles ils appelloient d'vn mot general *Vehicula*: d'où vient le mot de Suetone parlant d'Auguste Cesar, *Iuuenes primò modicis interuallis per Militares vias: dehinc Vehicula disposuit*: D'où nous pouuons apprendre, que ce fut Auguste, qui premier institua l'vsage des chariots en faict de Postes. Dequoy Suetone allegue ceste raison, que cela luy sembloit plus commode: afin que ceux qui de diuers endroicts luy apportoient des lettres, courans ensemble en mesme chariot, se peussent interroger les vns les autres, s'il y auoit chose qui le requist pour le bien & la necessité des affaires.

Suet. in Augusto c.49.

6. On mettoit doncques en vsage, sur les grands Chemins & des charettes & des chariots. I'appelle charettes celles, qui n'estoient portees que sur deux roües: à raison dequoy on les nommoit *Birotas*, à la difference des chariots qui en auoient quatre: entre lesquels il y auoit ces deux differences, que les chariots pouuoient porter iusques à mil liures de poids: les charettes deux cens tant seulement. Qu'aux chariots estoient accouplez huict mules en Esté, & dix en Hyuer. Mais aux charettes trois mules suffisoient, & non plus, selon la loy de Constantin, qui porte: *Rheda mille pondo tantummodo superponi, Birotæ ducenta. Octo mulæ iunga-*

tur ad Rhedam, Aestiuo videlicet tempore, Hyemali decem: Birotis trinas sufficere indicauimus.

7. Quant aux charts à quatre roües il s'en trouuoit encore de plusieurs especes qui seruoient aux courses publiques. Entre lesquels il y en auoit vn nommé Carrus, qui nous a fait le nom de Char & Charrette : & qui ne deuoit porter que six cens liures de poids, selon la loy 47. De Curs. publ. Aug. & Parang. qui porte : *Rhedæ mille librarum pondus imponi debet : Carro sexcentarum, nec amplius.* Mais le plus commun estoit celuy que les Romains appelloient Rhedam, auquel les cheuaux de Postes estoient plus souuent accouplez qu'à pas vn autre. Et de là est procedé que les cheuaux de Postes en ont esté nommez Veredi, *à Vehenda Rheda* : & les Postillons, Veredarij, suiuant le tesmoignage de Festus Pompeius : *Veredos antiqui dixerunt, quod veherent Rhedas, id est, ducerent.* Ce mot toutesfois n'a pas laissé de demeurer aux cheuaux de Poste, apres qu'ils ont esté deliurez, & desaccouplez des chariots pour courir seuls dessous l'homme. Ainsi l'entend Procopius en ces mots, *Equis publicis vectus, quos veredos vocant.* Le frequent vsage de telle espece de chariots és Postes Romaines, a donné occasion à Iustinian de l'appeller *Rhedam currentem* : comme qui diroit, Chariot de Poste : Sur le subiect de laquelle il a fait ceste Ordonnance, que les besongnes qui en tombent de fortune par les chemins, demeurent aux Maistres à qui elles appartiennent, & non pas à ceux qui les trouuent.

§. vlt. instit. de rerum diuisione.

8. Il y auoit encore vne autre sorte de Chariots fort frequente en l'vsage des Postes, qu'ils appelloient Carpentum : que quelques-vns pensent estre de plus ancien vsage & inuention que Rheda. I'estime neantmoins qu'entre l'vn & l'autre il n'y auoit pas grande difference, attendu qu'ils estoient reiglez par mesmes loix. Car il estoit defendu de porter plus de mil liures aussi bien en l'vn qu'en l'autre : comme on voit par ces mots de Valentinian & Valens : *Perspicuè sanxeramus, vt in Carpentis Rhedarum mensuram subditam nullus excederet, &c.* Et auoiēt encore cela de commun, qu'il estoit defendu de charger & conduire en l'vn & l'autre plus de trois personnes ensemble. *Ne amplius in singulis quibusque Carpentis, quam bini : ad summum, quam terni homines inueherentur.* Au reste i'estime que ces chariots signifiez per *Vehicula, Rhedas, & Carpenta,* auoient beaucoup de rapport à ceux que nous appellons auiourd'huy des Coches, d'vn mot emprunté de Hongrie, d'où nous en vient la premiere inuention. Quant aux Cochers ou conducteurs desdits Chariots, ils furent en general appellez chez les Romains Carpentarij, du nom de la plus ancienne sorte de chariots. Tout ainsi que

L. 30. Cod. Theod. de cursu publ. & parang.

Leg 18. & l. 20. cod. eod.

nous voyons auiourd'huy, que l'on appelle Cochers ceux qui menent les Carosses, les premiers & plus anciens chariots ayant donné le nom aux conducteurs des plus nouueaux.

9. On se seruoit encore de bœufs & d'asnes sur les grands chemins: mais ce n'estoit que pour bestes de charges ou de voicture, qui trainoient les charettes chargees de bagage. Iulian l'Apostat osta de son temps les mulets, les bœufs & les asnes des grands Chemins & courses publiques: & ordonna que l'on ne se seruiroit que de cheuaux, ainsi que Socrates nous le tesmoigne en son Histoire Ecclesiastique. Mais les Empereurs suiuans en restablirent l'vsage, pour le bien & soulagement du public: dautant que les grands Chemins ne seruoient pas seulement pour les Postes: mais aussi pour conduire sur iceux toutes sortes de commoditez, viures & marchandises. Pourquoy faire on atteloit les bœufs & les asnes à certaine espece de chariot nommé *Clabulum*: A raison de ces voictures le cours public est quelquefois appellé *Vehicularis & Clabularis*: & dans Ammian Marcellin, *Clauularis*, quand il dit, *Eos ad Orientem proficisci præcepit Clauularis cursus facultate permissa*.

Les Italiens se sont de long temps seruis de Coches establies par les Princes du païs aux principales villes, pour aller d'vne Cité en l'autre. A l'imitation desquels Charles 9. en l'an 1571. institua premierement les Coches publiques, pour aller & venir de Paris à Orleans. Et depuis pour le soulagement de plusieurs, elles ont esté ordonnees quasi par toutes les bonnes villes de France.

Lib. 3. c. 1.

L. vlt. §. 1. ff. de munerib. & honorib.

L. penult. C Theod. de curs. publ.

Iean Dongois en son Prempruaire.

INTERPRETATION DE *CALCIARIVM* : ET d'où vient la Constume des Messagers Romains de courir sur les grands Chemins à pieds nuds.

CHAPITRE XI.

1. *Messagers de Rome sous Vespasian, & depuis, cheminoient à pieds nuds.*
2. *Calciarium, droict de chaussure.*
3. *Quand ce droict fut aboly.*
4. *Raisons de Musonius pour lesquelles il estoit bon que les Messagers allassent pieds nuds*
5. *Estre chaussé est comme estre lié.*
6. *Phocion & Caton alloient à pieds deschaus.*

DE L'EMPIRE, LIV. IIII.

1. LA couſtume de courir à pied ſur les grands Chemins ne fut pas du tout abolie par l'inſtitution des charriots & cheuaux de poſte : Car la façon en reſta aux Meſſagers publics, & autres que l'on enuoyoit pour affaires, & qui auoient accouſtumé de demander vne certaine courtoiſie ſous nom de chauſſure.

2. On appelloient ce droict de Courtoiſie *Calciarium*, mot tiré par meſme deduction que *Veſtiarium, Salarium, & hordearium*. Benoiſt Baudoüin d'Amiens, dict, *Calciarium fuiſſe certam pecuniæ penſionem, quæ in calceos emendos erogabatur*. Tels eſtoient les legs de chauſſure, qu'aucuns faiſoient par teſtament, que le droict appellé *Legatum Calciarij*. Tel eſtoit le reuenu de certaines villes en Egypte, aſſigné pour la chauſſure des Roynes du païs, qu'Herodote appelle *Magnæ alicuius vrbis redditus, Ægypti Reginæ pro calciario aſſignatos*.

Lib. qui inſcribitur Calceus Antiquus, c. 2. b L. propt. ff. de alim. legatis.

3. Ce droict de chauſſure fut aboly par Veſpaſian, pour ſe deſcharger (comme ie croy) de l'importunité de tels demandeurs: Car Suetone raconte, que quelques ſoldats de marine, ou gens de rame, qui auoient accouſtumé de courir à pied à tour de roole du port d'Hoſtie, & de Puzzol à Rome, faiſoient inſtance vers cet Empereur, qui eſtoit vn grand meſnager, à ce qu'il leur fuſt ordonné quelque choſe pour leur chauſſure. Leſquels non ſeulement il renuoya ſans reſponſe, & ſans gratification aucune : mais pour leur retrancher l'occaſion de le plus importuner, ordonna qu'à l'aduenir ils courroient les pieds deſchaux. Et remarque cet auteur, que c'eſt depuis ce temps, que les Meſſagers publics ont commancé à courir ſans chauſſure. Ce qui ſe voit au 8. Chap. de la vie de Veſpaſian, où il eſt dict : *Claſſiarios vero, qui ab Oſtia & Puteolis Romam pedibus per vices commeabant, petentes aliquid ſibi Calciarij nomine conſtitui : quaſi parum eſſet ſine reſponſo abegiſſe, iuſſit poſthac excalciatos curſitare & ex eo ita curſitant.*

4. Le Philoſophe Muſonius nous teſmoigne, que telle eſtoit de ſon temps la couſtume des meſſagers, que de courir ſur les grands Chemins ſans ſouliers : & en aſſigne cette raiſon, qu'il vault mieux marcher à pieds nuds que chauſſez : Car celuy qui eſt chauſſé eſt aucunement ſemblable à celuy qui a des pieges ou des liens aux pieds: Mais de courir ſans ſouliers, les pieds en ſont plus libres, & plus legers : principalement à ceux qui y ſont accouſtumez. Et c'eſt d'où vient (dict-il) que l'on voit les meſſagers ne ſe ſeruir aucunement de ſouliers ſur les chemins : & que parmy les Athletes, ceux qui s'exercent à la courſe, n'ont pas tant de promptitude quand ils ont des ſouliers, que courans à pieds nuds. Les paroles de Muſonius ſe trouuent dans Stobee, en la maniere qui ſenſuit, *Nudis pedibus incedere melius eſt, quàm calceatum. Propemodum enim dixerim calceatum eſſe, per-*

inde ac vinctum ac constrictum esse; sive calceis autem valde expediti & agiles sunt pedes, præsertim si adsit vsus. Vnde Tabellarios videre est non vti calceamentis in Itineribus.

Lib.2. Pedagogie, c. II.

5. Clement Alexandrin, à ce propos, dict, qu'il est de bienseance à l'homme d'estre sans souliers, si ce n'est à la guerre: Car il y a bien de l'affinité entre ces deux choses, estre chaussé, & estre lié: & que c'est vne tres-bonne sorte d'exercice d'aller à pieds nuds, tant pour la santé, que pour la facilité & expedition d'affaires: si la necessité de se chausser ne s'y oppose, *Verum pulchrè conuenit*, dict-il, *nullos habere calceos: præterquam si militet. Calceatum enim esse, non paruam habet affinitatem cum eo, quod est esse ligatum. Optimum exercitationis genus est nudis vti pedibus, & ad sanitatem, & ad expeditam facilitatem, vbi non prohibeat necessitas.*

Et ne faut trouuer cela si estrange: d'autant qu'en ce temps, & autres precedents, plusieurs grands personnages, ne desdaignoient d'aller pieds nuds: comme Phocion parmy les Atheniens, & Caton parmy les Romains, comme on voit en leurs vies dans Plutarque: qui dict, que les soldats de Phocion auoient accoustumé de dire par mocquerie, qu'il n'y auoit aucun signe de grand froid plus euident, que quant on juroit auoir veu des souliers aux pieds de Phocion. Lycurgus les auoit defendu aux ieunes enfans de Lacedemone: afin qu'ils fussent plus habiles à grimper par les montagnes, ou à descendre par les vallees. *Lycurgus*, dict vn bon auteur, *Lacedemoniorum pueris pro calceamentorum vsu pedum nuditatem præscripsit, quo nimirum expeditius accliuia conscenderent, aut per decliuia graderentur.*

DV NOMBRE DES CHEVAVX ET DES prouisions que les Empereurs de Rome tenoient és Postes, Gistes & Citez.

CHAPITRE XII.

1. *Forme de discourir des cheuaux & prouisions necessaires au faict des Postes.*
2. *Nombre des cheuaux entretenus és Mutations & Mansions.*
3. *Combien de cheuaux on pouuoit faire partir par iour.*
4. *Cheuaux de Postes, pourquoy appellez Agminales.*
5. *Quelle partie de cheuaux de post estoit reparee par chacun an, & aux despens de qui.*
6. *Quel nombre de chariots il estoit permis de laisser partir.*

DE L'EMPIRE. LIV. IIII.

1. NOVS auons faict & constitué trois sortes de places ou retraittes principales sur les grands Chemins, pour seruir au faict des Postes, lesquelles nous auons nommé Mutations, Mansions & Citez. Il faut maintenant les garnir de cheuaux & chariots: & des choses qui seruent à la nourriture & entretenement d'iceux. Nous commencerons par les prouisions qui estoient communes à toutes les trois. Puis nous viendrons à ce que chacune auoit en son particulier.

2. Premierement elles auoient cela de commun, que l'on tenoit en chacune certain nombre de cheuaux, particulierement destinez au faict des Postes, outre les mulets, & autres bestes de charge & de voicture, dont nous auons parlé cy dessus. Et toutesfois le nombre des cheuaux estoit diuers selon la diuersité des lieux. Car ie trouue qu'és Postes ou Mutations on entretenoit au moins vingt cheuaux. Ce qui se peut tirer par coniecture d'vne loy de Constantin, qui porte ces mots: *Quod nostris Itineribus, quæ publica vtilitas monet, magna atque anxia dispositione vix vicenorum agminalium numerus subministrari queat*. Quant aux Mansions, Procopius nous a cy dessus enseigné, que l'on y tenoit tousiours prests quarante cheuaux: *Quadraginta vero equi, in singula Mansione stabulabantur*. Pource qui est des Citez, i'estime que pareil nombre y estoit entretenu: & peut estre encore plus grand: quoy que ie n'en aye aucun tesmoignage exprés. Pour la nourriture de ces cheuaux, ces lieux estoient fournis de pailles, foings, & auoines: que la loy 9. *de Annona & Tributis*, Au Code de Theodose, comprend souz le nom de *Pabula, quæ ad Mutationes Mansionesque singulas, animalibus cursui publico deputatis solebant conuehi*.

L. 3. C. Th. de Curs. publ.

3. Il y auoit encore cela de commun, qu'il n'estoit pas licite de faire partir tous les cheuaux de poste à la fois: ains vne partie seulement. Quelques loix les definissent & determinent à cinq par chacun iour, & non plus: de peur que s'il arriuoit quelque affaire necessaire, les cheuaux ne vinssent à manquer: *A nullo vnquam oppido, aut frequenti ciuitate, mansione denique atque vico, vno die vltra quinque veredorum numerus moueatur*. Il y a d'autres loix, qui en estendoient le nombre iusques à six, & les autres iusques à dix, au plus: auec cette exception toutesfois, si ce n'est que la necessité des affaires contraigne d'exceder ce nombre. Ce qui doit dependre du iugement & ordonnance des Magistrats, ausquels il appartenoit de donner lettres de Postes: *Si tamen necessitas maior coëgerit super solemnem numerum iubemus admitti*, &c.

L. 31. C. Theod. de curs. pub.
Leg. 40. C. eod.
L. 8. C. Iustin. li. 12 Tit. eod.
L. 35. C. Theod. eod.

4. Or les cheuaux de poste n'alloient iamais seuls: & falloit

que celuy qui courroit s'accompagnast au moins de l'vn des hommes affectez aux courses publiques : à raison dequoy les cheuaux de postes sont souuent appellez *Agminales* : comme qui diroit cheuaux de compagnie. Et faut sçauoir qu'il n'estoit pas permis de les faire courir à coups de baston, ou de baguette : mais à coups de fouets seulement. Ce que nous voyons encore estre vsité en nos Postes Françoises : *Placet vt omnino nullus in agitando fuste vtatur : sed aut virga, aut certe flagro.* Ce qui se faisoit, pour ne leur fouler les membres, & ne les rendre inutiles à la course.

L.3.&6.C. Theod. cod. de cursu pub

L.2. Cod. Th. cod.

5. Et d'autant que les cheuaux de poste ne durent pas long temps, l'ordinaire estoit de reparer & restablir par chacun an les establesables publiques des prouinces Pretoriales ou Presidiales, de la 4 partie des cheuaux. Et quant aux Proconsulaires, on rafraichissoit les postes d'autant de cheuaux, que le besoing & la necessité le sembloit requerir, sans s'astreindre à aucun nombre : *In omnibus his Prouincijs veredorum pars quarta reparatur, in Proconsulari Prouincia tantum detur, quantum necessitas postulauerit.* Que s'il n'y auoit argent pour y fournir du public, il falloit que les peuples des Prouinces contribuassent à l'achapt des cheuaux, & des prouisions necessaires à leur nourriture. Outre cela encore prenoit-on quelquefois les cheuaux des particuliers pour la necessité des courses publiques par forme de coruees. Et les cheuaux ainsi pris estoient nommez *Paraueredi* : comme qui diroit, cheuaux extraordinaires & de surcroit : à la difference de *Veredi*, qui estoient les cheuaux publics, & ordinaires : ce que l'Empereur Constantius defendit de son temps, afin que les Postes ne fussent à charge à personne : *Comperimus*, dict-il, *Prouinciales, & pabula, & pecuniam pro cursu equorum cursualium solemni ratione conferre: & extrinsecus etiam parauerdorum onere prægrauari. Prouinciarum igitur Rectores procurent, ne vnquam cursus publicus veniat in querelam : & occasa deceptionis curiales vel prouinciales animalia indebita præstare compellat.*

L.34. Cod. Th. cod.

L.19.C.de Curs.publ.

6. Ce que nous auons dict iusques à present, est pour les cheuaux singuliers. Mais quant aux chariots qui estoient tirez par les Mules, Bœufs, ou asnes, Il estoit pareillement defendu d'en laisser partir plus d'vn par chacun iour : *Singulæ etiam rhedæ per singulos dies emittantur.*

L.40. Cod. Th. cod.

DES

DE L'EMPIRE LIV. IIII.

DES HOMMES ENTRETENVS AVX CITEZ, Mutations, & Mansions, pour le gouuernement des Postes.

CHAPITRE XIII.

1. Mancipium, *espece de seruitude non perpetuelle : mais pour vn temps.*
2. Mancipes *instituez en chacune Station pour le gouuernement des Postes.*
3. *Dignité dicte* Perfectissimatus, *donnee aux Mancipes.*
4. Mancipes, *appellez* Præfecti Mansionum. *En quoy consistoit l'exercice de leur charge.*
5. *Qu'ils deuoient residence actuelle, & comme assistez, à* Iudicibus & curiosis.
6. Stratores, *officiers de Postes Romaines.*
7. *Postillons dicts* Catabulenses, *leur office,* Catabulum.
8. *Criminels & Chrestiens condamnez à ce genre de seruice par les Empereurs Payens.*
9. *Palefreniers entretenus és postes: charge & exercice d'iceux.*
10. *Mareschaux appellez* Mulomedici, *és postes Romaines.*
11. *Postes entretenues aux despés des particuliers, qui furent deschargez par Seuerus.*

1. C'EST encore vne chose commune aux Citez, Gistes & Postes, que l'exercice qui s'y faisoit, pour ce qui touche les courses publiques, s'appelloit *Mancipium* par les Romains : & ceux qui y estoient preposez, *Mancipes*. Ce *Mancipium* emportoit auec soy vne certaine sorte de seruitude, non pas perpetuelle, mais à certain temps determiné par la loy. En sorte que ceux qui estoient comme liez & affectez à ce genre de seruice, ne pouoient s'en deffaire ny descharger qu'au bout de leurs annees.

2. C'estoit du pouuoir & du deuoir des Lieutenans generaux des Empereurs, lesquels ils appelloient *Præfectos Prætorio*, d'establir les Mancipes, ou commis & administrateurs des Postes, donnant à chacune Station le sien, qui estoit tenu d'y rendre aux Empereurs cinq ans de seruice : à la fin desquels, il auoit permission de se retirer en toute liberté. Et pour recompense, estoit mis au rang de ceux, que l'on appelloit *Perfectissimos* : & leur dignité, *Perfectissimatus*. C'est l'vn des tiltres d'honneur mis en auant par Constantin

L. 24. 24. 26. & 36. C. Theod. de curs. pub. L. 36. & 42. C. Th. eod.

Hhhh

le Grand, pour en recompenser les gens vertueux de son Empire. *Constantinus enim*, comme Eusebe a remarqué, *vt plures extolleret, Multa honorum genera adinuenit.*

Lib. 4. c. 4.

3. Ces Perfectissimes tenoient le quatriesme rang de dignité entre les cinq, que ledit Empereur inuenta : Car ils estoient moindres en grade d'honneur, que ceux que l'on appelloit *Illustrissimus, Spectabiles, & Clarissimos* : & au dessus de ceux que l'on nommoit *Egregios*. Ils auoient ce priuilege, que eux, ny leurs descendans, iusques aux Enfans de leurs petits fils, qu'ils appelloient *Pronepotes*, ne doiuent pour aucun crime estre appliquez à la torture, ny punis de peines ordonnees pour la populace des Prouinces : come d'estre condamnez aux minieres, à la croix, & au feu. Mais il falloit qu'ils vescussent noblement, esloignez de toute condition seruile, ne fussent astraints au fisque, n'eussent exercé quelque vile estat, comme de Boulanger ou Pasticier, n'eussent achepté leurs lettres par argent, & qu'il ne tinssent rien d'autruy par forme de fermes. Ce que l'on peut voir, *L. vnica C. de perfectissimatus dignitate, lib. 12.*

L. penult. C. Theod. de cursu. pub.

4. C'est de ces Mancipes que parle l'Empereur Arcadius, quant il dict, *per stationes singulas idoneos Mancipes volumus collocari*. On les appelloit autrement, *Prepositos Mansionum*, à cause de la charge qu'ils auoient sur le faict des Postes. Et d'autant que cet office ressentoit sa seruitude : Constantin le Grand fit deffense d'y contraindre ceux, qui auroient esté honorez en leur Cité de la dignité de Prestrise, ou de quelque insigne Magistrat : *Quoniam afri Curiales*, dict cet Empereur, *conquesti sunt, quosdam in suo corpore post Flaminij honores*

L. Quoniam 11. C. Th. de decurionib.

& Sacerdotij vel Magistratus decursa insignia, Prepositos compelli fieri Mansionum, Iubemus nullum predictis honoribus splendentem ad memoratum cogi obsequium. Il falloit que ces Officiers fussent gens sages & bien aduisez pour satisfaire à leur charge : car c'estoit à eux de voir, si les lettres des Empereurs, portant permission de prendre la poste, estoient bien & deüement expediees : d'auoir l'œil à ce que les cheuaux, & autres animaux seruans sur les grands Chemins, fussent bien traictez & bien pensez : d'empescher qu'aucuns ne fussent soustraicts & desrobez : & ne permettre que les bestes destinees à tirer certaine espece de charriot, ne fussent attelees ou accouplees à vne autre. Bref, c'estoit à eux de faire obseruer les Ordonnances des Empereurs, sur le faict des Postes.

L. 22. 36. & 53. C. Th. eo.

5. Aussi ne leur estoit-il permis de s'absenter des Stations, esquelles ils estoient preposez, plus de trente iours par chacune annee. Et estoit leur charge tellement personnelle, qu'elle re-

L. 6. C. eod.

queroit vne actuelle residence sur les lieux. D'auantage, ils estoient aucunefois assistez d'autres, que l'on enuoyoit en visitation par les Gistes & les Postes, & que l'on appelloit *Iudices, siue Curiosos*: C'estoit pour prendre garde au faict des Postes, & empescher que personne ne prinst plus de cheuaux, que le nombre porté par les lettres d'euection: *Hi vero peruigili cura prouidebunt, ne quis contra euectionis auctoritatem moueat cursum: vel amplius postulet, quam concessit euectio.*

6. Sous les Mancipes estoient ceux, que l'Empereur Arcadius appelle *Stratores*, qui estoient comme escuyers: desquels la charge estoit de seller & brider les cheuaux, veoir & visiter ceux que les peuples des Prouinces estoient tenus de liurer aux Mansions & Mutations, les approuuer & receuoir, ou bien les rejetter: & de prendre & perceuoir pour leur salaire vn sol tant seulement, qui valloit vn escus de nostre monnoye, pour la visitation & reception de chacun cheual: auec defenses aux escuyers de prendre, & aux Prouinciaux de donner d'auantage, sur les peines portees par la loy vnique, *C. de Stratoribus, lib.* 12. où il est dict: *in offerendis equis certam formam statutam æqualem Prouinciales nostri custodiendam esse cognoscant, quos etiam fisco certo modo solidorum obnoxios fecimus, si quod Stratores petere interdictum est, illis dare Stratoribus non timerent.*

7. Apres viennent ceux qui estoient entretenus pour accompagner les courriers des Empereurs, ainsi que font les Postillons en France, qui le fouet en main vont deuant ceux qui courent la poste. Les Romains les appelloient *Catabulenses*, & leur office *Catabulum*, & ne s'estendoit pas seulement à la course des cheuaux singuliers: Mais aussi aux voictures des habits, deniers, & bagage des Empereurs: Car c'estoit leur deuoir, de descharger les charriots qui arriuoient en leur Station: charger leurs propres charriots, & les conduire auec les mules ou autres bestes de charroy, iusques à la Station prochaine, pour deliurer leur charge à ceux qui y estoient preposez: qui continuant la mesme chose de Poste en Poste, rendoient en fin leur charge au lieu destiné par les lettres d'euection.

8. C'est de ces voictures publiques que parle Cassiodore en l'vne de ses Epistres, où il dict, *Marmora ad Rauennatem vrbem per Catabulenses dirigantur*. On condamnoit certains malfaicteurs à cet espece de seruitude: & se trouue que les Empereurs Payens ont quelquefois par maniere de supplice, condamné des Chrestiens à y seruir: Comme Maxentius, le Pape sainct Marcel, ainsi que *Lib.3. Variarū Epist. 16. & lib. 4 epist. 47.*

nous apprenons de Damasus, qui a mis sa vie par escrit: *Damnatus est in Catabulum. Cumque diebus multis seruiret in Catabulo, iussit Maxentius planeas extrahi: Vt ibidem animalia Catabuli congregata starent, & ipsis beatus Marcellus deserviret.* C'est cela mesme que le Martyrologe Romain a voulu dire en l'abbregé de la vie de sainct Marcel, sur le 17. des Calendes de Feurier: *Marcellum iubente Maxentio, ad seruitium animalium cum custodia publica fuisse deputatum.* C'est à dire, que sainct Marcel par le commandement de Maxentius, fut deputé au seruice des bestes auec garde publique: Car ces bestes ne sont autres, que les cheuaux, mulets, bœufs, & asnes, qui seruoient aux postes & aux voictures publiques.

9. Il y auoit outre cela, d'autres gens en chacune Cité, Mansion, & Mutation pour penser les cheuaux, & leur administrer paille, foing, & auoine en leurs temps: lesquels, d'vn mot composé partie du Grec, & partie du Latin, on appelle *Hippocomos, à comandis equis*: ou bien, *à Mulis, Muliones*. C'est cela mesme que les François nomment Palefreniers de l'ancien mot Palefroy, qui signifie vn cheual de selle en vieil langage Roman. La charge de Palefreniers ou Muletiers, estoit de penser & nourrir chacun trois cheuaux de poste, suiuant la loy de Valentinian, qui reigle leur seruice en cette maniere. *Præterea in singulis Mutationibus arbitramur ternis Veredis Muliones singulos posse sufficere.*

L. 34. Cod. Theod de cursu publ.

10. Finalement on entretenoit encore des Mareschaux, pour ferrer & medicamenter les cheuaux & autres, que l'on nourrissoit és Stations Romaines: sur toutes lesquelles pour ce regard, les mulets ont emporté le dessus, ayant donné nom ausdits Mareschaux, que les loix appellent *Mulomedicos*, comme qui diroit medecins de mulets: quoy que leur charge s'estendist aussi à penser & medicamenter toutes les autres bestes de charge ou de voiture. Au reste, ces medecins, palefreniers, & cochers estoient entretenus aux despens du public, d'où ils tiroient leurs gages & nourriture, sans qu'il leur fust permis d'exiger aucune chose par forme de salaire ou recompense, sur ceux qui se seruoient des cheuaux de poste pour courir: *Nec mulionibus, nec carpentarijs, nec mulomedicis,*

L. 31. cod. eod.

dict la loy: cursui publico deputatis mercedem à quoquam sinceritas tua faciat ministrari: cum iuxta publicam dispositionem annonas & vestem, quas hisce credimus posse sufficere, consequantur.

11. Aussi estoit-ce chose comune aux Citez, Mansions, & Mutations, que les hommes & les bestes destinez au seruice des Empereurs, soit pour le faict des postes, conduite d'armees, voictures de deniers, & de bleds & marchandises, estoient entretenus aux de-

spens des peuples de chacune prouince: qui estoient obligez non seulement à fournir les Citez, Gistes, & Postes de cheuaux & de mulets: mais aussi de pailles, foins, & auoine, pour la nourriture d'iceux. Ce qui s'est continué iusques à Septimius Seuerus, à la grande charge & oppression des prouinces. Car ce fut cet Empereur, qui pour se rendre agreable au peuple, le deschargea de ceste despense & la reietta sur le fisque: c'est à dire, sur les deniers publics, autres que ceux des Empereurs. Ce que Spartian a laissé par escrit en la vie de Seuerus, disant: *Posthæc, cum se vellet commendare hominibus, vehicularium munus à priuatis ad fiscum transtulit.* Toutesfois ce peu de charge demeura sur les espaules des peuples prouinciaux, que les estables publiques, soit des Citez, des Gistes, ou des Postes, estoient entretenus & reparez à leurs despens: suiuant ces mots de la loy 34. C. Theod. *De Cursu pub. Vt stabula impensis publicis instruantur contra rationem est: cum prouincialium sumptibus citius arbitremur, & vtilius adparanda.*

DE LA FORME DES POSTES ROMAINES, & difference qu'elles auoient auec les Françoises.

CHAP. XIV.

1. Moyen facile de faire entendre la maniere des Postes Romaines.
2. Ce qu'il y a de commun entre les Postes Romaines & Françoises. Naturel de Louis XI. inuenteur des Postes en France.
3. Droict des Postes en France publié au plus offrant & dernier encherisseur.
4. Les Empereurs les ont tousiours retenu par deuers eux: les faisant exercer par leurs officiers.
5. Menus officiers des Postes pourquoy instituez.
6. Defenses aux particuliers de se seruir des Postes chez les Romains.
7. Personnes illustres estoient exceptez de la loy des particuliers.
8. Legats enuoyez à l'Empereur pareillement exceptez.

1. NOVS auons iusques à present fourny les Mutations Mansions, & Citez, d'hommes, de cheuaux, de chariots, de prouisions, de viures, & autres choses necessaires aux courses publiques des Empereurs. Reste maintenant à monstrer la maniere de s'en seruir, & de mettre en œuure tout cet appareil. Ce que nous ferons d'autant

plus facilement, si nous venons à faire comparaison des Postes Romaines & des Françoises : & monstrer en quoy elles sont semblables, & en quoy differentes.

2. Les vnes & les autres auoient cela de commun, que d'estre instituees par authorité du Prince : comme tous les offices qui en dependent. Et est à croire, que lors qu'elles furent premierement mises sus par Louis XI, elles ne seruoient que pour ses propres affaires ainsi que les Romaines pour les affaires des Empereurs seulement. C'estoit vn Prince qui auoit tousiours l'œil au guet, deffiant, préuoyant, & qui vouloit sçauoir tout ce qui touchoit ses affaires, & celles de ses voisins. Qui sur la fin de son aage employoit beaucoup d'argent en messagers, tant par son Royaume, que par les terres estrangeres, où il enuoyoit querir des Ours, des Lyons, & autres bestes feroces : non pour produire en plein theatre, & en donner le passetemps au peuple, comme faisoient les Romains : mais pour s'acquerir la reputation d'estre homme curieux, & Prince bien à son aise, & regnant en plein repos, puis qu'il auoit bien loisir de penser à telles choses de plaisir, & qu'il ne manquoit de moyens pour y employer de grandes sommes de deniers. Car quát au reste il n'en tenoit compte, & n'en faisoit aucun estat.

3. Depuis, les Rois suiuans, qui n'ont pas eu tant de deffiance en teste, ont permis l'vsage des Postes, à quiconque s'en est voulu seruir pour son argent. Mesmes ils en sont venus là, que de faire publier le droict de Postes par pieces, & deliurer les profits à des particuliers au plus offrant & dernier encherisseur, comme on a fait depuis les Coches & cheuaux de relay, qui en France sont partie des courses publiques. Par ce moyen les adiudicataires pour retirer leurs deniers, & faire profit de leurs fermes, prestét leurs cheuaux pour de l'argent à qui bon leur semble : & en accommodent les particuliers qui en ont affaire, sans qu'il leur soit besoin pour courir d'auoir lettres du Prince, qui a transferé les droicts des Postes, de ses mains en celles des particuliers : & fait, que ce qui estoit de droict Royal & public, est aucunement changé en droict priué & particulier.

4. Il n'en estoit pas ainsi des Postes Romaines, lesquelles les Empereurs n'ont iamais mis hors de leurs mains : mais comme l'institution d'icelles estoit pour le bien public, aussi les retenoient-ils par deuers eux pour la necessité & commodité des affaires publiques d'où leur est venu le nom de *Cursus publici*. Et si l'exercice s'en faisoit, non par gens priuez & particuliers, mais par officiers publics, qui tiroient gages ou pensions du Prince, & y estoient nourris & entretenus à ses despens, auec defenses de rien prendre ny exiger de

DE L'EMPIRE, LIV. IIII.

ceux qui couroient: Tels sont les Mancipes, Escuyers, Postillons, Palefreniers, & autres cy dessus declarez.

5. Les menus officiers estoient instituez par les Intendans generaux des Postes: qui n'estoient pas gens de basse ou mediocre fortune: mais ceux qui tenoient les plus grandes & sublimes dignitez de l'Empire. Tels que sont les Lieutenans generaux des Empereurs, qu'ils appelloient *Præfectos Prætorio*, charge qui approchoit de bien pres de celle de Connestable, telle qu'elle est en France. Ou bien c'estoit ceux que l'on nommoit *Magistros officiorum*, qui auoient esgard sur tous les officiers domestiques du Prince, côme est à peu pres le Grand Maistre de France.

6. Au reste, ces courses estoient tellement publiques, qu'il estoit tout à fait interdit aux particuliers de s'en seruir: & defendu aux officiers des Postes d'auoir aucun esgard aux lettres qu'ils pourroient auoir obtenu pour courir: & s'en trouue vne loy expresse des Empereurs Leo, qui porte *Nullus euectione vtatur priuatus, tametsi valuerit impetrare*. Et par autre loy d'Arcadius il n'estoit permis de prendre la Poste, *Nisi in causa publica, & manifestissimis euectionibus destinata*. Et faut entendre que tous ceux-là estoient mis au rang des personnes priuez pour ce regard, lesquels ne couroient point pour les propres affaires des Empereurs, fussent-ils constituez aux plus grandes, & plus eminentes charges de l'Empire. *L.10.&63. C.Theo. de cursu publ.*

L.xi. C. de cursu publ.

7. Et faut bien dire que pour ce qui touche le faict des Postes, telles personnes, quoy que publiques en autres choses, estoiét tenues & reputees pour particulieres: puis que les Empereurs les exceptent quelquesfois de la rigueur de la loy, faicte pour les particuliers. Et se trouue vne loy de Gratian, Valentinian, & Theodose, laquelle interdisant l'vsage des Postes aux hommes priuez, en excepte les personnes illustres, honorez des premieres dignitez de l'Empire: comme les Maistres de la Caualerie, & les Colonnels de l'Infanterie Romaine, qu'ils appellent *Equitum, Peditumque Magistros*. Encore falloit-il que par effect ils en eussent fait la charge. Car à ceux qui par honneur seulement estoient pourueuz de ces tiltres, il n'estoit permis en aucune maniere de se seruir des courses publiques. *L. 44. Cod. Theod. eod.*

8. Ceux-là sont encore exceptez, quoy que particuliers, qui estoient enuoyez vers l'Empereur sous tiltre & qualité de Legats ou Ambassadeurs, pour quelque affaire importante: comme on voit par ces mots d'Arcadius & Honorius: *His tantummodo vtendi cursus publici facultate concessa, qui Legati de diuersis gentibus ad nostram clementiam properare festinant*. Quant à ce qui est de tous les autres, Valentinian escriuant à Simmachus luy defend par expres, de donner lettres des Postes, sinon à ceux qui courroient pour cause publique. *Magnifica* *L. 57. Cod. Theod.&l. 16. C. de curs. publ.*

sedet tua euectionum faciendarum arbitrium in publicis tantùm caussis vsurpet. Pline en vne sienne lettre escrite à Trajan, l'asseure qu'il n'a iamais permis à vn particulier de courir: & qu'il n'auoit enuoyé personne par la voye des Postes, sinon pour les affaires du Prince. Il s'excuse toutesfois vers l'Empereur, de ce qu'vne fois seulement, il a permis à sa femme de se seruir de la commodité des courses publiques pour vne tres-vrgente necessité: qui estoit pour aller voir vn de ses parens en l'article de la mort. Il dit donc, *Se Diploma nulli commodasse, neque in rem alicuius, præterquam Principis, misisse: se tamen necessitate coactum, vxori ad amitam, ob mortem eius excurrere volenti, eorum vsum dedisse: quia hoc officij gratia in celeritate consistebat.*

DES LETTRES DE POSTE, SANS lesquelles il estoit defendu de courir.

CHAPITRE XV.

1. Necessité d'auoir lettres pour courir.
2. Lettres de Postes, quand, & pourquoy nommees Diplomata.
3. La difference entre les patentes & lettres closes.
4. Lettres de Postes en quel temps ont esté dictes Euectiones.
5. Deux sortes de lettres de poste: noms & nombre de cheuaux que l'on donnoit pour courir.
6. Ce que c'est que Equus Auertarius.
7. Deux sortes de Malles, & leur poids.
8. Nombre des iours mis dans les lettres de Poste, selon la longueur du chemin.
9. Lettres extraordinaires des Postes.
10. Qu'il falloit controoller les lettres de Poste.

1. C'ESTOIENT doncques personnes publiques, qui se pouuoient seruir des Postes Imperiales, & pour affaires publiques. Encore ne pouuoient ils prendre la Poste de leur propre auctorité, ny à leur discretion: mais falloit auant que de partir, qu'ils prinssent lettres du Prince, ou de ses principaux officiers: & qu'en chacune Cité, Mansion, ou Mutation, ils en fissent apparoir: autrement ils eussent esté arrestez dés la premiere Poste. Car il estoit enjoint à ceux qui estoient preposez sur les courses publiques, de demander à toutes personnes de quelque qualité ou condition qu'elles fussent, leurs lettres de Postes: & à faute de les

de les exhiber & en faire apparoir, les arrester, & en rescrire au Prefect du Pretoire, ou Maistre des offices, pour estre par eux iugez & punis de leur temerité. Ce que Costantius ordône escriuant *ad Taurū, Præfectū Prætorio*, par ces mots: *Euectiones ab omnibus postulentur, quacunque conspicui fuerint dignitate. Quod si quis putauerit esse resistendum, & sine euectione iter facere detegitur: Vbi repertus fuerit, eundem iussimus detineri: ac de eius nomine ad prudentiam tuam, & ad Musonium clarissimum virum, Comitem & Magistrum officiorum referri.* Conformement à ceste loy nous lisons en l'Histoire de Iulius Capitolinus que Pub. Heluius Pertinax qui fut Empereur sur ses vieux iours, estant pourueu en son aage florissant de la charge de Sergent de Bandes, qu'ils appelloient *Præfectum Cohortis*, sous l'Empire de Titus, fut condamné par le Presidēt de Syrie d'aller à pied d'Antioche iusques à certain lieu, où il estoit enuoyé en qualité de Legat, en punition de ce qu'il s'estoit seruy de cheuaux publics, sans auoir lettres de Poste: *Dein Præfectus cohortis in Syriam profectus T. Aurelio Imperatore: a Præside Syriæ, quod sine Diplomatibus cursum vsurpauerat, pedibus ab Antiochia ad Legationem suam iter facere coactus est.*

L.S. & 59. C. Theod. de curs. pub. & l.3. C. eo.

2. Et d'autant que dans l'Histoire & le droit il est souuent parlé de ces lettres de Postes, il est besoin, auant que de passer plus outre, de dire quelque chose du nom, & de la nature & vertu desdites lettres, sans lesquelles il estoit impossible de courir. Quant au nom ie trouue qu'il a esté different selon la difference des temps. Car depuis la premiere institution des Postes Romaines, iusques au siecle de Constantin, les lettres de Postes se donnoient en papier ou en parchemin: & les appelloit-on *Diplomata*, cōme au passage cy dessus allegué de Iules Capitolin. Et quoy que Seruius escriue, que sous ce nom sont comprises toutes escritures enuoyees à quelqu'vn: si est-ce qu'il appartient proprement à celles, qui ne sont pliees qu'en double: *Vsus cursus publici*, dit Pancirolus, *codicillis impetrabatur. Qui quod duplicata charta scriberentur, duplomata vocabantur.* Quelques-vns estiment, que ces lettres estoient semblables aux patentes de nos Rois, qui n'ont qu'vn simple ply, que nous appellons reply: & non plusieurs plys, comme les missiues, que l'on appelle lettres closes, ou de cachet.

Lib. 1. Comment. in notit. Imp. c. 6

3. Les Empereurs de Rome se seruoient de l'vne & de l'autre aussi bien que nos Rois: & semble que Suetone nous le fait assez entendre, lors que parlant d'Auguste, il dit: *In Diplomatibus, libellisque, & epistolis signandis, initio sphinge vsus est: mox imagine Alexandri magni: nouissime sua.* C'est à dire, qu'au commencement de son Empire, il se seruoit de la figure du Sphinx pour seeler ses lettres patentes, & ses epistres. Mais que bien-tost apres il cacheta auec vne image du

Suet. in Aug. c. 50.

grand Alexandre: puis en fin de la sienne. Il y a neantmoins cette difference entre la forme de seeller des Empereurs, & des Rois de France, que les Empereurs seelloient d'vn mesme seel & leurs patentes, & leurs epistres, ainsi que l'on voit par ce lieu de Suetone. Mais en France, on seelle les lettres patentes en double ou simple queuë d'vn grand seel de Chancellerie. Et quant aux missiues ou lettres closes, elles ne sont seellees que d'vn cachet tout simple, desquelles elles ont eu le nom de lettres de cachet.

4. Enuiron le siecle de Constantin, ces lettres de Postes quitterent le nom general de *Diplomata*, pour prendre celuy d'*Euectiones* qui est plus specifique. Dautant que par icelles on permettoit à ceux qui auoient droict de courir, de se faire porter par les cheuaux ou chariots de poste. *Has indulgentias*, comme dit Pancirolus, *posteriores Principes euectiones nominarunt, quibus euehendi facultas dabatur.*

Ibidem.

5. De ces lettres, les vnes estoient ordinaires, & les autres extraordinaires: és ordinaires estoit contenu le nombre de cheuaux, auec lesquels on permettoit de courir: & des iours pour lesquels la permission estoit donnee. Celuy des cheuaux estoit communement limité à vn ou deux, que proprement on appelloit *Veredos*. Que si les lettres de Poste en portoient vn troisiesme, c'estoit outre le nombre legitime, à raison dequoy d'vn nom Grec on le nōmoit *Parrhippus*, comme qui diroit Cheual de surcroit. Ce que nous apprenons d'vne rescription de Iulian *ad Mamertinum*, qui porte, *Parrhippum cum videri & habendum esse, si quis vsurpato vno, vel duobus Veredis, quos solos euectio continebit, alterum, tertium ve extra ordinem commoueat.* Et falloit que tels cheuaux de surcroist fussent expressement couchez dans les lettres d'Euection: & qu'ils fussent obtenus sur quelque necessité apparante: autrement il estoit defendu sur certaines peines d'en prendre aucun de surcroist. *Praeterea illud adiungimus*, dit Valentinian, *Vt Parrhippum vel auertarium nullus accipiat, nullus impunè praesumat: nisi eum nostrae serenitatis arbitrio aliqua necessitate cogente, vir illustris Magister officiorum textui euectionis addiderit.*

L. 14. Cod. Theod. de cursu publ.

L. 22. & l. 29. C. eod.

6. Et puis que cette loy parle *de Equo auertario*, ie diray en passant, que ce n'est autre chose qu'vn cheual pris pour porter la malle, autremēt dict *Sagmarius*: d'où est venu parmy nous en mesme signification le nom de Mallier. Car *Auerta*, est cela mesme que nous appellōs vne Malle, ainsi que l'ancien Interprete d'Horace nous le donne à entendre, quād il dit: *Auertam esse Peram, seu Manticam, ad vestes viatorias, alia ve necessaria condenda:* c'est à dire, vn sac ou valize, à resserrer les habits des champs, & autres choses necessaires à faire voyage.

Turnebus aduersar. li. 30. c. 16.

7. De ces Malles, ou valizes les vnes se portoient à cheual, qui ne doiuent peser plus de trente liures, de peur que les cheuaux ne fus-

DE L'EMPIRE, LIV. IIII.

sent foulez en courant: sur peine à ceux qui excederoient ce poids, de confiscation de leurs Malles: par la loy de Valentinian, qui dit. *Et quoniam veredorum quoque cura pari ratione tractanda est, sexaginta libras sella cum freno: XXXV vero auerta non transeat: ea conditione, Vt si quis præcepta moderaminis Imperatoriy libramenta transcendat, eius sella in frustra cedatur: auerta verò fisci iuribus deputetur.* L.47.C.Th Les autres Malles se portoient en chariots de Postes: & sont celles que les loix appellent quelquefois *Sacculos*, qui ne doiuent estre que de cinquante liures. Ce que l'on peut voir par ces mots de Valentinian: *Sint præterea duo Palatini Prosecutores singularum Rhedarum cum tribus seruis: habentes quinquagenarum librarum anertas & saga.* L.48.eod.

8. Quant au nombre des iours que les lettres de Poste auoient accoustumé de limiter, ie n'en trouue aucun de certain & determiné: & pense que le nombre augmétoit ou diminuoit suiuant la longueur ou briefueté du chemin: mais tel que fut ledit nombre, il estoit defendu de l'exceder. Que si quelqu'vn par l'inspection de ses lettres estoit trouué courāt outre les iours portez par icelles, il estoit enjoint de l'arrester, & sur le champ le condamner en vne amende, suiuant la loy d'Arcadius, qui porte. *Si quis vltra tempus quod euectioni insertum est, publico cursu vti conatus sit, vbi repertus fuerit, ibidem iubemus detineri.* L.3.C. de cursu pub.

9. Voila quant aux lettres de Postes communes & ordinaires. Pour ce qui est des extraordinaires, c'estoit comme certains priuileges donnez & concedez par la propre personne des Empereurs, pour honorer & fauoriser aucuns de leurs amis, lors qu'ils les enuoyoient en ambassade, ou qu'ils desiroient de les faire venir en Cour. Les lettres se nommoient *Diploma Tractatoria*, en vertu desquelles les Empereurs ne faisoient pas liurer seulement des cheuaux à ceux qui en estoient honorez: mais aussi des viures de toute sorte, que l'on tenoit en reserue és Citez & Mansions. De telles lettres extraordinaires se trouue vn Formulaire dans Marculphus, qui merite d'estre mis icy en ces propres termes: dautant qu'il fait fort naïuement comprendre, quelles estoient les richesses & la magnificence des Empereurs, à bien traitter leurs fauorits. Ce formulaire est tel.

ILLE PRINCEPS OMNIBVS AGENTIBVS IN LOCO NOS GAIVM LV. PARTIBVS ILLIS LEGATIONIS CAVSA DIREXIMVS. IDEO IVBEMVS VT LOGES CONVENIENTIBVS EIDEM A VOBIS EVECTIO SIMVL ET HVMANITAS MINISTRETVR. HOC EST VEREDI SIVE PARAVEREDI TOT. PANES, TOT. VINI MOD. TOT. CERVISIÆ MOD. TOT. LARDI LIB. TOT. CARNIS TOT. PORCI TOT. PORCELLI TOT. VERVECES TOT. AGNI TOT. ANSERES, TOT. PHASIANI TOT. PVLLI TOT. OVA TOT. OLEI LIBRAS TOT. GARI LIBRAS TOT. MELLIS TOT. ACETI TOT. CVMINI

TOT. PIPERIS TOT. COSTI TOT. CARIOPHYLI. TOT SPICI, TOT. CINAMOMI TOT. GRANI MASTICIS TOT. DACTILÆ, TOT. PISTACIÆ TOT. AMIGDALÆ TOT. CERÆ LIB. TOT, SALIS TOT, OLERVM, LEGVMINVM CARRA TOT. FACVLAS TOT. PABVLI EQVORVM CARRA TOT. HAC OMNIA TAM EVNDO QVAM REDEVNDO EIDEM MINISTRARI IN LOCIS SOLITIS ET IMPLERI SINE MORA PROCVRATE.

Ce que i'ay rendu en François en faueur de ceux qui n'entendent la langue Latine.

Vn tel Empereur: A tous nos Officiers qui sont sur les lieux, Salut: Sçauoir faisons, Que nous auons enuoyé Gaius, homme Illustre, pour nostre Legat ou Ambassadeur en telle part. A ces causes nous vous mandons par ces presentes, que vous ayez à luy liurer & fournir tel nombre de cheuaux, ensemble telle quantité de viures qu'il luy sera besoin és lieux propres & conuenables. Sçauoir, tant de cheuaux ordinaires, & tant de surcroist: tant de pains, tant de muids de vin, tant de muids de biere, tant de lard, tant de chairs, tant de porcs, tant de cochons de laict, tant de moutons, tant d'aigneaux, tant d'oisons, tant de faisans, tant de poulets, tant de liures d'huile, tant de liures de saumure, tant de miel, tant de vinaigre, tant de cumin, tant de poyure, tant de Coste, tant de girofles, tant d'aspic, tant de canelle, tant de grains de mastic, tant de dattes, tant de pistaches, tant d'amandes, tant de liures de cire, tant de de sel, & tant d'huiles, tant de chars de foin, d'auoine, & de paille. Ayez soin que toutes ces choses luy soient plainement & entierement fournies, en lieu conuenable: & que le tout soit accomply sans demeure.

10. Or aussi tost que quelqu'vn auoit obtenu lettres de Postes, auant que de se mettre en voye, il falloit qu'il les presentast au gouuerneur de la prouince, en laquelle il estoit: ou à ceux que nous auons dit cy-dessus estre enuoyez auſdites prouinces sous le nom de Iuges ou de curieux: afin de les faire controller & parapher de leurs mains. A faute dequoy faire, ceux qui auoient la charge de liurer des cheuaux de Poste, n'y auoient aucun esgard, ains arrestoient les couriers qui en estoient les porteurs: & ne leur permettoient de passer outre, tant qu'ils en eussent rescrit au Magistrat. Ce qui se voit par vne loy de Valentinian, qui s'adresse ad *Volusianum Præfectum vrbi. Cunctos iudices laudanda tua sinceritas monebit, vt minimè quosque transire patiantur, antequam seriem euectionis aspexerint, & congrua subnotatione dimiserint.*

L. 22. Cod. Theod. de curſ. pub.

DE CEVX QVI AVOIENT DROICT de donner lettres de Poste.

CHAPITRE XVI.

1. *Pouuoir de donner lettres de Poste, restrainte par Constantin à deux officiers seulement.*
2. *Tesmoignage de Cassiodore. Ce pouuoir restraint au seul prefect du Pretoire.*
3. *Quelle est la dignité du Præfectus Prætorio.*
4. *Qu'ordinairement il y en auoit deux: & dãger à n'en faire qu'vn.*
5. *Nombre des prefects du Pretoire, augmenté à trois & quatre : & pourquoy.*
6. *Tesmoignage remarquable de Zosimus.*
7. *Comparaison des Maires du Palais au Prefect du pretoire.*
8. *Partage du pouuoir des Maires du Palais à quatre officiers.*
9. *Plusieurs beaux pouuoirs restez au Prefect du Pretoire. Que signifie emittere.*
10. *Autres charges d'iceux lors que les Empereurs alloient à la guerre en personne.*
11. *Comparaison du maistre des offices Imperiaux, auec le grand maistre de France.*
12. *Conclusion du Chapitre.*

1. ENTRE les Magistrats & Officiers des Empereurs, qui auoient droict de courir sur les grands Chemins, ceux-là seuls pouuoient courir sans lettres, qui auoient la puissance de donner aux autres la permission de courir auec lettres. Tels estoient auparauant le regne de Constantin, plusieurs Magistrats enuoyez pour gouuerner les Prouinces sous le nom de Proconsuls, Propreteurs, Presidens, Iuges, Ducs, Vicaires, & autres: Mais Constantin, & les Empereurs suiuans, leur retrancherent l'vn & l'autre pouuoir, & se le reseruerent à leur personne propre : & à ceux-là seulement, qu'ils appelloient *Præfectos prætorio*, & *Magistros officiorum*: Ce qui est tesmoigné par plusieurs ordonnances des Empereurs: Entre autres par celle de Leo & Anthemius escriuant à vn prefect de Pretoire, qui porte : *Iudicibus faciendæ euectionis copiam deneamus, cum id tantum nostro numini, & tuæ sedi, necnon viro illustri Magistro officiorum sit reseruandum: cum neque præfecto vrbi, nec magistris militum, nec ducibus, nec vicarijs, nec cuiquam alij, præter memoratas duas potestates, à vobis hoc concessum sit.*

L. 56. & 57. C. T beo. de curs. publ.
L. 9. C. de curs. publ.

2. Cassiodore remarque cette puissance au prefect du Pretoire entre plusieurs autres, quand il dict, que c'estoit par ses mandemens que l'argent public estoit employé: & que les lettres de poste estoiét donnees, *Fiscum pro sua deliberatione distribuit, euectiones simili potestate largitur.* Encore semble-il que le pouuoir de donner lettres de poste, & de courir sans lettres, auparauant commun à ces deux puissances, ayt depuis esté restraint au seul prefect du Pretoire par plusieurs ordonnances. Entre autres, par celle de Iulian, *ad Mamertinum P. Præt.* de Valentinian Valens & Gratian, *ad Viuentium P. Præt.* & d'Arcadius, qu'il addresse *Cæsario præfecto Prætorio*, qui est telle. *Vsurpationem cursus publici pœnitus iussimus amputari. scilicet vt excepta magnitudine tua, præsumendi velocis & clabularij cursus nullus habeat potestatem.*

L. 12. C. Theod. eod.
L. 33. C. Th. eod.
L. 62. C. Th. eod.

3. Mais afin de dire vn mot de la dignité de prefect du Pretoire, & du maistre des Offices, Ie confesse que ie me trouue assez empesché à rendre autrement leur nom en François: d'autant que ie ne trouue point de dignité chez nos Roys de France, qui ayt vne iuste correspondance auec ces offices Imperiaux. Et croy que c'est pourquoy plusieurs habiles hommes qui ont escrit en François, ont laissé ces mots en leur langue Latine dans leurs escrits, sans se trauailler à les tourner en leur langue, particulierement celuy de *Præfectus Prætorio*. Mais pour faire aucunement entendre en quoy gist la dignité de cet office chez les Romains, Ie diray, qu'enuiron le temps que les Consuls furent establis à Rome, on appelloit quasi tous Magistrats & dignitez militaires, *Prætores*: d'où est venu le nom de *Prætorium*, pour signifier le lieu de la residence du Preteur, soit aux champs, soit à la Ville. Le pauillon mesme, ou la tente du Magistrats és camps militaires, se nomment *Prætorium*. Et de l'vsage de ce mot est arriué, que les Palais des Empereurs dans les villes, où leurs pauillons au milieu de la campagne, ont esté nommez *Prætoria*, & les soldats de leur garde, qui veilloient autour de l'Empereur, *Milites Prætoriani*, lesquels estoient commandez par certains chefs soubs-mis au *Præfectus Prætorio*. Et d'autant que les anciens Preteurs, & autres Magistrats Romains estoient enuoyez par les Prouinces *cum Imperio*: c'est à dire, auec droict de Iustice & de Iurisdiction, on appelloit aussi *Prætorium*, le lieu, le Siege ou Auditoire, auquel ils rendoient la Iustice.

4. La dignité du Prefect du Pretoire sous les Empereurs, estoit la plus haulte, & la plus eminente de l'Empire: & ne se rapportent pas mal à nos anciens Maires du Palais, n'estoit qu'ordinairement il y en auoit deux: Car Auguste Cæsar, qui en fut le premier auteur, en crea deux dés le commencement de leur institution: afin qu'ils s'esclairassent l'vn l'autre, & que leur puissance estant diuisée, il ne leur fust pas si facile de conspirer contre le Prince, ou contre son

Dio. Cass. lib. 55.

estat. Tybere aymant Sejanus, le constitua seul en cette dignité: Mais l'auctorité adherente a cette charge recueillie en vne seule personne, estoit si grande, que Tybere s'en estant bien tost apperceu, & n'estant plus en sa puissance d'oster ce pouuoir à Sejanus viuant, fust contrainct de le faire tuer par surprise: estant chose tres-dangereuse & formidable à vn subject de voir son nom s'esleuer sur celuy de son Prince: *Id maximè formidolosum, priuati hominis nomen supra Principis attolli.*

Cornel. Tacit. lib. 4. Initio.

Idem. In vita Iulij Agricola.

5. Les Empereurs suiuans, en firent depuis tousiours deux au moins: Commodus en institua trois, & Constantin iusques au nombre de quatre, qu'il appela *Præfectos Prætorio Orientis, Illirici, Italiæ, & Galliæ*: Ayant faict sous ces quatre noms, vn departement de toutes les Prouinces de son Empire. Ce que Constantin fit pour rompre & eneruer la puissance exorbitante de cette sorte de Magistrats, en diuisant leur auctorité en menues parcelles: Et mesmes leur ostant la plus grande partie du pouuoir, & du commandement qu'ils auoient sur les gens de guerre. C'est ce qui le meut à creer de nouueau deux offices, sous le nom de *Magister Equitum & peditum*, qui residoient quelquefois en deux personnes, & quelquefois en vne, transportant à ces offices tout le pouuoir de commander aux armees, & de faire les punitions des crimes commis par les soldats.

6. Ce que Zosimus a laissé par escrit en ces mots, qui meritent bien d'estre icy transcrits, pour faire entendre quel estoit le nombre & la puissance de tels Magistrats. Voicy donc comme il en parle: *Cum essent duo Præfecti Prætorio, qui hoc officium cõmuniter gerebant: nec Palatini tantum ordines eorum cura potestatéque gubernabantur, sed etiam ij, quibus erat vrbis commissa custodia: Et quotquot in omnibus limitibus erant collocati. Hic enim Præfectorum Prætorio magistratus, qui post Imperatorem secundus existimabatur, annonas erogabant, & contra militarem disciplinam admissa conuenientibus pœnis corrigebant. Constantinus autem hunc magistratum in quatuor Imperia discerpsit.* Puis vn peu apres: *Hac ratione diuisô Præfectorum Imperio, studiosè conatus est alijs quoque modis eorum potestatem imminuere. Nam cum præessent vbique locorum militibus, non modo Centurionibus & tribunis, verùm etiam ducibus (sic enim appellabantur qui quolibet in loco Prætorum vicem obtinebant) Magistris militum institutis, altero Equitum, Peditum altero: & in hoc translata potestate militum ordinandorum, & coërcendi delinquentes, hac etiam in parte Præfectorum auctoritati detraxit.*

Lib. 2.

7. Or ay-ie faict comparaison des *Præfecti Prætorio*, aux Maires des Palais qui ont esté sous les deux premieres races de nos Roys: d'autant qu'en leur nom, & en leur charge ils auoient ensemble beaucoup de correspondance: Car Maire signifie vn Superieur, & le Palais, c'est ce que les Romains appellent *Prætorium*, Et quant à la

chose, comme le Maire du Palais estoit le chef & le superieur general de tous les officiers de France. Aussi les Prefects du Pretoire estoient les plus releuez en pouuoir & dignité sur toutes les autres dignitez de l'Empire, seconds apres les Empereurs, outre lesquels ils n'auoient personne au dessus d'eux. Les Maires du Palais auoient cela de commun auec les Prefects du Pretoire, que d'auoir la superintendance de la guerre, de la Iustice, & des finances: (en quoy gist le gros de l'estat) & mesme encore de la maison du Roy: d'où le nom de son office auoit pris son origine: *Palatium enim cum regno gubernabat.* Comme dict Aimon le Moine, parlant de Ega Maire du Palais.

Lib. 4. c. 35.

8. Comme ainsi soit donc, qu'en la guerre, en la Iustice & aux finances consiste tout l'estat d'vn Royaume, en comprenant les charges de la maison du Roy sous celles de la guerre. Ce n'est pas de merueille, que tout ainsi comme les Prefects du Pretoire vsurperent plusieurs fois l'Empire: aussi toutes les deux fois que ce Royaume a changé de race: cela s'est faict par les Maires du Palais. Mais les Roys de la troisiesme race, à l'imitation de Constantin, s'auiserent de diuiser & partager à plusieurs, la puissance desdits Maires, qui estoit trop dangereuse en vn seul: voire la supprimerent tout à faict, en ostant le nom auec la chose. De laquelle suppression, quatre autres offices de la Couronne furent grandement accreus, entre lesquels les quatre fonctions d'iceluy furent diuisees: A sçauoir de Connestable, qui n'estoit de son origine que le grand Escuyer du Roy: *Regalium præpositus equorum*, dit *Rhegino*, & qui eust la superintendance de la guerre: Le Chancelier, qui n'estoit que le premier Secretaire du Roy, *Primicerius Notariorum*, & qui eut la superiorité de toute la Iustice. Le grand Thresorier de France, qui eut la superintendance des finances. Et finalement, le grand Maistre de France, anciennement dict *Comes palaty*, à qui escheut le gouuernement de la maison du Roy.

9. La dignité & le pouuoir des Prefects du Pretoire, ne fut pas neantmoins tellement restrainte, qu'elle n'ait tousiours esté estimee la premiere de toutes: & qu'il ne soit resté à ceux qui en estoient pourueuz, beaucoup de belles & honorables charges sous les Empereurs: partie desquelles on peut voir dans le tiltre, *de officio Præfecti Prætorio Orientis, & Illirici, & Africæ*, au Code. Mais entre autres pouuoirs qui leur sont demeurez, celui-cy en est vn, qui faict à nostre propos: c'est qu'ils n'estoient astreints à prendre certain nombre de lettres de poste par chacun an pour courir sur les grands Chemins: A quoy les autres officiers & Magistrats estoient obligez: mais ils auoient le droict de courir par eux mesmes, & sans lettres. Ce que
la

la notice de l'Empire appelle vn mot *Emittere*. *Præfectus prætorio euectiones annuales non habet, sed ipse emittit.* C'est à dire, le Prefect du pretoire n'a que faire de prédre par chacun an certain nombre de lettres de Poste pour courir: Mais luy-mesme court de sa propre auctorité. Ce que Guido Pancirolus interprete en ces termes: *Non habet, id est, non impetrat quotannis à Principe vt vtatur cursu publico, quemadmodũ Vicarij, qui denas, aut duodenas euectiones obtinebant: & præsules binas: sed ipsi Præfecti emittunt: id est, suo iure currunt, & alijs etiam concedunt currendi facultatem.*

10. Cela estoit encore dependant de la charge des Prefects du pretoire, d'auoir soing que les Citez & Mansions fussent fournies de ce qui estoit necessaire au passage des armees, lors que les Empereurs alloient à la guerre en personne, & de faire charroyer lesdites prouisions en lieux conuenables: faire dresser son pauillon, & remettre en leur entier les grands Chemins, par lesquels ils deuoient passer: *Præfecti prætoriorum*, dict Constantin Porphyrogenete *inseruiebant principibus expeditionem facientibus, commeatum exercitui prompte procurantes: & tentoria componentes, & vias purgantes*. Les Empereurs entretenoient expres sous les Prefects du prætoire certain nombre d'hommes signifiez par ce mot *Obsequium*, comme qui diroit, gens de seruice, tant pour leur preparer les chemins, que pour meubler les domiciles où ils deuoient demeurer au giste, *Atque hæc quidem est ratio obsequij. Quam quidem appellationem ei inditam esse diximus, quod præirent Imperatorem, vt vias & domicilia ei præpararent atque concinnarent* Bref, c'estoit encore à eux de faire charroyer tous les deniers prouenãs des tributs & peages, salines, ports, ponts, & passages de l'Empire. A raison dequoy, ils auoient toute puissance & auctorité sur ce qui est des animaux & des charriots que l'on tenoit aux Mutations, Maisons & Citez: non seulement pour les Postes, que l'on appelle *Cursum publicum*: mais aussi pour les charroy de diuerses especes, que l'on transportoit de lieu à autre, que l'on appelloit *Cursum Clabularem*: duquel nous auons parlé cy dessus. Lesquelles deux courses sont celles mesmes, que la loy d'Arcadius reserue au pouuoir du seul Prefect du Pretoire, en la loy cy dessus alleguee, sous ces termes *de Velox & Clabularis cursus.*

Libelle de Thematib. Them. 1.

Const. Porphy. Them. 4.

11. Il ne reste plus qu'à dire vn mot de celuy que l'on appelloit *Magistratum officiorum*: Comme qui diroit le Maistre, ou le Chef & superintendant des officiers domestiques du Prince, *Quod officijs, id est, ministerijs seu principi ministrantibus præesset.* Car entre autres significatiõs de ce mot *Officium*, il signifie seruice ou ministere domestique. C'est donc comme vn Maistre d'hostel, à qui les seruiteurs domestiques de l'Empereur estoient sous-mis comme ses Iusticiables, *ad quem,*

Kkkk

ainsi que parle Cassiodore, *Omnis palatij disciplina pertinebat*, Et qui presentoit les Senateurs & Ambassadeurs qui desiroient parler à l'Empereur. Ce genre de Magistrat se rapporte fort bien à celuy qu'en France on appelloit le temps passé, souuerain Maistre d'hostel, ainsi que du Tillet nous apprend, qui se qualifie auiourd'huy grand Maistre de France : qui estoit au commencement seul chef de la maison du Roy, & auoit intedance sur tous les officiers d'icelle indifferemment. Et de faict, iusques à present tous les officiers de la maison du Roy sont encore iusticiables du Preuost de l'hostel, qui estoit anciennement le Iuge estably par le grand Maistre de France, pour exercer sa charge primitiue de *Comes Palatij*, qui signifie le Iuge de la maison du Roy : Tout ainsi qu'en droict tous les domestiques de l'Empereur estoient iusticiables du Maistre des Offices.

12. Puis donc que les Prefects du pretoire, & les Maistres des offices tenoient de si haults grades de dignité chez les Empereurs, il faut dire que l'vsage des Postes estoit en grand estime & reuerence : & quasi comme chose saincte & inuiolable parmy les Romains : puis que c'estoit d'eux, ou de la propre personne des Empereurs, que les autres Magistrats prenoient lettres de poste : puis que plusieurs grandes peines estoient statuees à l'encontre de ceux qui en abusoient, lesquelles se peuuent voir par tout le tiltre *de Cursu publico*, tant au Code de Theodose, que de Iustinian : Et puis que nul homme priué de quelque condition & qualité qu'il fust, ne s'en osoit ny pouuoit seruir, ains ceux-là tant seulement, qui faisoient les affaires du Prince.

DES MAGISTRATS QVI AVOIENT DROICT
de courir par lettres, & combien de lettres on
leur donnoit par chacun an.

Chapitre XVII.

1. *Magistrats qui auoient droict de poste. Vicaires & leur deputé.*
2. *Les Vicaires auoient dix ou douze lettres de poste par an, de la main de l'Empereur.*
3. *Presidēt & Gouuerneurs de Prouinces, combien de lettres par an.*
4. *Origine & dignité des Ducs en*

l'Empire Romain.
5. *Origine & diuersité des Comtes sous les Empereurs.*
6. *Du droict que les Ducs auoient de courir par les postes Romaines.*
7. *Du droict que les Comtes & autres officiers auoient de courir.*

DE L'EMPIRE LIV. IIII. 627

1. ENTRE les Magistrats qui auoient droict de courir par lettres, Ie trouue ceux que les Romains appelloient *Vicarios, Præsides Prouinciarum, Duces, Comites, Iudices, Tribunos militum, Senatores, & Agentes in rebus.* Les Vicaires estoient les Lieutenans des Prefects du Pretoire, & tenoient beaucoup de la grandeur, & auctorité d'iceux. Toutesfois il n'auoient aucun pouuoir ny splendeur comme d'eux-mesmes: mais estoient ainsi que personnes empruntees, qui reluisoient par la lumiere d'autruy: Car la Iustice & Iurisdiction qu'ils exerçoient, estoit celle des Prefects du Pretoire, sous lesquels ils iugeoient souuerainement de la vie & de la mort: ne paroissoient iamais deuant les soldats qu'en habit militaire, nommé Chlamis, enseigne de leur dignité: & auoient ce priuilege special, qui ne se donnoient qu'aux grands, de se pouuoir faire porter en carosse, auec quelques autres marques d'honneur que Cassiodore descrit en ses formules en ces termes: *Vices agentium mos est, sic iudicum voluntatibus obedire, vt suas non habeant dignitates, spendeant mutuo lumine, nitantur viribus alienis.* Et peu apres: *Habes enim cum Præfectis aliquam portionem. Partes apud te sub prætoriana aduocatione confligunt, vice sacra sententiam dicis. Et quod maximæ fidei signum est, in inscriptionibus vita tibi committitur hominum, quod inter mortales constat esse pretiosum. Ad similitudinem summorum carpento veheris, &c.* *Lib.6. variarum, in formula vicarij vrbis.*

2. Mais entre autres priuileges signalez, cestui-cy en estoit l'vn, que les Vicaires auoient droict de poste sur les grands Chemins, & que c'estoit l'Empereur mesme qui leur donnoit dix ou douze lettres de postes par chacun an: come on voit par ces mots de Iulian parlant à Mamertinus Prefect du pretoire: *Exceptis igitur vobis, nulli euectionem licebit facere de cætero, sed vt necessitates publicæ impleantur, Vicarijs denas vel duodenas euectiones manu mea perscriptas ipse permittam.* Et si cela est remarquable qui se permettoit à peu de gens, c'est qu'on luy concedoit dix cheuaux & trente asnes, tant pour luy, que pour son bagage: *Proficiscente Vicario xxx. asini, veredi decem tantummodo moueantur.* *L. 12. C. Th. de curs. pub.*

3. Quant aux Presidents des Prouinces, quoy qu'à la rigueur ils soient distinguez des Proconsuls & Propreteurs: Si est-ce qu'en ce qui touche les postes, ce mot est general pour tous, signifiant autant que Gouuerneurs de Prouinces. Au reste, ils n'auoient par an que deux lettres de poste, qu'ils tiroient du Prefect du pretoire. Et en cas de necessité, vne de surcroit, qu'ils receuoient des mains de l'Empereur: comme est contenu en la mesme loy de Iulian: *Præsidibus vero binas annuas faciat vestra sublimitas, quibus ad separatas Prouinciarum, secretásque partes necessarijs ex causis officiales suos dirigere possint. Sed his quoque nostra etiam mansuetudo euectiones singulas dabit, vt ad nos referri possint, cum id* *L. 38. C. Th. eod.*

fieri necessitas quædam exegerit. Mais lesdits Presidens ne pouuoient courir qu'à deux cheuaux, ou trois au plus: dont l'vn estoit vn cheual de trauerse, dict *Angaria*, que l'on donnoit lors qu'il estoit besoing de se diuertir des grands Chemins. Ce que Maiorian appelle, *vnam angariam & duos paraueredos, qui dabantur Præsidibus prouinciarum euntibus ad aliquam ciuitatem*.

Nouel. maioria. tit. l. de Curial.

4. Quant aux Ducs, ils n'ont esté instituez en tiltre de dignité, que depuis Constantin, car ce mot auparauant signifioit vn Capitaine, que Ciceron appelle *Administratorem belli gerendi*. Et Liuius nōme *Ducem, eū qui bellum suo auspicijs gerit*. Dont la puissance souueraine s'appelloit *Imperium, sine quo*, comme dict Ciceron mesme, *exercitus haberi, bellum geri, res militaris administrari non potest*. Cette dignité & auctorité militaire estoit du commencement propre aux Preteurs & aux Consuls. Mais depuis que les Empereurs eurét mis leur siege à Constantinople, ils establirent par les prouinces plus esloignees, & qui tenoient lieu de frontiere, certains Gouuerneurs auec des grosses garnisons, ou des petites armees: lesquels auec le téps furent appellez *Duces*, à cause du commandement qu'ils auoient sur les gens de guerre: Comme il se voit dans Cassiodore *in formula Ducatus Rhetiæ*. C'est de là que viennent dans la notice de l'vn & l'autre Empire ces qualitez de *Dux Arabiæ, Armeniæ, Britanniæ, Daciæ ripensis, Euphratensis, Libyæ, Mauritaniæ, Belgicæ secundæ*, & plusieurs autres: lesquels changeoient quelquefois leurs noms *in Consulares siue Proconsulares aut Proprætores*, à la fantaisie des Empereurs. Et auons appris peu auparauant par l'autorité de Zosimus, que les Ducs estoient ceux, qui en quelque part qu'ils commandassent, ils y tenoient rang & auctorité de Preteurs. *Sic enim appellabantur, qui quolibet in loco Prætorum vicem obtinebant*.

Lib. 1. de Orat. Liu. lib. 4.

5. Pour ce qui est des Comtes, leur nom est tiré du mot Latin *Comites*, cōme qui diroit Compagnons du Prince, ou plustost Courtisans, la cour du Prince estant appellee en Latin *Comitatus*, Pource que les Empereurs estans cōtraints faire plusieurs voyages pour maintenir cette grande estenduë de leur Empire, appelloient *Comites* leurs Courtisans, & *Comitatus* leur Cour. Et faut remarquer, qu'il y eut des Comtes de plusieurs sortes en l'Empire: car ceux qui estoient attachez au seruice du Prince, & obligez de se tenir en Cour, se nōmoient *Comites Palatini*. Et estoient ces Comtes distinguez par le nom de leur charge: cōme *Comes Palatij, Comes stabuli*, d'où vient le mot de Comte d'estable, depuis tourné en Connestable: *Comes sacrarum largitionum*, intendant des finances, & autres semblables. Les autres intitulez de ce nom estoient ceux, lesquels les Empereurs Constantin, & ses successeurs choisissoient d'entre les plus sages & les plus vaillans de leurs courtisans, pour enuoyer par les Prouinces: dont il s'est trouué deux

L. 4; D. de testam. milit. L. 13. §. ignominiosa l. 1. C. de his qui per metum.

DE L'EMPIRE LIV. IIII.

manieres : les grands & les petits. Ce qui a eu lieu, tant en l'Empire, qu'au Royaume de France, la police duquel a esté en partie formee sur celle que les Empereurs auoient establi par les Gaules & ailleurs. Les grands Comtes estoient ceux qui estoient preposez sur des prouinces entieres, appellez *Comites Prouinciarum* : c'est à dire, les Gouuerneurs des prouinces. De ceux-cy parle Capitolin, lors qu'il dit que Verus Empereur, *confecto bello regna Regibus, Prouincias Comitibus suis distribuit*. Tel estoit le *Comes Africæ, Orientis, Macedoniæ*, & autres.

L. I. C. de officio Rectoris prouinciæ & Tit. de Comit. qui prouincias regunt.

9. Les petits Comtes que l'on appelle *Comites minores & inferiores*, estoient les Intendans & Gouuerneurs, non des Prouinces, mais des villes : comme il se collige de Cassiodore : notamment des 22. & 23. Epistres du liu. 6. & de la 13. du liu. 7. Où il se voit qu'ils estoient ensemble Iuges & Gouuerneurs des villes, non hereditaires ains destituables à la volonté du souuerain.

L. L. & 2. Ne Comites & Tribuni lauac. præf. C. Theod.

11. Les Ducs & les Comtes auoient droict de courir sur les G. Chemins par lettres de Poste, comme il appert par plusieurs loix & ordonnances des Empereurs. Pour ce qui est des Ducs, vous auez la loy derniere, C. *Theod. de cursu publico*, qui monstre bien qu'ils auoient droict de prendre la poste depuis Rome iusques à l'entree des Prouinces ausquelles ils estoient enuoyez pour gouuerneurs : mais qu'estant vne fois paruenus sur les frontieres d'icelles, il falloit qu'ils se seruissent de leurs propres cheuaux, & quittassent les cheuaux publics : *Nemo ducum ingressus semel prouinciam suam, postmodum itineribus faciendis cursu atque angariis ipse, siue suam vtatur officium : sed expeditionem militarem iumentis propriis exequantur*.

12. Pour les Comtes, ils sont reglez par vne mesme loy auec les Tribuns, & autres, ainsi qu'il s'ensuit : *Hi qui Prouincias præsunt, inspectis vectionibus ex quacunque parte venientium ad vehiculorum vicem, Comites quatuor veredos cum Parhippo : Tribunos militum ternos mouere permittant. Cæteros domesticos, protectores, & agentes in rebus binis vti tantummodo patiantur*. Par laquelle loy on apprend que les Comtes pouuoient courir à quatre cheuaux de Poste, & vn cheual de trauerse : les Tribuns ou Colonels de la Caualerie ou Infanterie, auec trois : & les solliciteurs des affaires Imperiales que l'on appelloit *Agentes in rebus*, auec deux seulement.

DES MESSAGERS OV COVRRIERS ORDInaires des Empereurs, que l'on appelloit *Agentes in rebus*.
CHAPITRE XVIII.

1. Quels estoient ceux que l'on nommoit *Agentes in rebus*.
2. Premier & second poinct en quoy consistoit leur charge.
3. Frumentaires à la place desquels les Agens ont succedé.
4. Exercice grand des Agens à porter & des Empereurs à receuoir ou escrire lettres.
5. Agentes enuoyez pour le passage des armees, de quel honneur recompensez.
6. Second poinct de la charge des Agents.
7. Defenses de prendre cheual de surcroist, & de s'esloigner des grands Chemins.
8. Quel nombre d'Agents en chacune prouince.
9. Interpretation de Canal public.
10. De quelle qualité on choisissoit les Agens.
11. Que c'est que Curiosus & Præsentalis.

1. MAIS puis que nous sommes tombez sur ceux que l'on nomme *Agentes in rebus*, comme qui diroit Agens ou Commis aux affaires des Postes: dautant que plus souuent qu'aucuns autres, ils estoient employez aux courses publiques par les Empereurs, ils meritent bien d'auoir en ce lieu leur discours à part. Il faut donc entendre, que les Empereurs auoient institué certains Colleges d'officiers, qu'ils appelloient *Collegia, seu scholas Agentium in rebus*: l'office desquels consistoit principalement en deux choses: La premiere de porter les lettres & pacquets des Empereurs par la voye des Postes: à raison dequoy on les peut dire Messagers, ou Courriers ordinaires des Empereurs. La seconde estoit de voir & visiter les lettres des Postes, que les Empereurs, ou leurs principaux officiers donnoient à ceux qui couroient sur les grands chemins.

2. Pour satisfaire à la premiere de ces deux charges, il falloit qu'ils fissent en vn iour autant de chemin qu'il y auoit de l'vn des Gistes ou Mansions à l'autre. Ce chemin iournalier estoit court ou long, selon la disposition des Gistes. De l'vn desquels à l'autre il y auoit cinq Postes au moins, & huict pour le plus: suiuant le tesmoignage de Procopius cy dessus allegué, qui porte que les Courriers publics par le moyen des cheuaux frais se succedans les vns aux autres, faisoient d'vne course continuelle quasi autant de chemin en vn iour, que l'on en fait ordinairement en dix: & dautant que la distance mesme des Postes ou Mutations n'estoit point limitee, se trouuant des postes depuis quatre mil iusques à douze, cela est cause que les Gistes ne le pouuoient estre, puis qu'ils estoient composez de ces Postes inegales.

3. Le deuoir des Agens du Prince estoit de prendre garde si

quelque conspiration secrette, mouuement, tumulte, ou sedition venoient à naistre ou s'esseuer par les prouinces. Et en cela ils auoient succedé à d'autres officiers precedens, que l'on appelloit *Frumentarios*: lesquels furent abolis & supprimez, à cause des calomnies & faux rapports qu'ils faisoient aux Empereurs contre plusieurs particuliers des prouinces esloignees. D'où viennent ces mots de sainct Hierosme: *Quos nunc Agentes in rebus & Veredarios appellant, veteres Frumentarios nominabant*. Aurelius Victor nous tesmoigne, que ce fut Diocletian, qui abolit ces Froumétiers, qu'il appelle race pestilente, à cause des crimes qu'ils inuentioient contre plusieurs innocens, lesquels pour estre trop esloignez de la Cour, n'auoient moyen de se purger auant que d'estre opprimez & destruits de fond en comble. *Ac remoto*, dit cet Auteur, *pestilenti Frumentariorum genere, quorum nunc Agentes rerum simillimi sunt: qui cum ad explorandum annunciandumque, qui forte in prouincijs motus existerent, instituti viderentur, compositis nefarie criminationibus, iniecto passim metu, præcipuè remotissimo cuique cuncta fœdè dissipiebant*.

Cap. I. Comment. in Abdiam.

In Diocletiano.

4. Les Agens doncques ou Courriers ordinaires des Empereurs ayant succedé à ces Fromentiers, seruoient sur tous les autres aux faicts des Postes, & estoient quasi en perpetuel exercice, à cause de la multitude des affaires, dont les Empereurs estoient chargez pour le regime & gouuernement d'vn si grand Empire: vne bonne partie de leur temps, soit de nuict, soit de iour estât employee à receuoir mil depesches: ou en enuoyer de mesme aux Gouuerneurs des Prouinces. Mamertinus en son Panegyrique à Maximian, nous donne vn tesmoignage singulier de ceste multitude d'affaires & de Messages, lors que parlant de la diligence que cet Empereur apportoit aux affaires: il dir, Que son exercice estoit, *Accipere innumerabiles vndique nuncios totidem mandata dimittere, de tot Vrbibus & nationibus & prouincijs cogitare: noctes omnes diesque perpetim sollicitè pro omnium salute transigere*. Cela estoit cause qu'il y auoit tousiours bon nombre de ces Agens pres de la personne des Empereurs, pour la necessité qu'ils auoient d'enuoyer quasi par chacun iour en voyage aucuns de leurs corps ou College. Et pour les auoir plus en main, Constantius defendit au Prefect du Pretoire de leur donner lettres de Poste, s'estant reserué ce pouuoir, & au Maistre de ses officiers domestiques: comme on voit par ces mots, qui s'addressent *ad Taurum Præfectum Prætorio*. *Agentibus in rebus tua sublimitas tribui vel fieri euectionem vetamus. Sufficere namque posse confidimus, quæ hisdem à nobis, vel Magistris officiorum comitatus nostri iussis necessaria habita ratione præbentur*. Et estoit expressement defendu ausdits Agens d'exceder les termes de leurs lettres & commission: ny les iours qui leurs estoient prescrits en icelle. *Hoc*

L. 9. C. Th. de curs. pub.

L.7.C.Th. de execut. & exact.

tantùm potestatis accipiat, quod mandatum curæ suæ specialiter coprobatur. Sinon il falloit qu'ils rendissent raison de la necessité du retardement, & *probarent causas necessariæ tarditatis.*

L.7.C.Th. de cur. pub.

5. Entre autres affaires ausquelles lesdits Agens estoient employez, c'estoit pour faire passer & auancer de lieu en autre les troupes ou armees Imperiales: *Ii namque ad mouendum militem mitti consueuerunt.* A raison dequoy on leur donnoit souuent des cheuaux de surcroist, que l'on nomme *Parhippos*, ou *Paraueredos*. Et dautant qu'en l'exercice de telle charge ils couroient souuent de grands hazards d'estre pris ou tuez par les ennemis, s'ils auoient bien fait és commissions qui leurs estoient donnees, Ils estoiēt esleus à la dignité de ceux que l'on appelloit *Principes Agentium in rebus*, lesquels auoient l'Intendance & le commandement sur leurs compagnons, iouyssoient de plusieurs priuileges, & pouuoient paruenir aux premieres charges & dignitez de l'Empire. Comme tesmoignent ces mots de Theodose.

L.6. Co. de Princip. Agent. in reb.

Principes Agentium in rebus, quos sæpe seua pericula, vitæque interdum renunciatio ad memoratum gradum adduxit, completo tempore militiæ comitiuæ, primi ordinis cingulo in diem vitæ potiri decernimus.

6. Le second poinct auquel consistoit l'Office des Agens ou Courriers des Empereurs, estoit de prendre garde si aucuns couroient sans lettres: de les faire representer, & voir si elles n'estoient point falsifiees & contrefaites: si elles estoient aux termes des deuës & legitimes euections: si ceux qui s'en seruoient, n'excedoient point en nombre de cheuaux, de chariots, ou de iours, ce qui leur estoit prescrit: & en cas de contrauention, les retenir & arrester, en rescrire à l'Empereur, ou à ses officiers: ou bien en faire faire la punition par les Magistrats qui se trouuoient sur les lieux. Ce qui se voit par vne loy de Constantin, qui porte entre autres choses, *Agentes in rebus, in curis agendis & euectionibus publici cursus conspiciendis nostrorum memores præceptorum credimus in omnibus velle profutura Reip. &c.* Et peu apres: *Hi verò peruigili prouidentes, prouidebunt, ne quis contra euectionis auctoritatem moueat cursum, vel amplius postulet, quàm concessit euectio.*

L.29.C. Th.C. de cur. pub.

L.2. C.Th. de Curiosis.

7. Il estoit defendu entr'autres choses, de prendre aucun cheual de surcroist, s'il n'estoit porté par les lettres de poste, sur certaines grandes peines mentionnees au Code de Theodose, en ces mots. *Hi tantùm Parhyppum præsumant, quibus nos ipsi in euectione quam facimus, veredum cum Parhyppo tribus iusserimus. Si quis verò contra nostræ admonitionis indultum id licenter exegerit, seuerissimæ subiaceat vltioni.* Il y auoit pareille peine contre ceux qui se destournoient des grands Chemins de cinq cens pas seulement: Car il estoit expressement defendu par vne loy de Theodose, *Ab Itinere recto diuertere.*

L.14. & 59. C. de curs. publ.

L.25. C.Th Cod. I.

L. 5. C. de curs.publ.

8. Pour exercer cette charge on enuoyoit des Agens en chacune

DE L'EMPIRE, LIV. IIII.

cune prouince iusques au nombre de deux seulement : suiuant la loy susdicte *De Curiosis*; où l'on trouue : *Nec vero multos esse per singulas prouincias iussimus: quippè sufficit duos tantummodo curas gerere, & cursum publicum gubernare, vt licet in Canalibus publicis hæc necessitas explicetur, numerus tamen amplior esse non debeat.* C'est à dire : Nous auons ordonné qu'en chacune prouince il n'y ait pas grand nombre d'Agens : car c'est assez qu'il y en ait deux qui ayent le soin & gouuernement des Postes. Et encore que ce soit sur les Canaux, ou Chemins publics que s'estende la necessité de leur charge, si est-ce que ce nombre n'y doit point estre augmenté. Tant s'en faut aussi que ce nombre ait esté accreu, que quelque temps apres il fut restreint à vn seul pour chacune prouince, par la loy derniere *de Curiosis*, au Code : qui porte *Agentes in rebus singulos per singulas prouincias mittendos esse censemus: quibus inspiciendarum euectionum tantum debeat cura mandari.*

9. Mais puis que nous sommes tombez sur ce mot de Canaux publics, qui n'est pas de commune intelligence, il faut que ie transcriue icy ce que i'en ay appris de Monsieur de Saumaise, qui tient auiourd'huy l'vn des premiers rangs entre les sçauans de ce siecle. C'est de sa voix que i'ay premierement sceu, que ce mot ne signifie pas, en la loy cy dessus alleguee, ces Canaux qui ont esté faicts pour accommoder la nauigation des riuieres, quoy qu'on les puisse nommer Canaux publics : mais qu'en cet endroict & plusieurs autres, ce mot de Canal vaut autant à dire que Chemin public, ou Voye Militaire. Ce qui se peut colliger des termes dont vse la loy xv. *De cursu publico*, au Code Theod. *Neque tamē sit cuiusquam tam insignis audacia, qui parangarias aut Paraueredos in Ciuitatibus ad Canalem audeat commouere*: où vous voyez des cheuaux de poste sur vn Canal, auec ce verbe *Commouere*. Ce qui ne peut conuenir qu'à des chemins par terre, & non par eau : Car en ceux-cy les batteaux & non les cheuaux seruent aux voictures. Cela se confirme par ces mots de l'Apologie seconde, page 595. de S. Athanase, lequel ayant compté les Euesques assemblez au Concile de Sardis, tant d'Espagne, d'Italie, de la Gaule, que d'autres prouinces, adiouste: εἰ ἐν τῷ καναλίῳ τῆς Ἰταλίας, Προβάτιος, Βιάτωρ, & ceteri. C'est à dire, Probatius, Viator, & autres Euesques des Citez assises sur le Canal d'Italie. Et au Canon xxi. dudit Concile, ἐὰν ἕκαστος ὑμῶν τῶν ἐν ταῖς παροίκίαις ἢ τῷ καναλίῳ καθεστώτων ἐπισκόπων σκοπείδρος. Où le mot de Canal est interpreté par celuy de chemin ou passage. Car cela signifie. Si chacun de vous qui estes Euesques des Citez assises sur le passage ou Canal. Soit donc que ces grands Chemins ayent eu ce nom à cause des longues fosses qui en costoyent quelques vns de part & d'autre, & qui ont esté faictes de l'exhaussement des terres dont la leuee de ces chemins est composee : ou bien par similitude des Postes qui coulent

LIII

sur ces hauts passages, comme les eaux des riuieres dans leurs canaux: ou qu'estans cõduits à trauers les champs, rehaussez à demie bosse, ils representent vn Canal renuersé; il est bien certain que les villes ou citez assises sur iceux, à cause de ces voyes publiques, ont esté dictes *Peruia*, par Ammian Marcellin, comme qui diroit Villes de passage: comme au cõtraire Ciceron appelle *Oppida deuia*: en ses Philippiques, les Citez qui sont esloignees des grands Chemins.

10. Mais pour retourner à nos Agens, on ne prenoit pas le premier venu de leurs Colleges pour enuoyer par les prouinces: mais ceux là tant seulement, qui s'estoient acquis quelque degré d'honneur parmy leurs compagnons. Tels qu'estoient ceux qu'ils appelloient *Equites, Circitores, Biarcos, Centenarios, & Ducenarios* : qui estoient noms de certains offices, par lesquels, ainsi que par degrez, les Agens montoient en la dignité de Prince : *Agentes in rebus*, dit Zeno, *post palmam laboris emeriti Principatus honore remuneramus: atque ideo officialis*

L.1.C. de tam ad necessitates publicas, quam priuatas, nõnisi Principe mittatur auctore, nul-
Princip. A- larum sine ipso cuiquam mandetur exhibitio personarum. Or quiconque estoit
gent. in reb. paruenu à la dignité de Prince des Agens, pouuoit en apres estre honoré de celle de Proconsul, ou de Lieutenant general par les prouin-
L.3.& 5.C. ces de l'Empire, qui estoit l'vn des plus beaux degrez d'honneur, où
eod. les gens de Cour des Empereurs pouuoient aspirer.

11. Reste à remarquer, qu'à raison du soin que les Agens des Empereurs auoient du faict des Postes, ceux qui estoient choisis d'entr'eux pour cet exercice, en eurent particulierement le nom de *Curiosi: Quia curas gerebant , & cursum publicum gubernabant*. D'où est venu le tiltre *de Curiosis*, au Code, tant de Theodose que de Iustinian : où ie renuoye les Curieux, comme au tiltre qui leur appartient: & me contenteray de dire, qu'il y auoit vn de ces curieux tiré du College des Agens, qui deuoit residence actuelle en la ville de Constantinople. A raison dequoy il fut dit *Præsentalis*, dont la charge estoit de prendre garde: *Ne quis sine iussu Principis equis publicis curreret: neue euectionibus vltra statutum tempus, vel modum vteretur*. C'est à dire, que personne ne se seruist des cheuaux publics, sans permission du Prince : ny outre le temps & la maniere prescrite par ses lettres d'euection.

DE LA TROISIESME FIN POVR
laquelle les grands chemins ont esté faicts.

CHAP. XIX.

1. Pour quelle raison il faut passer au troisiesme chef de la cause finale des grands Chemins.
2. Deuise d'Auguste Cesar, & de la facilité du transport des armees par le moyen des grands Chemins pauez.
3. L'histoire fabuleuse des Rois de Belges, attribue la principale fin des chemins de Bauais, au transport des armees.
4. Ladicte histoire en quoy fausse, & en quoy veritable.
5. Combien de chemin les soldats Legionnaires estoient tenus de faire par iour.

1. TOVT ce que nous auons dit iusques à present des Mutations, Mansions & Citez, ne touche que le faict des Postes, que nous auons mises & constituees pour second chef de la cause finale des grãds Chemins de l'Empire: mais d'autant que ce qui reste à dire sur icelles, concerne la conduite des armees & charroy de plusieurs choses necessaires à la suite d'icelles: c'est pourquoy il nous faut parler du troisiesme chef, qui gist au transport des armees auant que de proceder plus outre en cette matiere.

2. Nous dirons donc que l'vne des principales causes qui a mis en œuure tant de bras & de mains à pauer des chemins par les prouinces de l'Empire, est pour faciliter le passage & transport des armees d'vn lieu en autre, suiuant la necessité des affaires, & exigence des cas. Auguste auoit pour Deuise σπεῦδε βραδέως : c'est à dire, Haste toy lentement. Il n'y auoit rien de si propre à mettre ce mot en exercice, que les grands Chemins de l'Empire : car par le moyen d'iceux il pouuoit haster le passage de ses armees sans les precipiter: d'autant que la facilité de voyager sur ces chemins, adioustoit d'vne part de la celerité au passage d'icelles, & retranchoit d'autre part les difficultez des lieux humides & marescageux, & des passages des riuieres qui tiennent souuent les armees en demeure, & les empeschent de prendre par les cheueux les Occasions de bien faire. Mais par la commodité desdits Chemins & des Ponts tous faicts, qui en aboutissoient les pieces, les armees pouuoient continuer leurs voyages d'vn mesme train, & sans retardement, interruptiõ, ne discontinuation quelconque, & par ce moyen surprendre les ennemis au despourueu: comme les Empereurs de Rome ont fait bien souuent.

3. Celuy qui a composé l'histoire fabuleuse de Bauo, de Brunehault, & des autres Rois imaginaires du Royaume de Belges, n'a pas oublié d'escrire, que c'est au trãsport & conduite des armees, que gist la fin principale des grands Chemins de la Gaule Belgique. Car il nous veut faire croire, que la raison qui meut sur toutes choses Bauo & Brunehault, l'vn à commencer, & l'autre à parfaire les sept grands

LIII ij

Chemins qui fortoient de Bauais en Hainault, & s'eftendoient par tout à l'enuiron, fut que le Païs bas eftant de foy. humide & marefcageux, empefchoit & retardoit le paffage de leurs armees. Et que pour remedier à cet inconuenient, ils auroient fait faire lefdits chemins par Art magique, & à l'aide des Demons. Ce que Charles Bouel touche en paffant, lors que parlant de Brunehault V. Roy des Belges, felon la Chronique de Hainault, il dit : *Cum fæpe paluftrium* *viarum difficultatibus offenderetur, impetraffe à familiari Dæmone, vt quod humano opere vix perfici poffe animaduertebat, id concita & repentina Dæmonis opera impleretur.*

Lib. de Hallucinat. Gallicor. nom. cap. 22.

4. En quoy cet Auteur qui rapporte l'opinion du vulgaire, touche bien la caufe, pour laquelle les grands Chemins de la Gaule Belgique ont efté faicts; mais il y a erreur en la maniere, & à l'Inuenteur defdits Chemins. Dautant que c'eft par l'art & trauail des hommes, & non des Demons, que tels ouurages ont efté faits, quoy qu'aux efprits de ce fiecle, qui n'ont parfaicte cognoiffance de la puiffance Romaine, ils femblent furpaffer les forces communes des hommes : & fi ce n'eft pas le Roy Brunehault qui en eft l'auteur, mais Augufte Cefar, qui les a fait faire par le foin & la diligence de fon Gendre Agrippa : enfemble quelques Empereurs fiens fucceffeurs : lefquels (en enfuiuant fes traces) ont adioufté des chemins nouueaux aux premiers par luy inuentez. Le tout pour la conduite des armees : d'où leur eft venu le nom le plus commun, le plus ordinaire, & le plus vfité de tous, de *Viæ Militares*, c'eft à dire, Chemins Militaires, ou deftinez au paffage des foldats.

5. Le chemin que les Legions faifoient par iour fur ces Voyes Militaires ne fe faifoit pas à l'aduanture, mais eftoit limité à certain efpace. Car ie trouue dãs Vegece que les Soldats auoient deux fortes de pas ou marches à faire fur les G. C. lors qu'ils alloient en expeditiõs de guerre. L'vn fe nõmoit Pas Militaire, qui eftoit le plus commun de tous. En marchant de ce pas, ils faifoient ordinairemen xx. mil Italiq. de chemin en cinq heures d'efté. L'Empereur Adrian a fouuent fait à pied pareil efpace de chemin, marchãt tout armé à la tefte de fes gés. La feconde forte de Pas ou Marche des Soldats Romains, fe nõmoit le pas plein, ou pleine marche : qui eftoit plus habile, dautãt qu'en pareil temps ils faifoient xxiv. mil de chemin. Que fi quelquesfois ils eftoient contraints de doubler le pas, & d'aller plus vifte, cela ne s'appelloit plus Pas, ne marche, mais courfe. Et de telle façon de courir, le chemin ne fe pouuoit limiter par reigle. Voicy comme Vegece en parle. *Militari ergo gradu viginti milia paffuum horis quinque duntaxat æftiuis conficienda funt. Pleno autem gradu, qui citatior eft, totidem horis xxiv. milia peragenda funt. Quicquid addideris, iam curfus eft, cuius fpatium non poteft diffiniri.*

Spartianus in Hadria.

DES PROVISIONS QVE L'ON TENOIT AVX Mansions pour le passage des armees.

CHAPITRE XX.

1. Faut parler des prouisions communes aux Mansions & Citez.
2. Que c'est que Horrea & annona militaris.
3. Mesures & balances, pourquoy gardees és Mansions & Citez.
4. Les granges ou magazins des Citez & mansions estoient pourueuës aux despens du public.
5. Les Empereurs s'arrestoient aux gistes & mansions, aussi bien qu'aux citez.
6. Que les soldats legionnaires receuoient leurs viures és mansions.
7. Quels estoient les fardeaux des soldats legionnaires outre leurs armes.
8. Publication que faisoit faire Alexander Seuerus de ses voyages.
9. Excellent tesmoignage de sainct Ambroise, sur la forme que les Empereurs & les armees tenoient sur les grands Chemins.
10. Interpretation Françoise dudit tesmoignage.

1. OVTRE le nombre des hommes, des animaux, & des prouisions que les Empereurs entretenoient en commun, tant és Mutations, Mansions que Citez, pour le faict des postes Romaines, les Citez & les Mansions auoient des prouisions particulieres, qui ne regardoient pas le faict des postes: mais la conduitte des armees, & autres affaires des Empereurs, & de l'Empire. Car en cela, les Mansions auoient beaucoup de choses communes auec les Citez, que les Mutations n'auoient pas.

2. Entre autres, ie trouue qu'és Citez & mansions, il y auoit certains lieux publics, comme granges & magazins, nommez *Horrea*, esquels on faisoit amas & reserue de bleds, & de chairs salees, pour distribuer aux soldats, allans en expedition sur les chemins militaires. Ce qui leur estoit distribué par chacun mois, sous le nom commun de *Annona militaris*: comme qui diroit munitions ou prouisions de viures pour les soldats. C'est d'où vient le tiltre de droict au Code, *de Conditis in publicis horreis*: En la seconde loy duquel l'Empereur Valens escriuant à l'vn de ses gouuerneurs de Prouince, luy mande que tout aussi tost qu'il sera en quelque Cité ou mansion, qu'il ayt à voir & visiter les magazins publics, afin que les grains, & autres choses qui s'y conseruent, soient donnees & deliurees aux

L. 2. C. de curs. pub.

L. 10. C. T. 26.

LIII iij

soldats saines, entieres, & non corrompues: *Cum ad aliquam vrbem manſionémque acceſſeris, protinus horrea inſpicere te volumus: Vt deuotiſſimis militibus deflorata & incorruptæ ſpecies præbeantur.*

3. Pour faire donc la deliurance des bleds & chairs aux ſoldats, Valentinian ordonna, qu'en chacune Cité & manſion, il y euſt des meſures de cuiure, ou de pierre, qu'il appelle des-muids: auec des balances accompagnees de leurs poids, pour y meſurer ou peſer les prouiſions, lors qu'il eſtoit temps d'en faire la diſtribution aux ſoldats: *Modios ad metiendum in manſionibus æneos vel lapideos, cum ſextarijs & ponderibus teneri, ac per ſingulas etiam ciuitates collocari.*

L. Modios C. de ſuſceptorib. præpoſitis & arcarijs li. 10.

4. Ces prouiſions militaires ſe faiſoient des deniers publics, & non des particuliers. Que ſil ſe prenoit aucune choſe pour ce regard ſur les peuples des Prouinces, c'eſtoit indignement faict, & outre raiſon. Auſſi Conſtantin defend expreſſément de faire telles vexations aux ſubjects de ſon Empire, & de tirer d'eux autre choſe, ſinon les peages & tributs ordinaires: *Præter ſolennes & canonicas penſitationes multa à prouincialibus indigniſſimè poſtulantur ab officialibus & ſcholaſticis: non modo in ciuitatibus ſingulis, ſed etiam manſionibus, dum ipſis & animalibus eorumdem, alimoniæ ſine pretio miniſtrantur. Prouinciales itaque cuncti iudices tueantur, nec iniurias inultas tranſire permittant.*

L. 2. C. de lucris aduocat. & concuſſ. offic. ſeu apparit. & L. 2. C. Th. de concuſſ. aduocat. ſi ne appareat.

5. D'auantage, quand les Empereurs alloient en voyages ou expeditions par les terres de leur Empire, ils s'arreſtoient ordinairement au giſte dans les Manſions, auſſi bien que dans les villes: C'eſt pourquoy on y portoit les meubles & ornemens Royaux, pour les y receuoir auec appareil digne de leur Majeſté. Ce que l'on peut apprendre de ces mots de ſainct Ambroiſe: *Ecce literæ de inſtituendis manſionibus, inuectio ornamentorum regalium, quæ ingreſſurum Imperatorem ſignificarent.* Suetone dict à ce propos, que l'Empereur Titus ſortant de la ville de Rome peu deuant ſon decez, fut ſurpris d'vne fieure, eſtant logé en la premiere Manſion en laquelle il deceda: *Ad primam ſtatim manſionem febrim nactus.* Et Vopiſcus nous apprend, que ce fut en vne manſion nommee Cœnophrurion, entre Heraclee & Conſtantinople, que l'Empereur Aurelian eſtoit logé, lors qu'il fut mis à mort par deux de ſes domeſtiques: *Sed cum Iter faceret apud Cœnophrurium manſionem, quæ eſt inter Heracleam & Bizantium, manu notarij ſui, & manu Mucaporis interemptus eſt.* Quant aux mutations, à peine ſe trouueroit-il que les Empereurs s'y ſoient arreſtez pour y loger, comme eſtans lieux non capables de receuoir vn train Imperial.

De Obitu Valentiniani.

In Tito. cap. 10.

Vopiſcus in Aureliano.

6. Mais pour retourner à nos prouiſions militaires, & faire apparoiſtre qu'elles ſe diſtribuoient aux ſoldats, auſſi bien par les Manſions que par les Citez, ſeruira le teſmoignage de Lampridius, qui raconte, que l'Empereur Alexander Seuerus, diſpoſoit en telle ſorte

In Alexandro Seuero

ses gens de guerre allant en expedition, que c'estoit aux mansions qu'ils receuoient leurs pensions ou prouisions de viures : afin de les descharger de la peine qu'ils auoient sous les Empereurs precedents, de porter outre leurs armes, des viures pour dix-sept iours. Seuerus dict cet auteur, *milites expeditionis tempore sic disposuit, vt mansionibus annonas acciperent, ne portarent cibaria decem & septem, vt solent, dierum : nisi in barbaricos.*

7. Les soldats legionnaires receuoient ce soulagement, tant qu'ils marchoient sur les terres de l'Empire, d'autant qu'elles estoient munies de grands Chemins pauez, & des commoditez qui en dependoient. Mais aussi tost qu'ils sortoient des frontieres de l'Empire pour entrer dans quelque terre estrangere, qu'ils appelloient *solum Barbaricum*, lors il falloit qu'ils se chargeassent de leurs viures à l'ordinaire, ensemble d'vn pic ou hoyau, & de deux pieux propres à ficher en terre, lesquels ils signifioient sous le nom de *Vallum*, d'autant qu'ils s'en seruoient à affermir les leuees ou remparts des camps militaires, esquels ils se logeoient & fortifioient au milieu de la campagne : & falloit que les citoyens Romains apprissent dés leur ieunesse à porter ceste charge, ainsi que portefaix ou crocheteurs, auant qu'ils fussent enroollez dans les Legions : Et si c'estoit sans mettre leurs armes en ligne de compte. D'où vient que Ciceron a dict, que les soldats Legionnaires ne faisoient point estat que leurs armes leur fussent à charge, non plus que leurs espaules, leurs bras & leur teste : *arma enim* (dict il) *sunt membra militis* : Mais ce qu'ils estimoient leur tenir lieu de fardeau, c'estoit leurs viures pour plusieurs iours, auec les pics & les pieux qui seruoient à se camper.

8. Or afin que les soldats fussent aduertis des lieux par lesquels ils auroient à passer, & receuoir leurs prouisions ordinaires, Le mesme Alexandre auoit de coustume de faire publier deux mois auparauant par affiches, le iour & l'heure qu'il partiroit de la Ville, en quelles mansions il demeureroit au giste par chacun iour, & en quel lieu se feroit aux soldats la deliurance de leurs viures. Ce qui estoit ainsi continué iusques aux terres ennemies : Car en cet endroict, il falloit que chacun reprist son fardeau, & gardast le secret de l'entreprise. Ce que le mesme auteur a fort bien remarqué, lors qu'il dict : *Tacebantur secreta bellorum. Itinerum autem dies publice proponebantur: Ita vt edictum penderet ante menses duos, in quo scriptum esset: Illa die, illa hora ab Vrbe sum exiturus: & si dij voluerint, in prima mansione mansurus: deinde per ordinem mansiones, deinde statiua, deinde vbi annona esset accipienda. Et id quidem eo ... que, quamdiu ad fines barbaricos veniretur. Iam enim inde tacebatur, & omnes ambulabant ita, ne dispositionem Romanam Barbari sentirent.* — Lamprid. ibid.

9. Que s'il y a resmoignage aucun dans toute l'antiquité qui

serue à ce propos, & qui iustifie clairement, que ces prouisions militaires se conseruoient & distribuoient aussi bien aux mansions, comme aux Citez : c'est celuy de sainct Ambroise, que vous voyez icy couché de son long : *Miles cum ingreditur*, dict-il, *viandi ordinem non ipse disponit sibi, nec pro suo arbitrio viam carpit, nec voluntaria captat compendia, nè recedat à signis : sed Itinerarium ab Imperatore accipit, & custodit illud præscripto incedit ordine; cum armis suis ambulat, rectaque via conficit Iter, vt inueniat commeatuum sibi parata subsidia. si alio ambulauerit Itinere, annonam non accipit, mansionem paratam non inuenit : quia Imperator ijs iubet hæc præparari omnia, qui sequuntur. Nec dextra nec sinistra, à præscripto Itinere declinant. Meritoque non deficit, qui Imperatorem suum sequitur. Moderatè enim ambulat : quia Imperator non quod sibi vtile, sed quod omnibus possibile considerat : ideoque & statiua ordinat. Triduo ambulat exercitus, quarto requiescit die. Eliguntur ciuitates in quibus triduum, quatriduum, & plures interponuntur dies. Si aquis abundant, commercijs frequententur : & ità sine labore conficitur Iter, donec ad eam Vrbem perueniatur, quæ quasi regalis eligitur, in qua fessis exercitibus requies ministratur.*

Serm. 5. in Psal. 118.

10. Ce passage de sainct Ambroise est si propre pour depeindre au naturel, & mettre comme deuant les yeux toutes les façons que les Empereurs & les armees Romaines obseruoient en allant en expedition sur les grands Chemins de l'Empire, qu'il merite bien d'estre mis icy en langue Françoise ; puis que c'est principalement en faueur des François que cette ouurage est entrepris. Et partant, ce sainct personnage qui a autrefois esté Gouuerneur de Ligurie sous l'Empire de Valentinian , & qui a conuersé parmy les armees seculieres, auant que Dieu l'eust appellé à la milice Ecclesiastique, veut dire par ces mots, Que le soldat Romain commençant à se mettre en voye, ne dispose pas de soy-mesme l'ordre qu'il doit tenir en son voyage, & ne se prend pas vn chemin à sa fantaisie, ny ne cherche pas les destours ou sentes raccourcies selon sa volonté, de peur qu'il ne vienne à s'esloigner de son enseigne : mais il reçoit la forme de son voyage de l'Empereur, & l'obserue d'vn bout à l'autre. Il garde en allant l'ordre qui luy est prescrit, marchant auec ses armes & faict son chemin par la droicte voye , afin qu'il trouue le secours des viures qui luy sont preparez. S'il va par autre chemin, il ne reçoit aucunes munitions, & ne trouue pas son giste propre : pource que l'Empereur ne commande de tenir tout cela prest, sinon à ceux qui le suiuent. Ils ne se destournent donc ny à droict, ny à gauche du chemin qui leur est prescrit : Et à bon droict ne default rien à celuy, qui suit continuellement son Empereur : Car il marche auec moderation, d'autant qu'vn Empereur ne considere pas tant ce qui luy est vtile en particulier, que ce qui est possible à tous. Et partant il

determine

DE L'EMPIRE LIV. IIII. 641

determine ses gistes & lieux de repos. Il faict marcher son armée l'espace de trois iours, & au quatriesme, il luy permet se reposer. On choisit certaines citez, esquelles on demeure trois ou quatre iours, ou dauantage. Si elles sont accommodees de fleuues, elles en sont d'autant plus marchandes: & par ce moyen le chemin se faict sans grand trauail, iusques à ce que l'on soit paruenu en la Ville, que l'on choisit comme pour siege Royal, & en laquelle on donne repos aux soldats fatiguez.

DES PROVISIONS QVE LES EMPEREVRS tenoient particulierement dans les Citez assises sur les grands Chemins de l'Empire.

CHAPITRE XX.

1. *Trois genres de prouisions propres aux Citez.*
2. *Boutiques ou fabriques d'armes en certaines villes.*
3. *College des armuriers: & ce qu'il falloit faire pour y estre receu.*
4. *Les armuriers marquez au bras par le feu, comme perpetuellement astreints à leur college.*
5. *Le seul moyen d'estre affranchy du college des armuriers.*
6. *Tout vn college d'armuriers tenu des debtes de l'vn des particuliers.*
7. *Priuileges des armuriers.*
8. *Arcenaux Imperiaux où assis.*
9. *Combien il y auoit de fabriques en la Gaule, & en quelles villes.*

1. OVTRE les prouisions que l'on tenoit en commun, tant és Mutations qu'és Citez, il y en auoit encore d'autres, qui estoient propres & particulieres aux Citez seulement: & qui se conseruoient en celles qui estoient assises sur les grands Chemins de l'Empire. Ces prouisions estoient de trois genres: car elles consistoient en armes, en habits, & en argent.

2. Nous commencerons par les armes, & dirons qu'il y auoit des villes en chacune Prouince, esquelles les Empereurs auoient estably certaines boutiques ou officines, que les Grecs appelloiët Ὁπλοποιεία, & les Latins *Fabricas*. En chacune boutique residoient certain nombre d'ouuriers, Armuriers, ou Fourbisseurs, qu'ils nommoit *Fabricenses*, à cause qu'ils forgeoient & fabriquoient des armes de toutes façons, pour en fournir les magazins ou Arsenaux, que les Empereurs auoient en aucunes places fortes de leur Empire.

Nouella.85. seu autentde armis §. 1.

3. Les compagnies de ces armuriers se nommoient *Collegia*. Et ne suffisoit pas pour y estre reçeu, d'estre bon ouurier, & bien expert. Il falloit d'abondant que celuy qui y vouloit entrer, fist preuue, Sese

L.vlt. C.Th. de fabricis, L.4.C. eo lib.11. tit.9

Mmmm

non auo, non patre curiali progenitum, nihil ordini ciuitatis debere, nulli se ciuico muneri obnoxium esse. Pour ce faire, il falloit comparoir pardeuant le President ou Gouuerneur de la Prouince, ou bien pardeuant le Iuge du lieu, qu'ils appelloient *Defensorem ciuitatis* : Et là faire oüir des tesmoings sur cette franchise & liberté : les depositiós desquels estoient conseruez au greffe. En vertu de telle enqueste ils estoient receus & *Lib.7. va-* couchez en l'estat pour receuoir gage du public : Et voit-on dans *riarum.* Cassiodore la forme de leur reception.

4. Ceux qui estoient vne fois receus au nombre des armuriers, leurs enfans & descendans, ne pouuoient abandonner les forges pu-
L. 5. C. de bliques, esquelles ils trauailloient à la fabricature des armes : mais *fabricensi.* demeuroient comme asseruis, & perpetuellement attachez. Et afin que s'ils abandonnoient l'ouurage comme fugitifs, ils fussent facile-
L.4.C.Th. ment recognus : il estoit ordonné, qu'ils seroient marquez au bras, de *de fabric.&* la marque publique, que l'on appelloit *Stigma*, laquelle se faisoit auec *L.3. C.eod.* vn fer chaud. Que s'ils estoient trouuez & descouuerts en leur faute, ils estoient seuerement punis. Et quant à ceux qui receloient eux ou leurs enfans, ils estoient condamnez de subir la mesme seruitude, en *L.vnic.C.* laquelle estoient lesdits armuriers. Arcadius parle ainsi de cette mar-
Si curialis que, *Stigma hoc est nota publica fabricensium brachijs ad imitationem Tyronum reli? faciuit.* *instigatur : Vt hoc modo saltem possint latitantes agnosci : his qui eos susceperunt, rus habitare* *vel eorum liberos, sine dubio fabricæ vindicandis.* *maluerit.*

5. Il y auoit vn seul moyen de se deliurer de seruitude par les armuriers, qui estoit ouuert à ceux, qui auec le temps paruenoient à la dignité de Primcier des ouuriers, que Valentiniã appelle *Primicerium fabricæ* : lesquels ayant seruy l'espace de deux ans en cette qualité, receuoient vacation & deliurance de leurs personnes, auec cet honneur & priuilege, que d'estre admis à saluer l'Empereur, suiuant la loy qui *L.3. C.Th.* porte : *Primiceriam fabricæ post biennium non solum vocatione, verum etiā de fabric. &* *honore donari præcipimus : Ita vt inter protectores adoraturus æternitatem L.2. C.eod.* *nostram suo quisque tempore dirigatur.*

6. Chacune fabrique auoit son college d'ouuriers à part. Et est chose remarquable, que si l'vn desdits ouuriers venoit à faire mauuais mesnage, & s'engager vers autruy, tous les autres estoient solidairement obligez au payement de ses debtes : afin qu'ils veillassent les vns sur les autres : & fissent comme la sentinelle sur les actions & depor-
L.5. C. de temens de leurs compagnons. *Quod ab vno committitur, dict la loy, id to-* *fabric.* *tius delinquitur periculo numeri : Vt constricti nominationibus suis, sociorū actibus quandam speculam gerant : & vnius damnum ad omnium transit dispendium.*

L.1. C. de 7. Les armuriers auoiét ce priuilege, que les fourriers des Empe-
excusat. ar- reurs ne pouuoiét marquer leurs maisons pour y loger aucunes per-
tisic. li.10. sonnes : ils estoiét exempts de toutes charges personnelles, & ne pou

uoiét estre tirez en Iustice, sinõ pardeuãt le grand Maistre de l'hostel de l'Empereur, qu'il appelloient *Magistrum officiorũ*. C'estoit par l'aduis de ce grand Maistre, que les armuriers se gouuernoient en leur ouurage: comme aussi les voicturiers, lors qu'il falloit tirer & transporter les armes des fabriques, & les charroyer és Magazins ou Arcenaux des Empereurs.

L. 6. C. de Fabric.

Tit. de Officio Magistri officiorum C.

8. On appelloit ces Arcenaux *Armamentaria*: dont les principaux, & les mieux fournis estoient sur les frontieres de l'Empire: afin d'auoir dequoy promptement mettre gens en armes pour la defense des limites à l'encontre des estrangers, qui feroient quelques efforts pour entrer dans les terres de l'Empire. Tel estoit l'Arcenail tant renomé, que l'Empereur Claudius bastit sur le riuage de l'Ocean en la region des Holandois, duquel Hadrianus Iunius nous dône la description, *in sua Batauia, cap.* qui peut seruir d'exemplaire des anciens Arcenaux Romains, lesquels on fortifioit à la mode de ces vieux siecles, pour y tenir les armes publiques en asseurance.

9. Or pour laisser à part les autres Prouinces, nous dirons, que par toutes les Gaules il n'y auoit que huict fabriques ou officines d'armes: encore n'estoient-elles distribuees qu'en sept villes: d'autant qu'il y en auoit deux à Treues: & si on ne faisoit pas en chacune ville toutes sortes d'armes, mais en l'vne on trauailloit d'vne espece d'ouurage, & d'autre espece en l'autre, excepté à Strasbourg, où il y auoit vne fabrique vniuerselle. Quant aux autres villes, les ouurages estoient tels, qu'il se forgeoit à Mascon des flesches & jauelots: à Autun des Cuirasses: à Soissons des Espees, & des Arbalestes: à Reims des Espees, En l'vne des fabriques de Trieues des Espees: & en l'autre les Arbalestes: & à Amiens, des Espees & des Boucliers. Ce qui se voit, *In notitia Imperij*, disposé en cette forme.

Lib. 2. c. 29. & 33.

Magister officiorum In Occidente præest Fabricis VIII. in Gallijs.

- *Argentoratensi,* — *Armorum omnium.*
- *Matisconensi,* — *Sagittariæ.*
- *Augustodunensi,* — *Loricariæ.*
- *Suessionensi,* — *Balistariæ, & Scutariæ. Clibanariæ.*
- *Remensi,* — *Spatariæ.*
- *Tribererum,* — *Scutariæ.*
- *Triberorum,* — *Balistariæ.*
- *Ambianensi,* — *Spatariæ, & Scutariæ.*

Mmmm ij

DES GRAVEVRS ET DOREVRS PVBLICS, & en quelles Citez ils estoient disposez sur les grands Chemins de l'Empire.

CHAPITRE XXII.

1. Deux sortes d'armes tirees des fabriques de l'Empire.
2. Que c'est que Barbaricarius à la difference de Argentarius, & Aurifaber.
3. D'où est tiré le nom de Barbaricarius.
4. Colleges & Iuges des Barbaricaires.
5. Quels ouurages ils estoient tenus de vendre, & en combien de iours.
6. Combien il y auoit de boutiques publiques de Doreurs ou Barbaricaires en la Gaule.

1. DES armes que l'on faisoit és fabriques susdites, on en laissoit quelques vnes en l'estat mesme qu'elles en sortoient, c'est à dire, battues à crud sans autre enrichissement: mais on portoit les autres desdites fabriques ou officines, en celles des graueurs & doreurs, lesquels [a] Constâtin & [b] Gratian appellét Barbaricarios, & Zeno Barbaros, ou Barbarios, & la notice de l'Empire d'vn nom corrompu Brambaricarios, qu'elle confond *cum argentarijs*.

2. Toutefois à prendre ces noms en leur signification precise, ces Barbariens, ou Barbaricaires estoient distinguez *ab Argentarijs & aurificibus*. Car ces derniers sont les Orfeures, qui font vases, & autres ouurages d'or ou d'argét, lesquels [c] Iauolenus appelle *Fabros & argentarios*. Mais ceux que les loix appellent *Barbaricarios*, c'estoient ceux qui grauoient les armes, & qui les doroient ou argentoient: ou bien qui d'vne main subtile representoient sur icelles auec filets d'or ou d'argent des figures d'hommes, de bestes, ou d'autre choses naturelles, ainsi que nous apprenons de Donat, interprete de Virgile, qui dict: *Barbaricarij dicuntur, qui ex auro coloratis filis exprimunt hominũ formas, animalium, & aliarum specierũ imitatam similitudinem veritatem*. Tels estoient ceux dont parle Virgile mesme en ce vers.

Qui lænes ocreas lento ducunt argento.

3. Quant au nom de Barbaricaires, il a esté donné aux graueurs & doreurs des armes que l'on faisoit és officines publiques des Empereurs, à cause que à *Barbaris hæc opera emanarunt*, comme dict Guido Pancirolus: c'est à dire, que tels enrichissements ont esté inuentez chez les peuples barbares: à raison dequoy, on les a nommez *Barbarica opera*, & par consequence les ouuriers, *Barbaricarios*.

[a] L. 1. C. de excusat. artific.
[b] L. Scrinijs 7. in fine C. de Palatin. sacrar. largitionum.
[c] L. penult. de auro & argët. legat.

Donat in li. 2. Aeneid.

Li. 7. Aen.

DE L'EMPIRE, LIV. IIII.

4. Et differoient des doreurs communs, que l'on appelloit *Aurarios*: dautant que ceux-cy doroient en fer, cuiure, ou autre metail pour ceux qui les vouloient mettre en œuure: Mais les Barbaricaires estoient personnes liées & affectées aux ouurages publics, qui auoient Corps & College à part, ainsi que les armuriers: duquel corps & college il ne leur estoit pas loisible de se distraire. Et auoient pour Iuge, non pas le Maistre des Officiers domestiques, mais vn autre Magistrat, que l'on nommoit *Comitem sacrarum largitionum*,[a] qui auoit beaucoup de rapport à l'Intendant General des Finances de France. Car encore qu'il portast le nom des deniers seulement que le Prince employoit en dons & liberalitez, si est-ce que c'estoit luy, *qui vniuersam pecuniam publicam administrabat*: d'où luy est venu le tiltre de *Thesaurorū*[b] *curator aut* [c] *Præfectus*, & dans [d] Nicephore & [e] Theodoret, *Imperialium pecuniarum Quæstor*.

5. Il y auoit plusieurs boutiques ou officines publiques de tels ouuriers par les prouinces, qui estoient tenus de rendre au bout de trente iours certaine quantité d'armes dorées ou argentées. En la ville d'Antioche chacun ouurier deuoit rendre dans ledit temps huit habillemens de teste dorez ou argentez. Mais à Constantinople vn ouurier n'estoit chargé que de six: Comme on peut recueillir d'vne loy que Valentinian adresse *ad Tatianum Comitem sacrarum largitionum*.

6. En toutes les Gaules il n'y auoit que trois Citez où il y eust College de Doreurs publics. Sçauoir, Arles, Reims, & Vienne. Ce que la Notice nous enseigne en ceste maniere.

[a] *Notitia Imp. lib. 1. cap. 73.*
[b] *L. palatinos C. de Palatinis Sacrarum largition.*
[c] *L. 2. C. de eod.*
[d] *Lib. 10. c. 29. Eccles. Hist.*
[e] *Lib. 3. c. 11.*
L. 1. C. Th. de Fabric.

Comes largitionum Occidentis imperabat.	{ Præpositis Brambaricariorum siue Argentariorum.	{ Argentariorum Arelatensium Argentariorum Rhemensium Argentariorum Treberorum.

Où l'on peut voir, que la Notice de l'Empire ne met point de difference *inter Brambaricarios & Argentarios*: & que sous la disposition de l'Intendant general des Finances de l'Occident, il y auoit des Præfects ou Intendans particuliers, establis sur ceux qui doroient les armes Imperiales.

Mmmm iij

DES GARDEROBES IMPERIALES
establies és citez sur les grands chemins de l'Empire.

Chapitre XXIII.

1. Des habits que les Empereurs tenoient en reserue par quelques citez des prouinces.
2. Lieux où lesdits habits estoient en reserue, appellez Gynæceum, & pourquoy.
3. Quel estoit le nom & le deuoir des Officiers des Garderobes Imperiales.
4. Cynegium, mal pris pro Gynæceo.
5. Combien il y auoit de Garderobes Imperiales en Occident, & combien en la Gaule.
6. Teintures publiques des Robes Imperiales, & combien il y en auoit en la Gaule.

1. 'EST assez parlé des armes & de leur fabricature: il faut maintenant venir aux habits que les Empereurs faisoient tenir en reserue en plusieurs villes assises sur les grands chemins: afin que les affaires les appellant tantost en vne prouince, & tantost en l'autre, ils trouuassent en chacune ce qui estoit requis & necessaire pour les reuestir & accommoder d'habits propres à la dignité & majesté de leur personne: comme pareillement plusieurs sortes de meubles seruans à leurs logemens. Ce qui les exemptoit de conduire auec eux vn grand attirail de bagage, necessaire à l'emmeublement d'vn hostel Imperial.

2. Il y auoit donc en certaines citez de chacune prouince des lieux destinez à la conseruation de ces habits, & autres commoditez: qu'ils appelloient d'vn nom emprunté des Grecs, *Gynæceum*. Or quoy que ce mot semble proprement signifier vn cabinet, où les femmes resserrent leurs bagues, ioyaux, ornemens, & habits les plus precieux: que les Latins appellent *Mundum Muliebrem*: Si est-ce que par vsage il s'est estendu sur tous les lieux, esquels les habits Imperiaux ont esté mis en reserue par les principales citez des prouinces. Ce qui m'a donné occasion de le tourner en François par le mot de Garderobes.

3. Ceux qui commandoient sur ces garderobes se nommoient *Procuratores Gynæciorum*: d'autant que c'estoit à eux de procurer, que

DE L'EMPIRE LIV. IIII. 647

rien ne manquast esdites Garderobes, de tout ce qui appartenoit aux habits Imperiaux, linges, & autres meubles necessaires au seruice domestique des Empereurs: Dauantage de tenir prest grand nombre d'habits militaires, que les Empereurs auoient de coustume de distribuer aux soldats à certaine saison de l'annee: auec quantité de toiles, pour faire des voiles aux nauires & vaisseaux de guerre, toutes & quantes fois qu'il falloit mettre sus des armees nauales. *Erant enim Gynæceorum Procuratores ij, qui texendis tot Principis militum ve stibus, nauium velis, stragulis, linteis, & alijs ad instaurandas Mansiones erant necessarij.* — *Comment. in notit. Imperij lib. 2. cap. 38.*

4. La Notice de l'Empire appelle ces Maistres de Garderobes *Procuratores Cynegiorum*, mais d'vn mot manifestement corrompu. Car encore que ce mot de *Cynegium*, se trouue dans les loix Imperiales, ce n'est pas pour vne Garderobe: mais pour vn lieu où l'on nourrissoit les chiens: ou bien selon Suidas, *pro loco, in quo feræ conficiebantur*, où on exposoit les bestes feroces à la veuë du peuple, lesquelles les Ducs ou Gouuerneurs des frontieres enuoyoient au Prince pour les spectacles publics. *Hoc autem studio, non Procuratores, dit Pancirolus, sed Duces in limitibus vacabant: qui vrsos, leones, aliasque feras viuas ad Principem mittebant.* — *Ibid.*

5. Il n'y a donc point de doute, qu'il ne faille lire *Procuratores Gynæciorum*: c'est à dire Maistres de Garderobes, lesquels estoient quinze en nombre en tout l'Empire Occidental: dont les six estoient establis dans six villes ou citez des Gaules: ils estoient sous-mis à la disposition de l'Intendant general des finances: ainsi que la Notice de l'Empire nous en rend tesmoignage en ces mots.

Sub dispositione viri illustr. Comitis sacrarū largitionū.	Procuratores Gynæciorum XV. ex quibus in Gallijs erant Procuratores.	Gynæcij Arelatensis. Prouinciæ Viennensis. Gynæcij Lugdunensis. Gynæcij Rhemensis. Gynæcij Tornacensis. Belgicæ secundæ. Gynæcij Triberorum. Belgicæ primæ. Gynæcij Augustodunens. Translati metis.

6. Or auant que de mettre en œuure les estoffes, soit de laine, soit de soye façonnee pour l'vsage particulier des Empereurs, il falloit les faire teindre en pourpre. Ce qui se faisoit en neuf villes de l'Empire Occidental, esquelles il y auoit teintures publiques, auec

autant de Procureurs ou Intendans, qui se nommoient *Procuratores* *Baphiorum*. De ces neuf teintures il y en auoit deux en la Gaule: dont l'vne estoit à Tolon pres de Marseille, & l'autre à Narbonne, remarquées sous ces mots.

Lib. 2. Com. in not. Imp. cap. 39.

 Procurator Baphij Telonensis Galliarum,
 Procurator Baphij Narbonensis.

Mais au lieu de *Telonensis*, il faut lire *Tollonensis à Tollonia vrbe ad litus maris propè Massiliam*. Ainsi que Pancirolus a noté en ses Commentaires.

DES VILLES ESQVELLES ESTOIENT les Monnoyes & Thresors des Empereurs.

CHAPITRE XXIIII.

1. *Thresors composez de deux sortes de deniers.*
2. *Combien il y auoit de Thresors en l'Empire Occidental, & combien en la Gaule: auec les noms des Officiers.*
3. *Combien de Fabriques de Monnoyes en l'Empire Occidental: & combien en la Gaule.*
4. *Priuilege de la ville d'Arles en ce qui est des Monnoyes Imperiales.*

1. C'ESTOIT encore en des villes ou Citez assises sur les grands Chemins pauez, que se trouuoient les Thresors des Empereurs, & les Fabriques de leurs Monnoyes, lesquels Thresors estoient remplis de deux sortes de deniers: dont l'vne procedoit des tributs, peages, & autres droicts ou imposts qui se leuoient sur les peuples & marchandises. *Exacta enim ex oppidorum vectigalibus pecunia in munitum prouinciæ locum deferebatur, inde ad Comitem largitionum mittenda.* L'autre nature de deniers prouenoit de l'argent qui se battoit és Monnoyes Imperiales.

Lib. 2. Com. in not. Imp. cap. 36.

2. Quant aux Thresors il y en auoit douze en l'Empire Occidental, auec autant d'Officiers ou Intendans sous le nom de *Præpositi Thesaurorum*, qui auoient sous eux les Gardiens des Thresors nommez *Thesaurenses*. Le tout sous la disposition de l'intendant general des Finances de l'Empereur, dict, *Comes sacrarum largitionum*. De ces douze il y en auoit quatre dans les Gaules: ainsi remarquez *in notitia Imperij*.

Sub

Sub dispositione viri illustris Co-
mitis sacrarum largitionum.
{
Præpositus Thesaurorum per Gallias Lugdunenses.
Præpositus Thesaurorum Arelatensium.
Præpositus Thesaurorum Nemausensiu.
Præpositus Thesaurorum Triberorum.
}

Ces quatre Preuosts ou officiers demeuroient en quatre Citez de la Gaule, qui sont Lion, Arles, Nismes, & Treues.

3. Pour ce qui est des Fabriques des Monnoyes, il y en auoit six en l'Empire d'Occident: trois desquels estoient en trois villes de la Gaule: qui sont, Lion, Arles, & Treues: les officiers desquels ne se nommoient pas *Præpositi*: mais *Procuratores Monetarum*: lesquels estoient sous-mis à la puissance & iurisdiction dudit Intendant general. Et se trouuent en cet ordre dans la notice de l'Empire.

{
Procurator Monetæ Lugdunensis.
Procurator Monetæ Arelatensis.
Procurator Monetæ Triberorum.
}

4. Toutes les Monnoyes de l'Empire se frappoient au coin du visage de l'Empereur viuant & regnant. Toutesfois c'est chose notable, que la ville d'Arles estoit exempte de ceste loy. Car ceux qui fabriquoient la monnoye d'Arles, imprimoient en l'vne des faces d'icelle le Genie de ladite ville, au lieu du visage de l'Empereur viuant. Ce qu'ils faisoient sous la figure d'vn homme aislé: ainsi que l'on dépeint les Anges dans les Eglises des Chrestiens. Ce que tesmoigne Procopius, lors qu'escriuant des Princes de la ville d'Arles, qui estoient en ce temps Germains originaires, il dit. *Auream nummum natiuo è Galliarum metallo hi cudunt: non Romani Imperatoris, vt cæteri solent, imagine: sed sua impressa, qui erat Genius formâ hominis alati percussus.*

Lib. 3. de bello Goth.

DE DEVX SORTES DE CONDVIRE PAR charroy toutes les prouisions cy dessus declarees, sur les grands chemins de l'Empire.

CHAPITRE XXV.

Nnnn

650 HIST. DES GR. CHEMINS

1. *Deux sortes de charroy sur les grãds Chemins.*
2. *Premiere sorte dicte* Cursus vehicularis, *ou* clabularis.
3. *Seconde sorte dicte* Angaria.
4. *Nul exempt des charrois publics,*

l'Empereur allant en expedition.
5. *Vne seule exception de cette regle.*
6. *Difference* inter Angariam *&* Parangariam.
7. *Tesmoignage de ceste difference.*

1.  E n'estoit pas assez d'auoir fait des armes, des habits, & des Monnoyes, & d'auoir muny les Citez & Mansions de prouisions necessaires pour les armees Imperiales, s'il n'y auoit quelque ordre establi pour les charroyer & transporter de lieux en autre, soit par mer ou par terre. C'est pourquoy les Empereurs en auoient reglé les charrois quils appelloient *Translationes, transuectiones, & subuectiones.* Et trouue qu'il y en auoit de deux sortes, à prendre le tout en general.

L. vlt. C. de Fabricens.

2. La premiere & principale estoit celle, qui se faisoit à l'aide des cheuaux, bœufs, ou autres bestes de voiture, nourries & entretenues aux despens des Empereurs és Mutations, Mansions, & Citez: lesquelles bestes estoient attelees à certaine sorte de charrettes ou chariots, qu'ils appelloient *Rhedas,* & *Clabula.* Ceste premiere sorte de charroy se nommoit *Cursus vehicularis,* faisant partie des courses publiques ou postes ordinaires.

3. Mais si és lieux dessusdicts il ne se trouuoit cheuaux, ou autres animaux de charge à suffisance pour les necessitez presentes, il falloit que les particuliers liurassent promptement leurs cheuaux & charriots, & les Nautonniers leurs nauires, sans aucune excuse ou priuilege quelconque. Et c'est en quoy consiste la seconde maniere de charroy sur les grands Chemins de l'Empire: qui s'appelloit proprement *Angaria: Angaria enim,* comme dit Pancirolus, *ex*

Lib. 1. in not. Imp. cap. 6.

transuehendarum rerum Principis, armorum, vestium militarium, & similium necessitas ob quam prouinciales plaustra, Nautæ naues præstare tenebantur. Et quant à ce qui est des nauires & autres vaisseaux de mer, les Empereurs n'empeschoient pas que les hommes priuez n'en peussent auoir: mais aussi falloit-il en aider le public sans aucun respect de dignité, comme parle Arcadius: *Nam vt priuatos quoque non prohibemus habere nauigia: ita fraudi locum esse non sinimus: si necessitas exegerit, conueniet necessitatibus publicis obedire: & subuectionem sine dignitatis priuilegio celebrare.*

L. 1. C. de nauib. non excusand.

4. Ceste obligation estoit si vniuerselle, lors que le Prince alloit en expedition, qu'aucunes personnes de quelque dignité qu'elles fussent, soit seculieres, soit Ecclesiastiques, ne s'en pouuoiét exem-

pter: non pas mesme les domestiques du Prince. Conformement *L. 21. C. de*
à la loy d'Anastase, qui porte : *Nullus penitus cuiuslibet ordinis seu digni-* *curs. publ.*
tatis, vel sacrosancta Ecclesia, vel domus Regia, tempore expeditionis excu- *L. 2. de na-*
sationem angariarum vel parangariarum habeat. Ce que Theodose ex- *uibus in*
prime encore plus particulierement en vne sienne ordonnance, par *excusand.*
laquelle il n'exempte pas seulement les domestiques de l'Impera- *L. vlt. C. de*
tatrice, sa femme. *Cum ad foelicissimam expeditionem numinis nostri,* *fabricens.*
dit-il, *omnium prouincialium per loca, quà iter arripimus, debeant nobis so-*
lita ministeria exhiberi: neminem ab angariis vel parangariis, vel plaustris, *L. 2. C. de*
vel quolibet munere poenitus excusari praecipimus. Sed omnes, siue ad diuinam *Quer. mu-*
nostram domum, siue ad venerabilis Augustae, vel ad sacrosanctas Ecclesias, *nerib. vel*
vel quaslibet illustres domos pertineat, nec lege pragmatica, nec diuina adnota- *praestationib*
tione, sacro ve oraculo excusatos indictionibus magnificae tuae sedis tempore no- *nemi. liceat*
strae expeditionis obedire decernimus. *se excusare.*

5. Ie trouue neantmoins exceptez de ceste reigle ceux qui seruoient le Prince en sa chambre, que l'on appelle *Cubicularios*: les- *L. 2. C. de*
quels Theodose & Valentinian veulent iouyr de ce priuilege, *vt ne-* *praeposit. sa-*
que possessiones eorum angarias siue parangarias, vel etiam paraueredos dare co- *cri cubic.*
gantur.

6. Où il faut remarquer la difference que toutes ces loix mettent *inter angarias & parangarias*, qui est telle : que *angaria* signifient
les voitures qui se font pour le public par les particuliers sur les
grands chemins : mais on appelle *Parangarias* celles qui se destournent par les chemins de trauerses. Et ainsi se seruoient les Grecs de
ces deux dictions, au dire de Guido Pancirolus. *Graeci angariam,*
quae per viam Basilicam, & cursum publicum ducitur appellant: Parangariam quae
per alias vias, vel tramites vehitur.

7. Ce qui seruira pour entêdre les mots du titre tâtde fois par nous *L. vlt. C. de*
allegué, *de cursu publico, angariis & parangariis*, où se trouuét trois termes *Fabricensib*
de differéte significatió: quoy qu'ó ne puisse nier, quel'vn ne se pré-
ne quelquefois pour l'autre, comme *angaria pro cursu publico*. Il faut
bien dire toutesfois, que *Cursus publicus, & angaria,* ne sont pas vne
mesme chose; puis que Iulian Empereur abolit en l'isle de Sardaigne l'vsage des postes & courses publiques, qu'il appelle *Cursus ve-* *L.16.C.Th*
redorum seu parauedorum: & qu'il reserue celuy des voitures, qu'il ap- *de cursu pu-*
pelle *angarias*, à cause de la necessité de plusieurs choses qu'il falloit *blico.*
charroyer en diuers ports de ladite prouince. *Sed certè angariarum cur-*
sum submoueri non oportet, propter publicas species, quae ad diuersos portus de-
feruntur.

Nnnn ij

DV TRANSPORT DES ARMES, DES habits militaires, & des finances de l'Empereur.

CHAP. XXVI.

1. *Charroy des armes sur les grands Chemins.*
2. *Charroy des habits Imperiaux.*
3. *Charroy des habits Militaires.*
4. *Romains diligens à lever tributs & peages: empeschent que Neron ne les abolisse.*
5. *Chemins pavez faits en partie pour le transport des finances.*
6. *Que le transport s'en faisoit par les courses publiques.*
7. *Forme que l'on tenoit au charroy des finances.*
8. *Que les Tributs de la Gaule se portoient à Lyon par les grands chemins.*
9. *Comme l'or avec l'argent sont opposez aux especes dans le droict.*

1. C'ESTOIT donc par l'vne ou l'autre de ces deux sortes de charroy, que les armes des magazins publics, les habits des Garderobes Imperiales, & les finances de leurs thresors estoient transportées és lieux par eux designez selon la necessité des affaires. Tout ce qui depend encore des courses publiques. Quant aux armes l'Empereur Anastase auoit ordonné par vne sienne loy, que lors qu'il seroit besoin d'en faire le transport, le maistre des offices enuoyeroit lettres au Prefect du Pretoire, dans lesquelles seroit exprimé le nombre, & la qualité des armes, & le lieu où il estoit besoin de les transporter. Surquoy le Prefect du Pretoire donneroit ses lettres d'attache addressantes aux Gouuerneurs des prouinces, afin qu'ils fissent deliurer aytât de cheuaux, de boeufs & de chariots, si c'estoit par terre: ou bien autant de nauires, si c'estoit par mer, qu'il en seroit besoin pour le charroy ou transport desdites armes.

2. Pour ce qui est des habits, il y en auoit de deux sortes à charroyer: les vns estoient à l'vsage des Empereurs, & les autres à celuy des soldats. Quant à ce qui touche ceux des Empereurs, encore y auoit-il cette distinction, que les plus communs estoient charroyez aux despens des particuliers, *angariis vel nauibus*: mais les plus precieux & delicats, tels qu'estoient ceux qu'ils appelloient *Vestes olo-beras aut auratas, seu sericas paragaudas auro intextas,* ils estoient portez par les charriots ordinaires des postes publics, sur chacun desquels on pouuoit charger iusques au poids de mil liures: comme

De quib. Tit. 8. lib. 11. C.

DE L'EMPIRE LIV. IIII.

on peut voir par ces mots de Valentinian & Theodose: *Reliquæ ve-*   *L. 48. C.*
rò delicatæ vestes, sed & linteamen amictorium, nostrorum vsibus necessarium,   *Th. de curs.*
Rhedis sub mille librarum ponderatione mittantur.   *pub.*

    Il y auoit des officiers exprès instituez pour auoir l'œil au charroy, tant des habits du Prince, que des autres meubles necessaires   *Pag. 147.*
à son train: lesquels la notice de l'Empire appelle *Præpositos Bastaga,*
id est, euectionibus rerum mobilium Principum. Et la loy 4. au Code de
Murilegulis & Gynæciarijs, Bastagiarios.

    3   Les habits faicts à l'vsage des soldats, que l'on appelloit
Vestes militares, estoient ceux, dont quelques Prouinces estoient
chargees par forme de tribut: lesquels elles deuoient liurer par cha-   *Lib. 12.*
cun an, à commencer du premier iour de Septembre, iusques au
premier Auril: ainsi qu'il est porté par la loy 1. *de Militari veste,* au
Code. Le charroy de ces habits estoit fort priuilegé. Et n'estoit pas   *L. 33. C. Th.*
besoin que les gouuerneurs des Prouinces attendissent lettres du   *de curs. pub.*
Prince, pour les faire porter aux garderobes Imperiales: Car il leur
estoit permis de donner en ce cas lettres de voicture, afin que le
charroy n'en receust aucun retardement. Ces habits à certain
temps de l'annee se tiroient des garderobes Imperiales, comme on
peut colliger de la loy 4. *de Militari veste:* d'où il falloit les transporter iusques aux propres lieux, à la garde desquels les soldats estoiēt
commis: C'estoit pour leur en faire la distributiō sur les lieux, sans
les distraire ou destourner de leur garde. Suiuant vne autre loy des
mesmes Empereurs, qui porte, *Eædem vero vestes militares vsque ad ea*
sunt transferendæ, vbi ipsi milites sunt constituti, neque enim paulò diuerticulo
abducendi sunt ab excubijs sibi pro publica vtilitate commissis.

    4   Il nous reste à parler du transport des finances, pour lequel
les grands Chemins pauez estoit tres-necessaires, à cause des sommes extremes qui se tiroient par chacun an de toutes les Prouinces de l'Empire: ainsi que nous auons faict paroistre en nostre premier liure. Et certes comme les Romains n'ont porté les limites
de leur seigneurie, si au long & au large, sinon par la guerre, aussi   *Oratione*
ont ils tousiours eu vne singuliere solicitude, à ce que les Tri-   *pro lege*
buts & peages, que Ciceron appelle les nefs de la Republique, ne   *Manilia.*
vinssent à leur manquer au besoin. En sorte que Neron és pre-   *Corn. Tacit.*
mieres annees de son Empire, s'estant mis en l'esprit de les suppri-   *li. 13. anna.*
mer & abolir du tout, *Idque pulcherrimum donum generi mortalium dare,*
comme parle Tacite: il en fut empesché par la prudence & preuoyance du Senat, qui luy remonstra que c'estoit vne action belle
& honorable à vn Empereur, & tres-agreable à ses subjects: mais
de dangereuse consequence: d'autant que ce seroit comme couper les nerfs à la puissance souueraine, mettre à sec tout à coup ses

coffres, & luy oster les moyens de defendre, & sa personne, & son estat. En vn mot, *Dissolutionem Imperij sequi necessario, si fructus quibus respublica sustinetur, minuantur.* Que c'estoit chose establie en la fleur de republique populaire, & malgré l'opposition des Tribuns: que ce seroit assez de moderer les Imposts, & refrener les violences & & exactions que les Publicains, Fermiers & Receueurs exerçoient à l'encontre du peuple. *Temperandas planè Publicanorum cupidines, ne per tot annos sine querela collecta vectigalia, nouis acerbitatibus ad inuidiam verterent.* Il est donc vtile d'auoir vn fond d'argent pour subuenir aux necessitez publiques. Et à ce propos Tibere disoit, *Aerarium si ambitione exhauserimus, per scelera supplendum erit.*

Apud Corn. Tacit. li.2. annal.

5. Or n'est-ce pas assez d'assembler l'argent des tributs & peages, & autres reuenues de l'Empire, s'il n'y a des moyens de le faire tenir promptement & seurement aux lieux designez par le Prince: A quoy faire, les grands Chemins pauez apportoient beaucoup de facilité & de promptitude. Aussi entre les causes qui ont excité les Romains à les pauer par les champs de cité en cité, celle-cy en est vne remarquee par Procopius, *Vt annua tributa velociter & tutò transmitterentur:* c'est à dire, afin que les tributs annuels fussent promptement & seurement portez.

6. Cela se faisoit à l'ayde des cheuaux & chariots establis sur les grands Chemins, comme on voit par plusieurs loix du Code, tant de Theodose que de Iustinian: l'vne desquelles dict expressément, qu'il est defendu de prendre plus d'vn cheual de poste en la prouince d'Orient par quelque personne que ce soit: sinõ par ceux *Qui pecunias publicas deuehunt,* qui sont à la conduitte des deniers publics: auquel cas, sans attendre lettres du Prince, il estoit permis de prendre autant de cheuaux, que la somme & la garde de l'argent sembloit le requerir.

L. vlt. C. de cur. publ.

7. Encore cela ne se faisoit-il pas du tout à la fantaisie des conducteurs, mais par certaine sorte de chariots destinez à cet vsage, & iusqu'à certain poids: *Aurum cæteræque species largitionales non ad libidinem persequutorum, vel susceptorum: sed aptis oneri, vel ponderi, vehiculis deferantur.* Quant au poids, si l'or & l'argent estoient des fermes publiques, on pouuoit charger vn chariot de cinq cens liures en or, & de mil en argent. Mais si c'estoit monnoye de l'Espargne ou Thresor priué de l'Empereur, on ne pouuoit charger vn charriot que de trois cens liures en or, & de cinq cens en argent. Ce que l'on peut tirer de ces mots du mesme Empereur: *Si aurum sacrarum largitionum, vel argentum ad Comitatum nostrum deuehant, vna Rheda quingentis auri libris, mille verò argenti. Si verò priuatarum, auri trecentis, quingentis verò argenti libris oneretur.*

L. 47. C. Th. de cur. publ.

L. 48. C. eo.

8. Quant aux tributs & peages de la Gaule, à la prendre à part, c'estoit en la ville de Lyon, où ils transportoient à l'ayde des grands Chemins que M. Agrippa y auoit faict. Ces peages estoient si grands, que la Gaule en estoit estimee le principal appuy & fondement de l'Empire. Ammian Marcellin nous asseure, que du temps de Iulian l'Apostat, les Gaules estoient taxees à vingt-cinq escus d'or par teste: laquelle imposition, comme estant au delà des bornes de toute raison, il modera à sept escus. Que si la Gaule eust esté aussi peuplee comme elle est maintenant, où l'on compte quinze millions d'ames, elle donnoit seule aux Romains trois cens septante-cinq millions d'or de tribut annuel: Et sous l'Empire de Iulian, cent cinq millions. De là peut-on iuger combien les chemins pauez estoient necessaires à vne ville, où il se faisoit transport de tant de finances. Mylæus, qui a faict vn Commentaire de la premiere fondation & origine de la ville tres-renommee de Lyon, n'a pas failly de remarquer la commodité que ces grands Chemins apportoient au charroy de tant de finances: Car voicy comme il en parle, *E Lugduno quippe Agrippa in cæteras Galliæ partes proficiscentibus, aptissimè Itinera distinxit in Narbonensem Galliam, in Aquitaniam, in Lugdunensem & Belgicam. Itaque tributa, & vectigalia eò ex omni Gallia comportabantur. Quorum tantus fuit preuentus, vt vna Gallia stabilimentum imperij existimaretur. In qua pacanda & retinenda, præcipuè elaborasse Romanos ex veterum scriptis agnoscitur.*

9. Et d'autant qu'en plusieurs des loix par nous alleguees, il est parlé du transport des especes, il faut entendre qu'en beaucoup d'endroicts, l'or & l'argent est opposé aux especes, c'est à dire, à tout ce qui n'est or ny argent mis en monnoye: mais qui se peut estimer & apprecier par or ou par argent, soit habits, viures, marchandises, ou materiaux à bastir. Ainsi Valentinian escriuant *ad Consulem Piceni*, luy faict entendre que s'il iuge necessaire de faire quelques reparations és ouurages publics des villes de son gouuernement, Il ne faut pas qu'il en demande la despense en argent, mais en espece ou materiaux; *Si quid reparationi alicuius operis postulandum erit, non in pecunia, sed in ipsis speciebus postulare te par est.* L. 17. Cod. de Operib. publ.

DES VOYAGES DES MAGISTRATS ROMAINS par les Prouinces, pour lesquels en partie les grands chemins ont esté pauez.

Chapitre XXVII.

656   HIST. DES GR. CHEMINS

1. Question sur le temps des Magistratures, & resolution d'icelles.
2. Officiers Romains annuels : & par chacun an nouueaux Magistrats enuoyez aux Prouinces, & autres reuoquez d'icelles.
3. Train des Magistrats Romains allans aux Prouinces.
4. Voyages par eux faicts par les meilleures villes des Prouinces pour y tenir les assemblees publiques.
5. C'estoit principalement en Hyuer, que telles assemblees se tenoient.
6. Les assemblees se tenoient és villes, par lesquelles passoient des chemins pauez.

ES voyages que les Magistrats Romains faisoient par chacun an de Rome aux Prouinces, & des Prouinces à Rome, se faisoient encore à l'ayde des courses publiques establies sur les grands Chemins de l'Empire. Il nous faut donc voir maintenāt combien ils estoient necessaires à tant d'allees & de venues qui ne se pouuoient euiter : & à quoy le gouuernement & la grandeur de l'Empire astreignoit les Romains par vne necessité apparante. C'est vne questiō celebre parmy ceux qui ont escrit de la police & institutō dés Republiques, si les Magistrats doiuent estre annuels, ou bien perpetuels : Et y a de belles raisons pour debattre cette question, In vtramque partem. Mais en fin les plus renommez en la cognoissance des affaires d'estat, ont donné cet aduis, qu'en vne Monarchie les Offices ou Magistratures doiuent estre perpetuelles : mais qu'és autres estats (principalement en vne republique populaire) ils doiuent estre annuels : de peur que les officiers accoustumez de longue main à commander, & ayāt les forces de la Republique entre les mains par vn long temps, ne vinssent à se saisir tyranniquement, & contre les loix du païs, du pouuoir souuerain, & opprimer la liberté populaire. Ce qui s'est veu par exēple en Iules Cesar, auquel la prorogatiō & longue continuation de pouuoir & de Magistrature, a donné moyen de se faire Dictateur perpetuel, & seul seigneur de l'Empire de Rome.

Vide Dion. Cass. li. 36.

2. Mais auparauant, & depuis encore, il n'y auoit point d'offices de consequence qui fussent perpetuels à Rome : & bien peu qui excedassent le terme & espace d'vn an : si ce n'estoit les Presidens, que les Empereurs enuoyoient par les Prouinces, ausquels Tibere Cesar, & quelques autres Empereurs, ont prorogé les Magistratures par plusieurs annees. Mais quant aux Proconsuls & Propreteurs enuoyez par le Senat & le Peuple, ausquels on donnoit pouuoir souuerain dans les Prouinces, lequel pouuoir on appelloit *Imperium*, c'estoit au bout de l'an que finissoit leur Magistrature. Comme donc lesdits Officiers estoient annuels, c'estoit vne necessité

necessité au peuple, & depuis aux Empereurs de Rome, d'enuoyer par chacun an des Magistrats nouueaux par les Prouinces pour les regir & gouuerner : & de reuoquer des Prouinces en la Ville les anciens au bout de l'an, leurs charges estant expirees.

3. Or comme ainsi soit, que lesdits Officiers ou Magistrats ainsi enuoyez par les Prouinces, n'y alloient pas seuls, ny auec leur train domestique seulement : mais auec plusieurs autres officiers publics, qui auoient accoustumé de les accompagner en leurs voyages, & les ayder & assister au faict du gouuernement desdites Prouinces : Et que mesme ils conduisoient assez souuent auec eux des Legions, & des armees entieres : cela donna en partie occasion au peuple & au Senat de Rome, & depuis aux Empereurs, de faire pauer des grands Chemins, tant en Italie, qu'autres terres & regions de l'Empire. Afin que les Consuls, Preteurs & autres Magistrats, qui partoient de la ville pour les affaires publiques, peussent se transporter commodément de Rome aux Prouinces qui leur estoient designees : & au bout de l'an, s'en retourner des prouinces à Rome, auec plus de promptitude & de facilité.

4. D'auantage cōme il y auoit des prouinces fort grandes, faisant partie dudit Empire, & en icelles nombre de Villes & Citez, où la Iustice se deuoit administrer, la coustume des Magistrats Romains estoit, de faire certaines assemblees és villes Metropolitaines & principales Citez de leur Prouince, en forme de Parlemens, qu'ils appelloient *Conuentus*. Ces assemblees se publioyent par tout, & en icelles se trouuoient les principaux & plus signalez personnages de chacune region : soit pour y apprendre & receuoir le commandement du Gouuerneur : ou pour y plaider, tant en causes ciuiles que criminelles : Car c'estoit en ces assemblees, que les Magistrats exerçoient leur Iurisdiction, qui estoit souueraine & sans appel. Et n'y auoit rien qui mieux ressemblast aux anciens Parlements ambulatoires de la France : d'autant que lesdites assemblees n'auoient ny lieu ny temps arresté, ains se tenoient és villes principales, & au temps le plus commode, que les Consuls, Preteurs & Presidens aduisoient pour le mieux.

5. Ces assemblees ne se tenoient pas durant l'annee en vne seule ville, mais en plusieurs : ny en tout temps, mais principalement en hyuer : pendant lequel y ayāt quelque cessation d'armes, les Capitaines generaux se donnoient loisir de penser aux affaires

de iurisdiction & de police. C'est de tels Parlements que parle Hirtius, quant il dict, que Iules Cesar ayant faict quelque seiour durant l'hyuer en la Gaule Cisalpine, & parcouru toutes les assemblees du païs pour y terminer les causes, tant ciuiles & particulieres, que publiques & criminelles, il se rendit incontinent en la Belgique: *Cæsar citeriore in Gallia ius dixit, ac paucos ibi dies moratus, cum celeriter omnes conuentus percurrisset, & publicas controuersias cognouisset, in Belgiam se recepit.*

Lib. 8. comment. de Bello Gall.

6. C'estoit és Villes & Citez, par lesquelles les Chemins militaires estoient conduicts, que lesdites assemblees se tenoient: & auoient iceux Chemins esté pauez en partie pour faciliter l'accez d'icelles villes aux Magistrats Romains, qui s'y transportoient auec vn merueilleux train, & grand attirail; Ce que Hieronymus Surita n'a pas failly de remarquer en la preface de ses Commentaires sur l'Itineraire d'Antonin, où vous trouuerez ces mots parlant d'Auguste Cesar: *Nec Italiam modo, sed & vniuersas Romani Imperij Prouincias eo decore atque ornamento idem Princeps affecit. Vt Præsides, & qui pro Consulibus eo munere fungerentur, facilius Prouinciarum vrbes atque conuentus obirent.* C'est à dire, que Auguste Cesar ne s'est pas contanté d'orner & embellir l'Italie de grands Chemins pauez, mais aussi toutes les Prouinces de l'Empire: afin que les Presidents & Proconsuls, qui faisoient offices de Iuge, peussent auec d'autant plus de facilité aller de villes en autres, pour y tenir les assises. Mesmes afin que lesdits Magistrats fussent d'autant plus asseurez des chemins qu'ils auoient à tenir, & qu'ils ne vinssent par mesgard à tomber és mains des ennemis, fut dressé à leur faueur, aussi bien qu'en celle des soldats, l'Itineraire d'Antonin, pour leur seruir de conduite par les Prouinces au gouuernement & administration desquelles ils estoient enuoyez. Andreas Schottus est de cet aduis en la Preface qu'il a faict sur ledit Itineraire, où vous trouuerez ces mots, *Ducibus vero, militibusque, ac Proconsulibus, & Prætoribus in Prouincias proficiscentibus compositum apparet (Itinerarium) ne aberrarent à via, in insidiasque per deuia inciderent.*

DES GOVVERNEVRS DES PROVINCES auant Auguste, & des gens de leur suitte ordinaire.

CHAPITRE XXVIII.

1. Discours de l'vtilité des chemins pauez pour les Gouuerneurs des Prouinces.
2. Multiplication de Preteurs auec celle des Prouinces hors l'Italie.
3. Nom & pouuoir des Preteurs au gouuernement des Prouinces.
4. Consuls Gouuerneurs des Prouinces.
5. D'où viennent les noms de Proconsul, & Propreteur.
6. Cōsuls, plus dignes que les Preteurs.
7. Le Senat declaroit quelles estoient les Prouinces Consulaires ou Pretoriales.
8. Les Gouuerneurs de Prouinces y alloiét auec deux sortes de dignitez.
9. Trois sortes de gens accōpagnoient les Gouuerneurs de Prouince.
10. Deux sortes de Questeur & amitié des Gouuerneurs auec leurs Questeurs.

1. OVS auons dict en gros au Chapitre precedent, comme les grands Chemins de l'Empire ont esté faicts en partie pour faciliter les voyages des Magistrats Romains, lors qu'ils s'en alloient aux Prouinces qui leur estoient designees, soit par le Senat & le Peuple, soit par les Empereurs. Mais pour faire d'autāt mieux entendre, combien lesdits Chemins, auec les prouisiōs que l'on tenoit sur iceux, en hōmes, en cheuaux, en charriots & autres choses estoiét vtiles & necessaires aux allees & venues desdits Magistrats, Il est besoin en faueur de ceux qui ne sont versez en l'antiquité Romaine, de dire icy quels estoient ces Magistrats, ou Gouuerneurs, quels estoiét les gens de leur suitte, & leur attirail ordinaire, lors qu'ils partoient de Rome pour aller en leurs Prouinces: ou que d'icelles ils s'en retournoient à Rome au bout de l'an, pour faire place à ceux qui par nouuelle eslection leur estoient donnez pour successeurs.

2. Il faut donc sçauoir, que dés aussi tost que les Romains commencerent à faire & constituer des Prouinces hors les termes de l'Italie, ils esleurent à mesme temps des Magistrats nouueaux pour le gouuernement d'icelles: ce qu'ils ont faict en augmētant le nombre des Preteurs. Car au commencement à Rome il n'y auoit que deux Preteurs: dont l'vn auoit la Iurisdiction & cognoissance des causes d'entre les Citoyés Romains, & l'autre d'entre les Citoyens

& les forains : De là vint que l'vn eust le nom de *Prætor vrbanus*, & l'autre de *Prætor peregrinus*. Mais aussi tost que les Isles de Sicile & de Sardagne furent reduittes en forme de Prouince, le peuple crea deux nouueaux Preteurs pour les gouuerner. Puis ayant encore esté faictes & constituees deux Prouinces dans les Espagnes, Il se fit pareillement deux nouueaux Preteurs, afin que par chacun an chacune desdites Prouinces eust son Gouuerneur à part : tant que le nombre des Preteurs fut augmenté iusques à huict par le Senat : & par Sylla quelques temps apres iusques à dix.

3. Ces Preteurs auant l'Empire d'Auguste estoient enuoyez par les Prouinces, sous le nom de *Præsides*, que nous pouuons appeller Gouuerneurs, d'vn nom maintenant vsité parmy nous : d'autant qu'ils auoient le pouuoir & l'administration des armes en l'absence des Consuls, ainsi que les Gouuerneurs en France en l'absence du Roy. Ils auoient en outre la Iurisdiction contentieuse sur les peuples des Prouinces, en quoy ils ne ressembloient pas mal à nos Baillifs & Seneschaux,

4. Or comme il arriue souuent, que par les Prouinces s'esleuoient des tumultes & occasions de guerre : & que c'estoit proprement & principalement aux Consuls, qu'appartenoit le faict des armes, & le commandement sur les armees : Cela fut cause, que bien tost apres l'institution des prouinces, on y enuoya des Consuls pour y faire la guerre. Ainsi est-il arriué, que dés le temps des premieres prouinces, elles ont eu ces deux sortes de Gouuerneurs : sçauoir des Preteurs, sous le nom de *Præsides prouinciarum* : & des Consuls sous celuy de *Imperatores*, c'est à dire, Chefs, ou Capitaines generaux des armees Romaines.

5. Que si pour certaines causes de necessité ou vtilité publique, la Magistrature Pretoriale ou Consulaire leur estoit prorogee : c'est à dire, si apres l'an expiré ils estoient continuez en l'exercice de leur charge apres election faicte d'autres Preteurs ou Consuls, lors on ne les appelloit plus du nom simple de Preteurs ou de Consuls, d'autant qu'il y en auoit d'autres mis en leur place, à qui ces noms appartenoient : mais on les nommoit Propreteurs ou Proconsuls : comme pour donner à entendre, que leur Magistrature ordinaire estoit finie : & que le gouuernement qu'ils auoient és Prouinces, ils ne le tenoient plus comme d'eux, & de leur Chef : ains au lieu des Preteurs ou Consuls occupez à d'autres affaires.

6. Tout ainsi donc que les Consuls & Preteurs, Proconsuls, & Propreteurs estoient distinguez de noms, aussi estoient-ils distinguez en dignité & auctorité. Les Consuls & Proconsuls allans par les Prouinces, & se monstrans en public, auoient douze Ser-

gents ou Massiers que l'on appelloit *Licteres*, qui marchoient deuant eux: chacun portant vn faisseau, & vne hache, qu'ils appelloient *Fasces & secures*: comme autrefois pareil nombre marchoit deuant les Rois de Rome. Mais comme les Preteurs & Propreteurs estoient inferieurs aux Consuls, aussi n'auoient-ils que six Sergens: & pour marque de leur dignité que six haches & six faisseaux. Ce qu'Appian Alexandrin nous tesmoigne, quand il dit: *Pretores ad exercitum Romani miserunt, quos ςτρατηγοὺς, sex securium vocant. Quia Consules duodecim securibus & fascibus, regum more vtuntur. Pretores autem, quia dimidium dignitatis habent, etiam dimidium insignium consecuti sunt.*

7. C'estoit dés le commencement en la puissance du Senat, de dire & declarer par chacun an, quelles prouinces estoient consulaires, & quelles Pretoriales: & aussi tost que les Consuls ou Preteurs estoient esleus, ou ils iettoient au sort, à qui escherroient lesdictes prouinces: ou bien ils en conuenoient, & s'en accordoient ensemble.

8. Cela faict, chacun s'en alloit en sa prouince auec deux sortes de dignitez: dont l'vne se nommoit *Potestas*, & l'autre *Imperium*. La premiere n'est autre chose que la iurisdiction sur les personnes de chacune prouince, qui estoit deferee au Magistrat par conclusion du Senat: mais la seconde, que l'on nommoit Empire, se conferoit par vne loy que le peuple assemblé de nouueau faisoit tout exprés. Or ce pouuoir second n'est autre, que la puissance souueraine & absoluë, que les Consuls & Preteurs auoient sur les gens de guerre en qualité de gens de guerre: sur lesquels ils auoient pouuoir de vie & de mort, sans forme ne figure de procés, & sans appel. C'est ce qu'en vn mot ils appelloient *Imperium*, duquel le peuple Romain s'est tousiours retenu la collation, continuation, ou prorogation, sans que le Senat seul l'aie iamais eu en son pouuoir. Car si c'estoient Magistrats ordinaires qui fussent enuoyez par les prouinces, le peuple assemblé par Curies qui estoient xxx. en nombre, leur conferoit ce pouuoir, comme procedant des principes de la souueraineté, qui appartenoit au peuple. Mais si c'estoit à quelque personne priuee & particuliere qu'vne prouince fust assignee pour la recommandation de sa vertu, lors le peuple assemblé par tributs, leur conferoit ce souuerain Empire: en sorte que *Potestas Senatusconsulto, Imperium lege deferebatur*.

9. Pour le droict vsage de ces deux puissances, ensemble pour l'administration des finances, sans lesquelles la guerre ne se peut faire, les Gouuerneurs des Prouinces auoient prés de leurs personnes trois sortes de Gens, comme certains aides & lieutenans, qui

auoient leurs noms & vacations à part. Car pour le faict des armes ils auoient leur Lieutenant general sous le nom de Legat: Pour l'administration de la iurisdiction contentieuse, vn ou plusieurs Iuges instruicts en Iurisprudence, qu'ils appelloient Assesseurs: & pour le maniement des finances, vn Intendant, sous le nom de Questeur. Quant aux Legats & Assesseurs, ils estoient au choix & nomination des Consuls & des Preteurs, qui les prenoient tels que bon leur sembloit. Mais pour le Questeur il n'en estoit pas de mesme, car il estoit institué par eslection du Peuple, qui le donnoit au Preteur ou Consul, pour auoir sous luy l'administration des finances.

Corn. Tac. li. II. annal.

10. Car il y auoit deux sortes de Questeurs, que le peuple Romain eslisoit par chacun an, dont les vns demeuroient en la ville, & y exerçoient leur recepte: à raison dequoy ils eurent le nom de *Quæstores Vrbani*. Les autres estoient nommez *Prouinciales*, d'autant qu'ils estoient esleus pour accompagner les Consuls ou Proconsuls, Preteurs ou Propreteurs par les prouinces. Et y auoit telle alliance & conionction d'amitié entre vn gouuerneur de Prouince, & son Questeur, que le Gouuerneur tenoit son Questeur comme son fils: & le Questeur honoroit son Gouuerneur ainsi que son Pere. *Sic à maioribus nostris accepimus*, dit Ciceron, *Prætorem Quæstori suo parentis loco esse oportere. Nullam neque iustiorem, neque grauiorem causam necessitudinis posse reperiri, quam coniunctionem sortis, quam prouinciæ, quam officij, quam publici muneris societatem.*

DES GOVVERNEVRS DES PROVINCES
depuis Auguste: & du train qu'ils y conduisoient auec eux.

CHAPITRE XXIX.

1. *Diuision nouuelle des prouinces par Auguste Cesar.*
2. *Quatre differences entre les prouinces des Senateurs & du peuple, d'auec celles d'Auguste.*
3. *Ce que c'est qu'ornement des prouinces, & en quoy ils consistoient.*
4. *Maniere qu'Auguste & Alexan. Seueras ont tenu à orner leurs gouuerneurs de prouinces.*
5. *Gens à la suitte des Gouuerneurs de prouinces, publiques ou domestiques. Noms des personnes publiques.*
6. *Quelles estoient les domestiques & leur train.*
7. *De quelle commodité estoient les Grands Chemins aux voyages des Gouuerneurs des prouinces.*

1. TOUT ce que nous auons dit au chapitre precedent, se peut recueillir de l'Histoire de Liuius, & autres Auteurs Romains: dans lesquelles les Consuls & Proconsuls, les Preteurs & Propreteurs sont signifiez sous le nom de *Præsides prouinciarum*: estant ceste forme de police demeuree en ce qui est du gouuernement des prouinces iusques au temps d'Auguste, qui changea quelque chose, & au nom & à la substance d'icelle. Car aussi tost qu'il se fust acquis la paisible iouyssance de la souueraineté de l'Empire, il en diuisa les prouinces par vne forme toute nouuelle, donnant aux vnes le nom de Proconsulaires, aux autres celuy de Prætoriales, & aux autres de Presidiales: & voulut que le Senat pourueust au gouuernement des Proconsulaires, & le peuple à celuy des Pretoriales. Et quant aux Presidiales, il se les reserua à soy-mesme, pour y enuoyer des Gouuerneurs à son choix. Mais en fin les Empereurs ayant aboly tout à faict les assemblees generales du peuple que l'on appelloit *Comitia*, comme chose redoutable & subiecte à seditions & reuoltes, les prouinces Pretoriales furent pour vn téps attribuees au Senat, aussi bien que les Proconsulaires. Ce que ie trouue auoir esté fait sous Tibere, Tacite nous l'enseignant ainsi: *Tum primum*, dit-il, *è campo comitia ad patres translata sunt. Nam ad eam diem, etsi potissima arbitrio Principis, quædam tamen studia tribuum fiebant.*

2. Entre les prouinces conferees par le Senat & le peuple d'vne part, & celles qu'Auguste auoit retenu en sa puissance d'autre part, il y auoit quatre differences notables. La premiere est que celles du Senat & du peuple, estoient foibles, & de peu de consequence: mais paisibles, & qui n'auoient aucun besoin de gens de guerre, d'autant qu'elles estoient esloignees des frontieres, & couuertes de l'incursion des Barbares: mais celles d'Auguste, estoient les plus puissantes, & qui auoient besoin de la presence des forces militaires de l'Empire, comme exposees aux premieres auenues des estrangers. Ce qu'Auguste fit par vn traict d'estat fort prudent: & soubs vn specieux pretexte de conceder au Senat & au peuple tout ce qui estoit de beau, de bon, & de paisible en l'Empire: & de choisir pour soy, tout ce qui estoit plus exposé au trauail, & au peril de la guerre. Mais au fond, c'estoit afin que toutes les forces des armes demeurassent par deuers luy. Et que le Senat & le peuple demeurans comme desarmez, ne vinssent à resueiller en leur esprit le desir de recouurer sa liberté premiere. Ce que Dio Cassius nous *Lib. 53.* a laissé par escrit en ces termes: *Id faciebat sub hac specie, vt Senatus*

bonis Imperij perfrueretur, ipse laboribus & periculis obiectus videretur. At sub hoc prætextu eum verè inermem, imbellémque efficiebat: & ad se solum arma militésque transferebat.

La seconde difference est, que les prouinces Proconsulaires & Pretoriales estoient estimees plus dignes que les Presidiales: & les Gouuerneurs d'icelles, munis d'vn pouuoir plus grand & plus absolu: dautant qu'en ces prouinces on ne pouuoit enuoyer autres que de l'ordre des Senateurs, ou du nombre de ceux qui auoient esté Consuls ou Preteurs. Mais aux Presidiales, Auguste Cesar & ses successeurs y enuoyoient qui bon leur sembloit, sans distinction d'ordre ny de dignité. Et ores mesmes que ceux que le Prince enuoyoit, fussent de race Patricienne, ou de l'ordre des Senateurs, si est-ce que cela ne les pouuoit pas rendre de pareille dignité que les Proconsuls ou Propreteurs enuoyez par le Senat & le peuple.

C'est pourquoy les Empereurs pour fauoriser ceux qu'ils enuoyoient sous tiltre de Presidens: & les releuer d'autant plus en honneur, faisoient quelquefois requeste au Senat de les vouloir honorer de la puissance Proconsulaire. Ce que Tybere fit dés l'entree de son Empire, *Dum Germanico Cæsari proconsulare imperium petiit: missíque Legati, qui deferrent,* comme dit Tacite.

La troisiesme c'est que le gouuernement des Proconsuls & des Preteurs n'estoit que pour vn an, selon la loy de C. Sempronius Gracchus: *Et prouinciæ futuris Prætoribus ac Consulibus quotannis à Senatu decernebatur.* Vray est que Iules Cesar estant Dictateur perpetuel, fit vne loy, par laquelle il estoit porté, *Vt nemo Prætoriam prouinciam plus anno, consularem plus biennio posset obtinere.* Par ainsi il estoit permis de tenir le gouuernement des prouinces consulaires par l'espace de deux ans tout au plus. Mais quant à l'administration des Presidiales, elle duroit autant d'annees qu'il plaisoit aux Empereurs, les continuant iusques à ce qu'on enuoyast vn successeur à ceux qui gouuernoient. Et voit-on dans les Annales de Tacite, que c'estoit la coustume de Tibere de continuer les gouuernemés à aucuns sur mesme prouince, & le commandement sur mesmes armees, iusques à la fin de leur vie, dequoy on assigne plusieurs raisons: *Alij tædio nouæ curæ, semel placita pro æternis seruauisse: quidam inuidia, ne plures fruerentur.*

La quatriesme & derniere difference gist en ce que le regime & gouuernement des prouinces Proconsulaires & Pretoriales, estoit plus grief & plus fascheux au peuple, que celuy des Presidiales: dautant que les tributs & peages des deux premieres appartenoient au peuple Romain, & se portoient au thresor public, nommé *ærarium*: & n'auoient les Proconsuls ou Propreteurs aucun droit

DE L'EMPIRE LIV. IIII.

droit ne pouuoir d'en faire remise ne diminution : mais il n'en estoit pas ainsi des deniers qui se leuoient és prouinces Presidiales, lesquelles appartenoient au Prince, & se portoient en son thresor, que l'on appelle *Fiscum*. Car il arriuoit souuent, que le Prince, ou ses Legats ou Presidens, ausquels il donnoit ce pouuoir, remettoient les tributs & peages au peuple entierement, & pour quelques annees : ou bien luy en faisoient diminution. De ceste difference procede ce que le mesme Auteur raconte, que les prouinces d'Achaie & de Macedoine se complaignans des grandes charges & leuees de deniers qu'elles auoient à supporter pendant que elles appartenoient au Senat, furent deliurees du gouuernement Proconsulaire, & mises au rang de celles qui appartenoient à l'Empereur : *Achaiam & Macedoniam*, dit-il, *onera deprecantes, leuari in presens Proconsulari Imperio, tradique Cæsari placuit*. De là vient encore ce que dit Lampridius de l'Empereur Seuerus Alexan. qui changea plusieurs prouinces Presidiales en Pretoriales. Et quant aux Consulaires, il en laissa l'administration toute libre au Senat. Voicy ses paroles sur ce subiect : *Prouincias Prætorias Præsidiales multas fecit : Proconsulares ex Senatus voluntate ordinauit*.

3. Les Consuls, Preteurs, Proconsuls, Propreteurs, & Presidens ainsi esleus & instituez, ne s'en alloient pas seuls de la ville de Rome en leur prouince, mais trainoient auec eux beaucoup de gens & de bagage à l'aide des bestes de voictures & des chariots entretenus sur les grands chemins : ainsi que nous auons dit cy-dessus en gros, & qu'il nous faut à present dire en detail. C'estoit donc vn ordinaire apres que la iurisdiction estoit donnee par le Senat aux Gouuerneurs, & l'Empire par la loy du peuple, de faire vne autre assemblee de Senat pour decerner plusieurs choses à leur auantage auant leur partement, sous le nom de *Ornamenta prouinciarum*. Et pouuoient lesdits ornemens estre accreus ou diminuez à la volonté des Senateurs.

Entre ces ornemens estoient l'amplitude & grandeur des prouinces, le nombre des gens de guerre, & la solde ordinaire d'iceux : la despense ordonnee sur les grands Chemins, qu'ils appelloient *Viaticum* : la Compagnie des Gardes de leurs Corps, & les Officiers ordinaires de leur suitte. Quant au Viatique, il consistoit en vestemens, vaisselle & emmeublement de chambre & de cuisine, cheuaux, chariots, tentes ou pauillons, & autres choses semblables, qui se liuroient aux Magistrats allans en leurs prouinces : afin que les peuples amis & confederez, & les prouinciaux ne fussent chargez de tels frais. Liuius parlant de la guerre Persique, dit : Que *Magistratus mulis, tabernaculisque, & omni alio instrumento militari or-*

Pppp

nabantur : ne quid tale imperarent socijs. Et Ciceron reproche à L. Piso, que s'en allant en Macedoine en qualité de Proconsul, qu'il se fit donner pour son buffet ou emmeublement de vaisselle, dix-huict millions de Sesterces : qui valent vn million deux cens cinquante mil neuf cens vingthuict liures de nostre monnoye. *Sestertium centies octogies vasarij nomine datum.*

4. Auguste Cesar continua, voire augmenta le train des Gouuerneurs des prouinces : Ordonnant qu'il seroit donné à chacun d'eux certaine somme d'argent du public. *Auctor & {In August. cap. 36.} aliarum rerum fuit*, dit Suetone, *in queis, vt Proconsulibus ad Mulos, & Tabernacula, quæ publicè locari solebant, certa pecunia constitueretur.* Et Lampridius a laissé par escrit, qu'Alexander Seuerus, à l'exemple des anciens Romains, fournissoit argent & autres commoditez à ceux qu'il enuoyoit au gouuernement des prouinces: *Iudices cum promoueret, exemplo veterum, & argento & necessarijs instruebat: Itaut Præsides prouinciarum acciperent argenti pondo vicena, phialas senas, mulos binos, equos binos, vestes forenses binas, domesticas singulas, balneares singulas, aureos centenos, coquos singulos.* {Lamprid. id Alexan. Seuer.} Leur charge estant expiree, ils estoient tenus de rendre les mules, mulets, cheuaux, palefreniers & cuisiniers. Et quant au reste de leur emmeublement, il leur demeuroit s'ils auoient bien faict : Mais s'ils s'estoient mal gouuernez en l'administration des affaires : ledict Empereur les condamnoit à rendre le quadruple.

5. Quant aux gens de leur suitte, ils consistoient tant en personnes publiques, que domestiques. Car outre leurs Legats, Assesseurs, & Questeurs, qui les assistoient au faict des armes, de la iustice, & des finances: ainsi que nous auons dict cy dessus, ils auoient encore plusieurs moindres officiers qu'ils prenoient du public, & desquels ils se seruoient pour la direction de leurs affaires, comme Scribes, Greffiers, Aruspices, Messagers & autres : lesquels ils nommoient en leur langue *Scribas, Accensos, Præcones, Lictores, Interpretes, Aruspices, Tabellarios, Numerarios, Commentarienses, Cornicularios, Adiutores, Subadiuua, Exceptores.* Tous mentionnez dans la Notice de l'Empire: & interpretez par Guido Pancirolus, qui en a faict le Commentaire.

6. Voila ce qui est des personnes publiques sans mettre en ligne de compte les Legions ou armees entieres que souuent ils conduisoient auec eux. Quant aux domestiques ils auoient ordinairement à leur suitte grand nombre d'esclaues,

qui leur feruoient de Medecins, Chirurgiens, Valets de chambre, de Cuifiniers, Palefreniers, Tailleurs d'habits, & autres feruiteurs à la mode du temps. Et auoient en outre leurs amis particuliers, dont ils faifoient choix pour manger à leurs tables, & leur feruir de compagnie ordinaire, lefquels en vn mot ils appelloient *Contubernales*.

7. Le train donc ordinaire des Gouuerneurs des prouinces eftant tel que deffus, & la plufpart de ces prouinces tant efloignees de la ville de Rome, de laquelle il falloit partir, & y retourner par chacun an: Eft-ce merueille fi Surita & autres, ont efcrit que les grands Chemins de l'Empire auoient efté faits en partie pour faciliter le partement & le retour des Magiftrats enuoyez au gouuernement defdictes prouinces? Ceux qui confidereront cela de pres, & penferont aux voyages frequents, que lefdits Magiftrats auoient à faire dans leurs prouinces, mefmes de ville en ville, & de cité en cité pour y tenir leurs affifes, iugeront facilement les commoditez que l'vfage des chemins vnis & pauez leur apportoit, de quels dangers & inconueniens il exemptoit eux & leur train, & combien il eftoit propre & duifible à la celerité des affaires: laquelle eftoit tref-neceffaire à ceux qui n'auoient que l'an de leur Magiftrature pour s'acquerir de l'honneur & des richeffes en bien faifant.

DV QVATRIESME CHEF DE LA caufe finale des grands Chemins de l'Empire.

CHAP. XXX.

1. *Quatriefme chef de la caufe finale des Chemins pauez.*
2. *Confideration pour conceuoir la neceffité des chemins pauez.*
3. *Raifon de la neceffité des chemins pauez par toutes les prouinces.*
4. *Tefmoignage de Seneque fur la multitude des hommes & prouifions confommees dans Rome.*
5. *Que les Chemins pauez feruoient à toutes les villes de la terre.*
6. *Suite de l'vtilité des grands Chemins en la facilité de voyager.*
7. *Grand calme de paix fous les premiers Empereurs.*
8. *Commodité des Chemins pauez pour les villageois.*

1. CE n'est pas l'vne des moindres causes qui a meu les Romains à pauer des chemins par les champs, que la facilité du charroy : dautant qu'elle regarde la paix & la guerre, en l'vne & l'autre estant necessaire de charroyer iournellement vne infinité de marchandises. Et c'est en ceste espece de charroy, que consiste le quatriesme chef de la cause finale desdits grands Chemins. Car encore que nous ayons ja parlé de charroy en plusieurs endroicts des Chapitres precedens, ce n'est toutesfois que des charrois qui dependent des courses publiques, & qui ne seruoient que pour les affaires des Empereurs. Mais c'est des charrois priuez que nous auons maintenant à traicter, que chacun particulier pouuoit faire auec ses propres cheuaux & harnois, sans en demander lettres ne congé à personne.

2. Or pour conceuoir aucunement de quel vsage & necessité estoient les chemins pauez pour ce regard, tant par l'Italie, que par les prouinces, il ne faut que ietter sa pensee sur la multitude d'hommes, qu'il falloit loger, vestir, & nourrir dedans la ville de Rome. Pour à quoy fournir, il estoit necessaire que toutes les terres & les mers du monde contribuassent du leur. Et comme il n'y auoit quasi ville ou nation sur la terre qui n'eust dedans Rome bon nombre de ses habitans, aussi estoit-il raisonnable, qu'ils contribuassent à la nourriture & entretenement d'vn si grand peuple. Et que cela mesme que les originaires de chacune prouince eussent consommé en viures & en habits dans les termes de leurs pays, fust auec eux transporté dedans Rome, afin qu'il n'y eust terre qui ne liurast dequoy y nourrir & vestir ses propres enfans.

3. Aussi est-ce la verité, que qui eust peu voir d'vne seule piace & d'vn seul traict d'œil, toutes les Prouinces de l'Empire, il eust veu à mesme temps tous les grands Chemins pauez gemir sous le fardeau des viures & marchandises que l'on y charroyoit de tous costez pour les amener à Rome. Car encore que la plus grande partie de tout ce qui s'y consommoit, y fust amené par Mer, si est-ce que tout ne croissoit pas proche & és enuirons des ports : mais il falloit en chacune Prouince, charroyer toutes sortes de prouisions des lieux mediterranez, & des riuages mesmes non portueux aux villes où il y auoit des ports : afin de les assembler en gros, les charger sur les nauires, & les conduire de tous les autres ports, au seul port d'Ostie : pour de là les mener dedans Rome, ou par la nauigation du Tybre, ou par les voyes pauees qui en estoient les plus prochaines.

4. Seneque nous represente à peu pres cette affluence de viures & de charrois, quand il dict: *Cogitate hanc ciuitatem, in qua turba per latissima Itinera sine intermissione defluens eliditur: In qua consumitur, quicquid terris omnibus seritur.* Considerez (dit-il) cette grande Cité, en laquelle vne tourbe infinie de gens, coulant sans intermission par des chemins, quoy que bien larges, se heurte & s'entrechoque à la rencontre: & en laquelle se consomme ce qui est semé & recueilly par toutes les terres du monde. Ce qui faict assez paroistre la necessité des chemins pauez, pour conduire en vne seule Ville, quasi toutes les prouisions des autres Villes de la terre.

5. Tout ce que nous auons dict, n'appartient qu'à la ville de Rome: Mais les autres villes de l'Empire ne laissoient de participer aux commoditez & aduantages des grands Chemins pauez: d'autant que par le moyen d'iceux, & de la correspondance qu'elles auoient ensemble, elles pouuoient s'entre-secourir facilement l'vne l'autre en ce qui est du traffic. Et comme elles enuoyoient à Rome les fruicts qui naissoient chez elles, aussi receuoient elles de Rome mesme, tout plein de commoditez, comme par vne certaine vicissitude & reflexion: ne plus ne moins que le foye est la source commune du sang, & que là il se façonne en sa masse entiere: non pour y demeurer, mais pour estre enuoyé & distribué par les veines, ainsi que par des voyes secrettes & interieures iusques aux moindres extremitez du corps: Aussi estoit-ce vn benefice general de la ville de Rome, que d'enuoyer de ses dons à toutes les autres villes: qui ne furent iamais tant heureuses que de se trouuer sous vn Empire si pacifique: par la commune & égale humanité duquel, elles reluisoient en ouurages splendides & somptueux. Et quant aux terres, elles estoient par tout labourees en forme de jardins de plaisance. Aristide (qui viuoit sous l'Empire d'Adrian) parlant des Romains, & des villes esparses par la domination Romaine, nous en donne ce tesmoignage: *Neque vero desinant vnquam ad illas à vobis dona mitti: neque fœliciores vnquam vllæ fuerunt propter vestram æqualem erga omnes humanitatem, atque vrbes primum splendere & gratia relucent: totaque terra est instar paradisi exculta.*

6. Voila donc les quatre principales causes, pour lesquelles & le peuple & les Empereurs de Rome ont faict pauer des grands Chemins par les champs. A quoy l'on peut adiouster en suitte, que cela se faisoit aussi pour faciliter les voyages des particuliers, tant à pied qu'à cheual, de quelque estat & condition qu'ils fussent pour voyager par le monde: Car il n'y auoit personne, qui ne s'en peust seruir en ses affaires priuez: C'estoit vn bien general, que chacun pouuoit appliquer à son vsage particulier: Et par le moyen

duquel on pouuoit courir en bien peu de temps d'Orient en Occident, & du Midy au Septentrion. Mais ce qui rendoit encore plus facile l'vsage desdits grands Chemins, c'est qu'en la fleur de l'Empire quasi toutes les nations du monde appartenoient à vn mesme maistre: & qu'en lieu tant esloigné de son païs, qu'vn homme peut estre, il y estoit comme en sa terre natale: d'autant que par les conquestes des Romains tous les habitans de la terre auoient esté faicts vn mesme Peuple, & le Monde vn mesme païs. En sorte qu'Athenee a eu raison d'appeller la nation Romaine de ce nom du Peuple du Monde, & Claudian de dire, parlant de la ville de Rome,

Pag. 20.

Huius pacificis debemus legibus omnes,
Quod veluti patriis regionibus vtitur hospes.
Quod sedem mutare licet: quod cernere Thulem:
Rursus & horrendos quondam penetrare recessus.
Quod bibimus passim Rhodanum, potamus Orontem.
Quod cuncti gens vna sumus.

7. Adioustez à cela le grand calme de la paix, qui estoit quasi par tout l'Empire: d'autant que d'vn bout de la terre à l'autre, *Immota aut modicè lacessita pax*, comme parle Tacite. Et le mesme Aristide dict, que tout le monde celebroit comme vne feste perpetuelle: & qu'ayant mis bas les armes que l'on auoit accoustumé de porter aux temps precedens, toute la terre n'estoit remplie que de festins & de banquets: Et que de toutes les vieilles contentions qui trauailloient le monde auparauant, celle-là seule estoit restee entre les villes, sçauoir laquelle surmonteroit ses voisines en beauté & gentilesse d'edifices, & ne voyoit-on par tout, autre chose que lieux publics seruans aux jeux & exercices du corps, que Fontaines, & Aqueducs, Galeries, Temples, & autres edifices publics. De sorte que le Monde (qui sembloit auparauant se precipiter à sa ruine, par la diuersité des Seigneurs & Principautez qui se ruinoient l'vn l'autre, auoit esté comme refaict & restauré par le benefice du peuple de Rome, qui lors commandoit seul à toute la terre: Et de là procedoit la facilité de voyager, & le plaisir aux curieux de se porter en Athenes, en Constantinople, en Alexandrie, en Hierusalem, en Antioche, en Damas, en Babylone, & autres villes de renom de l'Europe, de l'Asie, & de l'Affrique, pour se rendre capables de manier les affaires, ou bien pour traffiquer par mer & par terre, sans apprehension d'aucuns voleurs ou pirates, que des fermiers & publicains. Encore les appaisoit-on pour certaine somme d'argent, qui n'estoit pas trop excessiue sous des bons Princes. Et par ce

Lib. 4. annal.

moyen les marchandises auparauant incognues & loingtaines, se portoient par tout, & se communiquoient aussi facilement, que si l'Empire entier n'eust esté qu'vne seule ville.

8. Il n'estoit pas iusques aux Villageois, qui ne participassent à la commodité des grands Chemins, soit en portant leurs denrees & marchandises aux grandes Villes, pour en tirer d'autres commoditez : soit en allant & venant de nuict & de iour par les foires & marchez publics : ou bien à la solicitude de leurs procez, & autres affaires. A raison dequoy, Tibulle dict, que les Villageois des enuirons de Rome chantoient les loüanges de Marcus Messala : d'autant qu'il auoit faict à ses despens les reparations des Voyes Tusculane & Albane, sur lesquelles ils s'en pouuoient retourner la nuict de Rome chez eux, sans s'offenser, ne broncher en s'en retournant.

Te canit agricola, magna cum veneris vrbe
Serus, inoffensum rettuleritque pedem.

Elegia E.
lib. I.

DE LA MVLTITVDE DES CITOYENS Romains, ausquels il falloit fournir les choses necessaires à la vie, par charroy faict sur les grands Chemins pauez.

CHAPITRE XXXI.

1. *Quel estoit le nombre à Rome de ceux qui prenoient du froment public.*
2. *Autre nombre des Senateurs Cheualiers, & autres riches citoyens.*
3. *Nombre infiny d'esclaue.*
4. *Nombre admirable des forains & estrangers dedans Rome.*
5. *Tesmoignage d'Athence.*
6. *Tesmoignage d'Aristides la dessus.*

AIS pour donner d'autant mieux à entendre la necessité des grands Chemins pour le charroy, il est besoin de specifier plus particulierement quelle estoit la multitude d'hommes, tant Romains originaires qu'estrangers, qui auoient leur domicile à Rome, nombre du tout admirable, & qui excede quasi toute croyance. Nous commencerons à faire preuue de cette multitude par le tesmoignage de Suetone, qui

dict, que du temps de Iules Cesar, il y auoit dedans Rome trois cens vingt mille personnes d'entre la populace, qui prenoient & perceuoient du froment en la distribution qui s'en faisoit par chacun mois aux despens du public: & qu'il reduisit ce nombre à cent cinquante mille. Dion Cassius dict à cent soixante. Ce nombre de trois cens vingt mille personnes, estoit autant de chefs de famille de basse condition, lesquels auoient femmes & enfans qui montoient encore en beaucoup plus grand nombre, lesquels à peine pouuoient-ils nourrir sans cette ayde & prestation publique.

2. Mais combien y auoit-il de gens riches & aisez dedans Rome, qui n'auoient aucun besoin de particper à telles distributions: Combien de Senateurs, de Cheualiers, & d'honnestes citoyens riches & à leur aise, qui esgaloient au moins ce nombre: voires mesme qui le doubloient & triploient, de sorte que le nombre des citoyens Romains, riches, pauures, mediocres estoit estimé monter du temps des premiers Empereurs, iusques à deux millions de personnes.

3. Il faut en apres venir aux esclaues, qui estoient pareillement en tres-grand nombre: Car il y auoit peu de gens riches d'entre les Senateurs & le peuple, qui n'eust cent ou deux cens esclaues de son train, diuisez en plusieurs charges & offices domestiques. Et lit-on dans Tacite, que Pedanius Cotta en auoit cinq cens dans sa maison, lors qu'il fut mis à mort, par l'vn d'entre eux. C'est ce qui a faict dire à Ammian Marcellin, que les Romains trainoient apres eux des gardes d'esclaues, comme compagnies de gens de pied: *Seruorum agmina post se trahunt.*

4. Encore n'est-ce pas tout : Car vne bonne partie du reste du monde, comme forains & estrangers, auoient leur domicile à Rome: ou bien ils y venoient pour affaires. Seneque parlant à sa mere Heluidia en vne sienne Epistre, l'exhorte à remarquer, qu'vne grande partie de la multitude de gens qui se voyoit à Rome, n'estoit point de Rome: mais y estoit venuë habiter de toutes les parties du monde, comme en vn exil volontaire. *Aspice*, dit-il, *hanc frequentiam cui vix vrbis immensa tecta sufficiunt: maxima pars illius turbæ patria caret: ex municipijs, ex Colonijs suis, ex toto denique orbe terrarum confluxerunt.* Et peu apres: *Nullum non hominum genus concurrit in vrbem. Virtutibus & vitijs magna præmia ponentem. Iube hos omnes ad nomen citari, videbis maiorem partem esse, quæ relictis sedibus suis veniret in maximam dem ac pulcherrimam vrbem, non tamen suam.*

5. Athenee dict fort bien à ce propos que la ville de Rome estoit l'abbregé de tout le monde, τὴν Ῥωμαίων πόλιν ἐπιτομὴν τῆς οἰκουμένης

comprenant & enuironnant toutes les Citez en general basties & erigees dedans soy: particulierement Alexandrie la doree: Antioche la belle: Nicomedie l'excellente: & Athene la plus claire & splendide de toutes celles que Iupiter peut regarder de ses yeux. Ce sont les façons de parler de cet Auteur, qui adiouste: que s'il vouloit racompter combien de villes Rome la celeste contient, il en trouueroit vn si grand nombre, que non seulement vn iour entier: mais tout autant de iours qu'il en faut pour accomplir vne annee, ne suffiroit pas à son dessein: veu que dans Rome habitent des nations toutes entieres: comme la nation de Cappadoce: des Scytes, & du Pont, & plusieurs autres: L'assemblage & concours desquelles dans vne seule ville se peut appeler le peuple habitable de toute la terre: καὶ γὰρ ὅλα ἔθνη ἀθρόως αὐτῇ συνῴκισαι, ὡς τὸ Καππαδοκῶν καὶ Σκυθῶν καὶ Ποντικῶν, καὶ ἄλλων πλείοσιν, ὅπερ οὖν πάντες ὁ σύμπας δῆμος τῆς οἰκουμένης.

Li. I. Diphnosoph.

6. Et le Rhetoricien Aristide dict fort bien à ce propos, que la ville de Rome a vn pareil respect & correspondance auec le monde entier, que les autres villes & Citez Metropolitaines ont auec les bourgs & villages de leur Prouince particuliere. Comme si Rome estoit la ville commune de toute la terre habitable. Et partant, toutes les autres grandes villes du monde ne sont que comme petits bourgs, ou villages espars à l'entour de Rome, qui ont là leur recours, pour y prendre les loix & la police necessaire à leur gouuernement: Rome estant capable de receuoir tous les hommes du monde, comme la mer tous les fleuues, sans qu'elle en soit plus empressee: ny qu'elle en paroisse plus petite ou plus grande, quelque nombre d'hommes qui y puisse entrer ou sortir. Ces mots dudit Aristide sont remarquables, entre autres: *Quod autem vrbes singulæ terminis suis ac regionibus præstant, hoc vrbs ista toti orbi exibet, vt omnis quæ incolitur terra tanquam alicuius regionis oppidum. Quocirca videntur finitimi omnes per viros diuisi ad hanc arcem vnam conuenire, quæ nunquam se cuiquam negat.*

DE LA QVANTITE DES GRAINS ET
autres viures, amenez à Rome, pour la nourriture de tant de peuples.

CHAPITRE XXXII.

1. *Neceſſité des Chemins pauez pour amener à Rome dequoy ſe nourrir, veſtir, & loger.*
2. *Quelle quantité de bleds l'Egypte fourniſſoit à Rome.*
3. *Ouurages faicts par Auguſte en Egypte, pour faciliter le charroy.*
4. *Quelle quantité l'Affrique liuroit à la ville de Rome en froment.*
5. *Deux flottes entretenues pour amener à Rome les grains d'Egypte, & Affrique. Amour d'Auguſte vers le peuple.*
6. *Des grains que les Iſles voiſines d'Italie, & l'Aſie liuroient à Rome.*
7. *Quantité de viandes neceſſaires ou de volupté dedans Rome.*

1. AR la multitude des gens qui faiſoient ſejour ordinaire dans la ville de Rome, on peut aucunement comprendre la quantité des marchandiſes, qui eſtoiét neceſſaires à leur entretenement: & qui rouloient continuellement à cet effect ſur les grands Chemins. Ces marchandiſes ſe diuiſent generalement en trois ſortes de choſes neceſſaires à l'eſtat de chacune ville: dont l'vne regarde les viures, l'autre les habits, & l'autre le logemét des habitans. Que ſi nous venons à conſiderer la quantité qui ſe conſommoit à Rome de chacune de ces trois ſortes de marchandiſes, nous trouuerons qu'il eſtoit tres-neceſſaire, qu'il y euſt par tout des chemins pauez pour les charroyer, ou iuſques Rome, ou bien iuſques aux ports de chacune Prouince: d'où par apres on les conduiſoit par mer aux ports d'Italie, les plus prochains de Rome.

2. Donc pour donner aux eſprits quelque conception de quantité immenſe de telles marchandiſes, nous commencero par les viures: dont la premiere & principale partie conſiſte aux grains & bleds de toute ſorte, que les Latins comprennent ſous mot de *frumentum*. Sextus Aurelius Victor nous apprend, que du temps d'Auguſte Ceſar, le ſeul Royaume d'Egypte, qu'il auoit de nouueau reduict en forme de Prouince, fourniſſoit à la ville de Rome par chacun an vingt millions de muids de froment, ſous nom de peage. Or eſt-il, que de toutes les regions Mediterranees dudit Royaume, il falloit conduire par charroy tout ce froment en la ville d'Alexandrie, où eſtoit le port, duquel on le tranſportoit en la ville de Rome.

3. Mais comme l'Egypte eſtoit quaſi par tout mareſcageuſe, à cauſe de l'innondation du Nil: & partant fort incommode pour les charrois: Le meſme Auguſte pour faciliter l'accez à la ville d'Alexandrie: & par ce moyen fournir celle de Rome plus promptement de telle quantité de bleds, fit curer & nettoyer par

les mains de ses soldats, certaines fosses remplies de limon par la longueur des temps, qui seruoient comme de receptacles & d'esgouts aux desbordemens du Nil: & par lesquels ce fleuue faisant sa retraitte dans son propre canal, reprenoit sa vraye forme de riuiere, pour quitter celle de lac, ou d'estang. Ce que vous pouuez colliger de ces mots: *Regionem Aegypti inundatione Nili accessu difficilem, inuiamque paludibus, in prouinciæ formam redigit, quam vt annonæ vrbis copiosam efficeret, fossas incuria vetustatis limo clausas labore militum patefecit huius tempore, ex Aegypto vrbi annua ducenties centena millia frumenti inferebantur.* *Aurelius Victor in D. Cæsare Octauiano.*

4. Mais que dirons nous de l'Affrique qui est sans comparaison plus grande que l'Egypte. Aussi en fournissoit-elle beaucoup d'auantage: & comme il est à croire, deux muids pour vn: ce qui se peut coniecturer par certains mots d'Agrippa, en la harangue qu'il fit aux Iuifs, pour les dissuader de se reuolter contre les Romains: où il dict entre autres choses, que l'Affrique nourrissoit, le peuple de Rome par chacun an l'espace de huict mois: & l'Egypte de quatre. Tout ainsi donc que le temps de l'Affrique est double à celuy d'Egypte: aussi estoit le froment qu'elle liuroit à Rome. Et à ce compte, elle fournissoit par chacun an quarante millions de muids de bled, que les Latins appellent, *Quadringenties centena millia.* Adioustez l'vn & l'autre ensemble, & vous aurez soixante millions.

5. Pour conduire à Rome du port d'Alexandrie, & d'autres ports d'Affrique, cette immense quantité de froment, les Empereurs Romains entretenoient expres deux flottes de nauires, qu'ils appelloient *Classem Affricanam, & Alexandrinam:* desquelles parle Aurelius Victor, quant il dict: *In gerendo principatu ciues sic amauit, vt tridui frumento in horreis quondam viso, statuisset veneno mori, si è prouincijs classes interea non venirent. Quibus aduectis, felicitati eius salus patriæ est attributa.*

6. Que si ces deux Prouinces rendoient par chacun an telle quantité de bleds à la ville de Rome, que pouuoit faire l'Italie, & le reste des Prouinces de l'Empire? Dés le temps de la republique populaire, l'Affrique, la Sicile, & Sardaigne, en fournissoient en telle abondance, que Ciceron (du temps duquel l'Egypte n'appartenoit encore aux Romains) les appelloit *Tria frumentaria subsidia Reip.* Et neantmoins il semble à ouïr cet Auteur, que tout cela estoit peu de chose, en comparaison de ce qui se tiroit de l'Asie: Car il dict que les peages qui se recueilloient des autres prouinces, estoient tels, qu'à peine pouuoient-ils suffire à l'entretenement des gens, qu'il falloit pour les tenir en obeissance. Mais que l'Asie *Pro lege Manilia.*

estoit si fertile & si abondante, que facilement elle surpassoit le reste du monde en fecondité de terres labourables, varieté de fruicts, graisse de pasturages, & abondance de tout ce qui se peut transporter d'vn païs à l'autre: *Asia vero*, dict-il, *tam opima est & fertilis, vt & vbertate equorum, & diuersitate fructuum, vt magnitudine pastionis, & multitudine earum rerum quæ exportantur, facilè omnibus terris antecellat.*

7. Ie passe sous silence ce que l'Europe entiere pouuoit liurer à Rome de telles prouisions de froment: pour dire vn mot des autres viures, comme des bestes à quatre pieds, des oiseaux, & des poissons, que l'on amenoit à Rome de tous costez: Car sans faire estat des viandes communes & necessaires, on alloit iusques aux extremitez de l'Empire, les plus reculees, pour charger les tables des grands Seigneurs de mets friands & delicats. Plusieurs desquels ne s'estimoient pas bien traictez, si ce n'estoit de choses que les saisons de l'annee ne portoient que par artifice: à qui il falloit des roses en hiuer, pour nager dans leur vin, & de la glace en esté: Qui ne mesuroient pas la bonté des viandes par le goust, mais par le coust & la despense: comme de Phaisans qu'on alloit querir en Colchos: ou bien de quelque poisson dont la prise auoit cousté la vie à quelqu'vn en vne mer turbulente, & fort esloignee de Rome. Voyez ie vous prie ce que dict Latinus Pacatus à ce propos, descriuant la vie de plusieurs Empereurs & Citoyens de Rome, qui ont vescu auant le siecle de Theodose: *Nam delicati illi ac fluentes*, dict-il, *& quales sæpè tulit respublica, parum se lautos putant, nisi luxuria vertisset annum: nisi hibernæ poculis rosæ innatassent: nisi æstiua in gemmis capacibus glacie Falerna fregissent. Horum gulæ angustus erat orbis noster. Namque appositas dapes non sapore, sed sumptu æstimantes, illis demum cibis acquiescebant quos extremus oriens, aut positus extra Romanum Colchos Imperium, aut famosa naufragijs maria misissent.*

DE LA MVLTITVDE D'AVTRES MARchandises amenees à Rome, au charroy desquelles les Chemins pauez estoient fort necessaires.

CHAPITRE XXXIII.

DE L'EMPIRE LIV. IIII.

1. Marchandises amenees à Rome de tous les endroicts de la terre.
2. Traffic des Romains iusques aux Indes.
3. Quelle route on tenoit pour transporter à Rome les marchandises des Indes.
4. Description du chemin de Coser à Camar dans l'Itineraire d'Antonin.
5. Du transport des matieres seruans à bastir.

1. PLINE nous donne vn bon tesmoignage comme par la facilité des grands Chemins, les choses qui naissoient és parties de la terre les plus esloignees venoient en moins d'vn rien se rencontrer toutes ensemble dans la seule ville de Rome: d'où par apres elles estoient communiquees par tout. On apportoit à Rome de la reclisse, qu'il appelle *Herbam Scythicam*, des Palus Meotides: l'Euphorbe, du Mont Athlas au delà des Colomnes d'Hercules, & des riuages qui font le bout Occidental de la terre. L'herbe Britannique, des Isles Septentrionales, situees dans l'Ocean, outre les communes bornes du monde. Et vne autre herbe, dicte *Aithyopis*, qui croist vers le Midy en vne plage toute bruslee du soleil. Qui sont quatre parties du monde, extremement esloignees l'vne de l'autre. Ce qui se faisoit au moyen de la paix, que le peuple Romain auoit establie par le monde. *Immensa* comme dit Pline, *Romanæ pacis maiestate non homines modo diuersis inter se terris gentibusque, verumetiam montes, & excedentia in nubes iuga, partusque horum, & herbas quoque inuicem ostentante. Adeo Romanos alteram lucem dedisse rebus humanis videntur.* C'est à dire, que par le benefice d'vne paix si profonde, & d'vne si longue estendue, non seulement les peuples pouuoient traffiquer les vns auec les autres: mais aussi les montagnes, dont les couppets surpassent les nuës en hauteur, auoient moyen de s'entrecommuniquer les fruicts & les herbes qu'elles produisent.

Plin. li. 27. histor. nat. cap. 1.

2. Le mesme auteur raconte, que ceux qui se messoient de marchandise à Rome de son temps, faisoient tous les ans vn voyage de la prouince d'Egypte aux Indes, auquel ils portoient au moins cinq cens mil Sesterces, qui reuiennent à trois millions quatre cens quatre vingts & dix-neuf mil six cens huict liures de nostre monnoye: & que c'estoit pour en apporter des marchandises, lesquelles par apres estans à Rome, se vendoient cent fois autant: *Digna res*, dit il, *nullo anno Imperij nostri minus H-S. quingenties exhauriente India, & merces remittente, quæ apud nos centuplicatæ veneant.*

Lib. 6. c. 23.

3. Toutes ces marchandises procedantes des Indes venoient prendre bord par la mer rouge, dit Sinus Arabicus, en la ville de

Beronice, que l'on appelle à present *Cosir*, où il y auoit vn port des plus celebres de ce temps-là, situé auec la ville quasi sous le Tropique de Cancer: de là on apportoit par somme à Camar, dicte par les anciens *Coptos*, ville renommee pour le traffic, & qui auoit son assiette sur le Nil, à deux cens cinquante huict mil de Cosir. De Camar on amenoit lesdites marchandises par la nauigation du Nil, iusques en la ville d'Alexandrie, au port de laquelle on les chargeoit dans les nauires, qui faisoient les voyages ordinaires à Rome. Cela se peut colliger de Pline mesme, qui dit que ceux qui veulent faire voyage d'Alexandrie au port de Cosir, nauigent à l'aide des vents Ethesiens qui soufflent contre le cours du Nil: & qu'en l'espace de douze iours ils paruiennent à Camar, ayant fait trois cens trois miliaires. Que quand on est arriué à Camar, il faut prendre des chameaux, & continuer son chemin par des endroicts où il y a grand' faute d'eaux, par lesquels endroicts on ne peut voyager que de nuict, à cause des extremes chaleurs qui sont ordinaires en ces regions là. Et faut ordinairement douze iournees pour aller de Camar à Cosir à trauers des montagnes, & autres endroicts secs & arides: en plusieurs desquels les Romains tenoient des garnisons, & y auoient fait faire vn grand Chemin accompagné de plusieurs cisternes ou aiguades que les Grecs appellent *Hydreumata*, & les Latins *Aquationes*, qui seruoient pour abbreuuer les chameaux.

Plin. ibid.

4. L'Itineraire d'Antonin s'accordant au iuste auec Pline au nombre des mil qui se trouuent de Camar à Cosir, nous depeint ainsi les Mutations & Mansions dudit grand Chemin.

Pag. 39.

Item à Copto Beronicem.	CCLVIII. sic.
Pœniconiconon	M. P. XXVII.
Didime.	M. P. XXIIII.
Afrodito.	M. P. XX.
Compasi.	M. P. XXII.
Iouis.	M. P. XXXIII.
Aristonis.	M. P. XXV.
Falacro.	M. P. XXV.
Apollonos.	M. P. XXIII.
Cabalsi.	M. P. XXVII.
Cænon Ydreuma.	M. P. XXVII.
Beronicen.	M. P. XVIII.

5. Ce ne seroit iamais fait à celuy, qui voudroit mettre en auant tout ce qui se trouue de la quantité admirable des marchandises qui s'amenoient à Rome, & par mer, & par terre. Et me con-

enteray de vous en auoir baillé cet exemple pour tout, laissant à iuger quelle abondance Rome pouuoit tirer des prouinces plus voisines, puis que des Indes, si peu cognuës de ce temps-là, de si difficile accés, & si esloignees, on en tiroit pour trois cens millions de marchandises qui se reuendoient à Rome cent fois autant. Il ne reste plus qu'à dire vn mot des materiaux seruans à bastir, comme poutres, ou sommiers, marbres, & porphyres, que l'on faisoit transporter à Rome, d'Egypte, de Numidie, de Phrygie, de Lacedæmone, des Isles de la mer Egee, & de diuers endroicts d'Italie, partie par mer, & partie par terre. Au charroy & transport desquels les chemins pauez à la mode Romaine estoient tres-necessaires. Quant ce ne seroit que pour soustenir le poids des Obelisques, des Colomnes & autres pieces & quartiers de marbre, d'vne grandeur excessiue, auec vne admirable quantité de pierres communes, de chaux, d'areine, de sable, de bois, de fer, de tuilles, & autres materiaux necessaires à tant de bastimens, que l'on faisoit de neuf, ou que l'on reparoit par chacun iour dans vne ville de si longue & spacieuse estenduë.

DISCOVRS DES OVVRAGES FAICTS
sur les grands Chemins de l'Empire pour en rendre l'vsage plus facile & specialement des ponts.

CHAPITRE XXXIIII.

1. *Parties necessaires, vtiles & delectables des grands chemins de l'Empire.*
2. *Quelles sont lesdites parties.*
3. *Ponts, sont parties principales & & necessaires des grands Chemins.*
4. *Ponts faicts par les Romains admirables en leur nombre, matiere, & situation.*
5. *Romains curieux de faire des Ponts par tout le monde.*
6. *La structure des Ponts tenoit quelque chose de la Religion chez les Romains.*
7. *Nulle personne n'estoit exempte de la reparation des Ponts, qui sont Chemins sur l'eau.*
8. *Trois poincts esquels gist la commodité des Ponts.*
9. *Ponts de bois pourquoy ont precedé ceux de pierre.*

1. Iusques à present ont esté monstrez les fins pour lesquelles les Romains ont fait des Chemins pauez le long de leur Empire: Il nous faut maintenant discourir de certaines pieces desdits chemins, lesquelles ils ont adiousté au corps principal d'iceux, comme parties necessaires pour en rendre l'vsage d'autant plus facile & plus prompt: i'adiousteray encore plus plaisant & plus agreable. D'autant que par le moyen d'icelles les Courriers des Empereurs, les armees entieres, les Fermiers des gabelles & Receueurs generaux des finances: les Gouuerneurs des prouinces, les Marchands, Voicturiers, Voyagers, tant à pied comme à cheual, estoient non seulement soulagez chacun à son regard, & le temps de leurs voyages fort accourcy. Mais ils trouuoient en outre dequoy se donner du contentement en la rencontre de plusieurs choses, lesquelles seruoient autant d'ornement & de volupté, que de profit & d'vtilité pour voyager.

2. Entre celles qui estoient ou necessaires ou grandement vtiles, nous pouuons mettre les Ponts & les Ports auec tout ce qui en dépend. Ensemble les canaux tirez de fleuue en autre, & faicts par artifice pour accommoder la nauigation des riuieres. Parmy les vtiles & plaisantes, nous rangerons les Colomnes miliaires, les pierres qui seruoient à monter & descendre de cheual, les Mercures, & autres figures des Dieux, qui estoient estimez par les Gentils presider aux chemins & en estre gardiens & tutelaires: & si quelqu'autre chose se rencontre qui serue à l'vsage ou à l'ornemēt desdits chemins.

3. Nous commencerons par les Ponts que Baptiste Albert appelle *Potissimam viæ partem*. D'autant qu'ils seruent à continuer les chemins de plein pied, & en aboutir les pieces pour y marcher sans interruption.

4. Mais qui n'en admireroit le nombre & la structure eu esgard que plusieurs sont fondez sur le cours des riuieres plus larges, plus rapides, & plus profondes, & composez de matiere si solide & si ferme, qu'il en reste encore plusieurs qui sont bastis au dessus de douze cens ans: lesquels absorbent & engloutissent beaucoup plus de matieres, qu'il n'y en a en tous les esgouts & aqueducts tant renommez de la ville de Rome. Dauantage ils les surpassent dautant en difficulté d'ouurages, comme pour fonder sur les bords, & dans le profond des grands fleuues, il a fallu combatre l'eau rapide des fleuues, la destourner de son siege pour la seicher par endroicts: & qui reparant ses dommages par soy-mesme, remplira plus de place en vne heure, que l'on n'en aura vuidé & espuisé

en vn

en vn mois: ce qui en augmente infiniment la despense.

5. C'est pourquoy entre plusieurs ouurages publics que l'Empereur Caligula fit en ce peu de temps que dura son Empire, Pline admire entr'autres choses, *Tot pontes, tantis impendiis factos*: tant de Ponts faicts auec tant de despense. Plutarque n'a pas oublié de remarquer entr'autres choses, que Caius Gracchus faisant faire des grands Chemins en Italie, s'il venoit à rencontrer des valees & des fondrieres que les torrens cauent, il les faisoit combler: ou bien bastir des ponts par dessus de hauteur égale aux deux costez: rendant l'ouurage entier, plein, vny & de mesme niueau. L'Empereur Trajan eut le mesme soin, lors qu'il fit les reparations de la voye Appienne, laquelle en plusieurs endroicts auoit esté gastee par la longueur du temps, car il fut curieux de desseicher les marais, abbatre les colines, releuer les lieux bas, & faire des ponts où il en estoit de besoin. Et ainsi rendit ce chemin propre pour y voyager promptement, & commodement en tout temps. Bref Aristides parlant des Romains en general, dit qu'ayant mesuré toute la terre, ils en ont ioinct les pieces par vne infinité de ponts, bastis sur les principales riuieres de l'vniuers: *Terramque omnem dimensi, Pontibus varios fluuios iunxistis*.

Lib. 36. c. 15

6. Et certes les Ponts apportent à la vie des hommes beaucoup de commoditez: à raison dequoy les Romains estimoient estre vne chose dependante de la Religion, que de dresser des ponts sur des riuieres: ce qu'ils ne faisoient iamais sans certaines ceremonies. Et de là est venuë l'opinion de Varro, que *Pontifex*, est composé de *Pons* & de *facio*: pourautant qu'anciennement on attribuoit à grande pieté & Religion de faire vn pont sur vn fleuue: ce qui ne se faisoit iamais sans le Pontife, qui en auoit la principale conduicte. Car mesme le pont de bois nommé *Sublicius*, fut basty à Rome sur le Tybre auec grandes ceremonies par vn Pontife, & auec mesmes ceremonies refaict & reparé plusieurs fois par les Pontifes ensuiuans.

Patries li. 3. traité 4. de l'institut. des Royaumes & Republiques.
c L. ad instruct. C. de Sacrosanct. Ecclesiis l. Abst. C. de priuileg. domus Augu. lib. 11.

7. Aussi estoient les ouurages & reparations des Ponts tellement recommandables, que nulle personne de quelque condition ou qualité qu'elle fust, mesmes les Ecclesiastiques, & iusques aux propres biens & heritages des Empereurs, n'estoient exempts d'y contribuer, & ne pouuoient pour ce regard pretendre aucun priuilege e. Et les legs qui se faisoiét pour la reparation des ponts, estoiét par les anciens Iurisconsultes estimez estre de la nature de ceux qui estoient faicts *ad Pias causas*, d comme ressentans en eux quelque traict de pieté & de Religion, fondee sur la necessité & vtilité qui en reuenoit au public: veu que plusieurs fleuues & ruisseaux se

d Speculator in tit. de instrument. editio. §. nunc vero, versiculo & scias quod inter.

Rrrr

rencontrent en voyageant, qui pour cause de leur largeur, profondeur & vitesse ne se peuuent passer à gué, dont le passage est rendu prompt & facile par des ponts, qui ne sont autre chose que chemins faicts sur l'eau.

8. Or les ponts seront d'autant plus commodes, si on y obserue trois choses. Dont la premiere est, qu'ils ne soient pas plus hauts que le reste du chemin. Que s'il est besoin de les hausser, il faut faire en sorte, que les rampans soient tirez de loing, pour les rendre de facile accez. La seconde, si l'assiette est choisie au milieu de la region, en cas que ce soit aux champs : ou en pleine cité, si c'est en la ville qu'on le vueille bastir : & si l'on choisit l'endroict ou la riuiere ayt son cours droict, esgal, & continuel, & son lict moins large & moins profond. Et la troisiesme si ils sont faicts de matiere ferme, solide, & de duree : soit de bois, soit de pierre. En quoy neantmoins la pierre pour plusieurs raisons est plus durable que le bois : mais non pas de si ancien vsage en ce genre d'Architecture.

9. Car au commencement les hommes ne faisoient que des ponts de bois, pource qu'ils ne regardoient qu'à leur necessité presente. Et en faisoient de deux façons : les vns pour demeurer sur pied autant que la matiere & la façon le pouuoient porter. Tel estoit à Rome le pont de bois, dict *Sublicius*, duquel nous parlerons au chapitre suiuant : *Pons Miluius*, assez pres de Rome : & autres que depuis on a fait de pierre. Les autres se faisoient pour seruir à certain affaire, lesquels on assembloit à la haste pour les deffaire aussi tost. Les Grecs appelloient tels ponts σχεδίαν, de σχεδιάζω, *celeriter & ex tempore facio*. D'où leur vient σχεδίον, & σχέδισμα, pour vn œuure tumultuaire & fait en haste. Suidas dit à ce propos que les Grecs appellent σχεδίαν, *Subito confectum nauigij genus, siue etiam pontem tumultuarium : quales aut ex funibus, aut trabibus dissolutis aut connexis nauiculis ex tempore solent confici*. C'est de ce nom qu'Herodote appelle le pont, que Darius fit sur le Bosphore Thracie pres de Chalcedoine, qui estoit de quatre stades de longueur, reuenant à vn quart de lieuë Françoise : *Huius enim pelagi latitudinis os est quatuor stadiorum*. Tel estoit encore ce pont tant renommé de Xerxes que le mesme Herodote descrit au liure 7. de son Histoire. Car comme ces deux ponts furent bien tost faicts, aussi ne furent-ils pas de longue duree. Mais comme les hommes s'aduiserent d'immortaliser leurs noms, & que l'augmentation de leurs richesses leur augmenta le courage pour entreprendre choses plus grandes, ils commencerent à les bastir de pierre, & les inscrire de leurs noms. Ceux-cy estoient bien de plus grands frais : mais aussi estoient-ils plus durables, & de beaucoup plus grande gloire à leurs auteurs.

Herodot. in Melpom. lib. 4.

In Polymnia.

DE L'EMPIRE. LIV. IIII.

DES PONTS DE LA VILLE
de Rome.

CHAP. XXXV.

1. *Qu'il faut premierement parler des ponts de la ville de Rome.*
2. *Huict ponts en l'ancienne ville, & comment rangez sur le Tybre.*
3. *Le premier dit* Pons Miluius, *ou Pont Molle.*
4. *Le second dict,* Pons Ælius.
5. *Le troisiesme* Pons Aurelius, *ou* Vaticanus.
6. *Le quatriesme* Ianicularis, *à present* Ponte Xisto.
7. *Isle dans le Tibre, iointe aux deux parties de Rome par le 5. & 6. Pont dicts* Cestius *&* Fabritius.
8. *Le septiesme dict* Senatorius, *ou* Palatinus.
9. *Le huictiesme, dict* Pons Sublicius, *& depuis* Æmilius.
10. *Magnificence des ponts de Rome, & premiere diuisio des ponts de pierre.*
11. *Seconde diuision: Magnificence du pont Adrian.*

1. **P**VIS qu'il faut parler des ponts bastis par les Romains, nous commencerons par ceux qu'ils ont fait dedans la ville mesme, pour ioindre ensemble les parties d'aucunes de leurs rues militaires. Car comme ainsi soit que Rome s'estant accreuë auec le temps, ait occupé de grands espaces deçà & delà le Tybre, il a esté necessaire de bastir des ponts pour aller de l'vne des parties en l'autre, afin d'euiter les dangers & incommoditez qui se rencontrent, à passer continuellement vne riuiere par bacs ou nacelles.

2. Or ie trouue qu'en l'ancienne Rome pendant qu'elle estoit en sa fleur, il y auoit huict Ponts : lesquels Publius Victor range en l'ordre qui ensuit, & selon lequel ils estoient rangez sur le cours du Tybre à prendre du hault en bas. *Libello de xiiij. Regionibus vrbis sub finem.*

Pontes octo.
Miluius.
Ælius.
Aurelius, *alias*, Vaticanus.
Ianiculensis.
Fabritius.

Cestius.
Palatinus.
Æmilius, *qui ante*, Sublicius.

A ce nombre, souscrit Daniel Cellarius, qui dit, que *Pontibus octo iungebatur Tyberis: Milvio qui hodie Mollis appellatur, &c.*

3. Le premier donc est celuy que les Italiens appellent *Ponte Mole*: qui est icy mis au rang des ponts de la ville, quoy qu'il soit hors l'enceinte d'icelle à vn mil Italique, ou enuiron, tirant contre le cours du Tybre, entre l'Occident & le Septentrion: pres duquel nous auons dit ailleurs, Constantin le grand auoir eu la victoire à l'encontre de Maxentius, qui pensant se sauuer en fuyant, tomba dudit pont dans la riuiere du Tybre, où il perit.

F. Albertin lib. de Mirabilibus Rom. Chap. 47. & 56.

4. Le second desdits ponts, suiuant le cours de la riuiere, est *pons Ælius, siue Adriani*: ainsi dit, d'autant que l'Empereur Adrian en fut l'auteur: Car il le bastit pour seruir de passage d'vne partie de la ville en l'autre, à l'endroict du Tombeau magnific qu'il se fit faire sous le nom de *Moles Adriani*. Et dautant que ce tombeau a depuis esté fortifié & recognu sous le nom de Chasteau, de là vient qu'il se nomme auiourd'huy le Pont du Castel S. Ange. *Pons Aelius: sic dictus, quod ab Aelio Adriano Imperatore in sepulchri gratiam conditus: hodie pons Castelli.* Ce Pont est vn œuure de plus fermes & des plus solides que iamais les hommes ayent fait pour resister à toutes sortes d'efforts. Et neantmoins Iean Baptiste Albert doutoit en son siecle, s'il pourroit encore long temps demeurer sur pied: à cause des immondices qui lors venoient souuent à boucher les ouuertures de ses arcades: & par ce moyen bander les eaux à telle hauteur & quantité, que le poids sembloit en estre insupportable:

Lib. 10. de re ædific. c. 8

Pontem Adriani Romæ, audeo dicere omnium, quæ homines fecerint, operum esse validissimum. Tamen alluuiones adduxere, vt dubitem diutius posse resistere. Mais ce pont ayant esté reparé depuis quelques annees par l'vn des souuerains Pontifs de Rome, est à present des plus beaux & des plus magnifiques que l'on puisse voir.

5. Le troisiesme est le Pont Aurelian, autrement dit Vatican, à cause du Mont Vatican qui n'en est pas loing. Il fut dit par aucuns *Triumphalis*, à cause que par iceluy les Capitaines generaux des armees Romaines estans victorieux, conduisoient la pompe de leurs Triomphes. Il eut aussi le nom de *Pons Nobilium*: & dit-on qu'il estoit defendu aux rustiques & païsans, de passer par dessus. Ce Pont ayant esté de long temps commencé, fut en fin acheué par les Empereurs Valentinian, Valens & Gratian, suiuant l'Inscription qui se trouue encore grauee en l'vn des costez dudit Pont qui est telle.

DE L'EMPIRE LIV. IIII.

```
........ TIANI TRIVMPHALIS PRINCIPIS POTEN. AETERNI-
TATI AVGVSTI NOMINIS CONSECRATVM, IN VSVM SENATVS
POPVLIQ. ROMANI DDD. NNN. VALENTINIANVS, VALENS, ET
GRATIANVS VICTORES MAXIMI AC PERENNES AVGVSTI
PERFICI DEDICARIQVE
           IVSSERVNT.
```

Gru?. 160. 6.

6. Le quatriesme est celuy que l'on appelle *Ianicularis*, à cause d'vne coline prochaine nommee *Ianiculum* : & eut autresfois le nom de Pont rompu, pour estre demeuré fort long temps en mauuais estat depuis qu'il fut ruiné par les guerres ciuiles : Mais ayant esté reparé par le Pape Xiste quatriesme, il porte maintenant le nom de *Ponte Xisto*, & a 215. pieds de longueur.

7. Peu au dessous de *Ponte Xisto*, se trouue vne petite Isle au milieu du Tybre, que l'on nomme l'isle de sainct Barthelemy, à cause d'vne Eglise de ce nom, qui y est bastie. Ceste Isle est ioincte aux deux parties de la ville de Rome par deux Ponts qui se rencontrent à mesme ligne, ainsi que l'Isle du Palais est ioincte aux deux parties de Paris par le Pont Nostre Dame, & petit-Pont. De ces deux Ponts l'vn se nomme *Cestien*, & l'autre *Fabricien*. Le Cestien est celuy, qui ioinct la partie de deçà le Tybre à l'Isle de sainct Barthelemy : duquel ledit pont porte à present le nom. Et fut autresfois basty par les Empereurs Valentinian, Valens & Gratian, ainsi que l'on peut voir par l'Inscription suiuante, tiree d'vne table de marbre qui se voit encore audit Pont.

```
DOMINI NOSTRI IMPERATORES CAESARES F. VALENTINIANVS
PIVS FELIX MAXIMVS VICTOR AC TRIVM. SEMPER AVG.
PONTIF. MAXIMVS GERMANIC. MAX. ALAMANN. MAX. FRANC.
MAX. GOTH. MAX. TRIB. POT. VII. IMP. VI. COS. II.
PPP. ET FL. VALENS PIVS FELIX MAX. VICTOR AC TRIVM.
SEMPER AVG. PONTIF. MAXIMVS GERMANIC. MAX. ALA-
MANN. MAX. FRANC. MAX. GOTHIC. MAX. TRIB. POT.
VII. IMP. VI. CONS. II. PPP. ET FL. GRATIANVS PIVS FE-
LIX MAX. VICTOR AC TRIVMF. SEMPER AVG. PONTIF. MAX.
GERMANIC. MAX. ALAMAN. MAX. GOTHIC. MAX. TRIB. POT.
II. CONS. PRIMVM PPP. PONTEM FELICIS NOMINIS GRA-
TIANI · IN VSVM SENATVS AC POPVLI ROM. CONSTITVI DE-
DICARIQVE.
            IVSSERVNT.
```

Gru?. 160. 4.

Ce pont a depuis esté reparé par vn Senateur nommé Benedictus, lequel pour memoire y fit mettre l'Inscription qui ensuit.

Rrrr iij

BENEDICTVS ALMAE
VRBIS SVMMVS SENATOR
RESTAVRAVIT HVNC
PONTEM PENE DIRV-
TVM.

Quant au Fabricien, il s'estend de l'Isle susdicte à l'autre partie de la ville de Rome, laquelle il va ioindre tout aupres du Theatre de Marcellus. Et fut construit par vn nommé Fabricius, Voyer & Intendant des ruës de ladicte ville, qu'ils appelloient *Curatores Viarum*, qui en receut les ouurages auec Q. Lepidus & N. Lollius Consuls, l'an de la fondation de Rome 733. Ainsi que nous tesmoigne l'Inscription qui s'y trouue encore en ces mots.

L. FABRICIVS C. F. CVR. VIAR.
FACIVNDVM .... COERAVIT,
IDEMQVE
PROBAVIT
Q. LEPIDVS M. F. M. LOLLIVS
MARCI FILIVS COS. EX S. C.
PROBAVERVNT.

Dion. Cass. Lib. 37.

Toutesfois Dion met la construction dudit Pont 56. ans auparauant, sçauoir sous le Consulat de Iunius Sillanus, & de L. Licinius Murena, qui eschet en l'an 692. de ladite fondation, *Præter hæc*, dit-il, *quæ in id tempus inciderunt, Pons quoque lapideus insulam, quæ in Tyberi extat, pertingens extructus, Fabriciusque dictus est*. Ce Pont fut autrefois dit *Pons Tarpeius*: Et est dit à present *Quatre Capi*, aux quatre testes: à cause de quatre statuës de marbre, chacune de quatre faces, qui y sont assises: & qui representent le Dieu Mercure, que les anciens estimoient presider aux chemins, *Ab hermis marmoreis quadrifrontibus Hic erectis*: comme dit le mesme Schottus.

Franciscus Schot. lib. 2. Itinerarij.

8. Le septiesme est celuy, que l'on appelloit *Senatorius*, ou *Palatinus*: dautant que par iceluy passoient les Senateurs, lors qu'en ceremonie ils se transportoient en la coline de Ianicule pour y consulter les liures des Sybilles: & que de là ils retournoient au Palais des Empereurs. On le nomme maintenant le Pont de sainte Marie Trans-tyberine ou Egyptienne, du nom d'vne Eglise prochaine. Et fut autrefois reparé par Auguste: ainsi que ceste Inscription nous l'enseigne.

D. AVGVSTVS PONT. MAX.
EX S. C. REFECIT.

DE L'EMPIRE. LIV. IIII.

9. Le huictiesme & dernier en ordre selon le cours du Tybre est *Pons Sublicius*, qui est tout le premier en antiquité de temps. Il fut dés le commencement faict de bois par Ancus Martius Roy des Romains, auec les ceremonies obseruees par les Pontfis, lesquels, depuis que les Rois furent chassez de Rome, eurent la charge de le refaire & reparer toutes & quantes fois qu'il en seroit besoin. C'est celuy mesme qui fut rompu pendant que Horatius Cocles soustint l'effort des Toscans victorieux. Mais en fin ce pont ne pouuant plus subsister à cause de sa caducité, il fut rebasty de pierre par Æmilius, dont il eut depuis le nom de Pont Æmilian. Ce fut de ce pont, que long temps depuis l'Empereur Heliogabalus, pour ses extremes cruautez & impudicitez, fut precipité dans le Tybre, où il finit sa vie miserablement.

10. Au reste tous les ponts dessusdicts estoient composez de pierres esquarries: & aucuns d'iceux enrichis de marbre en plusieurs endroicts. Et par consequent d'vne admirable despense eu esgard à la largeur & rapidité du Tybre. Ce qui se peut aisement coniecturer par la masse entiere de tels ouurages, qui receuoient ordinairement deux sortes de diuisions en leurs parties: dont la premiere est en piles, arcades, & paué. Quant aux piles, il y en a de deux façõs. Car les vnes sont fondees sur les riues du fleuue à l'opposite l'vne de l'autre. Celles-cy se nomment *Subices*, en l'Architecture Latine, &en nostre vulgaire des Culees ou Contreforts dautant qu'elles sont appuyees cõtre la terre ferme, & seruent à fortifier & espauler l'œuure entier de part & d'autre. Les autres Piles sont celles, qui ont leur fondation au plein cours des riuieres, lesquelles on appelle du nom general *Pilæ*: d'où nous vient le nom de Piles, propre à signifier les Pilastres des ponts de pierre : & leur donne-on en espesseur la troisiesme partie de l'ouuerture des arcades que l'on esleue dessus. Auant que de les asseoir, on fiche ordinairement force pilotis en terre, les testes desquels on allie par apres auec des ais fort espais que l'on couche à costé, & que l'on attache auec bonnes cheuilles de fer pour preparer vn lict à la massonnerie. Ce qui est de grands frais & longueur de temps. Pour les frapper & aualer à coups de hie dans le fond des riuieres, il faut faire de grandes vuidanges d'eaux, & dessechemens de place à force d'hommes & instrumens Hydrauliques: ainsi qu'il se voit en la fabrique des ponts de Paris. Quant aux arcades & au paué il y entre grande quantité de matieres, dont ie ne diray rien dauantage pour l'heure.

11. Ie viendray donc à vne diuision seconde, qui est commune à plusieurs anciens ponts bastis par les Romains, soit aux champs

soit à la ville. Elle est naïuement representee par le Pont-neuf qui est prés des Augustins à Paris. Car ces ponts antiques auoient vne voye au milieu, par laquelle passoient le charroy & les gens de cheual, & qui estoit ordinairemét de la largeur des chemins ou des ruës voisines qui venoient y aborder. Puis estoient les aisles releuees de part & d'autre pour les gens de pied, ainsi que deux pourmenoirs, que les Latins appellent *Decursoria*, garnis de leurs parapels qu'ils nomment *Spondas*, contre les dangers de la cheute: & quelquefois accommodez de couuertures tres-magnifiques contre les incommoditez de la pluye. Tel estoit à Rome le pont d'Adrian, le long des deux aisles duquel l'Empereur qui le fit bastir, fit faire des couuertures, dont les tuilles estoient d'airain, soustenuës sur quarante deux colonnes de marbre d'vn art tres-exquis. Ce que Baptiste Albert nous tesmoigne en ses liures d'Architecture, quand il dit: *Quale Romæ ad pontem omnium præstantissimum, Adriani opus dignum memoratu: cuius etiam, vt ita loquar, cadauera spectabam cum veneratione. Steterat enim illic tectum, columnis excitatum quadraginta duabus marmoreis, opere trabeato, tectura ænea, ornatu mirifico.*

Pontem eque atque Latam viam efficiemus.
I. B. Alber. lib. 8. cap. 6.

Lib. 8. de re ædific. cap. 6.

DES PONTS QVE LES ROMAINS ont fait en Italie.

Chapitre XXXVI.

1. *Dessein de l'auteur sur le traicté des ponts.*
2. *Tesmoignage d'Augustinus Eugubinus sur les aducuñes de Rome.*
3. *Description du pont de Narni.*
4. *Pont de Teueron reparé par Narses.*
5. *Pont basti par Auguste à Rimini.*
6. *Pont de bois admirable basty par Caligula sur la mer.*
7. *Les moyens qu'il tint pour bastir ledict Pont.*
8. *Triomphe imaginaire representé sur ledict Pont.*
9. *Dommages qui arriuerent dudict Pont.*
10. *Quelques autres Ponts d'Italie.*

1. C

1. CE n'est pas mon dessein de parler de tous les Ponts qui ont esté faicts par l'Italie & les Prouinces, ie serois trop long: ie feray le choix de quelques vns des plus beaux & plus renommez de tous, & monstreray, que la grandeur de courage & des richesses Romaines s'est autant faict paroistre en la fabrique & construction de tels ouurages, qu'en autres edifices & bastimens quelconques. Et partant, pour y proceder par vn bon ordre, Ie commenceray par les Ponts tres-magnifics par eux edifiés en Italie, commençant par les plus proches de la ville de Rome: l'abbord de laquelle ils ont pris peine de rendre le plus prompt & le plus facile qu'ils ont peu, tant par eau que par terre: par eau, en eslargissant & approfondissant le cours des riuieres prochaines pour les rendre nauigables, & en les conioignant les vnes aux autres par des canaux artificiels: par terre, en bastissant des Ponts és endroicts plus necessaires, afin que les grands Chemins ne fussent aucunement interrompus: & que d'iceux, tous empeschemens & retardemens fussent ostez.

2. Augustinus Eugubinus, qui a visité exprés les principales aduenues de ladite Ville, afin d'en recognoistre l'estat, & de persuader au Pape de remettre sus la nauigation du Tybre, parle ainsi des Pōts, des Chemins & des riuieres nauigables, voisines de Rome: *Constat igitur Romanos (quorum animi magnitudinem, ingentesque opes, cum varia vbique terrarum monimenta, tum vero reperti passim in vijs, quibus itur ad Vrbem, Pontes, Arcus, ipsæque Viæ, cæruleis lapidibus aut glarea, vastisque saxorum molibus instratæ testantur) non modo facultatem terrestris itineris euntibus ad Vrbem, cum ad Narem ventum est, parasse: vbi Flaminia Via à Carseolo ad hoc oppidum Narniam per Pontem miræ magnitudinis super Narem ascendit: sed etiam fluuio copiam nauigandi, vitato horrendi montis transitu præbuisse.*

Libro de restituenda nauigatione Tyberis.

3. Le Pont que cet Auteur dict estre d'vne grandeur admirable, est assis sur la voye Flaminienne, à 30. lieuës ou enuiron de la ville de Rome: Car il est basty sur la riuiere de Nere, prés de la ville de Narni, de la domination des vieux Sabins, que l'Itineraire d'Antonin pose à 61. mille de Rome, en la description qu'il faict de la voye Flaminienne. Et est ladite Ville construite sur vn mont treshault, & de difficile accez, au pied duquel passe ladite riuiere auec vn grand bruit: ayant à l'opposite vn autre montagne de pareille hauteur, tellemēt iointe & alliee à la precedente par ledit Pont, que l'on peut aller de plein pied de l'vne à l'autre à trauers ladite riuiere, quoy qu'extrémement basse & approfondie en cet endroict: les piles & arcades dudit Pont estant des plus haultes que l'on puisse voir au reste de la terre. Quelques vns estiment qu'il a

esté basty souz l'Empire d'Auguste, des despoüilles conquises sur les Sycambres. Procopius dict, qu'Auguste mesme l'a faict edifier: & qu'en nul endroict du monde, il n'a veu de si haultes arcades. Les piles qui sont encore sur pied iusques à present, composees de grandes pierres esquarries, & les arcades portees sur icelles, monstrent euidemment que c'est vn ouurage d'vne si terrible despense, qu'il est impossible de l'auoir faict, sinon, en la fleur de l'Empire Romain. Franciscus Schottus, qui en a veu & côsideré les reliques, nous en represente la forme telle que vous la voyez en ces mots,

Lib. 1. Itinerarij, in fine. tirez de son Itineraire d'Italie: *Prætergressus oppidum Narniam, apparet à dextris supra Narem admirandi, ac longè conspicui Pontis fornices, ac mine ingentes: qui duos præaltos & abruptos montes subterlabente flumine solebat contingere: vt æquali via transitus à Narnia pateret in montem aduersum. Quæ adhuc reliquæ eius supersunt ex lapide quadrato prægrandi, pilis vastissimis sublimes arcus impositi, meherclè demonstrant, florentis Imperij maximum, quæ & insani sumptus opus hoc fuisse.* Ie pense que c'est de ce Pont mesme Martial entend parler en vn sien Epigramme, où il dict parlant de la ville de Narni.

Lib. 7.
  Sed iam parce mihi : nec abutere Narnia Quinto.
  Perpetuo liceat sic tibi Ponte frui.

4. Le second de ces Ponts, est celuy qui est assis sur la riuiere de Teueron, que les anciens appelloient *Anienem*: à l'endroict, ou *Via Salaria* tranche le cours de ladite riuiere. Ce Pont ayant esté ruiné par Totilas Roy des Gots, fut remis & restitué en son entier par Narses Lieutenant general de Iustinian, apres la victoire obtenue sur ce Roy Barbare, par laquelle il remit l'Italie souz le joug de l'Empire, ainsi qu'il apparoist par l'Inscription qui se trouue encore en l'vne des arcades d'iceluy, qui est telle,

IMPERANTE. D. N. PIISSIMO. AC
TRIVMPHALI. IVSTINIANO. P. P. AVG.
ANNO XXXVIIII.

NARSES. VIR. GLORIOSISSIMVS. EX
PRAEPOSITO. SACRI. PALATII. EX. CONS.
ATQVE. PATRITIVS. POST. VICTORIAM
GOTHICAM. IPSIS. ET. EORVM. REGIBVS
CELERITATE. MIRABILI. CONFLICTV
PVBLICO. SVPERATIS. ATQVE
PROSTRATIS.

LIBERTATE VRBIS ROMAE AC TOTIVS
ITALIAE RESTITVTA PONTEM VIAE
SALARIAE. V. S.

QVAE. AD. AQVAM. A. NEFANDISSIMO
TOTILA. TYRANNO. DESTRVCTAM
PVRGATO. FLVMINIS. ALVEO
IN. MELIOREM. STATVM. QVAM
QVONDAM. FVERAT. RENOVAVIT

Au costé senestre dudit Pont, se lisent les vers suiuans:

Quam bene curbati directa est semita Pontis,
Atque interruptum continuatur iter.
Calcamus rapidas subiecti gurgitis vndas,
Et liber irata cernere murmur aquæ.
Ite igitur faciles per gaudia vestra Quirites,
Et Narsis resonans plausus vbique canat.
Qui potuit rigidas Gothorum subdere mentes,
Hic docuit durum flumina ferre iugum.

5. Suit apres le Pont qu'Auguste Cesar fit edifier à Rimini, qui conioinct la voye Flaminienne, & la ville à l'vn de ses faulx-bourgs. Cetui-cy est des plus beaux, & plus dignes de consideration, tant pour sa fermeté & solidité, comme pour la beauté & bien-seance de son compartiment: Il est de deux cens pieds de longueur, diuisé en cinq arcades, dont les trois du milieu sont égales ayant chacune xxv. pieds de largeur en leur ouuerture. Les deux qui tiennent les extremitez sont moindres, n'ayant chacune que xx. pieds. Toutes les arches sont voutees en demy cercle, & iettent vn bord ou saillie en dehors de mesme curuature, qui a pour largeur la dixiesme partie du iour des grandes arches: qui reuient à la huictiesme des petites. Les piles aduancent leurs esperons à angles droits, & non pas aiguz. Ce que les anciens obseruoient & pratiquoient en tous Ponts de pierre: d'autant que les coings droicts sont suffisans pour trancher l'eau: & d'ailleurs sont bien plus forts que les aiguz: & moins exposez au danger d'estre ruinez par les arbres, ou autres matieres, que le courant des eaux a de coustume de charroyer auec soy: Iustemét au dessus des piles de costé & d'autre dudit Pont, se voyent certaines niches, dans lesquelles anciennement estoient logees quelques statues. Sur ces niches coule de part & d'autre le long du Pont vn bord saillant en forme de corniche: lequel, quoy que petit, ne laisse de donner merueil-

Sfff ij

leusement bonne grace à l'œuure entier: Pour couronnement duquel sont de part & d'autre des accoudoirs de marbre, composez d'architecture, & de colomnes fort bien elabourees à la Dorique. Sur les costez de ce Pont, sont grauees les deux Inscriptions suiuantes; qui monstrent que Tibere & Auguste se sont entremis des ouurages d'vn Pont si magnifique. En l'vn des costez:

    IMP. CAESAR. DIVI. F. AVG. PONT. MAX. COS
    XIIII. IMP. XX. TRIBVNIC. POTEST. XXVIII. P. P.

En l'autre costé:

    TI. CAESAR. AVGVSTI. F. DIVI. IVLII. N. AVG.
    PONT. MAX. COS. IIII. IMP. VIII. TRIB. POTEST. XII.
    DEDERE.

Ce Pont fut paracheué souz le consulat de C. Caluisius, & de Cn. Lentulus, l'an 279. de la fondation de Rome. C'est ainsi qu'Andrea Palladio nous le depeint au Liure 3. Chap. 10. de son architecture, & Cyprianus Eichouius en ses delices d'Italie, pag. 39.

6. Mais comme si c'estoit trop peu de chose à la magnificence Romaine, que de faire des Ponts sur des fleuues, voicy vn citoyen Romain, & vn Empereur, qui par vne prodigieuse entreprinse en veulent faire en pleine mer.. Nous lisons que Marc Varron Lieutenant de Pompee en la guerre des Pyrates, entreprit de ioindre l'Italie à la Macedoine par vn pont de bois, qui se deuoit estendre de la ville d'Otrante en celle d'Apollonie. C'est l'endroict où le traiect de la mer Ionienne est le plus estroict, mais qui a neantmoins vingt cinq lieuës Françoises de longueur, & quoy que cette entreprise soit demeuree sans effect, si est-ce que Pline, qui nous en fait l'histoire, ne dit pas qu'elle ait esté delaissee faute de moyés, mais de loisir. *Hoc interuallum pedestri continua re transitu Pontibus factis primum Pyrrhus rex excogitauit: Post eum M. Varro, cum classibus Pompeij Piratico bello praeesset. Vtrumque alia impediere cura.*

Que si ce Pont n'a reüssi suiuant le dessein de son Auteur, en voicy vn qui ne fut que tumultuaire, & pour bien peu de temps, qui s'est veu fait & parfait de toutes ses pieces: & qui est plus admirables, & de plus grands frais, que tous ceux qui furent oncques bastis de pierre, exprés pour demeurer. C'est celuy que Caligula fit faire en pleine mer, au Golphe qui se courbe en rond de Puzzol à Bayes, sur la longueur de trois mil deux cens cinquante pas, selon Dio Cassius: ou bien trois mil six cens, si nous en croyons Suetone, qui sont pres de deux lieuës Fráçoises. Cet Empereur prodigieux en toutes choses, estimant que ce luy estoit peu de gloire d'estre porté à cheual en triomphe sur la terre ferme, mesprisa cette façon de triompher commune à ses predecesseurs: & se mit en fantasie de faire vn nouueau triomphe en mer auec cheuaux & chariots. Pour ce faire il choisit le Golphe de Puzzol, sur ce qu'autrefois Tibere estant en soin qui seroit son successeur, & doutant que ce fut Caius Caligula, Trasillus grand Astrologue de ce tēps-là luy dit entr'autres choses, qu'on verroit aussi tost Caius regner comme Empereur, qu'aller à cheual sur le Golphe de Bayes: *Nam magis Caium imperaturum, quàm per Bayanum sinum equis discursurum.*

Sueton. in Calig. c. 19.

7. Pour faire dire vray à cet Astrologue, ayant choisi ce Golphe entre tous les autres pour y faire vn pont, il fit assembler en iceluy de toute la mer Mediterranee, tout ce qui se peut trouuer de nauires marchandes desia faictes; du diuertissement desquelles prouint vne famine extreme à toute l'Italie, & principalement à Rome. Mais ces nauires ainsi trouuees ne pouuant pas suffire à son dessein, il en fit faire en haste des autres en grand nombre: & les accouplant deux à deux, il en composa son Pont à double rang de la longueur dessusdicte, fondant & arrestant chacune nauire auec son ancre propre. Puis pour confondre les Elemens, & faire paroistre de la terre ferme en pleine mer, il fit couurir le dessus des nauires d'vne leuee de terre, qu'il fit pauer de grands quarreaux, semblables à ceux de la voye Appienne, que nous auons dit estre de quatre à cinq pieds de face.

8. Cela fait, il employa deux iours entiers, allant & venant sur ce Pont. Au premier il se couurit d'vne cuirace, qu'il disoit estre celle d'Alexandre le Grand: sur laquelle il se vestit d'vne cotte d'armes de soye, de couleur de pourpre, toute brochee d'or, & couuerte de pierres fines. Puis ayant l'espec au costé, le bouclier en main, & la couronne de Chesne en teste, apres auoir fait sacrifice à Neptune, à l'Enuie, & à quelques autres de ses Dieux, il partit de Bayes, & passant sur ce Pont en triomphe porté sur vn braue cheual, il entra tumultuairement dans Puzzol, comme dans vne ville de conqueste: où s'estant reposé la nuict, ainsi qu'vn homme bien las du trauail de la guerre, il s'en retourna le lendemain à Bayes, porté sur vn char attelé de deux cheuaux, autrefois victorieux és ieux de la course. Et pour ne rien obmettre de ce qui est du triomphe en ceste pompe imaginaire, il fit trainer auec soy forces despouilles, comme conquises sur les ennemis. Il mena mesme comme en triomphe vn ieune Prince de la race Royale des Parthes, nommé Darius, qui estoit en ostage à Rome: & fut accompagné d'vne infinité de ses amis & familiers, tous richement reuestus, & portez en carosses, pour brauer l'Element de l'eau: le tout suiuy de ses gens de guerre tant à pied qu'à cheual, en bel equippage. Puis

retournant derechef au milieu du Pont, pour y haranguer son armee à la façon des Capitaines vrayemēt victorieux, il monta sur vn lieu relevé, fait exprés sur certaines nauires à part, d'où parlant à ses soldats il les loüa, cōme ayants couru de grands dangers, & enduré beaucoup de fatigues. Puis se vanta d'auoir fait plus de merueilles que Xerxes, lequel autresfois ioignit l'Europe à l'Asie par vn pont de bois: mais qui n'estoit de telle estenduë que le sien. Qu'il auoit donné l'espouuante à Neptune, & contraint la mer de prester son dos pour y courir à beaux pieds auec toute son armee. Puis ayant fait quelque distribution de deniers à ses soldats, il se mit à faire bonne chere sur ledit Pont, comme si c'eust esté sur vne isle. Ce qu'il continua le iour & la nuict, ayant fait allumer des feux si frequens sur le Pont, & sur le riuage du Golphe recourbé en forme de Theatre, qu'il conuertit la nuict en iour, comme il auoit changé la mer en terre.

9. C'est à peu pres ce que Dio Cassius, & Suetone racontent de ceste grande, mais vaine, inutile, & ridicule entreprise. Voire dommageable à beaucoup de ses amis, qu'il precipita dedās la mer dudit Pont apres auoir bien beu : ce qu'il fit pareillement à plusieurs autres. Dautant que ce Prince ayant prodigué toutes ses finances à faire ce Pont, il fut comme contraint d'en recouurer d'autres sur plusieurs Citoyens Romains des plus riches : lesquels il fit mourir par fausses accusations, pour auoir la confiscation de leurs biens. *Hic fuit finis Pontis eius*, comme parle Dion, *qui ipse*

Lib. 59. *etiam multis causa necis fuit: cum omni in eum pecunia absumpta, multo iam pluribus, propter opes, perniciem crearet.*

10. Ie passe sous silence le Pont que Vespasian bastit sur la riuiere de Metaurus, que ceux du païs appellent *Metro*, ou *Metrens*, celuy que Domitian son fils dressa sur le Natarone qui est Vulturnus. Ie diray seulement, que Trajan ayant comblé les marests

Lib. 68. des Pontia pour la continuation de la voye Appienne, fut contraint de faire des Ponts en plusieurs endroicts, lesquels Dio Cassius appelle tref-magnifiques. C'estoit encore vn Pont digne de remarque, que celuy qui fut construit par Diocletian, Maximian, Constantin, & vn autre Maximian, sur le fleuue de *Metremo*. Pomponius Lætus en rapporte l'Inscription dans son Histoire, laquelle Gruterus dit auoir esté trāsportee dudit Pont en l'Eglise de saincte Marie du Pont, assise sur la grand' Voye Flaminienne à 30. mil de Fossumbruno tirant à la ville d'Vrbin. Et est telle que vous la voyez

DE L'EMPIRE, LIV. IIII. 665

AETERNI IMPERATORES DIOCLETIANVS ET MAXI-
MIANVS, AVGVSTI, ET PERPETVI CAESARES CON-
STANTIVS, ET MAXIMIANVS PONTEM METAVRO.

Plusieurs autres Empereurs en ont fait faire en grand nombre en plusieurs endroicts d'Italie, dont ie ne diray rien dauantage, pour venir à quelques-vns de ceux qui ont esté faicts par les prouinces.

DES PONTS ADMIRABLES QVE LES Romains ont basty par les Prouinces, & premier de de ceux des Gaules & de la Germanie.

CHAPITRE XXXVII.

1. Qu'il est vray semblable qu'Agrippa a faict plusieurs Ponts en la Gaule.
2. Coniecture qu'il est auteur du Pont du Gar. Excellence dudit Pont.
3. Description de ses trois estages.
4. Deux choses remarquables audit Pont.
5. Plusieurs Pōts faicts dans la Gaule par les Romains.
6. Pont de Vienne en Dauphiné.
7. Ponts bastis par les Romains en la Gaule Belgique.
8. Pont en Allemagne.

1. PVIS qu'il nous conuient dire quelque chose des Ponts admirables, que les Romains ont basty par les Prouinces de leur Empire, sçaurions nous commencer ce discours plus à propos, que par ceux qui se sont faicts en la Gaule, puis que c'est la premiere qui se presente à ceux qui sortent d'Italie par les Alpes? Il est à croire qu'Agrippa gendre d'Auguste, ayant faict les grands Chemins de la Gaule, n'a pas failly d'en aboutir les pieces par des Ponts, lesquels il aura bastis en maints endroicts à present incognus : soit pour n'auoir esté remarquez particulierement dans l'histoire : soit pour auoir esté ruinez par la longueur du temps, qui consomme tout.

2. Si est-ce toutesfois qu'il nous en reste vn dict vulgairement le Pont du Gar, que ie penserois estre de sa façon. Il est assis entre Auignon & Nismes, sur vne petite riuiere nōmee le Guardon, qui de la part du Languedoc se vient perdre dedans le Rhosne. C'est à trois petites lieües de ladite ville de Nismes, ainsi que i'ay appris

Iean Polde liure 1. des antiquitez de Nismes, chap. 18.

l'auteur de ses antiquitez. Isaacius Pontanus, qui l'a veu & cõsideré l'appelle, *Opus longè elaboratissimum: & cui ambigas an Ɣllum aliud, non dicè Gallia, sed Italia ipsa par habeat:* C'est à dire, que cet œuure extremement bien trauaillé : & tel qu'il est en doute, sinon seulement la Gaule, mais l'Italie mesme, a rien de semblable en magnificēce de structure. A quoy se rapporte ce que Paulus Heutzuerus, Iurisconsulte Allemand en a laissé par escrit en son Itineraire, où parlant d'vn village nommé Rimon, assez prés d'Auignon, il dict: *Vno milliari abhinc, aspectu & consideratione dignus est Pons Gardius:* valgo, le Pont du Gar, *à fluuio Gardon nomen habens, antiqui & stupendi operis, triplici serie mira industria fornicatus.*

In Itinerario Germ. Gallia, Italie, pag. 49. Impress. Bresse.

3. En quoy il est conforme à l'auteur des antiquitez de Nismes, qui le dict estre de trois estages : comme ils conuiennent pareillement au nombre de piles & arcades, dont chacun estage est composé : Le plus bas desquels, est de 438. pieds de longueur, distribué en six arches chacune de 58. pieds d'ouuerture, portees sur deux culees & cinq piles, dont chacune a dix-huict pieds d'espesseur, & quatre-vingts-trois pieds de haulteur. Ce premier estage fut de long temps apres entamé & ouuert en ses pilastres, pour donner passage aux hommes de pied, cheuaux & mulets qui vont à charge, abbregeants leur chemin de deux lieües ou enuiron. Ce qui a esté cause d'auoir donné le nom de Pont à l'œuure entier, quoy qu'à le prendre selon la nature de l'ouurage, & du dessein de son auteur, ce soit vn Aqueduc, & non pas vn Pont. Et par effect, quoy que cet œuure soit d'vne masse terrible en son architecture, le charroy iusques à present n'y peut auoir aucun passage.

Le second estage pour preuue de cela, ne sert que d'appuy & d'esleuation pour le troisiesme. Il est de sept cens quarante six pieds de longueur, & de vingt vn pied de largeur, & contient onze arcades, qui ont chacune cinquante six pieds de iour, soixante pieds de hault, sur pilastres de treize pieds de corps. Entre ces deux estages coule vne bande tout le long du Pont, de sept pieds vnze poulces de haulteur, qui les separe l'vn de l'autre auec grace & bien-seance. Le troisiesme estage n'est autre chose qu'vn Aqueduc, endommagé en plusieurs endroicts : pour l'appuy & soustenement duquel, les deux inferieurs ont esté faicts, & non pas pour seruir de Pont ou de passage : Il a cinq cens quatre pieds & demy de longueur, partagez en trente cinq arceaux, chacun de dix-sept pieds dans œuure, portez sur piles de cinq pieds & demy d'espaisseur. Quant à sa haulteur, elle n'est que de six pieds : & c'est dans icelle qu'est pratiqué le canal seruant à la conduitte & coulement des eaux, qui a trois pieds de creux en son quarté. L'espace

ou in-

DE L'EMPIRE. LIV. IIII. 697

ou interualle, qui diuise ces deux derniers estages l'vn de l'autre, est de huict pieds six poulces. En sorte que la haulteur de l'œuure entier, est de cent soixante & vnze pieds cinq poulces.

4. Au reste, il se rencontre deux choses dignes de remarque en ce Pont: l'vne, c'est que les pierres taillees & esquarries, dont il est faict, quoy que pesantes & grandes à merueilles, ne laissent pas de tenir ensemble d'vn assemblage & liaison tres-ferme, quoy que elles ne soient ioinctes auec chaux ne ciment quelconque. Ce que nous sçauons par le recit, que ledit Paulus Heutzuerus en faict en ces termes: *Atque in hoc opere, vero Romanæ magnificentiæ simulacro, mirum, quod lapides quadrati molis immensæ, nulla calce compacti, tamen cohærent.* L'autre, qui est encore plus admirable, c'est que l'ouurage estant de si grande & magnifique entreprise, on ne trouue en iceluy aucune Inscription, ny dans l'histoire aucun tesmoignage exprés de son Auteur: sinon qu'il est assez apparent, que cet ouurage ne procede d'ailleurs que de la puissance Romaine. Ce que Isaacius Pontanus admire grandement, & en parle en cette maniere: *Et quod maximè mirabile, cum in eis sit, Romanæ potentiæ veluti miraculum exædificatum crediderim, nullam eius nec autoris quidem, in priscis memoriis, extare vel mentionem, vel testimonium.*

5. Ce Pont n'a pas esté seul que les Romains ayent basty par les Gaules. Barthelemy Chassané faict mention de plusieurs Ponts, assis sur le Rosne & sur la Saone, la plus grãde partie desquels de estoient de la façon Romaine: tels que ceux de Geneue, de Lion, de Vienne, & d'Auignon: & y en a quatre sur la Saone, qu'il appelle *Pontes excellentes, qui non modica impensa structi sunt.* Ie passe souz silence le Pont de bois que Cesar bastit sur la Saone en vn iour: Ce que les Suisses ne peurent faire en vingt, sinon à grand' peine. Aussi ne me veux-ie pas arrester à celuy que Cesar mesme fit sur le Rhein en dix iours, sur lequel il fit, le premier des Capitaines Romains, passer vne armee dans la Germanie. Mais d'autant que ce n'estoit pas vn pont à demeurer, ains tumultuaire, & pour bien peu de temps, ie n'en feray plus long discours en cet endroict, renuoyant ceux qui en voudront voir la façon au quatriesme de ses Commentaires.

In Catalogo gloriæ mundi pars. 12. Consideratione 71.

Lib. 4. Comment. de bello Gall.

6. Quant au Pont de Vienne, il se trouue vne Inscription antique, par laquelle on voit, que C. Calpurnius Piso, & M. Vettius Bolanus, Consuls Romains souz Trajan l'ont faict bastir, l'an 863. de la fondation de Rome. Mais ce seroit à ceux du pays de nous en descrire l'ordonnance, si d'auanture il en reste encore quelque vestige. L'Inscription est telle:

Ttt

ANNO
C. CALPVRNII. PISONI
M. VETTII. BOLANI
COS
PONTIF. STIPE.

Monsieur Sauaron President en Auuergne, de qui le nom est assez cognu par sa doctrine, m'a fourny quatre Inscriptions par luy veuës & extraictes de certaines colonnes milliaires, qui sont és enuirons de son pays : la premiere desquelles se trouue à Pauliaguet, qui nous enseigne que le fils de quelque Empereur, qui se qualifie Prince de la Ieunesse, a faict reparer les Chemins & les Ponts de ces pays là.

CAESAR. PRINCEPS. IVVENTVTIS. PONTEM
ET. VIAS. VETVSTATE. COLLAP. RESTITVIT.

7. Dés le temps de Strabo, les Lieutenans generaux d'Auguste Cesar en la Gaule Belgique, deputez pour la guerre d'Allemagne, & faisans leur residence à Treues, ou és enuirons : pour accommoder le passage des armees, & ioindre en vn les pieces des grands chemins que l'on y faisoit en ce temps-là, y bastirent force Ponts, tant sur la riuiere de Meuse, que de la Moselle. Ce sont ces Generaux d'armees que Strabo appelle *Imperatores*, à la mode antique, lors que parlans desdits Ponts, il dict: *Post Mediomatrices atque Tribocchos Treueri Rheno adiacent. Apud quos, Romani Imperatores contra Germanos belligerantes hac tempestate Pontes ædificant.*

8. Et puis que nous sommes tombez sur la Germanie, quoy que les Romains n'ayent iamais faict long seiour dans celle qui est au delà du Rhin : Si est-ce qu'en la partie qui est au deçà, le long de laquelle ils ont faicts quelques grands Chemins, ils y ont pareillement faicts quelques ponts pour y accommoder le passage des riuieres. Entre autres endroicts, il y en a vn que l'on appelle *Tabernæ Rhenenses*, où se trouue l'Inscription suiuante, qui monstre que L. Sillanius Probus citoyen Romain, y a faict plusieurs Ponts à ses despens.

H. D. D.
L. SILLAANIVS
PROBVS
PONTES. D. S. D. D.

DE QVELQVES PONTS FAICTS OV reparez par les Romains en Espagne & en Hongrie.

CHAPITRE XXXVIII.

1. *Pont magnifique d'Ebora en Espagne.*
2. *Pont de Traian à Salamanque.*
3. *Pont excellent à Alcantara.*
4. *Qui en est le vray auteur.*
5. *Description dudit Pont.*
6. *Qui en ont esté les reparateurs.*
7. *Deux inscriptions touchant autres Ponts d'Espagne.*
8. *Pont de Traian sur le Danube, le plus excellent de tous.*
9. *Deux inscriptions antiques dudit Pont.*
10. *Remarques du lieu où ledit Pont estoit assis.*
11. *Pont basty par Iustinian, sur la riuiere de Sangaris en la petite Asie.*

MAIS y ayant peu de Ponts Romains en la Germanie, nous la laisserons dés maintenant, pour visiter l'Espagne, où il s'en trouuera bon nombre des plus beaux, & des plus sumptueux que les Romains ayent basty par le monde. Nous en commencerons la deduction par celuy de d'Ebora, ville de la Prouince d'Andalousie, que les anciens appelloient *Bæticam*, à cause du fleuue Betis, à present dict Gadalquebir. Ce fleuue est dés plus larges, & des plus renommez d'Espagne : ayant en cet endroit deux roches opposites, que ce pont allioit ensemble. Il fut basty aux despens & à la diligence des habitans de ladite ville, pour l'affection qu'ils portoient de tout temps au bien public de leur pays : ainsi que l'Inscription suiuante nous l'enseigne, qui ose faire comparaison dudit Pont à celuy que Trajan restablit à Salamanque, duquel nous parlerons incontinent.

MEMORIAE. DICATVM
CVM. VTILITATEM. PVBLICAM. TVTARI
EBORENSI. MVNICIPIO. CORDI. SEMPER
FVERIT. MERITO. HVNC. QVEM. CERNIS
LAPIDEVM. INGENTEM. PONTEM. BETIS
FLVVII. RVPIBVS. IMMINENTEM. ET. CVM
TRAIANI. PONTE. CERTANTEM. MAGNA
SVA. IMPENSA. AD. AETERNAM
GRATIAM. ET. MONVMENTVM. RERVM
EXCITAVIT.

FACILES. ERGO. IAM. VIATORES. IBVNT
TANTISQVE. ELIMINATIS. PERICVLIS.
RAPIDAS. SVBIECTI. GVRGITIS. VNDAS
CALCANTES. SECVRITATI. PERPETVAE
GRATIAM. HABEBVNT.

2. Quant à celuy de Trajan, il eust ce nom à cause des reparations qu'il y a faict. C'est vne des plus grandes merueilles qui soit en Espagne, & de telle antiquité, que les auteurs Espagnols confessent eux-mesmes ne leur estre pas possible d'en alleguer le vray auteur. Gonçales de Auila le dict ainsi au liure qu'il a faict des antiquitez de Salamāque, chap. 5. Le vulgaire qui attribue les ouurages extraordinairement grands & somptueux à des Dieux ou des Geants, tient qu'Hercules en soit le premier auteur. Toutesfois i'estime auec plusieurs bonnes raisons, que les Romains ayant tant & de si long temps faict la guerre en Espagne, sont veritablement ceux qui l'ont faict bastir, quoy que l'histoire ne nous apprenne pas, lequel d'entre eux entreprist vn si grand ouurage: Car suiuant cet auteur Espagnol, il est de cinq cens pas de longueur, qui font mil cinq cens pieds, diuisez en vingt-six arcades, qui ont chacune septante-deux pieds d'ouuerture dedans œuure: & les piles vingt-trois pieds ou enuiron d'espesseur, & plus de deux cens pieds de haulteur. Ce Pont est au Royaume de Castille en la ville de Salamanque, sur la riuiere de Tormes, lequel estant endommagé de vieillesse en plusieurs endroicts, Traian le fit refaire & reparer, pour continuer le grand chemin de Salamanque, qu'il edifia de son temps: que nous auons dict ailleurs estre vulgairement nommé le Chemin d'Argent. L'Inscription presente qui se trouue grauee audit Pont, nous porte tesmoignage de ces reparations.

IMP. CAESAR. D. NERVAE. FILIVS
NERVA. TRAIANVS. AVG
GERM. P. M. TRIB. POT
COS. II. RESTITVIT.
M. P. II.

3. Le troisiesme Pont de remarque que ie trouue en Espagne, est celuy d'Alcantara ville de Portugal, que Pline & Ptolomee appellent *Norbam Cæsaream*, assise sur la riuiere de Tayo, que les Latins nōment *Tagus*: Les originaires du pays l'attribuent encore au grand Hercules, ou bien à vn de leurs Roys nommé Hispanus, par sem-

blable vanité & superstition que le precedent. C'est vn Pont magnifique, & digne de la maiesté des Empereurs: aussi quelques-vns ont-ils pensé que ce soit encore vn œuure de Traian: entr'autres Ludouicus Nonius Medecin Espagnol, qui en parle ainsi, *Nobilitatur precipuè Alcantara ad Tagi ripas magnifico & Imperatoria maiestate signo Ponte, quem plerique Traiano adscribunt: non secus ac Segobiensem Aquæductum: licet proletarij scriptores ad Hispanum vel Herculem vanissimè referant.* Puis peu apres il adiouste, *Traiani vero Imperatoris opus esse confirmant inscriptiones antiquæ, quæ inibi visuntur: quas non pudebit recensere.*

L'vne des Inscriptions qu'il allegue est celle-cy qui est grauee au milieu du Pont.

IMP. CAESARI D. NERVAE F.
NERVAE TRAIANO AVG.
GERM. DACICO
PONTIF. MAX. TRIB. POTEST. VIII.
IMP. VI. COS. PP.

Il adiouste en apres qu'en vne petite Chapelle tout aupres de là, recognuë sous le nom de S. Iulian, qui est taillee dans la roche viue, se trouue au frontispice cette autre Inscription antique.

IMP. NERVAE TRAIANO
CAESARI AVG.
GERM. DACICO SACRVM.

4. I'ay veu d'ailleurs vne Inscription en vers Elegiaques, qui fait mention & du Temple & du Pont: de laquelle nous apprenós disertement, que cet œuure n'est pas de Traian: mais d'vn riche Citoyen Romain Gouuerneur en ces païs là, qui fit faire & construire l'vn & l'autre à l'honneur de Traian. Et voicy comme en parle Ioannes Gruterus. *In oppido Alcantara in Hispanijs Pons est veneranda & antiquitatis & maiestatis: in cuius ingressu extat sacellum hodie D. Iuliani appellatum, habens limen superius sic inscriptum.*

IMP. NERVAE TRAIANO CAESARI AVGVSTO
GERMANICO DACICO SACRVM.

Templum in rupe Tagi superis & Cæsare plenum,
  Ars vbi materia vincitur ipsa sua,
Quis, quali dederit voto fortasse requiris
  Cura viatorum quos bona fama iuuat.

Ingentem vasta Pontem quod mole peregit,
Sacra litaturo fecit honore Lacer.
Qui Pontem fecit Lacer, & noua templa dicauit,
Illic se sol ... ... vota litant.
Pontem perpetui mansurum in secula mundi,
Fecit diuina Nobilis arte Lacer.
Idem Romuleis Templum cum Cæsare diuis
Constituit, fœlix vtraque causa sacri.

C. IVLIVS. LACER. H. I. S. F. ET. DEDICAVIT.
AMICO. CVRIO. LACONE. ICAEDITANO.

5. On voit par ces vers que ce Pont estoit assis sur la riuiere de Tayo: que la forme, & la masse de son Architecture estoit capable de representer la Maiesté des Dieux & de l'Empereur: que l'artifice dont il estoit fait surmontoit la matiere, quoy que grande & copieuse, & qu'il estoit fait pour durer à l'eternité. Et à la verité c'est encore vn des beaux & grands Ponts que l'on puisse voir. Car il a six cens soixante & dix pieds de longueur, distribuez en six arcades, chacune de quatre vingts quatre pieds de voûlture, sur des piles presque quarrees, ayant de 27. à 28. pieds de chacune face, & deux cens pieds de hauteur à mesurer de l'endroict d'icelles, qui est à fleur d'eau. C'est dudit Medecin Espagnol que i'ay tiré ces mesures, qui les exprime en ces mots. *Longitudine sua 670. pedes, latitudine circiter 28. pedes complectitur. Altitudo vero aqua tenus 200. pedum est. Totus autem pons 6. concamerati operis pilis subnititur.*

6. Il y eut autresfois quatre tables de marbre enchassees dans la massonnerie dudit Pont, dont il reste vne seule, qui fait foy, qu'autrefois estant endommagé en quelques vnes de ses parties, les habitans de plusieurs villes de Portugal y denommez, contribuerent liberalement ensemble certaine grande somme de deniers, laquelle ils employerent aux reparations d'iceluy, comme on voit par ladite Inscription qui est telle.

Grut. pag. 162. 3.

MVNICIPIA. PROVINCIAE.
LVSITANIAE. STIPE
CONLATA. QVAE. OPVS
PONTIS. PERFECERVNT.
ICAEDITANI.
LANCIENSES. OPPIDANI
TALORI
INTERAMNENSES.
COLORINI.

LAVCIENSES. TRANSCVDANI
ARAVI.
MADVBRIGENSES.
ARVBRIGENSES.
BANIENSES.
PAESVRES.

7. Ce que ie trouue de surplus quant aux Ponts d'Espagne ce sont deux Inscriptions, dont l'vne est extraicte d'vne colomne miliaire qui se trouue à Ossuna ville d'Andalousie qui est de Septimius Seuerus & de ses deux enfans, faisant mention de quelques reparations qu'ils ont fait faire des Voyes & Ponts d'Espagne, qui est telle.

IMP. CAESAR. LVCIVS. SEPTIMIVS
SEVERVS. PIVS. PERTINAX. AVG.
ARABICVS. ADIAB. PARTHICVS
MAXIMVS. PONTIFEX. MAX.
TRIB. POT. VIIII. IMP. XII.
COS. II. PP. PROCOS. ET. IMP.
CAESAR. MARCVS. AVREL. ANTONINVS
PIVS. AVG. TRIB. POT. IIII.
PROCOS. ET. IMP. P. SEPTIMIVS. GETA
ANTON. VIAS. ET. PONTES. REST.
AB. AVG. M. P. XXXXI.

Grut. p. 151.
2.
147. 2.

L'autre est en la ville de Calatraua, dicte par les anciens *Oretum*, par laquelle appert qu'vn Citoyen de ladite ville fit faire quelques Ponts à ses frais à l'honneur de l'Empereur de son temps.

PVBLIVS. BAEBIVS. VENVSTVS
B. BAEBII. VENETI. F. P. BAEBII.
CERIS. NEPOS. ORETANVS
PETENTE. ORDINE. ET. POPVLO. IN
HONOREM. DOMVS. DIVINAE
PONTEM. FECIT. EX. H-S XIC.
CIRCENSIBVS. EDITIS. DD.

Grut. 163. 4

8. Mais sur tous les Ponts qui furent onc bastis par le monde, celuy que Trajan fit sur le Danube est magnifique: Car encore que de cet Empereur soient sortis vne infinité d'ouurages magnifics, si est-ce qu'il n'y en a pas vn qui puisse approcher à l'excellence de cetuy-cy. Il estoit composé de vingt piles de pierre de taille, de cent cinquante pieds de hauteur, & de soixante de largeur, distans les vns des autres de cent soixante & dix pieds, qui est la mesure des arcades releuez par dessus en demy cercle. Et

quoy que la despense en soit incroyable, il y a neantmoins plus à s'estonner d'vne chose : c'est que ces piles estoient posees en vn endroict instable & limoneux sans aucuns pilotis, ny autre fondement, qu'vne grande quantité de pierres, qu'il auoit fait aualer au fond, sans que le cours du fleuue se soit peu diuertir en autre endroict pour faire place à l'ouurage. Quant à la largeur dudit fleuue elle n'est pas des plus grandes en ce lieu là : veu qu'ailleurs il est deux ou trois fois plus large. Mais c'est chose considerable, que d'autant plus que ce fleuue s'eslargit au dessus & au dessous dudit Pont, d'autant plus sont violens & impetueux les flots qui sont en cet endroict, creusans & cauans le fond de la riuiere par leur rapidité. Tout cela n'apporte pas peu de difficulté d'y faire vn pont. Trajan toutesfois passant par dessus ces incommoditez, fit paroistre sur toutes choses à la poursuitte & parachef de l'œuure, la grandeur de son courage inuincible. C'est à peu pres en la sorte que Dio Cassius nous le depeint: adioustant que de son temps ce Pont estoit de nul vsage : mais que l'on en voyoit seulement les piles se poussans comme par ostentation hors la surface des eaux d'vne hauteur admirable, comme si elles n'auoient esté faictes pour autre chose, que pour monstrer par espreuue, qu'il n'y a rien de quoy l'esprit humain ne puisse venir à chef. Trajan fit ce Pont, craignant que les Daces ne prinssent les armes contre vn grand nombre de soldats & Citoyens Romains qui habitoient par delà le Danube, és terres par luy conquises sur le Roy Decebalus : afin que si cela arriuoit, il y peust facilement transporter son armee par le benefice d'vn si beau Pont. Mais Adrian son successeur craignant tout au contraire, que les Barbares opprimant les garnisons Romaines posees à la garde de ce passage, n'entrassent par surprise dans la Mesie prochaine, il fit rompre & ietter bas les arcades dudit Pont: qui estoient les plus larges que les hommes ayent iamais osé entreprendre, ou peu paracheuer : ou plustost Adrian, qui voyoit n'estre en son pouuoir de faire iamais vn si grand œuure, & qui portoit vne enuie extreme à la vertu de Trajan, à la perfection de laquelle il desesperoit de pouuoir atteindre, fit démolir par enuie cette merueille du monde, qui ne se pouuoit restablir.

9. Les Reliques d'vn œuure si prodigieux paroissent encore au milieu du Danube prés d'vn lieu nommé Vvarhel en Hongrie où se sont trouuees deux Inscriptions, qui font foy de l'autel d'vne si hardie entreprise: dont l'vne est.

DE L'EMPIRE. LIV. IIII.

IMP. CAESAR. DIVI. NERVAE. F.
NERVA. TRAIANVS. GERM.
PONT. MAX. TRIB. POTEST.

L'autre Inscription faisant force sur le mot de *Pontifex*, comme signifiât vn fabricateur de Pont, plustost que Prince des Prestres, & eu esgard à ce Pont, qui est le Prince & Coryphee de tous les Ponts, nomme cet Empereur *Vere Pontificem*, comme s'il n'estoit pas seulement Pontife de nom, ainsi que les autres Empereurs, tous lesquels depuis Iules Cesar ont pris la qualité de souuerain Pontife: mais reellement & veritablement Pontife, c'est à dire, facteur ou fabricateur de Ponts, & d'ailleurs Prince sage & prudent en l'administration de l'Empire, soubs qui la vertu Romaine ne pouuoit rien trouuer d'indomtable, puis qu'elle auoit vne fois contraint le Danube de porter le joug d'vn Pont si miraculeux. C'est à peu pres le sens de cette Inscription seconde.

PROVIDENTIA AVG.
VERE PONTIFICIS
VIRTVS. ROMANA
QVID NON. DOMET
SVB IVGVM. ECCE
RAPITVR. ET DA
NVVIVS.

10. Quelques-vns de nos derniers siecles ont escrit, qu'à peine, au temps où nous sommes, restent aucuns vestiges d'vn si grand œuure: & que le lieu mesme où il a esté assis sur le Danube, seroit à present incognu, s'il n'eust esté comme de nouueau descouuert, & remis au monde par la diligence de Iean Cuspinian: Car en sa description d'Austriche il nous asseure, que les reliques des piles dudit Pont sont assises en la basse Hongrie, appellee *Inferior Pannonia*, non loing d'vn bourg nommé Cannise, prés duquel il y a vne fontaine fort grande, & d'vn renom celebre, en ce que par certain presage qu'elle donne aux Rois de Hongrie, toutes & quantes fois qu'il leur doit arriuer quelque infortune signalee, ou que le temps de leur deceds approche, elle ne fault point de se cōuertir en sang: comme les habitans du lieu ont maintesfois esprouué. C'est Alfonse Ciacono Espagnol, qui nous instruit de tout cela, lors que parlant du Pont du Danube, il dit: *Hæc moles, & Pons per secula memorandus, ab Hadriano Cæsare, ex causis non rectè perpensis, dirutus & demolitus postea fuit, vestigiis tanti operis vix relictis. Adeout hodie incompertus esset locus, nisi opera & inuestigatione Ioannis Cuspiniani proderetur. Hic enim*

In histor. vtriusque belli Dacici

in Austria descriptione, in inferiori Pannonia, non procul à Cannisa oppido situm assignat: Vbi proximus existit fons quidem celeberrimus, qui in sanguinem verti solet, obitus vel infortunium ingens Regi Vngariæ si immineat. Quod multa incolarum experimenta comprobarunt.

Toutesfois Paul Ioue elegant Escriuain dit, que c'est prés d'vne ville qu'il appelle *Seuerinum*, size és confins de Valachie & Transfiluanie, que se voyent encore auiourd'huy les piles de ce Pont, & qu'il y en a iusques à trente six: nombre excedant celuy de Dion de seize piles. Mais à qui des deux pourroit-on croire? Car si ce nombre paroist tel aux yeux, comme Paul Ioue l'escrit, c'est chose qui ne se doit point disputer. Toutesfois c'est à faire à ceux qui sont sur les lieux de les bien compter, & d'en dire des nouuelles aux autres. Que si cela est: il faudroit reformer le nombre de vingt qui est en l'Histoire de Dion. Mais de dire que Dion n'en ait point sceu le nombre au vray, & qu'il n'en ait escrit que par opinion, ie n'y trouue point d'apparence: veu que c'estoit vn homme fidele & curieux, & d'ailleurs bien entendu aux affaires, & fort aduancé aux honneurs de la Republique: comme ayant eu la qualité de Presidét de Dalmatie, & particulierement de la Hongrie, où ce Pont estoit assis: qui meritoit bien qu'vn, qui estoit sur les lieux, & qui en vouloit escrire, en fist prendre les mesures en sa presence. Ie me tiens donc au nombre de Dion, selon lequel donnant audit Pont 20. piles de 60. pieds de largeur, & vingt deux arcades de 170. pieds, l'œuure entier, sans ses deux culees, aura 4740. pieds de longueur, qui reuiennent à bié pres de demie lieuë Françoise: terrible grandeur pour vn Pont!

11. Il est bien à croire, que l'Asie & l'Affrique ont esté garnies de Ponts és endroicts necessaires à la continuation des grands Chemins, aussi bien que l'Europe: mais pour mettre fin au discours qui s'en pourroit faire, ie me contenteray d'en produire vn seul exemple, laissant les autres à la diligence des plus curieux. C'est d'vn Pont que l'Empereur Constantin Porphyrogenete dit estre tresdigne d'estre veu: & auoir esté basty par Iustinian sur le fleuue de Singaris en la petite Asie. Ce fleuue estoit auparauant incapable de batteaux: mais par le moyen de ce Pont, qui ne consistoit qu'en deux culees & vne arcade d'vne grandeur & ouuerture desmesuree, il fut rendu nauigable pour l'aduenir. Ce que Porphyrogenete a tant estimé, qu'il l'a mis au rang des plus grandes victoires, que Iustinian ait obtenu à l'encontre de tant de peuples Barbares, domtez de son temps par l'entremise de ses Lieutenans. En sorte que comme surpris d'vne fureur Poëtique, il se iette de sa prose ordinaire dans ces vers, adressant sa parole à ce fleuue.

Καὶ σὺ μεθ' Ἑσπερίαν ὑψαυχένα, καὶ μετὰ μήδων
Ἔθνεα, καὶ πᾶσαν βαρβαρικὴν ἀγέλην,
Σαγγαρι τερπομένοις ῥοαῖς ἁψῖδι πεδηθεὶς
Αὐτὸς ἰδυλαύθης κοιρανικῇ παλάμῃ.
Ὁ πρὶν γὰρ σκαφέεσσιν αἰσίμαιος, ὁ πρὶν ἀπειρός,
Κνώσσῃ λαΐνῃ σφικτὸς ἀκινησίῃ.

Lesquels vers Bonauentura Vulcanius a rendu Latins en ces mots.

Tu quoque post tumidam Hesperiam, Medosque feroces,
Barbariumque gregem, quantus erat, domitum,
Sangari, praevalida fluctus modo fornice vincte,
Imperatoris seruitio premeris.
Inuie namque olim ratibus, vallique subacte,
Iam rigida saxi compede vincte iaces.

Themi-
ſt.

DES PIERRES ET COLOMNES QVE les Romains ont mis sur les grands Chemins, & à quel vsage.

CHAPITRE XXXIX.

1. Deux sortes de pierres sur les grāds Chemins: la premiere estoit pour monter à cheual.
2. La seconde consistoit és Colonnes miliaires.
3. Noms diuers desdites colomnes.
4. La matiere estoit pierre ou marbre.
5. Forme & hauteur d'icelles.
6. Deux sortes de lettres grauees és colomnes.
7. Premiere sorte monstroit le nombre des lieues ou miliaires.
8. Seconde sorte portoit le nom de celuy qui les auoit fait faire. Quand vsitees.
9. Tesmoignage de Sidonius Apollinaris sur icelles.
10. Colomnes miliaires en la Gaule Celtique & Narbonnoise.

OVTRE les Ponts qui regardoient la necessité de ceux qui voyageoient sur les grands chemins, il y auoit d'autres choses qui se rapportoiēt au plaisir & à l'vtilité des passans, sçauoir les pierres faictes à degrez, qui seruoient à môter & descendre de cheual: & les colomnes milliaires. Caius Gracchus, frere de Tiberius, en fut le premier auteur: car ce fut luy qui fit mettre aux deux ores du chemins par luy pauez, certaines pierres releuees, peu distantes l'vne de l'autre, pour aider les voyageans à monter à cheual, & en descendre sans auoir besoin de personne qui les aidast. Ie trouue que les pierres, qui seruoient à cet vsage sur la Voye Appienne, estoient haussees cõme bases de colomne: & disposees de dix pieds en dix pieds le long d'icelle, specialement és enuirons de Terracine. Ce qui se voit expressement en ces mots de Cyprianus Eichouius, qui en a fait les mesures sur les lieux, & qui dit : *Stupet spectata*

In deliciis Italiæ.
admirabundus rectæ viæ planam vnius saxi pauimentum: munitum quidem (vt Appia tota fuit) ab vtroque latere limbus bipedali latitudine eminentioribus. Quibus adiectis lapides eminentiores veluti bases quædam, per decimum quemque pedem: è queis in vehicula vel equos scansio fieret commodior.

2. Dauantage il fit encore compartir & diuiser par mil les grands Chemins par luy pauez, contenant chaque mil enuiron huict stades, qui font vne demie lieuë Françoise : mettant au bout de chaque mil pour le marquer vne petite colonne de pierre. Ce que vous trouuerez dans Plutarque en ces mots : Περὶ ὁ τὰς

In C. Graccho.
διαμετρήσας κτ μίλιον ὁδὸν πᾶσαν, ὸ δὲ μίλιον ἑπτὰ σαδίων ὀλίγον ἀποδεῖ, κίονας λιθίνους σημεῖα τῇ μέτρῳ ἐπίστησε. Cela se continua & s'establit non seulement par l'Italie, mais aussi par les prouinces, dés auparauant & depuis le siecle des Empereurs. Ce que Strabo nous tesmoigne parlant de la Voye Egnatienne, ainsi nommée d'Egnatius son auteur, qui l'ayant commencee dans l'Italie, la continua outre mer iusques sur la riuiere d'Hebro au Royaume de Thrace. Voicy ses propres

Li.7.Geogr.
mots : Ἐκ ὃ τ Ἀπολλωνίας εἰς Μακεδονίαν ἡ Ἐγνατία ὁδὸς ἰδὲς, πρὸς ἕω βεβηματισμένη κτ μίλιον, καὶ κατεστηλωμένη μέχρι Κυψέλου, καὶ Ἕβρου ποταμοῦ, μιλίων πεντακοσίων τριάκοντα πέντε. C'est à dire, que de la ville d'Apollonie iusques en Macedoine s'estend la Voye Egnatienne, tirant à l'Orient, diuisée par mil, & marquée de colonnes iusques à la ville de Cypselus & le fleuue Hebro. C'est merueille de ce que dict le mesme auteur : Sçauoir que les Indiens auoient certains Magistrats qui auoient soing des grands Chemins du païs, & qui les marquoient d'vne pierre, de dix stades en dix stades, qui seruoient ainsi que les colonnes Romaines à monstrer les destours & les distances qu'il y auoit d'vn lieu à l'au-

Li.15.Geogr.
tre. *Curant etiam vias*, dit-il, *& per dena spacia lapidem locant, diuerticula distantiasque indicantem.* Mais pour retourner à nos colonnes miliaires des Romains, Polybe fait mention d'vn grand chemin ja paué de son temps, pour retourner d'Espagne en Italie par la Gaule : & dit par expres qu'il estoit exactement diuisé par stades de huit en huit, qui font vn mil chacun, marqué de son signe, c'est à dire, de la co-

Polyb.lib.3.
lonne qui le designoit: ὅτι ὃ τῶν βεβηματισμένων, καὶ σεσημειωμένων κτ σαδίους ἐπὶ ὀκτὼ διὰ Ῥωμαίων ἐπιμελῶς.

3. Ces pierres ou colomnes estoient diuersement nommees: Car quelquefois on les appelloit pierres simplement, comme Strabo à l'endroict, où parlant de la petite estendue du Royaume de Romulus, il dict, *Intra quintum igitur & sextum lapidem (sic enim miliaria designabantur) locus erat Festi appellatus, vbi Romani tunc terminus monstrabatur agri.* C'est à dire, dans la cinquiesme ou sixiesme pierre (car c'est ainsi que les milles estoient designez) Il y auoit vn lieu, dict *Festi*, où l'on monstroit lors les limites du territoir & seigneurie des Romains. Dans le droict on se sert du nom de pierre en mesme signification, ainsi que ja nous auons dict ailleurs: Comme pareillement és Inscriptions antiques, où ces mots se trouuent souuent: *Lapides milliares restituti.* C'est ainsi que Liuius prend le mot de pierre, lors que parlant des Gaulois, qui auoiét pris & bruslé la ville de Rome, il dict: *Iustiore altero deinde prælio ad octauum lapidem Gabina via, quo se ex fuga contulerant, eiusdem ductu auspiciisque Camilli Galli vincitur.* Les autres les appellent *Cippos lapideos*, au rapport du Grammairien Probus, duquel mot Marcus Vvelserus les nomme, quand il dict, *Et certissimi testes sunt lapidei cippi, qui reliqui: ex quibus interstitia locorum Itinerariis adnotabuntur.* Les Grecs les appellent Σημεῖα, c'est à dire des signes, ou marques, à cause qu'elles seruent à marquer les interualles des grands Chemins: mais le nom plus commun chez les Grecs, est celuy de στήλης, qui signifie proprement le corps ou la verge d'vne colomne: à raison dequoy Strabo appelle vn chemin qui en est marqué, κατεστηλωμένον.

Li. 5. Geogr.

Lib. 5.

4. Quant à la matiere desdites colomnes, elles estoient ordinairement faictes de pierre commune, forte, & non subiette à gelée: Mais quelques vnes des plus magnifiques estoient composées de marbre. Telles estoient les colónes qui designoient les milles de la voye Latine. La huictiesme desquelles Martial appelle *Octauum marmor*, prenant la cause materielle pour la colomne entiere, en ces vers,

Herculis in magni vultu descendere Cæsar.
Dignatus, Latiæ dat noua templa viæ.
Qua Trivia nemorosa petit dum regna viator
Octauum domina marmor ab vrbe legit.

Lib. 9.

Par le mot de *Octauum marmor* signifiant, que cette colomne n'estoit pas seule de cette matiere precieuse, puis qu'elle n'estoit que la huictiesme. Telle est encore sur ses pieds vne colomne milliaire d'vn marbre tres-blanc, haulte de quatre pieds, large d'vn pied & demy, que Gruterus dict estre assise en vne rencontre de trois grands Chemins à deux mil d'vn Chasteau nommé Currese, prés du fleuue Farfarus, en la terre des vieux Sabins : portant vne Inscription formee en tres-beaux caracteres, qui est telle :

159. 9.

Grut. 149. 6

  P. PVBLILIVS. ANTHVS
  VI VIR. AVGVSTALIS
  CVRIBVS. SABINIS
  TESTAMENTO. FIERI. IVSSIT
  ARBITRATV. GEMELLI
  NERONIS. CLAVDI. CAESA
  AVG. GERMANIC
  PRIMIGENIANI. TABVL.
  HEREDITATIVM
  ADIECTIS. DE. SVO. H·S·Ɫ.

5. Pour ce qui est de la forme, les vnes estoient rondes, & autres quarrees, ou de quelqu'autre figure à la fantaisie des ouuriers: & n'excedoient guere la haulteur de 8. pieds, ainsi que i'ay obserué dans les Inscriptions de Ianus Gruterus, qui raporte les figures de plusieurs colomnes milliaires auec leurs haulteurs, tirees apres le naturel : entre autres il y en a trois, qu'il dict se voir encore en Allemagne, *Vrsini, in villa Augustana Diœcesis, octonum circiter pedũ*. Il rapporte ailleurs vne autre colomne : *In pago stractsualtio, Salisburgũ versus in columna rotunda, pedum octo longitudinis, ad viam erecta.*

157. 2.

157. 1.

6. Elles estoient assises sur petits piedestals de diuerses figures, ainsi qu'elles sont representees en quelques reuers de medailles, & dans lesdites Inscriptions, souz le tiltre *De operibus publicis* : Et auoient toutes cela de commun, que de porter grauees en leur stile ou piedestal le nombre des milliaires, suiuant lequel, elles estoient distantes de Rome, ou de quelque autre Cité de renom, soit par l'Italie, ou par les Prouinces. Les autres portoient en outre vne Inscription, qui enseignoit aux passans l'auteur des Chemins & des colomnes mises sur iceux. Ces deux sortes de colomnes se peuuent colliger de ces mots de Gruterus, où ayant parlé de celles qui sont chargees d'Inscriptions, il dict : *Alijs columnis omnibus etiam suis miliarium numerus additus est, etiam si titulo Imperatoris, hoc est, Inscriptione alia careant.*

7. C'est de la premiere sorte de colomnes, que Rutilius Gallicanus parle en son Itineraire second, quand il dict, que les pierres qui portent en elles grauees le nombre des milliaires, & qui se rencontrent en tant de places sur les grands Chemins, semblent apporter quelque soulagement à ceux qui sont las, pendant qu'ils font vne pose ou interuale à les voir.

DE L'EMPIRE LIV. IIII.

Interualla viæ feſſu præſtare videtur
Qui notat inſcriptus millia multa lapis.

Itinerarij lib. 2.

Et à la verité, outre l'ornement que ces colomnes ainſi diſpoſées apportoiēt à la beauté des grands chemins, elles ſeruoient en outre à rabatre & addoucir l'ennuy que les voyagers reçoiuēt de la longueur d'iceux: d'autant que ce n'eſt pas vn petit ſoulagemēt à ceux qui ſont ja fatiguez, de cognoiſtre ce qu'ils ont ja faict de chemin, & combien il en reſte à faire: cela donnant vne nouuelle alegreſſe de marcher. Ce que Quintilian applique par ſimilitude à ceux qui eſcoutent vne harangue bien diſtinguee en ſes parties, & bien partagee en ſes periodes: par la diuerſité deſquelles, celuy qui entend haranguer, n'eſt pas moins ſoulagé & recreé en eſcoutant, que les voyagers le ſont en marchant, par la rencontre des pierres eſcrites, qui ſeruent à marquer la diſtance des lieux: *Feliciſſimus ſermo eſt (dit-il) cui & rectus ordo, & apta iunctura: & cum his numerus opportunè cadens contingit.* Et ailleurs: *Neque enim partitio ſolum id efficit, vt clariora fiant quæ dicuntur, rebus velut ex turba extractis, & in conſpectu iudicum poſitis: ſed reficit quoque audientem certo ſingularum partium fine: non aliter quàm facientibus iter multum detrahunt fatigationis notata inſcriptis lapidibus ſpatia. Nam & exhauſtis laboribus noſſe menſuram voluptati eſt: & hortatur ad reliqua fortius exequenda, ſcire quantum ſuperſit. Nihil enim longum videri neceſſe eſt, in quo quod vltimum ſit, certum eſt.*

8. L'autre ſorte de colomnes eſt de celles qui en leur Baſe, ou ſur le corps meſme de leur Stile, portoient le nom de l'Empereur, qui auoit faict de neuf, ou reparé quelque grand Chemin, & iceluy diuiſé par milles, marquez deſdites colomnes. Celles-cy ont eſté premierement miſes en œuure du temps d'Auguſte, & ont continué ſouz les Empereurs ſuiuans: le nom propre deſquels eſtoit ordinairement graué és Inſcriptions deſdites pierres, auec celuy de Cæſar, qui eſtoit commun à tous les Empereurs, ainſi que nous auons deſ-ja veu, & verrons cy apres en tant de vieilles Inſcriptions.

9. C'eſt de telles colomnes que parle Sidonius Apollinaris, quand il dict:

Antiquus tibi nec teratur agger,
Cuius per ſpatium ſatis vetuſtis
Nomen Cæſareum viret columnis.

Propemptico ad libellum, Carm. 24.

L'Auteur en cet endroict parlant à ſon liure, l'aduertit, de ne prendre pas ſa routte par vn ancien chemin que Adrian fit autrefois reparer en Auuergne: & qu'il enrichit de pluſieurs belles colomnes au bout de chacune lieuë, dont les Inſcriptions portoient le nom dudit Adrian, lequel il entend *per nomen Cæſareum.* Ainſi que

Monsieur Sauaron tres-docte personnage l'interprete. de l'vne desquelles colomnes qu'il a veu à Perignac, assise assez prés du fleuue d'Alier, il a extraict l'Inscription suiuante, qui est l'vne des quatre qu'il m'a enuoyé escrite de sa main.

```
    L. CAES.  DIVI  TR...
   IANI... ARTHICI. FIL.
    DIVI. N:RVAE.  NE
   : RAIANVS.  HADRI.
```

10. Or quoy que la Gaule soit remplie de voyes Romaines, qui paroissent encore iusques à present fort entieres en plusieurs endroicts, si est-ce qu'il ne s'y trouue plus gueres de telles colomnes, estant ruinees par l'antiquité, specialement par la Gaule Belgique, où les Chrestiens au lieu d'icelles, ont planté des Croix. Ce n'est pas toutefois que les grands Chemins des Gaules n'ayent esté signalez de telles marques. Et de faict, il s'en trouue encore plusieurs en la Gaule Celtique & Narbonnoise. Telle est vne colomne ronde, de la haulteur de huict pieds ou enuiron, qui est encore debout en vn lieu nommé Fliger, sur les limites d'Auuergne, & de Geuaudam, trouuee en vne terre labourable depuis peu d'annees, dont l'Inscription est telle.

```
       IMP.  CAES.
     M.  CAS.  LAT
        POSTVMO
    P.  F.  AVG.  COS
    M: P. GABALL.  V.
```

Il s'en trouue encore vne autre au pays Perche, auprés de Bilhoin, l'Inscription de laquelle auec la precedente, m'a esté enuoyee par ledit sieur Sauaron, en la forme que vous la voyez icy.

```
   TI.  CLAVD.  BRVSI.  F.
   CAESAR.  AVG.  GER
   PONT.  MAX.  TRIB
   POTEST.  V.  IMP.  XI
   P. P.  COS.  III.  DESIG.  IV
     AVG.  M.  P.  XXI.
```

Voila ce que i'ay peu recouurer d'Inscriptions de colomnes milliaires en la Gaule Celtique. Quant à la Narbonnoise, il s'en trouue encores en assez bon nombre, de plusieurs desquelles nous auons registré les Inscriptions en nostre liure troisiesme, où i'ay dict qu'elles m'ont esté donnees par Monsieur Peiresc, Conseiller du
Roy

DE L'EMPIRE, LIV. IIII.

Roy au Parlement d'Aix, tres-sçauant & tres-entendu en toutes sortes d'antiquitez. C'est encore de sa liberalité que i'ay eu les six suiuantes : Trois desquelles viennent du grand Chemin qui conduit de Narbonne à Nismes, telles que vous les voyez icy transcrites.

I.
DIVI. F. A.
MAX. V.
COS. DE
IMP. XIII.
POTEST.

2.
TI. CLAVDIVS
DRVS. F. CAESAR
AVG. GERMANIC
PONTIF. MAX. TRIB.
POT. COS. DESIG. II.
IMP. II. REFFECIT
LXXXV.

3.
TI. CAESAR
DIVI. AVG. F. AVG.
PONTIF. MAX.
. . . . .
. . . . .
RESTITVIT.
LXXXVII.

La premiere se voit en l'Eglise de Bernis, assise à demie lieüe de Nismes, sur vn chemin antique, que ceux du pays appellent *Lo Camin de la Monedo*, comme qui diroit le Chemin muny ou paué. La seconde, est au marché dudit lieu. Et la troisiesme, sur la Voye de Narbonne, quasi au milieu du chemin de Nismes à Bernis. Les six autres sont assises sur le grand Chemin de Nismes à Arles, dont les Inscriptions sont telles.

I.
IMP. CAESAR
DIVI. HADRIANI
F. L. AELIVS. HADRI
ANVS. ANTONINVS
AVG. PIVS.
PONT. MAX. TRIB. POT
VIII. IMP. II. COS. IIII.
P. P. RESTITVIT.
I.
XXXX

2.
IMP. CAESAR
DIVI. HADRIANI. F.
T. AELIVS. HADRIAN
ANTONINVS. AVG. PIVS
PONT. MAX. TRIB. POT.
VIII. IMP. II. COS. IIII.
P. P.
RESTITVIT.

3.
TI CAESAR.
DIVI. AVG. F. AVG.
PONTIF. MAX.
TRIB. POT. XXXII.
REFECIT. ET
RESTITVIT.

4.
TI. CLAVDIVS
DRVSI. F. CAESAR.
AVG. GERMANIC.
PONT. MAX. TRIB.
POT. COS. DESIG. II.
IMP. II. REFECIT.

5.
TI. CAESAR
DIVI. AVG. F. AVG.
PONTIF. MAX.
. . . .
XIII.

6.
TI. CLAVDIVS
DRVSI. F. . . . .
. . . .
. . . . . .

La premiere de ces six, est hors les portes de Nismes, qui va à l'amphitheatre, où elle a esté trãsportee pour seruir de borne entre le grand Chemin, & vne vigne prochaine. La seconde hors la porte Couronne. La troisiesme & quatriesme, se voyent és ruines d'vne petite Eglise size prés du grand Chemin de Nismes à Arles. Et les deux dernieres sur ledit Chemin à trois heües de Nismes ou enuiron.

QVELLE ESTOIT LA PREMIERE DES Colonnes milliaires, & de quelle façon les autres en dependoient.

CHAPITRE XL.

1. Recherche de la premiere & principale colonne milliaire.
2. Question proposee sur ladite colonne.
3. Ce qui se trouve du raport de ladite colonne, auec tous les grands Chemins de l'Empire.
4. Distinction sur la continuation des colonnes milliaires.
5. Inscription antique, monstrant que les mil ne courent de Rome iusques aux fins d'Italie.
6. Raisons pour lesquelles la suitte des nombres n'est continuee de Rome dans les Prouinces.
7. Auctorité de Marcus Velserus.
8. Auctorité de Philippus Clauerius.
9. Ce qu'il faict croire de la suitte des nombres grauez és colomnes milliaires.

1. Nous auons cy deuant monstré par bons & legitimes tesmoignages, que dés le temps d'Auguste & de Tibere, la plus grand partie des Prouinces de l'Empire estoient accommodees de chemins pauez: & les chemins de pierres ou colonnes qui les partageoient par mille. En sorte que l'on se seruoit dés lors du nom de Pierres au lieu de mil, pour designer les distances des chemins: *Sed Augusti iam Cæsaris Imperio,* (dict Surita) *lapidum nomine mensuras Itinerum designatas legimus.* Il adiouste peu apres que c'est *ab ortu ad occasum, & ad inhabitabiles vsque oras.* Mais de tant de colonnes dressees à cette fin, il faut sçauoir quelle estoit la premiere & principale de toutes: & si les autres auoient auec elle vn certain raport suiuant la suitte de leurs nombres. *In præfa. ad Itin. Anto.*

2. Quant à la premiere colonne, il n'y a doubte aucun que ce ne soit le *Milliarium aureum,* qu'Auguste Cesar planta au milieu du marché Romain, de laquelle nous auons faict ample mention au liu. 3. chap. 13. de cet œuure. Mais la question est, si toutes les autres, tant des chemins d'Italie, que des Prouinces, ont auec elle vn certain raport: & si elles en dependent par vne suitte perpetuelle de nombre, & non interrompue, à compter depuis la ville de

Xxxx

Rome, iusques aux extremitez de l'Empire: ou bien s'il y a interruption aux nombres, quoy qu'il n'y en ayt point en l'affiette & situation : tous les chemins estant garnis & marquez de colonnes milliaires d'Orient en Occident, & du Midy au Septentrion.

3. Plusieurs de ceux qui ont parlé du Miliaire doré, disent que c'est le poinct vnique auquel tous les grands Chemins de l'Empire se raportent, ou mediatemẽt, ou immediatement : comme toutes les lignes d'vn cercle se raportent à leur centre: Pline faisant les mesures de la ville de Rome, en va là prendre les racines: *Lib. 3. c. 5.* *Eiusdem spatij mensura currente à Milliario in capite fori Romani statuto.* Plutarque dict, que c'est audit milliaire que tous les grands Chemins d'Italie se viennent rendre : *In quam Italiæ omnes viæ finiunt.* Bref, il n'eust le nom de *Milliarium*, sinon à cause que son auteur voulut, que d'iceluy commenceroient à courir les mil qui seruent de mesure aux grands Chemins.

4. Et certes, il faut confesser, qu'en ce qui depend de la Geometrie, le *Milliarium aureum* estoit le centre de tous les Chemins: & le vray poinct, où toutes les colonnes milliaires d'Italie & des Prouinces auoient vn vnique raport : d'autant que d'iceluy iusques aux extremitez de l'Empire, il y en auoit vne suitte continuelle, l'vn des chemins ioignant les siennes auec celles de l'autre qui luy estoit contigu. Mais si nous regardons à ce qui depend de l'Arithmetique, dont le propre est de considerer les nombres, nous verrons que ce n'estoient que les chemins d'Italie, & encore non pas tous, qui dependoient dudit milliaire par vne seule entresuitte de nombres. Aucuns estiment que les colonnes milliaires qui en dependoient, n'auoient leur estenduë que iusques à cent mil de Rome, *vsque ad centesimum lapidem*, dans lequel espace s'estendoit la iurisdiction, *Vicarij vrbis*. Et de faict, dans l'Itineraire d'Antonin, se voit vn lieu ou mansion, dont le nom est *ad centesimum*, d'autant que de Rome audit lieu, il y a cent mil ou peu plus, & qu'il ne se trouue mutation ne mansion, qui porte le nom d'vn plus hault nombre. D'où se peut tirer quelque coniecture, que de là en auant les nombres grauez dans lesdites colonnes ne dependoient plus dudit milliaire Romain, mais de quelque municipe ou colonie, qui par vn nouuel ordre en interrompoit le cours. Il n'y auroit toutesfois apparence quelconque de restreindre le nombre des colonnes procedant de Rome dans le centenaire, attendu que par les Inscriptions antiques, il y a des Citez en Italie & par les Prouinces, qui estendent le nombre de leurs colonnes milliaires bien loing par delà cent.

5. Ie ne voudrois neantmoins asseurer qu'ils allassent d'vne suite continuelle iusques aux extremitez d'Italie, & penserois bien qu'il y auoit plusieurs citez de renom qui en interrompoient le cours, & auoient les nombres de leurs colomnes miliaires à part. On peut tirer quelque coniecture de cela d'vne Inscription antique, qui est telle.

> VIAM. FECI. A. RHEGIO. AD. CAPVAM
> ET. IN. EA. PONTEIS. MILIARIA
> TABELLARIOSVE. POSEIVI. SVNT
> A. RHEGIO. AD. CAPVAM. MIL.
> CCLXXXV. HINCCE. AD. COLVMELLAM
> MILIARIA. CCX. A. BIBONA. AD
> LOCROS. MILIARIA. LXV. A
> FRETO. AD. SYLLAM. MILIARIA. LX.
> IDEMQVE. FECEI. VT. EX
> AGRO. POPLICO. ARATORIBVS
> CEDERENT. PASTORES.

Smetius fol. 1. n. 12.

Il semble par cette Inscription, que chacune des citez y denommees eust ses colonnes miliaires à part: & que les nombres s'estendissent iusques à vne cité prochaine, qui recommençoit par soy-mesme vne nouuelle suite de miliaires.

6. Voila pour ce qui est d'Italie: & serions hors de peine de ce costé-là, si les colonnes qui furent autrefois posees sur les grands chemins restoient encore entieres auec leurs nombres: desquels nous apprendrions facilement ce qui en est. Quant aux prouinces, il n'y a doute aucun, que les nombres de leurs colonnes à prendre dudit miliaire doré, ne soit interrompu. Ce qui paroist assez par les nombres des mil qui y sont grauez, y en ayant peu qui excedent cc. mil. Que si la suite des nombres, à prendre de Rome iusques aux prouinces, s'en alloit d'vne mesme suite, il faudroit que les colonnes qui se trouuent en la Gaule eussent plus de huit cens mil, à cause de la grande distance qu'il y a de l'vne à l'autre: & ceux d'Espagne encore dauantage. Et neantmoins on voit par celles qui nous restent, que les nombres grauez en icelles sont fort petits, & non correspondans à la distance qu'il y a des Gaules ou des Espagnes iusques à Rome, y en ayant plusieurs, qui n'ont que deux mil pas, à compter du lieu de leur origine: quoy qu'elles soient assises à plus de six cés mil, ou huit cens mil pas de Rome. Ce qui monstre euidemment que leur nombre n'en dépend pas.

7. Aussi M. Velserus interpretant deux fragmens de la Charte de Peutinger, a remarqué, que les colonnes miliaires des Pro-

uinces n'auoient aucun rapport ou relation à Rome, en ce qui depend des nombres que l'on y trouue engrauez: mais à quelque bonne ville ou cité Metropolitaine, d'où on commençoit vn nouueau rang de colonnes par vne nouuelle suite de nombres.: *Cum etiam in Cippis obseruem* (dit-il) *aliquando numeros à splendida aliqua colonia per centum passuum milia, & eo amplius continuari, neglectis intermediis oppidis minoris nominis.* Et quant à cela, il en donne cet exemple d'vne colonne assise nõ loing d'Inspruch au Comté de Tirol, les nombres de laquelle se rapportent à la distãce qui est de là, non pas à Rome, mais à Ausbourg en Allemagne. Voicy comme il en parle : *Exemplo est Cippus haud procul Oeniponte, Seuero, & filijs inscriptus: in quo numeri ad Augustam Vindelicorum longe dissitam referuntur.*

VIAS. ET. PONTES. REST.
AB. AVG. M. P. CX.

Ianus Gruterus nous donne l'Inscription entiere, telle que vous la voyez icy: & dit que la colonne dont elle est extraicte se voit encore *propè Vilthaimum coenobium.*

157. 5.

IMP. CAES. L. SEPTIMVS
SEVERVS. PIVS. PERTINAX
AVG. ARABIC. ADIABEN. PAR
THIC. PONT. MAX. TRIB.
POT. VIIII. IMP. XII. COS. II.
P. P. PROCOS. ET. IMP. CAESAR
M. AVRELIVS. ANTONINVS
PIVS. AVG. TRIB. POT. IIII.
PROCOS. ET. IMP. P. SEPTIMIVS
GETA. ANTONINVS. VIAS. ET
PONTES. REST. AB. AVG. M. P.
C X.

Lib.2. ant. Germ.c.9.

8. Philippus Cluuerius escriuant de la ville de Mets, & de l'ancien peuple des enuirons, & tombant sur vn lieu dit *ad Duodecimum*, qui se trouue au chemin de Strasbourg à Thoul dans l'Itineraire d'Antonin, fait le mesme iugement, sçauoir que ce lieu ainsi dénommé tient son nom de la douziesme colonne plantee sur le chemin dessusdit, à compter de ladite ville de Mets, comme de la capitale de la prouince & païs Messin. Et ne faut pas de remarquer qu'il a obserué la mesme chose en plusieurs des principales villes de l'Empire, ausquelles l'histoire & les Itineraires monstrent vn nouuel ordre de miliaires prendre son commencement. *Duodecimum istum lapidem, siue miliare,* dit-il, *numeratum esse censeo à Diuodoro,*

DE L'EMPIRE LIV. IIII.

à capite gentis Mediomatricorum: sic enim apud alios primarias in Romano Imperio Vrbes ex Historiis atque Itinerariis observo. Nous en pouuons donner pour exemple la ville d'Arles en Prouence, d'où commençoit vn nouuel ordre de colonnes, quatre desquelles sont encore sur pied en la partie de la Voye Aurelienne, qui va de ladite ville d'Arles à la Craux: & dont les Inscriptions qui sont d'Auguste Cesar, portent les nombres des miliaires, à raison de la distance qu'il y a d'Arles au lieu de leur assierte. Vous les voyez icy telles que Monsieur Peiresc me les a donnez.

1.
PATER PATRIAE
IMP. CAESAR
DIVI F.
AVGVSTVS
... .
... .
VII.

2.
PATER PATRIAE
IMP. CAESAR DIVI F.
AVGVSTVS PONT.
.. .. IMVS COS.
.... GNATVS XI.
.... TRIBVNIT.
VIII.

3.
....
IMP. XIIII. TRIBVNI.
X.

4.
PATER PATRIAE
IMP. CAESAR DIVI F.
AVGVSTVS PONTIFEX
MAXIMVS COS. XII.
..... GNATVS ......
..... XIIII. TRIBVNI.
XII.

La premiere de ces quatre est encores debout pres d'vn lieu dict *Lou mas de Rombsac*.

La seconde n'est pas loing de là: & se trouue renuersee par terre pres du grand chemin.

La troisiesme est prés d'vn lieu dit *Lo Parador*.
Et la quatriesme prés du village que l'on appelle *Lo mas de Brau*, où elle est dressee en pied pour y seruir comme de borne.

Finalement, dans l'Itineraire de Bordeaux en Hierusalem paroist facilement que de Thoulouse ville Metropolitaine, procede vn pareil ordre de miliaires tout nouueau.

Ciuitas Tholosa,	Leugæ VII.
Mutatio ad nonum	Millia IX.
Mutatio ad vicesimum	Mil. XI.

Où l'on voit que le nombre des mil respond iustement aux noms des deux mutations cy mentionnees.

9. Tant s'en faut doncques que les nombres grauez dans les colonnes miliaires s'entresuiuent du *Miliarium aureum*, iusques aux extremitez de l'Empire, qu'en plusieurs endroicts de l'Italie mesme on les y voit interrompus : & est vray-semblable de croire, que lesdits nombres en chacune prouince prenoient leur commencement des villes principales & metropolitaines d'icelles : d'où ils venoient à se continuer iusques aux limites de ladite prouince, ou iusques à d'autres villes circonuoisines de mesme qualité & reputation.

COMMENT IL FAVT ENTENDRE LES nombres qui se trouuent és colonnes miliaires tant d'Italie que des prouinces.

CHAP. XLI.

1. Ouuerture de deux questions sur les colonnes miliaires.
2. Premiere question sur les nombres qui accompagnent ces lettres M. P.
3. Interpretation que Gonçales de Auila donne ausdits nombres.
4. Deux especes d'Inscriptions és colonnes miliaires, & en quoy gisent les differences.
5. Comme il faut entendre celles de la seconde espece.
6. Interpretation de celles de la premiere espece. Premiere raison de ladicte interpretation.
7. Seconde raison confirmee par exemples.
8. Preuue de ceste interpretation par tesmoignages d'auteurs tant anciens que modernes.

Voici

DE L'EMPIRE LIV. IIII. 721

1. VOICY deux nouuelles questiõs sur les colonnes miliaires, qui se presentent à resoudre auant que de sortir de ce sujet. La premiere est sur les nombres qui se trouuent és Inscriptions desdites colonnes auec ces deux figures M.P. qui signifient mil pas: L'autre est sur les distances que l'on obseruoit entre lesdictes colonnes, quand on les posoit sur les grands chemins.

Pour la premiere, ceux qui ont manié les liures des Inscriptions antiques, sçauent qu'il y en a plusieurs qui touchent les grãds chemins, lesquelles ont sur la fin telles ou semblables figures M.P. accompagnees de quelques nombres, les vns & les autres souuent mis en suite de ces mots, ou autres de pareille signification, *Fecit, sterni curauit, refecit, restituit.* Comme en la fin d'vne Inscription de Trajan, qui se trouue à Salamanque ville d'Espagne.

```
IMP. CAESAR D. NERVAE FILIVS
NERVA TRAIANVS AVG.
GERM. P. M. TRIB POT.
COS. II. RESTITVIT
M. P. II.
```

2. La premiere question donc qui s'offre à discuter, est si ces figures ou characteres, M.P. II. signifient que les reparations que Trajan a fait en la Voye de Salamanque, tiennent deux mil pas de longueur: prenant ces mots, *Restituit M.P.II. in sensu composito*, comme parlent les Grammairiens: ou bien si ces mesmes figures M.P. II. signifient, que du chemin entier de Salamanque, que Trajan a reparé, la colonne où ceste Inscription se trouue, sert à marquer le second miliaire: Et pour parler en general, sçauoir si ce nombre de II. & autres semblables qui suiuent ces lettres M. P. signifient la longueur sur laquelle l'ouurage est estendu & continué: ou bien s'ils denotent seulement l'ordre que tient chacune pierre en la suite des autres, & la distance qu'il y a de chacune d'icelles au commencement du chemin. Car il y a bien de la difference entre ces deux manieres de parler: Trajan a reparé la voye de Salamanque sur la longueur, de deux mil pas: ou bien Trajan a reparé la voye de Salamanque, de laquelle la presente colonne marque le deuxiesme miliaire: d'autant que l'vne signifie vne longueur ou continuation d'ouurage: & l'autre vn simple point, qui sert auec vn autre à limiter vne espace.

3. Gonçales de Auila Espagnol de nation, qui nous a donné

Yyyy

cette Inscription par escrit au liure 1. chap. 5. des Antiquitez de Salamanque, & qui l'interprete en sa langue vulgaire, tient que ces termes, *Restituit M.P. II.* se doyuent prendre en sens composé: Car il les tourne en son Espagnol: *La restituyo en dos mil passos*: c'est à dire, que Trajan l'a reparé sur la longueur de deux mil pas. Il rapporte encore l'Inscription d'vne autre colonne miliaire, qui fait mention comme Adrian a fait quelques reparations sur la mesme voye de Salamanque, qui est telle.

> IMP. CAESAR. DIVI. TRAIANI
> PARTHICI. F. DIVI. NERVAE. NEPOS
> TRAIANVS. AVG. PONT. MAX.
> TRIB. POT. V. COS. III. RESTITVIT.
> CXLIX.

Les derniers mots de laquelle Inscription il interprete ainsi: *La restituyo en ciento quarenta y nueue passos*: comme voulant dire, qu'Adrian, qui prend icy le nom de Trajan, a reparé ce chemin sur la longueur de cent quarante neuf pas.

4. Pour entendre donc la vraye signification de ces nombres, il faut sçauoir qu'il y a plusieurs sortes d'Inscriptions, faisant mention des ouurages que les Empereurs ont fait aux grands chemins, soit en les pauant & fabriquant de nouueau, soit en les reparant és endroicts esquels ils tomboient en decadence. Ie parle de celles qui sont extraictes des colonnes miliaires, ou bien des villes, plus celebres, par où lesdits chemins estoient conduits.

Ie les diuiseray donc generalement en deux especes, dont les differences gisent en cela, que les vnes sont enoncees au cas nominatif, & les autres au datif. Et faut que le Lecteur m'excuse, si ie suis contraint de me seruir de ces termes de Grammaire: d'autant que sur iceux est appuyee la principale difference d'entre les Inscriptiõs des colones miliaires. Pour exemple de la premiere vous prendrez les deux cy dessus produictes, tirees de Gonçales de Auila.

Pour exemple de la seconde maniere sera celle-cy, tiree d'vne colonne miliaire qui est à Verone.

Grut. 159. 5.

> IMP. CAES.
> FL. VAL.
> CONSTANTIO.
> M. P. VIII.

Entre l'vne & l'autre, il y a cette difference, que les Inscriptions de la premiere sorte, designent les chemins que les Empereurs denommez ont fait par eux mesmes, & en leurs noms : soit qu'ils fussent à ce faire commis & denommez par le peuple, comme Auguste Cesar à reparer les chemins des enuirons de Rome: soit qu'ils prinssent d'eux-mesmes à tasche les ouurages ou reparations de quelques chemins. Mais celles de la seconde sorte, conceuës au cas datif, signifioient que les chemins sur lesquels elles estoient assises, n'auoient pas esté faictes par des Empereurs en personne : mais par ceux qui portoient la qualité de *Curatores viarum*, c'est à dire, Commissaires des grands chemins : lesquels employoient aux ouurages d'iceux les deniers publics, & non les leurs. Et c'est pourquoy par les Inscriptions qu'ils faisoient mettre aux colonnes miliaires, ils dedioient l'œuure entier aux Empereurs, durant le regne desquels ils y faisoient trauailler.

5. Or pour nous expedier premierement des Inscriptions de ceste derniere sorte, ie diray que les VIII. mil pas de celle de Veronne, ne veulent pas dire que l'Empereur Constance ait fait faire ou reparer huict mil pas de chemin en longueur : veu que ce n'est pas luy qui l'a fait faire en son nom, ains quelque Commissaire de son temps. Mais par les figures M. P. VIII. ledit Commissaire luy dediant son ouurage, a voulu signifier, que la colonne où il a fait mettre ceste Inscription, est la huictiesme à compter de ladicte cité de Veronne : & partant que la distance de la Cité à la colonne est de huict mil, qui font quatre lieuës Françoises : & faut faire le mesme iugement de toutes les autres semblables.

6. La principale difficulté tombe sur les Inscriptions de la premiere sorte, qui portent les noms des Empereurs au cas nominatif: telles que sont celles cy-dessus alleguees de Gonçales de Auila qui sont de Trajan & d'Adrian. La premiere auec ces mots en sa fin. *Restituit. M. P. II.* & la seconde, *Restituit CXLIX.* Le nœud de la question est de sçauoir, si ces nombres signifiét sur quelle longueur & estenduë de chemin l'ouurage a esté continué. Ou bien s'ils designent simplement la distance qu'il y auoit de Salamanque iusques ausdites colonnes. En sorte que celle de Trajan monstre par son Inscription qu'elle estoit assise à l'endroict du second miliaire : & celle d'Adrian, du cent quarante-neufiesme.

Si nous nous en rapportons à Gonçales, la question sera vuidee, puis qu'il interprete ces nombres de la longueur ou estenduë de chemin. Mais i'ay deux fortes raisons qui militent au contraire. Car pour parler des reparations de Trajan faictes en la voye de Salamanque (qui est des plus grandes & des plus belles de toutes les Espagnes) s'il faut interpreter ces termes, *Restituit M.P. II. La restituye en dos mil passos*, c'est bien peu d'ouurage que Trajan y aura faict, n'ayant restably les ruines d'vne voye si grande & celebre que sur la longueur de deux mil pas, qui n'est qu'vne lieuë Françoise. Que si nous faisons comparaison de si peu de chose auec les grandes entreprinses de Traian, dont nous auons parlé en plusieurs endroits de cet œuure, nous trouuerons que cela ne merite pas que la memoire en soit transmise à la posterité par vne Inscription grauee en pierre, puis que de si peu d'ouurage ne peut proceder à son auteur que bien peu de gloire. Et quant à ces characteres de l'Inscription d'Adrian CXLIX. que le mesme auteur interprete par ces mots : *La restituyo en cento quarenta y nueue passos* : c'est encore beaucoup moins de chose, attendu que cent quarante neuf pas ne peuuent faire la sixiesme partie d'vn mil. Quel ouurage sera-ce donc pour vn tel Empereur qu'Adrian, que l'on sçait auoir esté des plus puissans, & au pardessus des plus ambitieux & plus cupides de gloire de tous les autres : voire iusques à porter enuie à la gloire de ses predecesseurs, & particulierement à Traian? Est-il donc à croire que celuy qui a fait de si grands ouurages publics mentionnez en son histoire, ait voulu tirer gloire par Inscription publique d'vn si petit bout de chemin? Aussi ces figures de M. P. II. & M. P. CXLIX. ne signifient-elles point que Traian ait fait deux mil pas d'ouurage, & Adrian cent quarante pas : mais que la colonne qui porte le nom de Traian est size à l'endroict du deuxiesme miliaire à compter de Salamanque : & que celle qui est inscrite du nom d'Adrian sert de marque au cent quarante neufiesme.

7. Or que ce soit ainsi que ces nombres, & autres se doyuent interpreter, en voicy vne seconde raison : C'est qu'il y a beaucoup de colonnes qui dependent d'vn mesme chemin, qui ont esté dressees par mesmes Empereurs, & qui portent diuersité de nombres, tous lesquels sont relatifs à vn seul commencement. Par exemple, voicy deux Inscriptions d'Adrian trouuees sur colonnes miliaires, assises sur vn mesme chemin, dont le commencement estoit en la ville de Chiaues en Portugal, que les Latins appellent *Aquas flauas* : & sa fin en celle de Bragas, dicte *Augusta Bricarum*, en la mesme prouince.

La premiere,

Grut. 156.4

IMP. CAES. TRAIANVS
HADRIANVS AVG.
P. M. TR. POT. XX. REFECIT
AQVIS FLAVIS
M P. II.

La seconde.

> IMP. CAES. TRAIANVS.
> HADRIANVS. AVG. P. M.
> TR. POT. XX. REFECIT
> AQVIS. FLAVIS
> M. P. V.

Que si vous interpretez les figures de la seconde M. P. V. à la façon de Gonçales de Auila, disant qu'Adrian a reparé le grand Chemin de Chaues, sur la longueur de cinq mille, quel besoing estoit il de planter la premiere, qui ne marque que deux mil d'ouurage? Et puis que le plus grand nombre enclost dedans soy le plus petit, n'estoit-ce pas assez d'auoir faict celle qui porte le nombre de cinq, puis qu'en iceluy le deux est compris?

Il en est tout de mesme des nombres grauez és quatre colonnes mentionnees souz le nom d'Auguste au chapitre precedent, assises sur le chemin d'Arles à la Craux: & d'autres colonnes miliaires que Septimius Seuerus, & ses enfans ont commencé à Ausbourg, & continué vers les Alpes: comme on voit par l'ordre & les nombres desdites colonnes. I'en ay trouué quatre dans les Inscriptions de Gruterus, la premiere desquelles, finit par ces mots:

> VIAS. ET. PONTES. REST. AB. AVG.
> M. P. XXXIIII.

La seconde.

> VIAS. ET. PONTES. REST. AB. AVG.
> M. P. XXXXI.

La troisiesme.

> VIAS. ET. PONTES. REST. AB. AVG.
> M. P. XXXXII.

La quatriesme.

> VIAS. ET. PONTES. REST. AB. AVG.
> M. P. CX.

Que si nous interpretons la fin de la derniere, disant, que ces Empereurs ont faict cent dix mil pas d'ouurage, à cōmencer d'Ausbourg: En vain auront esté faictes les trois autres, qui sont marquees de nombres beaucoup moindres, n'y ayant point de doubte, que celuy qui a faict le plus, n'ayt faict le moins.

Que reste-il doncques à conclure, sinon que ces nombres, & tous autres semblables, denotent & signifient la quantiesme colonne est celle, sur laquelle ils sont inscrits: & non pas vne longueur, estendue ou continuation d'ouurage. Et partant la premiere enseigne, que d'Ausbourg au lieu de son siege, il y auoit xxxii. mil: la seconde, quarante & vn: la troisiesme, quarante deux: & la quatriesme, cent dix mil. Et comme il s'est rencontré que de ces quatre colonnes les deux du milieu s'entresuiuent immediatement & sans interruption, qui sont la 41. & la 42, Il est certain, que si nous voyons l'ouurage aussi entier qu'il estoit du temps de ceux qui en sont les auteurs, nous trouuerions tous les autres se continuer d'vn ordre perpetuel, & non interrompu, de la premiere colonne à la derniere: & ne verrions pas ces baillemens, qui sont de la 32. à la 41. ny de la 42. à la 110.

8. Au reste, cela est conforme aux anciens & nouueaux Auteurs qui ont escrit de l'assiette des colonnes miliaires: specialement à ce que Plutarque dict de l'inuention de les poser sur les grands Chemins: tesmoignant que C. Gracchus plantoit au bout de chacun mil vne pierre inscripte de sa propre distance, à quoy se conforment les vers ja cy dessus employez de Rutilius Gallicanus.

Interualla viæ fessis præstare videtur,
Qui notat inscriptus millia macra lapis.

Ce qu'Andreas Resendius nous confirme apres ces anciens Auteurs, disant: *Millia passuum erectæ columnæ distinguebant, cum inscriptionibus eorum qui eas fecerant.* Puis il adiouste, *Inde illa formula vulgatissima, septimo ab Vrbe lapide, ad primum ab Vrbe lapidem,* & autres semblables, qui denotent non vne estendue continuelle de chemin, mais vn ordre certain qu'vne colonne tient en la suitte, & au rang des autres.

DES INTERVALLES OBSERVEZ EN
l'assiette & position des colonnes miliaires.

CHAPITRE XLII.

1. *D'où est nee la seconde question sur l'assiette des colonnes miliaires.*
2. *L'Itineraire d'Antonius ne se sert que de trois sortes de distance.*
3. *En quels endroicts principalement il se sert de Stades. Compartiment des chemins de la Grece.*
4. *Qu'en la Gaule deça le Rhosne & la Garonne, les colonnes miliaires estoient assises par lieües Gauloises*

5. *Que les colonnes miliaires en Espagne estoient posées selon la lieüe d'Espagne.*
6. *Different entre certains Auteurs, sur la longueur de la lieüe d'Espagne.*
7. *Conclusion sur la distance obseruee en la position des colonnes miliaires, tant en Italie que par les Prouinces.*

1. **R**ESTE la seconde question, à sçauoir, si les colonnes miliaires estoient plantées par tout auec vne mesme distance, & pareil interuale: ou bien si en quelques Prouinces elles estoient plus esloignees l'vne de l'autre qu'en Italie. Ce qui donne cause à cette question, est la diuersité des mesures qui se trouuent par les Prouinces dudit Empire: ayant appris cy dessus par le tesmoignage de sainct Hierosme, que les Ægyptiens mesuroient leurs chemins par Scœnes, les Grecs par Stades, les Romains par mil, & les Gaulois par lieuës: que nous auons veu estre mesures toutes differentes, & en des terres qui faisoient partie de l'Empire. Et partant, la question va là, de sçauoir, si les Romains en la position de leurs colonnes miliaires, ont marqué les interuales des chemins en Egypte, par Scœnes: en la Grece, par Stades, & en la Gaule par lieuës, comme il les ont departis par mil en Italie. En sorte que chacune Prouince ayt eu les colonnes de ses grands Chemins assises selon ses propres mesures.

2. L'Itineraire d'Antonin nous peut bailler quelque ouuerture pour entrer en la cognoissance de la verité sur cette question. Car comme ainsi soit, qu'il ne manque iamais d'assigner les distances d'entre les Citez, Mansions & Mutations: il est apparant, que pour ce faire, il s'est seruy de trois sortes de mesures: sçauoir est, de Stades, de mil, & de lieuës: De la differéce & longueur desquelles, nous auons amplement traicté au liure precedent. Quant aux Scœnes, s'il les eust pris quelque part pour mesure, c'eust esté sans doubte en la description des grands Chemins d'Ægypte, à laquelle cette mesure est propre: mais on voit qu'il ne s'en est aucunement seruy, nous ayant donné les distances des places d'Ægypte par mil seulement. Et de là, peut-on colliger que les colonnes des grands Chemins d'Ægypte n'ont esté autrement plantees que de mil en mil.

3. Quant aux grands Chemins de la Grece, encore que le Stade semble estre leur propre mesure, si est-ce que l'Itineraire ne les partage autrement que par mil Italics. Que si les Romains qui les ont faicts, les eussent partagé par Stades, ils eussent esté astreints de poser sur iceux huict colonnes pour vne. Et partant, pour espargner le temps & la despense, ils y ont assis leurs colonnes de huict Stades en huict Stades, qui est le mil Italic. Vray est, que l'Itineraire s'est seruy de Stade en quelques endroicts pour mesurer des distances qui appartiennent à la Grece, mais bien rarement: & seulement pour designer la largeur de quelque trajects de mer qui la separent d'Italie. Encores les nombres des Stades sont ils du

tout corrompus, & nullement conuenables aux distances qui se trouuent d'vn riuage à l'autre : comme en la page 72. *A Brundisio traiectus Dyrrachium vsque Stad. num.* I. CCCC. Au lieu desquels nombres il faut restablir *Stad.* M. DCCC. selon Strabo, au 6. de sa Geographie : où il dict, qu'il y auoit trois trajects d'Italie en la Grece: Sçauoir de Tarente, de Brindes, & de Rhege. En la page 74. dudit Itineraire.

Item à Brundisio siue ab Hydrunte traiectus Aulonem Stad. num. I.
En la page suiuante,
Item recto Itinere ab Hydrunte Aulonem, Stad. I.

Où il n'y a point de doubte, qu'il n'y ayt faute aux nombres. Car encore que Pline ayt escrit, que le traject d'Otrante en la Grece soit plus court que de Brindes : si est-ce qu'il a plus d'vn Stade de largeur : Et de faict, il se trouue trois anciens Itineraires manuscrits, au raport de Surita, qui font ce traict d'Otrante à Aulone de mil Stades: come on peut voir en la page 480. de son Cōmentaire. Voila pour ce qui est de quelques riuages de la Grece, où l'Itineraire s'est seruy de Stades : come il a faict mesme és traicts de la Thrace en Asie, & de la Gaule en Angleterre : Mais quant aux endroicts mediteranez de la Grece, il se sert perpetuellement de mil & non de Stades : d'où nous pouuons colliger, que par tout les colonnes des grands Chemins y estoient comparties par mil.

4. Pour ce qui touche la Gaule, il n'en est pas de mesme : car comme la lieuë estoit la mesure propre des chemins au deça du Rhosne & de la Garonne, l'Itineraire a mis en œuure l'vne & l'autre mesure, quelquefois separément, & quelquefois tout ensemble, ainsi que nous auōs discouru en autre endroict. Quant à ce qui est du costé du Rhosne, nous auons le tesmoignage d'Ammian Marcellin, & de la charte de Peutinger, qu'aussi tost que l'on auoit passé la ville de Lyon, assise sur ledit fleuue, pour venir en deça, on ne mesuroit plus les distances des chemins par mil, mais par lieuës. Dauantage, nous auons encore appris dudit auteur, & de Iornandes, que la lieüe Gauloise auoit vn mil & demy en son estendue.

De l'autorité de ces deux historiens ioincts à l'Itineraire, nous pouuons colliger, qu'en la Gaule de deça le Rhosne les colomnes miliaires estoient assises par lieuës, & non par mil. Et de faict, Camdenus appuyé sur l'autorité de Iornandes, n'a point douté de l'asseurer ainsi, & de dire, qu'en la Gaule les distances des chemins estoient marquees de quinze cens pas en quinze cens pas. Et d'autant qu'en sa langue de la grand Bretaigne, qui eut autrefois grande conformité auec l'antique Gauloise, *Leach* signifie iusques à present vne pierre, il laisse à penser aux François, si le mot de Lieüe

n'auroit

DE L'EMPIRE, LIV. IIII.

n'auroit point esté faict par les Auteurs Latins de *Leach*, à cause que dans la Gaule les chemins estoient marquez par pierres à la distance desusdicte. Voicy donc comme cet Auteur en parle. *Cum lapides ad viarum interualla singulis mille quingentis passibus in Gallia olim euierentur, atque leuca Gallica, vt habet Iornandes, tot passus contineat, & Leach lapidem Britannicè significet, dixerint eruditi Galli, si Leuca non inde nomen inuenerit.* Pour ce qui touche la part de la Garonne, nous en auons vn tesmoignage bien exprés dans l'Itineraire antique de Bordeaux en Hierusalem, qui ayde grandement la coniecture de Camdenus. Car comme ainsi soit, que de Bordeaux à Thoulouse, assise la Garonne, le chemin y est mesuré & comparty par lieuës, & de là en auant par mille : Il faut bien dire, que lesdites lieuës y estoient marquees, & designees par pierres au deça de la Garonne, & par mille au delà, puis qu'il se sert de mots adiectifs numeraires, souz lesquels le mot de *Lapis* est entendu. Car tout ainsi qu'aprés auoir passé la ville de Thoulouse, il se sert de ces mots : *ad nonum, ad Vicesimum*, pour marquer les miles dans la Gaule Narbonnoise : aussi faict-il en l'Aquitaine, où les chemins estoient mesurez par lieuës : ce qu'il faict en la maniere qui s'ensuit :

Ciuitas.	Auscius.		Leugæ VIII.
Mutatio.	Ad Sextum.	L.	VI.

Souz lequel mot *Sextum*, on ne peut entendre autre chose que *lapidem*. Et partant c'estoit par pierres disposees de lieuë en lieuë, que les chemins estoient compartis en cet endroict. D'où nous pouuons tirer en consequence, qu'au reste de la Gaule Aquitaine, Celtique, & Belgique : les chemins estoient mesurez tout de mesme. Ce qui a excité l'auteur de l'Itineraire, à ioindre en plusieurs endroicts les lieuës auec les milés chemins de la Gaule.

5. Ie trouue toutes ces raisons, d'autant plus fortes & concluantes, comme ie voy des auteurs qui ont escrit, qu'en Espagne mesme, où la lieuë n'estoit pas si propre qu'en la Gaule, les colonnes des grands Chemins estoient assises de lieuë en lieuë, & non pas de mil en mil. Ce qui se preuue par celles qui restent encores sur leurs pieds en plusieurs endroicts dudit pays. Que si nous en auions autant de reste en France, Il nous seroit facile de nous en asseurer par les mesures. Or qu'en Espagne il y ayt des chemins encore garnis de leurs colonnes, Andreas Resendius, qui en a faict vne recherche exacte, nous en donne ce tesmoignage, parlant du grand Chemin d'Ebora, à Badaios : *Ab vrbe*

autem Ebora Pacem vsque Iuliam, etiam apparent stratæ viæ vestigia. Columnæ extant multis in locis partim adhuc erectæ, partim collapsæ, fractæ, & terra opertæ. C'est à dire, de la ville d'Ebora, iusques à Badajos ou Beja, paroissent encore les vestiges d'vne voye pauee de la façon des Romains. Les colonnes s'y voyent encore debout en plusieurs endroicts. En autres, elles sont renuersees & couuertes de terre. Voila donc des colonnes encore sur leur pieds en Espagne.

Or est-il que les mesures prises entre l'vne & l'autre, ont faict apparoir, que ce n'estoit pas de mil en mil, mais de lieuë en lieuë, qu'elles auoient esté plantees: encores que les Inscriptions ne laissent pas de mesurer les chemins de ladite Prouince par mil, *Pag. 95. &* & en quelques endroicts par Stades. Et de faict, les Espagnols, *96.* au raport de Surita, ont emprunté desdites colonnes le mot de *Migeria,* duquel ils se seruent pour signifier vn mil, à cause que esdites colonnes le mot de mil ou miliaire estoit graué par tout. *In præfat.* *Milliarium nomen,* dict-il, *ex ipsis columnis desumptum in vulgus ver-* *ad Itiner.* *naculo vocabulo dimanauit. Migerijs enim, quos vocat, id est milliarijs,* *Anton.* *haud secus atque leugis, spatiorum dimensiones designare illa sæcula in Hispania* *consueuere.*

6. Mais il y a de la difficulté, à sçauoir, combien de mil ou migeries, pour vser du mot Espagnol, sont comprises en la lieuë d'Espagne: d'autant que ceux qui en ont escrit n'en sont pas bien d'accord ensemble. Car Alphonse Roy de Castille, au second volume de ses loix, que ceux du pays appellent *Partitam,* ne faict la lieuë d'Espagne que de trois mil. Surita allegue le tiltre & la loy dudit volume, où ladite lieuë est reglee ainsi qu'il sensuit: *Legum certè volumine secundo (Partitam vulgo nominant) titulo XVI.* *lege III. leugam tribus migerijs constare docet Alfonsus Rex Castellæ. Terna-* *namque passuum millia singulis leugis tribuit.*

Toutefois il y a de bons Auteurs qui asseurent, que la lieuë d'Espagne est de quatre mil, & non pas de trois: entre autres, Ianus Gruterus Allemand de nation, mais qui a long temps frequenté en Espagne, auec vne curiosité particuliere de ce qui touche le faict des grands Chemins du pays, faict la lieuë d'Espagne de quatre mil Italiques: & dict que cela s'est ainsi trouué par les mesures que l'on a faict de plusieurs colonnes à d'autres leur voisines, lesquelles n'ont esté assises sur lesdits chemins que de quatre mil en quatre mil, qui composent la lieuë Espagnole. *Ex columnarum Hispanicarum distantijs compertum est* (dict-il) *sp...am ab* *Hispanis leucam appellatum, passuum non tribus, vt vulgo etiam docti opi-* *Grut. 156.1.* *nantur, sed quatuor milliaribus, seu passuum millibus constare.* Andreas Resendius en faict le mesme iugement: C'est à l'endroict où examinant l'Itineraire d'Antonin, sur le grand Chemin qui va de Lisbone à Medine, il dict, *Corruptos esse hos numeros hinc apparet: Nam recto istac Itinere ab Olysippone Emeritam, numeramus tres & quinquaginta Leucas. Eæ conficiunt ducenta duodecim millia passuum.* On voit par ces nombres, que cinquante trois lieües d'Espagne, font deux cens douze mil Italiques, qui sont notoirement quatre mil pour lieüe.

Pag. 94. Itinerar. Lib. de Antiquit. Lusitanie.

7. Que si nous nous arrestons à ceste opinion derniere, fondee sur les mesures qui en ont esté prises, & qui sont tousiours certaines & veritables: Nous pouuons conclure auec asseurance, que sur les grands Chemins d'Espagne, les colonnes miliaires n'estoient pas assises de mil en mil, mais de lieüe en lieüe. Et puis qu'il falloit quatre mil pour vne lieüe du pays, il y auoit donc tousiours trois mil qui demeuroient vuides de colonne, pour vn qui estoit remply. Ce qui ne faisoit neantmoins aucun tort ne preiudice à la mesure des mil, puis que chacune pierre en mesuroit quatre: & que par ce moyen le nombre en pouuoit tousiours estre sceu. C'est tout ce que i'ay peu sçauoir de l'assiette des colonnes miliaires & varieté de leur distances, estimant que hors la Gaule & l'Espagne, elles estoient disposees de mil en mil, aussi bien par les Prouinces que par l'Italie, puis que l'antiquité ne nous donne autre diuersité de mesures.

DES STATVES DE MERCVRE QVI SE
trouuoient sur les grands Chemins, & des Dieux qui presidoient sur iceux.

CHAP. XLIII.

1. *Superstition des Grecs & Romains en colonnes dressees sur les grands Chemins.*
2. *En quels endroicts ces colonnes estoient assises.*
3. *De la matiere & de la forme de telles colonnes ou pilastres.*
4. *Coustume des Atheniës de poser les testes de quelques Dieux, Deesses, & hommes illustres sur des termes.*
5. *Pourquoy les Payens dressoient ces pilastres à Mercure par les grands Chemins.*
6. *Que ces Hermes estoient fort grossiers en leur taille, n'ayant ne bras ne iambe.*
7. *Pourquoy les anciens dressoient des amas de pierres sur les grands Chemins à l'honneur de Mercure.*
8. *Hercule mis au rang des Dieux tu-*

telaires des grands Chemins.
9. De quels noms les anciens appolloient les amas de pierres faicts sur les chemins à l'honneur de leurs Dieux.
10. Pourquoy Mercure & Hercule estimez dieux presidans sur les chemins.
11. D'où vient le mot Hercules

Saxanus.
12. Apollon dict ἀγυιεύς, & mis au rang des dieux gardiēs des chemins.
13. Medaille d'Auguste à ce propos, & interpretation de sa deuise.
14. Bacchus entre les dieux tutelaires des chemins.
15. Pierres appoinctees, representant Apollon & Bacchus.

1. OILA les grands Chemins de l'Empire de Rome munis & fortifiez par industrie humaine, de tout ce qui les pouuoit rendre vtiles, cómodes, & agreables aux passans : Mais comme il n'y eust oncques nation si sauuage & si barbare, qui n'ayt eu l'esprit imbu de la croyāce de quelque diuinité, les Grecs & les Romains qui adoroient tant de sortes de dieux, ont voulu pouruoir à la seureté de leurs voyages, en posant sur les grands Chemins quelques figures des Dieux, qu'ils croyoiēt presider sur iceux : estimans que ceux qui vouloient heureusement voyager, deuoient estre assistez de l'ayde & faueur diuine. Ces deux nations doncques superstitieuses au possible, dressoient certaines colonnes: ou pour mieux dire, certains pilastres, sur les grands Chemins, tant pauez à la mode Romaine, que non pauez: esquels ils figuroient les images de Mercure, d'Apollon, de Bacchus, & d'Hercules: lesquels à leur opinion estoient Θεοὶ ὁδιοι, que Plaute appelle. Lares viales, & Varro Viaces : comme qui diroit les dieux des chemins : & les honoroient comme ceux, ausquels ils auoient recours en leurs necessitez en faisant quelques voyages.

2. Ces colonnes estoient assises, non de mil en mil, ny par interualles égaux, ainsi que les colonnes miliaires : mais seulement és endroicts doubteux & ambigus : ἐν ταῖς ἰδίαις ταῖς ὁδίοις, cōme Damascius parle dans Suidas, tels que sont les endroicts, où se rencontrent trois ou quatre chemins: In triuijs vel quadriuijs: Car il arriue souuent que les voyageans y estās paruenus, demeurent en doubte lequel ils doiuent choisir : que s'ils faillent au choix, l'erreur qui est bien petit au commencement, se faict grand à la fin. On les posoit bien souuent és endroicts des grands Chemins, qui faisoient separation des terroirs, Seigneuries, & Iurisdictions. Et ainsi elles estoient souuent prises pour bornes ou limites, que les Latins appellent Termines.

3. La matiere de ces pilastres estoit bois, ou pierre, à la fantaisie de ceux qui les faisoient dresser: d'où viennent ces mots d'Ouide,

>Termine, siue lapis, siue es defossus in agro
>Stipes.

2. Fastor.

A quoy Tibule se conforme en ces vers,
>Nam veneror, seu stipes habet desertus in agris,
>Seu vetus in triuio florea serta lapis.

Lib. 1. eleg. 1

Et quant à la forme, ces Pilastres n'estoient pas arondis, comme sont les colonnes en architecture, mais estoient ordinairement quarrees: & auoient des Inscriptions, qui aduertissoient les passans des principales citez où chacun chemin conduisoit. Ces Inscriptions occupoient le bras & corps desdits pilastres, lesquels finissoient par hault en quelque figure de Dieux gardiens & protecteurs des chemins. Vlpian Scholiaste de Demosthene nous represente, & la matiere, & la forme de tels Pilastres en ces mots: ξύλα ἢ λίθοι τετράγωνοι ὅσοι, ἔχοντες ὄψιν ἑρμοῦ ἐπάνω· κάτω δ᾽ ἐν τῷ πλάτει τὰ ἐπιγράμματα. c'est à dire, que c'estoit bois ou pierre taillee à quatre coins, ayant au dessus vn visage de Mercure: & au dessous dans la face vnie du pilastre, des Inscriptions ou aduertissemens aux passans. L'Interprete d'Homere rend raison de cette figure tetragone quád il dit: Ἑρμῆς ὁ Διὸς καὶ Μαίας τῆς Ἀτλαντος παῖς, ἕως ὢν ἐν ἀνθρώποις τέσσαρα μέγιστα εὗρεν, γράμματα, καὶ μουσικὴν, καὶ παλαίστραν, καὶ γεωμετρίαν. ἰδεῖν καὶ τοὺς Ἕλληνας παράγουσιν αὐτὸν ὀκτάγωνον, καὶ ὅπως ἐν ταῖς γυμνασίοις αἰσθῆναι. C'est à dire, Mercure fils de Iupiter & de Maia fille d'Atlas, pendant qu'il habitoit auec les hommes, a inuenté quatre choses grandement vtiles, les lettres, la Musique, la Luitte, & la Geometrie: à cause dequoy les Grecs le representent de figure quarree: & tel ils le dedient és lieux des exercices publics.

4. Les Atheniens entr'autres, auoient ceste coustume de dresser des Hermes quarrez aux hommes sçauans & vertueux, auec des Inscriptions en grosses lettres quarrees, pour representer la fermeté & solidité de la Vertu. D'où vient que chez eux, vn homme de bien estoit signifié par ce nom, τετράγωνος ἀνὴρ: c'est à dire, homme quarré: estimans que la figure quarreé estoit la plus parfaicte de toutes.

Sur la plus haute partie de ces Hermes, lesdits Atheniens posoient les testes de quelqu'autre Dieu, Deesse, ou homme illustre. Si c'estoit la teste d'Hercule, le Pilastre se nommoit *Hermeracla*: Si de Minerue, *Hermathena*: Et en faisoient de mesme és Hermes erigez aux hommes vertueux, dont la ville d'Athene estoit toute arsemee. Tel fut le Pilastre ou l'Herme de Miltiade, qui portoit

Ioānes Faber Cōment. in imagines illustrium.

Zzzz iij

ces lettres quarrees engrauees d'vne part.

ΜΙΛΤΙΑΔΗΣ ΚΙΜΩΝΟΣ ΑΘΗΝΑΙΟΣ.

Et ces vers d'autre part.

ΠΑΝΤΕΣ ΜΙΛΤΙΑΔΗ ΤΑΛΑΡΗΙΑ ΕΡΓΑΙΣΑΣΙΝ
ΠΕΡΣΑΕ ΚΑΙ ΜΑΡΑΘΩΝ CHC ΑΡΕΤΗC ΤΕΜΕΝΟC.

Depuis ce Pilastre ayant esté transporté à Rome auec autres de mesme espece, ces vers Latins y furent encore grauez.

QVI PERSAS BELLO VICIT MARATHONIS IN ARVIS,
CIVIBVS INGRATIS ET PATRIA INTERIIT.

Tel estoit encore l'Herme d'Andocides, fils de Leogoras, tres-disert Orateur Athenien, lequel seul Alcibiade espargna, lors que par vne legereté d'esprit il abatit les testes à tous les Hermes d'Athene en vne seule nuict. Comme Plutarque raconte apres Cornelius Nepos.

Plutar. in Alcibiade.

5. Mais pour retourner à nos Pilastres des champs, c'estoit principalement à Mercure que les anciens les dressoient par les chemins : au lieu desquels les Chrestiens, instruicts en meilleure escole, ont planté & substitué des croix. Les Payens, qui ne iugeoient de la diuinité que par ombrages, dressoint ces Pilastres à Mercure, pour la croyance qu'ils auoient, qu'il estoit le Dieu tutelaire des grands Chemins, & conseruateur des bornes & limites de chacun terroir. Dequoy Lactance Firmian nous donne ce tesmoignage parlant de Mercure : *Et huic ergo publicè supplicabatur, quasi custodi finium Deo : qui non tantùm lapis, sed etiam stipes interdum est.* c'est à dire, que l'on faisoit publiquement des prieres à Mercure, comme au gardien & protecteur des limites : qui n'estoit pas seulement representé en pierre, mais aussi en quelque tronc d'arbre. Et sçauons par le rapport de Thucidide & d'autres, que les anciens ne pensoient pas heureusement se mettre en chemin pour commencer vn voyage s'ils n'auoient salué le Dieu Mercure, comme celuy qui preside sur les chemins. Tout de mesme que l'on voit dans *Petronius Arbiter,* quelques personnes qui deuoient s'embarquer, faire des prieres aux astres qu'ils estimoient dominer sur les eaux, auant que de monter dans les nauires.

Lib. 1. c. 20.

6. Mais pour retourner à nos effigies de Mercure, elles estoient si lourdes, si informes, & si grossieres, qu'elles n'auoient ne bras ne jambes : ains estoient faictes iusques à la poitrine seulemēt, le tronc de leurs corps se confondant auec le stile ou verge de la colonne. Et s'en trouuoit plusieurs que certains villageois auoient faits à coups de haches, sans art ny industrie quelconque : d'où vient ce vers de Virgile, *In Culice,*

Illi falce Deus colitur, non arte politus.

A raison de cette forme grossiere, les anciens comparoient à ces statuës informes, les hommes lourdauts & hebetez, & qui ressemblent à des masses de chair, sans esprit ny entendement, tesmoin ce vers de Iuuenal.

Nil nisi Cecropides, truncoque simillimus Hermæ. ↦ *Iuuenalis Saty. 8.*

Bref ces Hermes ressembloient aux premieres Statues que l'on faisoit sans bras & sans pieds : iusques à ce que Dedalus y ayant adiousté pieds & mains, il courut vn bruit, que les Statuës de Dedale auoient branlé & mouuement, comme Tzetzes escrit en sa premiere Chiliade. De là est venu que toutes les Statuës informes & grossieres ont esté appellees par les Grecs & les Latins *Hermæ*, c'est à dire des Mercures, telles que sont celles qui ne sont figurees que iusques à la poitrine, sans bras ne iambe, que vulgairement on appelle des Termes. Ce nom s'estant mesme estendu iusques aux petits Monts de pierres, que les passans amassoient autour des Pilastres dessusdits : ainsi que nous apprenons du mesme auteur. ↦ *Chiliade 12.*

Ἑρμῆς καὶ σύμπας ἀνδριας, καὶ ὁ σωρὸς τῶν λίθων.

C'est à dire, que l'on appelle Herme toute statuë & amas de pierre. Ce qu'il faut entendre de ceux principalement, sur lesquels on posoit expres vne grosse pierre arrondie, pour representer la teste de Mercure.

7. Car c'est encore chose remarquable, qu'és endroicts où ces colonnes estoient dressées, les passans prenoient des pierres, & par forme d'honneur & de veneration les portoient au pied desdictes colonnes, comme les consacrant à Mercure. Ces pierres sont appellees par le Scholiaste de Nicander, λίθοι σεσωρευμένοι εἰς τιμὴν τοῦ Ἑρμοῦ. Pierres assemblees à l'honneur de Mercure. Et dans vn Epigramme d'Anytas, est introduit vn de ces monts ou amas de pierres parlant ainsi,

Ἱερὸν Ἑρμείη με διαστείχοντες ἔχευαν
Ἄνθρωποι λίθινον σωρόν.

Qui vaut autant à dire en nostre langue : les hommes qui ont pris leur chemin pres de moy, m'ont fait vn amas de pierres consacré à Mercure. Hesichius à ce propos dit, que ce que l'on appelle Comble ou amas Mercurial, n'est autre chose que l'assemblage des pierres faict par les passans au milieu des chemins en l'honneur de Mercure, comme estant l'vn des Dieux qui preside sur les chemins. Ἑρμαῖος λόφος, dit-il, τοῖς σωροῖς τῶν λίθων ἑρμοῦ τοῖς ἐν ταῖς ὁδοῖς γινομένοις εἰς τιμὴν θεοῦ. ἐνόδιος β. Où le mot ἐνόδιος, est cela mesme, que les Latins appellent *Deum Vialem, id est, Viæ præsidem* : Tel que nos vieux peres Gaulois croyoient estre Mercure, au rapport de Iules Cesar, qui ↦ *Lib. 6. Commen. de bello Gallico.*

nous tesmoigne, que de son temps les Gaulois estoient fort addonnez à l'adoration des Dieux: Mais que sur tous ils adoroient Mercure, & qu'ils le recognoissoient *Viarum atque Itinerum ducem*: conformement à ce que les Grecs & les Romains croyoient: lesquels comme dit Phornutus, ἱερωται ἢ καὶ ἐν ταῖς ὁδοῖς, καὶ ἐνόδιος λέγεται, καὶ ἡγεμόνιος, ὡς ἂν τῆς εἰς πᾶσαν πρᾶξιν ἡγεμὼν χρείας. Le colloquerent sur les chemins, comme celuy qui y preside: & qui est le conducteur des passans, afin qu'ils se seruent de luy en la conduite de toutes leurs affaires.

8. Mais que dirons nous de quelques autres Dieux, que l'antiquité a creu presider sur les bornes & chemins? Certes ie trouue qu'Hercules en est l'vn des premiers, & qu'à son honneur, aussi bien qu'à celuy de Mercure, on faisoit des monceaux de pierres. Mercure mesme ne luy enuie pas cet honneur. Car voicy comme Leonidas l'introduit parlant en vn sien Epigramme.

Lib. i. Florileg.

Ὦ τοὶ δὲ πέμπετε ἐμπορικοὶ, οἵ τε κατ' ἀγροὺς
Δεμύθω, οἵ τ' ἐπ' ἀγροὺ ταῦτα κατ' ἄστυ πόλιν,
Ἀμφὶς ὅρων φύλακες, διττοί· ἐγὼ μὲν Ἑρμῆς,
Οὑτοσί δε, ὅδ' ἀνὴρ Ἡρακλῆς.

Cela signifie: O vous qui de la ville vous hastez d'aller aux champs par cette voye, ou bien qui des champs retournez en la ville, nous voicy deux gardiens de bornes: dont l'vn est Mercure, tel que vous me voyez. Et quant à l'autre c'est Hercules.

9. Où il faut remarquer, que ces bornes en plusieurs endroits estoient faicts d'vn amas de pierres, tout semblable à ceux que l'on esleuoit sous les Hermes ou Statuës de Mercure: & auoient tels amas, en qualité de bornes, le nom de Scorpions: ainsi que *Siculus Flaccus* nous le tesmoigne, parlant de la diuersité des bornes dont on se seruoit de son temps & deuant. Les champs, dit-il, sont bornez & terminez par arbres, tertres, buissons, ou espines, chemins, ruisseaux, & fossez. En quelques regions on plante des pieux pour bornes: Puis il adiouste: *Alij congeries lapidum pro terminis obseruant, & Scorpiones vocant.* C'est à dire, les autres prennent pour bornes certains amas de pierre, & les appellent des Scorpions. Les autres les nomment *Scotiones, Scopiones* ou *Scorophiones*: & Frontinus *Corrosiones*, en son liuret *de Coloniis*.

Lib. de Conditionibus agrorum.

10. Or n'est-ce pas merueille si les anciens ont tenu Mercure & Hercule pour Dieux tutelaires des chemins: veu qu'ils ont feint, que l'vn & l'autre a couru toutes les terres & les mers de l'vniuers: l'vn comme Messager des Dieux, & l'autre comme dompteur des Monstres de son temps, qui se sont trouuez par toutes les regions du monde. Et pour dire vn mot d'Hercule en particulier: Denys

lier, Denys de Halicarnasse a laissé par escrit, qu'il a fondé des villes en des regions desertes, destourné le cours des riuieres qui inondoient les campagnes, ouuert des chemins nouueaux à trauers les monts, en tranchant les rochers, & fait plusieurs autres choses qu'il estimoit estre au profit commun des hommes.

11. Et ne sçay si ce n'est point pour auoir entamé les rochers, qu'il auroit eu le nom de *Saxanus*, qui est en vne Inscription qui se trouue à Tiuoly: ou bien à cause qu'on luy faisoit des amas de pierres, comme par offrande: ou si l'origine de ce surnom ne luy viendroit point des pierres que son pere Iupiter enuoya du Ciel comme vne pluye, afin qu'elles luy seruissent d'armes pour se defendre contre les Liguriens, qui le vouloient opprimer: ainsi que raconte Æschylus en son Promethee, & Strabo au 4. de sa Geographie: ou bien à raison des pierres ou petits cailloux noirs, iettez dans vne Vrne au procés que l'on faisoit criminellement à Micilus, lequel ayant fait vœu à Hercule se trouuerent tous blancs en les tirant dehors: comme Ouide escrit au 15. de ses Metamorphoses.

12. Mais Apollon n'est-il pas entre les Dieux, que la superstition Payenne croyoit presider sur les bornes,& les chemins. Premierement nous sçauons par le tesmoignage de Macrobe, que parmy les Grecs il auoit le surnom de Ἀγυιεύς, c'est à dire, *Viarū Præses*: Et par celuy de Pausanias, & de Phurnutus, qu'on luy dressoit des colonnes quarrees, & des simulacres par les chemins, tous semblables à ceux de Mercure. Phurnutus nous le tesmoigne, quand il dit: Ἀγυιεὺς ἐπονομάζεται ἱδρυθεὶς ἐν ταῖς ἀγυιαῖς, κατὰ γᾶς ταύτας, καὶ παρὰ ταῖς οἰκίαις. C'est à dire, Apollon est surnommé Ἀγυιεὺς, à cause qu'on luy dresse des Statuës au milieu des chemins. Car en se leuant, il les frappe de ses rayons, & les remplit de lumiere.

13. Nous pouuons encor tirer vn argument de cecy, de l'vne des medailles d'Auguste, qui se vantoit ambicieusement d'estre fils d'Apollon. Et qui pour en donner couuertement quelque impression aux hommes, fit representer au reuers de ladicte Medaille vn terme, finissant en hault par vne teste toute enuironnee de rayons, trauersé par le pied de la figure d'vn foudre, & par le milieu de ces mots σπεῦδε βραδέως: Haste toy lentement. D'autant que le Dieu Terminus ne peut estre remué de sa place, lors que Tarquinius Priscus le voulut transporter auec les autres, pour faire les fondemens du Tēple de Iupiter Capitolin: cōme raconte Denys de Halicarnasse: & le foudre au contraire, surpasse toutes choses en promptitude de mouuement: l'immobilité de l'vn & la vistesse de l'autre ayant donné occasion à Auguste d'en accommo-

der sa deuise, pour luy seruir de temperament en ses actions.

14. Il ne reste plus qu'à dire vn mot de Bacchus: car on l'a creu presider sur les chemins aussi bien que les autres. Suidas escrit que les anciens plantoient certains bouquets de pierre pres de l'entree de leurs maisons, qui estoient ronds, & larges par embas: & qui venoient à s'amoindrir à mesure qu'elles s'esleuoiét en hauteur: qu'on les appelloit ἀγυιεύς, du mesme mot que l'on surnommoit Apollo: & que quelques-vns tenoient, que telles pierres estoient consacrees audit Apollon: les autres à Bacchus, & les autres à tous les deux ensemble: Ἀγυιεὺς δὲ ὅτι κίων εἰς ὀξὺ λήγων. ἵσταται πρὸ τῶν θυρῶν. ἰδίως δὲ οἱ ἀγυιεῖς Ἀπόλλωνος, οἱ δὲ Διονύσου, οἱ δὲ ἀμφοῖν.

15. Ces pierres ressembloient fort bien au simulacre du Soleil, que les Pheniciens appelloient *Heliogabalus*. Car Herodian dit, que ce n'estoit autre chose, *Quam ingens saxum ab imo rotundam, & sensim fastigatum, ad Coni propemodum formam*. Ores que les anciens estimassent ces pierres estre consacrees à Bacchus: il en apparoit en cela, que Bacchus a fait des voyages longs & continuels par toute la terre, estant le premier qui en voyageant est paruenu iusques aux Indes, où il a basty quelques villes de son nom. Et dans les liures de ceux qui ont fait des recueils de vieilles pieces antiques, il se trouue des Pilastres quarrez, chargez de la teste de Bacchus ou de ses compagnons, tels que sont les Pans, Faunes, Sylenes & Syluains. D'où vient qu'Horace donne à Syluanus le nom de *Tutor finium*: & que le mesme Suidas escrit, que l'on colloquoit des Images de Bacchus à l'issuë des huis ou portes des maisons, lesquelles issuës sont les premiers bouts & commencemens des chemins.

Lib. 5.

In verbo ἀγυιεύς.

16. Tels estoient doncques les Pilastres que la superstition payenne a planté par endroicts sur les Voyes publiques: lesquels n'y estoient pas inutiles, puis qu'ils seruoient à monstrer le chemin aux passans. Et d'ailleurs leur apportoient quelque plaisir pour la diuersité & antiquité de ceste vieille ceremonie, par laquelle ils estoient aduertis d'attendre de la part de Dieu la prosperité de leur voyage. Mais on me pourra demander, si sur les grands chemins de l'Empire se rencontroient aucuns de tels pilastres parmy les colonnes miliaires: A quoy ie responds, que plusieurs se trouuoient sur iceux, non seulement en Italie, mais aussi par les prouinces: estant chose commune à la pluspart des nations, de venerer en ceste sorte les Dieux sus-mentionnez.

Le docte Camdenus nous en donne ce tesmoignage, parlant de Mercure: *Eius statuae quadratae, Hermedictae, olim vbique pro viis expositae fuerunt*. Mais outre les auctoritez que nous auons produit, voicy vne Inscription antique, extraicte de la ville de Zamora

In tractatu qui dicitur Germani in Britannia.

DE L'EMPIRE LIV. IIII.

Espagne, par Florianus Ocampius, & rapportée par Surita au commencement de ses Commentaires sur l'Itineraire d'Antonin, qui nous fait foy, que quelques Romains s'obligeoient par vœu d'en eriger à Mercure, auquel ils donnoient le nom de *Viacus*. Ie vous donne donc ceste Inscription pour derniere piece de ce discours.

```
       DEO MER.....
           VIACO.
       M. ATILIVS.
       SILONIS. F.
       QVIR. SILO.
       EX VOTO.
```

DES CHEMINS QVE LE PEVPLE ET les Empereurs de Rome ont faict par les eaux.

CHAPITRE XLIV.

1. *Ouurages faicts pour voyager sur les eaux possibles aux Romains seuls.*
2. *Deux sortes de chemins par les eaux, limitez & non limitez.*
3. *Trois sortes de chemins aquatiques limitez, qui se font sur les fleuues.*
4. *Pourquoy est commencé par le Tybre. Source & description de son cours.*
5. *En quel endroict il commence d'estre nauigable, & comme de tous costez il reçoit les marchandises estrangeres.*
6. *De quelques autres fleuues nauigables d'Italie & des prouinces. Nauigation prompte de Iulian l'Apostat sur le Danube.*

I. EN fin est expedié tout ce que nous auons iugé digne d'estre mis au iour sur le subiect des grands chemins, que le Peuple & les Empereurs de Rome ont fait sur terre. Reste pour la fin de ce liure, à dire vn mot de ceux qu'ils ont fait pour voyager sur les eaux. Ce que nous ferons le plus briefuement qu'il nous sera possible: & monstrerons qu'en ce gen-

Aaaaa ij

re d'ouurage les Romains ont fait des merueilles, qui ne pouuoient tomber en la pensee d'aucun autre peuple du monde: la grandeur de leurs moyens leur ayant suggeré des conceptions & entreprinses, qui rauissent iusques à present les hommes en admiration.

2. Pour ce faire il faut se ressouuenir de la diuision par nous mise en auant au Chapitre septiesme liure second de cet œuure, où suiuant le tesmoignage de Baptiste Albert, nous auons diuisé generalement les chemins en terrestres & aquatiques. Les terrestres donc estans expediez, il faut venir aux aquatiques, qui se subdiuisent en deux especes: dont l'vne est de ceux qui se terminent & restreignent dans certaines riues: l'autre de ceux qui ne se terminent point. De la premiere espece sont les fleues & canaux faicts de main d'homme pour porter batteaux, l'vn & l'autre assez estendus en longueur: mais resserrez entre les deux riues qui les costoyent. De la seconde espece est la mer, laquelle, ainsi que nous auons dit au lieu susmentionné, n'a ne fond ne riue: ains est diffuse au long & au large à perte de veuë. *Aquatica vero via* (dit cet auteur) *duplex: Vna quæ coerceri possit: vt flumen & fossa aquaria. Altera quod non possit, vt mare.* Et d'ailleurs, s'estendant vn peu plus au large, il dit: *Flumina præterea, & fossas aquarias, quæ præsertim ferendis nauigiis seruiant, cum viarum rationibus censendas puto. Quando inter vehiculorum genera nauim adscribentes non inficientur, tum & mare ipsum natura sui, quid erit aliud demum quam multo patens via?* C'est à dire, les fleuues & canaux nauigables doiuent estre mis au rang des chemins, attendu que les nauires & les batteaux sans aucun contredit, sont vrais instrumens de voicture. Et la mer mesme qu'est-elle autre chose, sinon vne voye d'vne tres-longue & tres-large ouuerture.

Li. 10. de re ædific. c. 8.

3. Mais laissons pour le present les voyages qui se font par mer, & qui n'ont point de limites certains: & commençons par les chemins aquatiques, qui sont bordez & limitez de part & d'autre. Quant à ceux-cy ie trouue qu'il y en a de trois sortes, dont la premiere depend de la nature: la seconde de l'art: & la troisiesme, de l'vne & de l'autre toute ensemble: De la nature dependent les grands fleuues: tels que sont en France la Seine, le Loire, & plusieurs autres, qui n'ont besoin d'aucune escluse, ains portent les batteaux d'vne course continuelle, à prendre de l'endroict où ils sont nauigables, iusques à leur embouscheure dans la mer, ou dans vn autre fleuue: De l'art dependent les canaux faicts de main d'homme à trauers terre, pour establir la nauigation par artifice,

DE L'EMPIRE, LIV. IIII.

eu il n'y en eust oncques par nature. De l'vne & de l'autre enseble dependent les petites riuieres, qui d'elles mesmes ne se peuuent nauiger, si elles ne sont aydees par l'industrie des hommes, ce qui se faict en les eslargissant & approfondissant où il en est de besoin pour le passage des batteaux.

4. C'est bien la raison, que pour exemple de la premiere sorte de chemin aquatique nous prenions le Tybre, puis que c'est celuy qui passe par la ville capitale de l'Empire. Ce fleuue prend sa source aux monts Apennins, estant assez estroict en son commencement, & n'ayant apparence que d'vn petit ruisseau: mais peu à peu par le degorgement de plusieurs autres, il deuient nauigable: & est tellement accreu en largeur & profondeur ayant atteint la ville de Rome, qu'on ne le peut plus passer sans ponts, ou sans barques: & reçoit dedans soy quarante deux, tant ruisseaux que riuieres, à le prendre de sa source iusques au port d'Ostie: entre lesquelles paroissent sur toutes les autres le Nar, le Teneron, le Topino, & la Chiana, que les Latins appellent *Narem, Anienem, Tinium, Glanem*. Le Tybre donc accreu par l'affluence de tant d'autres riuieres, est faict capable des plus grandes nauires de la mer Italique: & porte sur ses ondes fort paisiblement les marchandises qui naissent par toutes les regions de la terre: ou pour mieux dire auec Pline, il en est luy mesme le marchand tres-doux & tres-paisible: Car voicy comme il en parle, *Tiberis, antea Tybris appellatus, & prius Albula, tenuis primò, è media ferè longitudine Apennini finibus Aretinorum profluit, quamlibet magnarum nauium ex Italo mari capax, rerum in toto orbe nascentium mercator placidissimus*. Les Romains tousiours curieux de rendre leur ville abondante en toutes commoditez, & de faire que ceux des Regions voisines y peussent d'autant plus facilement apporter leur denrees, ont eu besoin de tout temps de maintenir ce fleuue dans ses propres riues. Et pour en empescher les desbordemens, & tenir la nauigation d'iceluy en bon estat, ils ont fortifié ses bords tant dedans Rome, qu'en autres endroicts circonuoisins, les rehaussant par bonnes & fortes murailles de massonnerie, semblables à celles qui bordent la riuiere de Seine de part & d'autre dedans Paris. Mais sur tous Auguste Cesar, comme dict Strabo, *Ad vrbanos eius generis defectus præcipuam curam adhibuit*. Entre autres choses il eust grand soing de faire eslargir & approfonder le Tybre à l'endroict de la ville, & le curer d'vne infinité de descombres, dont la cheute des maisons voisines, & autres accidens l'auoient remply de long temps. *Ad coërcendas inundationes Alueum Tiberis laxauit, ac refecit, completum olim ruderibus, & ædificiorum prolapsionibus coarctatum*. A quoy faire il fut induit d'autant plus facilement, comme il le

Plin. lib. 3. nat. hist. c. 5.

voit eftre fort subject à desborder, & faire de merueilleuses ruines dedans Rome mesme : où bien souuent il a renuersé plusieurs beaux & magnifiques bastimens par l'impetuosité de ses eaux.

5. Au reste, le Tybre commence d'estre nauigable au territoire de Peruse, en vn lieu ou Chasteau, qui eut le nom de Trusiamnum, *quod illic multi amnes se trudant in Tyberim.* De là iusques à la mer Tyrrhene la nauigation se continue sans aucun empeschement : & raporte tant de commoditez, que les marchandises des parties superieures & inferieures d'Italie, qui costoyent la mer Adriatique, estoient portees par icelle iusques à Rome : Car on les assembloit premierement au port de Rauennes, & autres ports voisins : puis les embouschant dans la riuiere de Foglia, dicte *Pisaurus*, on les tiroit à mont vers les Appenins, tant que ladite riuiere les pouuoit porter. On les conduisoit en apres par la voye du charroy, qui n'estoit pas longue, iusques audit lieu de Trusiamnum : d'où elles estoient transportees à Rome par le Tybre auec toute facilité. Aucuns ont escrit, que bonne quantité des marchandises procedans de la Germanie, de la Gaule, voire mesme de la grand' Bretagne, abordoient à Rome par la mesme voye : dont ie ne sçaurois que ie ne m'esmerueille, veu qu'il semble que la mer Tyrrhene peut seruir de descharge beaucoup plus propre, & plus proche aux marchandises qui peuuent venir de ces trois Prouinces à Rome, sans qu'il soit besoin d'aller prendre vn tour par la Sicile, pour venir en la mer Adriatique chercher le port de Rauennes, ou l'embouscheure de Foglia. Et neantmoins voicy comme Augustinus Eugubinus en parle : *Atque tanta ex nauigatione percipiebatur vtilitas, vt magna vis mercium ex omni Germania, Anglia, partimque Gallia, reliquisque superà regionibus, Rauennæ, nobilissimo eius tempestatis Emporio : inde mari ad portus Pisaurum fanumque traiecta, tum iumentis vsque ad eum locum, (Trusiamnum) quo iter breue est, delata, deinceps per Tyberim Romam deferrentur.*

Lib. de restituenda nauig. Tiberis.

Quoy que ce soit, les Romains s'estans acquises les terres prochaines de leur ville par trauail & vertu, & icelles accommodées à leur vsage par industrie, ils se trouuerent affluents en beaucoup plus de biens par la subtilité de leur art, que par la bonté de la nature des lieux : *Quam ob causam*, dit Strabo, *adeo ciuitas creuit, vt cum cómeatu, iit lignis, & lapidibus ad ædificia perduret, quæ sine fine facilitas : cum tot casus, tot incendia, tot permutationes incidant, nullo deficientes tempore.* Ce qu'il faut entendre de ce qui arriue de biens & de commoditez à Rome, tant de la part de la mer Tyrrhene en remontant contre le Tybre, que du costé des Apennins en descendant. Et le mesme Auteur dict en autre endroict, parlant du port de la Lune, que c'est le Tybre qui reçoit dans son canal toutes les grandes tables & colonnes de

Lib. 5. Geogr.

marbre, & tous les sommiers droits & puissans, & autres materiaux seruans à bastir, qui procedent des regions adiacentes à la mer Tyrrhene : *Nam cum mari vicina incumbat effossio, facile lapides euehuntur, quos è pelago subuehendos Tyberis excipit. Aedificijs quoque materiam, laquearia scilicet directa & procera, Tuscia abundè suppeditat, quam confestim è montibus fluuius deducit.*

6. Ie ne me veux pas arrester aux autres fleuues d'Italie : comme au *Vulturnus*, duquel Domitian remit sus la nauigation de long temps interrompue : ainsi que nous auons veu cy dessus par le tesmoignage de Statius : & moins encore à tant d'autres fleuues nauigables, qui sont par les Prouinces, sur lesquels les Empereurs ont quelquefois voyagé auec vne vitesse & promptitude admirable : Ie me contenteray de mettre icy certain voyage que fit autrefois Iulian, surnommé l'Apostat, sur le fleuue du Danube : lequel depuis la ville de Belgarde, iusques à la mer Majour porte le nom de Ister. De ce voyage, ie tireray la description des paroles de Mamertinus, extraictes du Panegyrique autrefois par luy faict à cet Empereur, qui sont telles : *Longissimo cursu Istrum placuit nauigari. Proh! sancta diuinitas : quae nauigationis illius fuit pompa, cum dexteriorem inclyti fluminis ripam vtriusque sexus omnium ordinum, armatorum atque inermium perpetuus ordo praetexeret : despiceretur ad laeuam miserabiles preces genu nixa Barbaria. Omnes vrbes, quae Danubium incolunt, auditae : omnium audita decreta, leuati status, instaurataeque fortuna : Innumerabilibus Barbaris data venia, & munus pacis indultum. Qui properationem illam contemplabitur, nihil egisse praeter viam Imperatorem putabit : qui gestarum rerum multitudinem considerabit, properasse non credet.* Comme s'il vouloit dire, Il vous a pleu faire vn long voyage sur le cours du Danube. O Dieu! auec quelle pompe y auez vous voyagé ? On pouuoit contempler la riue dextre d'vn fleuue de si grand renom, bordé d'vn rang continuel de gens de l'vn & l'autre sexe, les vns armez, & les autres sans armes. A senestre, les nations Barbares se voyoient pitoyablement à genoux deuant vostre Majesté. Toutes les villes assises sur le Danube ont esté ouyes en leurs requestes : sur toutes lesquelles vous auez faict entendre vos decrets & ordonances, & par icelles releué leur estat miserable, & restably leur fortune. Vous auez renuoyé absouz grãd nombre de Barbares, & leur auez baillé le don de paix. Certes celuy qui de prés contemplera la vistesse de ce voyage, pensera que l'Empereur n'aura faict autre chose que nauiger. Et d'ailleurs, celuy qui considerera la multitude des affaires expediees, ne se pourra mettre en teste, qu'il se soit peu haster en nauigeant.

7. C'est ainsi que les Empereurs & leurs Officiers se faisoient porter le long des fleuues nauigables, auec vne merueilleuse

promptitude & celerité. Ce qu'ils executoient à l'ayde de certains vaisseaux faicts exprés pour seruir comme de cheuaux de postes sur les eaux. Car les anciens auoient deux sortes de vaisseaux pour nauiger, tant sur la mer, que sur les fleuues nauigables: Ils appelloient les vns *Onerarias naues*, qui seruoient à porter toute sorte de fardeaux & marchandises: & les autres *Fugaces, siue Cursoriæ*: & d'vn mot tiré du Grec *Dromones*, comme qui diroit des Courriers, à cause de la vistesse de leur course. De ces dernieres parle Sidonius Apollinaris, quand il dict: *Ticini Cursoriam (sic nauigio nomen) ascendi, qua in Eridanum breui delatus sum*. On les nommoit autrement *Celoces & Holcadas, quibus excursum per alueum Padi faciebant*, comme on peut apprendre de Cassiodore. Voila pour ce qui est des fleuues nauigables. Et quant à ceux qui ne l'estoient point, ils faisoient des guez au fond en lieux où les grands Chemins prenoient leurs addresses: tel que i'en ay veu vn au fond de la riuiere de Vesle, entre Fismes & Braine, assistant à vne visitation qui en a esté faicte pour la rédre nauigable: lequel i'ay recogneu estre recouuert de petits cailloux par dessus, comme le chemin militaire qui va de Reims à Soissons. Ou bien ils y faisoient des ponts, dont les rampants estoient joincts aux leuees, ou bouts opposites des grands Chemins pour y passer sans interruption: ainsi que nous auons dit ailleurs, & que le mesme Sidonius nous le tesmoigne en ces mots: *Fluuiorum quoque si qui non nauigabiles, vada commoda, vel certè peruij pontes, quos antiquitas à fundamentis, ad vsque aggerem calcabili silice crustatum crypticis arcubus fornicauit*.

Baptiste Albert. l. 5. c. 12. de re ædif.

Lib. 1. epist. 5.

Lib. 2. Var. epist. 31.

Ibid.

DES RIVIERES NAVIGABLES QVI SE deschargeoient dans le Tybre.

CHAP. XLV.

1. *Petits fleuues rendus nauigables, & joincts au Tybre, par les Romains & autres.*
2. *Trois de ces fleuues au deçà du Tybre, qui sont Topino, Negra & la Chiana.*
3. *Quatriesme fleuue au delà du Tybre, dict le Teueron.*
4. *Tesmoignage de Strabo sur l'ordre de ces quatre fleuues, & des commoditez qu'ils apportent à Rome.*

1. LES Regions qui bordent le Tybre de part & d'autre, sont arrosees de plusieurs moindres riuieres, lacs, & ruisseaux, qui luy vont faire hommage, comme à celuy qui regne souuerainement en ces quartiers, & qui les porte tous ensemble à trauers la ville de Rome, pour payer leur tribut à la mer Tyrrhene. Les Romains s'estans apperceus auec le temps des commoditez que ces ruisseaux pouuoient apporter à la ville en les rendant nauigables, y trauaillerent tellement auec ceux du pays, qu'ils les rendirent capables de petits batteaux : par le benefice desquels espargnant les fraiz ordinairement attachez au charroy, ils transportoient les fruicts des champs voisins iusques au Tybre : d'où par apres à l'ayde de plus grands vaisseaux, ils estoient portez à Rome : *Hos qui-* *dem prosperos rerum euentus ipsa regionis natura præbet*, comme dict Strabo : *sicut et Romanus populus quicquid ex prouidentia consultandum erat.*

Li. 5. Geogr.

2. Ce ne sera pas hors de propos de produire icy trois ou quatre de ces moindres fleuues, pour faire paroistre le soing & l'industrie que les Romains apportoient pour accommoder leur ville, aydant la nature où elle defailloit, & la conduisant à sa perfection par artifice. Ie commenceray par ceux de deça le Tybre, le premier desquels est le Topino, dict *Tinia*, prenant sa source de la montagne qui s'esleue au dessus de Fuligno, & de Spolete villes de l'ancienne Vmbrie : à trauers laquelle prenant son cours, & ayant receu plusieurs autres ruisseaux dans son sein, il vient faire sa descharge dans le Tybre, peu au dessouz du lieu par nous mentionné, dit *Trasiamnum*. Par ce petit fleuue les terres du Duché de Spolete, de Foroflaminij, & de la Beuagna enuoyoient leurs denrees par petits batteaux à Rome.

Vient apres la riuiere de Negra, que les Latins appellent *Narem*, de laquelle les Regions & les Villes plus prochaines de Rome se seruoient à mesmes fins, telles que sont Terani, Nerni, Carceoles, Otricoli, & quelques autres. C'est vn peu au dessus d'Otricoli, que ce fleuue se ioinct auec le Tybre, selon Strabo, qui dict : *Narna, per quam Nar amnis labitur, Tiberim influens, paulo super Ocriculum exiguis nauigabilis nauigijs.* Le troisiesme fleuue de deça le Tybre est Glanis, Clanis ou Cleanis, que ceux du pays appellent la Chiana, naissant *ex paludibus fontibusque Clusinis* : de la nauigation duquel iusques au Tybre ceux de Chiusi, d'Arezzo, de Cortona, de Verletta, & autres du Duché de Toscane, se sçauent vtilement seruir.

3. Le quatriesme est au delà du Tybre, dict par les anciens Anio, & auiourd'huy le Teueron : lequel descendant de la ville d'Alba, porte son cours à trauers le territoire des Latins & des Mar-

ses, iusques à ce que peu au dessus de Rome il se jette dans le Tybre. L'Empereur Claudius tira vn nouueau canal de ce fleuue, qu'il fortifia de pierre de taille de part & d'autre, & le conduisit iusques à Rome : où il le diuisa par apres en plusieurs rameaux, pour entretenir quelques fosses par luy faictes en forme de lacs, enrichis artificiellement de beaux ouurages tout à l'entour : ce que Suetone veut signifier en ces mots : *Simulque riuum Anienis nouo lapideo opere in Vrbem perduxit, diuisitq; in plurimos & ornatissimos lacus.* Sur ces quatre fleuues, les barques & batteaux apportoient toutes sortes de commoditez à Rome. *Plenæ erant lintres olei, fructuum, carnium, altilium, nec non lignorum ad ædificia : merciu quoque, quæ à supero mari eo iumentis traductæ, hisque imposita, lintribus Romam traijciebantur.* Ce sont les mots de Augustinus Eugubinus, qui signifient : qu'on ne voyoit autres choses que batteaux chargez d'huiles, de fruicts, de chairs, de volailles, & de bois pour bastir, & d'autres marchandises tirees de la mer Adriatique : lesquelles estant charroyees sur vn bien petit espace, puis remises en d'autres batteaux, estoient transportees iusques à Rome. Et Strabo parlant de ces Regions Mediterranees : *Ad agri beatitudinem* (dict-il) *accedunt & lacus magni, & permulti, qui & nauigationibus patent, & permultis mensis nutriunt obsonia, & palustres auiculas. Non modicum etiam cremium, papyrusque, & vlua copiosa per fluuios conuectantur, qui vsque in Tiberim è lacubus effluunt.*

cap. 20. In Claudio

Li. de restituend. nauigat. Tiberis.

Li. 5. Geogr.

4. En cet ordre ces quatre fleuues se joignent auec le Tybre à commencer vers le lieu de sa source. Mais Strabo qui s'en va remontant de Rome vers les Apennins, met le Teueron tout le premier, & parle des quatre ensemble ainsi qu'il s'ensuit : *Primus quidem Anio ex Alba decurrens, præter Latinam Marsorum Vrbem, & propinquum illi campum, quousque Tiberim intret. Inde Nar, & Tenas, & alij qui per Vmbriam labuntur fluuij, eidem miscentur Tiberi. Verum per Tusciam, & rumque Clusinum, Cleane.* Ce mesme Auteur faisant grand estat des commoditez que ces riuieres nauigables apportoient, dict que par ce moyen la ville de Rome s'est tellement accreue qu'elle s'entretenoit encore pour vne bonne partie de viures, de bois, & de pierres, qui luy venoient continuellement de ce costé-là : malgré les frequentes ruines qui arriuent par cheuttes, par feu, ou par la fantaisie des hommes, qui changent la forme de leurs edifices comme bon leur semble. Ce qui tient lieu d'vne troisiesme espece de ruine : *Nam permutatæ ædificiorum figuræ, spontanei quidam casus existunt, cum alius aliate alijs transponit, & ædificium ex ædificio pro cupiditate nouat. Quas quidem ad res & ipsa metallorum copia, & materia, & deuectantes amnes mirificam quandam præstant abundantiam.*

Ibid.

Ibid.

DES CANAVX FAICTS DE MAIN
d'hommes, pour accommoder la nauigation des riuieres.

Chapitre XLVI.

1. *Que l'element de la terre a esté rendu plus commode par des canaux nauigables.*
2. *Multitude de riuieres & canaux nauigables en la Gaule voisine du Po. Commodité des escluses.*
3. *Deschargeoir du lac de Celano, que Auguste n'osa entreprendre.*
4. *Ledit deschargeoir entrepris &* *paracheué par Claudius. Combat naual faict sur iceluy.*
5. *Vaine entreprise de Neron en vne fosse nauigable depuis le lac d'Auerne iusques au Tybre.*
6. *Des fosses nauigables faictes en Allemagne par Drusus & Corbulo.*

1. ENCORE que Dieu ayt creé l'element de la terre en sa perfection, & que pour l'habitation & la vie de l'homme, il l'ait si bien bordé de mers, & arrosé de riuieres & de fontaines, qu'il n'y ait riē à redire: Si est-ce que la terre estant vne piece qu'il a specialement baillee à l'homme, il ne luy defend pas de la meliorer en la cultiuāt, & l'accōmoder par son industrie de ce qui luy peut apporter profit ou plaisir. Mais s'il y a chose où l'industrie humaine se soit faict paroistre, c'est principalemēt aux canaux qui ont esté faicts de long temps, & qui se font encores à present pour accommoder la nauigation des mers ou des riuieres: Car comme ainsi soit que donner l'origine, le cours, & l'embouscheure aux fleuues & aux fontaines, soit proprement action de Dieu & de nature: si est-ce que les hommes ne se sont pas tousiours contentez des fleuues naturels: ains en ont faict des nouueaux par art & diligence, en creusant des canaux à trauers les campagnes pour seruir à leur traffic, & aux autres commoditez de la vie.

Tacit. li. 13. annal.
Plin. lib. 2. nat. histor. cap. 63.

2. En la Gaule que les Romains appelloient Cisalpine, tant de ça que de là le Po, il s'est trouué dés ces temps antiques plusieurs ruisseaux eslargis & approfondis, & plusieurs fosses artificielles, par lesquelles les villes & territoires voisins enuoyoient leurs fruicts &

marchandises par batteaux iusques aux riuieres nauigables, pour de là les conduire en mer: & de la mer, en quelque region que ce fust: desquels Augustinus Eugubinus parle côme tesmoin oculaire, disant: *Factum in Gallia hominum industria, vt omnis propè eorum regni riuos, siue, vt ipsi vocant, canales habeat, per quos nauigijs onera in magna flumina, inde in mare deducunt.* Et adiouste que les villes de Boulongne, de Modene, & de Padoüe, se sont elles mesmes accommodez ces canaux à leurs propres despens: & qu'il n'y a guere de bonnes villes en ces contrees de deçà & delà le Po, qui n'en ait fait autant. Cela neantmoins estoit bien difficile à faire auant l'inuention des escluses, que les Latins appellent *Valuas fluuij emissorias*: par lesquelles depuis quelque temps on a trouué l'artifice de faire descendre & remonter les batteaux: & en outre, de retenir autant d'eaux en profondeur, qu'il en faut pour porter la charge des marchandises. Mais les escluses vne fois mises en auant, l'vsage de ces fosses nauigables s'est popularisé en beaucoup d'endroicts: specialement és pays bas, où elles sont maintenant fort frequentes: Mais sur tous ces canaux, paroist celuy que l'on a faict de Brusselles à Anuers, que l'on dict estre le plus frequenté de tous, & auoir cousté cinq cens mil escus à faire. On a commencé depuis peu d'en establir en plusieurs endroicts de la France, pour rendre quelques petites riuieres nauigables, parties par leurs canaux anciens, & partie par nouuelles deductions d'eaux dans des fosses toutes neufues, ouuertes à trauers les terres.

3. Quant aux Empereurs, l'ayde des escluses leur manquant, ils ont faict plusieurs grandes entreprises, la plus part desquelles sont demeurees imparfaictes. Que s'ils en ont paracheué quelques vnes, elles leur ont cousté beaucoup d'hommes, de temps, & d'argent. Nous lisons dans Suetone, que les Marses qui sont au territoire des Latins, firent plusieurs prieres tres-instantes à Auguste Cesar, pour l'induire à dessecher vn lac, dict, *Fucinus lacus*: lequel auiourd'huy se nomme par les Italiens *Lago di Marso*, ou de *Celano*. Ce lac estoit grand comme vne mer, *longitudine per pelago*, & de telle nature, qu'il se haussoit quelquefois iusques aux montagnes: & en autres temps s'abaissoit tellement, que plusieurs endroicts auparauant noyez souz ses eaux, en demeuroient tellement à sec, qu'on les pouuoit vtilement labourer: ce qui se faisoit par vne occulte merueille de nature. Les Marses donc pour se descharger des inondations que ce lac causoit bien souuēt, luy remonstroient entre autres choses, qu'en le dessechant, il gagneroit beaucoup de terres: & d'ailleurs reduiroit en bonne nature de prez vne infinité de maraiz inutiles, que ce lac inondoit.

Mais cet Empereur sage & prudent comme il estoit, considerant la trop grande despense qu'il y conuiendroit faire, leur refusa tout à plat ceste requeste. Et certes en toutes grandes entreprises, il faut prendre garde qu'il n'y ait rien qui excede nos forces, ou qui soit contre le cours ordinaire de la nature: comme Baptiste Albert a fort bien remarqué, disant: *Aduertisse oportet ne quid huiusmodi ag-* *grediamur, quod ipsum non rectè cum rerum natura conueniat. Proxime cauen-* *dum est, ne quid ad te recipias, in quo perficiundo ipse tibi deficias re imper-* *fecta.* *Lib. 2. de re ædific. c. 2.*

4. Toutesfois l'Empereur Claudius plus hardy qu'Auguste entreprit de faire la vuidange des eaux de ce lac *per emissarium*, par vn conduit ou deschargeoir: & d'assecher les marests voisins. Ce qu'il fit, non moins par esperance de profit, que de gloire. De profit d'autant que certains entrepreneurs qui s'estoient presentez, promettoient de vuider ce lac à leurs despens, pourueu qu'on leur donnast les terres, lesquelles par ce moyen seroient assechees: *Cum quidam priuato sumptu emissuros se repromitterent, si sibi siccati agri concederentur.* C'estoit aussi sous esperance de gloire, d'autant que c'estoit vne entreprise à laquelle Auguste n'auoit osé penser. Ce fut donc tout ce qu'il peut faire, de creuser vn deschargeoir à ce lac en vnze ans, y employant continuellement trente mil hommes: à l'aide desquels il eut bien de la peine de percer à iour en partie, & en partie de fendre du hault en bas vne montagne, à trauers laquelle il fit vn canal sur la longueur de trois mil tant seulement. C'est le sens de ces paroles de Suetone: *Per tria autem passuum millia, partim effosso monte, partim exciso, canalem absoluit ægrè: & post vndecim annos, quamuis continuis xxx. hominum millibus sine intermissione operantibus.* Et certes cet œuure est tel, qu'il merite d'estre mis au rang de ceux que Horace appelle œuures Royaux, à la consommation desquels il faut vn courage & vn pouuoir de Roy. *De arte Poetica.*

Regis opus, sterilisque diu Palus, aptaque remis,
Vicinas Vrbes alit, & graue sentit aratrum.

Tacite raconte que cet œuure estant acheué, afin que la magnificence de ce deschargeoir parust à plus grand nombre d'hommes, il fit publier par tout, qu'il s'y feroit vn combat naual. Et de faict il fit armer dixneuf mil hommes partagez en deux flottes, qui donnerent le plaisir d'vn combat naual à vne multitude infinie de peuple, qui des riues & colines prochaines contemploient ces gens, s'attaquans les vns les autres au combat auec autant de valeur, que s'ils eussent esté ennemis les vns des autres: la presence de l'Empereur & de l'Imperatrice les animant à bien faire. *Sub idem tempus*, dit cet auteur, *inter lacum Fucinum, amnémque Lyrim perrupto monte, quo magnif-*

centia operis à pluribus viseretur, lacu in ipso nauale prælium adornatur. Pugnatum, *quanquam inter fontes, fortium virorum animo.*

5. Encore n'est-ce pas peu que d'auoir mis fin à vne si longue & fascheuse entreprise. Neron en feit vne en mesme genre d'ouurage, qui ne luy succeda pas si heureusement. Il y auoit en ce teps là deux Entrepreneurs, Seuerus & Celer, qui auoient l'esprit & l'audace d'entreprendre par artifice, ce qui ne se peut faire par nature : & se iouër des richesses de leur maistre, auquel ils persuaderent de faire vn canal nauigable depuis le Lac d'Auerne iusques aux embouchures du Tybre. Ce qu'ils luy promettoient faire de cent soixante mil Italiques de longueur : & de telle largeur, que deux nauires à cinq rames venant l'vne contre l'autre y pourroient passer : & de conduire le tout par les riuages de la mer les plus secs, & à trauers toutes les montagnes qui se trouueroient à la rencontre : à l'ouuerture desquelles il falloit vn merueilleux trauail : & si c'estoit pour seruir à vne chose, qui ne valoit ny la peine, ny la despense. Neron se laissa neantmoins transporter à ceste furieuse entreprise, que Suetone appelle, *Impendiorum furorem*, sur la confiance des richesses de son Empire, & sur l'esperance à luy donnee par vn Cheualier Romain, des anciens thresors que Dido auoit apporté de Phenicie à Carthage, qu'ils luy disoient estre faciles à trouuer. Comme donc il estoit cupide de faire reussir des choses que les hommes tenoient pour impossibles, pour mettre à bon escient la main à l'œuure, il fit venir sur les lieux tous ceux qui se trouuerent ès prisons d'Italie, ayant defendu par Edict de condamner les criminels à d'autre peine. Il commença donc à fendre ou percer les monts & les colines plus prochaines de ce Lac : mais il ne peut faire autre chose, que d'y laisser des vestiges de son esperance trompee, comme Tacite en parle. *Nero tamen, vt erat incredibilium cupitor, effodere proxima Auerno iuga connixus est : manentque vestigia irrita spei.*

In Nerone cap. 31.

Tacit. lib. 15. annal.

6. Au reste ce n'est pas seulement en Italie, mais en plusieurs prouinces, que les Empereurs de Rome, ou leurs Lieutenans, ont ouuert des chemins nouueaux par des fosses nauigables : de toutes lesquelles ie me contenteray de rapporter celles, que Drusus & Corbulo ont fait à diuers temps en Allemagne. De la premiere desquelles Suetone parlant, dit : *Oceanum Septentrionalem primus Romanorum ducum Drusus nauigauit : transque Rhenum fossas noui & immensi operis effecit : quæ nunc adhuc Drusianæ vocantur.* C'est à dire, que Drusus est le premier de tous les Capitaines Romains, qui a nauigé sur l'Ocean Septentrional : & qui a fait outre le Rhein ces fosses tant renommees, qui de son nom s'appellent les Fosses Drusiennes, fouïes d'vne inuention nouuelle, & de grande entreprinse. Or

In Claudio cap. 1.

quoy que Suetone vse du nom de *Fossa Drusianæ*, si est-ce qu'il n'en fit qu'vne, qui seruit à passer sa flotte de la haute partie du Rhin dans la mer Oceane. Ce que nous pouuons apprendre de Corneille Tacite, qui l'appelle *Fossam Drusianam*: & qui introduit Drusus le ieune, faisant priere à son pere dés long temps decedé, qu'il luy pleust fauoriser le passage qu'il desiroit faire à son exemple par la mesme fosse. *Distributis in legiones ac socios nauibus, fossam, cui Drusianæ nomen, ingressus, precatusque Drusum Patrem, vt se eadem ausum libens placatusque exemplo ac memoria consiliorum atque operum iuuaret, lacus inde, & Oceanum vsque ad Amisiam flumen secunda nauigatione peruehitur.* Quant à celle de Corbulo, Gouuerneur en ces quartiers mesmes sous l'Empire de Claudius, il la fit tirer depuis le Rhin iusques à la Meuze sur la longueur de vingt trois mil pas. La cause fut, tant pour ne tenir ses gens à rien faire, que pour nauiger de l'vne des riuieres à l'autre, & s'exempter des hazards de la mer Oceane, qui n'est pas loing de là. Ce que Tacite nous veut signifier en ces mots: *Ne tamen miles otium indueret, inter Mosam, Rhenumque, trium & viginti milium spatio Fossam produxit, qua incerta Oceani euitarentur.*

Tacit. lib. 2 Annal.

Lib. xi. annal.

DES CANAVX INVENTEZ POVR la conjonction des mers.

CHAPITRE XLVII.

1. Dessein tenté par plusieurs pour ioindre des mers ensemble.
2. Dessein de trancher l'Isthme pour ioindre la mer de Corinthe à la mer Egee.
3. La bonté de nature vers la France en la disposition des riuieres, par lesquelles on peut ioindre les mers.
4. Entreprinse de L. Vetus du temps de Neron, de ioindre la mer Mediterranee à l'Ocean Germanic.
5. Negligence des Rois de France, de ce qu'ils ne se sont point seruis des benefices de nature.
6. Aduis de Charles Bernard, sur la conionction de la mer Mediterranee auec l'Oceane par le Rhosne & la Seine.

1. Ce ne seroit pas peu, si les hommes pour accommoder l'element de la terre de ce qui sembloit luy defaillir, s'estoient contentez de ioindre des riuieres par l'artifice des canaux: mais ils sont allez bien au delà de ces simples pensees, ayans entrepris de ioindre les mers, soit prochaines, soit loingtaines. Herodote nous enseigne, que les Gnidiens entreprirent vn iour de trancher l'Isthme qui ioinct leur peninsule à la terre ferme de la petite Asie, pour se mettre en plus grande asseurance contre Harpagus qui leur faisoit la guerre. Mais il arriua comme diuinement, que tous ceux qui trauailloient à ce retranchement, se blessoient eux-mesmes en quelque partie de leur corps, & principalement aux yeux. Ayant donc là dessus consulté l'Oracle Delphic, la Prestresse Pithia leur fit response: qu'ils ne fortifiassent, ny retranchassent l'Isthme de Gnidos: & que si c'eust esté chose agreable à Iupiter, il en eust luy-mesme fait vne Isle. Ce qui fut cause de leur faire abandonner cet ouurage, comme entreprinse contre la volonté de Dieu. Il y eut pareillement vn Roy d'Egypte, qui voulut ioindre la mer Rouge à la Mediterranee, par le moyen de l'vn des bras du Nil, dit Pelusien: duquel il commença vne fosse, pour trancher ce qu'il y a de terre entre l'vne & l'autre mer. Mais quoy qu'il eust employé plus de six vingts mil Pionniers à cet ouurage, si n'en peut-il venir à chef: & ne feit autre chose, que d'engendrer au cœur de quelques Princes, qui ont depuis regné en Egypte, le desir d'acheuer ce qu'il auoit commencé: car l'vn des Ptolomees se mit apres cette besongne: aussi feit Cleopatra peu apres la bataille Actiaque: & du temps de nos peres Sultan Solyman y employa cinquante mil hommes, qui y trauaillerent sans effect.

2. Par vne entreprise aussi folle, & d'aussi peu de succez, plusieurs Princes, tant Grecs que Romains se mirent en peine de faire vn canal à trauers l'Isthme de Corinthe, qui ioinct le Peloponnese à la Grece. A cela s'amuserent, sans aucũ fruict, le Roy Demetrius, Iules Cesar, Caligula, & Neron. Dion a laissé par escrit, qu'il prit tout à coup à Neron, voyageant par la Grece, vn desir de trancher cet Isthme, & que ceux qui trauailloient à cet ouurage par son commandement, ne faisoient cela qu'à regret: d'autant qu'aux premiers coups de pics qui furent donnez pour le commencer, le sang commença à saillir de la terre: on ouït de grandes lamentations & mugissemens, & furent veuz plusieurs spectres espouuentans les ouuriers. Mais Neron, perseuerant en son entreprinse, prit vn hoyau en main, & fouït luy-mesme quelque quantité de terre,

terre, incitant par son exemple, voire & contraignant les autres à faire de mesme, mais sans effect: encor que pour venir à bout de cet ouurage, il eust fait assembler sur les lieux vne multitude infinie de gens de diuerses regions de son Empire. Aussi Pline remarque que cette entreprinse ne fut pas seulement sans effect: mais dommageable & malencontreuse à ses auteurs, qui sont tous morts par vne fin miserable. Voicy comme il en parle: *Quam ob causam perfodere nauigabili alueo angustias tentauere Demetrius Rex, Dictator Cæsar, Caius Princeps, Domitius Nero, infausto (ʋt omnium patuit exitu) incœpto.*

Lib. 4. nat. hist. cap. 4. Sueton. in Calig. c. 21.

3. Il y a seize cens ans, que Strabo a remarqué la bonté de la nature vers la France, en ce qu'elle a tant de riuieres, que l'on peut transporter toutes marchandises de l'vne des mers à l'autre par des fleuues nauigables, qui ne sont separez les vns des autres que par des interualles de terre, qui ne sont pas longs ny difficiles à trascher. *Sic autem naturæ bonitate*, dit-il, *inuicem sese amnes habent, ʋt ab ʋtroque in ʋtrumque mare facile sarcinæ deportentur, pusillo terrestri itineris spatio: cum plurimum per amnes aut aduersos subuehantur, aut secundos deuehantur.* Et dit que le Rhosne receuant dans soy beaucoup de riuieres, seroit fort commode à vn si bel effect, que de conioindre par vne continuelle nauigation les vnes & les autres mers ensemble.

Lib 4. Geograph.

4. Et ne sçay si Lucius Vetus n'auroit point tiré de Strabo l'inuention de ioindre la mer de Marseille auec celle d'Allemagne, par l'entremise du Rosne & du Rhin: car ie trouue que du temps de Neron, il y auoit deux Capitaines en la Gaule qui commandoient à plusieurs Legions: sçauoir Paulinus Pompeius, & Lucius Vetus, & que pour ne laisser les soldats en oisiueté, Pompeius acheua par leurs mains les digues ou leuees de terre commencees par Drusus soixante & trois ans auparauant, pour les opposer aux desbordemés du Rhin: Et Vetus auec les siens entreprint de conioindre la Moselle & la Saone par vn canal tiré de l'vn à l'autre: afin que les armees Romaines, que l'on enuoyoit en la basse Allemagne, fussent releuees des fatigues du long chemin qu'elles auoient à faire par terre: & que portees premierement par mer, puis apres par le Rhosne, & la Saone, ils s'en allassent par ladite fosse dans la Moselle & le Rhin: & paruinssent toutes fraisches & entieres iusques à la mer d'Allemagne: en sorte que par vne nauigation continuelle la mer Mediterranee fust iointe à l'Ocean. Toutesfois comme les grandes entreprises sont ordinairement trauersees de l'enuie, ce dessein fut sans effect par la ialousie d'vn Helius Gracilis, comme on voit en Corneille Tacite, qui raconte ainsi ceste histoire. *Ne tamen segnem militem attineret Pompeius, inchoatum ante tres & sexaginta annos à Druso ag-*

Tacit. li.13. annal. gerens coercendo Rheno absoluit: Vetus, Mosellam atque Ararim, facta inter vtramque fossa conectere parabat, vt copiæ per mare, dein Rhodano & Arare subuecta, per eam fossam, mox fluuio Mosella in Rhenum, exin Oceanum decurrerent: sublatisque itinerum difficultatibus, nauigabilia inter se Occidentis Septentrionisque littora fierent.

5. C'est ainsi que les Romains appuyez sur leurs gens de guerre, & sur la grandeur de leurs richesses, auoient des conceptions d'ouurages tres-magnifiques, pour les faire reüssir tant en Italie, que par les prouinces: specialement en la Gaule de deçà les Alpes. Et y en a qui pensent auoir raison, d'accuser nos Rois des siecles passez du peu de soin de leur bien, & de leur honneur: en ce qu'ayant peu prendre ces belles inuentions des Romains, ils n'ont tenu compte depuis dix ou vnze siecles de les executer. Ce qu'ils pouuoient faire à peu de frais, & au grand profit & vtilité du Royaume de France: où le traffic par ce moyen, eust esté rendu grand & facile à faire, en ioignant ainsi les mers les vnes aux autres par riuieres & canaux nauigables.

6. Dequoy Charles Bernard, au Traicté qu'il a fait de la conjonction des mers, donne plusieurs inuentions: la plus commode desquelles, & la plus propre & profitable à la France, seroit de ioindre le Rhosne auec la Seine, pour assembler les mers Oceane & Mediterranee par les riuages qui appartiennent à nos Rois. Ce qui se feroit par l'entremise de quelques autres riuieres: particulierement de la Saone, qui en est si proche, qu'autrefois les habitas d'entre la Saone & la Seine ont esté dicts *Sequani*. Cette conionction se pourroit faire bien facilement par l'assemblage des riuieres d'Ouche & d'Armenson à l'endroict de gros bois: c'est vn peu au dessus de Viteaux, tirant à Chasteau-neuf: il n'y a en cet endroict que 3. lieuës de distance entre l'vne & l'autre, qu'il faudroit trancher par vn nouueau canal: puis rendre les lits de ces deux riuieres de huit toises de largeur, & de quatre pieds de profondeur: mesmes aux plus basses eaux. Ce qui se feroit par le moyen des escluses: & principalemēt des doubles telles que sont celles, dont le sieur Cosnier, tres-entendu en la conduite des eaux, se sert à present, pour rendre nauigable la riuiere de Vesle, qui passe à Reims: desquelles escluses l'vsage est si facile, que par le moyen d'icelles deux hommes peuuent monter ou descendre les batteaux tout à leur aise. Or est-il que la riuiere d'Armenson chet dans Yonne, Yonne dans la Seine, & la Seine dans l'Ocean Occidētal. Et quant à la riuiere d'Ouche, elle coule droict à Dijon, d'où elle se va descharger dans la Saone assez pres de S. Iean de Laune: la Saone se ioinct au Rhosne à Lyon, & le Rhosne fait son entree par deux emboucheu-

res en la mer de Prouence. Et c'est ainsi que la mer Mediterranee se peut ioindre à l'Ocean, au grand profit & vtilité du Royaume.

DE L'ITINERAIRE MARITIME des Romains.

Chapitre XLVIII.

1. Les chemins sur mer sans fins ne limites.
2. Que la mer est en quelque façon limitee. Que c'est que Pelagus.
3. Nauigations des Romains, sur la mer Mediterranee & sur l'Ocean.
4. Estat des Ports, plages, rades, & autres lieux maritimes dressé par les Romains.
5. Diuerses significations de Littus, Difference entre port, rade, plage, portus, statio, plagia.
6. Que c'est que rade & plage, & maniere de les fortifier par leuees, ou masses de maçonnerie.
7. De la diuersité des ports.
8. Facilité de faire ou reparer des ports à Puzzol.
9. Des Haures ou Stations.
10. Que c'est que Gradus, sur le riuage de la mer.
11. Trois sortes de chemins par la mer.
12. Differences & variations entre les auteurs sur les mesures des chemins maritimes.

1. AYANT expedié les chemins aquatiques qui sont terminez par leurs propres riues, il nous faut venir à ceux qui n'ont pour fins & limites, que l'eau & le ciel. Ce sont les chemins maritimes que Leon Baptiste Albert nomme *Multo patentes vias*. les hommes neantmoins ont osé tenter de faire voyage, par où il ne paroist aucun sentier qui leur puisse seruir de conduite: hardis à s'abandonner à la mercy des vents, sur vn elemét qui ne leur appartient point, Dieu ne leur ayant pas donné l'eau, mais la terre en partage.

2. Ce n'est pas toutesfois, que la mer prise en son tout ne soit terminee dans ses propres riuages, comme les fleuues dans les riues: & que ceux qui voyagent sur mer, n'ayent vn certain lieu d'où ils partent, & vn autre où ils arriuent. Car les ports sont en mer, comme les barrieres & les metes en vn Cirque fait pour la course des cheuaux. Et partant par deux ports, ou deux riuages, ainsi que

par deux termes opposites, la mer, quoy que vaste & large, est en aucune maniere finie & limitee. *Portus quidem* (dit le docte Albert) *veluti in curriculo esse carcer videbitur, à quo viæ cursum ineas, aut peracta excursione desinas & conquiescas.* On dit neantmoins que la mer est vn chemin non terminé, d'autant que sa largeur, que proprement on nomme *Pelagus*, emporte auec soy vn espace ou estenduë qui est sans port & sans bord, C'est par ce mot, que Virgile signifie la haute mer esloignee de ports & de riuages, quand il dit,

Lib. 4. de re ædif. c. 8.

Vt Pelagus tenuere rates.

3. C'est donc de ces chemins que nous auons à parler: pour la commodité desquels il faut necessairemét auoir des ports, haures, stations, rades, & autres lieux de retraicte, qui en tiennent les extremitez. Que s'il y eut iamais nation qui se soit seruie de ces voyes maritimes pour amplifier sa seigneurie par le monde, c'est la nation Romaine: qui n'eut pas plustost estendu sa domination par l'Italie iusques aux riuages des mers qui l'enuironnent, qu'aussi tost elle se mit à chercher des nouuelles terres par les eaux: non sur la mer Mediterranee seulement, mais sur l'Ocean, que les Grecs, & la pluspart du monde ne cognoissoit auparauant que par Idee. Aussi falloit-il que le peuple, auquel comme par certaine destinee l'Empire du monde estoit promis, eust vne science particuliere de l'art nautique, pour aller de l'vne des parties de la terre en l'autre: estant chose d'aussi grande importance à ses chefs de guerre, de cognoistre les riuages, les ports, les stations, & les isles, pour s'y mettre à l'abry des tempestes, comme de sçauoir faire choix des lieux forts d'assiette sur la terre pour camper leurs armees.

4. Les Romains doncques à qui cet art estoit si necessaire, ne se sont pas contentez de dresser vn estat des citez, mutations & mansions qui se rencontrent en pleine terre, que l'on peut dire, *Itinerarium terrestre*: mais ont fait vn autre estat à part des villes, bourgs, & autres lieux maritimes, accompagnez de ports, haures, stations, ou autres lieux de refuge, pour accommoder leurs nauigations plus solemnelles & vsitees: auquel estat ils ont donné le nom de *Itinerarium maritimum*, dont voicy le tiltre dans l'Itineraire d'Antonin.

IMPERATORIS ANTONINI AVGVSTI ITINE-
rarium maritimum: Vt nauigans quæ littora tenens nosse debeat,
aut quæ ambiri, incipiens à Gadibus, vel extrema
Africa, perdocet fœliciter.

C'est à dire: Itineraire maritime de l'Empereur Antonin Auguste, qui donne à cognoistre les riuages esquels celuy qui veut heureusement nauiger se doit arrester ou passer outre, commençant aux Gades & extremitez d'Affrique.

Tout ainsi donc que les chemins terrestres de l'Empire sont conduicts *per Ciuitates, Colonias, Municipia, Vicos, Castra, Præsidia, Mutationes, & Mansiones*, comme nous auons dict cy deuant: Ainsi l'Itineraire maritime est disposé *per Littora, Plagia, Portus, Stationes, Positiones, Cotones, Refugia, & Qradas*, qui sont mots appartenans au nauigage: entre lesquels sont certaines differences, qu'il est besoin d'interpreter, tout ainsi que nous auons interpreté ceux qui marquent les grands Chemins sur la terre.

5. Ie commenceray par le mot de *Litus*, comme par celuy qui est de la plus grande estendue, & qui reçoit tous les autres dedans soy. Car à proprement parler, c'est le bord ou la liziere de la terre habitable qui touche la mer, soit Oceane ou Mediterranee: comme *ripa* signifie la liziere qui borde les fleuues de part & d'autre. Toutefois ce mot general *Litus*, a vne signification speciale, quand il est question de nauigage. Car en ce cas, les bons Auteurs le prennent pour vne partie de son tout: non pas sans choix & à l'aduanture, mais pour celle où les nauires peuuent aborder à terre, & s'y arrester auec quelque asseurance contre la violence des vents & des orages. En ce sens le prend Isidore, quand il diuise la liziere de la terre: *In stationes, portus, & littora*. Iules Cesar prend ainsi le nom de *litus*, lors que parlant de Bibulus qui estoit du party de Pompee, il dict: *A Salonis ad Orici portum, stationes, litoraque omnia longè latéque classibus occupauit*. Ainsi faut-il entendre ces mots de Honorius & Theodose *ad Anthemium P. P. Omnes stationes nauium, portus, littora, omnes abscessus prouinciarum solerti custodiantur indagine.* C'est ce qu'Amiot en la version de la vie de Pompee, nommé en François, Rade, Port, & Plage, qu'il appelle lieux de bon abry pour les nauires, & où l'on peut seurement aborder. Bref, c'est cela mesme que l'Itineraire maritime d'Antonin appelle *Positiones, portus, & plagia*: quand il dict:

Itinerarium portuum vel positionum nauium, ab vrbe Arelatum vsque.

A portu Augusti Pyrgos.	Positio
Ab Alma flumine Scabros.	portus
Ab Oliuula Niciam.	Plagia.

Li. 3. Comment. de Bello ciuili.
L. 2. C. Theod. de literarum & Itinerum custodia.
Pag. 114.
Pag. 114. 115. 116.

Et autres semblables, où le nom de *positio* respond à celuy de *statio*, & *plagia* à *litus*: ainsi que Surita le remarque en ses Commentaires, quand il dict: *Isidorus item in stationes, portus, & litora distinguit: & hoc Itinerario in portus, positiones, plagia: vt mihi dubium non sit, quin positiones pro stationibus, plagia pro litoribus vsurpentur.*

6. Mais pour dire vn mot en particulier des rades & des plages, ce sont parties du riuage, non simplement telles que la nature les a faites: ains râparees & fortifiees exprés de plusieurs grands ouurages de massonnerie, pour en rendre l'accez plus seur, & plus facile aux nauires. On appelle vulgairement les ramparemens & fortifications de tels riuages *Aggeres*, d'vn nom commun à toute leuee de terre ou masse de massonnerie excedant en haulteur la commune surface de la terre. Telles estoient les leuees que les Empereurs Antonin le Debonnaire, & Marc Aurele reparerent sur la mer Tyrrhene assez prés de la ville d'Ardea. C'est au territoire des Latins, à 20. mil Italiques de la ville de Rome: où se trouue l'Inscription suiuante, qui faict foy desdites reparations.

Grut. 163. 8.

```
         IMP. CAES. M. AVR.
             ANTONINVS
         PIVS. FELIX. AVG.
         PONTIF. MAX. GERM. MAX.
         TRIB. POTEST. IIII. IMP. V.
         COS. IV. PROCOS. P. P. ET
             M. AVRELIVS
             ALEXANDER
      GERM. MAX. DACIVS. MAX.
      PRINCEPS. IVVENTVTIS
      LITVS. VICINVM. VIAE. SEVERIANAE
      ASSIDVIS. MARIS. ADLVENTIS
      FLVCTIBVS AD. LABEM. RVINAE
      LABEFACTATVM. AGGERIBVS
      MARINI. OPERIS. A. FVNDAMENTIS
      VT. PERICVLVM. COMMEANTIBVS
      ABESSET. EXTRVI. CVRARVNT.
```

Il y a neantmoins quelques Rades ou Stations faictes par la seule operation de nature, qui semble auoir pris plaisir à imiter par auance, ce que les hommes ont depuis faict par artifice. Telle est celle que Virgile depeint en ces vers:

Li. 4. Geogr.

——— *Est specus ingens*
Exesi latere in montis, quo plurima vento
Cogitur, inque sinus scindit sese vnda reductos,
Deprensis olim Statio tutissima nautis.

7. Quant aux ports, il y en a aussi de plusieurs sortes: Car aucuns sont purement naturels: dont les vns se trouuent d'eux mesmes comme retirez & enfoncez dans le riuage en forme d'Amphiteatre, pour pour y receuoir les nauires à seureté contre l'impetuosité des vents & orages. Les autres anticipent dans la mer, & s'aduancent en croissant de Lune: dont les cornes recourbees laissent vne ouuerture propre à receuoir les vaisseaux. Thucidide a laissé par

DE L'EMPIRE LIV. IIII.

escrit, que la ville d'Athenes auoit trois ports naturels si bien faicts sans que les hommes y eussent contribué leur industrie, que ceux qui en approchoient, n'eussent sceu lequel choisir pour le plus seur & plus commode. Tel estoit anciennement le port de Carthage la neufue, ville d'Espagne sur la mer Mediterranee. Ce port estoit le plus asseuré de toute l'Espagne, & capable des plus grandes flottes, descrit par Tite Liue au 26. de son histoire: & sur le patron duquel Ludouicus Nonius Medecin Espagnol, dict que Virgile a moulé le port naturel, si bien depeint au premier de son Eneide, en ces mots:

> *Est in secessu longo locus, insula Portum*
> *Efficit obiectu laterum, quibus omnis ab alto*
> *Frangitur, inque sinus scindit sese vnda reductos.*
> *Hinc atque hinc vastæ rupes, geminique minantur*
> *In cœlum scopuli, &c.*

Il y a d'autres ports, que la nature a comme designé & monstré aux hommes, plustost que faict & acheué: mais qui aydez par l'industrie & le trauail des hommes, se sont rendus beaux, seurs, & de tres-facile abord. Tels sont quasi tous les ports mentionnez audit Itineraire, dans l'histoire de Strabo, de Pline, & d'autres qui ont faict des liures de Geographie. Les autres sont du tout artificiels, c'est à dire, faicts de main d'homme, lesquels les Grecs & Latins appellent *Catones*, ou plustost *Cotones*, suiuant le tesmoignage de Festus, qui dict: *Catones, seu Cotones appellantur portus in maritimores, arte & manufacti.* Tel estoit le port de la ville tant renommee de Carthage en Affrique, par lequel Scipion commença d'y mettre le siege, au raport d'Appian, qui dit, *Ineunte deinde vere Scipio Byrsam* *Lib. de bellis Punicis.* *simul, & portum, quem Cotonem vocant, aggressus est.* Strabo parlant de la ville de Puzzol prés de Naples, dict qu'elle estoit auec le temps accreüe en vne riche & puissante Cité, à cause du traffic qui s'y faisoit, facilité par les haures & les ports, que les habitans y auoient faicts à la main, *Vrbs autem* (dit-il) *amplissimum factum est emporium, manufactos cotones & stationes habens.* *Li.5.Geogr.*

8. Et à la verité les ports se faisoient plus facilement & promptement à Puzzol, qu'en autre lieu du monde, à cause d'vne pouldre qui s'y trouue en abondance, que ceux du pays appellent de la Rapille: & les Latins *puluerem Puteolanam*, de laquelle nous auons parlé en autre endroict. Cette pouldre auoit cela de propre, que meslee auec de l'eau, elle estoit facilement reduitte en pierre, ainsi que le plastre, s'affermissant & conglutinant par le battement des flots de la mer. Les habitans de Puzzol ayant recognu sa nature, la mesloient auec du grauois en forme de chaux, dequoy ils faisoient

vne matiere petrifiee, de laquelle ils jettoient grande quantité dans la mer, & la conduisoiët du riuage en auant en forme circulaire. De sorte que d'vn riuage auparauant estendu en ligne droite, ils en faisoient vn port recourbé en deux cornes opposites, suffisamment ouuertes pour donner entree aux nauires, & les mettre hors de tout danger: Ce que Strabo veut signifier, quand il dict: *Quas ad res commodum conducit arenarum ingenium, quæ calcis quam simillima comparata, validissimum conglutinantur in modum. Vnde commixta sabulo glarea aggeres proiectant in pelagus, ripasque patentes sinuosos in recessus redigunt.*

Li. 5. Geog.

Il y eut autrefois à Puzzol vn port de grand' entreprise, composé de piles de ladite nature jettees dans la mer, lesquelles estant tombees d'antiquité, furent reparees par Antonin le Debonnaire sur le dessein que son predecesseur Hadrian en auoit faict, & qu'il ne peust acheuer estant preuenu de mort, ainsi que l'Inscription presente nous enseigne:

Grut. 163. 9.

IMP. CAESAR. DIVI. HADRIANI. FIL.
DIVI. TRAIANI. PARTHICI. NEPOS
D. NERVAE. PRONEPOS. T. AELIVS
HADRIANVS. ANTONINVS. AVG. PIVS
PONT. MAX. TRIB. POT. II. COS. II.
DESIG. III. P. P. OPVS. PILARVM
VI. MARIS COLLAPSVM. A. D. PATRE
SVO. PROMISSVM. RESTITVIT.

9. Quant aux háures ou stations, elles tiennent le milieu entre les plages & les ports: car ce sont lieux sur le riuage, faicts par nature ou par artifice, où les nauires sont en plus grande asseurance qu'és simples plages: mais non si seurement que dans les ports. C'est ainsi que Surita nous le faict entendre, disant: *Stationes sunt quæ portuum tutam mansionem non assequuntur: & tamen litoribus præstant.* Et de faict, il s'en trouue aucunes mal asseurees pour les nauires en temps d'orage. Telle estoit en l'isle de Methelin le háure dont parle Virgile au 2. de son Æneide,

Nunc tantum sinus, & statio male fida carinis.

Suit apres le mot de *Refugium*, lequel quoy que general pour tout lieu de retraitte, si est-ce que l'Itineraire le met en œuure pour vne sorte de háure, où les nauires estant entrez, y peuuent demeurer en toute asseurance. *Ego arbitror,* dit Surita, *voce refugij stationem designari, quæ fida nauibus mansio designabatur.* Ce qui est d'autant plus vray semblable, comme dans l'Itineraire d'Antonin le mot de refuge est distingué de plage, en la maniere qui ensuit:

ITER

DE L'EMPIRE, LIV. IIII. 761

ITER AB AGRIGENTO PER MARITIMA LOCA SYRACVSAS.

	Dædalium.	M. P. XVIII.
	Plintis.	M. P. V.
Refugium,	Chalis	M. P. XVIII.
Plagia,	Caluisianis	M. P. VIII.
Plagia,	Mesopotamo	M. P. XII.
Plagis,	Hereo siue Cymba	M. P. XXIIII.
Refugium,	Apolline	M. P. XX.
Plagia,	Siracusis	M. P. XXXII.

Pag. 21.

10. Reste le mot de *Gradus*, que Surita dict estre certaine sorte de pont sur le riuage de la mer, ou sur les riues des grands fleuues, faict exprés comme par degrez, pour monter de la terre dans les nauires, ou des nauires descendre sur terre auec plus de facilité : *Gradus enim*, dit-il, *antiquitus vocati videntur, pontes ad littus aut fluminum ripas constrati : ex quibus naues commodiore ingressu ascenderentur ad nauigantium, & ad quos appellerent.* L'Itineraire faict mention du lieu dict *Gradus Massilitanorum*, où le Rhosne faict sa descharge dans la mer : duquel lieu Ammian Marcellin, descriuant le cours du Rhosne, parle en cette sorte : *Rhodanus finitus inter valles, quas ei natura præscripsit,* *Lib. 15.* *iuxneus Gallico mari concorporatur per patulum sinum, quem vocant ad Gradus, ab Arelate XVIII. fermè lapide disparatum.* C'est à dire, que le Rhosne faisant son cours entre des vallees que la nature luy a prescrit, se iette tout escumeux dans la mer Françoise par vne large ouuerture, que l'on appelle aux Degrez, esloignee quasi de dix-huict mil de la ville d'Arles.

11. Voila ce que nous auons rencontré dans l'Itineraire d'Antonin a interpreter sur le faict des chemins maritimes. Ces chemins se conduisent, ou le long du riuage de la terre continente : comme le chemin de Rome à Arles par les ports & les haures d'Italie & de la Gaule Narbonnoise : ou par traicts de mer, comme d'Italie en la Grece, en Affrique & autres parties de la terre : ou bien par les Isles qui se trouuent d'vne terre ferme à l'autre.

12. Quant aux mesures, le seul chemin de Rome à Arles a ses distances limitees par mil Italiques : Mais tout le reste se mesure par Stades, ainsi que pourront voir ceux qui prendront la peine de lire l'Itineraire maritime d'Antonin. Au reste, ces Stades & ces mil Italiques, dont ledit Itineraire s'est seruy pour mesurer les distances de port en port, s'accordent si peu auec les mesures de Pline, de Strabo & autres Geographes, que ce n'est pas sans cause que Strabo mesme a dict, que tout autant qu'il y a d'auteurs, autant voit-on de differens interualles en la mesure des riuages & des

Ddddd

ports, ne se trouuant personne qui s'accorde au iuste auec son compagnon : *Omnes cum omnibus inter sese de interuallis dissentiunt* : comme il monstre par exemple en son liure sixiesme.

DES PORTS D'ITALIE, ET DE QVELQVES vns des plus admirables, que les Empereurs de Rome y ont faict faire.

CHAPITRE XLIX.

1. *Passage de Strabo sur l'estat d'Italie, qu'il dit estre importueuse.*
2. *Passage de Pline contraire à celuy Strabo, comment concilié.*
3. *Par qui les ports d'Italie ont esté faicts : Description de celuy de Brindes.*
4. *Description du port de Luni.*
5. *Descriptio du port de Misene, faict ou reparé par Agrippa.*
6. *Deux armees naualles entretenues par Auguste & par Tybere à Mi-sene & à Rauennes, pour la defense d'Italie.*
7. *Description du port de Rimini & d'Ancone.*
8. *La ville d'Ostie Importueuse és temps de Strabo.*
9. *Entreprise de Iules Cesar, de faire le port d'Ostie, sans effect à cause de la despense.*
10. *Claudius entreprend de faire ledit port, & met à chef son entreprise.*
11. *Comme Traian a amplifié ce port.*

I. STRABO ayant remply le cinquiesme & sixiesme liure de son histoire Geographique des excellences de l'Italie, & parsemé deçà delà plusieurs choses, par le moyen desquelles la ville de Rome, qui est au milieu d'icelle, est paruenue à telle grandeur que chacun sçait : en fin voulant recueillir comme en abregé les principaux auantages que le peuple Romain a eu de s'amplifier ainsi par le monde, il en assigne cinq ou six causes : dont la premiere est, que l'Italie estant quasi faicte en forme d'Isle, les Romains la pouuoient facilement garder, en tenant en estat d'asseurance les mers Tyrrhene, Ionienne, & Adriatique, qui l'enuironnent tout autour : excepté par vn petit endroict, râparé des montagnes des Alpes extrêmement haultes & inaccessibles, qui luy seruent comme de certains murs naturels, pour la couurir, & fortifier l'Italie du costé où elle est ioincte à la terre. Puis il donne pour vne seconde cause, que l'Italie pour la plus part est importueuse, & de difficile accez. Que s'il y a des ports en aucuns endroicts, ils sont admirables en grandeur & excellence, fort propres contre tous efforts estrangers, & non moins commodes pour faire courses sur mer, que pour y exercer le traffique auec toute facilité & abondance: *Cum multa*, dit-il, *à nobis disputata sint, nunc amplissima significabimus, quibus hoc tempore ad tantum maiestatus fastigium res Romana conscenderit*. Et peu apres: *Secundum est maxima ex parte ipsius importuositas, & quod sicubi portus existunt, magnitudine & excellentia mirabiles, adstant aduersus externorum impetus commodi, nec minus ad inferendas excursiones, quam ad ipsam mercaturæ commoditatem & abundantiam*.

Lib. 6. Geogr.

2. Mais que dirons nous d'vn passage de Pline, qui semble estre directement contraire à Strabo. Car Pline, entre les benefices de nature dont l'Italie est doüee, raconte qu'elle est de fort facile accez à toutes sortes de nations, à cause de ses riuages portueux, & de la douceur & benignité des vents qui dominent à l'enuiron, ainsi que l'on voit en ces mots: *Iam situs ac salubritate cœli, atque temperie, accessu cunctarum gentiũ facili, littoribus portuosis, benigno ventorum afflatu*. Pour accorder ces auteurs, qui ont eu tous deux fort bonne cognoissance de l'estat & de la nature d'Italie, & qui l'ont descrit d'vn bout à l'autre, Ie ne sçaurois dire autre chose, sinon que Strabo prend les riuages d'Italie ainsi qu'ils ont esté produicts de nature: lesquels ainsi pris, sont importueux & de difficile accez. Mais Pline prend les mesmes riuages ainsi qu'ils ont esté accommodez par le trauail & l'industrie des hommes, lesquels à force de ports qu'ils ont faicts à l'enuiron, ont rendu l'Italie portueuse par artifice, qui estoit importueuse par nature. Et de faict, en autre endroict Pline parlant de l'Italie, admire entre autre chose la multitude de ses ports: par le moyen desquels, elle est ouuerte au commerce de tous les endroits de la terre, se jettant comme par desir & auidité bien auant en mer, comme si c'estoit pour bailler ayde & secours aux hommes, & les aller accueillir de bien loing. Ce que ces termes veulent signifier: *Tot lacus, tot amnium fontiumque (Italiæ) vbertas, totam eam perfundens: tot maria, portus, gremiúmque terrarum commercio patens vndique: & tanquam ad iuuandos mortales ipsa auidè in maria procurrens*.

Lib. 37. nat. hist. c. 13.

Lib. 3. nat. hist. c. 5.

3. Doncques de tant de ports qui enuironnoiét l'Italie, & qui sont marquez par leurs noms & situations dans l'Itineraire d'Antonin, les vns ont esté faicts par les peuples des principales villes, esquelles ils sont assis: comme les ports de Brindes, de Tarente, & de la Lune: les autres ont esté accommodez par les Romains, depuis qu'ils eurent faicte la conqueste de l'Italie tout entiere: tels que

Ddddd ij

sont les ports de Misene, de Rauennes, d'Ancone, & d'Ostie. Entre les premiers paroist celuy de Brindes, pour sa grandeur & son excellence: *In primis Brundusii portus sua excellentia præstat*, ainsi que parle Strabo. Car c'est comme vn port general, qui se diuise par apres au dedans en plusieurs autres moindres ports nullement subjects à l'agitation des vents: d'autant que l'on y entre par vne bouche commune, qui les tient tous à couuert: & qu'ils ont leur retraitte & sinuations dans le riuage, en la mesme figure que les branches des cornes d'vn Cerf sortent de leur tronc. De sorte que le port joinct à la ville, ressemble proprement à vne teste de Cerf accompagnee de ses cornes: d'où le nom de *Brundusium*, qui signifie teste de Cerf, auroit esté donné à ce lieu là: d'autant qu'en la langue des vieux Massapiens, au territoire desquels la ville & le port sont assis, *Brundusium* signifie teste de Cerf: *locus enim cum*

Li. 6. Geogr. *vrbe* (dit le mesme Auteur) *ceruino capiti maximè est comparandus. Nam lingua Messapiorum, Brundusium cerui caput nuncupatur.* Quant au port de Tarente, il est grand & spacieux: mais non si seur que celuy de Brindes: d'autant qu'ayant vne large ouuerture, il est plus exposé à l'agitation des ondes: & qu'au fond de son sein il tient cachez quelques escueils fort dangereux. Ces deux ports sont assis sur le riuage de la mer Ionienne: & ne sont distans l'vn de l'autre, que d'vne iournee de chemin.

4. Mais sur tous les ports d'Italie, faicts par autres que par les Romains, excelle celuy de la Lune: ainsi dict, à cause de Luni, derniere ville de la Toscane, tirant vers les Alpes, situee sur la mer Tyrrhene: *Græci enim & portum & vrbem maximè, Lunæ appellant*,

Li. 5. Geogr. dit Strabo, qui descrit ledit port en cette maniere: *Maximus vero & pulcherrimus portus est, multos intra se portus amplectens, magnæ profunditatis vniuersos: vsque adeò vt omnium qui maris teneant Imperium, facile fieret receptaculum tam latè patentis pelagi multos per annos. Celsis vero montibus portus ipse circumcluditur, qui prospectum longe pelagi præbeant.* C'est à dire, que le port de la Lune est vn tres-grand, & tres-beau & qui en comprend dedans soy plusieurs autres, tous de bonne profondeur. En sorte, que par plusieurs annees il a esté suffisant de receuoir les flottes de tous ceux qui ont tenu l'Empire d'vne mer si vaste, qu'est la mer Tyrrhene. Et ce qui le rend encore plus seur & plus remarquable, c'est qu'il est enuironné de part & d'autre de tres-haultes montagnes, du dessus desquelles on descouure fort loing en haulte mer.

5. Or quoy qu'au reste de l'Italie & des prouinces il y ait plusieurs beaux ports bastis par les peuples de chacun païs, si est-ce qu'il ne se trouue rien de pareil à ce que les Romains ont faict en ce

genre d'ouurage. Car ils ont fait des ports, pour la construtiō desquels les richesses de tous les Rois des siecles presens ne pourroient pas suffire. Ie me contenteray d'en mettre deux ou trois en auant de plusieurs que les Empereurs ont faits en Italie: & commenceray par celuy de Misene, ainsi dit à cause de la montagne de ce nom, au pied de laquelle il est assis. Cæsar Auguste l'a fait faire, ou plustost reparer par son gendre Agrippa. C'est comme vn golphe entier, qui s'estend iusques à Bayes en forme de croissant: & qui est separé de la mer morte par vne leuee de huict stades de longueur, & de largeur suffisante pour y passer vn chariot. Ceux du pays disent que ce fut Hercule, qui pour faire passage aux bœufs conquis sur les Gerions, fit dresser ladite leuee: ainsi que rapporte Strabo. Mais côme au temps d'hyuer il n'estoit pas possible d'y aller à pied, à cause des eaux qui flottoient par le dessus, Agrippa la rehaussa de nouueau, & la rendit commode pour y passer en tout temps, & y tenir dans son enceinte les vaisseaux en asseurance. Ce qui arriua iustement au temps qu'Auguste Cæsar faisoit la guerre en Sicile côtre les enfans de Pompee, Agrippa ayant esté fait Lieutenant general de son armee de mer. *Li.5.Geogr.*

Ce port est fort capable, & propre à receuoir & loger telle flotte que l'on voudra. Ioinct qu'il a tout aupres de soy trois golphes de l'autre costé du mont Misenus qui s'estéd à demy cercle entre Bayes & Puzzol: sçauoir les golphes de Bayes, de la mer Morte, & d'Auerne, que L. Florus dit estre comme certaines embouchures de la mer, propres à tenir les vaisseaux en seureté.

6. C'est d'où vient que Cæsar Auguste dressant vn estat general de son Empire, & des forces militaires qu'il iugeoit necessaires à le defendre, pour tenir l'Italie particulierement en asseurance, comme le cœur de l'Empire, establit deux armees naualles perpetuelles, dont il mit l'vne au port de Misene pour la garde de la mer basse: & vne autre à Rauennes, pour la conseruation de la haute mer. Car c'est de ces noms que les auteurs appellent les mers Tyrrhene & Adriatique. Suetone parle ainsi de ces deux flottes. *In Augusto cap.49.* *Ex militaribus copijs legiones & auxilia prouinciarum distribuit. Classem Miseni, & alteram Rauennæ, ad tutelam superi & inferi maris collocauit.* Ce que *Lib.4.ann.* Tacite raconte auoir esté continué par Tibere, successeur dudict Auguste. *Italiam vtroque mari duæ classes, Misenum apud & Rauennam, proximumque Galliæ littus rostratæ naues præsidebant.* Quant au port de Rauennes il estoit de la façon d'Auguste, qui l'accôpagna d'vne haulte tour à la mode du Phare d'Egypte: & y bastit vn camp en forme de petite ville, pour y loger durant l'hyuer les soldats de l'armee nauale par luy constituee à la garde de la mer Adriatique: mais à present

à peine y peut-on voir aucun vestige dudit pont, si nous en croyons Franciscus Schottus, qui en parle ainsi: *Augustus amplissimo portu, & altissima Pharo Rauennam nobilitauit, vbi classem ad tutelam superi mari, id est Adriatici constituit: adiecitque in superiore portus ac faucium cornu, è regione Rauennæ castra hyberna classiariorum: quæ in oppidi formam ædificata, mœnibusque munita, classis Rauennas posteriore sæculo nuncupari cœpit: nunc verò vix vlla visuntur portus vestigia.*

Lib.1. Itinerar. Ital.

7. Ie ne sçaurois passer sous silence le port de Rimini, autrefois construit de grandes pierres de marbre par le mesme Auguste, desquelles pierres Sigismond Malateste, seigneur de Rimini, a fait bastir la superbe Eglise de S. François: ce qui monstre bien, que ce port estoit tres-ample & tres-magnifique au rapport dudit Schottus, qui nous tesmoigne en auoir veu quelques vestiges. *Sed quam splendidus & amplus olim fuerit portus,* dit-il, *cognosces per structuram magnificentissimi templi D. Francisci, quod ex marmoribus antiqui portus Ariminensis, Sigismundus Malatesta, eius vrbis Princeps, quondam extruxit.* Ie ne peux nō plus oublier celuy de la ville d'Ancone basty par l'Empereur Trajan, si capable & si seur, tant par son assiette naturelle, que par l'industrie des hommes, que iusques à present il a esté tenu pour l'vn des plus beaux & des plus celebres de toute la terre. *Portus ille quidem capacissimus,* dit Eichouius, *cum natura ac promontorij situ, tum opere atque arte veterum, clausuris vsque adeo tutus est, vt inter primos, atque pulcherrimos orbis terrarum adhuc celebretur.* Cet auteur qui l'a veu & consideré, dit que l'on y voit encores les accoudoirs de marbre, qui l'enuironnoiēt de tous costez: auec plusieurs colones de mesme matiere, ausquelles on attachoit les nauires: ensemble les degrez larges & amples, par lesquels on descendoit sur les eaux, & portoit-on les marchandises des nauires sur la terre. Il se trouue vne Medaille frappee à l'honneur de Trajan, qui tesmoigne, que c'est luy qui fut auteur d'vn tel ouurage. Car on y voit graué le port d'Ancone en la mesme forme qu'il est, auec la representation de certains portiques ou galeries, soustenues sur grand nombre de colonnes. On y voit aussi l'image de Neptune couronné de jonc, & couché de son long à l'emboucheure dudit port, tenant le gouuernail d'vn nauire en sa main droicte, & ayant pres de soy vn Dauphin. Il y paroist encore vn double rang de chaisnes, qui seruoient à clorre la bouche dudit port: dans le champ duquel sont grauees des nauires à cinq rames, & autres sortes de petits vaisseaux.

8. Reste le port d'Ostie, que nous auons reserué pour la derniere piece de ce liure, comme il est le plus grand, & le plus admirable de tous. Ce port eut son nom de la ville d'Ostie, qui doit sa fondation à Ancus Martius Roy des Romains. Elle est assise sur l'em-

boucheure du Tybre. *Vnde ab Oſtio Tiberis, Oſtia eſt appellata* : Comme nous apprenõs de Strabo. Cet auteur l'appelle *Nauale Vrbis*: c'eſt à dire, le Háure de la ville de Rome, encore qu'elle en ſoit eſloignee de plus de huict lieuës Françoiſes, & que de ſon temps elle fuſt importueuſe de ſoy, à cauſe du limon que le Tybre y charroyoit par chacun iour. En ſorte que les nauires qui amenoient des prouiſions à Rome, eſtoient contraintes de ſe tenir à l'ancre aſſez loing du riuage, expoſees aux dangers des tempeſtes. Toutesfois on recompenſoit ce defaut par la multitude de petites barques, par le moyen deſquelles on deſchargeoit en peu d'heures les plus grãds vaiſſeaux : & portoit-on les marchandiſes contre le cours du Tybre iuſques à Rome ſur la longueur de cent quatre-vingts ſtades, qui valent plus de dix lieuës Françoiſes.

Strabo lib. 5. Geog.

9. Iules Ceſar voulut de ſon temps remedier à ces longueurs & incommoditez : & feit maintes entrepriſes pour y faire vn port comme au lieu qui le meritoit mieux qu'aucun autre, eſtant celuy qui deuoit ſeruir d'abord à toutes les marchandiſes de l'vniuers. *In quo totius orbis opes, veluti in maritimo Vrbis hoſpitio reciperentur.* Mais il n'executa aucun de ces deſſeins, quelque grand courage qu'il euſt, eſpouuanté de la difficulté, & des frais neceſſaires à vn tel ouurage : comme Suetone nous le teſmoigne en ce peu de mots. *Alterum à D. Iulio ſæpius deſtinatum, ac propter difficultatem omiſſum.*

Eichouius in deliciis Italiæ.

In Claudio cap. 20.

10. Il s'eſt trouué neantmoins vn de ſes ſucceſſeurs plus hardy, qui oza l'entreprendre, & qui euſt le pouuoir de faire reüſſir ſon entrepriſe, Ce fut l'Empereur Claudius, lequel conſiderant le danger des nauires, qui eſtoient contrainctes de ſe tenir à l'ancre loin du riuage, principalement celles qui apportoient les bleds à Rome pour en faire la diſtribution au peuple, il prit reſolution de faire vn port pres de l'emboucheure du Tybre, ſur le bord oppoſite à la ville d'Oſtie. Et comme il s'enquit des Architectes & Entrepreneurs quelle ſomme d'argent il eſtoit neceſſaire d'y employer, ils luy firent reſponſe, qu'elle eſtoit telle, que s'il le ſçauoit, il ne l'entreprendroit iamais : eſperãt par là le deſtourner d'vne ſi prodigieuſe entrepriſe. Mais luy nullement eſtonné, ſe confirma ſi fort en ſa reſolution, qu'il fit reüſſir ſon deſſein. Premierement, ſuiuant le deuis dreſſé par les experts, il fit fouïr dans le riuage, & faire vne grande ouuerture en terre ferme, laquelle il rempara & fortifia d'vne forte & groſſe liſiere de maçonnerie, pour y receuoir les eaux marines. En apres il fit conduire de part & d'autre bien auãt en mer deux grandes leuees, en forme de ramparts diuiſez en deux bras oppoſites. Ces deux bras enuironnoient vn grand eſpace de mer capable de receuoir par ſon emboucheure toutes ſortes de vaiſ-

seaux, & les tenir asseurez contre tous dangers. Puis il fit ietter pres de l'entree dudit port en pleine mer, vn mole ou masse de maçonnerie si grande qu'il en fit comme vne isle, pour l'affermissement de laquelle il mit à fond ce nauire tant renommé, que l'on auoit fait faire expres pour apporter d'Egypte le plus grand de tous les Obelisques qui sont à Rome: afin que ce grand corps de bois commençast à seruir de fondement aux matieres de maçonnerie que l'on ietteroit au dessus. Ce mole fait, il y bastit sur pilotis vne tres haute tour, à l'imitation de celle du Phare en Alexandrie, afin d'y tenir de nuict des feux allumez, qui seruissent de conduite & d'adresse aux nautonniers.

Voila comment par la grandeur inuincible de son courage il acheua cet œuure: ainsi que Suetone nous le tesmoigne, & que Dio le descrit fort particulierement, qui l'appelle: *Rem magnitudine ac potentia Romana dignam.*

In Claudio c.20. Lib. 60.

11. Trajan quelque temps apres le fit amplifier, en tirant du fond dudict port des nouuelles ouuertures dans la terre continente: & les fortifiant de grosses murailles de pierres esquarries. Cyprianus Eichouius, qui a esté sur les lieux, escrit en ses delices d'Italie, que les vestiges en apparoissent encore, & que les fondemés se font voir iusques à present au dessus de la mer: que c'estoit l'vn des plus admirables ouurages, que les Romains ayent iamais mis à chef: & que Lazarus Bonamicus auoit accoustumé de dire, que tous les Princes Chrestiens ensemble n'eussent sceu edifier vn si beau & si grand port: *Omnes Christianorum Principes non posse talem extruere.* Plus il escrit que nonobstant la dignité & l'excellence de l'œuure, vn Pape du nom de Gregoire, sans dire lequel, le fit ruiner, pour crainte que les Sarrazins ne s'en saisissent, & ne s'en seruissent côme d'vne forteresse à l'encontre de la ville de Rome. *Propter metum Sarracenorum, ne esset ad illorum eruptiones propugnaculum.* Et en cet endroict ferons fin au Traicté des grands Chemins, que le peuple & les Empereurs ont faicts & par mer & par terre hors la ville de Rome.

FIN DV QVATRESME LIVRE.

A MONSEIGNEVR DE LOMENIE,
CONSEILLER DV ROY
EN SON CONSEIL D'ESTAT,
ET SECRETAIRE DE SES
Commandemens.

MONSEIGNEVR,

C'est chose digne de quelque consideration, qu'aussi tost que les sciences ont esté cheries, et receües par quelque nation que ce soit, à mesme temps s'y est introduit l'amour des choses antiques. Et que comme les lettres, ainsi que les Empires, sont allees auec le Soleil, d'Orient en Occident; à mesure qu'elles sont paruenues chez les Aegyptiens, les Grecs, et les Romains, l'affection d'auoir et de cognoistre les antiquitez a suiuy le mesme train. Que s'il y eut iamais nation au monde qui en ayt esté curieuse, c'est la

EPISTRE.

Romaine: principalement au temps, auquel les lettres humaines ont esté florissantes en la ville de Rome. C'est en ce temps qu'elle a transporté d'Aegypte les grands et merueilleux Obelisques, et enleué de Carthage et de la Grece, tous les ouurages antiques des plus excellens Peintres, Sculpteurs et Statuaires du monde, pour en parer les Temples, Basiliques, Theatres, et autres grands edifices qui bordoient ses ruës principales, que l'on appelloit Militaires, et ses places publiques. C'est où se voyoient en parade les tableaux les plus excellens, et les Statues de marbre et de fonte les plus belles de tout l'vniuers: et qui estoient en si grand nombre, qu'elles esgaloient à peu pres celuy des hommes viuans, qui y faisoient leur domicile. Ces ruës bordees de part et d'autre de ces grands edifices et raretez antiques, seruent de subject au Liure que ie vous presente, Monseigneur, sur l'asseurance qui m'a esté donnee, que vous ne le prendriez pas en mauuaise part, puis que vous n'auez pas estimé telles antiquitez du tout indignes de vostre curiosité: ains que vous auez autrefois prins plaisir d'en voir quelques pieces par forme de relasche et diuertissement des graues et serieuses occupations, qui vous tiennent d'ordinaire attaché aux plus importantes affaires du Royaume: où vous auez si longuement et si dignement seruy, et contribué vos fideles, et salutaires

EPISTRE.

Conseils. Car qui est celuy qui ne sçait les grands seruices par vous rendus, et en paix, et en guerre, à ce Prince incomparable HENRY LE GRAND? Ce que vous auez faict auec telle assiduité, qu'il se peut dire, que vous ne l'auez iamais perdu de veuë durant plus de trente ans: au milieu mesme de ses camps et de ses armees, dans les combats, dans les hazards: ne vous esloignant de sa personne, non plus qu'Hephastion de son Alexandre, ou Cyneas de son Roy Pyrrhus: Si ce n'est fort rarement, lors qu'en ses affaires plus pressees, et de plus grande importance, il a esté contraint de vous enuoyer en Ambassade vers les Princes Estrangers: où vostre prudence iointe à vostre fidélité, a tousiours faict reüssir vos negociations à son contentement. Vostre affection vers la Couronne de France est passee de ce grand Roy au Roy son fils à present regnant: auquel vous auez continué depuis vne douzaine d'annees, tous les deuoirs qu'vn esprit libre de toute passion, et qui n'a autre visee qu'au bien de l'Estat, peut rendre à son Prince souuerain. Ie vous deuois d'ailleurs l'offre de ce petit labeur, ne pouuant vous rendre de plus digne recognoissance de mon deuoir, pour ne demeurer du tout ingrat de la bonne volonté que vous auez daigné me tesmoigner: de laquelle vous m'auez ja rendu des preuues tres-fauorables. Receuez donc ie vous sup-

EPISTRE.

plie ce petit present d'aussi bon cœur que son auteur vous le dedie : et qu'il prie Dieu de vous continuer en longues annees, toute prosperité et santé : permettans s'il vous plaist, qu'il ayt l'honneur de se dire,

MONSEIGNEVR,

Vostre tres-humble & tres-obeissant seruiteur,

NICOLAS BERGIER.

HISTOIRE DES GRANDS CHEMINS DE L'EMPIRE ROMAIN.

LIVRE CINQVIESME

DISCOVRS GENERAL DE LA BEAVTE' des ruës militaires de la ville de Rome, en ce qui regarde la largeur d'icelles.

CHAPITRE I.

1. Pourquoy il faut parler en ce liure des ruës militaires de la ville de Rome. | 2. Trois poincts esquels gist la beauté d'vne ville, du 3. desquels sera traicté en ce liure.

1. 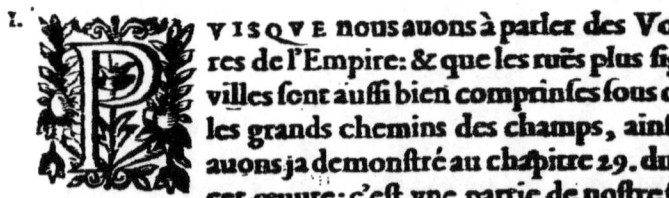VISQVE nous auons à parler des Voyes militaires de l'Empire: & que les ruës plus signalees des villes sont aussi bien comprinses sous ce nom, que les grands chemins des champs, ainsi que nous auons ja demonstré au chapitre 29. du 2. liure de cet œuure: c'est vne partie de nostre subiect, que de parler des Ruës militaires de la ville de Rome: Autrement nous laisserions en arriere la partie des Voyes militaires, qui est, non la plus grande: mais la plus belle, & la plus excellente de toutes.
 Tout ainsi donques que nous auons discouru de la beauté des edifices, qui bordoient les grands Chemins des champs de part & d'autre, il faut faire le mesme des grandes ruës de la ville, puis

Eeeee

qu'elles surpassoient en toutes sortes d'ornemens; tout ce que nous auons peu dire des grands chemins des champs, qui prenoient leur origine des grandes ruës de la ville, ainsi que de leur centre.

2. Or est-il, que la beauté des ruës de quelque ville que ce soit, consiste en trois poincts principaux: le premier, si elles sont bien pauees. Car c'est le paué qui fait distinguer les ruës des villes d'auec celles des villages: & de ce premier poinct nous auons parlé au 29. chapitre du liure 2.

Le second gist en la longueur, largeur, & conduite des ruës à droicte ligne: ce qui est de la bien-seance des grandes villes: comme c'est de l'asseurance des petites, que dés l'entree des portes, les ruës soient tournoyantes & sinueuses: *In ciuitate clara & præpotenti vias militares habere directas & amplissimas condecet: quæ ad dignitatem maiestatemque Vrbis faciant:* comme dit Albert. Et de ce poinct il a esté traité au liure troisiesme.

Lib. 4. de re ædif. cap. 5.

Le troisiesme consiste en la hauteur & beauté des edifices, qui les bordent de part & d'autre: Et c'est de ce poinct que nous auons à discourir en ce dernier liure: & monstrer qu'entre toutes les merueilles des Voyes militaires, celle qui gist en ce troisiesme poinct, a emporté le dessus, & a raui tout le monde en admiration.

DES TROIS TEMPS DE LA VILLE DE
Rome: & de l'estat de ses ruës & edifices au premier des trois.

CHAPITRE II.

1. Trois temps à considerer en la Ville de Rome.
2. Premier temps iusques aux feux Gaulois: temps de son enfance.
3. De la bassesse des edifices de Rome dans ce premier temps.
4. Ces premiers edifices cachez sous les cendres desdits feux, pour se releuer plus beaux que deuant.

1. ROME n'est pas paruenue tout à coup à ceste grandeur admirée de tout le monde: il la faut considerer en trois diuers temps, dont nous parlerons par ordre. Ces trois temps s'estendét depuis sa premiere fondatió par Romulus, iusques à la ruine & euersion d'icelle par Totilas Roy des Goths: qui fut la plus furieuse & dommageable de toutes: & qui arriua l'an 21. de l'Empire de Iustinian: 1300. ans apres ceste fondation.

DE L'EMPIRE LIV. V.

2. Le premier temps de la ville de Rome a son estendue depuis son origine & institution premiere, iusques à l'an trois cens soixante cinquiesme ensuiuant: auquel elle fut prinse, & entieremét ruinee par les feux Gaulois, excepté le Capitole. On peut appeller ce téps, & l'estat où elle s'est veue lors, du nom de son enfance, tãt ses commencemens durant ce temps ont esté petits! Et ne pense point qu'il y ait eu ville au monde, qui de si petite origine, & si basse, soit paruenue à telle splendeur & magnificence.

Quo gradibus domus ista Remi se sustulit olim,
Vnus erat fratrum, maxima regna, focus. — *Propertius li. 4. eleg. 1.*

Tout ce que Romulus peut faire en bastissant Rome, estoit plus tost l'image d'vne ville, qu'vne vraye ville: *Imaginem Vrbis magis, quam vrbem fecerat:* comme parle Florus. — *Lib. 1. cap. 1.*

3. Aussi n'estoit-elle composee que de Cabannes de bergers: & son propre palais n'est autrement appellé dans les anciés auteurs Latins, qu'vne Case, ou petite maisonnette. C'est ainsi que l'appelle Ouide au 1. de ses Fastes.

Dum casa Martaginum capiebat parua Quiritem.

Et quant au Temple de Iupiter, il estoit si petit, qu'à peine sa statue y pouuoit estre debout.

Iupiter angusta vix totus stabat in æde. — *Valer. Max. li. 4. cap. 4.*

Les Romains tenoient ces deux edifices entre les plus sacrez & venerables pour leur antiquité: & par eux adiuroient ceux, de qui ils desiroient obtenir quelque chose: disans, *Per Romuli Casam, perque Veteris Capitolij humilia tecta, & æternos Vestæ ignes.* Furius Camillus, n'oublie pas de remettre deuant les yeux du peuple Romain ce petit edifice, lors que le voyant prest à quitter la ville de Rome pour passer en celle de Veïes, il luy remonstroit: *Si tota Vrbe nullum melius ampliusue tectum fieri possit, quam Casa illa conditoris nostri, non in casis ritu pastorum agrestiumque habitura est satius inter sacra penatesque vestros, quã exulatam publicè ire.* On voit encore la figure de ce beau Palais sous le nom de *Casa Romuli*, dans le liure, auquel M. Fabius Caluus de Rauennes, a representé les 14. regions de la ville de Rome: conformement à Aurelius Victor, qui luy donne le mesme nom, *in 10. regione Vrbis.* Et Vitruue dit, que de son temps elle estoit encore en estre: & qu'elle estoit couuerte de chaume tout simplement. — *Liu. lib. 5. sub finem.* *Lib. 2. cap.*

4. Les edifices destinez à la demeure des subiects n'estoient pas plus somptueux, ny plus magnifiques: Aussi n'estoient-ils faicts que pour le logement des gens rustiques, que Liuius appelle, *Conuenæ, Pastoresque:* & Minutius Fœlix, *Perditos, facinorosos, incestos, Sicarios, & proditores.* Ces premieres habitations demeurerent en partie iusques — *Lib. 5.*

aux feux que les Gaulois conduits par Brennus mirent en la ville de Rome, qui cacherent sous leurs cendres la pauureté premiere de Romulus. De sorte que cette ville pastorale ne fut pas tant destruite par ces feux, que purgee & expiee, pour se releuer & restablir de nouueau d'vne forme d'architecture plus magnifique, & plus digne d'vne ville, qui deuoit à quelques siecles de là, tenir le premier rang: & estre la capitale de tout le monde. Ce que Florus a bien sceu remarquer en ce passage. *Pastorum casas ignis ille, & flamma paupertatem Romuli abscondit. Incendium illud quid egit aliud, nisi vt destinata hominum ac Deorum domicilio ciuitas, non deleta, non obruta; sed expiata potius, & illustrata videatur.*

Lib. I.
cap. 13.

DV DEVXIESME TEMPS DE LA VILLE de Rome: & de la magnificence des edifices qui y ont esté faicts.

CHAPITRE III.

1. *Comme la ville de Rome s'est releuee de ses ruines auec le temps.*
2. *De la remonstrance de Furius Camillus, qui arresta le peuple à Rome.*
3. *Que la ville de Rome fut rebastie sans attendre aucune diuision ou departement du sol.*
4. *Beauté de la ville de Rome dés le temps de Pyrrhus.*
5. *Aucuns mettent l'adolescence du peuple Romain en ce temps-là.*

1. Ce n'est donc pas dans ce premier temps, qu'il nous faut rechercher la beauté des grandes ruës de la ville de Rome: mais dans le second, & le troisiesme. Quant au second, il s'estend depuis l'embrasement fait par les Gaulois iusques au feu que Neron y fit mettre pour son plaisir: qui est de quatre cens cinquante ans d'estendue. Pendant lequel la ville de Rome s'est releuee de ses cendres, tout autre qu'elle n'estoit auparauant. Ce qui n'est pas arriué tout à coup, mais auec vne longue succession de temps: d'autant que la meilleure partie des richesses & facultez du peuple Romain auoit esté consommee par les feux Gaulois: & que ceux qui viuoient lors, & long temps depuis, n'auoient pas en fort grande recômendation

l'enrichissement & ornement de leurs maisons, appliquans leurs esprits à choses plus necessaires, & de plus grande consequence. En fin vers le siecle de Marius & Sylla, & autres suiuans, nasquirent des hommes grands entrepreneurs, qui ne cedoient pas aux anciens en ce qui estoit des choses veiles & necessaires: & de plus, qui pensoient à celles, qui sont de plaisir & de recreation: remplissant la ville de Rome d'vne infinité de choses rares, & de bastimens tres-somptueux & tres-magnifiques. Ce que Strabo donne assez à entendre, quand il dit: *Vt autem sic dixerim, veteres illi Romani, vrbis pulchritudinem contempsere, cum maioribus, magisque necessarijs animum adiecissent. Postea vero, & ij præsertim qui nostris fuere temporibus, haudquaquam illis hac in re cessisse videntur: sed innumerabilibus & præclarissimis vrbem Romam impleuerunt insignibus. Pompeius namque & D. Cæsar, & Octauianus, & eius filij, & familiares, & vxor, & soror, cunctorum studium simul & impensas, ad apparanda decora superarunt.* Strabo li. 5. Geogr.

2. Et certes le peuple de Rome estoit du commencement si mal affectionné à restablir la ville, que sans la belle remonstrance de Furius Camillus, par laquelle il luy fit entendre entre autres choses, que là estoit le Capitole, *Vbi quondam capite humano inuento, responsum est, eo loco caput rerum, summamque Imperij fore*: Sans ces remonstrances, dis-je, le peuple Romain s'en alloit quitter la ville, & demeurer à Veïes. Adioustez à cela la parole du Centurion, lequel retournant de garde, & approchant de la cour de Hostilius, où le Senat estoit assemblé pour deliberer la dessus, commença à dire tout hault à l'enseigne de sa compagnie: *Statue signum: hic manebimus optimè*. C'est à dire, Plante la ton enseigne, nous serons fort bien icy. Cette voix estant prise pour augure, & le Senat, & le peuple rompirent la resolutiõ d'aller demeurer à Vejes, côclurent qu'ils ne partiroïet de là, & que sur ce lieu ils releueroïét leur ville de ses ruines. Liu. lib. 5. sub finem.

3. Chacun donc se mit incontinent à rebastir sa maison: non où elle estoit, mais où il arriuoit par cas d'auanture, sans choix ne discretion quelconque, la plus part meslant auec son fond celuy de son voisin: voire mesme celuy des ruës & des places publiques. Il n'y eust aucune diuision du sol ancien, pour faire que les ruës fussent dressées à droicte ligne: mais chacun prenoit place à sa fantaisie. Cela fit que la ville n'en parut pas si belle, à cause des flexions & tortuositez des ruës & des bastimens: *Nam post incendia Gallica*, comme dit Tacite, *domus nulla distinctione, sed passim erectæ sunt*: Et Liuius encore plus clairement: *Promiscuè vrbs ædificari cœpta: festinatio curam exemit vicos dirigendi, dum omisso sui, alienique discrimine, in vacuo ædificant. Ea est causa, vt veteres cloacas primo per publicum ductæ, nunc priuata passim subeant tecta: formaque vrbis sit occupatæ magis, quam diuisæ similis.* Lib. 15. annal.
Li. 5. infine

4. Si faut-il dire neantmoins, que nonobstant la confusion & tortuosité des ruës, la ville ne laissa pas d'estre belle & plaisante à voir dés le temps de Pyrrhus, veu que ses Ambassadeurs retournans de la ville, interrogez ce qui leur sembloit de la Ville & du Senat, ils firent response, que la Ville leur auoit semblé comme vn Temple, & le Senat comme vne compagnie de Roys.

Florus li.1 cap.18.

5. Il y en a qui disent, que iusques à ce temps, & peu au delà, sçauoir, *vsque ad bellum Picenum & Wlsiniense*, s'est estendu le second aage du peuple Romain, & comme son adolescence, en laquelle il a esté en grande force & vigueur, & comme tout boüillant de l'amour de la vertu : *Hæc est secunda ætas populi Romani, & quasi adolescentia*, dit le mesme Auteur: *qua maximè viruit, & quodam flore virtutis exarsit, ac ferbuit.*

Idem Florus cap.22.

DE CEVX QVI COMMENCERENT A enrichir la ville de Rome auec du Marbre,

Chap. IIII.

1. En quoy gist la beauté des edifices. Excellence du Marbre.
2. Qui fut le premier, qui mit du Marbre en œuure en sa maison.
3. Magnificence du Theatre & maison de Scaurus.
4. Excellence des maisons de Mamura & de Lepidus.
5. Magnificence des bastimens de Lucullus.
6. Auguste Cesar trouua Rome de brique, & la laissa de Marbre. Edifices par luy faicts.
7. Edifices faicts par autres à son exhortation.
8. Moyens inuentez par Auguste, pour la conseruation des edifices.
9. Les trois successeurs d'Auguste peu curieux de bastir.
10. Aage virile de la ville de Rome.

1. LA beauté des edifices, tant publics, que particuliers, qui seruent d'ornement aux ruës des bonnes villes, gist partie en leur matiere, & partie en leur forme. Nous commencerós par la matiere à monstrer qu'elle fut l'excellence des ruës de la ville de Rome, au second estat de sa fortune. Ie ne parleray point icy des pierres de taille, qui sont communes, & desquelles il est à croire la plus grande partie des edifices de ladite Ville auoir esté bastie, pour la multitude des quarrieres qui estoient és

enuirons: Mais ie commenceray par les diuerses sortes de Marbre, qui sur le milieu & la fin de cet aage second, y reluisoient de tous costez. C'est l'espece de pierre la plus riche, & la plus somptueuse que l'on puisse mettre en œuure en bastimens, tant pour la parfaite polissure, que le marbre reçoit, que pour sa dureté & solidité: & pour la varieté de ses couleurs: *Inter lapides & marmora differentia est,* dit Isidore: *nam marmora dicuntur eximij lapides, qui maculis & coloribus commendantur.* Outre cela le Marbre estoit amené à Rome de diuerses contrees, de l'Europe, de l'Asie, de l'Affrique, & Isles de l'Archipelague fort esloignees de ladite ville: d'où on le charroyoit à grand fraiz, tant par mer que par terre. *Lib. 16. Orig. c. 5.*

2. L. Crassus grand Orateur, qui fut Censeur auec Domitius Ænobarbus, l'an 662. de la fondation de Rome, fut le premier qui mit le marbre en œuure en bastiment priué, ayant employé douze colonnes de marbre seulement, au frontispice de la maison qu'il fit bastir au mont Palatin. Ces colonnes auoient esté taillees dans les quarrieres du mont Hymette en la region d'Athenes: & n'estoient que de douze pieds de haulteur: encore luy furent elle reprochees, par Domitius & par M. Brutus, qui pour cela luy donnerent le nom de Venus Palatine. *Plin. li. 17. cap. 1. & li. 36. cap. 3. Lib. 17. c. 1.*

3. Mais c'estoit bien peu de chose, en comparaison de ce qui se vit & pratiqua depuis. Car ce fut incontinent apres, que M. Scaurus, beau fils de Sylla, fit venir à Rome vne telle quantité de pieces de Marbre, qu'il en bastit l'Amphitheatre tant admirable, que Pline descrit au 36. de son histoire: & qu'il dit auoir esté de trois estages de hault: dont le premier auoit ses murailles de Marbre solide, ornees de 360. colonnes de mesme matiere, chacune desquelles estoit de trente huict pieds de haulteur, toutes enrichies de leurs piedestales, bases, chapiteaux, architraues, frises, & corniches. Cet Amphiteatre capable de tenir assis quatre vingt mil personnes, pour voir les spectacles qui s'y deuoient representer au peuple durant vn mois seulement: pour estre au bout du temps osté de là, & transporté au mont Palatin, & le marbre employé, comme il fut, au bastiment d'vne maison que Scaurus y fit faire. Cette maison, du temps de Pline, surpassoit encore en magnificence les grands Palais de Caligula & de Neron: *Quis enim tantarum hodie columnarum atrium habet?* dit cet Auteur. Et en autre endroict: *Non patiemur duos Caios, vel duos Nerones, ne hac quidem gloria fama frui, docebimusque etiam insaniam eorum victam priuatis operibus M. Scauri.* Aussi tient-on, que l'Edilité de Scaurus donna le commencement aux superfluitez que l'on a veu depuis à Rome. De sorte qu'il est difficile à iuger en quoy Silla fit plus de dommage à la re- *cap. 2. 6. & 15. Plin. lib. 36. cap. 1. Idem eodē lib. 6. 15.*

publique: ou d'auoir eu vn beau fils si puissant: ou d'auoir banny & proscrit tant de bons Citoyens.

Cornelius Nepos apud Plin. lib. 36. 6. 6.

4. Par effect, l'vsage du marbre commença tost apres Scaurus à s'introduire communément dedans Rome. Mamurra simple Cheualier Romain, de qui Catulle parle auec indignation com̄' d'vn grand voleur, fut des premiers, qui fit venir de Curesto en Negrepont, & de Luni de Toscane, du Marbre solide par grands quartiers, pour en faire toutes les colones de sa maison. M. Lepidus quasi en mesme temps, estant Consul auec L. Catullus, l'an de la fondation de Rome 676. (& non 666. comme porte le texte de Pline, qu'il faut corriger en cet endroict) mit en œuure tout premierement du Marbre de Numidie: non en colonnes seulement, mais iusques aux sueils de sa maison, qu'il fit de Marbre solide. De sorte qu'en ce temps là, il n'y auoit maison à Rome plus splendide & plus somptueuse: Et toutesfois en moins de 35. ans apres, on eust trouué à Rome plus de cent logis plus beaux sans comparaison. Et descendant iusques au siecle de Pline, on y trouuoit quantité d'autres Palais, dont le moindre, à ce que dit cet Auteur, estoit plus excellent que pas vn de ceux, qui auoient esté faits dans les 35. ans dessusdits.

5. Quatre ans apres le Consulat de Lepidus, sçauoir en l'an 680. de la fondation de Rome, L. Lucullus fut Consul. Ce seigneur, qui par plusieurs victoires obtenues en Asie, s'estoit acquis de grandes richesses, en employa vne partie à bastir: & pour ce faire, tira de quelques isles du Nil, du marbre noir en grande quantité: dont il orna ses bastimens, tant en la ville que dehors en plusieurs endroicts d'Italie, & faisoit tel estime de cette espece de Marbre, au lieu que les autres cherissoient les Marbres blancs ou les diaprez, pommelez & mouchetez: que le Marbre purement noir: en eust le nom de *Marmor Lucullæum*.

Plin. li. 36. cap. 6.

6. Mais sur tous ceux qui ont faict reluire la ville de Rome en toutes sortes de Marbre, employez en grands & superbes edifices, paroist Auguste Cæsar. Ce Prince heureux, riche, & d'vn esprit propre à receuoir choses haultes, fit tellement changer de face à la ville de Rome durāt le temps de son Empire, par vne infinité de superbes & magnifiques bastimens: que non sans cause il se glorifia sur la fin de ses iours, d'auoir trouué la ville de Rome bastie de briques, & l'auoir laissée toute de Marbre. Ce fut luy qui fist construire le marché si superbe tout enuironné de galleries, tant pour exposer en vente les viures & marchandises, que pour iuger les differents des parties. Il fist encore les temples de Mars, & d'Apollon: le premier prés ce marché: & le second, au mont
Palatin:

Sueton. in Augusto cap. 28.

Sueton. ib. cap. 29.

Palatin : qu'il accompagna d'vne belle & grande Bibliotheque, garnie d'vne infinité de liures Grecs & Latins. Celuy de Iupiter, tonnant au Capitole, & plusieurs autres qu'il remit sus, dont parle Suetone : *Aedes sacras vetustate collapsas, aut incendio absumptas refecit, easque, & caeteras, opulentissimis donis adornauit.* Mais il se plaisoit principalement à reparer les edifices, qui auoient esté faicts par les grands personnages des temps precedens, qui auoient aydé par leurs vertus, à rendre l'Empire Romain grand & puissant, de petit qu'il estoit à son commencement. Quoy faisant il vsoit de telle modestie, qu'il y faisoit remettre les tiltres & inscriptions des premiers Auteurs, sans permettre que l'on y mist son nom. Ce que le mesme Auteur nous tesmoigne en ces mots : *Proximum à dijs immortalibus honorem memoriae, Ducum praestitit, qui imperium P. R. ex minimo maximum reddidissent. Itaque & opera cuiusque manentibus titulis restituit.* Mais qui est plus, il edifia beaucoup de magnifiques bastimens, souz le nom, & les inscriptions d'autruy. Tels que sont les portiques ou galeries de Liuia sa femme, & de sa sœur Octauia : la Basilique de Lucius & Caius ses petits fils, enfans d'Agrippa & de Iulia : & l'Amphitheatre de Marcellus. Car c'est de ces bastimens que Suetone entend parler, quand il dit : *Quaedam enim opera sub nomine alieno, nepotum scilicet, & vxoris, sororisque fecit.*

Sue. in Aug. cap. 30.

Suet. ibid. cap. 31.

Ibid. c. 29.

7. Bref, non contant de faire de neuf, ou reparer tant de diuers edifices, il exhortoit souuent les plus riches Citoyens, specialement ceux qui auoient eu l'honneur du triomphe, d'apporter à la ville quelque nouuel embelissement : soit à dresser de nouueau quelques bastimens, ou à reparer les vieux & caduques : *Sed & caeteros princeps viros saepe hortatus est, vt pro facultate quisque monumentis vel nouis, vel refectis, & excultis, vrbem adornarent.* A quoy ces paroles de Dio Cassius sont conformes : *Iis qui triumpharent mandauit, vt in rerum à se gestarum memoriam aliquod opus ex manubijs facerent.* Aussi fut-ce en execution de ces mandemens, que Marcius Philippus bastit le temple de Hercules & des Muses : L. Cornificius, celuy de Diane : Munatius Plancus, celuy de Saturne : Asinius Pollio, l'entree ou paruis magnifique du Temple de Liberté : Cornelius Balbus, son Theatre : Statilius Taurus, son Amphitheatre : Paulus Æmilius, sa Basilique : & M. Agrippa, son Pantheon & ses Aqueducs : *Quorum accuratissimam diligentiam M. Agrippa egit, qui vrbem pluribus alijs monumentis adornauit,* comme parle Strabo.

Ibid.

Dio. lib. 54.

Lib. 5. Geog.

8. De la construction si continuelle de tous ces edifices, arriua vn merueilleux accroissement de beauté aux grandes ruës &

places publiques de la ville de Rome : Mais comme il n'y a pas moins de vertu à conseruer, qu'à faire & dresser les choses belles, Auguste s'aduisa d'aller au deuant de deux inconueniens fort frequens dedans Rome, d'où procedoit souuent la ruine de maints edifices : qui sont les inondations du Tybre, & les incendies. Premierement, il institua vne compagnie d'Archers, pour faire le guet par la ville durant la nuit, & se tenir prests pour remedier aux inconueniens du feu : *Institutu è libertinorum genere militibus, qui aduersus incendia ferrent opem.* Puis pour remedier aux inondations du Tybre, il en fist eslargir le canal, & le repurger des immondices & des descombres qui en rendoient le cours plus estroit & reserré. Suetone comprend l'vn & l'autre souz ces termes : *Aduersus incendia excubias nocturnas vigilesque commentus est. Ad coërcendas inundationes, alueum Tiberis laxauit ac repurgauit, completum olim ruderibus, & edificiorum prolapsionibus coarctatum.*

Strabo li. 5.

Suet. in Aug. c. 30.

9. C'est ainsi que souz l'Empire du seul Auguste, & souz la felicité de son regne, la ville de Rome s'est faicte toute de Marbre. Et pour vser des mots de Virgile,

Virgil. 2. Georg.

  Rerum facta est pulcherrima vel Roma,

n'ayant pas receu quant au reste grand accroissement souz les trois Empereurs qui luy ont succedé. Quant à Tibere, il ne fit iamais œuure public, qui merite que l'on en parle : car ayant commencé seulement vn temple à l'honneur d'Auguste, & les reparations du Theatre de Pompee, il n'eust pas le courage d'y mettre la derniere main. En sorte que Caligula fut contraint de les faire acheuer, quoy qu'il n'eust pas l'esprit beaucoup porté à bastir. Tout ce qu'il entreprint de nouueau dedans Rome fut vn Aqueduc & vn Amphitheatre, qu'il commença sans les acheuer. Desquels deux œuures Claudius son successeur fit parfaire le premier, & laissa l'autre imparfaict. Tout ce que nous pouuons apprendre de ce seul passage de Suetone, parlant de Caligula : *Opera sub Tiberio semiperfecta, Templum Augusti, Theatrumque Pompeij absoluit. Inchoauit autem Aquaeductum regione Tiburti, & Amphitheatrum iuxta septa. Quorum operum à successore eius Claudio alterum peractum, omissum alterum est.* Claudius n'en fit pas d'auantage dans la ville de Rome. Et quant à ce qu'il fit dehors, c'estoient ouurages de tres-grande entreprise, mais peu necessaires, & en bien petit nombre : tels que la descharge du lac Fucin, & le port d'Ostie. Suetone nous en rend ce tesmoignage : *Opera magna potius, quam necessaria, quam multa perfecit : sed vel praecipua, Aquaeductum à Caio inchoatum. Item emissarium Fucini lacus, portumque.* Il fit neantmoins les carrieres du grand Cirque de Marbre, qui estoient

Suetōn. in Tib. c. 47.

In Calig. cap. 21.

In Claud. c. 28.

auparauant de tuf: & dora les metes, ou bornes qui seruoient à terminer la course des cheuaux dans ce Cirque, qui estoient auparauant de bois simple.

10. Voila donc en general ce qui s'est faict dans le second temps de la ville de Rome pour les edifices tant priuez que publics, qui pouuoient seruir d'embelissement aux grandes ruës. Lequel temps nous pouuons comparer à son aage viril, estant lors paruenu iusques à sa iuste grandeur : à laquelle Neron adiousta quelque chose du sien, auant que de perdre par le feu tant de richesses, comme il fist bien tost apres. Ainsi que nous verrons au discours ensuiuant.

Ibidem.

DV TROISIESME TEMPS ET ESTAT de la ville de Rome.

Chapitre V.

1. Nouuel estat de la ville de Rome sous Neron.
2. Grandeur admirable de la maison de Neron.
3. Neron plus dommageable en bastimens qu'en toute autre chose.
4. Les causes pour lesquelles on dict qu'il brusla Rome.
5. Description du feu de Neron.
6. Perte notable des choses rares, arriuee par lesdits feux.
7. La ville de Rome plus belle apres les feux de Neron, que deuant.
8. Comme Neron redressa les ruës, & departit les places pour bastir.
9. Seconde maison de Neron plus grande, & plus belle que la premiere.

1. Sovz l'Empire de Neron, la ville de Rome changea de face pour la troisiesme fois : & receut vne forme & apparence tout autre en ses ruës, places publiques, & edifices, qu'elle n'auoit iamais eu auparauant. Pour ce faire, Neron eut au commencement deux desseings : dont le premier fut d'agrandir & dilater l'enceinte de la ville iusques au port d'Ostie : Mais ce dessein estant de trop grande entreprise, pour estre ce port trop esloigné de Rome, demeura sans effect.

Suet. in Nerone cap. 16.

Le second, fut de changer la forme des edifices qui ne luy

plaisoit pas, & d'en introduire vne toute nouuelle, plus magnifique & plus belle que deuant. Il voulut que le deuant des maisons fust enrichy de Galeries, du dessus desquelles on peust esteindre les feux, ausquels la ville de Rome estoit assez subiecte. Et pour en monstrer la façon, il en bastit quelques vnes à ses despens: *Formam ædificiorum nouam excogitauit*, dit Suétone, *& vt ante insulas, ac domos porticus essent, de quarum solarijs incendia arcerentur, easque sumptu suo extruxit.*

Suet. in Nerone cap. 16.

2. Et afin d'auoir vne maison à sa mode, qui luy seruist de Palais, il en fit bastir vne entre le mont Palatin & les Esquilies, pour le sol & plant de laquelle il prit sur les ruës prochaines, & sur les maisons des particuliers, vn si grand espace, que Pline pour en faire conceuoir la grandeur, ensemble celle du Palais de Caligula, vse de ces mots hyperboliques: *Bis vidimus Vrbem totam cingi domibus principum Caij & Neronis.* Et à ce propos, entre plusieurs vers Grecs & Latins, qui furent faicts contre Neron, se trouuerent ces deux cy.

Plin. lib. 36. cap. 15.

Roma domus fiet, Veios migrate Quirites;
Si non & Veios occupat ista domus.

apud Suet. cap. 39.

Comme si on vouloit dire, que Rome entiere deuiendroit vne seule maison: & que le peuple pouuoit bien aller demeurer à la ville de Veïes, comme il voulut faire du temps de Camillus: Pourueu toutefois que cette maison ne vint pas à s'estendre iusques-là, & enclorre la mesme ville de Veïes.

3. Il ne faut donc s'estonner, si chassant tant de Citoyens de leurs anciennes maisons pour se faire vn Palais, Suétone dit, qu'en aucune chose il n'a fait tant de dommage qu'à bastir: *Non in alia re damnosior quam in ædificando.* Ce qui est bien veritable: puis que pour assouuir la cupidité qu'il auoit de bastir, il n'espargna ny le peuple, ny les murailles de son pays: Et qu'ayant à contrecœur la deformité des edifices anciens, & l'angustie & tortuosité des ruës, il ne fit point de conscience de mettre le feu par toute la Ville; *Nec populo aut mœnibus patriæ pepercit*, dit le mesme Auteur: *Nam quasi offensus deformitate veterum ædificiorum, & angustijs flexurisque vicorum, Vrbem incendit.*

In Nerone cap. 31.

Ibid. c. 38.

4. C'est vne des causes que l'on a laissé par escrit, pour lesquelles il brusla la ville de Rome. A quoy on adiouste, que faisant vne ville toute nouuelle, il auoit cette ambition de fendre le fondateur, & de son nom l'appeller, non plus Rome, mais Neropolis: *Videbatur enim Nero*, comme dit Tacite: *condendæ Vrbis nouæ, & cognomento suo appellandæ gloriam quærere.* & Suétone. *Destinauerat & Romam Neropolim appellare.* Les autres en alleguent vne

Li. 15. Ann. & Cap. 55. in Nerone.

cause beaucoup plus criminelle, & plus exorbitante. Car ils disent qu'il fit mettre le feu dans Rome, pour le desir qu'il auoit de long temps, de renuerser auant que de mourir, & la ville, & l'Empire de fond en comble. Disant que Priam estoit le plus heureux de tous les Rois, ayant veu perir en mourant, & son païs, & son Royaume. C'est ainsi que Dion Cassius en parle. *Cupiuit, quod antea semper optauerat, vrbem atque Imperium visus funditus perdere. Quam quidem ob causam ipse quoque Priamum mirum in modum beatum fuisse dicebat: quod patriam simul cum regno perditam vidisset.* Quoy que ce soit, parmy les lamentations du peuple, & autres maux que ce feu produisit, & que Dion & Suetone dépeignent de leurs viues couleurs, Neron se reuestit en Comœdien & du dessus de la tour de Mecenas chanta des vers de la destruction de Troye, repaissant ses yeux de celle de Rome auec vn plaisir & volupté singuliere. Puis il en reietta la faute sur les Chrestiens innocens, qu'il fit mourir à grand nombre sous ce faux pretexte par des tourmens horribles.

Dio, lib. 62.
Dio. Ibid.
Suet. in Nerone. c. 38.
Suet. ib. c. 36.

5. Le feu print son commencement en cette partie du grand Cirque, qui estoit proche des monts Celie & Palatin, D'où s'estant saisi de quelques edifices de bois propre à nourrir la flamme, & ayāt à coup pris force par le vent : il courut en moins de rien toute la longueur de ce Cirque, embrazant les bastimens voisins : & n'y eut maison ny Temple basty de si bonne matiere, qui en peust arrester l'impetuosité. Ayant donc pris ce qui estoit en lieu plein, il vint à s'esleuer aux lieux plus haults : & à s'estendre par tout auec vne promptitude & celerité admirable, allant au deuant de tous remedes. Ioinct que la ville estoit lors beaucoup plus subiette au feu que depuis, à cause que les rues estoient estroittes, & tournoyantes sans reigle ny mesure. *Obnoxia vrbe arctis itineribus, hucque & illuc flexis atque enormibus vicis, qualis vetus Roma fuit.* Ioinct qu'il n'y auoit personne, qui osast apporter remede à ces maux, à cause des menaces de plusieurs, deputez tout expres pour empescher ceux qui se mettroient en deuoir d'y porter de l'eau. La maison mesme de Neron grande comme elle estoit, auec tous les bastimens des iardins de Mecenas, ne peurent eschapper la violence des flammes. En sorte que des 14. regions, esquelles Auguste Cæsar auoit diuisé l'espace entier de la ville de Rome, les trois furent égalez à la terre: sept autres furent reduites à tel estat, qu'il n'y paroissoit que des tristes reliques de maisons plus qu'à demy bruslees. Et pour les quatre autres, encore furent-elles grandement endommagées par les grands retranchemens d'edifices, & renuersement de maisons qu'il fallut faire, pour arrester le cours du feu. Ce qui n'arriua que le sixiesme iour de l'embrazement. *Sexto demum die apud imas esquilias finis incendij*

Tacit. li. 15.

Tacit. ibid. factus, proruptis per immensum ædificiis: vt continuæ violentiæ campus, & velut vacuum cœlum occurreret.

6. Par ces feux, pires mil fois que les flammes Gauloises, furent reduites en cendres infinies choses, que l'ancienne Carthage, voire toutes les prouinces de l'Europe, l'Asie, & l'Affrique auoient autresfois eu de plus rares & des plus precieuses. Car dans les maisons, les palais & les temples, estoient comme en depost les ouurages de peinture, de sculpture, de cizelure, de fonte, & autres artifices qui prinrent fin dans ces feux, sans aucun espoir de resource. Ce que Suetone deplore, disant: *Tunc præter immensum nimirum insularum, domus priscorum ducum arserunt, hostilibus adhuc spolijs adornatæ. Deorumque ædes ab Regibus, ac deinde Punicis & Gallicis bellis notæ, dedicatæque. Et quicquid visendum, atque memorabile ex antiquitate durauerat.* Et Tacite en ce peu de mots. *Iam opes tot victoriis quæsitæ, & Græcarum artium decora, exin monumenta ingeniorum antiqua & incorrupta, quæ reparari nequibant.*

Suet. in Nerone, cap. 38.

Lib.15.ann.

7. C'est ainsi que prit fin le second estat de la ville de Rome, caché soubs les cendres de Neron: qui commença incontinent à ietter les fondemens du troisiesme, en reparant par luy-mesme les ruines de la ville, & exhortant chacun par offres de recompenses à faire le semblable. Et quoy qu'en l'estat second, Rome semblast auoir atteint au sommet de beauté, par la multitude des excellens edifices, & des choses rares qui luy seruoient d'embelissement: si est-ce que le troisiesme, commencé par Neron, & continué par ses successeurs, est encore monté beaucoup plus hault. Car il est arriué à vne grande ville entiere, ce que Seneque a remarqué arriuer à plusieurs temples, maisons ou bastimens particuliers: lesquels estans consommez par le feu, se releuent plus beaux & mieux bastis que deuant. Ce qui est ainsi aduenu aux Eglises metropolitaine de Reims, & cathedrale de Chartres, que nous ne verrions pas aujourd'huy d'vne architecture si superbe, si elles n'eussent esté bruslees par meschef, il y a quatre cens ans ou enuiron.

A ce propos le mesme Seneque a laissé par escrit, qu'vn certain Timagenes, qui estoit ennemy de la grandeur & felicité de la ville de Rome, disoit ordinairement, qu'il auoit les feux de ladicte ville à contre-cœur: pource qu'il sçauoit bien, que les edifices bruslez, se reedifioient tousiours meilleurs & plus beaux qu'auparauant. *Timagenes, fœlicitati Vrbis inimicus aiebat, Romæ sibi incendia ob hoc vnum dolori esse, quod sciret meliora resurrectura quam arsissent*: Aussi est-ce la verité, que depuis Neron iusques à Traian & Adrian, Rome est montée iusques au comble de ses beautez, suiuant l'opinion des sçauans: quoy que quelques Empereurs suiuans y ayent adiousté de

Lips.li.b3. de Magnit. Rom. cap.5.

eur. En sorte que l'on peut dire, qu'en ce troisiesme temps elle s'est veuë en son aage, & en son estat de perfection. Car les grandes ruës en furent mieux dressees & eslargies: les bastimens mieux rangez & proportionnez: les edifices, tant publics que priuez, tant sacrez que prophanes, plus superbes & en plus grand nombre : les places publiques mieux espargnees entre les edifices priuez: & toute la ville plus claire & descouuerte: & partāt plus plaisante qu'elle n'estoit auparauant, lors que l'angustie des rues, & la hauteur par trop grande des bastimens la rendoit sombre & obscure. Quelques vns toutesfois ont eu cette opinion, que la forme des rues & bastimens precedens rendoit la ville plus salubre, & moins subiecte aux maladies. Dautant que la façon estroicte des rues, & la hauteur des maisons, la faisoient moins subiecte aux mauuaises vapeurs, qui s'esleuent par la chaleur du soleil: & qu'ayant esté ouuerte par Neron elle en estoit moins defendue par ombrage, & plus exposée aux ardeurs du soleil. Ce que Tacite a remarqué par ces mots. *Erant tamen qui crederent, veterem illam formam salubritati magis conduxisse, quoniam angustiæ itinerum, & altitudo tectorum non perinde solis vapore perrumperentur. At nunc patulam latitudinem, & nulla vmbra defensam grauiore æstu ardescere.* Lib. 15. annal.

8. Ce qui proceda de la façon dont Neron se seruit au restablissement de sa nouuelle ville. Car desirant qu'elle surpassast en beauté & magnificence tout ce que les aages precedents auoient fait; il s'aduisa d'en dresser vn dessein tout nouueau, taillant à plein fond dans le vuide de l'incendie : & ne permettant pas de prendre place à l'aduenture pour bastir, comme du temps de Camillus: ains assignant à chacun certain espace, suiuant les mesures par luy prinses & arrestees. Donc pour apporter de l'ordre, & de la bien-seance à son ouurage, il eslargit & redressa à droicte ligne les grandes ruës militaires, sans s'assubiettir à l'ancienne forme, ny de l'vn, ny de l'autre temps precedent. Et quant aux rues moyennes & petites, auec les maisons qui les costoyoiēt, il les redressa pareillement, & limita les bastimens à certaine haulteur, repurgea les places publiques, pour les distribuer par parcelles à ceux qui voudroient bastir, & fit à ses despens des galeries sur des arcades au deuant de chacun rang de maisons, pour en rendre l'aspect plus agreable. Par ceste forme de bastir, il remit sus auant que de mourir, la plus grande partie de la ville, par la maniere dont Corneille Tacite fait mention en ces mots: *Ceterum vrbis domus, non vt post Gallica incendia, nulla distinctione, nec passim erectæ, sed dimensis vicorum ordinibus, & latis viarum spatiis, cohibita ædificiorum altitudine, ac patefactis areis, additisque porticibus quæ frontem insularum protegerent. Eas porticus Nero sua* Lib. 15. ann.

784 HIST. DES GR. CHEMINS

Lib.15.Ann   *pecunia extructurum, purgatasque areas dominis traditurum pollicitus est.*

9. Or afin d'exciter les autres par son exemple, & de ne sembler lent & paresseux à bastir, il fut des premiers à relever sa maison. Pour ce faire il se servit des ruines de son païs: dans lesquelles il print ce qu'il voulut de place pour la faire encore plus grande que devant: & quoy que tout y fust resplendissant de pierres precieuses, & dorures: & qu'elle en ait eu le nom de *Domus aurea*: si est-ce que cela n'estoit pas tant à admirer (car c'estoit chose ja accoustumee en ce siecle) cóme d'y voir encloses des terres labourables, des estangs, des forests, & des campaignes, tout de mesme que si c'estoit en lieu de solitude.   Tout cela est conforme à Tacite qui nous dépeint ainsi ceste maison. *Caeterum Nero usus est patriae ruinis:*

Tacit. ibid.   *extruxitque domum, in qua haud perinde gemmae, & aurum miraculo essent, solita pridem, & luxu vulgata, quam arva, & stagna, & in modum solitudinum hinc silvae, inde aperta spatia, & prospectus.*

DESCRIPTION PARTICVLIERE DES rues de la ville de Rome, suivant le dessein de Neron.

CHAPITRE VI.

1. Trois divisions de la ville de Rome, dont la derniere est en 14. regions.
2. D'où vient le mot de Region pour la partie d'une ville.
3. Division des Regions en moindres parties. Rues militaires au nombre de 31.
4. Signification de Vicus, pour partie d'une region.
5. Division de Vicus in insulas: & de Insulae in aedes privatas.

1. MAIS pour relever aucunement ceste ville admirable de ses vieilles ruines: & en remettre quelque image ou similitude devant les yeux des plus curieux, il faut entendre que Romulus la divisa premierement en trois parties. Servius

Plin. li.3.c.5
Tacit. lib.15
annal.
Dio lib.55.

Tullius en quatre, & finalement Auguste Cæsar en quatorze, ausquelles il donna le nom de Regions. Ainsi que nous apprenons de Pline, Corneille Tacite, & de Dion, desquels le dernier nous asseure, que ce fut sous le consulat de Tibere & de Pison l'an 747. de la fondation de ladite ville que cette division fut faicte.

faicte. Ce nombre ne fut point augmenté par Neron: ainsi que l'on peut iuger par Sextus Ruffus, & Publius Victor és petits liures qu'ils ont faits long temps depuis Neron, *De Regionibus Vrbis*, efquels ils ne paffent point le nombre de quatorze.

2. Ces parties furent appellees Regions, *à Rege*, d'autant qu'auparauant que les prouinces fuffent inftituees, les Rois diuifoient l'eftendue de leurs terres par regions, lefquelles ils regiffoient & gouuernoient eux-mefmes. Et de là par fimilitude, les plus grandes parties, & plus fpacieufes de la ville furent appellees Regions. *Regio à Rege deriuatur*, dit Onuphrius Panuinus, *quod priufquam prouinciæ fierent, regiones fub regibus effent, atque ab ijs regerentur. Poftea ab earu fimilitudine, maiores in Vrbe partes regiones appellari cœptæ.* Ou bien ces Regions eftoient ainfi dictes par rapport & fimilitude auec les territoires des Colonies & Municipes, dans les termes & confins defquels leur iurifdiction eftoit terminee: Car c'eft la propre & fpecifique fignification de *Regio*, fuiuant le tefmoignage de Siculus Flaccus, qui en parle ainfi: *Regiones dicimus intra quarum fines fingularum Coloniarum ac Municipiorum Magiftratibus ius dicendi coercendique eft libera poteftas.*

In fua Roma.

Lib. de Conditiō. agro.

3. Ces Regions doncques comme eftant les plus grandes parties de la ville, fe diuifoient en autres moindres: dont les vnes font vuides, & les autres occupees en baftimés. Les vuides font les rues, quarrefours, & places publiques. Les rues eftoient grandes ou petites. Quant aux grandes, elles s'appelloient *Regiæ Viæ, aut Militares*, & y en auoit iufques à trente & vne, au compte de Panuinus, & de Guido Pancirolus: ainfi dictes à la difference des moins celebres, qui fe trouuoient au nombre de 424.

In Roma. Lib. 1. antiquit. deperditarum, cap. de viis militar.

Les grandes rues eftoient à Rome, comme feroient à Paris celle de S. Denys, S. Martin, & autres, lefquelles de l'vne des portes de la ville tirent bien auant vers le milieu d'icelle.

4. De l'vne des grandes rues à l'autre, Neron auoit fait tirer à ligne droicte des rangs de maifons, dont l'vne n'excedoit point l'autre en profondeur. Et appella telles entrefuites de maifons *Vicos*, que nous pouuons dire des quartiers. Au refte ce nom eft fort equiuoque, fignifiant tantoft vn village ou hameau, & tantoft vne rue petite ou mediocre, à la difference des grandes rues Militaires proprement fignifiees fous le nom de *Via*. Tout ainfi donc que la ville de Rome fe diuifoit en regions, ainfi les regions en quartiers, qui ne font pas lieux vuides, ainfi que les rues: mais occupez & employez en maifons & edifices. En cefte fignification, *Vicus* fe diuife à l'encontre de *Via*, qui eft le chemin ou la voye, qui diuife vn quartier de l'autre: Ifidore le dit ainfi: *Vicus ipfæ habitationes Vrbis funt: vnde*

Ggggg

Lib. 5. orig. cap. 2.

& Vicini dicti. Viæ ipsa spatia angusta quæ inter Vicos sunt. Cela est conforme à Varro, qui dit, que *Vicus constat ex domibus* : ainsi dit *A quod dextra parte Viæ sunt ædificia.* Et Festus Pompeius escrit qu'en sa signification troisiesme, il signifie vn genre ou assemblage de plusieurs edifices enuironné de rues pour y tourner tout à l'entour : & partant Onuphrius Panuinus a fort bien dit, qu'vn quartier fait partie d'vne region : & que comme vne ville se diuise en regions, ainsi qu'en ses parties plus grandes, aussi fait elle en quartiers, comme en ses plus petites. *Quippe Vrbs in regiones, tanquam*

In sua Roma.

maiora membra, & in Vicos tanquam in minora diuiditur.

5. Or ces quartiers ainsi tirez à la ligne, ne s'estendoient pas d'vne seule teneur ou continent de l'vne des grandes rues à l'autre, ains estoient entrecoupez & diuisez par des petites ruelles en plusieurs parties qu'ils appelloient *Insulas* : chacune desquelles contenoit vne, ou plusieurs maisons qui tenoient ensemble. Ces parties furent appellees Isles, par similitude de celles qui sont au milieu des eaux : dautant qu'elles estoient enuironnees de rues tout à l'entour. *Insulæ*, dit Festus, *dictæ propriæ, quæ non iunguntur communibus parietibus cum Vicinis, circuituque publico aut priuato tanguntur : à similitudine videlicet earum terrarum, quæ fluminibus, aut mari eminent : suntque insulæ positæ.* Ces Isles ne receuoient plus de diuision, sinon en maisons particulieres : lesquelles ils appelloient *Ædes priuatas* : à la difference des maisons & palais des grands, que par excellence il nommoient *Domus* : ainsi que nous monstrerons en son lieu. Par ainsi nous pouuons recueillir de ce que dessus, que la ville de Rome se diuisoit en regions : les regions, en quartiers : les quartiers, en Isles : & les Isles, en maisons priuees. Et pour vser des termes Latins : *Vrbs diuidebatur in regiones : Regiones in Vicos : Vici in insulas : Insulæ in ædes priuatas.*

DE LA SITVATION DES GRANDS
edifices, tant sacrez que prophanes sur les grandes rues de la ville de Rome.

CHAPITRE VII.

1. Recherche des places où les edifices publics & maisons des grands estoient assis.
2. Interualles espargnez entre les quartiers de la ville de Rome, comme places vuides nommees Area.
3. Que c'estoit és entrees desdits interualles que les edifices publics, sacrez, & profanes estoient assis.
4. En quel ordre estoient rangez les puits & maisons des grands dans lesdits interualles. Maisons des grāds appellez Domus antonomastice.
5. Rang que tenoient les moulins & granges publiques dans lesdits interualles.
6. La disposition des edifices publics esdits interualles a esté admirable à ceux qui l'ont veu.

1. TEL estoit l'ordre d'entre les grandes, les moyennes, & les petites parties de la ville de Rome quant à ce qui touche les maisons priuees & edifices populaires. Reste à sçauoir maintenant où estoient les temples, les Cirques, Theatres, Amphitheatres, & autres edifices, tant sacrez que prophanes, tant publics que particuliers : comme les Senacles, Curies, Basiliques, & les maisons des grands.

2. Donc pour sçauoir où ces principaux edifices auoient place, il faut entendre, que les quartiers ou rangs des maisons qu'ils appelloient *Vicos*, & qui s'estendoiét d'vne ruë militaire à l'autre, n'estoiét pas pressez ny serrez les vns pres des autres, ains estoient separez par des grandes places vuides, & interualles larges & spacieux, qu'ils appelloient *Area*, c'est à dire, lieux non bastis ny edifiez, par similitude tiree des aires des granges : *vbi frumenta secla teruntur, & arescunt*, dit Varron, *area : propter horum similitudinem loca in vrbe pura areæ*. *Lib. 4. de ling. lat.*

Ce n'estoit donc pas comme à Paris, où les rangs des maisons qui tirent de la ruë S. Denys à celle de S. Martin, comme d'vne ruë militaire à vne autre, ne sont separees que par des ruës bien estroictes : mais Neron ayant tiré à ligne droicte vn rang ou deux de maisons, faisoit espargne de certaines grandes places, pour y loger les principaux bastimens de la ville. Ce qui ne se faisoit pas sans choix, ny à l'aduenture : ains chacun genre d'edifice y estoit placé à dessein, & disposé par certain ordre, qui regardoit la bien-seance, & la commodité de chacun bastiment en particulier, & de toute la ville en general.

3. Premierement c'estoit à l'entree & emboucheure de ces grandes places du costé des Voyes militaires, que les edifices publics, tāt sacrez que profanes estoient rangez : afin de faire front sur lesdictes Voyes, & les rendre d'autant plus illustres & splendides, par le haut

& magnifique appareil de leur architecture, & des ornemens qui en dependoient.

Là s'esleuoient les maisons sacrees à leurs Dieux, qu'ils appelloient *Templa, Aedes, Aediculas, Fana, Delubra, Sacraria, Sacella*. Là paroissoient les edifices qui seruoient aux affaires publiques, tels que sont les Curies, les Senacles, les Basiliques, les marchez, les camps militaires.

Là mesme ceux qui estoient faicts pour la commodité & santé des citoyens: comme les aqueducs, les estuues, & les bains. Là ceux qui seruoient aux jeux & recreations: tels que les jardins de plaisance, accompagnez d'excellens edifices, & grandes galeries: Ensemble les lieux qu'ils appelloient *Ludos, Stadia, Odea, Nymphea*. Là les admirables edifices des spectacles: côme les Chāps Cirques, Theatres, & Amphitheatres. Tels estoient les edifices qui occupoient l'emboucheure de ces grandes places, & qui faisoient front sur les ruës militaires.

4. Plus auant dans ces places il y auoit ordinairement vn puits commun, seruant à tout le voisinage, tenant comme le second rang dans lesdites places. Au troisiesme, qui est celuy du milieu, estoient assis les Palais des Empereurs, & les Hostels magnifiques des Senateurs, & autres personnes plus releuees : lesquelles maisons les Historiens appellent du nom de *Domus*, par excellence, à la difference des maisons populaires, meslez parmy les quartiers & les isles de la ville, que l'on nommoit *Aedes priuatae*. Comme en cet endroict de Suetone parlant des exactions de deniers que Neron faisoit sur les

In Nerone cap. 44. personnes populaires. *Partem etiam census omnes ordines conferre iussit: & insuper inquilinos priuatarum aedium, atque insularum, pensionem annuam repraesentare fisco*. Et quant aux maisons des grands, c'est d'elles que Corneille Tacite entend parler en ce passage, faisant mention des feux

Lib.15.ann. de Neron. *Domuum, & Insularum, & Templorum, quae amissa sunt, numerum inire haud promptum fuerit.*

5. Apres les palais & maisons des grands, estoient rangez les moulins, qui n'estoient pas faits à la mode de ce temps. Car on y employoit des esclaues, qui à force de bras estoient contraincts de donner mouuement aux meules. A quoy faire on les condamnoit quelquesfois pour punition de quelques fautes ou negligences: D'où vient ce que disoit vn certain Esclaue dans le Poëte Comique, *Molendū vsque in pristino, habendae compedes, opus ruri faciundū*. Les dernieres pieces qui tenoient les sorties ou issues opposites de ces grādes places, c'estoit les magasins, ou granges publiques, qu'ils appelloiēt *horrea publica*, ausquels les Magistrats Romains & depuis les Empereurs tenoiēt en reserue les grains qui se distribuoiēt à la popula-

se souz le nom de *Annona publica*. Quant aux chapelles, qu'ils appelloient *Aediculas*, elles estoient basties hors de ces places : & finissoient ordinairement les rangs des maisons, que nous auós appellé des quartiers. D'où est venu que le nombre desdites Chapelles estoit égal au nombre des quartiers, chacun d'iceux ayant sa Chapelle pour derniere piece, frontissant sur les grandes ruës.

6. Voila à peu pres la forme de la ville de Rome, suiuant le dessein commencé par Neron, & acheué par ses successeurs : qui a tiré en admiration les plus grands esprits du monde, & excité quelques vns de ceux, qui viuoient du temps de son plein lustre, à nous en faire la description, au plus prés qu'il leur a esté possible, ou en son tout, ou en ses parties, ainsi que nous verrons en lieu plus commode.

DE LA NATVRE ET VSAGE DE quelques vns des grands bastimens & principaux edifices de Rome.

Chap. VIII.

1. *Raison pour laquelle il est icy traité de la nature & vsage de quelques bastimens publics.*
2. *Des maisons sacrees, & differences inter aedem, Templum, sacellum, fanum, delubrum.*
3. *Que c'est que Basilique & Curie, & de deux sortes de Curies.*
4. *Des Champs, Cirques, Theatres, Amphitheatres, & Naumachies.*
5. *Des Estuues & Iardins, que l'on appelloit Thermas & Hortos.*
6. *Du Palais des Empereurs, & maisons des grands Seigneurs.*
7. *Des Marchez dicts Fora : & de la magnificence de celuy de Traian.*
8. *Des lieux & edifices que l'on appelloit Nymphaea, Lymphaea, Odea.*

C'ESTOIT donc en la multitude de ces grands & superbes edifices, que consistoit la beauté des ruës militaires, sur lesquelles ils estoient bastis & situez. Mais d'autant que nous escriuós ce liure d'vn stile familier, pour seruir mesme à ceux qui ne font profession des lettres, & qui ne pourroient pas conceuoir par les termes Latins ou François, la forme & la nature de chacun de ces bastimens, & la difference qu'il y a, tant en leur architecture, qu'en l'vsage d'iceux : c'est ce qui m'a poussé à dire quelque chose, non de tous, mais de quelques vns pour en former l'idee en l'esprit des moins instruits en l'antiquité Romaine.

2. Ie commenceray par les edifices sacrez, lesquels en masse d'Architecture, & en excellence d'ouurages ont emporté le dessus. Il y en auoit à Rome de plusieurs & differentes especes, qui estoient aussi par les Romains differemment nommez, quoy que chez eux & chez nous, ils passassent tous souz le nom general de *Templum*. Si est-ce toutefois que ce mesme nom est special à certaine maniere d'edifices sacrez, differents des autres, & les surpassans en dignité & saincteté de ceremonies. Ceux-cy estoient ordinairement voüez par les Roys, les Consuls, & les Empereurs, chacun selon son temps, pour obtenir victoire contre les ennemis, lors qu'ils estoient prests à donner vne bataille. Ces Temples, apres la victoire & le triomphe, estoient bastis par les vainqueurs, sur les lieux qui leur estoient designez par les augures: puis par eux-mesmes dediez & consacrez: ou par autre, s'ils venoient à deceder auant la perfection de l'ouurage. Finalement les Augures, qui les auoient designez y mettoient la derniere main, d'autant que par certaines ceremonies, qu'ils appelloient *Auguria, siue inaugurationes*, ils les rendoient encore plus saincts, plus augustes, & venerables. Sans ces inaugurations, vne maison sacree ne se pouuoit dire vn Temple, à prendre ce mot specifiquement: mais se nommoit seulement *Aedes. Templum enim post consecrationem inaugurabatur: Aedes vero non item.* C'est la difference que Gellius met entre l'vn & l'autre, & qu'il a tiré de Varro, personnage tres-sçauant en la vieille Theologie & mysteres religieux des Payens, duquel il raporte ces mots: *Non omnes aedes sacras Templa esse: sed illa tantum, quae sint augurio*

Noctium Attic. li. 14. cap. 7.

constituta. Aedicule & sacella, estoient comme petits Temples, entre lesquels, il y auoit cette difference, que les Aedicules estoient couuertes: & les petits lieux sacrez, dicts *Sacella*, sans couuerture. *Sacella* dit Festus, *dicuntur loca dijs sacrata sine tecto*. Il y auoit encore deux petites especes de Temples, dont les vns s'appelloient *Fana à fando*, à cause des paroles que le Pontif proferoit en les consacrant, ou du dieu Faunus, qui en fut le premier auteur: Et *delubra* ainsi dit, *quasi Dei labrum, id est, locus*: comme le lieu de la chandelle est appellé *can-*

Lib. 3. Saturnal. c. 4.

delabrum, ainsi que Macrobe le presume: encore que ce mot se prenne aucunefois pour vn Temple, ou pour partie d'iceluy. Pour vn Temple, comme dans Ammian Marcellin, parlant du Temple du Capitole: *Iouis Tarpeij delubra, quantum terrenis diuina praecellunt*. Pour vne partie, *Proserpinae tabula fuit in Capitolio, in Mineruae delubro*: Ou ce mot est employé dans l'histoire de Pline, pour l'vne des trois parties du mesme Temple, que l'on appelle autrement *Cellæ vel fana*, & dans Ausone *Consortia* : en ce vers,

Tria in Tarpeio fulgent consortia templo.

Ce qui se raporte à ces mots de Denis de Halicarnasse, *In ipso sunt tres cellæ, siue fana, quæ æquali distantia communibus continentur lateribus: Medium Iouis, A lateribus, alterum Iunonis, alterum Mineruæ, sub eodem laqueari, eodemque tecto.* C'est à dire, qu'au Temple de Iupiter Capitolin, il y auoit trois espaces, dōt celuy du milieu estoit particulieremēt consacré à Iupiter. Et quant aux deux autres, qui tenoient les costez, l'vn estoit dedié à Iunon, & l'autre à Minerue. Cela est aucunemēt representé par les Eglises des Chrestiens, où il y a vn chœur & vne nef entre deux aisles.

Li.4. antiquit. Rom.

3. Il y en a qui mettent les Basiliques & les Curies entre les maisons sacrees. Les Basiliques (qui signifient autant que maisons Royales) n'auoient pas ce nom pour ce que les Roys, ou les Empereurs y fissent leur demeure : mais à cause qu'elles estoient faictes pour y rendre la Iustice, de laquelle les Roys sōnt redeuables vers leurs subiets, & les Magistrats vers leurs Citoyens. Quant aux Curies, il y en auoit de deux sortes selon Varro : l'vne où le Senat s'assembloit, pour traitter des affaires, & auoir soing : *Ne quid detrimenti Respub. pateretur.* Telles estoient *Curia Hostilia, Pompeia, & Iulia : quæ cum profana essent, templa per augures sunt constituta, vt in ijs Senatusconsulta more maiorum iusta fieri possent.* De *Curia* en cette signification est venu parmy nous, le mot de Cour de Parlement. Vray est qu'il y auoit trois Senacles outre les Curies, où le Senat auoit de coustume de s'assembler : *ybi Senatus haberi solitus.* L'autre sorte de Curies estoient celles où les Prestres & les Pontifes s'assembloient pour traitter des choses appartenantes à leurs religions & ceremonies. *Illa & etiam curia dicitur, ybi cura sacrorum publica.* Et c'est d'où nous viennent les mots de Cures & de Curez : *Curionum erat publicè pro suis curialibus rem diuinam facere,* au raport de Denis de Halicarnasse.

Lib.4. de ling. Lat.& li.2. de vita popul. Rom. apud Nonium.
A. Gellius li.14. c.7.
Festus in verbo Senacula.
Varr. ibid.
Dioni. Halicarn. li.2.

4. Voila pour ce qui est des edifices sacrez. Entre les profanes, ceux qui estoient faits pour les spectacles, tenoient rang entre les plus grands & les plus magnifiques : tels que sont les Champs, Cirques, Theatres, & Amphitheatres. Nous ne dirōs rien des Champs en cet endroict, d'autant que nous parlerons ailleurs du Champ de Mars, qui nous donnera l'idee des autres. Le Cirque fait par Iules Cæsar, auoit trois stades de longueur, & vn de largeur, chacun stade de 625. pieds : mais si on y cōprenoit les edifices adherens, il estoit large de quatre arpens, & capable de deux cens soixante mil hommes assis à leur aise. Quant à celuy de Tarquinius Priscus, il estoit vn peu plus long : car il auoit trois stades & demy de lon-

Plin. lib.36. cap.15.

Dionys. Halicarn. lib. 3. antiq. Rom. gueur, & vn Stade de largeur: & neantmoins, il n'estoit capable que de cent cinquante mil hommes. En ces grandes places publiques on exhiboit au peuple sept sortes de jeux ou spectacles, qu'ils appelloient *Ludos circenses*: entre lesquels estoient les courses des cheuaux singuliers: ou bien de deux, trois, ou quatre cheuaux attelez de front en des chariots, qu'ils nommoient *Bigas, Trigas, Quadrigas*: sur lesquels, ceux qui estoient destinez pour les jeux, couroient à l'enuy l'vn de l'autre à toute bride: la victoire estant adiugee à celuy qui premier auoit passé les bornes. Ces Cirques, ainsi que Iacobus Laurus nous les represente, estoient quasi trois fois aussi longs que larges, enuironnez de galleries tout au tour, & diuisez par le milieu de leur lōgueur, d'vne leuee de pierre en forme d'vn petit mur, du milieu duquel se leuoit vn grand obelisque. Et quant aux deux extremitez, on y voyoit les barrieres d'vne part, qu'ils appelloient *Carceres*, d'où sortoient ceux qui se preparoient à la course: & trois moindres esgueilles ou obelisques de l'autre, qu'ils nommoient *Metas*: autour desquelles les coureurs se precipitans pour y estre des premiers, se renuersoient souuent les vns les autres, & apprestoient à rire au peuple.

Les Theatres estoient faicts en demy cercle, soustenus sur colones, & releuez par degrez comme les Amphitheatres: afin que ceux qui y estoient assis, ne s'empeschassent l'vn l'autre à voir les spectacles: & seruoient pour y representer les Comœdies, les Tragœdies, les Satyres, & les Mimes.

Les Amphitheatres estoient de figure ronde. C'estoit où les gladiateurs se battoient, & s'entretuoient, pour donner du plaisir à ce peuple belliqueux, & l'accoustumer au sang dés ses plus ieunes ans. C'estoit pareillemēt où les Empereurs exposoiēt dés bestes feroces, comme Lyons, Tigres, & autres, que l'on amenoit de l'Asie & de l'Affrique, pour donner au peuple le plaisir de la chasse. Le fond ou milieu de l'Amphitheatre s'appelloit *Arena*, à cause de l'areine dont il estoit couuert. De là l'Amphitheatre se releuoit par degrez, se rehaussans & eslargissans les vns sur les autres, & finissoient en hault par de grandes galeries ouuertes par le dehors, & garnies vers le dedans d'vne infinité de fenestres, d'où l'on regardoit les spectacles. Les Naumachies tenoient beaucoup de la forme des Theatres, & n'y auoit quasi que le fond de different: Car au lieu d'arene, c'estoit de l'eau qui en occupoit le milieu, & que l'on y faisoit couler des Aqueducs, ou des riuieres, en telle abondance, qu'elle pouuoit porter de grands vaisseaux de combat, tels que ceux qui seruoient és batailles nauales. Aussi ces lieux ne seruoient-ils à autre chose, que pour representer au peuple l'image & l'apparence des

combats

combats qui se font sur mer: D'où seroit venu à ces grands bastimens le nom de Naumachie: qui ne signifie autre chose que combat sur nauires ou galeres.

5. Les Estuues que l'on appelloit *Thermas*, occupoient tant de place, qu'Ammian Marcellin les compare à des Prouinces, les appellant *Lauacra in modum prouinciarum extructa*. Quant aux jardins, ils n'auoient gueres moins d'estendue, veu qu'ils estoient faicts *Instar villarum, quibus viuaria includi solebant voluptatis causa*. Aussi ce mot *hortus*, dans les loix des douze Tables, se prend ordinairement pour vne metairie: *In 12. Tabulis legum nostrarum, nusquam nominata villa: semper in significatione ea hortus*. Ces jardins que l'on appelloit *hortos in plurali*, comme *hortos Pompeianos, Lucullianos, Mœcenatianos*, ne consistoient pas seulement en arbres & en herbes accommodees en parterre, mais aussi en beaux & grands bastimens en forme de Palais seigneuriaux. Et Pline tesmoigne, que plusieurs de son temps possedoient souz ce nom de jardins, plusieurs lieux de plaisance, & maisons champestres dans la ville mesme de Rome, où il y auoit des terres labourables: *Iam quidam hortorum nomine, in ipsa Vrbe delitias, agros, villasque possident*.

Lib. 26.

Misaldus in suo horto.

Festus in verbo Hortus.

Li. 29. nat. hist. cap. 4.

6. Quant aux Palais, le nom leur vient du mont Palatin, auquel estoit le siege de l'Empire, & la maison des Empereurs: à laquelle fut donnee le nom mesme de la montagne où elle estoit assise. Et de là les hostels ou maisons des Roys, Princes, & grands Seigneurs, ont eu le nom de Palais: *Nam quia imperij sedes in eo constituta fuit, cuius sui principis aulam, aut splendidi hominis domum Palatium dicimus*. Auguste fut le premier qui se logea au mont Palatin, faisant son Palais de la maison de l'Orateur Hortensius, qui n'estoit ny des grandes, ny des mieux parees: ainsi que Suetone nous la depeint, quand il dit: *Habitauit postea in Palatio, sed ædibus modicis Hortensianis: & neque laxitate, neque cultu conspicuis*. Ce Palais fut depuis amplifié par Tibere, Caligula, Alexandre fils de Mammee, & autres: & demeura en sa splendeur iusques au regne de Valentinià troisiesme: souz lequel n'estant habité ne reparé, il descheut de sa beauté premiere en vne totale ruine. Les autres Seigneurs Romains auoient leurs Palais, ou plustost leurs hostels souz le nom de *Domus*, qui estoient si grands, qu'on les eust pris pour des petites villes, *Domos atque Villas cognoueris*, dit Saluste, *in Vrbium modum ædificatas*. Ce sont ces maisons que Seneque appelle *Ædificia priuata, laxitatem Vrbium magnarum vincentia*. C'est à dire, edifices priuez, qui sont plus grands que des grandes Villes. Valere le Grand a laissé par escrit, que tel de ces grands Seigneurs de la ville de Rome s'estimoit estre logé à

Rosinus li. 1. antiq. Rom. cap. 4.

In eius vita cap. 12.

Salustius in Catilina. Seneca lib. 7. de Beneficijs cap. 10.

maison n'occupoit autant de place, que les terres de Cincinnatus : Mais Pline dit bien dauantage, sçauoir, que quelques vns auoient des vergers, & en iceux des estangs ou Viuiers, voire mesme des Celiers & des Cuisines qui passoient en grandeur les terres de ces premiers Citoyens de Rome, que l'on tiroit de la charrue à la dictature. Ces maisons estoient remplies de plusieurs grands edifices comme, galeries, sales, chambres, cabinets, bains, & lauoirs : le tout enrichy de peintures, dorures, argenteries, & de pauez excellens, faicts de pierres de Marbre en ouurage de Marqueterie & de Mosaïque.

7. Les marchez qu'ils appelloient *Fors*, sont encore au nombre des plus grands, & plus superbes edifices, qui fussent dans la ville de Rome : & seruoient tant pour rendre la Iustice au peuple, que pour exposer en vente les viures, & autres marchandises. C'estoient des grandes & larges places quarrees ou quadrangulaires, enuironnees de galeries soustenues sur arcades, ainsi que la place Royale à Paris : mais beaucoup plus grandes & plus superbes en architecture. Sur tout paroissoit celuy de Trajan, depeint par Ammian Marcellin, qui raconte, que Constantius le voyant composé de plusieurs arcades les vns sur les autres, en demeura tout esperdu, & hors d'esperance de faire iamais rien de semblable, & que ceux qui le voyoient tous les iours, ne s'en lassoient iamais, & ne laissoient de le tenir pour vn miracle. Apres ce marché suiuoit en ordre d'excellence celuy que l'on appelloit *Forum Vrbis, siue forum Romanum*, que Strabo dit auoir esté si beau, & si bien accompagné de galeries, de temples, & autres edifices magnifiques, que ceux qui le contemploient, venoient facilement à oublier tout ce qu'ils auoient veu de beau és autres places de la ville : *Que singula contemplans alia exteriora facile delebis.*

li.5. Geogr.

8. Il y auoit encore certains grands bastimens qui seruoient à faire des nopces, & qu'ils appelloient *Nymphea* : & d'autres semblables aux grottes qui se voyent en nos iardins de plaisance, ausquels ils donnoient le nom de *Lymphea*, à cause des eaux qui iaillissoient par diuers petits canaux de tous les costez, & qui venoient à moüiller ceux qui s'amusoient à contempler la beauté de tels edifices, ornez de coquilles de mer de toutes couleurs, attachees, & comme collees ensemble par compartimens.

Pour ce qui est des lieux qu'ils appelloient *Odea*, c'estoient bastimens faicts à l'imitation des Grecs, qui nommoient ᾠδεῖον, vn lieu destiné aux ieux ou combats de musique, accommodez de sieges par le dedans, soustenu par plusieurs colonnes, & couuert d'vn toict panchant à la mode des tentes des Roys de Perses. C'est

DE L'EMPIRE LIV. V.

ainsi que Plutarque nous depeint tels edifices en la vie de Pericles. Il y auoit cinq bastiments à Rome, portant ce nom de *Odeum*, qui seruoient pour instruire les chantres & ioüeurs d'instrumens: ensemble ceux qui deuoient iouer quelque personnage és Comœdies & Tragœdies, auant que de les produire és Theatres deuant le peuple.

Voila les noms des principaux edifices qui m'ont semblé auoir besoin d'interpretation. Quant aux galeries, bains, champs militaires, arcs de triomphes, & autres, ie n'en feray icy plus long discours, d'autant qu'ils se font assez cognoistre par leurs noms.

DE LA HAVLTEVR ADMIRABLE DES maisons & edifices de la ville de Rome.

CHAPITRE IX.

1. *Loix faictes par plusieurs Empereurs, pour reprimer la haulteur excessiue des maisons priuees.*
2. *Que Rome n'estoit pas vne seule ville, mais plusieurs, mises les vnes sur les autres.*
3. *Consideratiō sur la haulteur des edifices bastis sur les mōtagnes de Rome.*
4. *Haulteur des Temples, specialemēt de celuy de Iupiter Capitolin.*
5. *Le Temple de Iupiter bruslé & restably par plusieurs fois. Vespasian y adiousta sa iuste haulteur.*
6. *Haulteur admirable dudit Temple rebasty de rechef par Domitian.*
7. *Trois choses remarquees à Rome par Claudian: la haulteur des edifices, la longueur de la ville, & les ornemens d'icelle, excedans toute loüange.*

1. S'IL y eut iamais ville au monde, où les habitans ayent esleué leurs edifices, c'est principalement à Rome. Ce qui est mesme veritable, quand on ne considereroit que les maisons des bourgeois & habitans particuliers, qui vindrent à tel excez de haulteur, qu'Auguste Cæsar, esmeu des ruines subites de plusieurs maisons, pour estre par trop esleuees, fut cōtraint d'en restraindre la haulteur par vne ordonnance, par laquelle il defendit de n'esleuer aucune maison priuee au dessus de soixante & dix pieds. Ce que Strabo nous tesmoigne par ces mots: *Contrauersus vero, vevorum altitudines ædificiorum deposuit: & ne quis supra pedes septuaginta sublimius ædificaret inhibuit in publicarum vicinitate viarum.* Neron commençant à rebastir sa ville ainsi que Tacite raconte, ordonna

Ibid.

H hhhh ij

que la haulteur des maisons seroit limitee à certaine mesure, que cet Auteur ne determine point : & peut bien estre que ce soit à LXX. pieds suiuant l'ordonnance d'Auguste, laquelle ayant esté long temps hors d'vsage, peut auoir esté raffreschie, & de nouueau remise sus par cet Empereur. On lit que Trajan esmeu par les tremblemens de terre, pestes, famines, & incendies, qui arriuerent de son temps, & par la ruine de plusieurs maisons que le Tybre fit tomber par vne inondation extraordinaire dedans Rome, voulut remedier pour l'aduenir à tels inconueniens, & qu'il ordōna que la structure des maisons n'excedast soixante pieds en haulteur : *Quibus omnibus Traianus per exquisita remedia opitulatus est,* comme parle Aurelius Victor : *Statuens ne domorum altitudo LX. superaret pedes, ob ruinas faciles & sumptus, si quando tales contingerent, exitiosos.* Que si l'on considere de prés ces haulteurs, on trouuera qu'elles sont extraordinaires, d'autant que soixante & dix pieds peuuent faire sept estages chacun de dix pieds de haulteur, ce qui se trouuera peu ou point en aucune maison de Paris.

In Epitome ad vitam Traiani, sub finem.

2. Aussi disoit-on que la ville de Rome n'estoit pas vne seule ville : mais vne ville qui en portoit plusieurs, les vnes esleuees sur les autres. Ce que l'on peut dire auiourd'huy de Paris, car ces villes n'occupent pas seulement la superficie & le sol de la terre, comme les villes communes : mais vont chercher de la place dedans l'air. D'où vient que le Rheteur Aristides cōparoit la ville de Rome à vn homme robuste, fort & puissant, qui se plaist pour faire preuue de ses forces, de porter plusieurs hommes semblables à soy les vns sur les autres sur ses espaules ; & la ville de Rome n'est pas bien, disoit-il, si elle n'en charge sur ses espaules par multiplicité d'estages plusieurs autres esgales à elle. Que si quelqu'vn la pouuoit desueloper & desvnir, en separant les estages dont elle est exhaussee, deposant par terre les villes qu'elle soustient dedans l'air, & les rangeant les vnes auprés des autres, ce seroit assez pour en remplir & occuper l'Italie depuis le Tybre iusques à la mer Ionienne. Ce sont les mots d'Aristides, qui meritent d'estre icy transcrits en leur entier. *Nec vero superficiem duntaxat occupat,* dit cet Auteur, *sed longè supra exemplum altissimè in aërem ascendit : vt iam non magis nisi quam iugis ipsis comparanda veniat, & sicut vir aliquis, qui cæteris magnitudine ac robore multum præstet, alios quoque in se sublatos ferre gaudeat : Eodem modo & hæc, cum tantum terræ spatii contineat, non tamen quiescit, antequam & alias æquales sibi superimpositas vrbes alteram super alteram ferat : vt eius fert nominis ratio: totúque, quod hic videmus, robur est. Quocirca si quis eam diligenter vellet euoluere, & quæ nunc in sublimi sunt vrbes, humi iuxta se inuicē deponere, existimarē fore, vt omnis Italiæ reliqua pars cōpleretur: atq; vna vrbs ad Ioniū vsque mare cōtinua protenderetur.*

Aristides orat. 14. tomi 1.

Ce qui estoit cause d'vn tel & si admirable exhaussemét d'edifices, c'estoit la multitude infinie du peuple qui y arriuoit de toutes parts, pour le soulagement duquel il estoit necessaire de construire des maisons qui fussent composees de tant d'estages & logemens les vns sur les autres. Ce que Vitruue a fort bien remarqué en ce passage, où il parle de la ville de Rome: *In ea autem maiestate vrbis, & ciuium infinita frequentia, innumerabiles habitationes opus fuit explicare: ergo cum recipere non posset area plana tantam multitudinem ad habitandum in vrbe, ad auxilium altitudinis ædificiorum res ipsa coegit deuenire.* *Vitruu. lib. 2. cap. 8.*

3. Telles estoient doncques les maisons priuees desquelles les isles, les quartiers, & les regions de la ville estoient basties, à prendre le tout des fondemens & rais de chaussee, iusques aux combles. Mais il se presente encore icy vne chose à considerer: c'est que la ville de Rome comprend dans soy plusieurs montaignes bien hautes, couuertes d'vne infinité d'edifices publics & priuez, sacrez & profanes, qui sont de pareille hauteur en leur structure, que ceux qui sont bastis és lieux bas. Et ont cela de surplus, qu'estans comme montees sur les combles & sommets de ces montaignes, ils paroissoiét en forme de ville tref-haute. Ce qui a fait dire à Pline entre les loüanges qu'il donne à la ville de Rome. Que si on adiouste à la multitude & à l'excellence de ses parties, la hauteur de ses edifices, ce sera pour former en son esprit vne conception digne de sa Maiesté: & pour confesser, qu'il n'y a excellence ny dignité de ville au reste du monde, qui se puisse comparer à sa grandeur. *Quo si quis altitudinem tectorum addat, dignam profecto æstimationem concipiat, fateaturque, nullius vrbis magnitudinem in toto orbe potuisse ei comparari.* *Lib. 3. nat. hist. cap. 4.*

4. Ce qui se trouuera encore plus veritable, si l'on considere la hauteur des Palais & maisons des grãds, qui n'estoient astreins à aucunes loix. Si on contemple les Theatres, Amphitheatres, & autres edifices publics: specialement si l'on vient à leuer les yeux sur la hauteur des Temples en quelque part qu'ils soient assis. Mais sur tout, si on regarde ceux qui estoiét posez sur le Mont du Capitole: qui en estoit quasi tout couuert. Entre tous lesquels paroissoit le Temple tant renommé de Iupiter, que Tarquinius Priscus voüa en la guerre Sabine, & en ietta les fondemens, que Scruius Tullius & Tarquin le superbe edificerent: & que les Consuls en pleine liberté du peuple paracheuerent: Horatius Puluillus ayãt eu l'honneur de le dedier en son secõd Consulat: & de l'esleuer en telle magnificence, que les richesses du peuple Romain, quoy que grandes à merueilles és siecles suiuans, peurent bien orner & embellir: mais non augmenter vn si superbe edifice. Tout ce que nous auons appris de C. Tacite, qui en parle en ceste sorte: *Vouerat Tarquinius Priscus*

Lib.19.Ann   *Rex bello Sabino: iecer atque fundamenta, spe magis futuræ magnitudinis, quam quo modicæ adhuc Po. Ro. res sufficerent. Mox Seruius Tullius sociorum stadi: deinde Tarquinius superbus capta Suessa Pometia hostium spolijs extruxere. Sed gloria operis libertati reseruata: pulsis regibus, Horatius Puluillus iterum Consul dedicauit, ea magnificentia, quam immensæ postea Po. Ro. opes ornarent potius, quam augerent.* Mais sur tous autres sont admirables les ouurages que Tarquin le superbe y a fait. Car il y employa quatre cens talens des despoüilles. Et *concepit animo magnitudinem Iouis Templi,* comme Liuius le recite, *Quæ digna Deum hominumque rege, quæ Romano Imperio, quæ ipsius etiam loci maiestate esset.*

5. Cet admirable edifice fut consommé plusieurs fois par ses propres Citoyens, principalement du temps de Vitellius: voicy ce qu'en dit Tacite par indignation, contre les auteurs d'vn si grand embrazement. *Id facinus post conditam Vrbem luctuosissimum, fœdissimumque Pop. Rom. accidit: nullo externo hoste, propitijs, si per mores nostros liceret, Deis, sedem Iouis optimi maximi auspicato à maioribus pignus imperij conditam: Quam non Porsena dedita Vrbe, neque Galli capta tenere potuissent, furore principum exscindi.* Ce mesme auteur nous apprend, que Vespasian restablit ce Temple sur son premier plant, adioustant beaucoup à la hauteur des bastimens precedens, admonesté de ce faire par les Pontifes. Et croyoit-on que ce qui defailloit aux deux premiers edifices, c'estoit qu'ils n'estoient pas d'vne hauteur suffisante en esgard à la grandeur de son estenduë. Ce que Vespasian corrigea en le rebastissant pour la troisiesme fois. *Altitudo ædibus ad-*
Lib.20.ann   *iecta. Id solùm religio annuere, & prioris templi magnificentiæ defuisse creditum.*

6. On ne voit pas dans Tacite que la hauteur de ce Temple soit determinee par certaine mesure: mais on peut penser qu'il falloit qu'elle fust proportionnee par symmetrie correspondante à sa grandeur, qui estoit de deux cens pieds de face de chacun costé: sinon que la longueur surpassoit la largeur quasi de quinze pieds, ainsi que nous pouuons sçauoir par l'authorité de Denys de Halicarnasse, qui dit, que: *Latera singula ducentorum ferè pedum sunt, exigua longitudinis & latitudinis differentia: nisi quod ista illam vincit pedibus ferè quindenis.* Il faut donc à proportion de l'espace que ce Temple occupoit par terre, qu'il s'esleuast d'vne merueilleuse hauteur: Et de faict Silius Italicus nous le donne assez à entendre, lors qu'introduisant Iupiter, parlant du quatriesme Temple qui luy deuoit estre rebasty par Domitian en la mesme place, il luy fait vser de ceste hyperbole,

Aurea Tarpeia ponet Capitolia rupe,
Et iunget nostro Templorum culmina cœlo.

DE L'EMPIRE LIV. V.   499

Et lors que Tertulian dit, que la montaigne du Capitole deba- *Cap. 25.*
toit de hauteur auec le ciel, c'est pour les temples qui successiuement y ont esté bastis à l'honneur de Iupiter, qui sembloient toucher le ciel de leurs poinctes.   C'est en ces mots de son Apologe-
tique: *Nam & si à Numa concepta est curiositas superstitiosa, nondum tamen
aut simulachris, aut templis res diuina apud Romanos constabat. Frugi religio
& pauperes ritus, & nulla Capitolia certantia coelo: sed temeraria de cespite
altaria, & vasa adhuc Samia, & nidor ex illis, & Deus ipse nusquam.*
Rutilius en son Itineraire, dit, que par le moyen de la hauteur des
temples qui estoient à Rome, les Romains n'estoient pas fort esloignez du ciel: car adressant sa parole à la ville mesme, qu'il appelle Mere des hommes & des Dieux, il luy dit.

Itinerarij lib. 1.

 Exaudi genitrix hominum, genitrixque Deorum,
  Non procul à coelo per tua templa sumus.

Bref Claudian parlant de la mesme ville en general, & considerant la beauté & la hauteur de ses edifices, dit qu'il n'y a rien
dessus la terre, que l'air puisse comprendre ny embrasser de si
hault:

 Qua nihil in terris complectitur altius aër.
 Cuius nec spatium visus, nec corda decorem,
 Nec laudem vox vlla capit.

7. Claudian en ces vers remarque trois choses qui sont admirables en la ville de Rome; la hauteur de ses edifices, l'espace qu'elle occupoit dessus terre, & les ornemens dont elle estoit embellie.
Et d'autant que nous auons cy dessus parlé des deux premiers
poincts, qui sont l'espace de ladite ville, & la hauteur de ses bastimens: il faut maintenant venir au troisiesme, qui touche les diuers ornemens, par lesquels principalement les grandes ruës, &
places publiques de Rome, surpassoient tout ce qu'il y eut iamais
de beau & d'admirable au reste du monde.

DES ORNEMENS DONT LES EDIFI-
ces Romains estoient enrichis, & premier de
ceux qui gisoient en Architecture.

CHAPITRE X.

1. *Pourquoy l'auteur est contrainct d'auoir recours à l'architecture pour se faire entendre.*
2. *De la beauté des maisons depend la beauté des villes.*
3. *Beauté des edifices dependant de*

quatre sortes d'ouurages.
4. La 1. est d'architecture qui va imitant les proportions des corps humains.
5. Cinq ordres d'architecture tirez des cinq colonnes, & d'où viennent leurs noms.
6. De quelles pieces les colonnes sont accompagnees en architecture. Interpretation desdites pieces.
7. De la nature, du nom & diuision des nombres en trois especes.
8. Moulures composees, & separation des moulures par filets.
9. Moulures sont vnies ou figurees,
figure reguliere de chacune moulure
10. De quelles moulures chacune piece d'architecture est enrichie. Que c'est que Triglyphes, Guttes, Metops, Modillons, Cimaise.
11. Que c'est que Frontispice, Fronton & Tympan.
12. Des cinq especes de Chapiteaux.
13. Les Architectes se dispensent des reigles generales, & pourquoy.
14. Des colonnes Attiques.
15. Des colonnes irregulieres dictes Balustres.
16. Comment on met vn ordre sur vn autre en edifices de plusieurs estages.

1. AVTANT que les plus grands & plus magnifiques bastimens de la ville de Rome estoient faits & construits suiuant les reigles de l'architecture & faut, ce me semble, pour faire voir leur excellence, vser des termes qui en dependent, & les interpreter à ceux, ausquels ils ne sont pas communs: afin qu'estans bien entendus, ils puissent former aux esprits quelque idee des ornemens de tant d'edifices admirables, qui n'ont esté faits pour autre fin, que pour l'embellissement des grandes rues & decoration de toute la ville.

2. C'est par l'enrichissement des edifices tant publics que particuliers, que les villes se font belles: principalement de ceux qui sont de haute & difficile entreprinse, & d'vne structure de grands frais. *Domuum enim cultu decus vrbium, potius quam fructus acquiritur, quarum structio ardua, difficilis melitio, aut decus sumptuosum.* C'est pourquoy les Empereurs, qui auoient la decoration de la ville de Rome en grande recommandation, ne vouloient pas permettre que l'on rehaussast la taxe & estimation des maisons subiectes à certains tributs, lors que par nouueaux enrichissemens d'architecture elles estoient augmentees de prix & de valeur: afin que tels enrichissemens, qui reuenoient plustost à l'auantage du public, qu'au profit du proprietaire, ne luy tournassent à dommage & preiudice, pour auoir bien & industrieusement basty. Il falloit donc faire l'estimation de ces maisons, eu esgard à leur estat precedent, suiuant la loy qui porte: *Qui habitationem suam vrbis ornamento adiecerit, nolumus munificentiam, quae postea addita est, improbam licitationem aestimationis excipere.*

L. in his, in fine C. de praediis & omnib. reb. nauiculariorum lib. 11. & L. Praetor ait §. hoc ius ff. de nouis operis nunciat.

Sed

DE L'EMPIRE LIV. V. 801

sed vetusta potius loci species, & pensio cogitatur, quam cultus hodiernus, qui per industriam hominis animosi accessit.

3. Pour monstrer donc comme au doigt la beauté des grandes ruës de la ville de Rome, nous dirõs qu'elles consistoient principalement en quatre sortes d'ouurages, qui ont tousiours esté grandement estimez parmy les hommes: Sçauoir d'architecture, de peincture, de sculpture, & de fonte: qui sont quatre arts non mechaniques, mais liberaux: & qui vont tous imitans quelque chose de la nature. La premiere regarde le corps & la substance des bastimens: & les trois autres, les ornemens & decorations d'iceux, sans lesquelles les bastimens ne laisseroient pas de subsister.

4. Puis donc que l'architecture constituë le corps des edifices, grands, splendides, & magnifiques, & qu'elle sert comme de champ aux trois autres, c'est bien la raison de commencer par cet art, & d'en discourir icy briefuement, pour faire entendre, que de la symmetrie & proportion bien obseruee entre les parties d'vn edifice, depend la beauté de l'œuure. Aussi les maistres plus excellens en cet art, ont pris le corps humain pour modele de leurs ouurages. Mais sur tous les autres Hermogenes est celuy qui a fait vn rapport exact des parties d'vn edifice auec les parties du corps humain. Et Vitruue a fort bien dit là dessus, *Non potest ædes vlla sine symmetria atque proportione rationem habere compositionis : nisi vti ad hominis bene figurati membrorum habuerit exactã ratione.* Suiuans donc en cela les raisons & la symmetrie des membres, ils ont tantost representé le corps gros court de quelque villageois: & tãtost celuy d'vne femme de mediocre grosseur, & tantost d'vne ieune fille d'vn corsage gresle & delié.

5. Or les symmetries & proportions, qui rendoient les principaux bastimens de Rome d'vn aspect si plaisant, estoient diuerses, selon la diuersité des ordres de l'architecture dõt ils estoient bastis. Ces ordres sont cinq en nombre, & prennent tous leurs noms des colonnes qui sont mises en œuure en chacun d'iceux. Car il y a colonne Toscane, Dorique, Ionique, Corinthienne & Composite. La Toscane est celle, qui a en sa longueur six diametres de la partie basse de son tronc, y comprenant sa baze & son chapiteau. Ce premier ordre s'appelle autrement ordre rustique: *Quod eius columna* Li. 5. cap. 1. *viro rustico, robusto, ac suis membris apte composito similis esse videatur.* La colonne Dorique est celle qui auec sa base & son chapiteau a sept fois en longueur le diametre de son tronc, l'Ionique huict, la Corinthienne neuf, & la Composite dix. Il fut vn temps que la Dorique n'auoit que six diametres, imitant le corps d'vn homme bien composé, qui a six de ses pieds en hauteur. Au contraire la Toscane, qui en auoit sept par le passé, est degeneree à six. L'Ionique est

Iiiii

vn peu plus delicé, representant le corps d'vne femme en aage parfaict: comme la Corinthienne le corsage delié d'vne ieune fille de quinze ans. Quant à l'Ionique elle fut premierement mise en œuure au temple tant renommé de Diane en Ephese. Auquel œuure pour figurer en quelque chose les plis de sa robe, ils cauerent le style ou tronc de ladite colonne tout le long d'iceluy, en forme de demis canaux. Les Grecs appellent ces grafeures *Strias*, c'est à dire, plis de robe: les Latins *Canales*, & les François des cannelures: à cause que ces creux tirez en long, representent le vuide d'vne canne ou roseau, s'il estoit coupé en deux: & de là est venu le nom aux colonnes cannelees. On s'est depuis seruy de ces cannelures aux autres colonnes pour les rendre agreables aux yeux. Les noms des colonnes viennent des peuples, qui les ont eu en plus commun vsage : car les Hetruriens, autrement dicts Toscans, ont donné le nom à la Toscane : les vieux Doriens, qui sont ceux de Lacedæmone, à la Dorique : les Ioniens d'Asie à l'Ionique : & les Corinthiens à la Corinthienne. Quant à la Composite, elle fut ainsi nommee, d'autant qu'elle est faicte de plusieurs ordres meslez ensemble en vn seul corps d'architecture : & est par aucuns appelee colonne Italique, d'autant qu'elle a esté mise en auant par les Italiens, comme les quatre premieres par les Grecs.

6. Ces colonnes en plain ouurage, sont chacune accompagnees des pieces qui ensuiuent : sçauoir de piedestales, bases, styles ou troncs de colonne, chapiteaux, architraues, phrises & corniches: Ce que les Grecs, d'où cet art est venu aux Romains, appellent *Stylobatas*, *Bases*, *Stylos*, *Cephalas*, *Peristilia*, *Zoophoros*, *Coronidas*.

Le Stylobate, comme qui diroit porte colonne, est cela mesme que nous appellons piedestale. C'est la premiere piece sortant du rais de chaussee, immediatement assise sur le fondement. Il est fait en petit mur quarré, ou quadrangulaire, selon l'ordre d'architecture où on l'employe. Car autre est le piedestale Dorique ou Tuscan, que l'Ionique : & autrement est faict le Corinthien, que le composite. On en peut dire autant des Bases, Chapiteaux, Architraues, Phrises, & Corniches, qui sont differentes l'vne de l'autre selon la difference des ordres. La Baze est la seconde partie en l'architecture, immediatemét posee sur le piedestale, comme sur la Baze le trõc de la colonne est dressé. Vient apres le Chapiteau sur le tronc, tout ainsi que la teste sus le corps humain. L'architraue s'estend d'vne colonne à l'autre representant vn gros sommier de pierre ou de charpenterie, assis de son long sur deux chapiteaux, cõme vne piece de bois portee sur les testes de deux hommes. Les Grecs luy ont donné le nom de *Epistylion*, comme qui diroit surcolonne. La phrise peut bien estre appellee par corruption de quelques lettres de la derniere partie de son nom Grec Ζωοφόρος. C'est comme vne bande large & plate enfoncee entre la corniche & l'architraue. Quant à la corniche que les Grecs appellent κορωνίς, c'est la plus haute des pieces communes d'architecture, ayant tiré son nom de κορωνίς, qui signifie le sommet, le comble, ou la poincte de quelque chose.

7. La difference vient à toutes ces parties des proportions qu'elles ont auec le tronc de leurs colonnes, & des diuerses moulures dont elles sont composees. Quant aux symmetries & proportions desdites parties les vnes auec les autres, ce seroit chose trop longue d'en faire icy le rapport : les liures des architectes les enseignent. Mais pour les moulures qui seruent d'ornement à chacune piece d'architecture, Il est bon d'en dire icy quelque chose en passant. C'est ce que les Latins appellent *Lineamenta, formas, siue modulos*, du dernier desquels semble estre tiré nostre mot François de Moulure : d'autant que les architectes se seruent de certaines petites planches de bois, sur lesquelles sont tracees les moulures dont on se veut seruir en la taille des pierres. Sur icelles les ouuriers les appliquent, afin de bien tenir leurs mesures, & de faire leurs moulures au iuste. Car autre est le nombre des moulures au piedestale Dorique, qu'en l'Ionique, ou Corinthien : autre la Symmetrie & proportion des mesures, & autre les figures de chacune moulure qui y sont employees. Mais en general il y a trois genres de moulures : car les vnes ont de la saillie, & se iettent en dehors : les autres sont toutes plates & vniformes : & les autres ont de la retraicte en dedans. Sous le premier genre on peut mettre le Bozele, l'Eschine, & l'Astragal. Les Grecs & Latins ont appellé le Bozele du nom de Thorus, à cause qu'il ressemble à vn gros muscle de chair, arrondy en long, qui se iette hors la surface d'vn corps gras & refaict. L'Eschine, que les autres appellent cordon, & les autres quart de rond, est la moitié d'vn Bozele. Les Grecs le nomment ἄκανθα, & les Latins *Spina*, ou *Torques*. Que si on en ioinct deux ensemble, comme il se fait souuent és Bases Ioniques, Corinthiennes & Composites, cela se nomme Astragale, du mot Grec *Astragalos*, qui signifie certain os du pied d'vn mouton, auquel cette double moulure est semblable.

Les moulures plattes sont les Quarrez, grands & petits. Les gr&ds sont semblables à vne brique, dont les costez & les coins seroient esgaux. Aussi les Grecs leur ont donné le nom de Plinthyon, diminué de *Plynthos*, qui signifie vne Brique. Les Latins les appellent du nom de *Lataſtrum, à latitudine* : d'autant qu'elles se dilatent en largeur esgalement de tous costez, & imitent en quelque chose la lettre L. Les petits quarrez sont comme demy plinthes, & ressemblent à des tranchoirs ou assiettes quarrees : d'où vient, que quelques-vns leur donnent le nom de tranchoirs. Les Latins les nomment *Tenias*, ou *Fasciolas*, comme qui diroit vne bandelette, dont les femmes entortillent leurs cheueux: autrement *Nextrum*, ou *Nextrulum, à nectendis capillis*.

12. Les moulures qui ont de la retraitte & du creux en dedans, sont le Trochile, & la Nacelle : dont le Trochile est contraire au Bozele, & la Nacelle à l'Eschine. Quant au Trochile, il est ainsi dict, *ab orbiculo in girum concauo*, de ce tour arrondy en creux, qui se voit en vne poulie, & qui sert de passage à la corde. Les Grecs la nomment τροχιλιά, & les Latins *Trochlea* : qui vaut autant à dire qu'vne poulie. La Nacelle appellee ναῦς, *nauis*, est la moitié d'vn Trochile.

8. Il y a encore deux moulures, qui ont ensemble du proiect ou saillie, & de la retraicte : que l'on peut nommer moulures composees qui sont la Goule & la Doucine. La Goule dicte *Gula*, ou *Gulula*, par les Latins, à cause de la similitude qu'elle a auec la gorge de l'homme, est droicte, ou renuersee. La droicte est figuree par vne S. droicte, mise au dessous d'vne L. en ceste maniere ͜. La renuersee se faict par la mesme lettre formee à rebours, ͡. Finalement la Doucine, que les Latins appellent *Vndulam*, est figuree par la mesme lettre couchee & inclinee de son long, dautant qu'en ceste posture elle represente vne petite onde, ainsi ∽.

Voila les principales moulures, desquelles les architectes se seruent pour donner grace aux parties de l'architecture. Ils ont de coustume de distinguer & separer l'vne de l'autre par petits interualles, qu'ils appellent *Lineas*: & les François des filets : qui ne sont pas moulures, mais separations de moulures, qui seruent à les faire paroistre à l'œil à diuis, & sans confusion.

9. Or de ces moulures, les vnes sont d'vne surface vnie: & les autres grauees & figurees : non à l'aduenture, mais selon les regles de l'art. Car sur les Bozeles, on graue ce que les architectes François appellent les Oués. i. *Oua*. Sur les cordons, les billettes & colaues, qui sont grains de laurier en forme de perles enfilees. Sur les goules & doucines, on graue des fueillages : sur les bandes plattes, des coquilles : & sur le plinthe, des dentilles. Ces moulures estoient comme parsemees & distribuees par art sur toutes les parties de l'architecture, selon la nature & condition de chacune.

10. Le piedestale auoit pour premiere piece vn plinthe quarré,

en quelque ordre que ce soit, que quelques vns appellent pied, patin, ou soulier: puis quelques goules ou doucines, suiuant l'ordre d'architecture où il est employé. Quant à la Baze, elle est composee de Plinthe, de Bozele, & de Trochile. A l'ordre Ionique, Corinthien, & composite, on adiouste l'Astragale, l'Eschine & la Nacelle. L'architraue ne porte qu'vne goule en sa partie haulte, & au dessouz, trois couches ou filieres, ressemblans à trois bandes vnies: sur la plus haulte desquelles en l'ordre Toscan & Dorique, les Guttes sont ordinairement pendantes. La Phrise, esdits ordres, est enrichie de Triglyphes : mais en ordres Ionique, Corinthien, & composite, la Phrise a pour enrichissemens ordinaires des Anges, ou genies aislez, des hommes, des bestes, des rameaux & des fueillages ou des fleurs: qui sont toutes choses viuantes de vie raisonnable, sensitiue ou vegetatiue. D'où luy est venu le nom Grec de ζωοφόρος qui signifie porte vie, ou porte animal. Es deux ordres premiers on y forme par hault vne tringle, de laquelle dependent les Triglyphes & les Guttes. Les Triglyphes sont certains ornemens quadragulaires, propres à la phrise Toscane ou Dorique, qui representent trois canaux, ainsi que trois seillons grauez dans la pierre, desquels les Guttes sont pendantes comme toutes prestes à tomber. Les Grecs appellent γλυφις, ou γλυφη, vne graueure ou celature, d'où le Triglyphe a pris sa denomination : à cause qu'il est ordinairemēt faict de trois graueures, quelquefois entieres, & quelquefois disposees en sorte, qu'il y en a deux entieres au milieu: & quant à la troisiesme, elle est diuisee en deux parties esgales, dont chacune occupe l'vne des extremitez du Triglyphe. Les distances qui sont entre les Triglyphes, se nomment *Metops*, ou trous de colombiers: & sont ordinairement chargez de roses, de plats, de vases, dont ils se seruoient és sacrifices, & de testes seiches de bœufs, de cheuaux, ou de quelques autres hieroglyphiques Ægyptiēs. La Phrise peut aussi receuoir dans soy les Inscriptions, lesquelles portent les noms, qualitez & loüanges de celuy qui est auteur de l'edifice: ou à l'honneur & memoire de qui il est basty. La Corniche est la plus enrichie de moulures que pas vne autre piece : car elle reçoit le Bozelle, le Cordon, ou Eschine, les Goules droictes ou renuersees, auec tous les enrichissemens des oues, fueillages, billettes, colaues, & autres, dont nous auons dict, les moulures estre grauees par excellence. D'auantage la Corniche est le lieu propre des modillons, que les Latins appellent *Mutulos*. Et comme les Triglyphes ont esté inuentez pour couurir & cacher le bout des soliues, qui passoient outre l'espaisseur des murailles: Ainsi les modillons ont esté introduits pour representer les bouts des cheurons: à raison dequoy ils sont ordinairement formez comme declinans en pante. Finalement, la Corniche a pour derniere piece celle qui porte le nom de son tout. Car on appelle Corniche ou Cimaise la moulure plus haulte, & qui a plus de saillie que pas vne. En cette signification la Corniche se trouue és piedestales, frontispices, frontons, & autres corps assemblez de plusieurs moulures. Quant au mot de Cimaise il est originaire de κῦμα ou κυμάτιον : qui signifie le premier ject, ou la cime des herbes, selon Pline & Columelle. Et de là vient que l'on donne le nom de cime au sommet d'vne montaigne & autres choses haultes. Ce mot se prend aussi par les architectes, pour vn corps assemblé de plusieurs moulures, tels que sont les membres d'vn frontispice.

11. Car le frontispice est vne piece que l'on met pour ornement sur les corniches : & se compose de deux cimaises ou rang de moulures, qui des extremitez de la corniche se leuent mollement l'vne contre l'autre vers le milieu, où elles se viennent rencontrer, & se ioindre en coing mousse : & sont composees des mesmes moulures que la corniche. Le Fronton est semblable au frontispice, excepté qu'il n'est composé que d'vne piece faicte en arc, mollement arrondy sur la corniche : quelque fois les deux cimaises du frontispice, s'esleuant des deux extremitez de la corniche, demeurent en chemin : & au lieu de se venir ioindre sur le milieu, elles se terminẽt separément en lignes spirales, & laissent vn vuide entre elles, pour y placer quelque chose à la fantaisie de l'Architecte : comme vne image en buste, ou vne armoirie, dequoy ils ont de coustume de remplir le plat fond du tympan, qui n'est autre chose que le fond des frontons ou frontispices, representant le corps & continuation de la massonnerie. Du milieu, & des deux extremitez desdits frontons & frontispices se leuent trois assietes d'images, comme trois petits piedestales, qui seruent à poser les statues de marbre ou de bronze : & qui sont les dernieres & plus haultes pieces, dont on enrichit vne pleine architecture. Ie dy pleine architecture, d'autant que le frontispice, fronton & assietes d'images, ne se trouuent pas en toute architecture : & ny sont pas necessaires, comme sont les autres pieces precedentes.

12. Au reste nous auons reserué les chapiteaux iusques en ce lieu, d'autãt qu'ils meritent bien vn petit discours à part. Il y a donc cinq chapiteaux, comme il y a cinq ordres d'architecture : chacun desquels à son chapiteau appellé de son nom : Car il y a chapiteau Toscan, Dorique, Ionique, Corinthien, & Composite. Le Toscan est le plus simple de tous, estant faict par bas d'vne petite bande ronde, que quelques architectes appellent vne frize, & est diuisée du

stile ou corps de la colonne par deux petites moulures : dont l'vne est arrondie en cordon, que quelques vns nomment armille, rondeau, ou anneau. L'autre est vne bande platte, que l'on nomme Gorgerin, du Grec *Hypotrachelium*, qui signifie la Gorge. Cette bande ou frize de colonne est sans ornemens : & porte au dessus de soy deux moulures, dont la premiere est vne goule ou vn quart de rond, qui ressemble au bassin d'vne balance : à raison dequoy, quelques vns luy donnent le nom de balancier. La seconde est vn plinthe quarré, accompagné de son filet, & seruant comme de couuercle au balancier. Le chapiteau Dorique est ordinairement enrichy d'vne roze sur la frize : & au dessus, d'vne eschine ou cordon : & pour sa derniere piece d'vn plinthe portant son tailloir : le tout distingué de trois filets. Le Chapiteau Ionien n'a aucun bout de frize : ains est composé d'vne volute, faicte en forme d'eschine ou quart de rond, souz lequel, le stile de la colonne se vient ioindre entre les deux pendants de la volute. Le quart de rond, dict le listeau de la volute est ordinairement enrichy d'oues, entremeslez de dards esbarbillonnez, & couuert de son plinthe, comme le balancier des ordres precedents. Au reste, ledit quart de rond auec ses oues, ne paroist que deuant & derriere, d'autant que de ses deux costez pendent les deux rouleaux de la volute, enueloppez en limaçons, qui representent en leurs lignes spirales, les cheueux de Diane, tressez & roulez, retenus & liez sur les deux costez du chapiteau auec des petites bandes, semblables à celles dont les filles entortillent leur cheueux. Aucuns nomment ces enuelopemens en ligne spirale les yeux de la volute. Le Corinthien est plus releué que ces trois premiers : & est de l'inuention de Callimachus, surnommé par les Atheniens *Catatechnos*, c'est à dire, l'ingenieux ou industrieux. Cet architecte ayant entrepris de faire vn temple à Corinthe, passa vn iour prés du tombeau d'vne ieune fille, sur la fosse de laquelle sa nourrice auoit mis vn pannier remply de quelques petits meubles, que la fille viuante auoit aymé. Ce pannier estoit couuert d'vne tuile ou brique quarree : & fut posé par aduanture sur vne racine de branche vrsine, que les Grecs appellent *Acanthos*. Cette herbe jettant ses fueilles, qui sont haultes & larges, vint à enuironner, & comme reuestir le pannier tout autour. Mais les fueilles croissant en haulteur, & rencontrant les encoigneures de la tuile, force leur fut de se courber contre bas. Callimachus ayant jetté les yeux sur ce pannier, prit plaisir à la rencontre : & sur l'herbe & le pannier inuenta vn chapiteau, pour s'en seruir en la structure du Temple qu'il auoit entrepris à Corinthe : d'où luy est venu le nom de Corinthien. En ce chapiteau il y a des fueilles qui sont entierement paroissantes, & les autres à demy, comme si les vnes venoient à croistre derriere les autres. Les plus fortes tiennent les quatre encogneures, & y en a huict qui poussent leur pointes contre les coings du plinthe, d'où ils se rabattent pour se courber en petites volutes. Reste le chapiteau composite ainsi nommé, à cause qu'il est composé du Corinthien & de l'Ionique: Car au dessus des fueilles d'Achante, il y a des volutes en ses quatre encoigneures, ainsi qu'en l'Ionique. Et s'il a de plus des vrilles, qui sont autres lignes spirales, au milieu de chacun de ses costez, quasi semblables aux volutes, & liees d'vne mesme sorte par petites bandes volantes. On appelle autrement cela des Cartoches: au dessus desquelles, dans l'espesseur du tailloir qui couure ledit chapiteau, on graue ordinairement les roses, que l'on appelle en architecture du nom de rosaches. Les autres disent que le chapiteau composite est ainsi appellé, d'autant qu'il gist plus en inuention, qu'en reigles certaines: & qu'il est au choix de l'architecte, de le composer & embelir à sa fantaisie. On appelle aussi ce chapiteau Italique, d'autant que c'est inuention des Romains, qui les premiers se sont aduisez de mesler les ordres, pour les faire venir au secours les vns des autres, & ne s'en seruoit-on gueres sinon és arcs de triomphe: comme on mettoit en œuure les ordres Dorique, Ionique, & Corinthien és Theatres & Collisees.

13. Iusques icy donc nous auōs discouru des cinq ordres d'architecture, de leurs enrichissemés, & des colonnes qui leur ont donné leurs noms, le tout suiuant les regles communes & generales de cet art: lesquelles toutefois les architectes ne suiuent pas tousiours à la rigueur: specialemēt en ce qui est de la Symmetrie des colōnes auec leur diametre: car pour donner grace à leur ouurage, ils se dispensent de ces regles, allongeans ou accourcissans les stiles desdites colonnes ainsi que bon leur semble par raison. Ce qui arriua au Temple de Diane mesme en Ephese. Car comme ainsi soit que la colonne Ionique n'a regulierement que huict diametres en haulteur, les ouuriers donnerent à leurs colonnes huict diametres & demy, pour d'autāt mieux representer le beau & delié corsage de la Deesse, à l'honneur de laquelle la colonne Ionienne a esté inuentee: Comme au contraire, les bons architectes sont quelquefois cōtraints de retrancher quelque chose aux colonnes des seconds & troisiesmes estages, de peur que sur vne longue portee, le rayon visuel ne les amoindrisse par trop, & ne paroissent trop gresles à ceux qui ne les voyent que du sol, ou rais de la terre.

14. Pour les colonnes elles sont de figure ronde, & comme tournees au tour: auec cette obseruation, qu'elles sont tousiours plus

deliees

delices par hault que par bas: Mais outre ces colonnes rondes, on en voit souuent de quarrees mises en œuure és grands edifices. Et quoy qu'elles soient toutes comprises souz le nom de colonne Attique, à cause que les Atheniens en sont les inuenteurs, si est-ce qu'elles peuuent seruir aux cinq ordres cy dessus, pourueu que les regles, proportions & symmetries requises à chacun ordre y soiét obseruees, comme és colonnes rondes: mesurant leurs troncs quarrez par les diametres d'iceux, & obseruant les mesmes nombres, longueurs, mesures, raisons cy dessus mentionnees en leurs piedestales, bazes, chapiteaux, architraues, phrises & corniches.

15. Il y a vne sorte de colonne, mais irreguliere, que l'on appelle des Balustres, d'autant qu'elles ont quelque chose de semblable à la fleur d'vn grenadier, que l'on appelle en Grec *Balaustion*, *Lib. 1. c. 16.* dont parle Dioscoride. Ces Balustres n'ont aucune proportion certaine, & se font à fantaisie, les vnes rondes & tournees, & les autres quarrees ou triangulaires: & ne sont receües en aucun des cinq ordres d'architecture, desquels nous auons parlé cy dessus, & dont nous auons encore vne chose à remarquer.

16. C'est qu'en vn edifice à plusieurs estages, où par necessité il faut mettre vn ordre sur vne autre, on y doit obseruer cette disposition, que l'ordre Dorique soit mis sur le Tuscan: l'Ionique sur le Dorique, le Corinthien sur l'Ionique, & le Composite sur le Corinthien. C'est l'ordre que les anciens Architectes ont tenu aux edifices des Temples, Basiliques, Curies, Cirques, Theatres, Amphiteatres, & autres grands & magnifiques bastimens par nous designez en gros au Chap. 8. de ce liure. L'excellence & l'artifice desquels il est impossible de conceuoir sans l'ayde de l'architecture, qui y estoit obseruée en son tout, & en ses parties. Car on n'y voyoit que grandes colonnes de marbre, accompagnees de toutes les pieces d'architecture, reuestues & ornees de leurs moulures & enrichissemens particuliers icy nommez & depeints par le menu, lesquels rendoient la ville de Rome admirable à tout le monde. Or quoy, que suiuant les regles communes de l'architecture, ces ordres doiuent estre rangez les vns sur les autres, ainsi que nous auons dict: Il se trouue neantmoins des Architectes modernes, qui ne font difficulté de mettre l'ordre Corinthien sur le Dorique: le Composite, sur l'Ionique: & l'Ionique, sur le Tuscan. Mais cela se faict outre l'vsage commun des anciens, & contre les preceptes ordinaires de l'Architecture.

Kkkkk

DES ENRICHISSEMENS QVI FAISOIENT
partie du corps des grands edifices.

CHAPITRE XI.

1. *Ornemens des edifices de quatre sortes comprinses souz les noms de Tectorium, opus seu incrustatio.*
2. *Premiere espece diuisee in opus albariū, arenatū, & marmoratū.*
3. *Seconde espece consistoit en fueilles de marbre. Premier qui s'en est seruy à Rome.*
4. *Quand les marbres ont commencé à estre peints, dorez & enrichis de marqueterie & de mosaïques.*
5. *Troisiesme espece d'incrustatiō estoit en dorures de deux façons: en fueilles battues, ou en lames: dorures en fueilles battues.*
6. *Maisōs dorees de Nerō, de Domitiā & des grands Seigneurs de Rome.*
7. *Edifices enrichis de lames d'or solide, d'argent, & de pierreries.*
8. *Quatriesme genre d'incrustation en Marqueterie & Mosaïque. Que c'est Abaci & Specula.*
9. *Le voire est la matiere des esmaux, que quelque vns appellēt encausta.*
18. *Belles considerations de Seneque sur tous ces ouurages.*

1. LES Romains ne se contentoient pas d'enrichir leurs grands edifices des beautez qui procedent de la seule architecture, & qui resultent de toutes les pieces que nous venons de voir, bien alliees & assorties ensemble: mais adioustoient encore à cela d'autres ornemens non sujects aux loix de cet art: qui auoient neantmoins leurs lieux és bastimens, non à l'aduanture: mais par le iugement & discretion des architectes. Ce qui seruoit grandement à l'embelissement & decoration des grandes ruës de la ville, sur lesquelles ces excellēs edifices estoient placez. Ces ornemēs estoient tous compris souz le mot d'incrustation, qui ne sont autre chose que certains paremens & enduits, desquels les murailles, les planchers, les pauez, les phrises, & autres parties de l'architecture estoiēt couuertes, ainsi qu'vn pain de sa crouste. Et pour cette cause les Latins ont appellé ce genre d'ornemēt *Tectorium opus, siue incrustationes*: Et y en auoit de quatre sortes principales.

2. La premiere se faisoit d'vn simple enduit de mortier. Que si c'estoit de chaux, les Architectes Latins, qui ne s'en seruoient qu'à blanchir, le nommoient *Albarium opus*. S'il y auoit de l'arene meslee auec de la chaux, *Arenatum*: & si du marbre battu en pouldre *Marmoratum*, que les Grecs appelloient μαρμάρωσις. C'est de tels ouurages que Pline parle en ce peu de mots; *Tectorium nisi ter arenato, & bis marmorato inductum est, non satis splendoris habet.*

3. La seconde espece d'incrustation est de grandes fueilles de marbre, que les ouuriers sçauoiét inserer dans la surface des murailles, comme pierres pretieuses que l'on enchasseroit en or. De sorte que les edifices des grands en estoient comme couuers & enduits de tous costez. Seneque en ses declamations: *In hos ergo exitus varius ille secatur lapis, vt tenui fronte parietem tegat.* Cornelius Nepos a laissé par escrit, que Mamurra Cheualier Romain, superintendant des Ingeniaires, Massons, & Charpentiers de Iules Cæsar en la Gaule, fut le premier qui reuestit les parois de sa maison au môt Celius, de fueilles de marbre siees en tables grandes & delices: *Primum Romæ parietes crusta marmoris operuisse totius domus suæ in Celio môte Cornelius Nepos tradidit Mamurram, Formijs natum, equitem Romanum, præfectum fabrorum C. Cæsaris in Gallia.* Apres Mamurra, Marcus Lepidus, & Lucius Lucullus n'arresterent gueres à mettre en œuure cette inuention, qui s'accreut merueilleusement par la magnificence des Empereurs, & de plusieurs Citoyés, riches & curieux en beaux bastimens. Encore ne furent-ils pas contans de mettre le Marbre en œuure ainsi que la nature le produit: car du temps de Claudius Empereur, on cômença de l'alterer par plusieurs peintures: Et souz l'Empire de Neron à le couurir auec de l'or, & inserer plusieurs petites pieces de marbre differétes en couleurs dans vne grande piece, qui estoit d'vne seule couleur: pour luy faire châger de nature en la diuersifiant, pommelant, mouchetât, & y introduisant des figures d'animaux, de plantes, & autres diuerses choses. La delicatesse de ces ouurages bannirent bien tost la peinture dont on se seruoit auparauant pour ornement des parois. Ce que Pline nous faict entendre, quand il dit: *Iam vero pictura in totum marmoribus pulsa: Iam quidem & auro. Nec tantum vt parietes toti operiantur: Verum & interraso marmore, vermiculatisque ad effigies rerum & animalium crustis. Non placent iam abaci, nec spatia montis in cubiculo delitentia. Cœpimus & lapide pingere. hoc Claudij principatu inuentum. Neronis vero, maculas quæ non essent in crustis inserendo, vnitatem variare: vt onatus esset Numidicus: vt purpura distingueretur Sinnadicus, qualiter illos optarent nasci delitiæ. Montium hæc subsidia deficientium.* Pline veut dire, que les esprits de ce temps là estoient tellement portez aux delicez, que les grandes tables quarrees, qu'ils appelloient *Abacos*, ny les pieces de marbre resserrees en leur chambre, ne leur estoient plus à gré, si on ne venoit à les peindre, ou plustost à les teindre de quelques couleurs estrangeres. Les Marbres Numidiens, & de la ville de Sinnada en Phrygie, qui sont les plus exquis de tous, ne leur sembloient pas assez beaux. Il falloit marquetter de plusieurs couleurs ceux que la nature auoit produits d'vne seule. En sorte que le Marbre Numidien fust chargé d'or, & le Sinnadien teint en pourpre: l'esti-

Apud Plin. li. 36. c. 6.

Lib. 35 c. 1.

De Marmore Numidico Isidor. lib. 16. orig. c. 5.

De vrbe Sinnada & Marmore Sinnadico, Strab. li. 12. Stephan. de vrbib.

me que c'est le vray sens de ces mots : *Vt ouatus esset Numidicus, vt purpura distingueretur Synnadicus.* Où il faut entendre *lapis*, qui precede vn peu deuant, *Cœpimus & lapidem pingere.* Lesquels mots de *Numidicus*, & de *Synnadicus*, l'Interprete François de Pline a pris pour deux Citoyens Romains : l'vn triomphant du triomphe que l'on appelle *Ouatio*, & l'autre reuestu de pourpre : transformant comme vn autre Deucalion des pierres en des hommes. Ces deux genres de Marbre sont les mesmes, que Statius appelle *Lybicum Phrygiumque Silicem*, & dont il dit la maison de Violantilla auoir esté paree, ensemble du marbre vert de Lacedæmone,

Li. 1. Siluarū in Epithalamio Stellæ & Violant.

  Hic Lybicus Phrygiusque lapis, hic dura Laconum
   Saxa virent.

Or que ce mot de *Ouatus* se doiue prendre pour *Auratus*. Pline luy mesme nous le faict entendre, quand il dit, que c'est auec du blanc d'œuf, que l'on a trouué le moyen de dorer le marbre, comme on dore le bois auec de l'or-couleur : *Marmori, & ijs quæ candefieri non possunt, oui candido aurum illinitur : ligno glutini ratione composita.* Et pour ce qui est de la teinture des Marbres, Statius mesme a escrit, qu'elle estoit paruenue à telle excellēce, que les teinturiers de Lacedæmone & de Tyr, tres-experts à teindre des draps en pourpre, portoient enuie à la couleur purpurine que l'on donnoit aux Marbres en ce temps-là, tant elle estoit haulte & bien lustree.

Lib. 33. nat. hist. c. 3.

Statius. ib.

  Rupesque nitent, quis purpura sæpe
  Oebalis, & Tyrij moderator buccet ahœni.

5. Ie ne diray rien d'auantage de ces marbres excellens, & de la façon de les mettre en œuure : d'autant que cela se trouuera amplement traitté dans le 21. Chapitre du 2. Liure : & viendray au troisiesme genre d'incrustatiōs ou enduits, dont les Romains enrichissoient leurs bastimens, & dedans & dehors : qui estoit auec de l'or & de l'argent pur. Ce qui se faisoit en deux manieres : sçauoir ou par simples fueilles d'or & d'argent batu : ou par lames solides de l'vn & de l'autre metal. Les Romains ont faict de grandes despenses en simples dorures, tant aux Temples qu'aux maisons particulieres. Le Temple du Capitole estoit doré dedans & dehors long temps deuant les Empereurs : & à diuers temps ont esté employez des sommes immenses, & quasi incroyables pour sa decoration.

Liuius li. 33.

Liuius dit, que aussi tost que la ville de Carthage fut ruinee, on employa parties des despoüilles à en dorer tout le lambris : *Post Carthaginem euersam laquearia in Capitolio inaurata esse.* Quant à ce qui est du dehors, Catulus qui repara ce Temple à ses despens, pour faire paroistre la grandeur de ses richesses, & de l'amour qu'il portoit à sa religion, en fit dorer toutes les tuilles qui estoient de cuiure fin, auec telle profusion & despense, que les hommes de ce temps-là n'en sçauoient quel iugement faire, *Quod sua atas varie de Catulo existimauerit.* La cause de cela est, *Quod regulas Capitolij areas inauraffet primus.* Mais qui plus est, le Temple ayant esté bruslé par plusieurs fois, il a tousiours esté remis en son premier lustre, en ce qui dépend des dorures de toutes ses parties. Apres les flames de Vitellius, Vespasian repara les ruines de ce Temple, & employa soixante millieures de pur or à le redorer de nouueau: mais comme incontinent apres il fut bruslé derechef, Domitian son fils le rebastit plus superbe que iamais, & mit à le redorer seulement, plus de douze mil talens, qui reuiendroient à sept millions d'escus. Or que les tuiles entr'autres choses ayent esté par luy redorées, il en apparoist par le tesmoignage de Procopius, qui dit que Genseric Roy des Vandales, emporta auec soy en Affrique la moitié des tuilles d'airain du Capitole, qui estoient dorées. *Ac si qua erat Romæ decora, inter quæ Iouis Capitolini tegularum ex aere auratarum partem æmidiam adripuit.* Rutilius Gallicanus parlant de la beauté de ce Temple, dit:

Plut. in Publicola.

Lib. 1. de bello Vand.

Confundunt vagos delubra micantia visus:
Ipsos crediderim sic habitare deos.

Itiner. li. 1.

Et à la verité il n'y a rien en quoy les Empereurs ayent tant fait paroistre la grandeur de leurs richesses, qu'en la profusion & prodigalité de l'or. Caligula fit couurir de limaille d'or toute l'arene du Colisée. Agrippa ne se contenta pas de faire dorer son Pantheon par dedans: mais le couurit d'or par le dehors. En sorte que le Satyrique auoit quelque raison de dire voyant ces excés de dorures.

Suet. in Calig. cap. 18.

Dicite Pontifices, in templo quid facit aurum?

6. Mais que dirons-nous de la maison de Neron? C'estoit vn edifice où se trouuoient trois galeries chacune de demie lieuë de longueur, dorees d'vn bout à l'autre: plusieurs sales & chambres, dont les parois estoient enrichis d'or, de pierres precieuses, & nacres de perles par compartimens: auec des planchers mobiles & tournoyans, ornez d'or & d'yuoire, qui pouuoient changer de plusieurs faces, & verser des fleurs & onguents precieux sur les conuiues. Neron appella luy-mesme ce Palais, *Domum auream: cuius tanta laxitas, vt porticus triplices miliarias haberet. In cæteris partibus cuncta auro lita, distincta gemmis vnionumque conchis erant. Cænationes laqueatæ tabulis eburneis versatilibus, vt flores è fistulis, & vnguenta desuper spargerentur.* Domitian ne voulut pas ceder à Neron en ces folles despenses. Plutarque ayant discouru de la dorure si somptueuse du Capitole, adiouste, que si quelqu'vns s'en estonne, & qu'il vienne par apres à visiter les galeries, les basiliques, les bains, ou les serrails des

Suet. in Nerone cap. 32.

In Publi.

concubines de Domitian, il pourra bien estre rauy d'autre admiration: & s'exclamera auec le Poëte Epicharmus.

Non liberalis aut benignus tu clues:
Profusione gaudes.

C'est merueille à la verité, qu'vn temple doré si richement que celuy du Capitole, ne paroisse rien en comparaison d'vne partie du palais d'vn Empereur. Et neantmoins les Empereurs n'estoient pas seuls qui faisoient dorer leurs maisons, c'estoit vne coustume du temps de faire dorer les parois les planchers, & les chapiteaux des colonnes: *Laquearia quæ nunc, & in priuatis domibus auro teguntur*, dit Pline, (è *templo Capitolino*) *transiére in cameras: in parietes quoque, qui iam & ipsi tanquam vasa inaurantur.* S. Hierosme en disoit de mesme de son temps. *Auro parietes, auro laquearia, auro fulgent capita columnarum.* Quand Properce dit,

Quod non tenarijs domus est mihi fulta metallis,
Nec camera auratas inter eburna trabes.

Cela monstre assez que c'estoit chose commune à son siecle, de bastir de marbre amené de bien loing, comme celuy du Promontoire Tenarus pres Lacedæmone: & d'auoir des planchers faits d'yuoire sur des poultres dorez.

7. L'autre maniere d'enduits & incrustations d'or, consistoit en lames solides passees par les mains des Orfeures, & appliquees aux poultres & solines des maisons, portes des temples, & maçonnerie, d'amphitheatres. Ces lames d'or sont signifiees par ces mots: *Crassum vel solidam aurum*: à la difference des fueilles d'or battu, qu'ils nommoient *Bracteas*, & qui seruoient aux simples dorures. Il faut bien dire que cela estoit tout commun, du temps de Domitian, puis que Stace parlant des temps esquels l'ancienne frugalité viuoit encore, il dit,

Et nondam crasso laquearia fulta metallo,
Montibus aut altè Grajis effulta nitebant
Atria,

Comme s'il vouloit dire, que c'estoit chose ordinaire en son temps, que de couurir les planchers de lames d'or: & de construire des entrees de maisons soustenues sur colonnes de marbre amené de Grece. Mamertinus dans son Panegyric à Iulian Empereur, luy donne ce traict de louange entre plusieurs autres, qu'il ne faisoit point de despense en peintures, en marbres encroustez, ny en lames d'or solide, dont plusieurs de son temps couuroient & estofoient les planchers de leurs chambres, attendu que la plus grande partie de l'année il couchoit sur la dure, & n'auoit autre couuerture que le ciel. *Neque enim comparanda sunt pictura, marmorum crustæ, & solido*

Plin.li.33. nat.hist.c.3.

Hieron. epist.ad Gaudentium.

DE L'EMPIRE LIV. V. 815

auro tecta laquearia, qui maiorem anni partem in nuda humo cubet, & cœlo tantùm tegatur. C'est de ces lames d'or que Lucain dit les poultres du Palais de Cleopatra auoir esté couuertes. Ce qu'il met au rang des superfluitez des siecles plus corrompus: qui eussent à peine voulu souffrir telles somptuositez en vn temple.

Ipse locus templi (quod vix corruptior ætas
Extruat) instar erat: laqueataque tecta ferebant
Diuitias, crassumque trabes absconderat aurum.

Mais à propos de temple, Zosimus a laissé par escrit que les vantelles hautes & larges, du grand portail du temple de Iupiter Capitolin, estoient couuertes de lames d'or massif, qui demeurerent là iusques au temps de l'Empereur Honorius: mais que Stilico son beau-pere, se trouuant en necessité d'argent, les enleua de là pour en faire battre de la monnoye. *Stilico mandasse perhibetur* (dit cet auteur) *vt fores in Capitolio Romano, quæ auro magni ponderis erant obductæ, laminis ijs spoliarentur.* Mais ce qui excede tout ce que nous auons dit iusques à present, c'est la magnificence quasi incroyable de Neron, qui fit couurir par dedans de lame d'or tout le theatre de Pompee, lors que Tyridates Roy d'Armenie vint à Rome pour le visiter: & si ce n'estoit que pour y paroistre l'espace d'vn iour, qui à cause de ce theatre, & des autres choses toutes dorees que l'on y porta, fut appellé le iour d'or. *Claudij successor Nero*, dit Pline, *Pompeij theatrum operuit auro in vnum diem, quod Tyridati Regi Armeniæ ostenderet.* Ce que Xiphilin confirme en la vie de Neron. Ce n'est donc pas sans cause, que le Poëte Ausonius a donné à la ville de Rome le nom de ville d'or, en ce vers, *Lib. 33. nat. hist. cap. 3.*

Prima vrbes inter, diuum domus, aurea Roma.

Où d'abondant il l'a qualifiée premiere entre toutes les villes, & maison des Dieux.

Quant aux lames d'argent: Seneque remarque entre les superfluitez de son siecle, que les femmes auoient des bains pauez de pur argent: en sorte que le mesme metal qui seruoit à mettre leurs viandes, leur seruoit aussi de marche-pied: *Argento fœminæ lauantur: & nisi argentea solia fastidiunt: eademque materia, & probris seruiat, & cibis. Videret hæc Fabritius, & stratas argento mulierum balneas: itaut vestigio locus non sit, &c.*

On en estoit mesme venu iusques là, que d'eschasser dãs les pauez des perles, & des pierres precieuses. Seneque mesme l'escrit par indignation, contre quelques affranchis, qui faisoient fouler aux pieds és planchers de leurs bains les plus grandes richesses du monde. *Eo deliciarum venimus, vt nisi gemmas calcare nolimus.* Et Pline à ce propos dit, que de son temps il ne falloit plus ouurir la bouche pour *Lib. 13. epist. 87. Lib. 37. nat. hist. cap. 2.*

dire mot des vases & des coupes enrichies de pierreries : veu que lors on marchoit sur cela mesme que l'on portoit auparauant seulement aux doigts. Stace remarque ce traict de magnificence parmy plusieurs autres de ceux que nous auons ja parlé, lors que descriuant vne maison des champs appartenant à Manlius Vopiscus, il dit:

Lib. 1. Silu. in Tiburtino Manlij Vopisci.

Vidi artes, veterumque manus: varijsque metalla
Viua modis: labor est auri memorare figuras:
Aut ebur, aut dignas digitis contingere gemmas.
Dum vagor aspectu, visusque per omnia duco,
Calcabam nec opinus opes.

8. Le quatriesme genre d'incrustations gist és ouurages de marqueterie, & de mosaïque, desquels nous auons parlé cy-dessus, sous le nom de *opera tessellata, musiua, litostrata & cerostrata* : c'est pourquoy sans perdre temps à l'interpretation de ces mots: & aux differences qui se trouuent en ces ouurages, soit en la forme, soit en la matiere, nous dirons seulement, que l'on employoit deux principales sortes d'esmaux és incrustations des grandes maisons: les vns & les autres faicts sur tables de cuiure, ou autre metal propre à receuoir couleurs & figures par le feu. Que si ces esmaux estoient de pieces ou tables quarrees on les appelloit *Abacos*, si rondes, *specula & orbes*: suiuant la doctrine de Turnebe sur ce passage de Vitruue. *Ipsaque tectoria abacorum, & speculorum diuisionibus, circa se prominentes habent expressiones.*

Turneb. ad uersar. lib. 28. cap. 3. Vitru. lib. 7. cap. 3.

C'est de ces pieces d'esmaux encroustees à la Mosaïque, que parle Seneque, lors que reprenant le luxe & la prodigalité de son temps, il dit, qu'vn homme se reputoit pauure, si sa maison ne reluisoit de grandes pieces rondes d'vn esmail exquis, si les marbres d'Alexandrie n'y estoient marquetez de croustes Numidiennes, & si la marqueterie n'y estoit si subtilement diuersifiee, qu'il semblast que ce fust vn ouurage de peinture. Et si mesme les planchers de leurs chambres & cabinets n'estoient couuerts de pieces d'esmaux. *Pauper sibi videtur, ac sordidus,* dit Seneque, *nisi parietes magnis ac pretiosis orbibus fulserint: nisi Alexandrina marmora Numidicis crustis distincta sunt: nisi illis vndique, & in pictura modum variata circunlitio pratexatur: nisi vitro condatur camera.* Quelques-vns se sont mesme serui de ces esmaux aux paués, d'où en fin ils ont esté renuoyez aux lambris.

Senec. lib. 13 epist. 87.

Li. 36. c. 25. Ce que Pline entend par le mot de *Vitrum*, aussi bien que Seneque, quand il dit: que les paués faicts de verre, sont passez de la terre aux planchers. *Pulsa deinde ex humo pauimenta in cameras transiere è vitro.*

9. Au reste il ne faut s'esmerueiller, de ce que Pline & Seneque

neque appellent ces pieces d'esmaux du nom de *Vitram*: d'autant que le verre en est la matiere principale, qui se met en œuure sur quelque metail que ce soit par le moyen du feu: d'où vient que quelques-vns ont baillé à ce genre de peinture le nom d'Encauston, que les anciens donnoient aux Tableaux faicts de cire pure: ou bien de cire appliquee sur l'yuoire, d'autant que cela se faisoit à l'aide du feu. Mais ces deux anciennes especes d'Encaustiques sont incognuës à nos siecles, comme nous dirons au chapitre suiuant.

10. Ie finiray donc tout ce discours de l'architecture, & des ornemens & incrustations que l'on y applique, par ce beau passage de Seneque: auquel il monstre la vanité de ceux qui abusent de ces ouurages magnifiques en leurs maisons priuees: disant, *Quid inter pueros, & nos interest, nisi quod nos circa tabulas & statuas insanimus, carius inepti. Illos reperti in littore calculi leues, & aliquid habentes varietatis delectant. Nos ingentium maculæ columnarum, siue in Aegyptiis arenis, siue ex Africa solitudinibus aduectæ, porticum aliquam, vel capacem populi cœnationem ferunt. Miramur parietes tenui marmore inductos, cum sciamus quale sit quod absconditur: oculis nostris imponimus: & cum auro tecta perfundimus, qui aliud quam mendacio gaudemus? scimus enim sub illo auro fœda ligna latitare.* Epist. 96. C'est à dire: Quelle difference y a-t-il entre les enfans & nous? sinon que nous aimons des tableaux & des statuës d'vne folie qui nous couste bien cher. Les enfans se plaisent à manier de petits cailloux polis de diuerses couleurs, qu'ils trouuent espars sur le riuage de la mer: & nous nous plaisons aux taches & varietez de couleurs des colonnes de marbre, amenees des lieux sablonneux & arides de l'Egypte, ou des deserts d'Affrique, pour soustenir quelque galerie, ou quelque sale, capable de grand nombre de personnes. Nous admirons des parois couuerts de fueilles de marbre bien deliees, encore que nous sçachions bien le peu de prix de ce qui est caché dessous. Nous en faisons croire à nos propres yeux. Et quand nous enduisons de fueilles d'or ces planchers & couuertures de nos maisons, que faisons nous autre chose sinon nous plaire au mensonge? Car nous sçauons bien que soubs cet or il n'y a que du bois, sale & mal poly.

DES ORNEMENS DES RVES DEPENdans de la peinture.

Chapitre XII.

1. Les Dieux & les hommes representez par peinture, sculpture, fonte, cizelure, & graueure.
2. Peinture premier parement des edifices.
3. Qui furent les premiers qui exposerent des peintures à la veuë du peuple.
4. Qui premiers firent voir des Tableaux estrangers à Rome. Grande quantité des tableaux de Scaurus.
5. Tableaux rares & de grand prix, exposez en plusieurs places à la veuë du peuple.
6. De la peinture Encaustique à present inusitee.

I.

IVSQVES à present nous auons parlé des ornemens qui regardent le corps des edifices: Il faut venir à ceux qui y sont adioustez, comme pieces non essentielles, mais accidentales: & sans lesquelles les bastimens ne laisseroient pas de subsister en leur entier: que nous auons dit estre les ouurages de peinture, de sculpture & de fonte.

Les anciens representoient les Dieux & les hommes par cinq sortes d'ouurages, sçauoir de peinture, de sculpture, de fonte, de ciselure & de graueure: dont les premiers seruent à l'embellissement des edifices: & les deux autres, à l'enrichissement des cabinets.

Les ouuriers s'appelloient *Pictores, Sculptores, Statuarij, Calatores, Scalptores*, & les ouurages, *Tabulæ, Signa, Statuæ, Imagines*, qui sont mots qui ne se rapportent pas en tout & par tout à nos dictions Françoises: car les Latins appellent *Imagines*, ce que nous appellons des medailles, & des pierres precieuses ciselees, ou grauees. Les ciselees sont celles qui se poussent à demie bosse hors la surface de la pierre: les grauees au contraire sont cauees & approfondies & ont de la retraitte au dedans de leur surface, que l'on peut neantmoins faire paroistre à demie bosse auec de la cire ou autre matiere semblable.

Ludo. Demontiosius in Gallo Romano hospite Tit. de Sculptur. pag. 16.

Gemmis enim imagines cælātur, vel sculpuntur. Celatæ dicuntur, si è plana superficie opus emineat. Sculptæ contra, si opus refugiat. Au contraire ils appellent *signa*, ce que nous appellons des Images de bois, de pierre, & de marbre: d'où nous vient le mot d'Imager, que les Latins appellent *Sculptorem*: & nomment *Statuam* toute image de fonte: ainsi que nous verrons plus particulierement au chapitre suiuant.

Pour venir donc aux ornemens des grandes rues de la ville de Rome, nous commencerons par ceux qui dependent de la peinture, comme premiere en vsage en ladicte ville. Car nous auons ja veu par l'auctorité de Pline, que la peinture estoit au commencement l'vnique parure des edifices, & dedans & dehors: qui a eu vogue, iusques à ce que sur le tard les enduicts d'or, & incrustatiōs de marbre luy ont fait quitter la place, & l'ont reduit aux simples tableaux:

Li. 35. cap. 1

qui n'ont laissé d'estre en tout temps fort aimez & estimez par les Romains: & exposez en pleines rues ou places publiques, en certains endroicts à couuert, pour l'embellissement & decoration d'icelles.

2. Tels estoient les tableaux des grands Capitaines qui auoiét autresfois triomphé, que l'on mettoit au deuant de leurs maisons, auec des figures de trophees & despoüilles conquises sur les ennemis. Lesquels tableaux & trophees il n'estoit pas permis d'oster de là par vn nouuel acquereur, ains demeuroient les maisons triomphantes en ces Images, quoy qu'elles eussent changé de maistre. *Aliæ foris, & circa limina*, dit Pline, *animorum ingentium imagines erant, affixis hostium spoliis: quæ nec emptori refringere liceret: triumphabantque etiam dominis mutatis ipsæ domus.* *Plin. lib. 35. cap. 2.*

3. Appius Claudius fut le premier, qui mit en public des boucliers, sur lesquels ses predecesseurs estoient peints au naturel. C'est celuy qui fut Consul auec P. Seruilius Priscus l'an 259. de la fondation de Rome. M. Æmilius (qui fut aussi de dignité consulaire auec Luctatius, l'an 676.) en fit de mesme, sur des boucliers semblables à ceux, dont on s'estoit seruy au siege de Troye. M. Valerius Maximus, L. Scipio, & L. Hostilius Mancinus exposerent des tableaux à la veuë du peuple, qui contenoient les victoires par eux obtenuës en Sicile, par le premier: en Asie par le second: & en Affrique par le troisiesme. *Ibid. cap. 3.* *Ibid. cap. 4.*

4. Tous ces tableaux auoient esté faicts à Rome: mais les tableaux estrangers y furent beaucoup plus estimez, depuis que L. Mummius premier de tous, les eut introduit en la ville. C'est celuy qui fut victorieux des Achaïens: & lequel voyant le Roy Attalus en la vente publique des despoüilles ennemies, qui achetoit vn tableau seul six mil sesterces, qui reuenoient à quatre cens vingt liu. de nostre monnoye, admirant vn si grand prix, & soupçonnant qu'il y eust quelque chose de rare en la figure d'vn Bacchus qui y estoit representee, il le retira des mains d'Attalus, & le mit pour premiere piece estrangere en parade au Temple de Ceres. Ce furent neantmoins Iules Cesar & Marcus Agrippa, qui mirent en vogue les tableaux estrangers dedans Rome. Le premier desquels dedia vn tableau d'Aiax, & vn autre de Medee, au frontispice du Temple de Venus, qu'il appelloit sa mere. *Sed præcipuam auctoritatem publicè fecit tabulis Cæsar Dictator, Aiace & Medea ante Veneris genitricis æde dicatis. Post eum M. Agrippa, vir rusticitati quam delicis propior.* Mais celuy qui feit voir à Rome le plus grand nombre de tableaux excellens, fut M. Scaurus, fils de la femme de Sylla, qui eut la despoüille entiere des tableaux de Sicyon, vendus pour le payemét des debtes *Plin. ibid.* *Ibid.*

des habitans. Et y en auoit vne telle quantité, qu'il en remplit son grand Theatre, & en eut encore vn grand nombre de reste. Aussi la ville de Sicyon estoit le vray pays de la peinture, & des peintres de toute la Grece, comme dit Pline, *Sicyon diu fuit patria picturæ. Tabellas enim omnes ex publico propter æs alienum ciuitatis addictas, Scauri ædilitas Romam transtulit.*

Li. 35. c. 11.

5. Auguste Cæsar en colloqua deux excellens aux lieux les plus celebres de la grande place ou marché qu'il fit bastir à Rome, desquels Pline fait mention en ces termes: *Romæ Castorem & Pollucem cum Victoria, & Alexandro magno. Item belli imaginem restrictis à tergo manibus, Alexandro in curru triumphante. Quas vtrasque tabulas D. Augustus in fori sui partibus celeberrimis dicauerat.* Tous ces tableaux estoient pieces rares des plus excellens peintres de l'ancienne Grece, desquels la ville de Rome fut enrichie en plusieurs endroicts. Tel fut le tableau de Pausias representant l'immolation de plusieurs bœufs & taureaux en la galerie de Pompee: auec celuy où Polygnotus auoit peint vn homme de telle posture, que l'on ne pouuoit dire, s'il montoit ou descendoit de cheual. De là sont venus au Capitole le Thesee de Parrhasius, le rauissement de Proserpine de Nicomachus, auec la Victoire portee sur vn char attelé de quatre cheuaux. La Venus dicte Anadiomene, qu'Auguste mit au temple de Iule son pere adoptif. Le tableau de Protogene au temple de Paix où estoit figuré Ialisie, auec ce chien tant renommé, sur les leures duquel ce peintre iettant par cholere l'esponge dont il essuyoit ses peintures, imprima par cas fortuit l'escume, qu'il n'y auoit sceu former à sa fantaisie par son art.

Li. 35. cap. 4

Plin. lib. 35. cap. 9. & 10.

De ceste curiosité des pieces estrangeres procederent les prix excessifs que plusieurs employerent pour auoir certains tableaux qui estoient de rare artifice. Hortensius l'orateur en acheta vn de la main de Cydias, où les Argonautes estoient representez, la somme de cent quarante quatre mil sesterces, qui font dix mil soixante & quinze liures. Lucullus donna deux talents de la copie seulement d'vn tableau, en l'original duquel Pausias auoit representé la bouquetiere Glicera, qui sçauoit si dextrement meslanger & assortir ses fleurs, que ce Peintre estoit bien empesché d'en imiter la beauté par ses couleurs. Marcus Agrippa, quoy qu'assez esloigné des delicatesses de son siecle, ne laissa pas d'acheter deux tableaux des Ciziceniens la somme de douze mil sesterces, qui valent huict cens quarante liures.

Plin. lib. 35. cap. 11.

6. Les anciens exposoient encore en veüe vne sorte de peinture en cire, qu'ils appelloient *Encausticen*, du verbe καίω qui signifie, brusler, à cause qu'elle se faisoit à l'ayde, & par le benefice du feu.

DE L'EMPIRE, LIV. V.

C'est vne espece de peinture qui est à present incognue: où au moins du tout inusitee. Pline faict métio des auteurs de la peinture Encaustique: mais il ne nous en descrit point la maniere. *Ceris*, dit-il, *pingere, ac picturam inurere quis primus excogitauerit, non constat.* Puis il adiouste que les vns en donnent l'inuention à vn Aristide, & la perfection à vn Praxitele: & que Pamphylus maistre d'Apelles exerçoit cet art, & faisoit profession de l'enseigner aux autres. Ceux qui pensent en auoir descouuert le secret, disent qu'il y auoit deux sortes de peindre en cire auec le feu. La premiere se faisoit en cire durcie, auec certains ingrediens, & applanie en forme de tableau. Dans la surface de cette cire, qui estoit d'vne seule couleur, & qui deuoit seruir de champ à la peinture, on grauoit telles figures qu'on vouloit. Puis tout ainsi qu'en ouurage de Marqueterie ou de Mosaique, on inseroit d'autres cires de diuerses couleurs dans les cauitez ou graueures, auec telle industrie, que les jointures & applicatures ne se pouuoient apperceuoir à l'œil. Et y auoit cela d'excellent en cette espece de peinture, qu'elle representoit beaucoup mieux la chair humaine, que tout ce que le pinceau pouuoit faire auec couleurs detrempees. La seconde maniere auoit pour champ, non de la cire, mais de l'yuoire mis en table: dans lequel on grauoit au burin, qu'ils appelloient *Cestrum*, les traicts des figures qu'on vouloit representer. Puis obseruant auec raison & artifice, ce qui est du iour & des ombres, de la splendeur & variation des couleurs, ils se seruoient de la blancheur de l'yuoire, pour donner lumiere & relief à leurs tableaux, & de cires de diuerses couleurs pour les ombrages: comme aussi pour la splendeur, qui est certain lustre & esclat entre le iour & les ombres, que les Latins appellent *Tonum*: & encore pour la variation des couleurs, qu'ils nomment *Armogen*: qui n'est autre chose que cette passee insensible d'vne couleur en vne autre. Ce sont les quatre choses que Pline remarque és peintures, quand il dit: *Tandem se ars ipsa distinxit, & inuenit lumen atque vmbras, differentia colorum alterna vice sese excitante. Deinde adiectus est splendor, alius hic quam lumen: quem quia inter hoc & vmbram esset, appellauerunt Tonum. Commissuras vero colorum, & transitus Armogen.* Voila les principales especes de peintures & de tableaux, dont les grands edifices de la ville de Rome estoient enrichis aussi bien dehors que dedans.

Lib. 35. nat. hist. c. 11.

Plin. li. 35. cap. 5.

DES IMAGES DE SCVLPTVRE ET DE fonte: & de la difference d'icelles en ce qui est de la matiere.

CHAP. XIII.

1. Diuision des Images de sculture & de fonte, in signa, & Statuas.
2. Antiquité de la sculpture.
3. Diuerses matieres, autour desquelles la sculpture est occupee.
4. Vsages des Images de cire faictes au naturel.
5. Le marbre principale matiere de la sculpture.
6. En quel auteur il est parlé des Sculpteurs excellents, & de leurs œuures portez à Rome.
7. L'yuoire employé en ouurages de sculpture.
8. La fonte premieremēt inuentee pour representer les dieux, & incontinent transportee à representer les hōmes, tres-ancienne en Italie.
9. A quelle sorte de gens on dressa premierement des statues de bronze.
10. La matiere des statues gist és metaux, & qu'elle fut la premiere statue coulee à Rome.
11. D'où vint à Rome la premiere statue d'argent: & des statues d'argent des Empereurs.
12. Statues d'or faictes à Commodus, & Domitian.
13. Que Gorgias Leontinus fut le premier, qui se fit faire vne statue d'or massif.

1. LES Romains curieux de transmettre leur memoire à la posterité, ayant recognu que les iniures de l'air corrompoient facilement la peinture, quelque soing qu'ils eussent de tenir les tableaux en lieux couuerts, eurent recours aux œuures de sculpture & de fonte, comme beaucoup plus durables: lesquels d'vn nom cōmun ils appellerēt *Simulacra*, & les diuiserēt en deux especes. Car ils nōmerent les ouurages ou simulacres de sculpture *Signa*: & ceux de fonte, *Statuas*, à prendre ces mots en leur signification specifique. Toutesfois chacun n'a pas obserué ces differences de mots à la rigueur: veu que les Empereurs Arcadius & Honorius, font ce mot de *Statua*, commū aux metaux & au marbre, quand ils disent: *Si quis Iudicum accepisse æneas vel argenteas vel marmoreas Statuas extra Imperiale beneficium detegitur, &c.* Suetone en faict de mesme, quand il appelle *Statuas*, les effigies de marbre que Cæsar Auguste fit mettre en la grand' place de son marché: *Et Statuas omnium triumphali effigie in vtraque fori sui porticu collocauit.* Or que ces Statues fussent de marbre, &

L.1.Tit.14. C de Statuis & Imaginib.

In Octauio cap.3.

non de fonte, nous le sçauons par le raport de Lampridius, qui parlant d'Auguste dit : *Qui summorum virorum Statuas in foro suo è marmore collocauit.* Et Pline mesme, qui faict conscience d'appeller les simulacres de marbre *Statuas*, appelle quelquefois ceux de fonte *Signa*, comme quand il dit : *Varro & æreum signum mentoris habuisse scripsit.* Et ailleurs : *Sed & Phidias ex ære signa fecit.* Mais c'est assez parlé des mots : il faut venir aux choses. *In Alexandro. Lib. 33. c. 12. Li. 34. c. 8.*

2. Nous commencerons par la Sculture, comme par la plus ancienne de toutes : Car on trouue que Melas, auec son fils Micciades, ont commencé de mettre cet art en vsage dés le temps de la premiere Olympiade. Anthermus fils de Micciades, & ses enfans Bupalus, & Anthermus, suiuirent de pere en fils l'industrie de leur ancestre Melas, & viuoient enuiron la soixantiesme Olympiade : *Quod si quis familiam ad proxumum vsque retroagat*, dit Pline, *Inueniet artis eius originem cum Olympiadum origine cœpisse.* Et de rechef, *Non omittendum est, hanc artem tanto vetustiorem fuisse, quam picturam aut statuariam : quarum vtraque cum Phidia cœpit LXXXIII. Olympiade.* A ce propos la Sculture auroit precedé la fondation de Rome de 24. ans : & auroit esté auant l'inuention de la peinture & statuaire quatre cens quatre vingts & seize ans. *Li. 36. c. 5.*

3. Or la Sculture auoit pour matiere commune le bois, l'yuoire, la cire, la pierre, le marbre, & autres choses semblables, qui se peuuent traitter au ciseau. Au commencement, la ville de Rome estant en sa premiere pauureté, on employoit mesme aux simulacres des dieux la terre cuitte.

Fictilibus creuere deis hæc aurea templa.
Inque Iouis dextra fictile fulmen erat.

Propertius. Ouidius.

Romulus fit faire vn Ianus de bois ayant faict la paix auec les Sabins, duquel Tibulle faict mention en ce vers,

Stabat in exigua lignæus æde Deus.

Et n'y eut gueres autres simulacres à Rome, iusques à la conqueste de l'Asie, d'où proceda l'abondance des figures de marbre & de bronze en la ville de Rome. C'est dequoy Pline s'esmerueille, quand il dit : *Mirum mihi videtur, cum statuarum origo tam vetus in Italia sit, lignea potius, aut fictilia deorum simulacra in delubris dicata vsque ad deuictam Asiam : vnde luxuria.* *Li. 34. c. 7.*

4. On commença neantmoins d'assez bonne heure de faire Images de cire, qui representoient les hommes Illustres, specialement ceux qui auoient eu l'honneur du triomphe. Les familles nobles auoient le droict de se faire representer en cire : & d'en conseruer les Images dans certaines armoires és entrees de leur maisons : que si quelqu'vn de la famille venoit à deceder, on portoit en

ses funerailles toutes les Images de ses predecesseurs. *Expressi cera vultus singulis disponebatur armarys, vt essent imagines quæ comitarêtur gētilia funera, semperq; defuncto aliquo, totus aderat familiæ eius, qui vnquā fuerat, populus.*

<small>Plin. 35. 6. 2.</small>

5. Mais la principale matiere, & la plus commune en Sculpture pour representer les dieux & les hommes, c'estoit le marbre. C'est en marbre que Melas & sa posterité (de laquelle nous auons parlé cy dessus) se fit paroistre: Et au mesme temps, Dipœnus & Scyllis, qui furent en grande reputation en l'isle de Candie, enuiron la cinquantiesme Olympiade. De là ils passerent en la ville de Sicyon, qui fut long temps le vray pays des Sculpteurs & Statuaires, aussi bien que des Peintres.

6. Au reste, qui veut voir les noms des anciens Sculpteurs, & les ouurages excellens partis de leurs mains, qui ont esté transportez à Rome à diuers temps, & luy ont serui de lustre en plusieurs de ses rues & places publiques, il ne faut lire que les 4. & 5. Chapitres du 36. liure de Pline.

<small>Plin. lib. 34. cap. 8.</small>

7. Apres le marbre, on vint à mettre l'yuoire en œuure és Images de sculpture : comme Phidias en l'image de Iupiter Olympien, & en celle de la Minerue d'Athenes, qui estoit de vingt-six coudees de haulteur, & à laquelle il auoit meslé l'or auec l'yuoire : *Cum sit ea cubitorum* XXVI. dit Pline, *ebore & auro constabat*. Ie me deporte pour l'heure de representer le nombre des Images de marbre & d'yuoire, qui seruoient d'ornement aux grand'rues de la ville de Rome : la quātité en estoit telle, qu'elle merite son discours à part, & viens aux ouurages de fonte, dont il y auoit vn nombre infiny qui seruoit aux ornemens des principaux edifices de ladite ville.

8. Cet art est celuy que proprement Pline appelle *Statuariā*, & dit, qu'il estoit fort ancien en Italie: *Fuisse autem statuariam artem familiarem Italiæ quoque, & vetustam, indicant Hercules ab Euandro sacratus, vt ferunt, in foro Boario, qui triumphalis vocatur.* C'est vn art premierement inuenté pour representer les dieux : mais qui passa bien tost à figurer les hommes en plusieurs manieres : *Transiit & à dijs ad hominum statuas atque imagines, multis modis.*

<small>Lib. 34. c. 7.</small>

9. Toutefois les effigies des hommes n'estoient point mises en fonte au commencement, si ce n'estoit pour auoir par eux faict quelque chose qui meritast de rester à iamais en la memoire des viuans: Elles commencerent par ceux qui estoient vainqueurs és jeux Olympiques, prés la ville d'Elide au Peloponnese : où la coustume estoit de leur dresser à chacun leur statue en petit volume : Mais à celuy qui estoit vainqueur pour la troisiesme fois, on luy en faisoit vne proportionnee à la grandeur de ses membres, à raison dequoy, on appelloit telles statues *Iconicas. Eorum vero qui ter ibi superassent,*

<small>Ibid.</small>

perassent, ex membris eorum similitudine expressa, quas Iconicas vocant. Il n'est pas bien certain si ce fut à Harmodius & Aristogiton (qui exterminerent les tyrans) que les Atheniens ayent faict premierement eriger des statues, enuiron le temps que les Roys furent chassez de Rome. Mais c'est chose bien certaine, que incontinent apres, la coustume en fut receuë par toute la terre, par vne ambition facilement coulee dans les esprits des hommes: *Excepta deinde res est*, dit Pline, *à toto orbe terrarum humanissima ambitione.*

10. La matiere autour de laquelle cet art est occupé, est le merail de quelque espece que ce soit: car encore que le cuiure, ou le bronze soient sa matiere plus commune: si est-ce que les Ægyptiens, & autres nations, en ont quelquefois faict de fer, d'or, & d'argent. La premiere statue de bronze, qui fut faicte à Rome, fut celle de la Deesse Ceres, des deniers prouenans de la vente des biens meubles de Cassius, qui fut tué par son propre pere, à cause qu'il aspiroit à la Royauté. Et quāt aux statues de Hercules dedices par Euandrus: & celle de Ianus par Numa, elles estoient veritablement plus anciennes: mais la fonte en venoit de dehors: veu que Euandrus a precedé la fondation de Rome: & que le Ianus de Numa, *erat è signis Tuscanicis, quæ per terras erant dispersa: & quæ in Hetruria facticata non est dubium.*

Plin. lib. 34. cap. 4.

Li. eod. c. 7.

11. Quant aux statues d'argent, les premieres qui se sont veuës à Rome, n'estoient pas non plus ny de Rome, ny de l'Italie, mais de l'Asie; Sçauoir, celle de Pharnace & de Mitridates Roys de Pont: que Pōpee fit porter au triōphe de sa victoire obtenue sur ledit Mithridates. Bien est vray, que quelques annees apres ce triomphe, on commença d'en fondre à Rome, & par les Prouinces de l'Empire: dont les premieres furent jettees en fonte à l'honneur de Cæsar Auguste, par vne insigne flaterie de son siecle: & luy en fut faict des presens à bon nombre, la plus grande partie desquelles il fit battre en monnoye, pour employer aux ouurages des grands Chemins, comme nous auons remarqué en autre endroict. Trebellius Pollio nous apprend, qu'en la place que les Romains appellent Rostra, fut erigee vne colonne, sur laquelle fut mise vne statue d'argent faicte à l'honneur de l'Empereur Commodus, qui estoit du poids de quinze cens liures.

Plin. lib. 33. c. 12.

Dio Cass. lib. 54. ob hæc, & alia eius facta eum collata ad id pecunia statuis honorauerunt.

Liu. 1. ch. 15 nemb. 4.

12. Mais ce que ie trouue dans Dio Cassius est encore bien plus estrange: C'est qu'il fut faict à l'honneur dudit Commodus vne autre statue accompagnee des simulacres d'vn Taureau & d'vne Vache d'or massif, du poids de mil liures: *Ad hæc ei statua aurea mille librarum cum Tauro & Vacca facta est.* Ce qui fut ainsi faict, à cause qu'il affectoit la qualité de fondateur de la ville: Car ceux qui fon-

Dio apud Xiphil. in Comodo.

Mmmmm

doient des villes, accouploient ensemble vn Taureau, & vne Vache pour en designer l'enceinte par vn seillon : ainsi que Plutarque raconte en la vie de Romulus. Aussi changea-il de nom à la ville de Rome, l'appellât *Coloniam Comedianam.* On lit vne pareille ambition de Domitian dans Suetone, qui ne voulut permettre qu'on luy fist aucune statue à sa semblance pour mettre au Capitole, si elle n'estoit d'or ou d'argent, & de certain poids par luy designé. *Statuas sibi in Capitolio non nisi aureas & argenteas poni permisit, ac ponderis certi.* Ie croirois bien que le poids qu'il donnoit aux statues d'or, estoit de cent liures, induit par ces vers de Statius,

In Domitiano cap. 13

> Da Capitolinis æternum sedibus aurum,
> Quo niteant sacri centeno pondere vultus.

13. Les Empereurs toutefois ne fûrēt pas les premiers du monde, qui furent representez par des statues d'or, car Gorgias Leontinus qui viuoit long temps deuant eux, & qui n'estoit qu'vn simple maistre en l'art oratoire, se fit le premier de tous figurer en vne statue d'or solide, qu'il dedia au Tēple d'Apollō en la ville de Delphe, enuiron la soixante & dixiesme Olympiade : tant estoit grand le gain procedant de l'ardeur d'apprendre à bien dire en ce temps-là. Pline nous rend ce tesmoignage expres de cecy : *Hominum primus & auream statuam, & solidā Gorgias Leontinus Delphis in Templo sibi posuit, 70. circiter Olympiade tantus erat docendæ oratoriæ artis quæstus.*

li. 33. c. 4.

DE QVELQVES AVTRES DIFFERENCES
de Statues, en ce qu'elles sont nues ou vestuës, à pied, à cheual, ou en chariots de triomphe.

CHAPITRE XIIII.

1. Les Grecs faisoiēt les statues à nud, & les Romains reuestues.
2. De quels noms les Romains appelloient leurs statues reuestues.
3. Statues à pied, à cheual, et en chariot.
4. Diuerses assiettes ou situations d'Images : en quels lieux on mettoit les statues à pied.
5. Inscriptions mises au dessous des statues.
6. Statues dorees mises par Traian & Antonin le Debonnaire.
7. Autre lieu où on mettoit les Images à pied.
8. 3e. lieu, sur les colonnes solitaires.
9. Figures equestres anciēnes : les deux premieres qui ont esté à Rome.
10. Les grāds marchez estoiēt les lieux propres aux figures equestres.
11. Figures equestres de plusieurs Empereurs és grandes places de Rome.
12. Les arcs de triōphe estoient les lieux propres aux statues curules.
13. Exemples & tesmoignages de cela

1. Tels estoient les differences des statues, en ce qui touche la matiere: Il nous faut dire vn mot de celles qui regardoient la forme & la grandeur. Quant à la forme, les vnes estoient nues, & les autres vestues: ils appelloient les statues à nud, *Achilleas*, à cause de la multitude de telles figures, esquelles les Grecs ont representé le Prince Achille en sa ieunesse, auec sa iaueline en main, que l'on appelloit *Pelias*. Aussi estoit-ce la coustume des Grecs de faire leurs Images ou Statues tout à descouuert, afin de mieux representer la nature: & mettre dans leur ouurage quelque similitude de vie & de respiration. C'est des Grecs que Virgile entend parler, quand il faict vne comparaison des autres nations à la Romaine, à laquelle il attribue la science de bien gouuerner les peuples par loix & polices: & laisse aux autres l'excellence de la fonte, & de la sculpture, remarquees en ces deux vers:

Excudent alij spirantia melius æra.
Credo equidem viuos ducent de marmore vultus.

Quant aux Romains, ils reuestoient leurs statues, & les representoient auec habits de guerre ou de paix: *Græca res est*, côme dit Pline, *nihil velare. At contra Romana ac militaris, Thoracas addere.* [Li.34.c.5.]

2. Ils appelloient celles qui estoient reuestues en Capitaines ou soldats, *Paludatas, Thoracatas, & Loricatas*. Les autres accommodees en habit de ville *Togatas, Tunicatas aut Penulatas*. Et celles des femmes, *Stolatas*. Ces mots procedent de la differéce des habits, auec lesquels les statues estoient representees. *Paludatæ statuæ*, sont celles des Empereurs qui estoient reuestues sur leurs armes d'vn long manteau de guerre, qu'ils appeloient *Paludamentum vel Chlamidem*, qui estoit le manteau propre aux Empereurs selon Isidore. Telles sont encore iusques auiourd'huy les statues de Iules & Auguste Cæsar au Capitole, ainsi qu'elles sont figurees en taille douce, dans le recueil des Statues imprimé à Rome, par Laurentius Vaccarius dés l'an 1584. *Thoracatæ* estoient celles des Cheualiers, accômodees de leurs cuirasses: & *loricatæ* des gens de pied auec leur halecret: auec lequel Cæsar voulut bien permettre qu'on le jettast en fonte: *Cæsar quidem dictator loricatam sibi dicari in foro suo passus est.* [Plin.lib.34. cap.5.]

3. Dauantage, il y auoit des statues à pied, à cheual & en chariot, qu'ils appelloient *Pedestres, Equestres & Curules*. Les statues equestres, sont de l'inuentiô des Grecs qui les appelloient *Celetas*, du nom de *κέλης*, qui signifie *Equum singularem*, vn cheual non joinct ny accouplé auec autre. Ils cômencerent à representer par ces statues ceux qui auoient emporté la victoire aux jeux sacrez des Olympiques, Nemeans, & autres. Quand aux Curules elles estoiét figurees sur cha-

riots tirez à deux, à quatre, ou à six cheuaux de front, qu'ils appelloient *Bigas, Quadrigas, & Seiuges*. De la difference desquels vous trouuerez ces passages exprés dans l'histoire naturelle de Pline, *Equestres vtique statuæ Romanam celebrationem habent, orto sine dubio à Græco exemplo. Sed illi Celetas tantum dicabant in sacris victores. Postea verò & qui Bigis & Quadrigis viciβent. Vnde & nostris currus in his qui triumphauerūt. Serum hoc, & in his, non nisi à Diuo Augusto Seiuges.*

Lib.34.c.5.

4. Ces statues soit de marbre, ou de bronze, soit à pied, à cheual, ou en chariots, estoient diuersement colloquees par les ruës & places publiques, suiuāt la diuersité de leurs especes. Entre lesquelles les statues à pied occupoient trois lieux remarquables: dont le premier consistoit és niches, que les Architectes espargnoient és entrecolonnes des bastimens d'architecture, ou bien sur les chapiteaux des colonnes mesmes. Tels estoiēt les 3000. statues de bronze, que M. Scaurus fit voir en son Theatre: Et celles de marbre, qu'Auguste Cæsar fit mettre és deux galeries de son marché: en l'vne desquelles il colloqua par ordre tous les Roys Latins, à cōmencer depuis Enee, portant son pere sur ses espaules, iusques à Numitor & Amulius: & en l'autre, les Roys à commencer à Romulus, auec les chefs d'armees, victorieux de quelques peuples ou prouinces adioustez à l'Empire iusques à son temps: tous reuestus en leur habit triomphal. C'est de ces deux rangs d'Images, que font mention ces vers d'Ouide, parlant des deux portiques du marché d'Auguste,

Suet. in Aug.c.31.

> *Hinc videt Eneam oneratum pondere charo,*
> *Et tot Iuleæ nobilitatis auos*
> *Hinc videt Iliadem humero ducis arma ferentem:*
> *Claraque dispositis acta subesse viris.*

* Romulam tropeophoro spoliis. Acronis onustū.

5. Ouide par ce dernier vers, nous donne à entendre, qu'il y auoit vne Inscription souz chacune statues, contenāt les actes, c'est à dire, les beaux faicts & vertueuses actions de chacun de ceux qui auoiēt là leurs figures. Auguste y estoit representé luy mesme, auec vne Inscription contenant toutes les Prouinces par luy subiuguez à l'Empire. Velleius Paterculus le dit ainsi: *Diuus Augustus præter Hispanias, aliasque gentes, quarum titulis forum eius prænitet, &c.* Ce sont ces Inscriptions que les historiens appellent *Acta, Titulos*, ou *Indices*.

Lib.13.noct. act. cap. 13.

6. Telles estoient encore les statues dorees que A. Gellius dit auoir esté mises au marché de Trajan: *In fastigijs fori Traiani simulacra sunt sita circum vndique inaurata, equorum ac signorum militarium.* Marc Antonin le Debonnaire en augmenta encore le nombre: *Qui nobilibus viris, Bello Germanico defunctis, statuas in foro Vlpio collocauit.*

Capitolinus in M. Antoni.

7. Le second lieu où l'on posoit les Images à pied, estoient les petits pilastres, que l'on appelloit pour cette cause Assiettes

d'Images: & que l'on esleuoit au milieu & aux deux costez des frontispices en vne plaine architecture. Ces endroicts estoient les vrayes places d'honneur, pour estre plus eminentes & plus releuees que les autres. C'estoit en tel endroict du marché d'Auguste, que Pausanias nous apprend la statuë de Minerue surnommee *Alea*, auoir esté posee: laquelle image estoit toute d'yuoire. Et adiouste, que cet Empereur & autres Princes Romains ont fait recherches de telles Images, qu'ils ont attiré dedans Rome de tous les endroicts de la terre, pour en orner & enrichir leurs ouurages publics. *Et ipsum, & reliquos Principes pleraque ornamentorum talium vndique exe-* *In Arcad.* *xisse, & ad opera sua ornanda traduxisse.*

8. Le troisiesme lieu propre à poser images à pied, estoient les colonnes solitaires, c'est à dire, non appliquees en bastimens. C. Menius fut le premier que le Senat honora de tel genre de recompense, apres la victoire par luy obtenuë contre les vieux Latins: & celle des Antiates gaignee par mer, ayant attaché les becs ou crochets de fer de leurs nauires à l'auditoire du marché Romain, qui en eut le nom de *Rostra*, enuiron l'an 416. de la fondation de Rome. Ces statues sur colonnes ne se dressoient gueres qu'à gens releuez sur le commun, pour leur sçauoir, pour leur vertu militaire, ou pour quelque grand & signalé seruice faict à la Republique. *Columnarum* *Lib. 34. c. 6.* *ratio erat attolli supra cæteros mortales*, dit Pline. Telle estoit la colonne de Trajan plantee au milieu du marché magnifique qu'il fit faire à Rome, laquelle est de cent vingt-trois pieds: en la sommité de laquelle on peut monter par vn escalier à vis de cent vingt cinq degrez, taillez au dedans d'icelle, & esclairees de 45. petites fenestres. Sur le chapiteau de la colonne s'esleuoit vne assiette d'image sur laquelle estoit posee la statuë de Trajan. Telle encore est celle d'Antonin le Debonnaire au champ de Mars, haute de 161. pied, & percee d'vn bout à l'autre d'vne montee de 207. degrez, tirant le iour de 56. petites ouuertures, sur laquelle estoit pareillement la statuë dudit Antonin. Ces deux colonnes sont encore sur leurs pieds: la premiere desquelles porte à present la figure de S. Pierre, & la seconde celle de S. Paul, ausquels Xiste souuerain Pontife, *Bartolemeo* les dedia l'an 1589. Il y auoit plusieurs telles statues posees sur co- *Rossi Floren-* lonnes solitaires, tant en la ville comme aux champs. En la ville, *tino en son* de C. Duellius qui vainquit sur mer les Carthaginois. Et aux *liu. intitulé* champs, hors la porte dicte *Trigemina*, celle de P. Minutius com- *Ornamenti* missaire des viures, à luy decernee par le peuple & le Senat: & *di Fabriche* autres que vous trouuerez au Chapitre cinquiesme du 34. liure de *antichi &* l'histoire Naturelle. Mais d'autant que nous auons ja parlé de ce *moderni di* *Roma.*

genre de colonnes : ie n'en diray rien icy dauantage.

As chap. 36
n. 16, & 17.
de ce liure.

9. Les figures à pied ont eu vogue dans la ville de Rome long temps auant les Equestres, qui ne laissent pas pourtant d'estre assez anciennes : veu qu'il se trouuoit vne Clœlia à cheual, aussi bien qu'vn Horace : l'honneur des figures Equestres ayant esté dés le commencement communiqué au sexe des femmes. Au reste Clœlia est assez recognuë pour celle des filles Romaines donnees en hostage à Porsena, qui fut si osee, que de s'eschaper, & de passer le Tybre à nage sur vn bon cheual. Ce qui a presté occasion à ceste figure Equestre, laquelle auec celle d'Horace, surnommé le Borgne, Pline estime auoir esté les deux premieres qui oncques se virent à Rome. *Pedestres*, dit-il, *sine dubio Romæ fuere in authoritate longo tempore. Equestrium tamen origo perquam vetus est, cum fæminis etiam honore communicato. Clœliæ enim statua est equestris. Hanc primam, & Horatij Coclitis publicè dicatam crediderim.*

10. Les lieux des plus belles figures equestres ont esté les marchez, & autres grandes places publiques. Iules Cæsar fit mettre la sienne, qui estoit de la façon de Lisyppus, au marché par luy faict dedans Rome. Le cheual & la figure auoient esté faicts pour Alexandre le grand : Mais Cæsar se l'appropria, ostant la teste d'Alexandre des espaules de la statuë, & y substituant la sienne. Ces vers de Stace font foy de cet eschange.

 Cedat equus, Latiæ qui contra templa Diones
 Cæsarei stat sede fori : quem tradere es ausus
 Pelleo, Lisyppe, duci : mox Cæsaris ora
 Aurata ceruice tulit.

Li. 1. Sylu.
in equo max.
Domitian.

Tels estoient au marché Romain le cheual de Pollux, & celuy de l'Empereur Domitian, si hautement descrit par le mesme Poëte au commencement de ces Sylues, & dépeint par Fabius Caluus, *in octaua regione vrbis*. Tel celuy de Trajan au milieu du marché de son nom & de sa façon. Marché si beau, & d'vne architecture si superbe, que Constantius l'ayant veu auec grande admiration, comme nous auons remarqué cy dessus, desespera de pouuoir iamais faire vn tel ouurage. Mais quant au cheual qui portoit la figure de Trajan, & qui estoit posé au milieu de ce Marché, il se vanta de le pouuoir imiter en la presence de Hormisdas, Prince de la Race Royale des Parthes. Lequel en se riant respondit à l'Empereur : *Ante Imperator stabulum tale condi iubeto, si vales :* comme s'il eust voulu dire, qu'vn si braue cheual ne deuoit pas estre mis en lieu moins beau & magnifique que le marché de Trajan, qu'il appelloit vne estable, à cause que ce cheual y estoit logé.

11. On voit encore à Rome la figure equestre de Marc Aurele, surnommé le Philosophe, que le populaire de Rome appelle *Statua del grand Villano*, Ignorant la qualité du personnage qu'elle voit fort simplement vestu: ainsi que raconte Iacobus Laurus en son liure intitulé: *Antiquæ Vrbis splendor*. Mais sur tous est encore bien entiere la figure equestre de M. Antoninus Pius reuestu d'vn long manteau, qui luy pend de l'espaule senestre iusques sur la crouppe de son cheual. Laquelle figure luy ayant esté de son viuant offerte par le Senat & le peuple Romain, & depuis renuersee par terre par les diuers accidents que la ville de Rome a souffert, fut en fin redressee par le Pape Xiste 4, pres de l'Eglise de S. Iean de Latran: & depuis rapportee au champ du Capitole, & là dodiee par Paul 3. l'an mil cinq cens trente huict: comme on peut voir par l'Inscription du piedestal, sur lequel ceste figure est posee.

Finalement telles estoient les figures equestres des Empereurs, lesquelles Alexander Seuerus fit mettre au marché de Nerua, que l'on appelloit, *Forum transitorium*, desquels Lampridius fait mention en ces termes: *Statuas Colossas, vel pedestres nudas, vel equestres, diuis Imperatoribus in foro D. Neruæ, quod transitorium dicitur, locauit, omnibus cum titulis, & columnis æreis, quæ gestorum ordinem continerent.*

12. Il ne nous reste qu'à dire vn mot des statues curules, soit de marbre ou de bronze: & monstrer qu'elles auoient pour lieu propre les Arcs de Triomphe. Non pas qu'il ne s'en vist ailleurs: mais d'autant que ces Arcs estoient faicts pour l'honneur de ceux, à qui le triomphe estoit decerné apres quelques victoires: & que les triomphans passoient par dessous ces Arcs, & entroient dedans Rome, estans portez sur chariots attelez de plusieurs cheuaux marchants tout de front. C'est pourquoy l'on en mettoit les figures curules au dessus desdits Arcs pour en conseruer la memoire: & donner courage aux suruiuans d'ensuiure la vertu de ces braues Capitaines, afin d'estre recompensez de semblables honneurs.

13. Ainsi auons nous veu cy dessus l'Arc de triomphe erigé à l'Empereur Auguste sur le Pont du Tybre, estre orné de sa statue de bronze, portee sur vn chariot attelé de quatre cheuaux. Ce mesme Empereur ayant fait dresser vn Arc de triomphe à son pere Octauius, l'enrichit d'vn coche à quatre cheuaux, sur lequel estoient assises les figures d'Apollon, & de Diane, le chariot, les cheuaux & les figures faicts par Lysias d'vne seule piece de marbre, que Pline estime fort pour son excellence & grand artifice. L'Arc de triomphe que le Senat & le peuple Romain fit eriger à Trajan en la ville d'Ancone, estoit orné de sa figure, tiree sur vn char attelé de mesme, au rapport de Cyprianus Eichouius, qui dit que, *In eius medio*

Liure 36. chap.5.

In delicijs Italiæ pag. 78. noscitur arcus ille sublimis, quadrigis & tropheis in fastigio onustus, à S. P. Q. R. in eius beneficij memoriam Traiano ibidem erectus, & adhuc temporis extans. A cela se rapportent ces vers du Poëte Chrestien Prudentius.

> Frustra igitur curros summo miramur in arcu
> Quadriiugos, stantesque duces in curribus altis.
> Sub pedibus Ducum captiuos poplite flexo
> Ad iuga depressos, manibusque ad terga retortis,
> Et suspensa graui telorum fragmina conta.

Où se peut voir qu'entre les ornemens ordinaires des arcs de triomphe, estoient les chariots à quatre cheuaux, comme sieges des Vainqueurs: aux pieds desquels on voioit les figures des captifs à genoux & les mains liees par derriere, implorer la misericorde des triomphans. A tout cela Iuuenal adiouste les trophees & faisseaux d'armes que l'on suspendoit en certains endroicts desdits arcs, faisans partie des despoüilles ennemies, & seruans d'ornemés propres à tels edifices.

Satyr. 10.
> Bellorum exuuiæ truncis affixa tropheis,
> Lorica, & fracta de casside Bucula pendens.
> Et curtum temone iugum, victæque triremes,
> Aplustre, & summo tristis captiuus in arcu,
> Humanis maiora bonis credantur.

DE LA DIFFERENCE DES STATVES
en ce qui touche la grandeur d'icelles: & du grand nombre qu'il y en auoit à Rome.

CHAPITRE XV.

1. Consideration des statues sur leur grandeur ou petitesse, diuisees en grandes, moyennes ou petites.
2. Les grandes subdiuisees en trois ordres: Augustes, Heroiques, Collossiques.
3. De la premiere & 2. sorte des grandes statues.
4. De la troisiesme sorte.
5. Que les Colosses ont esté inuentez pour les Dieux: & en fin transferez aux hommes.
6. Des images égales à la grandeur naturelle des hommes, dictes Iconiques.
7. Les statues plus petites diuisees en 4. ordres: sçauoir in Tripedaneas, cubitales, palmares, & sigilla.
8. Inuention des medailles. Il y en auoit de fondues, & de frappees.
9. Medailles en partie grauees, & en partie fontes. Plastique mere de la sculpture, fonte, & ciselure.

DE L'EMPIRE. LIV. V.   833.

10. Le nom Latin des medailles. Qu'elles ont esté premierement faictes pour les Dieux, puis appropriees aux hommes.
11. Medailles & pierres ciselees ou grauees propres à enrichir cabinets.
12. Qui sont les premiers qui ont fait amas de medailles, & qui les ont fait pourtraire.
13. Multitude admirable de statues de marbre, & de bronze à Rome. Qui premier les y ont apporté de dehors.
14. Les Censeurs côtraints d'en oster grand nombre, & refrener la licence de les poser en public.
15. Licence effrenee d'en poser mesme aux femmes: & iusques aux ennemis capitaux des Romains.
16. Seconde defense faicte par Claudius d'exposer les statues.
17. Mespris des defenses, & nombre des statues augmentees iusques au nombre des hommes vinans.
18. Gens establis à la garde des statues.
19. La piece de fonte plus estimee estoit vn chien de bronze.
20. Le Laocoon de Vespasian la meilleure piece faicte en marbre.

1. 'EST encore vne chose belle à considerer, que la difference des statues en ce qui regarde leur grandeur, suiuant laquelle elles ont eu des noms tous differens l'vne de l'autre : Car ces Images tant de fonte, que de sculpture: tant de marbre, d'yuoire, que de bronze estoient grandes, moyennes, ou petites: suiuant quoy elles se recognoissent dans l'histoire par des appellations toutes diuerses. I'appelle les grâdes, celles qui surpassoient la grandeur naturelle de ceux pour lesquels elles estoient faites Les moyennes celles qui estoient conformes à leur grâdeur: & les petites celles qui estoient moindres.

2. Les grandes se subdiuisent en trois ordres: car si elles n'excedoient en hauteur naturelle que de sa moitié, on les appelloit Augustes: & seruoient à representer les Rois & Princes. Si elles auoient deux fois leur grâdeur, on les nommoit Heroïques, & les côsacroit on aux demy dieux. Mais si elles s'estendoient iusques à trois hauteurs, ou plus, elles auoient le nom de Colossiques, & estoient particulierement destinees pour les Dieux.

3. Quant à la premiere sorte, elle a esté assez frequente pour representer en marbre, ou en cuiure les Empereurs, & autres grands Capitaines de la ville de Rome. Et estime qu'elle a mesme esté employee à quelques gens de sçauoir: veu qu'il se trouue que L. Actius, qui estoit fort petit de corps, & neantmoins de grand esprit entre les anciens Poëtes Latins, se fit faire à soy-mesme vne statue de bronze, beaucoup plus grande qu'il n'estoit: laquelle il posa au temple des Muses, qui estoit hors la ville pres la porte Capene. *Notatum*

Nnnnn

ab autoribus, dit Pline, *& L. Actium Poëtam in Camœnarum æde maximæ formæ statuam sibi posuisse, cum breuis admodum fuisset.* Pour ce qui est de la deuxiesme sorte de statues, quoy qu'elle fust de sa premiere origine dediee aux demy-dieux, l'ambition des hommes ne laissa de se les attribuer.

4. Encore ne se peut-elle arrester là, mais passant plus outre, elle vint iusques aux Colosses, esquels plusieurs Rois & Empereurs se sont representez eux-mesmes outre toute raison & proportion: Car les Colosses estoient de grandes masses de bronze, que Pline compare à des tours. *Audaciæ*, dit-il, *innumera sunt exempla. Moles quippè excogitatas videmus statuarum, quas Colossos vocant, turribus pares.* Tel estoit le Iupiter Olympien d'Elide, ouurage de Phidias: *Quem nemo æmulatur*, tant il estoit grand & bien fait. Telle la Minerue d'Athenes, haute de 36. coudees, faicte d'yuoire & d'or. Et tel à Rome le Iupiter du Capitole, que Sp. Caruilius fit faire des corcelets, des casques, & des greues des Samnites par luy vaincus: qui estoit si grand, que de la limaille seule de Iupiter, il y eut de la matiere assez pour faire sa propre statue. Tel vn autre Iupiter au champ de Mars, que l'Empereur Claudius y posa. Et tel au Capitole vn Apollon de 30. coudees, que M. Lucullus fit transporter d'Apollonie: & vn Hercules, que Fabius Verrucosus y fit venir de Tarante. Mais il n'y a rien eu de pareil au Colosse d'Apollon, que Lisyppe forma en la ville de Tarante de XL. coudees de hauteur. Et à celuy du Soleil tant renōmé, que Chares Lyndius son disciple, esleua sur le port de Rhodes, de la hauteur de 70. coudees: à trauers les iambes duquel passoit vn nauire à voiles desployees. *Ante omnes autem in admiratione fuit Solis Colossus Rhodi, quem fecerat Chares Lyndius, Lisyppi supradicti discipulus, septuaginta cubitorum altitudinis fuit.* Et neantmoins Pline confesse, que la Gaule a veu en vne cité d'Auuergne vne statue de Mercure, qui a surpassé tout ce qui fut iamais fait en ce genre d'ouurage, ayant 400. pieds de hauteur. Zenodore en fut l'ouurier, qui employa dix ans à le faire: & de l'argent infiny. *Verum omnem amplitudinem statuarum eius generis vicit ætate nostra Zenodorus, Mercurio facto in ciuitate Galliæ Aruerniæ, per annos decem, pedum CCCC. immani pretio.*

5. C'estoit donc en l'honneur des Dieux que les Colosses estoiēt faicts tant seulement: pour faire paroistre par la grandeur de telles effigies, la grandeur du pouuoir Diuin au dessus de celuy des hommes: Mais comme l'ambition des Grands, mesme en la personne des Empereurs, s'est portée iusques là, que de se mettre les vns les autres au rang des Dieux: voire mesme aucūs de se faire adorer viuans pour Dieux: il ne faut trouuer estrange, si quelques-vns se sont fait eriger des Colosses, s'attribuant ce qui ne peut appartenir qu'à

Plin. li. 34. cap. 8. & 36. cap. 5.

Lib. 34. c. 7.

Lib. 34. c. 7.

la Diuinité. Neron fut l'vn de ces gens-là, lequel ayant entendu la renommee que Zenodorus s'estoit acquise en France par la statue qu'il fit en Auuergne, l'attira à Rome, & luy fit faire à sa semblance vn Colosse de cx. pieds de hauteur à la mesure de Pline : ou de six vingts pieds au compte de Suetone. Mais depuis la mort de ce Prince, & la condamnation publique de tous ses actes, on osta son nom à ce Colosse, & le dedia t'-on au Soleil, ainsi que ceux de Rhodes & de Tarante. Suetone dépeint ainsi ce Colosse en peu de mots, disant: *Vestibulum eius fuit, in quo Colossus cxx. pedum staret, eius effigie.* *In Nerone c. 31.*

6. Quant aux Images qui estoient égales à la grandeur naturelle, elles ne pouuoiét receuoir aucune diuision, pour estre au milieu des deux extremitez. Telles estoient celles que l'on dressoit au Peloponnese, à ceux qui auoient esté trois fois vainqueurs és jeux sacrez, sur les membres desquels on mesuroit leurs statues. Ce qui fut cause qu'on les appella par excellence *Statuas Iconicas*, d'autant qu'elles representoient mieux que les grandes & les petites, l'ouurage de ceux pour lesquels elles estoient faictes. *Plin.lib.34. cap. 4.*

7. Les statues plus petites que la nature, estoient subdiuisées en quatre ordres, qui prenoient leurs appellations des mesures, à quoy elles estoient pareilles, ou plus approchantes. Car si elles estoient grandes de trois pieds, on les nommoit *Tripedaneas*. Telles estoiét les statues que le Senat & le peuple Romain faisoient dresser en l'honneur & memoire des Ambassadeurs qu'ils auoient enuoyez vers les peuples estrangers, & qui y auoient esté tuez en faisant leur legatió. Vous auez pour exemple celle de Tullius Cælius & de trois de ses compagnons qui furent tuez par les Fidenates : & celles de P. Iunius, & de T. Caruncanus, lesquels Teuca, Roine des Illiriens, fit mettre à mort. Pline remarque expressément: *Hoc à Ro. Po. tribus solere iniuria cæsis.* Et dit que cela mesme est tesmoigné par les Annales, *Tripedaneas his Statuas in foro Statutas.* Que si les statues n'estoient que de la grandeur d'vne coudee, on les appelloit *Cubitales*, si de la hauteur d'vne palme, c'est à dire de quatre doigts, *Palmares*. Mais si elles auoient moins de quatre doigts, on les appelloit d'vn nom diminutif *Sigilla* : & faisoit-on ces statues ainsi petites pour deux raisons. L'vne à cause de la rareté & excellence de la matiere, comme de l'or & de l'argent dont on en faisoit plusieurs : ou bien c'estoit pour les transporter plus commodement : & quelquesfois pour les auoir sur soy, par amour ou deuotion qu'ils portoiét aux Dieux, aux Princes, ou à leurs predecesseurs. *Lib. 34. ca. 6*

8. Les tableaux & les statues estoient faictes pour demeurer en vn lieu : & n'estoit facile de les remuer de là, à raison de leur poids. Or comme entre les Grecs se trouuerent plusieurs gens affectionez

à leurs Dieux, & à leurs Rois, ou parens, & desireux d'en porter sur eux les ressemblances, ils s'aduiserent d'vn moyen pour les auoir sur soy sans incommodité. Ce fut de les mettre en medailles : & pour ce faire les grauer au naturel dans le fer, acier, ou dans quelqu'autre metail. Ces graueures seruoient ou de moule pour les y couler en fonte: ou de coin pour les frapper. Car il y auoit des medailles fondües & frappees, l'vne & l'autre distinguees de la monnoye.

9. C'est donc ouurage de graueure proprement que les medailles, quoy qu'elles soient en partie de fonte, qui estoient deux arts se rencontrans souuent ensemble auec la ciseleure : & dont l'vne difficilement se peut passer de l'autre : veu que pour polir vn ouurage de fonte, & la nettoyer iusques à sa perfection, il est bien souuent necessaire de se seruir du ciseau & du burin. Aussi Pline remarque l'vne & l'autre en la personne de Zenodorus, *Qui scientia fingendi celandique nulli veterum postponeretur*, c'est à dire, qu'outre la fonte, il auoit encore ces deux perfections à l'égal de tous les anciens : sçauoir bien designer en argile, & de bien grauer ou ciseler.

C'est ce que signifie *Fingere* en cet endroict, d'où vient le nom de *Fictilia opera*, & celuy de *Figulus*, *Cuius est fingere ex argilla similitudines*, pour vser des mots de Pline, qui dit, que nulle image ny statuë ne se faisoit anciennement sans auoir auparauant fait vn dessein d'argile : *Creuit res in tantum, vt nulla signa statuæue sine argilla fierent.* Et Varro loüe Pasiteles, qui disoit, que l'art de manier l'argille, que les Grecs appellent *Plasticen*, estoit la mere de ces trois autres, sçauoir de la sculpture, de la fonte, & de la graueure ou ciseleure : *Qui plasticen matrem statuariæ, sculpturæ, & celaturæ esse dixit.* Où vous voyez quatre arts distinguez l'vn de l'autre, qui seruent à representer quelque chose par figures, sans que la peinture y soit comprinse.

Varro apud Plin. lib. 35. cap. 12.

10. Mais pour reuenir à nos medailles, c'est ce que les Latins appellent du nom specifique *Imagines: ad differentiam signorum, & statuarum, & monetæ*. L'inuention en fut premierement appliquée aux Dieux: & puis des Dieux aux hommes. C'est ce que Pline veut signifier, quand il dit : *Transiit & à Dijs ad hominum statuas atque imagines multis modis.* Et ne faut douter que Ciceron ne prenne ainsi le mot d'Image, quand il se vante d'auoir veu vne Image, c'est à dire, vne medaille de cuiure de Demosthene, *Imaginem in ære vidi.* Suetone applique le mot de *Imaguncula* en mesme sens, quãd il dit, qu'il a veu vne medaille d'Auguste sous le nom de son enfance *Turinus*, laquelle il donna à l'Empereur qui viuoit de son temps, *Turinum cognominatum satis certa probatione, tradiderim nactus puerilem imagunculam*

Li. 34. ca. 4.

In Orator.

In Aug. c. 7

eius aream veterem, ferreis, ac poenè iam exolescentibus literis hoc nomine inscriptam: quae dono à me principi data, inter cubiculares colitur.

11. Cette espece d'ouurage ne seruoit pas à enrichir les ruës, non plus que les pierres pretieuses cizelees ou grauees : mais les cabinets & bibliotheques des hommes sçauants, qui estoient dés le temps de Pline fort curieux de telle chose : Car c'est des medailles qu'il parle, & non d'autres Images, quand il dit : *Siquidem non solum ex auro argentoue, aut certè ex ære in Bibliothecis dicantur illi, quorum immortales animae in ijsdem locis ibi loquuntur. Quinimo, etiam quae non sunt, singuntur : pariuntque desideria non traditi vultus, sicut in Homero euenit.* Où il remarque, qu'il y a beaucoup de medailles antiques faictes à fantaisie, qui ne laissent pas d'affectionner les esprits curieux à les voir, encore que pour les faire, on n'ayt pas eu les visages presens des personnes qui y estoient representez. *Lib. 35. nat. hist. cap. 2.*

12. Asinius Pollio fut le premier à Rome, qui s'aduisa d'enrichir sa bibliotheque de medailles : & par ce moyen, communiquer en public les esprits des hommes, aucunement viuans en leur figures. Et pour monstrer que ce n'est pas d'auiourd'huy, que les curieux en ont faict amas, c'est que Atticus, grand amy de Ciceron, en a escrit vn liure. Varro fit encore d'auantage, car entre tant de liures qu'il a composé, il y en a vn des medailles, où non seulement il a mis les noms, mais aussi les figures de sept cens personnes illustres, tirees desdites medailles, peintes ou enluminees à la mode de son temps, n'ayant pas voulu permettre, que les visages s'en perdissent : & que la vieillesse du temps preualust à l'encontre de tant d'hommes de merite. Cela est digne d'estre remarqué aux mesmes termes de l'auteur, pour monstrer que l'inuention de faire des liures de medailles, & en iceux les representer par figures, n'est pas chose nouuelle : mais seulement la façon de les figurer, qui est par tailles douces, que les anciens n'auoient point. Voyons donc ce que dit Pline sur ce subject : *Imaginum amorem flagrasse quondam testes sunt & Atticus ille Ciceronis, edito de his volumine. & M. Varro, Benignissimo inuento, insertis voluminum suorum fœcunditati, non nominibus tantum septingentorum illustrium, sed & aliquo modo Imaginibus: non passus intercidere figuras, aut vetustatem æui contra homines valere.* *Li. 35. c. 2.*

13. Il ne reste plus qu'à dire vn mot de la multitude des statues de marbre ou de metal, qui seruoient d'enrichissement aux grandes ruës, & places publiques de la ville de Rome : dont les vnes auoient esté apportees de dehors, les autres auoient esté faictes en la ville mesme. Mummius ayant conquise l'Achaie à l'Empire Romain, raporta de là tant de statues, qu'il en remplit la ville de Ro-

me. C'est le mot mesme de Pline : *Mummius deuicta Achaia repleuit vrbem.* Plutarque raconte, que Paulus Emilius fut trois iours à faire son triomphe de Macedoine : Le premier desquels, à peine peut suffire à faire passer les tableaux & statues d'excessiue grandeur, prins sur les ennemis, & trainez sur 250. chariots en la pompe de son triomphe. Les Luculles y en attirerent vn grand nombre : Et M. Scaurus en produisit aux yeux du peuple trois mil, en ce Theatre qu'il n'auoit faict dresser que pour vn mois : *In M. Scauri ædilitate tria millia signorum in scœna tantum fuere, temporario Theatro.*

lib. 34. c. 6.

14. Toutes ces statues furent apportees de la Grece, ou lieux voisins : mais celles qui se faisoient à Rome, ne leur cedoient guere en multitude. En sorte que la licence effrenee de se faire des statues, & les exposer en public, fut telle, que les Censeurs furent contraints de la refrener, & mesme d'en faire oster bonne partie de celles qui estoient ja faictes & posees. L. Piso a laissé par escrit, que M. Æmilius Lepidius & C. Popilius Lenas estant Consuls, l'an 596. de la fondation de Rome, Les Censeurs, P. Cornelius Scipio, & M. Popilius, firent oster dés enuirons du marché Romain toutes les statues de ceux mesmes qui auoient eu des charges publiques, & Magistratures dedans Rome : excepté de ceux qui y auoient esté mises par le decret du peuple ou du Senat.

Apud Plin. Lib. 34. c. 7.

15. Mais ces defenses n'eurent gueres de duree : car elles ne seruirent que pour accroistre & augmenter à chacun le desir d'en faire de nouuelles : qui vint à tel excez, que l'on en dressa mesmes aux femmes : entre autres à Cornelia, mere des Gracchis, dont la figure assise fut posee au portique de Metellus. Les forains en faisoient faire à l'honneur des Citoyens Romains, qui estoient leurs bien-faicteurs : & les Cliens à leurs patrons. Bref on passa si auant par dessus tout respect, qu'il s'en vit trois à mesme temps dedans Rome, du plus cruel ennemy des Romains Hannibal : *Et adeo discrimen omne sublatum,* dit Pline : *vt Annibalis etiam statuæ tribus locis visebantur in vrbe: cuius intra muros solus hostium emisit hastam.*

16. Dion Cassius dit, que du temps des premiers Empereurs la chose en vint à tel excez, que la ville en regorgeoit de tous costez, à cause de la licence que chacun se donnoit d'exposer sa figure au naturel en tableaux, en bronze & en marbre : *Vrbs statuis implebatur,* dit-il, *quia licebat cuique passim in Tabula, ære, marmore se publicare.* Ce qui fut cause, que l'Empereur Claudius en osta vn fort grand nombre, & que par Edict public, il fit defense aux hommes priuez, d'exposer à l'aduenir leurs figures ou statues à la veüe du peuple, si ce n'estoit en edifices qu'ils voulussent bastir pour le public.

Lib. ultimo.

17. Mais quoy, cette seconde defense n'opera guere plus que

la premiere: d'autant que l'on ne fit iamais tant de statues que souz les Empereurs suiuans: Car on trouue que du temps de Cassiodore, qui fut Consul 463. ans apres la mort de Claudius, le nombre des statues qui paroissoient par les rues & places publiques de la ville de Rome, & que l'art y auoit faict, esgaloit à peu pres le nombre des hommes viuans, que la nature y auoit produict. Voicy comme Cassiodore mesme en parle: *Statuas primum Tusci in Italia inuenisse referuntur, quas amplexa posteritas, pœne parem populum Vrbi dedit, quam natura procreauit.* Il en estoit quasi de mesme des figures equestres au regard des cheuaux. *Lib. 7. Variarum*

18. En somme, il y auoit vn si grand nombre de statues de grand prix, exposées non seulement à la veüe, mais à la prise de tout le monde, que les Empereurs furent contraints d'establir certains officiers pour y auoir l'œil, & pour les garder nuict & iour des mains des larrons: Car s'il est ainsi, que telle maniere de gens ne laissent pas de derober souuent ce qui est recelé dans des maisons bien closes: de quelle tentation pouuoiét-ils estre esmeuz, lors qu'au milieu des rues, & places publiques, ils voyoient des choses si pretieuses, & si faciles à emporter: Car c'estoit comme vn peuple innumerable de statues & des troupeaux tres-abondans de cheuaux espars par toutes les grandes rues, & places publiques de la ville, qui requeroient vne grande garde: & qui meritoient bien, que l'on mist autant de diligence à les conseruer, que l'on auoit mis d'artifice à les faire, & de soing à les attacher à leur place: *Si clausis domibus*, dit le mesme Auteur: *insidiari solet nequissimum votum: quanto magis in Romana ciuitate videntur illici, qui in plateis pretiosum reperit, quod possit auferri. Nam quidam populus copiosissimus statuarum, Greges etiam abundantissimi equorum, tali sunt cautela seruandi, quali & cura videntur affixi.* *Ibid.*

19. Or le prix & l'estime que l'on faisoit de telles statues, ne dependoit pas seulement de la matiere, qui est l'or, & l'argent, dont il y en auoit bon nombre és places publiques: mais principalement de l'industrie & de l'artifice des ouuriers. Et de faict, la piece de fonte la plus estimee de toutes, estoit, non d'or ny d'argent: mais de bronze: non la figure d'vn Dieu, ny d'vn homme, mais d'vn chien qui se lechoit vne playe, si miraculeusement raporté au vif, qu'il merita d'estre mis & reserré dans la chapelle de Minerue, au Temple de Iupiter Capitolin, & d'estre gardé auec vne estrange sorte de caution: Car ne trouuant personne assez riche, pour respondre de la valeur dudit chien, les custodes du Temple, qui l'auoient en garde, estoient contraints de le cautionner, & d'en respondre au peril de leur teste: comme Pline nous le faict entendre par ces mots: *Canis eximium miraculum, & indiscreta veri similitudo, non* *Lbi. 34. c. 7.*

eo solum intelligitur, quod ibi dicata fuerat: verum & noua satisdatione: Nam summa nulla par videbatur. Capite tutelarios cauere pro ea instituti publici fuit.

20. Pline croit que ce chien estoit la meilleure piece de fonte qui fust à Rome: Et que le Laocoon du Palais de Titus, descrit par Virgile au 2. de son Æneide, estoit la plus excellente Image de sculpture: Encore semble-il faire plus d'estat du Laocoon, veu qu'il dit que la peinture, ny la fonte n'auoit iamais rien faict de si parfaict: *Opus,* dit-il, *& pictura, & Statuariæ artis præferendum.* Aussi fut-il taillé par trois sculpteurs tres-excellens, apres en auoir long temps communiqué par ensemble, qui sont Agesander, Polidore, & Athenodore Rhodiens. Cette image, est d'vne seule piece de marbre, de cinq à six pieds de haulteur: & fut trouuee à Rome dans les ruines du Palais de Vespasian & de son fils Titus, du temps du Pape Iules. Aussi est-ce la premiere piece representee en taille douce dans le liure des anciennes statues de la ville de Rome, imprimé à Rome, par Laurens Vaccarius 1584. qui nous apprend, que cet œuure admirable estoit lors en vn jardin du Pape.

Li. 36. c. 5.

DES ANCIENS AVTEVRS, QVI ONT
descrit la ville de Rome en tout ou en partie: auec les tesmoignages qu'ils ont rendu de la beauté d'icelle.

CHAP. XVI.

1. Les beautez des choses particulieres cy dessus descrites, redondent à la beauté des rues militaires.
2. Plusieurs ont depeint Rome en tout ou en partie dans leurs histoires.
3. De ceux qui l'ont descrit en gros, les vns l'ont faict briefuement, les autres au large. Pline, & Belisaire la descriuent briefuement.
4. Description plus au large de la ville de Rome, par Rutil. Gallicanus, par Aristide, par S. Ruffus, & Aurelius Victor.
5. Comment aucuns ont depeint quelques parties de Rome en particulier.
6. Que les Auteurs n'ont sceu determiner laquelle chose estoit la plus belle dedans Rome.
7. Argument Philosophique pour mōstrer que les grandes Voyes militaires sont les merueilles de toutes les merueilles du monde.
8. Tesmoignage de Strabo pour preue de cela.
9. Multitude admirable de grands edifices de Rome.
10. Constantius Empereur rauy de la beauté de Rome.
11. Plainte qu'il faisoit la dessus contre la renommee.

COMME

1. COMME ainsi soit, que la beauté d'vne ville gist en la beauté de ses rues, & l'excellence des rues en celles des edifices qui leur seruent de front de part & d'autre: nous pouuons dire, que toutes les raretez & singularitez cy dessus descrites en detail, vont en gros à la beauté & excellence des grandes rues & places publiques de la ville de Rome, qui sont la plus belle, & la plus esclatante partie du subject de tout cet œuure.

2. Ces beautez & ces merueilles, ou plustost ces miracles (pour vser du mot de Pline & de Cassiodore) ont donné suject aux plus habiles hommes des siecles où elle s'est veu en son lustre, de nous en laisser plusieurs choses par escrit, qui peussent transmettre à la posterité l'Image & la figure d'vne ville tant accomplie: dont les vns rauis en admiration de tant de raretez recueillies de toutes les parties du monde, & mise dans l'enceinte d'vne seule ville, ont esté esmeuz de nous la depeindre en son tout: les autres se sont attachez à certaines parties les plus belles, qu'ils ont esparses & parsemees dans leurs escrits.

Li. 36. c. 15.
Lib. 7. Variar. Epist. 13.

3. De ceux qui l'ont entrepris en son tout, les vns ne la depeignent que comme en passant: mais les autres s'y sont estendus au long & au large, & en ont descrit les pieces principales les vnes apres les autres. Pline est vn de ceux qui nous en ont donné vne description vniuerselle, quand il dit, que les edifices & structures, qui estoient de son temps à Rome, estoient autant de miracles, en chacun desquels Rome auoit surmonté tout le monde. De sorte, que qui les voudroit ressembler, on pensera que ce fust vn monde entier, en vn seul lieu: *Ad vrbis nostræ miracula transire conuenit*, dit-il, *& sic quoque terrarum orbem victum ostendere: quod accidisse toties pœne, quot referentur miracula, apparebit. Vniuersitate vero acernata, & in quendam vnum cumulum collecta, non alia magnitudine exurget, quam si mundus alius quidam in vno loco narretur.* Et en autre endroict, ayant discouru de la grandeur de son enceinte, du nombre des montagnes qu'elle enclost, de ses Regions & quatrefours, & de ses portes, il adiouste: Que qui considerera en outre la haulteur de ses edifices, confessera facilement qu'il n'y a ville au monde qui se puisse comparer à Rome en grandeur: *Nullius vrbis magnitudinem in toto orbe potuisse ei comparari.* En sorte, que c'est à bon droict que Polemon le Sophiste l'appelle, τῆς οἰκουμένης ἐπιτομὴν, l'abregé de l'vniuers, de laquelle il vaudroit mieux se taire du tout, que d'en dire ou escrire trop peu de chose.

Li. 36. c. 15.

Lib. 3. c. 5.

Belisaire, ce grand Capitaine, qui souz Iustinian a faict tant de merueilles, est vn de ceux qui nous descrit en general cette ville, en vne lettre escrite au Roy des Gots Totila, qui lors en estoit le maistre, & qui se deliberoit d'en paracheuer les ruines ja commencees : *Et pulchriora magnificentioraque absumere incendio ædificia : & Vrbem Romam in ouium pascua idoneam reddere.* Pour aller au deuant de ce coup pernicieux & dommageable, Belisaire luy remonstre, que la ville de Rome estoit la plus grande, & la plus magnifique de toutes celles que le Soleil esclairoit : qui n'auoit pas esté faicte par la vertu & puissance d'vn homme seul, & n'estoit pas montee en peu de temps au degré de splendeur qu'elle auoit atteint, mais qu'vne grāde suitte d'Empereurs, & vne infinité de braues Citoyés auoient esté necessaires à vn si grand effect : lesquels, auec long traict de teps, auec leurs richesses inepuisables, & leur puissāce inuincible, auoiēt assemblé les ouuriers espars par toute la terre en vn lieu, pour y edifier vne si grāde ville, & faire paroistre en elle seule, ce que la vertu & le pouuoir humain estoit capable de produire de plus admirable, afin d'en faire part à la posterité. Que s'il estoit vainqueur des Romains, ce seroit sa propre ville qu'il demoliroit, nō celle d'vn estranger : Au contraire, en la conseruant, il demeureroit en la possession de la chose la plus belle, & la plus riche du monde. Que s'il venoit à la démolir, & que la fortune luy tournast le dos, tous les viuans qui seroient sur terre auroient occasion de dire, que cela seroit arriué par vne punitiō tres-iuste, pour auoir renuersé de fonds en comble vne ville si magnifiquement bastie. Procopius est celuy qui nous a sauué cette lettre de Belisaire, de laquelle i'ay extraict ces mots :

Lib. 3. belli Gothorum.

Roma quidem ciuitatum omnium, quæ sub sole sunt, maxima & magnificentissima esse facile affirmatur : non enim viri vnius est virtute constructa, nec breui quodam temporis spatio in tantam hæc magnitudinem & decorem euasit : sed Imperatorum multitudo, & maximi summorum virorum cœtus, temporis diuturnitas ipsa, diuitiarumque & potentiæ magnitudo, vt cætera omnia, ita ex vniuerso terrarum orbe cogere hunc in locum opifices potuere, qui vrbem hanc talem tantamq; paulatim edificando, omnium monumenta virtutum posteris proderent.

4. C'est ainsi que plusieurs ont parlé de ladite ville en termes generaux : mais les autres l'ont depeinte bien plus particulierement : & se sont estendus par œuures à part, à nous en representer le tout, & les parties : entre lesquels paroissent deux habiles hommes, l'vn Grec, & l'autre Gaulois, qui ont faict des merueilles, le Gaulois en vers, & le Grec en prose, en nous descriuant la ville de Rome de toutes ses couleurs. Le Grec est Aristides le Sophiste, le Gaulois Rutilius Gallicanus, qui a escrit son Itineraire en vers Latins. Quāt au Gaulois, ie n'en veux point estre creu, aimāt mieux vous produire le tesmoignage d'vn Italien, qui est Onuphrius Panuinus, en la

preface qu'il a faict sur ledit Itineraire, où vous trouuerez ces mots: *Vrbem Romam itinere primo ita scitè, ornatè, elaboratè, verè, & prudenter elegantissimo eruditissimoque encomio celebrauit, vt nihil ab horum temporū scriptore elaboratius, & ornatius fieri posse existimem.* Ce Gaulois donc qui auoit autrefois esté honoré des plus grādes charges de l'Empire souz Honorius, ayāt esté *Tribunus militum, Consul (sed suffectus) Præfectus prætorio & vrbi*, commence ainsi les loüanges de la ville de Rome en son premier Itineraire,

  Exaudi regina tui pulcherrima mundi,
  Inter sydereos Roma recepta polos.

Puis parlant en certain endroit de l'excellence des Temples, & autres bastimens de ladite ville, il dit, qu'ils sont en si grand nombre, qu'il est aussi difficile de les compter, que les estoiles du Ciel. Que les Temples esbloüissent les yeux de ceux qui les regardent, tant ils sont brillans : & qu'il croit que les domiciles des dieux dans le Ciel ne sont pas plus beaux.

  Percensere labor densis decora alta trophæis,
  Vt si quis stellas pernumerare velit.
  Confunduntque vagos delubra micantia visus.
  Ipsos crediderim sic habitare deos.

Quant au Grec Aristides, Rhetoricien des plus eloquens de son siecle, qui viuoit souz l'Empire d'Adrian, & qui long temps a faict sa demeure à Rome, il a faict vne oraison à part des loüanges de ladite ville, qui est la 14. de son premier tome, où il l'a releuee par son eloquence aussi haultemēt qu'elle ait iamais esté exaltee par aucun autre. Si est-ce qu'apres tous les efforts de son art, il est contraint de confesser, que ceux qui en parlent, ne luy font pas tant d'honneur, que ceux qui s'en taisent tout à faict: d'autant que par le silence elle n'est rendue plus grande ny plus petite : ains demeure en son estat naturel, pour estre exposee tout ainsi qu'elle est à la cognoissance des hommes : Mais quant aux harangues & Panegyriques, soit escrits, soit pronōcez à sa loüange, ils rencontrent vn effect tout contraire à l'intētion de leurs auteurs: d'autant qu'il ne leur est pas possible d'exprimer exactement les beautez & singularitez qui la rendent recōmandable, & qu'ils admirent auec tāt de rauissemēt d'esprit. Mais voyez ie vous prie, cōme ce grand Orateur en parle: *Vrbē vero cum celebrent, & celebraturi sunt omnes, hæc tamen minus, quam qui tacent effecere: quod silentio quidē, nec maior, nec minor quàm sit, reddatur: sed integra cognitioni maneat: orationes vero contrariū sortiuntur effectū, quandoquidē non possunt exactè id quod admirantur vrbis exprimere.* Mais sur tous les autres nous auons de l'obligation à S. Ruffus, & Aurelius Victor, personnages de dignité Consulaire, qui viuoient tous deux souz l'Empire de Valentinian & Valens, l'an 1120. de la fondation de Rome, plus de 300. ans apres les feux de Neron. Ces deux Auteurs, qui ont veu la ville de Rome en son entier, ayant choisi la diuision d'Auguste en 14. Regions, ont obserué ce nombre, remply chacune Region des grandes & petites rues: rangeant le long d'icelles les edifices, tant publics que priuez, tant sacrez que prophanes, suiuant l'ordre & la situation de chacun. En sorte que par leur moyen, on peut sçauoir iusques à present, cōbien en chacune Region il y auoit de quartiers ou rangs de maisons: combien d'Isles, de Temples, de Basiliques, de Curies, de Theatres, d'Amphiteatres, de marchez, & places publiques, de Palais, ou maisons des grands, & autres edifices ailleurs par nous specifiez, auec les statues de marbre, ou de bronze, qui leur seruoient d'ornemēt, accompagnees du nom des Auteurs & d'autres particularitez, que chacun peut voir en leurs petits liures intitulez *De regionibus Vrbis*.

5. Quāt à ceux qui nous en ont represēté les parties, les vns nous ont depeint sa situation belle, plaisante, seure, commode, & fertile. Les autres se sont mis à descrire la beauté du champ de Mars, du Temple de Iupiter au Capitole, celuy de Paix faict par Vespasian, le Pantheon d'Agrippa, les Marchez, les Cirques, Theatres, Amphiteatres, Mausoles, & autres edifices en la forme qu'ils les voyoiēt de leur temps: s'efforçans par la representation de ces pieces particulieres de faire entendre quelle pouuoit estre l'excellence de la ville, qui en estoit composee. Or ie trouue vn traict remarquable dans les principaux Auteurs qui parlent de toutes ces choses: c'est que traittant l'vne d'icelles en particulier, à mesure que le subject d'en parler se presēte, ils disent ordinairement que c'est la plus grande, la plus belle, & la plus admirable de toutes: Et comme si la presēce de chacun ouurage leur esbloüissoit les yeux, & offusquoit la memoire pendant qu'ils en parlent, luy donnant le prix de beauté & d'excellence, qu'ils ont ja donné auparauant à plusieurs autres: encore rendēt ils quelques raisons vray-semblables de leur dire. En sorte qu'à trauers tant de choses rares, il est impossible de recognoistre celle qui doit emporter le prix de beauté & d'excellence sur les autres: ne plus ne moins que Pline dit, estre bien difficile de decider quelle de toutes les Images de marbre estoit la plus excellēte à Rome, à cause que par la multitude, elles s'offusquoient les vnes par les autres.

Li.36. c.15.

6. La multitude donc des choses belles, est cause que les anciēs Auteurs ne sont d'accord de la plus belle, ny auec eux mesmes ny auec les autres. Pline parlāt du grand Cirque faict par Iules Cæsar, de la Basilique de Paulus esleuee sur des colonnes de marbre Phrygien: du marché d'Auguste, & du Temple de Paix faict par

Ibid.

DE L'EMPIRE LIV. V. 845

Vespasian, aduoüe que ce sont les plus excellés ouurages qui ayent iamais esté. *Pulcherrima operum, quæ unquam.* Quant au temple de Paix, Herodian l'estime le plus grand, & le plus bel ouurage qui soit en la ville de Rome: μέγιστον καὶ κάλλιστον τῶν ἐν τῇ πόλει ἔργων. Cassiodore met celuy de Iupiter Capitolin encore par dessus, car c'est à raison de ce temple qu'il dit, que monter au Capitole, c'est voir tous les esprits humains vaincus en ce seul ouurage. *Capitolia celsa censcendere, hoc est ingenia humana superata vidisse.* Dionysius appelle les Aqueducs, les grãds chemins, & les cloaques de Rome œuures tres-magnifiques: mais les autres qui en parlent ne sçauent lequel de ces trois preferer aux deux autres. Pline parlant des cloaques les appelle *Operum omnium dicta maximum.* Et incontinent apres estant venu sur la consideration des Aqueducs, il dit: *Nihil magis mirandum fuisse in toto orbe terrarum.* Et Iules Frontin estime que c'est esdits Aqueducs que consiste la principale marque de la grandeur & puissance Romaine.

7. Quant aux grands Chemins, tant des champs que de la ville, Hieronymus Surita dit, que c'estoit l'ouurage de plusieurs Empereurs: & peut estre le plus grand de tous les œuures faicts de mains d'hommes: *De humanis operibus longè maximum.* Mais nous pouuons dire auec asseurance, ce qu'il n'a dit qu'auec incertitude: sçauoir, que de tous les ouurages estimez grands par tous les auteurs cy dessus, celuy des chemins que nous auons traicté qu'ils appelloient *Vias militares,* est le plus grand, le plus beau, & le plus admirable de tous. Premierement il n'y a pas vn ouurage qui ose disputer de la grandeur & de l'estendue contre ces grands chemins: car ils s'estendent dedans Rome, & dehors, non comme les Aqueducs, à dix huit ou vingt lieues: ny au nombre de vingt seulement: mais de l'Orient à l'Occident, & en nombre qui surpasse celuy des plus beaux & frequents bastimens de Rome. Et quant à ce qui peut estre de beauté & d'admiration es autres ouurages, il faut pareillement aduoüer, que la palme & la victoire en appartient aux grands Chemins.

Que si Pline, Cassiodore, & autres ont eu droict de donner le nom de miracle, & de merueilles, ainsi qu'ils ont fait à certains grands ouurages de Rome, nous pourrons auec autant de droict appeller lesdites Voyes miracle des miracles, ou merueille des merueilles, puis qu'elles sont composees de l'assemblage de tant de merueilles particulieres, qui n'õt esté faictes que pour elles. Et neantmoins c'est sans parler de la longueur de leur estêdue, & de la quantité des matieres, dont lesdites Voyes sont faictes: qui leur est chose propre & particuliere, & non communicable à d'autres ouurages Romains pris à part: qui tous sont circonscrits & limitez dans peu de place, & n'ont eu besoin de tant de matiere & de despense pour les conduire iusques à leur derniere perfection.

8. Tout ainsi donc que de la beauté des membres en particulier dépend la beauté des corps: ainsi Strabo voulant exprimer autant qu'il luy a esté possible, la beauté & magnificence des ruës & places publiques de la ville de Rome, ne l'a sçeu mieux faire que par le recueil de plusieurs edifices publics, sacrez & profanes, & par vne enumeration de chacune chose des plus petites qui leur seruoient d'ornement: tels que sont les tableaux & les statuës. Car commençant par le champ de Mars, qui de son temps estoit encore hors l'enceinte de la ville, il dit qu'il estoit enrichy de bonne partie de tout ce que Pompee, Iules, & Auguste Cæsar auoient apporté de toutes les parties du monde de plus precieux, & de plus magnifique en toutes sortes d'ornemens: qu'il appelle *Innumerabilia & præclarissima insignia: quorum maximam partem campus Martius habet. Qui præter natiuam locorum amœnitatem, artis & solertiæ exornationes admittit.* Puis ayant descrit la grandeur & l'estenduë de ce champ, les exercices qui s'y faisoient pour donner du plaisir au peuple tant à pied, à cheual, qu'en chariots diuersement attelez: la multitude des tableaux & des statuës, qui detiennent tellement les yeux, *vt difficulter & inuitus abscedas*: il vient à la beauté d'vn autre champ voisin, enuironné d'vne infinité de belles galeries, de jardins grands comme forests, de trois theatres, d'vn amphitheatre, de temples tres-magnifiques, qui se touchoient quasi les vns les autres, & qui estoient là, comme ne seruans à autre chose, qu'à monstrer, quelle pouuoit estre la beauté & gentillesse interieure de la ville: dans laquelle on n'estoit pas plustost entré, que la veuë du grand marché de Rome, du temple de Iupiter Capitolin, du Palais des Empereurs, du Portique de Liuia, & des tableaux, statues, dorures, incrustations de marbre, & autres enrichissemens d'architecture parsemez de tous costez, tiroit les yeux & les esprits en telle admiration, que bientost on venoit à oublier, & ne faire compte de tout ce que l'on auoit veu dehors.

Strabo li.5. Geogr.

9. Il ne reste donc plus aucune cause de s'estonner, si ces grandes ruës ainsi pleines de merueilles arrestoient les hommes, & les tiroient en telle admiration: car la multitude des beaux edifices & riches ouurages dont ils estoient ornez, estoit si grande, qu'elle leur fournissoit sans intermission de nouueaux obiects, qui leur estoiēt tres-plaisans & tres-agreables. Mais quel plaisir estoit-ce, de voir dans l'enceinte d'vne seule ville tant de montagnes, & de ruës militaires droictes, larges, & longues au possible, accōpagnees de 265. quarrefours & 424. ruës communes, de rencontrer 210. grands quartiers ou rangs de maisons, tirez à droicts coings de l'vne des grandes ruës militaires à l'autre? & composez de 41912. isles: & cha-

cune isle de plusieurs maisons priuees. De voir de grands & larges interualles entre les quartiers, dans lesquels, & autres diuers endroicts, estoient basties 414. edifices sacrez: sçauoir 135. sous le nom de *Templum*, 118. sous celuy de *Aedes*, & 171. signifiez *per fana, sacella, sacraria, delubra*, sans les 210. edicules, ou petits temples, qui terminoient les 210. quartiers frontissans sur les grandes rues. Adioustez à cela 21. Basiliques, 10. Curies, 3. Senacles, 10. Champs militaires, 17. Champs destinez aux courses des cheuaux, 9. Cirques, 5. Theatres, 3. Amphitheatres, 5. Naumachies, 19. Marchez, 7. Ieux, 30. Estuues, 909. Bains, 36. Arcs de triomphe, 29. Bibliotheques, 20. Aqueducs, 3. Sales de musique appellees *Odea*, 2117. Palais ou Hostels que l'on nommoit *Domus*, 327. Magazins publics. Tout cela enrichy de six grands Obelisques, 42. petits, 24. Cheuaux Collossiques, 84. moindres, auec leurs statues de bronze, 94. Cheuaux d'yuoire, 37. autres Colosses de bronze à pied, 51. de marbre. Bref de tableaux, images, & statues sans nombre, pour vser des mots de P. Victor, qui dit, *Tabulæ & Signa sine numero*. Ie passe sous silence plusieurs grands edifices dont on ne sçait le nombre, tels que ceux qu'ils appelloient *Mausolea, Porticus, Atria, Stadia, Hippodromos, Equiria, Nymphea, Septa, Cenacula, Stationes, Scholas, Lauacra, Comitia, Emporia, Macella, Armamentaria*. Lesquels par la beauté de leur architecture rendoient estonnez ceux mesmes qui auoient veu tout ce qu'il y a de beau & de magnifique en toutes les parties de la terre.

10. Nous auons de cela vn exemple notable dans Ammian Marcellin, qui raconte que Constantius fils du grand Constantin Empereur, faisant son entree à Rome pour la premiere fois: & estãt paruenu iusques au lieu, où les causes se plaidoient anciennement, que l'on appelloit *Rostra*, iettant les yeux sur tant de choses miraculeuses, comme entassees les vnes sur les autres, qui l'enuironnoient de tous costez: il en demeura tout estonné. Que de là estãt conduit par les lieux les plus hauts des sept montaignes, d'où il pouuoit apperceuoir les excellens edifices espars par les collines & lieux pleins de la ville & des fauxbourgs, la premiere chose sur laquelle il arrestoit sa veue, il croyoit que ce fust la plus excellente de toutes. Tantost il contemploit le temple de Iupiter, qui luy sembloit vn miracle: puis il regardoit auec admiration des estuues grandes & spacieuses, en forme de prouinces, l'amphitheatre prochain d'vne architecture solide de pierre de Tiuoly, le Pantheon d'Agrippa esleué comme vn ouurage faict au tour, occupant vne place circulaire qui suffiroit à vne region entiere: & finissant en haut par vne voute spacieuse percee d'vne grande ouuerture par le milieu: & sur plusieurs autres bastimens des plus signalez qui sont remar-

quez au texte de l'auteur: C'est le passage le plus naif, & le plus propre à representer la beauté des grandes rues de la ville de Rome, que i'aye rencontré dans les anciens auteurs: *Proinde*, dit-il, *Romam ingressus Constantius, Imperij virtutumque omnium larem, cum veniset ad rostra, perspectissimum priscæ potentiæ forum, obstupuit: perque omne latus, quo se oculi contulissent, miraculorum densitate perstrictus, alloquutus nobilitatem in curia, populumque pro tribunali, in Palatium receptus favore multiplici, lætitia fruebatur optata. Deinde intra septem montium culmina, per acliuitates planitiemque posita vrbis membra collustrans, & suburbana, quicquid erat primum, id eminere inter alia cuncta sperabat.*

>*Ammian. Marcell. lib.16.*

11. Ce Prince cependant auoit veu les villes les plus belles de l'Asie & de la Grece: particulierement celle de Constantinople, que Constantin le grand son pere auoit pris peine de rendre égale à Rome. Mais toutes ces villes ne luy estoient rien au prix de Rome seule: iusques-là, qu'ayant attentiuement consideré les excellens edifices parsemez en si grand nombre par toute la ville, & ornez de tant d'ouurages d'architecture, de peinture, de sculpture, & de fonte, rauy en admiration, se plaignoit à ceux qui estoient là presens, de la renommee, ou comme impuissante, ou comme maligne & dissimulee en ce seul endroict. Car ayant la renommee coustume d'augmenter les choses, & de les faire plus grandes beaucoup que elles ne sont: elle demeuroit courte, & n'auoit les aisles assez fortes, pour releuer & faire valoir à demy les choses rares, que Rome enfermoit dans le circuit de ses murailles. *Is enim visis*, dit le mesme auteur, *plerisque cum stupore horrendo de fama quærebatur vt inualida, vel maligna: quod ingens omnia semper in maius, erga hæc explicanda, quæ Romæ sunt, obsolescit.*

DE LA VIEILLESSE ET DECADENCE
de la ville de Rome, & de ceux qui ont trauaillé à restablir par pourtraicts l'ancien estat de sa beauté.

CHAPITRE XVII.

1. Croyance ancienne de l'eternité de Rome, neantmoins subiecte à perir.
2. Premiere prinse de Rome par Alaric Roy des Goths.
3. Seconde prinse par Genseric Roy des Vandales.
4. Troisiesme prinse par Totila aussi Roy des Gots, qui la ruina entierement.
5. Moyens

5. Moyens de restablir l'ancienne Rome en figure.
6. L'ancienne Rome representee en vne Charte, ou en plusieurs: en son entier, & par parcelles.
7. Parties de Rome representees en tailles douces, & par qui.
8. Obelisques & colonnes de l'ancienne Rome, par qui representees.
9. Statues de bronze & de marbre par qui representees,
10. Reliques & masures admirables de l'ancienne Rome, par qui depeintes.
11. L'ancienne Rome comme ensepulturee sous la nouuelle, & sous ses vieilles ruines. Vers sur ce subiect fort elegans.

1. LA ville de Rome en l'estat que nous la venons de descrire, estoit en sa magnificence: & s'est maintenue comme en son aage de consistance iusques à l'Empire de Honorius & d'Arcadius. A peine pouuoit-on estimer qu'elle peust iamais dechoir d'vn estat si puissant: de sorte que la croyance que le monde auoit de sa duree perpetuelle, luy auoit ja donné le nom de *Vrbs æterna*, sous lequel elle estoit recognuë de tous. Rutilius Gallicanus s'asseuroit de ceste eternité, & disoit qu'ayant ja esté debout l'espace de 1169. ans, à compter de sa premiere fondation, iusques à l'an auquel il fut *Præfectus Vrbis*, qu'elle n'auoit rien à craindre: & qu'elle seroit eternelle.

Porrige victuras Romana in secula leges,
Solaque fatales non vereare colos.
Quamuis sedecies denis & mille peractis,
Annus præterea iam tibi nonus eat:
Quæ restant nullis obnoxia tempora metu,
Dum stabunt terræ, dum polus astra feret.

Lib. 1. Itinerar.

Et neantmoins ceste Rome eternelle, puissante & triomphante, que l'on appelloit *Deorum opus, & curam: vrbem cum seculis victuram*, n'a pas laissé de prendre fin, ainsi que tout le reste des autres choses. Le Mausole auoit esté fait pour durer à l'eternité: soit en sa forme, soit en sa matiere: & neantmoins on n'en pourroit pas auiourd'huy retrouuer le moindre vestige, veu que Properce disoit de son temps.

Nec Mausolei diues fortuna sepulchri
Mortis ab extrema conditione vacat.

Le temps a cela de propre, d'oster premierement la forme des choses plus fortes: en apres la matiere: puis la renommee, & les noms mesmes, qui peu à peu viennent à s'abolir tout à faict.

Miramur periisse homines: monimenta fatiscunt:
Mors etiam saxis, nominibusque venit.

Ppppp

Lib.3.Sylu.
inSurentin.
Polly.

comme dit Ausonius: & Stace va bien plus loing, qui dit, que les Dieux & les lieux sont subiects à la mort.

———sunt fata Deûm, sunt fata locorum.

De quo vi-
de Lipsium
lib.3 cap.6.

2. Il ne faut donc pas s'estonner, si la ville de Rome, que ses Citoyens ont autresfois adoré comme vne Deesse, à laquelle ils auoient basty vn temple, que l'on appelloit *Templum Vrbis*, dressé vn autel, institué des Prestres & des sacrifices, a prins fin ainsi que les autres choses mortelles. La premiere atteinte qu'elle receut, fut par les Goths, conduits par Alaric, l'an 1163. de la fondation de ladite ville, soubs le Consulat de Flauius Varro, & de Tertullus, qui eschet en l'an de salut 412. C'est merueille que de tant d'auteurs qui ont escrit de ceste prinse, il n'y ait eu que Procopius seul qui nous en ait descrit la maniere. Encore celuy qui nous l'a donné de Grec en Latin, a-t'-il negligé de nous l'interpreter: ou bien il s'est seruy d'vn exemplaire tronqué & corrompu en cest endroit. Dequoy Baptista Eguatius s'estonnant, s'exclame en ces mots: *Proh*

In Arcadio
& Honorio.

Deûm hominumque fidem! Vrbs orbis totius Regina, quaeque eo auspicio condita credatur, vt caput orbis semper esset: & quae toties de barbaris gentibus, orbeque triumpharet, capitur Gothico astu: & interim rei series ordoque nescitur. Egnatius donc aydé d'vn exemplaire Grec plus entier, nous apprend qu'Alaric ayant esté deux ans deuant Rome, & ne la pouuant prendre par force, la prit par ce stratageme. Il fit semblant de s'en vouloir retourner à son païs, apres auoir fait present de trois cens ieunes hommes des plus forts & des mieux choisis, aux principaux Seigneurs de Rome, les ayans instruicts à gaigner les bonnes graces de leurs maistres en les bien seruant: & leur ayant enjoinct, qu'à certain iour sur le midy, lors que leurs maistres seroient endormis, ou en repos & oisiueté, ils se transportassent promptement tous ensemble à la porte Asinaire: & qu'ayant tué les gardes, ils luy tinssent ouuerte pour entrer par icelle, & par surprinse se rendre maistre de la ville. Ce qui fut executé. Ainsi fut prinse la ville de Rome pour la premiere fois: *Maiore ignominia quam damno*: comme dit Procopius. D'autant que ce Prince tout barbare qu'il estoit, fit vn Edit, portant defense de faire aucun mal à ceux qui seroient trouuez en refuge dans les Eglises. Ce qui fut religieusement obserué par les siens. Et quant aux edifices tant publics que priuez, il y fut fait peu d'outrage. Pour ceste fois ce Prince s'estant contenté des despouilles des Citoyens: & vsant assez doucemét de sa victoire: com-

lib. de rebus
Gothicis.

me Iornandes nous le tesmoigne pareillement quand il dit: *Adpostremum Romam ingressi (Gothi) Alarico iubente spoliant tantum; non autem, vt solent gentes, ignem supponunt: nec locis sanctorum in aliquo penitus iniuriam irrogare patiuntur.*

3. En l'an 1208. de ladite fondation, l'Empereur Valentinian estât Consul auec Anthemius (qui est l'an 457. de la naissance du Fils de Dieu) la ville fut prinse pour la seconde fois par Genseric Roy des Vandales, qui la despoüilla de ses principaux ornemés, lesquels il transporta en Affrique: ainsi que Iustinian mesme le tesmoigne *c. de offic Præf. Præt. Affric.* De sorte que l'augure & prediction de Vectius, qui estoit fort entendu à la diuination, s'est trouué approcher bien pres de son nombre, qui disoit, que le peuple Romain estant demeuré en son entier 120. ans, qu'il paruiendroit iusques à 1200. Aussi faut-il côfesser que le peuple receut plus de diminutiô en ceste prinse secôde, que les principaux bastimens de la ville, qui ne furent pas renuersez pour ceste fois, mais despoüillez de leurs richesses, & principaux ornemens. Et certes nous pouuons dire, que la ville de Rome estoit lors paruenuë à son extreme vieillesse. Ce n'estoit plus que rides sur son frôt, & que ruines qui arriuoient successiuement aux corps de ses plus beaux bastimens. *Quid enim ab eo tépore vrbs Roma vel Imperij, vel Maiestatis habuit*, dit Gregorius Holoander, *que, si vetera memoria repetimus, improbissimo cuique maximè semper patuit: tot incursiones barbararum gentium, tot oppressiones Tyrannorum, tot calamitates perpessa, donec ad extremum misera in summis malis consenuit.*

4. La principale ruine, & celle qui donna le coup de la mort à la ville de Rome, fut la prinse faicte par Totila Roy des Goths, l'an 19. de l'Empire de Iustinian, selon la supputation de Procopius, ainsi que l'on peut tirer par conclusion necessaire de certain endroict, où il dit, que Narses recouura la ville de Rome, & la reprit sur les Gots l'an 24. de l'Empire de Iustinian, cinq ans apres que Totila s'en fut emparé pour la premiere fois. *Barbari scipsos statim, & Adriani malis præsidiis dedunt, quarto & vicesimo Imperij Iustiniani anno: quem annum antehac quintum, quo is cœperat imperare, capta vrbs Roma à barbaris sit.* Les autres toutesfois disent, que ce fut l'an 21. de Iustiniã que la ville fut prinse & ruinee, qui eschet iustement l'an 1300. apres sa premiere fondatiô, 935 ans apres les feux Gaulois, & 485. apres ceux de Nerô.

Procop. li.3 de bell. Got.

Il est bien vray que ce Prince Goth, tout barbare qu'il estoit, ne se mit pas à renuerser la ville en la furie de la prinse: car du commencement, il vsa fort doucement de sa victoire, esmeu par les prieres de Pelagius Pape, que Totila reueroit pour ses vertus & bonne vie. Mais comme ce Prince eut enuoyé vers Iustinian Pelagius mesme, auec vn nommé Theodore, pour supplier Iustinian de sa part de vouloir laisser les Goths en paix: autrement qu'il ruineroit la ville de fonds en comble: Iustinian le renuoya à Belissaire, auquel il auoit commis toute la charge des guerres d'Italie. Totila esmeu de colere, & voyant vn Empereur si peu curieux de la conseruation de

Pppppp ij

sa propre ville, occupee lors par vn estranger, qui en pouuoit disposer à son plaisir, prist resolution de la mettre en cendre. Et de faict, il
renuerse sur le champ la troisiesme partie des murailles, à les prédre
en plusieurs endroicts: faict mettre le feu au Capitole, au grád marché de Rome, és ruës que l'on appelloit *Saburra*, & *via Sacra*, és môts
Quirinal & Auentin: en sorte que les flammes, mises en plusieurs
endroicts à mesme temps, reduisirent en peu d'heures toute la ville
en cendre. Le peuple cependant taschoit à sortir de la ville de toutes parts, auec les femmes & les enfans, ausquels il n'estoit pas permis de deplorer leurs propres pertes: mais Totila retint les Senateurs & principaux habitans pour ostages: puis sortant luy-mesme
de la ville auec toute son armee, il la laissa tellement desolee, qu'il
ne demeura ny homme ny femme pour l'habiter. C'est à peu pres
comme Leonard Aretin descrit ce troisiesme embrazement gené-
ral de la ville de Rome, sur la fin de son liure troisiesme *De Bello Ita-
lico*: où il dit. *Id postquam Totilas intellexit, negari sibi cernens quod postulaue-
rat, de euertenda Vrbe Roma consilium sumpsit. Itaque insurgens, mirabili cru-
delitate mœnia Romæ pluribus locis ad solum euertit. Fuit autem illa, quæ euersa
est, ferè tertia pars totius ambitus murorum. Capitolium deinde incendit, circa
forum, & Saburram, & viam Sacram omnia conflagrauit. Fumabat Quirinalis mons: Auentinus flammam incendij euomebat: fragor ruentium domorum
vbique audiebatur. Inter hæc incendia, multitudo vrbana cum coniugibus &
liberis, sedibus patriis educebantur, ne deplorandi quidem miserias suas libertatem
habens: Et populum quidem ac turbam per oppida Campaniæ dispersit: Senatores
vero ac patritios obsidum loco circa se retinuit: Roma posthac cum toto exercitu
egressus, eam desolatam penitus ac vacuam dereliquit: vt neque vir quisquam, neque fœmina in illa remaneret.*

5. Au reste ce n'est pas mon dessein de raconter comme Belissaire la reprit quelque temps apres: comme il commença à restau-
rer ses ruines: & comme peu apres elle est paruenuë en l'estat qu'ó
la voit à present, en laquelle restent encore plusieurs vestiges de
l'ancienne ville. Mais ie diray seulement, que plusieurs gens sçauás,
voyans dans les monumens de l'Histoire Grecque & Latine, tant
de vestiges de son ancienne beauté, n'ont laissé de l'aimer apres
sa mort: & desesperans de la voir iamais si excellente en effect, qu'elle estoit en la fleur de son aage, ils ont pris peine de nous la faire reuiure en pourtraicture, accumulans pour ce faire plusieurs moyens
tout ensemble. Car outre l'histoire, ils ont eu recours aux vestiges
qui restent encore sur pied des anciens edifices de la vieille Rome:
aux statuës de marbre & d'airain, aux Inscriptions grauees en
pierre & en cuiure: aux medailles antiques, & autres reliques des
vieux temps: à l'aide desquelles ils nous ont restably la plus part des

ruines de ceste grande ville, nous la faisant voir quasi toute semblable à sa premiere beauté, par les figures qu'ils en ont publié.

6. Les vns doncques, à l'ayde de toutes ces choses, ont entrepris de nous la restablir en son entier, soit en vne seule Charte ou en plusieurs. En vne seule, cōme Estienne du Perac Parisien, en sa Charte de la vieille Rome, par luy dediee au Roy Charles IX. l'an 1574. & cinq ou six autres, dont i'ay veu les ouurages, tant en grand que en petit volume. En plusieurs Chartes, comme M. Fabius Caluus de Rauennes, qui suiuant les petits liures que Ruffus & Victor ont faict des 14. Regions de Rome, nous a representé toute la ville en quatorze Chartes, chacune desquelles contient sa Region à part, auec tous les edifices sacrez & prophanes, publics & priuez, qui se trouuent par l'histoire auoir esté en chacune desdites Regions. Que si ces quatorze Tables ainsi separees estoient raportees & reiointes en vne, Ie croy qu'il n'y auroit rien qui nous representast si naïfuement l'ancienne Rome eu son plain lustre. Ces Tables furent premierement mises en lumiere du temps de Clement VII. qui viuoit en l'an 1528. & à qui l'auteur les dedia il y a prés de cent ans : & ont depuis esté reimprimees à Basle, l'an 1556.

7. Les autres se sont contentez de nous depeindre au naturel les plus beaux edifices qui seruoient de principal ornement aux grandes Ruës de ladite ville, comme les Temples les plus renommez, les Cirques, Theatres, Amphitheatres, en la mesme forme qu'ils estoient auant les guerres des Gots & des Vandales en Italie: donnant à chacun edifice sacré ou prophane, sa table à part. C'est ce que Iacobus Laurus Romain d'origine, a faict dans le liure par luy intitulé *Antiqua Vrbis splendor*: qui est celuy à mon aduis, qui peut mieux faire conceuoir à nos esprits la grandeur & la puissance Romaine: car il y forme par ses pourtraicts les Idees des plus superbes bastimens, auec plus d'efficace que nul autre : donnant à chacun ses piedestals, bases, colonnes, chapiteaux, architraues, frises, & corniches, suiuant les symmetries & proportions propres à chacun ordre, garnissant chacune piece de ses moulures, & les autres enrichissemens que l'architecture peut porter.

8. Aucuns autres ce sont mis à nous figurer les grands obeliques, & puissantes colonnes d'vne seule piece de marbre, qui ont esté dressees és Cirques, champs de Mars, & marchez faicts par les Empereurs: lesquelles ayant esté renuersees par les Gots, ont esté en partie releuees par la loüable curiosité de quelques Papes de nos derniers siecles, qui les ont dedié à meilleur vsage qu'elles

n'estoient auparauant. Telles sont les sept Obelisques, & les cinq colonnes que Bartolomeo Rossy Florentin, nous a designé en taille douce dans son liure intitulé *Ornamenti di fabriche antichi & moderni dell' alma citta di Roma* : mis en lumiere en l'an 1600.

9. Les autres se sont attachez aux moindres pieces, nous formans en taille douce ce qu'ils ont peu trouuer dedans Rome & dehors, en statues de marbre & de bronze, à pied ou à cheual, pour tesmoignage des braues esprits de l'antiquité és ouurages de sculpture & de fonte. Et pour nous remettre deuant les yeux vn eschantillon de la beauté, que tels ouurages apportoient aux gráds edifices d'architecture, dans les niches, ou sur les colonnes desquels ils estoient assis & attachez. Tels sont les soixante & vnze figures, que Laurentius Vaccarius imprima à Rome, l'an 1584. qui porte pour tiltre: *Antiquarum statuarum Vrbis Romæ, quæ in publicis priuatisque locis visuntur, Icones*.

10. C'est ce que ie trouue auoir esté faict pour aucunement restablir l'ancienne ville de Rome, & comme la remettre en vie, en ce que chacun de ces Auteurs a peu faire : Ie dy la Rome antique, d'autant que celle qui est auiourd'huy, encore que belle, grande, & magnifique, n'est pas la Rome triomphante des premiers Empereurs, en comparaison de laquelle on peut bien l'appeller la nouuelle Rome. Vray est, qu'elle faict voir des pieces de la ville antique, esquelles respirent encore quelques tesmoignages de sa pristine grandeur : qui ne sont suffisans à nous la faire reuoir, ains à nous asseurer seulement du lieu où elle a esté. En sorte que l'on peut dire,

Georgius Brugens.

— *Qui miseranda videt veteris vestigia Romæ,*
Ille potest merito dicere, Roma fuit.

De toutes ces pieces, on dit qu'il ne s'en trouue qu'vne entiere, qui est le Pantheon d'Agrippa, auiourd'huy recognu souz le nom de *Sancta Maria Rotonda*. Si vous n'adiouftez à celle-cy le Collisee, le mole d'Adrian, que l'on dit estre le Castel sainct Ange, & quelques Colonnes & Pyramides. Quant au reste, ce ne sont plus que ruines & masures de grands & vastes bastimens, restez de la fureur des Gots, des Vandales, & des iniures d'vn si long temps, sans que personne les ayt peu releuer de la pouldre. A voir ces masures il y a neantmoins du plaisir meslé parmy la douleur & le regret, de n'auoir veu tels edifices en leur entier. Aussi n'ont ils pas manqué de gens, qui rauis en admiration de ces vieilles masses d'ouurages, quoy que denuees de leurs ornemens, ont pris la peine de les tirer en perspectiue, & les faire grauer en tables. Le mesme du Perac, qui a faict le dessein de la ville en son entier, nous a faict aussi paroiftre en tailles douces ce qui refte des principaux edifices de l'ancienne Rome, les ayant faict grauer en table de cuiure dés l'an mil cinq cens feptante cinq, auquel temps fon œuure fut imprimé à Rome, fouz ce tiltre.

INVESTIGI
D'ell' Antichita di Roma
Racolti & ritratti in perspectiua
Con ogni diligentia.

11. Mais quelque diligence qu'on puiffe mettre en tels ouurages, il n'y a plus de moyen de faire reuiure en iceux la Rome antique, qui eft comme enclofe fouz la nouuelle, & enfeuelie fouz fes vieilles ruines. Tellement que ceux qui cherchent l'antique Rome en la nouuelle, ne l'y trouuent pas, ains quelques reliques de fon corps mort, en certains pants de haultes murailles, en des reftes de colonnes, & de vieilles voutes a demy ruinees, qui engendrent encore de l'eftonnement és efprits de ceux qui s'en approchent pour les contempler. Bref, ie ne fçaurois mieux reprefenter le pitoyable eftat, & le fort lamentable d'vne ville qui fut autrefois fi belle, en comparaifon de ce qu'elle eft maintenant, que par ces vers Larins de Ianus Vitalis, Poëte Italien du dernier fiecle, que ie vous donne pour derniere piece de cet ouurage, digne à mon aduis de le clorre, pour eftre tres-bien faicts à ce subject.

Qui Romam in media quæris nouus aduena Roma,
    Et Romæ in Roma nil reperis media.
Aspice murorum moles, præruptaque saxa
    Obrutaque horrenti vasta Theatra situ.
Hæc sunt Roma: viden velut ipsa cadauera tantæ
    Vrbis, adhuc spirent imperiosa minas?
Vicit vt hæc mundum, nixa est se vincere. vicit:
    A se non victum ne quid in orbe foret.
Nunc victa in Roma, Roma illa inuicta sepulta est:
    Atque eadem victrix victaque Roma fuit.
Albula Romani superest qui nominis index,
    Quinetiam rapidis fertur in æquor aquis.
Disce hinc quid possit fortuna, immota labascunt:
    Et quæ perpetuo sunt fluitura, manent.

Voicy comme Ioachim du Bellay tres-excellent Poëte, a imité, ou plustost traduict cet Epigramme en ses antiquitez de Rome.

Nouueau venu, qui cherches Rome en Rome,
Et rien de Rome en Rome n'aperçois,
Ces vieux Palais, ces vieux arcs que tu vois,
Et ces vieux murs, c'est ce que Rome en nomme.
Voy quel orgueil, quelle ruine, & comme
Celle qui mit le monde souz ses loix,
Pour domter tout, se domta quelquefois,
Et deuint proye au temps qui tout consomme.
Rome de Rome est le seul monument,
Et Rome Rome a vaincu seulement.
Le Tybre seul qui vers la mer s'enfuit,
Reste de Rome. O mondaine inconstance!
Ce qui est ferme, est par le temps destruit,
Et ce qui fuit, au temps faict resistance.

TABLE DES MATIERES CONTENVES EN CE LIVRE.

A

Age d'enfance, & aage viril de la ville de Rome. 171.183
Aage de perfection & de vieillesse de la ville de Rome. 183.851
Abaci & Specula, pieces de Mosaïque ou d'esmaux. 811. 816.
Actus, & ses significations. 551.552
Actus, ou Carriere pour vne espece de chemin. 551
Adiudicataires & entrepreneurs des G. Chemins. 9.10
Adrian & ses ouurages, tant en Italie qu'en Espagne. 57
Adrian accomply en toute science humaine. 57
Adrian Empereur auteur d'vn grand mur en la grand' Bretaigne. 111
Ædes pour vn Temple 790
Aedicula & Sacella, en quoy differens 790
Aedicula, petites Chapelles, où situees dedans Rome. 789
Aestiua, camp militaire pour l'Esté, & *Hyberna* pour l'Hyuer. 476
Aethicus, estimé auteur de l'Itineraire. 317
Affaires grandes des Empereurs qui se faisoient par les postes 631
Affrique & ses grands Chemins. 533. & pages suyuantes.
L'Affrique reduite en prouince 532

Agentes in rebus, Messagers ou Courriers ordinaires des Empereurs 630.631
en quoy gisoit l'office des Agens 631. 632.
Agasoi, Cursores Regij, Postillons du Prince 577
Agger signifie la terrace sur laquelle on pauoit les grands Chemins. 166
Agger masse de massonnerie en mer. 758
Agger pour la partie du milieu des grands Chemins: marges sont les deux lisieres 238
Agger Itinerarius, publicus, militaris 166 167.
Agger publicus, pour chemin public. 561
Agger tumuli, en matiere de Sepulchres 261.
Agminales equi, d'où ainsi dicts. 608
Agrippa Gendre d'Auguste auteur du Pantheon 76
Agrippa fait continuer la percee de la grotte ou cauerne de la Sybille pres de Naples 160.161
Agrippa auteur d'vne Charte geographique. 322
Agrippa auteur des grands Chemins de la Gaule 186.484
Ala, comment se doit entendre dans l'Itineraire d'Antonin. 475
Ala pour vne troupe de gens de cheual, qui se diuisoit *in Turmas*. 584.585
Alcibiade rompit tous les Hermes d'A-

Qqqqq

thenes en vne nuict, excepté celle de Andocides. 734
Alexander Seuerus a fait quelques ponts nouueaux, & reparé quelques anciens. 65.
Allemagne haute & basse auec ses grands chemins 499. & suiuantes.
Alfonce Roy de Naples a fait eslargir le chemin percé de Puzzol à Naples. 161
Alpes, & leur estenduë d'vne mer à l'autre 437
Alpes Grecques. 441
Alpes derniere conqueste des Romains. 103.
Alpes & chemins faicts à trauers icelles. 433. & suiu.
Alpes Cottiennes de qui ainsi dictes. 438
Alpes Iuliennes, Carniques & Noriques. 453. & suiu.
Alpes maritimes d'où ainsi dictes. 437
Alpes Pennines, Hautes, Lepontines & Rhetiques. 445. & suiu.
Amas de pierres faicts par les passans à l'honneur de Mercure. 735
S. Ambroise depeint fort naïuement la maniere tenuë par les soldats Romains és expeditions militaires sur les grands chemins. 640
Ammian Marcellin estimé auteur de l'Itineraire d'Antonin & de la Charte de Peutinger. 319
Amphitheatre admirable basty par Scaurus. 775
Amphitheatre de quelle forme & figure. 792
Angara, mot Persique αἰγαρεῖον ὄριμα cursus seruilis & coactus. 574
Angariarum & parangariarum exhibitio, en droict que signifie. 575
Angaria, quelle sorte de charroy pour les affaires des Empereurs. 650
Angaria, estenduë de sa signification. 578
Angariare, emporte auec soy vne action forcee & contrainte. 575
Anio, dit Teueron, riuiere se iettant dans le Tybre. 745
Annona publica, estoit la prouision des grains pour la nourriture de la populace Romaine 789
Antoninus Pius & ses ouurages és grands chemins. 58. 59
Apollon, entre les Dieux tutelaires des grands chemins. 737
Apollonie nom à plusieurs villes. 544.
Ara, quelle espece d'escueil. 127
Arcenaux dicts Armamentaria. 643
Architectes, Massons, Charpentiers, employez aux grands chemins 31
Architecture necessaire pour entendre l'excellence des beaux edifices & rues militaires de Rome. 800
Architecture & pieces qui en dependent 800. & suiu.
Architecture inuentee & formee sur le corps humain.
Architecture, peinture, sculpture & fonte, arts non mechaniques, mais liberaux 801
Arcs de Triomphe ornez de statuës curules. 832
Arcs de Triomphe & leur origine. 282
Arcs de triomphe comment assis sur les grands chemins. 289
Arcs de triomphe decernez aux Empereurs qui ont fait des grands chemins. 90
deux Arcs de triomphe à Reims dressez en l'honneur des Cæsars. 285. 485
Arcs de triomphe dressez pres des portes des villes. 284
Arc de triomphe erigé sur les Alpes à l'honneur d'Auguste. 104
Area, places vuides espargnees dans Rome, entre les rangs des maisons appellez Vici. 787
Arena, fond de l'Amphitheatre. 792
Arene de nature de pierre, & non de terre. 117
Arene de trois sortes. 118
Arene premierement employee aux G. C. 117
Arene dicte Iabassak par les Hebrieux. 115
Argent en fueilles & en lames employé à l'ornement des edifices de Rome. 815

DES MATIERES.

l'Argille dicte Adamak par les Hebrieux 113

l'art de faire en Argile, mere de la sculpture, fonte, & ciselure. 836

tesmoignage remarquable d'Aristote sur la fermeté de l'Arene. 118

Armamentaria, arcenaux des Empereurs. 643

Armes tenuës és citez par les Empereurs. 641

Asarotos œcos, Asarota pauimenta, espece de marqueterie. 188

Asie de quel reuenu annuel aux Romains 38

Asie & ses grands chemins. 521. & suiu.

Asinius Pollio, premier qui a enrichy sa bibliotheque de medailles. 837

Assesseurs adioincts au preteur ou Consul pour l'administration de la iustice. 662

Auerta, vne malle ou valise: *equus auertarius*, vn mallier. 618. 619

Auguste Cæsar a fait faire les grands chemins, pour bannir l'oisiueté de ses soldats & de la populace. 569. 570

Auguste Cæsar auteur ou reparateur de plusieurs grands chemins. 43. 44

Auguste Cæsar esleu commissaire des grands chemins. 4

Auguste Cæsar principal auteur des postes de l'Empire. 576

Auguste Cæsar principal auteur du pauement des grands chemins des prouinces. 26

Auguste se vantoit d'estre fils d'Apollon. 737

Auguste Cæsar trouua Rome de brique, & la laissa de marbre. 776

Aurarij, doreurs en fer, cuiure ou autre metail, estoient gens prisez. 645

Aurifex, ou *Aurifaber*, Orfeures differés ab *Aurariis, & Barbaricariis*. 644

Aurum coronarium. 75

Ausbourg accommodee de grands chemins par Septimius Seuerus. 68

Premiers Auteurs du pauement des G. C. d'Italie. 22. 23

B

Bacchus entre les Dieux tutelaires des G. C. 738

Bagacum, est Bauais en Hainault ville antique. 98

Baluster quelle sorte de colonnes. 809

Barbaricarius, graueurs & doreurs d'armes, differens ab *Argentariis & Aurifabris*. 644

Barbaricarij, d'où ainsi dicts. 644

Basiliques estoient edifices sacrez. Pourquoy ainsi dictes. 791

Bastimens & structures admirables frequents sur les G. C. d'Italie. 242

Bauais en Hainault, où on dit que sept G. C. viennent aboutir. 97. 98

Bauais n'estoit encore du temps de Iules Cæsar. 98

Bauo Roy de Belges oncle de Priam 96

Beauté des maisons faite plus pour l'ornement des villes que pour le profit des possesseurs. 800

Beauté de la ville de Rome comment dépeinte par Strabo. 846

Belgique & Allemagne premiere & seconde, quatre prouinces de l'ancienne Gaule Belgique. 499

Bleds & grains necessaires à la nourriture des habitans de Rome. 674. & suiu.

Bois employé aux ouurages des G. C. 133

Bonté de Nature vers la France en la disposition de ses riuieres nauigables pour la conionction des mers. 753

Bosphore Thracien premier passage de Thrace en la petite Asie. 517

Boutiques publiques de doreurs d'armes 645

Boutiques ou officines publiques d'armuriers. 641

grand Bretaigne & ses G. C. 511

Brindes traiect le plus commode pour passer d'Italie en Macedoine. 540

Trois sortes de briques chez les Grecs. 179

Briques comment nommees par les Grecs & Latins. 178

Qqqqq ij

TABLE

Bruit au païs de Hainault que les chaussees de Brunehault ont esté faictes par vn Demon. 97

Brunehault Roy fabuleux en la Gaule Belgique. 655

Brunehault, ou *Brunehaldus*, Roy des Belges imaginaire fils de Bauo en 5. degré. 97

Brunehault fille d'Atanagilde Roy d'Espagne femme de Sigebert Roy d'Austrasie. 100.101

C

Caelatura, ciselure 836
C. Gracchus premier auteur des pierres milliaires & autres à monter à cheual. 707.788
Cailloux signifient choses diuerses. 123
le Caillou a precedé le grauois és ouurages des grands Chemins. 131
Cailloux & grauois principale matiere matiere des G.C. 130.
Cailloux gros & petits differemment mis en œuure és G.C. 123.128
petits Cailloux de diuerses figures & couleurs, dont le grauois est composé 235
petits Cailloux lissez compris sous le nõ de *Glarea*. 124.129
petits Cailloux lissez propres à la surface des grands Chemins 129
Cailloux taillez ou brisez 193.194.200
trois sortes de Cailloux brisez és grands Chemins de l'Empire. 128
Cailloux taillez en trois façons par les Atheniens. 127
Callis, quelle espece de chemin: son etymologie. 553.563
Calciarum, droict de chaussure aboly par Vespasian. 685
Camdenus a escrit des grands Chemins d'Angleterre. 110.111.112
Camps militaires. 582.583
Camps militaires, dicts *Statiua*, diuisez in *Hiberna* & *Aestiua*. 476
Canal ou deschargeoir du lac Celano qu'Auguste n'osa entreprendre, fait par Claudius 47.748. & 749
Canaux faicts de main d'homme pour accommoder la nauigation. 747. & suiu.
Canaux faicts par les Romains en la Gaule Belgique voisine d'Allemagne. 750 751
Canaux inuentez pour la conionctiõ des mers en Asie, en Egypte, en Grece & en Gaule. 752.753.
Canaux publics. nom donné aux chemins militaires. 633 634
Caracalla & Geta, & leurs ouurages és grands chemins. 62.62
Carpentum Coche, *Carpentarius* Cocher. 603
Carrus, chariot portant 680. liures de poids courant en poste. 603
Carthage affectoit l'Empire du monde contre les Romains. 531
Carthage ruinee, restablissement d'icelle, & chemins militaires qui y aboutissent 533
Carthaginois inuenteurs du paué. 2
Case de Romulus. 771
Castellum, ainsi dit par diminution de *Castrum*. 583.585
Castra, autrement *Mansiones*, *Statiua*, *Aestiua*, *Hiberna*. 582.583
Catabulum, espece de seruitude au faict des postes.
Catones, ou plustost *Cotones*, Ports artificiels.
Cauerne de la Sybille au Royaume de Naples continuee par Agrippa. 160
Cause finale & vsage des grands Chemins plaisans à considerer. 565
Cause materielle & formelle traictee au second liure. 113
signification de *Cementum*, en paué & maçonnerie. 194
Censeurs de Rome premiers Commissaires des grands Chemins tant des champs que de la ville. 5
Censeurs & Tribuns du peuple, Commissaires des grands Chemins des champs. 5
Cerostrata opera, espece de marqueterie fair auec cornes. 187
Cesaree nom à plusieurs villes, 523
Quatriesme chef de la cause finale des

DES MATIERES.

grands chemins est le Charroy 668. & suiu.

Champs, grandes places dedans Rome, comme le champ de Mars 791

Champ de Mars à Rome fort enrichy de belles pieces antiques 546

Chapiteaux diuers en architecture. 806. 807

Charlemagne a fait des reparations aux grands chemins.

Charlemagne a premierement institué des postes en France, qui furent de peu de duree. 577

Charles Bouel sur les chaussées de Brunehault 98

Charriots employez à courir la poste par les Romains. 601. 602

vn Charriot seulement deuoit partir de chacune poste par iour 608

du Charroy, dit *Cursus vehicularis*, auec charriots nommez *Rheda* & *Clabula*. 658

Charroy des viures, marchandises & materiaux à bastir mis pour 4. chef de la cause finale des grands chemins de l'Empire. 668

Charroy des monnoyes, armes, habits, & autres especes, diuisé en deux sortes. 650

Charroy des tributs & peages sur les grands chemins 654

Charroy extraordinaire dict *Angaria*. 650

Chartes Geographiques necessaires aux grands Capitaines. 321

antiquité des Chartes Geographiques 321

Charte de Peutinger interpretee sur le mot *vsque hic legas*. 482

Charte de Peutinger pourquoy ainsi dicte. 319. 321. 323

Chaux comment inuentee. 119

Chaux necessaire en grande quantité és grands chemins 136. 137

Quelle raison on obseruoit anciennemēt au meslange de Chaux & d'arene, & tuille battuë 120

Chaussee en François d'où ainsi dicte. 562. 563

Chaussees de Brunehault fondees sur deux fausses suppositions. 95

premiers Chemins pauez par les prouinces. 24

Nul exempt des ouurages des grands chemins. 77. 80. 82

Deux genres de Chemins Terrestres & Aquatiques. 740

Chemin & *Iter* pris en deux façons. 548

Chemin nom de genre chez les François 55

grands Chemins de quels noms appellez par les Grecs & les Latins. 554

grands Chemins de la Gaule Belgique pourquoy dicts Chaussees de Brunehault 95

grands Chemins de l'Empire pourquoy appellez en la Gaule Belgique Chemins ferrez. 95

Chemins en Gaule par Adrian & Posthumus Empereurs 109

Quatre grands Chemins en la Gaule faits par Agrippa 107

Chemin de Lyon à Marseille. 108

Chemin de Lyon iusques à Boulongne en l'extremité de la Gaule. 108

Chemin de Lyon sur le Rhin. 107

Chemins de la Gaule alliez à ceux de la grand' Bretaigne par deux ports. 511

Chemins dans l'Itineraire conduits comme à rebours 534

grands Chemins diuers en leurs plants ou assiette. 157

Trois sortes d'assiettes des G. C. 164

Chemins militaires d'Espagne, & du rapport qu'ils ont à ceux d'Italie & de la Gaule 459. & suiu.

Chemins militaires de l'Empire de Rome miracle des miracles, & merueille des merueilles. 845

grands Chemins mis au rang des ouurages nobles. 81

Chemins mesurez par milliaires en la Gaule Narbonnoise, & par lieuës en l'Aquitanique, Celtique & Belgique. 477

Chemins militaires appellez canaux publics. 633

Qqqq iij

TABLE

Chemins militaires se faisoient au despens du public. 78

Chemins militaires de deux sortes, droits & trauersans. 458

Chemins militaires conduicts entre les Alpes & la mer de Venise, en plusieurs endroicts de l'Empire. 506. 506

Chemins militaires ouuerts & renuersez par l'auteur pour y voir la disposition des matieres. 141. 171

Chemins militaires pauez pour chasser l'oisiueté des armees, & de la populace. 568. 569

Chemins militaires pauez & marquez de colonnes, iusques sur le Danube. 504

Chemins militaires sortans de plusieurs villes capitales de Prouence, en bon nombre. 456

Chemins militaires iusques en Scythie. 509

Chemins militaires ont deux passages de la Gaule Cisalpine dans les Prouinces. 433

Chemins faicts de simple arene ou grauois, & en fin de cailloux. 132

Chemins de l'Empire pauez de quarreaux irreguliers. 200. & pages suiu.

Chemins enraillez dans des Roches viues. 158

Chemins pauez par les Romains, quasi par tout le monde. 312

les Chemins pauez de l'Empire, admirables en nombre & en estendue. 298. 311

Chemins pauez de quarreaux reguliers. 208. & pages suiuantes.

quatre Chemins selon Polybe d'Italie, dans la Gaule Transalpine. 437

grands Chemins portans le nom de leur auteur. 90

Chemins remarquez en l'Itineraire d'Antonin, & en la charte de Peutinger, sont chemins pauez à la Romaine. 547

six Chemins pour aller de Rome en la Gaule Cisalpine. 135

grand Chemin venant de Rome, & tranchant la Gaule comme vn diametre. 467. 468. 469. 485

grand Chemin de Rome iusques aux Gades. 458

Chemin de Rome à Cartage, par le destroit de Constantinople. 536. 537

Chemin militaire de Rome aux confins d'Ægypte le plus grand de tous. 519

Chemins à trauers des montagnes fendues ou percees. 157. 160

Chemins faicts par Auguste à trauers les Alpes. 103. 104

trois sortes de Chemins terrestres selon Vlpian. 137

Chemins terrestres diuisez en pauez & non pauez. 135

Chemins aquatiques, faicts par les Romains. 740. & suiuant.

Chemins par les eaux de deux especes. 740

Chemins publics se reparoient aux despens des particuliers. 80

Chemins Royaux & publics, n'appartiennent ny au Roy ny à aucun. 559

Chemins Royaux, leur nom & leur nature. 559

Chemins Royaux & de trauerses. 78

Chemins de trauerses ou voisinaux, sont chemins publics. 79

Chemins de trauerses, de deux especes. 555

Chemins de trauerses par qui pauez. 78

Chemins de trauerses, pauez par coruees ou contributions. 79

Chemins voisinaux ou de trauerse 555. 558

Cheuaux & autres bestes entretenues pour les postes. 600. & suiuant.

Cheuaux entretenus és postes, gistes & citez. 607

Choix des cailloux & pauez. 196. 197

Cronique de S. Bertin attribue l'vn des grands chemins de l'Empire à la Royne Brunehault. 101

Ciment espais d'vn poulce, sur lequel est assise la premiere couche des G. C. 171

Circoference d'vn cercle, comment mesuree à son diametre. 377

Cirques grandes places dans Rome. 791

Cirques de Iules Cæsar & de Tarquinius Priscus, & leurs mesures. 791. 792

Difference entre ciselure & graueure, inter Celaturam & Sculpturam. 819

le nom de Cité donné à huict sortes de villes. 590

DES MATIERES.

Citoyens Romains innumerables à qui il falloit fournir des prouisions par charroy. 671. & suiuant.

Ciuitas, & la diuersité de ses significations. 586. & suiuantes.

Ciuitas, comme opposée à *mutatio & mansio*, en matiere de postes. 596

Clabularis cursus & Clabulum. 595

Clabulum, charriot seruant aux postes, & *Clabularis cursus*. 604

Clarembaut, Hugues de Thoul, & Lucius de Tongres, sur les chaussees de Brunehault. 97

Classis Africana & Alexandrina, deux flottes entretenues pour amener des bleds à Rome. 675

Cloaques admirables souz les rues militaires de Rome. 225. 226

Cocceius auteur du chemin, percé de Puzzol à Naples, race des Cocceiës. 163

Coches, mot Hongrois pour vn charriot. 603

Coches seruãs aux postes Romaines. 603

premiere institution des Coches en France. 604

Coffres seruans pour sepulcres. 267. 268

trois Coffres de marbre blanc excellens, l'vn à Rome, l'autre à Reims, le troisiesme à Paris. 268. & pages suiuantes.

Cohors se diuisoit *in manipulos*. 584

Colosses premierement faicts pour les dieux, depuis vsurpez par les hommes. 813. 834

Colosse d'Auuergne, de 400. pieds de hauteur. 834

Colosse de Tarante & de Rhodes. 834

Comes Palatij, Iuge des domestiques du Prince. 626

Commissaires extraordinaires des grands chemins & leur charge. 9. 10

Commissaires des Gr. Ch. esleuz d'entre les principaux citoyens. 51. 14

Commodité & facilité de voyager tant à pied qu'à cheual, autre fin des grands chemins. 669

Commodité des Cloaques. 130

Compagnies d'Armuriers appellees *Collegia*. 641

Comparaison de la charte de Peutinger, auec l'Itineraire d'Antonin. 334

Comtes & origine de leur nom & dignité. 628. 629

Conciliabula & fora. 592

Condé, nom de plusieurs places assises sur confluent de riuieres. 492

Conduite & transport des armees, troisiesme cause finale des Gr. Ch. 635

Coniecture sur les grands chemins d'Angleterre, auant Sept. Seuerus. 712

Conseil d'vn Gymnosophiste des Indes à Alexandre, sur le lieu de sa demeure. 571

Consideration notable sur les beaux edifices, & autres ornemens de la ville de Rome. 844

Consideration sur la grãdeur des deniers des despoüilles ennemies. 77

les Consuls & Preteurs auoient vn Legat pour les armes, vn Assesseur pour la Iustice, & vn Questeur pour les finances. 662

Consuls, pourquoy enuoyez au gouuernement des Prouinces. 660

Constantius Empereur rauy en admiratiõ sur les singulieres beautez de la ville de Rome. 847

Constantius se plaignoit de la Renõmee, qui demeuroit trop court à loüanger les singularitez de la ville de Rome. 843

Contignata pauimenta, pauez faicts sur estages. 149

Contributiõ des deniers pour les grands chemins, estimee honorable. 81

Contubernales, amis familiers des Magistrats allans aux Prouinces. 667

Conuentus, espece de Parlement que les Magistrats Romains tenoient par les Prouinces. 657

Conus corps appointé en rond. 264

Colonies, quelle sorte de ville ou cité. 590

Colonnes de cinq especes en architecture. 801

Colonne Attique de forme quarree, & obseruation sur icelle. 809

Colonnes solitaires comme celle de Trajan & d'Antonin, seruoient de siege aux Images à pied. 819

TABLE

Colonne milliaire sur les grands Chemins de Pannonie. 504
Colonnes milliaires inuentees & mises en œuure par C. Gracchus. 708
Colonnes milliaires faictes de forte pierre, ou de marbre. 709
Colonnes milliaires, souuent appellees du nom de pierres. 709
Colonnes milliaires portoient engrauez le nombre des mil, à copter de Rome ou autre Cité. 711
Colonnes milliaires comment formees. 710
Colonnes milliaires, rares en la Gaule: Aucunes restees en la Gaule Celtique. 712
Colonnes milliaires en Prouence & Languedoc. 713
premiere Colonne milliaire, & de quelle façon les autres en dependoient. 715
deux questions sur les nombres grauez és Colonnes milliaires. 721. & suiuant.
Colonnes assises de mil en mil excepté en Gaule & en Espagne. 728. & suiuant.
Colonnes portoient les noms des Empereurs qui les auoient faict faire, ou souz qui elles estoient faictes. 712
Colonnes assises en Gaule de lieuë en lieuë, la lieuë de quinze cens pas. 728. 729
Colonnes assises en Espagne de quatre en quatre mil. 730. 731
Colonnes de marbre apportees à Rome, du mont Hymette. 775
Corbulo, Commissaires des grands Chemins. 10
Correspondance des grandes villes par les chemins militaires. 507
Corse autrement *Cyrnos*. 529
Corse & ses grands Chemins. 530
Cosmographie d'Æthicus. 318
Cottius Roy des Allobroges. 438
quatre Couches de diuerses matieres és pauez des maisons. 150
Couche premiere, dicte *Statumen*. 150. 171
Couche seconde des pauez domestiques, dicte *Radius*. 151
troisiesme Couche, dicte *Nucleus*, &

pourquoy. 152. 154
Coudee Geometrique, mesure propre aux Hebreux pour les chemins. 345
Cour de Parlement, d'où tiree 791
Coronnes d'or, donnees par les Prouinces aux vainqueurs. 74. 75
Coronnes triomphales, de grandeur demesuree. 75
Courir sans lettres, à qui permis. 614
Coustumes de France sur la difference, & les droicts des chemins. 550. 553
Crassum aurum, lames d'or solides. 814
Crepido, & sa signification. 127
Criminels, employez aux ouurages des grands Chemins. 31. 32
Curia, & ses significations diuerses. 791
Cures, & Curez, d'où deriuez. ibid.
Curiosi, quels officiers parmy les postes Romains. 634
Curatores Viarum, quand instituez en tiltre d'office. 13. 14
Curatores Vicorum & Viarum, en quoy differens. 15
Cylindre, comment formé. 155
Cyrus Roy de Perse, premier inuenteur des postes. 574

D.

Decima, espece de Peage 35
Definition d'Arene. 118
Definition des grands Chemins de l'Empire. 144
Definition, diuision & largeur des Chemins Royaux. 561
Delubrum, Temple, ou partie de Temple. 790
Deniers employez au bastiment des Pyramides. 33
Des deniers employez aux ouurages des grands Chemins 33
Deniers publics, des Empereurs & des particuliers, employez aux grands Chemins. 33
Deniers publics, partie employez aux ouurages des grands Chemins. 41. 42
Deniers publics des Romains, diuisez en Tributs & Peages. 34
Deniers des Empereurs, employez aux ouurages

DES MATIERES.

louurages des grands chemins. 41.&
suiuantes.
consideration sur les Deniers employez
aux grands chemins par les Empereurs
72
des Deniers employez aux grands chemins par les particuliers. 13. & suiuant.
Trois natures de deniers employez par
les particuliers. 73
Deniers des despoüilles des ennemis appellez *Pecuniæ manubiales*. 74.
Deniers immenses apportez à Rome par
Paul Æmile. Pompee & Cæsat 74
seconde nature de Deniers particuliers
employez aux grands chemins 77
deux sortes de contributions de Deniers,
honorables & sordides. 80
troisiesme sorte de Deniers particuliers
employez aux grands chemins. 84
Demeure des Rois & Princes souuerains
vtile au milieu de leur terre. 570.571
Description d'vn arc de triomphe faict à
Trajan en la marcq d'Ancone. 91
Description generale des Alpes. 102
Description des grands chemins de la
grand' Bretaigne par Camdenus. 117
Description des chemins dont la surface
est de grauois. 134
Description des chemins non pauez, &
moyen de les assecher. 137
Description d'vne grotte au Royaume de
Naples. 160
Description & mesure des Pyramides
d'Egypte. 264
Description de deux arcs de triomphe
qui sont en la ville de Reims. 285. & p.
suiuantes.
Description de la terre faicte par l'auctorité de Iules & d'Auguste Cæsar. 315.
316
Description de la Crau : etymologie du
mot. 427
Description des Alpes & des grands chemins qui passent à trauers. 437. & suiu.
Description de la Gaule par Bapt. Mantion. 467
Description de la mer Egee. 527
Description du Propont. 517
Description des Postes Romaines. 579.
780
Description du Tybre & des riuieres nauigables qui tombent dedans 741
Description d'vne rade ou station naturelle 758
Description d'vn port naturel imité sur
celuy de Carthage la neufue en Espagne par Virgile 759
Description du port de Brindes : etymologie de *Brundusium*. 764
Description du port d'Ostie tres-admirable, fait par Claudius. 767
Description du Temple de Iupiter Capitolin. 799
Descriptions de Rome par plusieurs auteurs, en tout ou en partie. 841. & suiu.
Deuise d'Auguste 635
Dieux & hommes representez par cinq
sortes d'ouurages 818
des Dieux que les Payens disoient presider sur les grands chemins. 732. & sui.
Difference sur les deniers des despoüilles
entre le temps de la Rep. populaire &
des Empereurs. 75-76
Difference entre *Saxum & lapis*. 126
Difference entre cailloux taillez ou brisez 128
Differens entre les pauez de France &
ceux de l'Empire. 195
Difference entre grez & cailloux chez les
Paueurs François. 201.202
Difference principale des pauez consistoit en leur surface. 147
Difference entre Sepulchre, Sepulture &
Monument. 252
Difference *inter Tesseras & Sectilia*. 283
Difference entre chemins publics & de
trauerse. 556.577
Difference *inter Angarias & Parangarias*
651
Difference *inter Vicum & Viam*. 785
Diplomata, d'où ainsi appellez. 617
Diplomata tractoria, lettres de poste extraordinaires, & formule d'icelles. 619
Disposition des matieres des grands chemins les vnes sur les autres par couches
differentes. 170.171.172.173
Disposition d'vn ordre sur vne autre en
architecture. 809

Rrrrr

Distance de la Gaule à la grand' Bretagne 514
Diuision des chemins en terrestres & aquatiques. 135
Diuision des chemins aquatiques. 136
Diuision generale de pauez, en pauez dans edifices & dehors. 147
Diuision des pauez dans edifices, *in pauimenta contignata & plano pede.* 147. 149
Diuision des grands Chemins en la partie du milieu dicte *Agger*, & en deux lisieres 238
Diuision de la terre des plus grandes parties aux plus petites 339
Diuision des chemins publics en France. 558
Diuisions de la ville de Rome en ses parties. 784
Domitian & ses ouurages és grands Chemins. 52
Domus, se prend pour les palais & maisons des Grands. 788
Domus, & *Aedes priuatæ*, en quoy differentes. 788
Dons faicts par des particuliers aux ouurages des grands Chemins. 87
Duc, & origine de ceste dignité en l'Empire & en France. 628
Ducs & Comtes auoient droict de lettres de poste. 679
Duces in limitibus. 647

E

l'Eau premiere matiere & principe de toutes choses selon l'opinion de plusieurs Poëtes & Philosophes. 117
Eaux & diuersité d'icelles selon la diuersité de leurs sources. 122
Ecclesiastiques contribuables aux ouurages des G.C. 82. 83
Ediles preposez sur le paué de la ville de Rome. 5. 6
Ediles d'où ainsi appellez. 6
Ediles appellez *ἐπίσκοποι* par Platon. 6
Ediles Voyers & gouuerneurs du paué de Rome. 7
Edifices priuez tres-magnifiques bordans les grands Chemins 291
Edifices excellens faicts par Auguste Cesar & autres à sa requeste. 776. 777
Edifices plus grands de la ville de Rome comment situez. 786. & suiu.
Edifices sacrez & leurs especes & differences. 790-791
Edifices profanes. 791
Edifices tant sacrez que profanes, tant priuez que publics d'vne admirable hauteur à Rome. 796
Egnatia Via. 544
Egypte & ses chemins militaires. 570
Egypte de quel reuenu annuel aux Romains. 38
Element de la terre different en ses parties. 115
Elemés passez sous le nom Romain. 300
Emblemata vermiculata. 148. 189
Embrazement premier de la ville de Rome par les Gaulois. 771
Embrazement second de la ville de Rome fait par Neron. 781
Embrazemens de la ville de Rome estoiēt cause de la restablir plus belle que deuant 782
les Empereurs mesme n'estoient exempts des contributions pour les grands Chemins. 81
Empereurs les plus vertueux ont plus fait trauailler aux grands Chemins que les autres. 46
lesquels des Empereurs peuuent auoir fait trauailler aux G.C. d'Angleterre. 110
l'Empire de Rome diuisé generalement en Italie & prouinces. 16. 17
l'Empire & la ville de Rome affligez par les barbares. 77
l'Empire Romain signifié sous le nom du monde entier. 299
l'Empire Romain comment limité par mers, monts & riuieres. 303. 304
l'Empire de Rome diuisé en vnze Regiōs & chacune Region en prouinces. 309
Empire doit contenir plusieurs Royaumes. 339
l'Empire spirituel de Rome est vraiment l'Empire sans fin qui luy estoit promis. 372

DES MATIERES.

Encaufton peinture faicte par le feu, de deux manieres en cire seule, & en cire & yuoire. 820.821
Enfance de la ville de Rome. 771
Epaminondas Commissaire des grands Chemins. 3
Epitaphes de plusieurs sortes 275. & pag. suiuantes.
Escheuin signifie Iuge ou Intendant en langue Françoise Thyoise. 6
Escheuins des villes de France representent les Ediles de Rome. 6
Esclauonie & ses grands chemins. 507. & suiu.
Espagne & Voyes faictes en icelle par plusieurs Empereurs. 51.52.56
Espagne & ses grands chem. 459. & suiu. 495
Espece comme se doit entendre en beaucoup de loix, & comme ce mot est opposé à l'or monnoyé. 655
Espreuue faicte des couches differentes des grands chemins en l'ouuerture d'iceux. 173
premier Estat de la ville de Rome. 771
Estat de compte dict *Breuiarium Imperij*, proposé au peuple par les Empereurs. 40.41
Estuues dictes *Therme*, grandes comme des prouinces dedans Rome. 793
Eternité d'Empire, ou Empire sans fin, promis à Rome. 369. & p. suiu
Etymologie de Chemin. 549
Etymologie de *Iter*. 549
Etymologie de *Vie*. 552
l'Europe, l'Asie & l'Affrique ont trauaillé aux G.C. 32
Expeditions militaires sur les G.C. dépeintes par S. Ambroise. 640

F

Fable des Geans auteurs des grands chemins d'Angleterre. 110
Fable de Mulmutius Roy Magicien d'Angleterre. 110
Fabrice, officines d'armes instituees par les Empereurs en quelques citez. 641

Fabrique des monnoyes des Empereurs. 649
Facilité de ioindre les mers par les fleuues nauigables en France. 753-754
Fanum, espece de Temple pourquoy ainsi dict. 790
Fauorinus Philosophe, & vne sienne response subtile. 29.30
Fer employé aux ouurages des grands chemins. 133
Feu mis à Rome par les Gaulois a seruy pour cacher sa premiere pauureté. 772
Fin qu'Auguste Cæsar s'est proposé reparant les vieux chemins & en faisant des nouueaux. 572
Finance des Empereurs de quelle nature. 44
Fines, Fismes, sur les confins de l'ancienne Seigneurie de Remois 492
Fingere fictilia opera, mots appartenans à l'art de faire des Images d'argille, dict Plastice. 836
Fistuca, pour Pilotis ou pour vne Hie. 155
signification de *Fistuca*. 146
deux Flottes nauales entretenuës par Auguste l'vne à Misene, l'autre à Rauenne, pour la defense d'Italie. 765
Flaccus & Albinus Censeurs, quand, & comment ont fait publier les ouurages des grands chemins. 23
Flaminius des premiers à pauer des G.C. apres Appius Cæcus. 569
Fleuues nauigables qui se deschargeoient dans le Tybre 745
Fleuues nauigables d'Italie. 741.743.745. & suiu.
Fœderatæ Ciuitates, estoient villes libres. 592
Forest d'Auerne couppee par Agrippa, & pourquoy 160.163
Forme tenuë par les Censeurs pour les ouurages des G.C.
Forme que Trajan tint à faire trauailler aux G.C. 51
Forū, quelle sorte de ville ou cité. 591.592
Forum, pris en six façons. 592

Rrrrr ij

TABLE

Fosse entre la Meuze & le Rhin.
Fougere & paille employee aux pauez domestiques 150
Fromentiers race pestilente. 631
Frontispice & Fronton en architecture. 806.

G

Gabelle espece de peage qui se leue sur le sel. 35
Galba, Otho, & Vitellius n'ont eu loisir de faire trauailler aux G. C. 50
Galien sur les ouurages de Trajan és G. C. d'Italie. 53
Galienus Empereur. 69
Gallia, par excellence pour la Gaule Celtique. 495
Garde & intendance des G. C. appartient au Prince souuerain. 560
Garderobes Imperiales establies és citez sur les grands chemins. 646
la Gaule de quel profit annuel aux Romains. 39
la Gaule Belgique bien fournie de G. C. pauez. 95
la Gaule par qui fournie de G. C. 103. 106
les Gaules diuisées en trois parties par les Romains, *in Togatam, Bracatam, Comatam*, 431
Gaule Cisalpine des Romains, 431. 434
la Gaule reçoit les G. C. de l'Empire par trois endroicts. 467
Plusieurs diuisions de la Gaule Transalpine. 477. 478
Gaule Transalpine & ses G. C. 467. 465
Gessoriacus portus & Itium, Port de Boulongne 493. 511
Giste appellé *Mansio* en matiere de Postes. 597
Glarea, pris pour vn ramas de petits cailloux. 114
Gouuerneurs des prouinces auant Auguste, & gens de leur suitte. 659. & suiuantes.
Gouuerneurs des prouinces depuis Auguste, & gens de leur suitte. 663. & suiuantes.
C. Graccus met en auant le pauement des grands Chemins d'Italie. 23
C. Gracchus acquit la grace du peuple par les ouurages des grands Chemins. 89
C. Gracchus a le premier mesuré & marqué les grands chemins par pierres. 358
signification de *Gradus*, sur les riuages de la mer. 761
Grandeur admirable de la ville & faux-bourgs de Rome. 244. 374. 375
G. C. de l'Empire comment continuez d'Italie aux prouinces. 430
pourquoy l'auteur s'est seruy au tiltre de cet œuure du nom des grands Chemins, pour chemins militaires. 583.
Granges ou magazins publics par les prouinces. 637
Granges publiques dedans Rome où situées. 788
Graueurs & doreurs publics des armes Imperiales. 643
Grauois ou grauier & sa nature. 121
Grauois plus gros que l'arene. 121
Grauois de nature de pierre, quoy que priué du nom de pierre. 122
Grauois entre areine & cailloux. 122. 123
pourquoy le Grauois mis entre les grosses matieres des grands Chemins. 129. 130.
Grauois allié auec chaux és surfaces des grands Chemins. 136. 137
la Grece & ses chemins pauez. 543
Gruës & cailles en temps orageux s'emplissent d'arene. 116
Guerres des Carthaginois contre les Romains. 532. & suiuantes.
Gynæceum, Garderobe Imperial. 646.

DES MATIERES.

H.

Habits Imperiaux dicts *Vestes oloberæ, Sericæ paragaudæ auro intextæ.* 652

Habits de deux sortes à charroyer pour les Empereurs. 652

Habits militaires, dits *Vestes militares* 653

Haulteur admirable des edifices de Rome. 795. & suiu,

Havres ou Stations tiennent le milieu entre les plages & les ports. 780

Hellespont, passage de la Thrace en la petite Asie, 517

Hercules entre les Dieux Presidens aux grands Chemins. 736

Heritage du Prince & des Senateurs exempts de contributions sordides. 881

Hermes quarrez, erigez aux Dieux & aux hommes vertueux en Athenes. 733

Hermeracla, Hermathena, de quelle signification. 733

Hermes de Miltiades. 734

Hermes d'Andocides, seule non rompue par Alcibiade. 734

Hermes n'auoient ne bras ne jambe. 734. 735

Hermes dictes de Hermes :. Mercure. 738

Hippocomi, mulsiones, Palefreniers. 612

Histoire fabuleuse des grands Chemins de la grand' Bretagne. 109

Histoire admirable sur la construction des Cloaques. 130

Hommes employez au bastiment du Temple de Salomon. 27

des Hommes & de l'argent, employez aux ouurages des grands Ch. 27. 28

Hommes & argent employez aux grands Chemins, impossible à determiner. 88

l'Homme, pourquoy appellé pouldre. 115

Homme quarré, 1. homme de bien chez les Atheniens. 733

Hongrie & ses grands Chemins. 502

Honneurs de trois sorte, faict aux Empereurs, qui ont faict faire ou reparer des grands Chemins. 90

Horrea, Granges ou magazins publics par les Prouinces. 677

I.

Iacques de Guise Cordelier de Valentiéne, sur les chaussées de Bruneliault. 97

Iardins de plaisir dans Rome, d'vne admirable grandeur. 793

Ieunes hommes establis par Auguste pour courir à pied sur les chemins militaires. 602

des Images de sculpture & de fonte: & differéce d'icelles en la matiere. 822. 823

Imago, chez les Latins signifie medaille. 818

Imago, pour medaille. 836

Immunes ciuitates, villes franches de tributs, mais non pas villes libres. 593

Imperium, pouuoir attribué aux Consuls par le peuple. 661

Incertitude & variation sur les mesures des grands Chemins. 346

Incertitude sur la plus belle de toutes les parties de la ville de Rome. 844. 845

Incrustation, quelle sorte d'ornement és edifices. 810. & suiu.

Inscriptions antiques doiuent tenir lieu de preuue. 66

Inscriptions, pourquoy trouuées en bon nombre en Europe, & peu en Asie & en Afrique. 66 67

Inscriptions enuoyez à l'auteur par messieurs Sauaron & de Peiresc. 108. 416

Inscriptions de plusieurs sortes és sepulchres. 275

Insulæ dans Rome, sont les moindres parties de la ville. 786

Intention de l'auteur de la charte de Peutinger. 323

Interpretation de la charte de Peutinger. 224. & pages suiuantes.

Interpretation de *Gressus* ou *Gradus.* 341

Interualles obseruez en la position des colones milliaires sur les grands Chemins. 727. & sui.

Interualles & places espargnées entre les rangs des maisons à Rome, pour poser les grands edifices. 787

Isles dans la ville de Rome, pourquoy

Rrrrr iij

TABLE

ainsi dictes. 786
l'Italie & les Prouinces mises en contrepoincte. 16
l'Italie & les Prouinces, accómodees de Gr. Ch. pauez par Auguste. 26
l'Italie a esté plus difficile à domter que les Prouinces. 299
Italie au milieu du monde. 361. 362
Italie comment limitee, & ses louanges. 367. 368. 431. 538
Italie comment mesuree par nature & par droict. 382. 383
Italie auec ses chemins militaires. 393. & 506. & suiuantes.
sçauoir si l'Italie est portueuse selon Plinei, ou importueuse selon Strabo. 763. 764
Iter se prend en deux façons. 548. 549
Itineraire d'Antonin contient vn grand nombre de chemins militaires. 315
Itineraires de diuers auteurs. 534
que l'Itineraire & Charte de Peutinger, ne contiennent autres chemins que pauez ou militaires. 334-338
Itineraire maritime des Romains. 755. & suiu.
Iules Cæsar Commissaire des G. C. 13

L

Lac de Pontia, comblé & accómodé de chemins & bastimens par Trajan. 54. 55
Lac, pourquoy ne fait point d'arene. 117
Lares viales, siue viaci dij. 732
Largeur des chemins militaires de l'Empire de Rome. 548. 563
la Largeur des chemins & non la lōgueur leur sert de difference. 548
Lateres sont ouurages de terre cuitte, qui se jettent en moule. 178
Lazarus Bonamicus, disoit que tous les Princes Chrestiens ensemble, ne sçauroient bastir vn port semblable au port d'Ostie. 768
L. VII. & autres semblables, pourquoy signifient plustost lieüe dans l'Itineraire que Legion. 584
Lega ou Leuga, changé mal à propos en Legio, par Hieronymus Surita. 470
Legats & Assesseurs, estoient au choix des Preteurs & Consuls, & le Questeur à l'eslection du peuple. 662
Legatus, chez les Romains, signifie Lieutenant general d'vne armee 662
vingt-cinq Legions entretenues par Auguste. 29
trente Legions souz Trajan. 29
Legio, mal mise au lieu de Lega ou Leuga, dans l'Itineraire, par Surita. 470. & suiu.
Legion en quelle maniere donnee pour nom à certaines villes. 475. 583
Legs testamentaires faicts aux ouurages des grands Ch. 88
Lepidus a reparé la Basilique de Paulus. 764
Lettres patentes, & closes, en vsage chez les Empereurs, comme chez les Roys de France. 617
Lettres de Postes, dictes Euectiones, sans lesquelles il estoit defendu de prendre la poste. 616. & suiu.
Lettres de postes, pourquoy nommees Diplomata. 617
Lettres patentes & lettres closes, en quoy differentes. 617
Lettres de postes, pourquoy dictes Euectiones. 618
Lettres de Poste, ordinaires & extraordinaires. 618
Leuca, d'où ainsi dicte par les Latins. 351
Licinius Stolo condamné à l'amēde pour estre trouué contreuenant à la loy, par luy faicte. 41
Lictores, Sergens ou Massiers des Preteurs & Consuls. 661
six especes de Lieües selon Oronce Finee. 351
Lieüe Royale, selon François Garault. 352
Lieües de plusieurs especes, selon la diuersité des pays, & Regions. 352. 353
Lieüe Françoise, reglee à deux mil Italiques. 353
Lieüe, mesure propre aux Gaulois pour les chemins. 345
Lieüe antique Gauloise, à quinze cens

pas. 353
Lieües Germaniques, commét mesurees. 317
Lieüe Gauloise, & sa longueur. 473. 474
Limites de l'Empire de Rome. 303. & suiuans.
Limon de la terre dict *Erchs* ou *Arehs*, par les Hebrieux. 115
Lithostraia pauimenta, d'où ainsi appellez. 186. 187
significations de *Littus*. 757
Liures d'Hippocrate comparez aux G. C. d'Italie, qui auoient besoin de reparations. 53
Loix & Ordonnances faictes par les Romains, pour regler la police des chemins militaires. 565. 566
Longueur & largeur de l'Empire Romain. 307. 308
Longueur & largeur d'Italie. 382. 383
Louis XI. a le premier estably, les Postes en France, pour les rendre ordinaires. 577
Loy de Theodose Honorius & Arcadius, astraignant toutes personnes & eux mesmes aux ouurages des Gr. C. 82. 83
Loy de Stolo & de Gracchus sur la quantité des terres labourables.
Loy de Charlemaigne qui exempte les Ecclesiastiques de toutes contributiōs, excepté des reparations des Gr. C. 83
Ludi Circenses, pourquoy ainsi dicts 792
Lymphea, Grottes, où on faict iouer des eaux par canaux & artifices. 794
La ville de Lyon, centre des Gr. C. de la Gaule. 107. 484

M

1e Macedoine & ses chemins pauez. 543
Magazins ou Granges publiques, où situés dedans Rome. 788
Magister officiorum, quasi semblable au grand Maistre de France. 615. 625
Magistrats Romains, curieux de l'embelissement & des vtilitez de leur ville 1. 2
Magistrats qui pouuoient se seruir de lettres de postes. 627

Magistrats Romains, quasi tous annuels. 656
Magistrats Romains enuoyez aux Prouinces par chacun an, se seruoient des courses publiques establies sur les Gr. Chemins. 657. 658
Maires du Palais, comparez au *Prefectus Pretorio*. 621
Maison comment deriuee de *Mansio*. 598. 599
Maison doree de Neron. 780. 784. 813
Maistre ou chef des domestiques du Prince. 625
Mamurra fit sa maison toute de marbre de Luni. 776
Mancipes & mancipium, en faict de postes. 609. 610
Mancipes, quelle sorte de gens à Rome. 9.
Manipulus, partie d'vne Cohorte. 584
Mansions, logemens des Empereurs, aussi bien que les citez. 638
Mansion és postes, signifie giste. 597
Mansion prise pour vne iournee de chemin. 598
Mansio pro castro militari. 582
Maniere de separer trois substances de la terre commune. 118
Maniere d'asseoir pauez sur charpenterie 149
Maniere d'asseoir les cailloux en pauant. 197
Maniere obseruee par l'Itineraire d'Antonin en la mesure des Gr. Gh. 384
Maniere que les Soldats legionnaires obseruoient en allant en expedition sur les Gr. Ch. 636. 639. 640
Maniere de la prise & ruine de la ville de Rome par les Gots. 849
Maniere de faire des ponts de pierre. 687
Marchandises & materiaux necessaires à la ville de Rome en quantité admirable. 677
Marchez admirables dedans Rome, dicts *Fora*. 794
Marché de Traian admirable en beauté. 830
Marc Aurele a faict reparer vn grād chemins au pays bas. 60

TABLE

Marqueterie & Mosaïque, genre d'incrustation. 819

Marbres excellens employez en pauez de marqueterie & mosaïque. 184.185

Marbre, par qui premierement mis en œuvre és edifices de Rome. 775

Marbre excellent entre les pierres. 775

Marmor Lucullenm, est le marbre entierement noir. 776

Marbres excellens. 811

Marbres appliquez par tables és incrustations. 811

Marbres peints, dorez & enrichis de marqueterie & mosaïque. 811

Marbre, principale matiere pour representer les Dieux & les hommes. 824

Marges sont les lizieres des Gr. Ch. & *marginare*, la façon de les faire. 239

Materia & terra materina, és matieres des pauez des edifices. 175.176

Signification de *Materia ordinata*. 194

Matiere & forme des G. C. traictees au 2. liure. 113

Matieres des Gr. Ch. diuisees en grosses & menues. 115

trois considerations sur l'ordonnance des Matieres des Gr. Ch. de l'Empire. 138

Matieres des Gr. Ch. interieures ou exterieures. 140.149

Matiere des Hermes de bois ou pierre. & leur forme quarree. 733

Mausolees, sepulchres des Princes & grands Seigneurs. 255

Mausole d'Auguste comment edifié. 257

Mausole d'Adrian dit *moles Adriani*. 258

Maxentius. 71

Maximiam. 79

Maximinus & Iulius Verus Maximus, & leurs ouurages en Gr. Ch. 67

Medailles faictes à l'honneur de quelques Empereurs qui ont faict des Gr. chemins. 92.93

Medaille dicte *Imago* par les Latins. 818

Medailles, dictes *Imagines* par les Anciens. 836

Medailles, par qui & pourquoy inuentees. 836

Medaille fodues & frappees toutes deux distinguees de la monnoye. 836

Medailles & pierres ciselees & grauees, seruent à l'enrichissement des cabinets 837

Medailles, quand & par qui ont premierement esté recueillies, pour enrichir vne Bibliotheque. 837

la Mer quand tentee par les Romains. 526

la Mer, Voye sans fin ne limites. 755

la Mer aucunement limitee par les ports. 755

Mercurius Viacus. 739

si quelque chose merite le nom de Merueilles des merueilles, ce sont les Gr. Ch. de l'Empire. 845

Messagers couroient à pieds nuds sur les chemins militaires. 605

Mesures selon Iules Frontin. 339.340

Mesures diuisees en douze genres. 340

Mesures seruant aux Gr. Chem. le pas, le Stade, le Miliaire & la lieüe. 340

Mesure de la ville de Rome, du temps de Vespasian. 373. & suiuantes

Mesure du circuit de la ville de Rome 377

Mesures des grands Ch. differente en la Gaule. 477. & suiuans.

Mesures des chemins maritimes, tous par Stades, sinon de Rome à Arles, qui est par mil. 761

Meta, ce sont les bornes dans les Cirques. 792

Metail est la matiere de l'art Statuaire. 825

Milan reçoit en soy plusieurs grands Ch. qu'elle distribue en diuerses Prouinces 452

M. P. dans l'Itineraire d'Autonin, signifient *mille passus*, ou *millia passuum*. 341.342

Milliaire sousentendue és nombres de la charte de Peutinger 341

Milliaire, dit *milliare* ou *milliarium*. 341

Miliaire, mesure des chemins en Italie. 345

Milliaires assignez en deux façons dans l'Itineraire, en gros & en detail. 343

Milliarium aureum, par qui planté au milieu de Rome, son nom & son vsage. 358.359

le

le *Milliarium aureum*, planté au milieu de la terre. 360. & pages suiu.
Milliaire d'où Pline a pris les mesures de la ville de Rome, 373
Milliarium aurenm. 715. 716
Mines d'or en Espagne & en la Gaule. 37
Moles, sortes de sepulchre. 262.263
le Monde pour l'Empire Romain comment à entendre 301
Monnoye & tresors des Empereurs en certaines citez sur les Gr. Ch. 648
comment se frappoient les Monnoyes des Empereurs. 649
Montaigne percees ou tranchees. 48.50
Montaignes percees, pour y faire des Voyes au Royaume de Naples. 160
Montaignes raualees, & valees haussees, pour la continuation des Gr. Chemins de plain pied. 169
Morins, qui sont ceux de Terouenne, les derniers des hommes 493
Mosaïque, comme differente de la marqueterie simple. 186.187
Mosaïque, genre d'incrustation. 816
Moselle descrite par Ausonius. 503
Moulins de quelle forme. & où situez dedans Rome. 788
Moulures, pourquoy ainsi dictes. Trois especes de moulures. 803.804
Moyen tenu par l'auteur pour descouurir les matieres interieures des grands chemins. 141.171
Mulomedici, Mareschaux. 612
Municipes, quelle sorte de gens. 9
Municipium, quelle sorte de ville ou cité 591
Muraille admirable bastie par Adrian en la grand' Bretaigne. 515
Murex ou *Strobilus*, quelle parrie de Rocher. 127
Murs admirables faicts de massonnerie, pour soustenir des terrasses. 169
Murus Picticus, en Angleterre. 111
Musinum opus, œuure à la Mosaïque. 186
Mutatio ainsi dicte pour vne poste à cause du change des cheuaux. 595.596
Mutations en plus grand nombre que les mansions, & pourquoy. 598

ce que les Mutations, Mansions, & citez auoient de commun. 607
Mystere de la situation de Rome au milieu du monde. 366

N

NAr, ou *Negra*, riuiere nauigable qui se iette dans le Tybre. 745
Nations estrangeres qui ont dissipé l'Empire n'ont eu le moyen de continuer les grands chemins. 77
Nature du limon de la terre. 115
Nature de l'argille. 115
Nature de l'arene & son poids. 116
Naumachies quelle sorte de place publique dedans Rome. 792
Neron a fait trauailler aux champs & à la ville aux grands chemins. 48.49
Neron voulut vn iour abolir les peages & tributs, & pourquoy il en fut empesché. 653
desseins de Neron pour changer l'estat de la ville de Rome. 779
Neron a fait de grands dommages à bastir. 780
Neron se fait representer en Colosse par Zenodore. 835
Nicolaus Reucleri, premier auteur de la fable des chaussees de Brunehault. 96
Nombre des Chemins militaires en la grand' Bretaigne. 142
Nombre des Rues militaires de la ville de Rome, & leurs noms. 377.& suiu.
Nombre, noms & estenduë des G. C. d'Italie. 385.& suiu.
Nombre, & noms des portes de la ville de Rome. 390.391
Nombre & longueurs des G. C. d'Espagne. 462.& suiu.
Nombre & estenduë des G. C. de la Gaule Transalpine. 467.& suiu.
Nombres si certains qu'ils sont compassez aux especes, & ne se peuuent mesler 473
Nombre des Legions en la Gaule. 476
Nombre des cheuaux de poste comment reparé par chacun an. 608

Nombre des mil grauez és colonnes milliaires, comme se doyuent entendre. 721

Nombre admirable des statues par les rues & places publiques de Rome. 837

Nombre des beaux edifices, rues & places publiques de la ville de Rome. 846.847

Noms diuers des G.C. de l'Empire. 2

Noms des auteurs des G.C.donnez à leur ouurage. 90

Noms Latins des G.C. 561

Noms & qualitez des fabriques ou officines d'armes. 643

Nucleus és pauez, quelle partie c'est. 152. 154

Nymphæa, sales publiques à faire nopces dedans Rome. 794

O.

Obelisques descrits en leur signification, figure & hauteur, & de ceux qui d'Egypte ont esté apportez à Rome. 264

Obiection sur le traicté general des pauez & responses à icelle. 143

ὁδός, & ses significations. 557

Odea, lieux où on exerçoit les chantres & personnages des tragedies. 794.795

Oisiueté mere de tous maux bannie des armees, & de la populace par les ouurages des G.C. 568.669

Opinions diuerses sur l'auteur du chemin percé de Puzzol à Naples. 162

Opinion des Romains sur la nature des Dieux, & maniere de leur bastir des Temples. 245

Opinions diuerses sur l'auteur de l'Itineraire d'Antonin. 315

Opinion de l'auteur sur ledit Itineraire. 319

Opinion de Hieronymus Surita reiettee sur le mot de *Legio*, au lieu de *Leuga*, ou *Lega*. 472

Oppidum, proprement chez les Latins. 589.588

Os en fueilles battues & en lames solides employé à l'enrichissement des edifices à Rome & dedans & dehors. 812. 813.814

cinq Ordres d'architecture pris sur cinq especes de colonnes. 801

Ornement des G.C. de part & d'autre. 241

Ornemens qui seruoient à enrichir les rues militaires de Rome. 800. & suiu.

Ouurages admirables de Caligula & de Claudius. 47

Ouurages des G.C. pourquoy delaissez apres Gratian. 71

Ouurages des G.C. continuez iusques à la decadence de l'Empire. 65

P.

Paix profonde & quasi vniuerselle au commencement de l'Empire. 670

Palais magnifiques sur les G.C. 291

Palais d'où ainsi dicts, & comment situez & bastis. 788.793

Palais des Gr. Ch. dans Rome signifiez par le mot de *Domus*. 788.793

Palefreniers entretenus es Postes Romaines. 612

le Pantheon d'Agrippa resté seul entier de tous les edifices de l'ancienne Rome. 854

Parasange mesure des chemins chez les Perses. 345

Parrhippus cheual de poste extraordinaire. 618.632

Particuliers ou cómunautez qui ont fait pauer des chemins à leurs despens. 85. 86

Pas Geometrique de 5. pieds sert seul à la mesure des G.C. 340

Pas Geometrique d'où ainsi dict. 34

Pas ou marche militaire ordinaire de xxi mil Italiques en cinq heures d'Esté. 635.639.640

Pas ordinaire des soldats dict *Gradus militaris*, l'extraordinaire *Cursus*. 636

Passages des chemins militaires d'Italie, dans les prouinces. 430

DES MATIERES.

Passage des grands Chem. d'Italie par les Alpes. 434. & suiu.
Passage de Thrace en l'Asie mineure. 517. & suiu.
Passage d'Italie en Affrique. 531. & suiuan.
Passage des Gr. Ch. à trauers la mer. 511. & suiuantes.
Paué des rues, inuenté par les Carthaginois. 2
Paué excellent de certaines rues & places, tant de Rome que d'ailleurs. 128. 129
Pauez domestiques ont donné occasion à l'auteur, de faire foüir dans les Gr. Chemins. 141. 144
Pauez domestiques faicts de plusieurs couches. 141
etymologie & significations differentes du mot de Paué. 145
Pauez sur estages, couuerts ou descouuerts, *Subtegulanea* & *Subdialia*. 147
Pauimenta Tessellata, segmentata, Musiua.
Pauez descouuerts, dicts *Subdsalia pauimenta*. 153
Pauez à raiz de chaussee dans les maisons. 155
Pauez faicts en terris. 175. 176
petits Pauez de marqueterie, comment appellez. 184
Paué de Mosaïque excellent, en l'Eglise sainct Remy de Reims. 189
Paué de Paris. de quelle nature, & par qui commencé. 203
Pauicula, vn battoir ou batte. 155
Paul Emile, du temps d'Auguste, qui a faict *Basilicam Pauli*. 76
Pausilipus, montagne percee de Puzzol à Naples. 161
Peages de combien d'especes differentes. 35
Peages sales, inciuiles & cruels. 37
de la Peinture & des enrichissémens des rues militaires de Rome par tableaux excellens. 818. & suiu.
Pelagus est la haute mer. 756
Peuples Alpins domptez par Auguste,

ja Seigneur de tout le monde. 103.
Peuples & Roys amis des Romains, exempts de tributs & peages. 36
Pieces principales en architecture. 802. & 803
Pierres differentes en nature. 192
Pierres inscrites, sont de verité certaine. 66
Pierres tendres & leur nature. 125
Pierre de tailles de trois especes, selon Vitruue. 125
Pierre temperees & leur nature. 125
Pierre & difference de ses significations. 125
de quelles pierres on se sert aux bastimens & de quelles au paué des grands Chemins. 126
Pierres dures & leur nature. 126
Pierres ou colonnes miliaires. 240
Pierres releuees sur les grands Chemins, pour monter à cheual ou en descendre. 240
Pierres, pourquoy seruent de mesure aux grands Chemins, dans l'histoire & le droict. 347
Pierre ou colonnes miliaires. 347. 358
Pierres de plusieurs sortes, assises sur les Gr. Ch. 707
Pierres pour mil ou milliaire Italique. 706
Piles ou Pilastres seruans aux sepulchres. 267.
Piles de deux façons en vn pont. 687
des Pilastres ou statues de Mercure & d'autres Dieux, assises sur les grands Ch. 732. & suiu.
Plagia & *Littus*, pris pour vne mesme espece de retraitte en mer. 757. 761
Plaintes des peuples prouinciaux, sur les ouurages des grands Chemins. 31.
Plaintes & seditions des soldats, employez aux ouurages des grands Chemins. 30

SSSSS ij

TABLE

Plasticè, art de cuire la terre divisé en deux sortes d'ouurage. 178
Plinthe & ses significations. 178
Police des grands Chemins, appartenant aux souuerains des Rep. 3
Pont de Traian sur le Danube. 31
Ponts bastis par Trajan en grand nombre reparez par Alexander Seuerus. 65
Ponts & leuees faicts par Septim. Seuerus en Angleterre. 111
Pont sur le Vulturnus. 134
Pont tremblant sur le Thesin. 447
Ponts appellez principales parties des chemins par Baptiste Albert. 680
Ponts admirables en nombre & en structure bastis par les Romains. 680. 681
Ponts estimez par les Romains dependre de la Religion, ne se bastissoient qu'auec ceremonies. 681
Nul exempt de la reparation des Ponts. 681
Ponts de bois premiers faicts. 682
trois poincts à obseruer pour bien faire vn Pont 682
Pons Miluius, 682. 684
Ponts de Darius & de Xerxes sur la mer. 682
Ponts de pierre pourquoy inuentez. 682
Ponts de la ville de Rome en nombre de huict. 683
Pont d'Adrian. 684
Pont Aurelian, Vatican, triomphal, ou Pont des nobles. 684
Pont Cestien & Fabricien. 685
Pont Ianiculaire, Pont rompu, *Ponte Xisto*. 685
Pont Fabricien, Tarpeian, *quatre Capi*. 686
Pons Sublicius à Rome. 681. 682. 687
Ponts diuisez au charroy du milieu, & aux deux aisles ou pourmenoirs. 688
Ponts admirables que les Romains ont faicts en Italie. 689
Pont admirable de Narni. 689
Ponts en Espagne. 690. & suiu.
Pont excellent sur le Teueron reparé par Narses. 690

Pont de Rimini basty par Auguste. 691. 692
Pont entreprins pour joindre l'Italie à la Macedoine 692
Pont basty sur mer par Caligula de Puzzol à Bayes. 692. 693
Ponts bastis par les Romains en la Gaule & Germanie. 695. 698
Pont du Gar excellent. 695. 696
Pont sur le Danube tres-magnifique basty par Trajan. 704. 705
Pont basty par Iustinian sur le fleuue Sangaris. 706. 707
Pont Senatorien ou Palatin. 689
Pontifex, pourquoy ainsi dit. 681
Populace des prouinces employee aux ouurages des G.C. 29. 30
Port de Boulongne & de Rutupie se respondans l'vn à l'autre. 511. 513
Ports de Thrace. 517. & suiu
Ports naturels ou artificiels 758. 759
Port admirable à Puzzol. 760
Port de la Lune excellent. 764
Ports admirables d'Italie. 763. & suiu
Port de Misene. 765
Port de Rauennes faict par Auguste. 765
Port de Rimini faict par Auguste. 766
Port d'Ostie. 31. 531. 532
Port d'Ostie augmenté par Trajan. 768
Port d'Ostie par qui ruiné & pourquoy. 768
Portes de la ville de Rome seruent de commencement aux G.C. d'Italie. 390 403
Porte & Voye Collatine, Salaire, Gabinienne & Tyburrine. 403. & suiu.
Porte Esquilienne & Celimontane 409
Porte Latine & Capene. 413
Porte & Voye Ardeatine & Ostiense. 417
Porta Portuensis, naualis, Ianiculensis, Septimiano Triumphalis 419
Porte & Voye Aurelienne. 423
Portorium vectigalis genus. 35
Postes, & de leur premiere inuention. 574
signification de *Posito*, en mer. 757
grande vtilité des Postes à gouuerner vn Empire 573

DES MATIERES.

Postes comment appellees par les Grecs & Romains 574.575
Postes quand & par qui establies en l'Empire de Rome & au Royaume de France. 576.577
Poste d'où deriué. 577
Postes des Turcs de quelle maniere. 577. 578
Poste dicte *Mutatio*, par les Romains, à cause que l'on y changeoit de cheuaux 596
Cinq cheuaux seulement deuoient partir des Postes, giftes & citez par chacun iour. 607
Comparaison des Postes Romaines auec les Françoises. 614
Potestas & Imperium, deux facultez attribuees aux Preteurs & Consuls allans à leurs Prouinces, 661
Potestas, donnee par le Senat, & *Imperiu* par le peuple. 661
Poudre de Puzzol & sa nature, appellee Rapille. 176.177
Pouuoir des Maires du Palais pourquoy partagé en trois 623.624
Præfecti Pretorio, estoiét officiers en l'Empire quasi semblable au Connestable de France. 609.615
Præfect du Prætoire, sa dignité & comparaison d'iceluy auec les Maites du Palais. 621.622.623. & suiu.
Præfectura, quelle sorte de ville ou cité. 591
Prerogatiues & charges du Præfect du Pretoire. 625
Presidens, Proconsuls & Propreteurs auoient droict de courir par lettres. 627
Præsidium, & sa signification dans l'Itineraire d'Antonin. 584.585.
Preteurs en nombre de deux du commencement, pourquoy augmentez. 659
Preteurs auant Auguste enuoyez aux Prouinces sous le nom de *Præsides*, & les Consuls sous celuy de *Imperatores*. 660
Pretores, estoient dicts au commencement tous Magistrats militaires. 622
Pretorium, pourquoy attribué aux Auditoires des Iuges. 622
Pretorium, lieu de la residence du Preteur. 622
Procuratores Gynæcæorum. 646
Propreteurs & Proconsuls, pourquoy ainsi dicts 660
Proselytes du temps de Salomon 153 mil. 27
La Prouence d'où ainsi dicte. 478
Prouinces hors l'Italie en combien de temps adioustees à l'Empire. 299
Prouinces de l'Empire de Rome par leurs noms. 310
Prouinces diuisees en Regions. 332
Prouinces de l'Empire comment ioinctes ensemble par les chemins militaires. 457
Prouinces ioinctes à Rome par les G. C. comme le corps au chef par les nerfs. 458
Prouinces Romaines remplies de chemins pauez, & commét alliez par iceux auec Rome. 546.547
Prouinces declarees par chacun an Prætoriennes ou Consulaires par le Senat. 661
Prouinces depuis Auguste diuisees en Consulaires, Pretoriales & Presidiales. 663
Prouisions gardees és mansions & citez sous le nom de *Annona militaris*. 637
Prouisions militaires comment distribuees. 638
Prouisions tenuës és citez par les Empereurs. 641
Puits comment situez dedans Rome. 788
Pura pauimenta, Sculpturata, celata, & leurs differences. 184.188.189
Pyramides d'Egypte par quel nombre d'hommes edifiees. 28
Pyramides d'Egypte à quelle fin basties. 256.

signification de **Q** *Vadrans lapis* 207, 208.193.194

S ffff iij

TABLE

signification de *Quadratus lapis*. 207. 208. 193. 174.

Quantité admirable de grains necessaires à la nourriture des habitans de Rome. 675

Quarreaux à pauer dans les maisons, comment diuisez. 148

trois sortes de Quarreaux differens en poids. 193

Quarreaux reguliers & irreguliers. 193. 194

Quarreaux de la Voye Appienne de quatre à cinq pieds de face. 213

Quatuorviri, estoient pour la Ville, & *Curatores viarum*, pour les champs. 9

Questeur estoit comme l'Intendant des finances és armees Romaines. 662

Question si les Magistrats doiuent estre annuels ou perpetuels. 659

R

la Race de Iules descendue de Iulus, fils d'Ænee. 286

Rades & plages en mer. 758

Raison entre les stades des Grecs & le milliaire des Romains. 345. & pages suiuantes.

Raison entre le milliaire d'Italie, la lieüe Gauloise & la lieüe Françoise. 351

Raison d'autant, & demie entre le mil Italic & la lieüe Gauloise. 474

Raste mesure des chemins propre aux Allemans. 345

Refugium, lieu de seureté en mer. 760

Refutation de l'opinion de Vigenaire sur la lieüe Françoise. 354

plusieurs significations du mot de Region. 339

Regions, d'où ainsi dictes. 785

quatorze Regions esquelles Rome fut diuisée par Auguste. 781

Regions de Rome, comment diuisées en moindres parties. 785

Reims, ville où aboutissent plusieurs chemins militaires, & pourquoy. 484. & suiu.

sept chemins militaires, partans de la ville de Reims. 485. & sui.

Remois auoient la Principauté des Gaules Belgique & Celtique, souz les premiers Empereurs. 484. 485

Reparations de chemins par Claudius & Neron. 48

Representation des hômes & des dieux, de cinq sortes. 818

Reuenu annuel du peuple Romain. 38. 39. 40

Rhin, fleuue & ses sources. 447

Rheda, espece de chariot seruant au faict des postes. 602. 603

Roches fendues ou percees pour y faire passer des chemins. 158. 159. 169

Romains, auteurs des grands Chemins de la Gaule Belgique, que l'on appelle les Chaussees de Brunehault. 99

Romains peu curieux au commencement, de la beauté de leur ville. 773

Rome prise en trois sortes, pour ce qui est de son estendue. 243

Rome enueloppoit dans soy, des villes & des nations entieres. 244

Rome sise au milieu d'Italie. 363

Rome au milieu du monde. 364

Rome assize en lieu forifié par la nature mesme. 367

Rome, dicte ville eternelle. 368

Rome, s'est veüe en trois temps & en trois estats. 770

Rome plus obligee à sainct Pierre & S. Paul, qu'à ses Capitaines & Empereurs. 371

Second temps de la ville de Rome, & excellence de ses edifices. 772. &

Rome comme vne ville double, close & non close. 373

Rome, comment rebastie apres les feux Gaulois. 773

Rome la plus belle des choses. 778

Rome, pour quelles causes bruslee par Neron. 780. 781

Rome plus saine auant les feux de Neron. 783

Rome, comment rebastie par Neron. 783

Rome n'estoit pas vne seule ville, mais plusieurs l'vne sur l'autre. 796

DES MATIERES.

Rome remarquable en trois choses. 799

Rome, pourquoy appellee dorée par Ausonius. 815

Rome, par qui descrite en tout, ou en partie. 841. & suiu.

la Rome antique triomphante, comment conseruee par escriture, ou par peinture. 842. 852

Rome estimee ville eternelle, n'a pas laissé d'estre ruinee de fond en comble. 849. & suiu.

Royaumes diuisez en Prouinces. 339

Roys de Lacedæmone auoient la charge des Gr. Ch. 3

Rudus, & Ruderatio, que c'est és pauez des maisons. 151

Rudus, és Gr. Ch. comment se doit prendre. 172

Rues des villes, aux despens de qui pauees & reparees. 78

Nombre des grandes rues de la ville de Rome. 127

Rues de Rome, comment pauees. 125. 128. 129

Rues militaires de la ville de Rome, de quelle estenduë. 372. & suiu.

Rues militaires de la ville de Rome, font partie du subject de cet œuure 769

Rues militaires de la ville de Rome. 785

Rues militaires ornees de quatre choses. 801

Ruine totale de la ville de Rome, par Totila Roy des Gots. 851. 852

Rupes, & ses differences contre *Murex Strobilus Crepido*. 127

Rutupensis portus, en la grand' Bretagne, 331

S.

Sable & sa nature, comment distingué de l'Arene. 116. 117

Sable plus frequent és lieux chauds qu'aux froids. 116

Sable inutil és ouurages des grands Ch. 117

confusion & meslange entre Sable, arene, grauois, cailloux. 123

Sacella in sepulchris. 262

Sacella, estoient petits lieux sacrez sans couuerture. 738

Sardaigne & ses chemins. 529

Sardaigne, quand joincte à l'Empire. 527

Saxum, & sa nature & significations differentes. 123. 126. 127

Scaurus, beau fils de Sylla dõna commencement aux superfluitez des bastimens. 775

Scenes, mesures des chemins chez les Ægyptiens. 345. 346

Scopulus, quel espece de roche & son etymologie. 127

Scriptura, espece de peage. 35

de la Sculpture & de la fonte. 822. & suiuantes.

Sculpture, par qui inuentee. 823

Scythie & ses grands chemins. 165

Sectilia, ouurages de marqueterie. 183. 184

Seillons designez entre lesquels on faisoit les Gr. Ch. 165

Semita, quelle espece de chemin, son etymologie. 552

le Senat & le peuple Romain fort affectionnez vers ceux qui faisoient des Gr. Ch. 89

Seneque depeint la superfluité de son siecle en bastimens. 810

Septimius Seuerus a faict trauailler en Angleterre à la grande muraille & aux chemins. 111

Septimius Seuerus & ses ouurages és grands Chemins. 61. & pages suiuantes.

Septizonium Seueri comment basty, & pourquoy ainsi nommé. 258. 259

TABLE

Sepulchres de plusieurs façons bastis sur les Gr. Ch. & pourquoy. 247. & suiu.
Sepulchres pourquoy hors les villes. 248.249
Sepulchres pourquoy dicts monumés. 252
Sepulchres en grande reuerence chez les anciens 253
és Sepulchres estoit remarquable la forme de l'architecture, & la subtilité des Inscriptions. 254
trois sortes de Sepulchres fis sur les G. C. grands, moyens & petits. 254
Sepulchres mediocres 260. & pag. suiu.
Sepulchres populaires. 271
Sicile comment conquise par les Rom. 527
Sicile & ses G.C. 528
Sigilla, statuës ou images moindres de quatre doigts. 835
Signum chez les Latins signifie les images de Sculpture, soit en bois, pierre, ou marbre. *Statua*, celles de fonte. 818. 822
Silex, & ses significations. 123.126
Silex, proprement signifie la pierre à feu selon son etymologie. 127.128
Similitude tirée des Chartes Hydrographiques propre à faire entendre le rapport des G.C. 456
Similitude de Rome & de ses G C. au chef & aux nerfs qui en dependent. 572
Simulacre nom general à toutes figures ou images de sculpture ou de fonte. 822
Situation des Temples & autres grands edifices dans Rome. 788
Soldats Legionnaires employez au pauement des G.C. 28
Solum perpetuo solidum & congestitium. 155
Sosus inuenteur de la Mosaïque. 188
Sources diuerses pour la bonté des eaux. 124
Specula & Abaci, ouurages d'esmaux & de Mosaïque. 812.816
Spicata testacea, petits quarreaux de terre cuite en forme d'espy 180.279
Stade mesure des chemins chez les Grecs. 345
Stade pourquoy n'a seruy en Grece pour mesure des chemins militaires. 545
Stade comment mesuré chez les Grecs. 347.348
Stade est de 125. pas Geometriques. 349
huict Stades font vn milliaire. 349
Stations és postes Romaines diuisees en mutations & mansions. 555
Stationes portus littora, selon Amiot, Rade, Port & Plage. 757
signification de *Statio*, en mer. 757
Stationes & Statiues, pour ce qui est des postes. 575
Statiua, diuisez in *Hiberna & estiua*. 476
Statua, chez les Latins signifie proprement vne image de fonte. *Signum* de bois, pierre, ou marbre. 818. 822
Statuaria ars, propre aux ouurages de fonte. 824
Statuës d'argent fonduës pour estre employees aux G.C. 44
Statuës d'argent. 825
Statuës d'or & d'argent à qui premierement faictes. 825.826
Statuës differentes, nuës ou vestuës, à pied à cheual, ou en chariots. 826. & suiu.
Statuës à pied colloquees en trois endroicts differens 828.829
Statuës equestres ou colloquees. 830
Statues equestres de Marc Aurele & de Antoninus Pius à Rome. 831
Statues Curules ou colloquees. 832
trois sortes de grandes Statues, Augustes, Heroïques, Collossiques. 833
Statues diuisees en grandes, moyennes, & petites. 833
Statues Tripedanees, Cubitales, Pulmaires 835
Statues Iconiques, sont celles qui sont esgales à la grandeur des personnes representees. 835
Statue la plus estimee dans Rome, estoit celle d'vn chien de Bronze. 839
Statues dans Rome quasi egales en nombre au peuple viuant qui y habitoit. 839
Statue de Marbre la plus estimee estoit le Laocoon du Palais de Titus. 840
Statumen & Statuminare. 171
Statumen, ou fondement des G. C. fait de pierres plates alliees auec cimét. 171

Statumen

DES MATIERES.

le *Statumen*, ou fondement des Gr. Ch. faict de pierre plattes, alliees auec ciment. 171

Statumen, premiere couche des pauez, pourquoy ainsi dict. 150. 151

Strata, d'où vient la Strade pour le chemin. 561. 562

Stratores, estoient comme escuyers au faict des postes. 611

Strobilus, la partie haulte d'vn rocher. 127

trois sortes de Structure ou assemblages de quarreaux és pauez. 198. 199

Subices, culees, piles des ponts adherentes aux riues opposites. 687

trois Substances separables l'vne de l'autre en toute terre. 117

Suitte des Magistrats Romains, allans au gouuernement des Prouinces. 665. 666

Summa crusta, est la surface des pauez. 174

Surface faicte de grauois, la plus commune és Gr. Ch. de l'Empire. 132

Surface de quarreaux & de grauois employez en mesme chemin. 132

Surface de grauois plus durables que de cailloux. 134

Surface des pauez, dicte *Summa crusta*. 147. 174

trois especes de surface és pauez domestiques, *Terrena*, *Testacea*, *Lapidea*. 147. 174

Surface exterieure des pauez des edifices. 174

Surface des chemins militaires, de cailloux ou de grauois. 192

T

Tableaux & peintures, combien estimez à Rome. 819. 820

deux sortes de Table ou chartes Geographiques. 331

Tacitus Empereur. 69

Tectorium opus, incrustation, quel genre d'ornement. 810

Tegula, *imbrex lateribus frontatis*, quelles sortes de Tuilles. 178

Teintures Imperiales en certaines citez sur les Gr. Ch. 647. 648

Temple de Salomon, par quel nombre d'hommes edifié. 27

Temps & Auteur de la voye Appienne, & description d'icelle. 209. & p. suiu.

Temples bastis sur les Gr. Ch. 745

Temple de Mars, excellent sur la voye Appienne. 246

Temples, où situez à Rome. 788

Temples de plusieurs sortes à Rome. 788. 790

Templum, & ses significations. 790

Temples, comment voüez, bastis & dediez. 790

Temple de Iupiter Capitolin, diuisé en trois espaces, appellez *Delubra*. 791

Temple de Iupiter Capitolin, par qui commencé, acheué & dedié, bruslé par plusieurs fois, & rebasti plus beau que deuant. 798

Temple de Iupiter Capitolin, couuert de tuiles de cuiure doré. 813

Termes pour bornes. 732

signification de *Terra materina*. 147

Terrasses d'vne longue suitte, & haulteur admirable en la Gaule Belgique, seruant à porter les Gr. Ch. 167

Terrasses releuees sur la surface de la terre dictes *Aggeres*. 166

la Terre moindre que l'Empire des Romains. 300

Terres & nations changees de nom auec le temps. 434

signification de *Tessera*, *Tessella*, *Spicata Testacea*. 179

Tessera, nom fort equiuoque. 187

Tesmoignage excellent de S. Ambroise sur la maniere tenue par les soldats Romains, allans en expedition sur les Gr. Ch. 639. 640

Testa, ouurage de terre cuite, tourné à la roüe. 178

Theatres de quelle forme & figure. 792

Therma & Horti, quelles places dedans Rome. 795

Thrace & ses Gr. Ch. 508. 517

Thresor public des Romains. 38

Thresors des Empereurs en certaines citez, sur les Gr. Ch. 648

Tibere a faict trauailler à quelques Gr.

Ttttt

DES MATIERES.

Chemins. 45
Tibere, Caligula & Claudius, ont faict peu de bastimens publics à Rome. 778
Tiltres generaux dans l'Itineraire d'Antonin, diuisez en particuliers. 434
Timagenes ennemy de la felicité des Romains, auoient les feux de la ville de Rome à contrecœur. 782
Tiltres de dignité parmy les Romains. 610
Titus par inscription antique dit l'amour & delices du genre humain, 51
Titus & ses ouurages aux Gr. Ch. 51
Tomes, ville d'où ainsi dicte. 509
Topino ou Tinia, riuiere se iettant dans le Tybre. 745
Tour du Phare, côbien couste à bastir. 33
Trajan & ses ouurages és G. C. 53. & suiu.
Traject de la Gaule en la grand' Bretaigne. 510. & suiu.
Trajects ou passages à trauers la mer. 511. & suiu.
Traiects d'Europe en la petite Asie. 517
Traiect de l'Hellespont en la petite Asie, 517
Traiect de Constantinople à Calcedoine par le Bosphore Thracien. 518
Traiect second de Thrace en Asie. 524
Traiect d'Italie en Sicile. 528
Traiect de mer d'Italie en la Grece & Macedoine. 538. & suiu.
Train des Magistrats, allans en leurs Prouinces. 657. 661. 666
Transport des armees, troisiesme cause finale des Gr. Ch. 635
Transport des armes, des habits militaires & des thresors des Empereurs. 652
Trauerses de l'Espagne en la Gaule. 495
Trauerse des Gaules en Allemagne & en Hongrie, 499
Treues autrefois siege d'Empire. 502
Tributum & Vectigal. 34
Tributs, de combien de sorte. 34
Tributs par qui mis sus à Rome, & quãd abolis. 35
Tributs & peages mis sur les nations subiuguees. 36
Tributs reels ou personnels, instituez par Auguste. 36
Tributs & peages necessaires à l'entretenement des estats. 654
Trois temps de la ville de Rome. 770
Troisiesme temps ou estat de la ville de Rome. 779. & suiu.
Tuiles du Temple de Iupiter Capitolin, de cuiure doré. 813
Turma, faisoit partie d'vne troupe de gens de cheual, que l'on appelloit *Alam*. 589

V.

deux sortes de Vaisseaux ou nauires chez les anciens. 744
Vectigal peregrinum, à quoy semblable en France. 35
Veredarius, Postillon. 603
Veredus, cheual de poste. 603
Veredus, cheual de poste ordinaire, *Parhippus* cheual de sarcroist. 618
le Verre appliqué en esmaux pris pour esmail mesme, 816
Vers de Nicolas Reucleri, sur les chaussees de Brunehault. 97
Vers excellens sur la ruine de l'ancienne Rome. 855. & 856
Vernis de chaulx & d'huile pour enduire les pauez en terris. 177
Vesle, dicte *Vidula*, riuiere passant à Reims, sa source & son cours. 488
Vespasian & ses ouurages. 50. 51
Via argentea en Espagne, pourquoy ainsi appellee. 96
Via Aurelia, faicte par Aurelius Cotta. 22
Via Cesarea, chemin militaire sortant de la ville de Reims. 485
Via portuensis, diuisee en trois espaces. 420
Via Aemilia Scauri. 399. 400
Via Domitia, en Gaule & en Allemagne. 25
Via Egnatia, en Macedoine. 26. pauee auant Auguste Cæsar.
Via, comprend trois sortes de chemins publics, priuez & de trauerse. 554
Via, espece de chemin, qui comprend *Iter & actum*. 551

DES MATIERES.

Vicaires auoient droict de lettres pour la poste. 627
Vicinales via. 555
Victoires des Romains fort frequentes apres la ruine de Carthage. 538
Vicus, dans l'Itineraire d'Antonin. 582
Vicus, partie de la ville de Rome, appellé Quartier. 785
Vie lastricate chez les Italiens, sont voyes pauees. 562
Vieillesse & decadence de la ville de Rome. 849. & suiu.
Vigenaire, refuté sur la mesure de la lieuë Françoise. 354
Vigesima, sorte de peage sur la vente des esclaues. 36
Villa, dans l'Itineraire d'Antonin. 582
Villa & Vicus, que signifient dans l'Itineraire d'Antonin. 582
Villageois participoient aux cōmoditez des Gr. Ch. pauez. 671
Villes differentes en noms & endroicts, souz les Romains. 590. & suiu.
Villes & autres places mentionnees en l'Itineraire d'Antonin, diuersement qualifiees. 581. 582
Villes tributaires qui payoient tribut. Villes franches qui n'en payoient point 593
Villes capitales de Prouinces, qui ont changé leur nom propre à celuy des peuples desdites Prouinces. 488. 489
Villes & Citez de combien de sortes dans l'Italie & les Prouinces. 590. & suiu.
quatuor Viri viarum curandarum, quand instituez à Rome. 6.7
Vitesse admirable des postes Romaines. 573. 601
Vmbo, pris pour la liziere des G. C.
Voyage par eau sur le lac de Pontia. 54
Voye de Traian de Beneuent à Brindes. 55
Voyage de Iulian l'Apostat sur le Danube d'vne diligence incroyable. 743
Voyages des Magistrats Romains, mis entre les vsages des Gr. Ch. 6,8
Voye Æmilienne & description d'icelle. 399. 403
deux Voyes des Alpes à Lyon, faictes par Auguste. 104
Voyes Appienne, Flaminienne, & Æmilienne, les plus celebres de toutes. 127
Voye Appienne la premiere, en temps & temps & en excellence. 209
Voye Appienne. 342
la Voye Appiane és enuirons de Terracine, ouuerte dans vn rocher. 158. 159
Voye Cassienne. 401
Voye Claudienne. 401
Voye Cornelienne. 428
Voye de Domitian excellente, & description d'icelle. 215. & p. suiu.
deux Voyes admirables trouuees au Peru description d'icelles. 222. & suiua.
Voye en Espagne, reparee & amplifiee iusques aux Gades, par Auguste.
Voye Flaminienne, son nom, son commencemēt & son estēdue. 394. & suiu.
Voye Flaminienne, reparee par Auguste Cæsar. 43
Voye militaire & sa definition. 657
charge & dignité du grand Voyer de France. 3
Voyers & gouuerneurs du paué de Rome. 6.7
Voyes militaires, comment appellees en Angleterre. 563
Voyes militaires de la ville, & de l'Empire de Rome, miracles des miracles, & merueille des merueilles. 845
Voye militaire, pauee pour aller des Pyrenees, iusques aux Alpes. 24
Voye Ostiense, bordee de beaux bastiments de part & d'autre. 242
Voyes pauees de grands cailloux ou de marbre. 221. & suiu.
Voyes de Pompee dans les Alpes. 443. 444
Voyes Prenestine, Lauicane, Champenoise, & autres. 409. & suiu.
Voye priuee, ses epithetes, & diuision en ses especes. 554. 555
Voye publique, comment nommee par les Grecs. 557
des Voyes publiques, les vnes sont militaires, les autres non militaires. 557
Voye publique, comment definie. 554
Voye de Sinuesse à Puzzol, par Domi-

... 51	Vrbs, different de Ciuitas & d'Oppidum. 587. 588
Voye souterraine de Puzzol à Naples. 161	
Voye souterraine à Thebes en Ægypte, dicte à cent portes. 160	Vrbs æterna, nom donné à la ville de Rome. 849
Voye souterraine de Puzzol à Naples, par qui vnie & redressee. 161. 162	Vrbs, pour vne tour. 585
	Vsage des grands Chemins pour la predication de l'Euangile 570
Voye souz l'Euphrate, en la ville de Babylone. 560	Vsage des grands chemins diuisé en quatre chefs. 566
Voye de Trajan dedans Rome. 51	
Voye triomphale. 421	Vsage des grands Chemins plaisant à considerer. 565
Voye Valerienne, Latine, Appienne & autres. 414. & suiu.	Vsage des mutations & mansions. 597

Faultes principales à corriger.

Page 28. ligne 12. Occidentales, lisez Orientales. P. 51. l.8. Terraicon, Terragone. P. 111. l.38. Equatoire, Equateur. P. 133. Iean, Leon. P. 172. l.37. grafic, gras. P. 179. l.7. apres ce mot d'vn pied, adioustez, & demy. P. 205. l.10. qui estoient employez, qui estoit employé. P. 234. l.40. constituent, instituent. P. 278. l.30. extraction, extructions. P. 286. l.16. des deux autres voutes, de l'autre voute. P. 287. l.20. Anchise, Ænee. P. 300. l.1. & 2. Orientaux, Occidentaux. P. 317. Virudus, Virudus. 347. l.28. ubi, Vrbs. 420. 6. Aumicius, Sumicius. 420. l.39. efforre, ... 455. en la premiere desquelles, au premier desquels. 491. quelque peu plus à Soissons, quelque peu plus de Fismes à Soissons. 511. Armeniens, Armenies. 532. l. penult. Scipion le Ieune, Censorinus. 583. Scipion, Censorinus. 619. 29. diploma diplomata. 641. 12. XI, XXI. P. 672. 30. nom, nom. P. 815. l.16. l'ouurage, la semblance.

www.ingramcontent.com/pod-product-compliance
Lightning Source LLC
Chambersburg PA
CBHW071226300426
44116CB00008B/922